प्रफुल्ल बिदवई

प्रफुल्ल बिदवई (1949–23 जून, 2015) पत्रकार, राजनीतिक विश्लेषक, लेखक और समाजकर्मी थे। उन्होंने पत्रकारिता का पेशा 1972 में एक स्तम्भकार के रूप में 'इकनॉमिक ऐंड पॉलिटकल वीकली' से शुरू किया। उसके बाद उन्होंने अनेक पत्रिकाओं और समाचारपत्रों में काम किया। 'द गार्डियन', 'द न्यू स्टेट्समेन' और 'सोसाइटी' (लंदन), 'द नेशन' (न्यूयॉर्क), 'ल मोंद दिप्लोमेतीक' (पेरिस) और 'इल मैनिफेस्तो' (रोम) में भी उनके अनेक लेख प्रकाशित हुए थे।

एक अनुभवी शांति योद्धा के रूप में उन्होंने भारत में परमाणु निःशस्त्रीकरण के लिए एक आंदोलन—'मूवमेंट इन इंडिया फॉर न्यूक्लियर डिसआर्मामेंट-माइंड' शुरू किया जिसका मुख्य कार्यालय दिल्ली में था। वह इंटरनेशनल नेटवर्क फॉर न्यूक्लियर डिसआर्मामेंट ऐंड पीस (भारत) के नेताओं में थे।

'द पालिटिक्स ऑफ क्लाइमेट चेंज ऐंड द ग्लोबल क्राइसिस: मोर्टगेजिंग अवर फ्यूचर' (ओरियंट बऊन्लैकस्वान, 2011) पुस्तक के लेखक प्रफुल्ल बिदवई अनेक पुस्तकों के सहलेखक भी रहे हैं। उन्होंने एम.एन.वी. नायर के साथ 'हिस्टरी ऑफ द ट्रेड यूनियन मूवमेंट इन इंडिया, 1941–47' (भारतीय इतिहास अनुसंधान परिषद, 2005) का सहसंपादन भी किया था।

वंदना मिश्र

अनुवादक, पत्रकार, कवयित्री और समाजकर्मी।

लखनऊ विश्वविद्यालय से संस्कृत विषय में एम.ए., जवाहरलाल नेहरू विश्वविद्यालय, नई दिल्ली के अन्तर्राष्ट्रीय अध्ययन संस्थान से एम.फिल। अब तक दस से अधिक महत्त्वपूर्ण पुस्तकों का अनुवाद कर चुकी हैं, जिनमें 'भारतीय समाज', 'भारतीय राष्ट्रवाद की अधुनातन प्रवृत्तियाँ', 'यूरोपीय उदारवाद का उदय', 'संचार के सिद्धान्त', 'आधुनिक समाज में वर्ग', 'बुद्धि के व्यवस्थापक', 'ले के रहेंगे अपना पानी', 'भारतीय राज्य और समाज', 'लिंगभाव का मानव वैज्ञानिक अन्वेषण' शामिल है।

कुछ पुस्तकों का सम्पादन भी किया है। एक कविता संग्रह 'वे फिर आये हैं' भी प्रकाशित।

सम्प्रति : डॉ. राही मासूम रज़ा साहित्य अकादमी की अध्यक्ष।

सम्पर्क : 3/66 पत्रकारपुरम्, गोमतीनगर, लखनऊ–226010

दोराहे पर वाम

भारतीय वाम के सामने खड़ी चुनौतियाँ

प्रफुल्ल बिदवई

अनुवादक

वन्दना मिश्र

राजकमल पेपरबैक्स

मूल पुस्तक *The Phoenix Moment : Challenges Confronting the India Left* का अनुवाद

राजकमल पेपरबैक्स में
पहला संस्करण : 2019

राजकमल पेपरबैक्स : उत्कृष्ट साहित्य के जनसुलभ संस्करण

राजकमल प्रकाशन प्रा. लि.
1-बी, नेताजी सुभाष मार्ग, दरियागंज
नई दिल्ली-110 002
द्वारा प्रकाशित

शाखाएँ : अशोक राजपथ, साइंस कॉलेज के सामने, पटना-800 006
पहली मंजिल, दरबारी बिल्डिंग, महात्मा गांधी मार्ग, इलाहाबाद-211 001
36 ए, शेक्सपियर सरणी, कोलकाता-700 017

वेबसाइट : www.rajkamalprakashan.com
ई-मेल : info@rajkamalprakashan.com

बी.के. ऑफसेट
नवीन शाहदरा, दिल्ली-110 032
द्वारा मुद्रित

मूल्य : ₹350

DORAHE PAR VAM
by Praful Bidwai
Translated by Vandana Mishra

ISBN : 978-93-88753-64-7

अनुक्रम

आमुख

भारत लम्बे अरसे से सामाजिक-राजनीतिक दृष्टि से एक विचित्र देश रहा है—व्यापक रूप से फैली गरीबी और दुर्भाग्यपूर्ण अभावों का देश, लेकिन यहाँ ज़्यादातर राजनीतिक दलों में वंचित वर्गों की कोई आवाज़ नहीं होती। यह दुनिया की सबसे तेज गति से बढ़ रही अर्थव्यवस्थाओं में से एक है लेकिन यहाँ कुल आबादी के दसवें से भी कम हिस्से के ही पास नियमित नौकरी है और यहाँ हाल ही में ढाई लाख किसानों ने आत्महत्या की है। यह एक ऐसा जनतंत्र है जहाँ अधिकतर निष्पक्ष और स्वतंत्र चुनाव होते हैं लेकिन यह कानून का शासन स्थापित करने में विफल रहा है। यहाँ जातियों के बीच मानवाधिकारों का उल्लंघन आम है और धर्मप्रेरित घृणा तथा महिलाओं के प्रति पाखंड भरा भेदभाव प्रचंड रूप से जारी है।

एक बड़ा प्रासंगिक सवाल उठता है कि भारत में राजनीतिक दलों के लिए वैधता के एक महत्त्वपूर्ण स्रोत के रूप में वामपन्थी राजनीति उस सीमा तक क्यों नहीं विकसित हो पाई जैसा कि बेहिसाब अन्याय और बढ़ती जाती असमानता वाले समाज में अपेक्षित था। जहाँ हाल में हिन्दुत्व और नव उदारवादी पूँजीवाद के कारण स्थिति और खराब हुई है वहीं ऐतिहासिक दृष्टि से भारत में वामपन्थी राजनीति अपनी व्यापकता और विविधता की दृष्टि से और अधिक सिकुड़ गई है।

एक समय यह एक ऐसा इन्द्रधनुष थी जिसमें अद्भुत ढंग से विभिन्न धाराएँ विद्यमान थीं। इसमें संसदीय और गैर संसदीय साम्यवादी दल, कांग्रेस सोशलिस्ट पार्टी (सीएसपी) से लेकर गांधीवादी तक विभिन्न रंगों के समाजवादी और कट्टर कांग्रेस विरोधी राम मनोहर लोहिया के अनुयायी तक शामिल थे। इसके दायरे के भीतर अम्बेडकर की रिपब्लिकन पार्टी ऑफ इंडिया (आर पी आई) से जुड़े आमूल परिवर्तनवादी कार्यक्रमों वाले जाति विरोधी आन्दोलन अथवा बाद में दलित पैंथर भी समाहित थे और माओवादी तथा मार्क्सवादी-लेनिनवादी दल भी, जो विद्रोह के जरिये सत्ता पर कब्जा करने में विश्वास करते हैं। इसमें महाराष्ट्र की पेजेंट्स ऐंड वर्कर्स पार्टी (पी डब्ल्यू पी) और लाल निशान पार्टी अथवा पश्चिम बंगाल और असम की रिवाल्यूशनरी कम्युनिस्ट पार्टी ऑफ इंडिया जैसे स्वतंत्र समूह भी थे जिनका एजेंडा क्षेत्र विशेष तक सीमित था। शंकर गुहा नियोगी के छत्तीसगढ़ मुक्ति मोर्चा (सी एम एम) जैसी धाराएँ भी थीं जिनका लक्ष्य मजदूरों और किसानों के संगठनों के शुरुआती ढाँचे तैयार करना था। इसमें अनेक छोटी प्रगतिशील धाराएँ भी थीं जिनका उद्देश्य क्रान्तिकारी मार्क्सवादी राजनीति को उसके विचलनों से बचाना था। ये धाराएँ केवल बुद्धिजीवी वर्ग में ही नहीं बल्कि यूनियनों और अन्य संगठनों में भी सक्रिय थीं।

उस इन्द्रधनुष का आकार अब सिकुड़ गया है और उसके कुछ रंग खो गए हैं। अनेक राजनीतिक धाराएँ विविधता की दृष्टि से संकुचित हुई हैं और क्षीण हो रही हैं जबकि कुछ नई धाराएँ सामने आई हैं। समाजवादी काफी पहले से ही अपनी एक सुसंगत संगठनात्मक अभिव्यक्ति खो चुके हैं (व्यापक रूप से जाति और समुदाय पर आधारित और परिवार-संचालित समाजवादी पार्टी को छोड़कर) लेकिन 'समाजवादी समागम' जैसे समूह विकसित हुए हैं। एक समय मजबूत और शक्तिशाली रही पी डब्ल्यू पी (पेजेंट्स ऐंड वर्कर्स पार्टी) अब प्रभावहीन है। छत्तीसगढ़ मुक्ति मोर्चा छिन्न-भिन्न हो चुका है। अब वह पहले की स्थिति में नहीं आ सकता। उदारवादी सामाजिक लोकतंत्र, जिसे कांग्रेस और अन्य मध्यमार्गी दलों में अभिव्यक्ति मिलती थी, भारत में हमेशा कमजोर रहा है और अब वह कोई ताकत नहीं रह गया है।

वाम परिदृश्य के भीतर भी नए विभेद सामने आए हैं जिनमें सबसे महत्त्वपूर्ण है दलगत वाम और गैरदलीय राजनीतिक वाम के बीच हुआ विभाजन। नैशनल अलायंस आफ पीपुल्स मूवमेंट, नैशनल फिशवर्कर्स फोरम, आल इंडिया यूनियन ऑफ फारेस्ट वर्किंग पीपुल, मजदूर-किसान शक्ति संगठन, इंडियन सोशल फोरम, न्यू ट्रेड यूनियन इनीशिएटिव, श्रमिक मुक्ति दल, न्यू सोशलिस्ट इनीशिएटिव, रैडिकल सोशलिस्ट और कैम्पेन फॉर सर्वाइवल ऐंड डिग्निटी जैसे जनान्दोलन और नागरिक समाजों के संघ/संगठन गैरदलीय राजनीति वाम के अन्तर्गत आते हैं।

दलीय वाम अब प्राथमिक रूप से दो धाराओं में सीमित रह गया है : मुख्य धारा वाले संसदीय साम्यवादी दल और उनके सहयोगी, तथा गैर संसदीय माओवादी अथवा मार्क्सवादी-लेनिनवादी समूह। पहला संसदीय गठबन्धन और अभियान चलाने वालों का गुट है जो मुख्य रूप से भारत की कम्युनिस्ट पार्टी (मार्क्सवादी) अथवा माकपा, भारतीय कम्युनिस्ट पार्टी (भाकपा), रिवोल्यूशनरी सोशलिस्ट पार्टी (आरएसपी) और ऑल इंडिया फारवर्ड ब्लॉक (एफ बी) से मिलकर बना है। हाल ही में इसमें कम्युनिस्ट पार्टी ऑफ इंडिया (मार्क्सवादी-लेनिनवादी)-लिबरेशन और सोशलिस्ट यूनिटी सेंटर ऑफ इंडिया (कम्युनिस्ट) भी शामिल हुए हैं।

माओवादी समूह, अन्तिम गणना तक जिनकी संख्या तीस से अधिक थी, विचारधारात्मक रूप से विविधवर्णी और भौगालिक दृष्टि से बिखरे हुए हैं। इनमें सर्वाधिक महत्त्वपूर्ण धारा कम्युनिस्ट पार्टी ऑफ इंडिया (माओवादी) है। इसका गठन पीपुल्स वार ग्रुप (पी डब्ल्यू जी) और माओइस्ट कम्युनिस्ट सेंटर ऑफ इंडिया (एम सी सी आई) के विलय के बाद 2004 में हुआ था। यह विशेष रूप से भारत के उन सघन जंगलों वाले और खनिज सम्पदा से समृद्ध आदिवासी इलाकों में सक्रिय है जिनका शोषणकारी पूँजीवाद बलात दोहन करना चाहता है। वहाँ के लगभग अस्सी जिलों को भारतीय राज्य ने "वामपन्थी अतिवाद" से खतरनाक ढंग से प्रभावित क्षेत्र घोषित कर रखा है। इस क्षेत्र में नागरिक प्रशासन के बजाय अर्धसैनिक दुकड़ियों और विशेष पुलिस बलों का शासन चलता है। माओवादियों ने पहले विस्तार किया, फिर कमजोर हुए और हाल में अपने कुछ शीर्षस्थ नेताओं की गिरफ्तारी अथवा उनके गतिशील न रह जाने के कारण अब उनका पराभव होता प्रतीत होता है।[1]

हम स्वीकार करते हैं कि इस पुस्तक के सरोकार का विषय सीमित है : यह प्राथमिक रूप से संसदीय साम्यवादी दलों पर केन्द्रित है। इस सीमा के पीछे तीन कारक हैं। पहला, मुख्य धारा वाले गुट को भारत की बुर्जआ उदारवादी लोकतांत्रिक व्यवस्था—अपनी सीमाओं के बावजूद जिसे जनता से पर्याप्त वैधता प्राप्त है—से जुड़ने का प्रयास करने का सबसे लम्बा और सबसे समृद्ध अनुभव है और यह प्रगतिशील परिवर्तन और रूपान्तरण की सम्भावनाओं वाली राजनीति के अवसर प्रदान करता है। व्यवस्था के भीतर रह कर काम कर रहे दलों को कुछ बन्दिशों का सामना करना ही पड़ता है जैसेकि संविधान की चारदीवारी के भीतर ही काम करने की मजबूरी और चुनाव लड़ना जो अब अधिकाधिक बड़े पैसे का खेल बनता जा रहा है। व्यवस्था द्वारा समाहित कर लिए जाने और पूरी तरह निष्प्रभावी बना दिए जाने का खतरा भी उनके सामने बना ही रहता है।

लेकिन, भारत में वाम राजनीति के लिए सबसे बड़ी चुनौती वस्तुत: बुर्जआ-लोकतांत्रिक क्षेत्र में ही और राज्य और समाज दोनों में संस्थाएँ, संगठन, एसोसिएशन बनाने और काम करने की आजादियों सहित इसके लिए मौजूद सम्भावनाओं में निहित है। अपनी प्रशंसनीय निष्ठा और समर्पण भावना के बावजूद माओवादी इस चुनौती से पूरी तरह पीछे हट गए हैं। गैरदलीय राजनीतिक वाम को राज्य स्तर की सहभागिता से कोई सीधा सरोकार नहीं है। वह लोकशिक्षा और गोलबन्दी अथवा अपने लक्ष्य की हिमायत और उसके पक्ष में जनमत बनाने के ही काम करता रहता है। प्राय: इसके पीछे सुचिंतित कारण होते हैं।

दूसरे, वामपन्थ की सभी धाराओं में मुख्य धारा वाला खेमा सबसे बड़ा है और विविध विभाजनों, असहमतियों और पारस्परिक प्रतिद्वन्द्विताओं के बावजूद इसका लगातार सबसे लम्बा संगठित अस्तित्व रहा है। यह अनेक ऐसे विचारधारात्मक और रणनीतिक आग्रहों का साझीदार है जिन पर आज पुन: विचार करने की जरूरत है। यदि वामपन्थ अपने रणनीतिक परिप्रेक्ष्यों पर पुन: नजर डालने की और गलतियों को सुधारने की संकल्पशक्ति जुटा पाए तो इसकी आपेक्षिक सुदृढ़ता और संसाधनों तक इसकी पहुँच इसकी दुर्बलता को कम कर सकती है और इसे कुछ सुरक्षा प्रदान कर सकती है। अगर यह गुट विचारधारात्मक रूप से अड़ियल बना रहा तो इसका उल्टा भी हो सकता है। इस पुस्तक में यह समझने का प्रयास किया गया है कि मुख्यधारा का वाम किस ओर जा सकता है।

तीसरे और यह बात बहुत चकराने वाली लग सकती है कि मुख्य धारा के वाम पर राज्य केन्द्रित अध्ययनों, लेखों[2] से अलग राष्ट्रीय स्तर पर ताजा विश्लेषणात्मक साहित्य बहुत कम है। आशा है कि यह पुस्तक राज्य और राष्ट्रीय स्तर पर वामपन्थी दलों के कामकाज के विश्लेषण को उनके विचारधारात्मक आग्रहों, रणनीतिक परिप्रेक्ष्यों, राजनीतिक गोलबन्दियों के दृष्टिकोणों और संगठनात्मक प्रणालियों तथा व्यवहारों के साथ जोड़कर इस शून्य को भरने में मदद करेगी।

भविष्य के लिए असली सबक इस बात में निहित है कि मुख्यधारा का वामपन्थ बुर्जुआ-लोकतांत्रिक व्यवस्था के भीतर काम करने की चुनौती का सामना करने और इसके भीतर उपलब्ध आजादियों का आमूल परिवर्तनवादी राजनीति के लिए उपलब्ध स्थान का विस्तार करने, शोषितों और दमितों को सशक्त बनाने और एक उत्तर-पूँजीवादी समाज में

संक्रमण के लिए काम करने में कितनी अच्छी तरह इस्तेमाल करता है। आज जब वाम अपने पुनर्नवा पल का सामना कर रहा है तब यह इसके नेतृत्व की योग्यता की परीक्षा है कि वह अपने सामने उपस्थित इस गम्भीर संकट का सामना करने में समर्थ है या नहीं।

यह पुस्तक लिखने का विचार चुनावी सन्दर्भों में भारत के मुख्यधारा के वाम दलों का उतार स्पष्ट हो जाने से काफी पहले किया गया था। वास्तव में इसे बीस नहीं तो दस साल पहले तो लिख ही लिया जाना चाहिए था। एक संयोग ही है कि यह पुस्तक उस समय प्रकाशित हो रही है जब वामदल खुद को अपने अब तक के गम्भीरतम संकट में जकड़ा पा रहे हैं। लेकिन यह संयोग नहीं है कि कुछ उन दीर्घकालीन प्रक्रियाओं पर अड़े रहने की ज़िद बनी रही जिसने वामपन्थ में–उसकी विचारधारात्मक कमियों, सैद्धान्तिक अड़ियलपन, कार्यक्रम बनाने में कल्पनाशीलता के अभाव और गैर लोकतांत्रिक संगठनात्मक व्यवहारों में मेरी दशकों से चली आ रही विश्लेषणात्मक दिलचस्पी को जगाये रखा।

यहाँ एक संक्षिप्त व्यक्तिगत टिप्पणी अप्रसांगिक न होगी। चार दशकों से अधिक समय से मैंने अपने आपको एक ऐसा समाजवादी माना है जो मोटे तौर पर पूँजीवाद के मार्क्स के विश्लेषण को स्वीकार करता है। अपने विद्यार्थी जीवन में मैंने मजदूर वर्ग का आन्दोलन देखा था और श्रमिक संघों और माटुंगा लेबर कैम्प (धारावी का एक हिस्सा) की मलिन बस्तियों में दलित युवाओं के साथ काम किया था। मैं कभी किसी वामपन्थी राजनीतिक दल में शामिल नहीं हुआ क्योंकि मुझे उनमें से कोई भी दल पर्याप्त रूप से सैद्धान्तिक हठधर्मिता से मुक्त अथवा नए विचारों विशेषकर मेरे प्रबल स्तालिन विरोधी विचारों के प्रति सहिष्णु नहीं लगा लेकिन जीवन भर मैंने विभिन्न वामपन्थी दलों के सदस्यों के साथ घनिष्ठ रूप से और खुशी से काम किया है।

1970 के दशक के प्रारम्भिक वर्षों में मैं मागोवा ग्रुप और श्रमिक संघटना के साथ जुड़ा था। ये संगठन उत्तरी महाराष्ट्र में, भील आदिवासियों के बीच सक्रिय थे वहाँ मैंने कुछ समय काम किया था। बाद में, मैं रिवोल्यूशनरी बोल्शेविक सर्किल से टूट कर बने प्लैटफार्म टेंडेंसी का भी हिस्सा रहा। प्लैटफार्म टेंडेंसी का आधार दिल्ली, बम्बई और बेंगलोर में था। यह संगठन सिद्धान्त को अत्यधिक गम्भीरता से लेता था और अपने सदस्यों का मार्क्सवाद से परिचय एक बौद्धिक साहसिक कार्य के रूप में कराता था। उसके पास विषयों की अद्भुत विविधता वाले साहित्य, दृष्टिकोणों और विचारों का विस्मयकारी समृद्ध खज़ाना था।

मैं सौभाग्यशाली था कि 1940 के दशक के भारतीय साम्यवादी और श्रमिक संघ आन्दोलनों के इतिहास पर शोध कर सका और साथ ही इसे कमानी वर्कर्स यूनियन और बाद में सेंटर फॉर वर्कर्स मैनेजमेंट के डी. थंकप्पन जैसे प्रखर श्रमिक संगठन कर्ताओं के साथ साथ श्रमिक संघ सक्रियतावाद के साथ जोड़ सका। 1970 के दशक के अन्तिम वर्षों में मैंने एक सार्थक अवधि यूरोप में बिताई, वहाँ के साम्यवादी दलों को ठीक से देखा और साथ ही फ्रांस और इटली के उस समय जीवन्त 'फार लेफ्ट' को एक निर्णायक संक्रमण से गुजरते देखा जो, अफसोस कि सोवियत संघ के पतन के बाद नष्ट कर दिया गया। विज्ञान, प्रौद्योगिकी, अर्थशास्त्र और दर्शनशास्त्र में मेरी शिक्षा, सामाजिक विज्ञानों में मेरी दिलचस्पी और विश्लेषणात्मक पत्रकारिता का मेरा पेशा इन सबसे मुझे पारिस्थितिकी विज्ञान और

ऊर्जा जैसे मुद्दों को समझने में और इस प्रकार मिली अन्तर्दृष्टियों में से कुछ को समाजवाद की अपनी समझ में समेकित करने में मदद मिली।

आशा करता हूँ कि प्रस्तुत पुस्तक में इस सबके एक छोटे हिस्से का प्रतिबिम्ब दिखाई देगा। पुस्तक चार खंडों में विभाजित है। पहले खंड में वामपन्थ के उदय और उसकी उन समग्र उपलब्धियों, मजबूतियों और कमजोरियों का विश्लेषण है जब वह यह परिभाषित करने के लिए संघर्षरत था कि उसे किस रणनीतिक ढाँचे के तहत अपनी राजनीति पर अमल करना है जो अपने आपमें सामाजिक रूपान्तरण की एक महत्त्वाकांक्षी दीर्घकालीन परियोजना का हिस्सा थी। यह खंड बताता है कि यह संघर्ष अंशतः ही सफल था जिसके लिए वाम की स्थायी विचारधारात्मक–सैद्धान्तिक और कार्यक्रमगत कमजोरियाँ जिम्मेदार रहीं। पहले खंड में राष्ट्रीय राजनीति में वामपन्थ के अचानक उभार और फिर विशेषकर 1964 में भाकपा–माकपा विभाजन के बाद उसके बढ़ते क्षेत्रीयकरण पर भी निगाह डाली गई है।

राष्ट्रीय राजनीति में एक ताकत के रूप में वाम का विकास सत्तारूढ़ कांग्रेस अथवा उसके प्रमुख विरोधियों के साथ गठबन्धन करने की उसकी रणनीति पर निर्भर हो गया। यहाँ दोनों दलों ने परस्पर विरोधी दृष्टिकोण अपनाये। अलग अलग तरह से कुछ हद तक इसमें इन दोनों को लाभ हुआ लेकिन विचारधारागत विभ्रम और राजनीतिक बिखराव की शक्ल में इन्हें इसकी भारी कीमत चुकानी पड़ी। वामपन्थ ने 1990 के दशक में सत्ता के सिंहासन पर कौन बैठेगा, यह तय करने की हैसियत पा ली थी। लेकिन 1996 में गैर भाजपा, गैर कांग्रेसी सरकार का नेतृत्व करने से इनकार कर वह एक "ऐतिहासिक भूल" कर बैठा।

दूसरे खंड का विषय पश्चिम बंगाल और केरल है। बंगाल में वाम मोर्चे ने लगातार सात बार सत्ता के लिए चुने जाकर एक अन्तर्राष्ट्रीय रिकार्ड स्थापित किया। 1977 में इसके सत्तारूढ़ होने के बाद भूमि सुधार और पंचायती राज लागू होने से प्रगतिशील परिवर्तन के दरवाजे खुले। दुर्भाग्यवश, भूमि सुधारों को सीमित कर, पंचायतों पर एक संकीर्ण पक्षपातपूर्ण कार्ययोजना थोपकर और सामाजिक विकास की कार्ययोजनाओं की उपेक्षा कर उसने यह अवसर गँवा दिया। इसके कारण वाम की संरचनाओं में जड़ता आई। इसके कार्यकर्ताओं के बीच अवसरवादियों का प्रवेश हुआ और विशेषकर इसके द्वारा नव उदार आर्थिक नीतियाँ अपनाए जाने के बाद इसकी वैधता को धक्का लगा जिसके कारण 2011 में इसे शर्मनाक ढंग से सत्ता से बाहर होना पड़ा।

केरल का घटनाचक्र वामपन्थ के सामाजिक सुधार आन्दोलनों और मजदूरों–किसानों की गोलबन्दियों के साथ जुड़ाव से शुरू हुआ जिसके कारण 1957 में कम्युनिस्ट पार्टी ऑफ इंडिया एक लोकतांत्रिक चुनाव में विजयी होकर सत्ता में आई। ऐसा पूरी दुनिया में पहली बार हुआ था। साम्यवादियों ने एक ऐसे प्रयोग की शुरुआत की जिसे पूरी दुनिया में केरल माडल नाम से जाना जाता है।

अपनी यथेष्ट उपलब्धियों के बावजूद वामपन्थी दल इस माडल का पुनराविष्कार करने अथवा जाति और समुदाय के उस साँचे को तोड़ पाने में असमर्थ रहे जिसमें केरल की राजनीति लम्बे समय से गढ़ी जा रही थी। उनका सामाजिक आधार हाल के वर्षों में काफी संकुचित हुआ है (हालाँकि इतनी बुरी तरह नहीं जैसा कि बंगाल में हुआ) लेकिन ढलान

के बावजूद केरल में खुद को नई ताकत देने के लिए सफलता की एक सम्भावना अब भी उनके हाथ में है हालाँकि इसके लिए उन्हें लगातार कोशिश करनी होगी।

पुस्तक का तीसरा हिस्सा 2004-2008 की अवधि पर केन्द्रित है जब वाम दलों ने कांग्रेस के नेतृत्व वाले संयुक्त प्रगतिशील गठबन्धन (संप्रग-यूनाइटेड प्रोग्रेसिव अलायंस-यूपीए) को बाहर से समर्थन दिया। इससे वामपन्थ को यूपीए को प्रगतिशील कार्ययोजनाओं की ओर ले जाने का एक अनूठा अवसर मिला था। लेकिन, वाम ने इस लड़ाई से बीच रास्ते में ही हाथ खींच लिया। इसने 2008 में अमेरिका-भारत परमाणु करार के मुद्दे पर संप्रग से समर्थन वापस ले लिया। इस प्रकार वाम का दीर्घकालीन उतार शुरू हुआ जिसका परिणाम था 2014 में उसकी शर्मनाक पराजय।

पुस्तक के अन्तिम हिस्से का विषय है वाम द्वारा अपने सैद्धान्तिक-विचारधारागत आग्रहों का पुनर्परीक्षण करने और अपनी राजनीतिक रणनीति, कार्यनीति और संगठनात्मक व्यवहार का पुनरवलोकन किए जाने की तत्काल जरूरत क्योंकि यह पुनरवलोकन इसकी सेहत में सुधार और कायाकल्प की पूर्वशर्त है। यदि वाम ऐसा करने में असफल रहता है और अपने उतार के अन्तिम बिन्दु पर पहुँच जाता है तो क्या स्वतंत्र मार्क्सवादी समूह, नागरिक समाज संगठन; जनान्दोलन और प्रगतिशील बुद्धिजीवी वर्ग एक नए वाम की अवधारणा का सूत्रपात कर सकते हैं?

इस सवाल का जवाब देना आसान नहीं है। मैं यही आशा कर सकता हूँ कि यह पुस्तक मेरे जैसे कुछ पाठकों को तो यह यकीन कर पाने के लिए प्रेरित करेगी ही कि भारतीय लोकतंत्र के स्वास्थ्य के लिए वामपन्थ अपरिहार्य है। अगर इसका अस्तित्व न रहा होता तो हमें उसका आविष्कार करना पड़ता।

1

वामपन्थ का उत्थान और पतन

उद्‌भव, उपलब्धियाँ, ताकत और कमजोरियाँ

भारत दुनिया का सबसे महत्त्वपूर्ण देश है जहाँ हाल के वर्षों में अपने उतार और साम्यवादी दलों द्वारा विशेषकर 2014 के आम चुनावों में और उसके बाद से झेले गए जबर्दस्त आघातों के बावजूद आज भी एक महत्त्वपूर्ण और अपेक्षतया सशक्त साम्यवादी आन्दोलन मौजूद है। मूलत: सामन्तवाद विरोधी, साम्राज्यवाद विरोधी और पूँजीवाद विरोधी आदर्शों से प्रेरित इस आन्दोलन का जन्म भारत के उपनिवेशवाद विरोधी संघर्ष के दौरान हुआ था। उसने इस संघर्ष को अपने खुद के कार्यक्रमों और कार्ययोजनाओं से प्रभावित करने का प्रयास किया था। मुख्यधारा के दलों, गठबन्धनों, संगठनों और गैरदलीय समूहों के अतिरिक्त 1960 के दशक के अन्तिम वर्षों से माओवादी विद्रोह के रूप में अभिव्यक्त एक अपेक्षाकृत छोटी, अधिक आमूल परिवर्तनवादी, सशस्त्र अभिव्यक्ति के रूप में भी इसकी लगभग अबाधित नौ दशक लम्बी सुस्पष्ट राजनीतिक उपस्थिति रही है।

संसदीय स्तर पर इस आन्दोलन का प्रभाव पहली बार 1957 में महसूस किया गया जब उस समय की अविभाजित कम्युनिस्ट पार्टी आफ इंडिया किसी लोकतांत्रिक व्यवस्था में स्वतंत्र और निष्पक्ष चुनावों के बाद एक पर्याप्त बड़े राज्य (केरल) पर शासन करने वाली विश्व की पहली कम्युनिस्ट पार्टी बनी। राजनीतिक रूप से विवादित लेकिन सांवैधानिक रूप से अनुमोदित राष्ट्रपति शासन की कार्यवाही द्वारा यह सरकार 1959 में बर्खास्त कर दी गई लेकिन इससे पहले ही वह अनेक महत्त्वपूर्ण सुधारों का काम शुरू कर चुकी थी जिसमें काश्तकारी कानूनों और शिक्षा में परिवर्तन, भूमिहीनों के आवास के लिए भूमि अनुदान और गरीबों के पक्ष में अन्य अनेक उपायों की शृंखला शामिल थी। इन सुधारों ने जिनमें, अमीरों से लेकर गरीबों को दिए जाने के लिए वास्तविक भूमि पुनर्वितरण का काम शामिल था, जल्दी ही केरल को मानव विकास के मामले में भारत का सर्वाधिक उन्नत राज्य बना दिया।

तबसे साम्यवादी दल भारत के राजनीतिक परिदृश्य का एक महत्त्वपूर्ण घटक रहे हैं। श्रमिक संघों, किसान सभाओं, महिला संगठनों और छात्र संघों में तथा राज्यों की विधायिकाओं, नगर निकायों और ग्राम पंचायतों, परिषदों के माध्यम से देश के लगभग हर राज्य में उनका प्रतिनिधित्व है। उन्होंने विभिन्न समयावधियों में तीन राज्यों में शासन किया है और राष्ट्रीय संसद में बड़े विपक्षी दलों के बीच उनकी उपस्थिति रही है। लोकसभा की कुल सीटों में सात से ग्यारह प्रतिशत तक सीटें उनके पास रही हैं।

आमूल परिवर्तनवादी राजनीति के लिए काम करने और समाज तथा शासन में प्रगतिशील परिवर्तन लाने के लिए सुधार लागू करने के अतिरिक्त साम्यवादी दलों ने भारतीय समाज को महत्त्वपूर्ण, प्राय: उत्साह भरा और अनेक प्रकार से अनूठा योगदान दिया है। स्वयं को संगठित करने की जनता की क्षमता, संस्कृति, कलाओं और बौद्धिक जीवन तथा सामाजिक मुक्ति की अवधारणाओं और कार्ययोजनाओं के लिए उन्होंने एक लम्बी अवधि में जो योगदान दिया है वह विधायिकाओं में उनके आकार और ताकत के अनुपात से कहीं ज्यादा है।

वामपन्थी दल भारतीय राजनीतिक मुख्यधारा की उन बहुत कम (और सर्वाधिक महत्त्वपूर्ण, यद्यपि इस पर बहस हो सकती है) धाराओं में से एक का प्रतिनिधित्व करते हैं जो भारत की अन्यायपूर्ण सामाजिक व्यवस्था में निहित शोषण और दमन के सम्बन्धों के विश्लेषण को अपना आधार बनाती हैं और गैर बराबरी वाली सामाजिक व्यवस्था को कायम रखने में सामाजिक परतंत्रता, बन्धन और आर्थिक दासता के केन्द्रीय महत्त्व को पहचानती हैं। वे मजदूरों, किसानों और अन्य गरीब तथा हाशिये के समूहों जैसे शोषित और दमित वर्गों के उत्थान और सशक्तीकरण के लिए अपनी गम्भीर प्रतिबद्धता घोषित करते हैं और एक समाजवादी समाज की स्थापना के लक्ष्य की प्राप्ति के लिए आमूल परिवर्तनवादी सामाजिक रूपान्तरण योजना के प्रति संकल्पबद्ध हैं।

माकपा और भाकपा दोनों कार्यकर्ता-आधारित दल हैं। इन दोनों दलों को मिलाकर इनके 10,70,000 से अधिक सदस्य हैं[1] जो अधिकतर अन्य दलों के सदस्यों के मुकाबले निरपवाद रूप से अधिक निष्ठावान और समर्पित हैं। इन दलों की लगभग 130,000 शाखाएँ/इकाइयाँ हैं। श्रमिक संघों, किसान सभाओं, भूमिहीन खेतिहर-मजदूर संघों और महिला संगठनों के 5 करोड़ से ज्यादा सदस्यों के साथ सम्पूर्ण भारत में इनकी बहुत मजबूत उपस्थिति है। इसमें युवा और छात्र संगठन शामिल नहीं हैं।[2] सदस्यता के आकार की दृष्टि से भाकपा (मा.) दुनिया का दूसरा सबसे बड़ा साम्यवादी दल है। उससे बड़ा दल एक ही है वह है चीन की कम्युनिस्ट पार्टी।

सिद्धान्त और विचारधारा से अनुप्राणित और प्रेरित संगठन के रूप में साम्यवादी दल का भारतीय राजनीतिक-सांस्कृतिक परिदृश्य के भीतर एक अनूठा स्थान है। इसने सामाजिक-राजनीतिक प्रासंगिकता, वस्तुत: पर्याप्त नैतिक विश्वसनीयता और प्रतिष्ठा काफी पहले ही अर्जित कर ली थी क्योंकि इसने अपनी ऊर्जा और ताकत शोषित और वंचित जनता को एक दीर्घकालीन दृष्टि और समृद्ध सैद्धान्तिक रूपरेखा से अनुप्राणित कार्यक्रम के आधार पर संगठित करने और सशक्त बनाने पर केन्द्रित की थी। उसने यह काम अद्वितीय समर्पण, आदर्शवाद और बुद्धिमत्ता के साथ किया था। यद्यपि उसे विपरीत परिस्थितियों में काम करना पड़ता था लेकिन उसने इस काम को पूरा करने को अपना केन्द्रीय लक्ष्य बना लिया था।

यह भी समान रूप से महत्त्वपूर्ण है कि वामपन्थ की राजनीति अत्यन्त सोपानात्मक और असमानता वाले भारतीय समाज में उस वर्ग के बहुत अनुकूल थी जिसे राजनीतिक गुरुत्व का ''स्वाभाविक'' केन्द्र कहा जा सकता है। फिर भी, साम्यवादी दलों ने ऐसे ही गरीब और गैर बराबरी वाले अन्य देशों में इतना मजबूत आधार विकसित नहीं किया, यह तथ्य इस रहस्य को और गहरा देता है कि भारतीय साम्यवादी आन्दोलन इतना असाधारण कैसे बन गया।

अपने सर्वश्रेष्ठ समय के दौरान साम्यवादी आन्दोलन की सफलता को कार्यकर्ता आधारित इन दो बड़े दलों की स्थायी उपस्थिति और विकास तथा उनके साथ जुड़े उन विविध किस्म के आन्दोलनों और संगठनों के सन्दर्भ में देखा जाना चाहिए जिनका भारतीय लोकतंत्र को बचाने, उसे नीचे तक ले जाने और समृद्ध बनाने तथा मेहनतकश जनता के अधिकारों और आजादियों को विस्तार देने में विशेष योगदान था। साम्यवादी दलों का राष्ट्रीय स्तर पर अनेक राज्यों में जो प्रबल प्रभाव था उसके कारण वे विचारधारात्मक बहस और नीतिगत कार्ययोजना को एक नई शक्ल देने और आमूल सामाजिक परिवर्तन के लिए संघर्षरत कार्यकर्ताओं और आदर्शवादी बुद्धिजीवियों की पीढ़ियों को आकर्षण का एक वैकल्पिक ध्रुव प्रदान करने में सक्षम हुए।

उद्भव

भारतीय वामपन्थ का जन्म देर से हुआ। साम्यवादी और समाजवादी विचार भारत में बीसवीं शताब्दी के प्रारम्भ में ही आ गए थे और एम.एन. राय जैसे साम्यवादियों ने बहुत पहले 1920 के शुरुआती वर्षों में ही कम्युनिस्ट इंटरनेशनल (कामिन्टर्न) के भीतर होने वाली बहसों में अपनी छाप छोड़ी थी। लेकिन वामपन्थी विचारों को एक राजनीतिक-संगठनात्मक अभिव्यक्ति कुछ दशकों बाद 1885 में स्थापित मध्यमार्गी अथवा बुर्जुआ-राष्ट्रवादी भारतीय राष्ट्रीय कांग्रेस के माध्यम से ही मिली। ब्रिटिश शासन से आज़ादी के आन्दोलन का नेतृत्व करने वाली कांग्रेस, 1920 के दशक तक एक दल के रूप में विकसित हो चुकी थी। उसकी अपनी एक महत्त्वपूर्ण राष्ट्रीय उपस्थिति थी और गांधी के असहयोग आन्दोलन की बदौलत विभिन्न सामाजिक वर्गों के बीच उसका अपना आधार भी बन गया था।

इसके विपरीत कम्युनिस्ट पार्टी आफ इंडिया की स्थापना 1925[3] में हो पाई और समाजवादियों को तो सांगठनिक रूप से एक दल के रूप में उभरने में 1934 तक इंतजार करना पड़ा। भाकपा (सीपीआई) औपनिवेशिक भारतीय राज्य द्वारा कुछ समय के लिए प्रतिबन्धित थी। उसके सभी प्रकाशनों पर रोक लगाई गई थी और उसके नेता 'षड्यंत्र' के आरोप में हिरासत में थे। भाकपा 1930 के दशक के मध्य तक बहुत कहें तो एक अपेक्षतया कमजोर और डांवाडोल उपस्थिति ही दर्ज कर पाई थी। अपने सभी कार्यक्रमों, उद्देश्यों के लिए वह कुछ बड़े शहरों और कुछ ग्रामीण क्षेत्रों, बस्तियों तक सीमित थी। 1930 के दशक के प्रारम्भिक वर्षों में इसकी सदस्यता कुछ सौ तक सीमित थी और 1930 के दशक के परवर्ती वर्षों में हड़तालों की एक बड़ी लहर, जिसमें रेलवे, ट्राम और जूट उद्योग के मजदूर शामिल थे और जिसमें साम्यवादियों ने सक्रिय और कभी-कभी नेतृत्वकारी भूमिका निभाई थी[4], के बाद ही यह संख्या कुछ हजार तक पहुँच सकी थी।

सीपीआई नेतृत्व का सामाजिक आधार अपेक्षतया संकीर्ण था। उस पर ऊँची जाति वाले हिन्दुओं का वर्चस्व था, जिसमें छुटपुट तौर पर कहीं-कहीं शिक्षित मध्यवर्गीय मुसलमान (विशेषकर बंगाल में) और ईसाई (केरल में) शामिल थे। इसके प्रारम्भिक दौर के नेताओं में बिरले ही कोई महिला या दलित था और मजदूरों, गरीब किसानों अथवा भूमिहीन मजदूरों में से बहुत ही कम लोग इसके नेतृत्व की कतारों में थे। सीपीआई ने अपना पहला सम्मेलन 1943 तक नहीं किया।

वाम के लिए घरेलू राजनीतिक प्रतिस्पर्धा का मुख्य क्षेत्र तय करने में उसके देर से जन्म लेने की परिस्थिति महत्त्वपूर्ण थी। अन्तरराष्ट्रीय सन्दर्भ भी कम महत्त्वपूर्ण नहीं था। भारतीय कम्युनिस्ट पार्टी (सीपीआई) प्रबल स्तालिनवाद के युग में गठित हुई। इसी अवधि में उसने ठोस शक्ल अख्तियार की। उसने अपने सैद्धान्तिक और रणनीतिक ढाँचे और राजनीति की अपनी बुनियादी समझ कम्युनिस्ट इंटरनेशनल से प्राप्त की जो 1920 के दशक के अन्तिम वर्षों तक सोवियत संघ की कम्युनिस्ट पार्टी के अधीन हो चुका था। सीपीआई के प्रारम्भिक वर्षों में उस पर कामिन्टर्न की छठी कांग्रेस (1928)[5] का निर्णायक प्रभाव रहा। कामिन्टर्न से जुड़ने की बुनियादी शर्त के रूप में दो सिद्धान्त प्रमुख थे : 'एक देश में समाजवाद' और सोवियत संघ की सुरक्षा। दुनिया भर की सभी कम्युनिस्ट पार्टियों को सर्वोच्च लक्ष्य के रूप में इन सिद्धान्तों का पालन करना था।

कुछ विश्लेषकों द्वारा दिए जाने वाले तर्कों के विपरीत कामिन्टर्न के दृष्टिकोण और एक कांग्रेस से दूसरी कांग्रेस के बीच उसकी बदलती नीतियाँ सीपीआई पर इतना ज्यादा थोपी नहीं गईं जितना कि सीपीआई ने स्वेच्छा से उन्हें स्वीकार किया—हालाँकि वे नीतियाँ भारतीय यथार्थ की जटिल विशेषताओं की समझ की राह में रोड़ा ही बनीं। शुरुआती दौर के सीपीआई के अधिकतर सिद्धान्तकारों का विश्वास था कि समाजवाद का एकमात्र वही रूप सम्भव है जो सोवियत संघ में "वास्तविक रूप में मौजूद" है और जिसे उस समय अप्रतिम क्रान्तिकारी प्रतिष्ठा प्राप्त थी। उन्हें किसी अन्य सिद्धान्त अथवा दृष्टिकोण की कोई जानकारी नहीं थी, न ही मार्क्सवादी साहित्य तक उनकी पहुँच थी। उनकी पहुँच केवल उसी मार्क्सवादी साहित्य तक थी जो कामिन्टर्न से अथवा सोवियत-ब्रिटिश रास्ते से आता था, फिर सोवियत संघ की कम्युनिस्ट पार्टी या कामिन्टर्न के प्रति आलोचनात्मक दृष्टिकोण अपनाने वाले वामपन्थी साहित्य की तो बात ही क्या। वे 'मास्को ट्रायल्स' (1936-1938) के बारे में लगभग कुछ नहीं जानते थे जिसमें स्तालिन ने खुद को छोड़ कर बाकी सभी पुराने बोलशेविक नेताओं का सफाया कर दिया था और अगर वे इसके बारे में कुछ जानते भी थे तो वे इस तरह के किसी घटनाक्रम के होने से इनकार करते थे।

भारतीय साम्यवादी विशेषकर पश्चिमी मार्क्सवाद की उस सैद्धान्तिक परम्परा से अपरिचित बने रहे[6] जिसमें पूँजीवाद की प्रकृति, आधुनिक राज्य और बुर्जुआ लोकतंत्र में सत्ता के इस्तेमाल की खास विशेषताओं पर प्रचुर और समृद्ध विमर्श उपलब्ध था। भारतीय साम्यवादियों में से अधिकतर को मार्क्स अथवा लेनिन की अधिक गम्भीर सैद्धान्तिक कृतियों तक को पढ़ने का कोई अवसर नहीं मिला था। उन्हें अधिक से अधिक स्तालिन का "द्वन्द्वात्मक और ऐतिहासिक भौतिकवाद" (डायलेक्टिकल ऐंड हिस्टारिकल मैटीरियलिज्म) पढ़ने का ही अवसर मिला था। अधिकतर उन्हें छोटे स्तर के सिद्धान्तकारों द्वारा सतही और घिसे-पिटे ढंग से लिखी गई पुस्तिकाओं और परचों से ही सन्तुष्ट रहना पड़ता था।

इसके साथ ही अधिकतर भारतीय साम्यवादियों की मताग्रही, सैद्धान्तिक विचार सरणी ने उन्हें भारतीय समाज के जाति, वर्गसम्बन्धों और राजनीति के बहुमूल्य गैर मार्क्सवादी विश्लेषणों को जानने-परखने के लिए प्रोत्साहित नहीं किया। अन्य कारकों के अतिरिक्त इस कारक ने भी मार्क्सवादी सिद्धान्त को सम्पूर्ण रूप में समझने, भारत की विशिष्ट सामाजिक, सांस्कृतिक और राजनीतिक सच्चाइयों की एक समझ विकसित करने और तदनुरूप एक

प्रासंगिक रणनीतिक दृष्टिकोण विकसित करने में मार्क्सवादी पद्धति को रचनात्मक और स्वतंत्र रूप से इस्तेमाल कर सकने की सीपीआई की सामर्थ्य को सीमित किया।

भारत की कम्युनिस्ट पार्टियों ने हमेशा जिन केन्द्रीय रणनीतिक अवधारणाओं के आधार पर काम किया है, उनका स्रोत कामिन्टर्न की परम्परा से है। जिन पिछड़े पूँजीवादी अथवा अर्ध सामन्ती, अर्ध औपनिवेशिक समाजों में कोई बुर्जुआ (अथवा लोकतांत्रिक) क्रान्ति नहीं हुई है, उनमें "द्विचरणी क्रान्ति" की धारणा और पार्टी की हरावल दस्ते वाली भूमिका- जो अन्ततः सर्वहारा के अधिनायकवाद और समाजवाद की ओर ले जाएगी—के तहत एक बहुवर्गीय जनवादी अथवा राष्ट्रीय लोकतांत्रिक मोर्चे (जिसमें मजदूर वर्ग, किसान वर्ग, मध्य वर्ग, पेटी बुर्जुआ और कभी-कभी राष्ट्रीय बुर्जुआ वर्ग शामिल है) का विचार भी दरअसल कामिन्टर्न से ही आया था।

इनमें से अनेक सिद्धान्त भारतीय साम्यवादी दलों की सैद्धान्तिक सामग्री में अब भी केन्द्रीय महत्त्व के बने हुए हैं जैसेकि 'जनवादी केन्द्रवाद' की धारणा और संगठनात्मक व्यवहार जो पार्टी कांग्रेसों और अन्य मुख्य मंचों पर सीमित आन्तरिक बहस की अनुमति देता है लेकिन अपेक्षा करता है कि ऐसी बहसों में हुए बहुमत के फैसले सभी सदस्यों के लिए बाध्यकारी हों। दो सम्मेलनों के बीच की अवधि में सदस्य असहमति के दृष्टिकोण अभिव्यक्त नहीं कर सकते।

इसी तरह समाजवादी लोग द्वितीय इंटरनेशनल के सैद्धान्तिक ढाँचे और कामिन्टर्न के साथ उसकी गहरी राजनीतिक प्रतिद्वन्द्विता के दायरे में सीमित थे। ये दोनों धाराएँ पूँजीवाद, मजदूर वर्ग के आन्दोलन के लक्ष्यों और फासीवाद तथा नाजीवाद से समाजवादी परियोजना को होने वाले खतरों की अपनी समझ में एक दूसरे से अलग थीं। अनेक समाजवादी भारत के लिए श्रम पर आधारित छोटे पैमाने के उत्पादन की प्रासंगिकता पर जोर देते थे जबकि साम्यवादी एक नियम की तरह सोवियत माडल की तर्ज पर आर्थिक विकास की कुंजी भारी उद्योग को मानते थे। साधन और साध्य के सवाल पर भी दोनों धाराओं की समझ भिन्न थी। जाति और खास तौर पर भारत से जुड़े कुछ मुद्दों से मुठभेड़ करने में भारतीय समाजवादियों ने कम्युनिस्टों के मुकाबले कम सैद्धान्तिक कट्टरता दिखाई लेकिन वे वर्ग आधारित दृष्टिकोणों को अपनाने और साम्यवादियों के साथ मिलकर काम करने में हिचकते थे।

भारत में समाजवादी अगर एकमात्र नहीं तो कम-से-कम ऐसी सबसे महत्त्वपूर्ण वाम धारा थी जिसने जमीनी स्तर पर राष्ट्रीय स्वयंसेवक संघ (आरएसएस) और हिन्दू महासभा का मुकाबला करने के लिए एक संगठन खड़ा किया था। यह संगठन राष्ट्र सेवा दल (आरएसडी) था। इसका गठन 1941 में महाराष्ट्र में किया गया था। इसका उद्‌देश्य था युवाओं में 'लोकतांत्रिक समाजवाद, सेकुलर राष्ट्रवाद...समानता, सामाजिक न्याय, भाईचारा और कानून के शासन' के मूल्य संस्कारित कर उनका 'नैतिक-बौद्धिक विकास' करना। राष्ट्र सेवा दल ने स्कूल खोले। सेवा दल स्कूलों, कालेजों के अवकाशों के दौरान समय समय पर शिविर आयोजित करता था। अगर अन्य वाम धाराओं ने दल को समर्थन दिया होता अथवा इसी तरह की गतिविधियाँ स्वयं संचालित की होतीं तो भारत में हिन्दू साम्प्रदायिकता का अधिक प्रतिरोध दिखाई देता।[7]

वाम विविधता का क्षरण

भारतीय समाज के बहुलवाद और इसके जन आन्दोलनों की व्यापकता और विविधता के साथ कदम मिलाते हुए राजनीति में वाम परिदृश्य के भीतर भी 1940 के दशक तक बहुत विविधता और अनेकता दिखाई पड़ती थी। साम्यवादी और समाजवादी दलों के अतिरिक्त वाम संगठनों में स्वतंत्र मार्क्सवादी धाराएँ भी शामिल थीं जिन्होंने थर्ड इंटरनेशनल और स्तालिन की विरासतों को अस्वीकार किया था। देशज और राष्ट्रवादी समूह (उदाहरणार्थ फारवर्ड ब्लॉक), जिनकी समाजवाद की अपनी खुद की परिभाषाएँ थीं, सामाजिक सुधार और दलित मुक्ति पर जोर देने वाले क्षेत्रीय दल और लगभग-गांधीवादी समतावाद पर जोर देने वाली छोटी छोटी धाराएँ भी इसमें शामिल थीं। इनमें से कुछ धाराएँ बाद में 'सर्वोदय' के आमूल परिवर्तनवादी संस्करण के रूप में विकसित हुईं।

भारतीय समाज और राज्य की प्रकृति की भिन्न-भिन्न अवधारणाओं और विभिन्न राजनीतिक लक्ष्यों और रणनीतियों के साथ विभिन्न विचारधाराओं और सिद्धान्तों का एक व्यापक विस्तार देश के वाम के तहत फला-फूला जिसमें संसदवाद, मजदूरों के अपने संगठनों और किसान वर्ग पर केन्द्रित जमीनी गोलबन्दी से लेकर सशस्त्र खेतिहर क्रान्ति के परिप्रेक्ष्य से जुड़ाव तक वामपन्थ के विविध रूप शामिल थे।

इन धाराओं और उनके विचारधारात्मक दृष्टिकोणों के बीच कुछ संवाद और विवाद था। उनके दृष्टिकोणों की पृष्ठभूमि में आजादी से लगभग एक दशक पहले हुई मजदूरों की हड़तालों, किसान संघर्षों और राष्ट्रवादी गोलबन्दियों की महान लहर थी। यद्यपि संवाद कभी-कभी झगड़े में बदल जाता था लेकिन प्रायः उसके कुछ अच्छे परिणाम सामने आते थे। बाद में इनमें से कुछ छोटी धाराएँ कांग्रेस में और मुख्यधारा के वाम दलों में विलीन हो गईं। समाजवादी 1955 से 1972 के बीच की छोटी सी अवधि में चार प्रमुख विभाजनों से गुजरे।[8] अन्य धाराएँ व्यक्तित्वों के टकरावों अथवा राज्य की दमन की ताकत के दबाव में बिखर गईं। वाम के भीतर ही विविधता के क्षरण का खामियाजा सभी धाराओं और विशेषकर साम्यवादियों को भुगतना पड़ा।

समाजवादियों के साथ अविभाजित सीपीआई का सम्बन्ध जटिल, व्यापक रूप से भाईचारे वाला लेकिन समय-समय पर अन्तविरोधपूर्ण था।[9] साम्राज्यवाद, सामन्तवाद, पूँजीवाद की प्रत्यालोचना के प्रति उनका दृष्टिकोण समान था और स्वतंत्रता आन्दोलन में भी वे इन्हीं समान मूल्यों पर साथ रहे। 1930 के दशक में समाजवादियों की तरह ही साम्यवादी दल के अनेक सदस्य निजी तौर पर कांग्रेस सोशलिस्ट पार्टी (सीएसपी) में शामिल हो गए थे। सीएसपी अपनी मूल पार्टी कांग्रेस के भीतर एक पार्टी/गुट थी। कुछ प्रान्तों में, उदाहरण के लिए केरल में, दोनों धाराओं ने सार्थक ढंग से एक दूसरे के साथ मिलकर काम किया। दूसरे प्रान्तों में उनके सम्बन्ध मधुर नहीं रहे। लेकिन सीपीआई को बी.आर. अम्बेडकर से कुछ लेना-देना नहीं था और वह उनके प्रति प्रायः शत्रुतापूर्ण थी जबकि अम्बेडकर दलितों की मुक्ति के लिए एक नए और बहुत स्पष्ट रूप से दलित मुक्ति पर केन्द्रित आन्दोलन का नेतृत्व कर रहे थे। जैसा कि हम बाद में देखेंगे, जाति के प्रश्न पर साम्यवादियों के इस दृष्टिकोण के बहुत खराब परिणाम सामने आए।

भारत के साम्यवादी आन्दोलन के पहले तीन दशक उथल–पुथल भरे थे। ये दशक रणनीति में महत्त्वपूर्ण बदलावों, सशस्त्र संघर्ष और संसदवाद के बीच झूलने, अन्य वाम धाराओं के साथ खट्टे–मीठे सम्बन्धों, दल में अन्दरूनी गुटीय संघर्षों और आन्तरिक विभाजनों के लिए जाने जाते हैं। इनमें से कुछ अन्तरराष्ट्रीय साम्यवादी आन्दोलन के भीतर उठने वाले मतभेदों से सम्बन्धित थे और अन्य इस बात से कि स्वतंत्रता आन्दोलन, विभाजन (भारत–पाक) और राष्ट्रीय, क्षेत्रीय और जातीय–भाषायी सवालों पर क्या रुख अपनाया जाना चाहिए।

आजादी के पहले या तुरन्त बाद साम्यवादी आन्दोलन के लिए यह पहचान कर पाना आसान नहीं था कि कौन से वर्ग अथवा सामाजिक समूह उसके सम्भावित सहयोगी थे और कौन मुख्य शत्रु थे। आगे बढ़ने के लिए अपनी रणनीतिक दिशा निर्धारित करना और अपनी कार्यनीति और संघर्ष के तरीके निश्चित कर पाना भी आसान नहीं था। वह पूरी आजादी के लिए अंग्रेजों से लड़ने में हिचकिचाने वाले रूढ़िवादी दल के रूप में कांग्रेस की निन्दा करने और 1940 के दशक के उत्तरार्ध तक सीएसपी में तथा आल इंडिया ट्रेड यूनियन कांग्रेस (एआईटीयूसी) और अन्य जन संगठनों के माध्यम से कांग्रेस के साथ सहयोग करने के बीच डोलती रही। कांग्रेस और उसके दो प्रमुख नेताओं गांधी और नेहरू के प्रति उसने एक अस्पष्ट, प्राय: विरोधात्मक और बहुत ढुलमुल रवैया अपनाया।

कामिन्टर्न का विषाक्त प्रभाव

कम्युनिस्ट पार्टी ऑफ इंडिया की रणनीति और कार्यनीति गढ़ने में कामिन्टर्न और कम्युनिस्ट पार्टी आफ ग्रेट ब्रिटेन (सीपीजीबी) के साथ साथ एम.एन. राय जैसे प्रारम्भिक भारतीय साम्यवादियों की उस यूरोप केन्द्रित सोच का प्रभाव निर्णायक था जिसने समाजवाद के लिए संघर्ष के सन्दर्भ में भारत के विशिष्ट सन्दर्भों और विशेषताओं, जिनमें जाति, धर्म, लिंग और क्षेत्रीय तथा भाषायी विविधता शामिल है, को अनदेखा किया। एक विशेष रूप से विषाक्त प्रभाव ग्रेट ब्रिटेन की कम्युनिस्ट पार्टी के सिद्धान्तकार रजनी पाम दत्त[10] का था जो कामिन्टर्न नेतृत्व के बहुत निकट थे और कम्युनिस्ट पार्टी ऑफ इंडिया के सबसे महत्त्वपूर्ण सलाहकार बन गए थे। सीपीआई के श्रीपाद अमृत डांगे और गंगाधर अधिकारी जैसे प्रमुख नेता कामिन्टर्न निर्देशित यूरोप केन्द्रित दृष्टिकोण को राय और दत्त से भी आगे ले गए।

कामिन्टर्न की 'अति–वाम' छठी कांग्रेस के दिशा–निर्देशों का अनुसरण करते हुए सीपीआई ने 1928 में भारतीय राष्ट्रीय कांग्रेस को मजदूरों और किसानों के हितों का विरोधी 'बुर्जुआ–राष्ट्रवादी' दल कहा और गांधीवाद को खुले तौर पर प्रतिक्रान्तिकारी ताकत[11] घोषित किया। सीपीआई ने अपने मजदूरों के बीच कठिन परिश्रम कर जो ताकत और प्रभाव हासिल किया था उसमें कमी आने का एक कारण यह भी था।

बाद में, कामिन्टर्न की सातवीं कांग्रेस (1935) की नीति के तहत सीपीआई ने एक और पलटी मारी। उसने पूँजीवाद विरोधी संघर्ष से नाता तोड़ लिया और ठीक उस समय कांग्रेस के नेतृत्व के साथ रणनीतिक सहयोग का अनुमोदन किया जब दक्षिणपन्थ की ओर झुकती हुई कांग्रेस पूरी तरह आजाद भारत के भीतर एक सम्पूर्ण संविधान सभा की अपनी माँग से पीछे हट रही थी। सीपीआई ने सुभाष चन्द्र बोस द्वारा गांधी के सामने प्रस्तुत चुनौती को मोटे तौर पर अनदेखा किया। उसने कांग्रेस के प्रगतिशील तत्त्वों के साथ सम्पर्क स्थापित

करने और उसके दक्षिण पक्ष को रोकने अथवा अलग-थलग करने का कोई ठोस प्रयास नहीं किया। इसके बावजूद 1930 के दशक के अन्तिम वर्षों तक सीपीआई ने सिर्फ कड़ी मेहनत के बल पर विभिन्न प्रान्तों में अपनी जड़ें जमा ली थीं और मजदूरों और किसानों के आन्दोलनों के बीच अपना एक आधार विकसित कर लिया था।

जब द्वितीय विश्वयुद्ध शुरू हुआ, पूरी दुनिया की कम्युनिस्ट पार्टियों की तरह सीपीआई ने पहले इसे 'एक साम्राज्यवादी युद्ध' कहा। 1941 में हिटलर द्वारा सोवियत संघ पर आक्रमण के बाद सीपीआई एकदम पलट गई। अब उसने इस युद्ध को 'जनयुद्ध' बताया। युद्ध प्रयासों को समर्थन देने से सीपीआई का नेतृत्व स्वतंत्रता आन्दोलन से अलग-थलग पड़ गया और इसे कांग्रेस के नेतृत्व वाले 'भारत छोड़ो' आन्दोलन[12] के विरोधी के रूप में देखा गया। लेकिन एम.एन. राय और 'जनयुद्ध' थीसिस के कुछ अन्य समर्थकों के विपरीत सीपीआई नेताओं ने औपनिवेशिक राज्य के साथ सहयोग करने अथवा अपने नेतृत्व में चल रहे मजदूरों और किसानों के संघर्षों को रोकने से इनकार कर दिया।[13] फिर भी, उस रुख से पार्टी को अपने मजदूर वर्ग के समर्थन के आधार का कुछ हिस्सा तो खोना ही पड़ा, विशेषकर अत्यन्त महत्त्वपूर्ण बम्बई के सूती मिल उद्योग में, जहाँ कांग्रेस के नेतृत्व वाली रूढ़िवादी यूनियन ने जल्दी ही स्वयं को मजबूत कर लिया और एस.के. पाटिल जैसे दक्षिणपन्थी कांग्रेसी राजनीतिज्ञों ने साम्यवादियों पर सांघातिक ढंग से हमले किए।

लेकिन, बहुत गम्भीर होने के बावजूद यह असंगति सीपीआई के रुख पलटने की उस कार्रवाई के सामने महत्त्वहीन हो जाती है जो उसने धर्म के आधार पर एक अलग राज्य—पाकिस्तान—बनने के गम्भीर सवाल पर अपनाई थी और जिसके बाद भारत के विभाजन पर उसने असाधारण रूप से परस्पर विरोधी रुख अपनाने का सिलसिला जारी रखा था। सितम्बर 1942 में सीपीआई की केन्द्रीय समिति के एक विस्तारित अधिवेशन ने 'पाकिस्तान की माँग के न्यायपूर्ण मूल तत्त्व' के प्रति समर्थन व्यक्त करते हुए एक प्रस्ताव 'पाकिस्तान और राष्ट्रीय एकता' पारित किया। बाद में पार्टी की पहली कांग्रेस ने मई 1943 में इसकी पुष्टि की थी।

पाकिस्तान (बनने) के पक्ष में सीपीआई का समर्थन पार्टी के सिद्धान्तकार गंगाधर अधिकारी के विश्लेषण पर आधारित था। यह विश्लेषण अन्य विशेषताओं के साथ धर्म पर आधारित राष्ट्र और राष्ट्रीयता की स्तालिन की परिभाषा का अक्षरश: अनुकरण था।[14] राष्ट्रीयताओं और अल्पसंख्यकों के लिए अलग होने की सीमा तक आत्मनिर्णय का अधिकार इसका अभिन्न अंग था। सीपीआई ने पूर्ण अलगाव सहित आत्मनिर्णय के अधिकार को 1930 में[15] अपने प्रारूप कार्यक्रम का हिस्सा बनाया था और 1941 में इसे फिर दोहराया था। अगस्त 1942 में कांग्रेस कार्यसमिति (सीडब्ल्यूसी) के ऐतिहासिक 'भारत छोड़ो' सत्र में समिति के कम्युनिस्ट सदस्यों ने अंग्रेजों के तुरन्त भारत छोड़ देने की बहुमत की माँग का विरोध किया और माँग की कि इसके बजाय पहले मुस्लिम लीग के साथ समझौता किया जाए।[16]

नवम्बर 1942 के 'एकता सप्ताह' के लिए बनाये गए अपने 'घोषणापत्र' में सीपीआई ने कांग्रेस और मुस्लिम लीग के बीच समझौते पर जोर दिया ताकि हिन्दू-मुस्लिम एकता पर आधारित अस्थायी राष्ट्रीय सरकार बनाई जा सके।[17] इस बात की वकालत करने के लिए नेहरू और कांग्रेस के अन्य नेताओं ने सीपीआई पर तीखे हमले किए। दिसम्बर 1945 में कम्युनिस्टों को अखिल भारतीय कांग्रेस कमेटी (ए आई सी सी) और प्रान्तीय समितियों

से निकाल दिया गया। लेकिन इनमें कोई भी कार्रवाई सीपीआई को अप्रैल 1946 में ब्रिटिश कैबिनेट मिशन को अपना ज्ञापन देने से रोक नहीं सकी जिसमें स्पष्ट शब्दों में आत्मनिर्णय को समर्थन दिया गया था।[18] इसी पार्टी ने बाद में विभाजन को 'साम्राज्यवादी षड्यंत्र' बता कर उसकी निन्दा की।

सीपीआई के पाकिस्तान समर्थक रवैये ने प्राथमिक रूप से धर्म के आधार पर राष्ट्र के निर्माण की अत्यन्त समस्यामूलक प्रकृति और विभाजन के सम्भावित साम्प्रदायिक और मानवीय परिणाम की ओर से आँखें मूँद ली थीं लेकिन जब विभाजन नजदीक आ गया, पार्टी ने अपना रुख बदल दिया। जून 1947 में उसने भारत की आसन्न 'आजादी को' 'पूर्ण' स्वतंत्रता से वंचित और फिर भी 'जनता के हाथों में एक हथियार' और स्वतंत्रता की ओर 'एक अग्रगामी कदम' बताया था। 3 अगस्त, 1947 को सीपीआई ने स्वयं को 'फिर से संघर्ष करने...अपने देश के लिए पूर्ण आजादी प्राप्त करने' और अपनी मातृभूमि के ऐच्छिक पुन:एकीकरण की दिशा में पहले कदम के रूप में भारत और पाकिस्तान के बीच बिरादराना सहयोग स्थापित करने के लिए,[19] समर्पित किया।

विभाजन के तुरन्त बाद, सीपीआई ने अपने अनेक मुसलमान सदस्यों को पाकिस्तान जाने के लिए प्रोत्साहित किया। ऐसे लोगों में साहित्यकार और प्रगतिशील लेखक संघ के संस्थापक सज्जाद ज़हीर भी थे जो 1948 में पाकिस्तान में कम्युनिस्ट पार्टी स्थापित करने के लिए वहाँ भेज दिए गए थे।[20] लेकिन यह इंतजाम कारगर नहीं हुआ। ज़हीर को लगातार परेशान किया गया और फिर गढ़े गए झूठे रावलपिंडी षड्यंत्र केस में वह चार साल के लिए जेल भेज दिए गए।[21] नेहरू की अभिरक्षा में और इस शपथ के बाद ही उन्हें 1955 में भारत भेजा गया कि 'वह फिर कभी पाकिस्तान के आन्तरिक मामलों में हस्तक्षेप नहीं करेंगे'।[22]

अगस्त 1948 में सीपीआई ने पाकिस्तान मुद्दे पर एक और अतिवादी रुख अपनाया। 'पाकिस्तान पर किसका शासन' शीर्षक परचे में उसने पाकिस्तान में हावी 'छद्म आजादी और छद्म नेतृत्व' की भर्त्सना करते हुए उसे 'साम्राज्यवाद' और 'विदेशी शोषकों' का लुटेरा, बुर्जुआ-भूस्वामी पिट्ठू कहा। उसने पाकिस्तान के 'शोषणकारी भूस्वामियों और पूँजीपतियों' पर आरोप लगाया कि वे 'साम्प्रदायिक भावनाओं' पर फल-फूल रहे हैं और 'पाकिस्तान का मिलकर शोषण करने के लिए विदेशी पूँजीपतियों के साथ गुप्त रूप से सौदा कर रहे हैं'। परचे में कहा गया कि पाकिस्तानी राज्य 'नागरिक स्वतंत्रताओं और लोकतांत्रिक अधिकारों' के उल्लंघन पर आधारित है और 'धार्मिक रूढ़िवाद से आज़ादी' की गारंटी नहीं दे सकता। इसमें यह भी कहा गया कि फिर भी 'भारत की जनता की ही तरह पाकिस्तान की जनता को भी अभी खुद को मुक्त कराना है और अपने देश को विदेशी शोषकों के हाथ बेचे जाने से बचाना है'।[23]

जम्मू और कश्मीर पर भी सीपीआई परस्पर विरोधी और असंगत रुख अपनाती रही। भारत में कश्मीर के विलय का इसने पहले स्वागत किया लेकिन बाद में पार्टी ने कहा भारत ने गलत तरह से 'कश्मीरी जनता को विश्वास दिलाया' कि कश्मीर में भारतीय सेना का अभियान 'लोकतांत्रिक शक्तियों का अभियान था'। फरवरी-मार्च 1948 में (अर्थात रणदिवे के समय में)[24] उसने इसे ग़लतफ़हमी के कारण हुई एक भूल मानते हुए इसका खंडन किया कि भारतीय संघ 'प्रगतिशील' है और पाकिस्तान 'प्रतिक्रियावादी' है। इसके साथ ही 'जब

तक विजयी जनता की लोकतांत्रिक क्रान्ति पूरी नहीं हो जाती...राजशाही कुलीन तंत्र को खत्म नहीं कर दिया जाता और आम जनता के हाथों में सत्ता का हस्तान्तरण नहीं हो जाता तब तक विलय (जम्मू-कश्मीर का भारत या पाकिस्तान में) का कोई प्रश्न नहीं उठता'।[25] सीपीआई का यह दृष्टिकोण औपनिवेशिक राज्य द्वारा प्रस्तावित विभाजन के सूत्र के एकदम विरुद्ध था, जिसके तहत रजवाड़ों के शासकों को इस बात का चुनाव करना था कि वे भारत में विलय करेंगे अथवा पाकिस्तान में।

अगस्त 1948 में सीपीआई ने कश्मीर में पाकिस्तान से हुए तथाकथित कबीलाई आक्रमण की भर्त्सना की। उसने कहा कि पाकिस्तान 'ब्रिटिश साम्राज्यवादियों' के आदेश पर, इस 'जोखिम भरी नीति' पर चला था और 'कश्मीर की जनता और भारतीय संघ की सरकार के विरुद्ध युद्ध छेड़ा था'।[26] इस प्रकार प्रकारान्तर से पार्टी ने भारतीय संघ की सरकार का समर्थन किया। लेकिन रणदिवे दौर के ही 'कश्मीर में साम्राज्यवादी आक्रमण'[27] शीर्षक दस्तावेज में कश्मीर संकट का जिम्मेदार 'अंग्रेज-अमरीकी साम्राज्यवादी खेमे की आक्रामक योजनाओं' को ठहराया गया।

सीपीआई ने कहा यह खेमा न सिर्फ भारत और पाकिस्तान को एक दूसरे के विरुद्ध करना और पूरे उपमहाद्वीप पर अपना आधिपत्य बनाए रखने के लिए धार्मिक-साम्प्रदायिक शत्रुताओं को बढ़ाना चाहता है बल्कि सैनिक-रणनीतिक महत्त्व के क्षेत्रों विशेषकर कश्मीर के उत्तरी क्षेत्र पर नियंत्रण करना चाहता है जहाँ सोवियत संघ और चीन की सीमाएँ मिलती हैं; साम्राज्यवादी योजना का 'मूल प्रयोजन' 'सोवियत संघ के विरुद्ध युद्ध की तैयारी है'।

सीपीआई ने नेहरू की 1947 से 50 की अवधि की कश्मीर नीति की कठोर निन्दा की। उसने कहा इस नीति का उद्देश्य शेख अब्दुल्ला को एक अत्याचारी महाराजा के साथ, 'घृणित समझौते' को स्वीकार करने पर और राजा को कश्मीर के विलय पर मजबूर कर कश्मीर के समृद्ध क्षेत्र को हड़पना और उसका शोषण करना था। अब्दुल्ला ने इस 'कपटपूर्ण विलय' को महज एक 'लोकतांत्रिक जामा' प्रदान किया।[28] बाद में, सीपीआई ने अपनी स्थिति में जबर्दस्त संशोधन किया। उसने उसी तरह भारतीय संघ में विलय के महाराजा के निर्णय की वैधता स्वीकार कर ली जैसे उसने 1948 का कठोर बगावती रुख छोड़कर 1953 में एक 'नरम' संसदीय दृष्टिकोण अपना लिया था और आमूल परिवर्तनवादी संघवाद और अलगाववाद को समर्थन देने की नीति से हटकर 'राष्ट्रीय एकता' को स्वीकार कर लिया था।[29]

नीतियों में ये आड़े-तिरछे बदलाव, अतिवादी स्थितियों के बीच अद्भुत ढंग से डोलना, इधर से उधर, उधर से इधर आना-जाना सीपीआई की कामिन्टर्न और सीपीएसयू (सोवियत संघ की कम्युनिस्ट पार्टी) से उधार लिए गए विचारधारात्मक सैद्धान्तिक ढाँचे की लगभग पूरी अधीनता की और तमाम मुद्दों पर मास्को की कार्यनीति सम्बन्धी लाइन को पार्टी द्वारा बिना सवाल किए स्वीकार करने और एक स्वतंत्र विश्लेषणात्मक परिप्रेक्ष्य या राजनीति रणनीतिक विकसित करने में इसके अपने नेताओं की असफलता अथवा अक्षमता की पुष्टि करते हैं। रणनीतिक अथवा प्रमुख कार्यनीतिक मुद्दों पर आपस में मतभेद होने की स्थिति में सीपीआई के नेता सीपीएसयू से मध्यस्थता करने का आग्रह करते थे अथवा उनकी सलाह लेते थे जैसा कि 1951 में हुआ था जब स्वयं स्तालिन ने हस्तक्षेप किया था (इस पर चर्चा अगले अध्याय में)।

अधिक सामान्य ढंग से कहें तो इस सबसे भारतीय कम्युनिस्टों की सैद्धान्तिक प्रणाली और विश्लेषण में लगातार एक कमजोरी नजर आती है जिसकी जड़ मार्क्सवाद से अपरिचय, उसकी व्यवस्थित शिक्षा के अभाव और जोरदार आन्तरिक बहसों की परम्परा की अनुपस्थिति में है। इस अनुपस्थिति का कारण अंशत: इस बात को माना जा सकता है कि वे अधिकतर भूमिगत रहकर काम करने को मजबूर थे अथवा इस बात को भी कि लम्बे समय तक उन्हें अभावग्रस्त परिस्थितियों में रहना पड़ा। ऐसी परिस्थितयों में एक ऐसी सांगठनिक संस्कृति का उभरना स्वााभाविक है जिसमें बौद्धिक मतभदों और असहमति के प्रति सम्मान की गुंजाइश नहीं रहती और सैद्धान्तिक मामलों में रुचि का अभाव हो जाता है। सरल ढंग से कहा जाए तो अच्छे, उत्साहपूर्ण सक्रियतावाद अथवा समर्पित भाव से जनता को संगठित करने या पार्टी को मजबूत करने का काम तो ठीक है लेकिन सिद्धान्त भारतीय साम्यवादियों का मजबूत पक्ष कभी नहीं रहा है।

पाकिस्तान, राष्ट्रीयता के प्रश्न और कश्मीर पर बार-बार रुख बदलना—ये भारतीय साम्यवाद के इतिहास के कुछ सबसे दुर्भाग्यपूर्ण निर्णय थे और सीपीआई को इनकी भारी कीमत चुकानी पड़ी। लेकिन यह उल्लेखनीय है कि पार्टी अपने भटकावों और विवादित स्थितियों के परिणामस्वरूप हुई बदनामी को जल्दी ही पीछे छोड़ कर आगे बढ़ सकी और पुन: वैधता प्राप्त कर सकी। यह प्रक्रिया 1943 में ही शुरू हो गई थी जब सीपीआई की सदस्य संख्या तीन गुनी हो गई थी।[30]

1940 के दशक के मध्य व अन्तिम वर्षों में जनआन्दोलनों के जरिये विभिन्न राज्यों में श्रमिक संघों और किसान सभाओं के बीच पार्टी के आधार को मजबूत बनाने की बदौलत सीपीआई अधिक प्रारांगिक बनी और उसकी प्रतिष्ठा बढ़ी। इस प्रक्रिया ने गति पकड़ी। 1950 के दशक के प्रारम्भिक वर्षों में पार्टी ने अपना शिखर नेतृत्व बदला, 'झूठी आजादी' की लाइन छोड़ी, संसदीय लोकतंत्र और बिलकुल नए भारतीय संविधान को मानने का पवित्र संकल्प लिया, जम्मू और कश्मीर पर भारत के क्षेत्रीय दावों को समर्थन देने की पुष्टि की और मुख्यधारा के एक 'जिम्मेदार' राजनीतिक दल की तरह व्यवहार करना प्रारम्भ किया।

1951-52 में आज़ाद भारत के पहले आम चुनाव में सीपीआई ने उल्लेखनीय प्रदर्शन किया और सबसे बड़े विपक्षी दल के रूप में सामने आई। मुख्यधारा में उसकी स्वीकृति तब और बढ़ी जब पार्टी ने सोवियत संघ के प्रभाव के तहत कांग्रेस के प्रति अपना रुख नरम कर लिया। इसका स्पष्टीकरण शीत युद्ध में दोनों खेमों के प्रति नेहरू की गुट निरपेक्षता की नीति, निदेशात्मक नियोजन पर आधारित 'मिश्रित अर्थव्यवस्था' की वकालत और एक आधुनिक स्टील कारखाने के निर्माण के लिए सोवियत संघ की सहायता लेने के प्रति उनके खुलेपन में खोजा जा सकता है (पश्चिम ने ऐसी सहायता देने से इन्कार कर दिया था)।

इससे सीपीआई के भीतर तनाव उत्पन्न हुए क्योंकि पार्टी के कुछ नेता पार्टी की नीति को सोवियत राज्य की विदेश नीति के हितों के अधीन बना दिए जाने के विरुद्ध थे। पार्टी के भीतर असहमतियों का एक और अधिक महत्त्वपूर्ण स्रोत सोवियत संघ और माओ-त्से-तुंग के नेतृत्व वाले चीन के बीच का ऐतिहासिक मतभेद था जो सीपीएसयू की बीसवीं कांग्रेस और निकिता ख्रुश्चेव द्वारा समाजवाद और पूँजीवाद के बीच 'शान्तिपूर्ण सहअस्तित्व' की नीति[31] की घोषणा किए जाने के बाद पैदा हुआ था।

पार्टी के भीतर तनावों को 1962 के भारत-चीन सीमा युद्ध ने और भड़का दिया था। इस विवाद पर भारत सरकार को समर्थन देने के मुद्दे पर सीपीआई के नेता बहुत तीखे ढंग से बटे थे। अनेक नेता इस सन्देह के आधार पर गिरफ्तार कर लिए गए थे कि वे भारत सरकार की नीति के विरोधी हैं, फिर भी शीर्षस्थ नेतृत्व ने प्रकट रूप से 'देशभक्ति' के आधार पर सरकार का समर्थन किया। 1964 में कम्युनिस्ट पार्टी आफ इंडिया (सीपीआई) के विभाजन में इन मतभेदों की महत्त्वपूर्ण भूमिका थी जिसके परिणामस्वरूप सीपीआई(एम) (माकपा) का गठन हुआ जिसने कांग्रेस सरकार के विरुद्ध अधिक उग्र नीति की वकालत की।

पाँच वर्ष बाद, 1967 में पश्चिम बंगाल में नक्सलबाड़ी सशस्त्र विद्रोह के परिणामस्वरूप स्वयं माकपा विभाजित हो गई। इसके परिणामस्वरूप आल इंडिया कोआर्डिनेशन कमेटी आफ कम्युनिस्ट रिवाल्यूशनरीज़ का गठन हुआ और 1969 में भाकपा (मार्क्सवादी-लेनिनवादी) (सीपीआई-मार्क्सिस्ट-लेनिनिस्ट) अर्थात भाकपा (माले) अथवा नक्सलवादियों का जन्म हुआ। नक्सलवादियों में विभाजनों, विलयों और पुनः विभाजनों का एक सिलसिला चला और अन्ततः वे बहुत कमजोर हो गए। भाकपा (माओवादी) के गठन के लिए उनके दो प्रमुख गुट अन्ततः 2004 में एक हो गए।

इस बीच, 1957 में तब तक अविभाजित रही भाकपा (सीपीआई) किसी लोकतंत्र के एक बड़े राज्य (केरल) में स्वतंत्र और निष्पक्ष चुनाव जीतकर सत्ता में आने वाली विश्व की पहली पार्टी बन गई।[32] इससे सीपीआई के 'समाजवाद के संसदीय मार्ग' के दीर्घकालीन संक्रमण पर मोहर लग गई। तबसे माकपा और भाकपा ने लगभग 'सामान्य' संसदीय राजनीति की है और तीन राज्यों में सत्ता में साझेदार रही हैं। वाम मोर्चे के झंडे तले पश्चिम बंगाल और त्रिपुरा में और वाम लोकतांत्रिक मोर्चा (एलडीएफ) नामक एक अधिक व्यापक गठबन्धन में, केरल में।

वाम मोर्चे ने पश्चिम बंगाल में 1977 से चौंतीस वर्षों तक अबाध शासन किया। उसके कामकाज का विश्लेषण चौथे और पाँचवें अध्याय में किया गया है। यहाँ इतना कहना पर्याप्त है कि इसकी प्रारम्भिक ओजस्विता और सम्भावनाएँ जल्दी ही धूमिल हो गईं। सत्ता में अपने पहले दशक के बाद मोर्चा विचारधारात्मक, कार्यक्रमात्मक और सांगठनिक सन्दर्भों में आमूल परिवर्तनवादी नहीं रह गया। वह उत्तरोत्तर यथास्थिति बनाए रखने की दिशा में आगे बढ़ता चला गया। यद्यपि वह राज्य विधानसभा और पंचायत चुनाव जीतता रहा लेकिन अपने तौर-तरीकों में वह नौकरशाह, एक ढर्रे पर चलने वाला और रूढ़िवादी हो गया। उसने भूमि अधिग्रहण और पुनर्वितरण जैसे रूपान्तरणकारी कार्यक्रम त्याग दिए और आपरेशन बर्गा के जरिए काश्तकारों के पंजीकरण और संरक्षण के कहीं अधिक साधारण कार्यक्रम का चयन किया। उसने भूस्वामी किसानों (जिनमें धनी और मँझोले किसान शामिल हैं) का प्रतिनिधित्व करने वाली किसान सभाओं से अलग भूमिहीन खेतिहर मजदूरों की यूनियन संगठित करने के काम से मुँह फेर लिया।

एक सवाल, जो लम्बे समय से भारत और विदेशों के अध्येताओं और कार्यकर्ताओं को परेशान करता रहा है, यह है कि कम्युनिस्ट पार्टियों की सबसे बड़ी राजनीतिक ताकत और प्रभाव जो सत्ता में उनकी लम्बी अवधि तक और लगातार उपस्थिति में प्रतिबिम्बित है, पश्चिम बंगाल और केरल (और छोटे से त्रिपुरा) तक ही सीमित क्यों रहे। उनके 70

प्रतिशत से अधिक सदस्य भी इन्हीं राज्यों से हैं। इन राज्यों से सम्बन्धित अध्यायों में इसके कारणों पर चर्चा की गई है और स्पष्ट है कि इन कारणों का सम्बन्ध इन राज्यों की सामाजिक और सांस्कृतिक विशिष्टताओं, उनकी वर्ग और जाति संरचनाओं के निराले तत्त्वों और इन राज्यों में राजनीतिक गोलबन्दी के विशेष इतिहास से है।

ये 'शुरुआती दशाएँ' बहुत महत्त्वपूर्ण हैं। ये स्पष्ट करती हैं कि क्यों कम्युनिस्ट आन्दोलन ने इन राज्यों में अपेक्षतया जल्दी ही अपनी जड़ें जमा लीं और इस हद तक विकास किया कि वहाँ सत्ता के प्रमुख दावेदार हो गए। लेकिन ये दशाएँ इतने जबर्दस्त ढंग से स्थान अथवा संस्कृति सापेक्ष नहीं हैं कि वे आन्दोलन के प्रसार को केवल इन्हीं राज्यों तक सीमित कर देतीं। अनेक अन्य राज्यों/क्षेत्रों में भी मजबूत वाम आन्दोलन हुए हैं जिनके साथ-साथ आमूल परिवर्तनवादी श्रमिक संघवाद, किसान सभा गोलबन्दी, नारीवाद और सामाजिक कार्य के अन्य रूप भी शामिल रहे हैं। इन राज्यों में आंध्रप्रदेश/तेलंगाना, बिहार, महाराष्ट्र, तमिलनाडु, पंजाब, झारखंड, असम और उत्तर प्रदेश के भी कुछ हिस्से उल्लेखनीय हैं।

इसी तरह, केरल और बंगाल इन दोनों प्रदेशों में सामाजिक, राजनीतिक और सांस्कृतिक विशेषताओं और वाम की उपलब्धियों की असमानताएँ भी उतनी ही महत्त्वपूर्ण हैं जितनी समानताएँ। केरल में वामपन्थ ने जन भागीदारी और सशक्तीकरण, आमूल परिवर्तनवादी विकेन्द्रीकरण और भोजन, शिक्षा और सामाजिक सुरक्षा तक आसान पहुँच की योजनाओं के माध्यम से गम्भीर सामाजिक और राजनीतिक सुधारों की बुनियाद रखी। उसने औपचारिक लोकतंत्र को ठोस सार तत्त्व प्रदान किया और उसे आमूल परिवर्तनवादी बनाया। लेकिन पश्चिम बंगाल में उसने कहीं अधिक रूढ़िवादी आधार से शुरुआत की, भूमि और शासन सुधारों के हलके रूप अपनाए और पंचायती राज जैसी पहलकदमियों को पार्टी के नियंत्रण में नौकरशाही रवैया अपनाने दिया। अन्ततः उसने एक लगभग नव उदारवादी औद्योगीकरण की नीति अपना ली। इन असमानताओं के कारणों की चर्चा सम्बन्धित अध्यायों में की गई है।

बहरहाल, भारत में शायद ही कोई राज्य ऐसा हो जहाँ वामपन्थी राजनीति का कोई इतिहास न हो। वाम सम्पर्कों अथवा दृष्टिकोण वाले मजदूरों और सफेदपोश कर्मचारियों की यूनियनों, महिला संगठनों और शिक्षकों, छात्रों, वकीलों तथा अन्य पेशागत लोगों के संगठनों के संजाल देश के कोने-कोने में विकसित हुए हैं। इनमें से कुछ आन्दोलन जारी नहीं रह सके और कुछ कमजोर पड़ गए, क्योंकि वर्गीय ताकतों के स्थानीय सन्तुलन प्रतिकूल हो गए, संगठित मजदूर वर्ग के प्रभाव में आपेक्षिक कमी आई और कुछ खास तरह की अस्मिता की राजनीति का उभार हुआ (उदाहरणार्थ हिन्दी पट्टी में मंडलवाद), वाम दलों का सामाजिक आधार मध्यवर्ग की ओर खिसक गया, अथवा उनके सांगठनिक और कार्यकर्ता बनाने वाले संसाधन अपर्याप्त सिद्ध हुए। इनमें से कुछ कारणों पर आगे चर्चा की गई है। लेकिन अनेक राज्यों में जो आन्दोलन दशकों तक जारी रहे और जिन्होंने अपनी छाप छोड़ी है उन्हें आज भी अनदेखा नहीं किया जा सकता।

वामपन्थी दलों की क्षेत्रवार उपस्थिति और ताकत हमेशा असमान और असन्तुलित रही थी। कुछ मामलों में जैसे कि 1940 के दशक और 1950 के दशक के प्रारम्भिक वर्षों में केरल और आंध्र में वे तेजी से आगे बढ़े क्योंकि उन्होंने जातीय और भाषायी स्वायत्तता और आत्मनिर्णय के अधिकार की क्षेत्रीय आकांक्षाओं को अभिव्यक्ति दी थी। फिर भी

इन राजनीतिक दलों को प्रारम्भिक रूप से क्षेत्रीय राजनीति के सन्दर्भ में देखना गलत होगा। वाम आन्दोलन का हमेशा एक राष्ट्रीय स्वरूप, आत्मबोध और परिप्रेक्ष्य रहा है और उसकी एक अखिल भारतीय उपस्थिति रही है। हाल के वर्षों में आन्दोलन की राष्ट्रीय भूमिका पश्चिम बंगाल और केरल को छोड़कर अन्य राज्यों में इसके प्रभाव के सन्दर्भ में गैर आनुपातिक ढंग से बढ़ी है।

वास्तव में, केन्द्र में 1989 में एकदलीय शासन के प्रभावी अन्त के साथ वाम दलों ने राष्ट्रीय राजनीति में अभूतपूर्व प्रभाव हासिल कर लिया। नई दिल्ली में विश्वनाथ प्रताप सिंह के नेतृत्व वाली गठबन्धन सरकार को सत्तारूढ़ करने में (1989-91) उन्होंने वह भूमिका निभाई जिसे किंगमेकर की भूमिका कहा जाता है। इस परिदृश्य के दो विपरीत ध्रुवों—वाम मोर्चा और भारतीय जनता पार्टी—पर निर्भर सरकार अधिक समय तक नहीं चली। लेकिन भारत की राजनीति जैसे-जैसे ज्यादा बहुध्रुवीय होती गई (कम-से-कम 2014 तक), वाम दलों को राष्ट्रीय सत्ता की हिस्सेदारी में वैध दावेदारों के रूप में अथवा इसके वितरण में निर्णायक के रूप में देखा जाने लगा। इसका कारण यह भी था कि उनकी छवि एक गम्भीर और जिम्मेदार दल की थी और इस रूप में उन्हें प्रतिष्ठा प्राप्त थी।

इस प्रकार, 1996 में लम्बे समय तक पश्चिम बंगाल के मुख्यमंत्री रहे और गैर कांग्रेस, गैर भाजपाई खेमे में सबसे बड़े नेता माने जाने वाले ज्योति बसु को एक बहुदलीय गठबन्धन द्वारा प्रधानमंत्री पद का प्रस्ताव दिया गया था। उनकी पार्टी माकपा ने उनसे प्रस्ताव नामंजूर करा दिया। बसु ने बाद में इसे एक 'ऐतिहासिक भूल' कहा क्योंकि निकट भविष्य में ऐसा अवसर फिर मिलने की सम्भावना नहीं है।

राष्ट्रीय राजनीति में वाम दलों की भूमिका और गठबन्धन की उनकी रणनीतियों पर गहराई से चर्चा अध्याय 2 और अध्याय 3 में की गई है। 2004 के आम चुनाव के बाद कांग्रेस पार्टी नीत संयुक्त प्रगतिशील गठबन्धन सरकार के गठन में उनका 'बाहर से' समर्थन महत्त्वपूर्ण था। इससे भारतीय जनता पार्टी के नेतृत्व वाले राष्ट्रीय जनतांत्रिक गठबन्धन (राजग—एनडीए) के छह वर्ष का दौर खत्म हुआ। यद्यपि 'बाहर से' समर्थन का यह प्रबन्ध 2008 में टूट गया लेकिन संप्रग के साझा न्यूनतम कार्यक्रम (सीएमपी) का प्रारूप तैयार करने और इसके कुछ सामाजिक और आर्थिक कार्यक्रमों को और एक हद तक विदेश और सुरक्षा नीतियों को प्रभावित करने में वाम ने कोई साधारण भूमिका नहीं निभाई थी।

राष्ट्रीय सत्ता तो उनकी पहुँच से बाहर सिद्ध हुई लेकिन राज्य स्तर पर सीमित सत्ता का लम्बा अनुभव भारतीय वाम की विशिष्ट पहचान बन गया। यह 1960 और 1980 के दशकों के बीच इतालवी और फ्रांसीसी कम्युनिस्ट पार्टियों के बीसियों नगर और प्रान्तीय सरकारों पर एक लम्बे समय तक रहे दबदबे के समान और उससे भिन्न दोनों था। वहाँ राज्य स्तर की सत्ता का इस्तेमाल करते हुए उन्होंने कुछ आमूल परिवर्तनवादी कार्यक्रम लागू करवाये थे। लेकिन केन्द्र सरकार की हस्तक्षेपकारी सत्ता द्वारा सीमित राज्यस्तरीय सत्ता का इस्तेमाल करते हुए भारतीय वाम को अपने 'क्षेत्रीकरण' की सम्भावना से मुठभेड़ करनी पड़ी है। इसका अर्थ है गिनती के कुछ राज्यों में बहुत प्रभावी और मजबूत उपस्थिति और सुदृढ़ पार्टी किन्तु राष्ट्रीय स्तर पर विशेषकर अधिक आबादी वाली हिन्दी पट्टी में पार्टी की अपेक्षाकृत कमजोर स्थिति और घटती ताकत।

वामपन्थ ने भारत की अर्धसंघीय राजनीतिक व्यवस्था के बारे में यह जानते हुए भी कि सत्ता और शक्ति का बँटवारा मजबूती के साथ और पक्षपातपूर्ण ढंग से केन्द्र सरकार के पक्ष में है और राज्य सरकारों के लिए नीतिगत निर्णय ले सकने की बहुत कम गुंजाइश बचती है, 1960 के दशक में राज्यों में सरकारें बनाने का अत्यन्त महत्त्वपूर्ण फैसला लिया था। यह फैसला लेना उसके लिए आसान नहीं था। 1959 में केरल की पहली साम्यवादी सरकार की बर्खास्तगी की याद भी वाम के नेताओं के दिलो-दिमाग पर बुरी तरह छाई थी। उन्होंने निर्णय किया कि इसके बावजूद वे राज्य सरकारों में भागीदारी करेंगे जिनके माध्यम से जनता को 'सीमित राहत' दे पाने के लिए उनके पास अपनी पसन्द की नीतियों को लागू करने की कुछ आज़ादी तो होगी।

राज्य स्तर की सत्ता की कमान सम्भालने का अनुभव वाम के लिए लगातार सुखद नहीं रहा। पश्चिम बंगाल में वाम मोर्चा और केरल में वाम लोकतांत्रिक मोर्चा (एलडीएफ) दोनों ने विशेषकर अपने कार्यकाल के प्रारम्भिक वर्षों में प्रभावशाली सुधारों की नींव डाली। लेकिन जल्दी ही उन्होंने ऐसे समझौते किए जिनके नफे-नुकसान पर वामपन्थ के भीतर और बाहर दोनों जगह लम्बे समय तक बहस चली है। अध्याय 4 और 7 में इस सवाल पर अधिक विस्तार से चर्चा की गई है। लेकिन यहाँ यह उल्लेख करना आवश्यक है कि सामाजिक विकास, आर्थिक संवृद्धि और औद्योगीकरण के सन्दर्भ में वाम, विशेषकर बंगाल में, रूढ़िवादी दृष्टिकोण की ओर भटक गया। इसका परिणाम यह हुआ कि उसका सामाजिक आधार उससे अलग हो गया और अन्ततः राज्य सत्ता उसके हाथ से निकल गई।

भारतीय राजनीति में समाजवादी बहुत प्रभावी थे और एक समय संख्या में साम्यवादियों से अधिक थे। वे कहीं अधिक व्यक्तिवादी थे और उनका संगठन कमजोर लेकिन कम कट्टर था। उन्होंने 1977 में अपनी पहचान जनता पार्टी में विलीन कर दी थी और दो वर्ष बाद पार्टी के विभाजन के बाद वे विविध गुटों में टूट कर बिखर गए। अधिकतर समाजवादी अब विभिन्न दलों में बिखरे हुए हैं जिनमें निम्न जातियों पर आधारित संगठन और भाजपा जैसे स्पष्ट रूप से दक्षिणपन्थी दल भी शामिल हैं।

समाजवादी धारा भारत में एक अलग विशिष्ट सांगठनिक, यहाँ तक कि विचारधारात्मक अभिव्यक्ति भी नही रह गई है हालाँकि एक बहुत छोटी, नाम मात्र के लिए राष्ट्रीय स्तर की सोशलिस्ट पार्टी (इंडिया) अब भी मौजूद है[33] और उन पुराने पूर्व समाजवादियों को फिर से इकट्ठा करने के प्रयास किए जा रहे हैं जो 'जनता' जमावड़े का हिस्सा थे।

हर तरह के उद्देश्य और प्रयोजन से भारतीय वाम अब ऊपर वर्णित मुख्यधारा के दलों और एक ऐसी युवा गैर संसदीय वाम धारा तक सीमित रह गया है जो माओवादी अथवा नक्सलवादी समूहों से मिलकर बनी है और जो सशस्त्र क्रान्ति द्वारा राज्य को उखाड़ फेंकने में विश्वास करती है। ये युवा गैर संसदीय समूह मुख्यधारा के वाम दलों के प्रति निष्ठुर ढंग से शत्रुतापूर्ण हैं। वे मुख्यधारा के वामदलों को 'संशोधनवादी' और सत्ता की मौजूदा व्यवस्था का हिस्सा मानते हैं। वे घने जंगलों वाली मध्य और दक्षिण-पूर्वी आदिवासी पट्टी में और उड़ीसा तथा पश्चिम बंगाल के कुछ क्षेत्रों में सक्रिय हैं। इस पट्टी में भारत के कुछ निर्धनतम और हाशिये पर धकेले गए लोग बसे हैं जिनकी आजीविका के साधनों पर लुटेरे खनन, बिजली उत्पादन और औद्योगिक परियोजनाओं का गम्भीर खतरा छाया है। अपने विरोधियों

पर, जिनमें पुलिस और अन्य राज्यकर्मी शामिल हैं; बेधड़क सशस्त्र हमले कर देने के लिए जाने जाने वाले ये छापामार दस्ते दुनिया के सबसे बड़े माओवादी आन्दोलनों में से एक हैं।

राज्य द्वारा दमन और गैर न्यायिक हत्याओं की 'मेहरबानी' से माओवादियों ने हाल के वर्षों में बहुत धोखे खाए हैं, बहुत नुकसान उठाया है। यद्यपि अब वे ढलान पर प्रतीत होते हैं लेकिन वे बड़ी संख्या में आदिवासियों को आजीविका के मुद्दों पर और जल-जंगल-जमीन जैसे प्राकृतिक संसाधनों तक उनकी परम्परागत पहुँच से उन्हें वंचित किए जाने के विरुद्ध गोलबन्द करने में सफल हुए हैं। भारतीय राज्य ने इस गोलबन्दी का जवाब बर्बर सैन्य बल और मानवाधिकारों के खुले उल्लंघन से दिया है जिसमें भारत के केन्द्र में स्थित छत्तीसगढ़ में सलवा जुडूम जैसी नागरिक सेना प्रायोजित करना और उसे शस्त्र प्रदान करना शामिल है। इस आदिवासी पट्टी में राजनीतिक गतिरोध जारी है। राज्य द्वारा किया जा रहा दमन माओवादी आन्दोलन को नष्ट कर पाने में सफल नहीं हुआ है।

माओवादी आन्दोलन के प्रति राज्य का रवैया भारतीय राजनीतिक व्यवस्था की गम्भीर कमजोरियों और उसके उदार लोकतांत्रिक दावों के छिछलेपन को उजागर करता है। मुख्यधारा के संसदीय वाम दल, विशेष रूप से माकपा, इन कमजोरियों पर पर्याप्त ध्यान नहीं देते, न ही एक गुणात्मक रूप से भिन्न गैर दमनात्मक रुख की वकालत करते हैं, वे अपने प्रति नक्सलवादियों की शत्रुता का व्यापक रूप से वैसा ही जवाब देते हैं। माकपा जब पश्चिम बंगाल में सत्ता में थी उस समय उसने माओवादियों के विरुद्ध केन्द्र के सैन्यीकृत रवैये जैसी नीतियों का ही अनुसरण किया विशेषकर राज्य के पश्चिम में जंगलमहल क्षेत्र में जहाँ उल्लेखनीय आदिवासी आबादी है। माओवादियों के साथ जब तक ऐसा संवाद स्थापित नहीं किया जाता जो उनके वैध सरोकारों पर ध्यान दे और राजनीतिक मुख्यधारा में प्रवेश करने में उनकी सहायता करे तब तक संसदीय वाम इस गतिरोध को तोड़ सकने में समर्थ नहीं होगा।

लेकिन मेरा विषय प्राथमिक रूप से मुख्यधारा के वाम दलों पर केन्द्रित है और मैं उनके विचारधारात्मक आग्रहों, सिद्धान्तों, रणनीतिक दृष्टियों और कार्यक्रम सम्बन्धी परिप्रेक्ष्यों का विश्लेषण करने का प्रयास कर रहा हूँ। मैं सामाजिक, पर्यावरण सम्बन्धी और आजीविका के मुद्दों को लेकर चल रहे गैर दलीय आमूल परिवर्तनवादी आन्दोलनों, श्रमिक संघों के नए रूपों, महिला संगठनों, प्रगतिशील नागरिक समाज समूहों[34] और जिसे 'सामाजिक वाम' कहा जा सकता है, जिसमें बुद्धिजीवी वर्ग शामिल हैं, की गोलबन्दी के विश्लेषण का प्रयास नहीं कर रहा हूँ। ऐसे आन्दोलनों की चकरा देने वाली विविधता भारत को एक विशिष्ट रूप प्रदान करती है। हितों की दृष्टि से इन आन्दोलनों की व्यापकता उल्लेखनीय है। इन आन्दोलनों में बड़ी संख्या में लोगों को गोलबन्द करने का उत्साह भी है और सामर्थ्य भी। इस मामले में कुछ ही देश भारत का मुकाबला कर पाते हैं।

ऐसे आन्दोलनों का अध्ययन अब तक नहीं हुआ है जबकि यह काम रोचक और बहुत आनन्ददायक होगा। लेकिन यह इस पुस्तक का विषय नहीं है। यह पुस्तक एक ओर संगठित वाम के उत्थान और पतन के बीच के व्यापक सम्बन्ध को उजागर करने और दूसरी ओर उन मुद्दों पर आधारित सामाजिक आन्दोलनों के घुमावदार रास्तों तक सीमित है जो वामपन्थ की राजनीतिक सफलता अथवा विफलता पर कोई तात्कालिक प्रभाव तो नहीं डालते लेकिन फिर भी वे उस वृहत्तर पारिस्थितिकी को परिभाषित करते हैं जिनके तहत यह काम करता

है। अध्याय 8 में इस सवाल पर चर्चा की गई है। इसमें यह तर्क दिया गया है कि वाम उस समय सबसे बेहतरीन ढंग से पनपता है जब वह सामाजिक मुक्ति और आमूल परिवर्तनवादी रूपान्तरण के लिए हरावल दस्ते की शक्ति के रूप में काम करता है और प्रगतिशील सामाजिक आन्दोलनों के लिए एक मार्ग निर्देशक बन जाता है। वामपन्थ उन स्थितियों में विफल होता है और लड़खड़ा जाता है जब वह ऐसे आन्दोलनों का पिछलग्गू बन जाता है अथवा जब वह यथास्थिति पर पर्याप्त क्रान्तिकारी तरीके से सवाल खड़ा करने का साहस नहीं जुटा पाता।

भारतीय यथार्थ के लिए प्रासंगिक बने रहने और मुक्तिकारी परिवर्तन के लिए एक अधिक बड़ी ताकत के रूप में विकसित होने की दिशा में वाम का संघर्ष अंशतः ही सफल हुआ है। वह प्रायः समस्यामूलक और असंगतियों और अन्तर्विरोधों से भरा रहा है। सिर्फ यही नहीं कि वाम ने कभी-कभी अपने खुद के सिद्धान्तों और अपनी घोषित नीतिगत स्थापनाओं के साथ समझौते किए हैं बल्कि उसने अनेक प्रमुख सामाजिक कार्ययोजनाओं—सैद्धान्तिक और रणनीतिक दोनों—की उपेक्षा भी की है अथवा कम-से-कम उनके प्रति एक असन्तुलित अथवा विकृत परिप्रेक्ष्य विकसित किया है।

उदाहरण के लिए भारत में जाति और धर्म के असाधारण महत्त्व के बावजूद वाम ने समुचित ढंग से इनके सन्दर्भ में कभी कोई सिद्धान्त विकसित नहीं किया। न ही उसने लिंगभेद के मुद्दे पर उस गम्भीरता के साथ विचार किया जैसा भारत के पितृसत्तात्मक और विद्वेषपूर्ण पुरुष प्रधान समाज में अपेक्षित था। पूँजीवाद की अपनी समीक्षा में वह पारिस्थितिकी और प्रकृति के विनाश के सवाल को केन्द्रीय रूप से शामिल करने में असफल रहा। इस प्रकार, वह समाजवाद के पक्ष में ऐसा कोई तर्क विकसित नहीं कर पाया कि किस प्रकार समाजवाद एक बिल्कुल नई आर्थिक व्यवस्था है अथवा यह प्राकृतिक संसाधनों, मानव समाज और उत्पादन तथा उपभोग के बीच एक गुणात्मक ढंग से रूपान्तरित सम्बन्ध पर आधारित सामाजिक संगठन का एक ऐसा रूप है जो इतिहास में अब तक ज्ञात किसी भी अन्य रूप से भिन्न है। वाम के पास जाति की कोई ऐसी समझ भी नहीं है जिसके तहत वह जाति की इस अवधारणा को वर्ग की अवधारणा के साथ जोड़कर भारत की अत्यन्त विशिष्ट सामाजिक वर्चस्व की प्रकृति को समझ सके और उसे राजनीतिक सत्ता संरचना की अपनी अवधारणा में समाहित कर सके। इसके लिए मार्क्सवाद के बुनियादी पूँजीवाद विरोधी सिद्धान्तों अथवा समाजवाद के लक्ष्य को दृष्टि से ओझल किए बिना परम्परागत मार्क्सवादी सिद्धान्त में बड़े सुधार की जरूरत है।

जैसा कि हम आगे देखेंगे, जाति को सामन्तवाद अथवा अर्ध सामन्तवाद का महज एक अवशेष मानना काफी नहीं है, वस्तुतः यह बुनियादी रूप से गलत है। जाति एक समकालीन परिघटना है। यद्यपि जाति लगातार एक राजनीतिक अभिव्यक्ति बनती गई है लेकिन वह अब भी भारत के पदसोपानात्मक समाज के केन्द्र में स्थित शोषण और दमन के सम्बन्धों के लिए केन्द्रीय बनी हुई है। इसी तरह, वाम ने मोटे तौर पर अन्य पिछड़े वर्गों (ओबीसी) और उनके समान जातियों की अस्मिता की राजनीति का भी सैद्धान्तीकरण नहीं किया है। उसने मंडल फार्मूला के तहत अन्य पिछड़ा वर्ग (ओबीसी) के लिए आरक्षण की माँग पर पहले ढुलमुल रवैया अपनाया और फिर इस माँग का समर्थन किया।

समय के साथ वाम के बड़े हिस्से ने आजादी के आन्दोलन, विभाजन और भारतीय राज्य के गठन (जिसमें जम्मू-कश्मीर का भारतीय संघ में विलय शामिल है) के बारे में मुख्यधारा के विमर्श को बहुत मीन-मेख निकाले बिना स्वीकार कर लिया। जैसा कि प्रचलित राष्ट्रवादी विमर्श में माना जाता है उसी तरह वाम भी विभाजन के लिए मुस्लिम लीग को जिम्मेदार ठहराता है और भारत के विभाजन को भारत छोड़कर जा रहे ब्रिटिश उपनिवेशवादियों की ओर से किया गया षड्यंत्र मानता है। वास्तव में, जैसा कि अनेक विद्वानों ने हाल में लिखा भी है कि एक संघीय संरचना के भीतर लीग के साथ सत्ता में साझेदारी करने से कांग्रेस द्वारा इनकार किया जाना भी विभाजन के लिए जिम्मेदार घटनाक्रम के लिए कम उत्तरदायी न था जिसका परिणाम था विभाजन।[35]

उदीयमान भारतीय राज्य और कांग्रेस नेतृत्व की प्रकृति के बारे में वाम के भीतर 1940 के दशक तक, अनेक तरह के दृष्टिकोण थे। आजादी के बाद बहुत वर्षों तक साम्यवादी वाम और अन्य प्रगतिशील धाराओं ने भारत में उस समय मौजूद भ्रष्ट अर्ध अधिनायकवादी, उदार-लोकतांत्रिक राजनीतिक व्यवस्था का विकल्प खड़ा करने के विषय में तमाम तरह के दृष्टिकोणों पर बहस की। इस विकल्प को केवल औपचारिक संसदीय अथवा सत्ता अभिमुखी राजनीति तक सीमित नहीं रहना था बल्कि उसे नागरिक समाज और उन उत्पादकों के संगठनों को भी अपने दायरे में लेना था जो मजदूर और नागरिक दोनों रूपों में अपनी गतिविधियों के माध्यम से अपना सशक्तीकरण करते हैं।

इस प्रकार वामपन्थ ने मेहनतकश जनता के आत्म संगठन के माध्यम से आजादी के विचार के विस्तार पर आधारित समाज की एक नई कल्पना को साकार करने के लिए संघर्ष किया। आत्माभिव्यक्ति की सामूहिक पद्धतियाँ और नई संस्कृतियाँ एक पार्टी या संगठन के रूप में ही नहीं, बल्कि समाज, राज्य, अर्थव्यवस्था, मानव सम्बन्धों, जीवन शैलियों, काम और खेल, परिवार, संस्कृति, शिक्षा, आराम, यानी आसमान के नीचे जो कुछ भी है सबके बारे में एक नई आलोचनात्मक, आमूल परिवर्तनवादी सोच का प्रतिनिधित्व करने वाले एक गतिशील, जीवन्त आन्दोलन के रूप में वाम की धारणा को साकार करने में महत्त्वपूर्ण होंगी। इसके साथ साथ उसे छोटी-छोटी मामूली

गतिविधियों और इतिहास को दिशा देने वाले अथवा महाआख्यान कहे जाने वाले दीर्घकालिक लक्ष्यों को अविभाज्य रूप से एक साथ जोड़ने की कोशिश करनी होगी।[36]

वाम ने अपने सर्वश्रेष्ठ चरण में स्वयं को संगठित किया और अनेक प्रकार की गतिविधियों और व्यवहारों के माध्यम से स्वयं को शिक्षित किया : सबसे पहले, ट्रेड यूनियनों, किसान सभाओं और अन्य जन संगठनों, जिसके काम में वह भागीदारी करता था, के साथ एक जीवन्त परस्परक्रिया और संवाद; दूसरे, पार्टी के भीतर और पार्टी के बाहर होने वाली बौद्धिक बहसों में विकसित उसका अपना सैद्धान्तिक विमर्श; तीसरे, सामाजिक और सांस्कृतिक पहलों में उसकी भागीदारी और इन मुद्दों पर सक्रिय जमीनी आन्दोलनों के साथ उसका संवाद; और अन्ततः राज्य सत्ता के इस्तेमाल सहित पारम्परिक अथवा मानक संसदीय राजनति का उसका व्यवहार।

इनमें से प्रथम तीन ने उसे नए विचारों और अनुभवों से परिचित कराया और अन्तिम यानी संसदीय राजनीति और राज्य सत्ता के इस्तेमाल ने उसे इन्हें (प्रथम तीन को) अमल

में लाने और मूर्त रूप देने का माध्यम उपलब्ध कराया। कमोबेश सफलता के साथ वाम ने इन गैर संसदीय गतिविधियों और अपने संसदीय काम के बीच एक मजबूत और सुगठित सम्बन्ध स्थापित करने का प्रयास किया। यह इन विशेषताओं का ऐसा अनूठा संयोजन था जिसे भारत के अधिकतर अन्य राजनीतिक संगठनों अथवा आन्दोलनों में कभी दोहराया नहीं गया, वस्तुत: ऐसा करने की कोई कोशिश तक नहीं की गई।

सामाजिक परिवर्तन में योगदान

वामपन्थी दलों ने राजनीति की एक नई संस्कृति का निर्माण करने के लिए संघर्ष किया। वे मजदूरों, किसानों, गरीबों, भूमिहीनों, दस्तकारों और अन्य वंचित तबकों वाले अपने मुख्य आधार क्षेत्र का प्रतिनिधित्व जितने उत्साह और जोश के साथ करते थे वैसा किसी अन्य धारा या दल ने नहीं किया। उन्होंने उन तबकों की ओर से और उनके लिए संघर्ष किया और उन्हें अधिकार तथा लाभ दिलवाये। वंचित लोगों को मिले ये लाभ सबसे बड़ी उपलब्धियों में से थे। वाम की सफलता में निहित कारकों में से कुछ की चर्चा अगले अध्यायों में की गई है। इन कारकों में मार्क्सवादी सिद्धान्त से निकले सामाजिक सम्बन्धों और राज्य का विश्लेषण, पूँजीवाद के बारे में एक अन्तरराष्ट्रीय परिप्रेक्ष्य, समाजवाद का दीर्घकालीन स्वप्न, एक अपेक्षतया सुसंगत घरेलू आन्तरिक राजनीति, रणनीति विकसित करने का एक व्यवस्थित प्रयास, शोषितों और दमितों के स्तरों को संगठित करने और उनके बीच जड़ें जमाने की इच्छा, एक अनुशासित पार्टी संगठन और असाधारण रूप से प्रतिभाशाली, उल्लेखनीय ढंग से मेहनती और जोशो खरोश से भरे समर्पित कार्यकर्ता शामिल हैं।

इसी तरह इन दलों की कुछ कमजोरियाँ भी हैं। इनमें एक कट्टर, जड़ीभूत विचारधारात्मक—सैद्धान्तिक ढाँचा, भारतीय पूँजीवाद की विशिष्टताओं (खासकर 1980 के दशक से) की अपर्याप्त समझ, दोषपूर्ण विश्लेषण और रणनीति के मुद्दों पर खुली और स्वतंत्र बहस की परम्परा की अनुपस्थिति शामिल है। जनवादी केन्द्रवाद के व्यवहार में जमा एक अधिनायकवादी संगठनात्मक रूप इन कमजोरियों को और बड़ा कर देता है। इनमें एक आन्तरिक रूप से लोकतांत्रिक और सन्तुलित ऐसा वाम मोर्चा बनाने में असफलता शामिल है जो किसी एक दल के जबरदस्त प्रभाव अथवा नियंत्रण में न हो। 1990 के दशक से कम्युनिस्ट पार्टियों को विशेषकर एक निश्चित रूप से नव उदारवाद विरोधी ढाँचे के भीतर आर्थिक संवृद्धि और औद्योगीकरण का संवर्धन करने वाली नीतियों के सन्दर्भ में जिन नई चुनौतियों का सामना करना पड़ रहा है उसमें ये कमजोरियाँ अक्षम बना देने वाली सिद्ध हुई हैं। ये वाम के पतन को और इन्हें समझने में और समझ कर सुधारात्मक कदम उठाने में इसकी असफलता को अंशत: व्याख्यायित करती हैं।

इतने वर्षों में वामपन्थ ने कमोबेश सफलता के साथ भारतीय यथार्थ को समझने में मार्क्सवादी सिद्धान्त का इस्तेमाल करने, उस सिद्धान्त की पुनर्व्याख्या करने, उसके अनुरूप ढलने और उसे समृद्ध करने का प्रयास किया है। इससे प्राप्त विश्लेषण को उसने सामाजिक मुक्ति के अपने सपने को विकसित करने में इस्तेमाल करने का भी प्रयास किया है। इससे वह अपने वे कार्यक्रम, नीतियाँ और व्यवहार प्राप्त करता है जिनका उद्देश्य जनता की गोलबन्दी और राज्य सत्ता के इस्तेमाल, दोनों के जरिये आमूलचूल परिवर्तन लाना है।

यह पुस्तक सवाल करती है कि वामपन्थ ने किस हद तक और किस तरह से इस लक्ष्य को हासिल किया है, क्या वह कुछ अधिक हासिल कर सकता था; अपनी मौजूदा संकुचित स्थिति के सन्दर्भ में वाम के भविष्य की सम्भावना क्या है; और प्रगतिशील और समाजवादी रूपान्तरण का इसका केन्द्रीय कार्यक्रम क्या अब भी पुनराविष्कृत किया जा सकता है और क्या उसे उसके अपने साधनों के साथ अथवा अन्य शक्तियों, संगठनों और पहलकदमियों के माध्यम से प्रासंगिक बनाया जा सकता है।

पहले प्रश्न का कामचलाऊ जवाब यह है कि भारत में रूपान्तरणकारी सामाजिक बदलाव में वामपन्थ का बहुमूल्य, वस्तुत: अभिनन्दनीय योगदान है और कई तरह से तो उसका यह योगदान अद्वितीय रहा है। लेकिन उसके योगदान का महत्त्व मजदूरों, किसानों और अन्य वंचित समूहों के हितों के संवर्धन के लिए महत्त्वपूर्ण विविध सुधार कार्यक्रम लागू करवाने में राज्य सत्ता के उपकरणों का इस्तेमाल करने से कहीं अधिक आमूल परिवर्तनवादी विचारों की अभिव्यक्ति के लिए मंच बनाने, उनके इर्द गिर्द जनता को गोलबन्द करने और उनका नेतृत्व करने में रहा है।

दूसरे, वाम ने यदि कुछ अधिक दूरदृष्टि से काम लिया होता और भारत के बुर्जुआ लोकतंत्र की संस्थाओं के प्रति एक कम रूढ़िवादी और अधिक प्रश्नाकुल यहाँ तक कि अवज्ञाकारी रुख अपनाया होता और जन आन्दोलनों के दबाव के माध्यम से इन्हें आमूल परिवर्तनवादी बनाने का प्रयास किया होता तो उसकी उपलब्धियाँ कहीं अधिक हो सकती थीं, तब उसने और बहुत कुछ हासिल कर लिया होता। दो टूक ढंग से कहा जाय तो अपनी क्षमताओं का पूरा इस्तेमाल करने अथवा अपने दीर्घकालिक वादे को पूरा करने में असफल रहने के लिए वामदल अंशत: स्वयं जिम्मेदार हैं।[37] ऐसा सिर्फ इसलिए नहीं कि जिसे वे 'सम्भव' मानते थे उसकी सीमाओं के भीतर वे क्या हासिल कर सकते थे, इस विषय में उनकी अवधारणा सीमित अथवा संकीर्ण थी बल्कि अधिक महत्त्वपूर्ण यह है कि उनकी राजनीतिक कल्पना और रणनीतिक चिन्तन के भीतर 'सम्भव' का उनका क्षितिज सीमित था।[38] वे पर्याप्त महत्त्वाकांक्षी नहीं थे।

तीसरे, आज वामपन्थ अपने अस्तित्व से सम्बन्धित एक बहुआयामी गम्भीर संकट का सामना कर रहा है। वामपन्थ इतिहास के एक दोराहे पर खड़ा है। मैं समझता हूँ कि वह स्वयं को एक नया जीवन दे सकता है लेकिन ऐसा केवल इसी शर्त पर हो सकता है कि वह संकट की गम्भीरता को स्वीकार करे और इसके लिए अपने नेताओं की जिम्मेदारी स्वीकार करे, अपनी गलतियों और कमजोरियों का तकलीफदेह, आलोचनात्मक आत्मावलोकन करे और अपनी कार्य प्रणाली में क्रान्तिकारी बदलाव लाकर फिर कमर कस कर उठ खड़ा हो। लेकिन यदि वह ऐसा नहीं करता तो उसके सामने सम्भावित विकल्प केवल आखिरी ढलान यानी समाप्ति का है। यह अन्त भविष्य में और चुनावी पराजयों, कार्यकर्ताओं के मनोबल में गिरावट और पार्टी छोड़ने, सामाजिक आधार के निरन्तर बढ़ते क्षरण, बौद्धिक विभ्रम, संगठनात्मक ऊहापोह और विघटन की शक्ल में होना है। यह स्पष्ट नहीं है कि वाम के पास पहले रास्ते पर चलने का फैसला करने की इच्छा शक्ति और विचारधारात्मक बौद्धिक, राजनीतिक तथा संगठनात्मक संसाधन हैं भी या नहीं।

अन्त में, अपनी वर्तमान संरचना में वाम यदि अपना कायाकल्प कर पाने और अपना पुनराविष्कार करने में असफल हो जाता है तो भी उसके तमाम विचारों, रणनीतियों और

सामाजिक-राजनीतिक कार्ययोजनाओं की अपनी प्रासंगिकता बनी रहेगी और वे शायद अन्य सांगठनिक रूपों में उसके द्वारा, जिसे व्यापक रूप से 'सामाजिक वाम' कहा जा सकता है, तथा ट्रेड यूनियनों और किसान सभाओं, नागरिक समाज समूहों जैसे जनसंगठनों और जनान्दोलनों द्वारा अपना लिए जाएँगे। पुस्तक के दसवें अध्याय में इस सम्बन्ध में कुछ प्रयोगात्मक अनंतिम विचारों और प्रस्तावों पर विचार किया गया है।

सोवियत संघ के विघटन के बाद भी जीवित रहा वाम

भारतीय वामपन्थ के हाल के अधुनातन इतिहास की एक महत्त्वपूर्ण उल्लेखनीय विशेषता यह है कि 1991 में सोवियत संघ के विघटन और अन्तरराष्ट्रीय समाजवाद के अवसान के दो दशक बाद भी इसकी सदस्यता बढ़ती रही। यद्यपि इक्कीसवीं सदी के पहले दशक के उत्तरार्ध के दौरान कुछ राज्यों में इसकी सदस्यता बढ़ने की गति कुछ धीमी हुई और कुछ अन्य राज्यों में पार्टी के सदस्यों की संख्या में ठहराव आया अथवा उसमें कमी आई, जिनमें पश्चिम बंगाल और उत्तर प्रदेश शामिल हैं, लेकिन राष्ट्रीय स्तर पर हाल तक प्रवृत्ति सदस्य संख्या में वृद्धि की ही रही। उदाहरण के लिए, 2007 से 2011 के बीच माकपा की सदस्यता कुल मिलाकर 6.4 प्रतिशत बढ़कर दस लाख 450 तक पहुँच गई। यद्यपि भाकपा ने अपनी ताकत के सन्दर्भ में हाल के वर्षों में बहुत उतार-चढ़ाव देखे हैं और 2010 में उसके सदस्यों की संख्या 666,000 थी, 2007 और 2011 के बीच उसकी सदस्य संख्या 7.4 प्रतिशत बढ़ी।[39]

इसने माकपा और भाकपा को दुनिया भर की उन अधिकतर परम्परागत कम्युनिस्ट पार्टियों से भिन्न स्थिति में ला दिया जिन्होंने थर्ड अथवा कम्युनिस्ट इंटरनेशनल की विरासत प्राप्त की थी।[40] इन पार्टियों में फ्रांस, इटली और स्पेन जैसे विकसित देशों की बड़ी कम्युनिस्ट पार्टियाँ शामिल हैं। ये पार्टियाँ द्वितीय विश्वयुद्ध के बाद मजबूत स्थिति में थीं लेकिन 1989 में बर्लिन की दीवार ढह जाने के तुरन्त बाद लगभग अप्रासंगिकता की स्थिति में पहुँच गईं। नेपाल और दक्षिण अफ्रीका जैसे कुछ अपवादों को छोड़ दिया जाए तो अधिकतर देशों की कम्युनिस्ट पार्टियाँ सोवियत संघ के ढह जाने के बाद अपना अस्तित्व कायम नहीं रख सकीं। उन्होंने जल्दी ही अपनी राजनीतिक साख काफी हद तक गँवा दी, चुनावी हारें झेलीं और अपने सदस्यों का पलायन झेला, वे गुटों में बँट गईं और फिर समाप्त हो गईं। भारतीय कम्युनिस्ट आन्दोलन केवल सोवियत संघ के ही नहीं बल्कि पूर्वी यूरोप के भी तमाम कम्युनिस्ट शासनों के विघटन के कई वर्ष बाद तक बना ही नहीं रहा, बल्कि फला-फूला।

भारतीय वाम का 1991 के बाद का विस्तार-2009 में शुरू हुए चुनावी झटकों और पाँच वर्ष बाद की बुरी हार के पहले तक—अपने आपमें एक प्रभावशाली उपलब्धि प्रतीत होता है। इसने स्पष्ट किया कि भारतीय समाज के लिए वाम दलों के कार्यक्रमों और नीतियों की प्रासंगिकता अब भी बनी हुई है और आम जनता में उनकी जड़ें मजबूत हैं। लेकिन उनका विस्तार अनेक दृष्टियों से सतही और असमान था।

यद्यपि वाम दलों का संसदीय प्रतिनिधित्व बढ़ा, 2004 में वे अपने शिखर पर पहुँचे, लोकसभा की सीटों (कुल 543) में उन्हें इकसठ सीटें मिलीं, लेकिन उनका आधार लगातार संकुचित और क्षेत्रीयताबद्ध होता गया। वे केवल प्राथमिक रूप से पश्चिम बंगाल (इसे

कम नहीं आँकना चाहिए: इसकी 9 करोड़ दस लाख की आबादी किसी पश्चिमी यूरोपीय देश की आबादी से अधिक है),[41] केरल (आबादी तीन करोड़ तीस लाख) और उत्तरपूर्व में त्रिपुरा (तीस लाख 70 हजार) में सीमित हो गए। समान रूप से यह बात भी महत्त्वपूर्ण है कि यदि पहले नहीं तो 1990 के दशक के प्रारम्भिक वर्षों तक वामपन्थ का बौद्धिक-नैतिक आकर्षण घटने लगा था। विचारों और राजनीतिक रणनीतियों के स्तर पर ठहराव आ गया और विशेषकर जिन राज्यों में वाम सत्ता में था वहाँ नीतिगत रूढ़िवादिता बढ़ी और मजबूत हुई।

सोवियत संघ लम्बे समय तक भारत की कम्युनिस्ट पार्टियों का आदर्श और समाजवाद का बुनियादी माडल रहा था लेकिन यह महत्त्वपूर्ण है कि भारत की कम्युनिस्ट पार्टियाँ लम्बे समय तक अपना आदर्श रहे और समाजवाद का प्रमुख माडल रहे सोवियत संघ के पतन से कोई सबक लेने में असफल रहीं। वास्तव में, उनकी अपनी विचारधारा और विश्वासों के लिए विध्वंसात्मक इस परिघटना के लिए उनके पास कोई स्पष्टीकरण न था, निश्चय ही वहाँ की आन्तरिक दशाओं पर आधारित स्पष्टीकरण तो नहीं ही था जिनमें संरचनात्मक कारक और क्रान्ति के तुरन्त बाद सोवियत संघ की कम्युनिस्ट पार्टी (सीपीएसयू) के जबर्दस्त नौकरशाहीकरण में निहित दीर्घकालिक कारणात्मक प्रक्रियाएँ, पार्टी के वर्चस्व वाले राज्य का तेजी से विघटन, इसके शिखर के परोपजीवी नेतृत्व का सुदृढ़ होना, सोवियत व्यवस्था की बढ़ती अलोकप्रियता और उसकी वैधता का ह्रास शामिल थे जिन्होंने अन्तत: इसके कायम रहने की सम्भाव्यता पर एक सवालिया निशान लगाया।[42]

भारत की कम्युनिस्ट पार्टियों ने इन अधिक लम्बी अवधि वाली प्रक्रियाओं और परिघटनाओं को 1980 के दशक के मध्य से एक लगभग ठप हो चुकी अर्थव्यवस्था, सामाजिक संकट और आन्तरिक राजनीतिक असंगति के सम्मिश्रण से उपजे आन्तरिक विस्फोट के लिए आवश्यक पूर्व अथवा अनुकूल दशाओं के रूप में नहीं देखा जो अन्तत: सोवियत संघ को विघटन की ओर ले गईं। इसके बजाय उन्होंने सोवियत संघ के विघटन के लिए बाह्य कारकों सहित कुछ आकस्मिक अथवा कार्यनीतिक कारकों और सोवियत नेताओं की व्यक्तिनिष्ठ 'भूलों' को जिम्मेदार ठहराया।

भारतीय कम्युनिस्टों ने सीपीएसयू की प्रारम्भिक अवधि में उसके कुछ बुनियादी विचारधारात्मक सिद्धान्तों जैसे वैश्विक पूँजीवाद के इसके दोषपूर्ण विश्लेषण, समाजवाद की इसकी राज्यवादी धारणा, हरावलवाद, नौकरशाह और पदसोपानात्मक राजनीतिक व्यवहार और स्तालिन के समय में राष्ट्रवाद, 'एक देश में समाजवाद' और अन्य सामाजिक मुद्दों पर इसके कुछ प्रतिगामी विचारों की प्रत्यालोचना विकसित नहीं की जबकि ये सोवियत व्यवस्था के अधोपतन के कुछ अधिक महत्त्वपूर्ण कारणों में से हैं।

भारतीय कम्युनिस्ट पार्टियों ने स्तालिन की नीतियों और तौर-तरीकों द्वारा सोवियत संघ की जनता पर थोपी गई भयावह निर्ममताओं और लोकतंत्र और नागरिक तथा राजनीतिक अधिकारों की अनुपस्थिति को, जो सोवियत शासन प्रणाली का अभिन्न अंग बन गई थी, व्यापक रूप से अनदेखा किया अथवा उसे सही सिद्ध करने की कोशिश की। सोवियत संकट की गहरी जड़ें 1920 के दशक में थीं। अगर और पहले नहीं तो परवर्ती दशकों में यह संकट और गहराता गया तथा ख्रुश्चेव और ब्रेझनेव के नेतृत्व में और उनके बाद,

विभिन्न तरह के शासनों और सरकारों के तहत सोवियत व्यवस्था से समस्त प्रगतिशील तत्त्वों का सफाया हो गया।

भारतीय कम्युनिस्ट पार्टियों ने सोवियत संघ की युद्धोत्तर सामाजिक और आर्थिक नीतियों, शीतयुद्ध के दौरान इसके फिजूलखर्ची भरे सैन्य प्रदर्शनों और संकट को बहुगुणित कर देने वाली इसकी अन्तरराष्ट्रीय नीति की असफलताओं का स्वतंत्र रूप से समीक्षात्मक विश्लेषण करने का भी प्रयास नहीं किया।[43] 1980 के दशक तक सोवियत अर्थव्यवस्था लड़खड़ाने लगी थी, सैन्य खर्चों को जारी रख पाना कठिन हो गया था और जनता को अधिक राजनीतिक स्वतंत्रता की ओर ले जाने वाले विकल्प—चाहे वे कितने ही दोषपूर्ण क्यों न रहे हों—दिखाई पड़ने लगे थे। इन विकल्पों के साथ पश्चिम के तुलनात्मक रूप से बेहतर जीवन स्तरों का आकर्षण भी जुड़ा था। जनता अब समाजवाद को छोड़ने और पूँजीवाद को अपनाने के लिए तैयार थी हालाँकि यह पूँजीवाद अपेक्षतया घटिया, अपराधीकृत किस्म का था।

भारतीय कम्युनिस्ट पार्टियों ने सोवियत संघ और पूर्वी तथा मध्य यूरोप में 'वास्तविक रूप में मौजूद समाजवादों' के ढहने का गहरा संरचनात्मक अथवा व्यवस्थाजन्य विश्लेषण करने के बजाय इसके लिए गोर्बाचोव की 'ग्लासनोस्त' और 'पेरेस्त्रोइका' शुरू करने की भूल को जिम्मेदार ठहराया। उन्होंने सोवियत संघ में समाजवाद को ध्वस्त करने के लिए और इसके बाद होने वाली अन्तरराष्ट्रीय समाजवाद की मृत्यु के लिए साम्राज्यवाद द्वारा किए गए हस्तक्षेपों, सीपीएसयू नेतृत्व द्वारा 'संशोधनवाद' अपनाने में की गई 'व्यक्तिनिष्ठ' गलतियों, समाजवाद की 'गौरवशाली' पिछली उपलब्धियों के नकार, आम जनता की 'विचारधारात्मक चेतना' का स्तर ऊपर उठाने में इसकी असफलता और अन्ततः सामाजिक लोकतंत्र के और निजी सम्पत्ति के वैधीकरण के लिए वर्ग संघर्ष, 'सर्वहारा के अधिनायकवाद' और 'जनवादी केन्द्रवाद' के परित्याग को दोषी ठहराया।

समाजवाद के सोवियत माडल को आलोचनात्मक पुनर्परीक्षा का विषय बनाने में और सोवियत संघ की कम्युनिस्ट पार्टी (सीपीएसयू) और सोवियत व्यवस्था की व्याधिकी, जिसकी परिणिति 1991 की महाआपदा में हुई, की पड़ताल करने में भारतीय कम्युनिस्ट पार्टी की विफलता महज विचारधारात्मक ही न थी। यह बात इस तथ्य से बहुत घनिष्ठ रूप से जुड़ी थी कि तब भारतीय वाम को यह विश्लेषण अपने ऊपर भी लागू करना पड़ता, क्योंकि उसका अपना संगठन काफी हद तक सीपीएसयू की तरह ही था।

सोवियत माडल जब तक स्वयं टूट नहीं गया, वह भारतीय कम्युनिस्ट पार्टियों के लिए एकमात्र आदर्श बना रहा यहाँ तक कि हंगरी संकट (1956) और प्राग वसन्त (1968)* का भी उस पर कोई असर नहीं पड़ा। सोवियत माडल की गहन और आमूल परिवर्तनवादी समीक्षा करने में असमर्थ वामपन्थ समाजवाद की सुसंगत और सुरक्षित विचारधारात्मक-राजनीतिक बुनियादों पर आधारित और समकालीन यथार्थ के अनुरूप होते हुए भी मार्क्सवाद, अथवा ऐतिहासिक भौतिकवाद के साथ व्यापक सामंजस्य बनाये रखने वाली कोई स्वतंत्र वैकल्पिक अवधारणा विकसित नहीं कर सका।

---

* उल्लेखनीय है कि 1956 में हंगरी और 1968 में चेकोस्लोवाकिया में वहाँ के आन्तरिक घटनाक्रम को अपने अनुकूल करने के लिए सोवियत संघ ने सैनिक हस्तक्षेप किया था। -अनु.

कहा जा सकता है कि यह नए लातीनी अमरीकी वामपन्थ के एकदम विपरीत है जिसने परम्परागत वाम के सन्दर्भ में देखें तो मजदूरों के अधिकार, सहभागी बजट, पर्यावरणीय सुरक्षा, भूमि, खेतिहर मजदूर अधिकार और शहरी मामलों जैसे मुद्दों पर स्वायत्त जमीनी आन्दोलनों के साथ एक पूरी तरह भिन्न सम्बन्ध बनाया।[44] ऐसा ही कुछ करने में वाम की असफलता ने अपनी खुद की स्वतंत्र कसौटियाँ इस्तेमाल कर अपनी गलतियाँ स्वीकार करने और उनसे सबक सीखने की और चीजों को सुधारने की इसकी सामर्थ्य को प्रभावित किया है और सम्भवत: यह उसको नुकसान पहुँचाना जारी रखेगी। यह असफलता केवल विचारधारात्मक ही नहीं है बल्कि यह रणनीतिक और सांगठनिक असफलता भी है।

1990 के दशक के प्रारम्भिक वर्षों से ही वाम को एक और बड़ी चुनौती का सामना करना पड़ा था, वह थी भारतीय राज्य द्वारा नव उदारवादी आर्थिक नीतियों का अनुसरण जिसने प्रतिक्रियावादी सामाजिक-डार्विनवादी विचारों को जन्म दिया है और बदले में उनसे समर्थन प्राप्त किया है। इन विचारों का सार्वजनिक विमर्श की दिशा पर विनाशकारी प्रभाव पड़ा है। नव उदारवादी नीतियों के परिणामस्वरूप एक बड़े, सम्पत्तिशाली, उपभोगवादी-सुखवादी और सामाजिक रूप से रूढ़िवादी मध्यवर्ग का जन्म हुआ है। इसके अतिरिक्त इसने वर्गीय शक्तियों का मोटे तौर पर सन्तुलन दक्षिणपन्थ विशेषकर हिन्दू राजनीतिक दक्षिणपन्थ के पक्ष में कर दिया है जो वामपन्थ के लिए काफी नुकसानदेह है। इसके कारण शहरी मध्यवर्ग के बीच वामपन्थ के समर्थन का कुछ हिस्सा खत्म हो गया है जिसे अब आसानी से दक्षिणपन्थ की ओर आकृष्ट किया जा सकता है जैसेकि पहले वह वाम की ओर आकृष्ट किया गया था। इससे वामपन्थ के लिए कार्यकर्ताओं की भर्ती का स्रोत और सिकुड़ गया।

फिर भी, वामपन्थ पिछले दो दशकों तक इन विपरीत परिस्थितियों में—कुछ विश्लेषकों के अनुसार लगभग चमत्कारी ढंग से—अपने अस्तित्व को बचाये रख सका। यद्यपि उसे कुछ नुकसान हुआ और जिन राज्यों में वह सत्ता में था, विशेषकर पश्चिम बंगाल में, वहाँ नीतिगत समझौतों के रूप में उसे इसकी कीमत अदा करनी पड़ी। 1990 के दशक के मध्य तक ये समझौते निजी पूँजी निवेश पर आधारित औद्योगीकरण को बेहिचक अपनाए जाने के रूप में और बाद में ठीक उन्हीं नव उदारवादी नीतियों की तरफ झुकाव के रूप में सामने आए जिनके लिए वाम केन्द्र सरकार को कठघरे में खड़ा करता था और जिन्होंने आबादी के गरीब तबकों से इसे अधिकाधिक दूर कर दिया।

इसी समय वाम ने विशेषकर बंगाल में स्वास्थ्य सुरक्षा, पोषण, शिक्षा, रोजगार, खाद्य सुरक्षा और पर्यावरण सुरक्षा जैसे महत्त्वपूर्ण सामाजिक विकास के मुद्दों और वहाँ की आबादी के एक चौथाई से ऊपर मुसलमान अल्पसंख्यकों के लिए समावेशी नीतियों की उपेक्षा की। जैसा कि हम आगे (विशेषकर अध्याय 5 और 7 में) देखेंगे, वाम को इस लापरवाही के लिए 2000 के बाद भारी कीमत चुकानी पड़ी।

भारत की राजनीतिक आधुनिकता का एक हिस्सा

1980 के दशक के अन्तिम वर्षों और इक्कीसवीं सदी के पहले दशक के मध्य के बीच वाम ने अपनी राजनीतिक शक्ति और सदस्यता का पर्याप्त विस्तार किया। इसके नेतृत्व में चलने वाले जन संगठनों ने अपने कार्यकर्ताओं की संख्या में पर्याप्त बढ़ोतरी की, वामपन्थ

की संसदीय ताकत भी तेजी से बढ़ी। उसकी आपेक्षिक सफलता का श्रेय काफी हद तक वंचितों, हाशिये के और गरीब लोगों की प्रतिबद्ध पक्षधरता की इसकी विरासत को दिया जा सकता है। जैसा कि ऊपर देखा गया है, अनेक दशकों तक वाम ने भारत में किसी अन्य प्रमुख राजनीतिक धारा के मुकाबले कहीं अधिक सैद्धान्तिक और व्यवस्थित तरीके से लगातार इन्हीं समूहों के पक्ष में आवाज उठाई है और काम किया है। एक ऐसे समाज में, जिसकी पहचान है व्यापक गरीबी, अभाव के अनेक रूप और जबर्दस्त आर्थिक असमानताएँ, वहाँ इस पक्षधरता ने वाम के लिए बड़े पैमाने पर वैधता, सद्भाव और आदर की भावना उत्पन्न की। अपनी बौद्धिक और राजनीतिक पूँजी के साथ ही साथ मजदूरों और किसानों के बीच किया गया इसका प्रारम्भिक काम और इसकी कर्मठ सांगठनिक क्षमता, इन सबने अनेक दशकों तक वाम के लाभों और उपलब्धियों के लिए आधार प्रदान किया।

इस पुस्तक का एक प्रमुख तर्क यह है कि वामपन्थ को महज एक राजनीतिक इकाई या दलों और सहसंगठनों के माध्यम से अभिव्यक्त एक राजनीतिक सत्ता अथवा परिघटना के रूप में नहीं बल्कि एक आन्दोलन, एक ऐसे जीवन्त सामाजिक-सांस्कृतिक अस्तित्व के रूप में समझा जाना चाहिए, नागरिक समाज में और जनता की गोलबन्दियों में जिसकी गहरी जड़ें हैं, जो मेहनतकश जनता के आत्मसंगठन के जरिए और समाज, राज्य, अर्थव्यवस्था, मानव सम्बन्ध, जीवन शैलियों, काम और खेल, परिवार, संस्कृति, शिक्षा, आराम आदि के बारे में आलोचनात्मक और आमूल परिवर्तनवादी सोच को आगे बढ़ाने के लिए संघर्ष के द्वारा नागरिकता की एक नई धारणा संस्थापित करने की आकांक्षा करता है।

ये आकांक्षाएँ सदैव फलीभूत नहीं हुईं लेकिन जिन अवधियों के दौरान वे साकार होने के बहुत करीब पहुँचीं वही अवधियाँ वाम की सर्वाधिक सर्जनात्मक और स्पंदनशील अवस्थाएँ थीं। वामपन्थ की सफलता के लिए भूमि सुधार, सत्ता का विकेन्द्रीकरण, मेहनतकश जनता के लिए विस्तारित अधिकार जैसी व्यावहारिक कार्ययोजनाओं और सामाजिक सुरक्षा कार्यक्रमों को स्पष्ट रूप से अभिव्यक्त करने की उसकी योग्यता महत्त्वपूर्ण थी। वह प्राय: इन सबको मानवीय गरिमा और सामाजिक सुसंगति वाले एक समतापूर्ण और न्यायपूर्ण समाज के निर्माण के लक्ष्य के एक हिस्से के रूप में वंचितों को बन्धन और दमन से मुक्त कराने के परिप्रेक्ष्य से जोड़ सका था।

ऐतिहासिक दृष्टि से देखा जाए तो वामपन्थ समाजवाद और मार्क्सवाद पर आधारित जिन सामाजिक आदर्शों और राजनीतिक एजेंडा के लिए लड़ा, जिनका बचाव और प्रसार किया वे सामाजिक आदर्श और राजनीतिक लक्ष्य ही भारत की राजनीतिक आधुनिकता का अभिन्न अंग बन गए। उन्होंने लगभग एक सदी तक भारतीय राष्ट्र निर्माण की योजना में निहित प्रगतिशील विचारों में से कुछ को महत्त्वपूर्ण ढंग से एक आकार दिया। वंचितों और कमजोरों के सशक्तीकरण को प्रोत्साहन देकर वामपन्थ ने इस योजना को एक सुखद नया आलोचनात्मक परिप्रेक्ष्य प्रदान किया। उसने लोकतंत्र की एक आमूल परिवर्तनवादी धारणा की वकालत की। धनवानों और ताकतवरों (और उनका पक्ष लेने वाली नीतियों) के विरुद्ध हठी संघर्ष छेड़े, असहमति और असहमति व्यक्त करने के अधिकार का बचाव किया और गरीबों के पक्ष में वैकल्पिक नीतियों का समर्थन किया। इन लम्बे दशकों के दौरान भारत ने जो नैतिक प्रगति दर्ज की थी, वामपन्थ का उसमें महत्त्वपूर्ण योगदान था। यह कोई छोटी उपलब्धि नहीं है।

स्वतंत्रता आन्दोलन के क्रान्तिकारी 'आतंकवादियों' को छोड़कर, कम्युनिस्ट ही भारत की सम्भवत: पहली राजनीतिक धारा थे जो सीमित होमरूल से अलग, देश के लिए पूर्ण सम्प्रभु स्वतंत्रता की माँग कर रहे थे जबकि 1920 के दशक के अन्तिम वर्षों तक कांग्रेस पार्टी ने स्वयं को होम रूल की माँग तक ही सीमित रखा था।[45] एक नवजात शक्ति के रूप में भी उन्होंने मजदूरों के आन्दोलन के अपने नेतृत्व के माध्यम से कांग्रेस पर इस माँग को अपनाने के लिए दबाव डालने का जोरदार प्रयास किया। उदाहरण के लिए दिसम्बर 1928 में उन्होंने कलकत्ता में अनेक व्यापारों-धंधों में लगे 20,000 मजदूरों की सभा आयोजित की और उस परिसर पर धावा बोल दिया जहाँ कांग्रेस का वार्षिक अधिवेशन चल रहा था। उन्होंने नेहरू सहित प्रमुख कांग्रेसी नेताओं को इस बात पर विवश किया कि वे उन्हें सम्बोधित करें। उन्होंने एक प्रस्ताव भी पारित किया जिसमें कहा गया था। '...भारत के हम मजदूर और किसान तब तक सन्तुष्ट नहीं होंगे जब तक सम्पूर्ण स्वतंत्रता स्थापित नहीं हो जाती और पूँजीवाद तथा साम्राज्यवाद से होने वाला समस्त शोषण समाप्त नहीं हो जाता। हम राष्ट्रीय कांग्रेस का आह्वान करते हैं कि वह इस लक्ष्य को सामने रखे और इस प्रयोजन के लिए राष्ट्रीय ताकतों को संगठित करे।'[46]

स्वतंत्रता आन्दोलन को इस बात के लिए प्रेरित करने में कि वह एक प्रगतिशील, वाम की ओर झुकाव वाला, साम्राज्यवाद विरोधी, सामन्तवाद विरोधी एजेंडा अपनाए, कम्युनिस्ट और समाजवादी चिन्तन ने 1920 और 1930 के दशक में जो भूमिका निभाई थी वह भी कम महत्त्वपूर्ण नहीं थी।[47] अन्तत: यह एजेंडा भारतीय संविधान के राज्य के नीति निदेशक तत्त्वों में, जो संविधान का सम्भवत: सबसे प्रगतिशील अध्याय है, सशक्त ढंग से प्रतिबिम्बित हुआ। इन सिद्धान्तों की जड़ें कांग्रेस पार्टी के 1931 के कराची प्रस्ताव में अथवा और पीछे जाएँ तो भारत में समाजवादी और राष्ट्रवादी भावनाओं की उन दो धाराओं में देखी जा सकती हैं जो 1920 के दशक के अन्तिम वर्षों से बहुत तीव्र गति से बह रह थीं।[48]

भारतीय कम्युनिस्टों और समाजवादियों ने पदसोपान (ऊँच-नीच), अज्ञान और अन्धविश्वास से मुक्त एक खुले, आधुनिक, स्वतंत्र और लोकतांत्रिक समाज के निर्माण के विचार के लिए संघर्ष किया। उन्होंने माँग की कि आजाद भारत में राज्य को अपने नागरिकों के कल्याण का प्रमुख उत्तरदायित्व लेना चाहिए। उन्होंने साम्राज्यवाद के विरुद्ध संघर्ष में मजदूरों के अधिकारों, 'जोतने वालों को जमीन' जैसी माँगों के माध्यम से कृषि सम्बन्धों की पुनर्रचना की कार्ययोजना और आर्थिक समानता तथा सामाजिक न्याय को शामिल करने का प्रयास किया। ये वे कार्ययोजनाएँ थीं जिन्हें कांग्रेस ने प्रस्तावित किया था किन्तु उन पर गम्भीरतापूर्वक आगे नहीं बढ़ी थी।

वाम दलों ने औद्योगिक मजदूरों को ट्रेड यूनियनों में, किसानों को किसान सभाओं में और भूमिहीनों को खेतिहर मजदूर संघों में संगठित करने में एक पथ प्रदर्शक भूमिका निभाई। 1920 के दशक से ही उन्होंने संघ बनाने के अधिकार के लिए और बेहतर वेतन, मानवीय कार्य दशाओं और रोजगार के अधिकार, भोजन और खाद्य सुरक्षा के अधिकार, लोकतांत्रिक रूप से निर्णय करने में भागीदारी, स्थानीय सरकारों को सत्ता सौंपे जाने और जन सशक्तीकरण की अन्य अनेक कार्य योजनाओं के लिए लाखों लोगों को गोलबन्द किया। वामपन्थ के नेतृत्व में चले संघर्षों का समृद्ध अनुभव मेहनतकश लोगों के लिए अनमोल

सिद्ध हुआ। इसने उनकी राजनीतिक चेतना, आत्मविश्वास और आत्म संगठन की क्षमता को ऊँचा उठाया।

वाम दलों के उद्भव और प्रारम्भिक इतिहास को भारतीय मजदूर आन्दोलन के इतिहास से अलग नहीं किया जा सकता क्योंकि वे इसके प्रमुख घटक रहे हैं। भारत में गठित सबसे पुरानी औद्योगिक ट्रेड यूनियनों के अनुभवों को अपना आधार बनाते हुए उन्होंने खुद को विभिन्न उद्योगों के मजदूरों को श्रमिक संघों के तहत संगठित करने के काम में झोंक दिया। इसके साथ साथ वे मजदूर वर्ग के सक्रिय कार्यकर्ताओं के साथ एक जीवन्त सम्बन्ध भी बना रहे थे। भारत में आयोजित महत्त्वपूर्ण हड़तालों में से अधिकतर का नेतृत्व वाम ने ही किया है। घुमन्तू समुदायों, मौसमी मजदूरों और घरों में काम करने वाले कर्मचारियों, हाशिये के और वंचित सामाजिक समूहों को संगठित कर उसने ऐसी जगहों और क्षेत्रों में भी जाकर काम किया जिनसे अधिकतर राजनीतिक दल कतराते हैं। उसने महिलाओं, मजदूरों, सफेदपोश कर्मचारियों, युवाओं, लेखकों, वकीलों और अन्य पेशेवर समूहों की समितियों और संघों-यूनियनों का गठन किया और उनका राजनीतिकरण किया।

वाम दलों ने जातिवाद, लिंग असमानता, सामाजिक पदसोपान और दमन के विविध रूपों, अन्धविश्वास और सबसे उपर साम्प्रदायिकता और धर्म की पहचान पर आधारित राजनीति के विरुद्ध साहसपूर्ण लड़ाइयाँ भी लड़ीं। वास्तव में, लम्बे समय तक इन दलों को बहुलवादी लोकतंत्र को खतरे में डालने वाले हिन्दुत्व अथवा हिन्दू सर्वोपरिता के विरुद्ध भारत के सबसे बड़े धर्मनिरपेक्ष अवरोधक के रूप में देखा जाता था। इससे वामपन्थ को उस प्रगतिशील बुद्धिजीवी वर्ग के साथ एक सम्बन्ध बनाने में मदद मिली जो धर्मांधता से घृणा करता है और सहिष्णुता का सम्मान करता है।

सांस्कृतिक आन्दोलनों में गहरी पैठ

वामपन्थ में संस्कृति के प्रति एक मजबूत, स्वतःस्फूर्त जागरूकता रही है। उसका संस्कृति से लगाव रहा है। प्रगतिशील लेखक संघ (पीडब्ल्यूए) और भारतीय जन नाट्य संघ (इप्टा) (दोनों की औपचारिक स्थापना 1930 के दशक के मध्य से 1940 के दशक के मध्य हुई) के माध्यम से संस्कृति के क्षेत्र में इसके विगत हस्तक्षेप अपने सौन्दर्यबोध और कल्पनात्मकता के साथ-साथ जन शिक्षा और जनता को गोलबन्द करने के उपकरणों के रूप में अपने महत्त्व की दृष्टि से अप्रतिम रहे हैं।[49] अनेक दशकों तक वामपन्थ प्रगतिशील कवियों, उपन्यासकारों, साहित्य समीक्षकों, संगीतज्ञों, गीतकारों, रंगकर्मियों, नर्तकों, लोक कलाकारों और उन अन्य रचनात्मक लोगों के लिए स्वाभाविक अथवा पसन्दीदा आकर्षण केन्द्र था जिन्होंने इसे स्वतंत्र विचार, प्रबुद्ध आधुनिकता और सामाजिक मुक्ति के मूल्यों और कार्यक्रमों के साथ जोड़कर देखा था।

इस क्षेत्र की कुछ सर्वाधिक रचनात्मक और प्रभावशाली धाराओं और आन्दोलनों के हरावल चित्रकार, मूर्तिकार, मृदा कलाकार और छायाकार स्वाभाविक रूप से वाम की ओर आकृष्ट हुए। इनमें बाम्बे प्रोग्रेसिव्स (जैसे, मकबूल फिदा हुसैन, एफ.एन. सूजा, एस.एच. रजा, तैयब मेहता, एस.के. बाकरे, अकबर पदमसी, रामकुमार और वी.एस. गायतुन्दे), कलकत्ता ग्रुप (प्रदोष दासगुप्ता, परितोष सेन और गोपाल घोष सहित) और बड़ौदा तथा

शान्तिनिकेतन स्कूल के प्रगतिशील चित्रकार और शिल्पकार शामिल थे। इनमें से कई लोग कम्युनिस्ट और सोशलिस्ट पार्टियों के कार्डधारी सदस्य थे। इसी तरह कमलादेवी चट्टोपाध्याय जैसे अनेक विद्वान और समीक्षक भी थे जिन्होंने परम्परागत हस्तशिल्प के लोगों और लोक कलाकारों के साथ काम किया था। वे अपने पेशों में जो प्रभूत सौन्दर्यात्मक महत्त्व और ज्ञान सम्पदा लाए उसका उन्होंने दस्तावेजीकरण किया।

अपने छायाचित्रों के माध्यम से 1943 के बंगाल अकाल में हुई तबाही का मर्मस्पर्शी दस्तावेजीकरण करने वाले महान छायाकार सुनील जाना भाकपा के पुराने सदस्य थे। पार्टी का मुखपत्र 'पीपुल्स वार' (जनयुद्ध) पहला पत्र था जिसने उनका काम प्रकाशित किया था। 'पीपुल्स वार' ने ही चित्त प्रसाद और सोमनाथ होर जैसे चाक्षुष कलाकारों के लकड़ी के छापे और चित्र भी प्रकाशित किए। इस सन्दर्भ में वामपन्थी प्रेस अपने समय के मुख्यधारा के मीडिया से कहीं आगे था।

वामपन्थ ने 1930 के दशक से 1970 के दशक तक लोकप्रिय और रचनाधर्मी निर्देशक प्रधान सिनेमा दोनों की प्रगतिशील धाराओं पर गहरा प्रभाव डाला। जहाँ तक ऐसी परिवर्तनवादी फिल्म संस्कृति का प्रश्न है जिसने समकालीन सामाजिक प्रश्नों, जनता के आन्दोलनों, मजदूरों के अधिकारों और साम्प्रदायिकता तथा धर्मनिरपेक्षता जैसे मुद्दों को उठाया, वह वामपन्थ का अविभाज्य अंग रही है। सर्वश्रेष्ठ निदेशक, अभिनेता, संगीतकार, गीतकार, गायक और वादक वामपन्थ से ही थे। वामपन्थ ने अच्छे सिनेमा के लिए एक पूरा नया दर्शक वर्ग तैयार किया। इस सिनेमा का स्थायी प्रभाव केरल में विशेष रूप से महसूस किया गया था।

वामपन्थ, विशेषकर कम्युनिस्ट और एक हद तक समाजवादी भी, तत्कालीन सामाजिक-सांस्कृतिक यथास्थिति के विरुद्ध खड़े हुए। उन्होंने परम्परा से प्राप्त ज्ञान और 'परम्परा', 'अभिसमय' और 'प्रथा' के नाम पर आगे बढ़ाए जाने वाले मूल्यों के प्रति एक आलोचनात्मक और संशयशील रुख की वकालत की। 1930 और 1940 के दशकों में जब कट्टरपन्थी, पितृसत्तात्मक और ऊँच-नीच के विचारों की समाज पर पकड़ बहुत मजबूत थी, उन्होंने इन्हें चुनौती दी और इसकी कीमत उन्होंने अक्सर विरोध अथवा प्रतिबन्ध झेलकर चुकाई।

इस अवधि के कम्युनिस्टों ने समाज और जीवन के एक वैकल्पिक, परिवर्तनवादी सपने की वकालत ही नहीं की बल्कि अपने निजी आचरण और व्यक्तिगत सम्बन्धों में इसे साकार करने का भी प्रयास किया। इनमें से अनेक लोगों ने एकविवाह, परम्परागत 'पारिवारिक मूल्यों' और बच्चों को पालने के तरीकों और स्त्री-पुरुष के बीच काम के परम्परागत बँटवारे पर सवाल उठाए जबकि इन बातों को समाज में सहज मान्यता प्राप्त है।[50] उन्होंने रहन-सहन, एक दूसरे की परवाह करने और मिल-बाँट कर रहने, सहभागितापूर्ण, गैर पदसोपानात्मक तरीकों से काम करने के सामूहिकता वाले तौर-तरीकों के साथ प्रयोग किए। अनेक लोग पार्टी के कम्यूनों में रहे और एक दूसरे के साथ गैर पारम्परिक सम्बन्ध में बँधे। इन सम्बन्धों के जरिए प्रगाढ़ मानवीय सम्बन्ध बने और उनके निजी तथा राजनीतिक जीवन एकाकार हो गए।[51]

कम्यून के सदस्यों को पार्टी से समान (और समान रूप से कम) वेतन मिलता था। बच्चों की देखभाल, खाना पकाने और सफाई करने जैसे घरेलू कामों की तरह ही लेखन,

भाषण, सम्पादन अथवा अभिनय से होने वाली अतिरिक्त आमदनी में भी सबकी साझेदारी होती थी। समाजवादियों और वाम रुझान वाले आमूल परिवर्तनवादी गांधीवादियों के छोटे समूहों के अतिरिक्त कम्युनिस्ट ही भारत के एकमात्र संगठित समूह थे जिन्होंने कम्यून बनाए थे और अपने सामूहिकतावादी आदर्शों को एक गहरी निजी अभिव्यक्ति देने का प्रयास किया था। यह बात उल्लेखनीय है कि कम्यूनों की स्थापना बम्बई और कलकत्ता जैसे बड़े शहरों में ही नहीं बल्कि पूरे भारत में अनेक छोटे अथवा पिछड़े शहरों में भी की गई थी।[52]

आमूल परिवर्तनवादी और आलोचनात्मक दृष्टिकोण विकसित करने के प्रति वाम की प्रतिबद्धता कई दूसरी तरह के कामों में भी प्रतिबिम्बित होती थी। इसके सदस्यों ने केरल शास्त्र साहित्य परिषद जैसे उपक्रमों के जरिए साक्षरता अभियान, समाचारपत्र और पुस्तक-वाचन क्लब और 'जन-विज्ञान' आन्दोलनों की शुरुआत की। केरल शास्त्र साहित्य परिषद एक उल्लेखनीय संगठन था जिसने अनेक सामाजिक, पर्यावरण और जन शिक्षा अभियान छेड़े। उसके ये अभियान कभी-कभी पार्टी की आधिकारिक नीति के विरुद्ध भी होते थे। वामपन्थ के कार्यकर्ता बाद में भारत ज्ञान-विज्ञान समिति और अखिल भारतीय जन-विज्ञान संजाल (आल इंडिया पीपुल्स साइंस नेटवर्क) के अग्रणी सहभागी बने। इन्होंने लोगों को एक वैज्ञानिक मिजाज विकसित करने और 'सामान्य बोध' और परम्परा से प्राप्त ज्ञान के नाम पर प्रचलित संकीर्ण धारणाओं पर सवाल खड़े करने के लिए प्रोत्साहित किया।

वाम की असाधारण क्षमताएँ

उत्साहपूर्वक साक्षरता का प्रचार-प्रसार करने, पढ़ने की आदत विकसित करने, विज्ञान को लोकप्रिय बनाने, सामान्य जनता को उच्च कोटि के थियेटर, नृत्य और सिनेमा से परिचित कराने, अन्धविश्वास से लड़ने और परम्परा से प्राप्त तर्कों पर सवाल खड़ा करने के अतिरिक्त जन विज्ञान आन्दोलन ने पर्यावरण और पारिस्थितिकी के प्रति जागरूकता बढ़ाने में भी प्रमुख रूप से योगदान दिया, विशेषकर केरल में जहाँ इसका सबसे अधिक प्रभाव था। एक ऐसे समाज में जहाँ निष्कपट धर्मपरायणता, अन्धश्रद्धा और सत्ता के प्रति दासत्व का अथवा भक्ति का भाव व्यापक रूप से प्रचलित है, ये सभी काम महत्त्वपूर्ण थे।

1960 के दशक के अन्तिम वर्षों में वाम दल भारतीय सांस्कृतिक-सामाजिक-राजनीतिक मुख्यधारा में बहुत प्रभावशाली हो गए और वे कांग्रेस सहित मध्यमार्गी बुर्जुआ पार्टियों में भी वाम की ओर झुकाव वाली धाराओं के लिए आकर्षण के एक वैकल्पिक केन्द्र के रूप में उभरे। वामपन्थ के साथ सहानुभूति रखने वालों ने 'जिंजर ग्रुप्स'* बना लिए जैसेकि कांग्रेस में 'युवा तुर्क' जिन्होंने पूर्व रजवाड़ों के 'प्रिवी पर्सों' के खात्मे और प्रमुख व्यावसायिक बैंकों के राष्ट्रीयकरण जैसी नीतियों के पक्ष में जनमत तैयार किया। इन्दिरा गांधी ने 1969 में कांग्रेस के विभाजन और उसके बाद के अपने मशहूर 'वाम रुझान' के दौरान इन्हें अपनाया। 'केन्द्र से वाम' रुझान वाले गुट और दबाव समूह दलों के भीतर और बाहर तेजी से सामने आए। इनके नाम प्रायः नेहरू पर रखे गए थे। इन्होंने आर्थिक नियोजन, आर्थिक आत्मनिर्भरता और वितरणात्मक न्याय का मजबूती के साथ बचाव किया।

* किसी संगठन के भीतर का वह समूह जो अपने संगठन की नीतियों, कार्यक्रमों को प्रभावित करने की चेष्टा करता है। -अनु.

भारतीय कम्युनिस्ट पार्टी का इन धाराओं और व्यक्तियों के साथ विशेष रूप से घनिष्ठ सम्बन्ध था। वस्तुत: पार्टी के कुछ सदस्य, जिनमें मोहन कुमारमंगलम का नाम सबसे ज्यादा मशहूर है, औपचारिक रूप से कांग्रेस में शामिल हुए और केन्द्र की उसकी सरकार में मंत्रिपद स्वीकार किया। भाकपा के अनेक नेताओं, विशेषकर इसके दाएँ बाजू वाले नेताओं, जैसेकि पार्टी के पूर्व अध्यक्ष श्रीपद अमृत डांगे और सिद्धान्तकार मोहित सेन, ने कांग्रेस के साथ एक कामचलाऊ गठबन्धन, सहयोग अथवा समझदारी की जोरदार तरफदारी की। उनके अनुसार इससे कांग्रेस को वामपन्थ की ओर लाने में सहायता मिलती। वे सही थे या गलत इससे अलग यहाँ प्रसंगानुकूल बात यह है कि 1970 के दशक में वामपन्थी राष्ट्रीय स्तर पर व्यापक रूप से प्रभावशाली हो गए थे।

1960 के दशक के अन्तिम वर्षों तक वाम दल पश्चिम बंगाल में सत्ता के प्रमुख दावेदार बन गए थे। पश्चिम बंगाल में चुनावों में उन्हें बड़ी संख्या में वोट मिले थे। उन्होंने संयुक्त मोर्चे के बैनर तले दो गठबन्धन सरकारें बनाईं। केरल में कम्युनिस्ट, जो अब भाकपा और माकपा में विभाजित हैं, 1960 के दशक के अन्तिम वर्षों में सत्ता में वापस आए। यह भी समान रूप से महत्त्वपूर्ण है कि कम्युनिस्ट पार्टियाँ उस समय के श्रम और भूमि मुद्दों, पूर्वी भारत के 'खाद्य आन्दोलन' और राष्ट्रीय स्तर पर आमूल परिवर्तनवादी छात्र आन्दोलन के मुद्दे पर बढ़ती जन गोलबन्दियों में एक प्रमुख ताकत के रूप में उभरीं। उन्होंने बिहार, आंध्र प्रदेश, महाराष्ट्र और तमिलनाडु जैसे बड़े प्रमुख राज्यों सहित कई अन्य राज्यों में राजनीतिक प्रभाव हासिल कर लिया। अन्य राज्यों में भी उनकी अपनी सदस्यता और उनके जन संगठनों की ताकत बढ़ी। अब वाम एक महत्त्वपूर्ण राष्ट्रीय उपस्थिति का दावा कर सकता था।

1967 में पश्चिम बंगाल में नक्सलबाड़ी में एक विद्रोह आन्दोलन और भारत में अन्यत्र भी विशेषकर आंध्र प्रदेश और मध्य भारत की आदिवासी पट्टी में माओवाद के विस्तार ने पूरे देश के छात्रों और युवाओं को जर्बदस्त ढंग से प्रेरित किया क्योंकि यह आन्दोलन क्रान्तिकारी आदर्शवाद और मौजूदा व्यवस्था के साथ समझौतों के अस्वीकार की भावना से परिपूर्ण प्रतीत हुआ।

यद्यपि नक्सलवादी आन्दोलन ने संसदीय कम्युनिस्ट पार्टियों को 'संशोधनवादी' कह कर उनकी भर्त्सना की, लेकिन उनके कार्यकर्ताओं को आमूल परिवर्तनवादी बनाने में नक्सलवाद का बहुत बड़ा प्रभाव था। इसने अनेक व्यवस्था विरोधी संघर्षों में बड़े पैमाने पर जनता की भागीदारी को उत्प्रेरित किया। इन संघर्षों में सम्भवत: सबसे महत्त्वपूर्ण था बिहार में और कुछ सीमा तक असम में 1960 के दशक के अन्तिम वर्षों में हुआ तथाकथित 'भूमि हड़पो' आन्दोलन जो किसानों द्वारा बड़े भूस्वामियों की उन जमीनों पर कब्जा किए जाने पर आधारित था जो कानूनी हदबन्दी से ज्यादा थीं लेकिन भूस्वामी जिन्हें राज्य को सौंपने से इनकार करते थे।

दो मुख्य कम्युनिस्ट पार्टियों को आपातकाल (1975-77) के दौरान काफी नुकसान हुआ—माकपा को राज्य द्वारा किए गए दमन के कारण और भाकपा को सत्तारूढ़ कांग्रेस को 1976 के उत्तरार्ध तक समर्थन देने और उसके साथ सहयोग करने के कारण—किन्तु आपातकाल हटा लिए जाने के बाद वे पुन: अपनी पुरानी स्थिति पर लौट आईं। आपातकाल हटने के बाद जनता पार्टी के शासन का रास्ता साफ हो गया। दोनों कम्युनिस्ट पार्टियों ने

जल्दी ही एक दूसरे के साथ परस्पर सहयोगपूर्ण अथवा बिरादराना सम्बन्ध बना लिए। 1979 में जनता पार्टी के विघटन और इसके साथ ही समाजवादियों के बिखरने के बाद वे यदि राजनीतिक या चुनावी रूप में नहीं तो कम-से-कम विचारधारात्मक रूप से कांग्रेस के मुख्य वैकल्पिक आकर्षण केन्द्र के रूप में उभरीं।

वाम ने नेहरू माडल के बढ़ते संकट और गरीबी, भूख, अनेकानेक प्रकार के अभावों और जबर्दस्त असमानता की स्थिति को सुधारने में सरकारी नीतियों की साफ जाहिर असफलता के कारण खुद ही लड़खड़ा रही यथास्थिति की एक अपेक्षतया सुसंगत समीक्षा प्रस्तुत की। वाम द्वारा प्रस्तुत पक्ष बहुतों को प्रगतिशील सामाजिक बदलाव के लिए एक बहुत मजबूत दलील भी प्रतीत हुआ।

अभी निकट अतीत में वाम दलों ने तमाम घरेलू और अन्तरराष्ट्रीय मुद्दों पर प्रभुत्वपूर्ण विमर्श का एक विकल्प, वह चाहे कितना ही अधूरा और अपर्याप्त क्यों न रहा हो, प्रस्तुत करने का प्रयास किया। नवउदार अवतार में पूँजीवाद और विशेषकर वैश्वीकरण, उदारीकरण, अविनियमन और निजीकरण की जिन नीतियों का अनुसरण भारत की सभी सरकारें 1990 के प्रारम्भिक वर्षों से कर रही हैं, उनकी आलोचना करने में वे अन्य दलों की तुलना में अधिक आक्रामक और दृढ़ रहे हैं। इन नीतियों ने भारतीय अर्थव्यवस्था में नई संरचनात्मक विकृतियों को जन्म दिया है और गरीबी, अभाव और सामाजिक अवसरों की कमी का उन्मूलन करना तो दूर, उन्हें महत्त्वपूर्ण ढंग से कम कर पाने में भी असफल रही हैं। उन्होंने सम्पत्ति और आय की असमानताओं में जबर्दस्त वृद्धि की है और क्षेत्रीय विषमताओं को बढ़ाया है।

वाम ने राष्ट्रीय स्तर पर ऐसी आर्थिक नीतियों की वकालत की है जो सार्वजनिक क्षेत्र का बचाव करती हैं, बहुराष्ट्रीय निगमों की बेलगाम आर्थिक घुसपैठ और व्यापार के उदारीकरण का विरोध करती हैं, देसी औद्योगिक और प्रौद्योगिक क्षमताओं को मजबूत करती हैं, इजारेदारी और कठोर बौद्धिक सम्पदा प्रणालियों का निषेध और प्राकृतिक संसाधनों के अनियंत्रित निजीकरण का विरोध करती हैं।

सच है कि ऐसी वकालत का अधिकांश नव उदार वैश्वीकरण का प्रभावशाली ढंग से मुकाबला करने और उसे रोकने में समर्थ वास्तविक जमीनी गोलबन्दी के साथ के बिना नीति-वक्तव्यों के स्तर तक ही रहा है। फिर भी, एक निर्लज्ज कारपोरेट चालित संवृद्धि माडल को आगे बढ़ाने वाले सरकारी नीति निर्धारण का वागाडम्बर स्तर पर भी एक प्रतिबिन्दु प्रस्तुत करने का कुछ महत्त्व तो है ही। वाम ने मेहनतकश जनता की पक्षधर सामाजिक विकास नीतियों का भी आह्वान किया है। लेकिन जैसा कि हम आगे देखेंगे, जिन राज्यों में वाम सत्ता में था वहाँ भी वह सामाजिक विकास के स्वयं अपने ही व्यवहारों में भी दृढ़ नहीं रहा था। हाल के वर्षों में, इसने भी नव उदारवादी दृष्टिकोणों के साथ न केवल समझौते किए बल्कि उन्हें आत्मसात भी कर लिया।

वाम ने भारतीय अभिजन के इन पाखंडपूर्ण दावों को भी खारिज करने का प्रयास किया है कि वह विश्व की 'महाशक्तियों' में से एक के रूप में राष्ट्र के उदय का नेतृत्व कर रहा है। वाम एक विषम, जटिल विश्व व्यवस्था के भीतर ऐसी हैसियत प्राप्त करने के उद्देश्य पर सवाल करता है। इसके स्थान पर वह दक्षिण-दक्षिण एकजुटता और विकासशील देशों के बीच घनिष्ठ सहयोग की वकालत करता है। वह भारत की अनेक अधूरी सामाजिक

और आर्थिक घरेलू कार्ययोजनाओं और प्राथमिकताओं पर जोर देता है जिनमें गरीबी उन्मूलन, लोक सेवाओं का सार्वभौमिक प्रावधान और स्वास्थ्य की देखभाल, सुरक्षित पेयजल, सफाई, शिक्षा और ऊर्जा पर सबकी समान पहुँच शामिल है।

अन्तरराष्ट्रीय नीतियों की प्रत्यालोचना

वाम ने अन्तरराष्ट्रीय मुद्दों पर सदैव दृढ़ रुख अपनाया है। वह मौजूदा असमान वैश्विक राजनीतिक और रणनीतिक व्यवस्था तथा उन संस्थाओं का मुखर आलोचक रहा है जिनके माध्यम से इस व्यवस्था को अभिव्यक्ति मिलती है और यह बनाई रखी जाती है। वैश्विक दादागीरी अथवा 'साम्रज्यवाद' की पश्चिमी नीतियों और विशेषकर तमाम देशों में अमेरिका के सैन्य हस्तक्षेपों का विरोध करने में वामपन्थ अन्य दलों की तुलना में कहीं अधिक दृढ़ रहा है।[53] वाम बहुपक्षीय संस्थानों पर आधारित समानता वाली बहुध्रुवीय वैश्विक व्यवस्था का समर्थक है। वह भारत की विदेश और सुरक्षा नीति की स्वतंत्रता और पारम्परिक अर्थ में गुटनिरपेक्षता का जबर्दस्त हिमायती है।

वाम पिछले दशक और उससे अधिक समय के दौरान मजबूत बना दी गई अमेरिका-भारत 'रणनीतिक साझेदारी' के अटल विरोध के लिए जाना जाता है। इस साझेदारी के तहत भारत ने वाशिंगटन की गठबन्धनों की वैश्विक व्यवस्था में भागीदारी की है अथवा उसके साथ सहयोग किया है और प्रायः अपने ही नागरिकों के हितों के विरुद्ध खड़ा दिखाई पड़ा है जैसेकि ईरान-पाकिस्तान-भारत गैस पाइपलाइन परियोजना के मामले में। इस साझेदारी के परिणामस्वरूप 2005 में अमेरिका-भारत नागरिक परमाणु सहयोग सन्धि हुई जिसका वाम ने बहुत जबर्दस्त विरोध किया। 2008 में, जब यह समझौता अन्तिम रूप लेने ही वाला था, वाम ने संयुक्त प्रगतिशील गठबन्धन सरकार से समर्थन वापस ले लिया जिससे उसके अपने कार्यकर्ताओं के बीच, विशेषकर माकपा के भीतर, एक विवाद उठ खड़ा हुआ।

वाम दल अलग-अलग विचारधाराओं वाले उस घरेलू दलगत राजनीतिक परिदृश्य का एकमात्र हिस्सा हैं जिन्होंने भारत के 1998 के परमाणु परीक्षणों की भर्त्सना की थी (यद्यपि कुछ शुरुआती असमंजस के साथ)। उन्होंने भारतीय (और पाकिस्तानी) परमाणु हथियार कार्यकमों की समाप्ति की बात की और यह माँग भी की कि भारत वैश्विक परमाणु निशस्त्रीकरण के एजेंडे पर वापस लौटे। सैन्यवाद के विरुद्ध वाम दलों का रुख और पाकिस्तान तथा भारत के अन्य पड़ोसियों के साथ सम्बन्ध के सन्दर्भ में उनका अपेक्षतया उन्माद रहित रवैया उन्हें देश के अधिकतर उन राजनीतिक दलों-संगठनों से अलग करता है जिनकी पहचान है अतिवादी राष्ट्रवाद, बढ़ता युद्धोन्माद और विशेषकर दक्षिण एशिया क्षेत्र में विदेश नीति के सैन्यीकरण की ओर बढ़ता झुकाव।

वाम ने उतर-दक्षिण आर्थिक असन्तुलनों को बढ़ाने वाली नवउदारवादी नीतियों, कारपोरेट के नेतृत्व में वैश्वीकरण और गैरबराबरी वाले व्यापार और बौद्धिक सम्पदा प्रणालियों का संवर्धन करने और उन्हें जबर्दस्ती थोपने के लिए अन्तरराष्ट्रीय वित्तीय संस्थाओं की निर्मम आलोचना की है। उसने 2008 के बाद की वैश्विक महान मन्दी के कारणों और उसके समाधान के लिए प्रस्तावित झूठे समाधानों का अन्य भारतीय दलों की तुलना में कहीं अधिक ईमानदार विश्लेषण प्रस्तुत किया है। इन मुद्दों पर वाम के रुख के कारण

भारत और विदेशों में प्रगतिशील बुद्धिजीवी वर्ग के बीच वाम ने सदाशयता और सम्मान अर्जित किया है।

देश के भीतर परम्परागत रूप से वाम दलों का सम्मान प्रबुद्ध और उच्च सार्वभौमिक मूल्यों का पक्ष लेने, स्थानीय, सामाजिक, क्षेत्रीय, भाषायी, पुरुष को श्रेष्ठ बताने वाले और जातिवादी एजेंडा को अस्वीकार करने, भारत की लोकतांत्रिक संस्थाओं के बढ़ते ह्रास और अधोपतन का प्रतिरोध करने और सार्वजनिक जीवन में भ्रष्टाचार का तीखा और लगातार विरोध करने के लिए होता रहा है। उन्हें व्यापक रूप से भारत का सबसे साफ-सुथरा और सर्वाधिक आचारनिष्ठ दल माना जाता है जिनका भ्रष्टाचार से कुछ लेना देना नहीं। यह बात ऐसे देश में चमत्कार जैसी ही है जहाँ दलों की बहुत बड़ी संख्या घूसखोरी, भाई-भतीजावाद और पक्षपात के दलदल में डूबी है और कारपोरेट घरानों के साथ सांठ-गाँठ कर सार्वजनिक संसाधनों की लूट में लगी है।

अन्य राजनीतिक दलों के मुकाबले वाम व्यक्तिगत ईमानदारी, राजनीतिक नैतिकता और सदाचार के कहीं अधिक ऊँचे मानदंडों का अनुसरण करता है। पैसे से खरीदे जाने और नेतृत्व की वंशपरम्परा की धारणाओं से कलंकित होने से यह अपेक्षतया बचा हुआ है। लोकतांत्रिक संस्थाओं की साख के प्रति अपने सम्मान, सार्वजनिक जीवन में पारदर्शिता की वकालत, जवाबदेह और सहभागितापूर्ण शासन के अपने रिकार्ड और अपने कोष और दान के स्रोतों को प्रकट करने की अपनी तत्परता के कारण भी वाम औरों से अलग है। इसके विपरीत, अधिकतर अन्य दलों में लोकतांत्रिक संस्थाओं और जवाबदेही के व्यवहार के प्रति सम्मान देखने को नहीं मिलता। वे नागरिकों से सलाह-मशविरा किए बिना और उनकी भागीदारी के बिना कठोरतापूर्वक शासन करते हैं। अनेक दल परिवार केन्द्रित दल हैं जिनमें भाई-भतीजावाद फल-फूल रहा है, धन प्राप्ति के अपने स्रोतों के बारे में वे अस्पष्ट हैं, उनमें पारदर्शिता का अभाव है।

इसीलिए अभी हाल में दक्षिणपन्थी विचारों के वर्चस्व और पूरे विश्व में और भारत में समाजवाद और मार्क्सवाद के प्रति आकर्षण में एक आम ढलान के बावजूद वाम को कम-से-कम अभी कुछ समय पहले तक उच्च, वस्तुतः स्पृहणीय वैधता, नैतिक और राजनीतिक प्रतिष्ठा और सम्मान प्राप्त रहा है।

वाम दलों के लिए प्रतिष्ठा और साख का एक और महत्त्वपूर्ण स्रोत उनका पश्चिम बंगाल, केरल और त्रिपुरा की सरकारों के प्रमुख के रूप में विशेषकर 1990 के दशक तक किया गया काम है। इन राज्यों में वे कुछ सर्वश्रेष्ठ भूमिसुधारों और प्रगतिशील बदलावों का दावा कर सकते हैं। पश्चिम बंगाल में उन्होंने बड़े पैमाने पर काश्तकारी सुधार कार्यक्रम की शुरुआत की और पंचायती राज का रास्ता खोला जिसके तहत सत्ता निर्वाचित ग्राम परिषदों, समितियों को सौंपी जाती है।

केरल में उन्होंने भारत के सबसे व्यापक भूमि पुनर्वितरण का काम किया और सामाजिक विकास के एक ऐसे माडल को स्थायित्व प्रदान किया जिसकी उपलब्धियों की बराबरी भारत के सर्वाधिक समृद्ध राज्य भी नहीं कर पाए हैं जबकि इन राज्यों के सकल घरेलू उत्पाद की विकास दर काफी ऊँची है। वाम के नेतृत्व में त्रिपुरा ने भारत का पहला पूर्ण साक्षर राज्य बनने का सम्मान प्राप्त किया है। इसकी सरकार ने सफलतापूर्वक सत्ता का

विकेन्द्रीकरण करते हुए उसे स्थानीय निकायों तक पहुँचाया है और इसके साथ ही वह एक कठिन जनजातीय विद्रोह को रोकने में भी सफल रही है।

वाम दलों ने लगभग सार्वभौमिक सम्मान अर्जित किया क्योंकि उन्होंने सामान्यतया अपनी नीतियाँ एक सुसंगत, सुचिंतित ढाँचे से व्यवस्थित ढंग से प्राप्त कीं और उनके क्रियान्वयन को सिद्धान्त से जोड़ने का प्रयास किया। इससे उनकी नीतियों को आपेक्षिक स्थिरता और विश्वसनीयता मिली। चुनावी राजनीति में उतरने पर भी अपनी राजनीतिक दिशा को ध्यान में रखते हुए वे अपने गठबन्धन के सहयोगी चुनने में बहुत सावधानी बरतते थे। इससे वे उन तमाम दलों से अलग दिखते थे जिनके कार्यक्रम जाति और/अथवा क्षेत्रीय हितों पर आधारित, शिथिल ढंग से परिभाषित, अस्पष्ट अथवा असम्बद्ध होते हैं, जो तदर्थ नीतियों का अनुसरण करते हैं और मुख्य रूप से अल्पकालिक सत्ता केन्द्रित लक्ष्यों की प्राप्ति के लिए अवसरवादी गठबन्धन करते हैं।

सिद्धान्त के साथ साथ, वामपन्थ के कुछ प्रमुख व्यक्तित्वों ने मूर्धन्य चिन्तकों, लेखकों, कलाकारों, समीक्षकों और शिक्षाविदों के रूप में भी अपनी एक विशिष्ट पहचान बनाई है। परम्परागत रूप से वाम ने असाधारण बुद्धिमत्ता, विद्वत्ता और आदर्शवाद से सम्पन्न पुरुषों और महिलाओं को अपनी ओर आकृष्ट किया जिन्होंने एक पूरी पीढ़ी को प्रेरणा दी। उन्होंने कला, सांस्कृतिक और साहित्यिक क्षेत्रों और इतिहास, समाजशास्त्र, राजनीतिशास्त्र और सांस्कृतिक मानवशास्त्र सहित समाजविज्ञान के अनेक अनुशासनों में अपना प्रतिभापूर्ण योगदान दिया। विद्वानों और चिन्तकों की किसी अन्य ऐसी धारा या स्कूल के बारे में सोच पाना भी कठिन है जो भारत के बौद्धिक विमर्श में मार्क्सवादियों द्वारा दिए गए योगदान की बराबरी कर सके।[54]

बौद्धिक ईमानदारी, नैतिक प्रतिष्ठा, सिद्धान्त और व्यवहार के बीच सम्बन्ध और जमीनी काम के प्रति समर्पण के इस विशिष्ट संयोग ने ऐतिहासिक रूप से भारतीय वाम को अन्य राजनीतिक धाराओं से अलग एक विशिष्ट स्थान दिया। इसने वामपन्थ को एक खास तरह के लचीलेपन और फिर से उठ खड़े होने की ताकत से लैस कर दिया। इसने उसे हर तरह की प्रतिकूल स्थिति से, जिसमें उसके संगठनों का बार-बार प्रतिबन्धित किया जाना, इसके शिखर नेताओं को राज्य द्वारा लम्बे समय तक हिरासत में रखा जाना, 'राष्ट्रविरोधी' और 'विदेश-प्रेरित' होने के आरोप, मीडिया में बदनाम करने के अभियान और दमनात्मक सरकारों और राजनीतिक विरोधियों द्वारा किए जाने वाले शारीरिक हमले आदि शामिल हैं, निपट सकने की सामर्थ्य प्रदान की।

कमजोरियाँ और हाल की अवनति

लेकिन हाल के वर्षों में वाम को अपनी राजनीतिक शक्ति, हैसियत, बौद्धिक-नैतिक प्रभाव और अपने समर्थन आधार के क्षरण के रूप में एक व्यापक गिरावट झेलनी पड़ी है। इसका एक परिणाम चुनावी पराजयों की श्रृंखला के रूप में सामने आया है। वाम की अवनति के कारणों में प्रमुख है इसके द्वारा आक्रामक तरीके से ऊपर से नीचे तक लुटेरी किस्म की ऐसी भूमि अधिग्रहण नीतियाँ अपनाया जाना जिनसे शहरी विकास के अभिजनवादी और पर्यावरण की दृष्टि से विनाशकारी रूपों को बढ़ावा मिला है और औद्योगीकरण का एक ऐसा नमूना सामने आया है जिसे नव उदारवाद से अलग कर पाना कठिन है।

नव उदारवादी रुझान 2006-2008 में एकदम खुले तौर पर सामने आया जब पश्चिम बंगाल की वाम मोर्चा सरकार का कोलकाता से 40 कि.मी. दूर सिंगूर में (जहाँ टाटा ने एक कार कारखाना लगवाने का प्रस्ताव किया था) और पूर्व मेदिनीपुर के नन्दीग्राम (इंडोनेशिया के एक दागी सेलिम समूह द्वारा रसायनों के उत्पादन के 'हब' के लिए चिन्हित) में अपने ही समर्थन आधार के किसानों और दस्तकारों के कुछ समूहों के साथ एक अप्रिय टकराव हुआ। मार्च 2007 में पुलिस ने नन्दीग्राम में विरोध करने वालों पर गोलियाँ चलाईं और उनमें से चौदह व्यक्तियों की जान ले ली। इसी वर्ष बाद में, माकपा के कार्यकर्ताओं ने साधारण किसानों के विरुद्ध हिंसा का खुला खेल खेलते हुए इस क्षेत्र पर बर्बर तरीके से 'पुनः कब्जा कर लिया'।

सिंगूर और नन्दीग्राम संकट कारण नहीं बल्कि उस बेचैनी के लक्षण थे जिससे वामपन्थ पीड़ित था। दरअसल यह उन दीर्घकालीन प्रक्रियाओं का परिणाम था जो इसे विचारधारात्मक रूढ़िवाद के गहरे गर्त में और आर्थिक नीति की एक सतही दृष्टि की ओर ले गईं। इन संकटों ने वाम की देशव्यापी और देश से बाहर उसकी प्रतिष्ठा को ही नुकसान नहीं पहुँचाया बल्कि वे 2008 के पंचायत चुनावों में लगे झटकों और उसके बाद होने वाले लोकसभा और राज्य विधानसभा चुनावों में इसकी क्रमिक पराजयों के पुरोगामी भी सिद्ध हुए।

चुनावी पराजय विशेषरूप से पश्चिम बंगाल में बहुत गम्भीर सिद्ध हुई जहाँ इससे जल्दी उबर पाने की सम्भावना लगभग नहीं है। वाम अपनी कुछ खोई हुई जमीन केरल में वापस पा सकता है। लेकिन राष्ट्रीय स्तर पर विस्तार की तो बात छोड़ें फिलहाल कोई उल्लेखनीय सुधार भी असम्भव लगता है। अब इससे भी गहरे पतन की सम्भावना वाम के सामने है। जैसा कि हम इस पुस्तक में आगे देखेंगे, वाम सामाजिक और राजनीतिक कार्ययोजनाओं को प्रभावित कर सकने और सत्ता में न होने पर भी जनता को गोलबन्द कर सकने वाली गतिशील अथवा जीवन्त शक्ति की अपनी छवि पहले ही खो चुका है। अकादमिक दुनिया में, व्यापक रूप से जनता के बीच और मीडिया में वाम का स्थान सिकुड़ चुका है। मीडिया में उसका स्थान संकुचित हो जाने का कारण मीडिया संस्थानों का बढ़ता निगमीकरण और स्वतंत्र पत्रकारों और प्रगतिशील टिप्पणीकारों को अधिकाधिक हाशिये पर धकेल दिया जाना है।

मुख्य धारा के वाम दल सीधी और व्यापक ढलान पर हैं फिर भी जन संघर्षों में अपनी भूमिका, जन संगठनों के नेतृत्व और अपने संसदीय हस्तक्षेप की गुणवत्ता के कारण वे अब भी प्रासंगिक बने हुए हैं। लेकिन समाजवादी तरीके से भारत के रूपान्तरण की उनकी दीर्घकालीन योजना अब दूर लगती है। वह बड़ी कठिनाइयों में घिरी है और अपने लक्ष्य की दिशा में आगे बढ़ने के लिए उसे पर्याप्त प्रोत्साहन नहीं प्राप्त हो रहा है। अब वाम दल मानवीय सामाजिक विकास के एक सम्पूर्ण और साकार करने योग्य एजेंडा भी स्पष्ट रूप से अभिव्यक्त नहीं कर सकते। फिलहाल वे विश्वसनीयता का एक गम्भीर संकट, वस्तुतः अस्तित्व का संकट अनुभव कर रहे हैं।

वाम ने जिन कुछ नीतियों का हाल में समर्थन किया है और उसके कुछ नेताओं ने जिस भोंडी व्यावहारिकता और अवसरवाद की संस्कृति का प्रदर्शन किया है, वे इसे इसके केन्द्रीय आधार-क्षेत्र यानी मजदूरों, किसानों, दस्तकारों और अन्य वंचित लोगों से और दूर करती हैं। नेतृत्व और कार्यकर्ता के बीच संवादहीनता बढ़ रही है। वाम के क्षेत्रीय नेता अपने दलों

को हाल में मिली पराजय की गम्भीरता को नकारते रहे हैं और इन पराजयों के कारणों में अपनी कोई भूमिका स्वीकार करने से इनकार करते रहे हैं। उनके पार्टी कार्यकर्ताओं का मनोबल नीचा है और गिर रहा है। इससे, विशेषकर बंगाल में, मुख्य भ्रष्टाचार के मामलों (विशेषकर शारदा पोजी योजना घोटाला), कानून और व्यवस्था की खराब हालत और स्त्रियों के विरुद्ध हिंसा जैसे तमाम मुद्दों पर विरोधियों का मुकाबला नहीं कर पा रहे हैं और इस प्रकार जन समर्थन वापस पाने में असमर्थ हैं। वास्तव में, वे स्वयं जिस हिंसा और खौफ का सामना कर रहे हैं उसका भी प्रतिरोध लगभग नहीं कर पा रहे हैं।

प्रभाव का क्षरण

हाल के वर्षों में एक आन्दोलन के रूप में वाम की भूमिका, उसकी पहचान और व्याख्या के सन्दर्भ में सम्भावित कार्यकर्ताओं के लिए आकर्षण के एक स्रोत के रूप में, लगातार गौण होती गई है। वाम दलों ने जन आन्दोलन और जनता की गोलबन्दी के एजेंडा की उपेक्षा की है और अपने रुझान और व्यवहार में अधिकाधिक संसदीय हो गए हैं। अब वे अधिक दुनियावी कसौटियों पर, लगभग वैसी ही कसौटियों पर परखे जाने लगे हैं जो आम तौर पर साधारण, काफी 'सामान्य', सत्ताभिमुखी राजनीतिक संगठनों के लिए इस्तेमाल की जाती हैं। वाम को कुछ क्षेत्रों में अब भी किंचित प्रतिष्ठा प्राप्त है क्योंकि अब उसने लोकतंत्र, धर्मनिरपेक्षता, 'समाजवाद' (वितरणात्मक न्याय के रूप में समझा जाने वाला) और गुटनिरपेक्षता की नेहरू युगीन विरासत के सबसे बड़े समर्थक और प्रतिनिधि के रूप में कमजोर कांग्रेस को हटाकर उसका स्थान स्वयं ले लिया है। लेकिन यह उन (आदर्शों) का एक गैर क्रान्तिकारी, शक्तिहीन रूप है जिनके लिए वाम संघर्षरत रहा था।

यह बात समान रूप से महत्त्वपूर्ण है कि मुख्यधारा के कुछ व्याख्याकार भारतीय वाम को समष्टिवाद, राज्य हस्तक्षेप और सार्वजनिक क्षेत्र का बचाव करने के कारण 'पुरातनकालीन' (बीसवीं सदी) के रूप में देखते हैं; वे इसे एक पतनोन्मुख राजनीतिक ताकत मानते हैं जो 'अन्ततः' समाजवाद के उतार और समाप्ति की वैश्विक प्रवृत्ति के साथ जुड़ गई है। इसकी नियति ही यही थी। ये व्याख्याकार गलत हैं, जैसा कि हम आगे देखेंगे नवउदारवादी परियोजना की जबर्दस्त असफलता ने पूरी दुनिया में यह स्पष्ट कर दिया है कि समष्टिवादी समाजवादी कार्यक्रम अब भी प्रासंगिक हैं। भारतीय वाम की नियति विस्मृति में खो जाने की नहीं है। अपनी प्रासंगिकता फिर से हासिल करने के लिए उसे खुद को निस्सन्देह अनेक तरह से आधुनिक बनाना होगा और समकालीन सरोकारों विशेषकर युवा पीढ़ी के सरोकारों से जोड़ना होगा। यह पुस्तक मानती है कि वाम ऐसा कर सकता है, निस्सन्देह वह समाज और राजनीति में एक जीवन्त शक्ति बन सकता है।

इससे इनकार नहीं कि वाम ने बड़े चुनावी धक्के झेले और बार-बार झेले। इनकी शुरुआत 2009 के राष्ट्रीय चुनावों से हुई थी, जिन्होंने लोकसभा में इसकी सीटों में 60 प्रतिशत की कमी देखी। वहाँ उसकी सीटों की संख्या घट कर चौबीस रह गई। इस कारण एक निर्णायक कठिन मोड़ पर राष्ट्रीय स्तर पर वाम का राजनीतिक प्रभाव उल्लेखनीय ढंग से कम हो गया। इसके बाद 2011 के विधानसभा चुनावों में उसने केरल में (बहुत कम वोटों से) और पश्चिम बंगाल में (अपमानजनक ढंग से) सत्ता गँवा दी। पश्चिाम बंगाल

विधानसभा में सफाये के बाद वहाँ ग्राम पंचायत और नगरपालिका चुनावों में भी उसे भारी नुकसान उठाना पड़ा।

2014 में वाम बुरी तरह हारा। उसे लोकसभा की कुल 543 सीटों में केवल दस सीटें मिलीं।[56] यह उसे अब तक मिली सीटों की सबसे कम संख्या थी। माकपा को 1967 के चुनावों में प्राप्त सीटों से भी कम सीटें मिलीं जबकि 1964 में अपने गठन के बाद उसने 1967 में यह पहला राष्ट्रीय चुनाव लड़ा था। राष्ट्रीय स्तर पर मतों में वाम दलों का संयुक्त हिस्सा उनके परम्परागत 7–11 प्रतिशत से घटकर मात्र 5 प्रतिशत रह गया।[57] पश्चिम बंगाल में 23 प्रतिशत वोट हासिल करने के बावजूद माकपा को उतनी ही सीटें (दो) पाने की शर्म झेलनी पड़ी जितनी भाजपा को मिली थीं जबकि भाजपा को केवल 17 प्रतिशत वोट मिले थे।

केरल में लोकसभा चुनावों में वाम लोकतांत्रिक मोर्चे (एलडीएफ) और कांग्रेस नीत संयुक्त लोकतांत्रिक मोर्चे (यू डी एफ) की एक बार जीत एक बार हार का सिलसिला तब टूट गया जब 2014 में वालोमो (एलडीएफ) बीस में से केवल आठ सीटों पर जीत दर्ज कर सका। इस चुनाव में भाजपा को वोटों का अब तक का सबसे बड़ा हिस्सा (11 प्रतिशत) मिला। केरल में वाम ने अपने परम्परागत वर्ग और जाति आधारित समर्थन में उल्लेखनीय नुकसान देखा है। केवल त्रिपुरा में ही वाम प्रभावशाली 64 प्रतिशत वोट पाकर अपनी दोनों सीटें बचाये रहा।

वाम दलों का श्रमिक संघों और किसान सभाओं से सम्पर्क घातक और व्यापक रूप से कमजोर हो गया है, उनकी सामान्य नैतिक, बौद्धिक पूँजी खत्म हो चुकी है और विशेषकर पश्चिम बंगाल में उनके कार्यकर्ताओं का मनोबल बुरी तरह टूट चुका है जहाँ वे सत्तारूढ़ तृणमूल कांग्रेस के हिंसक हमलों का सामना कर रहे हैं। इस बीच हिन्दू दक्षिणपन्थ अपने सर्वाधिक कट्टर साम्प्रदायिक नेताओं में से एक के नेतृत्व में राष्ट्रीय स्तर पर सत्ता में आ गया है। दक्षिणपन्थ का वर्चस्व वाम पर दबाव और बढ़ाएगा और इस तरह उसका संकट और गहराएगा।

थर्मोडायनमिक्स से एक शब्द उधार लें तो कह सकते हैं कि भारतीय वाम इस समय खुद को दुर्दशा ताप–अनुताप माप (एन्ट्रापी) की स्थिति में—अथवा ऊर्जा के क्षय की एक क्रमिक धीमी प्रक्रिया में, अनिश्चितता, अव्यवस्था, विखंडन और विघटन में डूबने की स्थिति में पा रहा है। एक बन्द व्यवस्था में ऐसा होना अपरिहार्य है। यह स्थिति तभी बदल सकती है यदि वाम खुद को खोले और नई ऊर्जाओं से एक नया जीवन प्राप्त करे। मौजूदा दुर्दशा की जड़ें अन्ततः वामपन्थ के सामाजिक आधार और राजनीतिक प्रभाव के दीर्घकालीन क्षरण में निहित हैं।

यह स्पष्ट नहीं है कि क्या वामपन्थ के नेता इस क्षरण को वामपन्थ की विचारधारात्मक कट्टरता, भारतीय परिस्थितियों के उपयुक्त कार्यक्रमगत परिप्रेक्ष्य और राजनीतिक गोलबन्दी की रणनीतियाँ विकसित करने में असफलता, नेतृत्व की इसकी पुरानी पड़ चुकी 'हरावलवादी' धारणाओं और इसके अपेक्षाकृत कम लोकतांत्रिक सांगठनिक व्यवहारों का परिणाम मानकर इसकी व्याख्या करने या इसे स्पष्ट करने के लिए जरूरी विचारधारात्मक, बौद्धिक और राजनीतिक संसाधन जुटा सकते हैं। ऐसे स्पष्टीकरण के बिना वे संकट का समाधान तो दूर सम्भवतः उसका विश्लेषण करने की भी आशा नहीं कर सकते।

ऐसे में, भारतीय वाम एक ऐतिहासिक दोराहे पर खड़ा है। यह उसके लिए सुधरने या टूटने में से एक को चुनने की घड़ी है। या तो वह अपनी गलतियों और कमजोरियों के लिए आलोचनात्मक ढंग से आत्मावलोकन करे, इस बात का विश्लेषण करे कि वह अपने केन्द्रीय आधार क्षेत्रों के भीतर भी समर्थन क्यों खो रहा है और फिर स्थिति सुधारने के लिए आमूल परिवर्तनवादी रास्ता अपनाए; अथवा आसान विकल्प अपनाए, उन्हीं राजनीतिक व्यवहारों और नीति उपागमों पर कायम रहे जिन्होंने इसके समर्थन आधार को इससे दूर कर दिया है और राजनीतिक गोलबन्दी की अपनी रणनीतियों की यथास्थिति से नाता तोड़ने में असफल रहे।

दूसरा रास्ता अपनाने पर, वामपन्थ का क्षरण बहुत तेजी से होगा जिसके कारण उसके कार्यकर्ताओं और नेताओं का मनोबल टूटेगा विशेषकर जैसे-जैसे वाम चुनावी राजनीति में उत्तरोत्तर हाशिये पर आता जाएगा। यह रास्ता अपनाने पर वामपन्थ अप्रासंगिक बन सकता है और इतिहास में गुम हो सकता है। पूरी दुनिया में अनेक कम्युनिस्ट पार्टियों के साथ ऐसा हो चुका है। फिलहाल, वाम पहला रास्ता अपनाने के प्रति विमुख प्रतीत हो रहा है। "लोकतांत्रिक केन्द्रवाद" पर और असहमति को लगभग जुर्म समझने पर आधारित इसकी सांगठनिक संस्कृति इसे खुली बहस और आत्मालोचना की शुरुआत करने में मदद नहीं देगी।

यह वाम के मौजूदा राजनीतिक स्वरूप और संगठनात्मक शक्ल में उसके लिए एक निराशाजनक भविष्य प्रदर्शित करता है। लेकिन यदि यह मान भी लिया जाए कि वास्तविक रूप से मौजूद संगठित वामपन्थ का बड़ा हिस्सा ध्वस्त हो जाएगा तब भी उसने जिन तमाम सिद्धान्तों, विचारों और कार्यक्रमों की ऐतिहासिक अगुआई की है वे भारतीय जनता द्वारा आजादी, आत्मसशक्तीकरण और न्याय के लिए किए गए संघर्षों के एक महत्त्वपूर्ण हिस्से के रूप में प्रासंगिक बने रहेंगे। उनके विवेकपूर्ण मर्म का उद्धार करने और उस पर निर्माण करने का दायित्व जनता के जमीनी आन्दोलनों, सामाजिक वाम, आमूल परिवर्तनवादी सामाजिक समूहों और प्रगतिशील बुद्धिजीवियों के कंधों पर आएगा। अधिक सम्भावना यही है कि वर्तमान वाम के अधिकतर तबके पहले रास्ते का विकल्प चुनेंगे।

ऐसे तबकों के साथ काम करते हुए ये जमीनी जन आन्दोलन छिटके हुए समूहों को इकट्ठा करने, जो कुछ मूल्यवान और उपयोगी है, उसे बचा लेने और एक नए, अधिक प्रासंगिक, रचनात्मक और आकर्षक रूप में वाम का पुनराविष्कार करने में किस तरह समर्थ हो सकते हैं, इस पर चर्चा अन्तिम अध्याय में की गई है। यह चर्चा उपायों, नुस्खों की श्रृंखला के रूप में कम और एक ऐसे सहकारी अथवा सामूहिक प्रयास शुरू करने के लिए सुझाव देने की भावना के रूप में अधिक है जो साझी एकजुटता पर आधारित हों ताकि जनता का एक ऐसा घोषणापत्र लिखा जा सके जो उस मुक्तिदायक रूपान्तरण की सम्भावना को साकार करे जिसका इंतजार भारतीय समाज को आज भी है।

2

रणनीतिक ढाँचे की तलाश

'द्विचरणी' क्रान्ति, बुर्जुआ लोकतंत्र, वर्चस्व का सवाल

यदि कोई भारत के वाम के इतिहास को एक निर्मम तरीके से आजादी के पहले और आजादी के बाद की अवधियों में बाँटे तो आन्दोलन की अपने दीर्घकालीन लक्ष्य की ओर आगे बढ़ने के लिए एक रणनीतिक ढाँचे की तलाश को दो तरह के सवालों के सन्दर्भ में सबसे अच्छी तरह समझा जा सकता है। पहला, अपने शुरुआती शक्तिशाली विरोधियों यानी औपनिवेशिक राज्य और देशी बुर्जुआ वर्ग, जो 'नरम पन्थी' भारतीय राष्ट्रीय कांग्रेस के माध्यम से एक राष्ट्रीय मुक्ति आन्दोलन शुरू कर चुका था, से एक साथ निपटने की कोई रणनीति कैसे बनाई जाए।

चुनौती का एक हिस्सा राष्ट्रीय आन्दोलन पर अपना प्रभुत्व कायम करने के बुर्जुआ वर्ग के प्रयास का प्रभावशाली ढंग से प्रतिरोध करते हुए उसमें हिस्सा लेने में निहित था। यह अपने आपमें एक दुष्कर काम था। चुनौती का दूसरा हिस्सा आमूल सुधारवादी परिवर्तन लाने के लिए सही माडल चुनने में निहित था : यह एक शहरी मजदूर वर्ग का विद्रोह होगा (जैसा कि यूरोप में हुआ) या एक सशस्त्र कृषि क्रान्ति (जैसा कि चीन में हुआ) या इसमें संसदीय और गैर संसदीय दोनों साधनों का इस्तेमाल कर राष्ट्रीय आन्दोलन के प्रगतिशील तबकों के साथ एक संयुक्त मोर्चा बनाते हुए मजदूरों और किसानों के आमूल परिवर्तनवादी संघर्ष को संगठित करना भी शामिल होगा ? क्या यह इन दोनों का किसी तरह का मिला जुला रूप होगा अथवा यह कोई विशिष्ट, अपने ढंग का निराला ही माडल होगा ?

दूसरी अवधि में वाम के सामने प्रमुख सवाल यह था कि इस यथार्थ से कैसे निपटा जाए कि 'आजादी चाहे कितने पिछड़े रूप में मिली हो लेकिन उसका आगमन राष्ट्रीय स्तर के पूँजीवाद के रूप में हुआ और वर्ग शासन की पद्धति पश्चिम की तुलना में चाहे जितनी भी कमजोर रही हो वह 1947 से अपने सार रूप में बुर्जुआ लोकतांत्रिक रही है'।[1] आजादी के बाद, वाम, विशेषकर कम्युनिस्ट पार्टियों को बुर्जुआ लोकतंत्र के ढाँचे के भीतर ही उसकी सभी सीमाओं, अपूर्णताओं, विकृतियों और अधिनायकवाद की ओर ले जाने वाली प्रवृत्तियों, लेकिन उसके न नकारे जा सकने वाले गुणों और उसे हासिल प्रभूत सार्वजनिक वैधता के साथ काम करना था।

सीपीआई ने भारत की आजादी को पहले तो काल्पनिक घोषित किया और उसके सन्दर्भ में एक विद्रोहात्मक माडल का विकल्प चुना जो, जैसा कि हम देखेंगे, बुरी तरह से असफल हुआ। लेकिन 1950 के दशक के प्रारम्भिक वर्षों तक वह मोटे तौर पर उदार संसदीय व्यवस्था

के भीतर काम करते रहने के साथ साथ इस व्यवस्था की सीमाओं को पार करने के लिए संघर्ष करती रही। यह प्रवृत्ति 1957 में तब और मजबूत हुई जब सीपीआई ने केरल विधानसभा चुनाव जीता।

लेकिन सीपीआई ने अथवा बाद में माकपा ने इस संक्रमण का समुचित ढंग से सैद्धान्तीकरण नहीं किया। न ही उन्होंने स्पष्ट रूप से यह स्वीकार किया कि उनके इस कदम का अभिप्राय रणनीति का एक रूपान्तरणकारी बदलाव है अर्थात लेनिन द्वारा बताई गई रणनीति यानी राज्य को ध्वस्त कर देने वाले सशस्त्र विद्रोह/सशस्त्र कृषि क्रान्ति की रणनीतियों से ऐसी रणनीति पर आना जो राज्य को एक दीर्घकालीन व्यूहरचना के माध्यम से रूपान्तरित करने का प्रयास करती है। इसमें अधिकाधिक आमूल परिवर्तनवादी और पूँजीवाद विरोधी नीति के जरिये राज्य को भीतर से बदलना शामिल है। इस प्रयास को बाहर से दीर्घकालिक रूपान्तरणकारी बदलाव के प्रति हठी प्रतिबद्धता पर आधारित जुझारू जन गोलबन्दी के माध्यम से आगे बढ़ाया जाना है।

तब, दूसरी अवधि में वाम के सामने मुख्य चुनौती यह थी कि वह जनता को गोलबन्द करने के अपने गैर संसदीय एजेंडा को किस तरह अपने संसदीय काम के साथ जोड़े कि जनता की गोलबन्दी की प्रमुखता सुरक्षित रहे और फिर इस तरह का दोहरा रवैया वाम को उन सारे अवसरों का भी उपयोग करने दे जो बुर्जुआ लोकतंत्रिक व्यवस्था प्रदान करती है। यह लगभग वैसा ही था जिसे अन्तोनियो ग्राम्शी ने वैकल्पिक मजदूर वर्ग अथवा समाजवादी वर्चस्व स्थापित करने का संघर्ष कहा था। यह बहुत जटिल और दुष्कर काम था।

दो भिन्न कालखंडों के ये दो विशिष्ट उदाहरण अपेक्षानुसार असमान हैं और किसी चीज़ को परखने की उनकी कसौटियाँ एकदम अलग हैं लेकिन दोनों एक ही सवाल उठाते हैं : क्या वाम ने भारतीय बुर्जुआ वर्ग के चरित्र और लचीलेपन को समझने की समस्या के साथ पर्याप्त मुठभेड़ की ? कृषि में भूस्वामित्व के अवशेषों के साथ एक पिछड़े पूँजीवाद की संरचनाओं को विरासत में पाने और औद्योगिक उद्यमिता के अपने अभाव के बावजूद बुर्जुआ वर्ग ने अपनी सत्ता सुरक्षित करने के लिए अलग किस्म के राज्य उपकरणों को इस्तेमाल किया और विविध अन्तरराष्ट्रीय और राष्ट्रीय संस्थाओं से लाभ उठाया। वाम कितनी जल्दी या देर से यह समझ सका कि बुर्जुआ लोकतंत्र ने अन्ततः भारत में अपनी गहरी जड़ें जमा ली हैं और तब इस समझ के आधार पर अपनी रणनीतियों का क्षेत्र, आजादी की हदें और खुद के लिए उपलब्ध जोड़-तोड़ की सम्भावनाएँ सुनिश्चित कीं ?

इस अध्याय के शेष अंश में यह आकलन करने का प्रयास किया गया है कि क्या वामपन्थ ने इन मुद्दों पर पर्याप्त गम्भीरता से काम किया और वह एक सैद्धान्तिक रूप से सुविचारित, राजनीतिक रूप से मजबूत फिर भी कार्यनीति के सन्दर्भ में लचीला रणनीतिक ढाँचा विकसित करने में कहाँ तक सफल हुआ ?

भाकपा का 'ढुलमुल रवैया'

1925 में अपने जन्म से स्वतंत्रता प्राप्ति तक वाम को दो ताकतवर विरोधियों का मुकाबला करना पड़ा। ये थे ब्रिटिश साम्राज्यवाद और भारतीय बुर्जुआ वर्ग। भारतीय बुर्जुआ वर्ग ने 1920 के दशक के प्रारम्भिक वर्षों तक पर्याप्त आर्थिक शक्ति, ब्रिटिश पूँजी के साथ अपने

हितों के टकराव की चेतना और राजनीतिक आत्मविश्वास विकसित कर लिया था। इससे वह मोहनदास करमचन्द गांधी के नेतृत्व के तहत भारतीय राष्ट्रीय कांग्रेस (1885 में स्थापित) के माध्यम से आजादी की लड़ाई की अगुवाई करने का दावा कर सका।

कम्युनिस्ट कार्यकर्ता–1925 में कानपुर में हुए 'कम्युनिस्ट पार्टी आफ इंडिया' के पहले सम्मेलन के एक वर्ष बाद 1926 में जिनकी संख्या लगभग पचास ही थी जबकि चीन की कम्युनिस्ट पार्टी की सदस्यों की संख्या लगभग 30,000 थी, औपनिवेशिक राज्य के कठोर दमन का शिकार बने।[2] यह राज्य उन्हें एक ऐसे नृशंस वैश्विक संजाल का हिस्सा मानता था जिसका नेतृत्व सोवियत संघ के पास था जो क्रान्ति भड़काना और पूरी दुनिया पर साम्यवाद थोपना चाहता था। इस राज्य ने कम्युनिस्टों के प्रति विशेष रूप से प्रतिशोधपूर्ण नीति अपनाई। वह उन्हें परेशान करने, गिरफ्तार करने और निष्क्रिय होने पर मजबूर करने का कोई अवसर हाथ से जाने नहीं देता था। इस सन्दर्भ में कम्युनिस्टों के खिलाफ चलाए गए 'षड्यंत्र' के मुकदमे विशेष रूप से उल्लेखनीय हैं। इनमें पेशावर (1922–23), कानपुर (1924) और मेरठ षड्यंत्र मुकदमा (1929–33) शामिल हैं जिन्होंने सीपीआई के कार्यकर्ताओं और उससे सहानुभूति रखने वाले लोगों को अपने साहित्य का प्रचार–प्रसार करने, पार्टी के सदस्य और समर्थक बनाने और बढ़ते मजदूर आन्दोलनों में सक्रिय भूमिका निभाने से रोका।

इसी समय कम्युनिस्टों को आजादी की लड़ाई में अपने से कहीं बड़ी और कहीं बेहतर ढंग से संगठित कांग्रेस से प्रतिस्पर्धा करनी पड़ी। गांधी के आगमन के साथ ही कांग्रेस आर्थिक अभिजन और धीमी गति से क्रमिक सुधारों के पक्षधर शहरी पेशेवर लोगों के सीमित समूह से बने एक छोटे से संगठन से बढ़कर एक व्यापक जनाधार वाली बड़ी, राष्ट्रीय स्तर की पार्टी बन गई थी। उसका जनाधार शहरी अभिजन और किसान वर्ग से मिलकर बना था। किसानों की गोलबन्दी ने वर्गीय शक्तियों का कृषि सन्तुलन जमींदारों के विरुद्ध कर दिया था और अन्यथा कमजोर बुर्जुआ वर्ग को राजनीतिक रूप से मजबूत बना दिया था।[3]

कांग्रेस के नेतृत्व में असहयोग आन्दोलन और सविनय अवज्ञा अभियानों ने औपनिवेशक राज्य पर दबाव डाला कि वह आजादी की लड़ाई को रियायतें दे। इन रियायतों में संघ बनाने और राजनीतिक प्रतिनिधित्व के सीमित अधिकार शामिल थे। कांग्रेस ने जनता को गोलबन्द कर ऐसे दबाव सावधानीपूर्वक बनाने की रणनीति गढ़ी थी ताकि राज्य के साथ समय–समय पर समझौते किए जा सकें और स्वयं को मजबूत किया जा सके।

उपनिवेशवाद विरोधी संघर्ष में बहुत अलग अलग तरह की किसान जनता को गोलबन्द करते हुए कांग्रेस ने उसके विभिन्न स्तरों के भीतर के आन्तरिक जाति और वर्ग विभेदों को दबा दिया और उन्हें बहुत कम कर दिया। उसने वृहत्तर 'राष्ट्रवादी' लक्ष्य के लिए खेतिहर संघर्षों को वर्ग सहयोग के अधीन ला दिया। उसने भूमिहीन मजदूरों अथवा गरीब और हाशिये के किसानों के अति साधारण और अधिकाधिक विद्रोही होते जाते समूहों को उनके विशिष्ट हितों के आधार पर अथवा उन्हें एक स्वतंत्र राजनीतिक ताकत मानते हुए कभी गोलबन्द नहीं किया। उसने स्वत:स्फूर्त ढंग से संघर्षों को सशस्त्र विद्रोहों में बदल सकने वाली, अथवा सामाजिक क्रान्ति करने की अपनी सम्भावनाओं को विकसित कर सकने वाली स्वतंत्र

जनपहलों को रोकने अथवा हतोत्साहित करने वाले तरीके अपनाकर उनकी गोलबन्दियों को सावधानीपूर्वक अपने नियंत्रण में रखा।[4]

1920 के दशक से आजादी तक सीपीआई को जिस चुनौती का सामना करना पड़ा यानी आजादी की लड़ाई में भागीदारी करने, उसे मजबूत बनाने के साथ-साथ बुर्जुआ वर्ग उस पर अपना वर्चस्व स्थापित न कर पाए इसके लिए प्रभावशाली प्रतिरोध संगठित करना, वह निस्सन्देह हतोत्साहित करने वाली थी। इसके लिए भारतीय समाज की संरचनाओं का गहराई से विश्लेषण, पार्टी और सामाजिक आन्दोलन दोनों रूपों में कांग्रेस की सभी ताकतों और कमजोरियों के साथ उसके दोहरे चरित्र की समझ और गांधी के कुशल नेतृत्व के तहत आजादी की लड़ाई की बदलती कार्यनीतियों की एक विश्वसनीय समीक्षा विकसित करने की जरूरत थी। केवल इसी तरह सीपीआई एक ऐसी राजनीतिक रणनीति तैयार कर सकती थी जो निरन्तर साम्राज्यवाद विरोधी और पूँजीवाद विरोधी होने के साथ-साथ भारतीय और विदेशी बुर्जआ वर्गों के बीच सत्ता सन्तुलन के उतार-चढ़ावों के लिए जरूरी जबर्दस्त कार्यनीतिक लचीलेपन के लिए भी जगह छोड़े।[5]

साफ है कि सीपीआई मोटे तौर पर इस चुनौती से निपटने में असफल रही। साम्राज्यवाद विरोध को पूंजीवाद विरोध के साथ जोड़ने के बजाय वह उनके बीच अदला-बदली करती रही और एक 'ढुलमुलपन का शिकार हो गई'। उसने कभी कांग्रेस की निस्सार भर्त्सना की और कभी अपने सिद्धान्तों के प्रतिकूल उसका समर्थन किया।[6] सीपीआई ने भारतीय राज्य और समाज की उन विशिष्टताओं को समझने का प्रयास नहीं किया जो उसे औरों से (उदाहरण के लिए चीन से) एकदम अलग करती थीं और जिनके कारण औपनिवेशिक शासन के विरुद्ध एक सशस्त्र क्रान्ति की सम्भावना यदि नामुमकिन नहीं तो क्षीण अवश्य थी। बीसवीं सदी के प्रारम्भिक वर्षों तक भारत में एक मजबूत, एकीकृत औपनिवेशिक राज्य था और कानून, प्रशासन तथा शिक्षा की आधुनिक व्यवस्थाएँ स्थापित करने के कारण अंशत: उसे एक खास किस्म की वैधता प्राप्त थी। इसके विपरीत चीन में केन्द्रीय सत्ता का पतन हो गया था और वहाँ सैन्य क्षत्रपों का बोलबाला था।

कम्युनिस्ट लोगों ने विशेषकर शहरी मजदूरों के बीच व्यक्तिगत रूप से जो व्यापक राजनीतिक काम शुरू किया था, वह काम अपने गठन के बाद पार्टी ने स्वयं अपने हाथ में ले लिया था। इस व्यापक काम को सीपीआई ने लगातार आगे नहीं बढ़ाया। 1920 के आखिरी दशकों में सीपीआई ने विभिन्न प्रान्तों में मेहनतकश लोगों के आम कार्यक्रम पर आधारित जन मोर्चों के रूप में मजदूरों और किसानों की पार्टियाँ बनाने का काम शुरू किया। उसने मजदूर आन्दोलन में भी सक्रिय भूमिका अदा की। इस आन्दोलन के दौरान हड़तालों और जोशीले सक्रियतावाद का सिलसिला चल निकला था। इसमें अप्रैल-अक्तूबर 1928 की ऐतिहासिक बाम्बे सूती मिल हड़ताल, बिहार के झरिया में कोयला खदान मजदूरों की हड़ताल और बंगाल में रेलवे और जूट मजदूरों की औद्योगिक हड़तालें शामिल थीं।[7] सीपीआई ने कांग्रेस के भीतर ही एक व्यापक वाम रुझान वाला मंच बनाने की कोशिश की। कांग्रेस उस समय एक आमूल परिवर्तनवादी प्रक्रिया से गुजर रही थी जिसके कारण 1930 के दशक के प्रारम्भिक वर्षों में सविनय अवज्ञा आन्दोलन शुरू हुआ।

लेकिन, जब कांग्रेस के प्रगतिशील तबकों के प्रति एक संयुक्त मोर्चे जैसा दृष्टिकोण

अपनाने के नए अवसर बन रहे थे, जिनसे उस पार्टी के भीतर राजनीतिक विभेदीकरण बढ़ता, उसी समय कामिन्टर्न की 'तीसरी अवधि' (थर्ड पीरियड) की नीति[8] ने हस्तक्षेप किया। इस नीति के तहत कम्युनिस्टों को निर्देश दिया गया कि वे जनता के बीच कांग्रेस के किसी भी वर्ग के साथ मिलकर काम न करें और अधिक आमूल परिवर्तनवादी नेहरू पक्ष को 'साम्राज्यवाद का वाम चेहरा' बताकर उसकी भर्त्सना करें। यह बात यूरोपीय कम्युनिस्ट पार्टियों द्वारा सामाजिक लोकतंत्र को 'सामाजिक फासीवाद' अथवा 'फासीवाद का वाम चेहरा' बताये जाने जैसी थी।[9]

मजदूरों का जुझारूपन 1928-29 के बाद ढलान पर आ गया और 1929 के मेरठ षड्यंत्र केस में पार्टी के नेताओं की गिरफ्तारी के बाद सीपीआई बहुत कमजोर हो गई। और तभी कम्युनिस्टों का वाम असहिष्णुता, कट्टरता का चरण प्रारम्भ हुआ जिसमें उन्होंने कांग्रेस के वाम राष्ट्रवादियों को खास तौर पर निशाना बनाया। उन्होंने अप्रैल 1930 में नेहरू को साम्राज्यवाद विरोधी लीग (लीग अगेंस्ट इम्पीरियलिज्म) से निष्कासित कर दिया और जुलाई 1931 में अखिल भारतीय ट्रेड यूनियन कांग्रेस (एआईटीयूसी) के कलकत्ता अधिवेशन में बोस से इस हद तक झगड़ा किया कि उसमें एक दूसरे विभाजन की नौबत आ गई...। वे सविनय अवज्ञा से दूर रहे और अपनी अधिकांश ऊर्जा उन्होंने आपस में झगड़ने में लगाई।'[10]

इस नीति के कारण सीपीआई की पहले से ही बहुत कम सदस्यता में विध्वंसकारी गिरावट आई। उनकी संख्या लगभग बीस रह गई। संयुक्त मोर्चे वाली कार्यनीति की कृपा से ही 1934 के दौरान उनकी सदस्यता बढ़कर 150 तक पहुँच पाई जो अब कुछ कम शर्मनाक थी। लेकिन जल्द ही कामिन्टर्न की सातवीं कांग्रेस (1935) के दिशानिर्देश के तहत सीपीआई ने अपना पूँजीवाद विरोधी एजेंडा त्याग दिया और कांग्रेस के प्रमुख नेतृत्व के साथ उतावलेपन के साथ सहयोग करने लगी। यह वह समय था जब कांग्रेस दक्षिणपन्थ की ओर झुक रही थी। सीपीआई के गठन के एकदम पहले ही दशक में उसके रुख में आई इन पलटियों ने पार्टी से भारी राजनीतिक कीमत वसूली। इसने रणनीति और कार्यनीति के लिए कामिन्टर्न तथा ग्रेट ब्रिटेन की कम्युनिस्ट पार्टी पर इसकी निर्भरता का पर्दाफाश भी किया और इस निर्भरता को और बढ़ा दिया।

आगे बढ़ने की अपनी मुख्य रणनीतिक दिशा को लेकर दिग्भ्रमित सीपीआई ने क्रान्ति के दो बिलकुल अलग माडलों के साथ प्रयोग किया। ये माडल 1940 के दशक में सम्भवतः सबसे प्रसिद्ध माडल थे। पहला माडल राज्य के गम्भीर संकट के बीच एक शहरी विद्रोहात्मक आम हड़ताल पर और मजदूरों तथा अन्य सामान्य स्तरों की राजनीतिक चेतना विकसित करने पर आधारित था। इस माडल में राज्य की सत्ता के पतन के कारण दोहरी सत्ता की सम्भावना बलवती हो जाती है जिसमें पुराने राज्य के उपकरण अब महत्त्वपूर्ण काम करने योग्य नहीं रह जाते और जन सत्ता के नए अंग सामने आते हैं जो राजनीतिक शक्तियों के सम्बन्ध अचानक बदल देते हैं और एक नए वर्ग को सत्ता ग्रहण करने का अवसर देते हैं। बीसवीं सदी के पहले पचीस वर्षों में रूस और कुछ अन्य यूरोपीय देशों में यही हुआ था।

दूसरे माडल का आधार है कृषि संघर्ष जिसमें जनता के बीच वैधता खो चुके एक अपेक्षतया कमजोर अथवा निकम्मे राज्य के विरुद्ध एक लम्बा युद्ध होता है, यह युद्ध प्रायः क्षेत्र विशेष में सीमित होता है जैसा कि चीन, वियतनाम या यूगोस्लाविया में हुआ। इस माडल

में कृषि क्षेत्र के सवाल अथवा राष्ट्रीय मुक्ति के मुद्दे प्रमुख होते हैं और बड़ी संख्या में किसानों को एक आमूल परिवर्तनवादी नेतृत्व के तहत सशस्त्र छापामार युद्ध में लामबन्द किया जाता है। 'दोहरी सत्ता' एक भिन्न रूप ग्रहण करती है और शहरी विद्रोहात्मक मार्ग से भिन्न रास्ता अपनाती है।

तेलंगाना: वीरतापूर्ण और दुखद

सीपीआई ने तेलंगाना सशस्त्र संघर्ष (1946-1951) में दूसरे माडल का प्रयोग किया। यह संघर्ष हैदराबाद राज्य में शुरू हुआ। तेलंगाना विद्रोह भारत में सबसे लम्बे समय तक चला कृषि विद्रोह था। यह संघर्ष काश्तकारों और भूमिहीन मजदूरों को निज़ाम की राजस्व वसूली व्यवस्था के अंग, लालची लुटेरे भूस्वामियों (जमींदार और जागीरदार) के विरुद्ध लामबद्ध करने के साथ शुरू हुआ। इसके शुरुआती निशानों में एक थी बँधुआ मजदूरी की प्रथा और दूसरी थी सूदखोरी जिसने निर्दय साहूकारों को गरीबों के खिलाफ खड़ा कर दिया था। लेकिन जल्दी ही इस संघर्ष ने आंध्र महासभा के झंडे तले एक स्पष्ट रूप से राजनीतिक, निज़ाम विरोधी आन्दोलन का रूप ले लिया और एक जातीय, भाषायी राज्य की माँग की।

जब रियासत ने इस आन्दोलन का बर्बरतापूर्वक दमन किया तो आन्दोलन ने सशस्त्र बल का इस्तेमाल कर और भूस्वामियों को उनकी जागीरों से बाहर खदेड़ कर इसका जवाब दिया। यह चरण निज़ाम द्वारा भारतीय संघ में शामिल होने से इनकार किए जाने और अपने दुश्मनों के खिलाफ रज़ाकार कहे जाने वाले खूंखार सहायक सैन्य बल तैनात किए जाने के तुरन्त बाद सितम्बर 1947 में शुरू हुआ। ये दुश्मन मुख्यत: कम्युनिस्ट और समाजवादी थे जैसा कि भारत की लगभग 500 छोटी बड़ी रियासतों में माना जाता था। इसका एक कारण यह भी था कि कांग्रेस इन राज्यों के शासकों को सम्भावित सहयोगी मानती थी और उनके विरुद्ध कोई जनान्दोलन नही छेड़ती थी। तेलंगाना के किसानों ने निज़ाम के विरुद्ध गौरवशाली लड़ाइयाँ लड़ीं और उन जमीनों पर कब्जा कर लिया जिन पर उन्होंने लम्बे समय तक अपनी मेहनत से इन भूस्वामियों के लिए खेती की थी। उन्होंने साहूकारों की बहियाँ जला दीं और स्वायत्त ग्राम पंचायतें स्थापित कीं। यह संघर्ष जागीरदारी और बँधुआ मजदूरी का उन्मूलन करने और 4,000 गाँवों को 'मुक्त' करने, दस लाख एकड़ जमीन को काश्तकारों—किसानों में वितरित करने और भूस्वामित्व का संकेद्रण कम करने में सफल हुआ। चूँकि किसानों ने असाधारण संकल्प के साथ रजाकारों का मुकाबला किया इसलिए तेलंगाना क्षेत्र के बड़े हिस्सों में 'दोहरी सत्ता' की स्थिति उत्पन्न हुई।

इस बीच, प्रधानमंत्री जवाहरलाल नेहरू और गृहमंत्री वल्लभ भाई पटेल के नेतृत्व में केन्द्र सरकार ने निज़ाम के साथ एक यथास्थितिवादी समझौता (स्टैंडस्टिल समझौता) किया जिसने तेलंगाना आन्दोलन और उसके समर्थन आधार को पूरी तरह अनदेखा कर दिया। आन्दोलन ने और गति पकड़ी। इस विस्फोटक स्थिति के बीच भारत सरकार ने सितम्बर 1948 में जनरल जे एन चौधरी के नेतृत्व में बड़े पैमाने पर 'पुलिस कार्रवाई' (बर्बर सैनिक कार्रवाई के लिए एक हलका शब्द) शुरू की।

इस कार्रवाई का दिखावटी लक्ष्य निजाम को भारतीय संघ में शामिल होने के लिए

मजबूर करना था लेकिन जैसा कि इतिहासकार सुमित सरकार कहते हैं, 'यह कार्रवाई सम्भवत: बड़े हिस्सों में...कम्युनिस्टों आगे बढ़ने से रोकने के लिए की गई थी अन्यथा केन्द्र सरकार और विशेषकर पटेल निजाम के साथ समझौता करने के काफी इच्छुक प्रतीत होते थे... ।[11] सेना ने कम्युनिस्ट कार्यकर्ताओं और समर्थकों के विरुद्ध अन्धाधुंध बल का इस्तेमाल किया, सैकड़ों कार्यकर्ता मारे गए और निर्मम यातनाओं का शिकार बनाए गए। विशेषकर राज्य के मराठवाड़ा क्षेत्र में बड़े पैमाने पर मुस्लिम विरोधी नरसंहार शुरू हो गए जिन्हें सैनिकों और पुलिस वालों ने सहायता दी थी और भड़काया था। केन्द्र ने नवम्बर-दिसम्बर 1948 में पंडित सुन्दरलाल के नेतृत्व में एक तीन सदस्यीय प्रतिनिधिमंडल हैदराबाद भेजा। इसकी रिपोर्ट ने एक 'बहुत हलका आकलन' दिया कि 'पुलिस कार्रवाई के दौरान और बाद में' 27,000 से 40,000 के बीच लोग मारे गए थे।[12] यह विभाजन के बाद भारत में हुआ नागरिकों का सम्भवत: सबसे बड़ा भयावह जनसंहार था।

सीपीआई नेतृत्व को सैनिक कार्रवाई अथवा साम्प्रदायिक जनसंहार की आशंका नहीं थी। इस बात पर उनमें मतभेद था कि भारतीय सैनिकों का मुकाबला किया जाए या नहीं और यदि मुकाबला किया जाए तो कैसे। पार्टी के कार्यकर्ताओं के पास आदम जमाने के हथियार थे, भारतीय सेना के साथ लड़ सकने का उनके पास कोई तरीका नहीं था। सैकड़ों कम्युनिस्ट मारे गए। कुछ समीपवर्ती पहाड़ियों और जंगलों में पलायन कर गए। जान-माल का जबर्दस्त नुकसान और तकलीफें झेलने के बाद अन्तत: अक्तूबर 1951 में सशस्त्र संघर्ष वापस लिया गया।[13]

दमन के बावजूद तेलंगाना में कम्युनिस्टों के प्रभाव को राज्य मिटा नहीं सका। 1952 के लोकसभा चुनाव में तेलंगाना के एक नायक रवि नारायण रेड्डी नालगोंडा से विजयी हुए। उन्हें भारत में सबसे ज्यादा वोट मिले। अपने विरोधी पर उनकी जीत का अन्तर नेहरू की अपने विरोधी पर जीत के अन्तर से ज्यादा था। तेलंगाना के नालगोंडा और वारंगल जिलों की प्रत्येक सीट पर कम्युनिस्टों ने अपनी जीत दर्ज की।[14]

1948-50 के दौरान अपने नए महासचिव बी.टी. रणदिवे द्वारा तय दुस्साहसपूर्ण नीति के तहत सीपीआई ने बम्बई, कलकत्ता, मद्रास और कोयंबटूर जैसे औद्योगिक केन्द्रों में चलताऊ ढंग से दूसरे (शहरी विद्रोह के) माडल के साथ प्रयोग किया। यह नीति भारत की आजादी को 'नकली' बताकर उसकी निन्दा करती थी। इसने नेहरू सरकार को अवैध घोषित किया। इसके अनुसार इस सरकार को गिराने का सही समय आ गया था। पार्टी के कार्यकर्ताओं को आदेश दिया गया कि वे हड़तालें शुरू करें और पुलिस व सेना के साथ आर-पार की हिंसक मुठभेडें छेड़ दें।

हजारों कम्युनिस्ट जेल में बन्द कर दिए गए। वे अपने ऊपर गोलियाँ बरसाने वाले अधिकारियों के विरुद्ध लम्बी भूख हड़तालें करने और उनका हिंसक विरोध करने पर विवश हुए। जेल के भीतर हुई गोलीबारी में अस्सी से अधिक पार्टी कार्यकर्ताओं की मृत्यु हुई। जो पार्टी कार्यकर्ता गिरफ्तार नहीं हुए थे उनसे जेल के दरवाजों पर हमला करने को कहा गया। उन पर गोलियाँ बरसाई गईं। राज्य द्वारा किए गए इस बर्बर दमन में 3,700 से अधिक कम्युनिस्ट मारे गए। यह एक जबर्दस्त नुकसान था।[15]

सीपीआई की सदस्यता में जबर्दस्त गिरावट आई। यह 1948 में 89,000 से घटकर

1950 में 20,000 रह गई। 75,000 तक पहुँचने में इसे अभी और चार साल लगने थे।[16] जल्दी ही यह स्पष्ट हो गया कि कम्युनिस्ट आन्दोलन को ऐसे विद्रोही तरीकों के इस्तेमाल पर पुनर्विचार करना पड़ेगा जिन्हें बड़ी संख्या में जनता का समर्थन प्राप्त नहीं। कम्युनिस्ट आन्दोलन को एक दूसरी रणनीति और गोलबन्दी के दूसरे माडल की जरूरत थी।

बुर्जुआ लोकतंत्र को कम आँकना

सैद्धान्तिक भ्रम, भारतीय समाज और राजनीति की समझ में स्पष्टता का अभाव, राजनीतिक रुख बदलते रहने का इतिहास और भारत की आजादी को 'नकली' बताकर उसकी भर्त्सना करना—कुल मिलाकर सीपीआई यह समझने और स्वीकार करने में नाकाम रही कि 1947 में भारत में वस्तुत: एक बुर्जुआ-लोकतांत्रिक व्यवस्था स्थापित हो चुकी थी जो किसी भी सैनिक अथवा अधिनायकवादी शासन से निश्चित तौर पर बेहतर व्यवस्था है।

जाहिर है कि निजी सम्पत्ति के अधिकार और सम्पत्ति व सत्ता के असमान वितरण पर आधारित इस व्यवस्था की अपनी सीमाएँ और कमियाँ हैं लेकिन इसकी अपनी ताकतें और लाभ भी हैं जिनमें औपचारिक नागरिक समानता और अभिव्यक्ति, अन्त:करण और संगठन की आजादी की संवैधानिक गारंटियाँ शामिल हैं। उसने मजदूरों और किसानों को शिक्षित करने, संगठित करने और उनके राजनीतिकरण के, उन्हें संघों और निर्वाचित विधायिकाओं में प्रतिनिधित्व करने और नागरिक समाज संगठन और राजनीतिक गठबन्धन बनाने के अवसर सृजित किए जो सेना के प्रभुत्व वाली किसी भी तानाशाही अथवा पूरी तरह से अधिकनायकवादी राज्य में अनुपस्थित होते हैं। इसलिए, बुर्जुआ लोकतंत्र को काफी हद तक सार्वजनिक वैधता प्राप्त थी।

सीपीआई ने इन आजादियों और अवसरों को कम आँका था और बुर्जुआ लोकतंत्र को कम-से-कम 1950 के दशक के मध्य तक व्यापक रूप से एक छद्म के रूप मे देखा। उसने लोकतंत्र को नीचे तक ले जाने के एजेंडा की अर्थात कानून के शासन के प्रति निष्ठा की माँग, नागरिक और राजनीतिक आजादियों के विस्तार और वृहत्तर सामाजिक और आर्थिक अधिकारों के लिए संघर्ष के एजेंडा की भी उपेक्षा की। उसने अपनी राजनीतिक रणनीति के एक अभिन्न अंग के रूप में इन मुद्दों का सैद्धान्तीकरण नहीं किया।

फिर भी, 1950 के दशक के प्रारम्भ में अजोय घोष और विशेषकर पी सी जोशी के नेतृत्व में सीपीआई राजनीतिक नरमी की ओर बढ़ी। यह कोई बहुत भली भाँति सिद्धान्त बनाकर उसके आधार पर लिया गया निर्णय नहीं था बल्कि यह इन नेताओं की सहज व्यावहारिकता, स्तालिन से मिली 'मैत्रीपूर्ण सलाह'[17] और नेहरू के प्रति सोवियत संघ के रुख में आई कुछ अधिक नरमी का परिणाम था। 1952 के आम चुनावों के साथ शुरू होने वाले विधानसभा चुनावों में हिस्सा लेने का सीपीआई का फैसला एक निर्णायक मोड़ था। इन चुनावों में सीपीआई भारत की दूसरी सबसे बड़ी पार्टी के रूप में सामने आई। इस नई व्यावहारिकता ने जल्दी ही सीपीआई को 'लोकतंत्र', 'धर्मनिरपेक्षता', 'गुटनिरपेक्षता' और 'समाजवाद' अथवा 'समाज का एक समाजवादी नमूना' (अर्थात एक बाजार अर्थव्यवस्था के भीतर पुनर्वितरणात्मक न्याय का एक छोटा हिस्सा) की नेहरू की शब्दावली को उस सन्दर्भ के रूप में स्वीकार करते देखा जिसके भीतर रहकर सीपीआई को काम करना था।

सीपीआई ने केरल में 1957 के विधानसभा चुनावों में आश्चर्यजनक सफलता प्राप्त की। यह सफलता उसने सुधार के उस कार्यक्रम के आधार पर अर्जित की जिसकी वकालत मूलतः कांग्रेस कर रही थी लेकिन जिसे लागू करने का कांग्रेस का कतई कोई इरादा न था।[18] सीपीआई ने केरल में भूमि सुधार का काम शुरू किया। इन भूमि सुधारों ने पार्टी को एक अधिक आमूल परिवर्तनवादी परिप्रेक्ष्य और राजनीति की ओर बढ़ने की क्षमता प्रदान की। इसने वह रास्ता भी दिखाया कि संसदीय व्यवस्था के भीतर काम करने की सीमाओं को व्यवहार में कैसे पार किया जा सकता है।

यह एक महत्त्वपूर्ण राजनीतिक प्रगति थी। फिर भी, भारतीय कम्युनिस्टों ने 1950 के अथवा 1960 के दशक में अपने समाज का, उसकी वर्गीय-जातीय विशिष्टताओं, स्त्री-पुरुष असमानताओं, आर्थिक गतिशीलता, शक्ति संरचनाओं और राज्य चरित्र सहित, विश्लेषण विशिष्ट भारतीय सन्दर्भों में नहीं किया। बल्कि, उन्होंने उस जटिल यथार्थ का योजनामूलक, यांत्रिक और कट्टर मार्क्सवाद से विरासत में प्राप्त सरलीकृत अथवा बने बनाये पुराने सूत्रों की श्रेणियों में सामान्यीकरण कर दिया जिसमें द्वन्द्वात्मक और ऐतिहासिक भौतिकवाद पर स्तालिन की व्याख्याएँ अन्तिम शब्द थीं। भारतीय कम्युनिस्ट अपने रणनीतिक परिप्रेक्ष्यों का सिद्धान्तीकरण करते हुए 'अर्ध सामन्ती अर्ध औपनिवेशिक' सामाजिक निर्मितियाँ जैसे ढीले-ढाले शब्द इस्तेमाल करते जो भारत के विशिष्ट व मिले-जुले और असमान विकास के नमूने पर ध्यान दे पाने में असफल रहते हैं और भारत तथा अन्य पूर्व उपनिवेशों के बीच के गम्भीर महत्त्वपूर्ण अन्तरों को मिटा देते हैं।

इस सन्दर्भ में भारतीय कम्युनिस्ट तृतीय अन्तरराष्ट्रीय (थर्ड इंटरनेशनल) की उन अधिकतर सदस्य पार्टियों से अलग नहीं थे जो अल्पविकसित दुनिया में थीं और अपने गठन के प्रारम्भिक दौर में थीं। उन सभी ने 'द्विचरणी' क्रान्ति की धारणा पर आधारित एक रणनीतिक परिप्रेक्ष्य अंगीकार किया जिसका पहला चरण एक बुर्जुआ अथवा 'लोकतांत्रिक' चरण है जिसके बाद एक समाजवादी चरण आएगा जो 'सर्वहारा के अधिनायकवाद' को स्थापित करेगा और अन्ततः गुणात्मक रूप से एक नई सामाजिक व्यवस्था को जन्म देगा।

यह क्रम एक किताबी तरीके से इतिहास के विभिन्न चरणों की पुष्टि करता है जो उत्पादन की विभिन्न पद्धतियों के जरिए दासता से सामन्तवाद से पूँजीवाद, समाजवाद और फिर साम्यवाद तक पहुँचते हैं। जैसा कि मार्क्स ने अपनी प्रसिद्ध किन्तु कम समझी गई 'प्रिफेस टु द क्रिटीक आफ पोलिटिकल इकनामी' में बताया है, ये चरण, 'उत्पादक शक्तियों के विकास' के भिन्न स्तरों के अनुसार होंगे।

भारतीय कम्युनिस्टों ने भी इस गम्भीर स्थापना को माना कि पूर्व उपनिवेशों का बुर्जुआ वर्ग इंग्लैंड और फ्रांस के बुर्जुआ वर्ग की तरह बुर्जुआ लोकतांत्रिक क्रान्ति नहीं कर सकता था। ऐसा कर सकने के लिए वह बहुत कमजोर था क्योंकि वह साम्राज्यवादी शक्तियों के साथ साथ घरेलू भूस्वामी के प्रभुत्व वाली 'अर्ध सामन्ती' कृषि संरचनाओं के साथ बहुत अधिक समझौता करता था।[19]

पूर्व उपनिवेशों में इस काम की जिम्मेदारी औद्योगिक मजदूर वर्ग पर आनी थी जिसका नेतृत्व अनुमानतः कम्युनिस्टों को करना था। औद्योगिक मजदूर वर्ग अर्ध औपनिवेशिक, अर्ध सामन्ती राज्य के विरुद्ध एक बहुवर्गीय गठजोड़ बनाएगा और भूस्वामित्व का उन्मूलन कर

तथा देसी औद्योगिक विकास के लिए अनुकूल दशाएँ निर्मित कर क्रान्ति के 'लोकतांत्रिक चरण' को पूरा करेगा। फिर यह चरण क्रान्ति के दूसरे, 'समाजवादी' चरण का मार्ग प्रशस्त करेगा।

इस विश्लेषण ने विकसित पूँजीवादी देशों की सामाजिक संरचना से भारत की सामाजिक संरचना को अलग कर दिया जो स्वत:स्पष्ट रूप से जरूरी था। लेकिन इसने भारतीय अर्थव्यवस्था के बुनियादी रूप से पूँजीवादी तर्क को और राज्य में उसकी अभिव्यक्ति को अनदेखा किया। भारत के पिछड़े पूँजीवाद की विशिष्टताओं पर विस्तार से चर्चा करने का यहाँ अवकाश नहीं है, बस इतना कहना पर्याप्त होगा कि भारतीय राज्य ने भले ही कुछ सीमा तक भूस्वामित्ववाद की सुरक्षा की हो और सामन्ती तत्त्वों के अवशेषों को बचाए रखा हो लेकिन लम्बे समय से उसका मुख्य काम और सरोकार पूँजीवाद को विकसित करना ही रहा है।[20] पूँजीवादी सम्बन्ध लगातार विकसित हुए हैं और उन्होंने इस तर्क के अनुरूप समाज में पैठ बनाई है।

'द्विचरण' सूत्र भारतीय राज्य को सारत: एक बुर्जुआ-लोकतांत्रिक (अलबत्ता एक पिछड़े किस्म का) राज्य नहीं मानता। इसका निहितार्थ यह है कि रूपान्तरकारी बदलाव लाने के लिए उसकी संस्थाओं में भागीदारी करना अथवा उनका एकदम पूरी तरह अस्वीकार किसी न किसी तरह आवश्यक होगा। यह एक सन्देहास्पद स्थापना है। यह आम जनता की गोलबन्दी में अन्तर्निहित आमूल परिवर्तनकारी गतिशीलता की भी अनदेखी करता है। उदाहरण के लिए, ज़ारकालीन रूस भी एक पिछड़ा,पूँजीवादी समाज था फिर भी वहाँ क्रान्तिकारी प्रक्रिया 'लोकतांत्रिक' चरण पर रुक नहीं गई बल्कि समाजवाद तक पहुँचने के पूरे रास्ते भर उसमें गतिशीलता बनी रही।

वे कौन से वर्ग हैं जो क्रान्ति के प्रथम चरण की ओर ले जाने वाले बहुवर्गीय गठबन्धन का अंग होंगे और इसमें उनकी भूमिका क्या होगी, इस सम्बन्ध में भारतीय कम्युनिस्टों के बीच विभिन्न व्याख्याएँ थीं फिर भी इस बात पर व्यापक सहमति थी कि उसमें किसान वर्ग के विभिन्न स्तर, शहरी निम्न मध्यवर्ग और बुद्धिजीवी शामिल होंगे। लेकिन, इस गठबन्धन के भीतर 'राष्ट्रीय बुर्जुआ वर्ग' की भूमिका के महत्त्व को लेकर तीखे मतभेद थे। इस श्रेणी को 'गैर इजारेदार हितों' वाले बुर्जुआ वर्ग के उस तबके के रूप में देखा गया जिसका 'घरेलू बाजार' के विकास पर आधारित देसी औद्योगीकरण में निहित स्वार्थ था और जो औद्योगिक पूँजीपति वर्ग के उन अन्य तबकों से बिलकुल अलग था जो साम्राज्यवादी हितों पर गहराई तक निर्भर थे और जिनका उनके साथ गठबन्धन था—विशेषकर कंप्राडोर (परोपजीवी) बुर्जुआ वर्ग। यह अवधारणा चीन की कम्युनिस्ट पार्टी (सी पी सी) से ली गई है।

अर्ध सामन्तवाद के विरुद्ध गठबन्धन

सीपीआई में 'राष्ट्रीय बुर्जुआ वर्ग' सम्बन्धी मतभेद 1940 और 1950 के दशकों में बार-बार उभरते रहे और शान्त करने के प्रयासों के बावजूद ये मतभेद लम्बे समय तक सुगबुगाते रहे। अन्तत: 1964 में कम्युनिस्ट पार्टी आफ इंडिया के विभाजन में वे अपने सर्वाधिक तीखे रूप में प्रकट हुए जिसके कारण गम्भीर चीन-सोवियत विचारधारात्मक-राजनीतिक मतभेदों की छाया में भारत की कम्युनिस्ट पार्टी (मार्क्सवादी) का गठन हुआ। सीपीआई ने 'राष्ट्रीय लोकतांत्रिक क्रान्ति' की रणनीति अपनाई जिसमें मजदूर वर्ग के साथ 'राष्ट्रीय बुर्जुआ वर्ग'

(जिसके कुछ तबकों का प्रतिनिधित्व कांग्रेस में था) एक महत्त्वपूर्ण भूमिका निभाएगा। राष्ट्रीय लोकतांत्रिक मोर्चे (एनडीएफ) में किसान और निम्न मध्यवर्ग भी शामिल होंगे। माकपा (सीपीआई-एम) ने भी एक चतुर्वर्गीय गठबन्धन की वकालत की। लेकिन उसने 'जनवादी लोकतांत्रिक क्रान्ति' वाला परिप्रेक्ष्य अपनाया जो 'बड़े उच्च मध्यवर्ग' अथवा 'इजारेदार पूँजी' के प्रभुत्व वाली बुर्जुआ-भूस्वामी पार्टी के रूप में कांग्रेस का विरोध करने पर जोर देता था। 1967-69 के दौरान माकपा से अलग हुई माओवादी सीपीआई (मार्क्सवादी-लेनिनवादी) ने चीनी माडल का अनुसरण करते हुए वह कार्यक्रम अपनाया जिसे वह 'नई लोकतांत्रिक क्रान्ति' कहती थी लेकिन जो 'जनवादी लोकतांत्रिक क्रान्ति' के समान था।[21]

भाकपा और माकपा के मतभेदों की जड़ें भारतीय राज्य के उनके भिन्न भिन्न चरित्र चित्रण में और दोनों मोर्चों के नेतृत्व के मतभेदों में थीं। भाकपा भारतीय राज्य को, 'सम्पूर्ण रूप में' राष्ट्रीय बुर्जुआ वर्ग के एक अंग' के रूप में देखती थी। 'सरकारी शक्ति के निर्माण और व्यवहार में बुर्जुआ वर्ग पर्याप्त प्रभावशाली है। राष्ट्रीय बुर्जुआ वर्ग भूस्वामियों के साथ समझौते करता है, उन्हें विशेषकर राज्य स्तरों पर मंत्रिमडलों और सरकारी संस्थाओं में प्रवेश देता है... ।' लेकिन उसने माना कि राष्ट्रीय लोकतांत्रिक मोर्चे में 'मजदूर वर्ग का एकांतिक नेतृत्व अब तक स्थापित नहीं हुआ है यद्यपि बुर्जुआ वर्ग का एकांतिक नेतृत्व अब मौजूद नहीं है...(रा-लो-मो-) अपने कार्यकर्ताओं में न केवल कांग्रेस का समर्थन करने वाली जनता को बल्कि उसके प्रगतिशील तबकों को भी शामिल करेगा'।[22]

इसके विपरीत, माकपा ने 'मौजूदा भारतीय राज्य' को बुर्जुआ वर्ग और भूस्वामियों के वर्गीय शासन का एक अंग बताया जिसका नेतृत्व बड़े बुर्जुआ वर्ग के पास है। उसने कहा कि किसान वर्ग, जिसमें समृद्ध किसान शामिल है, को मोटे तौर पर उसी तरह जनवादी लोकतांत्रिक मोर्चे (पीडीएफ) के भीतर लाया जा सकता है जैसे मध्यवर्गों और राष्ट्रीय बुर्जुआ वर्ग को, जो 'साम्राज्यवादियों और उनके देशी बड़े बुर्जुआ सहयोगियों के और दूसरी ओर जनवादी लोकतोत्रिक मोर्चे के बीच जबर्दस्त ढुलमुलपन प्रदर्शित करता है।

भाकपा के राष्ट्रीय लोकतांत्रिक मोर्चे का नेतृत्व मजदूर वर्ग और राष्ट्रीय बुर्जुआ वर्ग संयुक्त रूप से करते हैं। इसके विपरीत माकपा द्वारा प्रस्तावित जनवादी लोकतांत्रिक मोर्चा एक 'नीचे से उभरा संयुक्त मोर्चा' होगा : 'हमारी क्रान्ति विश्व इतिहास के एक सर्वथा नए युग में एक लोकतांत्रिक क्रान्ति है जहाँ सर्वहारा और उसके राजनीतिक दल को अपना नेतृत्व करना ही है और उसे बीच में ही धोखा दिए जाने के लिए बुर्जुआ वर्ग के हाथ में छोड़ना नहीं है... । इसलिए, यह बुर्जुआ वर्ग के नेतृत्व वाली पुरानी किस्म की लोकतांत्रिक क्रान्ति नहीं है बल्कि यह एक नए किस्म की जनवादी लोकतांत्रिक क्रान्ति है जो मजदूर वर्ग के वर्चस्व के तहत संगठित और उसके नेतृत्व में होनी है।'[23]

इस प्रकार दोनों पार्टियों ने कांग्रेस के प्रति तीखे ढंग से परस्पर विरोधी रवैये अपनाए। माकपा पूरी तरह कांग्रेस के विरुद्ध थी। उसके मुख्य लक्ष्यों में एक था भारतीय राजनीति में कांग्रेस के 'एकदलीय एकाधिकार' को समाप्त करना। भाकपा सामान्यतया कांग्रेस का विरोध करते हुए उसके भीतर के 'प्रगतिशील' तत्त्वों को सीमित समर्थन दे सकती थी। उदाहरण के लिए, केरल में 1965 के विधानसभा चुनावों में माकपा ऐसे किसी भी दल

के साथ हाथ मिलाने को तैयार थी जो कांग्रेस का विरोधी हो। यहाँ तक कि उसने मुस्लिम लीग के साथ सहयोग किया। लेकिन भाकपा ने केरल में मुस्लिम लीग (और अन्यत्र, जनसंघ) जैसे 'साम्प्रदायिक दलों' के साथ गठबन्धन करने से इनकार कर दिया। वह बाद में केरल में कांग्रेस के साथ एक गठबन्धन बना कर सत्तारूढ़ हुई।

व्यवहार में, भाकपा ने कांग्रेस को कुछ हद तक एक ऐसे दल के रूप में वैधता प्रदान की जिसमें कुछ 'प्रगतिशील' तत्त्व हैं। वह कांग्रेस के साथ गठबन्धन करने के लिए तैयार थी। यह नीति 1970 के दशक तक जारी रही। इसके विपरीत, माकपा ने वामपन्थी आन्दोलन को पर्याप्त रूप से मजबूत किए बिना कांग्रेस के राजनीतिक प्रभुत्व को चुनौती दी और उसे कमजोर करने का प्रयास किया। उसने कभी-कभी दक्षिणपन्थी ताकतों की मदद कर ऐसा किया।

इन मतभेदों के बावजूद, दोनों दलों ने अर्ध सामन्तवाद को कृषि सम्बन्धी सवाल का केन्द्रबिन्दु माना। उन्होंने माना कि भूस्वामी किसानों के सभी स्तरों और भूमिहीन मजदूरों सहित एक व्यापक मोर्चा बनाकर इससे लड़ा जाना चाहिए। दोनों के लिए काश्तकारों से उनकी फसल के एक हिस्से अथवा लगान वसूली पर आधारित 'अर्ध सामन्ती' व्यवस्था के मुख्य आधार के रूप में देखे जाने वाले भूस्वामित्ववाद का उन्मूलन क्रान्ति के प्रथम चरण का यदि सर्वाधिक महत्त्वपूर्ण नहीं तो अत्यन्त महत्त्वपूर्ण घटक अवश्य था।

कृषि क्रान्ति पर स्तालिन की सलाह

स्तालिन ने भारतीय क्रान्ति को 'मुख्यत: कृषि' के रूप में परिभाषित कर कम्युनिस्ट पार्टी आफ इंडिया की रणनीतिक सोच को प्रभावित करने में एक सीधी व्यक्तिगत भूमिका निभाई। वह 9 फरवरी, 1951 को मास्को में भारतीय कम्युनिस्ट पार्टी के नेताओं सी-राजेश्वर राव, एस.ए. डांगे, अजोय घोष और एम. बासवपुन्नैया से मिले। तीन घंटे तक चली लम्बी चर्चा में उन्होंने इन नेताओं को बताया : 'हम रूसी इस क्रान्ति को मुख्यत: कृषि क्रान्ति के रूप में देखते हैं। यह सामन्ती सम्पत्ति की समाप्ति, किसानों के बीच भूमि के बँटवारे और उसके इनकी निजी सम्पत्ति बनने का संकेत देती है। इसका अर्थ है किसानों की निजी सम्पत्ति की पुष्टि के नाम पर सामन्ती निजी सम्पत्ति का खात्मा। हम इसे जिस तरह देखते हैं उसमें इनमें से कोई काम समाजवादी नहीं है। हम नहीं मानते कि भारत समाजवादी क्रान्ति के लिए तैयार है।'[24]

उन्होंने कहा 'यह वह चीनी रास्ता है जिसकी चर्चा हर जगह हो रही है अर्थात राष्ट्रीय बुर्जुआ वर्ग की सम्पत्ति को जब्त किए बिना अथवा उसके राष्ट्रीयकरण के बिना होने वाली कृषि, सामन्तवाद विरोधी क्रान्ति। यह बुर्जुआ लोकतांत्रिक क्रान्ति अथवा जनवादी लोकतांत्रिक क्रान्ति का पहला चरण है। चीन से भी पहले, यूरोप के पूर्वी देशों में शुरू हुई जनवादी लोकतांत्रिक क्रान्ति के दो चरण हैं। पहला चरण कृषि क्रान्ति अथवा कृषि सुधार, जैसा आप चाहें, (है)'।

स्तालिन ने कहा, 'यूरोप में जनवादी लोकतंत्र वाले देश युद्ध के बाद पहले ही वर्ष में इस चरण से गुजरे। चीन अब इस पहले चरण पर खड़ा है। भारत इस चरण की ओर बढ़ रहा है। जैसा कि पूर्वी यूरोप में देखा जा चुका है जनवादी

लोकतांत्रिक क्रान्ति के दूसरे चरण की विशेषता है कृषि क्रान्ति द्वारा राष्ट्रीय बुर्जुआ वर्ग की सम्पत्ति का अधिग्रहण। यह समाजवादी क्रान्ति की शुरुआत है। यूरोप के सभी जनवादी लोकतांत्रिक देशों में संयंत्र, कारखाने, बैंक राष्ट्रीयकृत हैं और राज्य को सौंप दिए गए हैं। चीन अब भी इस दूसरे चरण से दूर है। भारत में भी यह चरण बहुत दूर है अथवा भारत इस चरण से बहुत दूर है।'

स्तालिन ने भारत में भूमि के राष्ट्रीयकरण की माँग का भी विरोध किया। 'वर्तमान स्थिति में आपको इस माँग को आगे बढ़ाने की जरूरत नहीं है। ऐसा कभी न कीजिए कि एक ओर आप भूस्वामियों की भूमि के बँटवारे की माँग सामने रखें और इसी के साथ-साथ यह भी कहें कि जमीन राज्य को दी जानी चाहिए...आपके लिए अभी राष्ट्रीयकरण की माँग को आगे बढ़ाना हानिकर होगा।'

स्तालिन ने हैदराबाद राज्य में 1946 से चल रहे तेलंगाना सशस्त्र किसान आन्दोलन पर भी टिप्पणी कर उसे 'गृहयुद्ध के प्रथम अंकुर' कहा लेकिन साथ ही यह भी कहा कि 'छापामार युद्ध पर ही निर्भर नहीं रहना चाहिए। निश्चय ही, यह सहायता देता है लेकिन स्वयं इसे भी मदद की जरूरत होती है... । जनता के बीच, मजदूरों के बीच, सेना में, बुद्धिजीवियों, किसानों के बीच ज्यादा बड़ा काम करना जरूरी है... । सामान्यतया, समाज के सभी वर्गों में से किसानों को मजदूर वर्ग में बहुत विश्वास है। मजदूरों और किसानों के संघर्ष, किसान विद्रोह और मजदूरों के अभियान-संघर्ष के इन दो रूपों को जोड़ना जरूरी है'।

अन्य विवरणों के अनुसार, स्तालिन ने सीपीआई को सलाह दी कि वह सशस्त्र संघर्ष वापस ले ले और उसने जो हथियार इकट्ठा किए हैं उनका समर्पण कर दे। उन्होंने सीपीआई के महासचिव राजेश्वर राव से कहा कि वह इस पूरी कार्रवाई को निजी तौर पर देखें और इसका नेतृत्व करें।[25]

जब सीपीआई के नेताओं ने चर्चा के लिए स्तालिन को धन्यवाद दिया और घोषणा की कि उनके 'निर्देशों' के आधार पर वे अपनी गतिविधि पर पुनर्विचार करेंगे और तदनुसार काम करेंगे तो स्तालिन ने कहा, 'मैंने आपको कोई निर्देश नहीं दिए हैं, यह सलाह है, इसे मानना आपके लिए जरूरी नहीं, आप इसे स्वीकार या अस्वीकार कर सकते हैं।'[26]

लेकिन उनका आशय सबकी समझ में आ गया था। चर्चा के बाद सीपीआई ने पहली बार रणनीति और कार्यनीति पर एक समुचित परिप्रेक्ष्य विकसित किया और 1951 में दो नए पार्टी दस्तावेज तैयार किए। कार्यनीति सम्बन्धी दस्तावेज (टैक्टिकल लाइन डाक्यूमेंट) अप्रैल 1951 में गैरकानूनी रूप से वितरित किया गया था। इसका कानूनी संस्करण अक्तूबर 1951 में कलकत्ता में खास तौर पर आयोजित पार्टी सम्मेलन में स्वीकार किया गया। इसने 'द्विचरणी' परिप्रेक्ष्य के अंग के रूप में 'जनवादी लोकतांत्रिक क्रान्ति' के दलीय कार्यक्रम को भी स्वीकार किया।[27] माकपा ने भी बाद में इसी कार्यक्रम को स्वीकार किया था और भाकपा पर इसे छोड़ देने का आरोप लगाया था।

'द्विचरणी' क्रान्ति के सार तत्त्व पर भाकपा और माकपा के बीच तीखे मतभेदों के बावजूद उसके प्रति उनका मोह टिकाऊ सिद्ध हुआ। इस बीच 1960 के दशक में हाल में

शुरू की गई हरित क्रान्ति की पृष्ठभूमि में भारतीय कृषि में उत्पादन पद्धति के मुद्दे पर एक गम्भीर, लम्बी, कभी-कभी तू-तू मैं-मैं वाली लेकिन प्राय: जीवन्त बहस छिड़ी।

इसमें एक ओर मूर्धन्य बुद्धिजीवी विशेषकर अर्थशास्त्री थे जिनमें उत्सा पटनायक, अमित भादुड़ी, अमिय के. बागची, प्रधान एच प्रसाद, निर्मल चन्द्र और शुरुआत में अशोक रुद्र भी शामिल थे जिन्होंने तर्क दिया था कि भूस्वामित्वाद और काश्तकारी की व्यवस्था के तहत भारतीय कृषि पर अब भी पूर्व पूँजीवादी अथवा 'अर्ध सामन्ती' उत्पादन सम्बन्धों का प्रभुत्व जारी है। यद्यपि उत्पादन के पूँजीवादी सम्बन्धों के विकास की प्रवृत्ति भी है, लेकिन 'पूर्व पूँजीवादी भूमि किराये' के प्रचलित उच्च स्तर उस पर निश्चित सीमाएँ लगाते थे।

इसका प्रतिवाद समान रूप से प्रतिष्ठित सिद्धान्तकार जयरस बानाजी, सुलेख गुप्ता, कैथलीन गफ, जैन ब्रेमन, अश्वनी सेठ, गेल आमवेट और बाद में (विशेषकर बहुत जोरदार ढंग से) अशोक रुद्र ने किया। उन्होंने तर्क दिया कि जमीन का किराया अनिवार्यत: अर्ध सामन्तवाद की विशेषता नहीं है और पूँजीवादी उत्पादन सम्बन्धों के साथ पूरी तरह संगत है, उसके कायम रहने के बावजूद कृषि पूँजीवाद की ओर संक्रमण जारी है।

इन विद्वानों ने तर्क दिया कि शोषण के रूपों को उत्पादन सम्बन्ध समझने की भूल कर अर्ध सामन्ती सिद्धान्त के अनुयायी यह पहचान पाने में विफल रहे हैं कि जमींदारों के भेष में पूंजीपति किसानों का एक नया वर्ग प्रभूत सत्ता और शक्ति का लाभ उठा रहा है और बुर्जुआ उत्पादन सम्बन्ध सहवर्ती व्यापार और साहूकारी हितों के साथ कृषि में इस तरह प्रवेश कर चुके हैं कि अब उन्हें वापस लौटाया नहीं जा सकता।[28] चूँकि भारतीय उत्पादन पद्धति विषयक बहस समाप्त हो रही थी अत: इस बहस में भाग लेने वालों ने काश्तकारी और पूँजीवाद के बारे में राबर्ट ब्रेनर के उस प्रसिद्ध तर्क का कोई उल्लेख नही किया जो 1977 में 'न्यू लेफ्ट रिव्यू' में प्रकाशित हुआ था। लेकिन पीछे मुड़ कर देखें तो इस बहस की विषयवस्तु के सन्दर्भ में उनके तर्क के प्रमुख निहितार्थ स्पष्ट दिखाई देंगे।[29]

1980 के दशक के प्रारम्भिक वर्षों की ओर लौटें। जब उत्पादन पद्धति विषयक बहस समाप्त हुई तब बहस में हिस्सा लेने वाले अधिकतर विद्वानों के बीच इस दृष्टिकोण के पक्ष में यह मत स्पष्टत: स्थापित हो चुका था कि एक दीर्घकालीन संक्रमण प्रक्रिया के हिस्से के रूप में अथवा भारतीय अर्थव्यवस्था के चरित्र में एक बुनियादी नीतिगत बदलाव के अंग के रूप में पूँजीवाद ने भारतीय कृषि में प्रधानता प्राप्त कर ली है। पूँजीवाद पूर्व समाजों के साथ ऐतिहासिक रूप से जुड़ी काश्तकारी और बँधुआ मजदूरी के जारी रहने के बावजूद ऐसा हुआ है।[30]

उस समय तक वृहत्तर आर्थिक व्यवस्था की गतिशीलता में महत्त्वपूर्ण बदलाव दिखाई पड़ने लगे थे। ये बदलाव औद्योगिक विनियंत्रण और नए निवेशों के अनवरत प्रवाह, कृषि क्षेत्र और उद्योगों के बीच पूँजी संचयन के परिवर्तित सन्तुलनों और भाड़े के मजदूरों के अधिकाधिक प्रत्यक्ष इस्तेमाल पर आधारित बाजार में बेचे जाने लायक बढ़ते हुए कृषि उत्पादन की शक्ल में सामने आ रहे थे। हरित क्रान्ति के सिंचाई, उन्नत बीज, उर्वरक और कीटनाशकों जैसे निवेशों के माध्यम से कृषि क्षेत्र की उत्पादकता और फसल की पैदावार में बढ़ोतरी हुई और उसके परिणामस्वरूप पूँजी की सघनता में भी वृद्धि हुई और कृषि क्षेत्र में पूँजीवादी उत्पादन सम्बन्धों की पैठ और ज्यादा गहरी हुई।

सिद्धान्त की दरिद्रता

भारत में उत्पादन पद्धति विषयक बहस मार्क्सवादी सिद्धान्त को लेकर हुई सर्वाधिक उत्तेजक और बौद्धिक रूप से स्फूर्तिदायक बहसों में से एक थी जो अनेक अनुशासनों तक विस्तृत थी और जिसमें अन्तरराष्ट्रीय स्तर के विद्वानों ने भागीदारी की। तथापि, भाकपा अथवा माकपा ने इसमें दलों के रूप में हिस्सा नहीं लिया न ही इससे कोई सम्बन्ध रखा जबकि इससे उन्हें अपनी राजनीतिक रणनीति और कार्यनीति तय करने में मदद मिलती। इससे सैद्धान्तिक मामलों में उनकी दिलचस्पी का अभाव और पार्टी की शिक्षा में कार्यक्रमों और व्यावहारिक मामलों से अलग मार्क्सवादी सिद्धान्त को अपेक्षतया कम प्राथमिकता प्रदान किया जाना प्रमाणित होता है। यह कम प्राथमिकता सैद्धान्तिक विश्लेषण के सन्दर्भ में और 'सही' राजनीतिक दिशा प्राप्त करने में भारतीय कम्युनिस्टों की रजनी पाम दत्त[31] जैसे ब्रिटिश कम्युनिस्टों पर निर्भरता के साथ हाथ में हाथ डालकर चल रही थी। भारतीय कम्युनिस्टों पर रजनी पाम दत्त की धाक जमी थी।

रजनी पाम दत्त यद्यपि केवल एक बार (1946 में) ही भारत आए थे लेकिन भारतीय समाज और राजनीति[31] पर उन्होंने बहुत अधिकार के साथ लिखा। उनकी पुस्तक 'आज का भारत' (इंडिया टुडे जो सबसे पहले 1940 में प्रकाशित हुई और बाद में उसके कई संशोधित संस्करण आए) 1970 के दशक तक भारत के बारे में कम्युनिस्टों के लिए प्रारम्भिक पाठ्यपुस्तक बनी रही। पाम दत्त उन तमाम भारतीय कम्युनिस्टों के सरपरस्त बने रहे जिन्होंने ब्रिटेन में पढ़ाई की थी। वह सीपीआई के सबसे महत्त्वपूर्ण सलाहकार बन गए थे और पार्टी के नेतृत्व को अक्सर 'आधिकारिक रूप से' कामिन्टर्न की नीति की जानकारी देते थे।[32]

भारतीय कम्युनिस्ट पार्टियों ने सर्वाधिक प्रखर बुद्धिजीवियों और विद्वानों को अपनी ओर आकृष्ट किया लेकिन उन्होंने कोई ऐसा आन्तरिक माहौल नहीं बनाया जहाँ इन बुद्धिजीवियों और विद्वानों की सैद्धातिक योग्यताओं और विश्लेषणात्मक प्रतिभा को प्रोत्साहन मिलता और उनके मौलिक काम का सम्मान होता। मौलिक मार्क्सवादी अथवा समाजवादी साहित्य की कमी के कारण 1950 के दशक तक सैद्धान्तिक शिक्षा और बहस अवरुद्ध रहीं।[33] लेकिन इसके बाद भी कम्युनिस्ट पार्टियों के भीतर सैद्धान्तिक काम बहुत कम हुआ।

वास्तव में पार्टी के बुद्धिजीवियों के लेखन में, वह चाहे कितना ही भारी-भरकम क्यों न हो, मार्क्स की 'पूँजी' (कैपिटल) की किसी व्याख्या की तो बात क्या, उसका कोई गम्भीर सन्दर्भ भी मुश्किल से ही मिलेगा। पहली पीढ़ी के अधिकतर कम्युनिस्ट पार्टी के नेता, जिन्हें यह लेखक जानता है, कभी 'पूँजी' अथवा मार्क्स की अन्य गम्भीर सैद्धातिक रचनाएँ जैसे 'आर्थिक और दार्शनिक पांडुलिपियाँ' (इकोनामिक ऐंड फिलासफिकल मैनुस्क्रिप्ट्स) अथवा 'ग्रुंडरिसे' नहीं पढ़ते, न ही वे रोज़ा लक्जमबर्ग अथवा अन्तोनियो ग्राम्शी[34] जैसे मार्क्सवादियों को पढ़ते हैं। अंग्रेजी में प्रकाशित होने के अनेक दशकों बाद 'कैपिटल' (पूँजी) का भारतीय भाषाओं में अनुवाद हुआ। यह पहले मराठी में 1943 में प्रकाशित हुई, फिर 1965 में हिन्दी में और मलयालम में 1968 में प्रकाशित हुईं।[35] बंगाली में इसका अनुवाद 1984 तक नहीं किया गया था।[36]

स्तालिन और सोवियत संघ की कम्युनिस्ट पार्टी (सीपीएसयू) की बीसवीं कांग्रेस के प्रश्न, युद्धोत्तर पूँजीवाद के चरित्र, उत्पादन की राजनीति अथवा श्रम प्रक्रिया, सोवियत संघ, चीन, यूगोस्लाविया, वियतनाम, उत्तरी कोरिया अथवा क्यूबा में 'समाजवाद' के सारतत्व (या अधिक हाल में चीन के तेंगवाद और बाजार के अंगीकार अथवा नव उदारवादी रुख), नारीवादी और कम्युनिस्ट आन्दोलन, उत्तर-दक्षिण सम्बन्धों की बदलती प्रकृति, पारिस्थितिकी और समाजवाद, पार्टी-जन-संगठन-नागरिक समाज सम्बन्ध अथवा उत्तर सोवियत युग में वैश्विक एकजुटता के नए रूपों जैसे विविध मुद्दों पर भारतीय कम्युनिस्ट पार्टियों में नाम मात्र की विचारधारात्मक-सैद्धान्तिक बहस हुई है। यहाँ तक कि जब कभी कम्युनिस्ट पार्टियों ने किन्हीं तात्कालिक मुद्दों पर व्यवहार में उचित रवैया अपनाया है जैसा कि उन्होंने अक्सर किया है, तब भी उन्होंने इनका, विशेषकर रणनीतिक अथवा कार्यक्रम सम्बन्धी मुद्दों का सैद्धान्तीकरण नहीं किया न ही कठोर विश्लेषण के जरिये उन्हें स्थापित किया। कभी-कभी तो वे प्रमुख नीतिगत बदलावों और अपनी राज्य इकाइयों द्वारा पहले ही किए गए निर्णयों की अपनी कांग्रेस अथवा केन्द्रीय समिति के प्रस्तावों में पुष्टि मात्र करते थे (उदाहरण के लिए भाकपा की चंडीगढ़ में 1995 में हुई पन्द्रहवीं कांग्रेस ने 1994 में पश्चिम बंगाल की वाम मोर्चा सरकार द्वारा घोषित नई औद्योगिक नीति की सम्पुष्टि कर दी, इसमें राज्य के औद्योगीकरण के लिए निजी और विदेशी पूँजी को आमंत्रित करने का निर्णय शामिल था)।

बाद के वर्षों में अर्थव्यवस्था के सन्दर्भ में पूँजी संचय की प्रक्रिया गहन हुई जिसकी परिणति 1990 के दशक के प्रारम्भिक वर्षों में भारत द्वारा नव उदारवाद को अपनाये जाने में हुई। इससे विश्व पूँजीवादी बाजार और वैश्विक वित्तीय व्यवस्था में भारत का समामेलन और गहरा हुआ। अर्थव्यवस्था के बाहरी सम्पर्कों और आन्तरिक संरचनाओं में और कृषि, उद्योग तथा सेवाओं के बीच सन्तुलन में दूरगामी बदलाव आए। सकल घरेलू उत्पाद में अपेक्षतया तेजी से होती वृद्धि की कृपा से भारत जल्दी ही विश्व की 'उभरती हुई अर्थव्यवस्थाओं' के रूप में और एक 'क्षेत्रीय' अथवा 'उप-साम्राजी' शक्ति (शुरुआती दौर में ही सही) के रूप में देखा जाने लगा।

'अर्ध औपनिवेशिक' तो छोड़िये, आज भारत को पूर्व पूँजीवादी अथवा, 'अर्ध सामन्ती' समाज के रूप में देखना भी स्पष्टत: बेतुका होगा। वस्तुत: काफी समय तक यह बात ठीक थी। लगभग पचास या उससे भी ज्यादा वर्षों तक भारत का यह चरित्र चित्रण कम्युनिस्ट वाम की अधिकतर धाराओं के लिए एक रणनीतिक दिशानिर्देशक रहा है और इसने इसके कार्यक्रमगत परिप्रेक्ष्यों, नीतिगत ढाँचों, अपनी पहचान और व्यावहारिक कार्रवाइयों-विशेषकर किसानों को संगठित करने के काम में इसकी प्राथमिकताओं को प्रभावित किया है। आज अपने शुद्धतम रूप में इसका अस्तित्व भाकपा (माओवादी) में बचा है जो 'अर्ध सामन्ती, अर्ध औपनिवेशिक' प्रस्थापना पर अब भी कायम है।

यह प्रस्थापना और इससे जुड़े कृषि कार्यक्रम का अर्थ यह है कि कम्युनिस्ट व्यापक रूप से गाँवों में अपनी ऊर्जाओं को किसान वर्ग को एक सम्पूर्ण रूप में, जिसमें मँझोले और गरीब किसानों[38] के साथ साथ समृद्ध किसान शामिल होंगे, भूस्वामियों के विरुद्ध गोलबन्द करने में लगाएँगे। उनके भूमि सुधार एजेंडा के केन्द्र में होगा काश्तकारी उन्मूलन

जिसे अर्ध सामन्ती सम्बन्धों के केन्द्र के रूप में देखा जाता है और 'जोतने वाले को भूमि' चाहे वह पूँजीवादी कृषि को ही प्रोन्नत क्यों न करे। उदाहरण के लिए, ई.एम.एस. नम्बूदिरीपाद ने 1952 में यह तर्क दिया था कि भूमि सुधारों का लक्ष्य सामन्तवाद का उन्मूलन और चीनी क्रान्ति की नीतियों के अनुरूप एक 'समृद्ध कृषक अर्थव्यवस्था' के निर्माण के माध्यम से कृषि में पूँजीवादी सम्बन्धों का सृजन होना चाहिए।[39]

भूमिहीनों को कम प्राथमिकता

कम्युनिस्टों द्वारा संचालित प्रारम्भिक शानदार ग्रामीण गोलबन्दियों में सभी किसानों की एकता वाला दृष्टिकोण अपनाया गया। इनमें तेलंगाना के अतिरिक्त, फसल की ज्यादा हिस्सेदारी के लिए बंगाल में 1940 के दशक का तिभागा काश्तकार आन्दोलन (यह अपनी तरह की सबसे बड़ी और सबसे लम्बे समय तक चली गोलबन्दी थी), उत्तर प्रदेश, बिहार, महाराष्ट्र, आंध्र, पंजाब, तमिलनाडु, असम और अन्य अनेक राज्यों में चले आन्दोलन शामिल थे जिनमें अविभाजित सीपीआई ने अन्य प्रगतिशील समूहों के साथ मिलकर काम किया था। यहाँ यह उल्लेखनीय है कि इनमें समाजवादी और बिहार में सहजानन्द सरस्वती[40] के आन्दोलन से जुड़े रहे लोग शामिल थे। भारत में 1930 के दशक से हो रहे सैकड़ों किसान आन्दोलनों में से अधिकतर का दृष्टिकोण यही था।[41]

हाल के वर्षों में भी किसान सभाओं की कुछ मुख्य माँगें कृषि उत्पाद के उच्चतर मूल्यों, उर्वरक, सिंचाई और बिजली के लिए सब्सिडी और अनाज तथा कपास जैसी नकदी फसलों के लिए राज्य द्वारा खरीद की गारंटी पर केन्द्रित रही हैं। ये माँगें प्राय: उन किसानों का—इनमें समृद्ध किसान शामिल हैं—पक्ष लेती दिखती हैं (निश्चय ही सदैव ऐसा नहीं होता) जो अपने उपयोग या आजीविका के लिए नहीं, जैसा कि गरीब किसान प्राय: करते हैं, बल्कि प्राथमिक रूप से बाजार के लिए उत्पादन करते हैं। जैसा कि विभिन्न किसान सभाओं की रिपोर्टों से पता चलता है, पंजाब, हरियाणा, पश्चिमी उत्तर प्रदेश, तटवर्ती आंध्र और तमिलनाडु के कुछ हिस्सों जैसे मुख्य खाद्यान्न उत्पादक क्षेत्रों में भूस्वामी किसानों के प्रति जबर्दस्त झुकाव है।

खाद्यान्न के ऊँचे दाम से आम तौर पर सभी किसानों को और बड़े किसानों को विशेष रूप से फायदा होता है लेकिन इससे खेतिहर मजदूरों और सीमान्त किसानों के, जो खाद्यान्नों के निवल उत्पादक नहीं बल्कि निवल उपभोक्ता हैं, जीवन बसर की लागत बढ़ जाती है। इस प्रकार, भूस्वामी किसान वर्ग के सभी स्तरों अथवा परतों और भूमिहीनों के बीच एकता की धारणा यदि खामख्याली नहीं तो समस्यामूलक अवश्य है। हाल के वर्षों में महात्मा गांधी राष्ट्रीय ग्रामीण रोजगार गारंटी कानून (एमजीएनआरईजीए मनरेगा) के कारण इन दोनों समूहों अथवा वर्गों के बीच की खाई चौड़ी हुई है क्योंकि मनरेगा ने ग्रामीण परिवारों के लिए न्यूनतम पगार पर वर्ष में 100 दिन का रोजगार प्रदान कर ग्रामीण वेतन का सामान्य स्तर ऊँचा उठाया और इस प्रकार मजदूरी की एक न्यूनतम सीमा तय कर दी है।

इस तरह यह तर्क दिया जा सकता है कि कम्युनिस्टों को भूमिहीन खेतिहर मजदूरों को संगठित करने के काम को उच्च प्राथमिकता देनी चाहिए थी, इसलिए नहीं कि वे सभी

ग्रामीण वर्गों में सबसे गरीब हैं बल्कि इसलिए भी क्योंकि सम्पत्तिशाली किसानों द्वारा और फसल के समय छोटे और गरीब किसानों द्वारा भी वेतन भोगी मजदूरों के रूप में उनका शोषण किया जाता है। सर्वाधिक वंचितों के साथ एकजुटता पर आधारित इस नैतिक-राजनीतिक सोच और कम्युनिस्ट पार्टियों को सत्ता शीर्ष पर पहुँचाने के लिए पर्याप्त बड़ी और शक्तिशाली ताकतों के साथ गठबन्धन करने की व्यावहारिक अथवा चुनावी जरूरतों के बीच सन्तुलन बनाना होगा। ऐसी ताकतों को भूस्वामी किसानों को अपने साथ लेना पड़ेगा लेकिन इसके लिए भूमिहीनों को एकदम छोड़ देना भी उचित नहीं है।

गठबन्धन बनाने का काम वर्गीय ताकतों के विशिष्ट सन्दर्भों और स्थानीय व्यवस्थाओं के प्रति संवेदनशीलता के साथ किया जाना होगा। लेकिन सही सन्तुलन हासिल करने का प्रयास करना एक बात है और भूमिहीनों को संगठित करने के एजेंडा का परित्याग कर देना बिलकुल दूसरी बात है। लम्बी अवधि में दूसरा चयन अल्पकालिक राजनीतिक तर्क के भी विरुद्ध काम करेगा क्योंकि आजादी के बाद से लगभग हर राज्य में भूमिहीनों की संख्या लगातार बढ़ी है। कुछ क्षेत्रों में पिछले दो दशकों में यह संख्या विशेष रूप से बहुत तेजी से बढ़ी है। वहाँ भूमिहीन यद्यपि बहुसंख्यक तो नहीं हैं लेकिन वे मतदाताओं का अकेला विशालतम समूह हैं जो भारत की 'जीत उसकी जो सबसे आगे' व्यवस्था में चुनाव जीतने के लिए महत्त्वपूर्ण है।

व्यवहार में, नम्बूदिरीपाद द्वारा 'समृद्ध किसान अर्थव्यवस्था' की वकालत के बावजूद केरल इस सर्व कृषक एकता वाले दृष्टिकोण का एक महत्त्वपूर्ण अपवाद था। वहाँ, सीपीआई ने पहले कांग्रेस सोशलिस्ट पार्टी के माध्यम से और बाद में स्वतंत्र रूप से ग्रामीण भूमिहीनों, विशेषकर अस्थायी खेत मजदूरों, नारियल जटा का काम करने वाले मजदूरों, ताड़ी निकालने वाले मजदूरों आदि को प्रारम्भिक चरण में ही संगठित किया। इससे अंशतः यह स्पष्ट होता है कि क्यों सीपीआई ने 1957 में भारत की पहली कम्युनिस्ट सरकार का नेतृत्व करने के लिए चुने जाने से भी पहले ऐसे साधारण वर्गों के बीच एक स्थायी प्रभाव और एक अपेक्षतया आमूल परिवर्तनवादी राजनीतिक अभिमुखता दोनों हासिल कर ली थी।

राष्ट्रीय स्तर पर, कृषि प्रश्न पर प्रारम्भिक कम्युनिस्ट परिप्रेक्ष्य में समृद्ध किसानों और ग्रामीण वाणिज्यिक पूँजी के एजेंटों, जैसे व्यापारी और चावल मिल वालों सहित सभी तरह के गैर मजदूर वर्गों के साथ गठबन्धन की अनुमति रही है।[42] इनमें काश्तकार (इनमें वे लोग भी शामिल हैं जिनके पास बड़े भूखंड हैं), गहन खेती करने वाले छोटी जोतों के मालिक (जो भाड़े के मजदूरों पर बहुत अधिक निर्भर हैं), गरीब किसान (जो इनका इस्तेमाल बोआई, फसल कटाई और मड़ाई के दौरान करते हैं) और निम्नतर मध्यवर्ती स्तरों जैसी 'मिश्रित' श्रेणियाँ भी शामिल थीं। ये परवर्ती श्रेणियाँ छोटे 'घरेलू बगीचों' के आकार के भूखंडों पर खेती कर और अस्थायी रूप से कृषि अथवा गैर कृषि कामों के लिए मजदूरी कर अनिश्चित ढंग से जीवन बसर करती हैं।

इन विविध श्रेणियों की तरलता, सन्दर्भगत प्रकृति और मार्क्सवादी परम्परा के भीतर भी उनकी व्याख्या के प्रति खुलेपन के कारण यह पहचान कर कि कौन से राजनीतिक दल या घटक उनका प्रतिनिधित्व करते हैं, उन्हें व्यावहारिक सन्दर्भों में रख पाना कभी आसान नहीं रहा था। कम्युनिस्ट पार्टियों की विभिन्न राज्य और स्थानीय इकाइयाँ 'सर्व कृषक

एकता' की रणनीति बनाते समय उनकी अलग-अलग पहचान बताती थीं। इसके कारण प्राय: सिद्धान्तहीन, अवसरवादी गठबन्धन बनते थे और प्रभुत्वपूर्ण कृषि हितों के साथ समझौते किए जाते थे और यह सब सर्वाधिक असहाय भूमिहीनों और गरीब लोगों के विरुद्ध जाता था।

शहरों में भी बहुवर्गीय गठबन्धन ने-जिसमें शारीरिक श्रम करने वाले औद्योगिक मजदूर वर्ग और निम्न मध्यम वर्ग (अनुमानत: छोटे व्यापारी, सफेदपोश मजदूर और निरीक्षक कर्मचारी, छात्र, 'युवाओं' की अपरिभाषित परतें आदि) आते हैं—न केवल प्राथमिकताओं के सम्बन्ध में भ्रम उत्पन्न किया बल्कि ऐसे बेमेल गठजोड़ों को भी जन्म दिया जिन्होंने मजदूर वर्ग और सच्चे अर्थों में अभावग्रस्तों के हितों को अपने अधीन कर लिया। निश्चय ही, एक और खतरा भी था। यह खतरा कम्युनिस्ट पार्टियों के आधार के संख्याबल की दृष्टि से छोटे समूहों में सीमित हो जाने का था। सही सन्तुलन स्थापित कर पाने का काम निश्चय ही चुनौतीपूर्ण था। सरलतम विकल्प चुनने का अर्थ चुनौती से दूर भागना हो सकता था।

यह बात गठबन्धनों के विरुद्ध नहीं बल्कि कुछ निश्चित शक्तियों अथवा समूहों को सम्भावित सहयोगी मानने के लिए सावधानीपूर्वक और स्पष्ट रूप से कोई व्यापक मानदंड निर्धारित करने की जरूरत पर जोर देने के लिए कही जा रही है। ऐसे मानदंडों की अनुपस्थिति के विचित्र परिणाम हो सकते हैं। उदाहरण के लिए जिस लंपट सर्वहारा की उग्र मराठी राष्ट्रीयता वाली पार्टी शिव सेना को बम्बई के उद्योगपतियों ने हड़तालें तोड़ने और कम्युनिस्टों के नेतृत्व वाले मजदूर संघों को कमजोर करने का काम सौंपा था, वाम के एक तबके ने उसी शिव सेना का चरित्र चित्रण एक ऐसे दल के रूप में किया था जो उन बेरोजगार बच्चों का प्रतिनिधित्व करता है जिनके पिता पहले सूती मिलों में काम करते थे और इसलिए इस तबके के अनुसार शिव सेना एक ऐसी ताकत है जो समर्थन देने या सहयोगी बनाने लायक है।[43]

खेतिहर मजदूरों को संगठित करने के मामले में भाकपा और माकपा में कुछ मतभेद हैं। भाकपा विशेषकर पंजाब, हरियाणा और महाराष्ट्र में भूस्वामी किसानों पर ध्यान केन्द्रित करने की तुलना में सम्भवत: भूमिहीन मजदूरों, जिनमें मौसमी मजदूर शामिल हैं, को संगठित करने के विषय में अधिक लचीली है। फिर भी, सैद्धान्तिक स्तर पर कृषि क्षेत्र का अर्ध सामन्ती के रूप में चित्रण किया जाना मुख्य धारा के वाम में अभी हाल तक जारी रहा है।

जैसा कि हम आगे देखेंगे, सर्व कृषक एकता वाले रुझान का उद्देश्य कम्युनिस्ट आन्दोलन की आमूल परिवर्तनवादी चेतना को कुन्द करना, संरचनात्मक बदलाव लाने की इसकी क्षमता को सीमित करना और किसी हद तक इसे आबादी के सबसे गरीब स्तरों विशेषकर भूमिहीन खेतिहर मजदूरों से अलग करना था। उदाहरण के लिए, पश्चिम बंगाल में, जहाँ भूमिहीनता लगभग 50 प्रतिशत तक है, माकपा के नेतृत्व वाली किसान सभा अपनी अखिल भारतीय नीति के विपरीत कई दशकों तक एक पृथक खेतिहर मजदूर संघ के गठन का विरोध करती रही। यह संघ अब तक अपनी शैशवावस्था में ही है।[44]

निजी पूँजी के माध्यम से औद्योगीकरण

इससे भी अधिक महत्त्वपूर्ण यह है कि 'द्विचरणी क्रान्ति' के परिप्रेक्ष्य ने सुनिश्चित किया कि कम्युनिस्ट कृषि सुधार और विकास से औद्योगीकरण में संक्रमण का समर्थन करें और यह संक्रमण लाएँ। औद्योगीकरण स्वयं क्रान्ति के पहले, 'लोकतांत्रिक' अथवा बुर्जुआ चरण के भीतर, उत्पादन शक्तियों' को और आगे विकसित करने की कुंजी माना जाता है। पश्चिम बंगाल में इसने वाम मोर्चे को 1980 के दशक के मध्य में औद्योगिक प्रोन्नति की एक आक्रामक रणनीति अपनाने के लिए प्रेरित किया। इसकी शुरुआत हल्दिया पेट्रोकेमिकल कांप्लेक्स से हुई। 1977 में सत्ता में आने के बाद उसके द्वारा शुरू की गई यह पहली प्रमुख औद्योगिक परियोजना थी। इसकी स्थापना एक निजी कम्पनी के साथ संयुक्त उद्यम के रूप में की गई थी। यह पार्टी की नीति में एक प्रमुख परिवर्तन था।[45]

हल्दिया सम्बन्धी निर्णय ने औद्योगीकरण के लिए निजी पूँजी पर और अधिक निर्भरता की भूमिका तैयार कर दी। ऐसा केवल पश्चिम बंगाल में ही नहीं हुआ। बर्लिन की दीवार गिरने और सोवियत संकट शुरू होने के तुरन्त बाद माकपा की केन्द्रीय समिति के एक प्रस्ताव (1990) में समाजवाद के निर्माण में 'बाजार की भूमिका'को सार्वजनिक रूप से स्वीकार किया गया। अपनी चौदहवीं कांग्रेस (1992) में पार्टी ने समाजवादी रूपान्तरण की अवधि में बाजार की 'आवश्यकता' पर एक प्रस्ताव स्वीकर किया। यह सोवियत संघ की विफलता और चीन के अनुभव पर आधारित था।[46]

इसके बाद आई पश्चिम बंगाल की 1994 की नई औद्योगिक नीति जिसे वाम मोर्चे में या माकपा की राज्य समिति में किसी चर्चा के बिना विधानसभा में घोषित और पारित कर दिया गया। इसने बेलगाम निजी पूँजीनिवेश पर आधारित और किसी भी कीमत पर औद्योगीकरण के लिए दरवाजे खोल दिए, चाहे इसका अर्थ गरीब लोगों की जमीनें जब्त करना, बड़े व्यवसायियों को करों में विवेकशून्य रियायतें और अन्य 'प्रोत्साहन' देना, पारिस्थितिकी असन्तुलन उत्पन्न करना और उसे बढ़ाना, राज्य पर वित्तीय बोझ बढ़ाना और इस प्रकार सार्वजनिक कल्याण कार्यों में निवेश करने की अपनी क्षमता को बहुत कम कर देना ही क्यों न हो।

पूँजी के सामने इस तरह दबने का एक कुत्सित उदाहरण सिंगूर में टाटा मोटर्स की नैनो कार परियोजना थी। मूर्धन्य अर्थशास्त्री और पश्चिम बंगाल के पूर्व वित्तमंत्री अशोक मित्र का आकलन है कि टाटा को प्रस्तावित आर्थिक सहायता इस परियोजना की लागत के लगभग आधे के बराबर थी।[47] फिर भी, जैसा कि माकपा के एक वरिष्ठ कार्यकर्ता ने इसके बारे में कहा है कि अगर औद्योगीकरण आवश्यक है और यदि इसका अर्थ टाटाओं, अंबानियों और बिड़लाओं को उनके मुनाफों को अधिकतम करने के उद्देश्य से उनको उनकी शर्तों पर पूँजीनिवेश करने के लिए आमंत्रित करना है, 'तो ठीक है'।[48]

कुल मिलाकर, 'द्विचरणी' परिप्रेक्ष्य ने वाम को जबरदस्त नुकसान पहुँचाया। इसने सुनिश्चित किया कि वामपन्थ पूँजीवाद पर एक नया सामाजिक अनुशासन लागू कर और जनहित में उसे नियंत्रित कर उसके चरित्र को नई तरह गढ़ने अथवा पूँजीवाद को रूपान्तरित करने के बजाय उसका प्रबन्धन करे। 1990 के दशक के उत्तर काल में वाम मोर्चे ने भावी

निवेशकों से स्थानीय जरूरतों और नौकरियों के सृजन की गारंटी, पर्यावरण सुरक्षा और अन्य सुरक्षाओं जैसी शर्तों पर बातचीत करना उत्तरोत्तर बन्द कर दिया था। निवेशक शर्तें तय करते थे और वाम मोर्चा इन शर्तों को बिना विरोध किए स्वीकार कर लेता था। पूँजीवाद का प्रबन्धन करने और उसका संवर्धन करने के बीच की विभाजक रेखा भी विवेकशून्य रूप से धुँधली हो गई।

आमूल परिवर्तनवादी चेतना से विमुख होने की इस प्रक्रिया की तार्किक परिणति सिंगूर और नन्दीग्राम थे और ये किसी भी तरह से विचलन या महज 'कार्यनीतिक' भूल न थे। उन्होंने दुनिया भर में वाम की छवि को और बंगाल में इसके कार्यकर्ताओं के मनोबल को जितना नुकसान पहुँचाया उसके बावजूद मोर्चे और विशेषकर माकपा ने परवर्ती वर्षों में ऐसे फैसले करने से इनकार किया जो एक वैकल्पिक दृष्टिकोण को आगे बढ़ाकर मूल नुकसान को सीमित कर सकते अथवा उसकी भरपाई कर सकते। पार्टी नेतृत्व ने इस तरह व्यवहार किया मानो उसके जनसम्पर्क तंत्र ने उसके अपने कार्यकर्ताओं को सब कुछ सच-सच बता दिया है। जो हुआ उसे सुधारने की अब कोई जरूरत नहीं रह गई।

मजदूरों द्वारा अधिग्रहण के समर्थक कम

'द्विचरणी क्रान्ति' के परिप्रेक्ष्य से चिपके रहने का एक और प्रभाव था सहकारी समितियों अथवा कृषि, उद्योग, स्वास्थ्य की देखभाल, आवास, शिक्षा, शहरी मामलों, ग्रामीण शासन सहित विविध क्षेत्रों में संगठन, उत्पादन और वितरण के सरकारी अथवा सामूहिक रूपों के संवर्धन के एजेंडा की उपेक्षा। ऐसे उपायों को प्राय: विकास के 'अगले' (समाजवादी अथवा उत्तर बुर्जुआ) चरण के उपायों के रूप में देखा जाता था और इसलिए या तो उन्हें संघर्ष के मौजूदा चरण के लिए बहुत अधिक 'प्रोन्नत' अथवा तत्काल किए जाने के लिए अनुपयुक्त माना जाता था।

बन्द पड़े उद्योगों को अपने हाथ में लेने की मजदूरों की पहलकदमियों को समर्थन देने में वाम का रुख ढुलमुल रहा है। जहाँ ये पहलकदमियाँ स्वत:स्फूर्त संघर्षों से उपजी हैं और व्यावहारिक उद्यमों का रूप ले सकती हैं वहाँ भी इनके प्रति वाम का रुख साफ नहीं रहा है। सामान्यतया ऐसी पहलकदमियों का समर्थन वाम की सहज स्वाभाविक प्रतिक्रिया होना चाहिए था लेकिन पश्चिम बंगाल में वाम नेतृत्व वाले संघ नियंत्रण अपने हाथ में लेने के ऐसे दो बड़े प्रयासों-जलपाईगुड़ी में सोनाली टी गार्डन (1974-78)[49] और कलकत्ता में कनोड़िया जूट मिल (1993-94) के विरुद्ध रहे।[50] इसके विपरीत केरल में, वाम ने कन्नूर स्थित केरल दिनेश बीड़ी मजदूर केन्द्रीय सहकारी समिति (जो अब परिधान, खाद्य पदार्थों और सूचना प्रौद्योगिकी आदि विविध शाखाओं में बँट गई है) और मुन्नार स्थित कानन दीवान हिल्स प्लांटेशन कम्पनी जैसी कर्मचारी सहकारी समितियों को समर्थन दिया। इसमें मजदूरों द्वारा समिति और उसके प्रबन्धन को अपने अधिकार में लिया जाना शामिल था।[51]

बम्बई में 700 कर्मचारियों वाले एक पर्याप्त बड़े औद्योगिक कारखाने कमानी ट्यूब्स लिमिटेड के मामले में वाम कर्मचारियों की सहकारी समिति को समर्थन देने अथवा उसकी मदद करने में असफल रहा जबकि इस सहकारी समिति ने 1988 में कम्पनी अपने हाथ

में ले ली थी और सात वर्षों तक जबर्दस्त सफलता के साथ उसका संचालन किया था।[52] कमानी ट्यूब्स कर्मचारियों द्वारा अपना नियंत्रण स्थापित कर सहकारी समिति चलाने का सबसे बड़ा उदाहरण थी और यह मजदूरों के नियंत्रण में सबसे लम्बी अवधि तक चली सहकारी समितियों में से एक थी। 1997 के बाद इसका जारी रहना, अन्य उद्योगों और राज्यों में ऐसे ही प्रयासों को प्रोत्साहित करने की दिशा में बहुत लाभदायक सिद्ध हुआ होता।

लेकिन अनेक वाम नेताओं ने कमानी ट्यूब्स की पहल को समर्थन देने से इनकार कर दिया क्योंकि इससे पूँजीवाद के समुद्र में केवल 'एक समाजवादी द्वीप' ही बनता-मानो समाजवादी द्वीप के बिना एक पूरी तरह पूँजीवादी महासागर बेहतर होता अथवा अधिक से अधिक 'मजदूरों के पूँजीवाद' को बढ़ावा देता और इस प्रकार समाजवाद के लिए किए जाने वाले संघर्ष से ध्यान हटाता।[53] महाराष्ट्र और केरल सहित कई राज्यों में अन्य अनेक उद्यमों की बन्दी पर वाम निष्क्रिय बना रहा जबकि राज्य के स्वामित्व वाली इलेक्ट्रानिक्स कम्पनियों और अन्य उद्योगों की बन्दी को एकजुटतापूर्ण कार्रवाई से रोका जा सकता था।

इसी तरह वाम को तार्किक ढंग से उन गोलबन्दियों में भी आगे की कतारों में रहना चाहिए था जो कृषि सहकारी समितियों की विशेषकर सीमान्त किसानों की ऐसी सहकारी समितियों की माँग कर रही थीं जो बीज, उर्वरक और बैलों तथा अपने निवेश की साझेदारी पर और संयुक्त उपज़ प्रयासों के साथ साथ कृषि उत्पाद के विपणन पर आधारित होतीं। वाम छोटे और सीमान्त किसानों की सहकारी समितियों के लिए विशेष कर्ज सुविधाओं और जीवन यापन के लिए अपर्याप्त बहुत छोटी जोतों को व्यावहारिक काम लायक बनाने के लिए उनके समेकन की माँग कर सकता था।

लेकिन वाम आम तौर पर, महाराष्ट्र, गुजरात और कर्नाटक और बाद में पंजाब, तमिलनाडु और आंध्र प्रदेश जैसे राज्यों में भी ऐसे आन्दोलनों में अनुपस्थित रहा जिन्होंने कृषि ऋण और विपणन सहकारी समितियों की स्थापना की दिशा में पहल की थी। किसी वाम प्रभाव की अनुपस्थिति में इनमें से अनेक ने सीमित, प्रायः रूढ़िवादी एजेंडा अपनाए जो गुजर-बसर भर के लिए ही पर्याप्त उपज पैदा करने वाले किसानों के बजाय विपणन योग्य अधिशेष उपजाने वाले किसानों पर केन्द्रित थे।

स्वाभाविक है कि ऐसी सहकारी समितियों ने भूमिहीन और कम भूमिवाले गरीबों की तो बात क्या छोटे और सीमान्त किसानों को भी बाहर रखा। उन पर किसानों के उच्च और मध्य स्तरों की पकड़ और प्रभुत्व था और उन्होंने ग्रामीण राजनीतिक सत्ता का सन्तुलन सम्पत्तिशाली वर्गों के पक्ष में और अधिक झुकाने में मदद दी। यह बात पश्चिम महाराष्ट्र में खास तौर पर दिखाई दी जहाँ 1950 और 1980 के दशकों के बीच गन्ना उत्पादकों की सहकारी समितियों और उन पर आधारित चीनी मिलों और शराब के कारखानों की संख्या तेजी से बढ़ी। उन्होंने कांग्रेस और धनी किसानों के समर्थक अन्य दलों को एक नया सामाजिक आधार प्रदान किया जिसके परिणामस्वरूप वाम को पोषण देने वाली शक्तियाँ हाशिये पर चली गईं। इन सहकारी समितियों के कारण सिंचाई के पानी जैसे कम उपलब्ध साधनों के इस्तेमाल में भी असमानता बढ़ी। इससे वंचित तबकों के हितों पर और चोट हुई। इसके अतिरिक्त इसके कारण पर्यावरणीय असन्तुलन और सूखा सम्भावित क्षेत्रों में पानी की कमी की स्थिति भी अधिक गम्भीर हुई।

शिक्षा, स्वास्थ्य और आवास जैसे मुद्दों से जूझने में कम्युनिस्टों और समाजवादियों की प्रारम्भिक असफलता भी समान रूप से महत्त्वपूर्ण है। वे बड़े पैमाने पर साक्षरता संवर्धन कार्यक्रमों और 'समाजवादी शैली के' राज्य द्वारा आर्थिक सहायता प्राप्त ऐसी ऐसी समान स्कूल व्यवस्था की माँग कर सकते थे जो सबकी पहुँच में हो। वे एक क्रान्तिकारी स्वास्थ्य सुरक्षा कार्यक्रम की रूपरेखा बना सकते थे जिसमें निरोधात्मक और सामुदायिक औषधि, स्वच्छता, पोषण और प्राथमिक स्वास्थ्य और सामर्थ्य के भीतर सार्वजनिक आवास और नगर निगम सुविधाओं पर, जिनमें आबादी की बड़ी बहुसंख्या के लिए समानता के आधार पर सुरक्षित पानी की आपूर्ति शामिल है, जोर दिया जा सकता था। ऐसे कार्यक्रम मजदूरों और किसानों की सहकारी समितियों के माध्यम से शुरू किए जा सकते थे और उन्हें स्थानीय सरकारी संस्थाओं के सशक्तीकरण की योजनाओं के साथ समेकित किया जा सकता था।

वाम के नेतृत्व वाले श्रमिक संघ आन्दोलन द्वारा अपने कार्यक्रम के अंग के रूप में लिए गए काम के अधिकार और जीवन यापन के लिए उपयुक्त पगार के अधिकार की तरह ये काम भी लम्बे समय से मानव गरिमा के साथ जीवन जीने की मेहनतकश जनता की आकांक्षा का हिस्सा रहे हैं। इन्हें वाम के राजनीतिक कार्य में समेकित किया जाना चाहिए था। लेकिन इन्हें वाम की शैक्षिक, प्रचारात्मक और आन्दोलनात्मक गतिविधियों में शायद ही कभी कोई अभिव्यक्ति मिली। वास्तव में वाम के कार्यक्रमों और नीतियों के सैद्धान्तीकरण में भी अंशत: इसलिए इन पर बहुत कम ध्यान दिया गया क्योंकि क्रान्ति के इस 'लोकतांत्रिक (बुर्जुआ) चरण' के लिए इन्हें 'बहुत अधिक अग्रगामी' माना गया था।[54]

वाम के कार्यक्रमों और आन्दोलनात्मक मंचों से इस पूर्वकल्पना की केन्द्रीय अवधारणा भी लगातार गायब रही कि एक भविष्य का, अधिक समानतापूर्ण और न्यायपूर्ण समाज कैसा दिखेगा और इसे चाहे कितने अपूर्ण ढंग से लेकिन सामूहिक कार्रवाई के जरिए अस्तित्व में लाने के क्या प्रयास किए जाने चाहिए। मजदूरों की औद्योगिक सहकारी समितियों के उदय और कारखानों और प्रबन्धन के सामूहिक रूपों पर मजदूरों के नियंत्रण को क्रान्ति के दूसरे चरण का इंतजार करने की जरूरत नहीं पड़नी चाहिए थी। इसकी तात्कालिकता को द्वितीय विश्वयुद्ध के दौरान और तुरन्त बाद भारत में हुए औद्योगिक पुनर्गठन के दौरान महसूस कर लिया गया था।

इसके अन्य प्रारम्भिक उदाहरण भी थे। उदाहरण के लिए उत्तरी स्पेन के बास्क क्षेत्र में श्रमिक सहकारी समितियों द्वारा स्थापित और संचालित मोंड्रगॉन 1930 के दशक तक एक हकीकत बन चुका था।[55] मोंड्रगॉन आज 15 बिलियन यूरो का उद्यम है जो 111 छोटी, मँझोले आकार की और बड़ी सहकारी समितियों की मूल कम्पनी है और 84,000 लोगों को रोजगार देती है। कथित रूप से एक अर्ध कारपोरेट उद्यम होने के कारण होने वाली आलोचना के बावजूद मोंड्रगॉन मजदूर वर्ग की सृजनात्मक शक्ति का एक स्मारक है। इसी तरह, 1960 के दशक तक यूगोस्लाविया ने विशेषकर सार्वजनिक उद्यमों में मजदूरों द्वारा संयुक्त प्रबन्धन के अनेक उदाहरण प्रस्तुत किए थे जो अनुकरणीय और प्रतिस्पर्धा करने योग्य थे। लेकिन जहाँ नियोजित विकास और सार्वजनिक क्षेत्र के नेतृत्व वाले निवेश के नेहरू माडल ने वाम के अनेक तबकों विशेषकर भाकपा से जरूरत से ज्यादा प्रशंसा पाई वहीं इन उदाहरणों की कोई तारीफ नहीं हुई।

इस्पात, उर्वरक, भारी उद्योग और मशीनों के उपकरणों के क्षेत्र में भारत के बड़े सार्वजनिक क्षेत्र के कारखानों और राज्य के स्वामित्व वाले बैंकों और बीमा कम्पनियों में वाम ने अपने नेतृत्व वाले श्रमिक संघों की पर्याप्त मौजूदगी के बावजूद इनके प्रबन्धन में कर्मचारियों की अधिक बड़ी भूमिका अथवा उनके कामकाज में श्रमिक संघों के साथ व्यवस्थित ढंग से विचार विमर्श की माँग भी नहीं की। कर्मचारियों की एक वृहत्तर भूमिका ने क्षेत्र में विशेषज्ञता और तकनीकी कौशल विकसित करने में उनकी मदद की होती तो इससे कर्मचारियों की सौदेबाजी की ताकत बढ़ती, इन उद्यमों का कामकाज बेहतर होता और श्रमिक संघ मजबूत हुए होते। कुछ हद तक यह काम सार्वजनिक क्षेत्र के बैंकों में हुआ जहाँ श्रमिक संघ ऐसे विवादास्पद ऋणों के विरोध में मुखर हुए हैं जिनकी राशि गैर निष्पादक परिसम्पत्तियों के रूप में डूब गई।

नेहरूवादी आदर्श का अनुसरण

राष्ट्रीय स्तर पर कम्युनिस्टों ने 1950 के दशक के प्रारम्भिक वर्षों से ही 'लोकतंत्र', 'धर्मनिरपेक्षता', 'गुटनिरपेक्षता' और 'समाजवाद' (कुछ अंशों में पुनर्वितरणात्मक न्याय) के नेहरूवादी आदर्श को उस कसौटी अथवा सन्दर्भ के रूप में स्वीकार कर लिया था जिसके तहत वे अपनी राजनीति पर अमल कर सकते थे। यह माडल व्यापक पुनर्वितरणात्मक उपायों के जरिये गरीबी दूर करने के बजाय संवृद्धि (पूँजीवादी), आयात का विकल्प देने वाले औद्योगीकरण और टुकड़ों-टुकड़ों में परिवर्तन के जरिए धीरे-धीरे गरीबी कम करने पर जोर देता था क्योंकि पुनर्वितरणात्मक उपायों के कारण भारतीय राज्य को सम्पत्तिशाली वर्गों से मिल रहा समर्थन समाप्त हो सकता था।

इस माडल ने मानव क्षमता निर्माण में विशेषकर स्वास्थ्य सुरक्षा, स्वच्छता, साक्षरता, शिक्षा, आवास और अन्य बुनियादी जरूरतों के सार्वजनिक प्रावधान में निवेश को उच्च प्राथमिकता प्रदान नहीं की। यह माडल सम्पत्ति और आय की उस समय तक स्पष्ट हो चुकी बढ़ती असमानताओं का निवारण करने में विफल रहा। भाकपा और माकपा भूमि सुधार के अतिरिक्त अन्य महत्त्वाकांक्षी पुनर्वितरणात्मक कार्यक्रमों और मानव विकास में बड़े पैमाने पर निवेश के साथ आमूल-चूल ढंग से भिन्न प्राथमिकताओं के लिए आन्दोलन कर इस माडल से पर्याप्त दूरी बना सकते थे लेकिन उन्होंने ऐसा नहीं किया। यहाँ तक कि 1960 के दशक के अन्तिम वर्षों में जब नेहरू के संवृद्धि माडल की असलियत समझ में आने लगी थी तब भी वे इसकी विफलता के लिए जिम्मेदार अन्तर्विरोधों, दोषों और कमजोरियों को स्वीकार करने अथवा एक अधिक प्रगतिशील विकल्प के लिए दबाव बनाने में असफल रहे।

भाकपा और माकपा ने नेहरू माडल की दो विशेषताएँ बिना कोई सवाल उठाये या किसी तरह की कोई आलोचना किए बिना स्वीकार कीं : एक खास तरह के 'विकासवाद' की वकालत या बड़े पैमाने की परियोजनाओं पर आधारित 'प्रगति का विचार' तथा भारत को प्रमुख विश्व शक्ति बनाने की इसकी राष्ट्रवादी महत्त्वाकांक्षा। पहली विशेषता का सारांश नेहरू द्वारा बड़े सिंचाई बाँधों और औद्योगिक कारखानों को 'आधुनिक भारत के मन्दिर' बताए जाने में है। 'प्रगति का विचार' अधिकतम लोगों के अधिकतम लाभ के

अधकचरे आकलन पर आधारित था। यह विचार इस विकास के लिए चुकाई गई सामाजिक तथा पारिस्थितिकीगत कीमत को अनदेखा करता था। इसमें कमजोर वर्ग के लाखों लोगों (इनमें बहुत लोग बहुत कमजोर स्थिति में थे) का विस्थापन और पर्यावरण का विनाश और नुकसान शामिल था। आकलन है कि आजादी के बाद से विकास के नाम पर 6 करोड़ भारतीय विस्थपित हुए हैं।[56] यह संख्या फ्रांस या ब्रिटेन की आबादी के लगभग बराबर है।

इस माडल की दूसरी विशेषता भारत के 'नियति के साथ साक्षात्कार'[57] में नेहरू के अडिग विश्वास में प्रतिबिम्बित थी जिससे भारत को विश्व के मामलों में 'स्वाभाविक रूप से' प्रमुखता मिलती। नेहरू भारत को ब्रिटिश साम्राज्य का असली वारिस और उसके इतिहास और आकार के कारण सम्भावित महाशक्ति बनने का अधिकारी तो मानते ही थे, इसके साथ साथ वह यह भी मानते थे कि भारत विशिष्ट और विलक्षण देश है, ऐसा कोई दूसरा देश नहीं है। यह भावना गुटनिरपेक्षता, अफ्रीकी-एशियाई एकता को प्राथमिकता देने वाली, संयुक्त राष्ट्र संघ और बहुराष्ट्रीय संगठनों में एक अधिक बड़ी भूमिका की तलाश और बाद में परमाणविक महत्त्वाकांक्षाओं वाली भारत की विदेश नीति में प्रतिबिम्बित होती है।[58] वाम ने इस अभिमान प्रेरित राष्ट्रवाद से स्वयं को लगातार दूर नहीं रखा, न ही उसने अपने से छोटे पड़ोसियों के सन्दर्भ में भारत के अहंकारपूर्ण आचरण की आलोचना की। इसी आचरण के कारण श्रीलंका और मालदीव में सैनिक हस्तक्षेप हुए और नेपाल की आर्थिक नाकाबन्दी की गई।

व्यावहारिक घरेलू राजनीति में भाकपा ने संसदवाद और समाजवाद की ओर शान्तिपूर्ण संक्रमण को दृढ़तापूर्वक अपनाया और 1970 के दशक के अन्तिम वर्षों तक अपनी ऊर्जा कांग्रेस के साथ मिलकर और उसे एक वाम दिशा में ले जाने की कोशिश कर एक बहुवर्गीय 'राष्ट्रीय लोकतांत्रिक मोर्चा' बनाने के तरीके खोजने के प्रयासों में इस तरह लगाई मानो नेहरू के समय का परिप्रेक्ष्य अब भी कायम था। 1960 के दशक के अन्तिम वर्षों और 1970 के दशक के प्रारम्भिक वर्षों में इन्दिरा गांधी के 'वाम की ओर मुड़ने' ने (इसमें प्रिवी पर्स की समाप्ति, बैंकों का राष्ट्रीयकरण और उनका 'गरीबी हटाओ' का नारा शामिल था) प्रकटत: इस दृष्टिकोण को वैधता प्रदान की और भाकपा को इन्दिरा कांग्रेस के साथ सहयोग करने या गठबन्धन बनाने और उसके दक्षिणपन्थी गुटों और दलों को अलग-थलग कर देने का प्रयास करने की दिशा में प्रेरित किया।

लेकिन 1970 का दशक 'संस्थाओं के अवमूल्यन', भ्रष्टाचार और सत्ता के केन्द्रीकरण के विरुद्ध जनता में व्यापक वितृष्णा, 'कांग्रेस व्यवस्था' कही जाने वाली व्यवस्था की वैधता की समाप्ति और जून 1975 में आपातकाल लागू किए जाने के साथ विकासात्मक भारतीय राज्य के एक गम्भीर संकट का साक्षी बना।[59] भाकपा ने अंशत: आपातकाल का समर्थन किया क्योंकि इसके तहत राष्ट्रीय स्वयंसेवक संघ जैसे दक्षिणपन्थी संगठन प्रतिबन्धित घोषित कर दिए गए थे। पार्टी ने अपना रवैया तो तब बदला जब 1976 के उत्तरार्ध से संजय गांधी ने अनुमानतः अपनी मां का समर्थन पाकर भाकपा को ही शैतान बताया और उसका उत्पीड़न शुरू किया। 1978 में भटिंडा कांग्रेस में भाकपा ने इसके लिए सार्वजनिक रूप से माफी माँगी।[60]

जहाँ तक माकपा की बात है, उसने 1967 के चुनावों में और बाद में भी बहुत कठोरतापूर्वक, जनसंघ जैसे दक्षिणपन्थी दलों के साथ गठबन्धन कर लेने की हद तक, कांग्रेस विरोधी नीति का अनुसरण किया यद्यपि उसने इन्दिरा गांधी के कुछ 'प्रगतिशील कदमों' का समर्थन भी किया और कांग्रेस के दक्षिणपन्थी (सिंडीकेट) धड़े को लोकतंत्र के लिए सबसे बड़ा खतरा माना। लेकिन नेहरूवादी आदर्श को ग्रहण लगने के बाद भी माकपा ने यह स्वीकार नहीं किया कि राष्ट्रीय स्तर पर वर्गशक्तियों के सन्तुलन में कोई बदलाव आया है। सम्भवत: वह 1967–70 के दौरान पश्चिम बंगाल में दो संयुक्त मोर्चा सरकारों की बर्खास्तगी के मामले में और परवर्ती वर्षों में उसे जिस खूंखार दमन का शिकार बनाया गया उसको लेकर बहुत चिंतित थी।[61]

1977 तक माकपा अन्तिम लक्ष्य के रूप में 'भीतर से व्यवस्था के विध्वंस' के शब्दाडम्बर के साथ राज्य के विरुद्ध क्रान्तिकारी माँगों के इर्द-गिर्द जनता की गोलबन्दी की वकालत करती रही। इसके पार्टी कार्यक्रम (1964 में अंगीकृत) ने चेतावनी दी : 'संसदीय व्यवस्था और लोकतंत्र को खतरा मेहनतकश जनता या उनके हितों का प्रतिनिधित्व करने वाले दलों से नहीं...(बल्कि) शोषक वर्गों से है। यही वे हैं जो अपने संकीर्ण हितों के संवर्धन के लिए इसे एक औजार बनाकर संसदीय व्यवस्था को उसके भीतर और बाहर दोनों ओर से नुकसान पहुँचाते हैं...। जब जनता संसदीय संस्थाओं का इस्तेमाल अपने हितों के संवर्धन के लिए करना शुरू कर देती है...तब ये वर्ग संसदीय लोकतंत्र को अपने पाँवों तले कुचलने में तनिक नहीं हिचकिचाते, जैसा कि 1959 में केरल में किया गया था। अपने हितों के लिए जरूरत पड़े तो वे संसदीय लोकतंत्र के स्थान पर सैनिक तानाशाही ले आने में हिचकिचाएँगे नहीं। यह सोचना कि हमारा देश ऐसे खतरों से मुक्त है बहुत गम्भीर भूल और खतरनाक गलतफहमी होगी...।'[62]

इसमें यह भी कहा गया : '...हमेशा यह बात दिमाग में रखने की जरूरत है कि शासक वर्ग कभी इच्छापूर्वक अपनी सत्ता का परित्याग नहीं करते। वे जनता की इच्छा की अवज्ञा...हिंसा...(से) करना चाहते हैं। इसलिए क्रान्तिकारी शक्तियों के लिए जरूरी है कि वे सावधान रहें और अपने काम को इस तरह निर्धारित करें जिससे वे सभी तरह की आकस्मिकताओं, देश के राजनीतिक जीवन में आनी वाली किन्हीं भी पेचीदगियों और घुमावदार मोड़ों का सामना कर सकें...।'[63]

लेकिन माकपा में इतनी व्यावहारिकता थी कि वह संसदीय राजनीति और चुनाव लड़ने पर भरोसा करने की नीति पर कायम रही। यह नीति निश्चय ही उस दुविधा को प्रतिबिम्बित करती है, जिसका सामना एक उदारवादी लोकतंत्र में सभी आमूल परिवर्तनवादी दलों को करना ही पड़ता है। यह दुविधा संरचनात्मक है अथवा इसकी (व्यवस्था की) अपनी लोकतांत्रिक प्रतिबद्धताओं और एक सीमा तक नागरिकों के बीच सामाजिक और आर्थिक असमानताओं के बावजूद उनकी राजनीतिक समानता के यथार्थ के कारण व्यवस्था में अन्तर्निहित है। महत्त्वपूर्ण मुद्दा यह है कि इस दुविधा को उस फंदे में फँसे बिना, जिसे पार्टी ने 'दक्षिणपन्थी संशोधनवाद' (अर्थात आमूल परिवर्तनवादी बदलाव के परिप्रेक्ष्य का परित्याग) कहा है, कैसे हल किया जाय। माकपा को जल्दी ही संसदीय राजनीति के असली 'प्रयोजन' के इस मुद्दे का सामना करना पड़ा जब

उसे शान्तिपूर्ण तरीकों से क्षेत्रीय/राज्य स्तर पर सत्ता में आने का व्यावहारिक अवसर उपलब्ध हुआ।

माकपा ने उस प्रयोजन को परिभाषित करने और विशेषकर राज्यों के स्तर पर राजनीतिक सत्ता पर गैर विद्रोही ढंग से कब्जा करने की अपनी अवधारणा को अपने पार्टी-कार्यक्रम के इस अनुच्छेद (सं. 112) में काफी स्पष्ट कर दिया है जिसमें कहा गया है : 'तेजी से बदलती स्थिति की जरूरतों को पूरा करने के लिए पार्टी को स्पष्ट ही विविध अन्तरिम नारे गढ़ने पड़ेंगे। मौजूदा शासक वर्गों को अपदस्थ करने और मेहनतकश वर्ग तथा किसान वर्ग के मजबूत गठबन्धन पर आधारित एक नए लोकतांत्रिक राज्य और सरकार की स्थापना का काम जारी रखते हुए, पार्टी उन सभी अवसरों का सदुपयोग करेगी जो जनता को तत्काल राहत देने का एक सामान्य कार्यक्रम चलाने के लिए संकल्पबद्ध सरकार को अस्तित्व में लाने की प्रक्रिया में उपलब्ध होंगे।'

इसमें आगे है, 'ऐसी सरकारों का गठन मेहनतकश जनता के क्रान्तिकारी आन्दोलन को जबर्दस्त जोश से भर देगा और इस प्रकार लोकतांत्रिक मोर्चा बनाने की प्रक्रिया में सहायता देगा। लेकिन इससे राष्ट्र की आर्थिक और राजनीतिक समस्याएँ बुनियादी तौर पर हल नहीं होंगी। इसलिए पार्टी मौजूदा बुर्जुआ-भूस्वामी राज्य को अपदस्थ करने की जरूरत पर आम जनता को शिक्षित करने का काम जारी रखेगी...इसके साथ ही जनता को तात्कालिक राहत देने वाली संक्रमणकालीन चरित्र वाली सरकारें बनाने के और इस प्रकार जनआन्दोलन को मजबूत करने के सभी अवसरों का सदुपयोग करती रहेगी।'[64] लेकिन ऐसी राहत की कसौटियाँ क्या होंगी, यह स्पष्ट नही किया गया है।

'वाम और लोकतांत्रिक मोर्चे' की ओर

इससे अन्य दलों के साथ माकपा के गठबन्धन और 1960 के दशक के अन्तिम वर्षों में बंगाल की संयुक्त मोर्चा सरकारों और केरल तथा त्रिपुरा के विविध गठबन्धन शासनों में इसकी भागीदारी का मार्ग प्रशस्त हुआ। यह भागीदारी राज्यों तक सीमित थी जिसे केन्द्र सन्देह की नजर से अथवा शत्रुतापूर्ण ढंग से देखा करता था। उस समय राष्ट्रीय स्तर पर कांग्रेस के किसी विकल्प में वाम के शामिल होने की कोई सम्भावना नहीं थी; ऐसा होने की स्थिति में उस पर सम्भवत: पार्टी के भीतर से 'संशोधनवाद' का आरोप लगाया जा सकता था।

लेकिन आपातकाल के बाद और केन्द्र में जनता पार्टी की सरकार स्थापित होने के साथ भारतीय राजनीतिक माहौल नाटकीय ढंग से बदला। राष्ट्रीय स्तर पर एक ऐसा वैकल्पिक गठबन्धन बनना जिसमें वाम दलों की भागीदारी हो, अब एक सुदूरवर्ती सम्भावना मात्र नहीं रह गया था। आखिरकार माकपा ने 1977 में जनता पार्टी की सरकार के गठन को जोर-शोर से समर्थन दिया ही था।

1978 में जालंधर में अपनी दसवीं कांग्रेस में माकपा केन्द्र में एक 'वाम और लोकतांत्रिक मोर्चे' (एलडीएफ) की सरकार में भागीदारी के लिए सिद्धान्तत: सहमत हुई। 1960 के दशक में जिसे 'संशोधनवादी' माना गया होता उसे 1970 के अन्तिम वर्षों और परवर्ती वर्षों के बदले हुए सन्दर्भ में स्वीकृति और प्रतिष्ठा मिल गई। लेकिन माकपा और

अन्य वाम दलों ने इन सवालों पर कभी गम्भीरतापूर्वक विचार नहीं किया कि कोई वाम लोकतांत्रिक मोर्चा बनाने और उसमें भागीदारी करने के पीछे केन्द्रीय लक्ष्य वस्तुतः क्या है, इसके जरिए क्या हासिल किया जा सकता है और एक लोकतांत्रिक क्रान्ति के अपने केन्द्रीय लक्ष्य की दिशा में शनैः-शनैः संक्रमण करने के काम को पूरा करने के लिए वे किस दीर्घकालीन रणनीति और कार्यनीति का इस्तेमाल करेंगे।

फिर भी, जब 1996 में एक सामान्य रूप से वाम रुझान वाली मध्यमार्गी सरकार में शामिल होने का अवसर सामने आ ही गया—जब पश्चिम बंगाल के मुख्यमंत्री ज्योति बसु को संयुक्त मोर्चा सरकार में प्रधानमंत्री का पद स्वीकार करने का प्रस्ताव सर्वसहमति से दिया गया था—तब पार्टी की केन्द्रीय समिति ने इस प्रस्ताव को ठुकरा दिया। यह वह फैसला था जिसे बसु ने ''ऐतिहासिक भूल'' बताया था।[65]

बसु ने बाद में कहा कि पार्टी कार्यक्रम का अनुच्छेद 112 राज्यों के सन्दर्भ में है : 'पहले हमने सोचा था कि वे (बुर्जुआ-भूस्वामियों का राज्य) हमें राज्यों में भी कभी काम नहीं करने देंगे, लेकिन चीजें बदली हैं।' जहाँ तक केन्द्र में सत्ता में आने की बात है, 'हमने सोचा अभी यह पूरी तरह एक सपना है, यह बाद में सम्भव होगा। लेकिन तबसे बहुत चीजें हुई हैं : केन्द्र में भी हमें एक भूमिका निभानी है...'।[66] वह सम्भावना स्पष्टतः 2009 में वाम दलों को लगे चुनावी धक्के के बाद कम हो गई। 2014 के सफाये के बाद अब तो यह दूर की बात हो गई है।

राजनीतिक शक्तियों के सन्तुलन और विभिन्न समयों में अपनी सम्भावनाओं से अलग, वाम ने भारतीय बुर्जुआ वर्ग के लचीलेपन को और सत्ता पर अधिकार करने व सत्ता में बने रहने के लिए उसके द्वारा राजनीतिक दलों और नौकरशाही सहित विभिन्न संस्थाओं के चतुराईपूर्ण इस्तेमाल को समझने की समस्या से पूरी तरह मुठभेड़ नहीं की। वाम यह बात भी कम ही समझा कि बुर्जुआ लोकतंत्र भले ही अवमूल्यित, प्रतिष्ठाहीन, अधिनायकवादी किस्म का है और संविधान की उन विशेषताओं का ही उल्लंघन करता है जो उसकी वैधता की बुनियाद हैं लेकिन इस सबके बावजूद वह भारत में अपनी जड़ें गहरी जमा चुका है। इसने वाम को उपलब्ध जोड़-तोड़ के अवसर, रणनीतियों की गुंजाइश और आजादी की हदों को सीमित कर दिया लेकिन साथ ही नए अवसर और अभियान मंच भी सृजित किए।

वाम ने इन अवसरों को कुछ सीमा तक पकड़ा लेकिन क्या उसने एक लचीले किन्तु स्पष्ट कार्यक्रम और नीतिगत एजेंडा के माध्यम से आमूल सुधारवादी परिवर्तन को आगे बढ़ाने के लिए बुर्जुआ लोकतंत्र की राजनीतिक-संस्थागत सीमाओं के भीतर काम करने की रणनीति बनाने के लिए इन अवसरों का पर्याप्त लाभ उठाया ? क्या ऐसा करने से वह अधिक असरदार हो सकता था ? आगे आने वाले अध्यायों से जो जवाब उभर कर सामने आता है वह यह है कि वाम ने यदि विभिन्न अवधारणात्मक मुद्दों और सम्बद्ध विकल्पों को अधिक तीखे ढंग से सूत्रबद्ध किया होता, तो शायद वह अधिक प्रभावी होता, उदाहरण के लिए उसे महज यही नहीं पूछना था कि क्या वह राष्ट्रीय स्तर के वाम लोकतांत्रिक मोर्चे में हिस्सेदारी करेगा बल्कि स्पष्टतः उसे यह भी परिभाषित करना चाहिए था कि ऐसी भागीदारी के जरिये वह न्यूनतम क्या हासिल करने का प्रयास करेगा और उसे विभाजक रेखा कहाँ खींचनी चाहिए।

जैसा कि पहले उल्लेख किया जा चुका है, वर्चस्व के इस लम्बे खिंचे युद्ध में वाम के समक्ष केन्द्रीय चुनौती यह होगी कि जन गोलबन्दी के अपने गैर संसदीय एजेंडा को अपने (सीमित) चुनाव और सत्ताभिमुख काम के साथ कैसे जोड़ा जाए और दूसरे काम (चुनाव लड़ना) को हमेशा पहले काम यानी जन गोलबन्दी के अधीन रखकर और केन्द्रवादी तथा दक्षिणपन्थी कार्यक्रम जो दे रहे हैं उसके आमूल परिवर्तनवादी, समग्र और पूर्णतावादी विकल्पों को अवधारणात्मक रूप से विकसित करने और व्यावहारिक रूप में उनके लिए काम करने की प्राथमिकता को कभी भी आँख से ओझल न होने दिया जाए। ग्राम्शी की शब्दावली में, इसका अर्थ होगा एक नए, वैकल्पिक मजदूर वर्ग अथवा समाजवादी प्रभुत्व की स्थापना के लिए संघर्ष।

विकल्प तैयार करने की कुंजी भविष्य की सामाजिक व्यवस्थाओं और सम्बन्धों की एक मुक्तिदायी दृष्टि विकसित करने और उस दृष्टि को प्रतिबिम्बित करने वाले कार्यक्रमों और व्यवहारों के लिए संघर्ष करने में होगी। सामाजिक एकता को मजबूत करते हुए ऐसा करने के लिए संघर्ष करना वंचितों और हाशिये के लोगों को सशक्त बनाने, उनके आत्मसंगठन को समर्थ बनाने, प्रेरित करने, उन्हें उपलब्ध आजादी का विस्तार करने और एक ऐसी व्यवस्था के भीतर औपचारिक लोकतंत्र को व्यापक बनाने और गहराई तक ले जाने की पूर्वशर्त है।

केवल इसी प्रकार वामपन्थ सत्ता की मौजूदा व्यवस्था को कायम रखने वाले बुर्जुआ विचारों के विचारधारात्मक प्रभुत्व (ग्राम्शी के शब्दों में) की असंगतियों की पड़ताल और समीक्षा कर सकता है, उन्हें सामने ला सकता है और एक जन अथवा सर्वहारा प्रतिप्रभुत्व का केन्द्र सृजित कर अन्ततः बुर्जुआ विचारों के प्रभुत्व की वैधता को समाप्त कर सकता है। भारतीय वाम के सामने असली चुनौती हमेशा यह रही है कि जनता की जरूरतों और आकांक्षाओं पर आधारित वास्तविक, जीवन्त, स्पंदनशील सामाजिक आन्दोलनों में आमूल परिवर्तनवादी परिप्रेक्ष्य किस तरह समाविष्ट किए जाएँ और ऐसे आन्दोलनों से सीखे गए सबकों को जन गोलबन्दियों के दबाव के माध्यम से राज्य की नीतियों में कैसे समेकित किया जाए।

जैसा कि हम आगामी अध्यायों में देखेंगे, वाम ने अपना सपना संकुचित हो जाने दिया, अब चाहे ऐसा एक 'अर्ध सामन्ती' समाज में बहुचरणी क्रान्ति की हठधर्मिता के कारण हुआ हो अथवा एक बुर्जुआ-लोकतांत्रिक व्यवस्था के आमूल-चूल रूपान्तरण का प्रयास किए बिना उसके भीतर काम करते रहने के कारण (जिसे लेनिन ने 'संसदीय बौनापन' कहा है) और इसलिए वह इस चुनौती का सामना करने में व्यापक रूप से असफल रहा। वास्तव में अपना लक्ष्य बहुत सीमित रखकर उसने उन चुनौतियों से पलायन किया है और उत्तरोत्तर हाशिये पर आ गया है।

अब तक वाम ने मौजूदा परिस्थितियों में जो कुछ भी सम्भव है उसके प्रति न केवल एक सीमित, रूढ़िवादी दृष्टि अपनाई है बल्कि सम्भावनाओं का भी एक संकुचित क्षितिज अपनाया है। उसने बुर्जुआ-लोकतांत्रिक ढाँचे के भीतर राज्य सत्ता प्राप्त करने का प्रयास किया है और क्षेत्रीय (राज्य) स्तर पर विभिन्न अवधियों में सफलतापूर्वक सत्ता में बना रहा है लेकिन सत्ता किन वृहत्तर लक्ष्यों के लिए इस्तेमाल की जाएगी इस

विषय पर उसमें पर्याप्त स्पष्टता का अभाव रहा है। उसने जन गोलबन्दियों में आधे अधूरे मन से हिस्सेदारी की है और विनम्रता की भावना के साथ उनसे पर्याप्त सबक नहीं लिए हैं। दूसरी ओर, अवसर मिलने के बावजूद वह इनमें आमूल परिवर्तनवादी चेतना भरने में असफल रहा है।

वाम की एक ऐसे रणनीतिक ढाँचे की तलाश, जिसके भीतर से जन प्रतिप्रभुत्व पर आधारित रूपान्तरकारी सामाजिक परिवर्तन के लिए संघर्ष किया जा सके, अब भी अपर्याप्त रूप से सैद्धान्तीकृत और व्यावहारिक रूप से अधूरी है। यदि वाम को अपना कायाकल्प करना है तो उसे पूरी गम्भीरता के साथ और अपने राजनीतिक क्षितिज को विस्तार देने वाले ताजा विचारों के साथ इस अपूर्ण एजेंडा पर लौटना होगा। इसका कोई अन्य विकल्प नहीं है।

3

राष्ट्रीय राजनीति में आगे बढ़ते कदम

बढ़ता प्रभाव, जुड़वा बुराइयाँ या एक ऐतिहासिक भूल, असंगत तीसरा मोर्चावाद

द्वितीय विश्वयुद्ध की समाप्ति पर कम्युनिस्ट पार्टी आफ इंडिया लगभग चमत्कारी ढंग से भारत की तीसरी सबसे बड़ी पार्टी के रूप में सामने आई। वह केवल भारतीय राष्ट्रीय कांग्रेस और मुस्लिम लीग से पीछे थी।[1] सीपीआई बार-बार प्रतिबन्धित की गई थी, उसका दमन किया गया था और युद्ध के दौरान स्वयं अपने गलत फैसलों और गलतियों के कारण उसने बहुत नुकसान झेला था। इन गलतियों में सोवियत संघ पर हिटलर के आक्रमण के बाद विश्वयुद्ध को 'जनयुद्ध' बताया जाना और 'पाकिस्तान तथा राष्ट्रीय एकता' पर अगस्त-सितम्बर 1942 की 'अधिकारी थीसिस' शामिल है।[2] इस सबके बावजूद ऐसा हुआ।

1940 के दशक में और विशेषकर युद्धोत्तर काल में सीपीआई के तीव्र गति से विस्तार को व्यापक रूप से इस अवधि में हुए जनसंघर्षों के उभार के सन्दर्भ में देखा जाता है, सीपीआई जिसका एक प्रमुख और अभिन्न अंग थी। पाकिस्तान के सवाल और भारतीय संघ में जम्मू-कश्मीर के एकीकरण जैसे महत्त्वपूर्ण मुद्दों पर अपने विचलनों और पलटी मारने के बावजूद उसने अपनी सदस्यता और प्रभाव में प्रभावशाली, प्रायः नाटकीय वृद्धि दर्ज की। सीपीआई ने संसदीय राजनीति में भागीदारी करने के साथ श्रमिक संघों और किसान सभाओं में भी अपने काम को आगे बढ़ाया। 1951-52 में हुए भारत के पहले आम चुनावों में वह प्रमुख विपक्षी दल के रूप में सामने आई।

इस अध्याय में यह विश्लेषण किया गया है कि कम्युनिस्ट आन्दोलन ने कैसे एक मजबूत राष्ट्रीय पहचान और उपस्थिति हासिल की, किस तरह अपने अच्छे दिनों में रैडिकल परिवर्तन के लिए एक प्रभुत्वपूर्ण परिप्रेक्ष्य विकसित करने में काफी हद तक समर्थ हुआ और यह सामर्थ्य भी उसने कैसे हासिल किया। यह अध्याय सीपीआई में विभाजन और उसके बाद आन्दोलन के विकास के दौर और 1964 में भारत की कम्युनिस्ट पार्टी (मार्क्सवादी) के गठन व नक्सलवादी आन्दोलन के कारण माकपा में हुए एक और विभाजन[3] की पड़ताल करता है। यह भाकपा और माकपा द्वारा राष्ट्रीय स्तर पर प्रभाव हासिल करने के लिए इस्तेमाल की गई रणनीतियों और कार्यनीतियों तथा आपातकाल के बाद उनके बढ़ते 'क्षेत्रीयकरण' का विश्लेषण करता है जिसने बीसवीं सदी के अन्तिम 25 वर्षों और उसके बाद भारतीय समाज और राजनीति को एक नई शक्ल देने वाले प्रमुख घटनाक्रमों

को प्रभावित करने की उनकी सामर्थ्य को सीमित किया।

यह अध्याय कम्युनिस्ट आन्दोलन की संगठनात्मक विरासत विशेषकर 'जनवादी केन्द्रवाद' के सिद्धान्त पर भी आलोचनात्मक नजर डालता है जिसने अत्यन्त महत्त्वपूर्ण मुद्दों पर पार्टी के भीतर गम्भीर विचार विमर्श नहीं होने दिया। इन मुद्दों में शासक वर्ग की प्रकृति और गठन तथा विभिन्न राजनीतिक दलों और धाराओं के साथ इसका सम्बन्ध, बुर्जुआ लोकतंत्र के व्यापक ढाँचे के भीतर शासन व्यवस्था के रूप, मौजूदा शक्ति शृंखला की 'कमजोर कड़ियाँ' और मेहनतकश लोगों के लिए उनके हितों के संवर्धन के अवसर शामिल हैं। ऐसी बहसों ने वाम की प्राथमिकताएँ तय करने के लिए जरूरी आधार प्रदान किया होता और उसे सुसंगत रणनीतियाँ विकसित करने में समर्थ बनाया होता।

1940 के दशक के मध्य तक शहरी मजदूर वर्ग के श्रमिक संघों में और 'तेलंगाना, केरल, तटीय आंध्र और उत्तरी बंगाल' तथा 'पंजाब, महाराष्ट्र और तमिलनाडु के कुछ इलाकों में' खेतिहर मजदूरों और बटाईदारों के संगठनों के बीच सीपीआई की अच्छी पैठ बन गई थी।[4] आल इंडिया ट्रेड यूनियन कांग्रेस (एआईटीयूसी) की सदस्यता 1942 और 1944 के बीच दोगुनी हो गई थी। द्वितीय विश्वयुद्ध के दौरान सीपीआई के फासीवाद विरोधी मंच ने भी उसे बुद्धिजीवियों के उस तबके में महत्त्वपूर्ण प्रभाव अर्जित करने में मदद दी जो संकीर्ण रूप से राष्ट्रवादी नहीं थे लेकिन युद्ध के केन्द्र में निहित वैश्विक मुद्दों के प्रति जागरूक थे। इनमें नाजीवाद और फासीवाद की ताकतों को हराने का महत्त्व शामिल था।

प्रभावशाली सांस्कृतिक काम

औपनिवेशिक राज्य 1920 के दशक से ही सीपीआई के पीछे पड़ा था और उस पर जुल्म ढाता रहा था यहाँ तक कि 1934 में उसे औपचारिक रूप से प्रतिबन्धित कर दिया गया था। अन्ततः जुलाई 1942 में उसे वैध घोषित कर दिया गया। कानूनी रूप पा लेने और खुलकर काम कर पाने का अवसर मिलने से सीपीआई को जबर्दस्त बढ़ावा मिला। उसकी सदस्यता नाटकीय ढंग से बढ़ी। 1942 में 4000 से मई 1943 में, जब बम्बई में पार्टी की पहली कांग्रेस हुई, यह सदस्यता 15,000 तक पहुँच गई। 1946 के मध्य तक सीपीआई की सदस्य संख्या तिगुनी से भी अधिक होकर 53,000 तक पहुँच गई और फरवरी 1948 में दूसरी कांग्रेस के समय तक 1,00,000 को पार कर गई।[5] प्रभावशाली ढंग से पार्टी की सदस्यता बढ़ने के साथ ही जन संगठनों और छात्रों के बीच पार्टी का प्रभाव भी तेजी से बढ़ा।

भारतीय जन नाट्य संघ (इप्टा) और प्रगतिशील लेखक संघ के माध्यम से सांस्कृतिक क्षेत्र में सीपीआई का पथप्रदर्शक काम भी समान रूप से महत्त्वपूर्ण था। बंगाल दुर्भिक्ष के बारे में जनता की जागरूकता बढ़ाने और राहत के लिए धनराशि इकट्ठा करने में इप्टा अपने रचनात्मक शिखर पर था। इस काम में पार्टी के कार्यकर्ताओं ने जर्बदस्त समर्पण के साथ अपने को डुबा दिया था। इप्टा ने अपने नाटकों, संगीत प्रस्तुतियों और देशव्यापी शिक्षण अभियानों के माध्यम से मध्यवर्ग के सांस्कृतिक जीवन में अतुलनीय प्रभाव अर्जित किया। बलराज साहनी, ख्वाजा अहमद अब्बास, पृथ्वीराज कपूर, सुनील जाना, कैफी आज़मी, सलिल चौधरी, शम्भु मित्र, अमर शेख और अन्नाभाऊ साठे जैसे प्रतिभाशाली लोगों का विशिष्ट समूह उसकी ओर आकृष्ट हुआ। बंगाल में ज्योतिरीन्द्र मोइत्रा के

'नबजीबनेर गान' और बिजोन भट्टाचार्य के नाटक 'नबान्न' ने 'सांस्कृतिक क्षेत्र में महत्त्वपूर्ण नई दिशाओं के द्वार खोले' और इप्टा चित्त प्रसाद, सोमनाथ होरे, देबब्रत बिस्वास, सुचित्रा मित्रा, सुकान्त भट्टाचार्य, मानिक बन्द्योपाध्याय, बिष्नु डे और समर सेन जैसे असाधारण रूप से रचनात्मक कलाकारों, लेखकों और कवियों के लिए चुंबकीय आकर्षण का बिन्दु बन गया।

सीपीआई 1945–47 के दौरान शुरू हुई उथल–पुथल, हड़तालों और सशस्त्र विद्रोहों की महान लहर में गहरे तक शामिल थी। इनमें से अनेक में वह हरावल दस्ते की भूमिका में थी। इनमें हैदराबाद राज्य का तेलंगाना किसान विद्रोह, बंगाल के बटाईदारों का तिभागा आन्दोलन, त्रावणकोर का पुन्नप्रा–वायलार विद्रोह, महाराष्ट्र के थाणे जिले में हुआ वर्ली आन्दोलन,[6] और इसके अतिरिक्त बम्बई का 1946 का रायल इंडियन नेवी विद्रोह तथा सुभाष चन्द्र बोस की इंडियन नेशनल आर्मी के बन्दी बनाए गए सदस्यों की रिहाई के लिए चलाया गया राष्ट्रव्यापी अभियान शामिल था।

जुलाई–सितम्बर 1946 के दौरान भारत में मजदूरों और विद्यार्थियों के बीच जबर्दस्त अशान्ति रही जिसमें रेल कर्मचारियों, खदान कर्मियों, सूती मिल मजदूरों, डाकघरों और बैंकों के सफेदपोश कर्मचारियों, सैन्य प्रतिष्ठानों के कर्मचारियों, स्थानीय परिवहन कर्मियों, यहाँ तक कि कुछ शहरों में पुलिस कर्मियों की हड़ताल का सिलसिला शामिल था। इनके साथ बड़े पैमाने पर एकजुटता प्रदर्शन की कार्रवाइयाँ भी थीं जिनमें आम हड़तालें शामिल थीं।[7] अपने प्रवाह, पैमाने और सम्भावना की दृष्टि से ये शहरी–औद्योगिक और कृषि विद्रोह अभूतपूर्व थे। ये विद्रोह भारत के अनेक शहरों में विभाजन का रास्ता सुगम बनाने वाले साम्प्रदायिक दंगों की शृंखला शुरू हो जाने से पहले के अन्तिम विद्रोह थे। लेकिन इन विद्रोहों में 'किसी निश्चित प्रतिमान का अभाव था, उनकी कोई समान दिशा नहीं थी, न ही लक्ष्य और उद्देश्य की समानता थी और इसलिए एक साझा नेतृत्व के तहत उनके एकीकरण की सम्भावना नगण्य थी'।[8]

सीपीआई ऐसा नेतृत्व प्रदान करने की स्थिति में ही नहीं थी। इन आन्दोलनों पर गहराई से विचार करने अथवा उनके दूर–दूर (ग्रामीण तेलंगाना और केरल से लेकर बम्बई, कलकत्ता और कानपुर) तक बिखरे हुए भागीदारों और नेताओं के बीच संवाद स्थापित करने के लिए उसके पास न समय था न सामर्थ्य। 1948 की रणदिवे नीति ने भारत की आजादी को एक धोखा घोषित किया और प्रत्येक स्थानीय प्रतिरोध में 'वाम की ओर एक आम झुकाव' तथा एक क्रान्तिकारी शुरुआत की सम्भावना देखी। ऐसी नीति के जरिए उसने केवल संक्षिप्त और अटपटे ढंग से प्रतिक्रिया ही की उसने इसके लिए एक समन्वयकारी रणनीति विकसित करने का कोई प्रयास नहीं किया।

इस अवधि में सीपीआई के नेतृत्व की कमी का एक अधिक गहरा कारण मार्क्सवादी सिद्धान्त और व्यापक क्षितिज वाले कार्यक्रमात्मक परिप्रेक्ष्यों तथा रणनीति व कार्यनीति के मुद्दों पर अन्तरराष्ट्रीय कम्युनिस्ट आन्दोलन के भीतर हुई बहसों के इतिहास के साथ इसके सदस्यों के सीमित परिचय में निहित था। इन मुद्दों पर पार्टी के अधिकतर नेताओं की जानकारी मार्क्सवादी साहित्य विशेषकर मार्क्स और प्रमुख समाजवादी चिन्तकों, जिनमें लेनिन और लक्जमबर्ग शामिल हैं, की मौलिक सैद्धान्तिक कृतियों तक पहुँच के अभाव

के कारण सीमित थी, फिर बुखारिन और ट्राट्स्की की तो बात ही क्या जिन्हें 1920 के बाद से कम्युनिस्ट इंटरनेशनल के भीतर खरी खोटी सुनाई जाने लगी थी।

अधिकांशत: स्तालिन के अपरिष्कृत, फार्मूलाबद्ध और मताग्रहपूर्ण 'द्वन्द्वात्मक और ऐतिहासिक भौतिकवाद' और 'सोवियत संघ की कम्युनिस्ट पार्टी (बोलशेविक) का इतिहास (ए हिस्टरी ऑफ द कम्युनिस्ट पार्टी आफ द सोवियट यूनियन (बोलशेविक)) जैसी पुस्तकें सीपीआई कार्यकर्ताओं की मार्क्सवादी शिक्षा की मुख्य सामग्री थीं। ऐसी शिक्षा हठधर्मिता से मुक्त सर्जनात्मक चिन्तन तो दूर श्रमसाध्य अथवा गम्भीर मार्क्सवादी विश्लेषण को भी प्रोत्साहित नहीं कर सकती थी। वास्तव में इसने विचारों की लड़ाई के प्रति आदर अथवा 'पार्टी लाइन' पर सवाल उठाने वाले रूढ़िमुक्त विचारों के लिए सहनशीलता तक नहीं सिखाई।

सीपीआई नेतृत्व ने विचारधारात्मक और सैद्धान्तिक मामलों में तब भी कोई दिलचस्पी नहीं दिखाई जब पार्टी की अपनी राजनीतिक गतिविधियों के लिए और उन्हें सुसंगति प्रदान करने के लिए बुनियादी ढाँचे को परिभाषित करने में उनका तात्कालिक और गम्भीर महत्त्व था। इस प्रकार, लगभग तीस वर्षों तक सीपीआई ने किसी पार्टी कार्यक्रम, स्पष्ट रूप से सूत्रबद्ध नीति वक्तव्य अथवा कार्यनीतिक दिशा के बिना काम किया। उसने अपनी पार्टी के पहले दो अधिवेशन (कांग्रेस) किसी कार्यक्रम पर बहस किए बिना, कोई कार्यक्रम अपनाए बिना या किसी व्यापक नीति वक्तव्य के बिना ही किए। उसने इन्हें 1951 में स्वीकार किया, वह भी बाहरी (विडम्बना है कि स्तालिन के) दबाव के तहत।[9]

आधिकारिक मार्क्सवादियों की कट्टरता

सीपीआई के भीतर स्टडी सर्किलों या पार्टी के स्कूलों/कक्षाओं में सैद्धान्तिक मुद्दों पर गहरी चर्चा बहुत कम होती थी। वहाँ विश्लेषणात्मक काम का भी कोई बहुत महत्त्व नहीं था। बहुत कम कम्युनिस्ट नेता, जिनमें ब्रिटेन में शिक्षाप्राप्त लोग शामिल थे, यह दावा कर सकते थे कि सामान्यतया वे सुपठित हैं अथवा समकालीन मार्क्सवादी विमर्श में उनका अच्छा दखल है।[10] डी.डी. कोसाम्बी ने जिन्हें 'आधिकारिक मार्क्सवादी' (सीपीआई सदस्य) कहा उनके और गैर पार्टी समाज-वैज्ञानिकों अथवा विद्वानों, चाहे वे मार्क्सवादी रुझान वाले ही क्यों न हों, के बीच कोई संवाद नहीं था। पार्टी नेतृत्व द्वारा किए गए सैद्धान्तिक विश्लेषण की गुणवत्ता, जटिल विचारधारात्मक मुद्दों पर उसकी पकड़, अथवा उसकी बौद्धिक परिपक्वता शायद ही कभी समाजवादी लक्ष्य के लिए उसके समर्पण, उसके प्रचंड आदर्शवाद, आत्म बलिदान की उसकी भावना और उसकी जबर्दस्त व्यावहारिक आविष्कारशीलता के स्तर तक पहुँच पाई।

सीपीआई में व्याप्त संगठनात्मक संस्कृति के तहत पार्टी के सदस्य गैर पार्टी बुद्धिजीवियों से कतराते थे और प्राय: उन्हें शक की निगाह से देखते थे। यहाँ यह याद करना प्रासंगिक होगा कि यदि बाद तक नहीं तो कम-से-कम 1930 के दशक के मध्य तक भारत के कम्युनिस्टों पर पड़ा निर्माणात्मक विचारधारात्मक प्रभाव अधिकांशत: कामिन्टर्न की छठी कांग्रेस (1928) की संकीर्ण नीति से आया था जिसने सोशल डेमोक्रेटों को 'सामाजिक फासीवादी' व 'नाजीवाद के सहयोगी'[11] के रूप में वर्णित किया था। इससे अंशत: यह

स्पष्ट होता है कि विभिन्न प्रवृत्तियों और दृष्टिकोणों को जगह देने के प्रति सीपीआई को इतनी वितृष्णा क्यों है और टूटों, गुटीय विभाजनों और निष्कासनों के प्रति इसका इतना रुझान क्यों है। संकीर्णतावाद ने बौद्धिक गतिविधियों के प्रति कुछ हद तक दोष दर्शन की प्रवृत्ति को भी जन्म दिया है।

सीपीआई 1940 के दशक के मध्य से 1950 के दशक के प्रारम्भिक वर्षों तक हुए जन विद्रोहों के महत्त्व का एक सुसंगत और लचीले राजनीतिक ढाँचे के भीतर विश्लेषण करने में असमर्थ थी।[12] इसके परिणामस्वरूप अप्रैल 1946 और अक्तूबर 1951 के बीच पार्टी में चार अलग-अलग नीतियाँ थीं : 'जनता के सामान्य साझा हित में कांग्रेस और मुस्लिम लीग' के 'जनप्रतिनिधि मंत्रिमंडलों' के साथ सहयोग (1946); 'गठजोड़वादी' कांग्रेस, जो 'साम्राज्यवाद के शिविर में चली गई थी', के विरुद्ध 'क्रान्तिकारी प्रतिरक्षा' (दिसम्बर 1947); यह मानने से इन्कार कि भारत 1947 में आजाद हो गया और इस बात पर जोर कि यह एक 'पिछलग्गू राज्य' है और इसके लिए 'चीनी तरीके' के छापामार युद्ध की जरूरत है (1948 की रणदिवे नीति); और जून 1950 में सीपीआई के महासचिव के रूप में रणदिवे की जगह सी-राजेश्वर राव का आना,[13] और प्रारूप कार्यक्रम और कार्यनीतिक दिशा को स्वीकार किया जाना (अक्तूबर 1951)।[14]

ये अलग-अलग नीतियाँ भारतीय बुर्जुआ वर्ग के चरित्र का आकलन करने में अविभाजित सीपीआई के भीतर लगातार चले आ रहे मतभेद प्रदर्शित करती हैं जो भाकपा-माकपा विभाजन, 1960 के दशक के अन्तिम वर्षों में भाकपा (माले) के गठन तक और उसके बाद भी पूरे समय पार्टी की आन्तरिक बहसों पर हावी रहे। क्या बुर्जुआ वर्ग साम्राज्यवाद विरोधी है, सम्राज्यवाद के साथ सहयोग करता है अथवा साम्राज्यवाद के सन्दर्भ में एक दोहरी भूमिका निभाता है, इस प्रश्न का उत्तर कम्युनिस्ट आन्दोलन के भीतर के गहरे मतभेदों की पहचान करेगा।

1940 के दशक के अन्तिम वर्षों पर लौटें तो इस अवधि में सीपीआई को कांग्रेस पार्टी से बहुत विरोध का सामना करना पड़ा क्योंकि कांग्रेस औपनिवेशिक शासन और उसके उपकरणों के साथ बुनियादी निरन्तरता के आधार पर आजाद भारत की सरकार का नियंत्रण अपने हाथ में लेने की तैयारी कर रही थी। जनता के 'असंयमित व्यवहार' (यहाँ पढ़ें व्यापक कृषि विद्रोह, श्रमिक अशान्ति, सेना में असन्तोष और थोड़ी बहुत सैनिक विशेषज्ञता के साथ इंडियन नेशनल आर्मी के लोगों की उपस्थिति)[15] की ओर से आशंकित कांग्रेस नेता अंग्रेजों और मुस्लिम लीग के साथ बातचीत और समझौते के रास्ते पर ही चलते रहे और अन्ततः उन्होंने विभाजन को स्वीकार कर लिया। उन्होंने सार्वभौमिक मताधिकार के आधार पर चुनी गई संविधान सभा की माँग छोड़ दी और 1950 में लागू होने वाले संविधान में विस्तारित सामाजिक अधिकारों को शामिल करने के अपने वादों में से कुछ को हलका कर दिया और कुछ को वापस ले लिया।

तेलंगाना आन्दोलन को कुचल दिया गया था। यही नहीं, रणदिवे नीति छोड़ देने के बाद भी सीपीआई ने अपने को घिरा हुआ पाया। आगे बढ़ने के लिए उसे अपनी रणनीतिक दिशा परिभाषित करने की आन्तरिक समस्या और आजादी के तुरन्त बाद हुए गतिशील राजनीतिक घटनाक्रमों के साथ तालमेल बैठाने की समस्या, इन दोनों के साथ मुठभेड़ करनी

थी। आजादी के तुरन्त बाद होने वाले इन घटनाक्रमों में भारत द्वारा नियोजन को अपनाया जाना, 1951-52 में वयस्क मताधिकार पर आधारित पहले आम चुनाव की घोषणा और शीत युद्ध में गुट निरपेक्षता की नीति के मद्देनजर नेहरू सरकार के प्रति सोवियत संघ के रुख का नरम होना शामिल था।

फिर भी, सीपीआई ने पहले आम चुनाव में उल्लेखनीय ढंग से बढ़िया प्रदर्शन किया। वह राष्ट्रीय मतों की हिस्सेदारी में 3.3 प्रतिशत वोटों और लोकसभा की कुल 489 सीटों में सोलह सीट लेकर मुख्य विपक्षी दल के रूप में उभरी। उसने 1952 और 1953 के राज्य विधानसभा चुनावों में आंध्र प्रदेश में काफी अच्छा प्रदर्शन किया और कुछ अन्य राज्यों में भी अपनी चुनावी उपस्थिति महसूस कराई। लेकिन उसने अपनी संसदीय शक्ति को जमीनी काम के साथ जोड़ने के लिए सामान्यतया कोई सुविचारित रणनीति विकसित नहीं की। केरल इसका अपवाद था जहाँ पार्टी ने उन निर्दलीय उम्मीदवारों के साथ 1957 के ऐतिहासिक विधानसभा चुनावों में बहुमत हासिल किया जिन्हें उसने समर्थन दिया था।

क्षेत्रीयता का रास्ता?

1950 के दशक में सीपीआई ने भाषायी राज्यों के सृजन के लिए किए जा रहे जन संघर्षों में शामिल होने की रणनीति बनाई। इस माँग को अपने अर्ध संघीय एजेंडा के रूप में उसने लम्बे समय से समर्थन दिया था। आजादी से पहले कांग्रेस ने भी इस माँग का समर्थन किया था लेकिन बाद में इस पर अमल करने के सवाल पर उसने अपने पाँव पीछे खींच लिए। ऐसे आन्दोलनों में सीपीआई की भूमिका आंध्र प्रदेश (निजाम के हैदराबाद राज्य और मद्रास प्रान्त के कुछ हिस्सों से मिलकर बना) के तेलुगुभाषी लोगों में, केरल (त्रावनणकोर-कोच्चि की रियासत को पुन: मालाबार, जो मद्रास का हिस्सा था, से मिलाकर) के मलयालमभाषी लोगों, मराठीभाषी लोगों (जो मुख्यत: द्विभाषी बम्बई राज्य के थे लेकिन मैसूर, बाद में कर्नाटक, के कुछ हिस्सों में भी थे) और बम्बई राज्य से अलग होने की माँग कर रहे गुजराती भाषी लोगों के बीच विशेषरूप से महत्त्वपूर्ण थी।

क्रमश: विशाल आंध्र, ऐक्य केरलम, संयुक्त महाराष्ट्र और महागुजरात के नाम से प्रसिद्ध ये आन्दोलन अपनी माँगें पूरी करवाने में पूरी तरह अथवा व्यापक रूप से सफल रहे। पहले दो मामलों में अपनी भागीदारी का सीपीआई को बहुत लाभ मिला लेकिन अन्य दो का परिणाम कुछ मिला-जुला रहा। संयुक्त महाराष्ट्र समिति और महागुजरात आन्दोलनों में भाग ले रहे कम्युनिस्ट कार्यकर्ता कभी-कभी खुद को परस्परविरोधी पक्षों की ओर से लड़ते पाते थे। समिति आन्दोलन ने 1956-60 के बीच बड़े पैमाने पर जनता का विशेषकर मजदूर वर्ग का समर्थन प्राप्त किया। इस आन्दोलन का नेतृत्व कम्युनिस्ट पार्टी आफ इंडिया, प्रजा सोशलिस्ट पार्टी, पेजेंट्स ऐंड वर्कर्स पार्टी (किसान-मजदूर पार्टी) और रिपब्लिकन पार्टी ने किया था। इन पार्टियों ने और समिति से जुड़े निर्दलीयों ने 1957 का आम चुनाव लड़ा। उन्हें बम्बई विधानसभा में 397 सीटों में से 132 सीटें मिलीं। समिति बड़ी संख्या में स्थानीय निकायों में भी विजयी रही। इन स्थानीय निकायों में बम्बई और पूना के नगर निगम शामिल थे।

लेकिन समिति को एकजुट बनाए रखने में एक एकीकृत महाराष्ट्र बनाने की इच्छा

और कांग्रेस के विरोध के अतिरिक्त और कोई खास कारक नहीं था। अन्ततः समिति की सभी तो नहीं लेकिन अधिकतर माँगों के अनुरूप 1 मई, 1960 को एक नया राज्य–महाराष्ट्र–बना दिया गया। समिति जल्दी ही भुला दी गई। समिति की सदस्यता के जरिये भाषायी प्रान्तीयतावाद के 'मुख्यधारा' उद्देश्य में शामिल होकर सीपीआई को यदि सर्वाधिक महत्त्वपूर्ण पार्टी के रूप में नहीं तो उसकी प्रमुख पार्टियों में से एक के रूप में अवश्य ही बहुत लाभ मिला।[16]

लेकिन उसे इसकी एक कीमत भी अदा करनी पड़ी। समिति ने शिवाजी को मराठा नायक मानने वाले सम्प्रदाय को प्रोत्साहन दिया और आन्दोलन की प्रेरक शक्तियों के बीच मौजूद रही उग्र राष्ट्रीयता की भावना से पर्याप्त रूप से अपने को अलग नहीं किया। 1960 के दशक के मध्य में जन्मी शिव सेना ने भावना और सम्प्रदाय दोनों को भुनाया। बढ़ती हुई बेरोजगारी की स्थिति का लाभ उठा कर उसने नगर की औद्योगिक अर्थव्यवस्था पर गैर महाराष्ट्रीय हितों के प्रभुत्व को बम्बई के मेहनतकश युवाओं के बीच फैली बेरोजगारी का कारण बताते हुए जन साधारण में 'महाराष्ट्रीय श्रेष्ठतावाद' की भावना भड़काई। उसने जल्दी ही खुद को बेईमान औद्योगिक धनाढ्यों की सेवा में हड़ताल तोड़ने वाली शक्ति के रूप में प्रस्तुत किया और दक्षिण भारत के कुशल कर्मचारियों को विशेष रूप से अपना निशाना बनाया जो श्रमिक संघों विशेषकर इंजीनियरिंग, रसायनों और फार्मास्यूटिकल उद्योगों के श्रमिक संघों में सर्वश्रेष्ठ ढंग से संगठित और सर्वाधिक समर्पित जुझारू शक्ति के रूप में उभरे थे।

कांग्रेस नीत राज्य सरकार और उसकी पुलिस के संरक्षण के साथ और उद्योगपतियों द्वारा पूरी तरह समर्थित शिव सेना जल्दी ही एक शक्तिशाली कम्युनिस्ट विरोधी ताकत बन गई जिसने सीपीआई के कार्यकर्ताओं पर हमले किए, कम्पनी द्वारा प्रायोजित यूनियनें गठित कीं और पूरे मजदूर वर्ग समुदाय को आतंकित किया। शिव सेना प्रमुख बाल ठाकरे ने 1967 में खुले तौर पर घोषित किया था कि उनका लक्ष्य 'कम्युनिस्टों को शक्तिहीन करना है'।[17] आत्मरक्षा इकाइयाँ गठित कर सीपीआई ने सेना के दुष्टतापूर्ण आचरण और गुंडा कार्यनीतियों का कुछ प्रतिरोध प्रस्तुत किया। मेहनतकश युवाओं को आत्मरक्षा के तरीकों में प्रशिक्षित करने में मध्य बम्बई के विधायक कृष्ण देसाई का काम विशेषरूप से उल्लेखनीय है।

5 जून, 1970 को शिवसेना के गुंडों ने कृष्ण देसाई के टुकड़े टुकड़े कर दिए। बताया जाता है कि ठाकरे के आदेशों पर ऐसा किया गया था। स्वतःस्फूर्त ढंग से हजारों की तादाद में मेहनतकश वर्ग के लोग अन्तिम यात्रा में शामिल हुए। दादर शिवाजी पार्क से थोड़ी ही दूर पर है जहाँ शिव सेना का मुख्यालय स्थित है। उन सब लोगों ने ऊँची आवाज में शिव सेना विरोधी नारे लगाए। वे शिव सेना के मुख्यालय तक मार्च कर अपना गुस्सा दर्ज कराना चाहते थे। डांगे और अन्य वरिष्ठ कम्युनिस्ट नेताओं ने उन्हें ऐसा करने से रोका, उन्हें समझाया कि 'सीधी कार्रवाई' न करें, नेताओं ने बाद में शान्तिपूर्ण प्रतिरोध करने का वादा किया।[18] लेकिन ऐसा कभी नहीं हुआ। मजदूर बहुत निराश हुए थे, उनका मनोबल टूट गया था और यह सब बहुत कड़वाहट के साथ हुआ था।

ठाकरे ने निर्लज्जतापूर्वक देसाई की हत्या का समर्थन किया। यहाँ तक कि इस हत्या

का जश्न मनाया तथा ऐसी और कार्रवाइयाँ करने की धमकी दी। भाकपा की उदासीन प्रतिक्रिया ने शिव सेना को और ढीठ बनाया। जब इस घटना के बाद हुए उपचुनाव में देसाई की पत्नी चुनाव में उतरीं और हार गईं तो शिवसेना ने बेशर्मी के साथ विजयोन्माद का प्रदर्शन किया। भाकपा-माकपा विभाजन से पहले ही कमजोर हुए कम्युनिस्ट आन्दोलन के लिए यह एक ऐतिहासिक हार थी। उसने शायद मेहनतकश वर्ग के उन हजारों समर्थकों का साथ खो दिया था जो उम्मीद करते थे कि भाकपा सक्रिय प्रतिरोध और आत्मरक्षा को अपनी राजनीतिक रणनीति में समेकित कर देसाई की हत्या का राजनीतिक रूप से बदला लेगी और (दोषियों को) सजा देगी।[19]

1970 के दशक के प्रारम्भ से ही भाकपा और माकपा के भीतर संघवाद[20] और भाषायी राज्यों को समर्थन देने अथवा क्षेत्रीय ताकतों के साथ गठबन्धन करने पर गहरा विमर्श बहुत कम हुआ है। माकपा ने 'भारत में राष्ट्रीय प्रश्न' पर 1972 में एक नई स्थिति अपनाई जिसने भाषायी राज्यों के लिए होने वाले आन्दोलनों को समर्थन न देने का निर्णय कर इस पर पारम्परिक कम्युनिस्ट रुख को उलट दिया। इस फैसले का आधार यह था कि इन आन्दोलनों का नेतृत्व मुख्यतः 'बुर्जुआ और निम्न बुर्जुआ वर्ग की पार्टियाँ' करती हैं और क्योंकि वास्तविक मुद्दा यह 'नहीं (है) कि एक दमनकारी राष्ट्र आर्थिक और राजनीतिक रूप से एक या अनेक राष्ट्रों पर प्रभुत्व जमा रहा है, बल्कि...(यह है कि) विभिन्न बड़ी और छोटी राष्ट्रीयताओं के बड़े बुर्जुआ-भूस्वामी वर्गों...के हाथ में राजनीतिक सत्ता है और वे विकास के पूँजीवादी रास्ते का अनुसरण कर रहे हैं...'।[21]

इस दृष्टिकोण की इस आधार पर बहुत आसानी से आलोचना की जा सकती थी कि यह राज्यों के भीतर उन उपराष्ट्रीयताओं और छोटे जातीय समूहों की आकांक्षाओं को व्यापक रूप से अनदेखा करता है जो एक समान भाषा साझा करते हैं, लेकिन मानते हैं कि उनकी प्राथमिक सांस्कृतिक पहचानें भिन्न हैं; उनकी ये विशिष्ट पहचानें अलग-अलग, अधिक समरसतापूर्ण राज्यों के तहत बेहतर ढंग से विकसित हो सकेंगी। 'समान' भाषा की विशेषता प्रायः ऐसी सर्वसमावेशी श्रेणी होती है जो अलग-अलग क्षेत्रों में वास्तव में इस्तेमाल हो रही जबानों के बीच की महत्त्वपूर्ण भिन्नताओं को दबा देती है। यह तर्क भी दिया जा सकता है कि उत्तर प्रदेश जैसे विशाल राज्यों (आबादी बीस करोड़) की तुलना में छोटे लेकिन कृषि, मौसम के लिहाज से और सांस्कृतिक दृष्टि से समान इकाइयों का प्रशासन अधिक आसान हो सकता है।

भाकपा से फर्क माकपा ने 1970 के दशक से इस आधार पर भाषायी राज्यों के और अधिक विभाजनों का, जिसमें उत्तराखंड, झारखंड और छत्तीसगढ़ का गठन शामिल है,[22] विरोध किया कि भारत में 1950 के दशक के मध्य से राज्य बनाने के लिए जिस भाषायी सिद्धान्त का अनुसरण किया जा रहा है, यह उससे विचलन है। इसके बजाय उसने जिन क्षेत्रों में 'आदिवासी अथवा भिन्न सामाजिक और सांस्कृतिक विशेषताओं वाले समुदाय' बसे हुए हैं वहाँ मौजूदा राज्यों के भीतर ही 'क्षेत्रीय स्वशासन' ('स्वायत्त' जिला परिषदों की तरह) की माँग की। यह स्थिति 2002 के पार्टी कार्यक्रम में पुनः दोहराई गई। लेकिन भाषायी पहचान की इस कसौटी को लागू करने में माकपा तब अपनी स्थिति पर कायम नहीं रही जब उसने पश्चिम बंगाल से अलग कर गोरखालैंड का निर्माण किए जाने का विरोध

किया। इस क्षेत्र के लोग बंगाली नहीं बल्कि एक स्पष्ट रूप से भिन्न भाषा (गोरखाली अथवा नेपाली) बोलते हैं और उनकी संस्कृति बाकी राज्य की संस्कृति से भिन्न है।

इसने आंध्र से तेलंगाना को अलग किए जाने के मुद्दे पर भाकपा और माकपा को एक दूसरे के विरुद्ध ला खड़ा किया।[23] माकपा विदर्भ (महाराष्ट्र), हरित प्रदेश, अवध अथवा पूर्वांचल (उत्तर प्रदेश), मिथिला या भोजपुर (बिहार) आदि के लिए भी अलग राज्य बनाने का विरोध करती है। जब तक एक अधिक गम्भीर सैद्धान्तिक बहस के माध्यम से इन मतभेदों को दूर नहीं किया जाता तब तक उनमें वाम को विभाजित करने और ऐसे आन्दोलनों में उसे प्रभावशाली ढंग से हस्तक्षेप करने से रोकने की सम्भावना बनी रहेगी।

बिहार में महत्त्वपूर्ण उपलब्धियाँ

1960 और 70 के दशक में बड़ी संख्या में अनेक राज्यों और क्षेत्रों में आमूल परिवर्तनवादी राजनीति और जन गोलबन्दियों के साक्षी बने। भाकपा ने बिहार (झारखंड सहित, जो बाद में उससे अलग हो गया), आंध्र प्रदेश (तेलंगाना सहित), महाराष्ट्र, तमिलनाडु और पंजाब में बड़ी अथवा महत्त्वपूर्ण उपस्थिति हासिल की। उत्तर प्रदेश, मध्य प्रदेश (जिसमें आज का छत्तीसगढ़ शामिल है) और कर्नाटक के औद्योगिक केन्द्रों में अथवा हिन्दी पट्टी की किसान सभाओं में उसे अनदेखा नहीं किया जा सकता था।

भाकपा के विकास और प्रभाव का श्रेय उसकी जन सक्रियता और सांस्कृतिक कर्म की व्यापक और प्रभावशाली श्रृंखला को दिया जा सकता था; इसे निम्नलिखित उदाहरणों से समझा जा सकता है। बिहार में भाकपा अपने जमींदारी विरोधी अभियान के माध्यम से तेजी से बढ़ी और उसने स्वामी सहजानन्द सरस्वती द्वारा शुरू की गई किसान सभा का नेतृत्व अपने हाथ में ले लिया। इस किसान सभा ने 1938 तक 250,000 से ज्यादा सदस्य बनाये थे जिससे यह 'भारत की तब तक की सबसे बड़ी ऐसी प्रान्तीय संस्था' बन गई थी। इसने, केन्द्रीय बिहार में बेगूसराय पट्टी जैसे अनेक अभेद्य दुर्ग स्थापित किए थे। वहाँ का एक गाँव आज भी बिहार के 'स्तालिनग्राद' के रूप में जाना जाता है।[24] उसने दक्षिण बिहार की कोयला खदानों और औद्योगिक पट्टियों में भी मजबूत श्रमिक संघ बनाये।

बिहार सीपीआई की स्थापना राहुल सांकृत्यायन, बी.बी. मिश्र और सुनील मुखर्जी ने की थी। 1970 के दशक तक यह भारत के वाम आन्दोलन की अग्रिम पंक्ति में थी और इसमें जगन्नाथ सरकार, योगेन्द्र शर्मा, इन्द्रदीप सिन्हा, अली अशरफ, कार्यानन्द शर्मा, भोगेन्द्र झा और चतुरानन मिश्र जैसे सुप्रसिद्ध नेता थे। 1960 और 1980 के दशकों के बीच बिहार में भाकपा का विकास समाजवादियों विशेषकर संयुक्त सोशलिस्ट पार्टी (एस एस पी) के साथ एक प्रतिस्पर्धा में हुआ जिसे सहयोगपूर्ण प्रतिस्पर्धा कहा जा सकता है।

1964-67 में भाकपा-संसोपा के 'संयुक्त कार्रवाई' वाले कृषि संघर्ष का कार्यक्रम विशेष रूप से उल्लेखनीय है जिसमें बाद में कनिष्ठ भागीदार के रूप में माकपा भी शामिल हो गई थी। इससे 'भाकपा के साथ-साथ संसोपा को भी बहुत ताकत मिली।'[25] बिहार में भाकपा का मजबूत जनाधार पहले से ही था। संसोपा ने 1970 के दशक के प्रारम्भ तक निम्न और मध्य जातियों, जिन्हें सरकारी शब्दावली में अन्य पिछड़ा वर्ग (ओबीसी) कहा जाता था, के बीच एक आधार विकसित कर लिया था। बाद के वर्षों में भाकपा की

ताकत घटी क्योंकि बिहार की राजनीति का 'मंडलीकरण' हो गया अथवा वह ओबीसी गोलबन्दी की माया में फँस गई जिसके परिणामस्वरूप वर्ग आधारित आन्दोलन और संगठन बाहर हो गए, यहाँ तक कि मंडल समर्थक संसोपा भी जाति आधारित छोटे-छोटे खांचों में बँट गई।

आंध्र में सीपीआई तेलंगाना के किसानों के बीच किए गए अपने काम को आधार बना कर खड़ी हुई। उसने तेलुगुभाषी लोगों के 'सांस्कृतिक और राजनीतिक हितों के संवर्धन के लिए' बनाए गए एक व्यापक आधार वाले संगठन आंध्र महासभा और प्रगतिशील लेखक संघ की अनेक इकाइयाँ बनाईं, उन्हें प्रायोजित किया और उनका नेतृत्व किया। यद्यपि आंध्र प्रलेस का पहला अधिवेशन 1943 में हुआ लेकिन इसके मुख्य नेताओं में से एक, प्रसिद्ध कवि श्री श्री (श्रीरंगम श्रीनिवास राव), जिनके काम को युगांतरकारी माना जाता है, 1936 के प्रलेस के मूल घोषणापत्र से प्रेरित थे। यह घोषणापत्र लन्दन में लिखा गया था।

1967 में तेरह राज्यों में भाकपा के 118 विधायक थे जिनमें बिहार के चौबीस, उत्तर प्रदेश के चौदह, आंध्र और महाराष्ट्र के दस-दस विधायक शामिल हैं। इसके अतिरिक्त केरल में उन्नीस और पश्चिम बंगाल में उसके सोलह विधायक थे। 1967 में पूरे भारत के वोटों में अपने 4.95 प्रतिशत हिस्से और 23 लोकसभा सांसदों के साथ (और 1971 में 4.73 प्रतिशत हिस्से और सांसदों की समान संख्या के साथ) भाकपा की एक राष्ट्रीय संसदीय उपस्थिति थी। एआईटीयूसी, किसान सभा, सार्वजनिक क्षेत्र के औद्योगिक संघों और देश भर में फैले हुए सफेदपोश बैंक और बीमा कर्मचारियों के संगठनों में इसका काम विशेषरूप से महत्त्वपूर्ण था।

माकपा ने भी केरल और पश्चिम बंगाल में अपने मजबूत आधारों के अतिरिक्त तमिलनाडु, आंध्र, त्रिपुरा, महाराष्ट्र और असम में अपनी महत्त्वपूर्ण उपस्थिति बनाई। 1971 में इसने राष्ट्रीय मतों में अपने हिस्से (5.12 प्रतिशत) और सांसदों की संख्या (पच्चीस) की दृष्टि से भाकपा (तेईस) को पछाड़ दिया। यह बढ़त इसके बाद लगातार बनी रही। चुनावी सन्दर्भों में देखें तो 1970 के दशक में पश्चिम बंगाल और केरल से बाहर माकपा के विस्तार की कुंजी आपातकाल के बाद जनता पार्टी के साथ उसके गठबन्धन में निहित थी। उसकी सफलता की राजनीतिक चाभी राज्य दमन विरोधी आन्दोलनों में इसकी भागीदारी और संघवाद के मुद्दे पर किए गए इसके काम में थी। संघवाद पर इसके काम के कारण ही केन्द्र-राज्य सम्बन्धों पर सरकारिया आयोग का गठन किया गया। यह माकपा की एक दीर्घकालीन राष्ट्रीय उपलब्धि थी।

लेकिन धीरे-धीरे कम्युनिस्ट पार्टियों के संसदीय कार्य और उनकी जन स्तरीय और बौद्धिक-सांस्कृतिक गतिविधियों के बीच की कड़ी कमजोर हो गई। इसका एक कारण भाकपा-माकपा का 1964 में हुआ विभाजन था जिसने एक ओर उनके बौद्धिक नेताओं के बीच के और दूसरी ओर उनके जनसंगठनों और कार्यकर्ताओं के बीच के मजबूत आपसी सम्बन्ध को तोड़ दिया। बौद्धिक नेताओं में से अधिकतर (ई.एम.एस. नम्बूदिरीपाद और एक हद तक बी.टी. रणदिवे तथा एम-बासवपुन्नैया जैसे दुर्लभ अपवादों को छोड़कर) भाकपा के साथ बने रहे जबकि कार्यकर्ताओं की बड़ी संख्या माकपा की ओर चली गई। इसने माकपा के प्रभुत्व वाली उसकी पश्चिम बंगाल और केरल की इकाइयों और शेष

इकाइयों, जिनमें भाकपा महत्त्वपूर्ण बनी रही थी, के बीच भी असन्तुलन पैदा किया। इससे कम्युनिस्ट पार्टियों के और अधिक क्षेत्रीयकरण को बढ़ावा मिला।

चुनावी गठबन्धन महँगे पड़े

दोनों पार्टियाँ 1967 में उस समय चुनावी राजनीति में उलझ गईं जब कांग्रेस पार्टी को उत्तर भारत विशेषकर उत्तर प्रदेश और बिहार के राज्य विधानसभा चुनावों में पहला बड़ा धक्का लगा। भाकपा ने कुछ हिचकिचाहट और बहस के बाद 1967 में उत्तर प्रदेश और बिहार में बनी गैर कांग्रेस संयुक्त विधायक दल (संविद) सरकारों में शामिल होने का फैसला किया जिनमें हिन्दू साम्प्रदायिक जनसंघ शामिल था। इस फैसले को इस आधार पर उचित ठहराया गया कि जनसंघ को एक 'ऐसे ठोस कार्यक्रम के आधार पर...जो चरित्र में गैर साम्प्रदायिक है' इन सरकारों में शामिल किया गया है। भाकपा पंजाब में अकाली दल के नेतृत्व वाली सरकार में भी शामिल हुई थी।

माकपा ने संविद सरकारों में भाकपा की भागीदारी की भर्त्सना की और पंजाब मंत्रिमंडल से बाहर रही हालाँकि उसने इसे 'बाहर से' समर्थन दिया और हरिकिशन सिंह सुरजीत सत्तारूढ़ मोर्चे की समन्वय समिति के संयोजक बने। माकपा ने केरल में पूरी तरह भिन्न स्थिति अपनाई जहाँ 1965 विधानसभा चुनावों में अपने खराब प्रदर्शन से इसे एक बड़ा झटका लगा था। इसने निष्कर्ष निकाला कि अस्तित्व बचाए रखने के लिए गठबन्धन बनाने जरूरी हैं चाहे वे कितने ही अवसरवादी क्यों न हों। इस निर्णय ने 1967 में उसे मुस्लिम लीग की बाँहों में बाँहें डाल दीं जिससे इसकी धर्मनिरपेक्ष साख को नुकसान पहुँचा और जिसने मालाबार की मुस्लिम आम जनता को लीग के जहरीले प्रभाव से मुक्त कराने के अवसरों को सीमित किया।

दोनों पार्टियाँ अधिक अन्तर्मुखी हो गईं। वे कांग्रेस के चरित्र के अपने आकलनों और प्राथमिक रूप से उपयोगिता पर आधारित और अपने खुद के अल्पकालिक हितों से निर्देशित गठबन्धनों में शामिल हुईं। राज्यों में सत्ता की कमान सम्भालना उनकी उच्च प्राथमिकता बन गया। पश्चिम बंगाल में 1967 और 1969 में संयुक्त मोर्चा सरकारें बनाने के लिए माकपा और भाकपा दोनों ने बंगाल कांग्रेस के साथ गठबन्धन किया जबकि उसके साथ उनका कुछ भी साझा नहीं था। ये दोनों सरकारें अस्थिर रहीं। 1960 के दशक के अन्तिम वर्षों में इन्दिरा गांधी भाकपा को माकपा से अलग कर देने में व्यापक रूप से सफल हुईं। इससे दोनों पार्टियों के बीच की दरार और चौड़ी हुई। यह स्थिति आपातकाल (1975–77) हटाए जाने तक बनी रही।

इस बीच, 1967 में पश्चिम बंगाल में नक्सलबाड़ी विद्रोह शुरू हो गया और स्वयं माकपा दोफाड़ हो गई जिसके परिणामस्वरूप 1969 में भाकपा (मार्क्सवादी-लेनिनवादी) का गठन हुआ। नक्सलवादी आन्दोलन ने माकपा को वाम की ओर से सीधी चुनौती दी और उस समय 'जमीन हड़पने' के आन्दोलन में सक्रिय इसके कार्यकर्ताओं को कुछ हद तक आमूल परिवर्तनवादी चेतना से लैस किया। राज्य सरकार (गठबन्धन सरकार में माकपा बंगाल कांग्रेस की सहयोगी थी) ने नक्सलवादी आन्दोलन और शहरों में उसके समर्थकों का निर्दयतापूर्वक दमन किया। इससे बहुत बड़े स्तर पर मानवाधिकारों का हनन हुआ। यह

आन्दोलन आंध्र प्रदेश, बिहार और सीमित अर्थ में केरल और महाराष्ट्र जैसे कुछ अन्य राज्यों में और बाद में सशक्त ढंग से आज के छत्तीसगढ़ और झारखंड तक फैल गया।

माकपा और नक्सलवादी विभाजन के संगठनात्मक परिणाम भी हुए। माकपा की नक्सलवादियों के प्रति शत्रुता और 1970 के दशक के प्रारम्भिक वर्षों में पश्चिम बंगाल की कांग्रेस नीत सरकार से उसने स्वयं जिन विद्वेषपूर्ण हमलों का सामना किया था वह अनुभव, इन सबने मिलकर पार्टी के उन कट्टरपन्थियों को मजबूत किया जिन्हें वाम से आने वाली चुनौती से निपटने के लिए बाहुबल का इस्तेमाल करने से परहेज न था। इसने माकपा के संगठनात्मक तंत्र में, जो प्रमोद दासगुप्त के कठोर नियंत्रण में[26] था, कट्टरपन्थियों के महत्त्व को बढ़ाया।

भाकपा और माकपा की प्रतिद्वन्द्विता का एक विनाशकारी परिणाम था पहले, 1968 में अखिल भारतीय किसान सभा का विभाजन[27] और फिर 1970 में एआईटीयूसी का विभाजन। माकपा के सेंटर आफ इंडियन ट्रेड यूनियंस (सीटू) बनाने के निर्णय से यह सन्देश गया कि मजदूर वर्ग की एकता की कसमें खाने वाले कम्युनिस्टों के मन में व्यवहार में इसके प्रति कोई आदर नहीं है और वे संकीर्ण दलीय-राजनीतिक अथवा क्षेत्रीय हितों के लिए उसकी बलि देने के लिए तैयार हैं। इसने औद्योगिक संक्रमण की पूर्वसन्ध्या पर दोनों यूनियन संघों को कमजोर किया जबकि इस संक्रमण को नियोक्ताओं द्वारा मजदूर वर्ग के संगठनों पर एक जबर्दस्त हमले का और बम्बई तथा अहमदाबाद जैसे नगरों में विऔद्योगीकरण की शुरुआत का साक्षी बनना था।

1970 के दशक के प्रारम्भिक वर्षों के बाद तीन अन्य घटनाक्रमों ने दोनों कम्युनिस्ट पार्टियों के विकास को एक खास तरह से प्रभावित किया। ये थे मजदूरों, किसानों और आदिवासियों के बीच स्वतंत्र आमूल परिवर्तनवादी समूहों का उदय अथवा उनकी गतिविधियों का बढ़ना; विशेषकर '1968 पीढ़ी' का भारतीय संस्करण कही जाने वाली गैर दलीय वाम धाराओं की ओर से पर्यावरण और विकासात्मक मुद्दों पर केन्द्रित अभियानों की बढ़ती गोलबन्दी; और नारीवादी चेतना और एक स्वतंत्र नारी आन्दोलन का उदय।

लाल निशान, नियोगी, रॉय, मगोवा और यूनियन रिसर्च ग्रुप

पहली प्रवृत्ति की अभिव्यक्ति अनेक धाराओं में हुई जिनमें से कुछ हैं : महाराष्ट्र की लाल निशान पार्टी जो 1940 के दशक में सीपीआई से अलग हो गई थी; शंकर गुहा नियोगी का छत्तीसगढ़ मुक्ति मोर्चा; दक्षिण बिहार (बाद में झारखंड) में ए.के. रॉय का जुझारू श्रमिक संघवाद; महाराष्ट्र के श्रमिक संघटना और मगोवा समूह जिनका काम भूमि और पगार के मुद्दों पर था; और विभिन्न शहरों में फैले हुए संयंत्रों में सक्रिय श्रमिक संघों में स्वतंत्र रूप से काम कर रहे कार्यकर्ताओं का संजाल। कम्युनिस्ट पार्टियाँ इन समूहों और उनकी गतिविधियों के प्रति या तो उदासीन थीं अथवा निश्चयात्मक रूप से सहानुभूतिहीन या शत्रुतापूर्ण थीं।

लाल निशान पार्टी बम्बई और पूना की सूती मिलों और इंजीनियरिंग कारखानों में मजदूर वर्ग के उल्लेखनीय आधार के साथ शुरू हुई और मुकुन्द आयरन ऐंड स्टील और कमानी इंजीनियरिंग कारपोरेशन जैसे उपनगरीय कारखानों में संयंत्र श्रमिक संघों में विशेष रूप से

सक्रिय हो गईं। श्रमिक संघवाद के प्रति अपने निष्पक्ष रवैये और विविध राजनीतिक धाराओं के साथ मिलकर काम करने की अपनी योग्यता के कारण इसने एक प्रतिष्ठा अर्जित की। अपने इन्हीं गुणों के कारण कभी-कभी इसे संकीर्ण रूप से 'मजदूरवादी' कहा जाता था। वाम दलों से भिन्न इसने अपनी अलग किस्म की राजनीति का कोई अभियान नहीं चलाया। इसका कोई अधिक संसदीय रुझान भी नहीं था हालाँकि दत्ता देशमुख जैसे इसके कुछ नेता विधायक चुने गए थे।

1960 के दशक के अन्तिम वर्षों में लाल निशान पार्टी ने अनौपचारिक क्षेत्र और गन्ना काटने वाले मजदूरों जैसे मौसमी ग्रामीण मजदूरों के बीच भी संघ बनाने का काम शुरू किया और रोजगार गारंटी योजना (ईजीएस) के लिए भी आन्दोलन छेड़ा जो बाद में 1972-73 में महाराष्ट्र में बहुत गम्भीर सूखे से प्रभावित लोगों को राहत प्रदान करने के कार्यक्रम में समेकित कर लिया गया। लाल निशान पार्टी ने पानी के उपयोग और दुरुपयोग का भी एक महत्त्वपूर्ण विश्लेषण विकसित किया, उसे महाराष्ट्र के लुटेरे सहकारी चीनी उद्योग के साथ जोड़ा और रोजगार गारंटी योजना लागू करवाने में सफल हुई। रोजगार गारंटी योजना भारत में अपनी तरह का पहला कार्यक्रम था और तीन दशकों के बाद आए महात्मा गांधी राष्ट्रीय ग्रामीण रोजगार गारंटी कानून[28] का बहुत प्रारम्भिक पूर्ववर्ती था। कम्युनिस्ट पार्टियों ने ऐसी पहलकदमियों में पूरे मन से शामिल होने अथवा उनके महत्त्व को ठीक से समझने से इनकार कर दिया। 1989 में लाल निशान पार्टी विभाजित हो गई लेकिन इसके दोनों धड़े इंजीनियरिंग और नगर निगम कर्मचारियों और मुम्बई तथा पुणे के आंगनबाड़ी कार्यकर्ताओं की विविध यूनियनों में सक्रिय रहे।

शंकर गुहा नियोगी बहुत प्रभावशाली ढंग से मौलिक राजनीतिक और मजदूर नेता थे। वह कार्य योजनाओं के एक ऐसे अनूठे विस्तार के प्रति समर्पित थे जो मजदूरों द्वारा रोज कार्यस्थल पर बिताए गए आठ घंटों से कहीं आगे जाता था। इसमें स्वास्थ्य, साक्षरता और शिक्षा; स्वच्छ पेयजल का अधिकार; जातिवाद, साम्प्रदायिकता और स्त्रियों के दमन के विरुद्ध संघर्ष; असंगठित और ठेके पर काम करने वाले मजदूरों के अधिकार, आदिवासी अस्मिता और स्वायत्तता के मुद्दे; और आर्थिक, सामाजिक और नागरिक, राजनीतिक, लोकतांत्रिक अधिकारों का संवर्धन शामिल था। उनके छत्तीसगढ़ माइन्स श्रमिक संघ (सीएमएसएस) की अठारह भिन्न-भिन्न शाखाएँ अथवा विभाग थे जो संस्कृति, शिक्षा, पुस्तकालय, महिलाओं के मुद्दों, पर्यावरण, सामुदायिक पाकशालाओं और आवास जैसे विषयों के प्रति समर्पित थे। यह काम श्रमिक संघ के केन्द्रीय काम के अतिरिक्त था।[29]

नियोगी ने छत्तीसगढ़ में एक लौह अयस्क की खदान में अकुशल मजदूर के रूप में काम शुरू किया था। बाद में वह भिलाई इस्पात संयंत्र (भिलाई स्टील प्लांट) में काम करने लगे जहाँ उन्होंने इंजीनियरिंग की डिग्री हासिल की। 1960 के दशक के मध्य तक वह ब्लास्ट फर्नेस ऐक्शन कमेटी के एक संगठनकर्ता बन गए। इस कमेटी ने दंगों के बाद साम्प्रदायिकता विरोधी गोलबन्दी में प्रमुख भूमिका निभाई। एक संक्षिप्त अवधि के लिए वह 'आल इंडिया कोआर्डिनेशन कमेटी ऑफ कम्युनिस्ट रिवाल्यूशनरीज़' (कम्युनिस्ट क्रान्तिकारियों की अखिल भारतीय समन्वय समिति) के साथ जुड़े थे। यह समिति भाकपा (माले) की पूर्वगामी थी। क्वार्टजाइट खान मजदूरों के बीच अपने काम के कारण वह आपातकाल के दौरान

तेरह महीने जेल में रखे गए। नियोगी ने 1977 में भिलाई के निकट दल्ली–राझरा में छत्तीसगढ़ माइन्स श्रमिक संघ (सीएमएसएस) की स्थापना की।

सीएमएसएस भारत की अकेली ऐसी ट्रेड यूनियन थी जिसने खुद जुटाए धन से एक सार्वजनिक अस्पताल की स्थापना की थी जो 'मेहनतकश जनता द्वारा मेहनतकश जनता के लिए' प्रदान की गई स्वास्थ्य सेवा का एक जगमगाता उदाहरण है। 'शहीद अस्पताल' ने असंख्य कार्यकर्ताओं को प्रेरणा दी है जिनमें चिकित्सक और मानव अधिकारों के लिए संघर्ष करने वाले बिनायक सेन शामिल हैं। बिनायक सेन ने वहाँ 2001 से 2009 तक काम किया था।[30] सीएमएसएस ने इस्पात संयंत्र की सहायक और आनुषंगिक इकाइयों और चूना पत्थर, डोलोमाइट और लौह अयस्क की खानों में हजारों मजदूरों को गोलबन्द किया था। इसकी प्रमुख माँगे थीं : ठेके पर मजदूरी का उन्मूलन, श्रमिक सहकारी समितियों द्वारा काम तय किया जाना और इस अत्यन्त पिछड़े आदिवासी क्षेत्र में लगभग भुखमरी में रखने वाले वेतन में बढ़ोतरी।

सीएमएसएस ने कारखानों और खदानों के कर्मचारियों की छंटनी किए बिना उत्पादन बढ़ाने वाली 'अर्ध यांत्रिकीकरण' की एक कल्पनाशील योजना विकसित की। उसने निर्णय लेने वाली समितियों में महिलाओं को काफी अच्छा प्रतिनिधित्व दिया और उनके यौन शोषण के विरुद्ध संघर्ष किया। छत्तीसगढ़ मुक्ति मोर्चा के साथ मिलकर यह संघ लोगों की जिन्दगियाँ बदलने और एक भावी समाज की रूपरेखा बनाने के लिए 'संघर्ष और निर्माण' (सामाजिक परिवर्तन और रचनात्मक कार्य के लिए संघर्ष) का प्रमुख स्थल बन गया। उद्योगपतियों के भाड़े के गुंडों ने सितम्बर 1991 में नियोगी की हत्या कर दी। यह एक लाख से अधिक मजदूरों की हड़ताल का ग्यारहवां महीना था। अन्ततः भारत की न्याय वितरण प्रणाली की भयावह अकर्मण्यता का सबूत देते हुए न्यायालय ने 2005 में सभी उद्योगपतियों को दोषमुक्त करार दिया और भाड़े के हत्यारों में से एक को सजा दी।

ए.के. रॉय लगभग दो दशक से अधिक समय से जुझारू श्रमिक संघवाद का रंगमंच रहे धनबाद में और उसके आसपास सक्रिय झारखंड कोलियरी कामगार यूनियन (जेसीकेयू) की एक महत्त्वपूर्ण शख्सियत थे। इससे पहले वह सिन्दरी में राज्य के स्वामित्व वाली उर्वरक इकाइयों की यूनियनों में सक्रिय थे। वह इंजीनियर थे। वहाँ उन्होंने अपनी नौकरी इसलिए गँवा दी क्योंकि मजदूरों की एक हड़ताल के दौरान उन्होंने औद्योगिक काम में वहाँ के सफेदपोश कर्मचारियों को लगाने के प्रबन्धन के प्रयास का विरोध किया था। 1960 के दशक के मध्य में रॉय माकपा में शामिल हो गए। उन्होंने बिहार विधानसभा के दो चुनाव जीते। बिहार विधानसभा में उन्होंने कर्मचारियों और आदिवासियों, जो उस क्षेत्र के कोयला खदान मजदूरों में बड़ी संख्या में हैं, की समस्याओं पर जोरदार हस्तक्षेप किए। 1960 के दशक के अन्तिम वर्षों तक उन्होंने एक ऐसी सुदृढ़ ट्रेड यूनियन का मजबूत आधार तैयार कर दिया जो अपने लोकतांत्रिक आन्तरिक कामकाज और धनबाद कोयला माफिया (जो बहुत बड़े पैमाने पर कोयले की चोरी करता था) तथा उस इलाके के प्रभुत्वशाली दक्षिणपन्थी राजनीतिक नेताओं और मजदूरों के ठेकेदारों के गठजोड़ की ओर से की जाने वाली लगातार हिंसा और डराने धमकाने के कृत्यों का जुझारू प्रतिरोध करने के लिए जानी जाती थी।

यद्यपि रॉय नक्सलवादी आन्दोलन में कभी शामिल नहीं हुए लेकिन वह उसके प्रति सहानुभूति रखते थे और आमूल परिवर्तनवादी युवाओं में उसके प्रति आकर्षण से प्रभावित थे। उन्होंने 1971 में 'फ्रंटियर' में एक लेख लिखा—'वोट और क्रान्ति' ('वोट ऐंड रिवाल्यूशन') जिसके कारण वह माकपा से निकाल दिए गए। 1972 में उन्होंने मार्क्सवादी समन्वय समिति (मार्क्सिस्ट कोआर्डिनेशन कमेटी) गठित की। कुछ समय के लिए झारखंड के नेता शिबू सोरेन भी इसमें शामिल हुए थे। आदिवासियों के लिए स्वायत्तता और उनके अधिकारों को मान्यता दिए जाने की माँगों का समर्थन करने के कारण रॉय एक अलग झारखंड राज्य के लिए हो रहे आन्दोलन के साथ घनिष्ठ रूप से काम करने लगे। 'झारखंड (है) लालखंड' नारा उन्होंने ही गढ़ा था। 1972 में जब झारखंड मुक्ति मोर्चा अस्तित्व में आया तो रॉय को इसका प्रेरणास्रोत और अनौपचारिक संरक्षक होने का सम्मान मिला।

रॉय ने जयप्रकाश नारायण के समर्थन से 1977 का लोकसभा चुनाव जर्बदस्त बढ़त के साथ जीता। वह 1980 के चुनाव में भी विजयी रहे। लेकिन, जल्दी ही झारखंड के मजदूर आन्दोलन में भारी गिरावट आई जिससे वह अभी तक उबरा नहीं है। पिछले लगभग एक दशक से झारखंड की राजनीति में रॉय हाशिये पर हैं। यह राजनीति पहचान आधारित साम्प्रदायिक प्रतीकवाद के रूपों और अवसरवाद, जिसका लाभ भाजपा ने कुटिलतापूर्वक उठाया है, के दलदल में फँसी है। लेकिन रॉय एक ऐसे ट्रेड यूनियन नेता के रूप में अब भी जाने जाते हैं जिसे भ्रष्ट नहीं किया जा सकता। वह एक ऐसे गांधीवादी सन्त के रूप में याद किए जाएँगे जो मजदूरों के अधिकारों की रक्षा के लिए भारी प्रतिकूल परिस्थितियों के खिलाफ बहादुरी के साथ लड़ा।[31]

उत्तरी महाराष्ट्र में 1971 में स्थापित श्रमिक संघटना (एस एस) दो भिन्न धाराओं का मेल थी : एक धारा सर्वोदय मंडल के साथ जुड़े रहे स्थानीय आदिवासी नेता अंबेर सिंह सुरतवंती द्वारा संगठित आदिवासियों (मुख्यत: भील) की थी और दूसरी धारा शिक्षित मध्यवर्गीय युवा आमूल परिवर्तनवादियों की थी जो मार्क्सवाद से प्रेरित थे किन्तु किसी राजनीतिक दल से पूरी तरह अलग थे, उन्होंने गाँवों में बसने का निश्चय किया था।[32] उसने कुलक साहूकारों द्वारा अधिग्रहीत आदिवासियों की जमीन को वापस लेने के लिए भू-मुक्ति आन्दोलन छेड़ा और आदिवासियों की बड़ी संख्या का राजनीतिकरण किया। एस एस ने ताप्ती-नर्मदा घाटी की बहुत उपजाऊ और उत्पादक पट्टी में खेतिहर मजदूरों के लिए वेतन का मुद्दा भी उठाया और वर्ग, जाति, आदिवासी और लिंगगत भेदभाव से ऊपर एक व्यापक कार्ययोजना विकसित की।

श्रमिक संघटना ने किसान सभा माडल का अनुकरण करते हुए 1972-74 के दौरान चार हजार एकड़ से अधिक जमीन पर पुन: कब्जा लेने के लिए घेराव, सड़क रोको, सरकारी कार्यालयों पर धरना, अदालतों में मुकदमा, जमींदारों का बहिष्कार और लम्बी पदयात्रा जैसे अनेक तरीकों का इस्तेमाल किया। इसकी माँगों में आदिवासियों के नाम जमीन की रजिस्ट्री, जंगल की जमीन पर खेती, आदिवासियों के ऋण निरस्त किए जाना, खेती करने वालों के बीच भूमि का वितरण और उनके खिलाफ दर्ज पुलिस मामलों की वापसी की माँगें शामिल थीं। उसने सरकार की रोजगार गारंटी योजना में काम की माँग भी उठाई। एस एस ने 15000 से 20,000 तक सदस्य तैंयार किए। उसे धन अपने सदस्यता आधार और

एक प्रभावशाली शहरी समर्थकों के संजाल से प्राप्त होता था। संचार माध्यमों में इस संजाल की उपस्थिति से आन्दोलन को एक बढ़त मिली।

1979 तक संघटना के कुल चौदह पूर्णकालिक कार्यकर्ताओं में से नौ आदिवासी थे। इनमें से छह खेतिहर मजदूर या गरीब किसान पृष्ठभूमि के थे। एस एस ने स्त्रियों को समान अधिकारों के लिए गोलबन्द करने की पहल की। एस एस ने महाराष्ट्र में बड़ी संख्या में शहरी स्त्रियों-पुरुषों को प्रेरित किया। इनमें से कुछ ने क्षेत्र में काफी समय बिताया। इसने श्रमिक मुक्ति संघटना के गठन का मार्ग प्रशस्त किया जिसने पारम्परिक आदिवासी कानून के सुधार और स्त्रियों के सम्पत्ति के अधिकार के मुद्दे उठाये, भीलों के पितृसत्तात्मक कर्मकांडों और अन्धविश्वासों का विरोध किया और जल्दी ही स्पष्ट रूप से नारीवादी लक्ष्यों को अपना लिया। धूलिया और नन्दरबार जिलों और उससे आगे तक भी इन संगठनों की स्थायी उपस्थिति और प्रभाव रहा।

पारम्परिक वाम दलों से बाहर की अन्य पहलों में बम्बई का यूनियन रिसर्च ग्रुप (यूआरजी) था[33] जो प्रतिभाशाली समाजविज्ञान शोधकर्ताओं और जमीनी स्तर पर काम करने वाले कार्यकर्ताओं के बीच बहुत सार्थक पारस्परिक संवाद का स्थान था। पहली बार यूआरजी ने ही वेतन पर सौदेबाजी की प्रक्रिया का एक व्यवस्थित उच्चस्तरीय विश्लेषण प्रस्तुत किया था। यह विश्लेषण विशेषकर संयंत्रों में सक्रिय स्वतंत्र यूनियनों के सन्दर्भ में था जो 1980 के दशक तक खुद आमूल परिवर्तनवाद के उभार की साक्षी थीं। यह उस समय पश्चिमी यूरोप में चल रही 'मजदूरों की जाँच समिति' जैसी पहलकदमी के समान था। यूआरजी ने कई हजार वेतन समझौते इकट्ठा कर उनका विश्लेषण किया था।

यूआरजी ने इस बात का भी विश्लेषण किया कि प्रबन्धन किस तरह उपसंविदाओं, ऐच्छिक रिटायरमेंट योजनाओं के जरिए और कामगारों की श्रेणियों को मनमाना रूप देकर (यानी मनमाने ढंग से यह तय करना कि औद्योगिक विवाद कानून के तहत कौन श्रमिक है और कौन नहीं) श्रमिक संघों को तोड़ता है। 1980 के दशक के बाद प्रबन्धन ने मजदूर के अर्थ को संकीर्णतम सम्भव समूह में सीमित करने के लिए कड़ा संघर्ष किया। यूआरजी के काम से अनेक क्षेत्रों में श्रमिक संघों को बेहतर वेतन के लिए सौदेबाजी करने के अभियान में और मजदूरों की जागरूकता बढ़ाने में मदद मिली। इससे ट्रेड यूनियन सालिडैरिटी कमेटी का गठन हुआ जिसने औद्योगिक बन्दी के मुद्दे का निपटारा किया और उस तरह के आमूल परिवर्तनवाद को ताकत दी जिससे कमानी ट्यूब्स लिमिटेड जैसे उद्योगों पर मजदूरों का अधिकार हो सका।[34]

दूसरों के अनुभवों से सबक न लेना

मुख्य धारा के वाम दल अनुभव के इस समृद्ध खजाने से बहुत कुछ सीख सकते थे : उदाहरण के लिए वे छत्तीसगढ़ माइन्स श्रमिक संघ (सीएमएसएस) के सहभागी संगठनात्मक तरीके और जीवन की गुणवत्ता के अन्य निर्धारकों को भी अपने दायरे में लेने के लिए मजदूरों के संघर्षों को उत्पादन से आगे तक विस्तारित करने में इसकी सफलता से सबक ले सकते थे। वाम दल इसी तरह आदिवासियों और महिलाओं के बीच श्रमिक संघटना के काम के साथ अधिक सकारात्मक ढंग से जुड़ सकते थे, ए.के. रॉय के समर्थन में एकजुटता अभियान

संगठित कर सकते थे और यू एस जी के प्रशंसनीय संसाधनों का इस्तेमाल कर सकते थे। कम्युनिस्ट पार्टियाँ ऐसा करने से व्यापक रूप से इसलिए हिचकिचाती थीं क्योंकि ये पहलकदमियाँ स्वतंत्र, प्रायः अति वामपन्थी, अत्यन्त लोकतांत्रिक और समावेशी थीं जिन पर पारम्परिक तरीकों से नियंत्रण नहीं रखा जा सकता था।

आपातकाल भारतीय राजनीति का एक मोड़बिन्दु था। उसने वाम शक्तियों को कमजोर किया और भाकपा–माकपा सम्बन्धों को और अधिक बिगाड़ा। दोनों पार्टियों के बीच के मतभेद इससे पहले भी गुजरात के नवनिर्माण आन्दोलन (1973–74), 1974 की रेल हड़ताल और जयप्रकाश नारायण (जेपी) के नेतृत्व में बिहार में 'सम्पूर्ण क्रान्ति' आन्दोलन पर अपनाये गए उनके दृष्टिकोणों में सामने आ चुके थे। भाकपा ने गुजरात और बिहार आन्दोलनों का विरोध उन्हें ऐसे आन्दोलन मानकर किया जिनका नेतृत्व और नियंत्रण भूस्वामियों और निम्न बुर्जुआ वर्ग का प्रतिनिधित्व कर रही 'प्रतिक्रियावादी ताकतों' के हाथ में था,[35] लेकिन उसने समाजवादी नेता जार्ज फर्नांडीज के नेतृत्व वाली रेल हड़ताल को समर्थन दिया।[36] भाकपा का जेपी आन्दोलन का विरोध अपने गृहराज्य बिहार में विशेष रूप से प्रबल था जहाँ वह जन साधारण के दल के रूप में उभरी थी। लेकिन भाकपा ने बाद में अपना विरोध थोड़ा बहुत हलका कर दिया।

इसके विपरीत माकपा ने कांग्रेस के प्रति अपने सामान्य विरोध की नीति के तहत मोटे तौर पर इन आन्दोलनों का समर्थन किया, विशेषकर, सम्पूर्ण क्रान्ति आन्दोलन के घोषित लक्ष्यों, जैसे सांसदों और विधायकों को इस्तीफा देने पर मजबूर कर संसद और राज्य विधानसभाओं को भंग करना, इन्दिरा गांधी के स्थान पर एक राष्ट्रीय सरकार का गठन और दलविहीन लोकतंत्र पर आधारित एक नयी राजनीतिक व्यवस्था में प्रवेश की उसने बहुत हलकी प्रत्यालोचना की।[37] जेपी आन्दोलन तेज होने के साथ माकपा की ओर से 'सहयोग की दिशा में कुछ हिचकिचाहट भरे प्रयास हुए' 'जिन्होंने कभी औपचारिक रूप नहीं लिया न ही वे अधिक महत्त्वपूर्ण सिद्ध हुए...।'[38]

माकपा ने आपातकाल को 'एकदलीय' शासन के अधिनायकवादी रूप की तरह विश्लेषित किया लेकिन ऐसा उसने उस विशिष्ट सन्दर्भ में एक दक्षिणपन्थी परिघटना के रूप में अधिनायकवाद का क्या अर्थ है इसका उपयुक्त स्पष्टीकरण दिए बिना किया। उसने इस बात पर भी कोई टिप्पणी नहीं की, कि आपातकाल लागू करने का निर्णय किस तरह कांग्रेस के भीतर के ही एक छोटे से गुट द्वारा किया गया था। वस्तुतः यह इन्दिरा गांधी के प्रति संदिग्ध निष्ठा वाले नेताओं को हाशिये पर ठेल कर पार्टी पर अधिकार कर लेने के लिए की गई तख्ता पलट की कार्रवाई थी।

गठबन्धनों पर मतभेद

माकपा के भीतर भी इन मुद्दों, विशेषकर पार्टी की 'राजनीतिक, कार्यनीतिक दिशा' पर मतभेद थे। कुछ सदस्य महसूस करते थे कि आपातकाल से लड़ने के लिए पार्टी अपनी ओर से पर्याप्त काम नहीं कर रही है। कुछ असहमत सदस्य विशेष रूप से इस बात से अप्रसन्न थे कि जेपी शैली के आन्दोलनों को समर्थन देकर माकपा जनसंघ के साथ अप्रत्यक्ष रूप से सहयोग कर रही है। असहमति के इन दृष्टिकोणों को माकपा के प्रथम महासचिव

पी. सुन्दरैया जैसे वरिष्ठ सहयोगी ने भी मुखरित किया।[39] ये मतभेद अनसुलझे ही रहे और इस कारण सुन्दरैया ने सक्रिय नेतृत्व से किनारा कर लिया। अन्ततः 1977 में ई.एम.एस. नम्बूदिरीपाद ने औपचारिक रूप से महासचिव के रूप में उनका स्थान लिया। पश्चिम बंगाल में भी 'वामपन्थी कार्यकर्ताओं के बीच पर्याप्त आत्ममन्थन हुआ...(और) दमन के सामने...और कोई जन आन्दोलन छेड़ने या कम-से-कम संकट के समय गिरफ्तारी से बचाने लायक एक भूमिगत संजाल संगठित करने तक में इसके नेतृत्व की...अकर्मण्यता के सम्बन्ध में आम असन्तोष था।'[40]

आपातकाल के शासन में दोनों पार्टियों के साथ बहुत भिन्न व्यवहार हुआ। उसने पश्चिम बंगाल में बड़ी संख्या में जमीनी स्तर के माकपा कार्यकर्ताओं को गिरफ्तार किया और उन्हें हिरासत में रखा जबकि वहाँ पार्टी सिद्धार्थ शंकर रे के शासनकाल में कांग्रेस द्वारा किए गए आक्रामक हमलों के कारण 1972 से ही लगातार पीछे हट रही थी और निष्क्रियता की स्थिति में थी।[41] लेकिन राज्य सरकार ने इस बात का ध्यान रखा कि इसके किसी शीर्षस्थ नेता को गिरफ्तार न किया जाए। इसके पीछे यह डर था और खुफिया विभाग से मिली यह चेतावनी भी कि इससे माकपा या तो अतिक्रान्तिकारी रूप अपना लेगी अथवा भूमिगत हो जाएगी जैसा कि 1960 के दशक में हुए खाद्य आन्दोलन के दौरान हुआ था।[42]

पश्चिम बंगाल में माकपा के राज्य सचिव प्रमोद दासगुप्त के कठोर अनुशासन के तहत माकपा एक बनी रही, लेकिन 'असहमतों और पार्टी छोड़ देने वालों के निष्कासन' के[43] परिणामस्वरूप 1975 से 1976 के बीच पार्टी की सदस्यता में 9 प्रतिशत की कमी आई और 1972 से 1976 के बीच 20 प्रतिशत की और जबर्दस्त गिरावट हुई।[44] 1977 चुनावों की घोषणा माकपा के लिए एक वरदान के रूप में आई जिससे माकपा ने निष्क्रियता और टूटे मनोबल से एक ऊर्जावान चुनावी मशीन में तेज गति से संक्रमण किया।[45]

कांग्रेस ने 'दक्षिणपन्थी प्रतिक्रियावादियों' के विरुद्ध इन्दिरा गांधी के कदमों और उनके बीस सूत्री कार्यक्रम को समर्थन देने वाली भाकपा के साथ 1976 के अन्त तक एक सहयोगी की तरह व्यवहार किया लेकिन इसी समय संजय गांधी ने भाकपा पर तीखे हमले शुरू कर दिए। भाकपा के सांसदों द्वारा आम चुनावों को आगे खिसकाने (जबकि अक्तूबर 1976 में चुनाव कराने की घोषणा की जा चुकी थी) का और भयानक चवालीसवें संविधान संशोधन विधेयक का विरोध किए जाने के बाद से संजय की माँ भी भाकपा की आलोचना सार्वजनिक रूप से करने लगीं। भाकपा ने कहा : '...यद्यपि सरकार ने प्रतिक्रियावादियों के विरुद्ध सांघातिक चोट कर सही शुरुआत की थी (लेकिन), अब आपातकालीन शक्तियों का अधिकाधिक इस्तेमाल लोकतांत्रिक ताकतों और आम जनता के विरुद्ध किया जा रहा है।'[46]

1977 के लोकसभा चुनावों में भाकपा ने आपातकाल को समर्थन देने की भारी कीमत चुकाई। 1971 में मिले 4.73 प्रतिशत वोट हिस्से और 23 सीटों की जगह अब वह केवल 7 सीटें जीती और राष्ट्रीय वोटों में उसका हिस्सा घटकर 2.82 प्रतिशत रह गया।[47] 1978 में भटिंडा में हुई अपनी ग्यारहवीं कांग्रेस में उसने अपनी गलती सुधारी और कुछ खरी आत्मालोचना भी की : '...हमारी ओर से यह बात समझदारी वाली होती कि आपातकाल का समर्थन करने में जल्दबाजी दिखाने के बजाय हम आपातकाल के सम्पूर्ण निहितार्थों को समझ लेने की प्रतीक्षा करते...। अगर आपातकाल का समर्थन करने की

शुरुआती गलती कर ही दी गई थी तो एकदम अन्त तक उसका समर्थन जारी रखने का कोई औचित्य न था'।

'यदि आपातकाल की नकारात्मक विशेषताओं के प्रमुख रूप से सामने आते ही हमारा उसे दिया गया समर्थन वापस ले लिया गया होता और इन अतियों के विरुद्ध हमारा संघर्ष विस्तृत और गहन किया गया होता तो हमारी पार्टी की इतनी भारी पराजय न हुई होती। यद्यपि हमारी पूरी पार्टी ने आपातकाल की शुरुआत से ही उसका समर्थन किया (लेकिन) विभिन्न स्तरों पर साथी कार्यकर्ताओं ने सन्देह अभिव्यक्त करना शुरू कर दिया...(फिर भी) केन्द्रीय नेतृत्व एक कट्टरपन्थी तरीके से गलत रास्ते पर चलता रहा...। यद्यपि हमारी नीति, जैसा कि पार्टी कांग्रेस के दस्तावेजों में कहा गया है, वाम और लोकतांत्रिक दलों और कांग्रेस के प्रगतिशील तबकों की एकता निर्मित करने की थी, व्यवहार में, अन्ततः यह कांग्रेस–भाकपा एकता बनकर ही रह गई।'[48]

माकपा ने विशेषकर 1976 के बाद अपनी खुद की दिशा निर्धारित की और आपातकाल के बाद होने वाले राष्ट्रीय चुनावों में नवगठित जनता पार्टी के साथ सहयोग किया। जनता पार्टी स्वयं विविध धाराओं का संगम थी जिसमें मध्यमार्ग से लेकर दक्षिणपन्थी रुझान वाले कांग्रेस, समाजवादी और हिन्दू साम्प्रदायिक जनसंघ जैसे तत्त्व शामिल थे। पश्चिम बंगाल को छोड़कर अन्य अधिकतर राज्यों में जहाँ चुनाव हुए थे, माकपा ने जनता पार्टी के साथ सहयोग किया। पश्चिम बंगाल में सीटों की साझेदारी पर बातचीत अंजाम तक नहीं पहुँची।[49] यद्यपि समाजवादियों के विपरीत माकपा आपातकालीन शासन से सक्रिय रूप से नहीं लड़ी— सड़कों पर जाने की बात तो दूर[50] लेकिन उसे कांग्रेस की विरोधी ताकत के रूप में देखा जाता था और उसने इस धारणा का अपने सहयोगियों से खूब लाभ उठाया।

कई दृष्टियों से जनता पार्टी के साथ माकपा का सहयोग और समर्थन कांग्रेस के साथ भाकपा के सम्बन्ध का अनुकरण था और उसे भी वैसी ही समस्याओं से जूझना पड़ा। जनता पार्टी अधिक 'लोकतांत्रिक' और संवैधानिक आजादियों के प्रति अधिक सम्मानपूर्ण होने का दावा करती थी लेकिन वह किसी भी अर्थ में वाम की ओर झुकाव वाली या प्रगतिशील पार्टी नहीं थी। माकपा ने जनता पार्टी को लेकर एक अस्पष्ट यहाँ तक कि भ्रामक रुख अपनाया।[51] पार्टी के प्रगतिशील समाजवादी घटक ने जयप्रकाश नारायण की मध्यस्थता से जनता पार्टी में जनसंघ के विलय को सरलतापूर्वक स्वीकार कर लिया। जयप्रकाश नारायण ने संघ परिवार को अभूतपूर्व वैधता प्रदान की जबकि तब तक उसे अनधिकृत यहाँ तक कि अछूत माना जाता था। लेकिन समाजवादियों को हिन्दू दक्षिणपन्थियों ने जल्दी ही मात दे दी। ये हिन्दू दक्षिणपन्थी मोरारजी देसाई के नेतृत्व वाली केन्द्र सरकार के कुछ महत्त्वपूर्ण पदों पर काबिज हो गए। उन्होंने अब जनता पार्टी के नेतृत्व वाली उन राज्य सरकारों को गिराना शुरू कर दिया जिनमें उनका प्रभुत्व नहीं था।

समाजवादियों ने कुछ देर से ही सही लेकिन राष्ट्रीय स्वयंसेवक संघ के प्रति जनसंघियों की प्राथमिक निष्ठा के मुद्दे पर सवाल खड़े कर उनसे मुठभेड़ की और उस संकट को गहरा दिया जिसे भारत के 'जुलाई संकट' नाम से जाना गया। इसके परिणामस्वरूप जनता पार्टी में विनाशकारी विभाजन हुआ, उसकी सरकार गिर गई और कामचलाऊ चरणसिंह सरकार को गिराकर अन्ततः कांग्रेस सत्ता में वापस आ गई। 'जुलाई संकट' के दौरान देसाई

सरकार के विरुद्ध मतदान करने के माकपा के फैसले का पार्टी के भीतर विशेषकर पश्चिम बंगाल इकाई में कटु विरोध हुआ और 1982 की विजयवाड़ा कांग्रेस के पहले की अवधि में इसने काफी गम्भीर आन्तरिक संकट पैदा किया। लेकिन इन जरूरी मुद्दों को कभी खुली और स्पष्ट बहस के जरिये सुलझाया नहीं गया, इसके बजाय लोकतांत्रिक बहस को दबाने के लिए 'जनवादी केन्द्रवाद' के संगठनात्मक सिद्धान्त को अमल में लाया गया।

जनवाद नहीं, केन्द्रवाद

कम्युनिस्ट आन्दोलन के संगठनात्मक व्यवहार का एक दुर्भाग्यपूर्ण पक्ष यह सुनिश्चित किया जाना था कि केन्द्रीय मुद्दों पर पार्टी के भीतर कोई गम्भीर बहस नहीं होगी। इन मुद्दों में शासक वर्ग की प्रकृति और संरचना और विभिन्न राजनीतिक दलों के साथ उसके सम्बन्ध, सत्ता की मौजूदा शृंखला की 'कमजोर कड़ियाँ और मेहनतकश लोगों के हितों के संवर्धन के लिए इनके द्वारा प्रस्तुत अवसरों के मुद्दे प्रमुख रूप से शामिल हैं। वाम दलों के भीतर और उनके बीच ऐसे विमर्शों और बहसों के अभाव के कारण इस बारे में बहुत कम स्पष्टता थी कि उनकी प्राथमिकताएँ क्या हैं और अपने लक्ष्यों को प्राप्त करने के लिए वे सुसंगत राजनीतिक रणनीतियाँ किस तरह विकसित करेंगे। उनके बीच आपसी सहयोग और साझा मोर्चों के आधार के बारे में तो स्पष्टता और पारदर्शिता और भी कम थी।

जनता पार्टी के विघटन, राष्ट्रीय स्वयंसेवक संघ के संरक्षण के तहत जनसंघ के भारतीय जनता पार्टी में नामान्तरण और समाजवादियों द्वारा एक महत्त्वपूर्ण सांगठनिक अभिव्यक्ति के रूप में लगभग समाप्त हो जाने तक स्वयं को धड़ों में और अत्यन्त छोटे-छोटे समूहों में विभाजित और पुनर्विभाजित किए जाने के साथ भारतीय राजनीति में एक नया युग शुरू हुआ। अबसे भारतीय वाम को अपने समाजवादी घटक से और कम्युनिस्टों के साथ उनके तनाव तथा सहयोग के उस परस्पर लाभदायक सम्बन्ध से वंचित रहना था जो विशेषकर बिहार और महाराष्ट्र जैसे राज्यों में अब तक मौजूद रहा था। यह एक ऐतिहासिक नुकसान था।

कांग्रेस ने 1980 के चुनावों में राष्ट्रीय सत्ता पुनः प्राप्त कर ली लेकिन उसने देखा कि विविध आर्थिक और राजनीतिक कारकों और पंजाब में अलगाववादी विद्रोह शुरू हो जाने के कारण उसके समर्थन में तेजी से क्षरण हुआ था। इन्दिरा गांधी ने अपने आधार को सहारा देने के लिए जल्दी ही हिन्दू धार्मिक प्रतीकवाद का इस्तेमाल करना शुरू कर दिया। यह उसी तरह निरर्थक सिद्ध हुआ जैसेकि सिख उग्रवाद को बाँटने और रोकने की उनकी कुटिल कार्यनीति असफल रही थी। अन्ततः उन्होंने उग्रवादियों के विरुद्ध अमृतसर के स्वर्ण मन्दिर में एक बड़ी सैनिक कार्रवाई शुरू की। इसके भयावह परिणाम हुए जिनके कारण अन्ततः अक्तूबर 1984 में उनकी हत्या कर दी गई। उसी वर्ष के प्रारम्भ में संघ परिवार ने अयोध्या स्थित बाबरी मस्जिद को ढहाने और उस स्थल पर एक राम मन्दिर के निर्माण के उद्देश्य से चलने वाले आन्दोलन के लिए पुनः गोलबन्दी शुरू कर दी।

1980 के दशक के पूर्वार्ध में वाम से अपेक्षा की जाती थी कि वह इन्दिरा गांधी का विरोध करे और पंजाब के उग्रवादियों से लड़े, साथ ही रामजन्म भूमि आन्दोलन के विरुद्ध भी स्पष्ट रुख अपनाए। 1978-79 में भाकपा और माकपा ने व्यापक रूप से अपने

कार्यनीतिक और राजनीतिक मतभेद भुलाकर इन दो मुद्दों पर अपना दामन काफी कुछ साफ कर लिया। विशेष रूप से भाकपा ने पंजाब में उग्रवादियों का बहादुरी से मुकाबला किया। लेकिन सिख अलगाववादियों का विरोध करने में दोनों पार्टियाँ राष्ट्रवाद की ओर मुड़ गईं। वास्तव में उन्होंने लगातार स्वयं को गुटनिरपेक्षता के जरिये विदेश नीति की स्वाधीनता से जुड़े नेहरू परम्परा के राष्ट्रवाद के मुख्य वारिस के रूप में प्रस्तुत किया। अपने आपमें यह 'पुरानी नेहरूवादी आम सहमति-एक मजबूत ढंग से धर्मनिरपेक्ष, कल्याणवादी और गुटनिरपेक्ष, लेकिन पूंजीवादी भारत की सामाजिक लोकतांत्रिक (सोशल-डिमोक्रेटिक) परिकल्पना[52]—की विरासत के उनके दावे का हिस्सा थी।

यह राष्ट्रवादी रुझान न केवल पश्चिमी साम्राज्यवाद के विरोध में बल्कि मई 1974 में भारत के पहले परमाणु परीक्षण, जिसे इन्दिरा गांधी सरकार ने बनावटी मासूमियत के साथ एक 'शान्तिपूर्ण परमाणु विस्फोट' बताया था, के समर्थन में भी रूपान्तरित हुआ। यह शब्दावली भारत की नीति में आए प्रमुख बदलाव को छिपाने के लिए भी गढ़ी गई थी क्योंकि इस परीक्षण द्वारा भारत ने परमाणु कार्यक्रम से अलग रहने की अपनी घोषित नीति के बावजूद परमाणु आयुध की सामर्थ्य की ओर कदम बढ़ाया था। यह शब्दावली नई दिल्ली को अन्तरराष्ट्रीय कानून के तहत सम्भावित उन शर्मिंदा करने वाले मुकदमों से बचाने के लिए भी थी जो उसके खिलाफ इसलिए दायर किए जा सकते थे क्योंकि उसने ट्राम्बे में साइरस (कनाडा-इंडिया रिसर्च रिऐक्टर-यू एस) नामक एक तथाकथित शोध रिऐक्टर, (जो वास्तव में एक सक्षम प्लूटोनियम उत्पादक था) की डिजाइन और निर्माण के लिए अमेरिका और कनाडा की सरकारों का योगदान स्वीकार करते समय उनसे किए गए वादों को तोड़ा था। यह वादा करने के बाद कि रिऐक्टर का इस्तेमाल केवल शान्तिपूर्ण उद्देश्यों के लिए किया जाएगा, भारत के परमाणु ऊर्जा विभाग (डीएई) ने प्लूटोनियम निकालने के लिए इसके इस्तेमाल हुए ईंधन का पुनर्प्रसंस्करण करना शुरू कर दिया था। 1974 के विस्फोट में यही प्लूटोनियम इस्तेमाल किया गया था।

अन्य दलों की तरह वाम ने भी इस नकली 'वैज्ञानिक उपलब्धि' के लिए परमाणु ऊर्जा विभाग को बधाई दी और इस प्रकार खतरनाक परमाणु कपट में सहयोगी बन गया।[53] दो दशक बाद, परमाणु आयुधों के परीक्षण विस्फोटों का निषेध करने वाली व्यापक परमाणु परीक्षण प्रतिबन्ध सन्धि (सीटीबीटी) के मुद्दे पर उसने ऐसे ही परमाणु राष्ट्रवाद का प्रदर्शन किया। भारत ने बहुत पहले 1954 में सीटीबीटी की राह दिखाई थी और अनेक वर्षों तक समान, सार्वभौमिक और भेदभाव से मुक्त प्रशंसनीय अन्तरराष्ट्रीय समझौतों के दृष्टांत के रूप में इसे प्रोत्साहन दिया था।

लेकिन 1995-96 में नि:शस्त्रीकरण पर संयुक्त राष्ट्र के सम्मेलन में सीटीबीटी पर बात शुरू होती इससे तुरन्त पहले ही भारत सरकार ने अपना रुख बदल दिया क्योंकि वह परमाणु आयुधों के परीक्षण (जो उसने 1998 में किया) का विकल्प खुला रखना चाहती थी। उसने सीटीबीटी की भर्त्सना एक ऐसी असमानतापूर्ण, भेदभाव करने वाली सन्धि के रूप में की जिससे कोई वैश्विक नि:शस्त्रीकरण नहीं होगा। उसने इसे एक दिखावा बताया। वाम ने सरकार के इस रुख का प्रबल समर्थन किया और माँग की कि भारत को सीटीबीटी में शामिल नहीं होना चाहिए।[54]

सीटीबीटी के विरोध ने परमाणु संयम की सीमा रेखा को खुले तौर पर पार करने के पक्ष में जनमत का माहौल उल्लेखनीय ढंग से बदल दिया। नरसिम्हाराव सरकार अथवा उसके बाद आने वाली राष्ट्रीय मोर्चा सरकार ने जनमत अथवा सरकारी नीति पर परमाणु शक्ति के उग्र पक्षधरों के बढ़ते प्रभाव को रोकने के लिए कुछ भी नहीं किया। बाद में 1998 में जब भाजपा नीत राष्ट्रीय लोकतांत्रिक गठबन्धन (एनडीए) सत्ता में आया, उसने 11 और 13 मई को पोखरन परमाणु परीक्षण किए। इस निर्णय में पूरी वाजपेयी सरकार नहीं लेकिन राष्ट्रींय स्वयंसेवक संघ शामिल था। वाम दलों को इस बात का श्रेय दिया जाना चाहिए कि कुछ शुरुआती हिचकिचाहट के बाद उन्होंने परमाणु परीक्षणों की निन्दा की और अपनी परमाणु-राष्ट्रवादी स्थिति को सुधार लिया। उनके रुख में यह बदलाव लाने में एक प्रमुख भूमिका मूवमेंट इन इंडिया फार न्यूक्लियर डिसआर्मामेंट (माइंड) के बैनर तले संगठित भारत के उदीयमान शान्ति आन्दोलन ने निभाई थी। बाद में माइंड का कोलिशन फार न्यूक्लियर डिसआर्मामेंट ऐंड पीस (सीएनडीपी) में विलय हो गया।[55]

इस बीच, 1980 के दशक में, संघ परिवार के नेतृत्व में अयोध्या आन्दोलन मजबूत से मजबूत होता गया लेकिन उसके विरुद्ध कोई जन गोलबन्दी नहीं थी जिसमें वाम एक महत्त्वपूर्ण भूमिका निभा पाता। यहाँ एक प्रमुख बाधा थी वाम का पश्चिम बंगाल और केरल में ही सीमित होते जाना और हिन्दी पट्टी में उसका कमजोर होना। लेकिन वाम मजदूर वर्ग और अन्य मेहनतकश लोगों के आधार पर संघ परिवार के विरुद्ध राष्ट्रीय स्तर का एक ऐसा अभियान खड़ा करने की कोशिश भी करने की इच्छा शक्ति नहीं जुटा पाया जो व्यापक और वृहत्तर मुद्दे उठा पाता। उसने खुद को व्यापक रूप से स्थानीय स्तर के मध्यवर्ग अभिमुखी हस्तक्षेपों अथवा एक दिन के बन्द, जुलूस या प्रतीकात्मक प्रतिरोधों तक सीमित रखा।

राजतिलक तो वाम करेगा

राजीव गांधी के नेतृत्व में कांग्रेस ने 1984 के चुनावों में जबर्दस्त जीत हासिल की लेकिन अयोध्या आन्दोलन के कारण जल्दी ही बचाव की मुद्रा में आ गई। राजीव गांधी ने 1985 में बाबरी मस्जिद के दरवाज़े हिन्दू उपासकों के लिए खोल दिए। अगले वर्ष उन्होंने एक समानांतर कार्रवाई मुस्लिम पुरातनपन्थियों के तुष्टीकरण के लिए की। उन्होंने शाह बानो मामले में सर्वोच्च न्यायालय के फैसले के असर को हलका कर दिया जिससे संघ परिवार की गोलबन्दी को बहुत मजबूती मिली। इसी बीच, स्वीडन की तोपों की खरीद में घूसखोरी के मामले में बोफोर्स घोटाला सामने आया जिसे विश्वनाथ प्रताप सिंह (वी.पी. सिंह) ने सरकार और कांग्रेस से इस्तीफा देने के बाद एक राष्ट्रव्यापी आन्दोलन के केन्द्रबिन्दु में बदल दिया। इस घोटाले पर भारत के नियंत्रक एवं महालेखा परीक्षक (कैग) की रिपोर्ट के बाद 15 अगस्त, 1989 को 73 विपक्षी सांसदों ने अपनी लोकसभा सीटों से इस्तीफा दे दिया जिससे चुनाव की स्थिति बन गई। इन चुनावों में राजीव गांधी सत्ता से बेदखल हो गए।

किसी एक दल के बहुमत वाली सरकार का युग समाप्त हो गया था। 1989 के चुनाव में खंडित परिणाम सामने आया जिससे एक मिली जुली गठबन्धन सरकार बनाने की जरूरत

पड़ी। इस सरकार में वाम को एक प्रमुख भूमिका निभानी थी। वाम दलों ने जल्दी ही महज महत्त्वपूर्ण सहयोगियों के रूप में ही नहीं बल्कि गद्दी पर बैठाने वालों के रूप में भी राष्ट्रीय राजनीति में प्रमुखता और महत्त्वपूर्ण उपस्थिति दर्ज कर ली, जिसका उन्होंने पहले सपना भी नहीं देखा था।

अगले दो दशकों तक भारत की सभी सरकारों के लिए वाम दल ऐसी ताकत बने रहे जिसके महत्त्व को नकारा नहीं जा सकता था। उन्होंने गैर भाजपा सरकारों के गठन को प्रेरित और प्रभावित किया और प्रमुख मुद्दों पर उनकी नीतियों की पुष्टि की अथवा उन पर अपने निषेधाधिकार का इस्तेमाल किया। इससे पहले कि वे गठबन्धन राजनीति के नए युग के सन्दर्भ में अपनी रणनीतिक प्रतिक्रिया का सैद्धान्तीकरण करते, परिस्थितियों ने यह भूमिका उन पर थोप दी। माकपा ने 'जुड़वा खतरे' के अपने सिद्धान्त पर गम्भीरतापूर्वक पुनर्विचार नहीं किया। इसमें कांग्रेस और भाजपा दोनों से बराबर दूरी रखने की बात कही गई थी। उदाहरण के लिए 1989 में हुई अपनी त्रिवेन्द्रम कांग्रेस में माकपा ने राजीव गांधी के प्रति अपना रुख नरम किया और विदेश नीति के मामलों में कांग्रेस के साथ अपनी हमख्याली पर जोर दिया। जल्दी ही वह एक बिल्कुल अलग दृष्टिकोण की ओर मुड़ गई। इन नीतिगत बदलावों के अपने परिणाम होने थे।

वी.पी. सिंह की राष्ट्रीय मोर्चा सरकार दिसम्बर 1989 में सत्तारूढ़ हुई। इसका नेतृत्व 143 सदस्यों वाला जनता दल (545 सदस्यों वाली लोकसभा में) कर रहा था। यह ढीला ढाला और कमजोर गठबन्धन जिसे दो परस्पर विरोधी ताकतें—भाजपा (85 सीटें) और वाम (53 सीटें)—समर्थन दे रही थीं, भाजपा की ज्यादा ताकत और कांग्रेस को सत्ता से बाहर रखने के अपने संकीर्ण एजेंडा के कारण शुरुआत से ही असफल होने के लिए अभिशप्त प्रतीत हो रहा था। कुछ वाम नेताओं ने राजनीतिक दल के रूप में भाजपा और उसके विश्व हिन्दू परिषद और बजरंग दल जैसे 'अधिक कट्टर' सहयोगियों के बीच फर्क किया और भाजपा से अपील की कि वह 'राष्ट्रहित में' राम मन्दिर मुद्दे को विशेषत: 1990 में लालकृष्ण आडवाणी की सोमनाथ से अयोध्या तक की रथ यात्रा के मुद्दे को छोड़ दे। जैसा कि अनुमान लगाया जा सकता है, भाजपा ने ऐसा करने से इनकार कर दिया। आडवाणी ने चेतावनी दी कि यदि यात्रा को रोका गया तो इसके भयावह परिणाम होंगे।

जैसे ही 23 अक्तूबर, 1990 को यात्रा को रोका गया, भाजपा ने वी.पी. सिंह से समर्थन वापस ले लिया। 9 नवम्बर को उनकी सरकार गिर गई। चार दिन पहले, चन्द्रशेखर और देवीलाल ने जनता दल को विभाजित कर दिया था और चौंसठ सांसदों के साथ एक नया दल बना लिया था। इसने 10 नवम्बर को एक अल्पमत की सरकार बनाई जो बहुत संक्षिप्त समय तक अस्तित्व में रही क्योंकि कांग्रेस ने इसे अवसरवादी कारणों से ही समर्थन दिया था। कांग्रेस द्वारा समर्थन वापस ले लिए जाने के बाद मार्च 1991 में चन्द्रशेखर ने इस्तीफा दे दिया। इसके बाद मई 1991 में हुए चुनाव में राजीव गांधी की हत्या से मिली सहानुभूति के बावजूद कांग्रेस लोकसभा में बहुमत पाने में असफल रही। लेकिन उसने पी. वी. नरसिम्हा राव के नेतृत्व में सरकार बना ली। नरसिम्हा राव ने अपने वित्तमंत्री मनमोहन सिंह के साथ मिलकर उदारीकरण, निजीकरण और वैश्वीकरण की शुरुआत की।

वाम असमंजस में था। मुख्य रूप से सत्ता हथियाने की भाजपा की आक्रामक कोशिश को नाकाम करने के लिए वह राव सरकार को समर्थन देना चाहता था। लेकिन उसे राव और सिंह द्वारा प्रस्तुत आर्थिक नीति की चुनौती भी स्वीकार करनी ही थी। अपने पश्चिम बंगाल, केरल और त्रिपुरा जैसे मजबूत गढ़ों में मुख्य प्रतिद्वन्द्वी के रूप में उसे कांग्रेस का सामना भी करना था। अन्ततः उसने शब्दाडम्बर के तौर पर ही सही, उदारवाद का विरोध करते हुए राव सरकार को मुद्दों पर आधारित समर्थन दे दिया।

महत्त्वाकांक्षी लक्ष्यों से पीछे हटना

इस समय तक वाम अपनी संस्थाओं, प्रक्रियाओं और गतिकी के माध्यम से राज्य सत्ता में उलझ चुका था। उसने तीखे ढंग से समाज पर केन्द्रित और राज्य से मुठभेड़ करने अथवा उसे प्रभावित करने और उसे वाम पक्ष की ओर झुकाने के लिए मेहनतकश जनता की चेतना को ऊपर उठाने वाले मुद्दों पर जनता को गोलबन्द करने को बहुत कम प्राथमिकता दी अथवा उससे स्वयं को अलग कर लिया।[56] वंचित जनता को गोलबन्द करने के बजाय वाम दलों ने बहुत सीमित और रक्षात्मक कार्ययोजना—हिन्दू साम्प्रदायिकता के बढ़ते खतरे से लड़ने और 1991 के बाद आर्थिक नव उदारवाद की नीति से मोटे तौर पर संसदीय साधनों के माध्यम से मुकाबला करने—पर अपने प्रयास केन्द्रित किए ।

एक ओर कांग्रेस पार्टी के क्षरण, जो स्वयं इसके दीर्घकालीन पतन की प्रक्रिया का हिस्सा था और दूसरी ओर 1990 के दशक के अन्तिम वर्षों तक भाजपा की शक्ति सीमित होने के कारण राष्ट्रीय राजनीति में वाम और क्षेत्रीय दलों के लिए पर्याप्त स्थान बन गया था। वाम उस स्थान को न्यूनतम वेतन, बेहतर कार्यदशाओं, उचित दामों पर भोजन उपलब्ध कराने, वृद्धावस्था पेंशन बढ़ाये जाने और अन्य सामाजिक सुरक्षा कार्यक्रमों तथा ग्रामीण क्षेत्रों में बढ़ते कृषि संकट (जिसके कारण लाखों किसान आत्महत्या करने पर मजबूर हुए) से खतरे में पड़े उनकी आजीविका के साधनों की रक्षा करने जैसे मुद्दों पर मजदूर वर्ग और किसानों के संघर्षों के माध्यम से काफी विस्तार दे सकता था। ऐसे संघर्षों ने वाम दलों के अपने आधार और राजनीतिक प्रभाव में जबर्दस्त इजाफा किया होता और केन्द्र सरकार पर जनता का दबाव बनाया होता।

लेकिन, वाम दलों ने जो परिवर्तित रास्ता चुना उसके तहत यह होना नहीं था। 1990 के दशक के मध्य तक (यदि उससे पहले नहीं) उन्होंने निजी निवेश को आकृष्ट करने और सकल घरेलू उत्पाद में वृद्धि को बढ़ाने के लिए स्वयं रूढ़िपन्थी औद्योगिक नीतियाँ अपनानी शुरू कर दीं। इससे केन्द्र की उनकी आलोचना की धार कुंठित हुई अथवा उसकी विश्वसनीयता में कमी आई। यह बात पश्चिम बंगाल के बारे में विशेषरूप से सत्य थी जहाँ वाम मोर्चे में चर्चा किए बिना ही ज्योति बसु सरकार 1994 में पिछले दरवाजे से एक नई औद्योगिक नीति ले आई थी। यह नीति पिछली (1978) नीति से एकदम अलग थी। इसने 'त्वरित संवृद्धि प्रदान करने में निजी क्षेत्र की महत्त्वपूर्ण और प्रमुख भूमिका' को पहचाना और 'उपयुक्त अथवा परस्पर लाभप्रद विदेशी प्रौद्योगिकी तथा निवेशों', का स्वागत किया।[57]

वाम मोर्चा सरकार उस समय तक राज्य के स्वामित्व वाले पश्चिम बंगाल औद्योगिक विकास निगम (वेस्ट बंगाल इंडस्ट्रियल डेवलपमेंट कारपोरेशन—डब्ल्यूबीआईडीसी) के

बोर्ड में दो प्रमुख वाणिज्य मंडलों के प्रतिनिधियों को नियुक्त कर चुकी थी। अब इसने एक अत्यन्त प्रभावशाली माकपा नेता और उच्चकोटि के वकील सोमनाथ चटर्जी[58] को डब्ल्यूबीआईडीसी का अध्यक्ष बना दिया। 1995 में इंडियन चैंबर्स आफ कामर्स और डब्ल्यूबीआईडीसी ने अन्तरराष्ट्रीय कम्पनियों के लिए पश्चिम बंगाल को पूँजी निवेश के एक लक्ष्य के रूप में आगे बढ़ाने में मदद देने के लिए वैश्विक परामर्शदाता कम्पनी प्राइसवाटर हाउस कूपर्स को नियुक्त किया।[59] सरकार ने कारपोरेट का पक्ष लेने वाली इसकी अधिकतर सिफारिशें स्वीकार कर लीं और उन पर अमल किया। लेकिन इन उपायों से औद्योगिक स्थिति में कोई उछाल नहीं आया।

एक विश्लेषक के अनुसार, पश्चिम बंगाल की औद्योगिक नीति ने 'अन्य राज्यों के राजनीतिक अभिजन' पर 'मनोबल तोड़ने वाला प्रभाव' डाला लेकिन राष्ट्रीय माकपा प्रतिनिधियों पर तो इसका 'शायद और भी खराब' असर हुआ।[60] वह 1995 का एक उदाहरण देते हैं : 'जब माकपा के संसदीय नेता सोमनाथ चटर्जी ने लोकसभा में 'अन्तरराष्ट्रीय मुद्रा कोष और विश्व बैंक के समक्ष सरकार के पूर्ण समर्पण' के विरुद्ध शब्दबाण छोड़े तो सभी तरफ से उपहास भरी हंसी से उनका स्वागत किया गया।'[61]

वाम मोर्चा सरकार ने 'जल्दी ही व्यापारी समुदाय के साथ घनिष्ठ सम्बन्ध बना लिए और व्यापारिक गतिविधियों को बढ़ावा देने के लिए विशिष्ट नीतिगत पहलें की,' लेकिन 'अपनी श्रम नीति में भी सरकार ने... श्रम बाजार में एक त्रिपक्षीय समझौते के इर्द गिर्द वर्गीय समझौता करने का प्रयास किया जो उन कारपोरेटवादी अथवा सामाजिक भागीदारी प्रबन्धों से मिलता जुलता है जो सोशल डेमोक्रेटिक पार्टियों के प्रभुत्व वाले यूरोपीय राज्यों के अनुभवों से हमें पता चले हैं'। 1980 के दशक से हड़तालों की संख्या नाटकीय ढंग से लगातार कम होती गई। 'औद्योगिक विवाद शुरू करने वालों के रूप में' मालिक आगे आ गए और तालाबन्दी की घटनाएँ बढ़ गईं। जल्दी ही राज्य में मजदूरों की उग्रता की विरासत का स्थान 'मालिकों की उग्रता ने' ले लिया। 'इस स्थिति के कारण मजदूर यूनियनें विशेषकर माकपा से सम्बद्ध प्रभावशाली यूनियनें दुविधा में पड़ गईं'।[62]

पश्चिम बंगाल में वाम का रूढ़िवाद की ओर खिसकना सोवियत संघ के विघटन और भारतीय समाज में दक्षिणपन्थ की ओर एक सामान्य झुकाव से मिले धक्के के बीच राष्ट्रीय स्तर पर इसकी आमूल परिवर्तनवादी चेतना कुन्द होने की अधिक बड़ी वृहत्तर प्रक्रिया का अंग था। वाम श्रमिक संघ आन्दोलन (जो स्वयं एक अपेक्षतया उतार की अवधि में प्रवेश कर चुका था) और जन गोलबन्दी के अन्य रूपों से ज्यादा से ज्यादा दूर होता गया, उसने अधिकाधिक रूढ़िपन्थी कृषि कार्ययोजनाओं का अनुसरण किया, पर्यावरण और प्राकृतिक संसाधनों से जुड़े मुद्दों के साथ साथ लैंगिक न्याय और जाति विरोधी कार्य योजनाओं के मुद्दे पर भी बढ़ते जन प्रतिरोधों की ओर ध्यान देने में असफल रहा और उसने ठोस नीतियों और कार्यक्रमों के साथ आमूल परिवर्तनवादी सामाजिक बदलाव के प्ररिप्रेक्ष्य को उभारना बन्द कर दिया।

भारतीय वाम दलों की राह अब यूरोप की उन तमाम जन सामान्य वाली कम्युनिस्ट पार्टियों जैसी लगने लगी 'जो स्तालिनवाद से यूरो साम्यवाद और वहाँ से अपने यूरो-समाजवादी प्रतिद्वन्द्वियों की अन्तिम अधीनता तक पहुँच गई।[63] इसमें फर्क सिर्फ इतना

था कि माकपा और भाकपा व्यवहार में 'भारतीय राजनीति की उत्तरोत्तर बढ़ती हुई मुख्य सामाजिक-लोकतांत्रिक (सोशल-डिमोक्रेटिक) ताकत बन गईं जबकि सिद्धान्त और रणनीति के साथ साथ संगठनात्मक संस्कृति में वे अब भी व्यापक रूप से स्तालिनवाद से चिपकी हुई हैं। इसके साथ ही वाम दलों ने एक अपेक्षतया गैर महत्त्वाकांक्षी, गैर वर्चस्ववादी परिप्रेक्ष्य अपनाया जो संकीर्ण रूप से राज्य और संसदीय राजनीति पर केन्द्रित था। जन संगठनों से उनके सम्पर्क कमजोर पड़ गए। इन दोनों कारकों ने सामाजिक और राजनीतिक प्रक्रियाओं में हस्तक्षेप करने के उनके क्षितिजों और सम्भावनाओं को सीमित किया।

मंडल और मन्दिर

1990 के दशक में वाम दलों को दो ऐसे प्रमुख घटनाक्रमों का सामना करना पड़ा जिन्होंने भारतीय समाज और राजनीति की शक्ल बदल दी—अगस्त 1990 में वी.पी. सिंह द्वारा ओबीसी (अन्य पिछड़ा वर्ग यानी मध्यम और गैरदलित निम्न जातियाँ) पर मंडल आयोग की रिपोर्ट को लागू किए जाने की घोषणा; इस रिपोर्ट में केन्द्र सरकार की नौकरियों में ओबीसी के लिए आरक्षण की सिफारिश की गई थी; और अयोध्या आन्दोलन जिसके कारण बाबरी मस्जिद ढहाई गई (1992) और उसके बाद उठी मुस्लिम विरोधी लहर। वाम के लिए ये विकट नई चुनौतियाँ थीं।

वाम परम्परागत रूप से ही अनुसूचित जातियों और अनुसूचित जनजातियों से अलग अन्य पिछड़ा वर्ग के लिए सरकारी नौकरियों में आरक्षण के पक्ष में नहीं था[64] यद्यपि उसने उनके लिए कुछ सुधारात्मक कदम उठाये जाने का समर्थन किया था। उसने इस दृष्टिकोण पर सही ही सवाल उठाया कि ओबीसी एक ऐसा एकीकृत समूह है जिसे ऐतिहासिक रूप से सामाजिक भेदभाव के गम्भीर रूपों का शिकार बनाया गया था। लेकिन जब सिंह ने सबको चौंकाते हुए इस आरक्षण की घोषणा की, यद्यपि यह घोषणा व्यापक रूप से अयोध्या आन्दोलन से खतरे में पड़ गए अपने राजनीति अस्तित्व को बचाने के लिए की गई थी, तो वाम की प्रतिक्रिया अन्तर्विरोधपूर्ण थी।

भाकपा ने कोई गम्भीर शर्त लगाये बिना आरक्षणों का समर्थन किया लेकिन माकपा इस मुद्दे पर क्षेत्रीय आधार पर बँटी हुई थी। पश्चिम बंगाल इकाई इस कदम का विरोध कर रही थी जबकि केरल की पार्टी इसके समर्थन में थी। अन्य पिछड़ा वर्ग (ओबीसी) के आरक्षण को अन्तिम रूप से समर्थन देने के पहले दो सप्ताह तक इस मुद्दे पर माकपा असमंजस में रही।[65] लेकिन दोनों पार्टियों ने इसके बाद शुरू हुए साफ तौर पर उच्च जाति के वर्चस्व वाले और हिंसक मंडल विरोधी आन्दोलन की जोरदार भर्त्सना की। फिर भी, बाद में जब सर्वोच्च न्यायालय ने ओबीसी के लिए थोक में दिए गए आरक्षण को अस्वीकार कर दिया और आदेश दिया कि उनके बीच की 'मलाईदार परत' को इससे बाहर रखा जाए तो वाम ने कुल मिलाकर इस फैसले का स्वागत किया।

अन्य पिछड़ा वर्गों के आरक्षण के गुण-दोष अलग, लेकिन वर्ग आधारित से जाति आधारित राजनीति की ओर आकस्मिक प्रतीत होते इस मोड़ ने वाम के कार्यकर्ताओं में बहुत भ्रम पैदा किया। वाम पर यह आरोप भी लगा कि अपने मजबूत गढ़ों के बाहर और

सामान्य रूप से राष्ट्रीय राजनीति में वाम ने 'वस्तुत: स्वयं को जनता दल का पिछलग्गू' स्वीकार कर लिया है और हिन्दी पट्टी में अपने नियोजित विस्तार को, जिसकी चर्चा माकपा के 1978 के साल्किया महासम्मेलन से चल रही थी, जनता दल और अन्य सहायक पार्टियों के साथ गठबन्धनों पर निर्भर बना दिया है।[66]

आडवाणी का रथ रोका जाना

भाकपा ने विशेषकर बिहार और उत्तर प्रदेश में अपने आधार में बहुत क्षरण देखा। बिहार में पार्टी सदस्यों के एक महत्त्वपूर्ण घटक उच्चजातीय भूमिहारों ने बड़ी संख्या में भाकपा छोड़ दी। उत्तर प्रदेश में बड़ी संख्या में ओबीसी नेताओं ने वाम के आधे-अधूरे मन से मंडल का समर्थन करने वालों के साथ रहने के बजाय समाजवादी पार्टी में शामिल होने के लिए भाकपा को छोड़ दिया। उनकी दृष्टि में समाजवादी पार्टी मंडल की 'ए' टीम थी। अनेक वाम नेताओं ने जातिवाद को बढ़ावा देने के लिए मंडल मंच के इस्तेमाल के विरुद्ध चेतावनी देना जारी रखा[67] और कुछ अन्य तरह के आरक्षणों के साथ साथ वे आम तौर पर ओबीसी कोटा को समर्थन देते रहे। लेकिन पश्चिम बंगाल में वाम मोर्चा 2009 तक उच्चतर शिक्षा में ऐसे कोटा लागू करने में सुस्ती दिखाता रहा।[68] किसी भी हालत में वाम ओबीसी मुद्दे पर केवल प्रतिक्रिया ही व्यक्त कर सकता था, वह मुद्दे पर अपना कोई स्वतंत्र एजेंडा तय करने की स्थिति में नहीं था, न ही उसने ऐसा कोई एजेंडा विकसित किया। जैसा कि अध्याय 8 में तर्क दिया गया है, इसका सम्बन्ध केन्द्रीय सामाजिक नीतियों और कार्ययोजनाओं पर उसके अस्पष्ट, दुविधापूर्ण रवैये से था।

बाबरी मस्जिद के विरुद्ध संघ परिवार की गोलबन्दी समाज में हिन्दू साम्प्रदायिकता के नए और जहरीले रूप सामने लायी। इस पर नियंत्रण पाने में केन्द्रीय सरकार की बार-बार की असफलता के साथ, विशेषकर 1989 में राजीव गांधी द्वारा मस्जिद के करीब ही राम मन्दिर के शिलान्यास की अनुमति दिए जाने के बाद आन्दोलन ने गति पकड़ी। ओबीसी के लिए आरक्षण की घोषणा के मुश्किल से छह सप्ताह बाद ही 20 सितम्बर, 1990 को लालकृष्ण आडवाणी ने अपनी रथयात्रा प्रारम्भ की। यह यात्रा अंशत: मन्दिर के लिए की जाने वाली गोलबन्दी से मंडल एजेंडा का मुकाबला करने के लिए थी।

दस हजार किलोमीटर की इस यात्रा को 30 अक्तूबर को अयोध्या पहुँचना था। मुसलमान विरोधी जहरीली भावनाएँ भड़काते हुए और अपने पीछे खून के धब्बों का सिलसिला छोड़ते हुए यह यात्रा अनेक राज्यों से होकर गुजरी। वाम ने यात्रा की भर्त्सना की और उसकी वैधता पर सवाल उठाने के साथ इसकी विनाशकारी क्षमता के विरुद्ध चेतावनी दी। लेकिन, चाहे बंगाल में हो या कहीं और, इसने आडवाणी को उनके रास्ते में रोकने के लिए कुछ नही किया। आडवाणी की यात्रा को अन्तत: लालू प्रसाद ने 23 अक्तूबर को बिहार के समस्तीपुर में रोका।

इसी तरह, वाम ने 1990 के दशक के प्रारम्भिक वर्षों में अपनी साम्प्रदायिकता विरोधी गतिविधियाँ जन शिक्षण, प्रमुख हस्तियों द्वारा हस्ताक्षर अभियानों, कला प्रदर्शनियों और सांस्कृतिक कार्यक्रमों तक सीमित रखीं। सहमत (1989 में दिल्ली में गठित सफदर हाशमी मेमोरियल ट्रस्ट, जिसने भारत की समन्वयवादी भक्ति और सूफी परम्पराओं की दुहाई दी)

जैसे संगठनों के माध्यम से इसका लक्ष्य व्यापक रूप से अभिजन थे। यह योगदान प्रशंसनीय तो था लेकिन यह बड़े पैमाने पर नागरिकों की गोलबन्दी में विकसित नहीं हुआ जबकि ऐसी गोलबन्दी बाबरी मस्जिद के ध्वंस के पहले संघ परिवार के समक्ष एक प्रभावी नैतिक और राजनीतिक चुनौती प्रस्तुत कर सकती थी।

सहमत जैसे समूहों ने भी बाबरी ध्वंस के बाद की स्थितियों का सामना नहीं किया। उदाहरण के लिए सम्भावित अथवा प्रभावित क्षेत्रों में मोहल्ला समितियाँ बनाई जा सकती थीं। जैसा कि उन्होंने स्वतंत्र गैर वाम समूहों के नेतृत्व में कुछ शहरों में किया था। वे धर्मनिरपेक्ष एकजुटता के लिए सामान्य व्यक्तियों के समूह निर्मित कर सकते थे और डर या पक्षपात के बिना सभी नागरिकों के जीवन के अधिकार और प्राथमिक बुनियादी आजादियों की रक्षा के लिए पुलिसकर्मियों को अपना कर्त्तव्य पालन करने पर मजबूर कर सकते थे।

यह सच है कि वाम दल कुछ उन राज्यों में मजबूत नहीं थे जहाँ 6 दिसम्बर, 1992 के बाद सबसे भयावह मुसलमान विरोधी हिंसा हुई। लेकिन उन्होंने हिंसा को ऐसे 'राष्ट्रीय मुद्दे' के रूप में नहीं देखा जो पीड़ितों पर गहरे जख्म छोड़ गया, जिसने धर्मनिरपेक्षता के उद्देश्य को नुकसान पहुँचाया (हिन्दुत्ववादी ताकतों के साथ राज्य के निर्लज्ज पक्षपात के माध्यम से), समाज का बहुत गहराई से साम्प्रदायीकरण किया और भारतीय राजनीति का चेहरा बदल दिया। वाम दलों ने अपने खुद के नेताओं के नैतिक, राजनीतिक कद को और निजी पहल की ताकत के माध्यम से जनता और सरकार की समझ को प्रभावित करने की उनकी क्षमता को कम आँका।

यदि 1974 में नवनिर्माण आन्दोलन के दौरान मोरारजी देसाई उपवास पर बैठ कर गुजरात में भ्रष्टाचार के आरोप से घिरी चिम्मनभाई पटेल सरकार को बर्खास्त करवा सकते थे, तो इसी तरह वाम के नेता भी साम्प्रदायिक हिंसा, जिसके परिणामस्वरूप अन्ततः हजारों बेकसूर नागरिकों की हत्या हुई, के दोषियों के विरुद्ध केन्द्र पर गम्भीर दबाव बना सकते थे।

बाबरी मस्जिद के ध्वंस और इसके परिणामस्वरूप पूरे भारत में हुए साम्प्रदायिक दंगों की बाढ़ के बाद वाम साम्प्रदायिकताविरोधी गोलबन्दियों में गम्भीरतापूर्वक जुट गया। विशेषकर माकपा ने 19 दिसम्बर, 1992 को एक राष्ट्रीय सम्मेलन बुलाने की पहल की जिसमें धर्मनिरपेक्ष विपक्षी दल बड़ी संख्या में शामिल हुए। इस सम्मेलन से राष्ट्रीय एकता अभियान शुरू हुआ जिसने जनवरी से अप्रैल 1993 के बीच एक जन अभियान चलाया। इसमें गांधी की हत्या की बरसी '30 जनवरी' के दिन जन संकल्प, एक बड़ा हस्ताक्षर अभियान, राज्य स्तरीय रैलियाँ और 14 अप्रैल को एक राष्ट्रीय रैली शामिल थी।

वाम दलों के अनुसार 26 जनवरी, 1993 को पश्चिम बंगाल में बनाई गई 'मानव शृंखला' में लगभग दो करोड़ लोगों ने हिस्सा लिया और राष्ट्रीय स्तर पर पिचहत्तर लाख हस्ताक्षर इकट्ठा कर राष्ट्रपति को भेजे गए। निस्सन्देह ये पहलकदमियाँ प्रशंसनीय थीं लेकिन 6 दिसम्बर का निर्णायक मोड़ भारतीय राजनीति में आ चुका था। भारतीय धर्मनिरपेक्षता को भविष्य में इसकी भारी कीमत चुकानी थी।

1990 के दशक के मध्य के वर्ष भारतीय राजनीति के महत्त्वपूर्ण पुनर्गठन के साक्षी

बने। क्षेत्रीय दलों का पर्याप्त विकास हुआ जबकि कांग्रेस का उतार जारी रहा और भाजपा की संसदीय शक्ति लगातार बढ़ती रही। 1996 में वह 161 सांसदों के साथ लोकसभा में भारत की अकेली सबसे बड़ी पार्टी बन गई। उसने अल्पमत की सरकार बनाई जो तीन विवादित किन्तु केन्द्रीय रूप से हिन्दुत्व वाले मुद्दों (कश्मीर पर अनुच्छेद 370, अयोध्या में राम मन्दिर और मुस्लिम पर्सनल लॉ को निशाना बनाने वाली समान नागरिक संहिता) पर अपने रुख के कारण बुरी तरह अलग-थलग पड़ गई। सरकार कुल मिलाकर तेरह दिन तक चली। इसके बाद एक अविश्वास प्रस्ताव पर वह बुरी तरह पराजित हुई।

'ऐतिहासिक भूल'

1996 में वाजपेयी सरकार के शर्मनाक पतन ने गैर कांग्रेसी-गैर भाजपा 'तीसरे मोर्चे' की ताकतों में ऊर्जा भर दी, इसमें कम्युनिस्ट पार्टियों ने एक निर्णायक भूमिका निभायी। माकपा के महासचिव हरकिशन सिंह सुरजीत ने एक नए संयुक्त मोर्चे के गठन को अपना मिशन बना लिया (1989 की तरह उस समय भी इसे राष्ट्रीय मोर्चा कहा गया, हालाँकि जल्दी ही उसने अपना नाम बदल लिया)। इस गठबन्धन में समाजवादी पार्टी, तेलुगु देशम पार्टी, द्रविड़ मुन्नेत्र कजगम (डीएमके) और जनता दल के लालू यादव वाले धड़े जैसे दर्जनों क्षेत्रीय दल शामिल हुए। लेकिन वाम के समर्थन के बावजूद लोकसभा में बहुमत जुटाने के लिए इसे कांग्रेस के समर्थन की दरकार थी। यह जरूरी था कि मोर्चे का प्रधानमंत्री पद का उम्मीदवार वाम और कांग्रेस सहित इन सभी दलों को स्वीकार्य हो।

वाम के सर्वाधिक प्रसिद्ध चेहरे ज्योति बसु के पक्ष में एक स्पष्ट सर्वसहमति बन गई। ज्योति बसु लगभग दो दशकों तक पश्चिम बंगाल के मुख्यमंत्री रहे थे, वह अतुलनीय नैतिक शक्ति वाले नेता थे जिनकी राजनीतिक कुशाग्रता और राजनीतिक कौशल का सभी सम्मान करते थे।[69] संयुक्त मोर्चा प्रकटतः बसु को प्रधानमंत्री पद देने का प्रस्ताव करने वाला पहला अथवा अकेला समूह नहीं था। एक पूर्व वरिष्ठ पुलिस अधिकारी ने हाल ही में दावा किया है कि राजीव गांधी ने दो बार ऐसा किया था : पहली बार 1990 में और फिर 1991 में।[70] अनेक गैर भाजपा नेताओं ने 1996 में माकपा को सरकार में शामिल होने और उसका नेतृत्व करने के लिए राजी करने का जोरदार सम्मिलित प्रयास किया था।

साम्यवादी विचारधारा के प्रति अपने समर्पण के बावजूद संयुक्त मोर्चे को विश्वसनीयता और प्रतिष्ठा प्रदान करने में बसु की स्थिति अन्य किसी भी नेता से बेहतर थी। लेकिन, प्रधानमंत्री का पद स्वीकार करने, न करने का अधिकार बसु के पास नहीं था। यद्यपि वह इसके पक्ष में थे। यह विकल्प चुनने का अधिकार माकपा का था जो अब राष्ट्र की सबसे चहेती पार्टी बन गई थी। अचानक सामने आए इस अनूठे अवसर पर विचार-विमर्श करने के लिए 11 मई को माकपा के पालिट ब्यूरो की बैठक हुई। बताया जाता है कि उसने बहुमत से सरकार में भागीदारी करने का फैसला किया।[71] लेकिन अन्तिम निर्णय केन्द्रीय समिति को करना था जिस पर पश्चिम बंगाल और केरल का प्रभुत्व था। इन राज्यों में कांग्रेस पार्टी कम्युनिस्ट पार्टी की प्रमुख विरोधी पार्टी थी। माकपा के अधिसंख्य सांसद भी इन्हीं दोनों राज्यों से थे।

केन्द्रीय समिति एक लम्बी बहस के लिए 13 मई को मिली। उसने पालिट ब्यूरो

के निर्णय को अस्वीकार कर इस प्रस्ताव को ठुकरा दिया और इस प्रकार मोर्चे के उन नेताओं को दुखी और निराश कर दिया जिन्होंने बसु के नेतृत्व पर बड़ी आशाएँ लगा रखी थीं। सुरजीत, बसु, भाकपा के महासचिव ए.बी. वर्धन, पूर्व प्रधानमंत्री वी.पी. सिंह और राष्ट्रीय मोर्चे के मुलायम सिंह यादव, चन्द्रबाबू नायडू, रामविलास पासवान और एम. करुणानिधि जैसे दिग्गज नेता झुंड बनाकर नई दिल्ली स्थित नए बिहार भवन गए। उन्होंने माकपा की केन्द्रीय समिति से अपने फैसले पर पुनर्विचार करने का अनुरोध करने का फैसला किया।

केन्द्रीय समिति अगले दिन फिर मिली और उसने अपना पिछला फैसला दोहरा दिया। बताया जाता है कि उसे बाईस के मुकाबले सत्ताईस मतों का समर्थन प्राप्त था।[72] लेकिन समिति ने यह नहीं बताया कि उसने इस प्रस्ताव को किस आधार पर ठुकराया है, इसके पीछे रणनीतिक प्रकृति के कारण थे या कार्यनीतिक प्रकृति के। उसने यह भी नहीं बताया कि किन दशाओं अथवा परिस्थितियों के तहत वह इस तरह के किसी प्रस्ताव पर पुनर्विचार कर सकती है। माकपा में फैसले लेने वाले सर्वोच्च निकाय-पार्टी कांग्रेस-में इस मुद्दे पर बहस होने तक एक लम्बी खामोशी छायी रही। मई 1996 के संकट के बाद पहली बार अक्तूबर 1998 में कलकत्ता में कांग्रेस का आयोजन हुआ।

कांग्रेस ने सरकार में भागीदारी के सवाल पर अल्पमत और बहुमत दोनों के हिमायतियों को अपने विचार प्रकट करने की अनुमति दी। लेकिन यह बहसें, जिन्हें पार्टी कांग्रेस के दस्तावेजों में बीस से ज्यादा पन्नों में जगह दी गई, आश्चर्यजनक ढंग से अस्पष्ट थीं और दोनों पक्षों की ओर से पुनर्प्रस्तुत 'बुनियादी सिद्धान्तों' के वक्तव्य पार्टी की पिटी पिटाई विशिष्ट शब्दावली के पीछे छिपे थे जिससे बहुमत के फैसले का आधार अथवा औचित्य स्पष्ट नहीं हो पाया। दस्तावेजों ने केन्द्रीय मुद्दे को प्रभावी ढंग से दबा दिया। बताया गया कि केन्द्रीय समिति के फैसले पर कांग्रेस में मतदान कराया गया। बसु की लाइन 198 के मुकाबले 441 मतों से बुरी तरह पिट गई।[73]

चूक के कारण हुई पराजय?

केन्द्रीय समिति के (और बाद में कलकत्ता कांग्रेस के) निर्णय के तार्किक आधार पर मीडिया में अटकलों का बाजार गर्म रहा। अनेक पत्रकारों ने इसका सम्बन्ध इस तथ्य से जोड़ा कि माकपा ने विशेषकर पश्चिम बंगाल और केरल में लोकसभा का चुनाव, 'जुड़वां खतरे', जिनका प्रतिनिधित्व कांग्रेस और भाजपा करती हैं, के राजनीतिक आधार पर लड़ा था। इसलिए समिति के अधिसंख्य सदस्यों को कांग्रेस के समर्थन पर निर्भर सरकार चलाना स्वीकार नहीं होगा। केन्द्रीय समिति में मतविभाजन किस आधार पर हुआ, इसको लेकर भी अटकलें थी। सरकार में भागीदारी के दो मुख्य समर्थकों, सुरजीत और बसु को बुद्धदेव भट्टाचार्जी, हन्नान मुल्ला और एम.ए. बेबी का समर्थन प्राप्त था। दूसरी ओर थे प्रकाश करात, बिमान बोस, अनिल बिस्वास, ई.के. नायनार और वी.एस. अच्युतानन्दन।[74]

इस बीच, 14 मई को एक अनोखी घटना हुई। अनेक वाम समर्थक, जिनमें माकपा के कुछ सदस्य और प्रगतिशील सांस्कृतिक संगठनों से जुड़े कुछ सक्रियतावादी शामिल थे,

केन्द्रीय समिति से अपने फैसले पर पुनर्विचार करने का अनुरोध करने के लिए नई दिल्ली में माकपा के मुख्यालय ए के गोपालन भवन के सामने एकत्र हुए। देश के वामपन्थी बुद्धिजीवियों, जिनमें कुछ बहुत प्रमुख हस्तियाँ शामिल थीं, द्वारा समर्थित एक हस्ताक्षर अभियान शुरू किया गया। हस्ताक्षर करने वालों में कुछ ऐसे भी थे 'जो माकपा के बहुत घनिष्ठ के रूप में जाने जाते थे।'[75] जल्दी ही यह घटना व्यापक रूप से प्रचारित हो गई। सम्भवतः पहली बार ऐसा हुआ कि किसी वाम दल के समर्थकों ने किसी गम्भीर नीतिगत मामले में इस तरह का सार्वजनिक हस्तक्षेप किया अथवा उसके नेतृत्व के नाम एक खुली अपील जारी की।

अभियान के वक्तव्य में कहा गया : 'एक नई सरकार में भागीदारी न करने का माकपा का फैसला...एक तीसरा मोर्चा बनाने की माकपा की पूरी कोशिश, एक कोशिश, जिसकी तार्किक परिणति सरकार में भागीदारी ही होनी थी, के विपरीत जाता है... । माकपा के नेतृत्व में वाम शक्तियों को न केवल भाजपा को सत्ता से बाहर रखने में बल्कि और महत्त्वपूर्ण ढंग से भाजपा की हाल की सफलता के पीछे के असली कारणों को उखाड़ फेंकने के काम में भी एक जरूरी भूमिका निभानी है। उनकी दृष्टि और उनका विवेक आम जनता को राहत देने के लिए एक ऐसे सामाजिक-आर्थिक कार्यक्रम को क्रियान्वित करने के लिए जरूरी है जो उदासीनता और निराशा तथा "घोटालों" और "रथ यात्राओं" के युग से अन्ततः बाहर निकलने लिए जनता में उत्साह भरेगा। इस समय जो चीज सबसे ज्यादा जरूरी है वह है एक नई शुरुआत के लिए साहसपूर्ण पहल। और यह पहल वाम ही कर सकता है... । यह बहाने बनाने का समय नहीं है। सरकार में भागीदारी से माकपा कांग्रेस पार्टी के दबाव में आ सकती है, इस डर का सबसे बढ़िया ढंग से मुकाबला परदे के पीछे की जोड़तोड़ की जगह 'खुली राजनीति' से किया जाता है।'[76] केन्द्रीय समिति पर इस अपील का कोई असर नहीं हुआ और वह अपने निर्णय पर डटी रही।

जनवरी 1997 में बसु ने इस फैसले को एक 'ऐतिहासिक भूल' कहा।[77] उनका यह कथन बहुत प्रसिद्ध हुआ। 2010 में उनकी मृत्यु हुई, तब तक उन्होंने यह बात बार-बार दोहराई। इस मुद्दे पर माकपा और भाकपा के भीतर और पार्टी से बाहर के वाम में बहुत उग्र बहसें हुईं। भाकपा संयुक्त मोर्चा सरकार में शामिल हुई थी, इन्द्रजित गुप्त उसमें गृहमंत्री थे और चतुरानन मिश्र कृषिमंत्री। माकपा के फैसले के बचाव में तीन तरह के तर्क दिए गए थे। नियमबद्ध तकनीकी तर्क के अनुसार माकपा के 1964 के पार्टी कार्यक्रम का अनुच्छेद 112 उसे केवल राज्य सरकार में भागीदारी करने का आदेश देता है, केन्द्र सरकार में नहीं। इस आदेश का उद्देश्य है राष्ट्र की 'आर्थिक और राजनीतिक समस्याओं' को बुनियादी तौर पर हल किए बिना जनता को तत्काल राहत प्रदान करना, 'मौजूदा बुर्जुआ-भूस्वामी राज्य' को हटाये जाने की जरूरत पर उन्हें 'शिक्षित' करने के अवसर जुटाना और 'जनान्दोलनों को मजबूत बनाने में' सहायता देना।

तीन तर्कों में से पहले के अनुसार वाम, विशेषकर माकपा, संयुक्त मोर्चा सरकार की नीतिगत कार्ययोजना पर नियंत्रण नहीं रख पाएगी, न ही वह अपनी कोई कार्ययोजना बना पाएगी, यहाँ तक कि उस समय वाम के अपने बहुत कम संसदीय प्रतिनिधित्व (540 सदस्यों वाली लोकभा में 53 सांसद) को देखते हुए वह उसे पर्याप्त रूप से प्रभावित

भी नहीं कर पाएगी। क्षेत्रीय दल और कांग्रेस ये सभी नव उदारवादी नीतियों के गुलाम हैं और इन्होंने अनेक तरह से साम्प्रदायिकता से समझौता किया है। ये वाम को अपनी तिकड़मों का शिकार बनाएँगे और उसे अपने कार्यक्रमों और नीतियों को हलका करने पर मजबूर करेंगे। इस तरह भागीदारी से लाभान्वित होने के बजाय वाम अपनी साख गँवा देगा।

दूसरा तर्क यह था कि शत्रुतापूर्ण संघ परिवार और आम तौर पर पुलिस–नौकरशाही से माकपा को इतने जबर्दस्त विरोध का सामना करना पड़ेगा कि इसके मनोनीत नेता को नई सरकार बनाने के लिए आमंत्रित नहीं किया जाएगा। यदि वह सरकार का नेतृत्व कर भी ले तो वह ज्यादा देर चल नहीं पाएगा विशेषकर यदि संघ परिवार इसे अस्थिर करने के उद्देश्य से हिंसक साधनों का सहारा ले। इससे भी बदतर स्थिति यह होगी कि माकपा के अपने सहयोगी और समर्थक दल उसका साथ छोड़ देंगे और अपने विरोधियों के विरुद्ध दमनात्मक उपायों का इस्तेमाल करने के कारण वह अलोकप्रिय हो जाएगी।

तीसरा तर्क यह था कि कम्युनिस्ट पार्टियाँ मूलतः कार्यकर्ता–आधारित पार्टियाँ हैं। इन पार्टियों की ताकत अन्ततः अपने जमीनी कार्यकर्ताओं के मनोबल पर और विचारधारा, कार्यक्रमों और नीतियों पर नेताओं की निष्ठा में उनके विश्वास पर निर्भर है। 'व्यावहारिकता' के तकाजे के आधार पर इनसे किसी भी तरह पीछे हटने से कार्यकर्ताओं का मनोबल टूटेगा, वाम राजनीति में बिखराव आएगा और यह खतरा संयुक्त मोर्चे की जगह भाजपा के सत्ता में आ जाने से 'फासीवादी' ताकतों के बढ़ने की आसन्न सम्भावना (सरकार में भागीदारी के समर्थकों द्वारा बहुत बढ़ा चढ़ा कर पेश किया गया खतरा) के मुकाबले कहीं ज्यादा बड़ा खतरा है। अतः तीनों तरह के तर्क के अनुसार उचित यही था कि संयुक्त मोर्चे का नेतृत्व करना तो दूर उसमें भागीदारी को भी अस्वीकार किया जाए। इसके बजाय वाम को अपना ध्यान अपनी संसदीय ताकत को बढ़ाने पर तब तक केन्द्रित रखना चाहिए जब तक कि वह इस स्थिति में न आ जाए कि अपनी खुद की कार्ययोजनाओं के आधार पर राष्ट्रीय सत्ता के लिए विश्वसनीय ढंग से अपना दावा प्रस्तुत कर सके।[78]

निर्णायक मोड़बिन्दु

लेकिन जैसा कि अनेक विश्लेषकों ने तर्क दिया है, इस तरह के तर्क 1996 की विशिष्ट यहाँ तक कि अनूठी प्रकृति को नजरअन्दाज करते हैं जिसमें अपनी नैतिक सत्ता के साथ वाम का नेतृत्व काफी कुछ उसी तरह एक कार्ययोजना तय करने वाली अथवा रूपान्तरकारी भूमिका निभा सकता था, जैसे संविधानसभाएँ ऐतिहासिक अथवा व्यवस्थित संक्रमणों की स्थितियों में कार्यवाहियों के लिए नए नियम बना कर करती हैं। आमूल परिवर्तनवादी दल हमेशा बहुमत के समर्थन का इंतजार नहीं करते, वे ऐसी दशाएँ निर्मित कर सकते हैं जहाँ वे बहुमत सिद्ध किए बिना उदाहरण और पहलकदमी की शक्ति के माध्यम से बहुमत का समर्थन पा सकते हैं।

1996 का वर्ष सम्भवतः ऐसा ही महत्त्वपूर्ण मोड़बिन्दु था जहाँ जनता की सामाजिक परिवर्तन की आकांक्षाओं ने एक के बाद एक शासनों द्वारा कुंठित किए जाने के बावजूद अब तक हार नहीं मानी थी। वे वाम की ओर रूझान वाले कल्पनापूर्ण कार्यक्रमों और नीतियों

में शामिल होने के लिए तैयार थीं विशेषकर यदि उन्हें जन गोलबन्दी की रणनीतियों से जोड़ दिया जाता और उन्हें प्रगतिशील विषयों और जनता में अपील से जुड़े मुद्दों पर विशिष्ट जन अभियान चलाने के वाम के इरादों की घोषणा का सहारा मिल जाता।

संयुक्त मोर्चे जैसे एक व्यापक गठबन्धन द्वारा ऐसे कार्यक्रमों का बनाया जाना और उन्हें स्वीकार किया जाना निश्चय ही बातचीत और कठोर सौदेबाजी का विषय होता। लेकिन इस बात की कोई वजह न थी कि वाम एक अधिक बड़े, सुसंगत सम्पूर्ण परिप्रेक्ष्य पर आधारित ऐसी सौदेबाजी में एक प्रबल आमूल परिवर्तनवादी रुख अपनाए जाने के लिए दबाव बनाने में पीछे हटता जबकि अपनी विचारधारात्मक-सैद्धान्तिक तैयारी और अन्य सभी दलों के मुकाबले कहीं अधिक समृद्ध बौद्धिक संसाधनों के कारण इसे मुखरित करने में वाम सर्वाधिक उपयुक्त था।

वाम कम-से-कम अपनी नीतियों को आगे बढ़ाने की कोशिश तो कर ही सकता था और संयुक्त मोर्चे के दलों से उनका नेतृत्व करने की अपनी कीमत के हिस्से के रूप में उनसे कुछ बड़ी रियायतें हासिल कर सकता था। उसने कोशिश नहीं की। वाम ने यह तय करने के लिए कि वह संयुक्त मोर्चे का प्रस्ताव स्वीकार करे या न करे, किसी प्राथमिक कसौटी के रूप में वैकल्पिक नीति पैकेज प्रस्तुत करने के लिए अपने विश्लेषणात्मक संसाधनों का इस्तेमाल भी नहीं किया। अस्वीकार की स्थिति में भी उस विकल्प से बहस में कुछ स्पष्टता आई होती। कम-से-कम भविष्य के लिए वह एक सन्दर्भ का काम करता।

दूसरा तर्क मौजूदा राजनीतिक व्यवस्था की सीमाओं का पता लगाने और उन्हें परखने के विचार को प्राथमिक सिद्धान्त शैली में खारिज करने पर

आधारित प्रतीत होता है। ये हमेशा के लिए पूर्व प्रदत्त नहीं होते। रचनात्मक राजनीतिक पहलकदमियों और जनान्दोलनों के माध्यम से ही इनसे निपटा जा सकता है। यही अव्वल दर्जे की, या यों कहें कि सड़क पर उतर कर आन्दोलन करने की राजनीति है जिसमें प्रयोगशीलता और थोड़ा जोखिम उठाना अपरिहार्य रूप से शामिल है बशर्ते वह विवेकपूर्ण और तर्कसंगत हो। असफलता के डर से किसी वाम दल को खतरों से इतना विमुख नहीं हो जाना चाहिए कि वह शासन प्रणाली और नीति निर्धारण में एक नया जीवन फूंकने और इस प्रकार राजनीतिक शक्तियों का सन्तुलन बदलने का अवसर गँवा दे या उसे बेकार कर दे।

जहाँ तक कार्यकर्ता आधारित पार्टी सम्बन्धी तर्क की बात है, समय बीतने के साथ इसकी प्रासंगिकता घटती गई है क्योंकि वाम ने अपनी आन्तरिक संरचनाओं को स्वयं पुनर्गठित किया है और बड़ी संख्या में अपनी कतारों में ऐसे सदस्यों को भरती करने की अनुमति दी है जो इसकी विचारधारा से प्रेरित नहीं हैं।[79] इसके साथ ही, 'शुद्धता' की कोई ऐसी विभाजक रेखा नहीं है जो किसी कार्यकर्ता आधारित कम्युनिस्ट पार्टी को संसदीय राजनीति करने वाले और चुनावी गोलबन्दी तथा चुनाव के बाद के गठबन्धनों के लिए अपनी काफी ऊर्जा खर्च करने वाले एक आम दल से अलग करती हो। ऐसी गोलबन्दियों के आदी कार्यकर्ता तर्कपूर्ण समझौतों और समायोजनों को समझ सकते हैं।

आखिरकार, अपने से विचारधारात्मक रूप से भिन्न दलों के साथ गठबन्धन करने का भारतीय कम्युनिस्ट पार्टियों का एक लम्बा इतिहास रहा है। और उस स्थिति में भी वे पर्याप्त सफलता के साथ प्रगतिशील नीतियों और कार्यक्रमों को आगे बढ़ा सकी थीं।

1996 में अपने फैसले का स्पष्टीकरण देने से माकपा के इनकार ने कार्यकर्ताओं को पूरी तरह से भ्रमित कर दिया। ज्यादा से ज्यादा वे इस विषय में अनुमान ही लगा सकते थे।

नकारात्मक और सकारात्मक सबक

भारत के कम्युनिस्ट आन्दोलन ने, जिसने विश्व में कहीं भी लोकतांत्रिक चुनावों के माध्यम से एक काफी बड़े क्षेत्र या प्रान्त में (1957 में केरल में) सत्ता में आने का अनूठा गौरव प्राप्त किया था, पहली बार अपने एक सदस्य को एक राष्ट्रीय सरकार का, वह भी विश्व की दूसरी सबसे बड़ी आबादी वाले देश में, नेतृत्व करने के लिए चुने जाने का अवसर खो दिया। जिस दशक में सोवियत संघ का विघटन हुआ, पूर्व समाजवादी देशों में गम्भीर रूप से दोषपूर्ण नाममात्र के लोकतंत्रों में बेचैन और थके हारे, ऊबे मतदाताओं द्वारा घोर मार्क्सवादविरोधी पूर्वकम्युनिस्टों को सत्ता में लाने की प्रवृत्ति प्रबल थी, उसी दशक में इस घटना ने अन्तरराष्ट्रीय मजदूर वर्ग के आन्दोलन का मनोबल कितना ऊँचा कर दिया होता।

अनेक परिकल्पनाएँ इस बात की व्याख्या करने में सक्षम हैं कि माकपा ने उस असाधारण अवसर को क्यों ठुकरा दिया अथवा क्यों बेकार गँवा दिया, जैसे विचारधारात्मक, राजनीतिक सिद्धान्त अथवा 'शुद्धता' के साथ अटल रूप से (आत्मबलिदान अथवा त्याग की हद तक) चिपके रहना; जो व्यवस्थाएँ पार्टी के प्रभुत्व अथवा नियंत्रण में न हों उनमें (विशेषकर नीतिगत कार्ययोजना के सन्दर्भ में) सत्ता की साझेदारी में झिझक; राष्ट्रीय अथवा अन्तरराष्ट्रीय विचारों पर संकीर्ण क्षेत्रीय (बंगाल-केरल) विचारों को 'व्यावहारिक' रूप से विशेष स्थान देना; व्यवहार (जैसा कि वह पहले ही कर चुकी है) और सिद्धान्त दोनों में सामाजिक लोकतंत्र को गले लगाने के लिए कट्टरपन्थी स्तालिनवाद के विचारधारात्मक खोल से बाहर निकलने में अत्यधिक हिचकिचाहट; एक सत्तारूढ़ गठबन्धन में पार्टी किस वैकल्पिक नीतिगत एजेंडा के लिए संघर्ष करेगी इस विषय में स्पष्टता का अभाव; अथवा कम उदारतापूर्वक कहा जाए तो राष्ट्रीय स्तर पर सोचने, कुछ बड़ा सोचने के प्रति महज राजनीतिक दब्बूपन अथवा भीरुता और अनिच्छा।

इन कारकों में कौन सा कारक अथवा कारकों का समुच्चय हावी रहा यह महज एक अकादमिक सवाल नहीं है बल्कि यह एक बहुत महत्त्वपूर्ण मुद्दा है जो भारत की कम्युनिस्ट पार्टियों के विकास की सम्भावित दिशा का संकेत देगा। हम इस विषय पर बाद में आएँगे।

माकपा के मई 1996 के दुर्भाग्यपूर्ण फैसले को कोई किसी भी तरह ले, यहाँ एक अधिक दिलचस्प और सार्थक सवाल पूछा जा सकता है कि इस पूरे प्रकरण से क्या सबक लिए जा सकते हैं और क्या भविष्य में ये सबक सम्पूर्ण वाम के लिए उपयोगी होंगे। एक नकारात्मक सबक, जो माकपा ने नहीं लिया, यह है कि स्थानीय अथवा क्षेत्रीय मुद्दों के साथ संकीर्ण ढंग से उलझे रहने से राष्ट्रीय चुनौतियों और उसमें भी बहुत बड़ी चुनौतियों के साथ वास्तविक जुड़ाव से विमुख होना स्वाभाविक है। जिस सीमा तक राज्यस्तरीय सरोकारों की भूमिका रहेगी, जो कि रही होगी (विशेषकर पश्चिम बंगाल के सन्दर्भ में, जो सम्भव प्रतीत होती है जैसा कि हम बाद में देखेंगे), निर्णय लेने की प्रक्रिया पर उसका उतना ही हानिकारक प्रभाव पड़ेगा।

एक बड़ा सकारात्मक सबक, जो माकपा ने ले ही लिया, यह है कि सरकारों में शामिल होने के विषय में फैसला करने में लचीलापन महत्त्वपूर्ण है। जल्दी ही माकपा ने केन्द्र सरकार में भागीदारी की अनुमति के लिए 1967 के अपने पार्टी कार्यक्रम को संशोधित किया।[80] यह इस सम्भावना को मान्यता देता है कि 'तेजी से बदलती राजनीतिक स्थिति की जरूरतों' में राष्ट्रीय सत्ता संरचनाओं में कम्युनिस्ट भागीदारी हो सकती है, हालाँकि इसमें ऐसी भागीदारी के सटीक आधार, उद्देश्य, अवधि और सीमाओं को परिभाषित नहीं किया गया।

परवर्ती पार्टी कांग्रेसों और केन्द्रीय समिति की बैठकों (उदाहरण के लिए 1998 की कलकत्ता कांग्रेस और 2002 की हैदराबाद कांग्रेस) में स्वीकृत प्रस्तावों में भी राजनीतिक उथल-पुथल और गहन अस्थिरता की स्थिति की व्यापकता को रेखांकित किया गया जो एक 'वाम और लोकतांत्रिक मोर्चे' या सरकारों के गठन के अवसर तो देगी लेकिन जरूरी नहीं कि ऐसा कम्युनिस्टों की पसन्द के समय पर हो। स्वाभाविक है कि ऐसी सरकारों में गैर कम्युनिस्ट दल शामिल होंगें।

इसमें भी लचीलापन दिखाई देता है। लेकिन 'वाम और लोकतांत्रिक मोर्चे' की शब्दावली बाद में एक 'तीसरी शक्ति' और फिर एक 'तीसरे विकल्प' के रूप में हलकी कर दी गई। ये सभी अस्पष्ट और नकारात्मक ढंग से एक गैर भाजपा-गैर कांग्रेस निर्मिति के रूप में परिभाषित थे। गठबन्धन बनाने के लिए मानदंड और दशाएँ स्पष्ट रूप से परिभाषित न किए जाने की स्थिति में इससे सभी तरह के दलों के साथ सम्भावित अवसरवादी गठबन्धन बनाना आसान हो जाता। और वे परिभाषित नहीं थे।

इस प्रकार, 'तीसरे मोर्चे' या 'वाम लोकतांत्रिक मोर्चे' 'वालोमो' (एलडीएफ) की हर तरह की व्याख्या की जा सकती थी। बाबरी मस्जिद ध्वंस के कुछ ही समय बाद 1994 में नम्बूदिरीपाद ने इसके आधार पर इंडियन यूनियन मुस्लिम लीग से टूट कर अलग हुए एक धड़े के साथ गठबन्धन के पक्ष में तर्क दिया। 1996 में माकपा की केन्द्रीय समिति ने निश्चय किया कि लोकसभा में भाजपा के सबसे बड़ी पार्टी के रूप में उभरने से बनी नई स्थिति के सन्दर्भ में और केन्द्र की सत्ता में एक प्रतिक्रियावादी साम्प्रदायिक पार्टी के आ जाने की बहुत गम्भीर सम्भावना को देखते हुए व्यापक आधार वाली एक गैर कांग्रेस धर्मनिरपेक्ष सरकार को, जिसे कांग्रेस बाहर से समर्थन दे सकती है, अस्तित्व में लाने का प्रयास करना आवश्यक है। इसके परिणामस्वरूप संयुक्त मोर्चे का गठन हुआ जिसे पार्टी ने समर्थन तो दिया लेकिन उसमें शामिल नहीं हुई।

लेकिन फिर भी, वह सुनिश्चित कार्यक्रमात्मक बुनियाद परिभाषित नहीं की गई थी जिस पर इस तरह के विभिन्न मोर्चे बनाये जा सकते। इन मोर्चों में विविध दलों के शामिल होने या उन्हें बाहर रखने के मानदंड अनकहे रहे। कम्युनिस्टों की अपनी 'लक्ष्मण रेखाएँ' भी स्पष्ट रूप से नहीं खींची गई थीं। हो सकता है कि यह सब कार्यनीतिक लचीलेपन के लिए किया गया हो लेकिन इससे अस्थिर, अव्यावहारिक अथवा सिद्धान्तहीन सत्ताभिमुख गठबन्धन बनाने की सम्भावना खुली छूट गई। जमीनी काम से कटे ऐसे गठबन्धन बनाने से वाम अस्थिर तीसरे मोर्चे अथवा तीसरे मोर्चे पर आधारित व्यवस्थाओं की शृंखलाओं के साथ बँध जाता अथवा उनमें कैद हो जाता जो उसके सुनिश्चित विशिष्ट स्वतंत्र चरित्र को कमजोर करतीं और उसकी साख को कम करतीं।

आजाद भारत में वाम ने महान सम्भावनाओं, वस्तुत: गौरवपूर्ण, उल्लासपूर्ण आशा के साथ अपना जीवन शुरू किया था। लगता था कि वह जन गोलबन्दी और संसदीय राजनीति को एक साथ जोड़कर एक शक्तिशाली राष्ट्रीय भूमिका निभाने के लिए तैयार है। केरल में उसने ऐतिहासिक उपलब्धियाँ अर्जित कीं लेकिन उसने कोई ऐसी सुसंगत अखिल भारतीय राजनीतिक रणनीति विकसित नहीं की जो उसके अग्रगामी अभियान को कायम रख सकती। जन संगठनों के साथ वाम के सम्पर्क कमजोर हो गए और विशेषकर पश्चिम बंगाल में वह क्षेत्रीय दृष्टि और एक अपेक्षतया संकीर्ण कार्ययोजना वाली विखंडित पार्टियों का आन्दोलन बन कर रह गया। अन्तरराष्ट्रीय समाजवाद के विघटन के बाद भी वह आत्मविश्वासपूर्वक अपना अस्तित्व बचाये रहा था। लेकिन 1996 में इसने एक ऐतिहासिक अवसर गँवा दिया। जल्दी ही इसकी सम्भावनाएँ धूमिल हो गईं। क्या वाम अपनी पहल पुनः हासिल कर सकता है, इस पर चर्चा अध्याय 9 और 10 में की गई है।

4

लाल बंगाल में सत्तारूढ़ वाम

भूमि सुधार, पंचायती राज, पार्टी का नियंत्रण

पश्चिम बंगाल में मुख्यधारा की कम्युनिस्ट पार्टियों और उनके सहयोगियों से मिलकर बना वाम मोर्चा, एक राज्य में अबाधित रूप से 34 वर्ष तक शासन करने के अपने चकित कर देने वाले रिकार्ड के कारण अब तक अद्वितीय है। इसका नेतृत्व भारत की कम्युनिस्ट पार्टी (मार्क्सवादी) ने किया। किसी राज्य में किसी भी पार्टी या गठबन्धन के लिए—चाहे वह कम्युनिस्ट हो या बुर्जुआ—दुनिया के किसी भी चुनावी लोकतंत्र में सत्ता में बने रहने की यह सबसे लम्बी अवधि है। वाम मोर्चे ने कुछ ऐसे काम किए जो भारत में शायद ही किसी अन्य पार्टी ने किए हों। उदाहरणार्थ उसने विशेषाधिकार सम्पन्न भूस्वामी हितों पर निर्भर किए बिना ग्रामीण क्षेत्रों में अपनी पैठ बनायी जबकि पहले अधिकतर राज्यों में ग्रामीण क्षेत्रों में पैठ बनाने के लिए विशेषाधिकार प्राप्त भूस्वामी हितों का सहारा लिया जाता था। वाम मोर्चा प. बंगाल में कानून और व्यवस्था भी वापस लाया। उसने उस राज्य को राजनीतिक स्थिरता प्रदान की जो लम्बे समय से चली आ रही उथल-पुथल और हिंसा से क्षत-विक्षत था और उसने यह काम अपेक्षतया तेजी के साथ किया।

लेकिन ये उपलब्धियाँ मोर्चे के प्रदर्शन से मेल नहीं खाती थीं। पहले दशक में पंचायती राज के माध्यम से कृषि सम्बन्धों में महत्त्वपूर्ण सुधार और सत्ता का विकेन्द्रीकरण हुआ जिसने यह उम्मीद जगा दी कि धीरे-धीरे ही सही, आमूल परिवर्तनवादी सामाजिक बदलाव का एक नया माडल जल्दी ही ठोस रूप में सामने आएगा। इसके बाद अगला दशक धीमी प्रगति और ठहराव का था जिसके परिणामस्वरूप सामाजिक विकास के सूचकांकों में उतार आया, राज्य संरचनाओं में विशेषकर ग्राम पंचायतों में नौकरशाही का प्रभुत्व हो गया और वे जड़ीभूत हो गईं। उसके बाद अधिकाधिक रूढ़िवादी आर्थिक नीतियाँ अपनाई गईं और मूल वादे के साथ सीधा धोखा किया गया जिसके परिणामस्वरूप बड़े बेआबरू होकर उसे सत्ता से बाहर हो जाना पड़ा।

वाम मोर्चे ने काश्तकार-पंजीकरण और सुरक्षा कार्यक्रम शुरू किया जो काश्तकारों के पंजीकरण और सुरक्षा का भारत का सबसे बड़ा कार्यक्रम बन गया लेकिन वाम मोर्चे ने इसे आगे तक जाकर वास्तविक काश्तकारों के नाम भूस्वामित्व का बड़े पैमाने पर स्थानांतरण नहीं किया। मोर्चे के घटकों की जड़ें छोटे किसानों की बीच गहरे धंसी हुई थीं लेकिन जल्दी ही उन्होंने ग्रामीण पंचायतों में मध्य और ऊपरी स्तरों का दबदबा कायम हो

जाने दिया जिसने उनकी आमूल परिवर्तनवादी क्षमता को कमजोर किया।

मोर्चे ने विशेषकर माकपा ने चुनाव जीतने की कला में महारत हासिल कर ली थी, वह सात विधानसभा चुनाव लगातार जीता था लेकिन उसने ऐसा अपने सर्वहारा आधार को पर्याप्त रूप से आमूल परिवर्तनवादी बनाये बिना और इस आधार का विस्तार किए बिना, लगातार वर्गीय शक्तियों का सन्तुलन वंचित वर्गों के पक्ष में बदले बिना, अथवा अपने प्रतिद्वन्द्वियों पर वर्चस्व तो दूर नियंत्रणकारी राजनीतिक श्रेष्ठता हासिल किए बिना किया था। मोर्चा 2011 में सत्ता से बाहर होने से बहुत पहले ही 1980 के दशक के मुकाबले कहीं कम आमूल परिवर्तनवादी रह गया था।

जनता (पार्टी) की भूल, वाम की जीत ?

यह इतिहास की विडम्बना ही है कि वाम मोर्चा, जो इतने उल्लेखनीय ढंग से टिकाऊ सिद्ध हुआ, पश्चिम बंगाल में जून 1977 में कुछ डगमगाती बुनियादों पर और कम-से-कम अंशत: अपने राजनीतिक विरोधियों की गलतियों के परिणामस्वरूप सत्ता में आया था। उस समय माकपा, फारवर्ड ब्लॉक, रिवाल्यूशनरी सोशलिस्ट पार्टी, रिवाल्यूशनरी कम्युनिस्ट पार्टी आफ इंडिया (आरसीपीआई), फारवर्ड ब्लाक (मार्क्सवादी) (एफबीएम) और बिप्लबी बांगला कांग्रेस (बीबीसी) से मिलकर बना छह दलीय गठबन्धन राज्य विधानसभा की 294 सीटों में से 231 पर विजयी हुआ जबकि 1972 के चुनावों में उसे बीस से कम सीटें मिली थीं। यह विजय आश्चर्यचकित करने वाली थी। सम्भवत: इसके लिए नवगठित जनता दल और भारतीय राष्ट्रीय कांग्रेस के बीच गैर वाम वोटों के बँटवारे को भी उतना ही श्रेय दिया जाना चाहिए जितना कि वाम मोर्चे के विशिष्ट कार्यक्रमों और नीतियों के आधार पर उसके मतदाताओं के समर्थन को। यद्यपि यह बात चुनाव अभियान में बहुत स्पष्ट रूप से दिखाई नहीं पड़ी थी।

मोर्चे की सफलता आपेक्षिक रूप से एक कम अन्तर पर टिकी थी : कुल वोटों में मोर्चे की 45.8 प्रतिशत की हिस्सेदारी, यानी कांग्रेस (23 प्रतिशत) और जनता पार्टी (20 प्रतिशत) के कुल वोट प्रतिशत से तीन से भी कम प्रतिशत अधिक वोट। लेकिन भारत की 'जो सबसे आगे उसी की जीत' वाली चुनाव प्रणाली के कारण त्रिकोणीय मुकाबले में इन दोनों पार्टियों को क्रमश: केवल बीस और उन्तीस सीटें ही मिल सकीं।[1]

यदि वाम मोर्चा विधानसभा चुनावों के लिए जनता पार्टी के साथ गठबन्धन बनाने में सफल हो गया होता, जिसके लिए दोनों बातचीत कर रहे थे, तो परिणाम नाटकीय ढंग से फर्क होते। यह उस प्रबन्ध के समान होता जो उन्होंने मार्च में हुए लोकसभा चुनावों के लिए किया था। उसका अच्छा लाभ मिला था। पश्चिम बंगाल की कुल बयालीस सीटों में से फ्रंट तेईस सीटों पर विजयी रहा था, जनता पार्टी को पन्द्रह सीटें मिली थीं। मार्च में अपने श्रेष्ठ प्रदर्शन के बावजूद कुछ संशयग्रस्त वाम मोर्चा विधानसभा में जनता पार्टी का कनिष्ठ सहयोगी बनने को आतुर था। इस मामले में जनता पार्टी ने अपनी ताकत को बहुत बढ़कर आँका और एक अव्यावहारिक सौदा करने का प्रयास किया। गठबन्धन की बातचीत टूट गई।

सीटों के बँटवारे पर जनता पार्टी और वाम मोर्चे के बीच मतभेद चुनाव क्षेत्रों की एक

अविश्वसनीय ढंग से छोटी संख्या (विधानसभा की कुल सीटों के कुल चार प्रतिशत) को लेकर था। मोर्चे ने उसके अपने शब्दों में 'कांग्रेस विरोधी एकता की खातिर' जनता पार्टी को 153 चुनाव क्षेत्रों (अथवा विधानसभा की कुल 294 सीटों का 52 प्रतिशत) पर लड़ने का प्रस्ताव दिया। जनता पार्टी ने पहले 200 सीटें (68 प्रतिशत) माँगी थी। अन्ततः वह अपनी माँग घटाकर 165 सीटों (56 प्रतिशत) पर ले आई। यह भी वाम को मंजूर नहीं था अतः वार्ता टूट गई। वाम मोर्चे ने अलग से चुनाव लड़ा।[2] जनता पार्टी की भूल मोर्चे की जीत बन गई।

अगर वाम मोर्चा और जनता पार्टी का गठबन्धन हो जाता तो मोर्चा 1977 में एक बिल्कुल फर्क मध्यमार्गी-वामपन्थी सत्तारूढ़ गठबन्धन का एक बहुत छोटा घटक बन गया होता और तब वाम दलों की भावी गति नाटकीय ढंग से फर्क हो सकती थी, सम्भवतः वैसी ही जैसी दो संयुक्त मोर्चों (1970-97) की हुई जिस पर आगे चर्चा की गई है।

1977 में, माकपा ने 224 चुनाव क्षेत्रों में चुनाव लड़ा और 178 सीटों पर विजयी हुई। उसे 35.5 प्रतिशत वोटों के साथ (तालिका अध्याय के अन्त में) विधानसभा में पूर्ण बहुमत मिला। पार्टी अपने बूते सरकार बना सकती थी लेकिन उसने दूरदर्शिता दिखाते हुए अपने छोटे सहभागियों को भी मंत्रिमंडल में शामिल किया, उनमें से कुछ को महत्त्वपूर्ण मंत्रालय दिए और इस तरह वाम मोर्च को मजबूत करने में मदद दी। जल्दी ही, भारतीय कम्युनिस्ट पार्टी (भाकपा) भी मोर्चे में शामिल हो गई। वह 1977 में मोर्चें में शामिल नहीं थी, कुल वोटों में उसे केवल 2.6 प्रतिशत वोट और केवल दो विधानसभा सीटें मिली थीं।

पश्चिम बंगाल के वामदल 1967 अथवा 1969 से भिन्न अब एक बिल्कुल नई जमीन पर खड़े थे। 1947 से राज्य पर शासन कर रही कांग्रेस मार्च 1967 में विधानसभा में बहुमत पाने में असफल रही। उसकी जगह ली चौदह दलों के एक गठबन्धन ने जिसका नाम संयुक्त मोर्चा था। संयुक्त मोर्चा में माकपा, भाकपा और फारवर्ड ब्लाक को महत्त्वपूर्ण प्रतिनिधित्व प्राप्त था लेकिन उसमें भारतीय राष्ट्रीय कांग्रेस के एक असन्तुष्ट समूह द्वारा गठित राज्यस्तरीय दल बांगला कांग्रेस जैसे मध्यमार्ग-दक्षिण पन्थ की ओर रुझान वाले दल भी शामिल थे। मुख्यमंत्री और वित्तमंत्री पदों पर बांगला कांग्रेस ने ही कब्जा किया। आन्तरिक कलह से छिन्न--भिन्न और सामाजिक उथल-पुथल, जिसमें नक्सलबाड़ी विद्रोह की शुरुआत शामिल है, के गहरे आघात के कारण पहला संयुक्त मोर्चा नवम्बर 1967 से आगे नहीं चल पाया।

राष्ट्रपति शासन की एक अवधि के बाद फरवरी 1969 में हुए चुनावों में यही गठबन्धन सत्ता में वापस लौटा लेकिन इस बार उसके पास कहीं ज्यादा सीटें थीं और इस बार कम्युनिस्ट पार्टियों के लिए अधिक महत्त्वपूर्ण भूमिका थी। अप्रैल 1970 में दूसरी संयुक्त मोर्चा सरकार भी बर्खास्त कर दी गई। अब तक वाम दल पश्चिम बंगाल की प्रमुख राजनीतिक शक्ति माने जाने लगे थे वे लेकिन इतने बड़े नहीं थे कि अपने बूते सत्ता में आ जाएँ। 1970-71 के दौरान और विशेषकर 1972 के चुनावों में बड़े पैमाने पर बेईमानी कर कांग्रेस द्वारा लगभग तीन चौथाई बहुमत पा लेने के बाद वाम दलों को कठोर दमन का शिकार बनाया गया था। इस चुनाव में चौदह सीटों पर विजयी रही माकपा ने पाँच साल तक विधानसभा का बहिष्कार किया।

वाम दल 1977 में पश्चिम बंगाल के इतिहास के सबसे अन्धकारपूर्ण दौरों में से एक से बाहर आए। पिछले वर्षों में उनके कार्यकर्ताओं को सुनियोजित तरीके से ट्रेड यूनियनों से बाहर खदेड़ दिया गया था। उनके आवासों से उन्हें बाहर निकाल दिया गया था, सार्वजनिक सभाएँ करने से रोक दिया गया था और उन्हें हर तरह की प्रताड़ना का शिकार बनाया गया था। 1972–77 के दौरान कांग्रेस के मुख्यमंत्री सिद्धार्थ शंकर रे द्वारा शुरू किए गए दमन और आतंक के राज में हजारों अतिवादी वाम (फार लेफ्ट) और वाम कार्यकर्ता गिरफ्तार किए गए अथवा उनकी हत्या कर दी गई यहाँ तक कि जनपक्षधर पत्रकारों को भी नहीं बख्शा गया। राष्ट्रीय आपातकाल के दौरान (1975–77) आन्तरिक सुरक्षा कानून (मीसा) के तहत बन्दी बनाये गए लोगों की संख्या अन्य भारतीय राज्यों के मुकाबले पश्चिम बंगाल में सबसे ज्यादा थी। इसके राजनीतिक बन्दियों की ही संख्या 40,000 से ऊपर आँकी गई थी।[3]

इस अवधि के दौरान वाम मोर्चे में शामिल दल सुषुप्तावस्था में चले गए और अपने घटकों के साथ उनका सम्पर्क काफी हद तक टूट गया।[4] इसलिए 1977 में उनकी जबर्दस्त जीत का श्रेय उनके सक्रिय और साहसपूर्ण प्रतिरोध को, अथवा किसी आमूल परिवर्तनवादी या प्रगतिशील एजेंडा के तहत जनता को गोलबन्द करने के लिए किए गए किसी व्यवस्थित अभियान को दे पाना मुश्किल है। इसके बजाय इसका कारण सभी जघन्य अतियों के साथ रे सरकार और आपातकाल के प्रति वितृष्णा में देखा जा सकता है। इसके साथ ही समाज के निर्धनतर स्तरों के बीच वाम के प्रति कुछ सहानुभूति तो थी ही।

यह श्रेय माकपा की राजनीतिक विचक्षणता को जाता है कि उसने आर्थिक समानता और प्राथमिकता के मामले के रूप में विशेषकर ग्रामीण क्षेत्रों में गरीबों की स्थिति सुधारने के प्रति समर्पित विचारधारात्मक प्रतिबद्धता पर जोर देते हुए इस सहानुभूति का लाभ लेने के अवसर को न चूकने में वाम मोर्चे का नेतृत्व किया। नई सरकार ने शासन और कृषि सम्बन्धों में सुधारों की एक शृंखला शुरू की। इनमें कानून और व्यवस्था की बहाली, राजनीतिक बन्दियों की रिहाई, सामाजिक और वेतन सम्बन्धी वार्ताओं की सामान्य प्रक्रियाओं की वापसी, काश्तकारों–खेतिहरों का पंजीकरण और ग्राम पंचायतों पर आधारित स्थानीय सरकार को सत्ता सौंपना शामिल था। माकपा के गठबन्धन बनाने के कौशल के साथ मिलकर ये सुधार राजनीतिक और चुनावी दोनों तरह से वाम मोर्चे को जल्दी ही मजबूत बनाने में सफल हुए।

इस मजबूत मोर्चे में अब अपने बल पर टिके रहने की ताकत आ गई थी। उसने जनता पार्टी के विखंडित होने के बाद 1980 में राष्ट्रीय सत्ता में दो तिहाई बहुमत के साथ कांग्रेस की वापसी के बाद भी पश्चिम बंगाल में उसकी चुनावी प्रगति को रोक दिया। पश्चिम बंगाल में 1982 के विधानसभा चुनावों में कुल वोटों में कांग्रेस का हिस्सा माकपा को मिले 38.5 प्रतिशत वोटों से लगभग तीन प्रतिशत कम रह गया। माकपा की 174 और वाम मोर्चे की 238 सीटों के मुकाबले कांग्रेस केवल 49 सीटों पर विजयी हुई (अध्याय के अन्त में दी गई तालिका देखें)।

वाम मोर्चे ने पश्चिम बंगाल विधानसभा में वोटों के कहीं कम हिस्से (प्राय: 50 प्रतिशत से कम) के साथ भरोसे लायक दो तिहाई अथवा उससे भी ज्यादा सीटें जीतने के लिए भारत की 'जो सबसे आगे उसी की जीत' मत प्रणाली में महारत हासिल कर ली थी और इसका इस्तेमाल करने की चुनावी कार्यनीति का बार–बार इस्तेमाल भी किया। मोर्चे को

कुल वोटों के आधे से अधिक वोट केवल तीन बार—1982, 1987 और 2006 में मिले थे (अध्याय के अन्त में दी गई तालिका देखें)।[5]

नौ लोकसभा चुनावों, सात विधानसभा चुनावों और त्रिस्तरीय पंचायतों के सात चुनावों[6] से गुजरता हुआ वाम दलों का विजय अभियान 2009 लोकसभा चुनावों के साथ ही रुका। यह चुनाव पश्चिम बंगाल में उनकी 35 सीटों से गिर कर 15 पर आ जाने का और इसके बाद 2011 के विधानसभा चुनावों में और दो वर्ष बाद पंचायत चुनावों में उनके पूरे सफाये का साक्षी बना।

वाम दलों की असाधारण सफलता का एक बड़ा कारण था जनता को गोलबन्द करने के उनके तरीके और एक ऊर्जावान काडर, जो स्वयं एक चुस्त संगठनात्मक संरचना का अंग हैं, पर आधारित चुनाव अभियान चलाने की शैली। इसके लिए माकपा विशेष रूप से उल्लेखनीय है। लेकिन यह सफलता कुछ सारभूत तत्त्वों पर भी आधारित थी। मोर्चे की सरकार द्वारा शुरू किए गए सुधारों में राजनीतिक शक्ति सन्तुलन को वंचित वर्गों और समूहों के पक्ष में बदलने की क्षमता थी। इससे मोर्चे के घटक दल अपने शहरी और इससे भी ज्यादा अपने ग्रामीण आधार क्षेत्र का विस्तार कर सके।

बंगाल में प्रारम्भिक सफलता की व्याख्या

लेकिन इसका एक ऐतिहासिक सन्दर्भ है जिसे संक्षेप में ही सही किन्तु स्पष्ट किए जाने की जरूरत है। वाम रुझान वाली राजनीति ने प्रारम्भ में पश्चिम बंगाल में जड़ क्यों पकड़ी और 1977 के पहले के वर्षों में वहाँ वाम दलों की आपेक्षिक सफलता का क्या स्पष्टीकरण है? इस प्रश्न ने अनेक विद्वानों और कार्यकर्ताओं का ध्यान अपनी ओर खींचा है। इसका संक्षिप्त उत्तर औपनिवेशिक काल के दौरान बंगाल की वर्गीय-जातीय संरचना की विशिष्टताओं; औद्योगीकरण के प्रारम्भिक दौर के प्रमुख केन्द्र के रूप में इसकी प्रतिष्ठा और बंगाल के सामाजिक जीवन में और जिसे बंगाल का 'सांस्कृतिक पुनर्जागरण' कहा गया है उसमें भूस्वामी भद्रलोक द्वारा हासिल किए गए अनूठे महत्त्व में निहित है। इन कारकों को और मजबूती देने वाले अन्य कारक हैं बीसवीं सदी की शुरुआत से ही कांग्रेस की आपेक्षिक कमजोरी; बंगाल के दो विभाजन (1905 और 1947); सामाजिक उथल-पुथल के सन्दर्भ में अभिजन का साम्यवाद के प्रति बढ़ता आकर्षण, 1943 का महादुर्भिक्ष और 1940 के दशक का तिभागा बटाईदार आन्दोलन।

1793 के स्थायी बन्दोबस्त के जरिये औपनिवेशिक राज्य ने बंगाल में जमींदारों को एक निराले ढंग का शक्तिशाली वर्ग बना दिया। ये लोग तीन उच्च जातियों (ब्राह्मण, कायस्थ और वैद्य) की एक विशेषाधिकारसम्पन्न अल्पसंख्या से थे। इस 'फुरसतिया' वर्ग ने आधुनिक शिक्षा प्राप्त की, महत्त्वपूर्ण पेशेवर और लिपिक पदों पर कब्जा किया और अपनी साहित्यिक, कलात्मक, वैज्ञानिक और राजनीतिक रुचियों में प्रवृत्त हुए। अपने विशेषाधिकारों के प्रति अत्यधिक सजगता, अपनी भाषा, इतिहास और संस्कृति पर गर्व और रक्तसम्बन्ध के संजाल के माध्यम से एक समुदाय के रूप में एकता बनाए रखने में प्रवीण भद्रलोक सामाजिक हैसियत में श्रेष्ठता का दावा करता था और सामान्यतया उसे यह श्रेष्ठ हैसियत प्रदान भी की जाती थी।[7]

जल्दी ही भद्रलोक के भीतर दरारें पड़ गईं। इसके अधिक क्रान्तिकारी वर्ग प्रारम्भ में अनुशीलन समिति और जुगांतर, जिनकी स्थापना बीसवीं सदी के प्रारम्भ में हुई थी, के माध्यम से क्रान्तिकारी 'आतंकवाद' से जुड़े। जल्दी ही अधिक युवा शिक्षित लोग भारत की पहली यूनियनों में से एक जूट वर्कर्स यूनियन और किसान आन्दोलनों की ओर आकृष्ट हुए। छोटे होने के बावजूद इन आन्दोलनों ने एक अपेक्षतया आमूल परिवर्तनवादी सन्दर्भ तैयार किया। उस समय उभर रही कांग्रेस पार्टी और मुस्लिम बहुल कृषक प्रजा पार्टी (केपीपी), दोनों पर इसका असर पड़ा और इसने विशेष रूप से कांग्रेस के प्रभाव को सीमित किया। वाणिज्य के प्रति अपनी वितृष्णा के अनुरूप भद्रलोक के बीच के आमूल परिवर्तनवादियों ने घनश्याम दास बिड़ला (जी.डी. बिड़ला) जैसे दिग्गजों के माध्यम से कांग्रेस पर शक्तिशाली प्रभाव डालने की कोशिश कर रहे मारवाड़ी व्यवसायी समुदाय के प्रति एक विरक्ति विकसित कर ली।

राजनीतिक कारणों से 1905 में बंगाल का विभाजन कर दिया गया। इससे ये उभरते हुए आमूल परिवर्तनवादी समूह कमजोर हुए। बंगाल के पुन: एकीकरण के परिणामस्वरूप ब्रिटिश भारत की राजधानी दिल्ली स्थानांतरित हो गई। इससे भद्रलोक हाशिये पर आ गया और बंगाल के संस्थागत जीवन पर उसका नियंत्रण नहीं रहा।[8] कांग्रेस में सुभाष और शरद बोस के उदय ने बंगाल में कांग्रेस पार्टी पर गांधी के प्रभाव को और सीमित कर दिया। कांग्रेस-केपीपी गठबन्धन के विरुद्ध गांधी के निषेधाधिकार ने पार्टी को मुसलमान किसानों और सामान्यतया व्यापक आम जनता से अलग कर दिया। गांधी को बंगाल में वह स्वीकृति या लोकप्रियता कभी नहीं मिली जिसकी तुलना दूर दूर तक भी हिन्दी पट्टी में उन्हें मिली लोकप्रियता से की जा सकती। लोकतांत्रिक रूप से सुभाष बोस के कांग्रेस अध्यक्ष चुने जाने के बाद 1939 में पार्टी से उनके निष्कासन से बंगाल में कांग्रेस पार्टी की बदनामी और बढ़ी।

इससे अनेक बंगाली भद्रलोक आमूल परिवर्तनवादी राजनीतिज्ञों द्वारा मार्क्सवाद अपनाये जाने के लिए अनुकूल परिस्थितियाँ बन गई थीं। वे औपनिवेशिक और देसी पूँजी दोनों के शासन से मुक्ति के साम्यवाद के वादे और कांग्रेस से उसके विरोध के कारण साम्यवाद की ओर आकृष्ट हुए। उनके मन में भी एक ऐसी प्रबुद्ध आधुनिकता के प्रति आकर्षण था जिसमें बुद्धिजीवियों और कलाकारों की विशेष भूमिका होगी। आमूल परिवर्तनवादी भद्रलोक व्यापारियों और बनियों के प्रति कम्युनिस्टों की सौन्दर्यमूलक वितृष्णा में भी साझीदार था। व्यापारियों और बनियों को वह कला-संस्कृतिविहीन मानता था।

1930 के दशक में कम्युनिस्ट पार्टी आफ इंडिया बड़े जोशो खरोश के साथ सदस्यों की भरती कर रही थी; यहाँ तक कि बंगाल की जेलों में भी वह यह काम कर रही थी। स्वंतत्रता पूर्व बंगाल में उसकी सदस्यता 1934 में 37 से बढ़कर 1942 में एक हजार से अधिक और 1947 में लगभग बीस हजार हो गई।[9] 1943 के बंगाल दुर्भिक्ष के दौरान सीपीआई द्वारा असाधारण राहत कार्य करने (इस समय उसने औपनिवेशिक राज्य द्वारा लगाये गए प्रतिबन्ध के हटने का पूरा लाभ उठाया) और तिभागा आन्दोलन ने पार्टी का आकार बढ़ाने में बहुत मदद दी।

1930 और 1940 के दशकों में बंगाल में अन्य अनेक वाम दलों की भी स्थापना हुई। इनमें रिवाल्यूशनरी कम्युनिस्ट पार्टी आफ इंडिया, बोलशेविक पार्टी, रिवाल्यूशनरी सोशलिस्ट

पार्टी और फारवर्ड ब्लाक शामिल थे। इन्होंने कांग्रेस पार्टी के प्रभाव को और सीमित कर दिया और बाद में वाम मोर्चे और इस तरह के अन्य गठबन्धनों का महत्त्व और बढ़ाया।

विभाजन के कारण पूर्वी पाकिस्तान से बड़ी संख्या में हिन्दू शरणार्थी पश्चिम बंगाल के शहरों में आए। इनमें से कई शिक्षित थे लेकिन उनके पास एक पैसा नहीं था, उनकी सम्पत्ति शत्रु सम्पत्ति कानून के तहत छीन ली गई थी। वाम दलों ने पुनर्स्थापन और पुनर्वास में उनकी मदद की और इस तरह उनकी निष्ठा अर्जित की। पूर्व बंगाल के शरणार्थी, जिनकी संख्या 1971 के बांगलादेश युद्ध के बाद काफी बढ़ गई थी, वाम के, विशेषकर माकपा के, प्रबलतम समर्थक बने।

आजादी के समय, पश्चिम बंगाल की ट्रेड यूनियनों, किसान और छात्र आन्दोलनों में वाम दल एक ऐसी महत्त्वपूर्ण शक्ति बन गए थे जिसे अनदेखा नहीं किया जा सकता था। सामूहिक रूप में वे विधानसभा में भी पहले चुनाव (1951–52) में जनता के कुल वोटों का लगभग 18 प्रतिशत पाकर और 1957 में 20 प्रतिशत से ज्यादा वोट पाकर एक बड़े विपक्ष के रूप में उभरे। 1960 के दशक में भोजन और भूमि आन्दोलनों में उन्होंने लाखों लोगों को गोलबन्द किया था। इसके बाद वे एक दुर्जेय ताकत बन गए। वोटों में उनकी हिस्सेदारी लगातार बढ़ती रही और 1971 में तब 47 प्रतिशत पर पहुँच गई थी जब उन्होंने विधानसभा में कांग्रेस से ज्यादा सीटें हासिल कर उसे पछाड़ दिया था।

आकाश छूती आशाएँ, मामूली समाधान

अब हम 1977 पर वापस लौटें। वाम मोर्चे के सत्तारोहण ने अभूतपूर्व आशाएँ और गगनचुंबी अपेक्षाएँ जगाईं। 22 जून को आल इंडिया रेडियो के कलकत्ता केन्द्र से अपने एक प्रसिद्ध प्रसारण में मुख्यमंत्री ज्योति बसु ने पश्चिम बंगाल की जनता से 'एक नए भविष्य' का वादा किया और नई सरकार के सामने जो काम थे उन्हें पूरा करने के लिए उनका 'भरपूर सहयोग' माँगा। बसु ने कहा, सरकार 'किसी नौकरशाही नजरिये से निर्देशित नहीं होगी, हम आम लोगों और उनके संगठनों के सक्रिय सहयोग से आगे बढ़ने का प्रयास करेंगे। यह सरकार लोकतांत्रिक आन्दोलनों को दमनात्मक उपायों से कुचलेगी नहीं बल्कि आगे बढ़ने में उनकी मदद करेगी।'[10]

बसु ने कहा कि नए मंत्रिमंडल की पहली ही बैठक ने सभी राजनीतिक बन्दियों को आम माफी देने का फैसला किया है : 'वाम मोर्चा सरकार की यह हार्दिक इच्छा है कि लोकतांत्रिक जनता के आन्दोलनों के सन्दर्भ में नए क्षितिज खुलें...। मैं आपको बताऊं कि यह सरकार आपकी अपनी सरकार है। आपने इसे पद पर बैठाया है और यह आप पर है कि इसे आवश्यक दिशानिर्देश दें और इसका पथ प्रदर्शन करें...। हम राजनीतिक, आर्थिक और सामाजिक क्षेत्रों में जनता के हितों के लिए काम करने का पूरा प्रयास करेंगे...।'[11]

मूर्धन्य अर्थशास्त्री अशोक मित्र ने, जो बाद में पश्चिम बंगाल के वित्तमंत्री बने (1977–87), उल्लासपूर्ण आशा व्यक्त की जब उन्होंने लिखा : 'पश्चिम बंगाल के लोग अचानक खुद को ऐसी स्थिति में पा रहे हैं जहाँ वे शेष भारत के लिए एक आदर्श के रूप में काम कर सकते हैं...।'[12] उन्होंने लिखा कि वाम मोर्चा 'सपनों और आशाओं का साकार रूप है'। इसकी जीत 'पश्चिम बंगाल के अधिसंख्य मतदाताओं, विशेषकर ग्रामीण क्षेत्रों और

मजदूर वर्ग की बड़ी संख्या वाले क्षेत्रों के मतदाताओं के मनोभाव और संवेगों का प्रतिबिम्ब है...।' उनकी इस आशा को वाम मोर्चे के समर्थकों ने बहुत सराहा।

मित्र ने लिखा, 'संक्रमण काल के इस अवसर को इस समय का प्रभावशाली इस्तेमाल करने की चुनौती में बदला जाना है क्योंकि संक्रमण काल ज्यादा देर तक नहीं चलेगा।' वाम मोर्चा सरकार को इस पहल को हाथ से जाने नहीं देना चाहिए...और सामाजिक रूपान्तरण की शक्तियों को आगे बढ़ाना चाहिए...। वामपन्थ के समर्थकों को आशा है कि पश्चिम बंगाल का यह विनम्र किन्तु अपूर्व अनुभव और उससे उपजी तदनुरूप आशाएँ एक बड़े प्रोत्साहक का काम करेंगी; अपने उदाहरण से वे भारत के लाखों-करोड़ों शोषित बहुसंख्य जन की कल्पना पर छा जाएँगे और उसे सामाजिक क्रान्ति की सर्वसमावेशी प्रेरणा से परिपूरित कर देंगे।"[13]

यह आशा निराधार नहीं थी। जून 1977 में एक 36 सूत्री साझा न्यूनतम कार्यक्रम के साथ सत्ता में आने पर वाम मोर्चा (एल.एफ.) सरकार ने राज्य के सामाजिक सम्बन्धों और कृषि अर्थव्यवस्था में उदार लेकिन प्रगतिशील बदलाव लाने के लिए सुधार उपाय शुरू किए। उस समय बहुत लोगों को आशा थी कि पश्चिम बंगाल जैसे बड़े, ज्यादा आबादी वाले और रणनीतिक स्थिति वाले राज्य में ऐसे बदलाव का भारत के पूरे पूर्वी क्षेत्र पर और विशेषकर बिहार, उड़ीसा और असम पर प्रभाव पड़ेगा। राष्ट्रीय स्तर पर यह वामपन्थ की शक्तियों को जबर्दस्त मजबूती देगा और भारत में समाजवाद की एक संसदीय राह की व्यवहार्यता का लिटमस टेस्ट होगा। उस समय वाम का एक अधिक आमूल परिवर्तनवादी तबका, जो सशस्त्र संघर्ष के साथ एक गैर संसदीय मार्ग की वकालत कर रहा था, इसके विरुद्ध था।

सामाजिक अशान्ति, राजनीतिक विरोध, आन्दोलन और हिंसा, जिसमें राजनीतिक उद्देश्य से की गई हत्याएँ शामिल हैं, की एक लम्बी अवधि के बाद जब वाम मोर्चा सत्ता में आया तो उसे उत्साह भंग कर देने वाली भयावह चुनौतियों का सामना करना पड़ा। पश्चिम बंगाल कृषि में गतिरोध, औद्योगिक अवनति,[14] ऊँचे और ऊपर उठते जनसांख्यिकीय दबाव, जमीन की बढ़ती भूख, बेरोजगारी के चकरा देने वाले स्तर-विशेषकर शिक्षित शहरी युवाओं के बीच-और गाँवों की बेहद गरीबी में जमे असन्तोष से खौल रहा था। भूमि और फसल को लेकर खूनी झड़पों के बीच नक्सली हिंसा और राज्य की प्रतिहिंसा का माहौल था। इसमें बांगलादेश संकट और 1971 के युद्ध के साथ शरणार्थियों का बड़ी संख्या में भारत आना भी जुड़ गया। शरणार्थियों का आगमन अगले दशक तक जारी रहा जिससे जनसांख्यकीय दबाव बढ़ा और वेतन की दरें घट गईं। समाजवैज्ञानिकों ने 'शासन क्षमता के संकट'[15] की चेतावनी दी।

1977 में पश्चिम बंगाल में प्रति व्यक्ति निर्धनता का अनुपात, जिसमें गरीबी की रेखा के नीचे के लोगों की आय (अथवा खर्च) का अनुपात मापा जाता है, लगभग 75 प्रतिशत था। यह अनुपात भारत के अन्य सभी राज्यों की तुलना में सबसे अधिक था।[16] राज्य में ग्रामीण भूमिहीनता की स्थिति भी भारत में सबसे ज्यादा थी। 1970-71 की कृषि जनगणना ने राज्य के 35 प्रतिशत परिवारों को 'खेतिहर मजदूर' की श्रेणी में रखा था। पश्चिम बंगाल में भूमि और व्यक्ति का अनुपात देश भर में सबसे कम तो बहुत पहले से था लेकिन अब 1961 के 0.44 एकड़ से घटकर 1971 में यह मात्र 0.32 एकड़ रह गया था।[17]

इससे जमीन की जबर्दस्त माँग और बड़े पैमाने पर गरीबों की वेतनभोगी मजदूरी पर निर्भरता का पता चलता है। ग्रामीण अर्थव्यवस्था के तहत आबादी का एक बड़ा हिस्सा ऐसा था जिसका भूमि पर कोई अधिकार नहीं था और इसके परिणामस्वरूप भारत में और कहीं छोटी और नन्हीं जोतें इतनी ज्यादा नहीं थी जितनी पश्चिम बंगाल में। इसके साथ ही यहाँ बटाई की खेती के भी उदाहरण अधिक थे।[18] इसके अतिरिक्त पश्चिम बंगाल में गहन कृषि का भी ज्यादा सहारा लिया जाता था। इसके पूरे भौगोलिक क्षेत्र के लगभग दो तिहाई हिस्से पर खेती की जाती थी जबकि पूरे भारत में केवल 45 प्रतिशत से कुछ ही ऊपर का क्षेत्र कृषि के अधीन था।

1793 में औपनिवेशिक राज्य द्वारा थोपे गए स्थायी बन्दोबस्त ने जमींदारी को जन्म दिया था। 1953 के भूसम्पत्ति अधिग्रहण अधिनियम के जरिये जमींदारी खत्म कर दी गई। कानून के वास्तविक रूप में अमल में आने से जमींदारों की शक्ति में और कटौती हुई लेकिन अंशतः उनकी यह शक्ति अब जोतदार कहे जाने वाले भूस्वामियों के एक मिश्रित वर्ग के हाथों में आ गई। इनमें से अनेक जोतदार पहले इन जमींदारों के अधीन रहे थे। फिर भी, जोतदारों की अनेकानेक श्रेणियों में उपसामन्तीकरण के माध्यम से कमरतोड़ लगान वसूलने की प्रवृत्ति जारी रही लेकिन जोतदार संख्या में अधिक नहीं थे, वे क्षेत्रीयता की दृष्टि से बिखरे हुए थे और उनमें एक सुसंगत राज्य स्तरीय नेतृत्व का अभाव था।

1970 के दशक में पश्चिम बंगाल की कृषि संरचना की पहचान थी छोटी जोत वाली कृषक अर्थव्यवस्था जिसमें शिखर पर बड़े भूस्वामी थे, बीच में स्वतंत्र स्वामी–कृषक की एक सीमित संख्या थी और सबसे नीचे भूमिहीन और अर्धभूमिहीन लोगों की एक बहुत बड़ी संख्या थी। जैसा कि हम आगे देखेंगे, वाम मोर्चे के भूमिसुधार कार्यक्रम की सफलता का एक कारण बड़े भूस्वामियों की आपेक्षिक कमजोरी और वर्ग शक्तियों का एक खास तरह का सन्तुलन था।

1950 के दशक में भी पश्चिम बंगाल में जमीन की जोतों का औसत आकार (मुश्किल से तीन एकड़) राष्ट्रीय औसत के आधे से भी कम था। बंगाल में 54 प्रतिशत से अधिक कृषि भूमि पाँच एकड़ अथवा उससे कम की जोत में थी (भारतीय औसत, 16 प्रतिशत) और 15 एकड़ से ऊपर की जोत राष्ट्रीय 52.5 प्रतिशत की तुलना में राज्य की कुल कृषि भूमि का मात्र 2.6 प्रतिशत थी।[19]

पूरे भारत में 11 प्रतिशत की तुलना में पश्चिम बंगाल में 1971 तक केवल दो प्रतिशत जोत चार हेक्टेयर (दस एकड़) से अधिक की थी। दस एकड़ से ज्यादा की जोतें पूरे राज्य के कुल कृषि क्षेत्र का केवल 15 प्रतिशत थीं जबकि पूरे भारत में ऐसी जोतों को प्रतिशत 53 था। इस प्रकार राज्य की 'कृषि संरचना की विशेषता यह थी कि एक ओर अपेक्षतया ज्यादा भूमिहीनता की स्थिति थी और दूसरी ओर जोतों का अपेक्षतया समान वितरण था (उनके बीच जिनके पास जमीन थी)।[20]

भूनिर्धन और भूमिहीन समूहों के बीच अनेक ऐसे थे जो बटाई पर खेती करते थे। उन्हें बर्गादार (बटाईदार) कहा जाता था। वे जोतदारों और अन्य बड़े भूस्वामियों के साथ एक लम्बे समय से चले आए अधीनता के सम्बन्ध और काश्तकारी के अनेक रूपों में बँधे हुए थे। बटाई व्यवस्था व्यापक रूप से प्रचलित थी। उसमें स्वतंत्र बटाईदार और भूस्वामियों

के साथ विभिन्न तरीकों से बँधे अथवा बँधुआ बटाईदार शामिल थे। 1981 में बर्गादार परिवारों की संख्या 15 लाख से तीस लाख के बीच आँकी गई थी।[21] यह संख्या सभी ग्रामीण परिवारों के एक चौथाई हिस्से के बराबर अथवा उससे अधिक थी।

वाम मोर्चा के भूमि सुधार कार्यक्रम की एक और पृष्ठभूमि थी : लड़ाकू किसान गोलबन्दी का समृद्ध इतिहास जो फसल का दो तिहाई हिस्सा बटाईदारों को दिलाने के लिए 1940 के दशक के मध्य से अन्त तक चले प्रसिद्ध तिभागा आन्दोलन से जुड़ता था। इससे भी महत्त्वपूर्ण था दो संयुक्त मोर्चा सरकारों के कार्यकाल के दौरान पश्चिम बंगाल में 1960 के दशक के अन्तिम वर्षों में वर्ग सम्बन्धों में आया परिवर्तन। यह समय पश्चिम बंगाल में आमूल परिवर्तनवादी राजनीति के लिए एक निर्णायक समय था।

यह परिवर्तन व्यापक रूप से 1967 के आम चुनावों द्वारा निर्धारित राष्ट्रीय प्रवृत्ति के अनुरूप था। इस चुनाव ने 'अनुपस्थित भूस्वामियों की लुप्त होती प्रजाति के सदस्यों के बीच से उभरे...' 'नए समृद्ध किसानों और मध्यवर्ती किसान भूस्वामी वर्गों के' उदय और बढ़ते प्रभुत्व पर आधारित 'भारतीय राजनीति में शक्तियों के एक नए स्वरूप की शुरुआत' देखी थी।[22]

पश्चिम बंगाल में यह परिवर्तन मुख्यत: दो तरह से अभिव्यक्त हुआ था। एक था जून 1967 का नक्सलबाड़ी सशस्त्र विद्रोह जिसने भारतीय राजनीतिक व्यवस्था में भूचाल ला दिया और इसके साथ ही माकपा को विभाजित कर दिया। इसकी एक और अभिव्यक्ति 1953 में घोषित कानूनी हदबन्दी (जिसे सरकार ठीक से लागू नहीं कर पाई थी) से ज्यादा ऊपर की जमीनों की पहचान करने, उन पर कब्जा करने और उनका पुनर्वितरण करने के लिए 1967-69 के दौरान किसानों और भूमिहीन मजदूरों की एक व्यापक आधार वाली गोलबन्दी में हुई। मुख्यधारा के जनसंचार माध्यमों ने इसे 'भूमि हड़पो' आन्दोलन का नाम दिया। यह सभी वाम दलों और गुटों द्वारा समर्थित एक और व्यापक रूप से सफल गोलबन्दी थी। जैसा कि हम आगे देखेंगे, राज्य के इतिहास में यह अब तक का सबसे बड़ा, सर्वाधिक आमूल परिवर्तनवादी और जमीनी आधार वाला दूरगामी भूमि सुधार आन्दोलन था।

दोनों संयुक्त मोर्चा सरकारों (1967 और 1969-70) में माकपा को केन्द्रीय महत्त्व प्राप्त था और उन्होंने इस गोलबन्दी में प्रमुख भूमिका निभाई। ये सरकारें अनुपस्थित भूस्वामियों से मँझोले और समृद्ध किसानों के पक्ष में सत्तान्तरण को प्रतिबिम्बित करती थीं। ये सरकारें बड़ी जोत वाले लोगों से हदबन्दी से ऊपर की अधिशेष भूमि ले लेने के लिए दृढ़ संकल्प थीं। यद्यपि प्रारम्भ में नौकरशाही और पुलिस ने उनके इन प्रयासों का प्रतिरोध किया लेकिन अन्ततः वे जमीन पर नियंत्रण की संरचना में एक महत्त्वपूर्ण बदलाव लाने में सफल हुईं।[23] यह काम 1977 के बाद के कृषि सुधारों में भी, अलबत्ता कुछ हलके रूप में, जारी रहा। वाम मोर्चे ने 1978 में अपने भूमि और शासन सुधार कार्यक्रम ऊँची अपेक्षाओं के साथ शुरू किए थे। कृषि सुधार लगभग दस हिस्सों में था। इनमें से दो विशेष रूप से महत्त्वपूर्ण थे। पहला, 1953 में बनाये गए कानूनों द्वारा लागू और 1967-70 की दो संयुक्त मोर्चा सरकारों द्वारा संशोधित (हालाँकि तबसे इन पर ज्यादा अमल नहीं हुआ था) हदबन्दी से ऊपर अतिरिक्त भूमि के अधिग्रहण और पुनर्वितरण के काम को फिर से शुरू करना।

हदबन्दी 5 से 7 हेक्टेयर (12.5 से 17.5 एकड़) निर्धारित थी।[24] दूसरे, आपरेशन बर्गा के तहत सरकार ने काश्तकारी सुधार शुरू किया था जिसके तहत बर्गादारों (बटाईदारों) का पंजीकरण किया जाना था, उन्हें पट्टे की समयावधि की सुरक्षा प्रदान की जानी थी, कानून के भीतर छूटे रह गए बचाव के वे रास्ते बन्द किए जाने थे, जिनके जरिये उनसे जमीन खाली कराई जा सकती थी और उपजाई गई फसल में उनकी हिस्सेदारी बढ़ाई जानी थी।

भूमिहीन और स्त्रियाँ उपेक्षित

पश्चिम बंगाल में वाम का भूमि सुधार केरल की तुलना में (अध्याय 6 में इस पर चर्चा की गई है) ही नहीं बल्कि बंगाल की विशिष्ट परिस्थितियों के सन्दर्भ में अपनी सम्भावनाओं की दृष्टि से भी साधारण था। माकपा के किसान सभा नेता बिनय कृष्ण चौधुरी, जो भूमि सुधार और भूराजस्व मंत्री बने, ने जितनी भूमि की हदबन्दी की वकालत की थी, 5 हेक्टेयर से 7 हेक्टेयर की हदबन्दी की सीमा उससे कहीं अधिक थी। 1977 के विधानसभा चुनावों से ठीक पहले उन्होंने 4 हेक्टेयर (10 एकड़) से ऊपर की सभी जोतों को पूरी तरह जब्त कर लेने की वकालत की थी।[25]

केवल 4.2 प्रतिशत के स्वामित्व वाली ये जोतें कुल कृषि योग्य जमीन का एक तिहाई हिस्सा थीं। इनके अधिग्रहण से आकलित 30 लाख 75 हजार भूमिहीन और सीमान्त किसान परिवारों में से प्रत्येक परिवार के लिए 1.5 एकड़ जमीन का पुनर्वितरण हो जाता। चौधुरी का मानना था कि इससे कुछ भी कम हदबन्दी करने का परिणाम हास्यास्पद होगा क्योंकि तब पुनर्वितरण के लिए पर्याप्त भूमि ही नहीं होगी।[26] इस कसौटी पर कसे जाने पर भूमि अधिग्रहण कार्यक्रम यदि निरर्थक नहीं तो अपर्याप्त अवश्य सिद्ध हुआ। प्रत्येक लाभान्वित परिवार को हस्तान्तरित औसत क्षेत्र एक एकड़ से काफी कम था जो उनकी जीविका की जरूरतों के लिए पर्याप्त नहीं था। वस्तुत: 1977–83 की अवधि में यह क्षेत्र संकुचित होकर 0.30 एकड़ तक रह गया।[27]

वाम मोर्चा सरकार ने वामपन्थी नारे 'जोतने वाले को जमीन' के अनुरूप बड़े पैमाने पर भूमिस्वामित्व अथवा पट्टे का हस्तान्तरण नहीं किया। वास्तव में उसने ऐसा करने का प्रयास ही नहीं किया। उसने कृषि के सामूहिकीकरण अथवा सहकारिताकरण के संवर्धन पर भी विचार तक नहीं किया जो राज्य में बढ़ती भूमिहीनता और अधिकतर जोतों के बहुत ही छोटे आकार को देखते हुए उपयुक्त हो सकता था।

वाम मोर्चे के भूमि सुधारों में भूमि हदबन्दी की अधिशेष भूमि का पुनर्वितरण और आपरेशन बर्गा शामिल था। इसके परिणामस्वरूप पश्चिम बंगाल के सम्भवत: एक तिहाई ग्रामीण परिवारों को भूमि अधिकारों अथवा पट्टे की समयावधि की सुरक्षा के रूप में सीधा लाभ मिला। यह भूमिहीन अथवा भूमिनिर्धन लोगों का एक महत्त्वपूर्ण हिस्सा था। इन लाभों के तहत प्राप्त कितनी भूमि कृषि योग्य थी, इस पर आँकड़ों में भिन्नता है किन्तु यह कहना अनुचित न होगा कि भूमि के पुनर्वितरण और आपरेशन बर्गा, दोनों में से प्रत्येक के तहत पूरे राज्य की लगभग सात से आठ प्रतिशत सिंचित भूमि आती थी। ये लाभ किसी भी तरह से नगण्य नहीं हैं हालाँकि एक अधिक महत्त्वाकांक्षी कार्यक्रम के तहत ये अधिक व्यापक हो सकते थे।

वाम मोर्चा सरकार का प्रशासनिक सुधार से सम्बन्धित दूसरा मुख्य राजनीतिक कार्यक्रम त्रिस्तरीय स्थानीय शासन यानी पंचायतों को पुनर्जीवित करने का था। यह काम नियमित चुनावों, सत्ता के विकेन्द्रीकरण और सामाजिक क्षेत्र के विभिन्न कार्यक्रमों में उनकी संलग्नता के जरिये किया जाना था। पश्चिम बंगाल भारत का पहला ऐसा राज्य बन गया था जिसने पंचायतों के चुनाव दलगत आधार पर कराने की अनुमति दी। अधिकतर अन्य राज्यों की तुलना में वाम मोर्चे ने अबाधित रूप से लगातार चुनाव कराने का रिकार्ड बनाया। इनमें कुछ वे राज्य भी शामिल हैं (उदाहरणार्थ कर्नाटक) जिन्होंने ऐसे हस्तान्तरण की दिशा में बहुत पहले ही पहलकदमी की थी।

दस सूत्री कृषि सुधार कार्यक्रम की ओर यदि हम वापस लौटें तो देखते हैं कि इसमें अधिक हदबन्दी-अधिशेष की पहचान करना और उसका अधिग्रहण करना, भूमिहीन मजदूरों को आवास भूमि के छोटे भूखंडों का स्वामित्व देना, मजदूरों द्वारा मजबूरी में बेच दी गई जमीन उन्हें वापस दिलाना, मूल्यवान बहुफसली खेती को प्रोत्साहन देने के लिए छोटे स्तर पर सिंचाई और नकदी सब्सिडी प्रदान करना, ग्रामीण अधिसंरचना को विकसित करने के लिए काम के बदले अनाज कार्यक्रम, साहूकारों और सूदखोरों की जकड़ को तोड़ने के लिए बर्गादारों और भूमि पुनर्वितरण के लाभान्वितों को संस्थागत ऋण प्रदान करना और जमींदारी युग की पुरानी राजस्व व्यवस्था को रद्द करना शामिल था। अब पुरानी राजस्व व्यवस्था में छोटे और सीमान्त किसानों को लगान के भुगतान से छूट दे दी गई। अन्तिम दो तत्त्व नए थे। अन्य सभी पर पहले भी काम किया जा चुका था जिसमें अलग अलग हद तक सफलता या विफलता हाथ लगी थी।

ये सुधार उपाय प्रगतिशील तो थे, लेकिन अपनी अवधारणा अथवा क्रियान्वयन के स्तर पर उनमें पाँच कमियाँ अथवा दोष स्पष्ट दिखाई दिए। प्रथम, उनमें खेतिहर मजदूरों को पूरी तरह से छोड़ दिया गया था जबकि वे निस्सन्देह आबादी का निर्धनतम और सर्वाधिक अभावग्रस्त हिस्सा हैं। ये उपाय किसी सांविधिक न्यूनतम वेतन को लागू किए जाने (बढ़ाने की बात तो दरकिनार) के मामले में खामोश थे। दूसरे, लम्बे समय तक हदबन्दी-अधिशेष भूमि की पूरी तरह से पहचान नहीं की गई और न ही उसका अधिग्रहण किया गया था (जबकि यह अधिकार राज्य में निहित था)। तीसरे, भूमि पर राज्य का अधिकार हो जाने और भूमिहीनों जैसे लक्षित समूहों को उसके वास्तविक पुनर्वितरण के बीच एक बड़ा अन्तराल था। चौथे, काश्तकारों के पंजीकरण और उगाई गई फसल में उनका हिस्सा बढ़ाने में आपरेशन बर्गा आंशिक रूप से ही सफल हुआ। और अन्त में, भूमि सुधार कार्यक्रम महिलाओं और उनके अधिकारों के प्रति व्यापक रूप से असंवेदनशील था।

छोटे छोटे भूखंडों के लगातार और छोटे भूखंडों में बँटते जाने और निवेश की बढ़ती कीमतों व ब्याज लागतों की कृपा से किसानों को मजबूरी में अपनी जमीन बेचनी पड़ती थी और इसलिए 1950 के दशक के बाद पश्चिम बंगाल बढ़ती भूमिहीनता का साक्षी बना। 1961 से 1971 के बीच खेतिहर मजदूरों के परिवारों की संख्या 18 लाख से बढ़कर 32 लाख हो गई। 1970 के दशक के अन्तिम वर्षों में उनकी संख्या 40 लाख आँकी गई थी जो स्पष्टत: बर्गादारों की संख्या से ज्यादा है। इसके अतिरिक्त बर्गादारों

से भिन्न (क्योंकि उनके पास पर्याप्त जमीनें थी और मौसम पर वे पैसा देकर मजदूर भी रख लेते थे), खेतिहर मजदूर भूमिहीन और अधिक निर्धन होते जा रहे थे और इसीलिए उन्हें समर्थन की अधिक जरूरत थी।

अर्थशास्त्री अशोक रुद्र ने तर्क दिया कि बड़े जमींदारों को छोड़कर शेष सभी भूस्वामी वर्गों का एक 'साझा मोर्चा' बनाने के उद्देश्य वाले कृषि सुधार के क्षेत्र से खेतिहर मजदूरों को बाहर रखा जाना 'अन्तिम विश्लेषण में ग्रामीण जनता के सर्वाधिक शोषित और सर्वाधिक दबे-कुचले उत्पीड़ित वर्गों के साथ धोखा'[28] होगा। खेतों में काम करने वाले मजदूरों के लिए 1975 में सांविधिक न्यूनतम वेतन एक दिन का आठ रुपया दस आना तय किया गया था और बीच के वर्षों में आई मुद्रास्फीति के बावजूद वाम मार्चा सरकार ने उसमें कोई संशोधन नहीं किया था।

सरकार ने प्रचलित वेतन दरों में सुधार का दावा किया। उसके अनुसार 1976-77 में वेतन दर पाँच रुपया 65 पैसे के दैनिक औसत से बढ़कर 1979-80 में छह रुपया 75 पैसा हो गई थी। लेकिन चार साल बाद भी यह दर न्यूनतम से काफी कम ही रही।[29] 1979 में छिटपुट ढंग से चुन लिए गए 110 गाँवों के सर्वेक्षण के आधार पर रुद्र ने देखा कि वाम दल के कार्यकर्ताओं की गतिविधियों के परिणामस्वरूप लगभग एक तिहाई गाँवों में वेतन में कुछ वृद्धि हुई थी। फिर भी वास्तविक वेतन दर 'लगभग पाँच रुपये प्रतिदिन के हिसाब से बाँटी जा रही थी।' इसके लिए उन्होंने उन मँझोले और समृद्ध किसानों के प्रति वाम मोर्चे के पक्षपातपूर्ण रवैये को जिम्मेदार ठहराया जो खेतिहर मजदूरों को काम पर रखते हैं। इन भिन्न समूहों के हितों के साथ आबादी में बड़ी संख्या वाले भूमिहीनों के हितों का कोई तालमेल बिठा पाना सम्भव नहीं है।[30]

काम के बदले अनाज कार्यक्रम अपर्याप्त था। इससे स्थिति में शायद ही कोई सुधार हुआ हो क्योंकि इसने सालाना प्रति खेतिहर मजदूर महज 17.5 अतिरिक्त दिवस सृजित किए जबकि सरकारी तौर पर 210 दिन सृजित किए जाने की जरूरत थी।[31] इसके अतिरिक्त 'ब्रिटिश काल से विरासत में मिला राहत का यह उपाय मजदूरों को शारीरिक श्रम-आम तौर पर सड़क निर्माण-के बदले एक रुपया और दो किलो अनाज की दैनिक पगार ही देता था जिससे लगभग भुखमरी की स्थिति बनी रहती थी।'[32]

पश्चिम बंगाल में राज्य द्वारा भूमि हदबन्दी से ऊपर की भूमि के अधिग्रहण पर आधारित भूमि पुनर्वितरण मुख्य रूप से दो चरणों में हुआ : 1960 के दशक के अन्तिम वर्षों में, दो संयुक्त मोर्चा सरकारों के कार्यकाल के तहत जो कुल मिलाकर तेरह महीनों तक चला; और 1977 के बाद के वाम मोर्चा शासन के तहत। भूमि हदबन्दी कानूनों को लागू करने के प्रयास जमींदारों द्वारा राज्य को जमीन सौंपने से बचने के लिए बेनामी सौदों अर्थात नाते-रिश्तेदारों, मित्रों यहाँ तक कि अनिच्छुक काश्तकारों के नाम सम्पत्ति के कपटपूर्ण हस्तान्तरण के जरिये नाकाम बना दिए गए थे।

लेकिन 1965-66 की शुरुआत में गरीब किसानों और भूमिहीन मजदूरों की ग्राम समितियों ने ऐसी ज़मीनों की पहचान करने और उनके पुनर्वितरण का एक अभियान छेड़ा। इस 'भूमि हड़पो' आन्दोलन को अंशत: अति वाम के बढ़ते प्रभाव के तहत पश्चिम बंगाल के समाज के आम आमूल परिवर्तनवादी रुझान से प्रेरणा मिली थी। स्वयं अति

वाम को 1967 में नक्सलबाड़ी में सशस्त्र अभिव्यक्ति मिली थी। इससे संयुक्त मोर्चे के दलों के लिए मदद जुटाने में सहायता मिली। संयुक्त मोर्चा ने बेनामी जमीनों का पता लगाने और उनका पुनर्वितरण करने तथा कानूनी हदबन्दी की सीमा और कम करने के नारे पर ही 1967 का विधानसभा चुनाव लड़ा और जीता था।

हदबन्दी की सीमा से बाहर की ऐसी जमीनों की पहचान और उनका पुनर्वितरण किसान सभाओं और राजनीतिक दलों के मार्गदर्शन तहत काम कर रहे भूमिहीन और गरीब किसानों की ओर से की गई सीधी कार्रवाई के जरिये हुआ। कानूनी रूप से पट्टा देने का काम आम तौर पर राज्य द्वारा हदबन्दी-अधिशेष भूमि के कानूनी अधिग्रहण और उसके पुनर्वितरण के बाद हुआ।

भूमिहीनों और भूमिनिर्धनों की गोलबन्दी के कारण ही 1967 और 1970 के बीच दो संयुक्त मोर्चा सरकारों के तहत उससे दुगनी भूमि राज्य को मिल गई जितनी 1953 में जमींदारी उन्मूलन के बाद पूरे समय में राज्य को मिल पाई थी। इसमें संयुक्त मोर्चा के भूमि और भूराजस्व मंत्री हरे कृष्ण कोनार की भूमिका बहुत महत्त्वपूर्ण थी। तूफानी ऊर्जा वाले, प्रसिद्ध किसान नेता कोनार भूमि सुधार कार्यक्रम को लागू करने निकल पड़े थे, लेकिन ऐसा उन्होंने भारतीय संविधान की सीमाओं के भीतर रहते हुए ही किया था।

'कोनार नुस्खा'

कोनार ने एक ओर समितियाँ और संघ बनाने और शान्तिपूर्ण ढंग से सभा करने के संवैधानिक अधिकारों का जोरदार समर्थन किया और उन्हें किसान संगठनों पर लागू किया, दूसरी ओर उन्होंने स्थानीय खेतिहर मजदूरों और बर्गादारों, जिन्होंने अब तक अपने 'मालिकों' का पर्दाफाश करने और उनकी भर्त्सना करने का साहस जुटा लिया था, के साक्ष्य पर बेनामी स्वामियों के खिलाफ विश्वसनीय मौखिक साक्ष्य स्थापित करने के लिए भारतीय साक्ष्य अधिनियम और दंड प्रक्रिया संहिता की धारा 110 का इस्तेमाल किया। खेतिहर मजदूरों और बर्गादारों के इस साहस के पीछे कृषक सभाओं के तहत संघर्ष करने का उनका अनुभव भी था।

1960 के दशक के अन्तिम वर्षों में भूमि अभिलेख और सर्वेक्षण के निदेशक डी. बन्द्योपाध्याय के शब्दों में यह 'कोनार नुस्खा' था। इसने कानूनी भूमि सुधारों को जन भागीदारी के साथ जोड़ दिया।[33] हदबन्दी से अधिक जमीन अधिग्रहण करने से जुड़ी बहुचरणी प्रक्रिया के लिए ऐसी भागीदारी बहुत महत्त्वपूर्ण थी। इसमें बेनामी जमीन वाले संदिग्ध परिवारों की पहचान करना, ऐसे सभी भूखंडों का पता लगाना और उनकी पहचान करना, धोखाधड़ी से किए गए अथवा फर्जी सौदों का पता लगाना और कानूनी पड़ताल में कमजोर न पड़ने वाले मजबूत साक्ष्य इकट्ठा करने के बाद आवश्यक अर्ध न्यायिक प्रक्रिया की शुरुआत करना शामिल था।

बेनामी जमीनों की पहचान करने की प्रक्रिया मूलतः 1967 में शुरू की गई थी और इसका मार्गदर्शन ऊपर से किया जा रहा था लेकिन यह 'जल्दी ही संगठित और प्रायः कम संगठित किसानों और किसान समूहों की ओर से स्वयं अपनी इच्छा से प्रदान किए जाने वाले साक्ष्यों...की बाढ़ में बदल गई'।[34] 1970 तक लगभग दस लाख एकड़ जमीन कानूनी

प्रक्रियाओं द्वारा राज्य को मिल गई थी। ये कानूनी प्रक्रियाएँ अपीली अदालतों की पड़ताल में खरी उतरी थीं। इसने 'पश्चिम बंगाल के भूस्वामी अभिजात्य वर्ग की आर्थिक सत्ता और सामाजिक प्रभुत्व की रीढ़ तोड़ दी।'[35]

लेकिन, बन्द्योपाध्याय कहते हैं, 'इस शानदार प्रयास का एक कुरूप पक्ष था अधिग्रहीत भूमि पर कब्जा करने के लिए संयुक्त मोर्चा के सहयोगियों के बीच भयंकर परस्पर विनाशकारी लड़ाई। अधिग्रहण के कानूनी पक्ष पर इतना जोर देने वाले कोनार ने अधिग्रहीत भूमि के पुनर्वितरण के मामले में पूरी तरह भिन्न रुख अपनाया। किसी स्थापित कार्यविधि के तहत काम करने के बजाय उन्होंने किसान समूहों द्वारा ऐसे कब्जों को प्रोत्साहित किया जो कानून सम्मत न थे। इसका परिणाम यह हुआ कि अधिग्रहीत जमीनों पर कब्जा करने के लिए संयुक्त मोर्चे के सहयोगियों के बीच प्रतिद्वन्द्विता शुरू हो गई जिसके कारण सहयोगियों के बीच खून खराबा हुआ और अन्ततः दूसरा संयुक्त मोर्चा आन्तरिक दबाव के तहत टूट गया'।[36] लेकिन अपनी इस संकीर्ण दृष्टि के बावजूद 'कोनार गरीब किसान वर्ग को नक्सलवादी आन्दोलन से दूर करने में सफल रहे'।[37] इस आन्दोलन से अन्य वाम दलों की तुलना में माकपा के समर्थक कहीं ज्यादा लाभान्वित हुए।

फिर भी, भूमि आन्दोलन के पहले चरण की समाप्ति के समय तक भूमि पुनर्वितरण के काम में एक वास्तविक उपलब्धि हुई। जब वाम मोर्चा सरकार 1977 में सत्ता में आई उस समय तक 625,000 एकड़ जमीन का पुनर्वितरण किया जा चुका था। सरकार ने इस प्रक्रिया का महज संस्थानीकरण किया। इसने पुनर्वितरण के तंत्र को स्थानीय निकाय सरकारों के हाथ में सौंप दिया यद्यपि किसान और राजनीतिक संगठन भी उसके साथ जुड़े रहे। यह प्रक्रिया 1990 के दशक और उसके बाद तक भी जारी रही।

लेकिन जमींदारों को नौकरशाही के ऊपर जो प्रभाव हासिल था उससे हदबन्दी के ऊपर जितने भूमि क्षेत्र का आकलन किया जाता था या दावा किया जाता था उसके और इस तरह घोषित और अधिग्रहीत रकबे के बीच हमेशा एक बड़ा अन्तर बना रहा। उदाहरण के लिए, कृषक सभा के आकलन पर जाएँ तो पश्चिम बंगाल की 30 प्रतिशत कृषि भूमि 1970 के दशक के अन्तिम वर्षों तक कानूनी हदबन्दी से ऊपर रही होगी। इसका अर्थ होगा चालीस लाख एकड़ का विशाल क्षेत्र और यह 1950 के दशक के अन्तिम वर्षों में पूर्व मुख्यमंत्री बी.सी. राय के इस आकलन से व्यापक रूप से मेल खाता है कि 20-22 लाख एकड़ भूमि हदबन्दी से ऊपर थी। लेकिन इस चालीस लाख में से केवल 11.8 लाख एकड़ भूमि ही सरकारी तौर पर अधिशेष घोषित की गई थी।[38] अगर किसान आन्दोलन का आकलन थोड़ा बहुत अतिरंजित हो तो भी यह असंगति निश्चय ही बहुत साफ नजर आती है।

वाम मोर्चा सरकार ने स्वयं यह स्वीकार किया कि 'कानून की कमियों' को दूर कर 'राज्य के कब्जे में और अधिक भूमि दिए जाने की काफी गुंजाइश है'। राज्य के राजस्व बोर्ड द्वारा सितम्बर 1980 में आयोजित 'भूमि सुधारों पर तीसरी कार्यशाला' (थर्ड वर्कशाप आन लैंड रिफार्म्स) की रिपोर्ट में कहा गया : 'हदबन्दी अधिशेष भूमि का एक बहुत बड़ा क्षेत्र बिचौलियों ने अपने पास गुपचुप तरीके से बनाए रखा है...छद्म और फर्जी काश्तकारों, न्यासों और धर्मदायों...के जरिये।'[39] यह रिपोर्ट कहती है कि 'इस मामले में जमीनी स्तर

पर और आगे अधिक ध्यान दिए जाने और अधिशेष भूमि के अधिग्रहण के काम में तेजी लाने की जरूरत है...'।[40]

इस अधिग्रहीत भूमि का पुनर्वितरण तकलीफदेह धीमी प्रक्रिया थी। 1980 के अन्त तक अधिग्रहीत 12.12 लाख एकड़ भूमि में से 1.79 लाख एकड़ भूमि अदालतों के निषेधात्मक आदेशों में फँसी थी और इस तरह पुनर्वितरण के लिए उपलब्ध भूमि घटकर 10.32 लाख एकड़ रह गई थी। लेकिन इसमें से केवल 6.73 लाख एकड़ (अथवा 65 प्रतिशत) जमीन निर्दिष्ट लाभार्थियों को वास्तव में दी गई थी। इन लाभार्थियों की संख्या दस लाख से कुछ ज्यादा थी।[41] दूसरे शब्दों में, लगभग 3.59 लाख एकड़ भूमि पुनर्वितरित नहीं की गई।[42] इससे महज नौकरशाही की उदासीनता की तुलना में भूस्वामी वर्गों की ताकत और वाम मोर्चे में राजनीतिक इच्छा के अभाव की बात ही ज्यादा सामने आती है।

अधिशेष भूमि का पता लगाने में मदद के लिए किसान संघों को साथ लिया जाना था लेकिन वे इस पर कब्जा 'अर्ध न्यायिक और प्रशासनिक प्रक्रियाओं' के पूरे होने के बाद ही पा सकते थे। पश्चिम बंगाल के भूमि सुधार मंत्री बिनोय चौधुरी ने स्वीकार किया : 'अधिग्रहीत भूमि के पुनर्वितरण के मामले में उपलब्धि सन्तोषजनक नहीं रही है यद्यपि इस काम को सर्वोच्च प्राथमिकता दी गई थी'।[43] इसके अतिरिक्त, पुनर्वितरित जमीन का बड़ा हिस्सा गुणवत्ता की दृष्टि से अच्छा नहीं था और पुनर्वितरित भूखंड इतने छोटे थे कि उन पर खेती की उपज बढ़ाने से लाभार्थियों को कोई खास मदद नहीं मिलती थी।[44]

आकलन के अनुसार, हर हाल में, 1983 के अन्त तक दस लाख 45 हजार पारिवारिक इकाइयाँ (अथवा राज्य की कुल ग्रामीण आबादी का लगभग एक चौथाई हिस्सा) भूमि पुनर्वितरण कार्यक्रम से सीधे लाभान्वित हुई थीं; 1991 तक उनकी संख्या लगभग बीस लाख (सटीक तौर पर 1,993,616) तक पहुँच गई।[45,46] उनमें से प्रत्येक को औसतन एक छोटा भूखंड मिला जिसकी नाप महज 0.46 एकड़ थी। केन्द्रीय ग्रामीण विकास मंत्रालय के आकलन के अनुसार 1992 तक उन्हें पुनर्वितरित जमीन दस लाख एकड़ से कुछ कम, एकदम ठीक-ठीक कहें तो 936,000 एकड़ अथवा राज्य के कृषि क्षेत्र (जिस पर खेती की जाती है) का 6.72 प्रतिशत थी।[47,48]

यदि इसकी तुलना राष्ट्रीय स्तर पर हुए भूमि पुनर्वितरण के औसत से की जाय, जो कुल कृषि भूमि का महज 1.24 प्रतिशत है, तो अपने सम्पूर्ण विस्तार में कम होने के बावजूद यह (उपलब्धि) बेहतर तो है ही वस्तुतः प्रभावशाली भी है। दूसरी तरह से कहा जाय तो भारत के कुल कृषि क्षेत्र में अपने मात्र 3 प्रतिशत हिस्से के साथ पश्चिम बंगाल 1991 के अन्त तक कृषि सुधारों के तहत पूरे देश में पुनर्वितरित भूमि का लगभग एक बटा पाँच हिस्सा अपने यहाँ पुनर्वितरित कर चुका था और ऐसे सुधारों के कुल लाभार्थियों में से 40 प्रतिशत लाभार्थी पश्चिम बंगाल में थे।[49,50]

पश्चिम बंगाल में वाम मोर्चे के भूमि सुधारों की साधारण अथवा सीमित सफलता (यह इस पर निर्भर है कि उसे परखने के लिए कौन से मानदंड इस्तेमाल किए जाते हैं) को अंशतः वर्गीय शक्तियों के एक खास सम्बन्ध द्वारा इस तरह स्पष्ट किया जाता है कि 'जहाँ बड़े भूस्वामी हित अपेक्षतया कमजोर स्थिति में थे और जहाँ भूमिहीन और भूमिनिर्धनों

के दबाव को शरणार्थियों की बाढ़ से और मजबूती मिल गई थी और जहाँ महानगरीय अभिजन, जिसके हाथों में राजनीतिक सत्ता थी, का गाँव की जमीन से लेना-देना कम था'[51] वहाँ भूमि सुधारों को ज्यादा सफलता मिली।

सुधार के विस्तार को सीमित करने वाले कारकों में ये कारक शामिल थे : किसान सभाओं में मँझोले और धनी किसानों का प्रभुत्व जो मोर्चे के राजनीतिक दलों और सरकार पर सफलतापूर्वक इस बात के लिए दबाव डाल सकते थे कि वह उनकी कुछ बेनामी जोतों का खुलासा न करें और जल्दी ही उन्हें 'अधिग्रहीत' कर पुर्वितरित भी न कर दें; तथाकथित भूमि निषेधाज्ञाओं के विरुद्ध कानूनी मुकदमों को कमजोर करने के लिए और मत्स्य पालन जैसे अन्य उपयोगों के लिए उनके अवैध हस्तान्तरण को कानूनी चुनौती न देने के लिए भूस्वामियों और नौकरशाही के बीच दुरभि सन्धि; तथा कृषि अर्थव्यवस्था और राजनीतिक व्यवस्था के भीतर भूमिहीन मजदूरों का कमजोर असर।

केरल के विपरीत बंगाल में वाम भूमिहीनों अथवा लगभग भूमिहीनों, जिनमें खेतिहर मजदूर, ग्रामीण दस्तकार और मछुआरे शामिल हैं, को छोटे आवासीय भूखंडों का पट्टा देने में लगातार अनिच्छुक सिद्ध हुआ जबकि 1975 के एक केन्द्रीय अधिनियम के तहत सरकार को इन लोगों को आवासीय भूमि का कब्जा देना था। सितम्बर 1980 तक 54,000 से कुछ ही ऊपर लाभार्थियों को ऐसी जमीन मिल पाई थी।[52] कितने परिवार आवासीय भूखंडों के लिए अधिकृत थे इसकी ठीक संख्या ज्ञात नहीं है। लेकिन भूमिहीनता के सरकारी आँकड़ों की मानें तो यह संख्या स्पष्टत: कम-से-कम कई लाख तो थी ही। फिर भी जब तक वाम मोर्चा रहा तब तक केवल दो लाख परिवारों को आवासीय भूखंड मिल पाया।[53]

इससे इस दावे पर सन्देह होता है कि वाम मोर्चा लगातार उस बात के विरुद्ध दबाव बनाता रहा जिसे अशोक मित्र ने अरुण कोहली को दिए गए एक साक्षात्कार (1987) में (पा.टि. 98) एक प्रतिकूल राजनीतिक माहौल में 'सम्भावना की सीमान्त रेखा' बताया और निर्धन ग्रामीण जनता को लाभ प्रदान करने के लिए अपनी व्यापक सत्ता का अलबत्ता साधारण हलके सुधारवाद के ढाँचे के भीतर ही, इस्तेमाल करने में सफल रहा।

इसका अभिप्राय वाम मोर्चा सरकार के योगदान अथवा उपलब्धियों को कम आँकना नहीं है। लेकिन इस सन्दर्भ में यह उल्लेख किया जाना जरूरी है कि अधिकांश भूमि हस्तान्तरण उसके पदभार ग्रहण करने से पहले, 1960 के दशक के अन्तिम वर्षों के 'भूमि हड़पो' आन्दोलन के दौरान हो चुका था। 1977 के पहले पुनर्वितरित भूमि का रकबा 1983 तक भी वितरित किए गए कुल क्षेत्र का एक बहुत बड़ा (81.7 प्रतिशत) हिस्सा था। प्रति लाभार्थी परिवार वितरित औसत क्षेत्र 1977 से पहले के समय के 0.26 हेक्टेयर के आधे से भी ज्यादा घट कर 0.12 हेक्टेयर रह गया जो एक सीमान्त अथवा गुजारे लायक होने से बहुत कम जोत क्षेत्र प्रदर्शित करता है।[54]

ताजा उपलब्ध आँकड़ों के अनुसार लाभार्थी पारिवारिक इकाइयों की संख्या 2003 तक समग्र रूप में 20 लाख 74 हजार से कुछ ऊपर पहुँची है और 439-585 हेक्टेयर तक कृषि क्षेत्र का पुनर्वितरण हुआ।[55] तब भी यह उस क्षेत्र का मुश्किल से 2/5 हिस्सा (ठीक-ठीक कहें तो 42.3 प्रतिशत) ही है जो 1977 में वाम मोर्चे के सत्ता में आने से पहले ही पुनर्वितरित किया जा चुका था।

स्त्रियों की अनदेखी

पश्चिम बंगाल के भूमि पुनर्वितरण कार्यक्रम का एक अन्य प्रमुख दोष था स्त्रियों के प्रति इसकी दृष्टिहीनता। स्त्रियों के नाम भूमि का पट्टा जारी करना उनके सशक्तीकरण का एक प्रमुख माध्यम बना होता। वाम मोर्चा सरकार ने पति और पत्नी के नाम संयुक्त पट्टा जारी करना 1994-95 में जाकर शुरू किया। तब तक बहुत देर हो चुकी थी। भूमि पुनर्वितरण की प्रक्रिया लगभग पूरी की जा चुकी थी। इस तरह 1999 तक जारी किए गए कुल पट्टों का केवल 9.7 प्रतिशत ही संयुक्त नामों पर जारी किया गया था। और इससे भी बहुत कम (कुल पट्टों का 5.9 प्रतिशत ही) एकल महिला वाले परिवारों के नाम जारी किया गया था।[56] इस तरह एक दुर्लभ अवसर व्यर्थ गँवा दिया गया था।

पश्चिम बंगाल मानव विकास रिपोर्ट 2004 में स्वीकार किया गया है : 'निधियों के स्वामित्व अथवा पट्टेदारी का मुद्दा...स्त्रियों के लिए बहुत महत्त्वपूर्ण था...' जिन्हें भूमि के अधिकार अथवा अन्य महत्त्वपूर्ण परिसम्पत्तियों पर नियंत्रण से वंचित रखा गया है। रिपोर्ट कहती है कि पश्चिम बंगाल का भूमि पुनर्वितरण कार्यक्रम लिंगगत भेदभाव को कम करने के सन्दर्भ में बहुत कम प्रभावी था; 'वस्तुतः...पट्टों का आवंटन मौजूदा लिंगगत असमानताओं को और मजबूती देने वाला था...पश्चिम बंगाल में आम तौर पर कृषि में और सामान्यतया ग्रामीण क्षेत्रों में...काम में महिलाओं की पंजीकृत भागीदारी औसत से कम है...! भूमि के पट्टों से औरतों को अपेक्षतया बाहर रखे जाने के सन्दर्भ में भूमि पुनर्वितरण का तरीका और अधिक भेदभावपूर्ण रहा है'।[57]

भूमि पुनर्वितरण कार्यक्रम की एक सकारात्मक विशेषता यह थी कि 1970 के दशक के अन्तिम वर्षों तक उसके लाभार्थियों में 57 प्रतिशत लाभार्थी अनुसूचित जाति और अनुसूचित जनजाति समूहों से थे,[58] जिन्हें फायदा मिलने का कारण अंशतः यह भी था कि राज्य की भूमिहीन और भूमिनिर्धन जनता में उनकी संख्या अधिक थी।[59]

पीछे मुड़कर देखें तो लगता है कि भूमि की अपेक्षतया ऊँची हदबन्दी की व्यवस्था और 'जोतने वाले को जमीन' के मुद्दे पर स्पष्टता के अभाव के कारण वाम मोर्चे का एजेंडा संकट में पड़ गया था। इससे पहले, माकपा की केन्द्रीय समिति ने 'किसान मोर्चे पर काम' (टास्क ऑन किसान फ्रंट) (1967) और 'कुछ कृषि मुद्दे' (आन सर्टेन अग्रेरियन इशूज) (1973) में अधिक क्रान्तिकारी रुख अपनाये जाने की वकालत की थी जिसमें असामी कृषकों के स्वामित्व के अधिकार के लिए आन्दोलन की बात शामिल थी। पार्टी के पूर्व महासचिव पी. सुन्दरैया ग्रामीण भूमिहीन मजदूरों और गरीब किसानों के बीच आधार बनाने पर जोर देने में कही अधिक स्पष्ट थे।[60]

किसान सभा के नेता हरे कृष्ण कोनार ने भी यह बात दोहराई कि 'मँझोले किसानों पर आधारित किसान एकता बनाने का पुराना चलन कृषि क्रान्ति के लिए उपयोगी नहीं है लेकिन पुराना नजरिया किसान आन्दोलन के कार्यकर्ताओं को अब भी एकजुट रखता है।' उन्होंने 'खेतिहर मजदूरों और गरीब किसानों को संगठित करने और उन्हें जागरूक बनाने के काम' पर 'विशेष जोर' दिया।[61]

काम पर जोर देने और वास्तविक व्यवहार के बीच एक बड़ी दरार थी। आलोचकों ने टिप्पणी की कि माकपा का 'केन्द्रीय नेतृत्व ऐसी राजनीतिक कार्रवाई को छोड़ देना चाहता

है जो एक ओर तो सम्पन्न और मँझोले किसानों का और दूसरी ओर गरीब और सीमान्त किसानों तथा भूमिहीन मजदूरों का ध्रुवीकरण कर दे' इसलिए व्यावहारिक रूप से उन्होंने 'भूमि सुधारों के लिए सार्थक संघर्ष'[62] का परित्याग कर दिया। एक अन्य अध्ययन में बताया गया : 'ग्रामीण पश्चिम बंगाल में सभी तरह के किसानों की एकता बनाए रखने की अपनी आतुरता में सरकार खेती के पुनर्गठन के सर्वाधिक सम्भावनापूर्ण सक्रिय एजेंटों' अर्थात खेतिहर मजदूरों और गरीब किसानों से 'दूर हट रही है'।[63]

आपरेशन बर्गा अपनी योजना में ही बटाईदारों का पंजीकरण करने और उन्हें पट्टे की सुरक्षा देने की दिशा में एक सीमित पहलकदमी था। वह आगे बढ़कर जमीन का पट्टा असामी किसान के नाम किए जाने के कार्यक्रम में कभी नहीं बदला। बर्गादार कोई 'शुद्ध वर्ग' नहीं बल्कि एक 'मिश्रित' अथवा 'मध्यवर्ती' समूह थे जिसके ऊपरी सिरे पर धनी और मँझोले किसान थे जिनकी संख्या भूमिहीन बटाईदारों से कहीं ज्यादा थी। 1970 के दशक में पश्चिम बंगाल के लगभग एक बटा पाँच हिस्से पर ये बटाईदार ही खेती करते थे जिनमें से केवल 3.2 प्रतिशत बटाईदार ही भूमिहीन थे। अधिकतर बर्गादार जितनी जमीन जोतते-बोते थे उसकी आधे से ज्यादा पर उनका स्वामित्व था। इन बटाईदारों का एक बटा पाँच हिस्सा कुछ जिलों में भूस्वामियों से बेहतर स्थिति में था और अपेक्षतया धनी किसान-बटाईदार 'आंशिक रूप से पूँजीपति वर्ग से सम्बन्ध रखते हैं'।[64]

औसतन बर्गादार खेतिहर मजदूरों से बहुत बेहतर स्थिति में थे, उनके भूमि हित और उनकी हैसियत उन खेतिहर मजदूरों की तुलना में बहुत बेहतर थी जो नौकरी, कर्ज अथवा विभिन्न दायित्वों के कारण भूस्वामियों के साथ बँधे थे, कभी-कभी इन खेतिहर मजदूरों के पास इतनी कम जमीन होती थी कि उससे वे जीवनयापन भी नहीं कर सकते थे। खेतिहर मजदूर ग्रामीण क्षेत्र के सर्वाधिक शोषित वर्ग हैं और उन्हें संगठित करना सबसे मुश्किल काम है। लेकिन साम्यवादियों ने सुन्दरैया की फटकारों के बावजूद बटाईदारों को गोलबन्द करने की तुलना में इन्हें संगठित करने के काम को उच्चतर प्राथमिकता नहीं दी।

बर्गादार काश्तकारी की उस जटिल व्यवस्था का अंग थे जिसमें 'उलटी पट्टेदारी' और फसल या उत्पादक की बटाई के परिवर्तनीय प्रबन्ध शामिल हैं। कभी-कभी वृद्धावस्था, अथवा शहर में नौकरी खोजने की मजबूरी के कारण खेतों में काम करने में अपनी असमर्थता के कारण छोटी जोतों वाले निर्धनतम लोग अपनी जमीन बेहतर स्थिति वाले बर्गादारों को पट्टे पर दे देते थे।[65] पंजीकृत बर्गादार अपंजीकृत बर्गादारों की तुलना में विशेषधिकार प्राप्त होते थे। लेकिन आपरेशन बर्गा से पहले बहुत कम बटाईदार पंजीकृत थे अत: फसल का हिस्सा कानूनी रूप से तय न्यूनतम हिस्से से बहुत कम रहता था और बटाई की अवधि व्यापक रूप से बहुत असुरक्षित मानी जाती थी।[66]

आपरेशन बर्गा पश्चिम बंगाल के ऐसे विभिन्न किसान आन्दोलनों का परिणाम था जो विशेषकर कम्युनिस्ट पार्टी आफ इंडिया के नेतृत्व में 1940 के दशक में हुए प्रसिद्ध तिभागा आन्दोलन के बाद काश्तकारों के लिए फसल में अधिक हिस्सेदारी और पट्टे की अवधि की सुरक्षा (पट्टे की विरासत के अधिकार सहित) की माँग कर रहे थे। काश्तकारों को जमीन से हटाने में मददगार चोर दरवाजों को बन्द करने, काश्तकारी को विरासत योग्य बनाने और कुल फसल में बर्गादार की हिस्सेदारी बढ़ाकर तीन चौथाई (जहाँ उत्पादन की

पूरी लागत काश्तकार वहन करता है) और पचास प्रतिशत (जहाँ मजदूरी छोड़कर शेष सारा खर्च भूस्वामी उठाता है) तक करने के लिए वाम मोर्चा सरकार ने काश्तकार कानूनों में संशोधन किया। आपरेशन बर्गा ने काश्तकारों के अभिलेखीकरण और उन्हें अधिक अधिकार दिए जाने को कानून के प्रभावी होने की जरूरी शर्त माना।

1978 में बिनोय चौधुरी द्वारा शुरू किए गए इस अभियान को प्रारम्भ में किसान वर्ग से कुछ अपेक्षतया हलका समर्थन ही मिला। वाम मोर्चे की प्रमुख सहयोगी भाकपा ने दो संयुक्त मोर्चा सरकारों के साथ अपने अनुभव के मद्देनजर एक सतर्क कार्यनीतिक रवैया अपनाया। एक सहानुभूतिपूर्ण प्रेक्षक और भागीदार के शब्दों में: बहुत सम्भव है कि केन्द्रीय सरकार को हस्तक्षेप करने का कोई बहाना न देने के लिए वाम मोर्चा सरकार ने आम जनता को गोलबन्द करने की नीति से किनारा कर लिया जबकि इससे पहले माकपा ने सचेतन रूप से इस नीति का अनुकरण किया था...राजनीति समझदारी का यह तकाजा था कि पार्टी के भीतर भद्दे और आत्मविनाशक टकराव से बचने के लिए...यही उचित होगा कि यह पहलकदमी प्रशासनिक तंत्र को सौंप दी जाए और उसे नीचे से समर्थन प्रदान किया जाए। इसके साथ ही ऊपर से भी दबाव बनाया जाए'।[67]

(इसके लिए) वाम मोर्चा सरकार ने आपातकाल के दौरान (1975-77) राष्ट्रीय श्रम संस्थान (नेशनल लेबर इंस्टीट्यूट) द्वारा बनाया गया एक तरीका अपनाया। इस तरीके को इन्दिरा गांधी के पहले बीस सूत्री कार्यक्रम के क्रियान्वयन के हिस्से के रूप में विकसित किया गया था यानी ग्रामीण मजदूरों की 'चेतना जगाने' के लिए (पाउलो फ्रेयरे के शब्दों में)[68] उनके शिविर आयोजित करना। भूमि सुधारों के मंत्री की उपस्थिति में तीन दिन का एक शिविर हुगली जिले में आयोजित किया गया। इसमें 35-40 बटाईदारों/भूमिहीन किसानों ने हिस्सा लिया। यह शिविर बहुत सफल रहा। इसके परिणामस्वरूप पारम्परिक राजस्व अदालत का तरीका छोड़ दिया गया जिसमें वकील करने और दस्तावेजी साक्ष्यों की जरूरत होती थी। अधिकतर बटाईदारों के पास ये साक्ष्य नहीं होते थे क्योंकि बड़ी संख्या में बटाई पर जमीनें मौखिक रूप से ही दी जाती थीं।

जिन भूखंडों पर बटाईदारों की पट्टेदारी है उनकी पहचान और सत्यापन करने और उसकी पुष्टि का नया तरीका बटाईदारों की सामूहिक कार्रवाई पर बहुत अधिक निर्भर था। 'खेतों में सत्यापन का तरीका बहुत उच्च कोटि का था। सार्वजनिक रूप से झूठ बोलकर कोई आसानी से बच नहीं सकता था। और मुकदमे पर्याप्त तेजी के साथ निपटा दिए जाते थे। नई प्रक्रिया से बटाईदारों ने अपने डर पर काबू पा लिया और भूस्वामियों से कठोर दंड मिलने की सम्भावना भी बहुत कम हो गई क्योंकि भूस्वामी जानते थे कि ऐसे किसी कदम के विरुद्ध उन्हें संगठित विरोध का सामना करना पड़ेगा'।[69]

आपरेशन बर्गा की रफ्तार धीमी पड़ी

आपरेशन बर्गा को एक वर्ष में पूरा हो जाना था। लेकिन इसकी अन्तिम तिथि बार-बार आगे बढ़ाई जाती रही।[70] इसके परिणामस्वरूप अप्रैल 1980 तक 8.55 लाख बटाईदारों का और तीन वर्षों के भीतर बारह लाख बटाईदारों का अभिलेखीकरण हो गया। एक दृष्टि से, 'भूमि सुधार मंत्री के रूप में बिनोय चौधुरी की यह सर्वोच्च उपलब्धि थी...यह मान

लेना गलत होगा कि आपरेशन बर्गा कोई आसान काम था। ढेरों समस्याएँ थीं, लेकिन बिनोय चौधुरी ने बहुत कुशलता और चतुराई के साथ सभी बाधाओं को दूर करते हुए कभी इसकी गति मन्द नहीं होने दी'।[71]

कुछ अन्य लोगों ने इस आकलन पर सवाल खड़े किए।[72] उन्होंने तर्क दिया कि प्रारम्भ में बर्गादारों के पंजीकरण की औसत दर 300 प्रतिशत प्रतिमाह की दर से बढ़ी, लेकिन जल्दी ही यह गति धीमी पड़ गई। 'सर्वोच्च मासिक आँकड़े जनवरी 1979 में हासिल किए गए थे जब विशेष ओ बी (आपरेशन बर्गा) शिविरों द्वारा 32,000 बर्गादारों का पंजीकरण किया गया था... । सितम्बर 1978 और जुलाई 1979 के बीच 732,955 बर्गादारों की पहचान की गई और उनका पंजीकरण हुआ। लेकिन कुल मिलाकर सफलता सन्तोषजनक नहीं थी... ।' यह मानते हुए कि बर्गादारों की कुल संख्या बीस लाख थी, केवल 50 प्रतिशत बर्गादारों का ही पंजीकरण हुआ। यदि कुल संख्या इससे ज्यादा रही हो, जैसा कि सम्भव लगता है तो उपलब्धि इसी अनुपात में और कम हुई।

चौधुरी ने कृषि और गैरकृषि भूमि के बीच के भेद को खत्म कर और एक एकल हदबन्दी लागू कर पश्चिम बंगाल के भूमि सुधार कानून में बड़े संशोधन किए। उन्होंने सीमान्त और छोटे किसानों की एक हेक्टेयर से कम जमीन की जोतों की चकबन्दी और लाभार्थियों के लिए पारस्परिक स्वसहायता सहकारी समितियों का प्रावधान किया। केन्द्र सरकार (संशोधन) विधेयक को कई वर्षों तक रोके रही। लेकिन कुछ छोटे-मोटे परिवर्तनों के साथ इसे स्वीकृति दिए जाने के बाद भी बिनोय चौधुरी इस अधिनियम के प्रावधानों को लागू करने की दिशा में कुछ अधिक नहीं कर सके। सम्भवत: उस समय तक भूमि सुधारों में वाम मोर्चे की दिलचस्पी कम हो चुकी थी और अब उसने राज्य के पुनऔद्योगीकरण के लिए उद्योग के साथ अपना प्रेमालाप शुरू कर दिया था।[73] चौधुरी ने 1996 में वाम मोर्चा सरकार छोड़ दी और एक खिन्न और असन्तुष्ट व्यक्ति के रूप में उनका निधन हुआ।

आपरेशन बर्गा बटाईदारों की एक बड़ी संख्या के अभिलेखन में निश्चय ही सफल हुआ, यद्यपि जिन लोगों को पंजीकरण नहीं हुआ उनकी संख्या अस्पष्ट और विवादित है। इसी तरह, पंजीकरण न होने के कारण अस्पष्ट और विवादित हैं। इन कारणों में, विशेषकर भूमिहीनों, सीमान्त अथवा छोटे किसानों के बीच जमीन से बेदखल किए जाने अथवा फसल में कमतर हिस्सा मिलने का डर अथवा खतरा शामिल है।[74] क्योंकि कार्यक्रम के क्रियान्वयन में राजनीतिक सक्रियतावाद और किसान संगठनों ने प्रमुख भूमिका निभाई इसलिए 'इसकी सफलता इसमें लगी राजनीतिक मशीनरी की ताकत के अनुरूप एक जिले से दूसरे जिले में अलग अलग थी।'[75]

1980 के दशक के मध्य तक इस कार्यक्रम की गति में जबर्दस्त शिथिलता आ गई थी और अब इसे ज्यादातर प्रशासनिक नौकरशाही बटाईदारों के अधिकारों पर अधिक ध्यान दिए बिना क्रियान्वित कर रही थी : 'समय के साथ जिलों के अधिकारियों, पंचायतों और किसान संगठनों में इस मुद्दे (बर्गादारों का अभिलेखीकरण) के साथ बहुत कम सरोकार रह गया... ' और 'ऐसा प्रतीत होता है कि पंजीकरण का काम एक बँधा-बँधाया काम बनकर रह गया है और इसलिए यह पंजीकरण संख्या की दृष्टि से बहुत अपर्याप्त है... ।'[76]

सन 2000 तक आपरेशन बर्गा के तहत दस लाख 68 हजार पारिवारिक इकाइयों (अथवा राज्य की खेतिहर पारिवारिक इकाइयों का 20.2 प्रतिशत) का अभिलेखन हुआ और इसमें पश्चिम बंगाल की कृषि भूमि के दस लाख एक हजार एकड़ अथवा 8.2 प्रतिशत का पुनर्वितरण हुआ।[77] विभिन्न जिलों में पंजीकरण की दर में जबर्दस्त भिन्नता थी। बर्धमान, बीरभूम और हावड़ा में पंजीकरण की दर 35 प्रतिशत (सभी काश्तकारों के अनुपात में) को पार कर गई थी लेकिन राज्य के ही नहीं बल्कि वस्तुत: भारत के सबसे गरीब जिलों में से एक बांकुड़ा में यह बहुत कम, तीन प्रतिशत से भी नीचे रह गई।

पश्चिम बंगाल में काश्तकारी सुधार का काम अनेक अन्य राज्यों की तुलना में बेहतर हुआ था लेकिन यह उदाहरण देने योग्य अथवा प्रदर्शन योग्य होने से बहुत दूर था। इसके अतिरिक्त, बर्गादारों को प्राय: फसल का नियमत: निर्देशित हिस्सा-अपना सामान लगा कर स्वयं खेती करने के लिए 75 प्रतिशत और श्रम के अतिरिक्त बाकी सब साधन (खाद, बीज आदि) भूस्वामी द्वारा मुहैया कराये जाने की स्थिति में अधिकतम 50 प्रतिशत-भी नहीं मिलता था। प्रारम्भिक सर्वेक्षणों में देखा गया कि अधिक हिस्सेदारी शायद ही कभी दी जाती थी अथवा यह वाम मोर्चे के गढ़ बीरभूम जिले के जिन गाँवों का सर्वेक्षण किया गया था वहाँ बर्गादार परिवारों के केवल एक तिहाई तक सीमित थी। एक अन्य सर्वेक्षण में देखा गया कि कुछ इलाकों में महज 40 प्रतिशत हिस्सा देने का चलन है। यह हिस्सा हालाँकि पारम्परिक रूप से दिए जाने वाले 33 प्रतिशत हिस्से से तो ज्यादा है लेकिन कानूनन अनिवार्य रूप से देय 75 प्रतिशत की तुलना में बहुत कम है।[78]

पश्चिम बंगाल राज्य पंचायत और ग्रामीण विकास संस्थान द्वारा किए गए एक अधिक विशद और अद्यतन सर्वेक्षण[79] से पता चला कि लगभग 19 प्रतिशत बर्गादार फसल का 50 प्रतिशत हिस्सा भूस्वामियों को देते हैं जबकि अन्य 13 प्रतिशत बर्गादार उगाई गई फसल का 40 प्रतिशत उन्हें देते हैं। यह हिस्सा उस अधिकतम हिस्से से भी कहीं ज्यादा है जो कानून के तहत भूस्वामी अपने काश्तकारों से माँग सकते हैं (25 प्रतिशत)। यह स्थिति किसान सभाओं की उपस्थिति के बावजूद है जिन पर खेदजनक ढंग से 'अक्सर मँझोले किसानों का प्रभुत्व रहता है'।[80] पट्टे की सुरक्षा और उपज में अधिक बड़े हिस्से के बीच अक्सर एक लेन-देन का सम्बन्ध रहता था। अनेक पंजीकृत बर्गादार पट्टा सुरक्षित रखने के लिए उपज के 75 प्रतिशत हिस्से के बजाय 50 प्रतिशत हिस्सा लेने पर राजी हो जाते थे। इसी तरह, कुछ अधिग्रहीत भूमि पुनर्वितरित नहीं की गई क्योंकि उसे खेती के लिए 'अनुपयुक्त' घोषित कर दिया गया था।[81]

आपरेशन बर्गा ने बालिकाओं का दर्जा सुधारने पर भी कोई सकारात्मक असर नहीं डाला। एक अध्ययन[82] से पता चला कि भूमि के पट्टे की सुरक्षा बढ़ने का एक प्रबल और खिझाने वाला असर हिन्दू सन्तानों के बीच माता-पिता द्वारा पुत्रों के पक्ष में निवेश करने की शक्ल में सामने आया। जिन जिलों में 50 प्रतिशत या उससे अधिक बटाईदारों का पंजीकरण हुआ था वहाँ शिशुओं की मृत्यु दर में 1.5 से 1.6 प्रतिशत तक की कमी आई। गैर हिन्दू परिवारों में पुत्र और पुत्री दोनों के मामले में नवजात शिशु मृत्यु दर में 2.8-3.1 प्रतिशत की कमी आई लेकिन हिन्दू परिवारों में इससे केवल बेटे लाभान्वित हुए और बेटियों के मामले में मृत्यु का खतरा व्यापक रूप से पूर्ववत ही बना रहा।

भूमि पुनर्वितरण की तरह ही आपरेशन बर्गा से भी निश्चय ही दलित और आदिवासी (अनुसूचित जाति और अनुसूचित जनजाति समूह) लाभान्वित हुए। यद्यपि उन्हें विशेष रूप से लक्षित नहीं किया गया था लेकिन ये दोनों समूह सभी लाभार्थियों के क्रमशः 30.5 और 11 प्रतिशत थे जिससे प्रतीत होता है कि योजना के क्रियान्वयन में उनका ध्यान रखा गया था।[83] लेकिन उनके नाम हुए पंजीकरण के तहत आने वाली जमीन कितनी थी, यह ज्ञात नहीं है।

लेकिन परिवारों की एक बड़ी संख्या के लिए भूमि सुधारों के कुछ लाभ तो अल्पजीवी ही सिद्ध हुए। 1980 के दशक के मध्य से शुरू होकर और विशेषकर 1990 के दशक में कुछ पंजीकृत बर्गादार बेदखल किए जाने लगे क्योंकि भूस्वामियों ने उनकी जमीनों पर जर्बदस्ती कब्जा कर लिया और इस मामले में किसान सभाओं तथा राज्य से होने वाला प्रतिरोध अपर्याप्त सिद्ध हुआ। 2001 तक बेदखल किए गए काश्तकारों की संख्या कुल काश्तकारों के 14 प्रतिशत से अधिक हो गई। इसी तरह, जो पट्टादार भूमि पुनर्वितरण से लाभान्वित हुए थे उनमें से 13 प्रतिशत पट्टादारों का कब्जा छिन गया।[84] ये संख्याएँ छोटी नहीं थीं। ये संख्याएँ दलितों-आदिवासियों के फिर से पहले की स्थिति में पहुँच जाने की सूचक हैं।

वाम मोर्चे के तहत हुए भूमि सुधारों के एक कुछ अल्पज्ञात पहलू पर भी ध्यान देने की जरूरत है। यह था 'रेस्टोरेशन आफ एलियनेटेड लैंड्स ऐक्ट' जिसका उद्देश्य था किसानों को उनकी वह जमीन वापस देना जो उन्होंने मजबूरी में बेच दी थी। ऐसे लंबित मामलों की संख्या आधिकारिक तौर पर दो लाख से अधिक आँकी गई थी। लेकिन भूमि सुधारों पर तीसरी कार्यशाला (1980) ने इस बात पर ध्यान दिया कि ऐसे मामलों के निपटारे की दर 'सन्तोषजनक नहीं' थी और दावों की 'तुलनात्मक रूप से एक बड़ी संख्या' को विशेषकर आदिवासी बहुल क्षेत्रों में अस्वीकार कर दिया गया था।[85]

कुल मिलाकर, वाम मोर्चे के भूमि सुधार कार्यक्रम के लक्ष्य अपने अपने नजरिये के हिसाब से 'कम-से-कम अंशतः' अथवा 'अधिक से अधिक अंशतः' हासिल कर लिए गए थे । मानव विकास रिपोर्ट 2004 का दावा है कि 'ग्रामीण पश्चिम बंगाल में भूस्वामियों के आर्थिक, सामाजिक और राजनीतिक प्रभुत्व में कमी आई है और भूस्वामी समूहों द्वारा किए जाने वाले दमन के अधिक परम्परागत रूप, जो पूर्वी भारत के अन्य हिस्सों में अब भी मिलते हैं, इस राज्य में अब प्रचलित नहीं हैं।' लेकिन यही रिपोर्ट यह भी स्वीकार करती है कि 'अन्य, अधिक जटिल वर्ग संरचनाएँ सामने आई हैं क्योंकि राज्य के ग्रामीण क्षेत्रों में 'नव धनाढ्यों' की एक श्रेणी उभरी है जिसमें वेतनभोगी समूह और व्यापारी और अधिशेष उपज वाले किसान हैं और यह श्रेणी आर्थिक और राजनीतिक रूप से प्रभावशाली बन रही है।'[86]

भूमिहीनता बढ़ रही है

भूमि सुधार कार्यक्रम के बाद संस्थागत कर्ज के प्रावधान, भूमि विकास के लिए प्रति एकड़ 500 रु. की सहायता, कुंओं की सहायता से लघु सिंचाई आदि प्रावधानों के जरिए लाभार्थियों की सहायता के पूरक उपाय किए जाने थे। पश्चिम बंगाल के ग्रामीण क्षेत्र के गरीबों की एक प्रमुख जरूरत थी संस्थागत ऋण क्योंकि वहाँ निजी साहूकारों से

मिलने वाले अल्पकालिक उत्पादन और उपभोग ऋणों पर ब्याज की दर 'प्रतिवर्ष 150 से 300 प्रतिशत तक' थी।[87]

450 करोड़ रुपये के कर्ज की जरूरत थी। इसमें से संस्थागत ऋण डेढ़ सौ करोड़ रुपये से थोड़ा कम था। 1979 में वाम मोर्चा सरकार ने एक योजना शुरू की जिसके तहत पुनर्वितरित भूमि के 80,000 लाभार्थियों और बटाईदारों को राष्ट्रीयकृत बैंकों से ऋण मिलना था। इन परिवारों की पहचान करने और उनका चयन करने का काम पंचायतों को करना था। लेकिन 1979 में वे केवल 52,000 परिवारों की पहचान कर पाईं। 1980 में बैंक एक लाख 59 हजार परिवारों को ऋण देने पर सहमत हो गए किन्तु पंचायतें केवल 41,000 नाम दे पाईं। अन्य दो योजनाओं का कार्य निष्पादन भी सन्तोषजनक नहीं रहा।[88]

पश्चिम बंगाल के भूमि सुधारों को गरीबी विरोधी कार्यक्रमों द्वारा समुचित ढंग से मजबूती भी नहीं दी गई कि उनके लाभार्थियों के बीच अधिक गरीब लोगों को 'गरीबी के फंदे से स्थायी रूप से बाहर निकलने में सहायता मिलती, इस प्रकार 73.1 प्रतिशत पट्टादार और 77.5 प्रतिशत बर्गादार किसी भी गरीबी विरोधी कार्यक्रम की सीमा से बाहर रहे। इसी तरह, यह भी देखा गया कि केवल 14.6 प्रतिशत पट्टादार और 21 प्रतिशत बर्गादार ही प्राथमिक कृषि ऋण समितियों के सदस्य थे।[89]

पश्चिम बंगाल मानव विकास रिपोर्ट 2004 कहती है कि अभी हाल ही के अतीत की 'एक बहुत परेशान करने वाली विशेषता' है 'ग्रामीण परिवारों के बीच भूमिहीनता में तेज गति से वृद्धि...राष्ट्रीय प्रतिदर्श सर्वेक्षण (एन एस एस-नेशनल सैंपल सर्वे) के आँकड़े संकेत देते हैं कि पश्चिम बंगाल में भूमिहीन ग्रामीण परिवारों का अनुपात 1987-88 के 39.6 प्रतिशत से बढ़कर 1993-94 में 41.6 प्रतिशत और फिर 1999-2000 में 49.8 प्रतिशत तक पहुँच गया। दूसरे शब्दों में इस दशक के अन्त तक पश्चिम बंगाल के लगभग आधे ग्रामीण परिवार भूमिहीन थे (पूरे ग्रामीण भारत के 41 प्रतिशत से तुलनीय)'।[90]

आधी ग्रामीण आबादी के लिए इतनी अधिक भूमिहीनता का अर्थ यदि लगभग कंगाली नहीं तो जबर्दस्त अभाव की स्थिति तो है ही और इसे अस्वीकार्य माना जाना चाहिए। निस्सन्देह इस स्थिति के पीछे के कारण जटिल हैं और ग्रामीण रोजगार के रूपों की विविधता और गैरकृषि गतिविधियों के बढ़ते महत्त्व से सम्बन्धित हैं। लेकिन यह तर्क देना कठिन है कि पश्चिम बंगाल के गरीब और अधिकारों से वंचित लोगों की स्थिति भूमि सुधारों और कृषि परिवर्तन या 'रूपान्तरण' के तीन दशकों के परिणामस्वरूप नाटकीय ढंग से अथवा लगातार सुधरी।

वास्तव में, पश्चिम बंगाल के ग्रामीण क्षेत्रों में जीवन स्तरों में ठहराव के साक्ष्य वाम मोर्चे के सत्ता में आने के मुश्किल से एक दशक के भीतर ही सामने आ गए थे। राष्ट्रीय प्रतिदर्श सर्वेक्षण (नेशनल सैंपल सर्वे) (1972-73 और 1973-74) के सत्ताइसवें और अट्ठाइसवें चक्रों और पश्चिम बंगाल के तीन जिलों में 1985-86 में हुए पुनर्सर्वेक्षण पर आधारित आलेखों की एक श्रृंखला में प्रस्तुत विश्लेषण[91] प्रदर्शित करता है कि परिवार और प्रति व्यक्ति भोजन उपभोग में कोई खास बदलाव नहीं आया था, केवल गैर खाद्य उपभोग में बस 'हलका' सुधार हुआ था।

पूरे परिवार द्वारा किया जाने वाला कुल खाद्य उपभोग '1985-86 में लगभग उतना ही निराशापूर्ण था जितना 1972-73 में'। पेय जल तक पहुँच में 'पर्याप्त सुधार हुआ था लेकिन स्वास्थ्य और शिक्षा तथा सड़क सुविधाओं तक पहुँच में कोई उल्लेखनीय बदलाव नहीं आया था। आवास की उपलब्धता और गुणवत्ता में पर्याप्त गिरावट थी, 'कुछ टिकाऊ उपभोक्ता सामग्रियों के भंडारण में सुधार था लेकिन ग्रामीण परिवारों द्वारा कपड़ों और जूता-चप्पलों के इस्तेमाल के सन्दर्भ में स्थिति में सुधार नहीं था'।[92]

इसके कारण राज्य सरकार के मुख्यालय राइटर्स बिल्डिंग और पश्चिम बंगाल माकपा के मुख्यालय अलीमुद्दीन स्ट्रीट दोनों जगह खतरे की घंटी बजनी शुरू हो जानी चाहिए थी लेकिन ऐसा नहीं हुआ। जैसा कि हम अध्याय 5 में देखेंगे, उनका आत्मसन्तोष तब भी बढ़ता रहा जब परवर्ती वर्षों में स्वास्थ्य की देखभाल और शिक्षा के सूचकांकों सहित सामाजिक विकास के सूचकांकों में तेजी से गिरावट आई।

इस बीच एक अनिष्टकारी प्रवृत्ति मजबूत हो रही थी : भूमिहीनों की उपेक्षा और अन्य अनेक राज्यों की तुलना में पश्चिम बंगाल में पुरुष खेतिहर मजदूरों के वास्तविक वेतनों में ठहराव अथवा गिरावट की प्रवृत्ति। इस प्रकार पश्चिम बंगाल में पुरुष खेतिहर मजदूरों के वास्तविक वेतनों के सूचकांक में 1977-78 और 1984-85 के बीच 6 प्रतिशत तक गिरावट आई जबकि पंजाब, कर्नाटक, राजस्थान और हरियाणा को छोड़कर अन्य राज्यों में यह तेजी से ऊपर उठा। केवल तमिलनाडु, आंध्र प्रदेश और महाराष्ट्र में ही नहीं बल्कि उत्तर प्रदेश (31 प्रतिशत), बिहार (18 प्रतिशत), मध्य प्रदेश (32 प्रतिशत) और उड़ीसा (22 प्रतिशत) जैसे परम्परागत रूप से पिछड़े राज्यों में भी यह सूचकांक असरदार ढंग से ऊपर उठा।[93]

एक और तुलना देखें, पश्चिम बंगाल में न्यूनतम वेतन कानून के तहत 1978 और 1983 के बीच वेतन अपरिवर्तित बने रहे, लेकिन असम, मध्य प्रदेश और उत्तर प्रदेश जैसे कुछ अन्य अधिक गरीब राज्यों में वेतनों में वृद्धि हुई जबकि इन राज्यों में 'प्रगतिशील' सरकार होने के कोई दावे नहीं थे। अगले दशक के दौरान पश्चिम बंगाल में न्यूनतम वेतन बढ़कर 3.72 गुना हो गया लेकिन कुछ अन्य राज्यों में अधिक महत्त्वपूर्ण कारकों के कारण वेतन कुछ अधिक तेजी से बढ़े। पश्चिम बंगाल केवल उत्तर प्रदेश (3.1) और बिहार (3.7) से ही कुछ बेहतर कर सका।[94]

इसका एक सम्भावित स्पष्टीकरण है पश्चिम बंगाल में खेतिहर मजदूरों की यूनियनों की कमजोरी और कोई ऐसा संगठन बनाने में माकपा की अरुचि जिसमें खेतिहर मजदूरों का प्रतिनिधित्व होता और जो किसान सभा से अलग होता। इस विषय पर पुस्तक में अन्यत्र चर्चा की गई है। कहने का आशय यह नहीं है कि पश्चिम बंगाल में खेतिहर मजदूर 1977 के बाद अपनी सौदेबाजी की ताकत को सुधारने में असफल रहे, बल्कि यहाँ सिर्फ यह कहा जा रहा है कि एक प्रगतिशील सरकार के तहत उन्हें इससे कहीं ज्यादा अच्छा करना चाहिए था।

पंचायती राज

एक युगप्रवर्तक कदम के तहत 1978 में वाम मोर्चे ने त्रिस्तरीय पंचायती व्यवस्था को फिर से शुरू करने का निश्चय किया। पंचायत व्यवस्था पिछले चौदह वर्षों से सुषुप्त पड़ी थी, चौदह वर्षों से पंचायतों के चुनाव भी नहीं हुए थे। अगले तीन दशकों तक पश्चिम बंगाल

के ग्रामीण समाज और शक्ति संरचनाओं पर इसका दूरगामी प्रभाव पड़ना था। पश्चिम बंगाल पंचायत अधिनियम 1973 के तहत 4 जून 1978 को 3,242 ग्राम पंचायतों, 324 पंचायत समितियों और 15 जिला परिषदों के लिए लगभग 56,000 प्रतिनिधियों के निर्वाचन के लिए सीधे चुनाव हुए।[95]

यह अधिनियम कांग्रेस सरकार के तहत पारित हुआ था लेकिन इस पर दूसरी संयुक्त मोर्चा सरकार द्वारा बनाये गए उस विधेयक की गहरी छाप थी जिसने मूल अधिनियम को संशोधित किया। 'प्रारम्भिक पंचायती राज कार्यक्रम की बुनियादी आलोचना वाम दलों से ही आई। उन्होंने तर्क दिया कि चूँकि ग्रामीण वर्ग संरचना की जड़ें भूमि सम्बन्धों में हैं इसलिए जब तक इस संरचना में बदलाव नहीं लाया जाता तब तक पंचायतें जनता की भागीदारी की सच्ची संस्था तथा ग्रामीण आबादी की विशाल बहुसंख्या के लिए ऐसा साधन कभी नहीं बन सकतीं जिनके जरिये वह नीति निर्धारण और क्रियान्वयन में अपनी भूमिका निभा सकती है'।[96]

सत्ता में आने के बाद वाम मोर्चा पंचायतों को पुनर्जीवित करने के लिए अत्यधिक उत्सुक, वस्तुत: जल्दी में था। इसके अनेक कारण थे। उसने आपातकाल के तुरन्त बाद और अत्यधिक तनावपूर्ण केन्द्र–राज्य सम्बन्धों के बीच में पदभार ग्रहण किया था। केन्द्र–राज्य सम्बन्ध का इतिहास दो संयुक्त मोर्चा सरकारों के प्रति भेदभाव का रहा था। दोनों सरकारें नई दिल्ली द्वारा बर्खास्त की गई थीं। वाम मोर्चा के भीतर इस बात की गम्भीर आशंका थी कि केन्द्र किसी भी समय उसकी सरकार के लिए समस्याएँ पैदा कर सकता है, यहाँ तक कि इस सरकार को बर्खास्त भी कर सकता है।

पंचायतें वाम दलों विशेषकर माकपा की सहायता करतीं। वाम दलों के पास उस समय तक व्यापक ग्रामीण आधार नहीं था, पंचायतें एक वैकल्पिक ग्रामीण आधार के निर्माण के जरिये एक सुरक्षात्मक कवच बनाने में उनकी मदद करतीं। इससे वाम को जमीनी स्तर पर प्रभाव उत्पन्न करने और उसे बनाए रखने में मदद मिलती जो केन्द्र के आक्रामक हस्तक्षेप और राज्य स्तर पर सत्ता चले जाने के बाद भी बना रहता और यह केन्द्रीकृत हस्तक्षेप के हमले के विरुद्ध एक तरह का बीमा अथवा 'अग्रिम जमानत' थीं।[97]

यह रणनीतिक विचार तर्कसंगत था। पंचायतों को सत्ता दिया जाना वाम द्वारा सत्ता को अपने हाथ में बनाए रखने का साधन मात्र ही नहीं था। वह वाम के कृषि सुधार कार्यक्रम में भी समेकित था क्योंकि पंचायतों को ही इस कार्यक्रम का नेतृत्व करना था। इस कार्यक्रम का उद्‌देश्य था पुराने जोतदारों अथवा बड़े भूस्वामियों की गलाघोंटू जकड़ को तोड़ना और कर्ज के लिए भूमिहीनों और भूमिनिर्धनों की उन पर निर्भरता को कम करने में मदद देना। पंचायतों को पुन: ताकत देने और उन्हें मजबूत बनाने से राजनीतिक शक्ति की ग्रामीण संरचनाओं को बदलने और गरीबों की बेहतरी के अन्य उपायों की बुनियाद तैयार करने का विचारधारात्मक लक्ष्य पूरा होता।

वाम मोर्चा सरकार ने तीनों पंचायत स्तरों के लिए दलगत आधार पर सीधे चुनाव कराने की अनुमति देकर एक बड़ा कदम उठाया। एक दूसरा बड़ा कदम था स्थानीय स्तर पर निर्वाचित राजनीतिज्ञों और नौकरशाही के बीच के तत्कालीन सम्बन्धों को बदलना जिसके तहत नौकरशाही ही असली निर्णयकर्ता और सलाहकार थी'[98]।

उस समय माकपा का कोई मजबूत ग्रामीण आधार नहीं था और उसकी सदस्यता केवल लगभग तीस हजार थी जो मुख्यत: कलकत्ता और अन्य शहरी औद्योगिक केन्द्रों में संकेन्द्रित थी। अब अचानक अपने सहयोगियों के साथ लगभग साठ हजार उम्मीदवार खड़े करने का काम उसके सामने आ गया। 'अब भूस्वामी अभिजन के सामाजिक और आर्थिक जुए से मुक्त मँझोले और उच्च स्तर के किसान वर्ग ने इस अवसर को हाथ से निकलने नहीं दिया। बड़े पैमाने पर उन्होंने स्वयं को वाम मोर्चे के उम्मीदवारों के रूप में पेश कर दिया। वे वाम मोर्चें में किसी विचारधारात्मक लगाव के कारण नहीं बल्कि अपने स्वार्थों की रक्षा के लिए शामिल हुए। जब तक माकपा जमींदारों और अभिजात्य वर्ग के विरुद्ध थी उन्हें उससे कोई खतरा न था... । पार्टी ने भी उनका स्वागत किया क्योंकि उन्होंने उसे वह ग्रामीण आधार प्रदान किया जिसकी पार्टी को बहुत जरूरत थी और जो उसके पास नहीं था। यह स्थिति दोनों पक्षों के लिए लाभकर थी।'[99]

1978 में, माकपा ने प्रभावशाली ढंग से सभी ग्राम पंचायत सीटों की 60 प्रतिशत, पंचायत समितियों की 66 प्रतिशत और जिला परिषद की 75 प्रतिशत सीटों पर प्रभावशाली जीत दर्ज की। 1983 में उसके प्रदर्शन में कुछ कमी आई। इस वर्ष तीन स्तरों में वह क्रमश: 53, 60 और 66 प्रतिशत सीटों पर विजयी रही। लेकिन 1988 में उसकी स्थिति में सुधार हुआ जब उसने 65, 72 और 85 प्रतिशत सीटें जीतीं। सरकार ने विभिन्न ग्रामीण विकास योजनाओं के क्रियान्वयन की जिम्मेदारी पंचायतों को सौंपी और खर्च के लिए उन्हें पर्याप्त संसाधन प्रदान किए। इससे पंचायतों पर पार्टी और उसके कार्यकर्ताओं की पकड़ मजबूत हो गई।

लेकिन नई पंचायतों पर मँझोले किसानों अथवा स्वामी-काश्तकार और स्कूलों के अध्यापकों जैसी मध्यवर्ती सामाजिक परतों का प्रभुत्व था। भूमिहीन और छोटे बटाईदार व्यापक रूप से इससे बाहर थे।[100] पंचायतों के अजीबोगरीब वर्ग संयोजन का पता पश्चिम बंगाल विकास और नियोजन विभाग द्वारा 1978 में ऐसे सौ निकायों के सर्वेक्षण से चला। पंचायतों के सदस्यों में स्वामी-काश्तकार 50.7 प्रतिशत थे जबकि भूमिहीन केवल 4.8 प्रतिशत और बटाईदार महज 1.8 प्रतिशत थे। लगभग 14 प्रतिशत सदस्य अध्यापक थे। 1983 में 200 पंचायतों के एक अन्य सर्वेक्षण से यह बात सामने आई कि मालिक-काश्तकारों का अनुपात बढ़कर 51.8 प्रतिशत और अध्यापकों का 15.3 प्रतिशत हो गया है लेकिन भूमिहीनों और बटाईदारों का हिस्सा क्रमश: 3.3 और 2.2 प्रतिशत पर रहकर नगण्य ही बना रहा।

मध्यवर्ती परतों का प्रभुत्व

बांकुड़ा जिले में किए गए एक अन्य अध्ययन का निष्कर्ष यह था कि पंचायत चुनाव के जरिये गाँवों की शक्ति संरचना में कोई परिवर्तन नहीं हुआ है। यथार्थ में, पंचायतों के कार्यक्रम आयोजित करने में गरीब किसान और खेतिहर मजदूरों की कोई भूमिका नहीं है, न ही अपने क्षेत्र के तथाकथित वाम आन्दोलन को संगठित करने में वे कोई भूमिका अदा करते हैं। यदि माकपा का लक्ष्य संयुक्त किसान आन्दोलन का आधार जोतदार और धनी किसानों से हटाकर गरीब किसानों और खेतिहर मजदूरों में बदलना था तो यह लक्ष्य पूरा नहीं हुआ।

अन्य अध्ययनों ने भी पंचायतों के काम में धीरे-धीरे हुई गिरावट लक्षित की जबकि शुरुआत में पंचायतों ने 'जनता के बीच सामाजिक और राजनीतिक जागरूकता उत्पन्न करने में मदद की थी और नए नेतृत्व के विकास का मार्ग सुगम बनाया था...। 1983 में दूसरे पंचायत चुनावों के बाद यह प्रारम्भिक उत्साह मन्द पड़ने लगा और 1988 में तीसरी पंचायतों के आने के साथ लगता है यह सब गायब हो गया। प्रारम्भिक वर्षों का कुछ नया करने का उत्साह अब दिखाई नहीं पड़ता। पंचायतें रोजमर्रा के काम में बहुत अधिक व्यस्त हो गई हैं...(और) उत्साहहीन हो गई (प्रतीत होती हैं)...'।[101] इससे उबरने का उपाय 'विकास से आगे स्वशासन की ओर बढ़ना' बताया गया। लेकिन ऐसा नहीं हुआ।

एक महत्त्वपूर्ण तुलनात्मक अध्ययन में राजनीतिशास्त्री अमृता बसु ने देखा कि 'पंचायतों में अनेक गैर-लोकतांत्रिक और असमतावादी लक्षण मूर्त रूप में दिखाई दे रहे हैं जिसमें मध्यवर्गीय सामाजिक पृष्ठभूमि वाले भूस्वामी काश्तकार और सदस्यों का प्रतिनिधित्व जितना होना चाहिए उससे कहीं अधिक है। खेतिहर मजदूरों और बटाईदारों के कम प्रतिनिधित्व के परिणामस्वरूप पंचायतें न्यूनतम वेतन कानून लागू करने और बटाईदारों का पंजीकरण सुनिश्चित करने के काम में ढिलाई बरत सकती हैं।'[102]

एक अन्य सन्दर्भ में भी पंचायतें प्रातिनिधिक नहीं हैं : नीतियाँ बनाने में अपनी अक्षमता के कारण वे राज्य सरकार को नीचे गाँवों के स्तर तक पैठ बनाने में समर्थ बनाती हैं लेकिन गाँव वालों को शायद ही कभी इस योग्य बनाती हैं कि वे अपनी परेशानियाँ, तकलीफें कलकत्ता तक सम्प्रेषित कर सकें'। वह यह तर्क भी देती हैं कि पंचायत समितियों और जिला परिषदों में गैर-किसानों और मालिक-काश्तकारों के संख्या में अधिक होने की सम्भावना है जबकि बटाईदारों और भूमिहीन मजदूरों की संख्या में कमी आने की सम्भावना है।'[103]

बसु निष्कर्ष निकालती हैं : 'माकपा ने ग्रामीण उद्यमशीलता को प्रोत्साहित करने के लिए वर्गीय सांमजस्य की रणनीति का अनुसरण किया है। 1977 में सत्ता प्राप्त करने के समय से उसने जोतदारों, जिन्हें वह 'वर्गशत्रु' मानती है और धनी किसानों' जिन्हें वह सहयोगी मानती है, के बीच फर्क किया है। इस प्रकार 1981 तक आते आते पश्चिम बंगाल के पूर्व राज्य सचिव प्रमोद दासगुप्त यह कह सके : 'हम बड़े किसान को सामन्तवादी इजारेदार हितों का प्रतिनिधि नहीं मानते। हमारा वर्गयुद्ध भूस्वामी जोतदारों के विरुद्ध है...।'' धनी किसानों को तुष्ट करने के लिए माकपा ने केन्द्र द्वारा अनुमोदित कृषि आय कर नहीं लगाया है। उसने खेती की उन वस्तुओं के लिए ऊँचे दामों की माँग की जिनसे मुख्य रूप से मँझोले और धनी किसानों को लाभ होगा...।'[104]

1981 में अखिल भारतीय किसान सभा के भीतर ही सिर्फ खेतिहर मजदूरों के लिए एक अलग संगठन बनाया गया था जिसकी सदस्यता 1989 तक बढ़कर पन्द्रह लाख हो गई थी। लेकिन पश्चिम बंगाल में अभाकिस (अखिल भारतीय किसान सभा) ने ऐसा कोई संघ बनाने से इन्कार कर दिया। वास्तव में, माकपा की पश्चिम बंगाल इकाई ने व्यापक ''किसान एकता'' के हित में राज्य में ऐसा कोई संगठन न बनाने का फैसला सचेतन रूप से किया था।[105, 106]

असमान साझेदारी

एक प्रतिस्पर्धात्मक लोकतंत्र में राजनीतिक स्वीकार्यता प्राप्त करने के लिए माकपा की आतुरता ने ही अपने कार्यक्रमगत परिप्रेक्ष्यों को बदल कर व्यापक किसान एकता की पृष्ठभूमि और तार्किक आधार तैयार किया था। 'यहाँ 'किसान एकता' के मुद्दों का विशेष महत्त्व है जिसने ग्रामीण क्षेत्रों में पार्टी की गोलबन्दी में महत्त्वपूर्ण भूमिका निभाई। माकपा और कृषक सभा के लिए "एकता" का अर्थ किसानों की मागों को एक साथ लाना नहीं था जिसके द्वारा किसानों के सभी तबकों (खेती न करने वाले जमींदारों को छोड़कर) को समान स्थान मिलता, उनके हित समान होते ताकि किसानों के सभी वर्गों के बीच सन्तुलन बना रहता। इसके विपरीत, ऐसी एकता को "किसान संघर्ष" की कार्ययोजना में एक आवश्यक मद की तरह प्रस्तुत किया गया था।'[107]

1980 के दशक के प्रारम्भ तक इस संघर्ष की एक पहचान बन गई थी जिसमें मँझोले और धनी किसानों पर जोर था। 1982 में अखिल भारतीय किसान सभा के मेदिनीपुर में हुए अधिवेशन में हरकिशन सिंह सुरजीत (जो बाद में माकपा के महासचिव हुए) ने एक नया दृष्टिकोण प्रतिपादित किया जो इस समझ पर आधारित था कि 'धनी और मँझोले किसानों सहित सम्पूर्ण किसान वर्ग की माँगें उठाये बिना और विभिन्न धाराओं को एक में मिलाए बिना न तो हम कृषि क्रान्ति की ओर आगे बढ़ सकते हैं न ही आन्दोलन को भूमि पर कब्जा करने के स्तर तक उठा पाने में समर्थ होंगे।'[108]

पश्चिम बंगाल के अखिल भारतीय किसान संघ ने इस 'नए दृष्टिकोण' का पूरी तरह अनुमोदन किया जिसने 1982 के विधानसभा चुनाव में वाम मोर्चे के सत्ता में वापस आने के बाद घोषणा की कि 'मँझोले किसानों के एक महत्त्वपूर्ण वर्ग के समर्थन के बिना यह जीत कदापि सम्भव न होती।'[109]

पश्चिम बंगाल प्रादेशिक कृषक सभा ने बड़े वागाडम्बर के साथ ग्रामीण समाज के अधिक गरीब तबकों को संगठित करने पर जोर दिया। 1986 में, उसने दावा किया कि उसके प्राथमिक सदस्यों में लगभग तीन चौथाई खेतिहर मजदूर हैं। 'लेकिन वास्तविकता बहुत अलग थी। 1982 से 1989 के बीच सभा ने तीन राज्य सम्मेलन किए जिनमें कुल उपस्थित लोगों में खेतिहर मजदूरों की संख्या 9 प्रतिशत से कम थी। अखिल भारतीय किसान सभा के 26वें सम्मेलन में भी ऐसा ही देखा गया (अखिल भारतीय स्तर पर)...'। यहाँ उपस्थित खेतिहर मजदूरों का अनुपात केवल 4.85 प्रतिशत था और गरीब किसानों का 24.28 प्रतिशत।[110]

ग्रामीण बंगाल में वर्ग सम्बन्धों की अजीबोगरीब प्रकृति और पंचायत व्यवस्था में उनके संस्थानीकरण और साथ ही कृषि वेतन पर उसके दुष्प्रभाव पर अनेक विश्लेषकों ने टिप्पणी की है।[111] कुछ विश्लेषक तर्क देते हैं कि 'कृषि क्षेत्र में वेतन कम रखना, ग्रामीण क्षेत्रों में वर्ग संघर्ष को रोकने और इस प्रकार वाम मोर्चा सरकार के सामाजिक आधार के बहुवर्गीय गठबन्धन को अक्षुण्ण रखने के प्रमुख साधनों में से एक रहा है। चूँकि खेतिहर मजदूरों के एक बड़े हिस्से को मँझोले किसान काम देते हैं अत: स्वाभाविक है कि वे भी वेतन बढ़ाये जाने का विरोध करेंगे। नौकरी देने वाले और नौकरी करने वाले लगभग हमेशा एक ही दल–माकपा–के सदस्य होते हैं, इस तथ्य का अर्थ है कि इन दोनों को अपने प्रभाव में रखने के

लिए यह जरूरी है कि पार्टी न केवल इन दोनों वर्गों के बीच बातचीत कराए बल्कि एक के लाभ के लिए दूसरे के हितों की बलि चढ़ा दे। और वाम मोर्चा सरकार की बलिवेदी पर जिस वर्ग को हमेशा अपने हितों की बलि चढ़ानी पड़ती है, वह भूमिहीन मजदूर रहा है।"[112]

1991 की जनगणना के अनुसार पश्चिम बंगाल में कृषि क्षेत्र के वेतनभोगी मजदूरों की संख्या यद्यपि पचास लाख (अथवा ग्रामीण और शहरी मिलाकर कुल श्रमबल का एक चौथाई) थी लेकिन, 'कृषि रोजगार की सेवा शर्तों के सम्बन्ध में कोई प्रभावशाली विनियमन नहीं रहा है...और न्यूनतम वेतन सुनिश्चित करने के लिए कोई सीधी कार्रवाई नहीं की गई है—निश्चय ही भूमि पुनर्वितरण और काश्तकारों के पंजीकरण की कार्रवाई में जिस तरह का जोश और उत्साह दिखाया गया था उसका अभाव तो रहा ही"[113] फिर भी, यह विरोधाभास ही है कि 2009 के लोकसभा चुनावों तक खेतिहर मजदूरों की बड़ी संख्या ने वाम मोर्चे के विरुद्ध सम्भवत: उतनी दृढ़तापूर्वक मतदान नहीं किया जैसा कि ग्रामीण क्षेत्र के अन्य अनेक वर्गों ने किया जिनमें मँझोले/धनी किसान, बटाईदार और कुशल/अर्धकुशल कर्मी शामिल थे।[114]

अनेक विद्वानों ने इसे माकपा और खेतिहर मजदूरों के बीच के विशेष प्रकार के संरक्षक-आश्रित सम्बन्ध, बदलते जाति सम्बन्धों, विभिन्न सांस्कृतिक-आर्थिक श्रेणियों में आवाजाही और एक अन्यथा बहुत केन्द्रीकृत दल के भीतर काफी लचीलेपन और स्वायत्तता का सुख भोगने वाले पार्टी कार्यकर्ताओं द्वारा स्थानीय संघर्षों और श्रम सम्बन्धों के जोड़ तोड़ वाले प्रबन्धन के सन्दर्भ में स्पष्ट किया है।[115] कार्यकर्ताओं के प्रयासों के पीछे सबसे महत्त्वपूर्ण कारक था 'चुनाव जीतने की राजनीति' के साथ माकपा का 'लगभग पूर्ण जुड़ाव'।[116]

अगर पहले नहीं तो 1990 के दशक के अन्तिम वर्षों तक यह साफ हो गया था कि वाम मोर्चे का मुख्य एजेंडा अथवा उसका प्राथमिक सरोकार बदल गया था : बदलाव के लिए एक राजनीतिक आन्दोलन, चाहे वह कितना ही छोटा क्यों न हो, खड़ा करने के बजाय एक ऐसी सीमित रणनीति विकसित करना जिसका एकमात्र लक्ष्य था स्वयं को पुनर्निर्वाचन द्वारा सत्ता में लाना, फिर चाहे इसका अर्थ अपने मूल लक्ष्यों का परित्याग करना ही क्यों न हो जिसमें उसके समर्थन आधार के उससे दूर हो जाने का, व्यापक मोहभंग का और अपरिहार्य रूप से सत्ता गँवाने का खतरा निहित था। जैसा कि वाम के भीतर के अनेक आलोचकों ने भविष्यवाणी की थी, जिस समय तक सिंगूर और नन्दीग्राम संकट उत्पन्न हुए, वाम मोर्चे का पतन यदि अपरिहार्य नहीं, तो सम्भावना के दायरे के भीतर तो आ ही चुका था।

इस तरह पश्चिम बंगाल में भूमि सुधारों की तरह ही पंचायतों के मामले में भी वाम मोर्चे का रिकार्ड मिश्रित है। यद्यपि इसने मँझोले किसानों और भूस्वामी बर्गादारों के कुछ तबकों की बहुत मदद की लेकिन इसने ऐसा आबादी के निर्धनतम स्तरों, स्त्रियों और हाशिये के अन्य समूहों की कीमत पर किया।

इस अध्याय के अगले पृष्ठों पर एक तालिका दी गई है जिसमें 1977 से 2001 तक राज्य के विधानसभा चुनावों में अन्य राजनीतिक दलों के मुकाबले वाम मोर्चे का प्रदर्शन प्रस्तुत किया गया है (चुनावक्षेत्रवार)। यह तालिका जिज्ञासु पाठकों को पश्चिम बंगाल में चुनावों में प्रदर्शन के सन्दर्भ में वाम दलों के नाटकीय उभार और अपेक्षित पतन की बेहतर समझ बनाने में सहायक होगी।

पश्चिम बंगाल : विधानसभा चुनावों में वाम दलों का प्रदर्शन				
वर्ष		लड़ी गई सीटें	जीती गई सीटें	मत प्रतिशत
1977	वाम	294	231	45.84
	माकपा	224	178	35.46
	रिसोपा	23	20	3.74
	फारवर्ड ब्लाक	36	25	5.24
	आरसीपीआई	3	2	0.37
	एफबीएम	2	2	0.23
	बीबीसी	3	1	0.25
	निर्दलीय (वाम समर्थित)	3	3	0.55
	कांग्रेस	290	20	23.02
	भाकपा	63	2	2.02
	जनता पार्टी	289	29	20.02
	मुस्लिम लीग	32	1	0.38
	एसयूसीआई	29	4	1.48
	निर्दलीय	566	7	6.37
	अन्य दल	9	–	0.27
	कुल	**1572**	**294**	**100.00**
1982	वाम	294	238	52.77
	भाकपा	12	7	1.81
	माकपा	209	174	38.49
	रिसोपा	23	19	4.01
	फारवर्ड ब्लाक	34	28	5.90
	निर्दलीय (वाम समर्थित)	16	10	2.56
	कांग्रेस	249	49	35.69
	इंडियन कांग्रेस (सोशलिस्ट) (आईसीएस)	28	4	3.94
	भाजपा	52	–	0.58
	एसयूसीआई	34	2	1.03
	निर्दलीय	432	1	4.47
	अन्य दल	115	–	1.52
	कुल	**1204**	**294**	**100.00**
1987	वाम	294	251	52.96
	भाकपा	12	11	1.92
	माकपा	213	187	39.30

	रिसोपा	23	18	3.94
	फारवर्ड ब्लाक	34	26	5.84
	निर्दलीय (वाम समर्थित)	12	9	1.96
	कांग्रेस	294	40	41.81
	भाजपा	57	–	0.51
	मुस्लिम लीग	36	1	0.62
	एसयूसीआई	46	2	0.90
	निर्दलीय तथा अन्य	770	–	3.20
	कुल	**1497**	**294**	**100.00**
1991	वाम	294	246	48.88
	भाकपा	11	5	1.54
	माकपा	213	189	36.87
	रिसोपा	23	18	3.47
	फारवर्ड ब्लाक	34	29	5.51
	जनता दल	8	1	0.67
	गोरखा नेशनल लिबरेशन फ्रंट	2	2	0.35
	आरसीपीआई (आरबी) *	2	1	0.30
	डिमोक्रेटिक	1	1	0.17
	सोशलिस्ट पार्टी कांग्रेस	284	43	35.12
	भाजपा	291	–	11.34
	झारखंड पार्टी (जेकेपी)	5	1	0.33
	निर्दलीय	634	4	2.66
	अन्य दल	395	–	1.67
	कुल	**1903**	**294**	**100.00**
1996	वाम	294	203	49.33
	भाकपा	12	6	1.75
	माकपा	217	157	37.92
	रिसोपा	23	18	3.72
	फारवर्ड ब्लाक	34	21	5.20
	जनता दल	5	–	0.29
	आरसीपीआई (आरबी)	2	–	0.29
	निर्दलीय (वाम समर्थित)	1	1	0.16
	कांग्रेस	288	82	39.48
	भाजपा	292	–	6.45

	गोरखा नेशनल लिबरेशन फ्रंट	3	3	0.44
	फारवर्ड ब्लाक सोशलिस्ट (एफबीएस)	20	1	0.34
	झारखंड पार्टी (नरेन) जेकेपी(एन)	8	1	0.40
	निर्दलीय	842	4	2.44
	अन्य दल	288	–	1.12
	कुल	**2035**	**294**	**100.00**
2001	वाम	294	199	48.98
	भाकपा	13	7	1.79
	माकपा	211	143	36.59
	रिसोपा	23	17	3.43
	फारवर्ड ब्लॉक	34	25	5.65
	जनता दल (सेक्यूलर)	2	–	0.08
	राष्ट्रीय जनता दल	2	–	0.07
	आरसीपीआई (आरबी)	2	–	0.13
	वेस्ट बंगाल सोशलिस्ट पार्टी	4	4	0.67
	निर्दलीय (वाम समर्थित)	3	3	0.57
	कांग्रेस और सहयोगी दल	294	89	39.37
	कांग्रेस	60	26	7.98
	तृणमूल कांग्रेस	226	60	30.66
	जीएनएलएफ	5	3	0.52
	निर्दलीय (समर्थित)	3	–	0.22
	भाजपा	266	–	5.19
	निर्दलीय	518	6	4.26
	अन्य दल	304	–	2.20
	कुल	**1676**	**294**	**100.00**
2006	वाम	294	235	50.18
	भाकपा	13	8	1.91
	माकपा	212	176	37.13
	रिसोपा	23	20	3.71
	फारवर्ड ब्लाक	34	23	5.66
	नेशनलिस्ट कांग्रेस पार्टी (एनसीपी)	2	–	0.19
	राष्ट्रीय जनता दल (राजद)	2	1	0.08
	वेस्ट बंगाल सोशलिस्ट पार्टी	4	4	0.71
	डेमोक्रेटिक सोशलिस्ट पार्टी (डीएसपी)	2	1	0.36

	निर्दलीय (वाम समर्थित)	2	2	0.43
	कांग्रेस और सहयोगी दल	292	24	15.59
	कांग्रेस	262	21	14.71
	पार्टी ऑफ डेमोक्रेटिक सोशलिज्म (पीडीएस)	9	–	0.09
	झारखंड मुक्ति मोर्चा (जेएमएम)	5	–	0.13
	गोरखा नेशलिस्ट लिबरेशन फ्रंट (जीएनएलएफ)	3	3	0.46
	निर्दलीय (कांग्रेस समर्थित)	13	–	0.20
	राजग	294	31	29.09
	भाजपा	29	–	1.93
	तृणमूल कांग्रेस (टीएमसी)	257	30	26.64
	निर्दलीय (राजग) समर्थित	8	1	0.52
	झारखंड पार्टी (एन)	4	1	0.26
	निर्दलीय	501	3	3.07
	अन्य दल	269	–	1.81
	कुल	**1654**	**294**	**100.00**
2011	वाम	294	62	41.05
	भाकपा	14	2	1.84
	माकपा	213	40	30.08
	रिसोपा	23	7	2.96
	फारवर्ड ब्लाक	34	11	4.80
	समाजवादी पार्टी	5	1	0.74
	आरएसपी आई (आर)	2	–	0.23
	डीएसपी (पी)	2	1	0.35
	राजग	1	–	0.05
	तृणमूल कांग्रेस गठबन्धन	294	227	48.35
	कांग्रेस	65	42	9.08
	तृणमूल कांग्रेस	226	184	38.93
	एनसीपी	1	–	0.03
	एसयूटीआई (तृ.मू. कां समर्थित)	2	1	0.31
	भाजपा	289	–	4.06
	गोरखा जनमुक्ति मोर्चा (गोजम)	3	3	0.72
	एसयूसीआई*	30	–	0.44
	निर्दलीय	400	2	3.13
	अन्य दल	482	–	2.25
	कुल	**1792**	**294**	**100.00**

5

पश्चिम बंगाल में संकट और सत्ता से बहिर्गमन

लड़खड़ाता सामाजिक विकास, शासन में चूकें और फँसना एक दलदल में

अनेक कारक इस बात को स्पष्ट करते हैं कि वाम मोर्चे ने एक पीढ़ी की उम्र के—34 वर्ष लम्बे—अपने ऐसे कार्यकाल के बाद, जिसका किसी भी लोकतंत्र के किसी बड़े क्षेत्र, प्रान्त या नगर में कोई मुकाबला नहीं है, पश्चिम बंगाल में 2011 में सत्ता क्यों गँवा दी। मोर्चे के कार्यकाल को कालक्रमानुसार तीन व्यापक चरणों में बाँटा जा सकता है।

1970 के दशक के अन्तिम वर्षों से लगभग 1990 तक का पहला चरण बहुत न सही फिर भी महत्त्वपूर्ण सामाजिक कल्याण और भूमि सुधार के कामों के लिए जाना जाता है। ये काम प्रशासनिक साधनों के जरिये किए गए थे और इनमें जनता की सीमित भागीदारी शामिल थी। दूसरे चरण में व्यापक रूप से 1990 का दशक आता है। इस चरण में जनता की गोलबन्दी टूटी और पुनर्वितरण की नीतियों से मुँह मोड़ लिया गया जिसके कारण अधिक निर्धन स्तर सरकार से दूर हुए। 21वीं सदी के प्रारंभ में शुरू हुए अन्तिम चरण की विशेषता थी लुटेरे भूमि अधिग्रहण और औद्योगीकरण की नीतियों के साथ और अधिक दक्षिणोन्मुख झुकाव और नव उदारवाद को अंगीकार किया जाना। जमीनी स्तर पर इनका विरोध वाम मोर्चे के सत्ता से बेदखल होने का मुख्य कारण बना।

मोर्चा आम जनता की गोलबन्दी की लहर पर सवार होकर सत्ता में आया था। इस गोलबन्दी को संगठित करने में वाम मोर्चे ने मदद की थी और इसका उसे बहुत लाभ मिला था। उसने स्वयं को वंचित वर्गों की जनता के पक्षधर के रूप में प्रस्तुत किया था। इस प्रारंभिक आमूल परिवर्तनवादी चरण का स्थान जल्दी ही दो भिन्न लक्ष्यों के बीच मुकाबले ने ले लिया: वाम को विशेषकर माकपा को सत्ता में मजबूती देना और पश्चिम बंगाल के लिए एक प्रगतिशील राजनीतिक और विकास माडल तैयार करना। पहला लक्ष्य हावी हो गया था। चुनाव जीतने के लिए दल संरचनाओं को पुनर्गठित किया गया। 1990 के दशक के प्रारम्भिक वर्षों में केन्द्र सरकार के नवउदारवाद की ओर जाने से सामने आई चुनौतियों के प्रति मोर्चे की प्रतिक्रिया लंगड़ी, यहाँ तक कि नकलची सिद्ध हुई जिससे वंचित जनता के बीच उसके समर्थन आधार का क्षरण हुआ। लेकिन भद्रलोक के सोचने के तौर तरीकों में फँसी वाम की संस्कृति और 'जनवादी केन्द्रवाद' ने इसे सुधारात्मक कदम उठाने से रोक दिया।

शुरुआती आशाओं का कुम्हलाना

वाम मोर्चे के सत्तारोहण ने बेहतर शासन और सामाजिक कल्याण की आकांक्षाएँ बढ़ा दीं। प्रारम्भ में, विशेषकर सीमित भूमि सुधारों और निर्वाचित ग्राम पंचायतों को शक्ति सम्पन्न बनाकर इसने इनमें से अनेक अपेक्षाएँ पूरी कीं। सुधारों को जानबूझकर हलका रखा गया था। केन्द्र की शत्रुतापूर्ण प्रतिक्रिया—जैसा कि 1960 के दशक में संयुक्त मोर्चे के साथ हुआ था—की आशंका से मोर्चे ने सावधानी भरा रवैया अपनाया था। लेकिन इन सुधारों के कारण उसे गाँवों में अपना आधार बनाने और उसे मजबूत करने में मदद मिली। यह ऐसे दलों के लिए कोई छोटी उपलब्धि नहीं थी जिनका नेतृत्व बड़े पैमाने पर भद्रलोक के शहरी अभिजन वर्ग से आता है। फिर भी, चूँकि सुधार सत्ता को रूपान्तरित करने वाले नहीं बल्कि सीमित प्रकृति के थे अत: उन्होंने अपने लाभार्थियों को पर्याप्त सामाजिक लाभ अथवा राजनीतिक सत्ता नहीं सौंपी और अधिक आमूल परिवर्तन की क्षमता को सीमित कर दिया।

लगभग एक दशक के भीतर, वाम की, विशेषकर माकपा की प्राथमिकताएँ बदल गईं। अब उनकी प्राथमिकता हो गई शहरों में राज्य कर्मचारियों के और श्रमिक संघों के सिकुड़ते आधार के अतिरिक्त मँझोले और धनी किसानों पर निर्भरता के जरिये पंचायतों में एक संरक्षण व्यवस्था के माध्यम से अपनी सत्ता को मजबूत करना। दलीय संरचनाओं का भारी पैमाने पर नौकरशाहीकरण हो गया। वाम मोर्चा सरकार का सामाजिक विकास का कार्य निष्पादन लड़खड़ाने लगा। उसकी नीतियाँ अधिकाधिक रूढ़िपन्थी हो गईं। फिर भी, माकपा ने जो दुर्जेय चुनावी तंत्र बनाया था उसने वाम दलों को बार-बार बड़े पैमाने पर चुनावी जीत दिलाई जो मतों में उनके हिस्से के अनुपात से मेल नहीं खाती थी।

इसने आत्मसन्तोष और राजनीतिक अभिमान को जन्म दिया विशेषकर उस स्थिति में जब पारम्परिक हरित क्रान्ति तकनीकें अपनाये जाने के कारण कृषि उत्पादन बढ़ रहा था। ग्रामीण क्षेत्र में बढ़ी आमदनी और केन्द्र द्वारा पश्चिम बंगाल के प्रति एक अधिक नरम रुख अपनाये जाने से वाम मोर्चे के सामने आर्थिक नीति के विकल्प बढ़ गए। लेकिन इसके नेताओं ने इनका इस्तेमाल कल्पनापूर्ण ढंग से कोई आमूल परिवर्तनवादी जनकेन्द्रित विकास माडल तैयार करने में नहीं किया क्योंकि उन्हें डर था कि यह दिए हुए मौजूदा राष्ट्रीय राजनीतिक माहौल में (मिली छूट की) 'सम्भावित सीमा रेखा'[1] का अतिक्रमण कर सकता है। इस बीच, राज्य के स्वास्थ्य, शिक्षा और रोजगार सूचकांक निदेशांकों में या तो ठहराव आ गया था या उनमें गिरावट आई थी। प्रशासन और शिक्षण व्यवस्था में भाई-भतीजावाद और अपने चहेतों को पुरस्कृत करने की प्रवृत्ति गहरे तक पैठ गई थी।

1990 के दशक के प्रारम्भिक वर्षों में केन्द्र द्वारा आर्थिक उदारीकरण और वैश्वीकरण अपनाए जाने के तुरन्त बाद वाम मोर्चे ने भी कमोबेश यही रास्ता अपनाया। निस्सन्देह आमूल परिवर्तनवादी विकल्पों के प्रति इसके निराशावाद को सोवियत संघ के विघटन और चीन में तेंग श्याओं पिंग की बाजारोन्मुखी नीतियों की प्रत्यक्ष सफलता से बल मिला था। मोर्चे ने बंगाल के उपभोक्तावादी नवउदारवादी अभिजन को खुश रखा और बहुत गर्मजोशी के साथ निजी-पूँजी चालित औद्योगीकरण को आगे बढ़ाया। ऐसा करने के दौरान उसने नगर केन्द्रों के सुन्दरीकरण के नाम पर गरीब लोगों को वहाँ से बाहर कर दिया। दशक के अन्त तक वाम मोर्चे की राजनीति से सारा प्रगतिशील सारतत्व बाहर हो गया था।

यहाँ से जनता की जमीन हथियाने की बीजिंग शैली की नीतियों पर अमल करना और असहमति रखने वालों, आलोचकों और विरोधियों के विरुद्ध बल प्रयोग यहाँ तक कि गुंडागीरी करना बस एक छोटा कदम ही था। किसानों और आदिवासियों के साथ मोर्चे की हिंसक मुठभेड़ों के कारण बड़े पैमाने पर मानव अधिकारों का उल्लंघन हुआ और इन मुठभेड़ों के कारण वाम मोर्चा इन तबकों और प्रगतिशील बुद्धिजीवी वर्ग से अलग-थलग पड़ गया। धार्मिक और प्रजातीय अल्पसंख्यकों की तकलीफों, शिकायतों को दूर करने में इसकी असफलता सार्वजनिक चर्चा का विषय बन गई। इसने इसकी वैधता और इसके सामाजिक आधार का और अधिक क्षरण किया। मोर्चे ने इनमें से किसी भी बात को स्वीकार करने से इन्कार किया। उसने आन्तरिक बहस का दमन किया और समय पर उपचारात्मक उपाय करने में असफल रहा। फिर तो बहुत देर हो चुकी थी।

इस अध्याय की शुरुआत सामाजिक विकास पर वाम मोर्चे के रिकार्ड के विश्लेषण के साथ हुई है। 1970 के दशक के अन्तिम वर्षों और 1990 के दशक के प्रारम्भिक वर्षों के बीच पश्चिम बंगाल जनता के जीवन में आई महत्त्वपूर्ण बेहतरी का साक्षी बना जैसा कि अनेक सूचकांकों से पता चलता है। लेकिन यह प्रदर्शन कायम नहीं रह सका। मानव विकास के मामले में अन्य अनेक राज्यों की तुलना में पश्चिम बंगाल जल्दी ही फिसड्डी बन गया। सामान्यतः वाम मोर्चे ने तीन दशकों तक शोषितों और उत्पीड़ित वर्गों के सशक्तीकरण, समानता और मानव सुरक्षा की स्थिति बेहतर करने और औपचारिक लोकतंत्र को सारतत्व प्रदान करने के अपने प्रारम्भिक वादे के साथ धोखा किया।

1977 में जब वाम मोर्चा सत्ता में आया था उस समय पश्चिम बंगाल में प्रति व्यक्ति गरीबी का अनुपात (हेड काउंट रेशियो एच सी आर) भारत में सबसे ज्यादा था।[2] यह लगभग 75 प्रतिशत था और बिहार और उड़ीसा जैसे अन्य पिछड़े पूर्वी राज्यों के एच सी आर अनुपात के समान ही था। 1983 तक इसका प्रति व्यक्ति अनुपात बिहार की तुलना में और 1987 तक बिहार और उड़ीसा की तुलना में बेहतर हो गया।[3] 1993-1994 में पश्चिम बंगाल का हेड काउंट रेशियो गिरकर 40.8 प्रतिशत पर और फिर 1999-2000 में और अधिक गिरावट के साथ 31.9 पर आ गया।[4]

1977 और 1980 के दशक के अन्तिम वर्षों के बीच राज्य की शिशु मृत्यु दर और माताओं की मृत्यु दर में उल्लेखनीय कमी आई थी। पश्चिम बंगाल के ग्रामीण क्षेत्रों में पाँच साल से ऊपर के आबादी समूह की साक्षरता दर 1981 के 48.6 से बढ़कर 1991 में 57.7 प्रतिशत हो गई थी। वाम ने जनसंख्या वृद्धि की दर 1981-1991 के दौरान 24.7 प्रतिशत से घटा कर 1991-2001 के दौरान 17.8 (राष्ट्रीय औसत 21.2 की तुलना में) पर लाकर एक और बड़ा कदम उठाया था।[5] ये उपलब्धियाँ काफी प्रभावित करने वाली थीं।

शुरुआती सामाजिक उपलब्धियों का धीरे-धीरे कम होते जाना

लेकिन, इनमें से कुछ उपलब्धियों में शेष भारत के सन्दर्भ में जल्दी ही गिरावट आने लगी। 1990 के दशक के अन्त तक पश्चिम बंगाल की 56.2 प्रतिशत ग्रामीण आबादी गरीबी की रेखा के नीचे जीवन यापन कर रही थी जबकि शेष भारत में इसका प्रतिशत 36.5 था।[6] मानव विकास सूचकों विशेषकर स्वास्थ्य सुरक्षा, बाल पोषण, साक्षरता और शिक्षा की

गुणवत्ता के सन्दर्भ में पश्चिम बंगाल अनेक राज्यों से पीछे था। जैसा कि हम आगे देखेंगे, श्रम सम्बन्ध, मानवाधिकार, स्त्री-पुरुष समानता, धार्मिक अल्पसंख्यकों (विशेषकर मुसलमानों) के प्रति व्यवहार, सुरक्षित पेयजल, स्वच्छता और घरेलू बिजली आपूर्ति जैसे अन्य मुद्दों पर इसका रिकार्ड खराब से साधारण के बीच रहा।

पर्यावरण सुरक्षा, पारिस्थितिकी विविधता, प्रदूषण नियंत्रण और पारिस्थितिकी की दृष्टि से स्वस्थ शहरी नियोजन और विकास के संवर्धन जैसे मुद्दों पर वाम मोर्चे के तहत पश्चिम बंगाल का प्रदर्शन खराब रहा। भोजन के लिए सार्वजनिक वितरण प्रणाली, समेकित बाल विकास सेवा (आईसीडीएस), स्कूली बच्चों के लिए मध्यान्ह भोजन योजना (मिड डे मील स्कीम) और महात्मा गांधी राष्ट्रीय ग्रामीण रोजगार गारंटी कानून (मनरेगा) जैसी कार्ययोजनाओं पर इसका प्रदर्शन अधिकतर प्रमुख राज्यों की तुलना में खराब था।

आपेक्षिक ठहराव के लगभग दो दशकों के बाद 1970 के दशक के अन्तिम वर्षों में पश्चिम बंगाल के कृषि उत्पादन ने गति पकड़ी। अगले दशक में इसमें वृद्धि का औसत 3.4 प्रतिशत रहा।[7] 1978 से 1991 तक की पूरी अवधि में खाद्यान्न उत्पादन में वृद्धि की दर 4.6 प्रतिशत थी जबकि शेष भारत में यह वृद्धि दर 2.8 प्रतिशत थी। 1980 के दशक में पश्चिम बंगाल में तीव्र गति से हुई वृद्धि के लिए जिम्मेदार कारकों विशेषकर कृषि सुधारों और अन्य कारकों जैसे भूजल सिंचाई जिसके कारण सघन क्षेत्र में खेती सम्भव हुई, फसलों की ज्यादा उपज देने वाली किस्में अपनाना और उर्वरकों के अधिक इस्तेमाल आदि द्वारा निभाई गई भूमिका पर तगड़ी बहस हुई।[8]

लेकिन सकल घरेलू उत्पाद (जीडीपी) की वृद्धि दर बढ़ाने में भूमि सुधारों की भूमिका गौण प्रतीत होती है।[9] उच्चतर वृद्धि ने बड़े श्रमिक संगठनों, हड़तालों, पंचायत की मध्यस्थता से हुए वेतन निर्धारण और सामान्यतया राज्य के वाम नेतृत्व के बावजूद 'वेतनों में कोई ठोस बढ़ोत्तरी' नहीं की।[10] 1980 और 1991 के बीच पश्चिम बंगाल में वेतन बढ़े अवश्य, लेकिन ऐसा राष्ट्रीय प्रवृत्ति और व्यापक रूप से राज्य की कुल सम्पूर्ण वृद्धि दर की अनुरूपता में हुआ था। भूमि पुनर्वितरण और आपरेशन बर्गा के कारण आय में हुए प्रारम्भिक लाभों का सम्भवत: बहुत तेजी के साथ क्षरण हुआ।

ऐतिहासिक दृष्टि से, पश्चिम बंगाल के ग्रामीण क्षेत्रों में सामान्यतया प्रति व्यक्ति आय के स्तर नीचे होने के बावजूद स्वास्थ्य दशाएँ अपेक्षतया बेहतर थीं। उदाहरण के लिए, 1981-83 की अवधि में ग्रामीण पश्चिम बंगाल में शिशु मृत्यु दर (आई एम आर जो स्वास्थ्य की स्थिति का एक महत्त्वपूर्ण सूचक है) प्रति एक हजार जीवित जन्मों में 95 थी। यह दर समान गरीबी स्तरों वाले बिहार और उड़ीसा की शिशु मृत्यु दरों (क्रमश: 114 और 136) से बहुत बेहतर थी।[11] बंगाल की शिशु मृत्यु दर 1990 में और घटकर 75 हो गई लेकिन उत्तर प्रदेश, बिहार, तमिलनाडु, गुजरात और पंजाब सहित अन्य अनेक राज्यों की तुलना में इसकी दर में कमी की गति बहुत धीमी थी।[12] 1990 के दशक के अन्त तक अन्य राज्यों के बीच पश्चिम बंगाल का ग्यारहवां स्थान था। केरल की 16.3 प्रतिशत शिशु मृत्यु दर की तुलना में पश्चिम बंगाल की शिशु मृत्यु दर 48.7 प्रतिशत थी।[13]

बच्चों के पोषण के मामले में पश्चिम बंगाल ने 1980 के दशक के अन्तिम वर्षों में एक मिली जुली तस्वीर प्रस्तुत की जो बाद में अन्य राज्यों की तुलना में और खराब हो

गई।[14] राष्ट्रीय परिवार स्वास्थ्य सर्वेक्षणों (एनएफएचएस) से राज्य के बच्चों और महिलाओं में पोषण की खराब स्थिति के प्रबल साक्ष्य सामने आए हैं। 1998–99 में यहाँ के बच्चों की एक बड़ी आबादी (78 प्रतिशत और 82 प्रतिशत ग्रामीण बच्चे) रक्ताल्पता का शिकार थी जबकि राष्ट्रीय स्तर पर रक्ताल्पता के शिकार बच्चों का औसत 74 प्रतिशत था।

इसके कारण पच्चीस राज्यों में पश्चिम बंगाल 19वें स्थान पर था। अलग अलग आयु समूहों में विविध प्रकार के भोजन के उपभोग में 'सर्वाधिक वंचित समूह एक से तीन वर्ष के बच्चों का है।'[15] पश्चिम बंगाल में छह वर्ष से कम उम्र के बच्चों में अल्पपोषण की इस स्थिति से राहत दिलाने में समेकित बाल विकास सेवा योजना ने पर्याप्त काम नहीं किया।[16]

1990 के दशक के अन्त में पश्चिम बंगाल की महिलाओं के पोषण की स्थिति भयावह थी। महत्त्वपूर्ण सूचकों के पैमाने से यह स्थिति भारतीय औसत की तुलना में काफी बदतर थी : ऊर्जा की जबर्दस्त कमी के मामले में नौ राज्यों में पश्चिम बंगाल आठवें स्थान पर था; रक्ताल्पता के मामले में 25 राज्यों के बीच उन्नीसवें स्थान पर और असामान्य रूप से कम शरीर द्रव्यमान सूचकांक के मामले में 25 राज्यों के बीच बहुत खराब चौबीसवें स्थान पर। इस सन्दर्भ में राष्ट्रीय परिवार स्वास्थ्य सर्वेक्षण (एनएफएचएस) की वेबसाइट से संकलित आँकड़े नीचे दी गई तालिका में प्रस्तुत हैं।[17]

पश्चिम बंगाल में महिलाओं और बच्चों की पोषण स्थिति

	रापस्स (2005–06)	रापस्स (1998–99)
तीन वर्ष से कम आयु के बच्चे जिनकी बाढ़ रुक गई है (%)	33	41.5
तीन वर्ष से कम आयु के बच्चे जो कमजोर हैं (%)	19	13.6
तीन वर्ष से कम आयु के बच्चे जिनका वजन कम है (%)	43.5	48.7
महिलाएँ जिनका शरीर द्रव्यमान सूचकांक (बीएमआई) सामान्य से कम है (%)	37.7	43.7
6 से 35 महीनों के बच्चे जो रक्ताल्पता से ग्रस्त हैं (%)	69.4	78.3
15 से 49 आयु वर्ग की विवाहिता महिलाएँ जो रक्ताल्पता से ग्रस्त हैं (%)	63.8	62.7
14 से 49 आयुवर्ग की गर्भवती महिलाएँ जो रक्ताल्पता की शिकार हैं (%)	62.6	56.9

स्रोत : राष्ट्रीय परिवार स्वास्थ्य सर्वेक्षण (एनएफएचएस) की वेबसाइट : http//www.rchiips.org/nfh/, 14 मई 2014 को देखा गया।

स्वास्थ्य सेवा के प्रति उदासीनता

1970 के दशक और 1990 के दशक के अन्तिम वर्षों के बीच कुछ सुधार होने के बावजूद स्वच्छता के मामले में पश्चिम बंगाल का रिकार्ड शर्मनाक है। वाम मोर्चे के कार्यकाल के अधिकांश में पश्चिम बंगाल के आधे से अधिक घरों में शौचालय नहीं थे। 2001 तक भी 56.3 प्रतिशत घरों में शौचालय नहीं थे। ग्रामीण क्षेत्रों में यह औसत 73.1 प्रतिशत था।[18] एक दशक बाद भी इन दोनों का अनुपात 38.6 और 53.3 प्रतिशत था।[19]

तीन बुनियादी सुविधाएँ-शौचालय, पेय जल की पाइप लाइनें और घरेलू बिजली आपूर्ति-मुहैया करवाने में पश्चिम बंगाल का प्रदर्शन सामान्यतया खराब रहा। जहाँ इन तीन में से कोई भी सुविधा मौजूद नहीं थी ऐसे घरों का प्रतिशत 2011 तक भी बहुत अधिक (25.2 प्रतिशत) था।[20] पश्चिम बंगाल के केवल 15.5 प्रतिशत घर ऐसे हैं जहाँ ये तीनों सुविधाएँ उपलब्ध हैं जबकि राष्ट्रीय स्तर पर यह प्रतिशत 18.3 है।[21]

एक भिन्न लेकिन स्वच्छता और स्वास्थ्य से जुड़ी समस्या है पश्चिम बंगाल के भूजल की गुणवत्ता। इसमें आर्सेनिक और फ्लोराइड मिला है जो स्वास्थ्य के लिए अत्यधिक हानिकारक है। यह प्रदूषण हाल के वर्षों में और बढ़ गया है। अब राज्य की ग्रामीण आबादी के 29 प्रतिशत लोग इससे प्रभावित हैं। इसके कारणों पर व्यापक रूप से कोई ध्यान नहीं दिया गया है। आशंका है कि ऐसा भूजल के जरूरत से ज्यादा इस्तेमाल के कारण है। फ्लूराइड प्रदूषण का पता सबसे पहले 1996 में चला था। 2003 तक यह प्रदूषण नौ जिलों के 45 प्रखंडों तक फैल गया था।[22] यह बढ़ता हुआ प्रदूषण स्वास्थ्य के प्रमुख मुद्दों के प्रति राज्य सरकार की उदासीनता प्रदर्शित करता है।

पश्चिम बंगाल में स्वास्थ्य सुविधाएँ लम्बे समय से असन्तोषजनक रही हैं। वाम मोर्चा सरकार ने उन्हें सुधारने की दिशा में बहुत कम काम किया। सरकारी क्षेत्र में एलोपैथिक चिकित्सक की सेवा प्राप्त करने वाली आबादी का औसत केरल और तमिलनाडु की तुलना में कम था। केरल के 9,095 लोगों और तमिलनाडु के 7,718 लोगों पर एक एलोपैथिक चिकित्सक के मुकाबले पश्चिम बंगाल में औसतन 14,064 की आबादी पर एक एलोपैथिक चिकित्सक उपलब्ध था। 1994-1995 और 2006-07 के बीच राज्य में अस्पतालों के संख्या पाँच गुनी बढ़कर 2000 तक पहुँच गई लेकिन इसका व्यापक कारण था निजी अस्पतालों का विस्तार। इन अस्पतालों को राज्य द्वारा सुविधाएँ प्रदान की गई थीं। इसका बेहतर सूचक है अस्पताल में बिस्तरों की कुल संख्या में बढ़ोत्तरी जो इस लम्बी अवधि के दौरान मामूली 49 प्रतिशत थी।[23]

अधिक स्पष्ट रूप से कहें तो वाम मोर्चा सरकार प्राथमिक स्वास्थ्य केन्द्र (पीएचसी) और उनके उपकेन्द्र बनाने में असाधारण रूप से लापरवाह रही थी जबकि ये केन्द्र ग्रामीण स्वास्थ्य सुरक्षा व्यवस्था के मुख्य आधार हैं। 2006-07 तक दो दशकों से अधिक समयावधि के दौरान प्राथमिक स्वास्थ्य केन्द्रों की संख्या में कोई वृद्धि नहीं हुई।[24] अपने शासन के अन्तिम आठ वर्षों के दौरान वाम मोर्चे ने स्वास्थ्य केन्द्रों की इस नगण्य संख्या में गिनती के एक उपकेन्द्र का भी इज़ाफा नहीं किया।[25] यह स्वास्थ्य सुरक्षा, विशेषकर ग्रामीण आबादी की स्वास्थ्य सुरक्षा के प्रति इसकी प्रतिबद्धता पर एक दारुण टिप्पणी है।

तब क्या आश्चर्य कि वालंटरी हेल्थ एसोसिएशन आफ इंडिया (वीएचएआई) द्वारा 2008 में किए गए एक सर्वेक्षण में कर्मचारियों, बुनियादी ढाँचे और दवाओं की आपूर्ति के सूचकों की दृष्टि से पश्चिम बंगाल का स्थान भारत के सबसे खराब कार्य निष्पादन वाले राज्यों में था। वह उसी श्रेणी में था जिसमें बिहार, मध्यप्रदेश, छत्तीसगढ़ और उड़ीसा थे। पश्चिम बंगाल के 83 प्रतिशत जिले 'लाल' (रेड) श्रेणी में थे जहाँ 'तत्काल कार्रवाई' किए जाने की जरूरत है।[26]

पश्चिम बंगाल सरकार की मानव विकास रिपोर्ट 2004 (डब्ल्यूबीएचडीआर) ने राज्य में शारीरिक स्वास्थ्य सुरक्षा के बुनियादी ढाँचे की अपर्याप्तता की बात स्वीकार की है। लेकिन, उसने इसका कारण 'सार्वजनिक स्वास्थ्य व्यवस्था' पर डाली गई 'बहुत बड़ी जिम्मेदारी और बहुत व्यापक कार्यक्षेत्र' बताया है जो इस तथ्य में प्रतिबिम्बित होता है कि 'पश्चिम बंगाल के 76 प्रतिशत स्वास्थ्य संस्थान सरकार द्वारा संचालित है जबकि भारत में अन्यत्र ये 40 प्रतिशत से कम हैं, लेकिन इससे तो निजी स्वास्थ्य सुरक्षा प्रावधान की भूमिका पर जोर दिए जाने के बजाय सार्वजनिक क्षेत्र को खड़ा करने और उसे सुधारने की जरूरत की बात बेहतर ढंग से सामने आती है।

पश्चिम बंगाल मानव विकास रिपोर्ट ने यह कहकर पश्चिम बंगाल के प्राथमिक स्वास्थ्य केंद्रों में एलोपैथिक चिकित्सकों की लगातार बनी रहने वाली कमी की गम्भीरता को भी कम कर दिया कि 'राज्य में चिकित्सा की गैर एलोपैथी और पारम्परिक व्यवस्थाएँ (जैसेकि आयुर्वेद, होम्योपैथी और कबिराजी (स्थानीय जड़ी बूटियों पर आधारित) व्यवस्थाएँ व्यापक रूप से इस्तेमाल की जा रही हैं।' लेकिन यह बात तो अधिकांश भारत के लिए सच है। लेकिन केरल की तो बात छोड़ें, अनेक बड़े राज्यों (तमिलनाड़ु, महाराष्ट्र, आंध्र प्रदेश, कर्नाटक, यहाँ तक कि मध्य प्रदेश और राजस्थान भी) ने सचेतन प्रबुद्ध प्रयासों के जरिए एलोपैथी चिकित्सकों की संख्या और प्राथमिक स्वास्थ्य केन्द्रों के विस्तार क्षेत्र में पर्याप्त वृद्धि हासिल की है।[27]

साक्षरता और शिक्षा

गरीबी के मामले में अपने जैसे ही अनेक अन्य राज्यों की तुलना में पश्चिम बंगाल में साक्षरता और शैक्षिक सूचकांक ऐतिहासिक रूप से ऊँचे रहे हैं। इनके आधार पर वाम मोर्चा सरकार ने निरक्षरता कम करने, (स्कूलों में) विद्यार्थियों की भरती में वृद्धि, नए प्राथमिक विद्यालयों की स्थापना और अध्यापकों की नियुक्ति में महत्त्वपूर्ण प्रगति की। लेकिन 1977 विधानसभा चुनावों के घोषणापत्र में दिए गए वायदे पर वह पूरी नहीं उतरी। घोषणापत्र ने 'निरक्षरता के उन्मूलन के लिए जनप्रयासों द्वारा समर्थित विधायी और प्रशासनिक उपायों सहित ठोस और प्रभावी कार्यक्रमों' को लागू करने का संकल्प कर ऊँची अपेक्षाएँ जगाई थीं। यह लक्ष्य हासिल नहीं किया गया है। 2011 की जनगणना के अनुसार मोटे तौर पर राज्य की साक्षरता दर अब भी 76.29 प्रतिशत ही बनी हुई है और पुरुषों और स्त्रियों की साक्षरता दर में अब भी बड़ा अन्तर मौजूद है।

वाम मोर्चे ने एक समान स्कूल व्यवस्था को आगे बढ़ाने या उसके विकास की सम्भावनाएँ खोजने का भी कोई प्रयास नहीं किया जिसमें सभी बच्चे अपने पड़ोस के

निकटवर्ती स्कूल में पढ़ें और सबका पाठ्यक्रम समान हो। ऐसी व्यवस्था ने शिक्षा के सार्वभौमीकरण में जिसमें शिक्षा तक सबकी समान पहुँच होती, बहुत मदद दी होती और गैर अभिजनवादी शिक्षण व्यवस्था की बुनियाद रखते हुए शिक्षा के निजीकरण पर रोक लगाई होती। समान स्कूल एजेंडा के मुद्दे पर वाम की उदासीनता भी उसके नेतृत्व में कल्पनाशीलता के अभाव और समानता के प्रति अपर्याप्त प्रतिबद्धता का प्रमाण है।

1981 और 1991 के बीच पश्चिम बंगाल की समग्र साक्षरता दर 43.6 से सुधर कर 57.7 प्रतिशत हो गई, इस तरह राष्ट्रीय स्तर पर पश्चिम बंगाल छठे स्थान पर पहुँच गया। यद्यपि यह आँकड़ा राष्ट्रीय औसत (52.1 प्रतिशत) से बेहतर था लेकिन वह केरल की (90.6), यहाँ तक कि तमिलनाडु की भी साक्षरता दर (63.7) से कम था। महिलाओं की साक्षरता के मामले में राज्य का स्थान 1981 और 1991 के बीच अपरिवर्तित ही रहा, वह सातवें स्थान पर ही रहा।[28]

सम्पूर्ण साक्षरता अभियान (टीएलसी) 1988 में शुरू हुआ। इसका लक्ष्य था 2007 तक भारत की साक्षरता दर को 75 प्रतिशत तक बढ़ाना। इस अभियान ने 15-35 आयु समूह के बीच काम करने के लिए स्वयंसेवकों को लगा कर पश्चिम बंगाल को अपनी साक्षरता बढ़ाने का अवसर प्रदान किया। वाम मोर्चा प्रारंभ में सम्पूर्ण साक्षरता अभियान के प्रति उदासीन था। पश्चिम बंगाल 1991 में जाकर इस अभियान में शामिल हुआ। यद्यपि पंचायतों ने साक्षरता अभियान में सक्रिय भूमिका निभाई लेकिन पश्चिम बंगाल का समग्र प्रदर्शन प्रभावोत्पादक होने से बहुत दूर था और इसमें स्कूल बीच में ही छोड़ देने वाले छात्रों की भी बड़ी संख्या थी।[29]

2001 तक पश्चिम बंगाल उन नौ राज्यों/केन्द्रशासित प्रदेशों के समूह से पूरी तरह से बाहर हो चुका था जिन्होंने 80 प्रतिशत या इससे अधिक साक्षरता दर हासिल कर ली थी। पश्चिम बंगाल की 69.2 प्रतिशत साक्षरता दर यद्यपि राष्ट्रीय औसत (65.4 प्रतिशत) से अधिक थी लेकिन इस दर ने राष्ट्रीय औसत से अधिक औसत वाले बाईस राज्यों में उसे नीचे से चौथा स्थान प्रदान किया था। यह स्थान केरल, गोआ और दिल्ली जैसे उच्च उपलब्धि वाले राज्यों से ही बहुत नीचे नहीं था बल्कि महाराष्ट्र, तमिलनाडु, गुजरात और पंजाब जैसे बड़े राज्यों से भी बहुत नीचे था।[30]

1991 में वाम मोर्चा ने शिक्षा की स्थिति का जायजा लेने के लिए पूर्व वित्त मंत्री अशोक मित्र की अध्यक्षता में एक आयोग गठित किया। आयोग ने पाया कि 1977 से 1992 के बीच प्राथमिक पाठशालाओं में छात्रों की भरती 80 प्रतिशत तक बढ़ गई थी और अनेक सुधार हुए थे।[31] लेकिन उसने अनेक कमियों की ओर भी संकेत किया जिनमें स्कूल बीच में ही छोड़ देने वाले छात्रों की ऊँची दर, बड़ी संख्या में अध्यापकों की अनुपस्थिति, स्कूल की निरीक्षण व्यवस्था की जवाबदेही का स्तर ठीक न होना और इस व्यवस्था का ध्वस्त हो जाना शामिल था।[32]

पश्चिम बंगाल के शिक्षा विकास सूचकांकों में वाम मोर्चे के कार्यकाल के उत्तरार्ध के दौरान अपेक्षतया गिरावट आई। साक्षरता में विभिन्न समूहों के बीच अन्तर बढ़े। समग्र 69 प्रतिशत साक्षरता दर की तुलना में महिलाओं, आदिवासियों, मुसलमानों और दलितों में साक्षरता की दर कम (क्रमश: 59,43,57 और 59 प्रतिशत) थी और आदिवासियों,

मुसलमानों और दलित समूहों के बीच स्त्रियों की साक्षरता दर और भी कम (क्रमश: 29, 49 और 47 प्रतिशत) थी। ये तीन समूह कुल आबादी का 54 प्रतिशत हैं लेकिन पश्चिम बंगाल के निरक्षरों में उनका हिस्सा लगभग दो तिहाई है।[33]

जिन लोगों ने यह अभिलेखीकरण किया है वे प्रतीची ट्रस्ट के शोधकर्ता हैं। इस ट्रस्ट के संस्थापक अमर्त्य सेन हैं। इस ट्रस्ट ने 2002 और 2007 में शिक्षा और उससे सम्बन्धित मुद्दों पर दो महत्त्वपूर्ण रिपोर्टें तैयार की हैं।[34] इन रिपोर्टों से पता चलता है कि 1997–98 में स्कूलों में छात्रों की भरती अधिक होने के बावजूद 6 से 11 आयुवर्ग के लगभग 15 प्रतिशत बच्चे स्कूल से बाहर थे। प्रति स्कूल औसतन 2.98 अध्यापक थे और छात्र: अध्यापक अनुपात 54:1 का था जो घोषित सरकारी आदर्श (40:1) से कहीं अधिक था। 1990 के दशक के अन्त पर पश्चिम बंगाल साक्षरता दर के मामले में पैंतीस भारतीय राज्यों और केन्द्रशासित प्रदेशों के बीच निराशाजनक अठारहवें स्थान पर खड़ा था। अनुसूचित जातियों के बीच साक्षरता की दर 42.2 प्रतिशत ही बनी हुई थी।

1999 में निर्धन, वंचित जनता को प्राथमिक स्कूली व्यवस्था के तहत लाने के लिए वाम मोर्चा ने शिशु शिक्षा केन्द्रों की शुरुआत की। इन स्कूलों को नियमित प्राथमिक पाठशालाओं से भी कम धन मुहैया कराया गया। पढ़ाने के लिए प्राय: कम वेतन पर और अप्रशिक्षित शिक्षक रखे गए। इन स्कूलों में पोषाहार और नि:शुल्क पाठ्यपुस्तकों के कार्यक्रम लागू नहीं थे। वहाँ जातीय, नस्ली और स्त्री–पुरुष भेदभाव और अधिक था।[35]

प्रतीची की रिपोर्टों ने बताया कि सामान्यतया पश्चिम बंगाल में स्कूलों में छात्र अनुपस्थित रहते हैं (54 और 64 प्रतिशत तक) और शिक्षण का स्तर नीचा है : राज्य को...'प्राथमिक शिक्षा प्रदान करने के गुणात्मक पक्ष...' में सुधार लाने के लिए 'एक लम्बा रास्ता तय करना है'।[36]

प्रतीची रिपोर्ट ने बिना किसी बुनियादी सुविधा वाले स्कूलों के अनुपात और मध्यान्ह भोजन (मिड डे मील) कार्यक्रमों की शोचनीय स्थिति पर भी रोशनी डाली।[37] इस प्रकार, राज्य की कुल 50,255 प्राथमिक पाठशालाओं में 11 प्रतिशत पाठशालाओं में शौचालय नहीं थे और सात प्रतिशत स्कूलों में पेय जल का कोई प्रबन्ध नहीं था। राज्य की मध्यान्ह भोजन योजना के तहत कुल जितने दिनों के लिए धन आवंटित होता था उसके केवल 60 प्रतिशत दिनों में ही भोजन दिया जाता था और अनाज के निर्धारित कोटा के केवल 55 प्रतिशत का ही इस्तेमाल किया जाता था।[38] रिपोर्ट टिप्पणी करती है कि राज्य सरकार की 'राजनीतिक प्रतिबद्धता', जो प्राथमिक शिक्षा प्रदान करने में केन्द्रीय भूमिका निभाती है, 'मिश्रित' है।

प्रतीची दल ने स्कूलों में लड़कियों की कम भरती, महिला शिक्षकों की अनुपात से कहीं कम हिस्सेदारी (कुल शिक्षकों का मात्र एक चौथाई हिस्सा), शिक्षकों की बहुत अधिक अनुपस्थिति, विशेषकर उन स्कूलों में जिनमें मुख्यतया अनुसूचित जातियों और जन जातियों के बच्चे जाते हैं, विशेष रूप से सुविधाहीन पृष्ठभूमियों से आने वाले बच्चों पर ध्यान न दिए जाने, निरीक्षण की अनुपस्थिति, शिक्षण की गुणवत्ता को लेकर माता–पिता में असन्तोष के उल्लेखनीय स्तर, निजी ट्यूशन पर बढ़ती निर्भरता (आधे से अधिक छात्रों में)[39] और शिशु शिक्षा केन्द्रों के अध्यापकों को सहायक अथवा अर्ध–अध्यापक के रूप में अवमूल्यित किए जाने आदि का उल्लेख किया।

प्रतीची रिपोर्टों ने अनेक विस्तृत और सुविचारित सुझाव दिए जिनमें गुणवत्ता के मुद्दे को सुलझाने के लिए शिक्षक संघों को इसमें शामिल किए जाने, कक्षाओं में सामाजिक भेदभाव पर अधिक ध्यान दिए जाने और भौतिक बुनियादी ढाँचे और मध्यान्ह भोजन योजना में सुधार लाने जैसे कुछ सुझाव थे। इनमें से अधिकतर सुझावों को अनदेखा कर दिया गया या उन पर नाममात्र को ही ध्यान दिया गया।

पश्चिम बंगाल की स्कूली शिक्षा के सूचकांकों में आम गिरावट इक्कीसवीं सदी के पहले दशक में भी जारी रही।[40] अध्यापक छात्र अनुपात और खराब हो गया।[41] अन्य राज्यों की तुलना में स्कूली बुनियादी ढाँचा और खराब हो गया।[42] इस दशक में बाद में पश्चिम बंगाल में पहली से आठवीं कक्षा के छात्रों के सभी समूहों के लिए लड़कों और लड़कियों दोनों के लिए समग्र नाम लिखाई का अनुपात गिरकर राष्ट्रीय औसत से नीचे आ गया।[43] इस प्रकार, साक्षरता और स्कूली शिक्षा में कम्युनिस्ट शासित पश्चिम बंगाल ने दक्षिणपन्थी अथवा मध्यमार्गी दलों द्वारा शासित अनेक राज्यों से बेहतर प्रदर्शन नहीं किया और कुछ मामलों में तो निश्चय ही उनसे बदतर काम किया।

मनरेगा और खाद्य सुरक्षा

वाम मोर्चा सरकार ने अगर स्वास्थ्य और शिक्षा सम्बन्धी अपने वादे को अधिकांशत: पूरा नहीं किया तो महात्मा गांधी राष्ट्रीय ग्रामीण रोजगार गारंटी कानून (मनरेगा) योजना के तहत रोजगार निर्माण के सन्दर्भ में भी उसने कुछ बेहतर नहीं किया[44] जबकि मनरेगा योजना को विश्व का सबसे बड़ा रोजगार सृजन कार्यक्रम कहा जाता है जो प्रत्येक ग्रामीण परिवार को न्यूनतम पगार पर वर्ष में सौ दिन रोजगार की गारंटी देता है।

2006-2007 और 2011-12 के बीच की अवधि में वाम मोर्चे के कार्यकाल के अन्तिम साढ़े पाँच वर्ष आते हैं। इस अवधि में पश्चिम बंगाल ने मनरेगा के तहत प्रति सूचीबद्ध कुटुम्ब को प्रति वर्ष केवल आठ व्यक्ति-दिनों का रोजगार सृजित किया जबकि राष्ट्रीय स्तर पर यह 14.8 दिन है और राजस्थान में 49.8 दिन, तमिलनाडु में 22.8 दिन और मध्य प्रदेश में 32.8 दिन है। पश्चिम बंगाल उत्तर प्रदेश सहित अधिकतर प्रमुख राज्यों की तुलना में काफी पीछे रहा।

पश्चिम बंगाल ने 2008-2009 और 2011-12 के बीच प्रति जॉब कार्ड (राष्ट्रीय स्तर पर 16.8 की तुलना में) केवल दस व्यक्ति-दिवस ही सृजित किए जो बेहतर प्रदर्शन कर रहे राज्यों, जैसे राजस्थान (31.5 व्यक्ति दिवस), आंध्र (26), अथवा तमिलनाडु (24.8), से बहुत कम था। उसने अपेक्षतया पिछड़े उत्तर प्रदेश (18), झारखंड (17.3) और मध्य प्रदेश (13.5) से भी खराब प्रदर्शन किया। अलबत्ता उसने बिहार (5) से बेहतर काम किया।

राज्य का रिकार्ड कुल व्यक्ति दिवसों के सन्दर्भ में अनुसूचित जातियों और अनसूचित जनजातियों के अनुपात (जो 43.9 प्रतिशत था) की दृष्टि से बेहतर था। लेकिन यहाँ भी वह 45.6 के राष्ट्रीय औसत से पीछे रहा और सबसे ज्यादा रोजगार देने वाले राजस्थान (73.2) और उड़ीसा (61.1) तथा छत्तीसगढ़ (51.4) जैसे बड़ी अनुसूचित जाति, अनुसूचित जनजाति आबादियों वाले राज्यों से बहुत पीछे रहा यद्यपि मध्यप्रदेश (43) से उसका प्रदर्शन तनिक ही बेहतर रहा।[45]

पश्चिम बंगाल के मनरेगा रोजगार में महिलाओं की हिस्सेदारी 2008-09 और 2011-12 के बीच औसतन 30.9 प्रतिशत थी। यह भी राष्ट्रीय औसत 47.3 से कम और आसानी से सर्वश्रेष्ठ सिद्ध होने वाले केरल (89.3 प्रतिशत) से बहुत ही कम थी। यह औसत बिहार को छोड़कर अन्य अधिकतर प्रमुख राज्यों के अनुपातों से भी कम था। यह रिकार्ड पश्चिम बंगाल में खेतिहर मजदूरों को मिलने वाली कम पगार के अनुरूप ही है जिनमें से 95 प्रतिशत मजदूर राष्ट्रीय सांविधिक न्यूनतम पगार 66 रुपया प्रतिदिन से कम वेतन पाते हैं।[46]

खाद्य सुरक्षा पर वाम मोर्चे का रिकार्ड इससे भी ज्यादा खराब है और यह लगातार खराब बना रहा है। यह एक दारुण विडम्बना है क्योंकि खरीदने लायक और पर्याप्त मात्रा में खाद्यान्न की माँग करने वाले 1959-60 और 1966-67 के खाद्य आन्दोलनों ने पश्चिम बंगाल में कम्युनिस्टों द्वारा जमीनी स्तर पर गोलबन्दी किए जाने में प्रमुख भूमिका निभाई थी और ये आन्दोलन ही 1960 के दशक के अन्तिम वर्षों में संयुक्त मोर्चा सरकारों में वाम के सत्तारोहण की कुंजी थे।

फिर भी, सत्ता ग्रहण करने पर वाम मोर्चे ने खाद्य सुरक्षा के मुद्दे की, विशेषकर नियंत्रित दाम पर या राशन की दुकानों के जरिये गरीब लोगों तक उनकी पहुँच के लायक भोजन देने की अनदेखी की। वास्तव में, 1980 और 2011 के बीच पश्चिम बंगाल में तथाकथित शहरी सार्वजनिक वितरण प्रणाली के तहत ऐसी दुकानों की संख्या लगभग 2,700 से घटकर 2,300 से कम हो गई। सभी जिलों में खोली गई 'बेहतर बनाई गई राशन की दुकानों की संख्या में 2000 और 2011 के बीच कमी आई जबकि 1980 और 2000 के बीच इन दुकानों ने 20 प्रतिशत वृद्धि दर्ज कराई थी।

वाम मोर्चे के तहत पश्चिम बंगाल की सार्वजनिक वितरण प्रणाली (पीडीएस) बेहद खराब थी जिसमें कुल खरीद की दर राष्ट्रीय औसत की एक चौथाई अथवा पाँचवा हिस्सा थी। जो खाद्यान्न खरीद के लिए उपलब्ध होना चाहिए उसके 70 प्रतिशत से अधिक खाद्यान्न 2001-02 और 2007-08 के बीच कहीं और भेज दिया गया था (चुरा लिया गया या फर्जी राशन कार्डों का इस्तेमाल कर काला बाजार में बेच दिया गया)।[47]

गरीबी रेखा के नीचे के लोगों पर ध्यान केन्द्रित कर 'लक्षित सार्वजनिक वितरण प्रणाली' की ओर बढ़ने के बाद पश्चिम बंगाल ने भारत में सबसे बड़ी भूलों में से एक 'बहिष्करण भूल' (गरीबी रेखा से नीचे के 32 प्रतिशत परिवारों को छोड़ देना) की, यहाँ तक कि उसने बीमारू (बिहार, मध्यप्रदेश, राजस्थान और उत्तर प्रदेश) राज्यों में बहिष्करण के अनुपात को भी पीछे छोड़ दिया। खाद्यान्न की सरकारी खरीद की नई प्रणाली से ज्यादातर रिलायंस, गोदरेज, महिन्द्रा और कारगिल जैसे बड़े निगमों (कारपोरेट) को फायदा हो रहा था जो पश्चिम बंगाल में बाजार में आए थे।[48]

2006 में पश्चिम बंगाल में खाद्यान्न की कीमतें तेजी से चढ़ीं और बांकुड़ा जिले में जहाँ माकपा ने इसी वर्ष हुए विधानसभा चुनाव में भारी विजय हासिल की थी, राशन की दुकानों के विरोध में दंगे भड़क उठे। 2007 में सार्वजनिक वितरण प्रणाली में भ्रष्टाचार के खिलाफ बड़े पैमाने पर विरोध प्रदर्शन हुए और गाँवों में विशेषकर पिछड़े आदिवासी क्षेत्रों में राशन की दुकानों के कोटेदारों के विरुद्ध हिंसा हुई। इनमें सत्तारूढ़ गठबन्धन के विरुद्ध गुस्सा प्रतिबिम्बित हो रहा था। खाद्यान्न से जुड़ा यह प्रतिरोध उस असहमति और अवज्ञा

का हिस्सा था और उनसे ताकत पा रहा था जिसने सिंगूर से नन्दीग्राम तक पश्चिम बंगाल को अपनी जकड़ में कस लिया था।[49]

अगस्त 2007 में वाम नेताओं ने दिल्ली में आल इंडिया फेयर प्राइस डीलर्स फेडरेशन की एक रैली को सम्बोधित किया और कहा कि कोटेदारों पर हमला स्वयं सार्वजनिक वितरण प्रणाली पर हमला है।[50] यह दोनों के बीच दुरभिसन्धि की ओर संकेत करता था और इससे सत्तारूढ़ वाम मोर्चे के प्रति बहुत नफरत पैदा हुई।

समग्र मूल्यांकन

निष्कर्ष रूप में, वाम मोर्चे के तहत पश्चिम बंगाल का कुल सामाजिक विकास का रिकार्ड नगण्य अथवा साधारण और कुछ मामलों में तो शोचनीय सिद्ध हुआ। सफाई और खाद्य सुरक्षा जैसे क्षेत्रों में इसका काम सदैव औसत से नीचे रहा था। शिशु मृत्यु दर अथवा जनसंख्या में वृद्धि और साक्षरता तथा प्राथमिक शिक्षा के प्रसार जैसे कुछ सूचकांकों पर वाम मोर्चा सरकार की शुरुआत बुरी नहीं थी। लेकिन 1980 के दशक के अन्तिम वर्षों के बाद इसका रिकार्ड बिगड़ गया क्योंकि वह गुणवत्ता, वित्तपोषण, समता और समूह के भीतर वर्ग, जाति, लिंग और धार्मिक आधार पर होने वाले भेदभाव जैसे मुद्‌दों से निपटने में लगातार असफल रही। वह सामाजिक सेवाओं की बेहतर उपलब्धि की जन आकांक्षाओं के प्रति भी उदासीन हो गई थी।

अपने पहले दशक में वाम मोर्चे के प्रदर्शन से इस बात की जानकारी मिली कि भारतीय बुर्जुआ लोकतंत्र में संसाधनों के पुनर्वितरण की क्या सम्भावनाएँ मौजूद हैं और हलके फुलके साधारण सुधारों के लिए उन्हें किस तरह इस्तेमाल किया जा सकता है। लेकिन बाद के वर्षों में मोर्चा इन सम्भावनाओं का इस्तेमाल करने में मोटे तौर पर असफल रहा। यद्यपि ऐसा करने के लिए माहौल और अवसर बेहतर हो गए थे क्योंकि स्वयं भारतीय राज्य ने सामाजिक कल्याण के सीमित उपाय शुरू कर दिए थे (इस अध्याय में आगे इस पर चर्चा की गई है)। और अधिक महत्त्वपूर्ण यह है कि केन्द्र द्वारा वाम-सुधारवादी राज्य सरकार के विरुद्ध दंडात्मक कदम उठाये जाने की सम्भावनाएँ बहुत कम हो गई थीं। 1980 के दशक के अन्तिम वर्षों तक 'सम्भावनाओं का सीमान्त'[51] और आगे बढ़ गया था और अब राष्ट्रीय राजनीतिक माहौल भी उतना शत्रुतापूर्ण नहीं था जैसा पहले समझा जाता था।

वाम की असफलता इसलिए और अधिक समस्यापूर्ण और निराशाजनक है क्योंकि इसमें शुभचिन्तकों (जैसे प्रतीची) की चेतावनियों के बावजूद सामाजिक क्षेत्र की दुराग्रहपूर्ण उपेक्षा, पिछले अनुभव से सीख लेने से इनकार अथवा अयोग्यता और इन सबकों को अधिक आमूल परिवर्तनवादी किन्तु व्यवहार्य विकल्पों में शामिल करने में वाम की असमर्थता शामिल थी। वाम की असफलता का एक सम्भव, अन्तर्निहित कारण है पश्चिम बंगाल में आमूल परिवर्तनवादी, सत्ता संरचनाओं में बदलाव लाने वाले भूमि सुधार का अभाव (जिस पर पहले चर्चा की जा चुकी है)। इसके कारण सुविधाहीनों और गरीबों की अपने लिए सफाई, स्वास्थ्य सुरक्षा और प्राथमिक शिक्षा आदि की बेहतर सेवाओं की माँग करने और इन सेवाओं को हासिल करने की सामाजिक शक्ति सीमित हो गई।[52]

यह असफलता वाम द्वारा भेदभाव और गैर बराबरियों से लड़ने की अपनी चिरप्रतिष्ठित कार्ययोजनाओं से हट कर केवल राजनीतिक तंगदिली और नौकरशाही भावशून्यता में आश्रय

लेने का भी प्रमाण है। यह पलायन और निजीकृत स्वास्थ्य सुरक्षा का पक्ष लेने वाली अभिजनवादी नीतियों को वरीयता दिए जाने के अतिरिक्त और क्या है जो इतने लम्बे वर्षों तक नए प्राथमिक स्वास्थ्य केन्द्र खोलने से मोर्चे के इनकार का स्पष्टीकरण दे सके। पुनः, यह धन के अभाव का मामला उतना नहीं है जितना कि शुद्ध हृदयहीनता का जिसने यह सुनिश्चित किया कि प्राथमिक शिक्षा का बुनियादी ढाँचा जरूरी समर्थन पाने के लिए तरसता रहे और स्कूलों में मध्यान्ह भोजन के लिए आवंटित खाद्यान्न का पूरा सदुपयोग न हो पाए।

यह विश्वास कर पाना कठिन है कि मोर्चे का नेतृत्व यदि वास्तव में ऐसा करना चाहता और अपने इस प्रयास में अपनी ऊर्जा का इस्तेमाल करता तो उसे इनमें से कुछ सामाजिक कार्ययोजनाओं में अपनी प्रारम्भिक सफलता कायम रखने और उसे और व्यापक बनाने के तरीके न खोज पाया होता। एक अधिक तर्कपूर्ण स्पष्टीकरण यह है कि इसकी राजनीतिक प्राथमिकताएँ अगर पहले नहीं तो विशेषकर 1990 के दशक के बाद रूढ़िवादी हो गई थीं। वाम मेहनतकश गरीबों के लिए अधिक अधिकारों के विमर्श से ज्यादा से ज्यादा पीछे हटता गया। अब वह उनके साथ एकजुटता का सम्बन्ध बनाने के लिए पहले की तरह चिंतित नहीं रह गया था जबकि अर्थव्यवस्था में लुटेरी पूँजी की घुसपैठ के साथ ही अनौपचारिक क्षेत्र में कार्यरत अनेक मेहनतकश समूहों का अस्तित्व अधिकाधिक खतरे में पड़ गया है।

वाम को सामाजिक क्षेत्र की कार्ययोजनाओं पर काम करने के लिए नीचे से भी उस तरह के किसी गहन दबाव का सामना नहीं करना पड़ा जैसा कि एक बार उसे भूमि सुधार के तात्कालिक और ठोस सवाल पर करना पड़ा था। जो हो, मोर्चे के कार्यकाल के उत्तरार्ध में जिन आधार क्षेत्रों ने स्वास्थ्य सुरक्षा, शिक्षा और अन्य सुधारों के लिए दबाव डाला होगा वे पूर्वार्ध में सक्रिय संगठित किसान समूहों की तुलना में कहीं अधिक छोटे और बिखरे हुए थे।

1990 के बाद सामाजिक क्षेत्र में वाम की विफलता महत्त्वपूर्ण है क्योंकि इनकी जिम्मेदारी संसाधनों की कमी पर नहीं डाली जा सकती। 1980 के दशक तक केन्द्र द्वारा प्रायोजित अनेक योजनाएँ (जवाहर रोजगार योजना, समेकित ग्रामीण विकास कार्यक्रम, समेकित बाल विकास सेवाएँ आदि) शुरू की जा चुकी थीं जिन्होंने सामाजिक कार्यक्रमों के लिए वित्त प्रबन्धन के राज्य के बोझ को हलका कर दिया था। इन योजनाओं के बाद सर्व शिक्षा अभियान और मध्यान्ह भोजन जैसी कई योजनाएँ आईं जिनके लिए केन्द्र धन मुहैया कराता था।

इससे पहले, वाम मोर्चे को विपक्ष शासित राज्यों के प्रति केन्द्र के 'अवरोधात्मक' रवैये और वाम मोर्चा सरकार के प्रति इसके विद्वेष, जिससे बिजली और पेट्रो रसायन परियोजनाओं में देरी हुई, के कारण निश्चय ही रुकावट का सामना करना पड़ा था। लेकिन केन्द्र-राज्य सम्बन्ध पर सरकारिया आयोग की रिपोर्ट (1988) और इस्पात, कोयला आदि के लिए भाड़ा समकारी नीति[53] के उन्मूलन के बाद चीजें बदलीं। महत्तर संघवाद के लिए अपने अभियान के हिस्से के रूप में माकपा लम्बे समय से इस नीति को समाप्त किए जाने की माँग कर रही थी। 1990 तक यह अभियान सफल हो गया था और राज्यों को अधिक वित्तीय शक्तियाँ दे दी गई थीं। इसके अतिरिक्त, पश्चिम बंगाल की वृद्धि दर 8 प्रतिशत प्रतिवर्ष होने के साथ ही उसके राजस्वों में वृद्धि हुई। लेकिन इन्हें जन कल्याण पर खर्च किए जाने के बजाय निजी निवेश को आकृष्ट करने के लिए बुनियादी ढाँचा तैयार करने और प्रोत्साहन देने पर अधिक खर्च किया गया।

'बिचौलिएपन' की राजनीति

इस बीच, वाम दलों, विशेषकर माकपा ने सामाजिक क्षेत्र के कार्यक्रमों के कार्यान्वयन के लिए और स्थानीय जनता तथा राज्य की नौकरशाही के बीच मध्यस्थों की तरह काम करने के लिए पार्टी द्वारा प्रायोजित अथवा नियंत्रित पंचायत संस्थाओं का निर्माण किया और उन पर निर्भर रही। पंचायतें सच्ची जनस्तरीय राजनीतिक गोलबन्दी से अधिकाधिक दूर हटती गईं। उन पर प्रभावशाली हित समूहों का दबदबा था। वे विशेषकर ग्रामीण निर्माणकार्यों के कार्यक्रमों; प्राथमिक शिक्षा और निर्माण व रखरखाव आदि के लिए ठेकों में संरक्षण और भ्रष्टाचार का स्रोत बन गईं। बर्गादारों की उनके पट्टे की जमीनों से बेदखली सुनिश्चित करने और औद्योगिक व सेवा क्षेत्र की परियोजनाओं के लिए बलपूर्वक भूमि अधिग्रहण करवाने में पंचायत के नेताओं ने संदिग्ध भूमिका निभाई।[54]

पश्चिम बंगाल में भूमिहीनता और जोतों का बँटवारा बढ़ना जारी रहा।[55] इससे वर्गीय शक्तियों का सन्तुलन सुविधाप्राप्त किसान वर्ग के पक्ष में बदलता रहा। आपरेशन बर्गा के लाभ जैसे जैसे गायब होने लगे, छोटे कृषि उत्पादक उन व्यापारियों और चावल मिल मालिकों का शिकार बन गए जिनकी आर्थिक शक्ति वाम मोर्चे द्वारा बड़े पैमाने पर अप्रभावित छोड़ दी गई थी।[56] छोटे उत्पादकों की केवल एक छोटी सी संख्या प्राथमिक ऋण समितियों की सदस्य थी।[57] बाकी लोग उर्वरक जैसी जरूरी चीजों की बढ़ती कीमतों के कारण जरूरी कर्ज के लिए साहूकारों पर निर्भर थे। किसान सभाएँ पहले उनकी परेशानियाँ सुनती थीं, पर अब उन पर अधिकाधिक धनी और मँझोले किसानों का प्रभुत्व कायम हो गया था। यह एक ऐसी प्रक्रिया थी जो 1990 के पूरे दशक भर चलती रही।[58]

विकेन्द्रीकरण के परिणामस्वरूप पंचायतों ने अब प्रमुखता प्राप्त कर ली थी और ताकतवर हो गई थीं, अब वे संगठित अर्ध केन्द्रीकृत संरक्षण का स्रोत बन गईं[59] और स्थानीय समितियों, जो ज्यादातर माकपा की थीं, के नियंत्रण में आ गईं। गाँवों और छोटे कस्बों में ये ग्राम समितियाँ धीरे-धीरे सत्ता की मुख्य दलाल बन गईं। विकास सम्बन्धी सभी निर्णयों के निर्णायकों के रूप में उनका आदर भी था और लोग उनसे डरते भी थे। उनके कहे बिना कोई ठेका मिलना तो दूर उस पर बातचीत भी नहीं हो सकती थी। जल्दी ही वह षड्यंत्रपूर्ण व्यवस्था मजबूत हो गई जिसे कुछ विश्लेषकों ने 'पार्टी सोसायटी' नाम दिया है।[60]

संरक्षण का यह संजाल स्थानापन्नता के उस रूप पर आधारित था जिसे बांग्ला में 'पाइये देबार राजनीति' की व्यवस्था के रूप में जाना जाता है यानी अनुमानित लाभार्थियों-असामियों को सेवाएँ अथवा सुविधाएँ देने पर अथवा उनके लिए 'काम करवाने' पर आधारित राजनीति।[61] ऐसा संरक्षण लाभार्थियों को निष्क्रिय पात्र मानता है, उनकी सक्रिय संलग्नता को निरुत्साहित करता है और इस तरह पार्टी के पदाधिकारी की भूमिका को इतना महत्त्वपूर्ण बना देता है कि उसकी जगह किसी और को नहीं मिल सकती। यह तरीका सम्भवत: सेवा प्रदान करने में फिजूलखर्ची और अक्षमता की ओर ले जाता है, साभाजिक कार्यक्रमों के प्रभाव और प्रभावशीलता को कम करता है और ट्रेड यूनियनों और किसान सभाओं जैसे सामूहिक संगठनों को कमजोर करता है। लेकिन यह 'पार्टी' को मजबूत करता है। माकपा को व्यापक रूप से पार्टी ही कहा जाने लगा है और उसका यह नाम निरक्षरों में भी प्रचलित है।

एक ऐसे सन्दर्भ में, जहाँ शासक दल के रूप में वाम बहुत मजबूती से स्थापित था, 'पाइये देबार राजनीति' का अर्थ यह था कि 'जिन सेवाओं पर जनता का अधिकार है वे ऐसे अनुग्रह के रूप में दी जाती हैं जो पार्टी उन्हें उनकी निष्ठा के बदले प्रदान करती है।'[62] इस प्रकार राजनीति का यह रूप 'जनता की गोलबन्दी का ऐसा तरीका था जिसने लोगों को गम्भीर रूप से अपने विकल्प चुनने में अराजनीतिक बना दिया। इसने पार्टी और सरकार के बीच के सभी भेद मिटा डाले'।[63]

पश्चिम बंगाल के ग्रामीण क्षेत्र में 'पाइये देबार राजनीति' संस्थानीकरण का अर्थ था कि विशेषकर अपने उद्देश्य, रूपरेखा और क्रियान्वयन के बारे में जनता से कोई सलाह-मशविरा किए बिना बनाई गई सामाजिक क्षेत्र की योजनाएँ ऊपर से नीचे थोपी जाने वाली बन गई थीं, उन्होंने नौकरशाही चरित्र ग्रहण कर लिया था। इससे इस तरह की योजनाएँ बनीं जो जनता की, विशेषकर उन गरीबों की दृष्टि से अनुपयुक्त थी, अथवा उनकी जरूरतों से इन योजनाओं का कोई वास्ता नहीं था जिनका न कोई प्रतिनिधित्व था, न सामाजिक प्रभाव, या जिनकी राजनीतिक सत्ता तक कोई पहुँच नहीं थी। पंचायतों में उनकी बात नहीं सुनी जाती थी। इसीलिए पंचायत द्वारा स्वीकृत परियोजनाएँ उनके लिए बड़े पैमाने पर अप्रासंगिक थीं, अथवा वे इन परियोजनाओं से पूरी तरह बाहर रखे गए थे।

इस प्रकार राजनीति की उस किस्म को स्थायित्व मिल गया जिसे पश्चिम बंगाल में 'बिचौलियेपन' की राजनीति कहा गया है[64] जो ग्रामीण आबादी के शीर्ष और तल दोनों ध्रुवों के निष्कासन पर आधारित है। यह विशेष रूप से कृषक सभाओं से खेतिहर मजदूरों का प्रत्यक्ष और अप्रत्यक्ष निष्कासन और उन पर (कृषक सभाओं पर) प्रभुत्वपूर्ण, भूस्वामी किसानों द्वारा कब्जा किया जाना सुनिश्चित करता है। यह राजनीति भूस्वामी किसान समूहों और उनके अधीनस्थ समूहों के बीच समझौतों की प्रबल पक्षधर होती है। इस राजनीति में भूमिहीन मजदूरों की प्रायोजित हड़तालें शामिल होती हैं[65] जिनकी डोर किन्हीं और हाथों में होती है और जिनका नतीजा पहले से तय होता है। इस राजनीति में वे स्कूल अध्यापक, जिनकी यूनियनें माकपा नियंत्रित सीटू (सीआईटीयू) से सम्बद्ध थीं, महत्त्वपूर्ण बिचौलिये बन गए जैसा कि अध्याय 3 में चर्चा की गई है। 'बिचौलियेपन' की इस राजनीति ने पूरी पंचायत व्यवस्था का काम अपने हाथ में ले लिया। इसके साथ ही 'लाभार्थीवाद' और विशिष्ट अभिजनों द्वारा संस्थाओं के अधिग्रहण[66] की परिघटना भी थी जिसने सार्वजनिक सेवा प्रावधान को विकृत कर दिया और वाम को विशेषकर ग्रामीण क्षेत्रों में उसके मूल सामाजिक आधार से अलग-थलग कर दिया।

शहरी स्तर पर नगरपालिका और उच्चतर स्तर के निकायों में संरक्षण के इस संजाल की पुनरावृत्ति हुई जिसमें बिचौलियों की भूमिका उन विशेष एजेंसियों और हितसमूहों द्वारा निभाई गई जिन्होंने अपनी ताकत राज्य के नेताओं के साथ राजनीतिक सम्बन्धों के जरिये हासिल की थी। यहाँ यह महत्त्वपूर्ण सम्पर्क कड़ी पार्टी के शक्तिशाली पदाधिकारियों द्वारा अपनी जागीर की तरह चलाई जा रही माकपा की जिला समितियों द्वारा तैयार की गई थी। वाम मोर्चे के मंत्रियों की आपेक्षिक सादगी के विपरीत इन समितियों के आकाओं की जीवनशैली विलासितापूर्ण थी। इसका एक बढ़िया उदाहरण पूर्वी मेदिनीपुर जिले के पूर्व माकपा आका और हल्दिया विकास प्राधिकरण के अध्यक्ष लक्ष्मण सेठ हैं जिन्होंने नन्दीग्राम संकट के दौरान निन्दनीय किन्तु निर्णायक भूमिका निभाई थी।

शहरी सन्दर्भ में 'पाइये देबार राजनीति' ने जूट और इंजीनियरिंग उद्योगों की ट्रेड यूनियनों में और सरकार, बैंकों और अन्य सेवा क्षेत्रों वाले उद्योगों के सफेदपोश कर्मचारियों, परिवहन और नगरपालिका कर्मियों आदि के बीच एक प्रमुख भूमिका निभाई। अर्थवाद (अथवा अल्पकालिक वेतन सम्बन्धी माँगों के साथ जरूरत से ज्यादा जुड़ना) के साथ मिलकर इसने पार्टी पदाधिकारियों और निजी अथवा राज्य नियोक्ताओं के बीच गठजोड़ को प्रोत्साहन दिया जिसका उद्देश्य था कर्मचारियों को ऐसी शर्तों के आधार पर वेतन की छोटी-छोटी बढ़ोतरियाँ देना जो नियोक्ताओं के हक में हों।

पार्टी से जुड़ी यूनियनों के आका इन छोटे लाभों का श्रेय लेते थे जो कर्मचारियों की ओर से उनकी अपनी सक्रियता ओर जुझारूपन के अभाव में और पार्टी के प्रभाव की मध्यस्थता से निजी या राज्य नियोक्ताओं के साथ गठजोड़ के जरिये हुए समझौतों को बिना ना-नुकुर स्वीकार कर लिए जाने पर आधारित थे। कर्मचारियों को लगभग याचकों की हैसियत पर ला दिया गया। किसी भी हाल में उनका राजनीतिकरण नहीं हुआ न ही उन्हें आमूल परिवर्तनवादी राजनीतिक चेतना से लैस किया गया।

इसके साथ ही संरक्षण की खरीद और बिक्री पर आधारित वित्तीय और राजनीतिक भ्रष्टाचार ने प्रशासन और पार्टी तंत्र में अपनी जड़ें गहरी जमा लीं। 1993 में, बुद्धदेब भट्टाचार्य ने, जो उस समय ज्योति बसु के मंत्रिमंडल में मंत्री थे, भ्रष्टाचार के विरोध में उनके मंत्रिमंडल से नाटकीय ढंग से इस्तीफा दे दिया। दो वर्ष बाद, माकपा पोलित ब्यूरो के सम्मानित सदस्य और त्रिपुरा के पूर्व मुख्यमंत्री नृपेन चक्रवर्ती ने बसु पर भ्रष्टाचार का ही आरोप लगाया।[67] 1990 के दशक के मध्य के बाद जब वाम मोर्चा के पदाधिकारियों ने अपने लाभ के लिए कर्मचारियों और श्रमिक संघों की कीमत पर व्यापारियों के साथ हर स्तर पर गुपचुप समझौते किए तब भ्रष्टाचार भयानक अनुपात में बढ़ा।

1980 के अन्तिम वर्षो तक वाम मोर्चा राज्य संस्थाओं, अर्थव्यवस्था और नागरिक समाज में नोमेनक्लतूरा* का अपना संस्करण तैयार करने के लिए बदनाम हो गया था। प्रशासन, सार्वजनिक उपक्रम, नगरपालिकाओं और स्वास्थ्य तथा शिक्षा क्षेत्र में महत्त्वपूर्ण पदों पर नियुक्तियाँ प्राथमिक रूप से माकपा के प्रति वफादारी की कसौटी पर होती थी, हालाँकि मोर्चे के छोटे भागीदारों को भी कुछ छोटे मोटे काम मिल जाते थे।[68] इन लाभों के माध्यम से निम्न मध्यवर्ग आबादी का एक बड़ा हिस्सा पार्टी से बँधा था। इसी तरह बाहुबली भी थे जो बलपूर्वक जबरन ठेके दिलाने या नियुक्तियाँ कराने में आवश्यकतानुसार जोर जबर्दस्ती के तरीके से पार्टी के पदाधिकारियों की मदद करते थे। मध्यान्ह भोजन और समेकित बाल विकास योजनाओं और मनरेगा के जॉब कार्ड जारी करने पर तिकड़मी धंधेबाजों ने अपना नियंत्रण मजबूत कर लिया।

वाम मोर्चे की घटक पार्टियाँ, विशेषकर माकपा और फारवर्ड ब्लाक, उच्च आदर्शों से प्रेरित काडर पार्टियों से निहित स्वार्थों और क्षेत्रीय एजेंडे वाले समूहों में बदल गईं। उनका बिकाऊपन, भ्रष्टता और द्वेषभाव पार्टी के युवा सदस्यों में संक्रमित हो गया। इनमें से 90 प्रतिशत सदस्य मोर्चे के सत्ता में आने के बाद इन पार्टियों में शामिल हुए थे। वाम मोर्चे

* साम्यवादी सरकारों में नौकरशाही के प्रभुत्वपूर्ण स्थानों पर बैठे लोगों से बना विशेषाधिकार सम्पन्न अभिजन वर्ग। **—अनु.**

को सत्ता में बनाए रखने वाली संरक्षण व्यवस्था को सुरक्षित रखने और उसका विस्तार करने पर आधारित व्यावहारिक राजनीति की अपेक्षाओं का अर्थ यह था कि कार्यकर्ताओं की शिक्षा की गम्भीर रूप से उपेक्षा हुई थी। हजारों उम्मीदवार सदस्यों को, मार्क्सवाद की तो बात छोड़ें, पार्टी के कार्यक्रमों की चलताऊ जानकारी भी नहीं थी लेकिन उन्हें पूर्ण सदस्यता और महत्त्वपूर्ण पद दे दिए गए थे। इससे गलतियाँ सुधारने का काम बाधित हुआ।

कोई चाहे जिस स्पष्टीकरण या स्पष्टीकरणों को चुने, सचाई यह है कि वाम ने इन दोषों से इन्कार किया अथवा वह उन्हें देख नहीं सका और समय पर उन्हें सुधारने की कार्रवाई करने में असफल रहा। वह आत्मतुष्ट रहा और इस प्रकार उसने जनता की भागीदारी पर आधारित सामाजिक विकास करने का वह दुर्लभ अवसर खो दिया जो सत्ता में उसके चौंतीस लम्बे वर्षों ने और उसके प्रारम्भिक कार्यक्रमों ने उसे प्रदान किया था।

अलीमुद्दीन स्ट्रीट

नोमेनक्लतूरा (विशेषाधिकार सम्पन्न सत्ता अभिजन) द्वारा संचालित संरक्षण के इस विस्तृत ढाँचे के शिखर पर था माकपा का राज्य नेतृत्व जिसका मुख्यालय कलकत्ता की अलीमुद्दीन स्ट्रीट में था। इसका पूरा स्थापत्य प्रदेश पार्टी सचिव प्रमोद दासगुप्त ने और फिर मुख्यमंत्री ज्योति बसु ने तैयार किया था। उन्होंने इसे एक महाकाय चुनावी मशीन और वाम मोर्चे का महानायक बना दिया था। राज्य विधानसभा, लोकसभा और पंचायत/नगरपालिका चुनावों का क्रम ऐसा था कि एक चुनाव और उससे अगले चुनाव के बीच दो वर्ष से अधिक का अन्तराल शायद ही कभी होता हो।

मतदान केन्द्रों और वार्डों के सावधानीपूर्ण सूक्ष्म प्रबन्धन में प्रशिक्षित चुनावी तंत्र सदैव मुस्तैद रहता था। इसी तरह पार्टी प्रबन्धक और राज्य तथा जिला समितियों के सदस्य भी हमेशा सन्नद्ध रहते थे। वे हिसाब लगा लेते थे कि स्पष्ट बहुमत मिले बिना भी 'जो सबसे आगे उसी की जीत' वाली चुनाव प्रणाली में अधिकतम लाभ कैसे पाया जा सकता है। ऐसा करने का एक तरीका था मतदाताओं को गोलबन्द कर उन्हें मतदान केन्द्रों तक ले जाना। यह मतदाताओं की संख्या में नाटकीय वृद्धि में प्रतिबिम्बित हुआ—1970 के दशक में 66 प्रतिशत से कम मतदान 1990 के दशक में बढ़कर 78 प्रतिशत हो गया।

क्रान्तिकारी आतंकवादी संगठन अनुशीलन समिति के पूर्व सदस्य रहे प्रमोद दासगुप्त को भूमिगत संगठन बनाने, बम बनाने और अन्य गुप्त कार्य करने का लम्बा अनुभव था। वह कठोर अनुशासनकर्ता के रूप में जाने जाते थे जिन्हें बल प्रयोग के तरीके अपनाने से भी परहेज नहीं था।[69] 1950 के दशक में उन्होंने भाकपा संगठन का प्रभार सम्भाला। वह 1961 में इसके महासचिव बन गए। मृत्युपर्यंत वह इस पद पर बने रहे, भाकपा-माकपा विभाजन के दौरान भी। उनकी मृत्यु 1982 में हुई। 1960 के दशक के अन्तिम वर्षों में संयुक्त मोर्चे के कार्यकाल के दौरान दासगुप्त ने गठबन्धन के दलों के बीच टिकट आवंटन की वह तरकीब गढ़ी जो 'प्रमोद (प्रमोद दासगुप्त) फार्मूला' के रूप में प्रसिद्ध हुई।

इस सूत्र के तहत मोर्चे के दल एक दूसरे के विरुद्ध चुनाव नहीं लड़ेंगे बल्कि अपने अपने दलों के घोषणापत्रों के आधार पर चुनाव लड़ेंगे। जिस सीट पर जो विजयी हुआ है वह अपनी सीट पर बना रहेगा। जहाँ कोई सीट मोर्चे के किसी दल ने नहीं जीती है वहाँ

दूसरे नम्बर पर रहे व्यक्ति का नामांकन होगा। इस सूत्र के सूत्रधार दरअसल ई.एम.एस. नम्बूदिरीपाद थे जिन्होंने 1967 के चुनावों की पूर्वसन्ध्या पर केरल में सात पार्टियों के गठबन्धन को मजबूत करने में इस सूत्र को सफलतापूर्वक लागू किया था। लेकिन जहाँ नम्बूदिरीपाद इस सूत्र को व्यवहार में लाने में लचीला रुख अपनाते थे,[70] वहीं प्रमोद दासगुप्त में लचीलापन नहीं था।

इसका अर्थ यह था कि जो गैर माकपा दल 1977 में वाम मोर्चा बनाने के लिए एक साथ आए (मुख्यत: फारवर्ड ब्लाक और रिवाल्यूशनरी सोशलिस्ट पार्टी) टिकटों में उनका हिस्सा कमोबेश स्थिर रहा। भाकपा उस समय गठबन्धन का हिस्सा न थी। 1977 में केवल दो विधानसभा सीटों पर जीती भाकपा बाद में जब वाम मोर्चे में शामिल हुई तब उसके साथ उचित व्यवहार नहीं किया गया। यह व्यवस्था माकपा के पक्ष में काफी तोड़ी-मरोड़ी गई थी जिसने 1977 में 178 सीटें जीतीं थी, फारवर्ड ब्लाक की 25 और रिसोपा की बीस सीटें थीं। यह प्रबन्ध ऐसा ही बना रहा।

इससे वाम मोर्चे में माकपा के सहयोगियों की कोई अच्छी तस्वीर नहीं बनती कि उन्होंने लाभप्रद और अवसरवादी कारणों से सीट बँटवारे के एक ऐसे फार्मूले को दब्बूपन के साथ मान लिया जो पूरी तरह एक सीमित संख्या में सीटें जीतने से जुड़ा था, जिससे उन्हें सत्ता पद के कुछ लाभ मिल जाते। वे इस प्रबन्ध में कैद हो गए, इसका प्राथमिक कारण यह था कि माकपा की तरह उनके लिए भी चुनाव जीतना ही सर्वोच्च प्राथमिकता बन गया था। इस सर्वोच्च लक्ष्य के आगे अन्य सभी चीजें गौण बना दी गईं चाहे वह सार्वजनिक क्षेत्र के कर्मचारियों और बुद्धिजीवियों के बीच भाकपा का काम हो अथवा उत्तरी बंगाल के चाय बागान कर्मियों के बीच रिसोपा की ट्रेड यूनियन गतिविधियाँ। चुनाव व्यवस्था में अपनी दक्षता की मेहरबानी से माकपा को दशकों तक वाम मोर्चे की भीतर अथवा बाहर से किसी प्रतिस्पर्धा का सामना नहीं करना पड़ा। विशेषकर 1996 में ममता बनर्जी के कांग्रेस से बाहर आ जाने के बाद विपक्ष में उभरे विभाजनों का लाभ लेने के लिए वह अपनी मजबूत जमीन पर खड़ी थी। उसके नेतृत्व के सामने ऐसी कोई बाध्यता नहीं थी कि वह अपनी पार्टी के जड़ीभूत हो जाने की बात और अपनी संरक्षण व्यवस्था में फैल गई सड़न को स्वीकार करता, फिर उसके लिए सुधारात्मक उपाय करने की तो बात ही क्या।

इस तरह माकपा आत्मतुष्ट और अहंकारी बन गई। केरल से भिन्न बंगाल में इसे कभी कड़ी सीमाओं के भीतर नहीं बाँधा गया था। 1980 के दशक के अन्तिम वर्षों तक इसके नेता इस खुशफहमी का शिकार हो चुके थे कि पार्टी इतने व्यापक रूप से अथवा सार्वभौमिक रूप से लोकप्रिय हो चुकी है कि अब वह अपराजेय है। उनमें से अनेक 2008 के पंचायत चुनावों में पहला झटका लगने तक यह भ्रम पाले रहे। कुछ 2011 तक भी इसी भ्रम में रहे।

दरअसल, भूमि सुधारों, पंचायती राज और अन्य सामाजिक कार्यों के बावजूद वोटों में माकपा का हिस्सा 1977 के 35.5 प्रतिशत से बढ़कर 1982 में 38.5 प्रतिशत हो गया लेकिन उसके बाद उसमें बहुत कम वृद्धि हुई। 1987 में यह हिस्सा अपने चरम पर (39.3 प्रतिशत) था। मतों में माकपा का हिस्सा कांग्रेस/कांग्रेस-तृणमूल के हिस्से के लगभग बराबर और कभी-कभी उससे कम रहा। कांग्रेस/कांग्रेस-तृणमूल का मतों में हिस्सा 1982 के बाद 35 प्रतिशत से नीचे कभी नहीं आया। (दृष्टव्य अध्याय के अन्त में दी गई तालिका) लेकिन

पार्टी के वोटों के विभाजन और विशेषकर कुछ क्षेत्रों में इसके संकेन्द्रण से 2011 तक माकपा को गैर आनुपातिक ढंग से मदद मिली। 2011 के चुनाव में माकपा 'सब कुछ विजेता के खाते में' परिघटना का शिकार हुई जिसने अतीत में इसकी मदद की थी। मतों की इसकी हिस्सेदारी में केवल पाँच प्रतिशत कमी के कारण इसकी सीटों की संख्या 176 से लुढ़क कर चालीस रह गई।

लेकिन, 2011 की जबर्दस्त हार की जमीन काफी पहले तैयार हो चुकी थी। 1990 के दशक के मध्य अथवा अन्तिम वर्षों तक वाम मोर्चा ढाई लाख से ज्यादा सदस्यों के साथ एक ऐसे बड़े साम्राज्य का स्वामी बन गया था जो संरक्षण और भिन्न भिन्न वर्गों के बीच मध्यस्थता पर आधारित और विभिन्न उद्योगों और सेवाओं में किसी भी कीमत पर निजी पूँजी निवेश लाने के साहसिक प्रयासों से संचालित था। इसके लिए उसे अन्य बातों के अतिरिक्त संकीर्ण स्थानीय एजेंडा को आगे बढ़ाने के लिए एक समग्र तरीके से प्रशासनिक, शैक्षिक और सांस्कृतिक सभी तरह की संस्थाओं में घुसपैठ करने, उन पर कब्जा करने और उन्हें भ्रष्ट बनाने की जरूरत पड़ी।

स्कूलों में शिक्षकों की नियुक्ति प्राथमिक रूप से पार्टी के साथ सम्बन्ध से तय होती थी : क्यों न होती, पंचायतों में उन्होंने प्रमुख भूमिका निभाई थी और चुनाव से सम्बन्धित पार्टी के कार्य में उन्हें लगाया जाना था। संरक्षण के संजाल को आगे बढ़ाने और उसे मजबूत करने के लिए निर्माण या सड़क बनाने की नई परियोजनाओं का इस्तेमाल किया जाता था। साहित्यिक अकादमियों, विश्वविद्यालयों और ज्ञान की अन्य संस्थाओं में पद योग्यता के आधार पर नहीं बल्कि पार्टी के समर्थकों अथवा उससे सहानुभूति रखने वालों को दिए जाते थे।[71] पार्टी की आलोचना करने की जुर्रत करने वाले उपन्यासकारों, नाटककारों और फिल्म निर्माताओं को सामाजिक बहिष्कार और सेंसरशिप या शारीरिक प्रताड़ना का सामना करना पड़ता था। पार्टी कार्यकर्ताओं द्वारा की गई यौन हिंसा के मामलों का पर्दाफाश करने वाली स्वतंत्र नारीवादियों को वाम से जुड़े महिला संगठन अनदेखा करते थे अथवा उन्हें सीधे खुल्लमखुल्ला बदनाम करते थे। बौद्धिक आजादी बुरी तरह प्रभावित हुई। बांगला देश की लेखिका तसलीमा नसरीन ने कलकत्ता में शरण ली थी। उन्होंने अपनी पुस्तकों को प्रतिबन्धित होते देखा। एक छोटे से मुस्लिम साम्प्रदायिक संगठन ने 2007 में शहर को पंगु बना कर (अथवा उसे शहर को पंगु बनाने दिया गया था) उन्हें कलकत्ता छोड़ने पर मजबूर कर दिया था।

माकपा के प्रभुत्व के तहत उस बहुत सुन्दर ढंग से बहुलतावादी, प्रबुद्ध और ऊर्जापूर्ण बौद्धिक संस्कृति को जबर्दस्त हानि पहुँची जिसके साथ कम्युनिस्ट आन्दोलन पारम्परिक रूप से पहचाना जाता था। अविभाजित भारतीय कम्युनिस्ट पार्टी बुद्धिजीवियों और कलाकारों की पार्टी के रूप में जानी जाती थी। माकपा उन पर सन्देह करने के लिए जानी जाने लगी। वाम के कार्यकाल के अन्तिम दशक में असहमति के प्रति असहिष्णुता नियम बन गई। अनेक संस्थाओं पर टुटपुंजियापन हावी था। कलात्मक प्रस्तुतियों पर इसका विनाशकारी प्रभाव पड़ा। इसने अच्छे अध्येताओं और बढ़िया लेखकों का उत्साह भंग किया और इसके कारण बड़ी संख्या में प्रतिभाशाली युवा कोलकता छोड़ने पर मजबूर हुए। इसने उस शहर को सांस्कृतिक रूप से और अधिक विपन्न कर दिया जिसे इसके अनेक बाशिन्दे हैरतअंगेज ढंग से अब भी 'भारत की सांस्कृतिक राजधानी' मानते हैं।

सत्ता में अपने 34 वर्षों के दौरान वाम ने एक भी ऐसा वैचारिक पत्र, जरनल या प्रकाशन नहीं शुरू किया जो राष्ट्रीय स्तर का होने का दावा कर सकता या ऐसी आकांक्षा भी कर सकता। इसने कला और संस्कृति के क्षेत्र में, जिसमें साहित्य, संगीत, थियेटर और सिनेमा शामिल हैं, जिसके लिए बंगाल लम्बे समय से प्रसिद्ध रहा है, ऐसा कोई महत्त्वपूर्ण संस्थान नहीं बनाया जिसका कोई स्थायी योगदान रहा हो। केरल और अन्य अनेक राज्यों से भिन्न, पश्चिम बंगाल में नागरिक समाज संगठन हमेशा से कमजोर रहे हैं। पश्चिम बंगाल में जन विज्ञान आन्दोलन अथवा पर्यावरणवाद या वैकल्पिक जीवन शैली आन्दोलनों की जड़ें गहराई तक नहीं पहुँची।

गुंडों और संदिग्ध किस्म के धंधेबाजों की भर्ती कर जमीनी स्तर पर दमन, वसूली और डराने-धमकाने का पार्टी से जुड़ा एक नया संजाल बनाया गया। ये गुंडे अवांछित किरायेदारों से घर खाली कराने से लेकर वन्य जीवन के लिए संरक्षित जलमय भूमि (आर्द्र प्रदेश) पर अतिक्रमण करने, स्कूल या कालेज में प्रवेश सुनिश्चित कराने अथवा बहुत जरूरतमन्द के लिए चिकित्सा सुविधा का प्रबन्ध करने तक हर तरह की सेवाएँ उपलब्ध कराने के लिए बख्शीश या पारितोषिक लेते थे। ऐसे कामों के लिए आज्ञाकारी पुलिस अधिकारियों से मदद लेने की जरूरत पड़ती थी। इन पदों पर ऐसे लोग ढूँढ़ कर नियुक्त किए जाते थे। इन्हें जरूरत के हिसाब से काम करने का ईनाम भी मिलता था।

इनमें से कोई भी बात इस बात की दलील नहीं है कि अन्य दल या सरकारें इसी तरह के सिद्धान्तहीन, टुच्चे आचरण की और सांस्थानिक क्षरण अथवा भ्रष्टाचार बढ़ाने की दोषी नहीं थीं या यह कि पश्चिम बंगाल के हालात बेहतर रहे होते यदि वहाँ किसी भी रूप में कांग्रेस का शासन जारी रहता। तृणमूल कांग्रेस यही सब कर रही है और वह भी अधिक बड़े पैमाने पर। लेकिन वाम के लिए पैमाना हमेशा ऊँचा रहता है क्योंकि वह तृणमूल कांग्रेस अथवा भाजपा से ऊँचे आदर्शों की आकांक्षा करता है और क्योंकि उसने पश्चिम बंगाल में अपनी शुरुआत कहीं अधिक बड़े वादों के साथ की थी।

नई सदी के प्रारम्भिक वर्षों तक आते आते वाम मोर्चे के नेताओं के एक समाजवादी यहाँ तक कि सामाजिक-लोकतांत्रिक प्रकृति के सभी विचार चुक गए थे और उन्होंने तेंग श्याओ पिंग शैली के नव उदारवादी विकासवाद को अपना लिया था। उनका सर्वप्रमुख काम हो गया था किसी भी कीमत पर कारपोरेट पूँजी लेकर या उसे पूँजीनिवेश की शर्तें तय करने की अनुमति देकर पश्चिम बंगाल का औद्योगीकरण। क्योंकि कृषि एक ऐसे बिन्दु पर पहुँच गई थी जहाँ से और अधिक उत्पादन सम्भव न था, उत्पादक शक्तियों की प्रगति और संवृद्धि का यही एकमात्र रास्ता था : औद्योगीकरण करो अथवा नष्ट हो जाओ! औद्योगीकरण किंवा पुनऔंद्योगीकरण ही उस बंगाल के गौरव को वापस ला सकता था जो बंगाल एक समय भारत का सर्वाधिक उन्नत प्रान्त था और जिसमें ब्रिटिश भारत की राजधानी स्थित थी।

सरकार की प्राथमिकता प्राप्त परियोजनाओं में भूमि-भवन सम्पत्ति विकास और निजी आवास निर्माण, सूचना प्रौद्योगिकी पार्क, माल बाजार, औद्योगिक बुनियादी ढाँचा और राजमार्ग तथा सड़कें शामिल थीं। इनके लिए जरूरी बड़े भूक्षेत्रों का अधिग्रहण कोलकाता तथा अन्य दूसरे शहरों के निकट रहने वाले किसानों से—जरूरत पड़ने पर बलपूर्वक भी—किया जाता था।

विधान चन्द्र राय के साल्टलेक विकास के जवाब में वाम द्वारा राजारहाट न्यू टाउन परियोजना इसी तरह शुरू की गई थी। राजारहाट एक शहरी–पारिस्थतिक दु:स्वप्न में तब्दील हो गया था[72] जिसमें बड़ी संख्या में लोग विस्थापित हुए, कोलकाता और उसके उपनगरीय क्षेत्र प्राकृतिक जलनिकासी व्यवस्था को नष्ट कर दिया गया और इस प्रकार रामसर कन्वेंशन के एक स्थान ईस्ट कैलकटा वेटलैंड्स को पहले ही जो नुकसान पहुँचाया गया था उसे और कई गुना बढ़ा दिया गया।[73] लेकिन राजारहाट नियोजित था और उसके लिए भूमि अधिग्रहण का काम वर्षों पूर्व तब शुरू हो गया था जब सिंगूर और नन्दीग्राम की कल्पना भी नहीं की गई थी। मुख्य रूप से भवन सम्पत्ति विकास के क्षेत्र में बीसियों अन्य छोटी परियोजनाएँ 1990 के दशक के मध्य से इसी तरह शुरू की गईं। इनमें से अनेक परियोजनाओं में बलपूर्वक भूमि अधिग्रहण और गरीब लोगों के घरों को ढहाया जाना शामिल था।

सिंगूर और नन्दीग्राम, जिनपर पहले अध्याय में संक्षिप्त चर्चा हो चुकी है, लालच भरी परियोजनाओं के लिए किए जाने वाले भूमि अधिग्रहण के प्रतिरोध को कुचलने के लिए राज्य द्वारा किसानों के विरुद्ध की जाने वाली नृशंस हिंसा के और हिंसा में किसी वाम दल के भागीदार बन जाने के ही नहीं बल्कि प्रतिरोध करने वालों पर दंडात्मक हमले शुरू किए जाने के भी उदाहरण हैं। विशेषकर नन्दीग्राम में यही हुआ था जहाँ अप्रैल 2007 में पुलिस की गोलीबारी में चौदह लोग मारे गए थे। भाकपा, रिसोपा और फारवर्ड ब्लाक के विरोध के कारण सरकार नन्दीग्राम में भूमि अधिग्रहण के काम को रोकने पर मजबूर कर दी गई थी लेकिन माकपा कार्यकर्ता अपने 'अपमान' का बदला लेने पर आमादा थे। उन्होंने गाँव पर 'पुन: कब्जा करने' के लिए नवम्बर में सशस्त्र हमला शुरू किया। इसके बाद हत्या, बलात्कार और आगजनी का नंगा नाच हुआ। पूरे भारत में और भारत से बाहर भी इसके प्रति व्यापक वितृष्णा उत्पन्न हुई।

एक और संकट पश्चिम मेदिनीपुर जिले के आदिवासी क्षेत्र लालगढ़ में नवम्बर 2008 में सामने आया जब माओवादी छापामारों ने उस काफिले पर बम फोड़ने का प्रयास किया जिसमें मुख्यमंत्री बुद्धदेब भट्टाचार्य यात्रा कर रहे थे। राज्य की पुलिस ने निर्दोष ग्रामीणों पर सांघातिक हमलों की झड़ी लगा दी। बड़े पैमाने पर स्थानीय स्तर के प्रतिरोध शुरू हुए जिन्हें राज्य सरकार ने नक्सलविरोधी 'आपरेशन ग्रीन हंट' के हिस्से के रूप में केन्द्रीय अर्धसैनिक बलों की सहायता से अन्धाधुंध बल प्रयोग के साथ कुचलने का प्रयास किया। हजारों लोगों की घेरेबन्दी हुई और उन्हें लगभग भुखमरी की हालत में पहुँचा दिया गया। इस कार्रवाई ने वाम मोर्चे की राजनीति साख को गम्भीर चोट पहुँचायी।

यह कार्रवाई दस महीने तक चली थी जिसमें 'फर्जी मुठभेड़ों' में कई माओवादी और उनके शुभचिन्तक मारे गए थे। कोलकाता और अन्यत्र नागरिक समाज संगठनों ने पुलिस की ज्यादतियों के विरुद्ध बड़े विरोध प्रदर्शन किए। एक समय में ममता बनर्जी भी विरोध करने वालों के साथ आई थीं। लेकिन मई 2011 में सत्ता में आने के बाद उन्होंने भी उन्हीं सैन्य साधनों का इस्तेमाल कर माओवादियों और उनके साथ ही उस क्षेत्र के निर्दोष ग्रामीणों को कुचलने का काम पूरा किया।

सिंगूर और नन्दीग्राम वाम मोर्चे की औद्योगिक नीति की विकृति का हिस्सा थे : जिन लोगों की जमीन अधिग्रहीत की जा रही है उनकी सहमति लेने से इनकार, गरीबों के अधिकारों

के प्रति तिरस्कार की भावना, केवल पूँजीवाद के प्रबन्धन का एजेंडा और इसकी राजनीति के केन्द्र में निहित रूढ़िपन्थ को अपनाना। लालगढ़ ने माओवादियों के प्रति इसकी अन्तर्भूत तर्कहीन घृणा, न लड़ रहे लोगों के विरुद्ध अन्धाधुंध बल का इस्तेमाल करने की इसकी इच्छा और वैध प्रतिरोध के प्रति इसके गहरे निरंकुश रवैये को उजागर कर दिया।

इन प्रकरणों ने 2006 और 2009 के बीच शब्दश: लाखों नागरिकों को स्वत:स्फूर्त प्रतिरोधों में कोलकता की सड़कों पर ला दिया। उनकी नजरों में वाम मोर्चे की साख गिरना 2009 के लोकसभा चुनावों में उसकी पराजय की भूमिका थी। 2006 से ग्रामीण गरीब से लेकर धनी और मध्यम स्तरों तक वाम के सामाजिक आधार के खिसकने, महिला मतदाताओं के बीच उसकी लाभप्रद स्थिति के क्षरण और औद्योगिक पट्टी में गिरावट के अनेक संकेत सामने आ गए थे (मत हिस्सेदारी में पाँच प्रतिशत की गिरावट और 57 सीटों में 17 सीटों का नुकसान)।[74]

मोर्चे के नेताओं ने सड़कों से मिल रहे इस संकेत को अनदेखा करना पसन्द किया। जनवरी 2008 में माकपा के राज्य सम्मेलन में अनेक वक्ताओं ने पूँजीवाद के निर्माण के गम्भीर महत्त्व की बात कही। खबरों के अनुसार ज्योति बसु ने घोषणा की : 'अब समाजवाद सम्भव नहीं है...पूँजीवाद भविष्य के लिए मजबूरी बना रहेगा...'। बुद्धदेब भट्टाचार्य ने कहा : 'उद्योग को उसकी अपनी गति से विकास करने दीजिये...। औद्योगीकरण की प्रक्रिया में किसी राजनीतिक हस्तक्षेप की कोई जरूरत नहीं है...। एकमात्र क्षेत्र जिसमें पार्टी की संलग्नता की जरूरत है वह है यह सुनिश्चित करना कि कारपोरेट की सामाजिक जिम्मेदारी उचित ढंग से पूरी हो...'।[75]

बुद्धिजीवी वर्ग का समर्थन गँवा देने के साथ ही वाम को दो भिन्न समूहों अथवा पारम्परिक वोट बैंकों-पूर्वी बंगाल से आए हिन्दू शरणार्थियों और मुसलमानों, जो राज्य की आबादी के एक चौथाई से ज्यादा हैं—के समर्थन में आई कमी का भी सामना करना पड़ा। पहला समूह (हिन्दू शरणार्थी) हाल के वर्षों में राष्ट्रीय स्तर पर हिन्दुत्व की राजनीति के उभार से और पश्चिम बंगाल में भाजपा के असर से बहुत प्रभावित हुआ था। पिछले वर्षों में जब वे मताधिकार से वंचित और बेरोजगार थे उन्होंने वाम का समर्थन किया था क्योंकि वाम ने उनकी माँगें उठाई थीं और उनके पुनर्वास में मदद दी थी। अब जब उनका पुनर्वास हो गया है, उनमें से कुछ अपने मन में मुसलमानों के विरुद्ध एक शिकायत पाल रहे हैं।[76]

यह बात स्वयं पश्चिम बंगाल में 1980 के दशक से जारी हिन्दुत्व शैली की साम्प्रदायिकता के विस्तार की धीमी प्रक्रिया के विरुद्ध एक जुझारू एजेंडा का अनुसरण करने और विशेषकर अयोध्या में 6 दिसम्बर, 1992 में बाबरी मस्जिद के ध्वंस को याद करने अथवा अमूर्त ढंग से समय समय पर हिन्दू-मुस्लिम एकता का आह्वान करने जैसे प्रतीकात्मक कार्यक्रमों के बजाय इससे विचारधारात्मक और राजनीतिक ढंग से लड़ने से वाम के इनकार से जुड़ी है। माकपा ने हिन्दुत्व, उसके राजनीतिक इतिहास और आज उससे जो खतरा है उसकी प्रकृति के विषय में अपने कार्यकर्ताओं को बिरले ही शिक्षित किया था। उसने कोलकता की अलग थलग बस्तियों में रह रहे मुसलमानों के अलगाव को दूर करने और सांस्कृतिक रूप से उन्हें और अपने हिन्दू समर्थकों को एक समान आधार पर समेकित करने का प्रयास भी नहीं किया।

इसके साथ ही, तृणमूल कांग्रेस मुसलमानों के एक बड़े हिस्से को वाम से अलग करने में समर्थ थी। उन्होंने पारम्परिक रूप से वाम को वोट दिया था क्योंकि उसने साम्प्रदायिक हिंसा के विरुद्ध उन्हें न्यूनतम शारीरिक सुरक्षा प्रदान की थी लेकिन वाम ने मुसलमानों से इस तरह व्यवहार किया मानो पूरी तरह धार्मिक पहचान के अलावा उनकी कोई और पहचान ही न हो और जैसे कि धर्मनिरपेक्ष मानसिकता वाले नागरिकों के रूप में आधुनिक शिक्षा और नौकरियाँ प्राप्त करने की उनकी कोई आकांक्षा ही न हो; वे बस इस्लामी धार्मिक उपदेशों से ही सन्तुष्ट बने रहेंगे। उनकी धार्मिक पहचान पक्की कर दी गई थी और इस पहचान के आगे उनकी अन्य पहचानों और आकांक्षाओं को गौण मान लिया गया था जिनमें उनकी आधुनिक शिक्षा और नौकरियों से जुड़ी धर्मनिरपेक्ष पहचानें और आकांक्षाएँ शामिल हैं। माकपा ने कट्टरपन्थी धर्मगुरुओं से भी सम्बन्ध बढ़ाये और मदरसा शिक्षा को आर्थिक सहायता प्रदान की।

वाम राजनीति के प्रति मुसलमानों की समझ सच्चर कमेटी की रिपोर्ट के प्रकाशन (2006) के बाद नाटकीय ढंग से बदली। इस रिपोर्ट में उन भयावह प्रतिकूल स्थितियों और भेदभाव पर रोशनी डाली गई थी जिनका सामना पूरी तरह साम्प्रदायिक बना दिए गए गुजरात की तुलना में पश्चिम बंगाल के मुसलमान कहीं ज्यादा कर रहे थे। इन भेदभावों में उन्हें सरकारी नौकरियों से बाहर रखा जाना शामिल है। फिर 2007 में रिजवानुर्रहमान कांड हुआ जिसमें पुलिस ने एक युवा मुसलमान ग्राफिक डिजाइनर की मृत्यु को उसकी मृत्यु का कारण निश्चित करने के लिए जरूरी शवपरीक्षण पूरा हुए बिना ही आत्महत्या घोषित कर दिया था।

व्यापक रूप से यह माना जा रहा था कि एक व्यावसायिक परिवार की हिन्दू महिला के साथ अपने सम्बन्धों के कारण रहमान को प्रताड़ित किया गया था और वाम मोर्चे के नेतृत्व के साथ घनिष्ठ सम्बन्ध वाले उच्चपदस्थ पुलिस अधिकारी इस जघन्य प्रकरण में साझीदार थे।[77] अब इस प्रकरण से अनेक मुसलमानों की सहनशक्ति जवाब दे गई। 2009 के लोकसभा चुनावों के बारे में आकलन है कि 2004 में वाम मोर्चे के मुस्लिम वोट 47 प्रतिशत से गिरकर 2009 में 36 प्रतिशत रह गए जबकि तृणमूल कांग्रेस–कांग्रेस का हिस्सा 24 से बढ़कर 58 प्रतिशत हो गया। 2011 तक मुसलमानों के मतों का 50 प्रतिशत हिस्सा तृणमूल कांग्रेस के पास आ गया था और वाम के पास केवल 42 प्रतिशत रह गया था। कुछ खास इलाकों में मुसलमानों के संकेन्द्रण को देखते हुए यह अन्तर बहुत बड़ा अन्तर था।[78]

वाम मोर्चे का चुनावी आधार 2009 के बाद अधिकाधिक दक्षिणपन्थ की ओर खिसकने लगा। 2014 के लोकसभा चुनावों में आकलन के अनुसार गरीब और निम्नतर वर्गों के लोगों (क्रमश: 36 और 27 प्रतिशत) की तुलना में बड़े अनुपात में 'धनिकों' (42 प्रतिशत) ने इसके पक्ष में वोट दिया। 'गरीब' और 'निम्नतर वर्गों' ने तृणमूल कांग्रेस को वरीयता दी (37 और 43 प्रतिशत)। उच्चतर जातियों के अधिक लोगों ने भाजपा के मुकाबले वाम के पक्ष में मतदान किया और 'व्यवसायी' तथा नौकरीपेशा वर्गों के एक उच्चतर अनुपात ने अन्य दोनों दलों के मुकाबले वाम को पसन्द किया।[79]

वाम ने पश्चिम बंगाल में महत्त्वाकांक्षी भूमि सुधार लागू करने, विकेन्द्रीकरण और सत्ता के स्थानांतरण की आमूल परिवर्तनवादी कार्ययोजना, अनेक सामाजिक विकास क्षेत्रों

को पुन: मजबूत बनाने, कृषि संवृद्धि, औद्योगीकरण और शहरीकरण के नए और भिन्न माडलों की अवधारणा बनाने और अपने समर्थन आधार के साथ एक सहभागितापूर्ण, गैर संरक्षणवादी सम्बन्ध बनाने जैसे अनेक अवसर गँवा दिए। कुछ आमूल परिवर्तनवादी कार्यक्रमों को लागू करने के मामले में वह बहुत कायर और दब्बू तथा औद्योगीकरण व सांगठनिक नीतियों के मामले में बहुत अधिक कठोर और रूढ़िवादी सिद्ध हुआ। सत्ता में अपने पहले दो दशकों के अन्त तक आते आते वह जनता से कट चुका था और पार्टी के भीतर और बाहर से आने वाली आलोचनाओं का उस कोई असर नहीं रह गया था। सत्ता से इसका बाहर हो जाना केवल इसके अपने कुछ नेताओं के लिए ही आश्चर्यजनक था।

पश्चिम बंगाल में वाम मोर्चे के लिए अपनी पुरानी स्थिति प्राप्त करना आसान नहीं होगा। यह तभी सम्भव है यदि वह अपनी नीतिगत अनेक भूलों को और एक समय अपना आधार रहे मजदूरों और किसानों से अपने अलगाव के कारणों को स्पष्ट रूप से स्वीकार करे, अपने नेतृत्व को पूरी तरह से बदल दे और एक ऐसी नयी राह पर चलना शुरू करे जिससे जनता के साथ उसका सम्बन्ध फिर से स्थापित हो। फिलहाल ऐसा होने के संकेत नगण्य हैं।

पश्चिम बंगाल विधानसभा 1951-2011 में मुख्य दलों की सीटें और मतों में उनकी हिस्सेदारी (प्रतिशत में)

दल	भाकपा		माकपा		फारवार्ड ब्लाक		रिसोपा		कांग्रेस		तृणमूल कां.	
वर्ष	सीटें	प्रतिशत	सीटें	प्रतिशत	सीटें	प्रतिशत	सीटें	प्रतिशत	सीटें	प्रतिशत	सीटें	प्रतिशत
2011	2	1.8	40	30.1	11	4.8	7	3.0	42	9.9	184	38.9
2006	8	1.9	176	37.1	23	5.7	20	4.8	21	14.7	30	26.6
2001	7	1.8	143	36.5	25	5.7	17	3.4	26	8.0	60	30.6
1996	6	1.8	157	37.9	21	4.2	18	3.7	43	39.5		
1991	5	1.5	189	36.8	29	4.4	18	3.5	43	35.1		
1987	11	1.9	187	39.5	26	5.8	18	3.9	40	41.8		
1982	7	1.8	174	38.9	28	5.9	19	4.0	49	35.7		
1977	2	2.6	178	35.5	25	5.2	20	3.7	20	230		
1972	35	8.3	114	27.8	0	2.5	3	2.1	216	49.1		
1971	13	8.4	113	32.8	3	2.9	3	2.1	105	29.2		
1969	30	7.0	80	20.8	21	5.0	12	2.7	55	41.3		
1967	16	5.5	43	18.1	13	4.4	6	2.1	127	41.1		
1962	50	24.9	–	–	13	4.6	9	2.5	157	47.3		
1957	46	17.8	–	–	8	3.8	3	1.2	152	46.1		
1951	28	10.7	–	–	11	5.3	0	0.8	150	38.8		

6

केरल में ऐतिहासिक विजय

जनता की गोलबन्दी, चुनावी जीत, भूमिसुधार, केरल माडल

केरल में वामपन्थ के उदय का इतिहास उतना ही रंग-बिरंगा और आकर्षक है जैसकि कि स्वयं यह राज्य। यह इतिहास अनेक प्रकार की गोलबन्दियों की गाथा है, सामाजिक और धार्मिक सुधार के लिए, जातीय दमन के विरुद्ध, साक्षरता, शिक्षा और संस्कृति के लिए, ब्रिटिश शासन से आजादी पाने के लिए, भूस्वामियों और राजशाही के उत्पीड़न के विरुद्ध, राज्य के भाषायी पुनर्गठन और एकीकरण के लिए, दूरगामी भूमि सुधारों के लिए, स्त्रियों के शिक्षा और सवेतन नौकरियों में काम करने के अधिकार के लिए, विस्तारित अधिकारों के जरिये मजदूरों और किसानों के सशक्तीकरण के लिए और कमजोर समूहों की सामाजिक सुरक्षा के उपायों के लिए की गई गोलबन्दियों की कहानी। इन आन्दोलनों ने केरलीय समाज का गहरा राजनीतिकरण किया और इसके रंग रूप में क्रान्तिकारी बदलाव ला दिया।

केरल के रूपान्तरण के महत्त्व और उसकी विलक्षण प्रकृति के बारे में जितना कहा जाय, कम है। बीसवीं सदी की शुरुआत में, केरल भारत का सर्वाधिक सोपानबद्ध और जातिवाद से ग्रस्त क्षेत्र था। लेकिन सदी के मध्य तक सोपानबद्ध व्यवस्था के विरुद्ध संघर्ष करने और सामाजिक समैक्य हासिल करने की दिशा में इसने नाटकीय प्रगति की थी, यह अपनी आबादी की विशाल संख्या के जीवन की गुणवत्ता में सार्थक सुधार लाने की दिशा में आगे बढ़ा और एक साम्यवादी सरकार के पक्ष में मतदान कर प्रगतिशील राजनीति को अंगीकार करने वाला पहला भारतीय राज्य बन गया।

यह रूपान्तरणकारी बदलाव ऊपर से सामाजिक सुधार के उपायों (जैसे रजवाड़ों द्वारा शिक्षा को बढ़ावा दिया जाना) और समान अधिकारों के लिए जनता के आन्दोलनों द्वारा लाया गया था। इन्हीं आन्दोलनों के कारण वाम का उदय हुआ। बदले में वाम ने उन्हें एक सुव्यवस्थित रूप देने और उनकी कार्य योजनाओं को समृद्ध बनाने और उन्हें आगे ले जाने में एक निर्णायक भूमिका निभाई।

सामाजिक आन्दोलनों और वामपन्थी राजनीति के बीच की यह अन्त:क्रिया विकास के सुप्रसिद्ध केरल माडल, अथवा 1970 के दशक तक अपनी अपेक्षतया सुस्त आर्थिक संवृद्धि और कम प्रति व्यक्ति आय के बावजूद केरल द्वारा सामाजिक और मानव विकास के उच्च स्तर शेष भारत से दशकों पहले हासिल कर लेने की कुंजी है। इसकी कमियों

और हाल की इसकी अनेक समस्याओं—अथवा जैसा कि कुछ विश्लेषकों ने कहा है, इसके 'गम्भीर संकट'[1]—के बावजूद इस माडल द्वारा प्रदान किए गए लाभ भारत में ही नहीं वस्तुतः चीन की अर्थव्यवस्था की तरह तेजी से विकास करती अर्थव्यवस्थाओं वाले तीसरी दुनिया के अधिकतर देशों में भी बेमिसाल हैं। भारत में केरल अकेला राज्य है जो साक्षरता, शिशु मृत्यु दर और आयु सम्भाव्यता दरों में और इससे भी आगे स्त्री–पुरुष अनुपात में पहली दुनिया की इन दरों और अनुपात के बहुत निकट पहुँचा है।

सामाजिक सुधार और वाम राजनीति

केरल वह स्थान भी है जहाँ वाम ने राजनीति का लोकतांत्रीकरण कर और उसे अधिक सहभागी बनाकर समाज में, कृषि ढाँचों, वर्ग सम्बन्धों, शिक्षा, संस्कृति, स्त्रियों की स्थिति और सार्वजनिक विमर्श तथा राजनीति में जबर्दस्त परिवर्तन लाने में भारत में अपनी महानतम प्रगति की थी केरल में प्रबुद्ध बौद्धिक और साहित्यिक परम्पराओं और मजबूत नागरिक संगठनों के साथ वाम एक अपेक्षतया समतावादी समाज के निर्माण के, वस्तुतः एक नयी नागरिक संस्कृति बनाने के बहुत निकट पहुँच गया। वाम की ये उपलब्धियाँ जितनी बड़ी, जितनी गहरी बद्धमूल और अपनी प्रकृति में जितनी अधिक मुक्तिदायिनी थी उतनी किसी अन्य राज्य में नहीं थीं, पश्चिम बंगाल में भी नहीं जिसकी आबादी केरल से तीन गुना अधिक है।

प्रगति के इन कदमों ने केरल में सामाजिक परस्परक्रिया के ताने–बाने को ही रूपान्तरित कर दिया, जनता में व्यापक जागरूकता पैदा की और सर्वहारा सामाजिक स्तरों को, जो कभी एक कठोर सामाजिक पदसोपान के प्रति अपने समर्पण और आज्ञाकारिता के लिए जाने जाते थे, एक पूरी तरह से नए किस्म के आत्मविश्वास और दृढ़ता से भर दिया।[2] ऐसा भारत के किसी और राज्य में नहीं हुआ था। यह एक ऐतिहासिक उपलब्धि थी।

आज, जब केरल में वाम अपने विपक्षियों के विरुद्ध राजनीतिक रूप से ठिठका हुआ प्रतीत होता है और बहुत उन्नति नहीं कर रहा है तब इनमें से कुछ उपलब्धियाँ खतरे में पड़ गई लगती हैं। लेकिन उसकी उपलब्धियों को भारत में अन्यत्र किस सीमा तक दोहराया जा सकता है इसकी पड़ताल करने और यह जानने के लिए कि यह स्वयं को पुनः कैसे नई ऊर्जा से भर सकता है और कैसे राज्य का नेतृत्व फिर से हासिल कर सकता है, उसकी पिछली सफलताओं के कारणों और उसकी ताकत और कमजोरियों को समझना बहुत महत्त्वपूर्ण है।

अब हम केरल में वाम के उद्‌भव पर वापस लौटें। इसे इन दो परिघटनाओं से अलग रखकर समझ पाना असम्भव है : पहली, केरल का इतिहास जिसने इसकी सांस्कृतिक परम्पराओं को प्रभावित किया और इसका विशिष्ट सामाजिक–आर्थिक सन्दर्भ निर्धारित किया; और दूसरी, उन्नीसवीं सदी के उत्तरार्ध और बीसवीं सदी के प्रारम्भ में हुआ बौद्धिक–सामाजिक पुनर्जागरण जो जातिवाद के विरुद्ध और सामाजिक सुधार के लिए हुए अनेक तरह के आन्दोलनों के जरिये अभिव्यक्त हुआ।

अनेक भौगोलिक, जनसांख्यिकीय और आर्थिक कारकों के कारण केरल भारत के अन्य

राज्यों से अलग है। इन कारकों में एक उल्लेखनीय ढंग से मिश्रित धार्मिक संरचना शामिल है, जिसमें हिन्दू, मुसलमान और ईसाइयों का अनुपात क्रमशः लगभग 60:20:20 है।

हिन्दू समाज के चार बुनियादी वर्णों में से एक (वैश्य) की अनुपस्थिति और एक अन्य वर्ण (क्षत्रिय) की बहुत कमजोर नगण्य उपस्थिति[3] तथा संख्या की दृष्टि से बड़े समूहों जैसे नायरों और एझवाओं (का एक बड़ा तबका) के बीच मातृकुलीय परम्परा का प्रचलन–ऐसा भी भारत में कहीं और नहीं है।

यहाँ समुद्र के रास्ते व्यापार करने वाले सौदागरों के जरिये बाहर की दुनिया के साथ व्यापार और विदेशों से सम्बन्धों का 2000 वर्षों पुराना लम्बा इतिहास रहा है जिसने केरल की जनता को 'बाहरी प्रभाव के प्रति सहज और अनुकूल रवैया रखने में मदद की हो सकती है'[4]। इस घनी आबादी वाले लेकिन बहुत ग्रामीण राज्य की विशिष्ट पारिस्थितिकी की विशेषता है 'ग्रामीण इलाकों की जनसांख्यिकीय ऊर्जस्विता और 'एकरेखीय अथवा मकड़ी के जाले जैसी' बस्तियाँ जो लोगों और समुदायों के बीच घनिष्ठ सम्पर्क को सुगम बनाती हैं।[5]

इसने विभिन्न समूहों के बीच जातिवाद के विरुद्ध और सामाजिक सुधार के पक्ष में आन्दोलनों के जन्म लेने और उनके विकसित होने का सन्दर्भ तैयार किया। इस काम ने शिक्षा के प्रसार और आधुनिकतावादी प्रगतिशील साहित्यक आन्दोलनों के उदय का मार्ग प्रशस्त किया। इन आन्दोलनों में श्री नारायण धर्म परिपालन योगम (1903 में स्थापित एसएनडीपी योगम) के तत्त्वावधान में श्री नारायण गुरु और कुमारन आसन जैसे नेताओं द्वारा निम्न जाति अथवा 'जात बाहर'[6] एझवाओं की गोलबन्दी और श्री अय्यनकली की प्रेरणा से और उनके नेतृत्व में एक दलित जाति पुलया के बीच प्रमुख अधिकारों पर आधारित 'आत्म सम्मान' आन्दोलन सर्वाधिक महत्त्वपूर्ण थे। उच्च जाति के नायरों और नम्बूदिरी ब्राह्मणों के बीच भी सुधार आन्दोलन हुए थे। नम्बूदिरियों में सुधार की पहल ने प्रगतिशील नम्बूदिरी योगक्षेम महासभा (1908 में स्थापित) का रूप ग्रहण किया। अपने जीवन काल में ही किवदंती बन गए कम्युनिस्ट नेता ई.एम.एस. नम्बूदिरीपाद बाद में इसके अध्यक्ष बने।[7]

इन आन्दोलनों ने भारत में ज्ञात जातिवाद और अस्पृश्यता (वस्तुतः अदृश्यता) के कुछ सबसे घिनौने रूपों के विरुद्ध संघर्ष किया: केरल के हिन्दू समाज ने 'अशुद्धि की अवधारणा को स्पर्श से दृश्य तक विस्तारित कर दिया था। निम्न स्तर के पुलया को ब्राह्मण से कम–से–कम 96 फीट, नायर से 64 फीट और एझवा से 30 फीट दूर रहना चाहिए...।'[8] सुधारकों ने भी प्रभावशाली ढंग से अन्धविश्वास, दमनकारी प्रथाओं और ज्ञानविरोधी परम्पराओं की प्रत्यालोचना की, शिक्षा को प्रोत्साहन दिया, प्रबुद्ध तार्किकता के पक्ष में बहस की और आम जनता के बीच अपनी जड़ें गहरे जमाते हुए आधुनिकता को उसकी सर्वाधिक प्रगतिशील विशेषताओं के साथ अंगीकर किया।

सामाजिक सुधार आन्दोलनों ने अन्य कार्यक्रम भी लिए जैसे परिवार के संगठन का सुधार, विवाह और विरासत के नियमों, जातियों के भीतर होने वाले व्यवहारों में सुधार, नीची जाति के हिन्दुओं के लिए निषिद्ध सार्वजनिक मार्गों और मन्दिरों में प्रवेश,[9] और अन्तर्जातीय भोज। इससे भी अधिक, आमूल सुधारवादी राजनीतिक स्तरों पर उन्होंने कृषि

के क्षेत्र में गोलबन्दियों की प्रेरणा दी या उन्होंने इन गोलबन्दियों को संगठित किया: एस एन डी पी योगम ने खेती करने वाले किसानों और भूमिहीनों को गोलबन्द किया और खेतिहर मजदूरों की पहली हड़तालों में से एक हड़ताल महान दलित नेता अय्यनकली ने कराई थी।[10]

केरल में प्रारम्भिक सर्वहाराकरण की परिघटना भी समान रूप से महत्त्वपूर्ण थी। इसका श्रेय कारखानों में काम करने वाले मजदूर वर्ग के विकास को दिया जा सकता है जो नारियल जटा और काजू जैसी नकदी फसलों के प्रसंस्करण पर आधारित थीं। इन सभी कारकों ने विशेषकर मजदूर वर्ग के उदय और पारिस्थितिकी ने एक साथ मिलकर उस एकजुटता और सामूहिक कार्रवाई का मार्ग प्रशस्त किया जिसने उन तमाम राजनीतिकर्मियों को प्रेरणा दी जिन्होंने जबर्दस्त जोश के साथ सर्वहारा की माँगें उठाईं। उन्हें आरम्भ में इसमें कुछ सफलता भी मिली।

'लेकिन, 1930 और 1940 के दशकों तक महान सामाजिक-धार्मिक सुधार आन्दोलनों के नेतृत्व में हुए केरल के पुनर्जागरण के पहले चरण की ऊर्जा चुक गई थी और पुनर्जागरण की परम्पराओं को जारी रखने के लिए नई ऊर्जा एक नए स्रोत से, उन समाजवादी और साम्यवादी प्रवृत्तियों से मिली जो मालाबार में राष्ट्रीय आन्दोलन के भीतर एक निश्चित रूप ग्रहण कर रही थीं'।[11] अनेक आमूल परिवर्तनवादी बुद्धिजीवी और समाजकर्मी, जिन्होंने इन सुधार आन्दोलनों में हिस्सा लिया था या इनसे प्रभावित हुए थे, केरल में जनता की राजनीतिक गोलबन्दियों के संगठनकर्ता बन गए। ये गोलबन्दियाँ कांग्रेस, कांग्रेस सोशलिस्ट पार्टी और बाद में कम्युनिस्ट पार्टी आफ इंडिया में विलीन हो गईं अथवा उनमें शामिल हो गईं। इसी तरह, साहित्यकारों और नई पीढ़ी के लेखकों तथा आमूल परिवर्तनवादी जनान्दोलनों के संगठनकर्ताओं के बीच समृद्ध संवाद था जिसने वाम को समृद्ध किया।

समाजविज्ञानी रॉबिन जेफ्री ने केरल के इतिहास पर शोध किया है। वह केरल की आमूल सुधारवादी राजनीतिक परम्परा के मूल स्रोतों के लिए अधिक गम्भीर व्याख्या प्रस्तुत करते हैं। वह इसे 'दो उपनदियों से बनी एक अनूठी नदी' कहते हैं। 'पहली उपनदी शिक्षित, अपनी जड़ों से उखड़े हुए और उच्च हिन्दू जातियों की उस पीढ़ी से बनी जो 1900 और 1950 के बीच मातृवंशीय संयुक्त परिवार के विघटन के कारण राजनीति की ओर खिंची। दूसरी उपनदी उसी अवधि के निम्नजातीय कार्यकर्ताओं से बनी जिन्होंने भारत की कठोरतम, अपमानजनक और बेहूदा जाति व्यवस्था से मुठभेड़ की थी। दोनों धाराएँ मिलीं, आपस में घुलमिल गईं, उन्हें मार्क्सवादी विचारों से सहारा मिला जो एक पुरानी विकृत दुनिया से एक नई दुनिया बनाने का वादा करते हैं'।[12]

शिक्षा : प्रारम्भिक प्रगति

बीसवी सदी के पूर्वार्ध में साक्षरता में अपनी उपलब्धियों के कारण भारत में केरल का अपना एक अलग स्थान है। पचास से अधिक वर्ष हुए, डेनियल लर्नर ने साक्षरता को 'वह बुनियादी निजी कौशल' बताया था ' जो आधुनिक बनाने वाली सम्पूर्ण शृंखला का आधार है,"[13] प्रगति की कुंजी उसके ही पास है। 1941 में त्रावणकोर और कोच्चि में

साक्षरता दर कुल मिलाकर क्रमश: 47 और 41 प्रतिशत थी। यह प्रतिशत भारत की 15 प्रतिशत दर से लगभग तीन गुना अधिक है। महिलाओं की साक्षरता की दर आनुपातिक रूप से और अधिक थी।[14] केरल में साक्षरता और प्रारम्भिक शिक्षा का प्रसार जल्दी ही हो गया था जिसने जनता की जागरूकता बढ़ाने, गतिशीलता और रोजगार के अवसर खोलने, स्त्रियों के सशक्तीकरण और पदसोपानात्मक सामाजिक ढाँचे को ध्वस्त करने में निर्णायक भूमिका निभाई। आधुनिकीकरण ने आमूल सुधारीकरण में योगदान दिया और वाम के विकास को प्रोत्साहन दिया।

उन राजनीतिक कार्यकर्ताओं ने, जो बाद में शिक्षा तक सबकी पहुँच के लिए चले आन्दोलनों के सर्वाधिक ऊर्जावान कर्मठ प्रेरक बने, प्राथमिक शिक्षा के स्कूलों और विशेषकर लड़कियों की शिक्षा के लिए स्कूलों का काम आगे बढ़ाने के लिए रजवाड़ों (विशेषकर त्रावणकोर और कुछ हद तक, कोच्चि) के साथ साथ रोमन कैथलिक और प्रोटेस्टेंट ईसाई मिशनरियों की प्रारम्भिक पहलकदमियों द्वारा डाली गई बुनियादों का सहारा लिया।

केरल में आधुनिक स्कूल प्रणाली उन्नीसवीं सदी के पूर्वार्ध में ही आ गई थी। इससे पहले, सोलहवीं और अठारहवीं सदी के बीच केरल में साक्षरता बढ़ी और शिक्षा का प्रसार पारम्परिक रूप से साक्षर ब्राह्मणों से आगे 'समाज के लगभग सभी सामाजिक और आर्थिक रूप से विशेषाधिकारप्राप्त वर्गों'[15] तक हुआ। लेकिन यह उन्नीसवीं सदी में ही हो पाया कि त्रावणकोर में प्राथमिक शिक्षा को राज्य से अनुदान मिला, उसका विस्तार हुआ और उसने 'एक "आधुनिक" व्यवस्था की विशेषताएँ हासिल कीं'।[16]

पहला अंग्रेजी स्कूल 1834 में त्रिवेन्द्रम में स्थापित हुआ। मलयालम में पाठ्य पुस्तकें लिखने के लिए एक समिति गठित की गई और राज्य में नौकरियों के लिए शिक्षा को रोजगार से जोड़ा गया। त्रावणकोर के महाराजा ने 1883 में यह प्रसिद्ध घोषणा की: 'कोई सभ्य सरकार जन शिक्षा के महान लाभों से बेखबर नहीं रह सकती...क्योंकि...एक शिक्षित आबादी से व्यवहार करने वाली सरकार उस सरकार से कहीं अधिक ताकतवर होती है जिसे अनपढ़ और जाहिल उच्छृंखल जनता पर काबू पाना होता है। इसलिए शिक्षा दो तरह से मुबारक चीज है—यह उन्हें फायदा पहुँचाती है जो इसे देते हैं और उनके लिए भी फायदेमन्द है जो इसे ग्रहण करते हैं'।[17]

फिर भी, शिक्षा नीति में सारी प्रगति के बावजूद '19वीं सदी के अन्त तक जन साक्षरता नदारद थी'। 'त्रावणकोर में भी, जहाँ ईसाई मिशनरियाँ सर्वाधिक सक्रिय थीं और जहाँ 19वीं सदी का यह राज्य जनता के पक्ष में सर्वाधिक हस्तक्षेप करने वाला राज्य था, सभी पुरुषों के एक चौथाई से कम पुरुष और सभी स्त्रियों के 5 प्रतिशत से कम स्त्रियाँ साक्षर थीं'।[18] जब तक राज्य द्वारा स्त्री शिक्षा के संवर्धन और हाशिये के वर्गों के बीच साक्षरता के प्रसार के लिए विकसित संगठित आन्दोलनों द्वारा 'शिक्षा के लिए समर्थन का सरकारी माहौल' नहीं बना दिया गया तब तक व्यापक जन साक्षरता का काम रुका रहा। जन साक्षरता के लिए भी स्त्री साक्षरता महत्त्वपूर्ण थी। जैसा कि जेफ्री कहते हैं, 'केरल को महिलाओं ने ही साक्षर बनाया। साक्षर पुरुषों के बेटे साक्षर होते हैं, साक्षर महिलाओं की सन्तानें साक्षर होती हैं'।[19]

इससे पहले कि हम केरल माडल के उदय और उसके संस्थापन पर लौटें, राज्य में

आमूल परिवर्तनवादी राजनीतिक गोलबन्दियों के विकास पर एक निगाह डालना प्रासंगिक होगा। इनमें से पहला था 1920 के दशक के प्रारम्भ और मध्य में दक्षिण में त्रावणकोर राज्य में नारियल जटाकर्मियों का एक आन्दोलन जिसका संगठन पथ-प्रदर्शक ट्रेड यूनियन नेता पी. कृष्ण पिल्लै ने किया था। वह जल्दी ही केरल की शुरुआती कम्युनिस्ट पार्टी के अविवादित नेता बन गए थे।[20] एक और महत्त्वपूर्ण गोलबन्दी उत्तर में अपेक्षाकृत पिछड़े मालाबार क्षेत्र (1957 तक मद्रास प्रेसीडेंसी का हिस्सा) में बुरी तरह शोषण के शिकार काश्तकार-किसानों की गोलबन्दी थी। इससे पहले 1921 में मालाबार प्रसिद्ध मोपला विद्रोह का साक्षी रहा था। बाद में कृष्ण पिल्लै और ए.के. गोपालन जैसे कम्युनिस्ट नेताओं द्वारा मालाबार से त्रावणकोर तक निकाले गए 700 किलोमीटर लम्बे मार्चों (जिन्हें जत्था कहा जाता था) ने इन दोनों आन्दोलनों को एक में गूंथ दिया था।

जाति विरोधी आन्दोलन

वे सक्रियतावादी जो बाद में कांग्रेस में शामिल हो गए, 1920 के दशक के अन्त तक ब्रिटिश शासन के विरुद्ध, हिन्दुओं की उच्च जातियों द्वारा किए जा रहे दमन के विरुद्ध और मजदूरों, किसानों के अधिकारों के पक्ष में हो रहे विभिन्न जन आन्दोलनों से जुड़े थे। वे बंगाल के उन 'क्रान्तिकारी आतंकवादियों' के सम्पर्क में भी आए जिन्हें औपनिवेशिक सरकार ने कन्नानोर (कन्नूर) में बन्दी बना रखा था। इन क्रांतिकारियों ने उन्हें वामपन्थी विचारों से परिचित कराया, उन्हें भारत में अन्यत्र चल रहे साम्राज्यवाद विरोधी संघर्षों की जानकारी दी और उनकी जानकारी की सीमाओं का विस्तार किया।[21]

कोट्टयम के निकट वाइकोम में मन्दिर प्रवेश सत्याग्रह (1924) और 1930 तथा 1932 के कांग्रेस प्रेरित सविनय अवज्ञा आन्दोलन केरल में आमूल परिवर्तनवादी सक्रियतावाद के विकास में युगांतरकारी ऐतिहासिक घटनाक्रम थे। इन सबसे भी ज्यादा महत्त्वपूर्ण था त्रावणकोर लेबर एसोसिएशन का बनना और 1935 में कालीकट (कोझीकोड) में पहले केरल मजदूर सम्मेलन का आयोजन जिसके बाद 1937 में त्रिचूर (थ्रिसूर) में दूसरा सम्मेलन हुआ। इसके साथ ही, 1930 के दशक के मध्य में मालाबार में अनेक किसान संघों का गठन हुआ।

ये प्रारम्भिक उपलब्धियाँ प्रभावशाली थीं। केरल में नवगठित संघों ने संख्या और सक्रियता की सघनता दोनों में अपनी शक्ति का प्रदर्शन किया। उन्होंने अपने सदस्यों को उच्चतर वेतनमान और बेहतर कार्यदशाएँ दिलाईं। 1935 से 1940 तक की अवधि में 'अखिल मालाबार कृषक संघम में शुल्क देकर सदस्य बने सदस्यों की संख्या कसरगोड में 5,000 और चिक्कल में 10,000 थी...1946 में शेरटेल्लै क्वायर फैक्टरी वर्कर्स यूनियन में फैक्टरी के 98 प्रतिशत कर्मचारी सदस्य थे। क्षेत्र की छह अन्य यूनियनों की सदस्यता 80 प्रतिशत थी।...हाल के वर्षों में ऐसे ही संकेन्द्रण थ्रिसूर में ताड़ी उतारने वालों और कुट्टनाड तथा पालक्कड़ में खेतिहर मजदूरों के थे'।[22] आम जनता पर उनके संघर्षों का एक कल्याणकारी प्रभाव हुआ जैसा कि कांग्रेस पार्टी के जरिये राजनीतिक सक्रियतावाद के विकास में देखा जा सकता है।

1930 के प्रारम्भ अथवा मध्य तक मजदूरों और किसानों की गोलबन्दियों से निकले

आमूल परिवर्तनवादी सक्रियतावादियों की एक बड़ी संख्या ने कांग्रेस में प्रवेश किया। उस समय कांग्रेस पार्टी एक महत्त्वपूर्ण और मोटे तौर पर उदार चर्च में विश्वास रखने वाली मध्यमार्गी पार्टी थी ('उदार चर्च' का अर्थ है चिन्तन और आस्था की बहुविध धाराओं के प्रति खुली और सार्वभौमिक दृष्टि आदि, लेकिन पार्टी प्राथमिक रूप से मध्यमार्गी थी)। वह उपनिवेशवाद विरोधी संघर्षों के लिए एक मंच थी जो अपने कार्यक्रमों में कुछ सामाजिक कार्ययोजनाओं को भी शामिल करती थी। इसके सक्रियतावादियों में के. दामोदरन, सी.एच. कानरन, के.सी. जार्ज, के.पी.आर. गोपालन, एम.एन. गोविन्दन नायर, सी. अच्युत मेनन और टी.वी. थामस जैसे भावी कम्युनिस्ट नेता शामिल थे जो भविष्य में केरल अथवा राष्ट्रीय राजनीति के प्रसिद्ध नाम बन जाने वाले थे। वे अब वैध रूप से कांग्रेस पार्टी की पहचान का इस्तेमाल कर सकते थे और व्यापक जन स्वीकृति पा सकते थे। अब प्रान्तीय स्तर पर वे इसकी नीतियों और रणनीति को भी प्रभावित कर सकने की स्थिति में थे।

1932 में कांग्रेस में विभाजन हुआ। इसका कारण था नीची जाति के हिन्दुओं का प्रवेश सुनिश्चित करने के लिए गुरुवय्यूर मन्दिर पर पिकेटिंग का उसका निर्णय जिसके कारण उच्च जाति के अनेक नेता पार्टी से बाहर चले गए। कांग्रेस उस समय जिस तरह की थी उसका वर्णन कुछ यों किया गया था : कालीकट के एक अखबार के दफ्तर के एक कोने में 'एक खाली खोली, एक मेज, कुर्सी और अलमारी' और काम करने के लिए ''रविवारीय कांग्रेसी'' जो मुख्यत: कालीकट के वकील समुदाय से थे। वह ऐसी स्थिति में थी कि उस पर आसानी से कब्जा किया जा सकता था'।[23] केरल, विशेषकर मालाबार, में कांग्रेस की कमजोरी पुराने कम्युनिस्टों की ताकत बन गई क्योंकि इसने उन्हें पार्टी संगठन को नियंत्रित करने का अवसर प्रदान किया।

यह कब्जा किसी दाँव-पेच के जरिए नहीं बल्कि 1934 में मूल संगठन (कांग्रेस) के भीतर ही एक वामपन्थी समूह के रूप में गठित कांग्रेस सोशलिस्ट पार्टी के जरिये खुले तौर पर और वैध तरीके से हुआ। कृष्ण पिल्लै कांग्रेस सोशलिस्ट पार्टी (सीएसपी) के स्थापना सम्मेलन में उपस्थित लोगों में थे। ई.एम.एस. नम्बूदिरीपाद और ए.के. गोपालन केरल में सीएसपी के गठन में सक्रिय रहे थे। बाद में कुछ मध्यमार्गी कांग्रेसी भी सीएसपी में शामिल हो गए थे।

1934 में सीएसपी केरल प्रान्तीय कांग्रेस कमेटी (के पी सी सी) के नौ स्थानों से छह पर और अखिल भारतीय कांग्रेस कमेटी की केरल की आठ सीटों में से पाँच पर जीत गई और केरल में कांग्रेस के भीतर के पीसीसी की अक्तूबर 1934 में हुई बैठक में वामपन्थी प्रस्तावों की एक श्रृंखला पारित करा ली जिसमें गांधीवादी तरीकों का खुला अस्वीकार शामिल था। 'दिसम्बर में ई.एम.एस. नम्बूदिरीपाद सीएसपी (कांग्रेस सोशलिस्ट पार्टी) के संयुक्त राष्ट्रीय सचिव बन गए। यह उनके कद का एक प्रारम्भिक स्वीकार और सीएसपी की केरल इकाई द्वारा की गई प्रगति का प्रतिबिम्बन था'।[24]

लेकिन यह कोई षड्यंत्रपूर्ण तख्तापलट नहीं था। कांग्रेस सोशलिस्ट पार्टी ने किसानों से अन्धाधुंध किराया वसूलने के मालाबार के जमींदारों के प्रयासों के विरुद्ध जमीनी स्तर पर कड़ी मेहनत की थी और बेरोजगार युवाओं के बीच भी समर्थन हासिल किया था। 1935 तक 'कांग्रेस सोशलिस्ट पार्टी' के कार्यकर्ताओं ने मोपला क्षेत्र से बाहर मालाबार के लगभग

हर गाँव में एक "कांग्रेस" कमेटी स्थापित कर दी थी जहाँ वाचनालय भी थे। वहाँ स्थानीय कार्यकर्ता निरक्षर लोगों को समाजवादी पुस्तकें और परचे पढ़ना सिखाते थे और अध्ययन कक्षाएँ चलाते थे'।[25]

कांग्रेस सोशलिस्ट पार्टी के कार्यकर्ता समाजवादी नाटकों का मंचन भी करते थे। इनमें के. दामोदरन के बहुत लोकप्रिय और प्रभावशाली नाटक 'पट्टाबाकी' और 'रक्तपानम' शामिल हैं। आल केरल ट्रेड यूनियन कांग्रेस गठित करने के लिए वे मजदूर नेताओं के साथ जुड़े और 1935 में पार्टी का एक अखबार 'प्रभातम' शुरू किया। कांग्रेस सोशलिस्ट पार्टी और उसके साथ कांग्रेस का तेजी से विस्तार हुआ[26] क्योंकि उसने 'जन सक्रियता के सभी मोर्चों पर'[27] ऊर्जापूर्ण गोलबन्दी करने का काम हाथ में लिया।

एक वास्तविक उपलब्धि तब हासिल हुई जब कांग्रेस सोशलिस्ट पार्टी ने प्रमुख भूस्वामियों के विरुद्ध सफल जत्थे संगठित किए और विशेषकर मालाबार में मजबूत किसान संघ बनाये। उसने ग्रामीण केरल में जबर्दस्त प्रभाव अर्जित किया। ऐसा अंशत: राष्ट्रीय स्तर पर और मद्रास प्रान्त में कांग्रेस से जनता के बढ़ते मोहभंग के कारण था। मालाबार में सवर्ण हिन्दू दक्षिणपन्थ के विरुद्ध राष्ट्रवादी मुसलमानों के साथ सहयोग करने से कांग्रेस सोशलिस्ट पार्टी को लाभ मिला। 1938 में नम्बूदिरीपाद केरल कांग्रेस सोशलिस्ट पार्टी के महासचिव चुने गए। यह मुकाबला उन्होंने एक वोट से जीता था।

कांग्रेस सोशलिस्ट पार्टी से भारतीय कम्युनिस्ट पार्टी

इस बीच, कम्युनिस्ट पार्टी आफ इंडिया के राष्ट्रीय नेतृत्व और केरल कांग्रेस सोशलिस्ट पार्टी के नेताओं के बीच औपचारिक सम्पर्क बढ़े। 1935 में कृष्णा पिल्लै और नम्बूदिरीपाद का आंध्र के कम्युनिस्ट नेता पी. सुन्दरैया—जो बाद में भाकपा के महासचिव बने—के साथ विस्तृत विचार विनिमय हुआ। इस विचार विनिमय के बाद एस.ए. डांगे और सुंदरैया केरल आए। 1937 में भाकपा के महासचिव एस.वी. घाटे ने कालीकट में पाँच व्यक्तियों का एक पार्टी गुट बनाया जिसके सचिव कृष्ण पिल्लै थे।[28] 1938 में एर्नाकुलम में मजदूर मोर्चे पर एक कम्युनिस्ट प्रकोष्ठ सक्रिय हुआ। अक्तूबर 1939 में केरल की पूरी कांग्रेस सोशलिस्ट पार्टी, जिसपर अब कम्युनिस्टों का कब्जा पक्का हो गया था, गुप्त रूप से भाकपा में शामिल हो गई लेकिन इसकी घोषणा उसने 1940 में 26 जनवरी के दिन की जिसे दस साल पहले स्वतंत्रता दिवस घोषित किया गया था।[29]

केरल में भाकपा के गठन के तुरन्त बाद, द्वितीय विश्वयुद्ध का विरोध करने के कारण पार्टी के सदस्य गिरफ्तार कर लिए गए। पार्टी ने द्वितीय विश्वयुद्ध को 'साम्राज्यवादी' युद्ध माना। 1941 के मध्य तक, नम्बूदिरीपाद को छोड़कर इसके लगभग सभी महत्त्वपूर्ण नेता गिरफ्तार किए जा चुके थे। फिर भी, भाकपा ने चक्रवात प्रभावित क्षेत्रों में राहत कार्य में और 1942-43 में अकाल की स्थितियों का मुकाबला करने के लिए गठित समितियों में अपने को व्यस्त कर अपने संगठन को जीवित रखा। जैसा कि एक गम्भीर विश्लेषक की टिप्पणी है : 'जर्मनी द्वारा सोवियत संघ पर हमले और युद्ध के विषय में कम्युनिस्टों की अवधारणा में आए बदलाव, यानी विश्वयुद्ध को एक "साम्राज्यवादी युद्ध" से "जनयुद्ध" में रूपान्तरित किए जाने की पूर्वसन्ध्या पर केरल की पार्टी दावा कर सकती थी कि उसने

एक कठिन परिस्थिति का सामना बहुत अच्छे ढंग से किया था।'[30]

केरल के अधिकतर कम्युनिस्टों ने सोवियत संघ पर हमले की बात जेल में सुनी थी, उन्होंने पार्टी की इस नई नीति का प्रतिरोध किया जिसमें उनसे युद्ध के प्रति अपना विरोध छोड़ने को कहा गया था। के. दामोदरन के एक उल्लेखनीय विवरण के अनुसार भाकपा के अनेक सदस्यों ने उनके दृष्टिकोण यानी साम्राज्यवादविरोधी गतिविधियों को और गहन बनाने के आह्वान का समर्थन कम-से-कम तब तक तो किया ही जब तक कि पार्टी का एक परिपत्र उन तक नहीं पहुँच गया।[31] निश्चय ही भाकपा को इसकी भारी कीमत चुकानी पड़ी। एक तो यह विशेषकर 1942 के 'भारत छोड़ो' आन्दोलन के दौरान मुख्यधारा के राष्ट्रीय आन्दोलन से अलग-थलग पड़ गई और दूसरे, मजदूरों, किसानों और छात्रों के बीच भाकपा के प्रतिद्वन्द्वी संघ और संगठन सामने आते गए। इन संगठनों के कुछ नेताओं ने बाद में रिवाल्यूशनरी सोशलिस्ट पार्टी और केरल सोशलिस्ट पार्टी बनाई। इस प्रतिद्वन्द्विता के कारण श्रमिक संघ आन्दोलन में भाकपा का भावी विस्तार अवरुद्ध होना था।

लेकिन, 1943 के बाद भाकपा ने सदस्यता, चन्दे की प्राप्ति और स्तरीय कार्यकर्ताओं के मामले में आश्चर्यजनक रूप से अपनी स्थिति सुधार ली। उसकी सदस्यता 1940-41 के बीच तिगुनी और 1945 में 600 हो गई।[32] उसने अपनी अब कानूनी वैधता प्राप्त स्थिति का पूरा लाभ ऊपरी तौर पर युद्ध प्रयासों में मदद देने के लिए और फासीवाद विरोधी बैठकों का इस्तेमाल एक स्वतंत्र राष्ट्रीय सरकार की स्थापना की जरूरत का प्रचार करने के लिए, लेकिन वस्तुत: 'अधिक अन्न उपजाओ' अभियान में काम करने के लिए उठाया। जैसा कि मद्रास सरकार के एक अधिकारी ने टिप्पणी की, 'मालाबार के कामरेड 10 प्रतिशत नाजी विरोधी और 90 प्रतिशत ब्रिटिश सरकार विरोधी थे...। कलक्टर आम तौर पर उन्हें सरकार के असहनीय मित्र पाते हैं।'[33]

1943-45 के दौरान केरल में एकाएक श्रम विवादों का एक सिलसिला शुरू हो गया जिसमें भाकपा ने अग्रणी भूमिका निभाई। इसका एक प्रमुख परिणाम था 1946 का पुन्नाप्रा-वायलार विद्रोह जिसमें भाकपा त्रावणकोर राज्य के साथ पूरी तरह मुठभेड़ की स्थिति में आ गई। इसके परिणामस्वरूप मार्शल लॉ लगा और 300 लोग मारे गए। इस बीच, युद्ध की समाप्ति के साथ, राजे-रजवाड़ों, जिनमें त्रावणकोर शामिल था, के भविष्य के बारे में एक नई अनिश्चितता उत्पन्न हुई। त्रावणकोर एक बार ब्रिटेन की सत्ता खत्म हो जाने के बाद हैदराबाद की तरह अपनी स्वतंत्रता की घोषणा करना चाहता था। भाकपा ने पहले इसका विरोध किया और सभी रियासतों के भारतीय संघ में विलय के पक्ष में दलीलें दीं। उसने माउंटबेटन अवार्ड के स्थान पर पूर्ण स्वतंत्रता की माँग की।[34]

लेकिन, साम्राज्यवाद विरोधी, सामन्तवाद विरोधी संघर्ष में अपनाई जाने वाली कार्यनीतियों के बारे में पार्टी के भीतर चल रही बहस 1948 के कलकत्ता अधिवेशन में भाकपा के राष्ट्रीय नेतृत्व द्वारा रणदिवे लाइन अंगीकार किए जाने के साथ जल्दी ही निष्फल हो गई। इसने भारत की आजादी को कपोल कल्पना के रूप में खारिज कर दिया और नेहरू सरकार के विरुद्ध सशस्त्र विद्रोह का आह्वान किया। निस्सन्देह, सरकार को उखाड़ फेंकने के लिए विद्रोह का प्रयास विफल हुआ और पार्टी को सैकड़ों जानें गवानी पड़ीं।

रणदिवे लाइन के कारण केरल में कम्युनिस्ट कार्यकर्ताओं को राज्य के कठोर दमन

का सामना करना पड़ा जिसमें सामूहिक गिरफ्तारियाँ और दीर्घकालीन कैद शामिल थी। इसके फलस्वरूप ट्रेड यूनियनों और किसान संगठनों में पार्टी के प्रभाव में काफी कमी आई। पार्टी ने बाद में एक 'दुस्साहसी' कदम के रूप में अपने इस कदम की भर्त्सना की। फिर भी, कांग्रेसियों, जो 'पद के लाभों के लिए छीना-झपटी में डूबे प्रतीत होते थे', से भिन्न, कम्युनिस्टों ने 'एक उद्देश्य के लिए निस्वार्थ भाव से तकलीफें सहने के कारण केरल में सम्मान अर्जित किया।'[35]

भाकपा इन धक्कों से अपेक्षाकृत जल्दी ही उबर गई जिसका श्रेय त्रावणकोर के दीवान के प्रति इसके जोशीले विरोध, मजदूरवर्ग और किसान आन्दोलनों के साथ इसके मजबूत जुड़ाव, प्रान्तीय कांग्रेस सरकार के भ्रष्टाचार, जिससे उसकी साख गिरी, कम्युनिस्ट नेतृत्व की ऊँची प्रतिष्ठा जिसका श्रेय उसकी ईमानदारी, सादगीभरी जीवन शैली और साम्प्रदायिक ताकतों से इसकी दूरी को और एक भाषा पर आधारित एकीकृत केरल के लिए 'ऐक्य केरलम' आन्दोलन में इसकी बढ़ती संलग्नता (यह भी कम नहीं) को जाता है।[36] 1951-52 में जब चुनाव हुए उस समय तक भाकपा 'हमेशा से ज्यादा ताकतवर'[37] थी। जल्दी ही अब उसे मालाबार के जिला बोर्ड चुनावों में और आगे बढ़ना था और फिर 1957 का विधानसभा चुनाव जीतना था। यह चुनाव एकीकृत केरल में होने वाला पहला चुनाव था।

पुस्तकालय आन्दोलन

केरल में सीपीआई के बहुआयामी क्रमिक विकास को इतने विस्तार से पुनः दोहराने का प्रयोजन मलयाली समाज, उसके सांस्कृतिक जीवन और सार्वजनिक क्षेत्र में इसकी गहरी जड़ों पर जोर देना है। शुरुआती दौर के कम्युनिस्ट जातिवाद के विरुद्ध हाशिये के लोगों की गोलबन्दियों और साक्षरता तथा स्त्री शिक्षा के पक्ष में होने वाले सामाजिक सुधार आन्दोलनों के साथ घनिष्ठ रूप से जुड़े थे। उन्होंने राजनीति को 'मलयालियों का राष्ट्रीय खेल' बना देने वाली सभाओं, रैलियों और वक्तृता पर आधारित केरल की सार्वजनिक संस्कृति को गढ़ने में बहुत योगदान दिया।[38]

कम्युनिस्टों ने निर्धन वर्गों के बीच पढ़ने की आदत का प्रसार किया जिससे '1950 के दशक तक यह मलयालियों की स्वाभिमानपूर्ण गर्वोक्ति बन गई थी और जो अनुचित भी नहीं थी कि उनके चाय के ढाबों/दुकानों में आने वाले गरीब भी टिफिन टाइम (दोपहर के खाने के समय) तक दैनिक अखबार पढ़ चुके होते हैं।'[39] 1961 में केरल में प्रति 1,000 मलयालमभाषियों पर 32 दैनिक समाचारपत्र थे जबकि सभी भारतीय भाषाओं में कुल मिलाकर यह संख्या केवल 11 थी। 1989 में केरल में यह संख्या 61 तक पहुँच गई थी जबकि सभी प्रान्तीय भारतीय भाषाओं में मिलकर यह संख्या केवल 28 थी।[40]

कम्युनिस्ट केरल के सांस्कृतिक पुनर्जागरण आन्दोलन के अनिवार्य अंग थे। साक्षरता के तीव्र प्रसार के कारण उनके लेखकों का एक विशाल पाठकवर्ग था। उन्होंने एक मजबूत साहित्यिक परम्परा डाली जिसकी विशेषता थी सामाजिक यथार्थवादी लेखन। इसका परिणाम था समृद्ध आधुनिक साहित्य जिसका अधिकांश प्रगतिशील लेखक संघ से आता था। प्रलेस के सदस्यों में पी. केशवदेव, तकषी शिवशंकर पिल्लै,

के. कुमार पिल्लै, वाइकोम मोहम्मद बशीर और जोसेफ मुंडासेरी जैसी दिग्गज हस्तियाँ शामिल थीं।

उनके कुछ प्रसिद्ध और लोकप्रिय उपन्यासों के शीर्षक से ही उनकी विषयवस्तु का पता चल जाता है, जैसे पी. केशवदेव का उपन्यास 'ओडयिल निन्नू' (गटर से) (1942), तकषी शिवशंकर पिल्लै का 'तोट्टियुटे मकन' (भंगी का बेटा) (1947) और 'रंडिडंगषी' (दो सेर धान) (1948)। नम्बूदिरीपाद का अनुमान है कि वामपन्थी पत्रिकाओं में अकेले 1951 में ही एक एकीकृत जनवादी लोकतांत्रिक केरल के लिए चल रहे संघर्ष के पक्षों से सम्बन्धित कम-से-कम दो हजार कविताएँ और लघुकथाएँ प्रकाशित हुई थीं'।[41] केरलीय संस्कृति और समाजवाद दोनों के प्रति समर्पित भाकपा इस विकसित होते साहित्यिक आन्दोलन की प्रमुख लाभार्थी थी। इसके बदले में उसने ग्रामीण वाचनालयों और 'शामों और स्कूल की छुट्टियों में अध्ययन कक्षाओं' के माध्यम से इस आन्दोलन को प्रोत्साहन दिया। इन कक्षाओं में अध्यापक और छात्र वालंटियर 'मार्क्सवाद के मूल तत्त्वों की शिक्षा ऐसे तरीके से देते थे जो उनके माहौल के लिए प्रासंगिक था...'।[42]

इससे प्रतितथ्यात्मक किस्म का एक सवाल उठता है : क्या केरल की सामाजिक सुधार की पहलों और उसके सांस्कृतिक, साहित्यिक और जातिविरोधी आन्दोलनों से अपने अनूठे ढंग से आत्मीय सम्बन्ध के साथ कम्युनिस्ट एक अलग तरह की पार्टी बना सकते थे, वस्तुतः एक दूसरी तरह की राजनीति, जिसका एजेंडा रूढ़िगत पारम्परिक मार्क्सवादी एजेंडा से अधिक व्यापक होता ? क्या आजादी और समाजवाद हासिल करने के लक्ष्यों को दलित-बहुजन अभिमुखता के साथ जोड़ा जा सकता था, जिसकी प्रेरणा का स्रोत मार्क्स के साथ अय्यनकली और श्रीनारायण गुरु भी होते ?

जैसा कि इस तरह के सभी सवालों का जवाब होता है, इसका जवाब भी अनिवार्यतः अनुमान पर ही आधारित होगा। लेकिन यह युक्तिसंगत प्रतीत होता है कि यदि केरल के कम्युनिस्टों ने विश्लेषणात्मक ढंग से अपनी कामयाबी की जड़ों की गहराई से छानबीन करने की कोशिश की होती और समाजवाद के एजेंडा पर भारत (और केरल) के विशिष्ट सन्दर्भ में पुनर्विचार कर उसमें जाति, लिंग और जातीय-सांस्कृतिक अस्मिताओं को शामिल करने का प्रयास किया होता या कम-से-कम इन सब सरोकारों को शामिल करने के लिए उस एजेंडा को विस्तारित किया होता तो वे समाजवाद के पक्ष में अधिकाधिक व्यापक झुकाव और अधिकतम समावेशी आकर्षण विकसित कर सकते थे।

बिना लाग-लपेट कहा जाए तो, केरल के कम्युनिस्ट पथप्रदर्शक ने जिसे सैद्धान्तिक आत्म-परित्याग कहा जा सकता है वैसा करके अथवा गहन चिन्तन और मौलिक सोच की सम्भावना को अवरुद्ध कर ऐसा करने के अवसर से स्वयं को वंचित कर दिया। उनमें से अधिकतर प्रबल रूप से सक्रियतावादी और व्यावहारिक मानसिकता वाले लोग थे जो मार्क्सवादी बुद्धिजीवी के कोरे मताग्रही (अव्यावहारिक), सिद्धान्त परिचालित अथवा सिद्धान्त में जकड़े होने की छवि से एकदम विपरीत थे। इसके अतिरिक्त वे इतने संकोची (अथवा भीरु ?) थे कि उन्हें यकीन ही नहीं था कि जाति अथवा वर्ग अथवा लिंग, संस्कृति अथवा जातीयता के सन्दर्भ में वे वैकल्पिक 'समाजवाद का एक व्यापकतर' परिप्रेक्ष्य प्रस्तुत कर सकते हैं और उसका बचाव कर सकते हैं। यह बात केरल के सबसे ज्यादा

जाने-माने कम्युनिस्ट नेता और सामाजिक सिद्धान्तकार ई.एम.एस. नम्बूदिरीपाद के बारे में भी सच है।

केरल के सार्वजनिक जीवन पर छह लम्बे दशकों तक नम्बूदिरीपाद का जैसा प्रभाव था उसका मुकाबला कोई नहीं कर सकता था। लेकिन शुरुआती दौर में मार्क्सवादी साहित्य से उनका कोई परिचय न था।[43] एक विद्यार्थी के रूप में उन्होंने लास्की और फेबियन साहित्य पढ़ा था और 1932-33 में जेल में छिपाकर पहुँचाये गए छुटपुट परचों के जरिये उनका परिचय लेनिन और स्तालिन के लेखन से हुआ। ई.एम.एस. के अनुसार उनकी "समाजवाद में शिक्षा" (हार्डग्रेव के मूल उद्धरण के भीतर उद्धरण) जयप्रकाश नारायण की 1934 में प्रकाशित पुस्तक 'व्हाई सोशलिज्म' से हुई। यद्यपि मार्क्स (का साहित्य) मलयालम में उपलब्ध थे...1935 में ही यह हुआ कि ई.एम.एस. ने अपना मार्क्स का अध्ययन शुरू किया जिसकी शुरुआत 'कम्युनिस्ट मेनिफेस्टो' से हुई। ई.एम.एस.कहते हैं कि केरल में वह और अन्य लोग समाजवादी सिद्धान्त के माध्यम से नहीं बल्कि व्यावहारिक राजनीतिक काम से समाजवाद की ओर आकृष्ट हुए'।[44]

ई.एम.एस. ने बाद में लिखा : 'समाजवादी विचार के बारे में हमारी समझ अधूरी और धुंधली थी लेकिन हम जो कुछ भी जानते थे हमने उस समय उपलब्ध प्रचारतंत्र का इस्तेमाल करते हुए लोगों के बीच उसका प्रसार करने का प्रयास किया...(बिना)...समाजवाद के बुनियादी सिद्धान्तों (की)... ...पर्याप्त जानकारी के। लेकिन हम जानते थे कि सोवियत संघ उस सबका एक जीता जागता प्रतीक है'।[45] जो भी हो, केरल के कम्युनिस्ट 1930 के दशक के मध्य से गहन व्यापक आन्दोलन और पार्टी निर्माण की सरगर्म जोशीली गतिविधियों में खींच लिए गए, उन्होंने व्यापकतर सैद्धान्तिक एजेंडा के साथ कभी मुठभेड़ नहीं की।

केरल की सीपीआई पार्टी के राष्ट्रीय नेतृत्व के सरोकारों और अन्तरराष्ट्रीय मुद्दों पर इसकी अवस्थितियों से अपेक्षतया अलग ही रही।[46] इसकी गहरी जड़ें प्रांतीय कांग्रेस में और 1934 के बाद कांग्रेस सोशलिस्ट पार्टी में थीं। शुरुआती दौर के इसके लगभग सभी नेता 1947 से पहले की अवधि में इनमें महत्त्वपूर्ण पदों पर रहे थे। जन आन्दोलनों के संगठनों में इसका अनुभव इतना समृद्ध था कि किसी को भी इससे ईर्ष्या हो सकती थी। इसने आल केरल ट्रेड यूनियन कांग्रेस और प्रान्तीय कर्षक संघम (किसान सभा) की स्थापना की। किसान आन्दोलनों में इसकी उपस्थिति असाधारण रूप से सक्रियतापूर्ण थी। इन आन्दोलनों में असामी-किसानों द्वारा जमींदारों को दिए जाने वाले लगान के विरुद्ध 1938-39 में चले उग्र अभियान जैसे सर्वाधिक जोशीले अभियान शामिल हैं।

परम्परागत रूप से कांग्रेस पार्टी के समर्थक रहे प्रमुख मलयालम दैनिक 'मातृभूमि' ने केरल में सीपीआई का मूल्यांकन इस प्रकार किया है : 'कम्युनिस्ट पार्टी केरल की माटी में गहरे जमी है और उसके निष्ठावान कार्यकर्ता लगातार उसकी देखभाल करते हैं और उस पर ध्यान देते हैं...। हर सुदूर गाँव में भी कम्युनिस्ट कार्यकर्ता मौजूद हैं जो सर्वाधिक दबे-कुचले लोगों के सबसे निकट हैं और जिन्होंने खुद को इन्हीं तबकों के साथ जोड़ लिया है...। अपने गाँव में (कम्युनिस्ट)...सभी व्यक्तियों के साथ दैनिक सम्पर्क में रहता है। और वह पार्टी का सन्देश हर दिल तक पहुँचाता है। उसके पास एक लक्ष्य है जो उसे प्रेरणा देता

रहता है। और उस लक्ष्य को हासिल करने के लिए वह अपने आत्मबलिदानी प्रयास समर्पित करता है... । सम्भव है कि एक बेहतर कल की कल्पना मृगमरीचिका ही हो, लेकिन उसके लिए यह एक सम्पूर्ण सत्य है। और अपने उद्देश्यों की प्राप्ति के साधन वह कम्युनिस्ट पार्टी में पाता है। पार्टी ही उसका शरीर है, उसकी आत्मा है'।[47]

समाजवादियों के साथ साथ भाकपा एक मलयाली पहचान, संस्कृति और राज्य के संवर्धन के लिए कटिबद्ध थी 'जिसकी उपलब्धि में मलयाली लेखन का प्रस्फुटन एक शक्तिशाली कारक था। 1947 तक लगभग हर गाँव में उसका अपना वाचनालय था जहाँ समाचारपत्र, उपन्यासिकाएँ, पवित्र ग्रन्थों और प्रसिद्ध मलयालम साहित्य की प्रतियाँ होती थीं... ।'[48] इनमें से अनेक वाचनालयों की देखभाल कम्युनिस्ट पार्टी के सदस्य और पार्टी से सहानुभूति रखने वाले लोग करते थे। भाकपा भी नियमित रूप से पुस्तिकाएँ, परचे और साप्ताहिक तथा दैनिक समाचारपत्र प्रकाशित करती थी। 1942 में इसका साप्ताहिक अखबार केरल में सबसे अधिक प्रसार संख्या वाला साप्ताहिक था। इस सबने केरल के कम्युनिस्टों को एक अनूठी प्रतिष्ठा प्रदान की थी।

सत्ता की ओर लांग मार्च

कांग्रेस सोशलिस्ट पार्टी और बाद में भाकपा मालाबार से त्रावणकोर तक की लम्बी यात्राओं में और राज्य की राजनीतिक संस्कृति और समाज में प्रमुख बदलाव लाने वाले ग्राम आधारित संगठनों के निर्माण में महत्त्वपूर्ण घटक और भागीदार थीं। छात्रों और युवाओं विशेषकर उन छात्रों और युवाओं के बीच जो मजदूर वर्ग और गरीब किसानों के परिवार से आते थे भाकपा का काम कोई कम महत्त्वपूर्ण नहीं था। पार्टी ने 'आर्थिक और सामाजिक रूप से पिछड़े समुदायों के उपेक्षित युवाओं को अपने व्यवहार से जताया कि वे महत्त्वपूर्ण हैं। 1947 के ये किशोर 1957 के निर्वाचक मतदाता थे'।[49]

1957 में राज्य के विधानसभा चुनावों में सीपीआई की भागीदारी की भूमिका 1956 में पार्टी की चौथी कांग्रेस में स्वीकृत तथाकथित पालघाट लाइन द्वारा तैयार कर दी गई थी। यह व्यापक रूप से कांग्रेस के साथ 'एकता और संघर्ष' की 'मध्यमार्गी' स्थिति का अनुमोदन करती थी। नम्बूदिरीपाद इसी नीति का समर्थन करते थे।[50] यह नीति दक्षिण और वाम दोनों दृष्टियों के विरुद्ध थी। दक्षिणोन्मुख नजरिया कांग्रेस के साथ सहयोग की वकालत करता था जो नेहरू शासन की विदेश नीति के कारण उसके प्रति सोवियत संघ की अब मैत्रीपूर्ण स्थिति के अनुरूप था और वाम प्रवृत्ति का नजरिया नेहरू शासन के वर्गचरित्र और उसकी घरेलू नीतियों के कारण उसके प्रति कठोर शत्रुता की वकालत करता था।[51] 'एकता और संघर्ष' दृष्टिकोण ने भाकपा को बहुत लाभ पहुँचाया।

पालाघाट लाइन ने 'इस बात पर जोर दिया कि वाम के साथ तदर्थ गठबन्धनों की लोकतांत्रिक मोर्चे वाली रणनीति जारी रहने का अर्थ कांग्रेस विरोधवाद नहीं था'।[52] उसने 'पंचायतों, जिलाबोर्डों आदि...' जैसे जनता के चुने गए निकायों के अधिकारों और शक्तियों के विस्तार के लिए संघर्ष करने की भी सिफारिश की। 'आदि' में परोक्ष रूप से प्रान्तीय विधानसभाएँ शामिल थीं।

पालघाट कांग्रेस के बाद केरल भाकपा ने अपना प्रान्तीय सम्मेलन जून 1956 में त्रिचूर

में किया। उसने 'एक लोकतांत्रिक और समृद्ध केरल के निर्माण का कम्युनिस्ट प्रस्ताव' प्रस्तुत किया। इसमें प्रजा सोशलिस्ट पार्टी (पीएसपी) से विशेष रूप से अपील की गई थी कि वह कम्युनिस्टों के साथ गठबन्धनों को अस्वीकार करने के अपने हाल के फैसले पर और राजनीतिक स्थिरता, सामाजिक न्याय और आर्थिक पुनर्रचना के उद्देश्य से एक न्यूनतम कार्यक्रम पर पुनर्विचार करे।

इस कार्यक्रम को सीपीआई के 1957 के चुनाव घोषणापत्र में अभिव्यक्ति मिली। इसके बुनियादी सरोकारों में भारत में लगभग उसी समय शुरू हुई द्वितीय पंचवर्षीय योजना की झलक थी। इस घोषणापत्र का रुझान मोटे तौर पर सामाजिक-लोकतांत्रिक था न कि कठोर रुख वाला कम्युनिस्ट रुझान। घोषणापत्र में केरल के योजनागत आवंटन में 130 प्रतिशत वृद्धि, नए उद्योगों की स्थापना, छोटे औद्योगिक क्षेत्र में सहकारिताओं के विकास, नई नौकरियों के लिए अवसरों, वेतन में 25 प्रतिशत की बढ़ोतरी और मजदूरों के लिए 12.5 प्रतिशत तक के बोनस का वादा किया गया था। इसमें खाद्यान्न उत्पादन बढ़ाने, एक बड़े पैमाने की आवास विकास योजना, शिक्षा के सम्पूर्ण सुधार, प्रशासनिक विकेन्द्रीकरण, एक निष्पक्ष पुलिस नीति, विदेशी बागान के राष्ट्रीयकरण और असामी-किसान की बेदखली पर रोक लगाने का संकल्प किया गया था। सर्वाधिक महत्त्वपूर्ण यह है कि इसमें एक व्यापक कृषि सम्बन्ध विधेयक का वादा किया गया था जिसमें काश्तकारों की सुरक्षा और भूमि की पट्टेदारी का उनके नाम हस्तान्तरण, जोतों पर सीमा हदबन्दी लागू किया जाना और अधिशेष भूमि का पुनर्वितरण शामिल था।[53]

1957 में भाकपा ने विधानसभा की कुल 126 सीटों में से 100 सीटों पर चुनाव लड़ा और उनमें से 60 पर जीत हासिल की। राज्य के वोटों में उसका हिस्सा 35.3 प्रतिशत था। पार्टी द्वारा समर्थित निर्दलियों द्वारा जीती गई पाँच सीटें (और 5.5 प्रतिशत वोट) मिलाकर इसने विधानसभा में सामान्य बहुमत हासिल कर लिया। कांग्रेस 124 सीटों पर लड़ी और केवल 43 पर जीती। उसका वोट प्रतिशत 37.8 था। प्रजा सोशलिस्ट पार्टी 10.8 प्रतिशत वोटों के साथ नौ सीटों पर विजयी रही और 4.7 प्रतिशत वोटों के साथ मुस्लिम लीग ने आठ सीटों पर जीत हासिल की। भाकपा ने अब आजाद भारत की पहली गैर कांग्रेस सरकार का गठन किया और यह दिखा दिया कि कम्युनिस्ट एक बुर्जुआ लोकतंत्र में स्वतंत्र और निष्पक्ष चुनाव के तहत शान्तिपूर्ण साधनों के जरिये सत्ता में आ सकते हैं।

ऐतिहासिक जीत

भाकपा की जीत अन्तर्राष्ट्रीय कम्युनिस्ट आन्दोलन के लिए विश्व-ऐतिहासिक महत्त्व की उपलब्धि थी, यह यूरोप और चीन के बाहर उसकी पहली विजय थी जिसमें बहुत अधिक सम्भावनाएँ निहित थीं। भाकपा की जीत इसके दीर्घकालीन घरेलू महत्त्व की दृष्टि से ही अभूतपूर्व नहीं थी बल्कि इसने विश्व मंच पर अपनी जगह बना रहे नवस्वाधीन, पूर्व उपनिवेश देशों में वामंथी राजनीति के लिए एक सम्भावनापूर्ण मार्ग प्रशस्त किया था।

भारत और विदेशों के प्रगतिशील राजनीतिक नेताओं, दलों और बुद्धिजीवियों ने भाकपा की इस ऐतिहासिक जीत का बहुत जोरदार स्वागत किया। जैसा कि अपेक्षित था, रूढ़िवादियों ने, विशेषकर उन्होंने जिनकी मानसिकता शीतयुद्ध वाली थी, इसकी निन्दा की अथवा इस

पर दुःख प्रकट किया और आशंका व्यक्त की कि केरल 'भारत का येनान' बन जाएगा। 'भारत का येनान' एक पुस्तक का शीर्षक है जो 'लाल खतरे' को बढ़ा-चढ़ाकर पेश करने वाले दौर के इतिहास लेखन का नमूना है।

'लेकिन, एक अधिक बड़े ढाँचे के भीतर से देखा जाए तो केरल में कम्युनिस्टों का सत्तारोहण स्वयं बुर्जुआ लोकतांत्रिक व्यवस्था के लिए एक बड़ी उपलब्धि हो सकता था बशर्ते यह व्यवस्था स्वयं को एक जनसमर्थन प्राप्त विरोधात्मक अथवा प्रतिष्ठान विरोधी धारा को अपने साथ लेने के लिए पर्याप्त समावेशी और विस्तारशील सिद्ध कर पाती। उससे यह संकेत मिलता है कि लोकतंत्र का एक अनुष्ठान मात्र ही बने रहना जरूरी नहीं है, वह एक रैडिकल रूपान्तरकारी क्षमता भी हासिल कर सकता है। दुख है कि यह समायोजन अधिक समय तक नहीं चला।

केरल में भाकपा की जीत का मुख्य कारण यह था कि वह अकेली ऐसी पार्टी थी जिसकी राज्य के भविष्य के बारे में एक विश्वसनीय, सुसंगत और न्यायसंगत परिकल्पना थी और जिसे राज्य के गरीबों और वंचितों के बीच समर्थन प्राप्त था। भाकपा की जीत के अनेक अन्य कारण भी बताये गए हैं।[54] उनमें गरीब, प्रान्तीय कांग्रेस की विभाजित स्थिति, जिसने आजादी के पहले दशक में त्रावणकोर-कोच्चि को एक स्थिर सरकार प्रदान करने में-जबकि ऐसा करने के लिए उसके पास दस मौके थे-अपनी असमर्थता के कारण व्यापक अपयश अर्जित किया, सुसंगठित और जोड़ कर रखने वाली सीपीआई का कोई विकल्प प्रस्तुत करने में पी एस पी की विफलता, कम्युनिस्ट रुझान वाले 'लाल मालाबार' का केरल में विलय; और अनेक उत्साही गैर पार्टी स्वयंसेवकों से मिली सहायता के अतिरिक्त सीपीआई के साथ कुछ उच्च जातीय हिन्दू समूहों का जुड़ना शामिल था।

सीपीआई की जीत को बड़ी बनाने में इनमें से कुछ कारकों की निश्चय ही एक भूमिका रही लेकिन पार्टी ने अपनी दृष्टि की स्पष्टता और केरल के मजदूरों और किसानों के बीच बनाये गए अपने आधार के कारण जो जबर्दस्त विश्वसनीयता और नैतिक प्रतिष्ठा अर्जित की उसके अभाव में इनमें से किसी कारक का कोई अधिक प्रभाव न रहा होता।

'संयम' और द्वितीय पंचवर्षीय योजना को समर्थन देने की इसकी नई लाइन ने सीपीआई की विश्वसनीयता को और बढ़ाया। इसने मध्यवर्ग के कुछ वर्गों को इस बात के प्रति आश्वस्त किया कि नेहरू के नए लक्ष्य 'समाजवादी नमूने के समाज' को साकार करने में केरल की सीपीआई थकी हुई कांग्रेस की तुलना में कहीं अधिक सक्षम है।

सीपीआई के महासचिव अजोय घोष ने भी 'संयम' के इस मूल विषय को दोहराया जब अप्रैल 1957 में उन्होंने कहा कि केरल में पार्टी का उद्‌देश्य 'कांग्रेस पार्टी के कराची और फैजपुर अधिवेशनों और इसके चुनाव घोषणापत्रों में किए गए (लेकिन) अब तक अधूरे रहे वादों को'[55] पूरा करना मात्र था। यह कहना उचित होगा कि ये वादे आजादी से पहले की कांग्रेस द्वारा स्वीकृत सुधारवादी एजेंडा के प्रबलतम अंश थे जो अंशतः नीचे से पड़ने वाले दबावों के कारण एजेंडा में शामिल किए गए थे। इस पर अध्याय एक में चर्चा की गई है।

कांग्रेस ने स्वयं 1931 के कराची अधिवेशन में कृषि एजेंडा अथवा 1949 की

साधारणतया 'कुमारप्पा कमेटी' नाम से प्रसिद्ध कांग्रेस कृषि सुधार समिति की सिफारिशों को अमल में लाने की कभी कोई कोशिश नहीं की। फिर भी, कांग्रेस के कार्यक्रम के साथ निरन्तरता पर जोर देने का अपना अलग प्रभाव था। मुख्यमंत्री नम्बूदिरीपाद ने भी नए मंत्रिमंडल के शपथ ग्रहण समारोह में इस बात पर जोर देने का ख्याल रखा कि उनका मंत्रिमंडल भारतीय संविधान की सीमाओं के भीतर ही पार्टी के चुनावी कार्यक्रम को क्रियान्वित करने की नीति का अनुसरण करेगा।[56]

5 अप्रैल को पदग्रहण करने के तुरन्त बाद भाकपा सरकार ने अपने चुनावी वादे पूरे करने की शुरुआत कर दी। 'अपने शपथग्रहण के छह दिन के भीतर ही उसने खेती कर रहे काश्तकारों की बेदखली पर प्रतिबन्ध लगा दिया और भूमि सुधार कानून लागू कर दिया जो क्रान्तिकारी तो न था लेकिन भारत में सर्वाधिक दूरगामी प्रभाव वाला था। उसने पुलिस को श्रम विवादों में पूँजीपतियों के पक्ष में हस्तक्षेप न करने के निर्देश दिए... । और सितम्बर 1957 में उसने प्राथमिक शिक्षा के राष्ट्रीयकरण का और सरकारी अनुदान पाने वाले निजी हाई स्कूलों और विद्यालयों को सरकार के अधिक नियंत्रण में लाने का कानून पारित कर दिया।'[57]

सरकार ने मृत्युदंड के सभी मामलों में सजा कम कर दी और 1948-50 के विद्रोह के दौरान अपराधों के दोषी सभी राजनीतिक बन्दियों को रिहा कर दिया। इससे कांग्रेस राजनीतिज्ञ डरे और क्रुद्ध हुए। सरकार ने ग्राम अधिकारियों के वेतन और भत्ते बढ़ा दिए, एक भ्रष्टाचार विरोधी विभाग की स्थापना की, जेल व्यवस्था सुधारी और राज्य के प्रशासनिक तंत्र की समीक्षा करने और उसकी कार्य कुशलता बढ़ाने के उपायों की संस्तुति करने के लिए प्रशासनिक सुधार समिति गठित की।

कम्युनिस्ट सरकार द्वारा लाए गए सुधार कानूनों में सबसे महत्त्वपूर्ण था कृषि सम्बन्ध विधेयक जिसका उद्देश्य था पुरानी पट्टेदारी प्रणाली को खत्म कर केरल में कृषि सम्बन्धों का रूपान्तरण। इस प्रणाली को इसके बिचौलिया अधिकारों और रेहन रखने के गूढ़ नियमों के कारण 'प्राय: भारत में सर्वाधिक विस्मयकारी'[58] माना जाता था। नम्बूदिरीपाद इस विधेयक को अपने पहले मंत्रिमंडल की सबसे बड़ी उपलब्धि मानते थे।[59] भूमि सुधार के बाद जल्दी ही वह नीतिगत माडल आया जिसकी सिफारिश कांग्रेस पार्टी की कुमारप्पा कमेटी की रिपोर्ट ने 1949 में की थी और जिसे कांग्रेस ने व्यवहार में त्याग दिया था। एक कटु विडम्बना यह थी कि कांग्रेस केरल में भूमि सुधारों की प्रचंड विरोधी बन गई और अन्तत: उसने कम्युनिस्ट सरकार को बर्खास्त कर दिया।

और अन्तत: भूमि सुधार

1957-59 और 1967-69 में नम्बूदिरीपाद के नेतृत्व वाले मंत्रिमंडलों द्वारा तैयार किए गए और परवर्ती अवधि में क्रियान्वित किए गए केरल के भूमि सुधार कानूनों के तीन प्रमुख अंग थे : काश्तकारी सुधार, गरीबों के लिए आवास भूखंड और भूस्वामित्व पर हदबन्दी लागू करना तथा अधिशेष भूमि का भूमिहीनों में पुनर्वितरण। पहले का उद्देश्य था काश्तकारों को पट्टे की सुरक्षा, बेदखली का निषेध, परम्परागत भूस्वामियों और उनके बिचौलियों के अधिकार उनसे लेकर सरकार को सौंपना और लगान भुगतान की समाप्ति।

भूमि सुधार का सबसे महत्त्वपूर्ण अंग जमीन जोतने वाले को जमीन देना था। यह काम

भूस्वामी को कोई मुआवजा दिए बिना उससे जमीन छीन कर नहीं, जैसा कि सीपीआई ने पहले वादा किया था, बल्कि जोतने वाले को 'उचित' लगान का बारह गुना देकर जमीन खरीदने का अवसर देकर किया जाना था। यह लगान कुल उत्पाद की कीमत के एक चौथाई और बारहवें हिस्से के बीच निर्धारित किया गया था। यह अपने आपमें एक बड़ी रियायत थी। भूस्वामियों को मुआवजा किस्तों में दिया जाना था। 'भुगतान की शर्तें काश्तकार के पक्ष में थीं और क्रय मूल्य को सरकार से लिया गया कर्ज माना जाना था लेकिन बकाये की स्थिति में स्वामित्व अधिकार जब्त नहीं होने थे।'[60]

'जोतने वाले को जमीन' सुधार आमूल परिवर्तनवादी और मध्यमार्गी रास्ते के बीच के सुधार थे। सम्भवत: ये सुधारों के मध्यमार्गी छोर के अधिक निकट थे। भूस्वामियों को मुआवजा दिए जाने के मामले में इसने स्पष्ट तौर पर समझौतावादी रवैया अपनाया। सुधार के कट्टर समर्थकों ने बाद में तर्क दिया कि मुआवजा दिया जाना अन्तत: 'सम्पत्ति के संवैधानिक "अधिकार" से जुड़ी कानूनी अपेक्षाओं'[61] के कारण जरूरी था। लेकिन तब तक इस अधिकार की अन्तर्वस्तु और सीमाओं की परीक्षा नहीं हुई थी। यह तर्क अधिक युक्तिसंगत है कि कानूनी कारणों के बजाय राजनीतिक दूरंदेशी ने सीपीआई को समझौते का विकल्प चुनने के लिए प्रेरित किया। वह सरकार में नई थी और इस बात से परिचित नहीं थी कि 'व्यवस्था के भीतर काम करने' का क्या अर्थ होता है। पीछे मुड़कर देखें तो यह सावधानी उचित थी लेकिन 1957 तक यह बात बहुत स्पष्ट नहीं थी।

'जोतने वाले को जमीन' उपाय ने काश्तकारों के विभिन्न वर्गों अथवा समूहों के बीच कोई भेद नहीं किया; उसने उनके बीच के अधिक निर्धन समूहों को कोई सुविधा नहीं दी और इस प्रकार 'पेटी बुर्जुआ ऐग्रेरियन्स' (निम्न मध्यवर्गीय किसान) (जैसा कि लेनिन ने इसे नाम दिया) का एक वर्ग पैदा करने और बुर्जुआकरण को प्रोत्साहन देने का खतरा उठाया। यह तर्क दिया गया है कि 'काश्तकारों को जमीन देना जनता की लम्बे समय से चली आ रही माँगों और किसान समुदाय के दशकों के आन्दोलनों (विशेषकर मालाबार में) का एकमात्र सम्भव उत्तर था और यह परोपजीवी भूस्वामीवाद के सामन्ती अवशेषों को मिटाने की रणनीतिक जरूरतों के लिए महत्त्वपूर्ण था।'[62] फिर भी, ऐसा प्रतीत होता है कि गरीब काश्तकारों के प्रति अधिक पक्षपातपूर्ण, एक भिन्न दृष्टिकोण अपनाया जाना सम्भव था और सीपीआई के भीतर ही इस पर बहस की जा सकती थी। खेद है कि उपलब्ध प्रकाशित विवरण देखने पर पता चलता है कि ऐसी कोई बहस नहीं हुई।

सुधार के दूसरे घटक ने ग्रामीण निर्धन को उसके कब्जे की वासभूमि (कुडीकिडप्पू) पर स्वामित्व के अधिकार दिए। 'आवंटित किए जाने वाले भूखंड का आकार किसी कस्बे या शहर में 0.03 एकड़ से गाँवों में 0.10 एकड़ तक भिन्न भिन्न था। इन्हें बाजार भाव के 25 प्रतिशत पर खरीदा जा सकता था। और यदि जमींदार के पास हदबन्दी से ऊपर की जमीन हो तो ऐसी जमीन को इसके भी आधे दाम पर खरीदा जा सकता था।'[63] कब्जे के अधिकारों को सुरक्षित और उत्तराधिकार में प्राप्त होने वाला बना दिया गया था। इससे 'पूर्णत: भूमिहीनों की भूस्वामियों पर दयनीय निर्भरता' कम होनी थी लेकिन वितरित भूखंड 'आर्थिक' स्तर से कहीं नीचे थे[64] (आर्थिक रूप से लाभप्रद नहीं थे)।

सुधार का तीसरा घटक 'भूस्वामित्व पर हदबन्दी लगाने और अधिशेष के रूप में

पहचानी गई भूमि को भूमिहीनों में वितरित किए जाने से सम्बन्धित था। केरल में पारिवारिक इकाई की जोतों पर लगाई गई हदबन्दी पारिवारिक इकाई के आकार के हिसाब से बदलती थी।'[65] हदबन्दी की अधिकतम सीमा 25 एकड़ थी। यह सीमा सम्भवत: अविवेकपूर्ण ढंग से अत्यधिक उदार थी क्योंकि केरल में इस्तेमाल की जा रही जोतों को औसत आकार बहुत कम (1.25 एकड़) है।[66] घोषणापत्र में राष्ट्रीयकरण के जरिये विदेशी बागान को पूरी तरह सरकार के कब्जे में ले लेने के संकल्प के विपरीत बागान क्षेत्र को हदबन्दी से पूरी तरह मुक्त छोड़ दिया गया था।

भूमि सुधार सीमित किस्म के या जैसा कि कुछ लोगों का कहना था मध्यम किस्म के थे।[67] लेकिन दक्षिणपन्थी समूहों के एक गठजोड़ ने इनका प्रचंड विरोध किया। इनमें भूस्वामी, कैथलिक चर्च, नायर सर्विस सोसायटी (एन एस एस) जैसे जातीय संगठन शामिल थे। यह विडम्बना ही है कि एन एस एस चर्च का परम्परागत प्रतिस्पर्धी रहा है। इसके अतिरिक्त, कांग्रेस पार्टी के माध्यम से काम कर रहे विभिन्न शक्तिशाली हित समूह भी इसमें शामिल थे। इस गठजोड़ में शिक्षा के निजी क्षेत्र, विशेषकर चर्च की शिक्षा संस्थाओं, जो शिक्षा सुधार विधेयक के विरुद्ध थीं, के प्रतिनिधि भी शामिल थे और इसे मजबूती दे रहे थे। विधेयक का उद्देश्य शिक्षकों की नियुक्ति और उनकी सेवा शर्तों को विनियमित करना और समुचित रिकार्डों का रख रखाव, भ्रष्ट तौर-तरीकों को कम करना, साम्प्रदायिक रुझानों को समाप्त करना और निर्वाचित, सरकारी और मनोनीत स्तरों के साथ स्थानीय शैक्षिक प्राधिकरणों की स्थापना करना था।

सी.आई.ए.—कांग्रेस साठगाँठ

कम्युनिस्ट सरकार 'एक ही माँद में दो शेरों को ललकारने का' प्रयास कर रही थी। दो गठजोड़ों के संयुक्त विरोध ने उस समय प्रचंड रूप धारण कर लिया जब उन्होंने राज्य में तोड़-फोड़ का हिंसक अभियान शुरू किया जिसे 'मुक्ति संघर्ष' कहा गया। इस बात के कुछ उदाहरण हैं कि सरकार सामरिक दृष्टि से आन्दोलन से सही ढंग से नहीं निपटी और इस तरह उसने अपने ही विरुद्ध असन्तोष को और बढ़ाया। किसी भी हाल में आन्दोलनकारियों को भूमि और शिक्षा सम्बन्धी कुछ खास कानूनों को विफल करने में एक हद से अधिक सरोकार न था। साफ तौर उनका एकमात्र स्पष्ट लक्ष्य था नम्बूदिरीपाद सरकार को गिराना।

जवाहलाल नेहरू के नेतृत्व वाली केन्द्र सरकार ने उनकी पुत्री (तत्कालीन कांग्रेस अध्यक्ष) इन्दिरा गांधी, गृह मंत्रालय और नई दिल्ली के सत्ता प्रतिष्ठान के कुछ घाघ कट्टरपन्थियों के उकसाने पर 31 जुलाई, 1959 को केरल सरकार को बर्खास्त कर दिया। उसने संविधान के अनुच्छेद 356 का उपयोग किया जो केन्द्र को किसी ऐसी राज्य सरकार को बर्खास्त करने की शक्ति देता है जो संविधान के अनुरूप शासन करने में विफल रहती है। एकदम साफ तौर पर संकीर्ण और अपने स्वार्थपूर्ण राजनीतिक कारणों से ऐसा कर उसने भविष्य में इस अनुच्छेद के 100 से अधिक मौकों पर दुरुपयोग किए जाने का एक घृणित दृष्टांत स्थापित किया।

इसमें नेहरू की विवादास्पद भूमिका पर आलोचनात्मक बहस हुई है क्योंकि आम तौर

पर इन्दिरा गांधी से भिन्न नेहरू के लिए यह माना जाता था कि उनके मन में कम्युनिस्टों के प्रति कोई दुर्भावना नहीं है, वह संवैधानिक ईमानदारी और लोकतांत्रिक मूल्यों के प्रति समर्पण के लिए संकल्पबद्ध हैं और उन्होंने निर्वाचित कम्युनिस्ट सरकार की बर्खास्तगी के पक्ष में खुफिया एजेंसियों और खुद कुछ अपने सलाहकारों द्वारा दी गई सलाह को बार-बार खारिज किया। एक उदार मत यह है कि इस खास समय बिन्दु पर नेहरू कमजोर थे और अनिर्णय का शिकार थे और कुछ महीनों तक इसका प्रतिरोध करने के बाद अन्ततः वह इंटेलीजेंस ब्यूरो, गृहमंत्रालय, वरिष्ठ कांग्रेस नेताओं और खुद अपनी बेटी के संयुक्त दबाव के आगे झुक गए।[68]

एक सन्तुलित आकलन के अनुसार इस बहुत महत्त्वपूर्ण निर्णय के पीछे अनेक घरेलू और बाह्य और राजनीतिक के साथ आर्थिक कारकों का समान मेल था। निश्चय ही नेहरू पर कांग्रेस पार्टी की ओर से भारी दबाव था क्योंकि कांग्रेस राज्य सत्ता पर अपने एकाधिकार के प्रति उठती चुनौती—विशेषकर वाम की ओर से—देख कर अप्रसन्न थी। केरल में कांग्रेस बुरी तरह विभाजित और बदहाल थी। इस मुद्दे पर लोगों के पार्टी छोड़ देने से पार्टी टूट सकती थी। इसके राष्ट्रीय स्तर पर व्यापक परिणाम होते। यदि इन्दिरा गांधी के सार्वजनिक वक्तव्यों को देखें तो इस अवधि के दौरान उन्हें कम्युनिस्टों से जबर्दस्त वितृष्णा थी।[69] इसके अतिरिक्त, एक पक्के अवसरवादी एझवा नेता आर. शंकर अप्रैल 1959 में कांग्रेस की केरल इकाई के अध्यक्ष बन गए थे। उनके एझवा समाज और सीपीआई के बीच एक मजबूत सम्बन्ध माना जाता था, वह उसे तोड़ने को व्याकुल थे।

सीपीआई सरकार के प्रति कांग्रेस की दुर्भावना में साझीदार था अमेरिकी सरकार का गहन विचारधारा प्रेरित शीतयुद्धकालीन साम्यवाद विरोध। यह सेंट्रल इंटेलीजेंस एजेंसी (सीआईए) के माध्यम से सक्रिय था। कांग्रेस की दुर्भावना को सभंवतः यह बल भी प्रदान करता था। नम्बूदिरीपाद सरकार का विरोध करने और उसे गिराने के लिए इन दोनों ने बड़े पैमाने पर और सचेतन रूप से साठगाँठ की। सीआईए की भूमिका और कांग्रेस के साथ उसके सहयोग के कुछ पक्ष 1972 से, जब इंटेलीजेंस ब्यूरो के पूर्वनिदेशक बी-एन मलिक ने अपने संस्मरण प्रकाशित किए,[70] सार्वजनिक जानकारी में हैं।

लेकिन तबसे सीआईए और कांग्रेस के बीच सहयोग के नए और अधिक विस्तृत साक्ष्य भारत में अमेरिका के दो पूर्व राजदूतों एल्सवर्थ बंकर (1956-61) और डेनियल पैट्रिक मोयनिहन (1973-75) के संस्मणों या जीवनियों से और अमेरिका और ब्रिटेन के हाल ही में वर्गीकृत सरकारी दस्तावेजों से सामने आए हैं।[71] इनसे यह स्पष्ट है कि सीआईए ने केरल में सीपीआई विरोधी गतिविधियों को अनेक तरीकों से और कई वर्षों तक पैसा और समर्थन दिया। इनमें 1957 में कम्युनिस्टों की जीत न होने देने के कांग्रेस के प्रयास[72] ही शामिल नहीं थे, जैसा कि पहले सोचा जाता था, बल्कि नंबूदिरीपाद मंत्रिमंडल को गिराने के लिए 1959 के 'मुक्ति संघर्ष' में कांग्रेस की भागीदारी के लिए दिया गया समर्थन भी शामिल था।[73]

सीआईए ने कांग्रेस के पदाधिकारियों और मजदूर नेताओं को गुप्त माध्यमों से धन मुहैया कराया ताकि वे औद्योगिक अशान्ति और राजनीतिक हंगामा भड़का सकें।[74]

ई.एम.एस. का मंत्रिमंडल बर्खास्त

इसमें कोई सन्देह नहीं कि वाम को नष्ट करने के लिए अमेरिका की गुप्त गतिविधि ने सीपीआई विरोधी इन दोनों अभियानों में प्रमुख भूमिका निभाई हालाँकि सीआईए ने इस लम्बी अवधि में अलग अलग व्यक्तियों और साधनों का इस्तेमाल किया। बंकर कहते हैं कि सीआईए द्वारा कांग्रेस को धन हस्तान्तरित करने में मुख्य बिचौलिया बम्बई निवासी दक्षिणपन्थी कांग्रेसी एस.के. पाटिल थे जो येन-केन प्रकारेण अपना काम बनाने में कुशल थे और कारपोरेट से अपने सम्बन्धों और भ्रष्टाचारपूर्ण तरीकों के कारण और बाद में इन्दिरा गांधी का विरोध कर रहे कांग्रेस के धड़े सिंडीकेट में अपनी भूमिका के लिए बदनाम थे। लेकिन मोयनिहन इस बिचौलिये की पहचान स्वयं सीधे (इन्दिरा) गांधी के रूप में करते हैं जो उस समय कांग्रेस अध्यक्ष थीं।

ये विवरण परस्पर संगत और एक दूसरे के पूरक हैं। सम्भवत: गांधी और पाटिल दोनों ने केरल में सीपीआई सरकार बनने से रोकने की कोशिश करने और इसमें असफल रहने पर दो वर्ष में उसे गिरा देने के लिए अलग अलग समयावधियों में सीआईए के साथ सहयोग किया। सीआईए द्वारा हस्तक्षेप किए जाने के केन्द्रीय तथ्य पर कोई विवाद नहीं है।

केरल में कांग्रेस और सीआईए के इस घटिया गठजोड़ के साथ अंग्रेज चायबागान मालिकों द्वारा सीपीआई और उसकी सरकार के विरुद्ध किया जा रहा जोरदार प्रचार भी जुड़ गया था। ये चायबागान मालिक उस समय एक ताकतवर हित समूह थे जिसकी पहुँच सम्भवत: नेहरू तक थी।[75] सीपीआई ने विदेशी स्वामित्व वाले सभी बागान के राष्ट्रीयकरण की माँग की थी, लेकिन उसने कांग्रेस के राजनीतिक विरोध के कारण 1957 के कृषि सम्बन्ध विधेयक से केरल के बागान की जमीन को मुक्त रखना पसन्द किया था। लेकिन बागान मालिकों और कम्युनिस्ट नीत श्रमिक संघों के बीच का झगड़ा अनसुलझा रहा। अक्तूबर 1958 में श्रमिक संघों ने विशाल कानन देवन टी इस्टेट पर, जिसका मालिक जेम्स फिनले था, काम की दशाओ, वेतन और बोनस को लेकर एक बड़ी हड़ताल आयोजित की। प्रबन्धन ने मजदूरों की माँगे मानने से इनकार कर दिया।

ब्रिटिश उच्चायोग और कानन देवन के प्रतिनिधियों के प्रचार से प्रभावित नेहरू सरकार ने सीपीआई पर अपमानजनक शर्तों पर हड़ताल वापस लेने के लिए 'दबाव डाला'।[76] इससे प्रोत्साहित कानन देवन के प्रबन्धकों ने 'मुक्ति संघर्ष' चलाने वाली शक्तियों के साथ हाथ मिला लिया। दक्षिण भारत की यूनाइटेड प्लांटर्स एसोसिएशन के पदों का इस्तेमाल कर दो प्रबन्धकों ने नेहरू से सम्पर्क किया और 'केन्द्र सरकार को समझा दिया कि नम्बूदिरीपाद सरकार को बर्खास्त कर दिया जाना चाहिए।' उसकी बर्खास्तगी के बाद फिनले के महाप्रबन्धक डब्ल्यू.एस.एस. मैके ने विजयोल्लास के साथ घोषणा की : '...यही (हाइ रेंजेज़ में) वह जगह है जहाँ नम्बूदिरीपाद को ''उनका वाटरलू'' मिला'।[77] यह दावा कि कानन देवन के प्रबन्धकों ने नेहरू को 'समझा दिया' सम्भवत: डींग भरा और अतिशयोक्तिपूर्ण है लेकिन यह बात निर्विवाद और महत्त्वपूर्ण है कि नेहरू तक उनकी पहुँच थी और नेहरू उनका पक्ष सुनने के लिए उपलब्ध थे।

कांग्रेस सीपीआई सरकार के विरुद्ध 'मुक्ति संघर्ष' का हिस्सा पहले से थी, अब 12 जून, 1959 को जब सभी सरकारी क्रियाकलापों को लक्षित इसके सविनय अवज्ञा (सिविल नाफरमानी) चरण की शुरुआत हुई तब वह उसमें अति सक्रिय हो गई। इसके तुरन्त बाद ही वरिष्ठ कांग्रेसी नेताओं का एक रेला केरल आया: पार्टी सचिव सादिक अली (17 जून) के बाद स्वयं नेहरू (22-25 जून)[78] और बाद में एक अन्य सचिव सुचेता कृपलानी। इन सबने राज्य सरकार के प्रति अपनी शत्रुता को सार्वजनिक कर दिया। सुचेता कृपलानी राज्यपाल बी-रामकृष्ण राव से मिलीं, उनसे राष्ट्रपति राजेन्द्र प्रसाद के नाम मंत्रिमंडल की बर्खास्तगी की सिफारिश करने वाली रिपोर्ट लिखने को कहा। राव ने इसका इस आधार पर प्रतिरोध किया कि उनसे नेहरू ने अभी तक कुछ नहीं कहा है। लेकिन यह प्रतिरोध अधिक देर नहीं चल पाया।[79]

23 जुलाई को इंटेलीजेंस ब्यूरो के प्रमुख बी.एन. मलिक और कानून मंत्री ए.के. सेन ने नम्बूदिरीपाद की बर्खास्तगी को उचित, न्यायसंगत ठहराने के लिए राज्य सरकार के विरुद्ध एक आरोपपत्र तैयार किया जो गृहमंत्रालय के आदेशों के तहत मलिक द्वारा पहले ही लिखे गए एक नोट पर आधारित था। इसे उसी दिन राज्यपाल राव के पास त्रिवेन्द्रम भेज दिया गया। 'हाथ में जरूरी दस्तावेज और दरवाजे पर सुचेता कृपलानी, इस हालत में राज्यपाल ने भारत के राष्ट्रपति के लिए एक रिपोर्ट तैयार की'।[80] राव से कहा गया कि वह इस रिपोर्ट को तुरन्त राजधानी भेज दें जो 29 जुलाई को वहाँ पहुँच गई। 31 जुलाई, 1959 को केरल में राष्ट्रपति शासन लागू कर दिया गया।[81]

नम्बूदिरीपाद मंत्रिमंडल की बर्खास्तगी ने केरल में कांग्रेस नीत सरकार का मार्ग प्रशस्त कर दिया जिसने कृषि सम्बन्धी विधेयक को बहुत अधिक हलका बना दिया और भूमि हस्तान्तरण के सन्दर्भ में नई छूटें लागू कर दीं। इस कानून को भी केरल उच्च न्यायालय और सर्वोच्च न्यायालय ने रद कर दिया। 1964 में एक और अधिनियम पारित किया गया जिसने इस विषय को अदालतों के क्षेत्र से बाहर ला दिया।

अन्ततः 1967 में, नम्बूदिरीपाद के दूसरे मंत्रिमंडल ने पदग्रहण किया। इसका नेतृत्व माकपा कर रही थी जो तीन साल पहले भाकपा से टूट कर अलग हो गई थी और अब माकपा भाकपा से बड़ी पार्टी बन गई थी।[82] यह सरकार केरल भूमि सुधार विधेयक लाई जिसने 1970 के दशक में हुए सुधारों को सभंव बनाने वाले कानूनों के लिए रास्ता खोल दिया। केरल में भूमि सुधार हमेशा संघर्ष का विषय रहे हैं, 1957 में कम्युनिस्टों द्वारा कृषि सम्बन्ध विधेयक लागू कर दिए जाने के 30 साल बाद भी वहाँ यह संघर्ष समाप्त नहीं हुआ है। इन सुधारों के लिए राज्य की नीति के साथ साथ नीचे से यानी जनता से पड़ने वाला दबाव भी जिम्मेदार था। इसके परिणामस्वरूप 1960 के दशक के कानून सामने आए जिन्हें एक विश्लेषक ने 'किसानों के अदम्य साहस और अथक प्रयासों का जीवित स्मारक' बताया है।[83]

भूमि सुधारों का अन्तिम परिणाम क्या था? केरल लैंड बोर्ड के दस्तावेजों के अनुसार फरवरी 1981 तक पहले दो घटकों (काश्तकारी सुधार और वासभूमि का हस्तान्तरण) का क्रियान्वयन 'लगभग पूरा' हो गया था। यह अपेक्षतया सफल सिद्ध हुआ (विशेषकर काश्तकारी सुधार के सन्दर्भ में) लेकिन तीसरी योजना (हदबन्दी से अधिक अधिशेष

भूमि की पहचान और उसका पुनर्वितरण) का क्रियान्वयन सफल सिद्ध नहीं हुआ। काश्तकारी सुधार के तहत लगभग दस लाख 97 हजार एकड़ भूमि 1991 तक दस लाख 23 हजार काश्तकारों के नाम की जा चुकी थी यानी 1.6 एकड़ प्रति पारिवारिक इकाई। केरल की 40 प्रतिशत से कुछ अधिक खेतिहर पारिवारिक इकाइयाँ इसकी लाभार्थी थीं। वास्तविक बोए गए क्षेत्र में हस्तान्तरित भूमि का अनुपात 36.5 प्रतिशत भी कम प्रभावशाली नहीं था और यदि बागान की उपज निकाल दी जाय तो यह 42.9 प्रतिशत था।[84]

वासभूमि योजना के तहत 270,000 पारिवारिक इकाइयों को इससे कहीं छोटा क्षेत्र (महज 21,000 एकड़) हस्तान्तरित किया गया था यानी औसतन 0.08 एकड़-एक एकड़ के दसवें हिस्से से भी कम।[85] लेकिन तीसरी योजना के तहत 1964 में अधिशेष घोषित की गई 115,000 एकड़ भूमि में से केवल लगभग 77,000 एकड़ जमीन ही ली गई और (इसमें भी) मात्र लगभग 50,000 एकड़ भूमि 81,000 पारिवारिक इकाइयों में बाँटी गई थी जो 0.62 एकड़ का एक नगण्य औसत है।[86]

यह अन्तिम आँकड़ा कुल इस्तेमाल क्षेत्र का मात्र एक प्रतिशत है। इसका कारण है भूस्वामियों द्वारा अपनी जमीनें नाते-रिश्तेदारों में बाँट दिया जाना और फर्जी भूमि हस्तान्तरण जिनमें कुछ जमीनों को बागान में तब्दील कर दिया जाना शामिल है। यह सब आसानी से इसलिए कर लिया गया क्योंकि भूस्वामियों ने 1957 में कम्युनिस्टों के सत्तारोहण में ही खतरे का संकेत देख लिया था। भूमि सुधार कानून पारित होने में एक दशक की देरी हो जाने से उन्हें हदबन्दी कानून को नाकाम करने का पूरा मौका मिल गया था।[87]

मजदूर नहीं सिर्फ काश्तकार लाभान्वित

भूमि हस्तान्तरण का काम कई वर्षों तक जारी रहा। अर्थशास्त्री प्रभात पटनायक, जो बाद में केरल राज्य नियोजन बोर्ड के उपाध्यक्ष बने, आकलन करते हैं कि 1993 तक 'राज्य के 15 लाख काश्तकार काश्तकारी कानून से लाभान्वित हुए थे...। इसके अतिरिक्त पाँच लाख 28 हजार खेतिहर मजदूरों को घर के लिए जगह प्रदान की गई थी।'[88]

कुल मिलाकर, काश्तकार सम्बन्धों को बदलने में केरल का भूमि सुधार काफी प्रभावशाली था और सभी खेतिहर पारिवारिक इकाइयों और भूक्षेत्र का दो बटा पाँच हिस्सा इसके प्रभावक्षेत्र के अन्तर्गत था। यह आनुपातिक रूप से किसी भी अन्य राज्य के मुकाबले अधिक है। केवल जम्मू-कश्मीर इसका अपवाद है।[89] यह भूमिहीनों को वासभूखंड हस्तान्तरित करने के सन्दर्भ में कमोबेश सफल रहा और हदबन्दी-अधिशेष भूमि के पुनर्वितरण में व्यापक रूप से विफल रहा। लेकिन इसका सबसे बड़ा घटक-काश्तकारी उन्मूलन-बेदाग नहीं था। जहाँ इसके 'भूस्वामित्ववाद उन्मूलन'-कम-से-कम इसके पारम्परिक अर्थ में-और भूस्वामी वर्ग की सामाजिक-आर्थिक गुलामी से काश्तकारों की मुक्ति जैसे सकारात्मक परिणाम हुए, वहीं इसने 'भूस्वामित्व में समानता और सामाजिक न्याय के युग' का सूत्रपात नहीं किया।[90]

केरल के कृषि ढाँचे में, विशेषकर भूमि के स्वामित्व और नियंत्रण में, बहुत स्पष्ट रूप से दिखाई देने वाली असमानताएँ बरकरार रहीं। 'कम-से-कम तीन सुस्पष्ट कृषि

समूहों'[91] के बीच स्पष्ट विभेदीकरण दिखाई पड़ने लगा : धनी किसानों की एक छोटी संख्या जिसने जेनमी* जमींदारों को शिखर से विस्थापित कर दिया; रोजगार के संकुचित होते अवसरों और दरिद्रीकरण की सम्भावना के साथ सबसे नीचे खेतिहर मजदूरों की एक बड़ी संख्या, यह संख्या 1951 में केरल की खेतिहर पारिवारिक इकाइयों का 2/5 हिस्सा थी; और बीच में उन गरीब और सीमान्त किसानों की एक बड़ी संख्या जो सुधारों से पहले छोटे काश्तकार थे।

इंडियन स्कूल आफ सोशल साइंसेज द्वारा किए गए राज्यव्यापी प्रतिदर्श सर्वेक्षण के एक विश्लेषण के अनुसार काश्तकारी सुधार के प्रारम्भिक लाभार्थी धनी किसान थे : उनकी पारिवारिक इकाइयाँ 13.3 प्रतिशत थीं किन्तु उन्हें हस्तान्तरित भूमि का 38.7 प्रतिशत हिस्सा मिला। 5 एकड़ से कम भूमि वाली पारिवारिक इकाइयाँ प्रतिदर्श (नमूने) का 84.2 प्रतिशत थीं लेकिन उन्हें हस्तान्तरित भूमि का मात्र 36.2 प्रतिशत मिला। नमूने में सबसे छोटे किसान, जिनके पास एक एकड़ से भी कम जमीन थी, 16.6 प्रतिशत थे लेकिन उन्हें जमीन का केवल 0.9 प्रतिशत ही मिला। इसके विपरीत, जिनके पास 5 एकड़ से अधिक जमीन थी (नमूने का 15.8 प्रतिशत) उन्हें हस्तान्तरित रकबे का 63.8 प्रतिशत हासिल हो गया।[92]

ये कमियाँ गम्भीर थीं और इन्हें कम करके नहीं देखना चाहिए। फिर भी, केरल का भूमि सुधार पट्टेदारी वाले भूस्वामीवाद को और जेनमी व्यवस्था को खत्म करने, भूमि स्वामित्व में अतीव संकेद्रण और आय में असमानताओं को कम करने और जाति तथा वर्ग दमन (आर्थिक के अतिरिक्त अन्य तरह के भी दमन और उसके साथ जुड़ी पराधीनता के साथ) की भौतिक बुनियाद के कम-से-कम एक हिस्से को नष्ट करने में सफल हुआ। इसके परिणामस्वरूप 'सच्चे अर्थों में भूस्वामी, भूमि के स्वामी' वास्तव में गायब हो गए। इसने ग्रामीण समाज में खलबली मचा दी। इसने भूमिहीनों की सौदेबाजी की ताकत कुछ हद तक बढ़ा दी क्योंकि उन्हें अब वास भूमि मिल गई थी और वर्गशक्ति के आम सन्तुलन को आमूल परिवर्तनवादी ढंग से न सही लेकिन एक सकारात्मक दिशा में बदल दिया था।

ये साधारण लाभ थे। लेकिन सुधारों को आमूल परिवर्तनवादी होना भी नहीं था। इन सुधारों का उद्देश्य भूमि पर मेहनत किए बिना केवल उसके स्वामित्व से आय प्राप्त करने के विशेषाधिकार का उन्मूलन करना नहीं बल्कि उस विशेषाधिकार को हस्तान्तरित करना मात्र था।

भूस्वामीवाद और लगान की व्यवस्था के उन्मूलन से गरीब किसान या खेतिहर मजदूर नहीं बल्कि धनी किसान और पूँजीपति भूस्वामी सबसे ज्यादा लाभान्वित हुए थे। इस प्रकार सुधार असली किसान "जोतने वाले को जमीन" देने में, जैसा कि अक्सर दावा किया जाता है, सफलता से कई कदम पीछे रह गए। वास्तव में, असली भूमिहीन, ग्रामीण सर्वहारा इससे बाहर कर दिए गए थे।[93]

---

* केरल का भूस्वामी कुलीन तंत्र अभिजात वर्ग। केरल में यह वर्ग विशाल भूसम्पत्ति का स्वामी था। इस वर्ग में अधिक संख्या नम्बूदिरी तथा नायरों की थी। **—अनु.**

यद्यपि भूमि सुधार काफी हद तक भलीभाँति लागू किए गए थे, लेकिन जिस ढंग से इसकी कल्पना की गई थी और इसकी रूपरेखा बनाई गई थी उसमें दोषों के कारण निष्पक्षता के सन्दर्भ में इसने सन्तोषजनक परिणाम नहीं दिए। प्रथम, इसने काश्तकारी को एक समरूप उत्पादन सम्बन्ध के रूप में देखा था जबकि यह उत्पादन सम्बन्धों के विभिन्न विन्यासों, जिनमें पूँजीवादी खेती शामिल है, के साथ संगत सम्पत्ति का एक रूप था।[94] दूसरे, सुधार के तहत भूमि की हदबन्दी की सीमा बहुत ऊँची रखी गई थी (25 एकड़) जिसका अर्थ यह था कि बड़े जोतदार अनेक एकल परिवारों सहित प्रति पारिवारिक इकाई न केवल अपनी जमीन अपने पास रख सकते थे बल्कि काश्तकारी प्रावधानों के तहत पट्टे वाली जमीन पर अपने स्वामित्व का दावा कर अपनी जोतें बढ़ा भी सकते थे।[95]

इस तरह, केरल में भूमि सुधार ने बड़े पैमाने पर जमीन उसके निकटस्थ स्वामी को ही हस्तान्तरित कर दी। इसके परिणामस्वरूप 'खेतिहर मजदूरों और गरीब किसानों को कृषि शक्ति नहीं मिल पायी। इसने पूँजीवादी भूस्वामीवाद को खत्म नहीं किया। यह उत्पादन सहकारी समितियों अथवा सामूहिक संस्थाओं या कृषि उत्पादन संगठन के अन्य पूँजीवादोत्तर रूपों की स्थापना की ओर नहीं ले गया...। इसके बाद फसलों के उत्पादन में कोई विशेष वृद्धि नहीं हुई...न ही ग्रामीण रोजगार में कोई महत्त्वपूर्ण बढ़ोतरी हुई।'[96]

फिर भी, भूमि सुधार ने नीचे से पड़ने वाले दबावों पर दो तरह से प्रतिक्रिया की : एक, वह राज्य के कृषि आन्दोलन (जिस पर जैसा कि भारत में कहीं भी होता है, बटाईदारों और मजदूरों के बजाय उच्चतर सामाजिक हैसियत वाले पक्के काश्तकारों का प्रभुत्व था) द्वारा अभिव्यक्त माँगों को सामने लाया'।[97] दूसरे, इसने कम्युनिस्ट सरकार को भूमिहीन खेतिहर मजदूरों के लिए मुआवजे के रूप में नए अधिकार सृजित करने और उन्हें सशक्त बनाने और इस दिशा में ठोस कदम उठाने के लिए प्रेरित किया।

आन्दोलनों से प्रेरित माडल

इस प्रकार 1975 से लागू केरल खेतिहर मजदूर अधिनियम (केरल ऐग्रीकल्चरल वर्कर्स ऐक्ट) भारत के ग्रामीण मजदूरों के लिए अब भी एक आदर्श अधिकारपत्र और अपनी तरह का अकेला कानून है जो न्यूनतम वेतन, काम के घंटों और शर्तों, नौकरी की सुरक्षा और अवकाशप्राप्ति (रिटायरमेंट) से जुड़े लाभों (भविष्यनिधि के जरिये जिसमें कर्मचारी और नियोक्ता दोनों अंशदान करते हैं) की व्यवस्था करता है। यह खेती में काम करने वालों के पंजीकरण और श्रम विवाद निपटाने के लिए विवाचन बोर्डों की व्यवस्था करता है। केरल के कृषि क्षेत्र में काम करने वालों ने 1970 के दशक से भारत में वास्तविक वेतन की दृष्टि से सर्वाधिक लाभ उठाया है।[98] उन्होंने 1980 के दशक में बेरोजगारी बीमा और श्रम पेंशनों के लिए शुरू की गई राज्यस्तरीय योजनाओं का लाभ उठाया है। इन योजनाओं की राह भी भारत को केरल ने ही दिखाई।

निर्माण कार्य में लगे मजदूरों और घरों में काम करने वाले लोगों जैसे कई अन्य सुविधाहीन समूहों को भी पिछले चार दशकों में वाम लोकतांत्रिक मोर्चे के भीतर संगठित कम्युनिस्ट पार्टियों द्वारा नीतिगत उपायों को लागू किए जाने से लाभ मिला है। वाम

लोकतांत्रिक मोर्चे की प्रवृत्ति कांग्रेस के नेतृत्व वाले संयुक्त लोकतांत्रिक मोर्चे के साथ सत्ता में बारी बारी से आने की हो गई है। केरल के मतदाता-विशेषकर लगातार मुखर होते समूह जो महिलाओं, निम्नवर्गीय जातियों और प्रजातीय अस्मिताओं का प्रतिनिधित्व करते हैं और साथ ही वर्गीय हित जिन्हें परम्परागत रूप से भली प्रकार प्रतिनिधित्व प्राप्त है—ने वालोमो को मतदान के जरिये समय समय पर सत्ता से बाहर कर और विभिन्न कार्य योजनाओं पर बेहतर काम दिखाने की माँग करते हुए उस पर कठोर नियंत्रण बनाये रखा है।

आन्तरिक भेदों और अलग अलग तरह की लिंगगत, जातिगत और वर्ग सम्बन्धी प्राथमिकताओं के बावजूद मतदाताओं ने प्रमुख सार्वजनिक सेवा अथवा पुनर्वितरण कार्यक्रमों पर वाम द्वारा निर्धारित बुनियादी नीति की दिशा को कभी ठुकराया नहीं। संलोमो को इन कार्यक्रमों को खत्म करना राज्य की अनिश्चित वित्तीय स्थिति और केन्द्र के समर्थन के अभाव के बावजूद राजनीतिक रूप से व्यावहारिक नहीं लगा।[99] वालोमो की बुनियादी दिशा जो कुछ आसानी से किया जा सकता था उसके लघुत्तम का प्रतिनिधित्व करती है, वह व्यावहारिकता के क्षेत्र के भीतर के अधिक आमूल परिवर्तननवादी विकल्पों को इसमें शामिल नहीं करती फिर भी वह केरल को अधिकतर अन्य राज्यों से अलग तो करती ही है।

1960 के दशक के अन्तिम वर्षों से केरल की सामाजिक नीति की व्यवस्था की उल्लेखनीय निरन्तरता के परिणामस्वरूप (चाहे ऐसा इरादतन हुआ हो अथवा अन्यथा) उस माडल की स्थापना हुई और उसे एक विशिष्ट रूप मिला जिसे पूरे विश्व में केरल माडल कहा गया और सराहा गया।[100] यह माडल नीतियों का कोई समुच्चय अथवा पुलिंदा नहीं है बल्कि यह सामाजिक प्रगति के एक विशेष नमूने को चित्रित अथवा ग्रहण करता है। इस नमूने की विशेषता है : जनता के कल्याण में अपेक्षतया उच्चतर उपलब्धियाँ और आय के निम्नतर स्तरों पर भी सार्वजनिक राजनीति और जनता की भागीदारी के साथ तथा स्वाभाविक न्याय और सम्पत्ति के पुनर्वितरण के साथ उनकी सामाजिक, राजनीतिक और सांस्कृतिक दशाओं में सुधार।[101]

वास्तव में, राज्य की प्रगतिशील नीतियाँ महत्त्वपूर्ण तो थीं लेकिन ये नतीजे केवल इन नीतियों के कारण ही नहीं मिले थे। इन नतीजों के लिए एक और तरह की सार्वजनिक कार्रवाई अर्थात जन आन्दोलन महत्त्वपूर्ण थे जिन्होंने राज्य पर जबर्दस्त दबाव बनाया और उसे सामाजिक विकास कार्यक्रमों को अमल में लाने के लिए प्रेरित किया। 1970 और 1980 के दशकों के दौरान 'सामाजिक नीतियों की गत्यात्मकता समाज की सक्रियता के अनुरूप थी जिसने सामुदायिक कल्याण के एक कार्यकुशल और भलीभाँति उपयोग में लाए गए संजाल को प्रोत्साहित किया। जहाँ एक ओर वाम दलों द्वारा की गई गोलबन्दी ने महत्त्वपूर्ण योगदान दिया था वहीं अपने राज्य के साथ मजबूत जुड़ाव भी केरल की जनता के बीच ऊँचे स्तर की राजनीतिक चेतना पैदा करने में महत्त्वपूर्ण रहा।[102]

राजनीतिक चेतना ने अर्थव्यवस्था के औपचारिक और अनौपचारिक दोनों क्षेत्रों में अत्यधिक बड़े पैमाने पर यूनियनें बनाने की और विविध उद्देश्यों को समर्पित अनगिनत जन गोलबन्दियों की शुरुआत की और उन्हें कायम रखा। 'केरल के आन्दोलनों में प्राय:

सदस्यों की बहुत विशाल संख्या शामिल रहती थी... । 1957 में केरल कृषक संघम (किसान सभा) की सदस्य संख्या 1,90,000 तक पहुँच गई थी... । 1984 में भारत की कुल आबादी के केवल 3.5 प्रतिशत हिस्से वाले केरल में देश के कुल श्रमिक संघों (7,836) का 20 प्रतिशत हिस्सा था। केरल में यूनियनों की सदस्यता भारत की यूनियनों की कुल सदस्यता का 7.5 प्रतिशत थी... । 1983 में केरल के कारखाना क्षेत्र के 44 प्रतिशत कर्मचारी ट्रेड यूनियन सदस्य थे... । 1988 में...अलेप्पी में माकपा द्वारा आयोजित कार्यक्रमों में 7,50,000 लोगों ने हिस्सा लिया... । 1989-91 के पूर्ण साक्षरता अभियान के तहत 3,50,000 स्वयंसेवी शिक्षकों की भर्ती की गई थी...'।[103]

सहकारी संस्थाओं के सर्वाधिक व्यापक संजाल और अनेकानेक स्वयंसेवी संगठनों (गैरसरकारी संगठनों एनजीओ), निजी और अर्ध निजी शिक्षण संस्थानों और जातीय स्वयंसहायता समूहों तथा सक्रिय नागरिक कार्य के लम्बे इतिहास वाले सामाजिक उत्थान समाजों के साथ नागरिक समाज संगठनों की असाधारण सघनता और सहकारी जीवन का उत्साह केरल की पहचान बन गए थे।[104]

जन आन्दोलन राज्य पर जवाबदेही की बाध्यता थोप कर अक्सर उसे परेशानी में डाल देते थे। 'राज्य के शीर्ष स्तर से बनाई गई नीतियों और जमीनी स्तर के सामाजिक सक्रियतावाद के मेल ने जनता की निगरानी के माध्यम से केरल में महत्त्वपूर्ण सामाजिक लाभों को जन्म दिया है', उदाहरण के लिए राज्य द्वारा संचालित स्कूलों में 'शिक्षकों की अनुपस्थिति की सबसे कम दर' और स्वास्थ्य केन्द्रों के कर्मचारियों की नियमित उपस्थिति। सम्भवत: किसी अन्य राज्य ने नहीं केवल केरल ने ही किसी स्वास्थ्य केन्द्र में चिकित्सक की अनुपस्थिति के विरोध में अथवा तकलीफ झेलते लोगों के साथ मानवीय व्यवहार की माँग करने के लिए सार्वजनिक प्रदर्शन होते देखे हैं।[105]

जान कुरियन ने केरल के सामाजिक और राजनीतिक आन्दोलनों का गहन अध्ययन किया है। वह कहते हैं कि जन संघर्षों से उत्पन्न 'राजनीतिकरण और जागरूकता' ने आगे अन्य और आन्दोलनों को प्रेरणा दी : 'अपने अधिकारों की सुरक्षा करने और अपने सामाजिक कल्याण के संवर्धन में खेतिहर मजदूर की (शुरुआती) सफलता का कृषि और परम्परागत औद्योगिक दोनों क्षेत्रों के अन्य पेशागत समूहों'? जिनमें ताड़ी उतारने वाले, काजू और नारियल की जटा का काम करने वाले मजदूर और बीड़ी बनाने वाले शामिल हैं, 'पर बहुत जबर्दस्त सांकेतिक प्रभाव पड़ा और उसने इन्हें सहयोगपूर्ण और/अथवा सामूहिक विरोधात्मक कार्रवाई करने के लिए' प्रेरित किया।[106]

कुरियन कहते हैं कि इसीलिए 'केरल में जीवन का उच्चतर स्तर इस प्रकार राज्य द्वारा भौतिक सुविधाओं-स्कूल, स्वास्थ्य केन्द्र, उचित मूल्य की दुकानों, पक्की सड़कों, डाकघरों, सार्वजनिक परिवहन-आदि के रूप में सेवाएँ प्रदान करने के प्रावधान का परिणाम मात्र नहीं है। आम जनता के बीच बढ़ती जागरूकता और यह सुनिश्चित करने के लिए कि इन सुविधाओं का पूरा और भलीभाँति सदुपयोग किया जा रहा है जनता द्वारा सामूहिक कार्रवाई की पहचान करना भी समान रूप से महत्त्वपूर्ण है... । इससे वस्तुत: कोई फर्क नहीं पड़ता कि कौन पहले आता है—सुविधाएँ या सामूहिक कार्रवाई। असली बात यह है कि परवर्ती (सामूहिक कार्रवाई) के बिना अकेले राज्य की आमूल परिवर्तनवादी और प्रतिबद्ध कार्रवाई

भी एक निष्फल आह्वान बनी रहेगी। जो 'केरल माडल' का अनुकरण करना चाहते हैं, उनके लिए हम इसे ही मुख्य अन्तदृष्टि मानते हैं...'।[107]

ऊपर उठते सामाजिक सूचकांक

केरल के अनेक सामाजिक सूचकांकों ने साल दर साल लगातार उत्तरोत्तर नियमित सुधार दिखाया है। साक्षरता को लें जिसमें केरल ने बहुत जल्दी लगभग एक सदी पहले ही, बढ़त ले ली थी। वाम ने साक्षरता पर बहुत जोर तो दिया ही उसने इसे केरल की राजनीतिक संस्कृति का एक मुख्य आधार भी बना दिया। 1981 तक केरल की सामान्य साक्षरता दर (78.1 प्रतिशत) भारतीय औसत (42.99) से लगभग दोगुनी थी और इसकी स्त्री साक्षरता लगभग ढाई गुना अधिक थी। 1991 तक, केरल में सात वर्ष से ऊपर की आयु वालों की साक्षरता दर भारत की 52.1 प्रतिशत की तुलना में बढ़ कर 90.6 प्रतिशत हो गई थी और सात वर्ष से ऊपर की स्त्री साक्षरता दर (87 प्रतिशत) भारतीय स्त्रियों की साक्षरता दर (39.4 प्रतिशत) के दोगुने से अधिक थी।[108]

इस क्षेत्र में केरल की इस उल्लेखनीय सफलता का एक कारण सम्पूर्ण साक्षरता अभियान था जिसकी राह केरल शास्त्र साहित्य परिषद (केएसएसपी) ने दिखाई थी और बाद में केन्द्र सरकार के नेतृत्व में चले कार्यक्रम के माध्यम से शेष भारत ने इसका अनुकरण किया। केएसएसपी ने पहले 1988 के अन्त में लगभग 50,000 स्वयंसेवकों के साथ इसकी शुरुआत एर्नाकुलम जिले से की जिसमें कोच्चि शहर शामिल है। इन स्वयंसेवकों ने इसके 175,000 निरक्षरों का पता लगाया। केएसएसपी ने इन्हें साक्षरता कौशल प्रदान करने के लिए 20,000 वालंटियरों को गोलबन्द किया।

तेरह महीने बाद, 4 फरवरी, 1990 को प्रधानमंत्री वी.पी. सिंह ने एर्नाकुलम को भारत का पहला पूर्ण साक्षर जिला घोषित किया।[109] 18 अप्रैल, 1991 को केरल भारत का पहला राज्य बना जिसे पूर्णतया साक्षर राज्य घोषित किया गया। 1970 और 1990 के दशकों के बीच स्वास्थ्य, गरीबी उन्मूलन, शिक्षा और अन्य सामाजिक क्षेत्रों में केरल द्वारा दर्ज की गई ऐसी ही उपलब्धियों को समाज विज्ञानियों और विकास पर काम करने वालों ने सामूहिक रूप से उस माडल के रूप में पहचाना जो 'केरल माडल' नाम से लोकप्रिय है।

इस माडल का सुनिश्चित ढंग से पहली बार 1975 में अभिलेखीकरण हुआ और उसका कठोरतापूर्वक विश्लेषण किया गया। यह काम सेंटर फार डेवलपमेंट स्टडीज़ (सीडीएस), त्रिवेन्द्रम ने संयुक्त राष्ट्र के आर्थिक और सामाजिक मामलों के विभाग द्वारा प्रकाशित एक अध्ययन में किया था। लेकिन इसमें वह मशहूर नाम—केरल माडल—इस्तेमाल नहीं किया गया।[110] इसने 'व्यापक गरीबी और बेरोजगारी के लिए प्रासंगिक मुद्दों पर ध्यान केन्द्रित किया और...अनेक पुनर्वितरणात्मक नीतियों के विकासक्रम और काम करने के ढंग की पड़ताल की...। इसने विकास प्रक्रिया को एक जटिल पूर्ण के रूप में देखा जिसके भीतर आर्थिक और सामाजिक दोनों कारक अपनी महत्त्वपूर्ण भूमिकाएँ निभाते हैं, इसमें 'धीरे-धीरे नीचे की ओर रिसाव' प्रभावों पर निर्भर करने के बजाय 'असमानताओं को कम करने वाले उपाय' शामिल हैं।[111]

सीडीएस-संयुक्त राष्ट्र द्वारा किए गए अध्ययन ने स्पष्ट किया कि केरल में शिक्षा का विस्तार, पहुँच के भीतर स्वास्थ्य सुरक्षा का प्रावधान, खाद्य सुरक्षा और अन्य अनेक सुविधाओं तक पहुँच जैसी सामाजिक उपलब्धियाँ किसी उत्प्रेरित योजना का, जिसे सफलतापूर्वक तुरन्त कार्यान्वित कर दिया गया था, परिणाम नहीं थी बल्कि वस्तुतः केरल के अनूठे विकास इतिहास का उत्पाद थीं... ।' अध्ययन ने केरल के अनुभव से रहस्य का परदा हटाया और बाद में काफी अकादमिक शोध के लिए राह बनाई। इसने प्रदर्शित किया कि वामपन्थी दलों ने तो, चाहे वे सत्ता में रहे हों अथवा विपक्ष में, एक समतावादी समाज की उन्नति में अपना योगदान दिया ही लेकिन कैसे वाम दलों के अतिरिक्त कई अन्य एजेंसियों ने भी इस काम में अपना योगदान दिया। अध्ययन...ने इस प्रकार हाल के आर्थिक साहित्य में ''सार्वजनिक कार्रवाई'' और ''मानव विकास'' जैसी अवधारणाओं के विस्तार में निस्सन्देह योगदान दिया है।"[112]

केरल माडल को अधिक आयु सम्भाव्यता (भारत की औसत आयु से दस वर्ष अथवा उससे भी ज्यादा), निम्न शिशु मृत्युदर (राष्ट्रीय औसत का लगभग 1/5), प्रतिरक्षण की ऊँची दरें और महिलाओं के स्वास्थ्य की स्थिति में जबर्दस्त सुधार; भारत का उच्चतम महिला: पुरुष अनुपात (पिछली सदी के 1020 : 1000 से अधिक) और देश की सबसे कम जन्म और मृत्यु दरें और महत्त्वपूर्ण ढंग से उच्च साक्षरता और उच्च स्त्री साक्षरता जैसे उत्कृष्ट सामाजिक सूचकांकों के सामूहिक प्रभाव के जरिये पहचाना जाने लगा।

इस माडल में केरल की इससे जुड़ी अन्य उपलब्धियाँ भी शामिल थीं जैसे कश्मीर से बाहर भारत का सर्वाधिक आमूल परिवर्तनवादी भूमि सुधार, अस्पृश्यता उन्मूलन में महत्त्वपूर्ण प्रगति, भोजन के लिए भारत की सर्वश्रेष्ठ सार्वजनिक वितरण प्रणाली, क्षेत्रीय और शहरी-ग्रामीण विकास के बीच के अन्तरों को कम किया जाना, जनता की जागरूकता के उच्च स्तर जो और चीजों के अतिरिक्त प्रति व्यक्ति समाचारपत्र के भारत के सबसे ऊँचे आँकड़ों में परिलक्षित होते हैं, जीवन्त सार्वजनिक बहस की परम्परा और स्थानीय निर्णय प्रक्रिया में जनता की अधिक भागीदारी।

इसके साथ केरल की सुदृढ़ नागरिक संस्कृति की विरासत को भी जोड़ा जाना चाहिए जिसने वह स्थान प्रदान किया जिसमें लेखक, अकादमिक और बुद्धिजीवी लोग समसामयिक प्रमुख मुद्दों पर जोरदार हस्तक्षेप कर सके। केरल की राजनीतिक सभाओं, बड़ी बड़ी जन रैलियों और सार्वजनिक वक्तृता की परम्परा ने इसको प्रोत्साहन दिया। पुस्तकालय आन्दोलन, फिल्म सोसाइटी और घूम घूम कर जगह जगह प्रस्तुतियाँ देने वाले दलों द्वारा रंगमंच अथवा संगीत के कार्यक्रम राज्य में खूब फले-फूले। साहित्यिक और कलात्मक गतिविधि की शक्ति और मलयालम थियेटर और सिनेमा की रचनाशीलता ने केरल को संस्कृति के एक प्रमुख केन्द्र के रूप में वह प्रतिष्ठा दिलाई जो उसके आकार के अनुपात में कहीं ज्यादा थी।

1980 के दशक के प्रारम्भ में केरल माडल ने अन्तरराष्ट्रीय विद्वानों और स्वास्थ्य, शिक्षा और विकास विशेषज्ञों का ध्यान आकृष्ट करना शुरू कर दिया। दुनिया में बहुत लोग इस बात पर अचंभित थे कि केरल ने धरती पर सर्वाधिक सघन रूप से संकुल स्थानों (मानो कैलीफोर्निया की आबादी स्विट्जरलैंड जैसे छोटे राज्य में भर दी गई हो)[113] में से एक होने के बावजूद कैसे यह सब हासिल कर लिया। 1981 में जीवन के भौतिक गुणवत्ता सूचकांक (पीक्यूएलआई) में 1 से 100 के पैमाने पर केरल का स्थान बहुत ऊँचा (प्राप्तांक 82)

था। यह प्राप्तांक पूरे अफ्रीका और एशिया के तीन कहीं अधिक समृद्ध देशों—जापान, ताइवान और दक्षिण कोरिया-को छोड़कर शेष पूरे एशिया के प्राप्तांक से अधिक था। 1989 तक केरल का पी क्यू एल आई और ऊँचा उठकर 88 तक पहुँच गया था।[114]

1985 में इटली के बेल्लागिओ में राकफेलर फाउंडेशन के तत्त्वावधान में हुए एक सम्मेलन में केरल को 'कम दाम में बढ़िया सेहत' के माडल के रूप में कोस्टा रिका, क्यूबा, श्रीलंका और चीन के साथ प्रस्तुत किया गया। एक पारिस्थितिकीविद ने प्राकृतिक संसाधनों के मितव्ययी इस्तेमाल के लिए केरल की प्रशंसा के पुल बाँधते हुए उसे 'केरल अपवाद' नाम दिया : 'दक्षिण भारत के मलयालमभाषी लोगों ने सम्पूर्ण विश्व के लिए एक उदाहरण प्रस्तुत किया है। धरती के संसाधनों के उपयोग में असाधारण दक्षता केरल के 2 करोड़ 90 लाख नागरिकों की जीवनशैलियों की विशेषता है। केरल की रहनुमाई का अनुसरण करते हुए हम 21वीं सदी में एक उच्च जीवनस्तर बनाए रखते हुए प्राकृतिक संसाधनों के सन्दर्भ में समझदारी भरे मितव्ययी मानव व्यवहार का रास्ता अपना सकते हैं'।[115]

गँवा दिए गए अवसर

केरल माडल पर प्रशंसा के फूल बरसाने वालों में गैररूढ़िवादी अर्थशास्त्री और आमूल परिवर्तनवादी समाजविज्ञानी सबसे आगे थे। उनकी दृष्टि में केरल ने न केवल परम्परागत आर्थिक ज्ञान को गलत सिद्ध किया, जिसका मानना था कि सामान्यतया कृषि और उद्योग के विकास के बाद ही आम जनता के जीवनस्तर में सुधार आता है, बल्कि नए नीति उपागमों की मोहक सम्भावनाएँ भी प्रस्तुत कीं। लेकिन यह 'माडल' जल्दी ही 'मुख्य धारा' बन गया। पुरातनपन्थी प्रतिष्ठानों ने भी इसकी उपलब्धियों को स्वीकार किया, यहाँ तक कि विश्व बैंक तक ने भूरि भूरि प्रशंसा कर इसे सम्मान दिया।

विडम्बना यह थी कि जब केरल माडल की प्रशंसा के पुल बाँधे जा रहे थे उस समय जमीनी हकीकत धीरे-धीरे बदल रही थी। 1970 के दशक के अन्तिम वर्षों से कृषि उत्पाद घटने लगा और सकल घरेलू उत्पाद की वृद्धि की गति धीमी हुई। राज्य के राजस्व की वृद्धि में कमी आने के साथ स्वास्थ्य और शिक्षा को मिलने वाला वित्तीय समर्थन भी कम होना शुरू हो गया और उसमें, विशेषकर तृतीय श्रेणी की स्वास्थ्य सुरक्षा में धीरे-धीरे निजीकरण प्रवेश करने लगा। सर्वाधिक महत्त्वपूर्ण यह कि बेरोजगारी बढ़ी। इसमें महिलाओं की बेरोजगारी शामिल थी। उत्प्रवास, विशेषकर तेल समृद्ध फारस की खाड़ी के देशों की ओर उत्प्रवास तेज़ी से बढ़ा।

ये प्रक्रियाएँ धीमी गति से लगातार चल रही थीं। लेकिन जैसा कि अगले अध्याय में देखेंगे, उनकी दिशा सुस्पष्ट थी। इन प्रक्रियाओं में 1980 के दशक में उस समय तेजी आई जब केरल के सकल घरेलू उत्पाद की वृद्धिदर घटकर राष्ट्रीय दर की मात्र एक चौथाई रह गई और सामाजिक क्षेत्र में सार्वजनिक व्यय में वास्तविक अर्थों में कमी आई। अनुभवी प्रेक्षक लगातार देख रहे थे कि केरल की अर्थव्यवस्था की जो हालत है उसमें अपनी सामाजिक प्रगति की पुरानी दर को बनाये रख पाना उसके लिए कठिन होगा। 1980 के दशक के अन्तिम वर्षों में नीति निर्माता और विकास विशेषज्ञ केरल माडल के 'संकटों' की बात करने लगे थे। जल्दी ही, यह शब्द सार्वजनिक चर्चा का अंग बन गया।

1990 के दशक के शुरुआती वर्ष केन्द्र सरकार द्वारा हाल ही में अपनाये गए निजी पूँजी के नेतृत्व वाले नवउदारवादी उपागम का अनुसरण किए बिना राज्य की अर्थव्यवस्था को प्रोत्साहन देने की जरूरत पर केरल के बुद्धिजीवियों के बीच छिड़ी बहस के साक्षी बने। लेकिन उसके कोई आसान समाधान नहीं मिल पाए। राजनीतिक नेतृत्व ने भी जवाबों की तलाश की लेकिन अधिक सफलता नहीं मिली।

केरल माडल का संकट इस बात की माँग करता है कि जिस ढंग से उसकी रचना हुई थी उसकी कमजोरियों और दोषों पर विचार किया जाए। यहाँ तीन बातें प्रासंगिक हैं : एक, माडल के साथ जुड़ी अनेक नीतियाँ बिना इस बात की स्पष्टता के अपनाई गई थीं कि उन्हें क्यों चुना गया। क्या उन्हें इसलिए चुना गया क्योंकि वे मूलभूत रूप से प्रगतिशील अथवा आमूल परिवर्तनवादी और मानक के रूप से वांछनीय थीं या इसलिए क्योंकि वे लाभदायक थीं और तत्कालीन राजनीतिक ताकतों के सन्तुलन के लिए उनकी जरूरत थी। लेकिन सभी नीतियों का एक अवसर मूल्य होता है। किसी विशिष्ट सुधार पैकेज को तरजीह दिए जाने के कारण प्रायः वैकल्पिक, विशेषकर अधिक आमूल परिवर्तनवादी और न्यायोचित नीतियाँ अस्वीकार कर दी जाती हैं।

इनमें से अनेक चयन 'व्यावहारिक' कारणों से किए गए थे लेकिन मानो संयोग से, वे मानक रूप में आदर्श और उचित भी सिद्ध हुए। केरल ऐग्रीकल्चरल वर्कर्स ऐक्ट के मामले में यही सच है। लेकिन इसका विलोम भी सही सिद्ध हो सकता है। उदाहरण के लिए, काश्तकारी सुधार के परिणामस्वरूप समृद्ध किसानों की शक्ति बढ़ी जिससे अन्ततः गरीबों के हितों पर प्रतिकूल प्रभाव पड़ा। वामपन्थी नेताओं और बुद्धिजीवियों के साथ मेरे साक्षात्कारों पर जाएँ तो ऐसे मुद्दों और उनसे मिलने वाली चुनौतियों-उनसे बराबरी पर उनका मुकाबला करने वाली शक्तियों के निर्माण और सुधारात्मक कदम उठाने की चुनौतियों-पर वालोमो अथवा कम्युनिस्ट पार्टियों के भीतर पूरी तरह विचार विमर्श नहीं किया गया था। भावी नीति बनाने में उपयुक्त चेतावनियों पर ध्यान नहीं दिया गया था।

दूसरे, केरल जिन कुछ प्रगतिशील बदलावों के लिए जाना जाता है, जैसेकि अस्पृश्यता उन्मूलन, अथवा क्षेत्रीय और शहरी-ग्रामीण असमानताओं का संकुचन, वे राज्य की किसी सचेतन नीति के परिणामस्वरूप नहीं बल्कि ऐसी ऐच्छिक गतिविधियों और सामाजिक प्रक्रियाओं के परिणामस्वरूप हुए जिनमें राज्य की भूमिका नगण्य थी। निश्चय ही, यह स्वाभाविक था और इस पर कोई आपत्ति नहीं हो सकती थी। प्रश्न यह है कि क्या वालोमो के राजनीतिक नेतृत्व ने इन प्रक्रियाओं के शिथिल हो जाने की स्थिति में उनमें नई ऊर्जा भरने के उपायों की और विभिन्न स्थितियों में अपने प्रतिरूप गढ़ने की इनकी क्षमताओं की कोई विश्लेषणात्मक समझ विकसित की। इसका जवाब व्यापक रूप से नकारात्मक ही होगा।

तीसरे, केरल माडल की कुछ कमियों, दोषों और कमजोरियों को बहुत बाद तक (1990 के दशक के प्रारम्भ अथवा मध्य तक) समझा अथवा स्वीकार नहीं किया गया। इनमें कुछ सामाजिक समूहों का बहिष्करण, नैतिक न्याय की कसौटी पर नतीजों का खरा न उतरना, अपेक्षतया ऊँची पारिस्थितिक लागतें, विभिन्न आर्थिक क्षेत्रों के बीच असन्तुलन आदि शामिल थे। अगले अध्याय में इन पर विस्तार से चर्चा की गई है। माडल के संकट को जब

तक पहचाना जाता तब तक इनमें से कुछ समस्याएँ स्थायी और कुछ लगभग दु:साध्य बन चुकी थीं। पुरुष-स्त्री अनुपात की ऊँची दर को लेकर बहुत आत्मसन्तोष था लेकिन जमीनी स्तर पर लिंगगत भेदभाव के नए रूपों, यौन प्रताड़नाओं और महिलाओं के बीच असुरक्षा में वृद्धि को समुचित रूप से स्वीकार नहीं किया गया।

इन सबसे ऊपर और इनके अतिरिक्त एक और कमी जो अलग से दिखाई पड़ती है, वह है इन मुद्दों पर वाम दलों के भीतर गम्भीर और निरन्तर विचार विमर्श का अभाव और वैकल्पिक नीतियो, और जो मार्ग नहीं अपनाये गए उनके प्रति विभिन्न दृष्टिकोणों पर बहस की लगभग अनुपस्थिति। केरल माडल के बारे में पहले से कुछ तय नहीं था, न ही केवल यही एकमात्र सम्भव माडल था। अधिक वांछनीय परिणाम पाने के लिए इसे सुधारा जा सकता था, विशेषकर जब 1990 के दशक के मध्य में यह समझ में आ गया था कि यह माडल संकटग्रस्त है और इसे सुधारे जाने की जरूरत है।

उपलब्ध साक्ष्य के अनुसार प्रतीत होता है कि इस पर केरल में अथवा राष्ट्रीय स्तर पर कहीं भी वाम दलों में अलग-अलग अथवा परस्पर उनके बीच बहस नहीं हुई। पार्टी से जुड़े बुद्धिजीवियों का इन बहसों से गहरा जुड़ाव था और पार्टी के विशिष्ट पदाधिकारी भी कभी-कभी इनमें हिस्सा लेते थे। लेकिन इन पारस्परिक संवादों से उपजे विचार पार्टी के भीतर होने वाले विचार विमर्श अथवा बहसों में बहुत कम सम्प्रेषित किए गए।

इसी तरह, राष्ट्रीय वाम के भीतर केरल के अनुभव से कुछ सीखने के बारे में बहुत कम चर्चा हुई है। यह बात जातिवाद के विरुद्ध संघर्ष (जो बीसवीं सदी के पूर्वार्ध में अधिकतर अन्य राज्यों की तुलना में केरल ने कहीं अधिक सफलतापूर्वक किया था[116]) अथवा वाम दलों और सामाजिक सुधार आन्दोलनों के बीच एक घनिष्ठ सम्बन्ध और समायोजन स्थापित करने के 'सकारात्मक' सबकों पर लागू होती है। यह केरल के भूमि सुधारों से मिलने वाले 'नकारात्मक' सबकों के लिए भी सच है जिन्हें पश्चिम बंगाल के कृषि कार्यक्रम अथवा अनेक अन्य राज्यों की किसान सभा कार्ययोजनाओं में समेकित किया जा सकता था। आश्चर्यजनक है कि चुनावी गठबन्धनों के मुद्दे से भिन्न ऐसे मुद्दों पर वाम दलों के भीतर और उनके बीच बहुत कम संवाद था। यह इस बात का संकेत है कि संसदीय कार्य उनके प्रमुख सरोकार बन गए थे।

अगले अध्याय में केरल माडल के संकट और आमूल परिवर्तनवादी वैकल्पिक ढाँचों में बद्धमूल भावी समाधानों की तलाश पर निगाह डाली गई है। यदि प्रारम्भिक अवधि में वाम की भव्य उपलब्धियों को इतिहास का अवशेष मात्र बनकर नहीं रह जाना है तो इस तरह के समाधानों पर बहस जरूरी है।

अगले पृष्ठों में 1977 से 2011 तक के विधानसभा चुनावों में वालोमो और संलोमो के तुलनात्मक प्रदर्शन की तालिका प्रस्तुत की गई है यह देखना दिलचस्प हो सकता है और यह समाजवैज्ञानिकों को भी इस विषय पर अतिरिक्त शोध करने के लिए प्रोत्साहित कर सकता है कि पश्चिम बंगाल में चौतीस वर्षों से अधिक की लम्बी अवधि तक वाम मोर्चे के अबाधित शासन के विपरीत केरल में वालोमो अथवा संलोमो किसी ने भी दो विधानसभा चुनाव लगातार कभी नहीं जीते। सम्भवत: केरल के इस घटनाक्रम के लिए मतदाताओं की मानसिकता का यह विशिष्ट पहलू जिम्मेदार है।

वर्ष	केरल : विधानसभा चुनावों में संलोमो और वालोमो दलों का प्रदर्शन			
वर्ष		लड़ी गई सीटें	जीती गई सीटें	मत प्रतिशत
1977	वालोमो (एलडीएफ)	140	29	43.26
	माकपा	68	17	22.18
	केरल कांग्रेस (पिल्लई गुट) (केसीपी)	15	2	4.53
	भारतीय लोक दल	26	6	7.86
	आल इंडिया मुस्लिम लीग (आईएमएल)	16	3	4.45
	निर्दलीय (वालोमो समर्थित)	15	1	4.24
	संलोमो	140	111	52.93
	कांग्रेस	54	38	20.02
	इंडियन यूनियन मुस्लिम लीग (आईयूएमएल)	16	13	6.66
	रिसोपा	11	9	4.20
	भाकपा	27	23	9.94
	केरल कांग्रेस (केईसी)	22	20	8.38
	निर्दलीय (संलोमो समर्थित)	10	8	3.73
	निर्दलीय और अन्य दल			
	कुल	**569**	**140**	**100.00**
1980	वालोमो	140	93	50.68
	भाकपा	22	17	7.80
	माकपा	50	35	19.35
	रिसोपा	8	6	3.02
	भारतीय राष्ट्रीय कांग्रेस (उर्स) (आईएनसी उर्स)	30	21	10.95
	केईसी	17	8	5.25
	एआईएमएल	11	5	3.51
	केसीपी	2	1	0.80
	संलोमो	140	45	43.69
	कांग्रेस	53	17	17.03
	आईयूएमएल	21	14	7.18
	केरल कांग्रेस (जोसेफ) (केसीजे)	15	6	4.61
	जनता पार्टी (जेएनपी)	27	5	7.60
	निर्दलीय (संलोमो समर्थित)	24	3	7.27
	निर्दलीय (शेष)	305	2	4.81
	अन्य दल	17	–	0.82
	कुल	**602**	**140**	**100.00**

1982	वालोमो	140	64	47.12
	भाकपा	25	13	8.42
	माकपा	51	26	18.80
	एआईएमएल	12	4	3.25
	रिसोपा	8	4	2.76
	भारतीय राष्ट्रीय कांग्रेस (समाजवादी) (आईसीएस)	15	5	4.81
	जनता पार्टी (जेएनपी)	13	4	4.04
	निर्दलीय (वालोमो समर्थित)	16	8	5.04
	संलोमो	140	76	48.18
	कांग्रेस	35	20	11.89
	मुस्लिम लीग	18	14	6.17
	केईसी	17	6	5 86
	के जे सी	12	8	4.55
	नेशनल डेमोक्रेटिक पार्टी (एनडीपी)	5	2	1.67
	निर्दलीय (संलोमो समर्थित)	53	26	18.04
	भाजपा	69	–	2.75
	निर्दलीय (शेष)	350	–	1.95
	कुल	**699**	**140**	**100.00**
1987	वालोमो	140	77	44.99
	भाकपा	25	16	8.07
	माकपा	70	38	22.84
	रिसोपा	6	5	2.07
	आईसीएस	14	6	4.01
	जेएनपी	12	7	3.78
	लोकदल	2	1	0.61
	निर्दलीय (वालोमो समर्थित)	11	4	3.61
	संलोमो	140	62	44.15
	कांग्रेस	76	33	24.81
	आईयूएमएल	23	15	7.72
	केईसी	14	5	3.54
	निर्दलीय (संलोमो समर्थित)	27	9	8.08
	भाजपा	116	--	5.63
	निर्दलीय (शेष)	858	1	5.23
	कुल	**1254**	**140**	**100.00**
1991	वालोमो	140	50	45.59
	भाकपा	24	12	8.26

	माकपा	65	29	22.08
	रिसोपा	6	2	1.73
	जनता दल	13	3	4.04
	केईसी	10	1	2.99
	आईसीएस	12	2	3.47
	निर्दलीय (वालोमो समर्थित)	10	1	3.02
	संलोमो	140	90	47.80
	कांग्रेस	91	55	32.07
	आईयूएमएल	22	19	7.37
	केरल कांग्रेस (मणि) (केसीएम)	13	10	4.32
	कम्युनिस्ट मार्क्सिस्ट पार्टी ऑफ इंडिया (सीपीएम(के))	4	1	1.18
	एनडीपी	3	2	0.93
	निर्दलीय (संलोमो समर्थित)	7	3	1.93
	भाजपा	137	–	4.76
	निर्दलीय व अन्य दल	392	–	1.85
	कुल	**809**	**140**	**100.00**
1996	वालोमो	140	80	45.67
	भाकपा	22	18	7.62
	माकपा	62	40	21.59
	रिसोपा	6	5	2.07
	जनता दल	13	4	4.12
	केईसी	10	6	3.10
	आईसीएस	9	3	2.49
	निर्दलीय (वालोमो समर्थित)	18	4	4.68
	संलोमो	140	59	44.84
	कांग्रेस	94	37	30.43
	आईयूएमएल	22	13	7.19
	केसीएम	10	5	3.18
	(सीपीएम(के))	2	–	0.49
	जनाधिपत्य समरेक्षण समिति (जेपीएसएस)	4	1	1.28
	केरल कांगेस (बालकृष्ण पिल्लई) केईसी(बी)	2	1	0.64
	केसीजे	4	2	1.14
	निर्दलीय संलोमो समर्थित	2	–	0.49
	भाजपा	127	–	5.48
	निर्दलीय (शेष)	634	1	2.51
	अन्य दल	160	–	1.50
	कुल	**1201**	**140**	**100.00**

2001	**वालोमो**	140	40	43.69
	भाकपा	22	7	7.25
	माकपा	65	23	21.36
	एनसीपी	9	2	2.60
	जनता दल (एस)	10	3	2.94
	रिसोपा	6	2	1.71
	केईसी	10	2	2.90
	इंडियन नेशनल लीग (आईएनएल)	1	–	0.29
	निर्दलीय (वालोमो समर्थित)	17	1	4.64
	संलोमो	140	99	49.07
	कांग्रेस	88	62	31.40
	मुस्लिम लीग	21	16	7.59
	केसीएम	11	9	3.54
	सीपीएम(के)	2	1	0.61
	जेपीएसएस	5	4	1.78
	केईसी(बी)	2	2	0.72
	रिवाल्यूशनरी सोशलिस्ट पार्टी आफ केरल	–	–	–
	बोल्शेविक (आरएसपीके(बी))	4	2	1.37
	केसीजे	3	2	0.97
	निर्दलीय (संलोमो समर्थित)	4	1	1.09
	भाजपा	123	–	5.02
	निर्दलीय (शेष)	235	1	2.14
	अन्य दल	38	–	0.08
	कुल	**676**	**140**	**100.00**
2006	वालोमो	140	98	48.63
	भाकपा	24	17	8.09
	माकपा	85	61	30.45
	एनसीपी	2	1	0.64
	जनता दल (एस)	8	5	2.44
	रिसोपा	4	3	1.44
	आईएनएल	3	1	0.90
	केईसी	6	4	1.75
	केरल कांग्रेस (सेकुलर) (केसीएस)	1	1	0.31
	कांग्रेस (एस)	1	1	0.47
	निर्दलीय (वालोमो समर्थित)	6	4	2.14
	संलोमो	140	42	42.63

	कांग्रेस	77	24	24.09
	आईयूएमएल	21	7	7.30
	डेमोक्रेटिक इन्दिरा कांग्रेस (डीआईसी)	17	1	4.27
	केसीएम	11	7	3.26
	जेपीएसएस	5	1	1.51
	सीपीएम(के)	3	.	0.81
	केईसी(बी)	2	1	0.62
	रिसोपा(बी)	1	–	0.01
	निर्दलीय (संलोमो समर्थित)	3	1	0.76
	भाजपा	136	–	4.75
	निर्दलीय तथा अन्य दल	515	–	3.99
	कुल	**931**	**140**	**100.00**
2011	वालोमो	140	68	44.94
	भाकपा	27	13	8.72
	माकपा	84	45	28.18
	एनसीपी	4	2	1.24
	जनता दल (सेक्यूलर)	5	4	1.52
	रिसोपा	4	2	1.31
	केसी(एएम)	2	–	0.51
	आई एन एल	2	–	0.24
	निर्दलीय (वालोमो समर्थित)	12	2	3.22
	संलोमो	140	72	45.84
	कांग्रेस	81	38	26.40
	मुस्लिम लीग	23	20	7.92
	केसीएम	15	9	4.94
	सोशलिस्ट जनता (डेमोक्रेटिक) एसजेडी	6	2	1.65
	सीपीएम(के)	2	–	0.65
	जेपीएसएस	4	–	1.31
	केईसी(बी)	2	1	0.72
	केसीजे	3	1	0.91
	केरल रिवाल्यूशनरी सोशलिस्ट पार्टी (बेबी जॉन)	1	1	0.37
	निर्दलीय (संलोमो समर्थित)	3	–	0.97
	भाजपा	138	–	6.03
	निर्दलीय तथा अन्य दल	553	–	3.19
	कुल	**971**	**140**	**100.00**

7

केरल के किले में दरारें

गुटबाजी, 'जनता की योजना', खिसकता सामाजिक आधार, पुनर्जीवन के अवसर

1970 के दशक तक केरल के कम्युनिस्टों की दो उपलब्धियाँ ऐसी थीं जिनके बारे में वे बढ़-चढ़कर बात कर सकते थे। वे एक लोकतंत्र के स्वतंत्र और निष्पक्ष चुनाव के जरिये एक बड़े प्रान्त में पहली बार सत्ता में आए थे और ऐसा विश्व में पहली बार हुआ था। उन्होंने केरल माडल के रूप में प्रसिद्ध हुए माडल की पहल की थी और उसके लिए व्यापक रूप से उत्तरदायी थे, उन्होंने आमदनी और संवृद्धि के निम्न स्तरों के बावजूद पहली दुनिया के सामाजिक विकास के स्तरों तक पहुँचने की पहल की थी। इस पहल में एक हद तक सामाजिक एकजुटता और उच्च स्तर की जन जागरूकता, नागरिक संलग्नता और लोकसहभागिता शामिल थी। केरल माडल की सफलता के लिए भारत की कम्युनिस्ट पार्टी (मार्क्सवादी) (माकपा) के नेतृत्व वाली वाम लोकतांत्रिक मोर्चे (एल.डी.एफ.) की सरकार को पूरी दुनिया में सराहा गया था।

केरल मानव विकास के कुछ सर्वश्रेष्ठ सूचकांकों के बारे में अब भी गर्वोक्ति करता है, विशेषकर सुदीर्घ जीवनकाल, स्वास्थ्य, साक्षरता और शिक्षा के क्षेत्र में ये सूचकांक कहीं के भी मुकाबले बेहतर हैं। लेकिन फिसलनों और प्रतिगमन के उदाहरण भी हैं जिनके बाद पूर्वस्थितियों की बहाली और बेहतरी भी हुई और इसके बाद फिर और अधिक उतार-चढ़ाव सामने आए। इस अध्याय में इस रिकार्ड का, विशेषकर 1980 के दशक के प्रारम्भिक वर्षों का सर्वेक्षण किया गया है और इस अवधि में हुए प्रमुख सामाजिक, आर्थिक और राजनीतिक बदलावों पर नजर डाली गई है, साथ ही इस बात का विश्लेषण किया गया है कि वाम ने कितनी अच्छी तरह से इनके साथ सामंजस्य स्थापित किया है और निकट भविष्य में वाम के लिए क्या सम्भावनाएँ हो सकती हैं।

परिणामों को सार रूप में प्रस्तुत करें तो केरल की कृषि और पारम्परिक उद्योगों में गिरावट आई और लगभग एक दशक तक वृद्धि दर धीमी रही जिसके कारण आर्थिक संकट उत्पन्न हुआ। इसका असर रोजगार पर पड़ा और सार्वजनिक सामाजिक क्षेत्र में खर्च में कमी आई। इससे कुछ सूचकांकों में केरल की बढ़त कम हुई और स्वास्थ्य सुरक्षा में निजीकरण को प्रोत्साहन मिला। राज्य के हस्तक्षेप के बजाय उत्प्रवासियों द्वारा भेजे गए धन और अन्य कारकों ने अर्थव्यवस्था को पुनर्जीवित किया लेकिन विनिर्माण से प्रेरित उपभोग

केन्द्रित वृद्धि को बढ़ावा देकर और इस प्रकार वर्गीय असमानताओं और पारिस्थितिकीय विनाश को और गम्भीर रूप से बढ़ाकर विकृतियाँ उत्पन्न कीं। इससे सामाजिक प्रतिगमन और तेजी से बढ़ा जिसका वाम पर नकारात्मक प्रभाव पड़ा।

एक आमूल परिवर्तनवादी विकेन्द्रीकरण कार्यक्रम 'जन योजना अभियान' (1996) ने इसे सुधारने का प्रयास किया लेकिन आन्तरिक विरोध के बाद उसे छोड़ दिया गया। न्याय के मुद्दों की उपेक्षा जारी रही और केरल समाज दक्षिणपन्थ की ओर बढ़ चला। वाम के पुराने सामाजिक आधार का लगातार क्षरण हुआ था और इसका नेतृत्व आमूल परिवर्तनवादी नहीं रह गया था। भारतीय जनता पार्टी ने हाल ही में केरल में अपनी उपस्थिति दर्ज कराई है। वाम अपनी खोई जमीन तभी वापस पा सकता है यदि वह अपनी गलतियाँ सुधारने के लिए आमूल परिवर्तनवादी कदम उठाये।

संवृद्धि कम, बेरोजगारी ज्यादा

1980 के दशक के मध्य अथवा उसके आस-पास से ही 'रोजगार और माल उत्पादन के क्षेत्रों में सुस्पष्ट ठहराव के साथ' केरल माडल की कमजोरियाँ दिखाई देने लगी थीं। अपनी कृषि के संकटग्रस्त होने और इस संकट का समाधान करने में सरकार की असफलता के कारण खाद्य सम्बन्धी अपनी जरूरतों के लिए केरल अन्य राज्यों पर निर्भर हो गया। औद्योगिक विकास ने गति नहीं पकड़ी।[1] बड़े पैमाने पर लोग केरल से भारत के दूसरे भागों और 1970 के दशक के मध्य में खाड़ी देशों में गए। रोजगार बुरी तरह प्रभावित हुआ था। सार्वजनिक खर्च में लगातार गिरावट के कारण 'शिक्षा और स्वास्थ्य में बहुत प्रशंसित प्रगति भी' असुरक्षित प्रतीत हुई।[2] इन क्षेत्रों को भी आंशिक निजीकरण से गुजरना पड़ा।[3]

1970 के दशक और 1980 के दशक के अन्तिम वर्षों के बीच केरल के सकल घरेलू उत्पाद की वृद्धि दर राष्ट्रीय अर्थव्यवस्था के लिए 4.1 प्रतिशत की तुलना में 2.3 प्रतिशत से घटकर 1.2 प्रतिशत से कम हो गई।[4] 1970 के दशक के मध्य से 1990 के दशक के प्रारम्भिक वर्षों तक इसका औद्योगिक प्रदर्शन निराशाजनक था। राज्य की अर्थव्यवस्था में औद्योगिक उत्पादन के हिस्से में गिरावट आई। 'कच्चे माल की कमी और उसके दामों में तेज वृद्धि तथा बढ़ी हुई प्रतिद्वन्द्विता के कारण'[5] केरल के नारियल जटा, काजू और हथकरघा कपड़े जैसे परम्परागत उद्योगों के उत्पादन और रोजगार में गिरावट आई।

इस बीच, आर्थिक गतिरोध, बढ़ते सामाजिक खर्च और केन्द्र द्वारा आर्थिक सहायता (सब्सिडी) का बढ़ता बोझ राज्यों को हस्तान्तरित किए जाने के कारण राज्य का राजकोषीय संकट और गहराया। केरल के राजस्व खाते का घाटा लगातार बढ़ता गया। राज्य के ऊँचे सामाजिक व्यय और अपने खर्चों के लिए वित्त जुटाने में राज्य की गिरती क्षमता के साथ निम्न वृद्धि ने केरल माडल की निरन्तरता के बारे में सवाल खड़े किए। 'केरल माडल के संकट' की चर्चा जल्दी ही मुख्यधारा के विमर्श में शामिल हो गई। केरल ने भारत का ऐसा अकेला राज्य होने की 'संदिग्ध प्रतिष्ठा' अर्जित कर ली जिसका सामाजिक व्यय 1974-75 से 1984-85 के दशक की तुलना में 1985-86 और 1991-92 के बीच की अवधि में वास्तविक अर्थों में घट गया।[6]

इसने खतरे की घंटी बजा दी। किसी और ने नहीं बल्कि स्वयं ई.एम.एस. नम्बूदिरीपाद

ने चेतावनी दी कि 'केरल की उपलब्धियों के लिए विद्वान उसकी प्रशंसा के जो पुल बाँधते हैं' उसे 'जिस गहन आर्थिक संकट का हम सामना कर रहे हैं उससे ध्यान हटाने' की अनुमति नहीं दी जानी चाहिए। आर्थिक संवृद्धि के सन्दर्भ में हम भारत के अन्य राज्यों से पीछे हैं और इस संकट का समाधान कोई देरी बर्दाश्त नहीं कर सकता। रोजगार और उत्पादन के सन्दर्भ में हम अपने पिछड़ेपन की उपेक्षा अपने जोखिम पर ही कर सकते हैं'।[7] माडल का संकट तुरन्त समाधान की माँग कर रहा था।

फिर भी, राजकोषीय संकट और गिरते सामाजिक खर्च इस बात पर कोई जोशीली बहस शुरू नहीं कर पाए कि राज्य किस तरह अर्थव्यवस्था को बढ़ावा देकर, अधिक संसाधन जुटाकर, सार्वजनिक सेवाएँ प्रदान करने में कुशलता बढ़ाकर और न्याय के प्रति तथा कमजोर समूहों को शामिल करने की अपनी प्रतिबद्धता को मजबूत करते हुए खुद के अनुत्पादक खर्च में बरबादी को कम कर सुधारात्मक कार्रवाई कर सकता है। इसके बजाय नीतिगत विमर्श में एक अनुचित और हानिकर बदलाव यह हुआ कि न्याय के प्रति प्रतिबद्धता को छोड़कर सकल घरेलू उत्पाद बढ़ाने पर ही जोर दिया जाने लगा। इसने केरल के कुछ मानव विकास सूचकांकों में आए गतिरोध को और बढ़ा दिया, यद्यपि वे अब भी शेष भारत से बहुत आगे थे और राज्य से थोड़ी सी ही सहायता पाकर बेहतर हो सकते थे।

प्रारम्भ में यह आर्थिक संकट फारस की खाड़ी क्षेत्र गए उत्प्रवासियों द्वारा भेजे गए धन के प्रवाह के आवरण में छिपा रहा। 'केरल के लिए सौभाग्यवश खाड़ी देशों की ओर उत्प्रवास 1970 के दशक के मध्य से बढ़ना शुरू हुआ–यह ठीक वही अवधि थी जब क्षेत्रीय अर्थव्यवस्था की अधोमुखी प्रवृत्ति दिखाई पड़ने लगी थी... । वहाँ से भेजी गई राशि अपने चरम पर–राज्य के घरेलू उत्पाद के एक चौथाई तक पहुँच गई थी।'[8] खाड़ी देशों से आई इस धनराशि ने न केरल की प्रति व्यक्ति आय बढ़ाकर राष्ट्रीय औसत से अधिक कर दी बल्कि इसके कारण विनिर्माण कार्य में भी अचानक उछाल आया। यह उछाल अन्य राज्यों से आयातित सामग्री पर आधारित था।

वृद्धिदर में गिरावट से जिस क्षेत्र में सबसे अधिक नुकसान हुआ वह था रोजगार का क्षेत्र। रोजगार कार्यालयों में नौकरी के इच्छुक पंजीकृत लोगों की संख्या 1971 और 1991 के बीच दस गुना बढ़ गई। इनमें हर पाँच में से तीन व्यक्ति शिक्षित थे। 1980 के दशक के दौरान बेरोजगार लोगों की संख्या दस लाख 90 हजार (कार्यबल का 13 प्रतिशत) से एकदम बढ़कर तीस लाख 64 हजार (कार्यबल का 20 प्रतिशत) हो गई।[9] 1990 के दशक के प्रारम्भिक वर्षों में केरल में बेरोजगारी दर राष्ट्रीय औसत से तीन गुना ज्यादा थी।[10]

प्रमुख अर्थशास्त्री के. पी कन्नन ने इस निराशाजनक स्थिति का विश्लेषण इस प्रकार किया : 'शिक्षित, विशेषकर मध्यस्तरीय शिक्षा प्राप्त...लोगों में बेरोजगारी की दर अधिक ऊँची थी। शहरी क्षेत्रों की तुलना में ग्रामीण **क्षेत्रों** में अधिक बेरोजगारी है और युवा पीढ़ी में यह विकट रूप में है... । समय के साथ जैसे जैसे आबादी का सामान्य शिक्षा स्तर बढ़ा, बेरोजगारी की समस्या शिक्षित बेरोजगार समस्या बनने की ओर प्रवृत्त हुई।...स्त्रियों की बेरोजगारी की दर अधिक ऊँची है और ग्रामीण, युवा, स्कूली शिक्षा प्राप्त स्त्रियों में बेरोजगारी की दर उच्चतम है'।[11]

इसका अर्थ है कि केरल की महिलाओं ने नौकरी पाकर जो लाभ अर्जित किए थे वे

तेजी से मिटा दिए गए। पुरुष और स्त्रियों की बेरोजगारी के बीच का अन्तर और बढ़ गया और महिलाओं के कार्यबल की सहभागिता की दरों में इतनी गिरावट आ गई कि यह भारत की निम्नतम दरों के स्तर पर पहुँच गई।[12] स्त्रियों का रोजगार कम वेतन वाली, अकुशल और अनियमित नौकरियों में ही केन्द्रित होता गया जिसमें गरीबी के स्त्रीकरण की प्रबल प्रवृत्ति उत्पन्न हुई और उन गरीब पारिवारिक इकाइयों की संख्या में वृद्धि हुई जिनकी मुखिया महिलाएँ थीं।[13]

अधिक बेरोजगारी के परिणामस्वरूप सार्वजनिक जीवन से स्त्रियों की वापसी की घटनाओं में वृद्धि हुई। शिक्षा के उच्चतर स्तरों और जमीनी आन्दोलनों में अपनी भागीदारी के बावजूद 'स्त्रियाँ निर्णय करने के उच्चतर स्तरों में सुस्पष्ट रूप से अनुपस्थित थीं'। यहाँ तक कि उन जन संगठनों के नेतृत्व में भी उनका प्रतिनिधित्व 'हाशिये पर' था जिनमें मुख्यत: महिलाएँ ही सदस्य थीं। हाल की अवधि में 'स्त्रियों से सम्बन्धित मुद्दों के प्रति प्रगतिशील दृष्टिकोणों में क्षरण के तकलीफदेह, चिंतित करने वाले संकेत दिखाई दे रहे हैं जैसे कि दहेज प्रथा का प्रसार, मुसलमानों में परदा, जनसंचार माध्यमों में स्त्रियों का अपमानजनक चित्रण, यौन उत्पीड़न और हिंसा'।[14] जैसा कि अनेक समीक्षकों ने कहा है, ये सभी लक्षण पिछली उपलब्धियों से फिसलने और प्रतिगमन के लक्षण हैं।

1994 में हुई इंटरनेशनल कांग्रेस ऑन केरल स्टडीज़[15] में इन सब पर चर्चा हुई। लिंग भाव की सामाजिक संरचना पर हुए इसके एक सत्र ने 'पितृसत्तात्मक विचारधारा के उन अनेक तत्त्वों को उद्घाटित किया जो केरल के समाज और राजनीतिक संस्कृति में गहरे पैठे हुए हैं। उनके कारण आन्दोलनों, संस्थाओं, प्रथाओं और परम्पराओं के पुनर्मूल्यांकन की ओर वामपन्थी दृष्टि से पितृसत्तात्मक विचारधारा की एक सम्पूर्ण प्रत्यालोचना के विकास की जरूरत है। इसी तरह, स्त्रियों का आर्थिक हाशियाकरण...विकास की नीतियों के पुनर्परीक्षण की माँग करता है'।[16]

अनेक समूह बाहर छोड़ दिए गए

महिलाएँ ही वह अकेला समूह न थीं जो केरल माडल के संकट में पड़ने पर बाहर छोड़ दिया गया था। अनेक अन्य समूहों की भी यही नियति हुई जिनमें खेतिहर मजदूर (जिनके लिए रोजगार के दिनों की संख्या कम हो गई[17]) मछुआरे, नारियल जटा का काम करने वाले, घरों में काम करने वाली नौकरानियाँ, पत्थर काटने वाली स्त्रियाँ, आदिवासी, तमिलनाडु से आए उत्प्रवासी कामगार और बोझा ढोने वाले तथा अन्य अनियतकालीन अनियमित मजदूर शामिल थे। इनकी संख्या केरल की आबादी का 15 प्रतिशत तक थी।[18] यह अनुपात किसी भी तरह से नगण्य न था।

यद्यपि शेष भारत की तुलना में केरल के दलितों की स्थिति बेहतर थी लेकिन उनका 'आपेक्षिक पिछड़ापन' कायम था।[19] केरल के सामाजिक विकास और कल्याण कार्यक्रमों का लाभ पाने में दो समुदाय पूरी तरह विफल रहे : 'राज्य के ऊँचे पूर्वी सीमान्त पर पहाड़ों पर रहने वाले आदिवासी और पश्चिमी सीमान्त के साथ के तटीय अग्रभाग में रहने वाला मछुआरा समुदाय।'[20]

मछुआरा समुदायों उनमें भी विशेषकर मुसलमानों और कैथलिकों के मामले में धार्मिक

स्वार्थों के नियंत्रण और समुदायों के भीतर से सौदागरों और बिचौलियों के आर्थिक प्रभुत्व ने, जिनका बदले में संगठित धार्मिक मामलों पर पर्याप्त प्रभाव होता था, राज्य के राजनीतिक दलों की इस धारणा को विश्वसनीयता दी कि मछुआरा समुदाय तो 'वोट बैंक' हैं, जिन्हें चुनाव के समय ही लुभाया जाना होता है।'[21] 1991 में मछुआरा समुदाय में शिशु मृत्यु दर पूरे केरल की तुलना में भयावह ढंग से पाँच गुना अधिक थी और इस समुदाय की जनसंख्या में वृद्धि की दर केरल की जनसंख्या वृद्धि दर (1.9 प्रतिशत) के मुकाबले 2.3 प्रतिशत थी।[22] मछुआरों के अभावजन्य कष्ट स्थायी सिद्ध हुए।

केरल माडल का संकट एक अन्य संकट के साथ बाँह में बाँह डालकर चला। यह था पर्यावरण विनाश और दुर्दशा का संकट 'जो जीवन की गुणवत्ता के लिए खतरा उत्पन्न करता है और उस संसाधन आधार का क्षरण करता है जिसका इस्तेमाल माडल के मुख्य तत्त्वों को बनाए रखने के लिए जरूरी होता है'।[23] उच्च गुणवत्ता वाले वन आच्छादन की समाप्ति के परिणामस्वरूप पर्वतीय क्षेत्र में मिट्टी का क्षरण और नीची भूमि में पानी का जमाव हुआ। केरल की पर्यावरणीय समस्याओं में जल और वायु प्रदूषण और 'खुले, किनारे से दूर के कुछ समुद्री क्षेत्रों में जरूरत से ज्यादा मछलियाँ पकड़े जाने की सम्भावना'[24] की समस्याएँ शामिल हैं और कृषि के बढ़ते रसायनीकरण (कृषि में रसायनों के बढ़ते उपयोग) की समस्या की तो बात ही क्या।

आश्चर्य नहीं कि केरल बाँधों, भूमि और पानी तक पहुँच, ऊर्जा परियोजनाओं और प्रदूषण जैसे अनेक पर्यावरणीय मुददों पर संघर्षों का साक्षी रहा है। इन मुद्दों ने स्थानीय समुदायों और पर्यावरणकर्मियों को, जिनमें वाम रुझान वाले जन विज्ञान आन्दोलन, केरल शास्त्र साहित्य परिषद (केएसएसपी) के लोग शामिल हैं, राज्य की नीतियों और निजी स्वार्थों के खिलाफ खड़ा कर दिया है।

इनमें अधिक प्रसिद्ध और अधिक सफल थी साइलेंट वैली पनबिजली परियोजना पर हुई मुठभेड़। इस परियोजना ने एक प्राचीन वर्षा-वन को बरबाद कर दिया होता। अन्ततः यह परियोजना रद्द कर दी गई। यह केएसएसपी के लिए एक बड़ी जीत थी।[25] इसके अतिरिक्त अनेक संघर्ष हुए जैसे कोझिकोड़ (कालीकट) में चलियार नदी पर ग्राशिम इंडस्ट्रीज की एक बहुत प्रदूषण फैला रही कृत्रिम रेशम फैक्टरी के विरुद्ध संघर्ष। यह कारखाना अत्यन्त विषैले पारे और सीसे के अतिरिक्त ऐसे रसायन भी उत्सर्जित कर रहा था जिनसे कैंसर हो सकता था। इसके अतिरिक्त, 1991 में कन्नूर के पेरिंगोम में प्रस्तावित 'एक परमाणु विद्युत संयंत्र के विरुद्ध चला संघर्ष (जिसके कारण यह योजना रद्द कर दी गई)।[26]

एक स्वास्थ्य विशेषज्ञ ने लिखा कि 1980 के दशक के मध्य तक 'स्वास्थ्य के क्षेत्र में ''केरल माडल'' की वांछनीयता पर गम्भीर सन्देह व्यक्त किए जा रहे थे'। इस विशेषज्ञ ने केरल के ऊँचे और बढ़ते हुए रुग्णता उदाहरणों की ओर संकेत किया।[27] यह बताने के लिए उन्होंने एक पथप्रदर्शक अध्ययन को उद्धृत किया,[28] जिसकी पुष्टि केरल शास्त्र साहित्य परिषद (केएसएसपी) के सर्वेक्षण और अनेक छोटे स्तर के अध्ययनों ने की है,[29] कि केरल के प्रभावशाली सूचकांकों के बावजूद वहाँ...'नीति के स्तर पर कोई ऐसी उचित न्यायसंगत स्वास्थ्य व्यवस्था तैयार करने का सचेतन प्रयास नहीं है जो सबको स्वास्थ्य सुरक्षा प्रदान करे। स्वास्थ्य क्षेत्र में जिसे केरल माडल बताया गया वह जनसांख्यिकीय संक्रमण है जो

दुनिया के अन्य कई हिस्सों की तुलना में यहाँ अधिक तेजी से हुआ, जिससे एक अकेली पीढ़ी के समय के भीतर ही मृत्यु और जन्म दर में गिरावट आई। यह अधिकारों पर जोर देने वाले राजनीतिक माहौल और नीति के उस दबाव का परिणाम था जिसने शिक्षा और स्वास्थ्य क्षेत्र में अधिकार सुनिश्चित किए'।[30]

स्वास्थ्य की ही तरह शिक्षा क्षेत्र ने भी 1980 के दशक से कोई उत्साहवर्धक तस्वीर प्रस्तुत नहीं की। साक्षरता में केरल की ऐतिहासिक उपलब्धियों और प्रारम्भिक तथा मिडिल स्कूलों में विद्यार्थियों के नाम लिखाने और उन्हें स्कूल में बनाये रखने में उसकी सफलता के विपरीत उसकी प्राथमिक शिक्षा के कुछ 'गुणात्मक पहलुओं' को 'हैरान कर देने वाला' बताया गया था। अध्ययनों से यह पता चला है कि बुनियादी शिक्षा की उपलब्धि की दृष्टि से केरल का स्थान नीचे था। प्राथमिक स्कूल में शिक्षा पूरी करने वाले बच्चों में लगभग 30 प्रतिशत बच्चे 'अक्षर ज्ञान और गिनती में जरूरी उपलब्धि स्तरों तक नहीं पहुँचते।' केरल के मिडिल स्कूलों में दलित और आदिवासी छात्रों में स्कूल छोड़ने की दर बहुत ऊँची बताई गई है।[31]

एक अध्ययन से पता चला कि उच्च शिक्षा के क्षेत्र में, 1980 के दशक में केरल अनेक राज्यों के मुकाबले फिसड्डी था। 6 प्रतिशत के राष्ट्रीय अनुपात की तुलना में केरल में उपयुक्त आयु समूह में विद्यालयों में प्रवेश लेने वालों का अनुपात 4 प्रतिशत से कम था। वहाँ प्रति एक लाख की आबादी पर उच्चतर शिक्षा के लिए केवल अस्सी संस्थाएँ थीं। (राष्ट्रीय औसत 99) से अधिक थी और निजी विद्यालयों की बहुतायत (कुल संख्या के 80 प्रतिशत से अधिक)।[32]

अनेक सेमिनारों और सम्मेलनों में, जिनमें केरल के विकासात्मक अनुभव पर एक अन्तर्राष्ट्रीय सम्मेलन (1996 में इंस्टीट्यूट आफ सोशल सांइसेज द्वारा आयोजित) शामिल है,[33] और अकादमिक पत्रों में प्रकाशित अनेक परचों में केरल माडल के संकट का कड़ा परीक्षण किया गया। इस संकट ने 'वाम के विरुद्ध एक विचारधारात्मक प्रतिघात' का रास्ता खोल दिया। आरोप लगाया गया कि राज्य में वाम का प्रभुत्व आर्थिक प्रगति की राह में एक रोड़ा है। आर्थिक गतिरोध के लिए उच्चतर वेतनमान के लिए की जाने वाली हड़तालों और ट्रेड यूनियनों, कृषि गतिरोध के लिए भूमिसुधारों, ऊँची दर की बेरोजगारी के लिए शिक्षा और वित्तीय संकट के लिए सामाजिक कल्याण पर किए जाने वाले खर्च को दोषी ठहराया गया। तर्क दिया गया कि केरल में न्याय भावी आर्थिक प्रगति की कीमत पर हासिल किया गया है।'[34]

नई चुनौतियाँ

इनमें से कुछ तर्क यदि पूरी तरह से दिखावटी नहीं तो सन्देहास्पद तो अवश्य हैं क्योंकि उनका मानना है कि विकास और न्याय कभी पूरक नहीं हो सकते, वे हमेशा परस्पर असंगत हैं।[35] नवशास्त्रीय सिद्धान्त में बद्धमूल होने के अतिरिक्त यह प्रस्ताव अनैतिहासिक है और आजादी के बाद तीन दशकों तक के केरल के अपने अनुभव से गलत सिद्ध होता है। लेकिन, आर्थिक गतिरोध, अल्प उत्पादन के संकट, राज्य में वित्तीय संकट और 1980 के दशक में बढ़ती बेरोजगारी की हकीकत में भी कोई सन्देह नहीं हो सकता।

इसके परिणामों ने, विशेषकर बढ़ती बेरोजगारी के परिणामों ने दलितों और पिछड़ी

जातियों के लिए नौकरियों में आरक्षण को 'एक बहुत उग्र रूप से विवादित मुद्दे और जातिवादी गोलबन्दी के कारण के रूप में तब्दील कर दिया, उत्पादकता में गतिरोध 'छोटे उत्पादकों और वेतनभोगी मजदूरों के बीच संघर्ष बढ़ाने का एक प्रमुख कारक बन गया।'[36] फिर भी, ऐसा प्रतीत होना खेदजनक है कि केरल की अर्थव्यवस्था को गैर पारम्परिक तरीकों से पुनः सशक्त बनाने के मुद्दे पर, उदाहरण के लिए ऐसे उपाय करने पर जिनसे कृषि और औद्योगिक संवृद्धि के नए रास्ते तलाश कर विदेशों से आने वाले धन का किसी उत्पादक ढंग से पूँजी निवेश किया जा सके', 1980 के दशक के प्रारम्भिक वर्षों में वालोमो के नीति निर्माताओं के बीच बहुत कम चर्चा हुई।

न केवल प्रगतिशील बुद्धिजीवियों जिनमें से अनेक वाम दलों से जुड़े नहीं थे बल्कि पार्टी के कुछ सदस्यों ने भी कुछ वैकल्पिक रास्ते सुझाये। उन्हें इस बात का श्रेय दिया जाना चाहिए। ऐसा ही एक अनौपचारिक प्रस्ताव यह था कि कृषि में आए गति अवरोध को केवल पारम्परिक दाल उत्पादन को ही पुनर्जीवित करके नहीं बल्कि सामूहिक खेती को प्रोत्साहन देने के साथ उच्च मूल्य वाले विकल्पों जैसे औषधीय पौधों, वनीला फलियों, जड़ी-बूटियों, फूल आदि के संवर्धन द्वारा तोड़ा जाए। एक अन्य प्रस्ताव था कि जिन क्षेत्रों में केरल कौशल अथवा प्राकृतिक संसाधनों की दृष्टि से स्वाभाविक लाभ की स्थिति में है जैसे आधुनिक मत्स्य पालन अथवा इलेक्ट्रानिक्स, उनमें और सूचना प्रौद्योगिकी जैसे 'उदीयमान' क्षेत्रों में औद्योगिक सहकारी समितियाँ और संयुक्त क्षेत्र की कम्पनियाँ स्थापित की जाएँ।[37] खेद है कि ये प्रस्ताव किन्हीं ठोस नीति पैकेजों अथवा पूर्व विकसित कार्ययोजनाओं में फलीभूत नहीं हुए।[38]

इन प्रस्तावों ने वालोमो के भीतर कोई अधिक अनुगूँज नहीं जगाई और निश्चय ही उसकी नीतियों में तो इनको कोई अभिव्यक्ति नहीं ही मिली। हाशिये के लोगों पर ध्यान केन्द्रित कर अथवा सामाजिक सुरक्षा उपायों को मजबूत कर संवृद्धि के लाभों के न्यायपूर्ण वितरण को मजबूत करने के तरीकों पर वालोमो के भीतर 1987 से 1991 तक, जब वह सत्ता में था, अथवा 1996 के बाद, जब वह सत्ता में वापस लौटा, बहुत कम चर्चा हुई।[39]

1980 के दशक के अन्तिम वर्षों में केरल की अर्थव्यवस्था का कुछ ऐसे कारणों से कायापलट हुआ जिसमें राज्य हस्तक्षेप की कोई भूमिका न थी। उसकी सकल घरेलू उत्पाद वृद्धि दर बढ़ कर अखिल भारतीय स्तर 6 प्रतिशत प्रतिवर्ष के निकट पहुँच गई। 1990 के प्रारम्भिक वर्षों तक केरल की वृद्धि दर (लगभग 9 प्रतिशत) और प्रतिव्यक्ति आय राष्ट्रीय औसत को पार कर गई।[40] मानव विकास संकेतकों में केरल ने शेष भारत पर अपनी बढ़त पुनः हासिल कर ली।

वर्तमान सदी के प्रारम्भ तक केरल में जन्म के समय जीवन सम्भाव्यता 73.3 वर्ष थी जिसकी तुलना दक्षिण कोरिया, मलेशिया, चीन और इंडोनेशिया जैसे उन एशियाई देशों से की जा सकती थी जिन्होंने प्रति व्यक्ति आय के उच्च स्तर हाल के वर्षों में ही हासिल किए थे। केरल (0.790 के मानव विकास सूचकांक मूल्य के साथ) क्यूबा और उरुग्वे के साथ संयुक्त राष्ट्र विकास कार्यक्रम के उच्च मानव विकास सूचकांक (माविसू) (एचडीआई) समूह में है। यह स्थान 187 देशों के बीच भारत के 134वें स्थान से कहीं ऊपर है। भारत अपने 134वें स्थान के साथ 'मध्य विकास' समूह के सबसे निचले क्षेत्र में है।

केरल का स्त्री : पुरुष अनुपात 1.058 है जो यूरोप और उत्तरी अमेरिका के स्त्री : पुरुष अनुपात के समान है और चीन के (0.94) अथवा शेष भारत (0.93) के आँकड़ों से काफी ऊँचा है। शिशु मृत्यु दर प्रति हजार जीवित जन्मों पर केवल तेरह है। यह तथ्य तो है ही कि स्वास्थ्य की स्थिति से सम्बन्धित किसी भी सूचकांक पर स्त्री असुविधा की स्थिति में नहीं है। इसके साथ साथ यह भी प्रतीत होता है कि समय के साथ साथ उसकी सुविधाएँ अपेक्षाकृत बढ़ी हैं।

उदाहरण के लिए, केरल में महिलाएँ 1950 के दशक में पुरुषों से केवल एक वर्ष अधिक जीती थीं। 1990 के दशक में उनका जीवन काल पुरुषों की तुलना में 5.5 वर्ष अधिक हो गया जबकि पूरे भारत में पुरुषों की तुलना में महिलाओं के केवल 1.2 वर्ष अधिक जीने की अपेक्षा की जाती थी। प्रारम्भिक शिक्षा के सार्वभौमीकरण के लक्ष्य की प्राप्ति में केरल भारत के अन्य प्रमुख राज्यों से काफी आगे है जो उसकी 90 प्रतिशत से ऊपर की साक्षरता दर और लगभग सार्वभौमिक नाम लिखाई और प्राथमिक और मध्य स्तर पर स्कूल छोड़ने वालों की बहुत नीची दर में प्रतिबिम्बित होता है।[41]

लेकिन, इन सराहनीय उपलब्धियों के नीचे गम्भीर समस्याएँ और चुनौतियाँ छिपी हैं जिनमें से कुछ केरल माडल की प्रारम्भिक सफलता और फिर 1980 के दशक के दौरान उसके लड़खड़ाने का परिणाम हैं। जैसा कि इसके बारे में के.पी. कन्नन कहते हैं : 'केरल "बुनियादी जरूरतों को पूरा करने के दौर से बहुत आगे बढ़ गया है" जो विकास की चुनौती की पहली दहलीज पार करने का संकेत है। अब उसे दूसरी पीढ़ी (के विकास) की चुनौतियों से जूझना है' जिसके 'अर्थ और सारवस्तु भी गहरे परिवर्तन से गुजर रहे हैं'। लेकिन केरल के 'अन्यथा सक्रिय सार्वजनिक क्षेत्र' को उन 'महत्त्वपूर्ण रूपान्तरणों' के 'पूरे महत्त्व को आत्मसात करना अभी बाकी है' जो इन चुनौतियों का 'मुकाबला करने में स्वयं को तैयार करने के लिए' पिछले दो दशकों में हुए हैं।[42]

वाम ने इन नई चुनौतियों को अभी तक पूरी तरह नहीं समझा है न ही इनके समाधान ढूँढ़े हैं। उदाहरण के लिए जनसांख्यिकीय परिवर्तन का परिणाम था 1.7 की कुल प्रजनन दर (प्रति दंपत्ति बच्चों की औसत संख्या) जो प्रतिस्थापन प्रजनन दर (लगभग दो) से कम थी। इसने अन्तरधार्मिक असमानताएँ और लिंगगत पूर्वग्रह भी कम किए। चुनौती यह है कि 'उस बूढ़ी होती आबादी की देखभाल कैसे की जाए (कुल आबादी में) जिसका हिस्सा राष्ट्रीय औसत का दोगुना है'। इसके लिए केरल ने कोई व्यापक योजना तैयार नहीं की है।

स्वास्थ्य के क्षेत्र में आए बदलाव के सकारात्मक और नकारात्मक दोनों पक्ष हैं। बैलेंस शीट में सकारात्मक पक्ष पर स्वास्थ्य और पोषण के अनेक सूचकांकों में निरन्तर सुधार है। उदाहरण के लिए केरल की महिलाओं में रक्ताल्पता के मामले भारत में सबसे कम हैं और भारत के सभी राज्यों के चार व्यापक समूहों (अजा/अजजा, पिछड़ा वर्ग, मुसलमान तथा अन्य) की स्त्रियों में केरल की मुसलमान औरतें रक्ताल्पता की सबसे कम शिकार हैं।

स्वास्थ्य सुरक्षा का निजीकरण

लेकिन नकारात्मक पहलू को देखें तो केरल की स्वास्थ्य सुरक्षा प्रणाली निजीकरण के हमले का सामना कर रही है। सार्वजनिक अस्पतालों में बिस्तरों की संख्या 1986 और 1996 के बीच महज 5.5 प्रतिशत बढ़कर लगभग 38,000 तक पहुँची जबकि निजी संस्थानों में यह

संख्या लगभग 40 प्रतिशत बढ़कर 67,500 तक पहुँच गई।[43] निजीकरण की रफ्तार 'अत्यधिक व्यावसायिक और स्पष्ट रूप से लाभ ढूँढ़ने वाली संस्थाओं की एक नई पौध के लिए मार्ग प्रशस्त करते हुए' तेजी से बढ़ी। 'बड़े पैमाने पर स्वास्थ्य के निजीकरण ने स्वास्थ्य सम्बन्धी सामग्री और सेवाओं के लिए एक बड़ा बाजार तैयार किया। इन सामग्रियों और सेवाओं में से अनेक अप्रमाणित और सम्भवत: गैरजरूरी थीं'।[44]

स्वास्थ्य और परिवार कल्याण पर केरल के सरकारी व्यय में गिरावट आई। यह गिरावट राज्य के कुल खर्च (1990–91 में 9.3 प्रतिशत से 2007–08 में 4.47 प्रतिशत) के प्रतिशत के रूप में और इसके घरेलू उत्पाद के प्रतिशत (1.75 से 0.9 प्रतिशत) के रूप में दोनों तरह से हुई। उपकरणों, दवाइयों और सेवाकर्मियों की अपर्याप्त आपूर्ति के कारण सार्वजनिक क्षेत्र में सेवाओं का स्तर गिरा : 'लगभग 70 प्रतिशत गरीब अब निजी क्षेत्र पर भरोसा करते हैं...(और वे) स्वास्थ्य सुरक्षा पर धनिकों के 2.4 प्रतिशत के मुकाबले अपनी आय का 40 प्रतिशत तक खर्च कर देने पर विवश हैं'।[45] बड़ी बीमारियों के इलाज पर ऊँचा खर्च लोगों को गरीबी रेखा के नीचे धकेल देने में एक महत्त्वपूर्ण कारक बन गया है।[46]

निजी क्षेत्र में रोगनिवारक देखभाल पर जरूरत से ज्यादा जोर दिए जाने का अर्थ यह था कि चिकित्सकों के प्रशिक्षण में सार्वजनिक स्वास्थ्य और सम्बन्धित मुद्दों की उपेक्षा की गई, 'मेडिकल विशेषज्ञता' पर जरूरत से ज्यादा जोर दिया गया जिसके परिणामस्वरूप एक ऐसा स्वास्थ्य क्षेत्र बना जिस पर विशेषज्ञों और कार्यविधियों (प्रोसीजर) का दबदबा था लेकिन जिसमें सार्वजनिक स्वास्थ्य के बुनियादी कामों को पूरा करने की कुशलताओं का खेदजनक ढंग से अभाव था'।[47] 2005 तक 'स्वास्थ्य सुरक्षा के रोगनिवारक पक्षों का दो तिहाई से अधिक हिस्सा बिना किसी सरकारी समर्थन के निजी क्षेत्र में' था।[48]

केरल के शिक्षा क्षेत्र में बदलाव 'छात्रों की आबादी के आकार और संरचना, लड़कियों की महत्त्वपूर्ण भूमिका...उच्चतर शिक्षा की माँग, अच्छी शिक्षा की तलाश में छात्रों के उत्प्रवास और शिक्षा के प्रभाव में...' अभिव्यक्त होता है। परिणामस्वरूप 1991 में स्कूलों में (पहली कक्षा से दसवीं तक) 59 लाख छात्रों की ऊँची संख्या घटकर 2001 में 51 लाख पर और 2011 में 43 लाख पर पहुँच गई...'।[49] इस संख्या का और ज्यादा गिरना और जनसांख्यकीय कारकों द्वारा समर्थित स्तर से नीचे जाना तय है।

'उच्चतर शिक्षा का स्त्रीकरण' बढ़ रहा है। 'वर्तमान समय में लड़कियाँ...पूर्वस्नातक स्तर पर 76 प्रतिशत और स्नातकोत्तर स्तर पर 74 प्रतिशत हैं। वे औद्योगिक प्रशिक्षण संस्थानों में 62 प्रतिशत, पालीटेक्नीकों में 27 प्रतिशत और इंजीनियरिंग के डिग्री पाठ्यक्रमों में 32 प्रतिशत के साथ प्रौद्योगिक शिक्षा के क्षेत्र में निश्चय ही लड़कों की बराबरी पर आ रही हैं।' इसका आंशिक कारण यह है कि युवकों के सामने प्रारम्भिक चरण में काम करने की मजबूरी युवतियों की तुलना में अधिक होती है।[50]

इसके साथ ही, एक सर्वेक्षण ने दिखाया कि 2011 में केरल के 3.1 लाख छात्र राज्य से बाहर अध्ययन कर रहे थे। इनमें से अधिकतर पूर्वस्नातक और स्नातकोत्तर पाठ्यक्रमों में थे जिनमें से 40 प्रतिशत लड़कियाँ थीं जबकि उच्चतर शिक्षा में केरल में कुल नामांकन महज ढाई लाख के आसपास है। केरल की स्तरहीन अथवा साधारण उच्चतर शिक्षा व्यवस्था के कारण अन्य राज्यों से बहुत कम विद्यार्थी यहाँ आते हैं।[51]

केरल ने कृषि अर्थव्यवस्था से गैरकृषि अर्थव्यवस्था में संक्रमण किया है। राज्य के घरेलू उत्पाद का 74 प्रतिशत और पूरे भारत के लगभग 40 प्रतिशत के मुकाबले केरल के कुल रोजगार का 68 प्रतिशत गैर कृषि अर्थव्यवस्था के खाते में है। यह परिवर्तन अत्यधिक समस्याजनक सिद्ध हुआ है। इसकी प्रमुख प्रेरक शक्ति विनिर्माण और सेवा क्षेत्र रहे हैं जिनका वित्त प्रबन्धन प्राथमिक रूप से उत्प्रवासियों से, मुख्यतः खाड़ी से आने वाले धन से होता है। ऐसा उत्प्रवास, जो अब केरल की श्रम शक्ति के 17 प्रतिशत के बराबर है, राज्य की आय में लगभग 30 प्रतिशत योगदान करता है। 'यह किसी भी अर्थव्यवस्था के लिए ऐतिहासिक दृष्टि से अभूतपूर्व है'।[52]

उत्प्रवासियों द्वारा भेजे गए धन का निवेश शहरों में अचल भूसम्पत्ति में होता है। इसके परिणामस्वरूप अभूतपूर्व शहरीकरण हुआ है। 2011 की जनगणना के अनुसार केरल की शहरी आबादी अब इसकी कुल आबादी का 48 प्रतिशत है जो एक सुस्थापित शहरी-ग्रामीण निरन्तरता को खंडित कर रही है और निर्माण के क्षेत्र में बेलगाम तेजी को जन्म दे रही है। इसके कारण बहुत बड़े परिमाण में कूड़ा-कचरा बनता है। नगर निकायों के पास अकेले अपने बूते इसका निस्तारण करने के लिए ठीक तैयारी नहीं है। कूड़ा निस्तारण की समस्या से एक सामाजिक संघर्ष की स्थिति बन रही है क्योंकि शिक्षित और काफी सजग ग्रामीण जन अपने आंगनों में शहरी कूड़ा ढेर किए जाने के विरुद्ध खुलकर विद्रोह करते हैं।[53]

विनिर्माण में उछाल के फलस्वरूप बेतरतीब उत्खनन और बालू खनन बढ़ा जिसने पूरे राज्य में नदियों की तलहटी में तोड़फोड़ कर उसे शब्दशः क्षत विक्षत कर दिया। बालू खनन बहुत मुनाफा देता है, इसलिए बालू माफिया विनियमों को नाकाम बनाते हैं। यह काम वे 'प्रायः स्थानीय राजनीतिक और नौकरशाह वर्गों के साथ मिलीभगत में करते है'। आर्द्र प्रदेशों, गरानों, जंगलों और धान के खेतों पर माफियाओं का खतरा मंडरा रहा है। नीचे तल के इलाकों की भराई के लिए दरकार मिट्टी के लिए जमीन की खुदाई प्राकृतिक जलविज्ञान को तबाह कर रही है। निजी मुनाफे की राह से 'आर्थिक संवृद्धि को बढ़ावा देने' के नाम पर सैलानियों के लिए सैरगाह और 'थीम पार्कों' के निर्माण के लिए कमजोर पारिस्थितिकी तंत्रों को नुकसान पहुँचाया जा रहा है। हाल के वर्षों में पारिस्थितिकी की दृष्टि से विनाशकारी ऐसी गतिविधियाँ बहुत तेज हुई हैं।[54]

निरक्षरता में वापसी

इन प्रक्रियाओं और इनके साथ आने वाली सामाजिक टूटन के प्रभाव के तहत केरल 'एक नव उदारवादी नीति के दौर की राष्ट्रीय व्यवस्था के तहत बहुत तेजी से वैश्वीकृत होती हुई क्षेत्रीय अर्थव्यवस्था बन गया है। इसने सर्वोच्च राष्ट्रीय लक्ष्य के रूप में 'किसी भी कीमत पर संवृद्धि' को महत्त्व दिया है। न्याय की भावना पर केन्द्रित सामाजिक कल्याण और मानव विकास के अपेक्षित उच्चतर छोर की ओर बढ़ने के बजाय 'केरल अब कुछ लोगों के लिए अबाध समृद्धि की तस्वीर' प्रस्तुत करता है 'जिसका परिणाम होता है तेजी से बढ़ती असमानता और उसके अपेक्षित सामाजिक सहपरिणाम...।' इसके 'अनपेक्षित और प्रतिकूल परिणाम' होने निश्चित हैं।[55]

साक्षरता में केरल की ऐतिहासिक उपलब्धियों के आंशिक विपर्यय में ये परिणाम अभिव्यक्त भी हुए हैं। केरल 1991 में उस समय भारत का पहला 'पूर्णत: साक्षर' राज्य घोषित किया गया था जब मलाप्पुरम जिले के एक सुदूर गाँव से आई एक मुस्लिम महिला चेलाक्कोडन आयशा ने कोझीकोड़ शहर में एक लाख लोगों की जबर्दस्त भीड़ के सामने कुरान की एक आयत पढ़ी थी। सेंटर फार डेवलमेंट स्टडीज के एक आकलन के अनुसार बताया जाता है कि 2002 तक वह केरल के अन्य बारह लाख लोगों की तरह निरक्षरता में वापस लौट गई है।[56] इक्कीसवीं सदी के प्रारम्भिक वर्षों में किए गए आकलन के अनुसार केरल की साक्षरता दर सम्पूर्ण साक्षरता अभियान के जरिये उपलब्ध हुए 95 प्रतिशत के बजाय गिर कर 80 से 85 प्रतिशत हो गई थी। अब केरल भारत में सम्भवत: चौथे स्थान पर है।[57]

एक समय अपनी सामाजिक समरसता और एकजुटता के लिए प्रसिद्ध केरल की पहचान अब सामाजिक असन्तोष, निराशा और असन्तुलन से हो रही है। भारत में आत्महत्याओं की सबसे ऊँची दर (एक साल में 9,000 आत्महत्याएँ और 80,000 आत्महत्या के प्रयास जिनकी रिपोर्ट दर्ज कराई गई), शराब की लत (भारत के औसत उपभोग से तीन गुना ज्यादा शराब की खपत) और अपराध (306 प्रति एक हजार व्यक्ति प्रति वर्ष जो भारत के औसत से तीन गुना अधिक है) की सबसे ऊँची दर केरल में है।[58]

लम्बे दशकों तक केरल उचित ही अपने यहाँ भारत के उच्चतम लिंगानुपात—प्रति 1,000 पुरुषों के अनुपात में 1040 से अधिक स्त्रियाँ—की बात कर आत्मप्रशस्ति करता रहा। लेकिन उसने शून्य से छह वर्ष के आयुसमूह में बच्चियों के अनुपात में निराशाजनक गिरावट देखी: 1971 में प्रति 1,000 लड़कों के मुकाबले 976 लड़कियों से 2001 में 962 से 2011 में 959 लड़कियाँ। एक दशक पूर्व राज्य में लगभग सौ अल्ट्रासाउंड केन्द्र थे, अब इनकी संख्या लगभग 850 हो गई है। यद्यपि इस बात को पूरी तरह सिद्ध करना कठिन है, फिर भी यह वृद्धि सम्भवत: लिंग चयनित गर्भपातों अथवा कन्या भ्रूणहत्या की घटनाओं में तेजी से वृद्धि होने की सूचक है जबकि ये बातें केरल में अब तक अनसुनी थीं।[59]

केरल स्त्री पर होने वाली हिंसा और बड़े पैमाने पर यौन उत्पीड़न के लिए बदनाम हो गया है। छह महिला पत्रकारों द्वारा साक्षात्कारों पर आधारित एक सर्वेक्षण में 71 प्रतिशत महिलाओं ने कहा कि केरल में यात्रा करना महिलाओं के लिए असुरक्षित है।[60] हाल ही में हुए बलात्कार और महिलाओं के विरुद्ध यौन हिंसा के मामले सिर्फ अपनी बर्बरता के लिए ही नहीं बल्कि संचार माध्यमों में अपनी निन्दनीय सनसनी के कारण भी चिन्ता का विषय बने।

इनमें सबसे बुरा था 1996 में हुआ सूर्यनेल्ली कांड जिसमें इडुक्की जिले की हाई स्कूल की एक छात्रा को देहव्यापार कराने वाले एक गिरोह को सौंप दिया गया था और बयालीस दिनों तक, चालीस लोगों ने, जिनमें राजनीतिज्ञ और विभिन्न पेशों से जुड़े प्रभावशाली लोग शामिल थे, उसका यौन उत्पीड़न किया था। यह प्रकरण अपने आपमें, फिर जिस तरह मीडिया ने उसे प्रस्तुत किया, उच्चतर न्यायालय ने इस पर जिस तरह का फैसला सुनाया और इस मामले को सिनेमा में जिस तरह इस्तेमाल किया गया वह सब केरल के सार्वजनिक विमर्श के भयावह रूप से अशिष्ट-असभ्य होते जाने और दर्शनरति के प्रति इसकी भूख और क्रूरतापूर्ण लिंग-जाति आधारित पूर्वग्रह के प्रति सहनशीलता की ओर संकेत करते हैं।[61]

यह केरल की सार्वजनिक संस्कृति के क्षय और अधोगति की प्रक्रिया का हिस्सा है। यह प्रक्रिया विशेषकर 1990 के दशक के प्रारम्भिक वर्षों से साफ दिख रही है। केरल में पहले प्रचलित सामूहिकतावादी चिन्तन और व्यवहार की महान परम्पराओं की जगह अब व्यक्तिवाद और उपभोक्तावाद के घटिया भौंडे रूपों ने ले ली है। पुस्तकालय आन्दोलनों, फिल्म सोसायटी, थियेटर और घुमन्तू सांस्कृतिक मंडलियों द्वारा नाटक और गायन प्रस्तुतियों जैसी वाम की पहलकदमियाँ अब लगभग लुप्त हो गई हैं। राजनीतिक सभाओं, विशाल रैलियों और सार्वजनिक वक्तृता की परम्पराएँ अब कमोबेश समाप्त हो गई हैं; सम्पत्ति के भड़कीले प्रदर्शन को केरल के सार्वजनिक जीवन में उसी तरह सामान्य और स्वीकार्य माना जाता है[62] जैसे पुरुषत्व के हारमोन से चालित ऐल्फा मर्दों की आक्रमक अकड़।

प्रमुख मुद्दों पर लेखकों, अकादमिक व्यक्तित्वों और बुद्धिजीवियों द्वारा प्रबल हस्तक्षेप केरल के सार्वजनिक विमर्श की पहचान थे जो राजनीतिक शालीनता और शिष्टाचार के भंग होने का और मानवाधिकार उल्लंघन का जोरदार विरोध करते थे। आज बहुत ही कम बुद्धिजीवी सड़कों पर स्त्रियों के यौन उत्पीड़न, अशिष्ट साम्प्रदायिक कट्टरता के प्रदर्शन, पागलपन से भरी हिंसा, घृणा प्रेरित अपराध, राजनीतिक नेताओं की हत्या अथवा दल के भीतर बदले की उन घटनाओं को विरोध करते हैं, जिनके कारण अनेक हत्याएँ और प्रतिहिंसात्मक हत्याएँ होती हैं जैसा कि वीभत्स बारंबारता के साथ उत्तरी मालाबार में होता है।[63]

हाल की बहुत घृणित राजनीतिक हत्याओं में एक थी मई 2012 में माकपा के एक विद्रोही नेता टी.पी. चन्द्रशेखरन की हत्या। टी.पी. चन्द्रशेखरन ने एक अलग स्वतंत्र वाम दल गठित कर लिया था जिसका नाम रिवाल्यूशनरी कम्युनिस्ट पार्टी था। चन्द्रशेखरन की हत्या बहुत बर्बरतापूर्वक की गई थी। एक दूसरे जिले के वरिष्ठ माकपा नेता ने बड़ी ढिठाई के साथ इस हत्या को उचित ठहराया। जनवरी 2014 में एक विशेष सत्र न्यायालय ने आरोपितों में 12 को हत्या के अपराध के लिए सजा सुनाई। इनमें माकपा के तीन नेता शामिल थे।[64] यह आश्चर्यजनक है कि इस घिनौने प्रकरण पर अन्यथा बहुत मुखर रहने वाले बुद्धिजीवी वर्ग के भीतर वाम के परम्परागत समर्थकों की ओर से बहुत मामूली विरोध ही सामने आया। लेकिन जैसा कि हम आगे देखेंगे, इस हत्या का महत्त्वपूर्ण राजनीतिक प्रभाव हुआ।

ये सभी कमियाँ, गिरावटें और प्रतिगमन तात्कालिकता के साथ सुधारात्मक कार्रवाइयों के एक बड़े विशाल एजेंडा की तात्कालिक जरूरत की ओर संकेत करते थे। ऐसा एजेंडा केरल के बढ़ते सामाजिक, सांस्कृतिक, आर्थिक और राजनीतिक संकटों और उनके कारणों की एक गम्भीर और ईमानदार आत्मालोचना की जरूरत की ओर संकेत करता था। केरल के प्रगतिशील बुद्धिजीवियों ने, जिनमें वाम दलों के कुछ वरिष्ठ नेता भी शामिल थे, 1990 के दशक के मध्य में एक ऐसा ही बहुत जरूरी आत्मावलोकन किया। उन्होंने पहले केन्द्र सरकार द्वारा अपनायी गई नव उदारवादी नीति के मार्ग के राज्य के लिए क्या निहितार्थ होंगे, उनका विश्लेषण करने का प्रयास किया। यह नीति साफ तौर पर गरीबों और वंचितों के विरुद्ध पूर्वग्रहपूर्ण थी लेकिन केरल सरकार पर इसे स्वीकार करने का दबाव भी था।

जन योजना अभियान

इनमें से कुछ बुद्धिजीवी पहले से आर्थिक मामलों में उलझे थे। उनका दृढ़ विश्वास था कि अपनी साख गँवाने से बचने के लिए वाम को केरल में नवउदारवाद का एक सुसंगत विकल्प अपनाना होगा। उन्होंने जिन विकल्पों पर बहस की उनमें विकास सम्बन्धी फैसले लेने की प्रक्रिया का और अधिक विकेन्द्रीकरण करने और एक ऐसा माडल तैयार करने से सम्बन्धित उपाय शामिल थे। यह नया माडल, जिसे 'नया' केरल माडल कहा जा सकता है, ऐसा हो जो सर्वहारा वर्गों के साथ वाम दलों के सम्पर्कों की कड़ियों को फिर से जोड़ने और आमूल परिवर्तनवादी राजनीति को नया जीवन देने में मदद कर सके।

उनके, विशेषकर अर्थशास्त्रियों के बीच ग्राम पंचायतों को शक्तियों के रैडिकल हस्तान्तरण के पक्ष में प्रबल रुझान सामने आया। पाँच वर्षों के अन्तराल के बाद जब वाम लोकतांत्रिक मोर्चा 1996 में सत्ता में वापस लौटा तो उसने एक महत्त्वाकांक्षी नीति अपनाई जिसके तहत उसकी नौवीं पंचवर्षीय योजना के खर्च का 35.40 प्रतिशत स्थानीय स्वशासन निकायों को उनकी उन परियोजनाओं और कार्यक्रमों के लिए दिया जाना था जिन्हें उन्होंने स्वयं तैयार किया होगा और जो पूरी तरह से नीचे से जनता की सीधी सहभागिता पर आधारित होंगे।

उसके बाद स्थानीय निकायों को अपनी विकास योजनाएँ तैयार करने में मदद देने के लिए एक गोलबन्दी शुरू की गई जिसे 'विकेन्द्रीकृत नियोजन के लिए जनता का अभियान'—अधिक अनौपचारिक रूप से 'जनकीय आसूथ्रनम' (जन योजना अभियान—पीपीसी) कहा गया। इसके तहत स्थानीय प्रशासनिक क्षमता विकसित होने का इंतजार किए बिना योजनाओं के वित्त पोषण के लिए फंड हस्तान्तरित कर दिया जाना था। अभियान के मुख्य वास्तुकार और राज्य नियोजन बोर्ड के सदस्य टी.एम. थामस आइजक के अनुसार पीपीसी का प्रयास 'मौजूदा राज्य संस्थाओं को सशक्त निर्णयकारी निकायों में रूपान्तरित करने का था।'[65] निश्चय ही यह एक महत्त्वाकांक्षी लक्ष्य था।

माकपा द्वारा पीपीसी अपनाये जाने से अनेक विश्लेषक आश्चर्य में पड़ गए जिन्होंने सही ही विकेन्द्रीकरण के प्रति पार्टी की परम्परागत वितृष्णा और शीर्ष से नीचे जाने वाली कमान संरचना को दी जाने वाली प्राथमिकता को रेखांकित किया था। उनमें से कुछ का सुझाव था कि माकपा द्वारा पीपीसी अपनाये जाने का कारण विकासात्मक राज्य की पुनर्वितरणात्मक क्षमता चुक जाने और आर्थिक सामाजिक मामलों में राज्य के नियंत्रण की असफलताओं के बीच अपने चुनावी आकर्षण की सीमाओं को पहचानने में निहित हैं। चूँकि उसने अपनी सीमाएँ पहचान ली हैं इसलिए उसने नागरिक समाज की एक बड़ी भूमिका के साथ विनौकरशाहीकृत सरकार और कायम रखे जा सकने लायक विकास की जरूरत महसूस की।[66]

इसका एक अधिक व्यावहारिक कारण यह हो सकता है कि केरल के सबसे कद्दावर नेता नम्बूदिरीपाद ने पीपीसी का समर्थन किया और जन अभियान की उच्चस्तरीय मार्गदर्शन परिषद (हाइ लेवल गाइडेंस कौंसिल ऑफ दि पीपुल्स कैम्पेन) के अध्यक्ष बने। उन्होंने विकेन्द्रीकरण के प्रति अपनी प्रतिबद्धता को रेखांकित किया : 'हमारे जनसंगठन और हमारी जनता की लोकतांत्रिक चेतना हमारी सबसे बड़ी पूँजी है। राज्य के सभी जनसंगठनों की

संयुक्त ताकत (सदस्यता) लगभग एक करोड़ है। इसके साथ ही सहकारी संगठनों का एक विशाल संजाल है...जैसेकि...पुस्तकालय और साक्षरता आन्दोलन... । मैं महसूस करता हूँ कि हमारे सामने एक बड़ा सवाल यह है कि क्या हमारे लोगों की संगठित ताकत और राजनीतिक चेतना का इस्तेमाल उत्पादन और उत्पादकता बढ़ाने के लिए किया जा सकता है। मैं इसका जवाब हाँ में देना चाहता हूँ। लेकिन एक पूर्वशर्त है : जनता के संगठनों और उनकी माँगों के प्रति सरकार और शासक वर्गों को अपना रवैया बदलना होगा... । इस सन्दर्भ में मैं लोकतांत्रिक विकेन्द्रीकरण के महत्त्व पर जोर देना चाहता हूँ'।[67]

पीपीसी किस्म का विकेन्द्रीकृत नियोजन भारत में, या शायद दुनिया में कहीं भी और इससे पहले कभी नहीं आजमाया गया था। इसमें स्वयंसेवियों की असाधारण गोलबन्दी और एक ऐसे पैमाने पर बड़ी संख्या में लोगों के गहन प्रशिक्षण के कई चक्रों की दरकार थी जो सम्भवत: कहीं और कभी नहीं हुआ था'।[68] इन गतिविधियों में ग्रामसभा की बैठकों और स्थानीय विकास विषयक सेमिनारों में और जटिल मुद्दों को सुलझाने के लिए कार्यबल बनाने में बड़ी संख्या में लोगों की गोलबन्दी होनी थी।

पहले दो वर्षों में प्रत्येक वर्ष ग्राम सभा विमर्शों में लगभग दस लाख 80 हजार लोगों ने हिस्सा लिया। पहले वर्ष में तीन लाख से अधिक लोग प्रशिक्षण उद्देश्यों वाले स्थानीय विकास सम्बन्धी सेमिनारों में उपस्थित रहे। ये संख्याएँ निश्चय ही विशाल हैं। इनकी तुलना लैटिन अमेरिका के 'सहभागी बजटिंग' अभियानों में गोलबन्द किए गए लोगों से की जा सकती है। विशेष रूप से यह पहल ब्राजील में लुइज इनासियो लूला दा सिल्वा के शासकाल में उसके अधिक आमूल परिवर्तनवादी चरण में वर्कर्स पार्टी द्वारा शुरू की गई थी लेकिन लगता है कि इन दोनों अभियानों के बीच परस्पर संवाद अथवा विचार विनिमय नहीं हुआ। इससे ये दोनों अभियान परस्पर बहुत लाभान्वित हो सकते थे।

पीपीसी गतिविधियों के लिए अधिकतर जमीनी काम, विशेषकर स्थानीय जरूरतों और संसाधनों की पहचान करने, परियोजना प्रस्तावों का प्रारूप तैयार करने और प्रशिक्षण कार्यक्रमों की तैयारी जैसा काम केएसएसपी ने किया। केएसएसपी ने अपने काम का आधार स्थानीय स्तर की पहलकदमियों और नियोजन सम्बन्धी प्रयोगों के पच्चीस वर्षों के खजाने से प्राप्त व्यावहारिक ज्ञान और विचारों को बनाया था। इन पहलकदमियों और प्रयोगों में स्थानीय संसाधनों का नक्शा तैयार करना,[69] मानव और प्राकृतिक संसाधनों पर आँकड़ा कोश (डाटाबेस) तैयार करना और लोगों की पर्यावरणीय चेतना का स्तर ऊपर उठाना शामिल था। स्थानीय स्तर की इन पहलकदमियों और नियोजन सम्बन्धी प्रयोगों में जैविक उर्वरकों और जीव-कीटनाशकों के साथ सामूहिक कृषि और सब्जी की खेती में प्रयोग, छोटे पैमाने पर पनबिजली उत्पादन, खाना पकाने के लिए धूम्ररहित चूल्हों का विकास, कृत्रिम चट्टानों का निर्माण और जनता की संलग्नता के माध्यम से सार्वजनिक स्वास्थ्य, साक्षरता और शिक्षा कार्यक्रमों में पुन: ऊर्जा भरना आदि शामिल था।[70]

सर्वाधिक महत्त्वपूर्ण प्रयोग कन्नूर जिले के कलियास्सेरी में किया गया था जहाँ माकपा और केएसएसपी की सक्रियता का एक लम्बा इतिहास रहा है। इस प्रयोग में स्थानीय स्तर पर सब्जी और अंडों का उत्पादन करना-इस क्षेत्र के तीस हजार लोगों में प्रतिदिन बीस हजार अंडों की खपत थी लेकिन उत्पादन नहीं था—नहरों की सफाई और स्वयंसेवकों के

परिश्रम से नई नहरों और सड़कों का निर्माण, ऊर्जा क्षमता को बढ़ाना, जलनिकासी को बेहतर बनाना आदि काम शामिल थे। इससे 25 से अधिक पंचायतों तक विस्तृत स्थानीय पारिस्थितिकी क्षेत्र पर आधारित नियोजन का ए मजबूत आधार तैयार हुआ।

पीपीसी की योजना बनाने वाले राज्य नियोजन बोर्ड ने इस ज्ञान और माकपा व केएसएसपी के अनुभव का इस्तेमाल किया। पीपीसी छह चरणों में संचालित किया गया था। ये चरण थे : ग्राम सभाओं को प्रोत्साहित करना, विकास विषयक विचार गोष्ठियों में चर्चा के लिए पंचायत विकास रिपोर्ट तैयार करना, विचार गोष्ठियों के प्रस्तावों को वास्तविक परियोजनाओं में रूपान्तरित करने के लिए कार्यबलों का गठन, प्रशिक्षण के और चक्रों के साथ योजनाओं को सूत्रबद्ध किया जाना, प्रखंड और जिला पंचायतों की योजनाओं का समेकीकरण और अन्त में, एक वालंटरी टेक्निकल कोर द्वारा योजनाओं का मूल्यांकन। इस स्वयंसेवी तकनीकी दल का गठन अंशत: अवकाशप्राप्त सरकारी अधिकारियों और कुशल स्वयंसेवकों से किया गया। अपनी तीन हजार सदस्य संख्या के साथ यह बहुत प्रभावशाली संगठन था।[71]

पीपीसी की उपलब्धियाँ विस्तार और संख्या दोनों दृष्टियों से महत्त्वपूर्ण थीं। लेकिन सबसे ऊपर, ये उपलब्धियाँ उस राजनीतिक बदलाव में निहित हैं जो नौकरशाही, व्यावसायिक बैंकों और पार्टी के नेताओं सहित अनेक स्रोतों की ओर से हुए विरोध और प्रतिरोध और संचार माध्यमों के कुछ वर्गों की ओर से जबर्दस्त-व्यापक आलोचना के बावजूद धन का स्थानांतरण कर और सहभागिता की एक प्रक्रिया स्थापित कर हासिल की गईं। उदाहरण के लिए, आइजक और फ्रैंक कहते हैं कि 1998 के स्थानीय निकाय चुनावों से तुरन्त पहले कुछ समाचारपत्रों ने पीपीसी के खिलाफ जितना शत्रुतापूर्ण अभियान चलाया उस तरह के अभियान से 'बड़े से बड़े आशावादियों का आशावाद भी खत्म हो जाता'।[72]

'खुद पर ही दबाव डालना'

इसके बावजूद, पीपीसी को अपनाकर सरकार ने कुछ निराला काम किया। आइजक और फ्रैंक कहते हैं : 'एक अर्थ में, (इसने) शासन के तरीके की पुनर्रचना के उद्देश्य से खुद पर ही आमूल सुधारात्मक रूप से दबाव डालने के लिए एक आन्दोलन छेड़ा।'[73] जनयोजना की अनेक खूबियों में एक यह भी थी कि इसने स्थानीय संसाधनों के मानचित्रण जैसे सहभागी कार्यक्रमों को बढ़ावा दिया। स्थानीय संसाधन मानचित्रण में गाँव के प्राकृतिक संसाधनों के समुदाय-आधारित सर्वेक्षण और वहाँ के लोगों की भोजन, पानी, ऊर्जा, परिवहन आदि की जरूरतों का एक आकलन जिसके परिणामस्वरूप लागत—प्रभावी, न्यायसंगत और पर्यावरणीय रूप से स्वस्थ तरीकों से संसाधनों और जरूरतों दोनों को एक साथ जोड़ने के सर्वश्रेष्ठ उपायों का सामूहिक निर्धारण शामिल था।

पीपीसी ने दुग्ध उत्पादन जैसी नई गतिविधियों में प्रयोग किए और श्रम सहित सभी संसाधनों को मिलजुल कर आपस में बाँट कर इस्तेमाल करने के जरिये 'संघ कृषि, अर्थात सामूहिक कृषि जैसी छोटी किन्तु महत्त्वपूर्ण परियोजनाएँ चलाईं। इससे राज्य नियोजन बोर्ड, केएसएसपी, केरल ऐग्रीकल्चर यूनीवर्सिटी, सेंटर फार अर्थ साइंस स्टडीज़ जैसे विभिन्न संस्थानों के बीच अधिक समन्वय स्थापित हुआ।

फिर भी, पीपीसी की उपलब्धियाँ लम्बे समय तक कायम नहीं रह सकीं और उन उपलब्धियों पर जरूरत से ज्यादा जोर नहीं दिया जाना चाहिए। इसके वास्तुकारों के इस दावे की पड़ताल की जानी चाहिए कि पीपीसी 'एक नई नागरिक संस्कृति' को जन्म दे रहा था। इसका क्रियान्वयन सुस्त था क्योंकि वह एक बेहद जटिल, बहुचरणी प्रक्रिया थी जिसमें अनेक विचारगोष्ठियाँ, प्रशिक्षण कार्यक्रम और ग्राम तथा उच्चतर स्तर की बैठकें शामिल थीं, जो निर्धारित योजना की निर्धारित समय सारणी, कार्यक्रमों और कठोर समय सीमाओं का पालन नहीं करती थीं। जैसा कि इसके वास्तुकार स्वयं स्वीकार करते हैं : 'विकासात्मक कार्यों के क्रियान्वयन में समुचित नियोजन का अभाव था और एक कठोर समय सारणी का शायद ही कभी अनुपालन हुआ हो...। वित्तीय वर्ष की शुरुआत पर कामों की शुरुआत करने के बजाय पूरा काम वर्ष के अन्त में जल्दी जल्दी निपटाया जाता था, परिणामस्वरूप अधिकतर मामलों में उनका असली उद्देश्य ही पूरा नहीं हो पाता था'।[74] पहले वर्ष के अन्त पर पंचायतें चिन्हित धनराशि का केवल दसवां हिस्सा ही खर्च कर पायी थीं। पीपीसी के पहले चार वर्षों में धन का इस्तेमाल न किए जाने के स्तर ऊँचे बने रहे।

ग्राम सभाओं और अन्य स्थानीय निकायों को केवल समग्र विकास के लक्ष्य और प्राथमिकताएँ तय करने का ही काम नहीं करना था, जो उनका वैध काम था, बल्कि उन्हें वे दुष्कर तकनीकी और प्रशासनिक दायित्व भी सौंप दिए गए थे जिन्हें सम्भालने में वे सक्षम ही नहीं थे। नए किस्म की प्रगतिशील परियोजनाएँ बहुत ही कम थीं। उत्पादक क्षेत्रों को स्वीकृत स्तरों से बहुत कम धन आवंटित किया जाता था और अनेक कार्यक्रम लैंगिक दृष्टि से संवेदनशून्य थे अथवा वे स्त्रियों को अपने साथ जोड़ने में असफल रहे।[75]

कुछ आलोचकों का कहना है कि पीपीसी को प्रशासनिक अथवा कार्यात्मक अधिकारों के समुचित निरूपण और हस्तान्तरण के बिना ही शुरू कर दिया गया था। 'यह पूरा काम ऐसे लोगों के हाथों में आ गया जिन्हें नियोजन प्रक्रिया का कोई अनुभव नहीं था...। कुछ लाख के नगण्य आवंटनों के अभ्यस्त इन स्थानीय निकायों ने स्वयं को धन में लोटता पाया। इस धन का सर्वश्रेष्ठ इस्तेमाल करने की विशेषज्ञता के अभाव में उन्होंने खर्च के पारम्परिक रास्ते का विकल्प चुना। निरपवाद रूप से परिसम्पत्ति निर्माण पर उतना धन नहीं खर्च किया गया जितना कि संरक्षण प्रदान करने पर...।'[76] प्रारम्भिक वर्षों में धन का बड़ा हिस्सा गायों, भेड़ों और बकरियों आदि के वितरण के लिए इस्तेमाल किया गया था। ये योजनाएँ कांग्रेस प्रायोजित 'ऋण मेलों' की याद दिलाती थीं।[77]

'असली नुकसान' लाभार्थियों के चयन में निहित था जिससे 'पक्षपातपूर्ण राजनीति की गंध आती थी'। गैर लाभार्थियों ने खुद को इस पूरी प्रक्रिया से दूर कर लिया। अनेक ने ग्राम सभा की बैठकों में जाना बन्द कर दिया। वालोमो के सहभागी, विशेषकर भाकपा, विकास योजनाओं के परीक्षण और उनकी भली प्रकार जाँच करने के लिए विशेषज्ञ समितियों के गठन को लेकर सशंकित थे। 'उनकी मुख्य आपत्ति यह थी कि अवधारणात्मक रूप से विशेषज्ञ समिति (पीपीसी की) बुनियादी प्रकृति के ही विरुद्ध है क्योंकि एक गैर चुनावी, अर्धसरकारी निकाय को निर्वाचित प्रतिनिधियों द्वारा पारित योजनाओं और कार्यक्रमों की जाँच करने यहाँ तक कि उन्हें विफल कर सकने का भी अधिकार दे दिया गया था।'[78]

'खुली जंग'

पीपीसी में निहित कुछ मान्यताओं के बारे में स्वतंत्र किन्तु सहानुभूतिपूर्ण समाजवैज्ञानिकों ने भी संशय व्यक्त किया है। उदाहरण के लिए आइजक और फ्रैंक की पुस्तक की समीक्षा करते हुए राबिन जेफ्री उनके इस दावे पर सवाल खड़ा करते हैं कि 'केरल में लोकतंत्र अभी तक पुनर्वितरण से जोड़ा जाता रहा है लेकिन अब केरल इसे बढ़ते हुए उत्पादन के साथ जोड़ने का प्रयास कर रहा है।' वह पूछते हैं : 'क्या ये दोनों व्यवहार में जोड़े जाएँगे या जोड़े जा सकते हैं? क्या बहुत ज्यादा सम्भावना इस बात की नहीं है कि 900 पंचायतें, जिनका सरोकार एक शौचालय बनवा देना और वहाँ पानी की आपूर्ति के लिए एक पाइप लाइन डलवा देना है, धन को एक असमन्वित और अनुत्पादक ढंग से खर्च कर देंगी क्योंकि उनके पास निवेश की ऐसी कोई समग्र योजना नहीं है जिससे उत्पादन और रोजगार बढ़ाने और इस वृद्धि को बनाये रखने में मदद मिले?'[79]

योजना आयोग की एक रिपोर्ट में जन योजना की अवधारणा तैयार करने और उसके क्रियान्वयन की अनेक कमजोरियों, असन्तुलनों और दोषों तथा इसके साथ ही उसकी ताकतों और उसके लाभों का विश्लेषण किया गया था।[80] दोषों में सड़कों और पुलों के निर्माण पर दिया गया कुछ अधिक जोर, कृषि की उपेक्षा, कार्य विभाजन पर आधारित दृष्टिकोण का अभाव, विभिन्न निर्णयकारी स्तरों पर असमान भागीदारी, शिक्षित युवाओं की संलग्नता का अभाव, अलग अलग परियोजनाओं और राज्य की योजनाओं के बीच तारतम्य न होना और अनुसूचित जाति/जनजाति के ग्रामीणों की उपस्थिति को बाधित करने वाली 'सूचना विफलता' आदि शामिल थे।

एक और अधिक बुनियादी आलोचना समाजविज्ञानी राजन गुरुक्कल की ओर से आई है। उनका तर्क यह है कि 'वैकल्पिक संस्थागत विकास' और 'जनकेन्द्रित राजनीति' के उदय का मार्ग प्रशस्त करने और 'सशक्तीकरण की ओर ले जाने वाले ऐसे प्रयोगों को अपरिहार्य बनाने के बजाय, जो महत्त्वपूर्ण संसाधनों तक पहुँच बनाने और उनका वितरण सुनिश्चित करने के लिए संघर्षों' की और स्थानीय शक्ति सम्बन्धों में संरचनात्मक परिवर्तनों की शुरुआत करने की दिशा में ले जाते, जन योजना अभियान व्यापक रूप से 'यथास्थिति बनाये रखने वाले विकास प्रशासन का एक संवैधानिक सुधार ही बना रहा'।[81]

गुरुक्कल कहते हैं, 'केरल में अब तक जिस बात का प्रयास्त किया गया है वह है विकेन्द्रीकृत नियोजन, जिसमें राज्य स्तर के अधिकारियों और नौकरशाही के अनेक काम और उत्तरदायित्व उनसे लेकर स्थानीय सार्वजनिक निकायों अथवा सरकार द्वारा नियंत्रित संस्थाओं को सौंप देना शामिल था...। फिर भी, सत्ता का यह हस्तान्तरण सत्तारूढ़ मोर्चे और विपक्ष के बीच के संघर्षों और सरकार के भीतर ही ''केन्द्रीकरण के पक्षधरों'', जिनका प्रतिनिधित्व नौकरशाह करते थे और ''विकेन्द्रीकरण के पक्षधरों'', जिनका प्रतिनिधित्व वामपन्थी राजनीतिज्ञ कर रहे थे, के बीच के संघर्षों, दोनों से बाधित हुआ। 'स्थानीय स्तर पर नागरिक संस्थाओं और संगठनों के सशक्तीकरण के कुछ संकेतों' के बावजूद 'कुल मिलाकर, विकेन्द्रीकृत योजना सामान्यतया राज्य द्वारा ऊपर से उत्प्रेरित प्रशासनिक सुधार के रूप में काम कर रही थी।'[82]

राजनीतिक दृष्टि से जन योजना अभियान अत्यधिक विभाजक सिद्ध हुआ। कांग्रेस के नेतृत्व वाले संयुक्त लोकतांत्रिक मोर्चे की नजर में यह एक राजनीतिक रूप से पक्षपातपूर्ण कार्यक्रम था, उसने इसकी आलोचना की। लेकिन इससे भी बदतर यह कि जन योजना अभियान को माकपा के भीतर से प्रतिरोध का सामना करना पड़ा। पार्टी के नेतृत्व के एक तबके और उसकी ट्रेड यूनियन शाखा 'सेंटर ऑफ इंडियन ट्रेड यूनियन्स' (सीटू) के बीच 'खुली जंग' छिड़ गई। सीटू स्थानीय निकायों को बड़े पैमाने पर सत्ता हस्तान्तरित किए जाने के विरुद्ध थी। 'कहा जाता है कि' स्थानीय पंचायत चुनावों और 1998 के लोकसभा चुनावों में पार्टी के खराब प्रदर्शन में इसका 'बहुत बड़ा योगदान था' और इसने जन योजना अभियान पर भी असर डाला। जन योजना की सफलता के लिए कड़ी मेहनत करने वाले पार्टी सदस्यों में से अनेक को चुनाव लड़ने के लिए टिकट ही नहीं दिया गया। इनमें से कुछ ने विद्रोह कर दिया और निर्दलीय उम्मीदवार के रूप में चुनाव लड़ा। इससे भी वालोमो को चुनाव में नुकसान हुआ।[83]

माकपा के अनेक नेता जन योजना अभियान को लेकर बहुत सहज न थे। इनमें मुख्यमंत्री ई.के. नायनार भी शामिल थे। 'सम्पूर्ण साक्षरता अभियान के विपरीत विकेन्द्रीकरण के विचार और जन योजना अभियान के प्रति ई.एम.एस. को छोड़कर कोई और शिखर नेता इस तरह प्रतिबद्ध नहीं था।[84] अन्य नेताओं ने जन योजना अभियान के विरुद्ध आवाज नहीं उठाई क्योंकि नम्बूदिरीपाद ने इसे समर्थन दिया था। लेकिन वे पूरे मन से इसमें शामिल नहीं हुए, न ही ज्यादातर नेताओं ने इसे जनता को जमीनी स्तर पर संगठित करने, 'अपनी खुद की योजनाओं' के माध्यम से एक बेहतर जीवन की अपनी आकांक्षाओं को पूरा करने का तरीका खुद गढ़ने के लिए उसे सशक्त बनाने, उसकी चेतना का स्तर ऊँचा उठाने और उसके संघर्षों का राजनीतिकरण करने की रणनीति के अंग के रूप में देखा।[85]

अन्ततः जन योजना अभियान रोक दिया गया। ऐसा मुख्यतः इसलिए किया गया क्योंकि माकपा के भीतर से ही इसका विरोध किया जा रहा था। राजनीतिक दायरों के बाहर भी इसकी स्वीकृति सीमित थी। बहुत सम्मानित राजनीतिक विश्लेषक बी.आर.पी. भास्कर कहते हैं : 'जन योजना कार्यक्रम से जुड़े लेकिन पार्टी से बाहर के अधिकतर विशेषज्ञों का इससे मोहभंग हो गया था क्योंकि उन्होंने महसूस किया कि इसका इस्तेमाल पार्टी हितों के संवर्धन के लिए किया जा रहा है। इस पक्षपातपूर्ण रवैये के कारण अनेक स्थानों पर पंचायत प्रक्रिया की विश्वसनीयता पर आंच आई। भला हो राजनीतिकरण का कि इससे लोगों का मोह भंग हो गया और वे अनिवार्य ग्राम सभा बैठकों में नहीं गए। कोरम के अभाव में प्रायः बैठकें नहीं होती थी। फिर भी, बैठकों के फर्जी रिकार्ड मिनटों में तैयार कर दिए जाते थे'।[86]

अब तक की चर्चा का सार संक्षेप यह है : वालोमो ने केरल माडल की शुरुआत की जिसने अपनी कमजोरियों के बावजूद भारत में मानव विकास का सर्वश्रेष्ठ रिकार्ड कायम किया। रिकार्ड अब भी टूटा नहीं है। 1980 के दशक के प्रारम्भिक वर्षों में जब यह माडल संकटग्रस्त हुआ तो उसमें निहित कारणों, जिनकी जड़ सामाजिक क्षेत्र पर सार्वजनिक व्यय में की गई कटौती में थी, को समझने और उन्हें दूर करने की दिशा में बहुत कम काम किया गया। बाजार की शक्तियों और स्वतःस्फूर्त आर्थिक प्रक्रियाओं ने, जिनमें उत्प्रवास, विदेशों

से भेजा गया धन और सट्टेबाजी की गतिविधियाँ शामिल थीं, राज्य पर पड़ रहे दबाव को कम किया। लेकिन एक दशक बाद नीतिगत विमर्श न्याय भावना से हटकर सकल घरेलू उत्पाद की वृद्धि की ओर मुड़ गया था। अर्थव्यवस्था और समाज में विकृतियों ने दबे पाँव घर कर लिया था और स्वास्थ्य सुरक्षा तथा शिक्षा के क्षेत्र में निजीकरण ने जड़ें जमा ली थीं। पुराने माडल की जगह किसी नए, आमूल परिवर्तनवादी विकल्प ने नहीं ली थी। जन योजना अभियान किसी भी तरह से किसी नए माडल का कोई विकल्प न था।

एशियन डेवलमेंट बैंक से ऋण का मुद्दा

केरल ने नव उदारवाद को कभी उस तरह तो अंगीकार नहीं किया जैसे बंगाल के वाम मोर्चे ने किया था लेकिन 1990 के दशक से केरल का वाम खतरनाक ढंग से बाजार के प्रति मैत्रीपूर्ण आर्थिक नजरियों को स्वीकार करने के करीब आ गया। उदाहरण के लिए 1996 और 1998 में वालोमो सरकार ने राज्य की वित्तव्यवस्था ठीक करने और आर्थिक संवृद्धि में तेजी लाने के उद्देश्य से एक 'परियोजना और नीति' ऋण के लिए एशियन डेवलपमेंट बैंक से बातचीत शुरू की। वालोमो ने ऐसा करने से पहले माकपा के राज्य सचिवालय में अथवा मोर्चे के गठबन्धन सहभागियों के साथ इस मामले पर कोई चर्चा नहीं की।[87]

ऋण समझौते पर हस्ताक्षर बाद में संयुक्त लोकतांत्रिक मोर्चा (संलोमो) सरकार के तहत हुए। यह समझौता तीन तरह के 'सुधारों' के लिए था : 'सरकारी कार्यक्रम का आधुनिकीकरण' और राजस्व सुधार, बिजली क्षेत्र का सुधार और 'टिकाऊ शहरी विकास, पर्यावरणीय सुधार और निर्धनता कम करने का कार्यक्रम'। इस समझौते ने जानी पहचानी शर्तें लगाईं जैसे राजस्व समायोजन, 'बाजार के नियमों' का अनुपालन और शिक्षा, स्वास्थ्य व पानी के क्षेत्र में करों में वृद्धि तथा बिजली क्षेत्र में अधिक ऊँचा शुल्क लगाया जाना।

श्रमिक संघों, सामाजिक सरोकारों से जुड़े विद्वानों, महिला संगठनों, पर्यावरणवादियों और छात्र सक्रियतावादियों ने केरल में राज्य के वित्त और शासन को ए डी बी के साथ जोड़े जाने का जोरदार विरोध किया। मई 2002 में 'एडीबी—केरल छोड़ो' अभियान के तहत विरोध प्रदर्शन शुरू हुए। जनता के दबाव के तहत वाम दल भी इनमें शामिल हो गए और उन्होंने संकल्प किया कि सत्ता में आने की स्थिति में वे एडीबी से मिले कर्ज को वापस नहीं करेंगे। लेकिन मई 2006 में जब वालोमो सत्ता में आ ही गया, वह अपने पुराने रवैये से पलट गया और एडीबी पैकेज को पूरी तरह लागू करना शुरू कर दिया।[88]

भाकपा और माकपा के बीच और माकपा के दो धड़ों के बीच इस बात पर झगड़ा शुरू हो गया कि इस समझौते पर हस्ताक्षर के लिए विशेषकर तीसरे 'सुधार' के तहत सार्वजनिक पानी के नलों में मीटर लगाया जाना जरूरी बनाये जाने के लिए कौन जिम्मेदार था।[89] जनता का विरोध बढ़ता गया। अन्ततः मुख्यमंत्री अच्युतानन्दन ने इस समझौते को जारी रखे जाने का जोरदार विरोध किया और वित्तमंत्री टी.एम. थामस आइजक बिना कोई जुर्माना दिए समझौते के पहले दो घटकों को लागू न करने में सफल हो गए।[90]

लेकिन एक और विवादित परियोजना-पाइपलाइन द्वारा पेयजल आपूर्ति की परियोजना भी थी जो संयुक्त लोकतांत्रिक मोर्चे ने शुरू की थी। यह परियोजना विश्व बैंक से वित्तपोषित थी। वाम लोकतांत्रिक मोर्चे ने इस परियोजना का बहुत कम विरोध किया था। 1996 में

स्थापित केरल ग्रामीण जलापूर्ति और स्वच्छता एजेंसी सुर्खियों में रहने वाली योजना न थी। यह चार जिलों तक सीमित थी। लेकिन माँग और लाभार्थी समूह से प्रेरित इस योजना के तहत 'पानी एक अधिकार है', इस दृष्टिकोण से हटकर पानी को चुपचाप एक 'आर्थिक माल' अथवा 'उपभोक्ता माल' मान लिया गया जिसके साथ पूँजी लागतों और इस्तेमाल के किराये में काफी वृद्धि होना जुड़ा है।[91]

1970 के दशक के अन्तिम वर्षों में शुरू की गई आर्थिक और सामाजिक प्रक्रियाओं का केरल की राजनीति पर प्रभाव अपरिहार्य रूप से दो दशकों तक महसूस किया गया। वाम लोकतांत्रिक मोर्चे और उसके साथ पहचाने जाने वाले कार्यक्रमों का आकर्षण धीरे-धीरे कमजोर हुआ और दक्षिणपन्थी विचारों की ओर आम झुकाव बना। पीपीसी में इस प्रवृत्ति को रोकने के लिए पर्याप्त राजनीतिक प्रभाव नहीं था। वालोमो 2001 का विधानसभा चुनाव कांग्रेस के नेतृत्व वाले संयुक्त लोकतांत्रिक मोर्चे से हार गया। संयुक्त लोकतांत्रिक मोर्चे ने पीपीसी को पूरी तरह रद्दी की टोकरी में नहीं फेंक दिया बल्कि इसे एक नया नाम देकर नए रूप में ढाल लिया ताकि वालोमो को इसका श्रेय न मिल पाए।

पाँच साल के एक और अन्तराल के बाद जब 2006 में वालोमो सत्ता में वापस लौटा तो उसने जन योजना या उससे जुड़ी कुछ अन्य महत्त्वपूर्ण पहलकदमियों, जैसेकि स्थानीय संसाधनों का मानचित्रीकरण, को पुनर्जीवित करना अथवा फिर से चालू करना जरूरी नहीं समझा। इसके बजाय उसने एक अन्य महत्त्वपूर्ण कार्यक्रम—'कुदुम्बश्री निर्धनता उन्मूलन मिशन–को आगे बढ़ाया जो केन्द्र के स्वसहायता समूह कार्यक्रम का संशोधित और विस्तारित रूप था जिसके साथ पंचायतों की शक्तियों का हस्तान्तरण जोड़ दिया गया था। यह सीधा सादा कार्यक्रम था लेकिन इस पर भी राजनीतिकरण के आरोप लगे हैं और इसकी पितृसत्तात्मक प्रस्थापनाओं में से कुछ की जोरदार नारीवादी प्रत्यालोचना हुई है।[92]

फिर भी, महिलाओं की भागीदारी और उनकी राजनीतिक गोलबन्दी को आगे बढ़ाने में कुदुंबश्री ने उल्लेखनीय सफलता हासिल की है, स्थानीय विकास और शासन के लिए नई प्रगतिशील योजनाओं के अवसर सृजित किए हैं और इस प्रकार केरल को पंचायती राज कार्यक्रमों के प्रदर्शन में भारत के शीर्षस्थ राज्यों में स्थान दिलाया है। पंचायतों के निर्वाचित सदस्यों में स्त्रियों की संख्या 52 प्रतिशत है और वे कुदुंबश्री सेवाओं ओर योजनाओं के क्रियान्वयन में प्रमुख भूमिका निभाती हैं।[93]

हिन्दू पार्टी ?

वालोमो 2011 के विधानसभा चुनावों में बहुत कम अन्तर से पराजित हुआ और 2014 के लोकसभा चुनाव में अपेक्षाओं पर खरा नहीं उतरा। तमाम भ्रष्टाचार के मामलों के कारण संयुक्त लोकतांत्रिक मोर्चे की कमजोरी के बावजूद वालोमो बीस में से केवल 8 सीटें ही जीत सका। माकपा ने 2014 में पालित ब्यूरो सदस्य एम.ए. बेबी को कोल्लम से चुनाव लड़ाने का इकतरफा फैसला किया। कोल्लम चुनाव क्षेत्र पर 1999 के पहले आरएसपी का कब्जा रहा था और वह इसे माकपा से वापस माँगती रही थी। जब माकपा ने बेबी को चुनाव मैदान से हटाने से इन्कार कर दिया तो आरएसपी ने वालोमो छोड़ दिया और उसके उम्मीदवार ए.के. प्रेमचन्द्रन ने यह सीट जीत ली।[94]

2014 में भाजपा को लगभग 11 प्रतिशत वोट मिले थे। अनेक विधानसभा क्षेत्रों में (उदाहरण के लिए तिरूवनंतपुरम लोकसभा चुनावक्षेत्र के तहत आने वाले सात विधानसभा क्षेत्रों में से चार में) उसने वालोमो को पीछे छोड़ दिया था। अभी हाल तक साम्प्रदायिकता के प्रति कठोर रुख रखने वाले केरल जैसे राज्य में हिन्दू साम्प्रदायिकता एक गम्भीर नए और बढ़ते खतरे का प्रतिनिधित्व करती है। चुनावी दृष्टि से भाजपा नायर और एझवा जैसे विशिष्ट जाति समूहों को उनके अवसरवादी जाति नेताओं के माध्यम से लक्षित कर रही है और इसमें उसे कुछ सफलता भी मिली है। कम्युनिस्टों के परम्परागत समर्थन आधार रहे एझवाओं के कुछ तबके भाजपा की ओर आकृष्ट हो रहे हैं हालाँकि उनकी बहुसंख्या का समर्थन अब भी वालोमो के दलों के साथ है।[95]

अपनी धर्मनिरपेक्ष विचारधारा के बावजूद केरल में माकपा पर साम्प्रदायिकता-धर्मनिरपेक्षता के सवाल का बहुत बड़ा बोझ साम्प्रदायिक दलों और व्यक्तियों के साथ अपने पुराने गठजोड़ों के कारण है। 1967 के विधानसभा चुनावों में उसने सात पार्टियों के जिताऊ गठबन्धन में इंडियन यूनियन मुस्लिम लीग (आईयूएमएल) और जंगलों का अतिक्रमण करने वालों के हितों की रक्षा के लिए फादर जोसेफ वडक्कन द्वारा बनाई गई पार्टी कर्षक तोझिलली (कृषक मजदूर) पार्टी (केटीपी) को भी शामिल किया था।[96] इस गठबन्धन ने इन साम्प्रदायिक संगठनों को प्रतिष्ठा प्रदान की और पहली साम्यवादी सरकार को उखाड़ फेंकने के लिए कांग्रेस के नेतृत्व में चलाए गए अभियान में सम्मिलित होने की उनकी भूमिका को धो-पोंछ दिया। उसने माकपा पर अल्पसंख्यक साम्प्रदायिकता के प्रति पक्षपातपूर्ण दल होने का दाग लगा दिया।

हाल के वर्षों में अनेक कारणों से इसका एकदम उलटा हुआ है। संयुक्त लोकतांत्रिक मोर्चे के माकपा विरोधियों, जिन्हें मुसलमानों और ईसाइयों का जबर्दस्त समर्थन प्राप्त है (सम्भवतः स्थानीय क्षेत्रीय-साम्प्रदायिक कारणों से) के एकदम विपरीत केरल की माकपा को उत्तरोत्तर एक 'हिन्दू' पार्टी अथवा कम-से-कम एक ऐसी पार्टी के रूप में देखा जाता है जो मुख्यतः हिन्दू मतदाताओं के समर्थन पर निर्भर है।[97]

केरल की आबादी में मुसलमानों और ईसाइयों की संख्या क्रमशः 24.7 प्रतिशत और 19.0 प्रतिशत है[98] लेकिन केरल में माकपा की सदस्यता में मुसलमानों का हिस्सा दस प्रतिशत से कुछ कम है और ईसाइयों की सदस्यता तो और भी कम है।[99] विभिन्न स्तरों पर पार्टी की समितियों और स्टुडेंट्स फेडरेशन आफ इंडिया व डेमोक्रेटिक यूथ फेडरेशन जैसे सम्बद्ध संगठनों के सदस्यों में 90 प्रतिशत हिन्दू हैं। निनान कोशी के अनुसार हिन्दू कम्युनिस्टों से भिन्न, इस संगठनों के गैर हिन्दू सदस्यों को उनके समुदाय प्रायः इस कारण अपना मानने से इनकार करते हैं क्योंकि इन लोगों का चर्च अथवा मुस्लिम धार्मिक प्रतिष्ठानों से कोई सम्बन्ध नहीं रहता।[100] ऐसा हमेशा से न था।[101]

माकपा की ऐसी अनाकर्षक छवि के कारणों में से एक कारण यह है कि उसने एक सैद्धान्तिक, दृढ़ धर्मनिरपेक्ष कार्यक्रम और समुदायगत विभाजक रेखाओं को तोड़ते हुए एक सार्वभौमिक आकर्षण के आधार पर मुसलमान और ईसाई युवाओं को अपनी गतिविधियों की ओर आकृष्ट करने का अधिक प्रयास करने के बजाय उन तक पहुँचने की कोशिश उनकी सामुदायिक पहचान और उन धार्मिक नेताओं के माध्यम से की जिन्हें

वह सन्तुष्ट रखती है।[102] कोशी मानते हैं कि 'अल्पसंख्यकों के प्रति माकपा की दृष्टि कांग्रेस की, उन्हें अपना वोट बैंक मानने वाली दृष्टि से बहुत अलग नहीं है। आप पार्टी के नेताओं को यह घोषणा करते सुन सकते हैं कि वे "अल्पसंख्यकों के अधिकारों" और "अल्पसंख्यकों के हितों" की रक्षा करेंगे। तथ्य यह है कि केरल में (जहाँ तक ईसाइयों की बात है) अल्पसंख्यकों के अधिकारों का इस्तेमाल उनके समुदाय के अभिजनों के लिए किया जाता है और अल्पसंख्यक हितों का अर्थ है ईसाई धर्मप्रतिष्ठानों के हित...। चाहे चुनाव प्रचार हो या वे सत्ता में हों, ईसाई समुदाय के साथ उनके सम्बन्ध का माध्यम बिशप और चर्च के अन्य पदाधिकारी ही होते हैं। धर्मनिरपेक्ष ईसाइयों के साथ कोई चर्चा नहीं की जाती जबकि वे तथाकथित अल्पसंख्यक मामलों में भी वाम का समर्थन करते है...'।[103]

पश्चिम बंगाल की माकपा की तरह ही केरल की माकपा भी समाजवाद की एक लोकतांत्रिक, बहुलतावादी और गैर क्षेत्रीयतावादी अवधारणा में धर्मनिरपेक्षता को केन्द्रीय महत्त्व का सवाल मानने पर बल देकर अथवा विचारधारात्मक, सामाजिक-सांस्कृतिक और राजनीतिक आधारों पर हिन्दुत्व की एक बुनियादी प्रत्यालोचना विकसित और प्रचारित कर अपने कार्यकर्ताओं और समर्थकों को शिक्षित करने में असफल रही है। उसने धार्मिक पहचान से अलग मुद्‌दों पर विभिन्न धार्मिक समुदायों के बीच सक्रिय नागरिक एकजुटता को भी आगे नहीं बढ़ाया है।

अतीत में, माकपा और भाकपा दोनों ने इंडियन यूनियन मुस्लिम लीग के साथ गठजोड़ किया है। ऐसा कर उन्होंने मोपला किसानों और मालाबार के बटाईदारों के बीच एक स्वतंत्र समर्थक समुदाय निर्मित करने और उन किसानों के दमनकर्ताओं का, जिनका रूढ़िपन्थी मुस्लिम लीग में प्रबल प्रतिनिधित्व है, मुकाबला करने का एक बहुमूल्य अवसर खो दिया। विभिन्न धार्मिक समूहों के बीच एक सार्थक सेकुलर बातचीत शुरू करने में वाम की असफलता के साथ जुड़ा यह तथ्य केरल की कठोर, समुदाय और जाति आधारित चुनावी राजनीति के कायम रहने के मुख्य कारणों में हैं। प्रगतिशील और आमूल परिवर्तनवादी विचारों ने दशकों के दौरान केरल की जमीन में अपनी गहरी जड़ें जमाई हैं, इसके बावजूद वाम समुदाय और जाति आधारित चुनावी राजनीति के इस ढाँचे को तोड़ने में विफल रहा है।

माकपा के लिए भाजपा का मुकाबला करना कठिन होगा और यदि वह एक क्रान्तिकारी तरीके से भिन्न और विश्वसनीय एजेंडा का अनुसरण नहीं करती जिसका एक सेकुलर, सार्वभौमिक, लोकप्रिय और समुदायों से ऊपर आकर्षण हो जैसा कि कृषि और शैक्षिक सुधार के इसके पिछले कार्यक्रमों का अथवा इसकी सामाजिक सुरक्षा नीतियों का था, तो उसे भाजपा के लिए जमीन छोड़नी पड़ेगी। यह स्पष्ट नहीं है कि क्या पार्टी या उसके सहयोगी दल ऐसा करने की संकल्प शक्ति जुटा पाएँगे।

अपनी सभी सीमाओं के बावजूद जन योजना अभियान वालोमो द्वारा ली गई अन्तिम प्रमुख नीतिगत पहल थी। 2001 से मोर्चा आन्तरिक समस्याओं में ही बहुत उलझा रहा। उसके घटक दल इतने विभाजित थे कि उनके लिए एक साथ मिलकर काम करना और रचनात्मक राजनीतिक सक्रियतावाद की ओर वापस लौटना कठिन था। इसका एक कारण

माकपा के भीतर की गुटबाजी, राज्य के पूर्व पार्टी सेक्रेटरी पिनरई विजयन और पूर्व मुख्यमंत्री वी.एस. अच्युतानन्दन, जो अब भी पार्टी के सर्वाधिक लोकप्रिय नेता हैं, के बीच की अनपटी खाई है।

इसके गम्भीर परिणाम हुए हैं जैसे अच्युतानन्दन का निलम्बन और बाद में निष्कासन, माकपा के प्रतिद्वन्द्वी धड़ों और नेताओं के बीच खुले मुकाबले और उसकी स्थानीय और जिला इकाइयों का अशक्त होना। विजयन ने राज्य सचिव के रूप में अपने तीन कार्यकाल पूरे किए। 2015 में उनका स्थान कोडियेरी बालकृष्णन ने लिया। अच्युतानन्दन के साथ उनका सम्बन्ध कुछ कम विरोधपूर्ण था। इससे माकपा में गुटबाजी कुछ कम हो गई या नहीं, यह अभी देखा जाना है। अच्युतानन्दन पालिट ब्यूरो से हटा दिए गए हैं और अब वह पार्टी की केन्द्रीय समिति में एक सजावटी आमंत्रित सदस्य मात्र हैं।

लेकिन, नेतृत्व संकट का एक और आयाम है और उसका सरोकार समाज में और अर्थव्यवस्था में गहरे कार्यरत प्रक्रियाओं और वे जिस तरह से सामाजिक दृष्टियों, वर्ग, जाति और समूह के व्यवहार को और इस तरह राजनीतिक पसन्द को प्रभावित करती हैं, उसे समझने से है। ऐसी समझ के आधार पर ही कोई उपयुक्त राजनीतिक रणनीतियाँ और कार्यनीतियाँ बनाई जा सकती हैं। केरल में अब ई.एम.एस. नम्बूदिरीपाद, के. दामोदरन, सी. अच्युत मेनन, पी.के. वासुदेवन नायर अथवा सी.के. चन्द्रप्पन जैसी बौद्धिक क्षमता के नेता कम ही रह गए हैं जो ऐसे मुद्दों से अपने स्तर पर ही निपट सकें, अथवा पार्टी से बाहर के विद्वज्जनों और विश्लेषकों से उन पर सार्थक बातचीत कर सकें। बौद्धिक बहस और पार्टियों से परे जाकर परस्पर संवाद की परम्परा बहुत कमजोर हो गई है। नए विश्लेषणों और ताजा विचारों का सृजन धीमा पड़ गया है।

नए मुद्दों से मुठभेड़

विचाराधीन मुद्दों में एक महत्त्वपूर्ण मुद्दा केरल में सेवा-आधारित अर्थव्यवस्था का उदय और उसका सुदृढ़ीकरण है। इस अर्थव्यवस्था में केरल की कुल आय का लगभग एक तिहाई हिस्सा विदेश से आए धन का है। अब यह धनराशि फारस की खाड़ी गए मजदूरों से ही नहीं बल्कि उत्तरी अमेरिका और यूरोप में बसे विविध व्यवसायों में लगे अधिक समृद्ध लोगों से भी मिलती है।[104] बाहर से भेजी गई धनराशि पर निर्भरता के कुछ बेहद नकारात्मक परिणाम हुए हैं जिनके अस्तित्व से लोग भलीभाँति परिचित तो हैं लेकिन उसकी विशालता को प्राय: समझा नहीं गया है।

उदाहरण के लिए भूमि-भवन सम्पत्ति में आए उछाल को लें। आकलन के अनुसार केरल को कुल लगभग नब्बे लाख आवासीय इकाइयों की जरूरत है जिनमें छोटे स्वतंत्र मकान, अपार्टमेंट, काटेज आदि शामिल हैं। उसके पास पहले से ही अनुमानत: 110 से 115 लाख इकाइयों की फेहरिस्त मौजूद है मगर वह बेतहाशा और निर्माण किए जा रहा है।[105] इनमें से अधिकतर बेचे जाने, खरीदे जाने और ज्यादा कीमत पर फिर बेचे जाने हैं।

विनिर्माण में उछाल को विशाल पैमाने पर वित्तीय सट्टेबाजी की जरूरत तो होती ही है और इसीलिए उसे वह प्रोत्साहन भी देता है लेकिन इसके अतिरिक्त वह विभिन्न प्रक्रियाओं के जरिये पर्यावरण को तबाह कर रहा है। इन प्रक्रियाओं में निर्वनीकरण और अन्य जैविक

ईंधन, मिट्टी आदि की लूट, कमजोर तटीय इलाकों का क्षरण, धान के खेतों में बाढ़ ला देना और प्राकृतिक जलनिकासी को अवरुद्ध करना, निर्माणकार्य सामग्री के लिए उत्खनन, नदी के पाटों में बालू खनन और प्रदूषण का शहरी कचरा विशेषकर जैविक रूप से नष्ट न होने वाली प्लास्टिक शामिल है जो ताज़ी सब्जियों और परचून के सामान से लेकर औद्योगिक उत्पादों तक को बाँधने-लपेटने में इस्तेमाल होती है।

ऐसी क्षति को नियंत्रित करने और पूर्वस्थिति में वापसी के लिए कठोर उपायों और राज्य व नागरिक समाज के अनेकानेक हस्तक्षेपों की जरूरत है। इनमें से कुछ हस्तक्षेप निश्चय ही समृद्ध और मध्यवर्गों की अल्पकालिक दुश्मनी मोल लेंगे। समझा जा सकता है कि बुर्जुआ पार्टियाँ ऐसा नहीं करना चाहेंगी लेकिन इससे वाम को न केवल सबकी भलाई और जनता के कल्याण का संवर्धन करने वाले सुधारात्मक कदमों की माँग करने और उसके इर्द गिर्द लोगों को संगठित करने बल्कि अपनी साझा प्राकृतिक विरासत और आवास को बचाने की सामूहिक कार्रवाई पर आधारित रैडिकल एकजुटता के नए रूप सृजित करने का भी एक बड़ा मौका मिलता है।

वाम में लोगों को संगठित करने की योग्यता है, बेलगाम शहरीकरण के विरुद्ध कुछ व्यावहारिक विकल्प प्रदान करने के लिए जरूरी ज्ञान के संसाधन और संस्थान हैं। इनमें केएसएसपी द्वारा 1990 में पालक्कड़ (पालघाट) में स्थापित इंटीग्रेटेड रूरल टेक्नोलाजी सेंटर (आईआरटीसी) और त्रिचूर का 1985 में स्थापित और कॉस्टफोर्ड (COSTFORD) नाम से प्रसिद्ध सेंटर ऑफ साइंस ऐंड टेक्नोलॉजी फॉर रूरल डेवलपमेंट शामिल हैं। आई.आर.टी.सी. की विशेषज्ञता सूक्ष्म स्तरीय भूमि और जलप्रबन्धन, ऊर्जा के कुशल उपयोग, नवीकरणीय ऊर्जा स्रोतों के विकास और नए कृषिशास्त्रीय माडल विकसित करने में हैं। कॉस्टफोर्ड की केन्द्रीय सक्रियता केरल में बस गए प्रसिद्ध अंग्रेज वास्तुकार और मानवतावादी लारी बेकर के दर्शन और आचरण का अनुसरण करते हुए यथासम्भव स्थानीय स्तर पर उपलब्ध, मिट्टी की ईंटों जैसी, ऊर्जा की कम खपत वाली सामग्रियों का उपयोग करते हुए कम लागत के किफायती भवन निर्माण का अभिकल्पन (डिजाइन), उसका विकास और प्रचार करने में थी।

इस एजेंडा पर काम करने में वाम खेदजनक ढंग से असफल रहा। इसके बजाय उसने प्राकृतिक आवास, शहरी नियोजन और पर्यावरणीय मामलों पर एक अतिरूढ़िवादी रूख अपनाया। यह रुख पश्चिमी घाट के संरक्षण के सवाल पर इसके रवैये में सबसे ज्यादा स्पष्ट रूप से सामने आया है। पश्चिमी घाट एक बेहद संवेदनशील, गम्भीर रूप से खतरे में पड़ी पर्यावरणीय व्यवस्था है जिसके तहत 160,000 वर्ग किलोमीटर जमीन आती है। यह केरल सहित छह राज्यों तक विस्तृत है। वाम ने इस मुद्दे पर एक विचारपूर्ण रिपोर्ट (गाडगिल कमेटी) को खारिज कर दिया।[106] उसने घाट के ढलानों पर अतिक्रमण करने वाले सम्पन्न किसानों का पक्ष लिया। शुरुआत में उसने अवसरवादी, चुनाव से जुड़े कारणों से ऐसा किया था लेकिन अब उसने अपना रुख कड़ा कर लिया है। इसके परिणामस्वरूप वाम महज जमीनी स्तर पर काम करने वाले पर्यावरणवादियों[107] के ही नहीं बल्कि केरल शास्त्र साहित्य परिषद (के.एस.एस.पी) के भी खिलाफ हो गया है जो 'पश्चिमी घाट बचाओ' आन्दोलन चला रही है।[108]

एक और उदाहरण लें। शहरों में वाम का प्रभाव खत्म होने के कारणों में एक है सफेदपोश कर्मचारियों को श्रमिक संघों में लाने में उसकी खुद की पिछली सफलता। इन सफेदपोश कर्मचारियों ने सरकार में तेजी से विस्तार पाते शिक्षा, बीमा और बैंकिंग क्षेत्रों में रोजगार के अवसरों में गैर आनुपातिक ढंग से हो रही तीव्र वृद्धि से जुड़कर मध्यवर्ग का बुर्जुआकरण किया है। श्रमिक संघों के तहत संगठित होने के कारण यह मध्य स्तर अपने वेतनमान में बड़ी बढ़ोतरियाँ अर्जित कर सका। निर्माण, व्यापार और स्वास्थ्य सेवाओं में उछाल ने उसके लिए रोजगार और आय के अवसर और बढ़ा दिए हैं।

कमान अब उपभोक्तावादी अभिजन के हाथ में

ऊपर की ओर चढ़ते हुए इन विशेषाधिकार प्राप्त स्तरों के लिए उस सामाजिक एकजुटता की संस्कृति के प्रति कोई आकर्षण नहीं है जिसे एक समय वाम ने आगे बढ़ाया था लेकिन जो हाल के वर्षों में कमजोर कर दी गई है। ये स्तर दक्षिणपन्थ की ओर बढ़े और विवेकहीन उपभोक्तावाद के मुख्य संचालक बन गए। इनकी तेजी से बढ़ती आमदनी बैंक जमा और आभूषणों तथा सभी तरह के विलासितापूर्ण सामान की खरीद में प्रवाहित हुई। नए, वैश्वीकृत मालों के उदय के बहुत पहले ही केरल एक उच्च रूप से उपभोक्तावादी समाज बन गया था।[109]

के.टी. राममोहन[110] की बात कुछ भिन्न तरह से कहें तो 1970 के दशक से केरल बुर्जुआकरण की एक ऐसी प्रक्रिया का साक्षी रहा है जो अपने हाशिये पर भी सिर्फ सबसे किनारे के लोगों को ही बाहर छोड़ती है। इस प्रकार, केवल सफेदपोश कर्मचारी ही नहीं बल्कि, हाथ से काम करने वाले मजदूरों ने भी अपने वेतन बढ़ते देखे हैं जिसका कारण है मुद्रा का बढ़ता प्रवाह, बढ़ता श्रमिक संघीकरण और श्रमशक्ति की कमी। मजदूरों की कमी का कारण है उत्प्रवास और शिक्षा स्तर ऊँचे उठने के परिणामस्वरूप स्थानीय स्तर पर मनुष्यविहीन रोजगार को अधिक वरीयता दिया जाना।

मजदूरों के अपेक्षतया निम्न वर्ग को भी लाभ हुआ है। यह लाभ अगर वेतन में सीधी बढ़ोतरी से नहीं तो कम-से-कम 'नोक्कुकुली' (शब्दश: यूनियन के सदस्यों द्वारा उन लोगों के काम के लिए ली गई धनराशि जो यूनियन के सदस्य नहीं हैं) के माध्यम से तो हुआ ही है।[111] आश्चर्य नहीं कि हेड लोड (सिर पर बोझा उठाने वाले) मजदूर यूनियन की सदस्यता का कार्ड, जो पिता से पुत्र को हस्तान्तरित हो जाता है, 'दहेज में देने की वस्तु' यानी वर के परिवार को दी जाने वाली कीमती चीजों का हिस्सा बन गया है। कुछ दशक पहले तक केरल में दहेज की विनाशक प्रथा का अस्तित्व भी न था लेकिन अब यह सर्वत्र दिखाई देती है।

पिछले दो-तीन दशकों के भीतर केरल की वर्ग संरचना नाटकीय ढंग से बदली है। धान की खेती में गिरावट आने के कारण छोटे किसान पहले की अपेक्षा अधिक बिखरे हुए हैं और उन्हें संगठित करना और मुश्किल हो गया है। खेतिहर मजदूर वर्ग का आकार संकुचित हो गया है। उतार पर चल रहे नारियल जटा के काम, ताड़ी उतारने, हथकरघा, काजू के प्रसंस्करण और बीड़ी बनाने जैसे पारम्परिक उद्योगों में कार्यरत मजदूर अब आबादी का बहुत छोटा हिस्सा हो गए हैं। लेकिन चूँकि कुछ बड़े पैमाने के उद्योग मौजूद हैं इसलिए

एक छोटा आधुनिक मजदूर वर्ग भी है। सेवा क्षेत्र का बड़े पैमाने पर विस्तार हुआ है लेकिन सेवाओं (उदाहरणार्थ निजी बस परिवहन और आटो रिक्शा) में लगे अनेक कर्मचारियों के लिए कोई साझा कार्यस्थल नहीं है। उनके काम की प्रकृति व्यक्तिपरक है और उनके काम के घंटे अनिश्चित हैं।[112] इसने उनके लिए एक सामूहिक चेतना के विकास को कठिन बना दिया है।

निर्माण का क्षेत्र एकमात्र ऐसा क्षेत्र है जिसमें हाथ से काम करने वाले मजदूरों की माँग में पर्याप्त वृद्धि देखी गई है। लेकिन उत्प्रवास और स्थानीय शिक्षित युवाओं में हाथ से काम को कम पसन्द किए जाने के कारण इस माँग को बड़े पैमाने पर अन्य राज्यों से आए मजदूर पूरा कर रहे हैं। अब किसी सड़क निर्माण या मरम्मत की जगह या आवास निर्माण के काम में किसी मलयाली को काम करते देखना दुर्लभ है। मजदूरों के संघर्षों की संख्या कम हुई है और उनका उत्साह क्षीण हुआ है।

केरल में बुर्जुआकरण के साथ अपराध और लंपटीकरण जुड़े हैं। यह लंपटीकरण अनेक रास्तों से पूँजी के अवैध प्रवाह और संचयन पर आधारित है। निर्माण में उछाल के पीछे भी शहरों के बढ़िया से बढ़िया स्थानों के लिए गलाकाट प्रतिस्पर्धा के कारण निर्माण के उपनियमों और क्षेत्रीकरण के विनियमों को रिश्वतखोरी के माध्यम से अनदेखा किया जाना और उन्हें नुकसान पहुँचाया जाना अपरिहार्य हो गया। लाइसेंस और नियंत्रण शर्तों का उल्लंघन कर नदियों के पाटों से प्रभूत मात्रा में बालू निकाल लिया जाता है। बालू खनन कराने वालों, परिवहन साधनों के स्वामियों, स्थानीय पंचायत अधिकारियों, पुलिस, विधायकों यहाँ तक कि ट्रेड यूनियन वालों का भी एक गठजोड़ राज्यव्यापी स्तर पर अस्तित्व में आया है। ग्रेनाइट खनन, शराब की तस्करी अथवा पारिस्थितिकी दृष्टि से कमजोर भूमि को पर्यटकों की सैरगाहों के लिए लेने जैसे अन्य धंधों में भी यही तरीका प्रचलित है।

इन प्रक्रियाओं में बढ़ता व्यक्तिवाद, उच्छृंखल लंपटीकरण और उस सार्वजनिक संस्कृति का अस्त-व्यस्त हो जाना शामिल था जिसके तहत वाम फला-फूला था। इन प्रक्रियाओं के प्रभाव के तहत सामाजिक प्रवृत्तियों और आचार-विचार में बदलाव आया है। वाम ने 1970 के दशक अथवा 1980 के दशक तक केरल को जैसा बनाने में मदद दी थी यानी एक अपेक्षाकृत समानतावादी समाज जिसे अपनी उच्च साक्षरता, स्त्री शिक्षा, स्वास्थ्य सूचकांकों, प्रबुद्ध जागरूकता, बौद्धिक और साहित्यिक परम्पराओं पर गर्व था, अब उसे उससे एकदम विपरीत रूप में बदला जा रहा है।

पार्टी समाज का दर्पण है

नई आर्थिक प्रक्रियाओं के शक्तिशाली ज्वार से वाम, विशेषकर माकपा भी नहीं बच पाई। इन प्रक्रियाओं के प्रभाव के तहत बृहत्तर समाज में मजदूर वर्ग का आकार और राजनीतिक वजन घटा है। यह अवनति अब पार्टी में प्रतिबिम्बित हो रही है। इस प्रकार, हाल का एक महत्त्वपूर्ण घटनाक्रम है इन दो प्रवृत्तियों का आपस में मिल जाना: पारम्परिक मजदूर वर्ग का एक छोटा हिस्सा राजनीतिक रूप से जागरूक और सक्रिय है; और दूसरी ओर माकपा में इसकी भागीदारी के बढ़ते अभाव का अर्थ यह है कि मजदूर वर्ग पार्टी की राजनीति को कम-से-कमतर प्रभावित कर रहा है। सार्थक राजनीतिक संघर्षों की अनुपस्थिति में माकपा

में मजदूर वर्ग की भूमिका अधिकांशतः सीटू को बनाए रखने और पार्टी के सम्मेलनों और चुनावों के समय होने वाली रैलियों में भागीदारी करने तक की रह गई है।

वालोमो के घटकों के मध्य और उच्च स्तरीय नेतृत्व के चरित्र पर इसका जबर्दस्त प्रभाव पड़ा लेकिन अब उन घटकों का केन्द्रीय सामाजिक आधार स्वयं हिल रहा है क्योंकि एक ओर एझवा, दलित और आदिवासियों जैसे उनके पारम्परिक समर्थन समूह और दूसरी ओर नारियल जटा और काजू कारखानों में काम करने वाले और नगरपालिका तथा राज्य सरकार के कर्मचारी वालोमो के दलों और उनके छात्र संघों और युवा संगठनों से दूर जा रहे हैं और नए सामाजिक समूह इस रिक्ति को भर नहीं रहे हैं।

1990 के दशक से माकपा में, विशेषकर उत्तरी केरल में व्यापक पैमाने पर 'सहकारी समितियों का निगमों में'[113] रूपान्तरण हुआ है। माकपा ने एक आर्थिक इकाई के रूप में एक छोटी इकाई से शुरुआत की थी । उसने पार्टी के स्थानीय अधिकारियों की अध्यक्षता में प्राथमिक ऋण सहकारी समितियाँ गठित कीं जिन्होंने कार्यकर्ताओं और सहयोगी मध्यवर्ग को ऋण दिए जाने को प्राथमिकता दी थी। हथकरघे पर कपड़ा बुनने वालों की अनेक सहकारी समितियों के साथ बीड़ी बनाने वालों की भी एक सहकारी समिति स्थापित की गई थी ताकि पार्टी के अधिक गरीब कार्यकर्ताओं और पार्टी के प्रति सहानुभूति रखने वाले निर्धनतर लोगों को जीवन निर्वाह के लिए सहायता प्रदान की जा सके और ग्रामीण जनता के बीच साम्यवाद की विचारधारा को आगे बढ़ाया जा सके। पार्टी लगभग पूरी तरह सदस्यों के अंशदान (लेवी) और शुभेच्छुओं से मिलने वाले छोटे छोटे चन्दों से चलाई जाती थी।

लेकिन, उत्प्रवासियों द्वारा की जाने वाली और बाद में मजदूरों का निर्यात करने वाले ठेकेदारों और अन्य संदिग्ध स्रोतों से होनी वाली धन वर्षा से पार्टी ने पूरी तरह अलग श्रेणी के उद्यम स्थापित किए: बहुविशेषज्ञता वाले अस्पताल, टीवी चैनल, पर्यटक विश्रामगृह, सूचना प्रौद्योगिकी पार्क और मनोरंजन पार्क। 'पार्टी कार्यालय कारपोरेटों की केबिनों जैसे दिखने लगे और पार्टी के पदाधिकारी तमाम तरह की सुविधाओं और भत्तों का आनन्द लेने लगे जैसे आदेश पर उपलब्ध वाहन, आर्थिक उपक्रमों का संचालन, पैसे वाले धनवान अभिजन के साथ सम्पर्क और वैश्विक उत्प्रवासियों से चन्दा लेने के लिए विदेशों के नियमित दौरे। इस प्रकार पार्टी का कोई पद गँवाना सरकार, बैंक, विश्वविद्यालय या किसी और जगह की कोई ठाठ-बाट वाली नौकरी गँवाने जैसा था।'[114]

पार्टी के नेतृत्व ने सट्टेबाजों, लाटरी का धंधा करने वालों और संदिग्ध व्यापारियों के साथ भी सुखद सम्बन्ध बना लिए। धनाढ्य उत्प्रवासी मोटे तौर पर पार्टी के प्रति अपनी परम्परागत निष्ठा बनाए रखते हैं। इन उत्प्रवासियों का समर्थन पाने के लिए उसने विशेष प्रयास किए। संसाधन जुटाने के लिए चन्दा इकट्ठा करने वालों को नियमित रूप से खाड़ी देशों में भेजा जाता रहा। वाम को आमूल परिवर्तनवादी चेतना से विपन्न बनाने में, विचारधारात्मक रूप से उसे दक्षिणपन्थी दिशा में धकेलने और गरीब, वंचित मजदूरों और किसानों से उसे और अलग-थलग कर देने में इस सबका राजनीति, रणनीतिक और सांगठनिक स्तर पर नुकसानदेह असर हुआ है।

माकपा का चरित्र इस सीमा तक बदल गया था कि अप्रैल 2012 में कोझीकोड में हुई इसकी उन्नीसवी कांग्रेस का आयोजन पार्टी के कार्यकर्ताओं अथवा वालंटियरों ने नहीं

बल्कि बड़े कार्यक्रमों का प्रबन्धन करने वाली एक कारपोरेट कम्पनी द्वारा किया गया था। बताया जाता है कि उसका बजट पाँच करोड़ रुपया था। यह भारत में कम्युनिस्ट आन्दोलन के इतिहास में पहले कभी नहीं सुना गया था। वह तो गरीब मेहनतकश जनता की पार्टी के उपयुक्त संयमपूर्ण जीवनशैली और सादगी में गर्व महसूस करता था।

इस बीच, सार्वजनिक विमर्श में पर्यावरण की सुरक्षा, प्रदूषण और शहरी कचरा प्रबन्धन संकट के मुद्दे महत्त्वपूर्ण हो गए हैं। एक समय एकदम साफ बेदाग स्वच्छ केरल का हर शहर अब बदबू देता है क्योंकि कई कई दिनों तक कचरा साफ नहीं किया जाता। शहरी कचरा निकटवर्ती गाँवों में फेंके जाने अथवा जलाए जाने का मुद्दा एक अत्यधिक विवादित मुद्दा बन गया है और तिरूवनंतपुरम के निकट विलप्पिलसला गाँव में स्थानीय समुदाय द्वारा जोरदार विरोध किए जाने के बीच इसने एक टकराव का रूप ग्रहण कर लिया है। 'फिजूलखर्ची शून्य' जीवन शैलियों, 'कूड़ा-कचरा शून्य' नगरों आदि के लिए एक नया अभियान पूरे केरल में जनता का ध्यान आकृष्ट कर रहा है।

नए संघर्षों के साथ जुड़ाव

हाल के वर्षों में केरल सशक्त पर्यावरणीय संघर्षों का साक्षी रहा है जैसे काजू बागान में इस्तेमाल किए जाने वाले एक बेहद विषैले कीटनाशक इंडोसल्फान को प्रतिबन्धित करने के लिए, बालू खनन और उत्खनन की बीसियों कार्रवाइयों के विरुद्ध तथा पालक्कड़ जिले के प्लाचीमाड़ा स्थित कोका कोला संयंत्र के विरुद्ध होने वाला संघर्ष; यह संयत्र बड़ी मात्रा में भूजल खींच कर जलस्तर को और नीचे ले जा रहा था,[115] और पेड़ों, प्राकृतिक जल निकासी और धान के खेतों को नष्ट करने वाले नियोजित मोटर मार्गों और हवाई अड्डों के विरुद्ध संघर्ष। यह उनसे सम्भावित हानि का आंशिक उल्लेख ही है।

इनमें से अधिकतर संघर्षों का नेतृत्व जमीनी स्तर के ऐसे पंचायत नेताओं, शहरी और ग्रामीण अनियमित कामगरों और युवाओं ने किया जो किसी राजनीतिक दल से सम्बद्ध न थे। ये संघर्ष प्रायः महिलाओं, आदिवासियों और दलित युवाओं को आकृष्ट करते हैं। लेकिन अधिकतर राजनीतिक दलों के नेता, जिनमें वाम नेता शामिल हैं, उनके साथ नहीं जुड़ते। कुछ तो एकदम उनका विरोध करने लगते हैं। कुछ महत्त्वपूर्ण अपवाद हैं जैसे अच्युतानन्दन जिन्होंने ऐसे आन्दोलनों को समर्थन दिया है अथवा उनमें शामिल हुए हैं। कुडनकुलम नाभिकीय विद्युत परियोजना के विरुद्ध चले एक लम्बे और जोशीले आन्दोलन के साथ एकजुटता का प्रदर्शन कर उन्होंने जबर्दस्त सद्भावना अर्जित की है। यह परियोजना केरल सीमा के ठीक बगल में तमिलनाडु के दक्षिणी छोर के निकट प्रस्तावित थी। अच्युतानन्दन ने माकपा के शीर्ष नेतृत्व की अवज्ञा करते हुए सितम्बर 2012 में इस परमाणु संयंत्र के प्रस्तावित निर्माण स्थल का दौरा करने का फैसला किया था लेकिन तमिलनाडु पुलिस ने उन्हें सीमा पर ही रोक कर वापस भेज दिया।

यद्यपि हाल के वर्षों में केरल के समाज का झुकाव दक्षिणपन्थ की ओर हुआ है इसके बावजूद केरल में उत्पीड़ित समूहों के बीच बढ़ी जागरूकता और निम्न जातियों और आदिवासी युवाओं के बीच आमूल परिवर्तनवाद के नए रूपों के अनेक संकेत दिखाई पड़ते हैं। उच्चतर शिक्षा के 'स्त्रीकरण' के माध्यम से युवतियों ने जो निर्णायक बढ़त ली

है उसके कारण उनमें आत्मविश्वास आ रहा है और वे दृढ़निश्चयी बन रही हैं जैसीकि वे पहले कभी नहीं थीं।[116]

केरल की दस लाख से अधिक 'खाड़ी पत्नियों' (गल्फ वाइव्स'—ऐसी विवाहिताएँ जिनके पति खाड़ी देशों में काम करते और रहते हैं) को सीखना पड़ा कि बैंक के खातों, सम्पत्ति के सौदों और छोटे व्यवसायों का काम और इसके साथ ही पुरुषों द्वारा किए जाने वाले अन्य कामों के बीच बच्चों को स्कूल में प्रवेश दिलाने के काम किस तरह सम्भाले जाएँ। इससे उनकी सामाजिक हैसियत बढ़ी और उन्हें एक बड़ी दुनिया की जानकारी हुई। अब गरीब औरतें भी सिर्फ 'काम' से अथवा भुगतान वाली मजदूरी से खुश नहीं, उन्हें ऐसा काम पाने की आकांक्षा है जिसे वे '**नौकरी**' मानती हैं। इसमें मनरेगा के तहत मिलने वाला रोजगार शामिल है।

केरल के युवा सामाजिक अनुशासन, या जिसे अब 'मॉरल पुलिसिंग' कहा जाने लगा है, का विरोध अब नए तरीकों से और स्वत:स्फूर्त ढंग से करने लगे हैं। मॉरल पुलिसिंग जनता के उस आचरण के विरुद्ध दक्षिणपन्थी गैरकानूनी निगरानी है जिसे अशोभनीय करार दे दिया जाता है। इसमें युवा लड़के. लड़कियों का परस्पर एक दूसरे का हाथ थामने, किसी रेस्तरां में साथ भोजन करने या वैलेंटाइन डे पर एक दूसरे को बधाई देने जैसी निर्दोष, सीधी सादी गतिविधियाँ शामिल हैं। अक्तूबर–नवम्बर 2014 में नैतिक पहरेदारी (मॉरल पुलिसिंग) के विरोध में केरल में एक अभियान शुरू हुआ जिसे 'किस ऑफ लव' नाम दिया गया। इस अभियान के प्रति एकजुटता प्रदर्शित करने के लिए हैदराबाद, मुम्बई और दिल्ली सहित अन्य शहरों में भी ऐसे अभियान शुरू हो गए। युवाओं ने मॉरल पुलिसिंग को स्नेह का अपराधीकरण माना और इससे नाराज हो उन्होंने इंटरनेट और सोशल मीडिया के माध्यम से एक दूसरे से सम्पर्क किया और एक दूसरे को गले लगाने और 'चूमने' के लिए (प्राय: उन्होंने अपना मुँह कपड़े से भलीभाँति ढक रखा था) कालेज परिसरों के बाहर सार्वजनिक प्रतिरोध का आयोजन किया।

'किस आफ लव' प्रतिरोधों ने बड़ी संख्या में लोगों को आकृष्ट किया, वे प्राय: जीवन्त और लोगों की नजर में आने वाले थे। जैसा कि अनुमानित था, भाजपा नियंत्रित अखिल भारतीय विद्यार्थी परिषद (एबीवीपी) और भाजपा ने इनकी निन्दा तो की लेकिन प्रदर्शनकारियों पर हमला करने का साहस नहीं जुटा पाए। वाम और कांग्रेस के नेतृत्व वाले छात्रसंघों ने इस पर ढुलमुल रवैया अपनाया। एसएफआई के कुछ कार्यकर्ताओं ने इस अभियान के प्रति सहानुभूति व्यक्त की और इसे समर्थन दिया लेकिन कुछ अन्य ने 'गैरराजनीतिक' और 'अराजक' बता कर इसकी निन्दा की। माकपा नेता इससे बहुत परेशान थे और उन्होंने इसकी निन्दा की।[117]

इसने न केवल पार्टी नेतृत्व और युवाओं के बीच के पीढ़ीगत अन्तराल बल्कि दोनों को अलग करने वाली सामाजिक और राजनीतिक दूरी को भी सबके सामने ला दिया। केरल के युवाओं के बीच लोकप्रियता प्राप्त करने वाली एक नई सार्वजनिक गतिविधि की पहल एक वालंटरी आन्दोलन है जो बूढ़े लोगों की देखभाल करता है और अत्यधिक तकलीफ झेल रहे लोगों को उपशामक देखभाल प्रदान करता है।[118] वाम इससे अपेक्षित गम्भीरता के साथ नहीं जुड़ा है। यह वाम के दीर्घकालिक भविष्य के लिए अच्छा शगुन नहीं है।

इस बीच, केरल की चुनावी राजनीति समुदाय और जाति आधारित मतदान के साँचे में अब भी दृढ़तापूर्वक जमी हैं। वालोमो इस साँचे को तोड़ नहीं पाया है, न ही वह किसी उल्लेखनीय महत्त्वपूर्ण पैमाने पर मुसलमानों और ईसाइयों का समर्थन पा सका है—यद्यपि कांग्रेस पार्टी और केरल कांग्रेस (जो मुख्यत: ईसाइयों का प्रतिनिधित्व करती है) दोनों क्रमश: ढलान पर हैं। वालोमो और संलोमो की तकदीर प्राय: बहुत कम, कुल वोटों के एक या दो प्रतिशत के अन्तर से तय होती है।

इस अन्तर को और कम करने में सम्भवत: टी.पी. चन्द्रशेखरन की हत्या का भी योगदान रहा जिससे 2014 के चुनाव में वालोमो का नुकसान हुआ। इसका कारण सिर्फ यही नहीं था कि अच्युतानन्दन उनकी विधवा से मिलने गए और उनके प्रति सहानुभूति व्यक्त की। संलोमो के वोट हिस्से में लगभग छह प्रतिशत बिन्दुओं का नुकसान हुआ लेकिन वालोमो को इससे जहाँ केवल 0.3 प्रतिशत बिन्दुओं का ही लाभ मिल पाया, वहीं भाजपा ने 4.5 प्रतिशत बिन्दुओं की बढ़त ले ली। वाम के विरुद्ध झुकाव में योगदान देने में सम्भवत: 'घोटालों और कांडों'[119] (चन्द्रशेखरन की हत्या सहित) के बारे में जनता की जागरूकता महत्त्वपूर्ण रही।

चन्द्रशेखरन की हत्या ऐसी 'जन जागरूकता' का उच्चतम स्तर (सर्वेक्षण के 90 प्रतिशत से अधिक) प्रदर्शित करती है। सर्वेक्षण के तहत प्राप्त सभी उत्तरों में दो तिहाई से अधिक ने संलोमो सरकार द्वारा हत्या की जाँच का काम, चन्द्रशेखरन की पत्नी और अच्युतानन्दन की माँग के अनुरूप, केन्द्रीय जाँच ब्यूरो (सीबीआई) को सौंपने के फैसले का समर्थन किया था। स्पष्ट है कि माकपा ने हिंसा के इस भयावह कृत्य के प्रभाव को कम आँका था।

हाल के वर्षों में वालोमो की छवि खराब होने के अनेक कारण हैं। जैसा कि बी.आर.पी. भास्कर कहते हैं, 'केरल में मुकाबला अब एक शक्तिहीन संलोमो और शक्तिहीन वालोमो के बीच, अधिक स्पष्ट कहें तो एक शक्तिहीन कांग्रेस और शक्तिहीन माकपा के बीच है।'[120] इससे लाभ उठाने के लिए सबसे अच्छी स्थिति भाजपा की लगती है। यह वाम के लिए सिर्फ चुनावी दृष्टि से ही नहीं बल्कि उसके मध्यकालिक और दीर्घकालिक सामाजिक-राजनीतिक प्रभाव के लिए भी एक बड़ा धक्का होगा। यदि केरल का दक्षिणोन्मुख रुझान जारी रहता है और यदि वाम एक नई राजनीति और समसामयिक रूप से प्रासंगिक और जनता के सरोकार वाले मुद्दों पर गोलबन्दियों के जरिये अपना पुनराविष्कार नहीं करता तो सम्भव है कि उसे अपने पाँवों के नीचे की जमीन और खिसकती नजर आए।

किसी भी तरह से यह अपरिहार्य नहीं है। जमीनी स्तर के अनेक संघर्ष हैं जिनसे वाम को खुद को जोड़ना पड़ेगा।[121] विश्लेषण, रणनीति बनाने, शिक्षा, संगठित करने और कार्रवाइयाँ हाथ में लेने का एक पूरा एजेंडा वाम की प्रतीक्षा कर रहा है। जैसा कि केरल शास्त्र साहित्य परिषद का नया नारा कहता है, 'एक भिन्न केरल सम्भव है', समकालीन अर्थों में इस विकल्प का पुनराविष्कार करने और उसके लिए लड़ने में वाम की एक भूमिका है और उसका भविष्य भी इससे जुड़ा है।

8

सामाजिक नीति से जुड़ी चुनौतियाँ

जाति, लिंग, धर्म, पारिस्थितिकी, मानवाधिकार

शोषण से मुक्ति, जनता की असली मानवीय क्षमता के पूर्णविकास और अन्ततः सामाजिक मुक्ति और समाजवाद की ओर ले जाने वाले प्रगतिशील बदलाव का एक अभिकर्ता होने का वाम का दावा मोटे तौर पर सामाजिक नीति या सामाजिक एजेंडा की उसकी समझ और उससे जुड़े व्यवहार पर निर्भर है। जाति, धर्म, धर्मनिरपेक्षता और साम्प्रदायिकता; पितृसत्ता और लिंगगत समानता; पर्यावरण सुरक्षा; नृवंशीय, धार्मिक और भाषायी अल्पसंख्यकों के अधिकार; नागरिक और राजनीतिक स्वतंत्रताओं के लिए सम्मान; आर्थिक और सामाजिक अधिकारों का संवर्धन, संस्कृति के विषय में एक व्यापक और समावेशी दृष्टि; और सुविधाहीनों और वंचितों के प्रति सहानुभूतिपूर्ण रवैया जैसे तमाम मुद्दे इसके भीतर आते हैं। परस्पर एक दूसरे की देखभाल करने, सहभागिता और सामाजिक एकजुटता पर आधारित एक समतावादी, गैरसोपानात्मक समुदाय वाला वैकल्पिक माडल विकसित करने के एक साहसी प्रयास की प्रेरणा देने के लिए इन सभी मुद्दों पर स्पष्ट रवैया जरूरी है।

ये मुद्दे वर्गशोषण पर केन्द्रित पारम्परिक मार्क्सवाद के साँचे से बाहर हैं लेकिन विशेषकर पिछड़े पूँजीवाद के 'असमान और संयुक्त विकास'[1] की विशेषताओं वाले भारत जैसे समाज में किसी आमूल परिवर्तनवादी बदलाव के एजेंडा में इन्हें बहुत ऊपर होना चाहिए। इस विशेषताओं में जातिगत उत्पीड़न, पितृसत्ता के अतिवादी रूप, विभाजक धर्म आधारित राजनीति का इतिहास, बहुत भिन्न आर्थिक रूपों और सम्बन्धों का सह अस्तित्व, गहरी प्रजातीय, भाषायी और सांस्कृतिक विविधता, अनगिनत असमानताएँ और पदसोपान और लोकतंत्र की एक ऐसी अपूर्ण, अतिकेन्द्रीकृत व्यवस्था शामिल है जो अति राष्ट्रवाद, निरंकुशता और सैन्यवाद के साथ आसानी से समझौता कर लेती है।

ऐतिहासिक रूप से, वाम ने इन मुद्दों के महत्त्व को स्वीकार किया है। अधिकतर राजनीतिक दलों की तुलना में इसने कुल मिलाकर इन मुद्दों पर सामान्यतः कहीं अधिक प्रगतिशील रुख अपनाया है और सामाजिक नीति पर संकीर्ण, स्थानीय अथवा कट्टर दृष्टिकोण को दृढ़तापूर्वक अस्वीकार किया है। लेकिन जैसा कि हम आगे देखेंगे, वह इस क्षेत्र में कोई अग्रणी अथवा ज्ञानवर्धक भूमिका नहीं निभा रहा है। प्रायः वह समस्या का भी उसी तरह हिस्सा है जैसेकि समाधान का।

एक प्रगतिशील सामाजिक परिप्रेक्ष्य के अपने दावे की प्रकट विश्वसनीयता के कारण

अनेक दशकों तक वाम भारत के बुद्धिजीवियों, कलाकारों, विभिन्न विद्वत्तापूर्ण विषयों के अध्येताओं और वर्गों, समूहों तथा समुदायों के व्यापक भिन्न भिन्न तबकों से कुछ असाधारण बुद्धिमत्ता और प्रतिबद्धता वाले पुरुषों और महिलाओं को आकृष्ट और प्रेरित कर सका था। एक रूढ़िमुक्त, संशयहीन, प्रबुद्ध और प्रगतिशील विश्वदृष्टि की ओर झुकाव वाले अनेक लोगों के लिए कम-से-कम विचार के स्तर पर उसने एक चुंबक और यदि अनूठे नहीं तो कम-से-कम एक 'स्वाभाविक' गंतव्य के रूप में काम किया।

लेकिन, वाम का नेतृत्वकारी सामाजिक आकर्षण हाल के वर्षों में घटा है। जैसे जैसे समाज बदल रहा है, सामाजिक व्यवस्था की अधिक आमूल परिवर्तनवादी प्रत्यालोचनाओं और जाति, लिंग, आदिवासी और पारिस्थितिकी न्याय जैसे अलग मुद्दों पर केन्द्रित स्वायत्त आन्दोलनों से उठने वाली नई चुनौतियों के सामने उसका कमजोर पड़ते जाना जारी है।

ऐतिहासिक दृष्टि से देखें तो वाम ने भारत के विशिष्ट सन्दर्भ में यहाँ के सामाजिक नीतिगत मुद्दों का कभी बहुत ध्यानपूर्वक और निरन्तरता के साथ विश्लेषण नहीं किया। न ही उसने ऐसा कोई सैद्धान्तिक-विचारधारात्मक ढाँचा विकसित किया जिसमें ये मुद्दे समुचित रूप से समाहित हो जाते। उदाहरण के लिए, साम्यवादी वाम भारतीय समाज में जाति के सवाल, शोषण और उत्पीड़न के उन अनेकानेक रूपों, जाति स्वयं जिसका एक हिस्सा है और जाति द्वारा किए जाने वाले राजनीतिक कामों को समझने में हमेशा कमजोर रहा है।

जाति का सवाल

शुरू से ही साम्यवादी वाम की प्रवृत्ति जाति को सामन्ती अथवा पूर्व पूँजीवादी 'अवशेष' अथवा दुष्परिणाम के रूप में देखने की रही है।[2] इसके पीछे प्रच्छन्न मान्यता यह रही है कि पूँजीवाद अन्ततः जाति का उन्मूलन कर देगा अथवा उसे 'सामाजिक संगठन' की एक किस्म के रूप में अप्रासंगिक बना देगा। बाद में, अपने संशोधित कार्यक्रम में माकपा ने कहा, 'भारतीय कृषि में पूँजीवादी विकास पुराने रूपों के सुनिश्चित विनाश पर आधारित नहीं है बल्कि पूर्व पूँजीवादी उत्पादन सम्बन्धों और सामाजिक संगठन के रूपों के चहबच्चे पर अध्यारोपित कर दिया गया है' जिसमें भूस्वामित्ववाद, काश्तकारी के पुराने रूप और श्रम सेवा, दासता और बन्धन के आदिम रूप शामिल हैं। ये रूप भारत के कुछ क्षेत्रों में 'कृषि सम्बन्धों में अब भी एक महत्त्वपूर्ण भूमिका निभाते हैं।'[3]

माकपा ने कहा, लेकिन, 'बुर्जुआ-भूस्वामी व्यवस्था' 'जातिगत उत्पीड़न को खत्म करने में असफल' रही है। भारतीय समाज ने 'पूँजीवादी विकास के तहत मौजूदा जाति व्यवस्था के साथ समझौता कर लिया है। भारतीय बुर्जुआ वर्ग स्वयं जातिगत पूर्वग्रहों को बढ़ावा देता है। मजदूर वर्ग की एकता जाति व्यवस्था और दलितों के उत्पीड़न के विरुद्ध एकता की बात को पहले से मानकर चलती है क्योंकि दलित आबादी की विशाल बहुसंख्या मेहनतकश वर्गों का हिस्सा है। सामाजिक सुधार आन्दोलन के जरिये जाति व्यवस्था तथा सामाजिक उत्पीड़न के सभी रूपों के उन्मूलन के लिए संघर्ष करना लोकतांत्रिक क्रान्ति का एक महत्त्वपूर्ण अंग है। जाति उत्पीड़न के विरुद्ध संघर्ष वर्गशोषण के विरुद्ध संघर्ष के साथ जुड़ा हुआ है।'[4]

सामाजिक संगठन और शोषण के पूँजीवादी और पूर्व पूँजीवादी रूपों के मिश्रण के इस

स्वीकार और सामाजिक सुधार पर दिए जाने वाले जोर का स्वागत है।[5] फिर भी, वाम दल व्यापक रूप से वर्ग पर ही डटे रहते हैं। उन्होंने जाति-वर्ग सम्बन्ध पर डी.डी. कोसांबी जैसे पार्टी से बाहर के मार्क्सवादी इतिहासकारों अथवा अन्य स्वतंत्र मानवशास्त्रियों और समाजशास्त्रियों द्वारा प्रदान की गई विद्वत्तापूर्ण अन्तर्दृष्टियों को कभी स्वीकार नहीं किया है। न ही उन्होंने जाति का कभी सामाजिक शोषण के एक ऐसे विशिष्ट सम्बन्ध के रूप में समुचित ढंग से सैद्धान्तीकरण किया है जो भारत में समकालीन पूँजीवाद के भीतर उसी तरह समेकित है जैसे उत्तरी और दक्षिणी दोनों अमेरिका में नस्लवाद ने पूँजीवाद को गढ़ने में एक प्रमुख भूमिका निभाई थी और अठारहवीं और उन्नीसवीं सदी में दक्षिणी पूँजीवादी कृषि में एक भिन्न रूप में अमेरिका के 'समकालीन' पूँजीवाद में समाहित कर लिया गया था।

पिछले पचास वर्षों में वाम दलों ने एक सामाजिक श्रेणी के रूप में वर्ग के साथ जाति के जटिल किन्तु भलीभाँति समामेलित और सांस्कृतिक-राजनीतिक रूप से अभिव्यक्त सम्बन्धों और दलित आन्दोलन तथा 'पिछड़ों के फारवर्ड मार्च' के उदय के समय से इनमें आए परिवर्तनों अथवा मध्यवर्ती जातियों (अन्य पिछड़े वर्ग—ओबीसी) की बढ़ती दृढ़ता की कभी विश्लेषणात्मक ढंग से पड़ताल नहीं की। उन्होंने जाति की बदलती राजनीतिक भूमिका का भी कभी सैद्धान्तीकरण नहीं किया।[6]

हाल के वर्षों में वाम दलों ने दलित मुद्दों पर ज्यादा ध्यान दिया है और दलित मुद्दों पर राष्ट्रीय सम्मेलन आयोजित करने के साथ साथ मन्दिरों में उनके प्रवेश के आन्दोलन या तो स्वयं छेड़े हैं अथवा उनमें भागीदारी की है जैसेकि तमिलनाडु में।[7] लेकिन दलितों पर हुए अत्याचार के विरोध में शुरू होने वाले प्रतिरोध आन्दोलनों में अथवा एकजुटता अभियान की अगली कतारों में वे बिरले ही होते हैं। साम्यवादी वाम मोटे तौर पर जाति को एक ऐसी परिघटना के रूप में देखता है जो उस वर्ग (वर्गों) को बाँटती है जिसे वह क्रान्तिकारी परिवर्तन का वाहक मानता है। वह दलितों के स्वायत्त आत्मसंगठन के महत्त्व पर जोर नहीं देता, ऐसे संगठन से उसे परेशानी होती है। ऐसा संगठन आवश्यक है क्योंकि ऐतिहासिक रूप से अनूठा और धर्मग्रन्थों व रीति-रिवाजों द्वारा स्वीकृत अथवा वैध घोषित दलित उत्पीड़न सामाजिक दासता के उन सम्बन्धों का केन्द्रीय और अनिवार्य घटक है जो भारत की सत्ता व्यवस्था की बुनियाद हैं।

दलित संगठित हुए क्योंकि व्यवस्था को उखाड़ फेंकने में उन्हें एक निर्णायक भूमिका निभानी है। वाम भी रैडिकल व्यवस्थागत परिवर्तन के प्रति प्रतिबद्ध है अत: उसे जहाँ भी सम्भव हो दलितों के साथ काम करना चाहिए और उनके साथ मंच साझा करना चाहिए। वाम अपने सिद्धान्त अथवा व्यवहार में असुविधा, अभाव और उत्पीड़न के उन रूपों को जगह नहीं देता जिनसे सर्वाधिक पिछड़े ओबीसी (एमबीसी) जैसे गम्भीर रूप से सुविधाहीन समूह पीड़ित किए जाते हैं। शोषण के ये तौर तरीके उन तरीकों से गुणात्मक रूप से भिन्न हैं जो दलितों के विरूद्ध इस्तेमाल किए जाते हैं।

अंशत: ऐसा इसलिए है क्योंकि भारतीय कम्युनिस्टों में एक कठोर, प्राय: यांत्रिक, पूरी तरह वर्ग आधारित मार्क्सवादी साँचे के भीतर ही सोचने और विषयों पर अपने विचार बनाने की प्रवृत्ति थी; वे जाति को इतिहास के एक अभिकर्ता के रूप में यहाँ तक कि ऐसी कार्यात्मक सामाजिक और राजनीतिक प्रक्रियाओं को समझने और गढ़ने के लिए प्रासंगिक

कार्यात्मक श्रेणी के रूप में भी स्वीकार नहीं कर सके। धारणा यह थी कि यदि पूँजीवाद जातिवाद के 'सामन्ती अवशेषों' से छुटकारा नहीं पा सका तो अन्तत: समाजवादी क्रान्ति तो उन्हें हर हाल में मिटा ही देगी।

अंशत: जाति का सैद्धान्तीकरण करने और उसकी विशेषताओं को पहचानने में साम्यवादी वाम की असफलता के लिए महाराष्ट्र में फुले-शाहू महाराज-अम्बेडकर के बहुजन समाज-दलित आन्दोलन और तमिलनाडु में पेरियार के 'आत्मसम्मान' आन्दोलन के साथ उनके परेशानीतलब तनावपूर्ण पुराने सम्बन्ध को भी जिम्मेदार ठहराया जा सकता है क्योंकि इन आन्दोलनों के प्रति वाम का रुख कभी सकारात्मक नहीं रहा था। अम्बेडकर को साम्यवादी एक विरोधी के रूप में देखते थे जो जातिवादी व्यवहारों में उन्हें उनकी खुद की संलिप्तता की याद दिलाता था। इन जातिवादी व्यवहारों में अस्पृश्यता शामिल थी जो बम्बई की कपड़ा मिलों में भी व्याप्त थी, जहाँ अम्बेडकर की गिरनी कामगार यूनियन थी। अम्बेडकर ने 1928 में कपड़ा बुनने जैसे बेहतर भुगतान करने वाले विभागों में 'अपवित्र' दलितों को रोजगार से वंचित किए जाने (एक व्यापक रूप से प्रचलित प्रथा) के मुद्दे पर 1928 में कम्युनिस्टों से मुठभेड़ की थी[8]। कम्युनिस्टों ने इस मुद्दे का विरोध नहीं किया था।

भाकपा को अम्बेडकर की इंडिपेंडेंट लेबर पार्टी (आईएलपी), (1938 में स्थापित) से कोई सहानुभूति नहीं थी हालाँकि यह पार्टी समाजवाद और जनता के हितों की दृष्टि से आवश्यकतानुसार उद्योग को राज्य के प्रबन्धन और राज्य के स्वामित्व में रखे जाने की वकालत करती थी। इसके अतिरिक्त, उसके अन्य प्रगतिशील कार्यक्रम भी थे।[9] अम्बेडकर के प्रति कम्युनिस्टों का वैर भाव[10] तब और मुखरित हो गया जब उन्होंने वाइसराय की कार्यकारी परिषद में सदस्य (श्रम) के रूप में काम किया (1942-46)। इसी तरह भाकपा बंगाल के दलित नेता जोगेन्द्रनाथ मंडल के प्रति भी उदासीन थी[11] और बहुत बाद तक उसने दलित उत्पीड़न के मुद्दे को उपयुक्त महत्त्व नहीं दिया।

इससे साम्यवादियों और समाजवादियों के बीच का अन्तरग्ब स्पष्ट होता है। समाजवादी एक जीवित सामाजिक यथार्थ और एक सम्बन्ध अथवा अस्तित्व की दशा के रूप में जाति को कहीं बेहतर ढंग से समझते थे। वे समझते थे कि आजादी और सामाजिक समानता की दिशा में ले जाने वाला कोई रास्ता पा सकने के लिए वर्ग शोषण के साथ साथ जाति से भी लड़ा जाना अनिवार्य है।[12] हो सकता है समाजवादियों ने उच्च वर्ण अथवा सवर्ण प्रभुत्व वाले पदसोपान के भीतर जाति उत्पीड़न के महत्त्व पर जरूरत से ज्यादा-इतना ज्यादा-जोर दिया हो कि अन्य पिछड़ी जातियों के भीतर के आन्तरिक भेद और दलितों के साथ अन्य पिछड़ी जातियों के दमनकारी सम्बन्ध अनदेखे रह गए हों। लेकिन भारतीय समाज की एक बुनियादी विकृति के रूप में और आमूल परिवर्तनवादी सुधार के लिए राजनीतिक संगठन के आधार के रूप में भी जाति के सवाल के साथ वे गम्भीरतापूर्वक जुड़े।

मतभेदों के बावजूद 1960 और 1970 के दशकों में, विशेषकर बिहार में, साम्यवादियों और समाजवादियों के बीच जाति, भूमिसुधार और सामाजिक मुद्दों पर राजनीतिक सहयोग और सार्थक संवाद था। बिहार के अनेक साम्यवादियों के मन में लोहिया और जयप्रकाश नारायण के लिए बहुत सम्मान था। जयप्रकाश नारायण की पुस्तक 'समाजवाद क्यों' (व्हाइ सोशलिज़्म?) ने उन्हें उनके युवावस्था के दिनों में प्रभावित किया था। भाकपा के इन्द्रजीत

सिंह जब 1967 में बिहार की पहली गैर कांग्रेसी सरकार में राजस्व मंत्री बने तो उन्होंने जो भूमिसुधार समिति गठित की उसके अध्यक्ष जयप्रकाश नारायण थे और अनुभवी साम्यवादी जगन्नाथ सरकार उसके सदस्य थे।[13] दुर्भाग्यवश, वाम की इन दो प्रमुख धाराओं के बीच चला संवाद समाजवादियों के संगठनात्मक विघटन के साथ समाप्त हो गया।

कम्युनिस्ट दलितों के लिए नौकरियों और शिक्षा में आरक्षणों के रूप में सकारात्मक कार्रवाई के सतत समर्थक थे लेकिन अन्य पिछड़ी जातियों के सन्दर्भ में आरक्षणों और मंडल आयोग (1979 में नियुक्त) पर उनकी स्थिति सुस्पष्ट रूप से अलग थी। इस प्रकार, पश्चिम बंगाल की वाम मोर्चा सरकार ने मंडल आयोग और जाति आधारित आरक्षण के प्रति विरोधात्मक स्थिति अपनाई। उसने इस आरक्षण को वर्गचेतना में एक बाधा माना। सरकार ने यह तर्क देते हुए कि जाति की तुलना में गरीबी और जीवन के निम्न स्तर पिछड़ेपन के बेहतर सूचक हैं, 'वस्तुतः, मंडल आयोग के प्रश्नों का जवाब देने से और जाति के आधार पर ओबीसी की शिनाख्त करने से इनकार कर दिया...।'[14]

एक अन्य शोधकर्ता के अनुसार 'जातिगत पिछड़ेपन के सवाल की पड़ताल के लिए' पश्चिम बंगाल सरकार द्वारा अगस्त 1980 में गठित एक समिति का मानना था कि "हमारे विचार से पिछड़ेपन की पहचान करने के लिए जाति के बजाय गरीबी और जीवन के निम्न स्तर ही सर्वाधिक महत्त्वपूर्ण कसौटी हैं...।" इससे ही बंगाल के मुख्यमंत्री मंडल आयोग के समक्ष यह टिप्पणी कर सके कि राज्य में केवल दो जातियाँ हैं—'अमीर और गरीब'।[15]

यह तो बाद में हुआ जब 1990 की शुरुआत के साथ ऊँची जातियों के नेतृत्व में हिंसक और प्रत्यक्षतः प्रतिक्रियावादी मंडलविरोधी आन्दोलनों का सिलसिला शुरू हो गया। तब माकपा ने अन्य पिछड़ी जातियों (ओबीसी) के स्वाग्रह को स्वीकार किया और उनके लिए आरक्षणों की मंडल योजना को समर्थन दिया जिसके परिणामस्वरूप 1993 में पश्चिम बंगाल पिछड़ा वर्ग आयोग की स्थापना हुई।

भद्रलोक का वर्चस्व

कम्युनिस्ट पार्टियाँ स्वयं अपने संगठनों में विशेषकर राष्ट्रीय नेतृत्व में जाति विभाजनों के प्रति संवेदनहीन बनी रही हैं। राष्ट्रीय नेतृत्व में सवर्ण जातियों का दबदबा है।[16] यद्यपि केरल में उन्होंने अपने संगठनों में निम्न जातियों के विशेषकर एझवा के अपेक्षतया अधिक प्रतिनिधित्व के लिए प्रयास किया और इसमें सफल भी हुए लेकिन पश्चिम बंगाल में वे ऐसा करने में साफ तौर पर असफल रहे। वहाँ वाम नेतृत्व पर भद्रलोक के तीन उच्च जाति समूहों: ब्राह्मणों, कायस्थों और वैद्यों (बोइद्यों) का प्रभुत्व रहा है, जो आबादी का लगभग दसवां हिस्सा हैं। 1977 में सत्ता में आए वाम मोर्चा की पहली दो सरकारों में एक भी दलित शामिल नहीं किया गया था।

देश के बड़े हिस्से में और हिन्दी पट्टी में कुल सांसदों में उच्च जातियों के सांसदों का अनुपात 1989 के 40 प्रतिशत से घटकर 2004 में 33 प्रतिशत रह गया था।[17] इस प्रवृत्ति को धता बताते हुए पश्चिम बंगाल में वाम मोर्चा के पूरे कार्यकाल के दौरान उच्च जातियों के विधायकों का ऊँचा अनुपात लगातार बना रहा। 1977 में, जब मोर्चा सत्ता में आया तब पिछली तीन विधानसभाओं के 39 प्रतिशत की तुलना में राज्य के सभी विधायकों में 46

प्रतिशत विधायक ऊँची जाति के थे। यह अनुपात आबादी में उनके हिस्से की तुलना में बहुत असंगत था। लेकिन 1996 में यह प्रतिशत और बढ़कर 49 प्रतिशत हो गया (यद्यपि 2001 में गिरकर यह 37 प्रतिशत हो गया)।[18]

अपनी अपनी पार्टियों के विधायकों में भी माकपा और भाकपा के विधायकों में ऊँची जाति के विधायकों की संख्या अधिक थी जो 1977 और 1996 के बीच 42 और 45 प्रतिशत के बीच घटती-बढ़ती रही और 2001 में गिरकर 34 प्रतिशत हो गई। 1977 और 1996 के बीच विधानसभा के उच्चजातीय सदस्यों में 49 से 62 प्रतिशत विधायक इन्हीं दोनों पार्टियों से थे। यह अनुपात 2001 में घटकर 43 प्रतिशत हो गया।[19]

इसके विपरीत, माकपा और भाकपा विधायकों में मुसलमानों का प्रतिनिधित्व तुलनात्मक रूप से कम था यानी इन दलों के कुल विधायकों का केवल 12 प्रतिशत अथवा आबादी में मुसलमानों के हिस्से का आधा ही था। मध्यवर्ती जातियों की संख्या 1991 में कुल आबादी का 35 प्रतिशत थी लेकिन विधायकों की कुल संख्या में उनकी हिस्सेदारी नगण्य थी जो 1977 के 8.4 प्रतिशत से घटकर 1996 में 5 प्रतिशत रह गई।

पश्चिम बंगाल के मंत्रिमंडलों में ऊँची जातियों का वर्चस्व वाम मोर्चे के पूरे 34 वर्षों के कार्यकाल के दौरान लज्जाजनक रूप से अधिक रहा। 1982 में तो यह अविश्वसनीय ढंग से 81.8 प्रतिशत तक पहुँच गया था। परवर्ती वर्षों में यह कम हुआ लेकिन 2001 में भी वह 51 प्रतिशत से ऊपर रहा।[20] इसके विपरीत, पहली दो वाम मोर्चा सरकारों में एक भी दलित अथवा आदिवासी को जगह नहीं मिली जबकि आबादी में इन समुदायों का हिस्सा क्रमश: 24 और 6 प्रतिशत (1991 की जनगणना के अनुसार) था। 1977 से 1996 के बीच वाम मोर्चे के मंत्रिमंडलों में आदिवासी पूरी तरह गायब थे, यद्यपि इन दोनों समूहों की हिस्सेदारी 2001 में बढ़ गई।[21]

जाति के समावेश के सन्दर्भ में वाम मोर्चे के इस शोचनीय रिकार्ड का एक कारण पश्चिम बंगाल में व्यापक रूप से प्रचलित यह मिथक है कि 'पश्चिम बंगाल की राजनीति में जाति अप्रासंगिक है।' इस मिथक को पूरे राज्य के राजनीतिक परिदृश्य में मान्यता प्राप्त है, जिसमें वाम शामिल है। यह बात देखी जा सकती है कि राजनीतिज्ञ (पार्टी कार्यकर्ता, निर्वाचित प्रतिनिधि) ऐसा दिखाते हैं मानो वे उच्च जाति अथवा अनुसूचित जाति जैसी श्रेणियों से परे हैं, वे अपने सहयोगियों, सहकर्मियों की जाति, यहाँ तक कि अपनी खुद की जाति भी नहीं जानते।[22] वास्तव में जातिगत पहचानें और विभेद और भेदभाव तथा दमन के जाति आधारित रूप निश्चय ही लम्बे समय से पश्चिम बंगाल के समाज और दैनिक जीवन का हिस्सा रहे हैं जैसा कि मानव जाति के अनेक अध्येताओं, समाजशास्त्रियों और इतिहासकारों ने दिखाया है।[23]

जब 2013 में पालिट ब्यूरो सदस्य सीताराम येचुरी का सामना नेतृत्व के गठन में सवर्णों के प्रति झुकाव सम्बन्धी सवालों से हुआ तो जवाब में उन्होंने यह दावा किया कि वाम की निचले स्तर की समितियों और छात्र संघों में हाशिये की जातियों का वर्चस्व है (जिसका प्रभाव जल्दी ही ऊपर तक पहुँच जाएगा) और फिर जाति के मुद्दे पर मासूमियत दिखाते हुए उन्होंने कहा : 'हम प्रतीकात्मक बदलाव में विश्वास नहीं करते जहाँ कोई एक चेहरा सामने पेश कर दिया जाता है और यथार्थ अपरिवर्तित रहता है। यह इस अर्थ में एक गम्भीर

समस्या है कि यह (जातिवादी सोच) हमारी चेतना में नहीं है...'। येचुरी ने अवमाननापूर्ण ढंग से कम्युनिस्ट पार्टियों को बहुजन समाज पार्टी के संस्थापक नेता कांशीराम के 'स्तर तक' 'गिरने' पर मजबूर किए जाने की बात पर इस तरह क्षोभ प्रकट किया[24] मानो जाति के बारे में वाम में जागरूकता का अभाव कोई बहुत परमानन्द की स्थिति हो और सच्चे मार्क्सवाद के प्रति वाम की निष्ठा की पहचान हो।

धर्म और सार्वजनिक जीवन

धर्म और धार्मिक आस्था के मुद्दे पर भी भारत की कम्युनिस्ट पार्टियाँ अस्पष्ट रही हैं। विचारधारात्मक रूप से और पार्टी द्वारा दी गई शिक्षा में उनके कार्यकर्ताओं को नास्तिकता का अनुसरण और प्रचार करना सिखाया जाता है क्योंकि धर्म 'लोगों के लिए अफीम' है। लेकिन गैर सेकुलर दलों और धार्मिक नेताओं द्वारा 'ईश्वरहीन कम्युनिस्टों' के रूप में गरियाये जाने और बदनाम किए जाने के बावजूद उनमें से अनेक सार्वजनिक जीवन में बिरले ही अनीश्वरवादी अथवा संशयवादी रवैया अपनाते हैं। उनके निजी और पारिवारिक मामले, जिनमें जीवन चक्र सम्बन्धी अनुष्ठान अथवा समारोह शामिल हैं, प्राय: 'पारम्परिक' अथवा 'रूढ़िगत' (यानी धार्मिक और जाति द्वारा निर्धारित) रीति-रिवाजों से संचालित होते हैं। धर्मपरायण, विचारशून्य आस्तिक जिन प्रथाओं का अनुसरण करते हैं, ये उनसे भिन्न नहीं हैं।[25]

अपने सदस्यों के धार्मिक विश्वास को वाम दल प्राय: एक नितान्त निजी मामला मानते हैं लेकिन उन्हें अपनी धार्मिक भावनाओं को सार्वजनिक रूप से अभिव्यक्त करने अथवा धार्मिक समारोहों में भाग लेने से रोकने का प्रयास करते हैं। एक ऐसे धार्मिक समाज में जहाँ स्कूलों से ज्यादा मन्दिर हैं, जहाँ आस्था और अन्धविश्वास को अलग कर पाना कठिन है, जहाँ धर्म आधारित आस्थाएँ लम्बे समय से राजनीतिक एजेंडा में और अत्यधिक विभाजनकारी उद्देश्यों (भारत-पाक बँटवारे जैसे विभाजन) से हिंसा भड़काने के लिए इस्तेमाल की जाती हैं, वहाँ इस तरह के रवैये को एक अटपटा समझौता ही माना जा सकता है।

समय समय पर कम्युनिस्ट पार्टियों के अलग अलग सदस्य अपनी धर्मपरायणता और निजी धार्मिक आस्थाओं अथवा हिन्दू धर्म में अन्तर्निहित 'सहिष्णुता' और 'बहुकेन्द्रिकता' की परम्परा की दुहाई देकर अन्य धर्मों, विशेषकर अपने विशिष्ट धार्मिक ग्रन्थ पर आधारित धर्मों के ऊपर हिन्दू धर्म की स्वाभाविक 'श्रेष्ठता' के अपने विचारों को खुल्लमखुल्ला व्यक्त करते हैं। (हालाँकि अधिकतर धर्म जिस तरह हठधर्मिता के प्रति जुड़ाव और निर्विवाद आस्था—वस्तुत: असहमति के विचारों के प्रति जबर्दस्त, मूर्खतापूर्ण असहिष्णुता की माँग करते हैं उसे देखते हुए यह दावा अत्यधिक सन्देहास्पद है। बहुदेववाद और बहुकेन्द्रवाद एक समान नहीं हैं। इनमें से कोई भी आधुनिक अर्थों में सहिष्णुता का प्रतिनिधित्व नहीं करता, न ही सहिष्णुता सुनिश्चित करता है)।

अतीत में, पार्टी ऐसी अभिव्यक्तियों की निन्दा करती। निन्दा धार्मिक भावनाएँ अभिव्यक्त करने के विरुद्ध एक (कमजोर) निवारक का काम करती यद्यपि यह इसे पूरी तरह रोक नहीं पाती। हाल के वर्षों में पार्टी के नेता तक आस्था की सार्वजनिक अभिव्यक्ति अथवा हिमायत करने की ओर प्रवृत्त हुए हैं। उदाहरण के लिए, पश्चिम बंगाल के पूर्व परिवहन मंत्री (अब दिवंगत) सुभाष चक्रबोर्ती, जिन्हें ज्योति बसु के काफी निकट माना

जाता था, 2006 में काली मन्दिर गए थे। इसका काफी प्रचार किया गया था। उस समय उन्होंने एक वक्तव्य दिया था जिसमें उन्होंने कहा था कि उनकी प्राथमिक पहचान पहले एक हिन्दू की और ब्राह्मण की है और उसके बाद ही वह एक कम्युनिस्ट हैं।[26] एक हलकी झिड़की देकर ही वह छोड़ दिए गए थे।

केरल में भी, माकपा 'धार्मिक मानसिकता वाले "विधायकों-मार्क्सवादियों" द्वारा शासित राज्य की पहली ब्राह्मण महिला विधायक आशा पोट्टी और धार्मिक रीति-रिवाजों को मानने वाले ईसाई एम.एम. मोनायी, (इन दोनों ने विधायक पद की शपथ 'ईश्वर के नाम पर'[27] ली थी) को सजा देना तो दूर उन्हें झिड़कने के लिए उन पर एक अँगुली तक नहीं उठा पाई है।' केरल के शिक्षामंत्री एम.ए. बेबी उस समय माकपा की केन्द्रीय समिति में थे और अब पालिट ब्यूरो के भी सदस्य हैं, उन्होंने कहा, "हम पार्टी के किसी नेता की उसके अज्ञान अथवा पिछड़ी चेतना के कारण निन्दा नहीं करते हैं। हम उन्हें मार्क्सवादी चिन्तन पद्धति में दीक्षित करने का प्रयास करते हैं।"[28]

मौन रहकर धर्म के साथ समझौता अधिकांशत: कारगर नहीं हुआ है। निश्चय ही इससे वाम को कोई लाभ नहीं हुआ। इसके बजाय, इसने अनेक तरह से वाम को भटकाया है। यह वाम को धर्म, नृजातीयता और धर्म आधारित पहचान के मुद्दों और इसलिए साम्प्रदायिकता अथवा धर्म के राजनीतिकरण से आमने-सामने की मुठभेड़ करने से रोकता है। अतीत में, सेकुलरिज्म के पक्ष में अथवा कम-से-कम, धर्म और राजनीति के बीच सैद्धान्तिक दूरी के पक्ष में बहस करते समय धर्मपरायणता और अन्धी आस्था पर सवाल उठाने के लिए वाम दल संस्कृति और लोक मुहावरों का इस्तेमाल करते थे।

कला और रंगमंच के क्षेत्र में भी वामपन्थी कार्यकर्ता राम के भक्तों के नैतिक दावों, यहाँ तक कि क्षत्रिय राजकुमार (राम) द्वारा परम्परागत जातिवादी हठधर्मिता और आचरण की पुष्टि करने वाले नैतिक दावों (जैसे वेद पढ़ने का अपराध करने के लिए एक शूद्र की गर्दन उड़ा देना अथवा पुरुष श्रेष्ठता की रक्षा के लिए सीता को आत्म बलिदान के लिए प्रेरित किया जाना) को ध्वस्त करने के लिए व्यंग्य और पैरोडी का इस्तेमाल करते थे। वे धर्म और स्वयंभू स्वामियों का उपहास करते थे। अब बिरले ही वे ऐसा करते हैं। वे भारत की (लगातार कमजोर होती) समन्वयात्मक परम्पराओं और धर्मों के बीच की एकता के जयगीत गाने में अधिक सन्तुष्ट हैं जबकि यह कवायद हिन्दू साम्प्रदायिक ताकतों द्वारा हाल में छेड़े गए उग्र हमलों के मुकाबले महज व्यर्थ ही नहीं है, बल्कि साहस की कमी की भी द्योतक है।

असल में धर्म, आस्था और साम्प्रदायिक जातीय राजनीति से मुठभेड़ करने के मैदान से हटकर वाम ने 'राष्ट्रीय एकीकरण' और 'साम्प्रदायिक सद्‌भाव' के नीरस, रूखे एजेंडा की शरण ली है। यह तो उस तरह की साम्प्रदायिकता विरोधी रचनात्मक पहलों को भी जन्म नहीं दे सकता जो बाबरी मस्जिद विध्वंस के बाद देखने को मिली थीं जैसे पास-पड़ोस की मजदूर वर्ग की बस्तियों में मोहल्ला समितियाँ, नागरिकों और ट्रेड यूनियन कार्यकर्ताओं द्वारा संयुक्त निगरानी, सभी समुदायों के लिए राहत और पुनर्वास के काम, उनका सामूहिक पक्ष समर्थन और पुलिस के साथ बातचीत कर उसका समर्थन प्राप्त करना तथा जनहित याचिकाएँ दायर करना।

इन पहलकदमियों से न केवल हजारों लोगों की जान बची बल्कि इसने फिर से यह

आशा जगाई कि भारत में उसके सभी नागरिकों के लिए समान अधिकारों पर आधारित एक सेकुलर भविष्य सम्भव है। यहाँ से वाम का पीछे हटना और अधिक दुखद है क्योंकि सिद्धान्तवादी धर्मनिरपेक्षता वाले सभी दलों के बीच वाम इसका सर्वाधिक मुखर समर्थक रहा है, उसकी एक विचारधारा है जो किसी भी तरह की सम्प्रदाय आधारित राजनीति को आगे बढ़ाने का विरोध करती है।

हाल के वर्षों में, हिन्दुओं और मुसलमानों के बीच अलगाव और मुसलमानों के लिए अलग बस्तियों की बढ़ती परिघटना को वाम ने अनदेखा किया है जबकि हिन्दुत्व के पूर्वग्रह के प्रभाव के तहत अब यह हर भारतीय शहर में प्रत्यक्ष दिखाई देती है।[29] इन अलग-थलग बस्तियों में स्कूलों, दूध के बूथों, सरकारी दवाखानों, बैंकों, नगरपालिका द्वारा दी जाने वाली सुविधाओं, नागरिक बुनियादी ढाँचे और परिवहन का सर्वथा अभाव है और औषधि विक्रेता, पिज्जा पहुँचाने वाले लड़के और परचूनिए भी उनका बहिष्कार करते हैं। मुसलमान असुरक्षा और साम्प्रदायिक हिंसा के खतरे अथवा धमकियों के और मकानमालिकों द्वारा 'केवल हिन्दुओं' वाले इलाकों में उनके हाथ घर बेचने या बिल्डरों द्वारा अपार्टमेंटों वाले भवनों में उन्हें किराये पर घर देने से इनकार किए जाने के कारण अलग बस्तियाँ बनाने अथवा उनमें जाकर बसने के लिए विवश हैं।

पृथक्करण का यह अहसास मुसलमानों को नागरिक जीवन से और वस्तुत: नागरिकता से ही बाहर कर देता है। यह उतना ही अस्वीकार्य और बुरा है जैसा कि 1960 के दशक तक अमेरिका के दक्षिणी भाग में प्रचलित रहा अलगाव । कुंडू कमेटी कहती है 'सामाजिक और सांस्कृतिक स्थानों का पृथक्करण असुरक्षा का गहरा भाव भड़काता है...लोकतांत्रिक स्वर को कुचलता है और अल्पसंख्यकों के बीच सक्रिय नागरिकता को हतोत्साहित करता है।'[30] वाम को ऐसे पृथक्करण के विरुद्ध संघर्ष में सबसे आगे होना चाहिए था और राज्य और राज्येतर दोनों क्षेत्रों में धर्म, जाति, विकलांगता, लिंग आदि पर आधारित भेदभाव के विरुद्ध कानून बनवाने में पहल करनी चाहिए थी। दुखद ढंग से उसकी प्रतिक्रिया निष्क्रिय अथवा व्यापक रूप से प्रेस विज्ञप्तियों तक सीमित रही है।

जैसीकि पहले चर्चा की जा चुकी है, वाम ने जनता की प्रति गोलबन्दी के जरिये हिन्दुत्व से लड़ने का प्रयास नहीं किया। उसने साम्प्रदायिकता के उदय, विशेषकर उसके प्रभुत्वपूर्ण हिन्दू संस्करण और उसके हाल के विविध रूपों के उदय का विश्लेषण आर्थिक नीतियों और प्रक्रियाओं और बदलते वर्गीय, जातीय, क्षेत्रीय और सांस्कृतिक समीकरणों के सन्दर्भ में नहीं किया जबकि इससे उसे साम्प्रदायिकता का मुकाबला करने के लिए एक स्पष्ट रणनीति परिभाषित करने में मदद मिलती।[31] उसने मुस्लिम साम्प्रदायिकता के समकालीन रूपों के मद्देनजर उसकी भी कोई प्रत्यालोचना विकसित नहीं की।

नए हिन्दुत्व का उदय

उल्लेखनीय है कि 'मेरा भारत महान' जैसे लड़ाका किस्म के राष्ट्रवाद के वर्चस्व के उभार, परमाणु आयुध वाले देश का दर्जा पाने और सैन्यवाद पर उत्सव मनाने, भारतीय राज्य द्वारा आतंकवाद को इस्लामोफोबिक शब्दों के अधिकाधिक इस्तेमाल के जरिये अभिव्यक्त किए जाने और इस्लामी अतिवादियों में पैठे असन्तोष के मूल कारणों को पहचाने और उनका निवारण

किए बिना उनके विरुद्ध अपनी लड़ाइयाँ सैन्य और कठोर पुलिसिया साधनों से चलाने के साथ हिन्दुत्व का जो पुनरुत्थान हो रहा है, वाम ने उस पर पर्याप्त ध्यान नहीं दिया है। इस्लामी अतिवादियों के असन्तोष के मूल कारण उस भेदभाव में, जिसका सामना मुसलमानों को करना पड़ता है (राष्ट्रीय अल्पसंख्यक आयोग और सच्चर कमेटी द्वारा इसका दस्तावेजीकरण किया जा चुका है)[32], हिंसक गतिविधियों में संलिप्तता के सन्देह में मुस्लिम युवाओं का उत्पीड़न किए जाने में और हिन्दू दक्षिणपन्थ के प्रति राज्य के प्रेम प्रदर्शन में निहित हैं।

वाम ने भारतीय बुर्जआ वर्ग की बनावट और उसकी राजनीतिक प्राथमिकताओं में हाल में आए उन परिवर्तनों पर बहुत कम ध्यान दिया है,[33] जो शासन के निरंकुशतावादी-बहुसंख्यकवादी रूपों के लिए इसके समर्थन का कारण स्पष्ट करते हैं। ये रूप अविवेकपूर्ण नवउदारवाद को हिन्दुत्व के साथ जोड़ते हैं। इस मेल का सबसे अच्छा उदाहरण विकास का 'गुजरात माडल' है।[34] इस बदलाव ने पहले बुर्जुआ वर्ग के और बाद में भाजपा के प्रधानमंत्री पद के उम्मीदवार के रूप में नरेन्द्र मोदी के नामांकन का विचारधारात्मक आधार और राजनीतिक जमीन 2014 के लोकसभा चुनावों से बहुत पहले ही तैयार कर दी थी। मोदी ने भाजपा का नियंत्रण अपने हाथ में लिया और उसे बहुत कठोरतापूर्वक एक नया रूप दिया और पुनर्गठित किया। मोदी ने संघ परिवार को रणनीतिक और अभियान चलाने की कार्यनीतियों के मामलों में अपने फरमान का पालन करने पर विवश किया।

ये सभी परिवर्तन भारतीय समाज में बहुत धीमी गति से आए उस संरचनात्मक बदलाव का हिस्सा हैं जो पिछले एक दशक या अधिक समय से भारतीय समाज में चल रहा है। यह बदलाव अन्य पिछड़ी जातियों, दलितों और अन्य हाशिये के समूहों के भीतर बढ़ते विभेदन और एक ऐसे नए, ऊपर की ओर गतिशील अथवा 'आकांक्षापूर्ण' अभिजन अथवा उनके बीच के मध्यवर्गीय स्तरों की शक्ल में अस्तित्व में रहता है जिनको अपने सुविधाहीन साथियों के साथ सम्बन्ध तोड़ने का और उन उच्चजातीय-उच्चवर्गीय समूहों के प्रभुत्व वाले सामाजिक अथवा राजनीतिक गठबन्धनों में शामिल होने का कोई मलाल नहीं होता जो अपनी सत्ता और विशेषाधिकार बनाये रखने का प्रयास करते हैं।

यह बदलाव जारी रहे या न रहे लेकिन उसके कारण जो गठबन्धन या गठजोड़ बने हैं उन्होंने हाशिये के समूहों के बीच के इन अभिजन स्तरों के प्रवक्ता या मंच के रूप में एक नई, अधिक आक्रामक, अधिक निगमीकृत भाजपा को विशेषकर उत्तरी और उत्तरी पश्चिमी भारत में, अभूतपूर्व ढंग से उभरने का और इस प्रकार वर्गों, जातियों और समुदायों को ध्रुवीकृत करने का अवसर दिया। वाम ने साथ साथ चल रही इन प्रवृत्तियों का कोई विशिष्ट विश्लेषण विकसित नहीं किया न ही उसने साम्प्रदायिकता के नए रूपों की ओर होते संक्रमण का पूर्वानुमान किया। इसका विश्लेषण साम्प्रदायिकता पर अनुमान आधारित उस व्यावहारिक सामान्य समझ से अधिक अथवा बेहतर नहीं था जो भारत के अधिकतर दलों में प्रचलित था। वाम ने इस कमजोरी की राष्ट्रीय स्तर पर और पश्चिम बंगाल तथा केरल में भारी कीमत चुकाई।

इसी के साथ वाम ने खुद को उन मुस्लिम साम्प्रदायिक तत्त्वों और राजनीतिक दलों से अलग करने के लिए भी लगातार पर्याप्त प्रयास नहीं किया है जिनके साथ गठबन्धन करने से उसे समय समय पर अल्पकालिक चुनावी लाभ मिले हैं। उदाहरण के लिए, केरल

में उसने 1967-69 में मुस्लिम लीग के साथ गठजोड़ किया जिसके लिए उसने बाद में कहा कि यह एक 'गलती' थी लेकिन 1977-85 में उसने लीग से टूटकर अलग हुए एक धड़े, आल इंडिया मुस्लिम लीग (एआईएमएल) के साथ फिर गठजोड़ कर लिया। तबसे, वाम ने, विशेषकर माकपा ने केरल में मुस्लिम साम्प्रदायिक दलों के साथ 1996 में और फिर 2000 में बार-बार बातचीत शुरू की है।[35]

पश्चिम बंगाल में वाम मोर्चा सरकार ने तसलीमा नसरीन की एक पुस्तक को प्रतिबन्धित कर मुस्लिम रूढ़िपन्थियों को सन्तुष्ट किया और तसलीमा और उनके 'इस्लाम विरोधी' लेखन के खिलाफ हिंसक विरोध शुरू हो जाने पर 2007 में उन्हें कोलकता से बाहर खदेड़ने में भी सहभागी बना। इससे धर्मनिरपेक्षता के प्रति वाम की प्रतिबद्धता पर, खास तौर पर जब इसके लिए अपने व्यवहार को अनुकरणीय आदर्श के रूप में प्रदर्शित करना महत्त्वपूर्ण हो, असुविधाजनक सवाल खड़े होते हैं।

2014 में, केरल के वाम दलों ने चर्च के उन रूढ़िवादी तत्त्वों के साथ भी एक समझौते पर मोहर लगा दी जो अनेक स्वार्थों के गठजोड़ का नेतृत्व करते हैं। इनमें पश्चिमी घाट का अतिक्रमण करने वाले मँझोले और छोटे किसान (जिनकी बड़ी संख्या ईसाई है) शामिल हैं। जैसा कि अनुमान लगाया जा सकता है, यह गठबन्धन घाटों के संरक्षण के प्रस्तावों का विरोध करता है। इस समझौते से लाभ उठाने के लिए वाम लोकतांत्रिक मोर्चे ने लोकसभा चुनावों में चार ईसाइयों को निर्दलीय उम्मीदवारों के रूप में मैदान में उतार दिया जबकि इनमें से कोई भी एम.एम. लारेंस, एम.ए. बेबी अथवा टी.एम. थामस आइजक की तुलना में पार्टी का अनुभवी सदस्य नहीं था, न ही काम या निष्ठा के माध्यम से वाम से जुड़ा था।

2006 में सच्चर कमेटी की रिपोर्ट प्रकाशित होने के बाद राज्य के मुसलमानों (जो पश्चिम बंगाल की आबादी में 25 प्रतिशत से अधिक हैं) में गरीबी और पिछड़ेपन की समस्याओं पर ध्यान न देने के शर्मनाक रिकार्ड के लिए पश्चिम बंगाल की वाम मोर्चा सरकार की काफी आलोचना हुई। कमेटी ने दिखाया कि अनुसूचित जातियों और जनजातियों (35 प्रतिशत) के बाद सबसे ज्यादा गरीबी का रिकार्ड मुसलमानों का ही है जिनमें से 31 प्रतिशत गरीबी रेखा से नीचे हैं (अनुसूचित जाति, अनुसूचित जनजातियों में यह 35 प्रतिशत है)। 2001 में उनमें साक्षरता का स्तर राष्ट्रीय स्तर से बहुत नीचे था और निरक्षरता में कमी की दर अजा/अजजा में निरक्षरता में गिरावट की दर से बहुत नीची थी। 6-14 आयु समूह के मुस्लिम बच्चों में एक चौथाई बच्चे या तो कभी स्कूल गए ही नहीं या गए भी तो किसी न किसी चरण में उन्होंने स्कूल छोड़ दिया।[36]

भारत में राज्य सरकार की नौकरी में मुसलमानों की सबसे कम हिस्सेदारियों में से कुछ पश्चिम बंगाल के नाम दर्ज हुईं—'उच्चतर' और 'निम्नतर' पदों पर क्रमश: 4.7 और 1.8 प्रतिशत। इस सन्दर्भ में राष्ट्रीय औसत 5.7 और 5.6 प्रतिशत का है। यहाँ तक कि 9 प्रतिशत मुसलमान आबादी वाले गुजरात का रिकार्ड इससे बेहतर है : 3.4 और 5.5 प्रतिशत। इसने युवा मुसलमानों में गुस्सा पैदा किया, उनका मोहभंग हुआ। इनमें से अनेक को वह अन्यायपूर्ण तरीका चिढ़ाने वाला लगा जिसमें चुनावी प्रतिनिधित्व में कम-से-कम दस मुस्लिम बहुसंख्या वाले या मिश्रित आबादी वाले चुनाव क्षेत्रों को गोलमाल करके

अनुसूचित जातियों के लिए आरक्षित कर दिया गया था।[37]

2007 के बाद वाम मोर्चे ने मुसलमानों का समर्थन लगातार खोया। यह ऐसा नुकसान था जो उसके चुनावी प्रदर्शन में ग्रामीण क्षेत्रों में पंचायतों सहित हर स्तर पर प्रतिबिम्बित हुआ जबकि अधिकतर अन्य राज्यों से भिन्न पश्चिम बंगाल में गाँवों में मुसलमानों की प्रवृत्ति संकेद्रित होकर रहने की है। फरवरी 2010 में सरकार ने घोषणा की कि वह आर्थिक, सामाजिक और शैक्षिक दृष्टि से पिछड़े मुसलमानों को सरकारी नौकरियों में 10 प्रतिशत आरक्षण देगी। यह एक हताशा में उठाया गया कदम था जो अगले साल होने वाले विधानसभा चुनावों से पहले मुसलमानों का खोया हुआ समर्थन फिर से पा लेने का सुविचारित उपाय था।[38] लेकिन यह फैसला पिछड़ापन तय करने की कसौटी पर उचित ध्यान दिए बिना किया गया था और इसलिए उच्चतर न्यायपालिका इसे खारिज भी कर सकती है।[39]

इस उपाय के जरिये राज्य के 85 प्रतिशत मुसलमानों के लाभान्वित होने का दावा किया गया था। इससे पश्चिम बंगाल में ओबीसी का कोटा 17 प्रतिशत बढ़ता जिसमें 7 प्रतिशत गैर मुसलमान अन्य पिछड़ी जातियाँ शामिल थीं।[40] अन्य पिछड़ी जातियों में शामिल किए जाने वाले पिछड़े मुसलमानों के अतिरिक्त समूह की पहचान एक पैनल द्वारा की गई थी जिसमें अनेक राज्य आयोगों के प्रतिनिधि थे। इसने मलाईदार परतों को इससे बाहर रखा था। इन मलाईदार परतों की पहचान ऐसे परिवारों से आए व्यक्ति के रूप में की गई थी जिनकी आय साढ़े चार लाख रुपया प्रतिवर्ष थी।[41] लेकिन जो सोचा गया था उसके विपरीत इस कदम ने चुनाव में वाम मोर्चे की कोई खास मदद नहीं की। वाम मोर्चे का सफाया हो गया।

वाम दलों ने कई वर्षों से अपनी सदस्यता में मुसलमानों और ईसाइयों का अनुपात बढ़ाने का प्रयास किया है लेकिन वे इसमें आंशिक रूप से ही सफल हुए हैं और वह भी पश्चिम बंगाल जैसे कुछ राज्यों में ही। अखिल भारतीय स्तर पर, 2011 में माकपा के सदस्यों में केवल 9.6 प्रतिशत ही मुसलमान थे और ईसाइयों का प्रतिशत कुछ अधिक सम्मानजनक यानी 4.8 प्रतिशत था। पार्टी की सदस्यता में मुसलमानों का अनुपात केरल में लगभग 10 प्रतिशत, उत्तर प्रदेश में 12 प्रतिशत, पश्चिम बंगाल में 15 प्रतिशत है जो इन तीनों राज्यों की आबादी में उनके हिस्सों से बहुत कम है (क्रमशः 27, 18 और 27 प्रतिशत)।[42] कलकत्ता कांग्रेस (1998) और हैदराबाद कांग्रेस (2002) के बीच केरल ने अपनी सदस्यता में ईसाइयों की हिस्सेदारी में 1.78 प्रतिशत की गिरावट दर्ज की जिसके कारण केरल इकाई को अल्पसंख्यक समुदायों से अधिक सदस्य भर्ती किए जाने पर 'अधिक ध्यान देने' की नसीहतें दी गईं।[43]

नारीवाद पर दुविधा

1970 के दशक में वाम का सामना भारत के विभिन्न हिस्सों में स्त्रियों के आन्दोलन के उभार से हुआ। ये आन्दोलन अनेक तरह के मुद्दों पर जैसे केन्द्रित थे, जैसे जीवन के लिए जरूरी भोजन, दूध आदि के ऊँचे दाम, कार्यबल में स्त्रियों की कम भागीदारी, संगठित क्षेत्रों में भी असमान वेतन, बलात्कार और यौन हिंसा, तथा अधिक व्यापक रूप से वह व्यवस्थागत भेदभाव जिसका सामना महिलाओं को शिक्षा संस्थानों, घर, सड़कों और कार्यस्थलों पर करना पड़ता है। इनमें से कुछ मुद्दों पर सरकार द्वारा नियुक्त कमेटी 'आन द स्टेटस आफ वीमेन इन इंडिया'

की ऐतिहासिक रिपोर्ट 'समानता की ओर' (टुवर्ड्स ईक्वलिटी) में प्रकाश डाला गया है। यह रिपोर्ट अन्तरराष्ट्रीय महिला दशक के उपलक्ष्य में 1975 में प्रकाशित हुई थी।

इस समय तक केवल भाकपा में और समाजवादियों के यहाँ महिलाओं के संगठन थे (क्रमशः 1954 में स्थापित राष्ट्रीय भारतीय महिला फेडरेशन (एनएफआईडब्ल्यू) और 1960 के दशक में गठित समाजवादी महिला सभा) जो इन पार्टियों की सहयोगी संस्थाओं के रूप में काम करती थीं। 1972-75 के दौरान उन्होंने महँगाई विरोधी आन्दोलन (ऐंटी प्राइस राइज मूवमेंट—एपीआरएम) में बम्बई में महिलाओं के स्वतंत्र समूहों साथ मिलकर काम किया। इस आन्दोलन में महत्त्वपूर्ण सक्रियता दिखाई पड़ी—स्त्रियाँ हाथ में बेलन लेकर मार्च कर रही थीं[44], राशन की दुकानों का मुआयना कर रही थीं, जमाखोरों के यहाँ छापा मार रही थीं। महँगाई विरोधी आन्दोलन (एपीआरएम) ने संघर्ष के नए तरीके, सहभागी संरचनाएँ और लोकतांत्रिक संगठन के नूतन रूप विकसित किए जिनकी ऊर्जापूर्ण गूंज से वामपन्थी दल भी आश्चर्यचकित हो गए।

जल्दी ही, अनेक शहरों में अन्य स्वायत्त समूह प्रस्फुटित हुए जैसे हैदराबाद में प्रोग्रेसिव आर्गनाइजेशन आफ वीमेन जिसकी सदस्य संख्या 1974 में लगभग 5,000 थी। '1975 में बम्बई में हुए एक सम्मेलन में लगभग 800 महिलाएँ, जो मुख्यतः मजदूर वर्ग की थीं, इकट्ठा हुईं लेकिन परम्परागत वाम दलों ने इसकी कार्यवाही का बहिष्कार किया था...। एक और महत्त्वपूर्ण घटना थी 1977 में बम्बई में एक स्वायत्त सोशलिस्ट वीमेंस ग्रुप का गठन।'[45] इसके बाद जुलाई 1978 में इस समूह ने एक समाचार पत्रिका 'फेमिनिस्ट नेटवर्क' का प्रकाशन शुरू किया। एक समिति बनी 'वीमेंस लिबरेशन कोऑर्डिनेशन कमेटी' जिसने महिला समूहों और जन संगठनों को एक साथ लाने का प्रयास किया और जनवरी 1979 में भारत के पहली गैर व्यावसायिक नारीवादी पत्रिका 'मानुषी' की शुरुआत हुई।

1978 में नागपुर के निकट एक चौदह वर्षीया आदिवासी (मथुरा) का हिरासत में बलात्कार और उसके बाद आया सर्वोच्च न्यायालय का भ्रष्ट फैसला वह मोड़ था[46] जिसके कारण 1980 में 'फोरम अगेंस्ट आप्रेशन आफ वीमेन' का गठन हुआ। 'अधिकृत कम्युनिस्ट पार्टियाँ भी बलात्कार विरोधी अभियान के लिए इसके बैनर तले आईं और 8 मार्च 1981 को अन्तरराष्ट्रीय महिला दिवस पर इसकी मुख्य माँगों की अनुगूंज वाम दलों के भीतर पहुँची। अपने अस्तित्व के पहले वर्ष में फोरम के पास अपनी साठ, भरोसेमन्द नियमित महिला कार्यकर्ता थीं...।'[47]

इस बीच, 1975 में भारत की कम्युनिस्ट पार्टी (मार्क्सवादी) के समर्थन से महिलाओं के मुद्दों पर एक सम्मेलन त्रिवेन्द्रम में आयोजित किया गया। माकपा के घनिष्ठ लोगों अथवा उसका अंग रहे लोगों द्वारा संचालित पत्र 'सोशल साइंटिस्ट' ने इस अवसर पर एक विशेषांक प्रकाशित किया जिसमें ई.एम.एस. नम्बूदिरीपाद ने भी एक लेख लिखा था। इसमें उन्होंने महिला मुक्ति के उद्देश्य का समर्थन किया लेकिन उन्होंने इसे उस 'उत्पीड़न और शोषण' विरोधी संघर्ष से जोड़ा 'जिसके सभी मेहनतकश लोग (पुरुष और स्त्री सभी) शिकार हैं।'[48] नम्बूदिरीपाद ने 'जैसे पुरुष प्रधानता के विरुद्ध वैसे ही बुर्जुआ और पेटी बुर्जुआ वर्ग के "नारीवाद" के विरुद्ध भी एक अनवरत संघर्ष की' वकालत की। उन्होंने कहा कि क्योंकि 'यह एक "वामपन्थी" और "क्रान्तिकारी" चोला पहन लेता है' इसलिए नारीवाद की

यह किस्म 'पुरुषों के साथ अपनी समानता के लिए चलाए जाने वाले महिलाओं के आन्दोलन और पूर्व पूँजीवादी शोषण के सभी रूपों को खत्म करने और इसके साथ पूँजीवाद को समाप्त करने के लिए मेहनतकश जनता के साझा आन्दोलन के एकीकरण के लिए और ज्यादा खतरनाक है।'[49]

इसने 1981 में गठित और माकपा प्रायोजित अखिल भारतीय जनवादी महिला समिति (आल इंडिया डेमोक्रेटिक वीमेंस एसोसिएशन—एडवा) द्वारा अपनाई जाने वाली दिशा परिभाषित कर दी। वह स्वयं को नारीवादी नहीं कहती है। महिला फेडरेशन (एनएफआईडब्ल्यू) की ही तरह एडवा गैरदलीय और स्वायत्त महिला समूहों के साथ काम करती है, उनसे सहयोग करती है लेकिन सामान्यतया पार्टी से जुड़ी अपनी विशिष्ट पहचान बनाये रखती है। माकपा सामान्यतया इसे अपना 'महिलाओं का मोर्चा' बताती रही है।[50]

इसी तरह महिला फेडरेशन की वरिष्ठ नेता विमला फारूकी ने एक साक्षात्कर्ता को बताया : 'हम नारीवादी संगठन नहीं हैं, हम पुरुष विरोधी नहीं हैं। अकेले हम ही नहीं हैं जो शोषित हैं। हरिजन पुरुष कम शोषित नहीं हैं, निस्सन्देह, उनकी स्त्रियों का दोहरा शोषण होता है। 1971 से भाकपा में बहस के दो महिलाकेन्द्रित बिन्दु रहे हैं : (1) हमारे संघर्ष/आन्दोलन में अधिक महिलाओं को कैसे लाया जाए और (2) महिलाएँ राजनीतिक संघर्ष/पार्टी में शामिल होने के लिए प्रोत्साहित हों इसके लिए पुरुष कामरेडों के व्यवहार को कैसे बदला जाए। स्त्री को संघर्ष में शामिल होने की अनुमति देने के लिए पुरुष को एक अच्छा, सहानुभूतिपूर्ण पति बनना होगा...'।[51]

नारीवादी समूहों और पार्टी से जुड़े समूहों के बीच के तनाव जल्दी ही सामने आ गए। 1990 में जब एक स्वायत्त महिला संगठन ने अपना चौथा अखिल भारतीय सम्मेलन कोझीकोड में आयोजित किया जो उत्तरी केरल में माकपा के गढ़ का एक हिस्सा है तो उसे एडवा और पार्टी के कड़े विरोध का सामना करना पड़ा। इस विरोध में एक 'निन्दा अभियान' शामिल था। इस अभियान में आरोप लगाया गया कि यह (सम्मेलन) विदेशों से आर्थिक सहायता पाने वाले समूहों और सीआईए के एजेंटों द्वारा आयोजित किया गया है और शहरी अभिजन पर संकेन्द्रित है।[52] पार्टी की वरिष्ठ नेता सुशीला गोपालन ने महिलाओं को सावधान किया कि वे इन 'अलगाववादी' समूहों में शामिल न हों और माकपा की एक अन्य नेता भार्गवी थंकप्पन ने उन्हें ऐसी 'अश्लील नारीवादी' कहा जो 'मुक्त जीवन' जीने की आकांक्षा करती हैं।[53]

अनेक विश्लेषकों ने एक ओर एडवा और महिला फेडरेशन (एनएफआईडब्ल्यू) जैसे पार्टियों से जुड़े महिला संगठनों और दूसरी ओर स्वायत्त नारीवादी समूहों–प्रारम्भिक अवधि में गठित कुछ संगठनों जैसे बम्बई में 'फोरम अंगेस्ट आप्रेशन आफ वीमेन' और 'वीमेंस सेंटर', महाराष्ट्र में अन्यत्र 'नारी मुक्ति संघटना', 'समग्र महिला अघादी', 'स्त्री अधिकार सम्पर्क समिति' और 'श्रमिक स्त्री मुक्ति दल', कलकत्ता में 'संचेतना', तेलंगाना में 'स्त्री शक्ति संघटना', छत्तीसगढ़ में 'महिला मुक्ति मोर्चा', तमिलनाडु में 'पेन्नुरिमारी इयक्कम', आंध्र प्रदेश में 'अन्वेषी'–के बीच के मतभेदों का अभिलेखीकरण किया है।[54]

विचारधारा की दृष्टि से, पार्टी से जुड़े महिला समूह अपना आधार एंगेल्स की पुस्तक 'दि ओरिजिन्स आफ द फैमिली, प्राइवेट प्रापर्टी और स्टेट' को बनाते हैं जो कहती है कि

परिवार, निजी सम्पत्ति और राज्य इन सभी का उद्भव एक साथ हुआ। स्वायत्त नारीवादी समूह प्रायः यह तर्क देते हैं कि 'स्त्रियों के उत्पीड़न और पराधीनता की शुरुआत अधिशेष मूल्य बनने, निजी सम्पत्ति और वर्ग के उदय के बहुत पहले हो गई थी'।[55] राजनीतिक दृष्टि से ये दोनों समूह अपने लक्ष्यों और कामों को भिन्न ढंग से परिभाषित करते हैं : पहला समूह इसे मजदूरों और किसानों की मुक्ति के बड़े आन्दोलन के साथ अपने सम्बन्ध के माध्यम से; और दूसरा समूह पितृसत्ता और स्त्रियों के श्रम, उर्वरता और यौनिकता पर उसके नियंत्रण के सन्दर्भ में परिभाषित करता है।[56]

एक शोधकर्ता के अनुसार एडवा की कार्यकर्ता इस तर्क का समर्थन करती हैं कि महिलाओं का सवाल सामाजिक सवालों और वर्ग संघर्ष से अलग नहीं बल्कि उसमें ही समाहित है, स्त्री–पुरुष के बीच के व्यक्तिगत सम्बन्धों की तरह उससे भिन्न नहीं है। यद्यपि इस समूह का मुख्य सरोकार भारतीय महिलाओं की मुक्ति से है लेकिन यह अपने ऊपर नारीवादी का ठप्पा लगवाने से इनकार करता है। एडवा की दृष्टि में महिलाओं का सवाल सामाजिक और आर्थिक दशाओं के साथ जुड़ा हुआ है और आम दशाओं में परिवर्तन ही महिलाओं के लिए और समाज के भीतर उनकी हैसियत में कोई बदलाव ला सकता है'।[57] पार्टी से जुड़े संगठन परिवार के मामले में अपेक्षतया रूढ़िवादी लगते हैं जबकि स्वायत्त समूह घरेलू हिंसा, सांस्कृतिक मूल्यों और स्त्रियों की यौनिकता (इसमें प्रजनन शामिल है) के नियंत्रण के तरीकों से जुड़े सवालों से मुठभेड़ करते हैं।[58]

पार्टी से जुड़े संगठन अपने मूल संगठन से अलग अपनी स्वायत्तता बनाए रखने के लिए संघर्ष करते हैं लेकिन इसमें हमेशा सफल नहीं होते।[59] कई मामलों में इनके नेता और कार्यकर्ता बहुत रूढ़िवादी एजेंडा पर चलते हैं जिसमें 'प्रतिष्ठा'[60] की सन्देहास्पद धारणा को औचित्यपूर्ण ठहराया जाना, 'राष्ट्रीय शुद्धता' के रक्षकों के रूप में स्त्रियों की प्रस्तुति, उच्च जातीय स्त्रियों के आचरण का अनुमोदन और हिन्दू संयुक्त परिवार का बचाव शामिल है। इस प्रकार अपने उत्कृष्ट अध्ययन में बसु ने माकपा के जनवादी केन्द्रवाद और बंगाली हिन्दू संयुक्त परिवार के लोकाचार के बीच एक मजबूत सम्बन्ध देखा है जो '...गैर बराबरी को...रहस्यमय बना देता है और स्वयं को एक ऐसी एकजुटता वाली इकाई के रूप में उभारता है जिसके सदस्यों के हित समान हैं।'[61]

वस्तुतः, महिलाओं के मुद्दों पर वाम की स्थिति नई सच्चाइयों के प्रति पूरी तरह अपरिवर्तित या उदासीन नहीं रही।[62] दिसम्बर 2005 में माकपा की केन्द्रीय समिति ने 13,000 शब्दों का एक दस्तावेज प्रस्तुत किया जिसमें स्त्रियों के शोषण को पूँजी द्वारा स्थापित पुरुष प्रधानतावाद के समायोजन से जोड़कर और भारतीय सन्दर्भ में स्त्रियों की दशा पर विस्तार से चर्चा में पितृसत्ता की समीक्षा शामिल कर पार्टी के पिछले रवैयों को सुधारा गया।[63]

यह एक निश्चित प्रगति है लेकिन यह प्रस्ताव इस स्थिति पर वापस लौट आता है कि 'यह वर्ग समाज (था) जिसने पितृसत्तात्मक विचारधाराओं और स्त्रियों की गुलामी को जन्म दिया। मौजूदा नारीवादी सिद्धान्तों के विपरीत मार्क्सवाद पितृसत्ता को किसी समाज के बुनियादी आर्थिक संगठन से असम्बद्ध, एक स्वायत्त व्यवस्था के रूप में नहीं देखता...।'[64] 'केवल एक समाजवादी समाज में ही जहाँ उत्पादन के साधनों का स्वामित्व समाज के पास होता है, पुरुषों के साथ समानता के स्तर पर सामाजिक रूप से उत्पादक श्रम के क्षेत्र में

आम स्त्री के प्रवेश के जरिये स्त्री की मुक्ति की भौतिक दशाएँ सृजित की जाती हैं।'[65]

इस बीच, एडवा ने शानदार बढ़त दर्ज की है। पिछले तीन दशकों में इसकी सदस्यता में दसगुना से ज्यादा बढ़ोतरी हुई है और एक असाधारण गतिशील नेतृत्व सामने आया है जिसने खाप पंचायतों से लड़ने जैसे मुद्दे साहसपूर्वक हाथ में लिए हैं जिनसे (यहाँ यह कहना जरूरी है कि आम आदमी पार्टी सहित) अधिकतर राजनीतिक दलों ने मुँह चुराया है। एडवा की सफलता का श्रेय मुख्य नारीवादी सरोकारों पर ध्यान केन्द्रित करने की तुलना में सम्भवत: बचत को बढ़ावा देने वाली समितियों, लघु ऋण (माइक्रो क्रेडिट) समूहों और स्त्रियों की सहकारिताओं के माध्यम से जीविका सम्बन्धी मुद्दों से इसके जुड़ाव को अधिक जाता है। फिर भी यह सफलता उल्लेखनीय है और अगर पार्टी एडवा के साथ मिल जाती तो यह सफलता बहुत बढ़ गई होती।

इन बहसों को अलग छोड़ें तो इस बात में कोई सन्देह नहीं कि वाम, कम-से-कम अपनी घोषित स्थितियों में, भारतीय राजनीतिक परिदृश्य के भीतर स्त्रियों की समानता और सशक्तीकरण का सबसे पक्का समर्थक है। लेकिन यहाँ तीन महत्त्वपूर्ण सवाल उठते हैं। क्या वाम ने अपनी खुद की कतारों में अपने नेतृत्व और अपने विधायकों में स्त्री-पुरुष समानता को आगे बढ़ाया है ? क्या उसने विधायिकाओं की कुल सीटों में 33 प्रतिशत सीटें स्त्रियों के लिए आरक्षित किए जाने की लम्बे समय से लगातार चली आ रही माँग को पूरा करने के लिए, जहाँ वह ऐसा कर सकता है अर्थात उन राज्यों में जहाँ वह सत्ता में है, पर्याप्त काम किया है ? तीसरे, क्या उसने अपने कार्यक्रमों और जमीन पर अपने काम में स्त्रियों की समानता के लिए संघर्ष को दी गई प्राथमिकता को आगे बढ़ाया है ?

पहले सवाल का जवाब यह है कि साम्यवादी वाम ने अन्य अनेक दलों, विशेषकर स्त्री-पुरुष समानता के सबसे प्रबल विरोधी के रूप में उभरे पूर्व समाजवादियों[66] से बेहतर प्रदर्शन किया है लेकिन अपने खुद के संगठन में महिलाओं को समुचित प्रतिनिधित्व देने में उसे अभी एक लम्बा रास्ता तय करना शेष है। माकपा की समग्र सदस्यता में महिलाओं का प्रतिनिधित्व 1980 के दशक के अन्तिम वर्षों और 1990 के दशक के प्रारम्भिक वर्षों के 5 प्रतिशत से कम से बढ़कर 2007 में 12 प्रतिशत पहुँच गया और 2011 में महज 14 प्रतिशत पर टिका है।[67] इसके नए पालिट ब्यूरो के सोलह सदस्यों में केवल दो महिलाएँ हैं : इनमें से पहली 2005 में निर्वाचित हुई थी[68] और दूसरी 2015 में।[69] इसकी 91 सदस्यों वाली केन्द्रीय समिति में केवल तेरह महिलाएँ हैं। भाकपा की सदस्यता में स्त्रियों का प्रतिनिधित्व बेहतर है। कुल सदस्यों में उनकी संख्या 17 प्रतिशत है। लेकिन नेतृत्व में उनकी स्थिति भी बहुत बेहतर नहीं है : पार्टी की केन्द्रीय समिति के नौ सदस्यों में केवल एक महिला है, उसकी केन्द्रीय कार्यकारिणी के तीस सदस्यों में केवल दो महिलाएँ हैं और उसकी 124 सदस्यों वाली राष्ट्रीय परिषद में केवल आठ प्रतिशत महिलाएँ हैं।

पार्टी सम्मेलनों में आने वाले प्रतिनिधियों के बीच भी महिलाओं का कम प्रतिनिधित्व समान रूप से महत्त्वपूर्ण है। उदाहरण के लिए माकपा के हाल के सम्मेलनों में सभी प्रतिनिधियों में महिलाओं की संख्या केवल 6 से 11 प्रतिशत के बीच थी।[70] एडवा की अखिल भारतीय सदस्यता नाटकीय ढंग से बढ़ी : 1981 और 1990 के बीच तीन गुना बढ़कर यह 31.2 लाख पर पहुँच गई और 2001 तक दुगनी बढ़कर 63.3 लाख हो गई। 2010

यह 121 लाख पर पहुँचकर अपने चरम पर पहुँच गई लेकिन 2011 में गिरकर 107 लाख रह गई।[71] एडवा की सदस्यता में यह वृद्धि एडवा को पार्टी का 'फ्रंट' (आनुषंगिक संगठन) कहे जाने के बावजूद माकपा के मंचों, फोरमों में महिलाओं के प्रतिनिधित्व में बढ़ोतरी में प्रतिबिम्बित नहीं हुई।

वाम के गढ़ रहे राज्यों की विधानसभाओं में महिलाओं का प्रतिनिधित्व गम्भीर रूप से कम रहा है। पश्चिम बंगाल में 1952 से 2001 की बीच की आधी सदी के दौरान सभी पार्टियों के विधायकों में उनकी संख्या 7 प्रतिशत से कम थी।[72] इसका अपवाद था गोरखा राष्ट्रीय मुक्ति मोर्चा जहाँ यह अनुपात 25 प्रतिशत था। माकपा के विधायकों में महिलाओं का हिस्सा अन्य पार्टियों के औसत से बेहतर नहीं था : केवल 6 प्रतिशत। भाकपा विधायकों में महिलाओं की हिस्सेदारी 4 प्रतिशत थी। तृणमूल कांग्रेस में महिलाओं की हिस्सेदारी इससे कुछ अधिक ही थी (6.7 प्रतिशत)।[73] केरल ने महिलाओं की साक्षरता, स्वास्थ्य और शिक्षा के क्षेत्र में उच्च दर अधिकतर भारतीय राज्यों की तुलना में जल्दी ही प्राप्त कर ली थी, लेकिन राजनीति और सरकार में (पंचायत स्तर को छोड़कर) महिलाओं की भागीदारी के मामले में वह फिसड्डी रहा है।

वाम दलों ने संसद में महिलाओं के एक तिहाई आरक्षण के पक्ष में एक प्रबल और सराहनीय आवाज उठाई और माकपा की बहुत सम्मानित सांसद गीता मुखर्जी ने इस मुद्दे पर आम सहमति बनाने की कोशिशों के लिए बहुत मेहनत की। लेकिन इस प्रयास के बार-बार असफल रहने पर वाम राज्य विधानसभाओं में विशेषकर उन विधानसभाओं में जहाँ कांग्रेस सहित अन्य आरक्षण समर्थक दलों का बहुमत था, आरक्षण सम्बन्धी विधेयक पेश कर सकता था। निश्चय ही पश्चिम बंगाल, केरल और त्रिपुरा में तो वह ऐसा कर ही सकता था। ऐसा करके वाम केन्द्र पर रचनात्मक रूप से दबाव बना सकता था जैसेकि उसने पहले पश्चिम बंगाल पंचायतों में दल आधारित चुनाव करवाकर बनाया था। लेकिन उसने ऐसा नहीं किया।

अन्त में, ऐसा कुछ देखने में नहीं आता कि वाम दलों ने अपने कार्यक्रमों के एजेंडा, पार्टी की शैक्षणिक गतिविधि अथवा रोजमर्रा के काम में महिलाओं की समानता को दी गई प्राथमिकता को कुछ अधिक महत्त्व दिया। एडवा और महिला फेडरेशन की भूमिका समाज अथवा मीडिया में भले ही अधिक दिखाई पड़ती हो लेकिन इनके मूल दलों ने यौन उत्पीड़न और हिंसा अथवा लव जिहाद और नैतिक पहरेदारी के विरुद्ध प्रदर्शन और अभियान शुरू कर या उनमें शामिल होकर, पितृसत्ता पर अथवा यौनिक स्वतंत्रता के महत्त्व पर अपने काडरों को शिक्षित कर, अथवा राज्य संचालित कार्यक्रमों और विधान में महिलाओं के लिए समान वेतन की माँग कर महिलाओं के मुद्दों को उत्साहपूर्वक नहीं उठाया। उन्होंने हाल में पारित घरेलू हिंसा विधेयक पर सहमति बनाने में भी कोई प्रमुख भूमिका नहीं निभाई।

वाम केरल तक में लिंगगत मुद्दों पर अपेक्षतया निष्क्रिय रहा है जबकि वहाँ महिलाएँ सड़कों, कार्यस्थलों और घरों में उत्पीड़न के बढ़ते और ऐसे भयावह रूपों का सामना कर रही हैं जिनकी तुलना उत्तर भारत के अर्धशिक्षित सामाजिक चहबच्चों में प्रचलित उत्पीड़न के रूपों से की जा सकती है।[74] निस्सन्देह, यह वाम की गलती नहीं है। लेकिन वाम ने इस मुद्दे पर उस तरह की गम्भीरता के साथ ध्यान नहीं दिया है जिस तरह की गम्भीरता की

माँग यह मुद्दा एक ऐसी राजनीतिक धारा से करता है—और यह उसका अधिकार भी है—जो एक अनुकरणीय नया केरल माडल रचना चाहती है।

पारिस्थितिकीय रूढ़िवाद

एक अन्य केन्द्रीय मुद्दे, पारिस्थितिकी और पर्यावरण के मुद्दे पर उत्पादक शक्तियों के विकास को समस्त सामाजिक प्रगति की केन्द्रीय कसौटी मानने वाला वाम एक कठोर उत्पादनवादी रुख से हट कर पर्यावरण सुरक्षा के महत्त्व को बेमन से, एक आंशिक मान्यता देने पर आ गया है। अभी काफी हाल तक वह ऊँचे बाँधों, नदियों का रुख बदलने की योजनाओं, महाकाय खनन उपक्रमों, बरसाती जंगलों के बीच से बनाये जाने वाले राजमार्गों और जबर्दस्त प्रदूषण फैलाने वाले रासायनिक और धातु कर्म सम्बन्धी उद्योगों अथवा कोयले की भट्ठी से चलाए जाने वाले बिजली केन्द्रों जैसी विनाशकारी 'विकास' परियोजनाओं के विरुद्ध लड़ने वाले पर्यावरणवादियों को 'विकास' के शत्रुओं के रूप में देखता था।

वाम 'आधुनिक भारत के मन्दिर' वाली नेहरू की प्रारम्भिक दृष्टि में साझीदार था। उसने पर्यावरण सुरक्षा को विकास के विरुद्ध रखा और पारिस्थितिकीय कार्यकर्ताओं को 'लुडाइट'* और प्रगति का ऐसा अविवेकी विरोधी करार दिया, जो बिजली के लिए तरसती जनता को बिजली प्रदान करने के बजाय मुट्ठी भर 'बन्दरों' (उदाहरण के लिए बहुत गम्भीर रूप से खतरे में पड़ी वानर प्रजाति, शेर जैसी पूंछ वाले 'मकाके' बन्दर, जो केवल केरल में पाए जाते हैं) को बचाने के लिए अधिक चिंतित हैं। वाम ने 'विकास' की सामाजिक लागत की भी अनदेखी की जिसमें लाखों लोगों का विस्थापन शामिल है। इनमें से अधिकतर लोग बहुत कमजोर स्थिति वाले थे।[75]

वाम 1970 और 1980 के दशक में जनता की कुछ ऐसी गोलबन्दियों के साथ मुठभेड़ में आ गया जिनका नेतृत्व प्रायः ऐसे समूह कर रहे थे जिन्हें अनेक 'विकास' परियोजनाओं और प्रस्तावों के विरोधी 'गैर दलीय राजनीतिक संगठन' कहा जाता था। इन परियोजनाओं में केरल का साइलेंट वैली पनबिजली बाँध, गुजरात और मध्य प्रदेश में नर्मदा पर सरदार सरोवर परियोजना, भूकंपीय दृष्टि से अत्यधिक खतरनाक क्षेत्र माने जाने वाले मध्य हिमालय क्षेत्र में टेहरी बाँध, विभिन्न राज्यों के परमाणु विद्युत संयंत्र और हर जगह अनगिनत कोयला खनन परियोजनाएँ और कोयला भट्ठी संचालित विद्युत संयंत्र शामिल हैं।

1980 के दशक के प्रारम्भिक वर्षों में माकपा के चिन्तक-विचारक प्रकाश करात, ने, जो बाद में पार्टी के महासचिव बने, 'ऐक्शन ग्रुप्स/स्वयंसेवी संगठन: साम्राज्यवादी रणनीति में एक कारक' (ऐक्शन ग्रुप्स/वालंटरी आर्गनाइजेशंस : ए फैक्टर इन इंपीरियलिस्ट स्ट्रैटेजी)[76] शीर्षक से एक महत्त्वपूर्ण लेख लिखकर ऐसे आन्दोलनों के प्रति वाम दलों के सन्देह और विरोध में एक प्रबल रूप से कट्टर विचारधारात्मक आयाम जोड़ दिया। इसने नागरिक समाज समूहों और 'गैरदलीय राजनीतिक संगठनों', जिनमें से अनेक को विदेशों से धन मिलता था, की पहचान विकासक्रम की दिशा को प्रभावित करने और वाम का मुकाबला करने के लिए 'साम्राज्यवाद' की शक्तियों के एक ऐसे नए औजार के रूप में

* प्रौद्योगिकी और औद्योगिक परिवर्तन का विरोधी। **—अनु.**

की जिसका इस्तेमाल अकादमिक संस्थानों के जरिये, काम करने और भूमिहीन लोगों, आदिवासियों, स्त्रियों, मलिन बस्तियों में रहने वालों और असंगठित श्रम समूहों में पैठ बनाने के लिए किया जाता है।

कभी-कभी वाम ने स्वयं अपने ही शुभचिन्तकों और सहयोगियों के साथ ऐसा व्यवहार किया है मानो वे उसके सबसे बड़े विरोधी हैं जैसेकि केरल शास्त्र साहित्य परिषद के लोगों के साथ। यह रवैया साइलेंट वैली प्रकरण और बाद में पेरिंगोम परमाणु परियोजना के प्रकरण में स्पष्ट हो गया। ये दोनों परियोजनाएँ केएसएसपी के शैक्षिक अभियानों और जमीनी स्तर की गोलबन्दियों के जरिये बनाये गए जनमत के दबाव के तहत रद कर दी गईं।

1990 के दशक के अन्तिम वर्षों में भारत के विभिन्न हिस्सों में विशाल पैमाने पर खनन, धातु कर्मीय, रासायनिक और विद्युत उत्पादन परियोजनाओं का विस्तार हुआ। प्राय: बहुराष्ट्रीय निगमों द्वारा आगे बढ़ायी गई ये परियोजनाएँ जनता की आजीविका और प्राकृतिक संसाधनों की जबर्दस्त लूट करती हैं। वाम ने उनका विरोध करने वाली गोलबन्दियों का सशर्त समर्थन किया। लेकिन उसने ऐसा वनोन्मूलन, प्राकृतिक जलोत्सारण क्षेत्रों के विनाश, जलविज्ञानी असन्तुलनों, ग्रीन हाउस गैस उत्सर्जन के बढ़ने, अथवा भूमि, पानी और बड़े पैमाने पर हवा के प्रदूषण के सन्दर्भ में उनके परिणामों जैसे बुनियादी पारिस्थितिकी आधारों पर नहीं बल्कि मुख्यत: इन परियोजनाओं के कारण होने वाले विस्थापन के मद्देनजर किया था। वाम ने ऐसे विनाश के अपरिवर्तनीय चरित्र और इसके द्वारा जैविक विविधता तथा प्रकृति के सुन्दरतर सन्तुलनों को पहुँचाये जाने वाले नुकसान के दीर्घकालिक परिणामों की कोई समझ बिरले ही प्रदर्शित की। वामदलों ने सिद्धान्त अथवा व्यवहार में विकास और पर्यावरणीय संरक्षण अथवा सुरक्षा की अपनी धारणाओं के साथ कभी समझौता नहीं किया यद्यपि विनाशकारी परियोजनाओं के विरुद्ध सर्वाधिक सशक्त आन्दोलनों में से कुछ का नेतृत्व ऐसे सक्रियतावादियों ने किया था जो उनके अपने सदस्य हैं जैसा कि उड़ीसा के विशाल पोस्को इस्पात संयंत्र में हुआ।

अब पश्चिमी घाटों के संरक्षण के मुद्दे पर माकपा नेतृत्व और पर्यावरणवादियों, जिनमें केएसएसपी शामिल है, के बीच एक बड़ा टकराव चल रहा है। पश्चिमी घाट को भारतीय प्रायद्वीप की जलमीनार और जैविक विविधता का एक अनोखा गुप्त खजाना कहा गया है।[77] पार्टी में इस बात की गम्भीर समझ का अभाव है कि घाट पारिस्थितिकी दृष्टि से कितने कमजोर हैं और उनके और अधिक कमजोर होने का मानसून व्यवस्था और जल उपलब्धता के लिए क्या परिणाम होगा। वह माधव गाडगिल की अध्यक्षता वाले 'पश्चिमी घाट पारिस्थितिकी विशेषज्ञ समूह' (वेस्टर्न घाट्स इकोलाजी एक्सपर्ट पैनल) की रिपोर्ट[78] को खारिज करती है जिसके तहत पारिस्थितिकी रूप से संवेदनशील ऐसे मंडलों का निर्माण होना है जहाँ किसी प्रदूषणकारी उद्योग, खनन अथवा बागान से सम्बन्धित गतिविधियों की इजाजत नहीं होगी।[79] वह इस रिपोर्ट का विरोध घाटों पर अतिक्रमण करने वाले अथवा वहाँ प्रमुख विनाशकारी परियोजनाओं को लागू करने पर विचार कर रहे लोगों की सुरक्षा जैसे पूरी तरह अल्पकालिक सोच-लिहाजों के आधार पर करती है। इस रवैये से भारत में लाखों लोगों के भविष्य से जुड़े पारिस्थितिकीगत संघर्षों की बहुत गम्भीर समस्या उत्पन्न हो सकती है।

वाम दल गुण-दोष का विचार किए बिना परमाणु ऊर्जा के उत्साही और प्रबल हिमायती हुआ करते थे और कम-से-कम 2005 में अमेरिका-भारत परमाणु समझौते पर हस्ताक्षर होने तक इसे आधुनिक विज्ञान और आधुनिक प्रौद्योगिकी के प्रतिमान तथा भारत की ऊर्जा सम्प्रभुता की चाभी दोनों रूपों में देखते थे। 1974 के परमाणु विस्फोट के बाद भारत के साथ परमाणु व्यापार और सहयोग पर पश्चिम द्वारा थोपे गए (कुछ हलके ही) प्रतिबन्धों[80] की निन्दा करने और इसका सम्बन्ध भारत की स्वदेशी, आत्मनिर्भर विकास की महत्त्वाकांक्षाओं के विरुद्ध 'साम्राज्यवादी षड्यंत्रों' के साथ जोड़ने में वे बुर्जुआ दलों की तरह ही मुखर थे। उनका यह रवैया लगभग वैसा ही था जैसा सत्ता प्रतिष्ठान में बैठे सर्वाधिक मानसिक उन्माद सर्वाधिक दोरंगेपन से ग्रस्त उन तत्त्वों का था जो परमाणु मामले में भारत बेईमानी और कपट के लज्जाजनक इतिहास को अनदेखा करते हुए 'प्रौद्योगिकी देने से इस इनकार' में अमेरिका के नेतृत्व में किया गया षड्यंत्र देख रहे थे।[81]

जिन लोगों ने परमाणु ऊर्जा विभाग के हमेशा से बढ़-चढ़कर बताये गए बिजली उत्पादन के लक्ष्यों और फिजूलखर्ची भरे प्रौद्योगिक दावों और इससे भी महत्त्वपूर्ण यह कि जिन्होंने दुर्घटनाओं और लापरवाह व्यवहारों से भरे खराब सुरक्षा रिकार्डों पर सवाल उठाने का साहस किया, ऐसे सभी लोगों के विरुद्ध परमाणु ऊर्जा विभाग और मीडिया में उसके चमचों द्वारा छेड़े गए दुर्भावनापूर्ण प्रचार का प्रतिकार करने के लिए वाम ने ज्यादा कुछ नहीं किया।[82] वाम ने विकिरण से होने वाले स्वास्थ्यगत खतरों और अन्य सुरक्षा मुद्दों के प्रति भी ज्यादा सरोकार नहीं दिखाया क्योंकि उसे प्रौद्योगिकी के प्रति अपने अन्धमोह के साथ यह विश्वास था कि और अधिक प्रौद्यागिकी के साथ सभी खतरों पर निश्चय ही विजय पा ली जाएगी यहाँ तक कि चेरनोबिल परमाणु दुर्घटना (1986) भी उसे परमाणु ऊर्जा के प्रति अपने अविवेकी प्रशंसा भाव से उसे बाहर नहीं ला सकी और फुकुयामा में 2011 में शुरू हुई और अब भी जारी तबाही उसे अब तक इस निर्णय पर नहीं ला पाई है कि वह परमाणु ऊर्जा को अस्वीकार्य रूप से खतरनाक और असुरक्षित मानते हुए उसे खारिज कर दे।[83]

परमाणु और पर्यावरण इन दो मामलों में वाम का जानकारीविहीन लेकिन खूबसूरत नजरिया दो विचारों पर आधारित था। प्रथम, भारतीय कम्युनिस्ट पार्टियों के लिए समाजवाद के एकमात्र आदर्श स्वरूप सोवियत संघ और बाद में चीन द्वारा परमाणु ऊर्जा और अन्य पारिस्थितिकीय दृष्टि से अस्वास्थ्यकर प्रौद्योगिकी का उत्साहपूर्वक, बड़े पैमाने पर इस्तेमाल किया जाना। कम्युनिस्ट पार्टियों के काडर को कम-से-कम सोवियत संघ के विघटन तक तो इनका बचाव करना सिखाया ही गया था और दूसरे, अनेक वामपन्थी नेता विशेष रूप से उन पर्यावरणवादियों, नागरिक समाज समूहों और स्थानीय सक्रियतावादियों के खिलाफ हो गए जिन्होंने पूर्व मेदिनीपुर के हरिपुर में एक परमाणु ऊर्जा परियोजना का पर्यावरण के आधार पर विरोध किया था जबकि वाम ने इस परियोजना का समर्थन किया था।[84]

पारिस्थितिकीय सवालों पर वाम के मताग्रह प्रेरित रवैये ने परमाणु ऊर्जा और अन्य बहुत अधिक खतरे वाली प्रौद्योगिकियों की भारत के लिए उपयुक्तता अथवा प्रासंगिकता, उनकी आर्थिक लागतों और व्यापक सुरक्षा समस्याओं अथवा उनसे होने वाले खतरों का आकलन करने में और उन्हें विनियमित करने में भारत के शर्मनाक खराब रिकार्ड के बारे

में ठोस, मुद्दा केन्द्रित और सुविचारित विवेकपूर्ण तर्कों को सुनने की जरूरत से पल्ला झाड़ लिया था।

लेकिन हाल के वर्षों में वाम ऐसी प्रौद्योगिकियों के प्रति चयनात्मक रूप से आलोचनात्मक हो गया है और उसने पर्यावरण सुरक्षा की जरूरत स्वीकार की है। यद्यपि अपने पार्टी कार्यक्रम के प्रारूप (2012) में माकपा पर्यावरण के मुद्दों पर खामोश बनी हुई है, लेकिन वह भी पूँजीवाद के 'मुनाफों और ज्यादा से ज्यादा मुनाफों की अन्धी दौड़'[85] के परिणामस्वरूप 'पर्यावरणीय प्रदूषण' की बात करती है। वह उत्पादन के खतरों और ऊँची लागतों के कारण परमाणु शक्ति की भी अब कहीं ज्यादा आलोचना करने लगी है।

माकपा ने 1998 से अपने अधिवेशनों के राजनीतिक प्रस्तावों में पारिस्थितिकी मुद्दों को शामिल किया है और 'वनों के विनाश, मृदा क्षरण, वायु और जल संसाधनों के प्रदूषण' के कारण होने वाले पर्यावरणीय विनाश/दुर्दशा और 'जनता के स्वास्थ्य पर उसके दुष्प्रभावों'[86] के बीच के सम्बन्धों पर जोर दिया है। 2008 में माकपा ने साफ तौर पर कहा : 'भारत में पर्यावरणीय समस्याएँ बदतर होती जा रही हैं और संकट की हदों तक पहुँच रही हैं...जिसका लोगों के विशेषकर गरीब और हाशिये के लोगों के आजीविका के साधनों, जीवन दशाओं और स्वास्थ्य पर गम्भीर प्रभाव पड़ रहा है... । उदारीकरण और वैश्वीकरण की नीतियों, साझा संसाधनों के वाणिज्यीकरण और इन क्षेत्रों के विनियमितीकरण में सरकार की असफलताओं ने इन समस्याओं को और गम्भीर बना दिया है।'[87]

2008 से माकपा ने भी प्राथमिक रूप से ग्रीन हाउस गैसों के उत्सर्जन के कारण होने वाले जलवायु परिवर्तन पर ध्यान दिया है। लेकिन उसने विकासशील दुनिया के लोगों पर सबसे अधिक दुष्प्रभाव डालने वाले जलवायु संकट[88] के लिए 'वैश्विक पूँजीवाद और विकसित देशों' को दोषी ठहराते हुए अन्तरराष्ट्रीय सन्दर्भ में व्यापक रूप से एक 'जलवायु-राष्ट्रवादी' रुख अपनाया है। घरेलू सन्दर्भ में, माकपा ऊर्जा तक पहुँच और उसके उपभोग में गरीब-अमीर के बीच की असमानताओं पर जोर देती है और अभिजन द्वारा ऊर्जा के अपव्ययी विलासितापूर्ण उपयोग और प्रति व्यक्ति ग्रीनहाउस उत्सर्जन की ऊँची दरों की आलोचना करती है।[89]

यदि वाम घरेलू सन्दर्भ में जलवायु परिवर्तन के बारे में वाकई चिंतित है तो उसे कोयले पर आधारित बिजली उत्पादन का तार्किक ढंग से विरोध करना चाहिए। कोयला सबसे गंदा जीवाश्म ईंधन है और भारत की विद्युत सामर्थ्य क्षमता का 70 प्रतिशत उस पर ही निर्भर है, देश की ग्रीन हाउस गैसों के उत्सर्जन में सबसे बड़ा योगदान इसका ही है। लेकिन वाम भारत में कोयला आधारित बिजली की अनियंत्रित वृद्धि का विरोध नहीं करता न ही वह यह माँग करता है कि जलवायु परिवर्तन की गम्भीरता को कम करने के लिए भारत को द्रुत गति से जीवाश्म ईंधन से हटकर ऐसी ऊर्जा के उपयोग की ओर बढ़ना चाहिए जिसका पुनर्नवीकरण हो सके।

अब जबकि पुनर्नवीकरण योग्य ऊर्जा क्रान्ति पूरे विश्व में प्रगति पर है, ऐसा करने के लिए इससे बढ़िया अवसर नहीं हो सकता।[90] वाम ने पुनर्नवीकरण योग्य ऊर्जा, ऊर्जा संरक्षण और क्षमता और अन्य 'हरित' उपायों पर ध्यान नहीं दिया है, न ही उसने कम ऊर्जा की जरूरत वाली कृषि, वनीकरण, पानी और तटरेखा संरक्षण आदि के संवर्धन के नूतन

उपायों के आधार पर जलवायु परिवर्तन के अनुकूल ढलने के सम्बन्ध में कोई स्पष्ट रुख अपनाया है।

पारिस्थितिकी पर वाम के परिप्रेक्ष्य में यद्यपि एक निश्चित प्रगति हुई है और पर्यावरणवाद के प्रति उसके पिछले विरोध से अलग एक सकारात्मक परिवर्तन आया है लेकिन अब भी उसने पूँजीवाद और उसकी असीम वृद्धि के प्रतिमान की कोई 'आमूल परिवर्तनवादी पारिस्थितिकीय प्रत्यालोचना' विकसित नहीं की है। ऐसी प्रत्यालोचना को चाहिए कि वह केवल नव उदारवादी पूँजीवाद को ही नहीं बल्कि पूँजी संग्रह की प्रक्रिया को भी अपरिहार्य रूप से प्राकृतिक संसाधनों की लूट और प्रकृति का विनाश सुनिश्चित करने वाले कारक के रूप में देखे। वाम ने व्यवस्था में मौजूद रहने वाली विकृतियों की अवधारणाओं और मानव तथा शेष प्राकृतिक विश्व के बीच के सम्पर्क को तोड़ने वाली, पूँजीवाद द्वारा पैदा की गई चयापचयी (मेटाबोलिक) दरार पर पर्याप्त ध्यान नहीं दिया है जबकि इससे मानव और प्राकृतिक विश्व दोनों का नुकसान हुआ है।[91]

परिणामत: भारतीय वाम एक व्यवस्था के रूप में समाजवाद की ऐसी अवधारणा को आगे नहीं बढ़ाता जो न केवल वर्गों के बीच अथवा राज्य और समाज के बीच एक भिन्न सम्बन्ध पर आधारित हो बल्कि उत्पादन, उपभोग और प्रकृति के बीच गुणात्मक रूप से एक नए सम्बन्ध पर आधारित हो। साम्यवाद असीम भौतिक प्राचुर्य का समाज नहीं हो सकता जैसा कि मार्क्स की कुछ रचनाएँ संकेत करती हैं। सीमित संसाधनों वाली दुनिया में भौतिक सामग्रियों का उपभोग भी सीमित होना चाहिए।

मानवाधिकार : दागदार रिकार्ड

भारतीय वाम ऐतिहासिक रूप से लोकतंत्र और नागरिकों की नागरिक और राजनीतिक आजादियों और उनके आर्थिक और सामाजिक अधिकारों का मुखर पक्षसमर्थक रहा है। दमन और अत्याचार के डर के बिना, खुले तौर पर (इस स्थिति को अपने अस्तित्व के पूर्वार्ध में वह सहज सुलभ नहीं मान सकता था) काम करने की इसकी अपनी सामर्थ्य इन्हीं अधिकारों और उनके संवर्धन पर निर्भर है। इसलिए समाज में उपेक्षा का शिकार रहे भारतीय वाम के लिए मानवाधिकारों की रक्षा के साथ उसका अपना हित जुड़ा है। लेकिन जब वह सत्ता में होता है या जब उसका सामना अतिवामपन्थी विरोध से होता है तब स्थिति बदल जाती है।

मानव अधिकारों और हिंसा के प्रति सहनशीलता के मामले में वाम का रिकार्ड विशेषकर पश्चिम बंगाल में चिन्ताजनक है। केवल एक स्तब्धकारी आँकड़ा लें। वाम मोर्चे के पूर्व गृहमंत्री और बाद में मुख्यमंत्री बने बुद्धदेब भट्टाचार्जी के अनुसार पश्चिम बंगाल में वाम मोर्चे के पहले दो दशकों के दौरान एक दिन में औसतन चार 'राजनीतिक हत्याएँ' होती थीं।[92]

पश्चिम बंगाल में वाम का जन्म जबर्दस्त सामाजिक अशान्ति और हिंसा के माहौल में हुआ था। 1967 में संयुक्त मोर्चा सरकार में पहली बार सत्ता में आने से पहले तक कांग्रेस के शासनकालों में और फिर आपातकाल के दौरान उसे कठोर दमन का सामना करना पड़ा। 1967 के नक्सलवादी विद्रोह के साथ हिंसा और बढ़ी जिसने कभी-कभी संसदीय वाम दलों के कार्यकर्ताओं को अपना निशाना बनाया, पलट कर इन दलों ने बहुत क्रूरता के साथ

बदला लिया। राज्य में जारी हिंसा का रूप सदैव अत्यधिक क्रूर और प्रायः बर्बरतापूर्ण रहा। राजनीतिक विरोधियों, नक्सलवादियों या पुलिस के संदिग्ध मुखबिरों की न्यायेतर हत्याएँ असामान्य नहीं थीं न ही 'शत्रुओं' के मृत शरीरों का अंगभंग।

राज्य 1970 और 1976 के बीच पुलिस की मिलीभगत के साथ कांग्रेसी गुंडों के हाथों शब्दशः सैकड़ों नक्सलवादियों और माकपा और भाकपा के कार्यकर्ताओं को खत्म किए जाने का साक्षी बना। इसमें उत्तरी-पश्चिमी कलकत्ता के बड़ानगर में हुई वीभत्स हत्याएँ शामिल हैं।[93] वर्ष 1971 विशेष रूप से रक्तरंजित समय रहा, जब बांग्ला देश युद्ध के दौरान राज्य की नक्सल विरोधी कार्रवाइयाँ केन्द्र सरकार ने अपने हाथ में ले लीं। 'भारतीय सेना और केन्द्रीय आरक्षी पुलिस ने ग्रामीण इलाकों में एक ''सफाई आपरेशन'' शुरू किया जिसके तहत माओवादी किसान छापामार दस्तों के ठिकानों और माकपा के किसानों के संचालन केन्द्रों को नष्ट कर दिया गया'।[94]

वाम दल विशेषकर माकपा ने राज्य के दमन और राजनीतिक विरोधियों के हमलों से निपटने के लिए आत्मरक्षा दस्ते बनाये। इनमें से कुछ दस्ते ऐसे आदमियों से बने गिरोहों में बदल गए जो धन उगाही के लिए या 'पार्टी' के अलोकप्रिय और कड़े आदेशों का पालन कराने के लिए हिंसात्मक तरीकों का इस्तेमाल करते। कुछ हरमद सेना (जंगी जहाजी बेड़े के लिए पुर्तगाली शब्द से व्युत्पन्न) जैसी वास्तविक नागरिक सेनाओं में विकसित हुए जिसके लिए पश्चिम बंगाल खासकर सिंगूर और नन्दीग्राम प्रकरणों के दौरान कुख्यात हो गया।

1970 के दशक में वाम के लिए हिंसा की इस संस्कृति का कुछ हिस्सा भी आत्मसात न करना कठिन था। हिंसा की संस्कृति उसे विरासत में मिली थी और उसके द्वारा 1960 के दशक में छेड़े गए खाद्य आन्दोलन और 'भूमि हड़पो' आन्दोलनों का हिस्सा थी। माकपा के प्रमोद दासगुप्त जैसे कुछ महत्त्वपूर्ण नेता पूर्व क्रान्तिकारी आतंकवादी समूहों से आए थे और गोपनीयता और असहमति के प्रति स्वेच्छाचारी असहिष्णुता पर आधारित सांगठनिक कार्यनीतियों पर अमल करते थे। इसने हिंसा की संस्कृति को मजबूत किया और परिणामस्वरूप राजनीतिक विरोधियों को समय समय पर धमकाया गया और उन पर हमले किए गए।

1970 के दशक के प्रारम्भिक वर्षों तक पश्चिम बंगाल की पुलिस अपने निर्मम तौर तरीकों के लिए बदनाम हो चुकी थी। इसके तरीकों में बिना दर्ज किए किसी को हिरासत में रखना, मनमाने ढंग से गिरफ्तारी, यातना और निहत्थे प्रदर्शनकारियों पर गोली चलाने के साथ साथ वामपन्थी कार्यकर्ताओं विशेषकर नक्सलवादियों की हत्या में मिलीभगत शामिल थे। वाम मोर्चा सरकार को इस बात का श्रेय दिया जाना चाहिए कि 1977 में सत्ता में आने के बाद उसने हजारों राजनीतिक बन्दियों को रिहा किया और आन्तरिक सुरक्षा व्यवस्था अधिनियम (मीसा) और आवश्यक सेवा संरक्षण अधिनियम (एस्मा) जैसे क्रूर कानूनों का कभी इस्तेमाल न करने का संकल्प लिया। लेकिन उसने उन अधिकतर पुलिस अधिकारियों को सेवा में बनाये रखा जो पिछले अपराधों के दोषी थे और पुलिस सुधारों के मुद्दे पर कभी ध्यान नहीं दिया। पुलिस पूरी तरह बेलगाम थी। 1981 तक भारत में पुलिस द्वारा गोलियाँ बरसाये जाने के 751 और परिणामस्वरूप 337 मौतों के रिकार्ड में 248 गोलीबारी और 62 मौतें पश्चिम बंगाल के हिस्से में थीं।[95]

मोरिचझांपी में जनसंहार

नागरिक मंच, लोक स्वातंत्र्य संगठन (पीयूसीएल) और एसोसिएशन फॉर द प्रोटेक्शन आफ डेमोक्रेटिक राइट्स जैसे नागरिक समाज समूहों द्वारा दर्ज वाम मोर्चा का मानवाधिकार रिकार्ड[96] अच्छा नहीं था। यद्यपि पश्चिम बंगाल में कांग्रेस के रिकार्ड की तुलना में यह बहुत बेहतर था लेकिन इस पर मनमाने ढंग से की जाने वाली गिरफ्तारियों, सड़क पर सौदा बेचने वाले जैसे गरीब लोगों से जबर्दस्ती जगह खाली करवाने, आम नागरिकों को पुलिस द्वारा डराये-धमकाये जाने और उनके प्रति निर्दय व्यवहार, हिंसक तरीकों से भूमि अधिग्रहण, महिलाओं के प्रति लगातार हिंसा और हिरासत में हुई मौतों के दाग थे।[97] सत्ता में इसका 34 वर्षों का कार्यकाल हिंसा के अनेक प्रकरणों का साक्षी रहा।

हिंसा की प्रारम्भिक प्रमुख घटनाओं में एक का निशाना वाम के विरोधी नहीं बल्कि गरीब, अधिकतर दलित[98] शरणार्थी बने जो बांग्लादेश से आए थे। यह मोरिचझांपी में हुए जनसंहार की घटना थी। मोरिचझांपी पश्चिम बंगाल के सुन्दरबन के धुर उत्तरी वनसंकुल हिस्से में स्थित एक द्वीप है। माना जाता है कि इस संहार में हजारों लोगों की जान गई। ये लोग 1971 के बाद की अवधि में आई शरणार्थियों की बाढ़ का हिस्सा थे जिन्हें केन्द्र की कांग्रेस सरकार ने जबर्दस्ती दंडकारण्य में बसा दिया। दंडकारण्य छत्तीसगढ़, आंध्र प्रदेश और उड़ीसा के कुछ हिस्सों को मिलाकर बना है। उस समय वाम ने इस कदम की भर्त्सना की थी और उन्हें पश्चिम बंगाल में सम्भवत: सुन्दरबन के किसी द्वीप में बसाने का वादा किया था।[99]

वाम मोर्चे के सत्ता में आने पर लगभग तीस हजार (30,000) शरणार्थी पश्चिम बंगाल वापस लौट आए। उन्होंने मोरिचझांपी में अपनी एक बस्ती बना ली। मोरिचझांपी उस समय तक बंगाल टाइगर के लिए संरक्षित स्थल घोषित किया जा चुका था। पश्चिम बंगाल की पुलिस ने शरणार्थियों को जबर्दस्ती वहाँ से हटाना शुरू कर दिया। 31 जनवरी, 1979 को पुलिस ने गोलियाँ चलाईं जिसमें 36 लोग मारे गए। इस क्षेत्र को जल्दी ही पत्रकारों के लिए निषिद्ध घोषित कर दिया गया और मई में वहाँ आर्थिक नाकेबन्दी (इसकी घोषणा गणतंत्र दिवस पर की गई) लागू कर दी गई। जब आर्थिक नाकाबन्दी नाकाम रही तब पुलिस की तीस नौकाओं ने द्वीप को को घेर लिया और वहाँ बसे लोगों का खाना-पानी रोक दिया। 'उन पर आँसू गैस भी छोड़ी गई, उनकी झोपड़ियाँ ढहा दी गईं, उनकी नावें पानी में डुबा दी गईं, उनके मत्स्य सम्पदा क्षेत्र और नलकूप नष्ट कर दिए गए और जिन लोगों ने नदी पार करने की कोशिश की उन्हें गोली मार दी गई। वहाँ बसे लोगों को पानी लाने के लिए अब अन्धेरा होने के बाद और द्वीप के जंगल वाले क्षेत्र में बहुत अन्दर तक जाना पड़ता था और वे जंगली घास खाने पर मजबूर कर दिए गए थे। समझा जाता है कि उस अवधि के दौरान सैकड़ों पुरुषों, स्त्रियों और बच्चों की मृत्यु हो गई...'।[100]

शोधकर्ता रॉस मलिक ने इस क्षेत्र के अनेक लोगों का साक्षात्कार किया और वह प्रधानमंत्री मोरारजी देसाई द्वारा इस स्थल का दौरा करने के लिए नियुक्त तीन सांसदों की एक रिपोर्ट भी उद्धृत करते हैं। मलिक का आकलन है कि दंडकारण्य छोड़कर पश्चिम बंगाल जाने वाले 14,388 परिवारों में से 4,128 परिवार 'रास्ते में भूख और थकान से मर गए'

अथवा पुलिस द्वारा उनकी नावें डुबाये जाने के कारण डूब गए और गोलीबारी में मार दिए गए।[101] 'हम कभी नहीं जान पाएँगे कि इनमें से कितनी मौतें वस्तुतः मोरिचझांपी में हुईं। लेकिन जो हम जानते हैं वह यह है कि इस घटना से जुड़े किसी भी अधिकारी अथवा राजनीतिज्ञ के खिलाफ कोई आपराधिक आरोप नहीं लगाये गए। यहाँ तक कि प्रधानमंत्री मोरारजी देसाई ने भी इस मामले को आगे न बढ़ाने का फैसला किया। वह अपनी सरकार के लिए कम्युनिस्टों का समर्थन बनाये रखने के इच्छुक थे।'[102]

तीन दशक बाद नन्दीग्राम और सिंगूर जिस तरह सार्वजनिक चर्चा में आ गए, मोरिचझांपी इतनी पाशविकता के बावजूद इतने बड़े पैमाने पर सार्वजनिक चेतना अथवा चर्चा में कभी नहीं आया यद्यपि अभिताव घोष ने अपने उपन्यास 'द हंग्री टाइड' में इसके बारे में लिखा है।[103] मलिक के अनुसार माकपा नेतृत्व ने 'इस अभियान में भाग लेने वाले अपने प्रतिभागी सदस्यों को उनके सफल अभियान पर बधाई दी...और शरणार्थी नीति पर अपनी पलटी को यह कहते हुए स्पष्ट कर दिया कि "शरणार्थियों की इतनी बड़ी संख्या को किसी भी हालत में राज्य में शरण दिए जाने की कोई सम्भावना नहीं है... ।" पार्टी नेतृत्व ने इस समस्या को जिस तरह हल किया उससे माकपा के भीतर भी कुछ असन्तोष था। अनेक माकपा कार्यकर्ताओं को लगा कि नेतृत्व ने इस समस्या को "नौकरशाही तरीके" से निपटाया है... । इस प्रकरण के अन्तिम मोड़ में माकपा ने मोरिचझांपी में अपने खुद के समर्थकों को ही बसा दिया जिन्होंने बेदखल किए गए शरणार्थियों द्वारा छोड़ी गई सुविधाओं पर कब्जा किया, उनका उपभोग किया... ।'[104]

बसाहट के इस निर्णय पर वामो मंत्रिमंडल के भीतर भी विरोध था। वाम मोर्चे के अन्य समर्थकों की तरह रिवाल्यूशनरी सोशलिस्ट पार्टी ने भी, 'जिसका सुन्दरबन में राजनीतिक आधार था..., इस फैसले का विरोध किया। रिसोपा के मंत्री देबब्रत बन्द्योपाध्याय को इसके बाद हुए चुनाव के बाद कोई नया विभाग नहीं दिया गया... । उनके बहिष्करण का कारण माकपा नियंत्रित ग्राम पंचायतों में भ्रष्टाचार उन्मूलन के उनके प्रयासों को माना गया, यद्यपि बेदखली के प्रति...उनके विरोध...को भी एक सहायक कारण माना गया।'[105]

वीभत्स हिंसा का एक अन्य उदाहरण यह है कि 30 अप्रैल, 1982 को आनन्द मार्ग सम्प्रदाय के सत्रह अनुयायियों को बालीगंज में दिन दहाड़े टैक्सियों से बाहर खींच कर जिन्दा जला दिया गया। अफवाह फैलाई गई थी कि वे 'बच्चा उठाने वाले थे' जो स्वतःस्फूर्त जनाक्रोश का शिकार बन गए। आनन्द मार्ग ने इस वहशीपन के लिए हमेशा माकपा को जिम्मेदार ठहराया है लेकिन यह अपराध किसने किया था, यह आज तक रहस्य है।

ऐसा कुछ नहीं है जिससे लगे कि अतिशय हिंसा के ऐसे मामलों पर माकपा के भीतर किसी गम्भीरता के साथ बहस हुई या यह कि उसने कभी यह स्वीकार किया कि इस मुद्दे पर उसने भयंकर गलतियाँ कीं। लेकिन पार्टी के अनेक नेताओं और कार्यकर्ताओं पर हत्या और बलात्कार सहित गम्भीर अपराधों के आरोप लगे हैं जैसेकि वर्धमान का सैनबाड़ी कांड (1970) जिसमें पोलिट ब्यूरो के दो सदस्य शामिल थे, बिराटी बलात्कार कांड और बंताला बलात्कार व हत्याकांड (दोनो 1990 में), बीरभूम का सूचापुर जनसंहार (2000) जिसमें ग्यारह खेतिहर मजदूरों की हत्या हुई थी, केशपुर और गारबेटा (पश्चिमी मेदिनीपुर में) जो 1998 से एक दशक से भी अधिक समय तक माकपा और तृणमूल कांग्रेस के बीच

प्रतिहिंसा के साक्षी बने जिसमें दर्जनों जानें गईं, छोटो अंगरिया (पश्चिमी मेदिनीपुर, 2001), सिंगूर और नन्दीग्राम (2006 और 2007), तथा नेताई (लालगढ़) जहाँ 2011 में नौ लोगों को गोली से उड़ा दिया गया।[106]

1977 से 1996 के बीच हुई 'राजनीतिक हत्याओं' के सरकारी आँकड़े चौंका देने वाले हैं : पूर्व मुख्यमंत्री बुद्धदेब भट्टाचार्जी के अनुसार इनकी संख्या 28,000 थी।[107] इसका अर्थ निकलता है प्रतिदिन औसतन चार हत्याएँ राजनीतिक उद्देश्य से की गईं। ऐसा कुछ नहीं है जिससे लगे कि हिंसा के इस स्तर में तबसे कोई गिरावट आई है। बल्कि तृणमूल कांग्रेस के सत्तारोहण के बाद लगातार इसमें बढ़ोतरी ही हुई है।[108]

हाल के वर्षों में वाम दलों ने उन क्रूर कानूनों की सही ही निन्दा की है जो नागरिक और राजनीतिक आजादियों का उल्लंघन करते हैं अथवा उनको खतरे में डालते हैं और जो पुलिस और सेना को असाधारण शक्तियाँ और, इससे भी बदतर, अभियोजन से उन्मुक्ति देते हैं। आकलन है कि भारत और विभिन्न राज्यों में ऐसे बीसियों कानून हैं।[109] लेकिन, सत्ता में रहते समय वाम दल इनमें से कुछ कानूनों का इस्तेमाल करने के विरुद्ध नहीं रहे हैं। इसका एक उदाहरण गैरकानूनी गतिविधि निरोधक अधिनियम (यूएपीए) है जिसके तहत 2009 में चक्रधर महतो का अपहरण कर उन्हें गिरफ्तार किया गया था। महतो पुलिस अत्याचार विरोधी जनसमिति के नेता थे, यह समिति पश्चिम बंगाल में लालगढ़ आन्दोलन का नेतृत्व कर रही थी। इससे भी बदतर यह कि वाम शासित त्रिपुरा में फरवरी 1979 से मई 2015 तक सशस्त्र सेना विशेष शक्तियाँ अधिनियम (एफस्पा)[110] लागू रहा था।

हाल के वर्षों में वाम मोर्चा के वरिष्ठ पदाधिकारियों द्वारा अपने राजनीतिक विरोधियों के प्रति अपनाये गए रवैये और पुलिस को उनके इस तरह के खुले प्रोत्साहन, कि पहले गोली मार दो, सवाल बाद में पूछना, की निन्दा न करना असम्भव है। 2000 में, भट्टाचार्जी ने मुख्यमंत्री बनने के बाद ही पुलिस से कहा : 'जो लोग हथियार लेकर सड़कों पर घूमते हैं वे मानवाधिकारों का आनन्द नहीं ले सकते। उन्हें गोली मार दो, बाकी मैं देख लूँगा।'[111] ऐसे वक्तव्य कानून के शासन का मखौल उड़ाते हैं।

चन्द्रशेखरन की परछांई

केरल की राजनीतिक संस्कृति पश्चिमी बंगाल की तुलना में बहुत कम हिंसक है लेकिन हिंसा वहाँ भी है और वहाँ यह अन्तरदलीय शत्रुता और मौजूदा दलों को छोड़कर विद्रोही संगठन खड़े करने वालों को दी जाने वाली कातिलाना सजा के रूप में है। वहाँ पार्टी से सम्बद्ध और भूसम्पत्ति के व्यवसाय और पानी तथा बालू जैसे प्राकृतिक संसाधनों के दोहन से जुड़े माफिया द्वारा जनता को डराया-धमकाया भी जाता है।

उत्तरी केरल, विशेषकर कन्नूर जिला, लम्बे समय से माकपा और राष्ट्रीय स्वयंसेवक संघ-भाजपा के बीच बदले की हिंसा के लिए बदनाम रहा है। इस हिंसा के परिणामस्वरूप उनके बीसियों कार्यकर्ताओं की हत्या हुई और अनेक का अंगभंग किया गया।

1980 से कन्नूर में इनके लगभग 180 सदस्य राजनीतिक प्रतिहिंसा में अपने प्राण गँवा चुके हैं। इनमें से कुछ की शुरुआत एक-दूसरे के सदस्यों को उनके मूल संगठन से तोड़

कर अपने संगठन में लाने के प्रयासों के कारण हुई। पाँच वर्षों की शान्ति के बाद सबसे ताजा उदाहरण 1 सितम्बर, 2014 को आरएसएस के ई. मनोज की हत्या का है। आरोप है कि यह हत्या माकपा सदस्यों ने की। मनोज 1999 में माकपा के जिला सचिव पी. जयराजन को छुरा भोंकने के आरोपितों में था।[112] दोनों पक्ष अपनी मर्दानगी, भुजाएँ फड़काने की क्षमताओं पर गर्व करते हैं, 'शहादत' को गौरवान्वित करते हैं और हिंसा को एक खतरनाक ढंग के आत्मगौरव से भर देते हैं।[113]

2012 की एक घटना ने, जिसमें माकपा के विद्रोही नेता टी.पी. चन्द्रशेखरन को कोझीकोड जिला के ओंचियाम में मार डाला गया, जनता में व्यापक वितृष्णा उत्पन्न की। 'हत्या के इस मामले में माकपा के तीन नेताओं सहित 12 लोगों को अपराधी माना गया था'।[114] पूर्व मुख्यमंत्री वी.एस. अच्युतानन्दन द्वारा चन्द्रशेखरन की विधवा के प्रति सार्वजनिक रूप से सहानुभूति व्यक्त करने के कारण माकपा के भीतर गहरे मतभेद उत्पन्न हुए।[115]

लेकिन, अन्ततः चन्द्रशेखरन की हत्या के बाद भी हिंसा के मुद्दे पर माकपा अथवा वाम लोकतांत्रिक मोर्चे में कोई गम्भीर पुनर्चिंतन शुरू नहीं हुआ, यद्यपि वालोमो ने अपनी साख और चुनावी समर्थन गँवाकर इस हत्या की बड़ी भारी कीमत चुकाई।[116] मानव अधिकारों के मुद्दे पर वाम की सामाजिक नीति की कमी केरल और पश्चिम बंगाल के साथ साथ राष्ट्रीय स्तर पर भी बहुत साफ दिखाई देती है।

प्रभावहीन एजेंडा

सामाजिक नीति के एजेंडा पर वाम का चिट्ठा कुल मिलाकर अन्य अधिकतर राजनीतिक दलों की तुलना में बहुत बेहतर होने के बावजूद प्रभावहीन है और कई जगह दागदार है। जाति के सवाल पर, कुछ हद तक महिलाओं के मुद्दे पर भी इसके रिकार्ड में इस अर्थ में सुधार हुआ है कि कम-से-कम इसकी कमियों के अस्तित्व को स्वीकार तो कर लिया गया है यद्यपि सिद्धान्त या व्यवहार में इन कमियों को दूर नहीं किया गया है।

भारतीय राजनीति में वाम अन्तिम शक्ति है जो कभी भी भाजपा के साथ रहने की बात सोचेगी, यह बात चाहे जितनी आश्वस्तिकर हो, लेकिन सक्रिय और व्यावहारिक रूप से साम्प्रदायिकता का मुकाबला करने में वाम का रिकार्ड धब्बेदार और ढुलमुल रहा है। एक ऐसे समय जब भारतीय लोकतंत्र पर हिन्दुत्व का गम्भीर खतरा मँडरा रहा है, समय की जरूरत के हिसाब से वाम अवधारणात्मक और राजनीतिक दृष्टि से बहुत पीछे है।

जहाँ तक पर्यावरण की बात है, वाम दलों ने अब तक खुद को विकासवाद के शिकंजे से मुक्त नहीं किया है, न ही उन्होंने पूँजी के संचयन, पारिस्थितिकी विनाश और प्राकृतिक संसाधनों और अपनी आजीविकाओं तक लोगों की पहुँच को खतरे में डालने के बीच के गहरे सम्बन्ध को पहचाना है। वे अपूरणीय प्राकृतिक संसाधनो, जिनमें जलवायु व्यवस्था अथवा पश्चिमी घाट शामिल हैं, की सुरक्षा के गम्भीर महत्त्व को भी स्वीकार नहीं करते हैं।

जहाँ तक मानव अधिकारों की बात है, हिंसा के प्रति वाम के कुछ रवैये निन्दनीय हैं और उनकी जड़ें उसकी स्तालिनवादी सांगठनिक संस्कृति में गहरी जमी हैं। जब तक वाम मानवाधिकारों पर अपनी समझ को सुधारता नहीं तब तक वह नागरिकों की विशेषकर वंचित तबकों के नागरिकों, जैसेकि दलित जो सामाजिक मुद्दों और सरोकारों के प्रति उत्तरोत्तर

जागरूक हो रहे हैं, की आशाओं के लिए प्रकाशस्तंभ नहीं बन सकता। ऐसे मुद्दों पर सक्रिय प्रगतिशील जमीनी आन्दोलनों के लिए वाम कोई प्रेरणादायक प्रभाव या कोई भरोसेमन्द सहयोगी नहीं है, बल्कि कभी-कभी वह इनका विरोधी हो सकता है। आमूल परिवर्तनवादी नागरिक समाज समूहों और जन आन्दोलनों (जिन्हें वह उपहासात्मक ढंग से एन जी ओ कहता है) के प्रति अपने सन्देह की गठरी के साथ वाम को संयुक्त अभियानों में समान स्तर पर उनके साथ काम करना मुश्किल लगता है।

1990 के दशक के मध्य से लगभग एक दशक तक लगा कि वाम ने अपने कुछ संकोचों को त्याग दिया है और आमूल परिवर्तनवादी जन आन्दोलनों और प्रगतिशील बुद्धिजीवियों के साथ सकारात्मक ढंग से संवाद करना शुरू कर दिया है। यहाँ तक कि उसने विश्व सामाजिक मंच (वर्ल्ड सोशल फोरम) की प्रक्रिया में भी भागीदारी की। यह संवाद सिंगूर-नन्दीग्राम संकट शुरू होने पर बाधित हो गया और अभी तक फिर से शुरू नहीं हुआ है। फिर भी, अपनी हाल की पराजयों के बाद वाम को यह मालूम हो जाना चाहिए कि विनम्रता और परस्पर लाभदायक अन्तर्संबंध के साथ अन्य आमूल परिवर्तनवादी धाराओं के प्रति खुला रुख अपनाना और जन गोलबन्दियों में शामिल होना उसके लिए बेहतर होगा।

9

गँवा दिए गए अवसर

संसदीय चरमोत्कर्ष, परमाणु समझौते की विफलता, 2014 का पराभव

वाम दलों द्वारा भारत की केन्द्र सरकार का नेतृत्व करने के प्रस्ताव को ठुकराने की एक 'ऐतिहासिक गलती' करने के एक दशक से कम समय में ही एक और महान अवसर उनके सामने उपस्थित हुआ। भारतीय जनता पार्टी के नेतृत्व वाला राष्ट्रीय लोकतांत्रिक गठबन्धन छह साल सत्ता में रहने के बाद मई 2004 में लोकसभा चुनाव हार गया। लोकसभा में अब तक की अपनी सर्वाधिक सीटें लेकर वाम दल ऐसी किसी भी मध्यमार्गी–वाम रुझान वाली सरकार के गठन के लिए अपरिहार्य हो गए जो उत्तरोत्तर आक्रामक और दुराग्रही होती जाती भाजपा को सत्ता से दूर रखे। गणित जबर्दस्त ढंग से सन्तुलनकर्ता के रूप में वाम के पक्ष में था। लोकसभा की 543 सीटों में से 145 पर विजयी रही कांग्रेस ने संयुक्त प्रगतिशील गठबन्धन के गठन के लिए पन्द्रह से अधिक क्षेत्रीय दलों को राजी कर लिया। 221 सीटों के साथ संप्रग के पास बहुमत के लिए अब भी कुछ सीटें कम थीं और उसे इकसठ सीटों वाले वाम के समर्थन अथवा सरकार में उसकी सहभागिता की जरूरत थी।

2004 के संकटकाल को देखने के मोटे तौर पर दो तरीके थे : एक तो यह कि उसे प्रगतिशील नीतियों वाली एक दृढ़तापूर्वक धर्मनिरपेक्ष और वामपन्थ की ओर झुकाव वाली सरकार बनाने के अनूठे संसदीय अवसर के रूप में देखा जाता जो साम्प्रदायिक वैमनस्य और विभाजक व प्रतिगामी राजनीति से सुखद छुटकारा दिलाता और दूसरा यह कि इसे एक आन्दोलन के साथ साथ एक संसदीय शक्ति के रूप में वाम को एक राजनीतिक नई दिशा देने, पुन: ऊर्जावान बनाने और उसका पुनराविष्कार करने के और इसके साथ ही सिर्फ संसद में ही नहीं बल्कि व्यापक समाज में भी वर्गीय शक्तियों के समग्र सन्तुलन में और आगे बदलाव लाने का प्रयास करने के एक अनूठे रणनीतिक अवसर के रूप में देखा जाता।

पहला दृष्टिकोण और अधिक प्रगतिशील परिवर्तन लाने वाली सरकार की स्थापना के महत्त्व पर बल देता था, निश्चय ही इसमें नीतियों, कार्यक्रमों और व्यक्तियों को महत्त्वपूर्ण पदों पर बैठाने को लेकर जोड़ तोड़ और सौदेबाजी के रणकौशल शामिल होते। अनेक वाम राजनीतिज्ञ अब तक ऐसे रणकौशलों के बढ़िया कलाकार बन चुके हैं लेकिन अब उनका सामना एक विकट चुनौती–अनेक कांग्रेस नेताओं के और विशेषकर पार्टी अध्यक्ष सोनिया गांधी द्वारा प्रधानमंत्री पद के लिए मनोनीत मनमोहन सिंह के प्रबल नव उदारवादी दृष्टिकोण का प्रतिकार करने की चुनौती से था। यहाँ मुख्य प्रश्न यही होने थे कि आर्थिक और सामाजिक

नीतियों पर प्राय: एक मनोवैज्ञानिक युद्ध में अथवा संकल्प शक्तियों के टकराव में बदल जाने वाली स्थितियों में वाम के कार्यनीतिगत लाभ को किस तरह अधिकतम किया जाए और साम्प्रदायिक शक्तियों से लड़ने और राज्य के धर्मनिरपेक्ष चरित्र को पुन: पुष्ट करने के कौन से तरीके ढूँढ़े जाएँ।

दूसरा और अधिक महत्त्वाकांक्षी प्रतीत होने वाला परिप्रेक्ष्य वाम की शक्तियों और कमजोरियों दोनों को ध्यान में रखता। वह संसद में वाम के संख्याबल और वंचित समूहों के समर्थन पर आधारित उसकी वास्तविक शक्ति के बीच के गैर आनुपातिक अन्तर को स्वीकार करता और संसद से बाहर जमीनी स्तर की जन गोलबन्दियों और ऊपर से वाम रुझान वाली नीतियों के जरिये इस समर्थन को बढ़ाने का प्रयास करता। ये गोलबन्दियाँ सरकार पर दबाव बनाने और उसके कार्यक्रमों को प्रभावित करने का काम करतीं। ऐसा रवैया अपनाकर वाम अल्पकालिक लक्ष्य के मुकाबले कहीं अधिक बड़े लक्ष्य निर्धारित करता यद्यपि एक धर्मनिरपेक्ष, वामपन्थी रुझान वाली सरकार स्थापित करने का अल्पकालिक लक्ष्य भी अपने आप में एक वांछनीय लक्ष्य था।

दोनों दृष्टिकोण अलग अलग तरह की प्राथमिकताओं और संसदीय तथा गैर संसदीय प्रयासों के प्रति वाम की ऊर्जाओं की प्रतिबद्धता के भिन्न प्रतिमानों की माँग करते। इस मामले में, वाम दलों ने पहला दृष्टिकोण चुना, यद्यपि ऐसा उसने किसी विस्तृत बहस के बाद नहीं बल्कि गलती से किया। किसी बहस के बाद यह निष्कर्ष निकालना शायद पूरी तरह उचित होता कि दूसरा दृष्टिकोण अत्यधिक महत्त्वाकांक्षापूर्ण है और अल्प अवधि में उसमें असफल होने का और दीर्घकाल में वाम के नुकसान का बहुत खतरा निहित है। इसलिए सीधे-सादे और सीमित लक्ष्य को लेकर ही चलना उचित है। फिर भी, किसी बहस का न होना स्वयं उन कम महत्त्वाकांक्षी लक्ष्यों की ओर संकेत करता है जो वाम के नेतृत्व ने स्वयं अपनी सहज बुद्धि से अपने 'मामूली संसदीय जनादेश"[1] के अनुरूप निर्धारित किए थे'।

बिना लड़े समझौता ?

इस अध्याय में यह तर्क दिया गया है कि संसदीय खेल में भी वाम ने अपनी बाजी खेलने में कोई खास कुशलता नहीं दिखाई। अनेक नीतिगत मुद्दों पर सौदेबाजी में उसने पर्याप्त कठोर रुख नहीं अपनाया। उसने संप्रग के कुछ निर्णयों के विरुद्ध अपने निषेधाधिकार का इस्तेमाल नहीं किया जबकि वह जायज ढंग से ऐसा कर सकता था। कुछ प्रगतिशील अथवा आमूल परिवर्तनवादी उपायों पर उसने बहुत जल्दी समझौता कर लिया और आर्थिक तथा विदेश नीति के मामलों तथा सुरक्षा से जुड़े मुद्दों पर संप्रग को हावी हो जाने दिया जबकि वह इन मुद्दों पर प्रतिरोध कर सकता था। उसने संप्रग को अहंकारपूर्वक अपनी मनमानी करने दी जबकि वह इन मामलों में प्रतिरोध कर सकता था। वाम को कुछ महत्त्वपूर्ण नियुक्तियों के रूप में जो असली, हालाँकि कुछ साधारण, सीमित लाभ मिले उनमें लोकसभा अध्यक्ष का पद शामिल था। इस पद पर उसने अनुभवी वकील सोमनाथ चटर्जी को मनोनीत किया। 1996 के विपरीत 2004 में सरकार में वामदलों की हिस्सेदारी के सवाल पर वाम समाज अथवा उनके निकटवर्तियों में कोई बहुत उत्साहपूर्ण या विवादपूर्ण बहस नहीं हुई।

लेकिन दो सौ (200) से अधिक प्रगतिशील बुद्धिजीवियों, कलाकारों, थियेटर और फिल्मी हस्तियों और सामाजिक कार्यकर्ताओं ने वाम दलों से अनुरोध किया कि वे 'एक रचनात्मक और संरचनात्मक पहल' के अंग के रूप में और आर्थिक नीतियों को 'एक पूर्णतः नई दिशा' प्रदान करने और 'साम्प्रदायिकता द्वारा रची गई विचारधारात्मक संरचना' को ध्वस्त करने के लिए सरकार में भागीदार बनें।[2]

वाम के, विशेषकर भाकपा के और वाम मोर्चे के अन्य छोटे दलों के नेता ही नहीं बल्कि माकपा के भी कुछ नेता निजी तौर पर सरकार में भागीदारी के पक्ष में थे हालाँकि उन्होंने इस पर बहुत जोर नहीं दिया। लेकिन यह प्रस्ताव औपचारिक रूप से चर्चा का विषय बनता इससे पहले ही माकपा के शीर्ष नेतृत्व ने इसे सिरे से खारिज कर दिया। वाम दलों ने सरकार को बाहर से समर्थन देने का विकल्प चुना। यह समर्थन एक न्यूनतम साझा कार्यक्रम (सीएमपी—कामन मिनिमम प्रोग्राम) पर आधारित होना था। इस कार्यक्रम को बनाने में वे अपनी शर्तें रख सकते थे और एक प्रभावकारी भूमिका निभा सकते थे।

वाम द्वारा तय किए गए अठारह बिन्दुओं पर मई के तीसरे सप्ताह में सही दिशा में बातचीत शुरू हुई। इन बिन्दुओं के तहत विभिन्न प्रकार के मुद्दों की एक श्रृंखला थी जिसमें धर्मनिरपेक्षता की पुनः पुष्टि, कृषि और उद्योग के क्षेत्र में प्रगतिशील नीतियाँ, स्वास्थ्य और शिक्षा पर अधिक व्यय, रोजगार गारंटी कार्यक्रम और विदेश नीति तथा सुरक्षा मामले शामिल थे।[3] तार्किक दृष्टि से देखें तो वाम के नेताओं को इन मुद्दों पर चर्चा के लिए प्रस्तुत किए जाने वाले दस्तावेज का प्रारम्भिक प्रारूप स्वयं तैयार करना चाहिए था। लेकिन यह पहल कांग्रेस ने हथिया ली और इस प्रकार उसने शुरुआती बढ़त हासिल कर ली। अन्य बातों के अतिरिक्त वाम दलों ने सामाजिक क्षेत्र के कार्यक्रमों को शामिल किए जाने पर जोर दिया, सार्वजनिक क्षेत्र के उद्यमों के निजीकरण का विरोध किया, अधिक सन्तुलित केन्द्र-राज्य सम्बन्धों की जरूरत पर बल दिया और एक ऐसी स्वतंत्र और प्रगतिशील विदेश नीति की माँग की जिसमें भारत के पड़ोसी देशों के साथ बेहतर सम्बन्धों पर जोर हो और अन्तरराष्ट्रीय सम्बन्धों में एकपक्षीयता का विरोध हो।

संप्रग ने रियायतें दीं और इनमें से कुछ माँगों को कार्यक्रम में शामिल कर लिया। उदाहरण के लिए, वह राष्ट्रीय रोजगार गारंटी अधिनियम पारित करने पर सहमत हो गया जिसमें 'शुरुआत में कम-से-कम 100 दिनों के रोजगार की कानूनी गारंटी देने, प्रत्येक ग्रामीण शहरी गरीब और निम्न मध्यवर्गीय पारिवारिक इकाई में कम-से-कम एक समर्थ व्यक्ति के लिए न्यूनतम पगार पर प्रतिवर्ष टिकाऊ परिसम्पत्तियों के सृजन के लिए सार्वजनिक निर्माण के कार्यक्रमों' को लागू किया जाना शामिल था। उसने 'बड़े पैमाने पर काम के लिए खाद्यान्न कार्यक्रम शुरू करने, स्वास्थ्य और शिक्षा पर सार्वजनिक व्यय की राशि बढ़ाने और असंगठित क्षेत्र के श्रमिकों के लिए राष्ट्रीय आयोग गठित करने का भी संकल्प किया। उसने राजग के तहत शुरू हुई 'शिक्षा के साम्प्रदायीकरण की प्रवृत्ति को पलटने के लिए तत्काल कदम उठाने' का वादा किया। लेकिन संप्रग ने आर्थिक नीति के अनेक महत्त्वपूर्ण मुद्दों पर रंच मात्र भी डिगने से इनकार कर दिया।

अन्ततः बीच का रास्ता निकालते हुए न्यूनतम साझा कार्यक्रम पर समझौता हुआ और 27 मई को उसकी घोषणा की गई। इसमें संप्रग की 'संवृद्धि, निवेश और रोजगार को

प्रोत्साहन देने वाले' और 'एक मानवीय चेहरे वाले (यहाँ कहना चाहिए नव उदारवादी) आर्थिक सुधारों' के प्रति 'स्थायी प्रतिबद्धता' व्यापक रूप से प्रतिबिम्बित थी। न्यूनतम साझा कार्यक्रम में कहा गया कि 'सामान्यतया' सार्वजनिक क्षेत्र की मुनाफा कमाने वाली कम्पनियों का निजीकरण नहीं किया जाएगा। 'निजीकरण के सभी मामलों पर अलग अलग एक पारदर्शी ढंग से और सलाह-मशविरे के साथ विचार किया जाएगा। संप्रग सार्वजनिक क्षेत्र की "नवरत्न" कम्पनियों[4] को बनाये रखेगा। ये कम्पनियाँ अपने संसाधन पूँजी बाजार से प्राप्त करेंगी' विदेशी प्रत्यक्ष निवेश को 'प्रोत्साहन दिया जाना जारी रहेगा और विशेषकर बुनियादी ढाँचों, उच्चतर प्रौद्यागिकी और निर्यात के क्षेत्र में निवेश प्राप्त करने के सक्रिय प्रयास किए जाएँगे...। अभी जितना प्रत्यक्ष विदेशी पूँजी निवेश (एफडीआई) आ रहा है, देश को उससे कम-से-कम दो-तीन गुना निवेश की जरूरत है और देश में इस निवेश की खपत आसानी से हो सकती है।'[5]

न्यूनतम साझा कार्यक्रम ने वादा किया कि वह 'पिछली परम्पराओं' (सम्भवतः इसका आशय नेहरू की गुटनिरपेक्षता से है) 'को ध्यान में रखते हुए एक स्वतंत्र विदेश नीति' का अनुसरण करेगा जो 'वैश्विक सम्बन्धों में बहुध्रुवीयता को आगे बढ़ायेगी और एकपक्षीयता के सभी प्रयासों का विरोध करेगी।' उसने कहा, भारत 'एक विश्वसनीय परमाणु आयुध कार्यक्रम' जारी रखेगा और परमाणु (शक्ति सम्पन्न) पड़ोसियों के साथ सार्वभौमिक परमाणु निशशस्त्रीकरण के संवर्धन और 'परमाणु हथियार मुक्त विश्व की दिशा में किए जाने वाले काम में एक अग्रणी भूमिका निभाएगा'।

न्यूनतम साझा कार्यक्रम में वाम की सूची के अठारह बिन्दुओं में से बारह लिये गए थे और शेष बिन्दु स्थगित कर दिए गए थे अथवा उन्हें बहुत नीरस सूत्रों के रूप में संक्षेप में निपटा दिया गया था। कोई उचित स्पष्टीकरण प्राप्त किए बिना और कोई बहस किए बिना इसे स्वीकार कर लिया जाना अपने आपमें वाम के पीछे हटने का संकेत था। इस बात पर बहस की जा सकती है कि क्या वाम ज्यादा सख्ती के साथ इस पर सौदेबाजी कर सकता था। यूरोप में वामपन्थ की ओर झुकाव वाली मध्यमार्गी पार्टियाँ जब विचारधारात्मक रूप से अपने से भिन्न सरकारों के साथ गठबन्धन करती हैं तो नियमतः जिस तरह की पक्की सीमा रेखाएँ बनाती हैं वैसी ही स्पष्ट विभाजक सीमा रेखाएँ वाम को भी तय कर लेनी चाहिए थीं। वाम को समझौते में स्पष्ट रूप से कुछ ऐसे मुद्दे शामिल करने चाहिए थे जिनके आधार पर समझौता तोड़ा जा सकता। 1998 के परमाणु परीक्षणों के विरोध में इसने जैसा साहसी रवैया अपनाया था और जिस तरह भारत-पाकिस्तान से अपने परमाणु कार्यक्रमों पर रोक लगाने की माँग की थी उसी तरह इसे इस समय भी एक 'विश्वसनीय परमाणु हथियार कार्यक्रम' को चुपचाप स्वीकार लेने के बजाय कम-से-कम परमाणु कार्यक्रम को जहाँ का तहाँ रोक दिए जाने की माँग पर तो जोर देना ही चाहिए था क्योंकि इस परमाणु हथियार कार्यक्रम से बड़े पैमाने पर जन संहार के हथियारों को वैधता मिलती और उनका बनना जारी रहता और इस तरह वाम की मूल माँग का कोई अर्थ न रह जाता।

वाम परमाणु सामग्री ढोने वाले वाहनों से परमाणु युद्धाग्रों के अलगाव, प्रक्षेपास्त्र की परीक्षक उड़ानों और भारत और पाकिस्तान द्वारा आणविक सामग्री के उत्पादन पर रोक

लगाये जाने जैसे परमाणु नियंत्रण के सक्रिय उपायों की माँग कर सकता था और सम्भवत: वह अपनी ये माँगें मनवा भी लेता। वह शस्त्र नियंत्रण के और अधिक उपायों, पाकिस्तान के साथ बेहतर सम्बन्धों और अपने पड़ोसियों के प्रति भारत के विसैन्यीकरण की नीति पर बातचीत की जरूरत पर जोर दे सकता था। वह अपनी शंकाएँ साफ साफ बता सकता था और अन्य अनेक मुद्दों पर भी असहमति टिप्पणियाँ लिख सकता था। इन सब बातों को वह सार्वजनिक रूप से प्रकट कर सकता था। निस्सन्देह भारत के मुख्य धारा के मीडिया ने, जो विश्व के सर्वाधिक दक्षिणपन्थियों में से है, ऐसी 'गैर जिम्मेदार' और अविचारित 'सस्ती लोकप्रियता अर्जित' करने के लिए वाम को बदनाम किया होता लेकिन इससे वाम को विचलित नहीं होना था। उसका प्राथमिक आधार क्षेत्र मीडिया नहीं, अन्यत्र है।

वाम ने अनेक मुद्दों पर जमकर सौदेबाजी नहीं की। अन्ततोगत्वा जो समझौता सामने आया वह एक ऐसा समझौता था जिसकी सारवस्तु को संप्रग ने और कमजोर कर दिया था। उदाहरण के लिए रोजगार गारंटी अधिनियम को पूरे देश पर लागू करने के बजाय केवल ग्रामीण क्षेत्रों तक सीमित कर दिया गया था और इसे भी अब एकमुश्त लागू करने के बजाय चरणों में लागू किया जाना था। संप्रग ने अर्थव्यवस्था को नियंत्रण मुक्त करना और उद्योगों को लाइसेंसीकरण से मुक्त करना जारी रखा; उसने सार्वजनिक क्षेत्र को कम किया, सार्वजनिक निवेश में कटौती की और राज्य सरकारों को दिए जाने वाले संसाधनों के प्रवाह पर प्रतिबन्ध लगा दिए।[6] असंगठित श्रम के लिए बनाया गया आयोग 'असंगठित क्षेत्र के उद्यमों' का आयोग बन गया। स्वास्थ्य और शिक्षा पर सार्वजनिक व्यय को बढ़ाने के अस्पष्ट वादे वास्तविकता का रूप कभी नहीं ले पाए।

सरकार ने अपने खुद के विदेश और सुरक्षा नीतिगत एजेंडा को आगे बढ़ाने के लिए अनेक छूटों और बचाव के रास्तों का इस्तेमाल किया। इसमें अमेरिका के साथ 'सामरिक भागीदारी' को मजबूत करना और 2005 में एक अमेरिका-भारत नागरिक परमाणु सहयोग समझौते में शामिल होना शामिल था। यह समझौता संप्रग और वाम के बीच तीखे और गहन टकराव का कारण बना और इसके कारण अन्तत: 2008 में वाम ने सरकार से अपना समर्थन वापस ले लिया।

प्रगतिशील दबाव बनाया

इनमें से कोई भी बात संयुक्त साझा न्यूनतम कार्यक्रम को अपने सामाजिक क्षेत्र के कार्यक्रमों में सकारात्मक अथवा प्रगतिशील दिशा में ले जाने में वाम के योगदान को कम नहीं करती। इस योगदान के उदाहरण हैं : महात्मा गांधी राष्ट्रीय ग्रामीण रोजगार गारंटी अधिनियम (मनरेगा), अनुसूचित जनजाति तथा अन्य परम्परागत वनवासी (वन अधिकारों को मान्यता) अधिनियम 2006 (प्रचलित नाम-वन अधिकार अधिनियम अथवा एफआरए जो वनवासियों को वहाँ की भूमि पर खेती करने और छोटे-मोटे वनोत्पादों का उपयोग करने जैसे अधिकार प्रदान करता है), सूचना के अधिकार को लागू कराना तथा उसका संवर्धन, खाद्य अधिकार के कानून के लिए समर्थन जुटाना और एक संशोधित पेटेंट अधिनियम की सर्जनात्मक व्याख्या पर बल देना, जो फार्मास्यूटिकल उत्पादन में इजारेदारों पर प्रतिबन्ध लगाता है और पेटेंट किए हुए मॉल्यूक्यूल्स के सदाबहार बने रहने पर रोक लगाता है और

फिर भी विश्व व्यापार संगठन (डब्ल्यूटीओ) के तहत बौद्धिक सम्पदा अधिकारों के अनुकूल बना रहता है, आदि।[7]

इसी तरह, वाम संप्रग को सार्वजनिक क्षेत्र का निजीकरण करने में एकदम जुट जाने से रोकने में भी कुछ सीमा तक सफल हुआ। इसने खुदरा व्यापार, बीमा क्षेत्र और पेंशन फंड में विदेशी प्रत्यक्ष निवेश (एफडीआई) के बेलगाम प्रवेश का और विशेष आर्थिक क्षेत्रों (एसईजेड) को व्यापक पैमाने पर लागू किए जाने का भी प्रतिरोध किया। विशेष आर्थिक क्षेत्र किसानों की आजीविका के लिए खतरा हैं और भूमि हड़पे जाने के अवसर प्रदान करने के साथ साथ निजी उद्यमियों को अनुचित रियायतें प्रदान करते हैं।[8] यह कहा जा सकता है कि वाम के बिना संप्रग की आर्थिक नीतियों के परिणाम कहीं बदतर होते।

विदेश नीति के भी कुछ मुद्दों पर वाम ने एक सन्तुलनकारी और गम्भीरता प्रदान करने वाली भूमिका निभाई। यद्यपि वह भारत और अमेरिका के बीच घनिष्ठ रणनीतिक सम्बन्ध अथवा फलस्तीनियों की राष्ट्रीयता के सवाल पर इजरायल की ओर लगातार रुझान को रोक नहीं सका लेकिन भारतीय टुकड़ियों को इराक भेजने पर इसके विरोध से काफी फर्क पड़ा। नेपाल पर वाम ने, विशेषकर माकपा के पालिट ब्यूरो सदस्य सीताराम येचुरी ने माओवादियों को भूमिगत स्थिति से बाहर लाने और उन्हें मुख्यधारा में लाने की एक प्रमुख और स्वागतयोग्य पहल में हिस्सा लिया और इस प्रकार वहाँ गणतंत्रीय लोकतंत्र की स्थापना में मदद दी। सामान्य रूप से पाकिस्तान और बांगला देश सहित भारत के पड़ोसियों के साथ अधिक सहयोगपूर्ण सम्बन्धों के पक्ष में वाम की दलीलों को पूरी तरह अनदेखा नहीं किया जा सकता।

फिर भी, इस सन्दर्भ में तीन बातों को रेखांकित करना अनुचित न होगा। प्रथम, वाम को सर्वाधिक सफलता तभी मिली जब उसने नागरिक समाज आन्दोलनों और बुद्धिजीवियों के प्रगतिशील वर्गों द्वारा शुरू की गई पहलों में कुछ जोड़ा अथवा उनमें शामिल हुआ। यह बात मनरेगा के बारे में विशेषरूप से सत्य है। इस अभियान को सबसे पहले एक नागरिक समाज की पहलकदमी 'रोजगार अधिकार अभियान' ने शुरू किया था जिसकी बुनियाद पर वाम दलों ने बाद में अपनी भागीदारी और संसदीय हस्तक्षेप के जरिये इसे आगे बढ़ाया। यही बात वनाधिकार अधिनियम (एफआरए), सूचना अधिकार अधिनियम, खाद्य सुरक्षा अधिनियम और पेटेंट सम्बन्धी पहल के बारे में भी सही है। इन अधिनियमों से विशेषकर गरीब जनता बहुत लाभान्वित हुई। लेकिन वाम दल इनमें से किसी भी अभियान की शुरुआत करने का दावा नहीं कर सकते।

दूसरे, वाम के भीतर ही एक स्पष्ट मतभेद अथवा अलगाव उभरा जिसने प्रगतिशील बदलाव प्रस्तावित करने अथवा संप्रग के दक्षिणपन्थी कदमों का विरोध करने की इसकी साख को कमजोर किया। उदाहरण के लिए, पश्चिम बंगाल के मुख्यमंत्री बुद्धदेब भट्टाचार्जी ने माकपा की घोषित नीतियों का उल्लंघन किया जब उन्होंने खुदरा व्यापार में वाल मार्ट को आमंत्रित करने का फैसला किया, कारगिल जैसी बहुराष्ट्रीय बीज और खाद्य कम्पनियों के साथ सौदा किया, विश्व बैंक तथा एशियन डेवलपमेंट बैंक की सलाह और ऋणों का स्वागत किया और विशेष आर्थिक क्षेत्रों के लिए उत्साहपूर्वक अभियान चलाए। पार्टी के राष्ट्रीय नेतृत्व ने ऐसे कदमों का विरोध तो किया लेकिन केवल भाषणों में।

तीसरे, वाम ने अपने संसदीय हस्तक्षेपों को और ताकत देने के लिए अथवा संप्रग पर दबाव बनाने के लिए जन गोलबन्दियों का समर्थन नहीं लिया। इसने स्वयं को अधिकतर मीडिया में दिए गए वक्तव्यों और 'राजनीति के शीर्ष स्तरों पर' हस्तक्षेप दर्ज कराने तक सीमित रखा। इसके साथ कभी यहाँ कभी वहाँ कोई छोटा प्रदर्शन हो जाता था और सम्भवतः ये प्रदर्शन इतने छोटे होते थे कि उनका कोई प्रभाव नहीं बनता था। सिंगूर और नन्दीग्राम के बाद वाम की नैतिक सत्ता ढह गई, उसका आन्तरिक संकट बहुत गहरा गया और बड़ी संख्या में जनता को उसके अधिकारों, जरूरतों और आकांक्षाओं के मुद्दे पर गोलबन्द करने की परिपाटी, जो आमूल परिवर्तनवादी सामाजिक कार्ययोजनाओं को आगे बढ़ाने के लिए महत्त्वपूर्ण थी, कायम रखने की इसकी क्षमता बहुत घट गई।

एक कम उदारतापूर्ण दृष्टिकोण से देखें तो ऐसा करने की वाम की अपनी इच्छा भी कमजोर हो गई। उसने राजनीति को गोलबन्दियों-जिनमें आम जनता का प्रतिनिधित्व होता है—से विरक्त होकर कहीं अधिक सीमित सन्दर्भों में देखना शुरू कर दिया था। पुराने वक्तों से भिन्न, 1990 के दशक के अन्तिम वर्षों से प्रमुख वाम दल माकपा के शीर्ष नेतृत्व का बड़ा हिस्सा मध्यवर्गों और छात्र संघों के नेताओं से आया था जिसका मजदूर वर्गों के आन्दोलनों अथवा किसान आन्दोलनों से बहुत कम वास्ता रहा था। माकपा द्वारा जनता की गोलबन्दियों को दिए जाने वाले महत्त्व पर इसका प्रभाव पड़ा।

जहाँ तक अमेरिका-भारत परमाणु समझौते की बात है, वाम के लिए अपने सर्वश्रेष्ठ दिनों में भी इस अत्यन्त जटिल मुद्दे पर जनता को शिक्षित करना और गोलबन्द करना मुश्किल रहा होता। इसके लिए भूराजनीति की बौद्धिक रूप से प्रभावशाली समझ, वैश्विक परमाणु व्यवस्था की प्रकृति की विशेषज्ञतापूर्ण पकड़ और राष्ट्रीय तथा बहुपक्षीय संगठनों के माध्यम से इस समझौते में संशोधन-सुधार पर बातचीत की जटिल प्रक्रियाओं की दरकार होती। लेकिन वाम ने परमाणु समझौते पर ही ध्यान केन्द्रित करने और उसे संप्रग के साथ अपने सम्बन्धों के लिए लिटमस परीक्षण में बदलने का फैसला किया। भारत में, विदेश नीति अथवा सुरक्षा नीति के किसी सवाल पर जनता का ध्यान इस तरह केन्द्रित नहीं हुआ कि वह ऐसा प्रमुख बिन्दु बन जाय जिसके आधार पर महत्त्वपूर्ण राजनीतिक विकल्प चुने जायँ। परमाणु समझौते जैसे एक अपेक्षतया गोपनीय मुद्दे के सन्दर्भ में यह बात और भी सही है।

परमाणु—राष्ट्रवादी फंदा

अमेरिका-भारत नागरिक परमाणु सहयोग समझौते पर 2005 में हस्ताक्षर हुए और 2008 में इसे अन्तिम रूप दिया गया। यद्यपि भारत ने परमाणु अप्रसार समझौते (एनपीटी) अथवा किसी अन्य परमाणु परिसीमन समझौते पर हस्ताक्षर नहीं किए हैं तथापि भारत को उसके नागरिक कार्यक्रम के लिए परमाणु सामग्री के विक्रय और हस्तान्तरण की अनुमति देकर इस समझौते ने वैश्विक परमाणु व्यवस्था में भारत के लिए जो रियायत की है वह अपवाद स्वरूप है। यह विशेष रियायत इस आधार पर उचित ठहराई गई कि भारत 'उन्नत प्रौद्योगिकी वाला एक जिम्मेदार राज्य' है जिसके साथ अमेरिका एक 'वैश्विक भागीदारी' विकसित करना चाहता है।

इसके बाद 'अमेरिका-भारत प्रतिरक्षा सम्बन्ध की एक रूपरेखा' नामक एक समझौता हुआ जिसके तहत दोनों देशों को और अधिक सैन्य सहयोग, प्रक्षेपास्त्र प्रतिरक्षा और अन्य उन्नत प्रौद्योगिकियों पर सहयोग करना था और इस प्रकार एक दीर्घकालीन गठबन्धन का आधार विकसित करना था। इस सहयोग के कारण जापान, आस्ट्रेलिया और सिंगापुर के साथ अमेरिका द्वारा प्रायोजित बड़े पैमाने के सैन्य अभ्यासों में भारत की भागीदारी हुई। भारत को अमेरिका ने अन्तरराष्ट्रीय परमाणु ऊर्जा एजेंसी (आईएईए) में सितम्बर 2005 और फरवरी 2006 में दो बार ईरान के विरुद्ध मतदान करने के लिए बाध्य भी किया था।[9]

परमाणु समझौते के तहत भारत अपनी नागरिक और सैन्य सुविधाओं को अलग अलग करने और अपनी सब नहीं लेकिन कुछ नागरिक परमाणु भट्ठियों को आईएईए 'सुरक्षा व्यवस्थाओं' (कोई परमाणु सामग्री सैन्य इस्तेमाल के लिए नहीं भेजी जा रही है यह सुनिश्चित करने के लिए होने वाले निरीक्षण) के तहत रखने पर सहमत हुआ। दरअसल इस समझौते ने भारत के परमाणु आयुधों को कानूनी हैसियत तो नहीं लेकिन एक मान्यता और वैधता प्रदान की। जैसा कि अपेक्षित था इसने अन्तरराष्ट्रीय स्तर पर, विवादों को जन्म दिया। पाकिस्तान ने बहुत जोरदार ढंग से और खुलकर और चीन तथा कुछ अन्य देशों ने परोक्ष और कूटनीतिक ढंग से इसका विरोध किया। लेकिन अन्ततः 2008 में आईएईए और चालीस राज्यों के एक स्वैच्छिक समूह—परमाणु आपूर्तिकर्ता समूह—न्यूक्लियर सप्लायर्स ग्रुप (एनएसजी)[10] ने, जो संयुक्त रूप से परमाणु सामग्रियों के व्यापार की निगरानी और विनिमयन करता है, इसकी पुष्टि कर दी। समझौते का घोषित उद्देश्य भारत को आयातित यूरेनियम और विशेष रूप से आयातित परमाणु भट्ठियों के साथ अपने परमाणु ऊर्जा उत्पादन को कई गुना बढ़ाने में मदद करना था लेकिन, सात वर्ष बीत जाने के बाद भी आयातित परमाणु भट्ठियों के लिए एक भी वाणिज्यिक अनुबन्ध को अन्तिम रूप नहीं मिला है।

वाम दलों ने परमाणु समझौते की लानत-मलामत अनेक आधारों पर की थी जैसेकि यह अमेरिका-भारत की 'रणनीतिक भागीदारी' को और मजबूत करेगा जिससे भारत वाशिंगटन का अधीनस्थ सहयोगी बन जाएगा; यह परमाणु मामलों में भारत के सम्प्रभु निर्णय में हस्तक्षेप करेगा जिनमें प्लुटोनियम और हथियारों से सम्बन्धित अन्य सामग्रियों से जुड़े कार्यक्रम शामिल हैं; वादे के विपरीत यह पूर्ण नागरिक परमाणु सहयोग सुनिश्चित नहीं करेगा अथवा अमेरिका की ओर से अबाधित ईंधन आपूर्ति की गारंटी नहीं देगा; यह भारत पर असंगत 'गैर-परमाणु' शर्तें थोपेगा जैसे निःशस्त्रीकरण पर संयुक्त राष्ट्र सम्मेलन में फिसाइल मैटीरियल कट ऑफ ट्रीटी का समर्थन करने का वचन लेना। इसके साथ ही इस परमाणु समझौते से सम्बन्धित अमेरिकी कानून का परमाणु क्षेत्र में भारत की आत्मनिर्भरता के साथ कोई तालमेल नहीं होगा। इस तरह, इन सभी तरीकों से यह समझौता 'राष्ट्रीय हित' को हानि पहुँचाएगा।[11]

वाम वैश्विक परमाणु अप्रसार व्यवस्था को कमजोर करने में इस समझौते की भूमिका पर दरअसल खामोश था जबकि इस समझौते ने भारत को अपवादस्वरूप जो रियायत दी उससे एक खतरनाक परम्परा की शुरुआत हुई। वाम ने परमाणु ऊर्जा उत्पादन की सुरक्षा और पारिस्थितिकी निरन्तरता पर भी सवाल नहीं उठाया[12] यद्यपि इसके विस्तार को भारत की ऊर्जा सुरक्षा और ऊर्जा अर्थव्यवस्था के विकार्बनीकरण की कुंजी के रूप में प्रस्तुत किया

गया था। वाम ने स्वयं को प्राथमिक रूप से 'देसी' परमाणु भट्ठियों के पक्ष में दलीलें देते हुए—वास्तव में वह कनाडा द्वारा भारी पानी की परमाणु भट्ठियों के लिए दबाव डाल रहा था—आयातित परमाणु भट्ठियों की ऊँची लागत के विरोध में टिप्पणी करने और भारत के 'त्रिचरणी' परमाणु ऊर्जा कार्यक्रम की कल्पना का औचित्य सिद्ध करने तक ही सीमित रखा। त्रिचरणी परमाणु ऊर्जा कार्यक्रम के पहले चरण में थर्मल अथवा सामान्य यूरेनियम के ईंधन वाली परमाणु भट्ठियाँ, दूसरे चरण में द्रुत प्रजनक परमाणु भट्ठियाँ और अन्ततः थोरियम ईंधन वाली परमाणु भट्ठियाँ होनी थीं।[13]

अमेरिका-भारत समझौते पर वाम के हमले का मुख्य जोर अपरिष्कृत राष्ट्रवाद पर आधारित था जिसने परमाणु आयुधों के सन्दर्भ में निर्णय करने को राष्ट्रीय सम्प्रभुता का लिटमस परीक्षण बना दिया था। यह उस शास्त्रीय समाजवादी रुख के विपरीत था जो सम्प्रभुता को जनता में निहित करता है और मानता है कि 'राष्ट्रीय हित' जैसी ऐसी कोई चीज नहीं है जिसे प्रभुत्वपूर्ण अथवा शासक वर्ग के हितों से अलग किया जा सके।[14] इस स्थिति ने वाम को परमाणु प्रतिष्ठान में आक्रामक नीति के समर्थकों के पाले में धकेल दिया जिसमें आम तौर पर परमाणु ऊर्जा विभाग (सैन्य और नागरिक दोनों परमाणु कार्यक्रमों का प्रभारी) के पूर्व अधिकारी थे।

आक्रामक नीति के कुछ परमाणु समर्थकों ने इस समझौते का विरोध स्पष्टतः अन्ध राष्ट्रवादी विचारों के कारण किया अथवा इसलिए किया कि यह भारत सरकार को परमाणु संयम की नीति की ओर ले जाएगा। यह सम्भावना उन्हें नापसन्द थी।[15] कुछ अन्य ने समझौते की मूल शर्तों (उदाहरणार्थ, भारत की द्रुत प्रजनक परमाणु भट्ठियों को नागरिक कार्यक्रम के और इसलिए आईएईए के निरीक्षण के तहत लाना) का विरोध किया लेकिन उन्होंने ऐसा सिर्फ इसलिए किया क्योंकि वे नागरिक ऊर्जा मोर्चे पर एक बेहतर या अधिक कठोर सौदेबाजी चाहते थे।[16] उनमें से अधिकतर इस समझौते के विरोध के लिए वाम के इस रणनीतिक तर्काधार में सहयोगी नहीं बने कि इससे अमेरिका-भारत रणनीतिक गठबन्धन बन जाएगा और भारत की सम्प्रभुता खतरे में पड़ जाएगी।

फिर भी वाम ने उनसे हाथ मिलाया, जैसा कि समय समय पर भाजपा ने भी किया (भाजपा ने संप्रग सरकार को गिराने के लिए शुद्ध रूप से अवसरवादी कार्यनीतिक गणना से अन्ततः समझौते के विरोध में मतदान किया और 2014 में सत्ता में आने पर उसने उत्साहपूर्वक इसी समझौते का समर्थन किया)। वाम ने 1998 में भारत के परमाणु परीक्षणों का विरोध और निन्दा कर तथा यह माँग कर कि भारत का परमाणु शस्त्रागार नष्ट कर दिया जाए, शान्ति और सामाजिक विवेक के हित में जो योगदान दिया था उसे उसके अपरिपक्व राष्ट्रवाद ने यदि लगभग नष्ट नहीं कर दिया तो उसमें ग्रहण तो लगा ही दिया।

यहाँ यह बताना उचित होगा कि परमाणु हथियारों का उसी तरह बिना शर्त विरोध किया जाना क्यों आवश्यक है जैसा कि सम्प्रभुता को जनता से अलग कर सैन्य तैयारी और शस्त्रीकरण में सीमित कर देने वाले अपरिपक्व राष्ट्रवाद के शिकंजे में फँसे बिना अन्तरराष्ट्रीय वाम ने पारम्परिक रूप से सदैव किया है। परमाणु हथियार व्यापक रूप से विनाश के ऐसे उपकरण हैं जो युद्ध में भाग न ले रहे शान्तिपूर्ण नागरिकों के विरुद्ध इस्तेमाल के लिए बनाये गए है; विशाल पैमाने पर ये हथियार उचित-अनुचित का विचार किए बिना निर्दयतापूर्वक

हत्याएँ करते हैं और न्यायपूर्ण युद्ध के नियमों का उल्लंघन करते हैं। परमाणु हथियार सुरक्षा सुनिश्चित करने के हथियार नहीं हैं। परमाणु हथियारों का औचित्य सिद्ध करने वाला परमाणु अवरोधक सिद्धान्त नैतिक रूप से अस्वीकार्य है। यह सुरक्षा प्रदान करने का केवल भ्रम फैलाता है। अनगिनत मौकों पर परमाणु निवारण की यह व्यवस्था विनाशकारी ढंग से अविश्वसनीय सिद्ध हुई है। परमाणु हथियार अत्यधिक महँगे हैं और हथियारों की दौड़ शुरू हो जाने की स्थिति में ये विनाशक रूप से महँगे हो सकते हैं। इनका तर्कशास्त्र यही है।[17]

भारत (और पाकिस्तान) में जहाँ आधी आबादी जिन्दगी की बुनियादी जरूरत की चीजों से वंचित है, वहाँ परमाणु हथियारों के विरुद्ध नैतिक, आर्थिक और सामाजिक तर्क और धारदार और मजबूत हो जाते हैं। परमाणु हथियारों का समर्थन सैन्यवादी, लड़ाकू राष्ट्रवाद से घनिष्ठ रूप से जुड़ा है और हानिकारक राजनीतिक परिणामों के साथ उसे हिन्दुत्व समर्थकों द्वारा हथिया लिया गया है।

जो हो, किसी भी हालत में, वाम के राष्ट्रवादी रवैये ने जनता में कोई प्रबल प्रतिक्रिया नहीं उत्पन्न की। परमाणु समझौते के मुद्दे पर बड़ी संख्या में आम जनता को गोलबन्द करना तो दूर वाम सहानुभूतिपूर्ण मध्यवर्गीय बुद्धिजीवियों को भी किसी उल्लेखनीय पैमाने पर गोलबन्द नहीं कर पाया। अपनी संसदीय उपस्थिति का लाभ उठाते हुए वाम दल संप्रग को यह बात मनवाने में सफल हो गए कि वह परमाणु समझौते के प्रति उनकी आपत्तियों की जाँच के लिए एक संयुक्त समिति गठित कर दे। इस समिति के एक महत्त्वपूर्ण सदस्य तत्कालीन विदेशमंत्री प्रणव मुखर्जी थे जिनका सम्पर्क माकपा के बंगाल के नेताओं से बना हुआ था। सितम्बर 2007 से जून 2008 के बीच समिति की नौ बैठकें हुईं लेकिन संप्रग–वाम मतभेदों का समाधान करने में यह समिति असफल रही। अन्ततः संप्रग अपनी जगह अड़ गया और उसने सुरक्षा समझौते के जिस प्रारूप पर आईएईए के साथ हस्ताक्षर होने थे उसकी प्रति भी वाम को देने से इनकार कर दिया। उसने समझौते की मुख्य विशेषताओं के बारे में केवल एक संक्षिप्त टिप्पणी दी और वह भी वापस ले ली।[18]

नवम्बर 2007 में पीछे हट जाना

प्रारम्भ में परमाणु समझौते पर वाम से मुठभेड़ करने और लोकसभा में उसका समर्थन खो देने की सम्भावना को लेकर संप्रग में एक हिचकिचाहट थी। लेकिन पश्चिम बंगाल के पूर्वी मेदिनीपुर जिले के नन्दीग्राम में एक रसायन कांप्लेक्स (हब) के लिए भूमि अधिग्रहण को लेकर अप्रैल 2007 में हुई हिंसा के बाद स्थिति बदल गई। इस हिंसा में 'भूमि उच्छेद प्रतिरोध कमेटी' (बीयूपीसी) के तत्त्वावधान में आयोजित विरोध कार्यक्रम में पुलिस द्वारा चलाई गई गोलियों से चौदह आन्दोलनकारी मारे गए। जनता के बीच इसका बहुत कड़ा विरोध हुआ। वाम मोर्चे की इस कार्रवाई के विरोध में अभूतपूर्व प्रदर्शन शुरू हो गए जिनका नेतृत्व इसके कुछ अपने ही घटकों (विशेषकर आर.एस.पी. और फारवर्ड ब्लाक), बुद्धिजीवियों के भीतर इसके समर्थकों और नागरिक समाज समूहों की व्यापक श्रृंखला ने किया।[19] इसके अतिरिक्त तृणमूल कांग्रेस के नेतृत्व में राजनीतिक विरोध तो हो ही रहा था।

विरोधों के बाद वाम मोर्चा सरकार ने सितम्बर 2007 में घोषणा की कि वह इस

रासायनिक केन्द्र ('हब') को किसी और स्थान पर ले जाएगी। लेकिन नवम्बर में, नन्दीग्राम से पुलिस हटा लिये जाने के बाद उस पर 'पुन: कब्जा' करने के लिए माकपा कार्यकर्ताओं ने बी यू पी सी के विरुद्ध दंडात्मक हिंसा शुरू कर दी। माकपा के राज्य सचिव ने इस कार्रवाई को 'एक नयी सुबह' बताया और मुख्यमंत्री भट्टाचार्जी ने इसे '(विरोध करने वालों को) उनके ही तरीकों से जवाब देने'[20] के रूप में उचित ठहराया। इससे व्यापक रूप से गुस्सा भड़का। सिंगूर और नन्दीग्राम पूरे देश और बाहर भी घर घर में परिचित शब्द बन गए। ये शब्द वामदल की उसके अपने ही जनाधार के विरुद्ध हिंसा का प्रतीक बन गए।

इस बात का श्रेय नन्दीग्राम को जाता है कि वाम ने अपनी नैतिक सत्ता का काफी बड़ा हिस्सा गँवा दिया और इसने राजनीतिक रूप से वाम को रक्षात्मक स्थिति में ला दिया।[21] परमाणु समझौते को अभी एक और बाधा पार करनी थी : सुरक्षाओं (निरीक्षण) के बारे में बातचीत के लिए समझौते को आईएईए के पास भेजे जाने पर वाम को राजी करना। एक बार आईएईए द्वारा सुरक्षाओं को लेकर हुए समझौते की पुष्टि होते ही समझौते को अपने आप लागू हो जाना था यानी पुष्टि होते ही यह वाम के प्रभाव से अथवा उसकी पहुँच से बाहर हो जाता। वाम ने सार्वजनिक रूप से दृढ़तापूर्वक, स्पष्टत: और बार-बार कहा कि वह समझौते को वियना में आईएईए के पास ले जाने के सरकार के किसी भी कदम का विरोध करेगा। वाम के पास संप्रग के विरुद्ध सौदेबाजी का यह अन्तिम तुरुप का पत्ता था।

लेकिन, वाम का संकल्प जल्दी ही टूट गया। परमाणु मुद्दे पर संप्रग-वाम की संयुक्त समिति की 16 नवम्बर, 2007 को हुई बैठक से यह एकदम साफ हो गया था। समिति इस बात पर सहमत हुई कि सरकार आगे बढ़ेगी और आईएईए सचिवालय के साथ सुरक्षा समझौते पर बातचीत करेगी लेकिन 'इसके जाँच परिणामों को अन्तिग रूप देने से पहले (बातचीत का) नतीजा विचारार्थ समिति के सम्मुख प्रस्तुत किया जाएगा। भारत-अमेरिका नागरिक परमाणु सहयोग समझौते को लागू किए जाने से पहले समिति के जाँच परिणामों पर विचार किया जाएगा।' राजनीतिक रूप से कमजोर पड़ गए और शंकित वाम ने बिना लड़े ही पूरे तौर पर हथियार नहीं डाल दिए तो वस्तुत: अपना तुरुप का पत्ता तो समर्पित कर ही दिया था।[22]

संप्रग और विशेषकर प्रधानमंत्री मनमोहन सिंह और विदेशमंत्री प्रणव मुखर्जी ने वाम की इस कमजोर पड़ गई स्थिति का पूरा फायदा उठाया और परवर्ती महीनों में एक मुठभेड़वादी रणनीति तैयार की। अन्ततोगत्वा, जुलाई 2008 में, जापान में होक्काइदो जी 8+5 शिखर सम्मेलन में अमेरिकी राष्ट्रपति जार्ज डब्ल्यू. बुश से मनमोहन सिंह की मुलाकात के बाद संप्रग सरकार ने आईएईए से समझौते को अन्तिम रूप देने का प्रस्ताव किया। सिंह उस समय तक वाम के विरोध के बावजूद इसे आगे बढ़ाने का निश्चय कर चुके थे। उन्होंने वाम के समझौता विरोधी रवैये को अतार्किक और प्रतिक्रियावादी बताया। उन्होंने इस मुद्दे पर अपनी सरकार के अस्तित्व को दाँव पर लगा दिया और संसद द्वारा समझौते की पुष्टि न किए जाने की स्थिति में इस्तीफा देने की धमकी दी।

माकपा के महासचिव प्रकाश करात ने घोषणा की कि वाम संप्रग से अपना समर्थन वापस ले लेगा। कांग्रेस ने वाम को भाजपा के साथ मिल जाने का ताना दिया। भाजपा भी समझौते का विरोध कर रही थी। अलबत्ता उसके विरोध के कारण अविश्वसनीय और अवसरवादितापूर्ण

थे। करात ने यह कहते हुए कांग्रेस के आरोप का खंडन किया कि कांग्रेस को वाम पर 'उंगली उठाने' का कोई अधिकार नहीं है और 1990 के दशक में उसने स्वयं विश्वनाथ प्रताप सिंह (वी.पी. सिंह), एच.डी. देवेगौड़ा और इन्द्र कुमार गुजराल की 'सेकुलर सरकारों' को गिराने के लिए भाजपा के साथ साठगाँठ की थी और इन सरकारों के विरुद्ध मतदान किया था।[23]

मुश्किल 22 जुलाई को आई। संप्रग ने लोकसभा में अपने पक्ष में एक विश्वास प्रस्ताव पर मतदान की माँग की जिसके दौरान वाम ने खुद को उसी ओर खड़ा पाया जिस ओर भाजपा थी। 256 के मुकाबले 275 मत पाकर संप्रग जीत गया। इसका श्रेय व्यापक रूप से मुलायम सिंह यादव की समाजवादी पार्टी से मिले समर्थन को जाता है। समाजवादी पार्टी पहले माकपा की सहयोगी थी। यह एक घिनौना प्रकरण था। इसमें घूसखोरी के आरोप थे जिन्हें एक टीवी चैनल ने अपने 'स्टिंग आपरेशन'[24] के जरिये उजागर किया था, लोकसभा में नकद रुपयों के पुलिंदों का प्रदर्शन हुआ। कहा गया कि यह रकम वोट खरीदने के लिए दी गई थी और अट्ठाईस सांसदों ने अपने दल के विरुद्ध समझौते के पक्ष में मतदान किया (क्रास वोटिंग)। इन सांसदों में कुछ सांसद भाजपा के भी थे।

येन केन प्रकारेण संप्रग ने विश्वास मत जीत लिया और समझौते से सम्बन्धित विधेयक लोकसभा में पारित हो गया। अगस्त में, आईएईए के गवर्नर मंडल ने इसका अनुमोदन कर दिया और सितम्बर में पैंतालीस सदस्यों वाले परमाणु आपूर्तिकर्ता समूह (एनएसजी) ने आस्ट्रिया, आयरलैंड और न्यूजीलैंड द्वारा अभिव्यक्त आशंकाओं को अनदेखा करते हुए भारत को परमाणु वाणिज्य के प्रचलित नियमों से उन्मुक्ति प्रदान कर दी।

वाम को नीचा देखना पड़ा था लेकिन व्यापक जनता से तो दरकिनार वह अपने खुद के समर्थकों से भी सहानुभूति नहीं पा सका। 23 जुलाई को माकपा ने विस्तार से कोई कारण बताये बिना 'पार्टी की स्थिति गम्भीर रूप से कमजोर करने के लिए' लोकसभा अध्यक्ष सोमनाथ चटर्जी को पार्टी से निष्कासित कर दिया। चटर्जी को उसने स्वयं इस पद के लिए मनोनीत किया था। चार दशकों से पार्टी के सदस्य रहे चटर्जी ने वाम और भाजपा के साथ मतदान न करने का फैसला किया था और वह पार्टी की इस माँग से भी सहमत नहीं हुए थे कि मतदान से पूर्व वह लोकसभा का अध्यक्ष पद छोड़ दें।

परमाणु समझौते पर वाम दलों के राष्ट्रीय नेताओं द्वारा अपनाए गए रवैये का एक तात्कालिक परिणाम था उसकी राज्य इकाइयों विशेषकर पश्चिमी बंगाल इकाई का अलगाव। पश्चिम बंगाल इकाई को डर था कि संप्रग सरकार के गिरने से कांग्रेस और तृणमूल कांग्रेस को राज्य में भावी चुनावों के लिए गठबन्धन बनाने में मदद मिलेगी और इससे वाम को गम्भीर रूप से नुकसान होगा। पश्चिम बंगाल राज्य सचिवालय के सदस्य सुभाष चक्रबोर्ती और पार्टी के कुछ अन्य वरिष्ठ नेताओं ने चटर्जी को निष्कासित करने के लिए माकपा के केन्द्रीय नेतृत्व की सार्वजनिक रूप से आलोचना की।[25]

27 जुलाई को मुख्यमंत्री भट्टाचार्जी ने राज्य के पार्टी मुख्यालय में करात द्वारा सम्बोधित की जाने वाली बैठक का बहिष्कार कर कलकत्ता आए करात को प्रकारान्तर से अपमानित किया। भट्टाचार्जी ने प्रणव मुखर्जी से मिलना जरूरी समझा था। वह भी उस समय कलकत्ता में थे।[26] माकपा नेतृत्व ने बाद में संप्रग से समर्थन वापस लेने के निर्णय का औचित्य सिद्ध किया लेकिन बंगाल इकाई को सन्तुष्ट करने के लिए उसने कहा कि निर्णय का समय गलत

था, समर्थन पहले ही वापस ले लिया जाना चाहिए था, जुलाई 2008 तक इंतजार नहीं करना चाहिए था।

संघवाद ही व्यावहारिक है

जुलाई में विश्वास मत से काफी पहले माकपा में एक नया सत्ता समीकरण मजबूती पा चुका था। इसने ही वाम की दलगत राजनीति की दिशा तय की। यह व्यावहारिक 'संघवाद' का एक विशिष्ट रूप था जो पार्टी की प्रकृति और एकात्मक केन्द्रीय सत्ता में इसके विश्वास से मेल नहीं खाता था। यह 'संघवाद' माकपा के केन्द्रीय नेतृत्व और उन दो बड़े राज्यों, जहाँ पार्टी सत्ता में थी, के बीच (सत्ता के नहीं) श्रम के विभाजन से बना था। यह बात पार्टी की पश्चिम बंगाल इकाई पर और जोरदार ढंग से लागू होती थी।

पश्चिम बंगाल के नेताओं बुद्धदेब भट्टाचार्जी और बिमान बोस को अन्तरराष्ट्रीय राजनीति तो दूर राष्ट्रीय राजनीति में भी रंचमात्र दिलचस्पी नहीं थी।[27] परमाणु समझौते की अच्छाइयों–बुराइयों से बेपरवाह वे इस मुद्दे पर माकपा के केन्द्रीय नेतृत्व का समर्थन करेंगे बशर्ते उन्हें राज्य स्तरीय नीतियों पर उनके अपने तरीकों के साथ (स्वतंत्र) छोड़ दिया जाए फिर ये तरीके चाहे कितने ही प्रतिगामी और राष्ट्रीय नेतृत्व की घोषित स्थितियों के साथ कितने ही असंगत क्यों न हों। इसके बदले में राष्ट्रीय नेतृत्व उन नव उदारवादी नीतियों के प्रति अपनी आलोचना को मात्र वाग्विलास के स्तर तक सीमित कर दे जिनका अनुसरण इतने उत्साहपूर्वक और अविवेकपूर्ण ढंग से भट्टाचार्जी कर रहे थे और केवल वही ऐसा कर सकते थे।

2005 में विशेष आर्थिक क्षेत्र विधेयक पर संप्रग को समर्थन देने के बाद माकपा के केन्द्रीय नेतृत्व के खुद अपने कद का और नीतिगत मुद्दों पर उसकी सत्ता का जबर्दस्त क्षरण हुआ था। उसने खुदरा व्यापार में विदेशी निवेश के विरुद्ध भी बहुत जोशोखरोश के साथ अभियान चलाया लेकिन उस क्षेत्र में घरेलू बड़े पूँजीपति घरानों के प्रवेश पर मौन रहा जो छोटे दुकानदारों, छोटे किसानों और सबसे ऊपर अनौपचारिक क्षेत्र के कामगारों की आजीविका के सन्दर्भ में उतने ही लुटेरे थे। अब माकपा नेतृत्व उसी नीति का अनुसरण करने के लिए बंगाल के कामरेडों को कैसे फटकार सकता था।

इस नए 'संघवाद' के तहत माकपा की राज्य इकाइयाँ समन्वित रणनीतियाँ अथवा परस्पर सुसंगत स्थितियाँ विकसित करने में असफल रहीं। केरल की माकपा ने पालक्कड़ के प्लाचीमाड़ा में कोका–कोला के बाटलिंग संयंत्र द्वारा की जा रही पानी की बरबादी का विरोध किया। पश्चिम बंगाल इकाई को उन्हीं जैसे लुटेरों को अपने राज्य में आमंत्रित करने में कोई पछतावा नहीं हुआ। इन दोनों इकाइयों ने संसदीय मामलों पर भी अपनी स्थितियों में समन्वय स्थापित नहीं किया। 2008 में जब रेलवे बजट पेश किया गया तो अपने राज्य के प्रति किए गए 'अनुचित व्यवहार' के विरोध में केरल के सांसदों ने बहिर्गमन किया लेकिन बंगाल के सांसदों ने बहिर्गमन नहीं किया।

पश्चिम बंगाल माकपा ने मनमोहन सिंह की नीतियों के प्रति एक नर्म रवैया विकसित कर लिया था। सिंह ने भट्टाचार्जी के 'व्यावहारिक' रवैये के प्रति अपनी प्रशंसा को कभी नहीं छिपाया। संप्रग और माकपा के राष्ट्रीय नेताओं के बीच विवादों की स्थिति में समझौता

कराने के लिए प्रणव मुखर्जी हमेशा उपलब्ध रहते थे।

पश्चिम बंगाल और केरल इकाइयों के बीच नीतियों और प्राथमिकताओं में बढ़ती असहमति जल्दी ही राष्ट्रीय नेतृत्व के शिखर स्तर पर भी प्रतिबिम्बित हुई। पश्चिम बंगाल की इकाई ने राज्यसभा में राज्य का प्रतिनिधित्व कर रहे सीताराम येचुरी के साथ उत्तरोत्तर तादात्म्य स्थापित किया और पार्टी की केरल इकाई ने, अलबत्ता कम स्पष्ट रूप से, प्रकाश करात के साथ। यह किसी भी रूप से उस तरह का गुटीय विभाजन नहीं था जैसा कि बुर्जुआ पार्टियों में रहता है लेकिन इस विचलन अथवा दरार से माकपा की साख में कोई इजाफा नहीं हुआ (न ही अब हो रहा है)। माना जाता है कि यह एक ऐसी पार्टी है, जिसके आन्तरिक मतभेदों पर क्षेत्रीय निष्ठाओं अथवा राज्य विशेष के सरोकारों के आधार पर नहीं बल्कि विचारधारात्मक और कार्यक्रमात्मक आधारों पर फैसला किया जाता है।

वाम दल जल्दी ही चुनाव लड़ने के लिए शुद्ध रूप से फायदे वाली राजनीति पर अमल करने लगे। इस तरह 2006 की पश्चिम बंगाल की असाधारण जीत के बाद उनकी दीर्घकालिक गिरावट शुरू हुई : 2009 का लोकसभा चुनाव, उसके बाद 2011 में बंगाल में सफाया, उसी वर्ष केरल के विधानसभा चुनावों में वाम लोकतांत्रिक मोर्चे की (यद्यपि बहुत कम अन्तर से) हार, 2013 में पश्चिम बंगाल के पंचायत चुनावों में वाम मोर्चे की हार और अन्तत: 2014 के लोकसभा चुनावों में पराजय।

2008 में संप्रग-वाम समझौता खत्म हो जाने के कारण वाम ने एक जर्जर गैर कांग्रेस-गैर भाजपा तीसरा मोर्चा या 'तीसरा विकल्प' बनाने का प्रयास किया। इसमें सभी तरह के क्षेत्रीय दल शामिल थे जैसे बहुजन समाज पार्टी (बसपा), बीजू जनता दल (बीजेडी), तेलुगु देशम पार्टी (तेदेपा), जनता दल (सेकुलर) और आल इंडिया अन्ना द्रविड़ मुन्नेत्र कझगम (अन्नाद्रमुक), यहाँ तक कि ओम प्रकाश चौटाला का भारतीय राष्ट्रीय लोक दल भी इसमें शामिल था। इनमें से अधिकतर दल अतीत में भाजपा के साथ सहयोग कर चुके थे और उन्हें प्रगतिशील नीतियों के एजेंडा से दूर दूर तक नहीं जोड़ा जा सकता था। अपने सारे उद्देश्यों और इरादों के बावजूद यह मोर्चा कोई ठोस शक्ल नहीं ले पाया। लेकिन वाम अपनी मोर्चा केन्द्रित रणनीति पर डटा रहा।

'तीसरा विकल्प' बिखर गया

वाम की अग्रणी पार्टी माकपा ने 1998 में कलकत्ता में हुई सोलहवीं कांग्रेस में निर्धारित उसी 'राजनीतिक लाइन' पर छोटे-मोटे फेर बदल के साथ चलना जारी रखा जिसमें एक 'वाम और लोकतांत्रिक मोर्चा' बनाने की दिशा में संक्रमणकालीन अथवा अन्तरिम कदम के रूप में एक 'तीसरा विकल्प' बनाये जाने पर जोर दिया गया था।[28] सत्रहवीं कांग्रेस (हैदराबाद 2002) ने 'तीसरे विकल्प' के लिए एक साझा कार्यक्रम की जरूरत की बात जोड़ी और विशेष रूप से भाजपा को निशाना बनाया।

तबसे 'तीसरे विकल्प' की विभिन्न कार्यनीतिक व्याख्याएँ की जा चुकी हैं। माकपा की अठारहवीं कांग्रेस (नई दिल्ली, 2005) ने पार्टी को इस बात के लिए प्रतिबद्ध किया कि वह भाजपा को उखाड़ फेंकने की सफलता के आधार पर 'संप्रग सरकार को समर्थन'

देकर और जनान्दोलनों और संघर्षों के माध्यम से उस पर दबाव बनाकर उसे न्यूनतम साझा कार्यक्रम के प्रमुख मुद्दे लागू करने और उन्हें आगे बढ़ाने पर मजबूर करे। इसमें यह भी कहा गया कि भाँति भाँति के क्षेत्रीय दलों के साथ महज चुनावी समझौता करने से अलग 'एक तीसरा विकल्प' बनाने की प्रक्रिया 'गैर कांग्रेसी बुर्जुआ दलों को और अन्य लोकतांत्रिक ताकतों को साझा मुद्दों पर अभियानों और संघर्षों में साथ लाकर शुरू होनी चाहिए'। ऐसे संघर्ष कभी हुए नहीं।

माकपा की उन्नीसवीं कांग्रेस (कोयम्बटूर, 2008) ने 'भाजपा और कांग्रेस के बीच' अन्तर किया। उसने माना कि 'कांग्रेस एक सेकुलर बुर्जुआ पार्टी है यद्यपि साम्प्रदायिक ताकतों के आक्रामक होने पर यह अक्सर डगमगा जाती है। माकपा भाजपा को अलग-थलग करने और हराने के लिए कार्यनीतियाँ अपनाना जारी रखेगी। वह कांग्रेस के साथ किसी भी गठबन्धन अथवा संयुक्त मोर्चे में शामिल नहीं होगी।' लेकिन, वह एक 'तीसरा विकल्प' बनाने के लिए 'संयुक्त संघर्ष और संयुक्त कार्रवाई के मुद्दों को विकसित करने के लिए सभी गैर कांग्रेसी सेकुलर दलों के साथ सम्बन्ध बनाये रखेगी।' माकपा 'मजदूरों, गरीब किसानों, खेतिहर मजदूरों, दस्तकारों और मेहतनकश जनता के अन्य तबकों' के 'मुद्दों को लेकर' 'वाम और लोकतांत्रिक' मोर्चे को 'आगे बढ़ायेगी'।

हालाँकि मुद्दों पर आधारित ऐसी गोलबन्दी कभी हुई नहीं लेकिन वाम दल इसी रणनीतिक और राजनीतिक-कार्यनीतिक लाइन की वकालत करते रहे। यहाँ तक कि लोकसभा में वाम दलों की ताकत के इकसठ से चौबीस सीटों तक गिर जाने के साक्षी रहे 2009 के राष्ट्रीय चुनावों के परिणाम भी उन्हें इस लाइन पर पुनर्विचार करने के लिए प्रेरित नहीं कर पाए। तब तक, भाकपा, आरएसपी और फारवर्ड ब्लॉक अपनी नीतिगत आजादी माकपा को समर्पित कर चुके थे।

2012 में कोझीकोड में हुई बीसवीं कांग्रेस माकपा को 'जुडवाँ बुराइयों' के बीच 'समान दूरी' की नीति पर वापस ले आई : वह 'राजनीतिक रूप से कांग्रेस और भाजपा से लड़ेगी', क्योंकि ये दोनों पार्टियाँ 'उस बड़े बुर्जुआ-भूस्वामी व्यवस्था का प्रतिनिधित्व करती हैं जो वर्ग शोषण को जारी रखती है और जनता के विविध तबकों के सामाजिक दमन के लिए जिम्मेदार है। वे नव उदारवादी नीतियों का अनुसरण करती हैं और अमेरिका समर्थक विदेश नीति की वकालत करती हैं। एक ओर कमरतोड़ महँगाई, बेरोजगारी, किसानों और मजदूरों की तकलीफें और दूसरी ओर निर्लज्ज भ्रष्टाचार और बड़े व्यापारी घरानों और समृद्ध तबकों को सन्तुष्ट करने के लिए दी जाने वाली बड़ी बड़ी रियायतों के मद्देनजर कांग्रेस और संप्रग सरकार को हराना अत्यावश्यक है। वाम, लोकतांत्रिक और धर्मनिरपेक्ष ताकतों के आगे बढ़ने के लिए भाजपा को अलग-थलग करना और उसके साम्प्रदायिक और दक्षिणपन्थी एजेंडा का मुकाबला करना जरूरी और महत्त्वपूर्ण है'।

कोझीकोड कांग्रेस में पारित राजनीतिक प्रस्ताव में कहा गया : 'केवल वाम और लोकतांत्रिक मंच ही बुर्जुआ-भूस्वामी शासन का विकल्प हो सकता है'। इसे 'आन्दोलनों और संघर्षों की एक प्रक्रिया के जरिये बनाने की जरूरत है...। इन प्रयासों के दौर में उन गैर कांग्रेस, गैर भाजपा ताकतों को एक साथ लाना जरूरी हो सकता है जो लोकतंत्र, राष्ट्रीय सम्प्रभुता, धर्मनिरपेक्षता, संघवाद और लोगों की आजीविका और अधिकारों की रक्षा में

एक भूमिका अदा कर सकती हैं... । मौजूदा स्थिति में हमें मुद्दों पर गैर कांग्रेसी धर्मनिरपेक्ष दलों के साथ संयुक्त कार्रवाई के लिए प्रयास करना चाहिए ताकि आन्दोलनों को विस्तार दिया जा सके। विशिष्ट नीतिगत मामलों और जनता के मुद्दों पर इन दलों के साथ संसद में सहयोग हो सकता है। जरूरत पड़ने पर इनमें से कुछ दलों के साथ चुनावी समझौता हो सकता है।'

इसकी व्याख्या ऐसे दलों के साथ हर तरह के गठबन्धनों और समझौतों को उचित सिद्ध करने के रूप में की जा सकती है जिन दलों की वाम के साथ कोई समानता नहीं है और जो अल्पकालिक चुनावी लाभों के लिए ऐसे समझौतों से बाहर जा सकते हैं। 1992 से 2005 के बीच माकपा के महासचिव रहे हरकिशन सिंह सुरजीत ने तो 2002 में ही कार्यनीतिक लाइन में असीमित लचीलापन ला कर ऐसी मनमानी व्याख्या को वैधता प्रदान कर दी थी।[29]

संक्षेप में, 2004 में जब पश्चिम बंगाल में माकपा का अपना पतन साफ दिखने लगा था उसके ठीक पहले वाम को राष्ट्रीय राजनीति को प्रभावित करने का एक और अवसर मिला था। तब वाम, विशेषकर माकपा ने अपनी पुरानी, अस्पष्ट, 'राजनीतिक-कार्यनीतिक' लाइन का परिष्कार नहीं किया और जन गोलबन्दी की उपेक्षा की। इसने उन मुद्दों और विचारों की पहचान नहीं की जो संप्रग के साथ इसके सम्बन्धों में उपयुक्त 'दबाव बिन्दुओं' का काम कर सकते थे। उसने आर्थिक नीति के मुद्दों और विदेश नीति व सुरक्षा मामलों पर बहुत आसानी से समझौता कर लिया और स्वास्थ्य सुरक्षा और शिक्षा जैसे सामाजिक नीति के मुद्दों पर अपनी बेहतर स्थिति का यथासम्भव लाभ नहीं उठाया। मोल तोल करने की अपनी स्थितियों को समर्थन देने के लिए उसने संसद से इतर कोई दबाव नहीं बनाया।

वाम ने अपने अन्तिम सम्बन्ध विच्छेद में संप्रग से मुठभेड़ करने के लिए अमेरिका-भारत परमाणु समझौते के गोपनीय और तकनीकी रूप से जटिल, वस्तुतः रहस्यपूर्ण मुद्दे को केन्द्रबिन्दु बनाकर गलती की। उसने उग्र परमाणु नीति समर्थकों के साथ गलत गठबन्धन किए और परमाणु हथियारों के विरुद्ध अपनी ही मजबूत स्थिति को कमजोर किया। रणनीतिक आधारों पर परमाणु समझौते की आलोचना करने में इसने मध्यवर्ग और मुख्यधारा के मीडिया में अमेरिका के प्रति आलोचनात्मक अथवा उसके प्रति निरपेक्ष भावनाओं की ताकत को ज्यादा आँका। 2007 में संप्रग को परमाणु समझौते के सुरक्षा सम्बन्धी पहलुओं पर बातचीत करने के लिए आईएईए के पास जाने की अनुमति देकर उसने एक ऐसी कार्यनीतिक महाभूल की जिसके तर्क को समझ पाना लगभग असम्भव है। उसने 2008 के विश्वास मत में समाजवादी पार्टी जैसे अविश्वसनीय दलों पर भरोसा किया। सोमनाथ चटर्जी को पार्टी से निकालकर इसने अपनी गलतियों को कई गुना और बढ़ा दिया। 2009 के लोकसभा चुनावों में इसका खराब प्रदर्शन पहले से तय नतीजा था।

माकपा ने विशेषकर 1990 के दशक के मध्य से ही वाम मोर्चे और वाम लोकतांत्रिक मोर्चे के अन्य दलों के प्रति दादा जैसी भूमिका निभाई थी और इस प्रक्रिया में सहमति के साथ लोकतांत्रिक ढंग से निर्णय लेने की प्रक्रिया और परस्पर विश्वास पर आधारित सामूहिक कार्रवाई को नुकसान पहुँचाया। जुलाई 2012 के राष्ट्रपति चुनाव में जहाँ अन्य वाम दलों ने प्रणव मुखर्जी की दक्षिणपन्थी आर्थिक और सुरक्षा नीतियों और शक्तिशाली लेकिन संदिग्ध

व्यावसायिक घरानों के साथ उनके घनिष्ठ सम्पर्कों के कारण उनका विरोध किया था वहीं ऐसे दलों के विपरीत माकपा ने इस चुनाव में पूर्व वित्त और प्रतिरक्षा मंत्री को समर्थन देने का फैसला कर 'वाम एकता' को गम्भीर रूप से कमजोर किया। इसने माकपा को न केवल तृणमूल कांग्रेस जैसे अपने विरोधियों के साथ ला खड़ा किया बल्कि पार्टी और स्टूडेंट्स फेडरेशन आफ इंडिया के एक धड़े के बीच दरार भी पैदा की।[30]

2014 का पराभव

2014 के लोकसभा चुनावों के ठीक पहले 'तीसरे विकल्प' पर गाज गिरी। फरवरी में, माकपा के नेतृत्व में चार वाम दलों ने साथ मिलकर ग्यारह दलों का एक मोर्चा तैयार किया जिसमें समाजवादी पार्टी, जनता दल(यू), अन्नाद्रमुक, असम गण परिषद (अगप), झारखंड विकास मोर्चा (झाविमो), जनता दल(से.) और बीजू जनता दल (बीजद) शामिल थे। इन दलों ने कांग्रेस और भाजपा दोनों को हराने का संकल्प किया लेकिन कहा कि वे राष्ट्रीय स्तर का कोई गठबन्धन नहीं बनाएँगे। उन्होंने अस्पष्ट शब्दावली वाला एक संयुक्त घोषणापत्र जारी किया जिसमें कहा गया था कि लोगों के पास कांग्रेस और भाजपा का विकल्प होना चाहिए, 'एक विकल्प जिसका एक लोकतांत्रिक, धर्मनिरपेक्ष, संघीय और जनपक्षधर विकास का एजेंडा हो।' इसे व्यापक रूप से एक चुनावी गठबन्धन अथवा समझौते की पूर्वसूचना के रूप में देखा गया और इससे काफी भ्रम उत्पन्न हुआ।

25 फरवरी को हुई इस समूह की बैठक में दो दल (अगप और बीजद) तो उपस्थित ही नहीं हुए। प्रकाश करात को यह मनवाने के लिए बड़ी मशक्कत करनी पड़ी कि यह मोर्चा नहीं था।[31] उन्होंने इसे 'विकल्प' कहा। जो हो, यह समूह तीन बैठकें करने के बाद कुछ सप्ताहों के भीतर ही विघटित हो गया। यदि वाम ने यह सोचा था कि क्षेत्रीय दल अपने अपने गृह राज्यों में उसे कम-से-कम कुछ टिकट तो दे ही देंगे तो उसकी यह आशा भ्रामक सिद्ध हुई। सपा ने वाम दलों को उत्तर प्रदेश में टिकट देने से इनकार कर दिया। तमिलनाडु में अन्नाद्रमुक, माकपा और भाकपा के बीच का गठबन्धन भी चुनावों से पहले ही टूट गया।

2014 के लोकसभा चुनावों ने वाम दलों के लिए अब तक का सबसे खराब फैसला सुनाया। 24 सीटों से सीधे गिरकर उनकी संख्या केवल दस सीटों (बारह, यदि केरल से वाम समर्थित दो विजयी निर्दलीयों को भी गिना जाए) तक पहुँच गई और उनका राष्ट्रीय वोट परम्परागत 7.10 प्रतिशत से सिकुड़ कर 4.5 प्रतिशत रह गया।

इन परिणामों से वाम दलों को जबर्दस्त धक्का लगा। उनकी पहली प्रतिक्रिया इससे इनकार करने की और पश्चिम बंगाल में बड़े पैमाने पर धांधली का आरोप लगाने की थी।[32] अगली प्रतिक्रिया थी : 'जनता का फैसला...स्पष्ट और निर्णायक रहा है। एक कांग्रेस विरोधी लहर थी...भाजपा को इस कांग्रेस विरोधी लहर का लाभ मिला है जिसके परिणामस्वरूप भाजपा और राजग की बड़ी जीत हुई...। माकपा और वाम दलों के लिए परिणाम निराशाजनक रहे हैं...।'[33] यह तो बाद में हुआ कि पार्टी ने यह स्वीकार किया कि 'असफलता की प्राथमिक जिम्मेदारी' उसके केन्द्रीय नेतृत्व की है। लेकिन उसने इस असफलता को नेतृत्व की राजनीतिक रणनीति अथवा इसकी चुनावी गठबन्धन बनाने की कार्यनीतियों से नहीं जोड़ा।[34]

जो हो, लोकसभा में माकपा 2009 की सोलह सीटों से घटकर 2014 में नौ सीटों पर आ गई थी। पश्चिम बंगाल की बयालीस लोकसभा सीटों में से वह केवल दो सीटें–उतनी ही जितनी भाजपा को मिली थीं–जीती और यह संख्या उसे अपने से कहीं अधिक बड़ी भाकपा से 1964 में टूट कर अलग होने के बाद 1967 में हुए पहले चुनाव में मिली पाँच सीटों से भी कम थीं।

सबसे ताजातरीन चुनाव में भाकपा केरल से केवल एक सीट जीत पायी। 2009 में इसे चार सीटें मिली थीं जिनमें दो बंगाल से और एक एक तमिलनाडु और उड़ीसा से थी। इसकी तुलना में यह परिणाम बहुत खराब था। फारवर्ड ब्लाक को एक भी सीट नहीं मिली। रिवाल्यूशनरी सोशलिस्ट पार्टी को केवल एक सीट केरल से मिली जहाँ वह मार्च में वाम लोकतांत्रिक मोर्चे से इस कारण बाहर आ गई थी क्योंकि उसे एक ऐसे चुनाव क्षेत्र में उम्मीदवार नहीं उतारने दिया गया था जो लम्बे समय से इसका गढ़ माना जाता रहा था। रिसोपा केरल के सत्तारूढ़ दल संयुक्त लोकतांत्रिक मोर्चे में शामिल हो गई थी।

पश्चिम बंगाल में वाम मोर्चे के वोट 2009 के लोकसभा चुनाव में 43.3 प्रतिशत और 2011 के विधानसभा चुनाव के 41.1 प्रतिशत से गिरकर 29.6 प्रतिशत रह गए थे। 1977 से यह अब तक का सबसे खराब प्रदर्शन था। 294 सीटों वाली विधानसभा के चुनाव यदि अभी हो जाएँ और मतदान उसी तरह हो जैसे लोकसभा चुनाव में हुआ था तो वाम की ताकत बासठ सीटों से घटकर मात्र उन्तीस रह जाएगी और ममता बनर्जी के नेतृत्व वाली तृणमूल कांग्रेस के पास अभी जितनी सीटें हैं (185) उनकी तुलना में वह कहीं अधिक (217) सीटें जीत लेगी।

2014 में केरल की कुल बीस लोकसभा सीटों में संलोमो की बारह सीटों के मुकाब्ले वालोमो केवल आठ सीटों पर विजयी रहा था। केरल में भाकपा एक ढलती ताकत प्रतीत होती है और माकपा लम्बे समय से अपने पूर्व राज्य सचिव, कट्टरपन्थी पिनरायी विजयन और पार्टी के सर्वाधिक लोकप्रिय नेता, पूर्व मुख्यमंत्री वी.एस. अच्युतानन्दन के बीच गुटबाजी के कारण बटी रही थी। विजयन ने पद छोड़ दिया है लेकिन इसके बावजूद गुटबाजी का मुद्दा अब तक नहीं सुलझा है। कुछ माकपा नेताओं पर विद्रोही नेता चन्द्रशेखरन की हत्या के आरोप भी हैं। चन्द्रशेखरन ने प्रतिद्वन्द्वी दल बना लिया था।

2014 के परिणामों के बाद माकपा के जिन कुछ मुट्ठी भर नेताओं ने इस्तीफा देने की पेशकश की उन्हें ऐसा न करने को कहा गया क्योंकि बुर्जुआ दलों से भिन्न मार्क्सवादी 'व्यक्तिगत' नहीं बल्कि 'सामूहिक' जिम्मेदारी में विश्वास करते हैं। यह एक निष्ठुर विडम्बना है। तर्क वस्तुत: उल्टी दिशा की ओर संकेत कर रहा है यानी पूरे नेतृत्व को इस्तीफा देना चाहिए। पार्टी के सिद्धान्तकारों का तर्क था कि कम्युनिस्ट नेता चुनाव परिणामों के आधार पर इस्तीफा नहीं देते क्योंकि चुनाव परिणाम पार्टी के 'जनाधार' का विस्तार करने में असफलता की तुलना में बहुत कम महत्त्वपूर्ण हैं। निश्चय ही उनकी रणनीति जनाधार का संवर्धन तो दूर दूर तक नहीं करती। लेकिन यह तर्क इस बात को स्वीकार नहीं करता कि हाड़-मांस के व्यक्तियों के निर्णयों के व्यापक राजनीतिक परिणाम होते हैं जबकि सिंगूर और नन्दीग्राम में बुद्धदेब भट्टाचार्जी की किसी भी कीमत पर औद्योगीकरण की नीति ने बंगाल में माकपा के संकुचित होते 'जन आधार' को उजाड़ दिया और विजयन के संकीर्ण

मानसिकता वाले नव उदारवादी कट्टरवादिता समर्थन ने केरल में पार्टी को बरबाद कर दिया। उन्होंने केरल में पार्टी की 2011 का विधानसभा चुनाव जीतने की सम्भावनाओं को नष्ट कर दिया।

जहाँ तक अपने चुनावी काम को मेहनतकश जनता के लिए महत्त्वपूर्ण मुद्दों पर जन संघर्षों से जोड़ने की उनकी समय समय पर होने वाली चर्चा का प्रश्न है, लोकसभा चुनावों में पार्टी के सफाये के बाद इसकी अनिवार्यता महसूस किए जाने के बावजूद वाम दलों ने ऐसे आन्दोलन खड़े करने में वस्तुतः कोई ऊर्जा नहीं लगाई है।

2014 के बादः सीमित पुनर्चिंतन

2014 लोकसभा चुनाव परिणामों से मिले प्रारम्भिक सदमे के बाद जल्दी ही माकपा और भाकपा के भीतर, आमूल परिवर्तनवादी पुनर्चिंतन तो नहीं लेकिन कुछ अर्थों में अधिक गम्भीर चिन्तन की शुरुआत हुई। 2008 में भारत-अमेरिका परमाणु समझौते पर संयुक्त प्रगतिशील गठबन्धन सरकार से समर्थन वापस लेने और 2009 तथा 2014 दोनों चुनावों में 'तीसरे विकल्प' के रूप में इधर-उधर से इकट्ठा किए गए क्षेत्रीय दलों और खुद को भी एक भानमती के कुनबे के रूप में प्रस्तुत करने के लिए वाम दलों की आलोचना करने में भाकपा विशेष रूप से सख्त थी।

मार्च 2015 में पुडुचेरी (पांडिचेरी) में हुई अपनी बाईसवीं पार्टी कांग्रेस से पहले भाकपा ने 'जनता के स्थानीय मुद्दों पर परिणामोन्मुख जनसंघर्षों पर ध्यान केन्द्रित कर पार्टी के संगठन को जमीनी स्तर से पुनः सक्रिय बनाने और उसे नवजीवन' देने की जरूरत पर बल दिया और 'एक सैद्धान्तिक आधार पर' कम्युनिस्ट आन्दोलन के पुनरेकीकरण का आग्रह किया।[35] यह कांग्रेस केरल, तमिलनाडु, बिहार, उड़ीसा, पंजाब, छत्तीसगढ़ और उत्तरप्रदेश से आए ऐसे प्रतिनिधियों के जीवन्त हस्तक्षेपों की साक्षी बनी जिन्होंने स्वतंत्र जन गोलबन्दियों की जरूरत और संघ परिवार के विरुद्ध एक संयुक्त संगठित अभियान की जरूरत को रेखांकित किया। भाकपा ने एस सुधाकर रेड्डी को पुनः महासचिव चुन लिया और जुझारू ट्रेड यूनियन नेता गुरुदास दासगुप्त को उपमहासचिव नियुक्त कर दिया। एक विषय जो इस कांग्रेस में बार-बार उठा वह था भाकपा-माकपा का पुनरेकीकरण।

माकपा अधिक महत्त्वपूर्ण घटनाओं की साक्षी बनी जिनमें नेतृत्व परिवर्तन शामिल था। 2014 के लोकसभा चुनावों की अपनी समीक्षा में इसकी केन्द्रीय समिति ने यह स्वीकार किया कि 'कुछ समय से पार्टी आगे बढ़ने में असमर्थ रही है'; उसके खराब चुनाव प्रदर्शन में 'यह प्रतिबिम्बित हुआ है।' अप्रैल 2015 में विशाखापट्टनम में हुई माकपा की इक्कीसवीं कांग्रेस में प्रस्तुत 'राजनीतिक-संगठनात्मक रिपोर्ट' के प्रारूप (जिसके कुछ अंश मीडिया तक पहुँच गए थे) में कहा गया कि 'एक अपरिहार्य निष्कर्ष यह है कि पार्टी के जनाधार में कमी आई है... । अपने राजनीतिक प्रभाव का विस्तार करने, अपनी सांगठनिक शक्ति बढ़ाने और विशेषकर आधारभूत वर्गों में अपना जनाधार विकसित करने में (यह असफल हुई है)'। इसमें यह भी कहा गया कि 'पार्टी पार्टी सदस्यों के एक बहुत छोटे हिस्से को ही सक्रिय कर पाई है... । व्यापकतर तबकों तक पहुँचने और उन्हें अपने कार्यक्रमों से जोड़ने के पर्याप्त प्रयास नहीं किए गए। जनता के बीच किया गया प्रचार कार्य बहुत कमजोर था।'[36]

राजनीतिक-सांगठनिक रिपोर्ट में सदस्यता में कमी की ऊँची दर भी दर्ज की गई है जिसकी जिम्मेदारी 'अव्यवस्थित भरती, पार्टी के सदस्यों और शाखाओं की निष्क्रियता, राजनीतिक-विचारधारात्मक स्तर नीचा होने, पार्टी सदस्यों के शिक्षण में कमजोरी आदि' पर डाली जा सकती है। रिपोर्ट 'पार्टी सदस्यों की बढ़ती उम्र' पर भी टिप्पणी करती है : माकपा के सदस्यों में से आधे 32 से 50 आयुवर्ग के हैं, केवल 20 प्रतिशत ही इकतीस वर्ष से कम हैं, लेकिन 27 प्रतिशत 50-70 आयु वर्ग के हैं'।[37] इन मुद्दों और अन्य सांगठनिक मुद्दों पर चर्चा एक विशेष विस्तृत सभा-केन्द्रीय समिति से बड़े मंच-1978 के साल्किया प्लेनम जैसी सभा में होनी थी। यह सभा 2015 के अन्त में होनी थी।

फरवरी 2015 में माकपा की राज्य समिति द्वारा स्वीकृत दस्तावेज[38] में दर्ज पश्चिम बंगाल के वाम मोर्चा शासन के चौतीस वर्षों का उत्सवी विवरण इस राष्ट्रीय रिपोर्ट के आत्मालोचनात्मक स्वर के ठीक विपरीत है। विशाखापट्टनम कांग्रेस से पहले हुए राज्य सम्मेलन में स्वीकार किया गया यह दस्तावेज वाम मोर्चा सरकार की उपलब्धियों का ढोल पीटता है लेकिन इस बात का कोई स्पष्टीकरण नहीं देता कि सिंगूर और नन्दीग्राम की घटनाओं (2006-07) के भी पहले मोर्चे और पार्टी के समर्थन आधार में गम्भीर क्षरण होने के क्या कारण हैं।

यह दस्तावेज वाम मोर्चा सरकार की सभी नीतियों की, जिनमें भूमि, कृषि और पंचायत तथा 'सकारात्मक परिणाम' हासिल करने वाली उद्योग और रोजगार की नीतियाँ शामिल हैं, बिना कोई आलोचना किए अविवेकपूर्ण ढंग से प्रशंसा करता है। कमजोरी के नाम पर वह केवल यह स्वीकार करता है कि 'लेकिन भूमि अधिग्रहण के मुद्दे पर सिंगूर और नन्दीग्राम के दो अपवादों ने हमारी औद्योगिक प्रगति को रोक दिया। राज्य की जनता के एक वर्ग के बीच इसके विरोध में प्रतिक्रिया हुई थी।' यह नन्दीग्राम में हुई गोलीबारी में चौदह लोगों के मारे जाने का कोई उल्लेख तक नहीं करता।

बंगाल में पंगुकारी झटका

जैसा कि पिछले अध्यायों में चर्चा की जा चुकी है, पश्चिम बंगाल में वाम मोर्चे की असफलताओं और कमजोरियों की जड़ें इसमें क्रातिकारी भावना की कमी, संगठनात्मक जड़ता, सामाजिक विकास के प्रति निष्ठा की कमी, नव उदारवादी नीतियों को अंगीकार करने और वंचितों से इसके अलगाव में थीं। लेकिन पश्चिम बंगाल के इसके नेता इसका स्पष्टीकरण 'राज्य की सरकार के संचालन की' अनुमानित तौर पर अन्तर्निहित 'सीमाओं और कमजोरियों', तथा 'शासक वर्गों की ओर से लगातार हमलों, प्रति प्रचार और षड्यंत्र' जैसे कारकों के उदाहरण देकर देते हैं। और अब नेतृत्व जिस कारक पर सबसे ज्यादा जोर देता है वह है 'इसके कार्यकर्ताओं के विरुद्ध तृणमूल कांग्रेस द्वारा 'आतंक युग' की शुरुआत, चुनावों में की गई धांधली आदि।

पश्चिम बंगाल की माकपा को जो पंगुकारी आघात झेलना पड़ा है उसे यह स्पष्टकीरण बहुत कम कर देता है, वस्तुतः महत्त्वहीन बना देता है। पश्चिम बंगाल में 2011 से माकपा के 40000 सदस्य उसे छोड़कर चले गए हैं और उसके कार्यकर्ताओं का मनोबल इतना कमजोर हो गया है कि अब वे धमकियों और अपने ऊपर की जा रही शारीरिक प्रताड़नाओं

का प्रतिरोध करने की इच्छाशक्ति भी नहीं जुटा सकते। तृणमूल कांग्रेस के अतिरिक्त सैंकड़ों कार्यकर्ता भाजपा में भी चले गए हैं।

2011 में पश्चिम बंगाल में सत्ता गँवाने के बाद से माकपा अपने पुराने स्वरूप की छाया मात्र बन कर रह गई है। औद्योगिक कामगारों, किसानों और शहरी युवाओं के बीच अपने काम में उसे बहुत नुकसान हुआ है और सभी महत्त्वपूर्ण चुनावों में, जिनमें 2013 के पंचायत चुनाव और अप्रैल 2015[39] के नगरपालिका चुनाव शामिल हैं, उसे सफाये का सामना करना पड़ा। नगरपालिका चुनावों में तृणमूल कांग्रेस की जबर्दस्त जीत ने इसके इस ख्याली पुलाव की असलियत भी सामने ला दी कि तृणमूल कांग्रेस का आधार मुख्यतः ग्रामीण है, शहरों में यह हाशिये पर या लम्पट तत्त्वों तक ही सीमित है और मध्यवर्ग अब भी वाम के प्रति निष्ठावान है। जनवरी 2015 में माकपा के नेतृत्व वाली स्टुडेंट फेडरेशन आफ इंडिया ने कलकत्ता विश्वविद्यालय में 600 सदस्यों वाले छात्रसंघ के चुनावों के लिए नामांकन पत्र भी दाखिल नहीं किया जबकि बत्तीस वर्षों तक (2010–2011 तक) वहाँ के छात्रसंघ पर उसका ही वर्चस्व रहा था।[40]

यह लिखते समय तक पश्चिम बंगाल में वाम के लिए एकमात्र सांत्वना की बात यही प्रतीत होती है कि राज्य में माकपा की जगह दूसरे नम्बर की पार्टी के रूप में भाजपा के उभरने की सम्भावना राष्ट्रीय स्तर पर मोदी के 'नवीनता कारक' के कमजोर पड़ जाने और नगरपालिका चुनावों में भाजपा के खराब प्रदर्शन के साथ धूमिल हो गई है।

माकपा के राष्ट्रीय और राज्य स्तर के नेताओं के बीच की दरार विशाखापट्टनम कांग्रेस में विशेषकर पार्टी के नए महासचिव के चुनाव में उभर कर सामने आई। नए महासचिव को प्रकाश करात का स्थान लेना था जो अपने तीन कार्यकाल पूरे कर चुके थे। पार्टी के हाल में संशोधित संविधान द्वारा अनुमानतः यह अधिकतम समय सीमा है। बताया जाता है कि पालिट ब्यूरो में इस पद के दो दावेदार थे : पार्टी के सर्वाधिक प्रसिद्ध सांसद और बहुभाषी नेता सीताराम येचुरी (62) जिनके सम्पर्क और स्वीकार्यता सभी राजनीतिक दलों में है और शान्त, लगभग अज्ञात और येचुरी से उम्र में काफी बड़े एस. रामचन्द्रन पिल्लई (77)। येचुरी लम्बे समय से पश्चिम बंगाल नेतृत्व के साथ थे और पिल्लई के लिए कहा जाता है कि उन्हें प्रकाश करात के साथ साथ लम्बे समय तक केरल के राज्य सचिव रहे और तभी रिटायर हुए पिनारायी विजयन का विश्वास प्राप्त था।

आम तौर पर पालिट ब्यूरो नवनिर्वाचित केन्द्रीय समिति के समक्ष महासचिव का नाम प्रस्तावित करता है। मीडिया की खबरों के अनुसार प्रारम्भ में पालिट ब्यूरो में पिल्लई का पलड़ा भारी था। पालिट ब्यूरो ने अगले दिन कांग्रेस के समापन दिवस के ठीक पहले, 18 अप्रैल की देर रात तक इस मुद्दे पर चर्चा की। फिर भी, अन्ततः येचुरी की जीत हुई[41] जिन्हें पश्चिम बंगाल इकाई का प्रबल समर्थन प्राप्त था। बताया जाता है कि यह परिवर्तन लाने में एक प्रमुख भूमिका पश्चिम बंगाल के पूर्व राज्य सचिव बिमान बोस ने निभाई थी। बोस ने अपनी ओर से और पालिट ब्यूरो के निवर्तमान सदस्यों बुद्धदेब भट्टाचार्जी और निरुपम सेन की ओर से बात की। ये दोनों नेता खराब स्वास्थ्य के कारण पार्टी कांग्रेस में नही आ सके थे लेकिन 'एक युवतर चेहरे' के पक्ष में उनके मत को अनदेखा नहीं किया जा सका।[42]

बताया जाता है कि पिल्लई मुकाबले से हट गए। 19 अप्रैल की सुबह करात ने येचुरी का नाम प्रस्तावित किया। येचुरी के एक ओर करात थे, दूसरी ओर पिल्लई। उन्हें 'सर्वसम्मति' से निर्वाचित घोषित किया गया। नई पालिट ब्यूरो के सभी सोलह सदस्य कांग्रेस के मंच पर एक दूसरे का हाथ थामे खड़े थे। इस प्रकरण ने माकपा के कुछ आन्तरिक मतभेदों को उद्घाटित कर दिया। केरल की इकाई और विजयन के प्रति सहानुभूतिपूर्ण मीडिया ने येचुरी के चुनाव को लेकर अप्रसन्नता जाहिर की। माकपा की केरल इकाई के मुखपत्र ने सम्पादकीय पृष्ठ पर नए महासचिव का परिचयात्मक आलेख नहीं दिया जबकि ऐसी परम्परा रही थी।[43] इस चुनाव ने पार्टी नेतृत्व की एकताबद्ध और सुसंगठित दिखने की चिन्ता की भी पुष्टि की। फिर भी इसने सिद्ध कर दिया कि कम्युनिस्टों की सांगठनिक संरचनाएँ अधिकतर भारतीय दलों की तुलना में कहीं अधिक लोकतांत्रिक हैं।

नया महासचिव

येचुरी आन्तरिक मतभेदों से किस तरह निपटते हैं मोटे तौर पर उससे ही पार्टी की राजनीतिक लाइन और सांगठनिक पथ का भविष्य प्रभावित होगा। मुख्यधारा के मीडिया में येचुरी को हरिकिशन सिंह सुरजीत की शैली के 'नेटवर्कर' के रूप में चित्रित किया जाता है यानी ऐसे नेता के रूप में जो सामान्यतया मिलनसार, सहमति बनाने वाला और सबकी पहुँच में है लेकिन कांग्रेस पार्टी को लेकर 'मृदु' है। करात को एक दूरस्थ, रूखे, मताग्रही और कांग्रेस विरोधी व्यक्ति के रूप में चित्रित किया जाता है। माना जाता है कि वह कांग्रेस को शासक वर्ग की मुख्य पार्टी मानते हैं जिसका वाम को अवश्य विरोध करना चाहिए। करात को 1996 की 'ऐतिहासिक भूल' का प्रमुख निर्माता माना जाता है।

ये ठप्पे आज के दो सबसे जाने-माने माकपा नेताओं के बीच के मतभेद को सम्भवतः विकृत और बढ़ा चढ़ाकर प्रस्तुत करते हैं। फिर भी इस बात में सन्देह नहीं कि दोनों स्वयं को पार्टी के भीतर भिन्न वैचारिक रुझानों का समर्थन करते पाते हैं, उदाहरण के लिए पश्चिम बंगाल की भूमि अधिग्रहण नीतियों अथवा भारत-अमेरिका परमाणु समझौते पर संप्रग से समर्थन वापसी के मुद्दे पर दोनों का रुख फर्क है।

अधिक प्रासंगिक यह है कि येचुरी ने विशाखापट्टनम में स्वीकृत दो महत्त्वपूर्ण दस्तावेजों में से एक के प्रारूप पर असहमति की एक सोलह पृष्ठ की टिप्पणी लिखी थी : पहला दस्तावेज था 'राजनीतिक-कार्यनीतिक लाइन पर समीक्षा रिपोर्ट' तथा दूसरा था 'राजनीतिक प्रस्ताव'।[44] समीक्षा रिपोर्ट पर अक्तूबर 2014 में माकपा की केन्द्रीय समिति की बैठक में चर्चा हुई थी और जनवरी 2015 में इसे स्वीकार किया गया था। यह रिपोर्ट 1978 में जालंधर में हुई दसवीं कांग्रेस के समय से पार्टी जिस कार्यनीतिक लाइन का अनुसरण करती आई है, अर्थात 'एक वाम और लोकतांत्रिक मोर्चे' का गठन, उसके पुनर्परीक्षण की माँग करती है।

रिपोर्ट में तर्क दिया गया है कि पार्टी राष्ट्रीय स्तर पर कोई ऐसा मोर्चा बनाने में असफल रही है। इसके बदले उसने पहले कांग्रेस और फिर भाजपा के अल्पकालिक 'धर्मनिरपेक्ष विकल्प' बनाये और फिर एक 'तीसरे विकल्प' के लिए गठबन्धन बनाये। इस प्रकार, पार्टी ने ''वाम और लोकतांत्रिक मोर्चे'' को एक प्रचारात्मक नारे में बदल दिया'; वह 'पार्टी

की स्वतंत्र ताकत' बनाने में असफल रही जो अन्य दलों को एक साथ लाने के लिए जरूरी होती है। रिपोर्ट ने एक ऐसी 'प्रभावी' कार्यनीतिक लाइन बनाने का अनुरोध किया जो 'वाम और लोकतांत्रिक मोर्चे' की प्रधानता को फिर से वापस ले आए और नव उदारवादी पूँजीवाद और साम्प्रदायिकता दोनों का मुकाबला करने के लिए 'जन संघर्षों' पर जोर देते हुए अपने पीछे खड़े वर्गों का सही सन्तुलन बनाये।

येचुरी की टिप्पणी[45] में तर्क दिया गया है कि 1978 से अपनाई गई राजनीतिक-कार्यनीतिक लाइन (पी टी एल) में कोई गलती अथवा कमी नहीं है, 'वाम और लोकतांत्रिक मोर्चे' की धारणा वैध बनी हुई है और '"एक नई पी टी एल के निरूपण" की मौजूदा कसरत करने की' कोई जरूरत नहीं है। 'इसलिए जिस बात का पूरी तरह परीक्षण किया जाना चाहिए वह यह है...कि इस लक्ष्य को हासिल करने के लिए हमारी सांगठनिक राजनीतिक ताकत क्यों नहीं बढ़ी ? यदि क्रियान्वयन की प्रक्रिया में यह लक्ष्य चूक गया तो इसके ठोस कारणों को पहचाना और सुधारा जाना चाहिए। यह हमसे लगातार जारी सांगठनिक कमजोरियों और हमारी बार-बार दोहराई गई गलतियों पर ध्यान देने की माँग करता है...। (इसके विपरीत) मौजूदा कसरत केवल पार्टी का ध्यान इन कमजोरियों से' और राजनीतिक-कार्यनीतिक लाइन के क्रियान्वयन में 'जरूरी सुधार' करने से हटाने का काम करती है।

इसके बाद येचुरी पार्टी की असमान वृद्धि और उसकी 'अवनति' के कुछ कारणों की पहचान करते हैं। विशेषकर पार्टी की ताकत को 'बढ़-चढ़कर आँकने' और उसके चुनावी आकलनों के सन्दर्भ में वह इसके लिए (अन्य कारकों के अतिरिक्त) पार्टी विशेषकर पार्टी नेतृत्व के भीतर व्यक्ति निष्ठावाद की खतरनाक वृद्धि, कार्यकताओं की कम शिक्षा, जनसंगठनों सम्बन्धी प्रस्तावों पर अमल न किए जाने, गुटबाजी और 'संसदीय विभ्रमों' जैसे 'विचलनों' को सुधारने में असफलता को जिम्मेदार ठहराते हैं। वह इन समस्याओं के मुख्यत: सांगठनिक समाधानों का आग्रह करते हैं और 'इन मुद्दों से निपटने के लिए...इक्कीसवीं कांग्रेस के तुरन्त बाद' एक 'सांगठनिक सम्मेलन' आयोजित किए जाने का प्रस्ताव करते हैं।

मुख्य रिपोर्ट और येचुरी की टिप्पणी दोनों में से कोई जन संघर्षों और गरीबों तथा वंचितों के लिए भावात्मक महत्त्व वाले मुद्दों पर जमीनी स्तर पर कुछ करने की दिशा में वापसी के प्रश्न को केन्द्र में नहीं रखता या उनसे सीधी मुठभेड़ नहीं करता जबकि 'वाम और लोकतांत्रिक मोर्चे' को असली अर्थ यही प्रदान कर सकता है। दोनों में से कोई संसदवाद से निर्णायक ढंग से अलग होकर जन आन्दोलनों के साथ जीवन्त सम्बन्धों के पुनर्निर्माण के परिप्रेक्ष्य की ओर जाने की वकालत नहीं करता।

विशाखापट्टनम में गुण-दोष को दरकिनार करते हुए प्रतिनिधियों के बहुमत ने राजनीतिक-कार्यनीतिक लाइन पर कुछ छोटे-मोटे संशोधनों के साथ लड़ाई जीत ली। इसके साथ ही उन्हें 2015 के अन्त तक एक सांगठनिक विस्तृत बैठक के आयोजन के साथ ही अब येचुरी से उसी समीक्षा रिपोर्ट को अमल में लाने की अपेक्षा है जिससे वह असहमत थे।

पालिट ब्यूरो के एक अन्य सदस्य ने उन्हें सार्वजनिक रूप से याद दिलाया है कि वह

कांग्रेस और भाजपा दोनों का विरोध करने और 'नव उदार आर्थिक नीतियों तथा हिन्दुत्व की ताकतों के जुड़वां प्रहारों' से एक साथ लड़ने के विशाखापट्टनम में पारित राजनीतिक प्रस्ताव से बँधे हैं। चूँकि आर्थिक नीतियों पर कांग्रेस और भाजपा के बीच 'कोई अन्तर नहीं' है अत: 'हिन्दुत्व का मुकाबला करने के नाम पर कांग्रेस के साथ किसी तरह का गठबन्धन या मोर्चा बनाने का प्रश्न ही नहीं उठता।'[46]

लेकिन इनमें से कोई बात येचुरी को विविध साक्षात्कारों में अलग अलग तरह के जोर या शर्तों के साथ अपने इस दृष्टिकोण को अभिव्यक्त करने से नहीं रोक पाई कि उनकी पार्टी कोई गठबन्धन बनाये बिना विशिष्ट मुद्दों पर कांग्रेस के साथ काम करेगी। अपने चुनाव के तुरन्त बाद उन्होंने कांग्रेस और अन्य गैर राजग दलों का आह्वान किया कि वे 'भारत की धर्मनिरपेक्ष लोकतांत्रिक बुनियाद की रक्षा करने के लिए' (एक साथ आ जाएँ)...। (हम) अपना भविष्य सुरक्षित करने के लिए उनका समर्थन नहीं चाह रहे हैं। हम कांग्रेस तथा अन्य दलों से अपील करते हैं कि वे देश का भविष्य सुरक्षित करने के लिए विभिन्न मुद्दों पर एक साथ आ जाएँ...।'[47] प्रत्युत्तर में कांग्रेस ने कहा कि उसे आशा है कि 'येचुरी करात की उन नीतियों को बदलने का प्रयास करेंगे जो अव्यावहारिक थीं और धर्मनिरपेक्ष ताकतों के पक्ष में नहीं थीं।'[48]

येचुरी ने यह भी कहा कि भाजपा और कांग्रेस 'अर्थव्यवस्था के सन्दर्भ में समान नव उदारवादी नीतियों का अनुसरण करती हैं। लेकिन, निस्सन्देह धर्मनिरपेक्षता और लोकतंत्र के समक्ष उपस्थित सुनियोजित खतरे के सन्दर्भ में दोनों पार्टियों के बीच अन्तर है।' फिर भी, माकपा को 'किसी ठोस स्थिति में भारतीय जनता के सामने उपस्थित मुख्य चुनौती' का जवाब हमेशा देना चाहिए। इसके उदाहरण के रूप में उन्होंने साम्प्रदायिकता का मुकाबला करने के लिए पहली संप्रग सरकार को दिए गए समर्थन का और इससे पहले जे.पी. आन्दोलन का हिस्सा बने बगैर आपातकाल विरोधी संघर्ष में पार्टी के शामिल होने का उल्लेख किया। उन्होंने अधिक स्पष्ट रूप से कहा कि माकपा 'संसद में कांग्रेस और अन्य धर्मनिरपेक्ष और लोकतांत्रिक दलों के साथ तीन मुद्दों पर काम करने के लिए तैयार है।'[49]

पार्टी का भविष्य तय करने वाला सम्मेलन

भाकपा नेतृत्व 1989 से भाकपा और माकपा के पुनरेकीकरण की वकालत कर रहा है और इस पर उसने पुडुचेरी कांग्रेस में फिर जोर दिया था, लेकिन इस मुद्दे पर येचुरी का रुख अपने पूर्ववर्तियों से भिन्न नहीं है। 21 अप्रैल, 2015 को जब भाकपा के महासचिव एस. सुधाकर रेड्डी उनसे मिलने गए और उन्होंने अपनी पार्टी की 'पुनरेकीकरण की इच्छा' दोहराई तो येचुरी ने सार्वजनिक रूप से कहा, 'कार्यनीतिक' उद्देश्यों के आधार पर कोई विलय नहीं हो सकता, विलय तब तक सम्भव नहीं जब तक विचारधारात्मक और कार्यक्रम सम्बन्धी उन मतभेदों को 'सबसे पहले (न) सुलझाया जाए' जिनके कारण 1964 का विभाजन हुआ था। अभी एजेंडा में यही है कि जनता के मुद्दों पर 'एक साथ मिलकर काम किया जाए'।[50]

माकपा ने अपने सोलह सदस्यीय पालिट ब्यूरो में दूसरी महिला सदस्य शामिल की है और अपनी इक्यान्नबे सदस्यों वाली केन्द्रीय समिति में एक दलित और दो नई महिलाओं

को निर्वाचित किया है, देर आए दुरुस्त आए। लेकिन इसने अच्युतानन्दन को पालिट ब्यूरो से हटा दिया है, ऐसा उनके खराब स्वास्थ्य के कारण नहीं हुआ जैसा कि बुद्धदेब भट्टाचार्जी और निरुपम सेन के साथ हुआ है हालाँकि इनकी तरह ही उन्हें भी केन्द्रीय समिति में 'विशेष आमंत्रित' का अलंकरणात्मक पद प्रदान कर दिया है।[51]

विशाखापट्टनम से पहले पार्टी के केरल और पश्चिम बंगाल के सचिवों (विजयन और बोस जिन्होंने तीन कार्यकाल पूरे कर लिये थे) का स्थान क्रमश: कोडियेरी बालकृष्णन और सूर्ज्यकान्त मिश्रा ने लिया था और अनेक जिला तथा राज्य समितियों के गठन में भी कुछ बदलाव किए गए थे लेकिन व्यापक रूप से निरन्तरता बनाये रखी गई थी। इससे पार्टी तंत्र की कोई अतिरिक्त सफाई नहीं हुई, न ही ऐसा कुछ हुआ कि इसमें लोकप्रिय जन आन्दोलनों से निकले युवा नेताओं को बड़े पैमाने पर शामिल कर पार्टी का नवीकरण किया गया हो।

फिर भी, येचुरी के चुनाव ने माकपा, वाम और नागरिक समाज के भीतर एक सतर्क आशा जगाई थी। राजनीतिक वर्ग और मीडिया ने इसका व्यापक रूप से स्वागत किया था। इनके कुछ वर्गों ने येचुरी को यह सलाह देने में फुर्ती दिखाई कि वह अविचलित ढंग से सामाजिक लोकतांत्रिक मार्ग अपनाएँ। अधिक प्रेरणास्पद ढंग से, माकपा के अनेक सदस्य विशाखापट्टनम कांग्रेस के समापन पर येचुरी की इस प्रारम्भिक टिप्पणी से स्पष्ट रूप से उत्साह से भर गए थे[52] कि : 'यह कांग्रेस पार्टी का भविष्य तय करने वाली कांग्रेस है और यह हमारी स्वतंत्र पहचान को मजबूत करने का आधार बनेगी।'

पार्टी के नेताओं ने नवउदारवाद और साम्प्रदायिकता के विरुद्ध 'जन संघर्षों' की जरूरत और पार्टी की स्वतंत्र ताकत के निर्माण की जरूरत की बात अतीत में भी की थी। वाम दलों की सभी कांग्रेसों के प्रस्ताव संघर्षों पर जोर देते हैं लेकिन कम-से-कम पच्चीस वर्षों या उससे भी ज्यादा समय से इन पर अमल नहीं हुआ है। वाम दलों ने लम्बे समय से किसी भी मुद्दे पर किसी जन गोलबन्दी का नेतृत्व नहीं किया है। वाम दलों के लिए अपने उन जीवन्त सम्पर्कों को पुन: स्थापित करना आसान नहीं होगा जो मजदूरों और किसान आन्दोलनों के साथ परम्परागत रूप से थे। ये सम्पर्क अब बहुत कमजोर कर दिए गए हैं और कुछ अर्थों में वे गुणात्मक रूप से रूपान्तरित हो गए हैं।

उदाहरण के लिए पीढ़ी दर पीढ़ी जमीन के लगातार जारी बँटवारे के कारण छोटी होती जाती जोतों, बढ़ती भूमिहीनता और ठेके पर खेती (अथवा धनी किसानों या निगमों को जमीन लीज पर देने) के बढ़ते जाने के कारण किसान वर्ग की संरचना बदल गई है। भारत का कृषि संकट इतना विकट हो गया है कि अब छोटी जोत वाले लोगों के लिए कृषि के आधार पर जीवनयापन करना वस्तुत: असम्भव हो गया है। दरअसल, उत्पाद के लिए बेहतर दाम की माँग से उन असली गरीबों का कुछ भला नहीं होता जो भोजन के उपभोक्ता हैं, उत्पादक नहीं।

इससे वाम का सामना श्रेणीबद्ध और अलग अलग क्षेत्रों की जरूरत के हिसाब से अलग अलग तरह की ऐसी माँगें उठाने की जटिल चुनौती से होता है जो प्राथमिक रूप से निर्धनतम ग्रामीण तबकों, परतों, भूमिहीन मजदूरों पर ध्यान केंद्रित करती हों और सीमान्त किसानों के लिए भी प्रासंगिक हों। उसे कृषि भूमि को उद्योग और भूसम्पत्ति व्यवसाय के लिए दिए

जाने का विरोध कर भूमि अधिग्रहण के सवाल पर गम्भीरतापूर्वक काम करना होगा। यह पहले ही एक ज्वलंत मुद्दा बन चुका है।

जहाँ तक श्रमिक संघों की बात है, वाम से जुड़े संघों की सदस्यता अब भी लाखों में या उससे भी अधिक संख्या में है लेकिन अब उनमें वह धार नहीं रह गई जो अन्य यूनियनों की तुलना में पहले उनमें थी।[53] वे सार्वजनिक क्षेत्र में सबसे अधिक मजबूत हैं, इसमें रेलवे शामिल है जहाँ रोजगार बहुत समय से बड़े पैमाने पर बन्द है। लेकिन वाम से सम्बद्ध यूनियनें नए इलाकों, क्षेत्रों और श्रेणियों जैसेकि अनेक प्रकार के उद्योगों, छोटे पैमाने के परिवहन, ग्रामीण रोजगार योजनाओं और स्वास्थ्य क्षेत्र के कर्मचारियों और विशेषकर समेकित बाल विकास सेवाओं के साथ जुड़ी एक करोड़ बीस लाख से ज्यादा आंगनबाड़ियों में बढ़ रही हैं।[54]

मोटर कार जैसे नए, विस्तारशील और प्रौद्योगिकी प्रधान उद्योगों के कामगारों के बीच, प्राय: निराशा और कठिन कार्यदशाओं के कारण आक्रामकता बढ़ रही है और कभी-कभी इसका अनुमान लगा पाना भी कठिन होता है।[55] इस परिघटना से निपटना वाम के लिए ही क्या, वस्तुत: किसी भी यूनियन के लिए आसान नहीं रहा है। लेकिन छंटनी के खिलाफ सभी मौजूदा सुरक्षाओं को हटाने के लिए श्रम कानूनों को हलका करने और खत्म करने के सरकार के मसूंबों का विरोध करने के सन्दर्भ में वाम को अभी आगे बड़ी लड़ाई लड़नी है। जाहिर है कि वह इन अधिकारों पर कोई समझौता करने का खतरा नहीं उठा सकता।

इन सबके लिए चिन्तन के नए रचनात्मक रूपों की जरूरत है जैसे छोटे-छोटे उद्योगों और पान या मिठाई की दुकानों में बिखरे कामगारों को यूनियन का सदस्य बनाना, घरेलू नौकरों और घर में रहकर काम करने वालों की सुरक्षा के लिए योजनाएँ बनाना और उन क्षेत्रों को न्यूनतम वेतन कानूनों के तहत लाना जो परम्परागत रूप से इनसे बाहर रहे हैं, आदि।

ये चुनौतियाँ ठीक उसी समय सामने आई हैं जब वाम अपने निम्नतम स्तर पर, वस्तुत: अपने इतिहास में बनने या बिगड़ने के क्षण में है। फिर भी यह अपरिहार्य नहीं है कि वाम रसातल में चला जाए। वाम दल स्वयं को नई ऊर्जा से भर सकते हैं या नहीं यह प्राथमिक रूप से इस बात पर निर्भर करेगा कि क्या वे अपनी विचारधारा, रणनीति, राजनीतिक कार्यक्रम और संगठनात्मक व्यवहारों पर गम्भीरतापूर्वक पुनर्विचार करेंगे। यह बात भी समान रूप से महत्त्वपूर्ण है कि यह उनकी उस उत्कट इच्छा और दृढ़ता द्वारा निर्धारित होगा जिसके साथ वे जमीनी स्तर के आन्दोलनों और संघर्षों, जिनमें आम जनता की आत्मसक्रियता की प्रमुख भूमिका रहती है, के आधार पर मेहनतकश जनता के साथ अपने सम्पर्क पुन: बनाएँगे।

10

एक नए वाम की ओर

विचारधारा पर पुनर्विचार, जमीनी जड़ों की ओर वापसी, वर्चस्व विरोध की नई कल्पना

ऐतिहासिक व्याख्या में यदि समरूपता का कोई अर्थ होता है तो इस दृष्टि से भारत की संसदीय कम्युनिस्ट पार्टियाँ दो विनाशक पलों के बीच खड़ी हैं : बर्लिन की दीवार का ढहना और अन्तरराष्ट्रीय समाजवाद का अन्त। एक जड़ीभूत व्यवस्था से चिढ़े लोगों द्वारा एक एक ईंट तोड़कर दीवार को ढहाया जाना एक चेतावनी के संकेत से अधिक यहाँ तक कि जलयान के नष्ट होने से पहले बजायी जाने वाली अन्तिम चेतावनी से भी कुछ अधिक था। इसी तरह 2014 के लोकसभा चुनावों में साम्यवादी वाम की भारी पराजय एक ऐसी प्रलय है जो लगभग एक सदी तक विस्तृत एक युग के अन्त की ओर संकेत करती है। यदि वाम स्वयं को किसी तरह पुनर्जीवित कर ले और अंशत: सम्भल जाए तो भी सम्भवत: वह फिर वही सामाजिक और राजनीतिक हस्ती नहीं होगा जो वह बीस वर्ष या दस वर्ष पहले तक भी था।

यह उन सभी के लिए, भले ही वे मौजूदा वाम के कटु आलोचक रहे हों, एक दुखद क्षण है जो एक आमूल सुधारवादी पूँजीवाद विरोधी परिवर्तन और एक समाजवादी भविष्य की कामना करते हैं ठीक उसी तरह जैसे सोवियत संघ के विघटन पर अति वामपन्थ के अनेक मार्क्सवादियों ने शोक मनाया था इसलिए नहीं कि वे 'वास्तविक रूप से मौजूद समाजवाद' की उस किस्म में विश्वास करते थे बल्कि इसलिए कि इसके ढहने से अलग अलग तरह के सैकड़ों आन्दोलनों को धक्का पहुँचा।

ऐतिहासिक असफलता

2014 के लोकसभा चुनावों में भारत के मुख्यधारा के वाम दलों ने न केवल अपनी अब तक की सबसे बुरी पराजय देखी जिसने लोकसभा में उनकी उपस्थिति को हाशिये पर पहुँचा दिया बल्कि इसने उन्हें एक ऐसी व्यापक नैतिक-राजनीतिक पराजय दी जिसने उस पूरे राजनीतिक प्रकल्प की अपना अस्तित्व कायम रख पाने की क्षमता पर एक सवालिया निशान लगा दिया जिसके प्रति वे नौ दशकों तक समर्पित रहे थे। और अधिक अप्रासंगिक होते जाने की सम्भावना उनकी आँखों में आँखें डाले उन्हें देख रही हैं। यह पराजय राज्य विधानसभा और पंचायत चुनावों में सिलसिलेवार असफलता, किसान सभाओं और महिला संगठनों सहित उनके जन संगठनों की सदस्यता और सक्रियता के स्तर में गिरावट और समान

रूप से महत्त्वपूर्ण तथा पिछले 25 से अधिक वर्षों तक लगातार अनुसरण किए गए तीसरे मोर्चे या तीसरे विकल्प के विचार पर आधारित उनकी राजनीतिक रणनीति और कार्यनीति के स्पष्टतः ध्वस्त हो जाने के चरम बिन्दु के रूप में सामने आई है।

फिर भी, इस दुर्गति के प्रति वाम नेतृत्व, विशेषकर माकपा और भाकपा के नेतृत्व की प्रतिक्रिया वस्तुतः लापरवाही भरी रही है, फिर रिवाल्यूशनरी सोशलिस्ट पार्टी और फारवर्ड ब्लाक जैसी छोटी पार्टियों की तो बात ही क्या। दोनों कम्युनिस्ट पार्टियों (माकपा और भाकपा) ने चुनाव परिणामों और उनसे जुड़े सन्दर्भ का कोई वर्ग आधारित और सामाजिक समूह आधारित संरचनात्मक विश्लेषण भी प्रस्तुत नहीं किया। वस्तुतः उन्होंने संख्या गिनने और अस्पष्ट सामान्य बातों से आगे बढ़ने का साहस नहीं किया है।

नरेन्द्र मोदी के नेतृत्व में भारतीय जनता पार्टी की नाटकीय विजय और सबसे बड़ी ताकत तथा राष्ट्रीय राजनीति में केन्द्रीय सन्दर्भबिन्दु के रूप में भाजपा के उदय अथवा पश्चिम बंगाल और केरल में इसकी विशाल उपलब्धियों (वहाँ उसने क्रमशः 17 और 11 प्रतिशत मत हासिल किए) के लिए वाम दलों के पास कोई स्पष्टीकरण नहीं है। वे केरल में वाम लोकतांत्रिक मोर्चे से आरएसपी के निष्क्रमण के कारणों पर मौन हैं जबकि वे जिस 'वाम एकता' के विचार के प्रति समर्पित हैं, यह निष्क्रमण उस पर एक आघात था।

मार्च और अप्रैल 2015 में क्रमशः भाकपा और माकपा के पार्टी अधिवेशनों के बाद भी इस बात के संकेत नहीं मिलते कि वाम गम्भीर पड़ताल और निर्मम ईमानदार, यहाँ तक कि जरूरी हो गया तकलीफदेह आत्मविश्लेषण करने जा रहा है या कि क्या वस्तुतः उसमें ऐसा करने की इच्छा भी है। इसने आमूल परिवर्तनवादियों और प्रगतिशीलों, जिनमें वाम दलों के साथ सहानुभूति रखने वाले भी शामिल हैं, के बीच और अधिक व्याकुलता, निराशा और मोहभंग उत्पन्न किया है।

वाम ने यह विश्लेषण भी नहीं किया कि लीक से अलग दिखने वाली जिस आम आदमी पार्टी (आप) को बहुतों ने दिल्ली में भारतीय जनता पार्टी के लिए महज एक चलताऊ चुनौती के रूप में खारिज कर दिया था उसने फरवरी 2015 में क्यों बहुत विस्मयकारी ढंग से विधानसभा की सत्तर सीटों में से सड़सठ सीटें जीतकर भाजपा के विजय अभियान के सिलसिले को भंग कर दिया और वाम दलों को खुद 'आप' की राजनीति से, अभियान चलाने के उसके तरीकों और गरीबों और वंचितों को अपनी ओर आकृष्ट करने और उन्हें इतने अभूतपूर्व उत्साह के साथ अपने पक्ष में मतदान करने के लिए प्रेरित करने की उसकी योग्यता से क्या सबक लेने चाहिए। जैसा कि कुछ विश्लेषक मानते हैं यदि 'आप' ने ऐसे नारों और तरीकों का इस्तेमाल किया, अतीत में जिनका इस्तेमाल गरीबों को आकृष्ट करने के लिए कम्युनिस्ट किया करते थे तो वाम ने इसे स्वीकार करने का कोई संकेत नहीं दिया, न ही इससे कोई सबक सीखे।

इन सबके बीच अपने चुनावी पराभव की विशालता, उसके स्वरूप और कारणों का विश्लेषण करने में वाम की असफलता साफ नजर आती है। उदाहरण के लिए माकपा ने पहले तो चुनावों में 'बड़े पैमाने पर धाँधली' का आरोप लगाकर हार मानने से सीधे इन्कार कर दिया, फिर अपने 'खराब' प्रदर्शन को स्वीकार किया और अन्त में 'असफलता के लिए' अपने नेताओं की 'प्राथमिक जिम्मेदारी' मंजूर की लेकिन यह जिम्मेदारी कहाँ

निहित है और नेतृत्व की रणनीतियों और कार्यनीतियों तथा पार्टी को जिन असफलताओं का मुंह देखना पड़ा उनके बीच क्या कार्य-कारण सम्बन्ध हैं, इसकी ठीक-ठीक पहचान नहीं की। 'खराब' प्रदर्शन के कारण गठबन्धन बनाने या चुनाव-आधारित विकल्पों से सम्बन्धित इस या उस कार्यनीतिक भूल अथवा किसी नेता विशेष द्वारा की गई गलतियों में निहित नहीं हैं, हाँ, यह अवश्य सम्भव है कि इन सबने पराजय की विशालता में अपना योगदान दिया हो।

अधिक गहरे कारणों की खोज वाम की विचारधारात्मक, रणनीतिक और कार्यक्रमात्मक कमियों और असफलताओं की बहुगुणित परतों में तलाशा जाना चाहिए। जैसा कि पहले, विशेषकर अध्याय दो में, तर्क दिया गया है, रूपान्तरकारी अथवा क्रान्तिकारी बदलाव के लिए वाम एक दृढ़ संकल्पित आमूल परिर्वनवादी तथापि लचकदार रणनीतिक ढाँचा विकसित करने में असफल रहा। वह व्यापक रूप से उसी सैद्धान्तिक-विचारधारात्मक ढाँचे के भीतर काम करता रहा जो उसने नब्बे साल पहले क्रान्ति के 'चरणों' की लचकहीन, फार्मूलाबद्ध समझ, बहुवर्गीय गठबन्धनों पर आधारित 'मोर्चों' और 'एकता और संघर्ष' की कार्यनीतियों के साथ कम्युनिस्ट इंटरनेशनल से विरासत में प्राप्त किया था।

भारत में मुख्यधारा के वाम ने मजदूरों और अन्य मेहनतकशों के हितों के संवर्धन के लिए व्यवस्था में उपलब्ध चुनावी और गैर चुनावी दोनों तरह की सभी सम्भावनाओं का इस्तेमाल करते हुए पूँजीवाद विरोधी जन गोलबन्दियों के जरिये बुर्जुआ लोकतांत्रिक व्यवस्था के बदले एक प्रति प्रभुत्वशाली विकल्प बनाने की धारणा विकसित नहीं की। इसके बजाय उसने जन गोलबन्दियों की उपेक्षा की, संसदवाद से अभिभूत हो गया और खुद को व्यवस्था में समाहित हो जाने दिया।

वाम ने समाजवाद की एक ऐसी धारणा अंगीकार की जिसने उसे सोवियत संघ और बाद में चीन को अपना आदर्श (माडल) मानने के लिए प्रेरित किया जबकि वे आदर्श नहीं हैं। वाम इक्कीसवीं सदी के लिए समाजवाद की एक सुसंगत कल्पना को परिभाषित करने और उन सम्भव रास्तों की पहचान करने में लम्बे समय तक असफल रहा जो उसे वर्तमान के साथ जोड़ सकते थे। वाम ने वर्ग के सन्दर्भ में जाति, लिंग, आदिवासी और प्रजातीय अस्मिताओं की एक विशिष्ट भारत सापेक्ष समझ विकसित नहीं की न ही उसने ऐसी राजनीतिक रणनीति विकसित की जो उस समझ को साकार किए जाने लायक, व्यावहारिक परियोजना में रूपान्तरित कर सकती। एक अन्य स्तर पर देखें तो विशेषकर 1990 के दशक के प्रारम्भिक वर्षों से उसमें भारतीय पूँजीवाद की विशिष्टताओं, राज्य की प्रकृति और शासक वर्ग के चरित्र के विश्लेषण का अभाव था।

संसदीय राजनीति का मोह

वाम ने ऐसे कार्यक्रम और नीतियाँ नहीं बनाईं जो मेहनतकश लोगों की आकांक्षाओं पर आधारित होने के साथ साथ प्रगतिशील बदलाव की वृहत्तर रणनीतियों से भी जुड़ी हों। वह उस समय भी 'जमीन जोतने वाले को' जैसे पुराने नारों से चिपका रहा जब वितरण के लिए भूमि ही नहीं थी। उसने औद्योगीकरण और भूमि अधिग्रहण की ऐसी नीतियाँ अपनाईं जो जनता की आजीविकाओं और प्राकृतिक संसाधनों की लूट करती हैं। पर्यावरणीय

विनाश का व्यापक विरोध करने और इसे मौजूदा बुर्जुआ व्यवस्था विरोधी संघर्ष का एक केन्द्रीय घटक बनाने में वाम की असफलता के साथ इन नीतियों ने इसे पर्यावरणीय सीमा रेखा के सन्दर्भ में गलत पाले में रख दिया।

1980 के दशक के प्रारम्भिक वर्षों के बाद वाम दल उत्तरोत्तर क्रान्तिकारी चेतना से विहीन और चुनाव जीतने में तल्लीन होते गए। उन्होंने ट्रेड यूनियनों और किसान सभाओं में काम की उपेक्षा की। यह सम्बन्ध विच्छेद राष्ट्रीय स्तर पर और उन राज्यों में, जहाँ वे सत्ता में थे अथवा सत्ता के प्रमुख दावेदार थे, दोनों जगह बढ़ता रहा। पश्चिम बंगाल में वाम ने पंचायतों के जरिये जो संरक्षण व्यवस्था बनाई थी उसने इसकी वास्तविक कमजोरी पर परदा डाल दिया और उसके कारण वाम तीन दशकों तक सत्ता में बना रह सका। लेकिन इसकी राजनीति से सभी आमूल परिवर्तनवादी सारतत्व गायब हो चुके थे। फिर भी, वामपन्थ अपने नेतृत्व की पुरानी पड़ चुकी 'हरावलवादी' धारणाओं से चिपका रहा।

अपनी स्वतंत्र शक्ति और आमूल परिवर्तनवादी पहचान से वंचित तथापि चुनाव जीतने के लिए व्याकुल वाम ने हर तरह के विवादास्पद गठबन्धन बनाये। अनेक राज्यों में उसने समझ में न आने वाले कारणों से जिन बुर्जुआ अथवा मध्यमार्गी दलों के साथ गठबन्धन किया उन दलों से इसे अलग पहचान पाना कठिन हो गया। इस बीच यह उस शोषित और दमित आम जनता से उत्तरोत्तर अलग थलग होता गया जिनका प्रतिनिधित्व करने का यह दावा करता था। वाम के 'जनवादी केन्द्रवाद' के संगठनात्मक व्यवहार ने खुली और मुक्त बहस का गला घोंटा और उसे अपनी पुरानी गलतियों को स्वीकार करने और उनसे सबक लेने से रोका।

इस प्रकार, वाम की राजनीतिक हार महज एक अस्थायी चुनावी-राजनीतिक संकट नहीं है बल्कि एक अस्तित्वपरक संकट है जिसके विचारधारात्मक-सैद्धान्तिक, कार्यक्रमात्मक और सांगठनिक तमाम आयाम हैं। वाम को इसे स्वीकार करना चाहिए और अपनी राजनीति के बुनियादी आधार वाक्यों को एक बार फिर देखना चाहिए। जब तक वह ऐसा नहीं करता और अपनी दृष्टि, नीतिगत परिप्रेक्ष्य और राजनीतिक गोलबन्दी की रणनीतियाँ और भारतीय दशाओं के उपयुक्त कार्यनीतियाँ विकसित नहीं करता तब तक अपने को नवजीवन देना और मेहनतकश जनता के साथ अपने सम्पर्कों का पुनर्निर्माण करना तो दूर वह अपनी आसन्न अवनति को रोकने अथवा पलट देने की भी आशा नहीं कर सकता।

कुछ लोगों को यह तर्कसंगत लग सकता है कि इन मुद्दों पर चर्चा करने का सर्वश्रेष्ठ मंच दलों के बाहर और भीतर दोनों जगहों के अनेक कम्युनिस्टों के लिए अपने आप में एक आकर्षक नारे 'वाम एकता' के आधार पर आयोजित कोई मंच अथवा सम्मेलन हो सकता है।[1] इससे वाम दलों को कम-से-कम अपनी एक प्रमुख कमजोरियों में से एक-फूट-पर काबू पाने में तो मदद मिलेगी। शुद्ध रूप से राजनीतिक और दलीय सन्दर्भ में समझा जाने वाला यह प्रस्ताव एक तरह का सरलीकरण है। यह पश्चिम बंगाल के मौजूदा वाम मोर्चे और केरल के वाम लोकतांत्रिक मोर्चे की विषम प्रकृति को गम्भीर रूप से कम आँकता है।

इन मोर्चों में न केवल माकपा का जबर्दस्त वर्चस्व है बल्कि इन मोर्चों ने ऐतिहासिक

दृष्टि से सत्ता के अंगों के रूप में काम किया है न कि बहस के मंचों के रूप में। गैर दलीय संगठनों और जनता के आन्दोलनकारी समूहों की बात तो दूर वे अपने से छोटे दलों की आवाजों को भी आसानी से दबा सकते हैं।[2] इसके अतिरिक्त, यह सोचना भोलेपन की पराकाष्ठा ही होगा कि वाम दल अचानक किसी साझा 'वाम एकता' के मंच पर बहसों के जरिये अपने संकट के कारणों के बारे में अत्यन्त निस्संग ढंग से ईमानदार, सटीक और रोशनी डालने वाली सहमति बना लेंगे जबकि 2009 और 2011 की चुनावी असफलताओं के बाद भी ऐसा कर पाने में वे बहुत साफ तौर पर और बार-बार असफल हुए हैं। इस काम के लिए सर्वाधिक उपयुक्त फोरम वह होगा जिसका आधार अधिक व्यापक हो और जिसे विमर्श और कार्रवाई दोनों के माध्यम से विकसित किया गया हो।

उम्मीद की जानी चाहिए कि संसदीय वाम दल अपने सामने खड़े इन संकटों का विश्लेषण पूरी ईमानदारी और साफगोई के साथ करेंगे। वे ऐसा करें या न करें लेकिन इस काम के एक बड़े हिस्से की जिम्मेदारी इन दलों की औपचारिक संरचनाओं से बाहर की प्रगतिशील धाराओं पर आ गई है। ऐसी अनेक धाराएँ हैं। भारत ने आजीविका की सुरक्षा और प्राकृतिक संसाधनों तक पहुँच के लिए, लोकतांत्रिक अधिकारों को विस्तार देने और उन्हें नीचे तक ले जाने के लिए और असंख्य अन्यायों और असमानताओं के विरोध में हो रहे अनेक जनआन्दोलनों का उभार देखा है। इन आन्दोलनों ने बड़ी संख्या में ऐसे लोगों को अपनी ओर खींचा है जो स्वत:स्फूर्त ढंग से 'नए सामाजिक आन्दोलनों' अथवा अथवा पुराने गैर सरकारी संगठनों (एनजीओ) से अलग 'जन आन्दोलन' कही जाने वाली संरचनाओं[3] के माध्यम से काम कर रहे हैं।

ऐसा नहीं है कि इनमें से सभी समूह वाम दलीय अथवा गैर दलीय संगठनों के साथ एक सच्चे समतावादी एजेंडा पर काम करने के इच्छुक हैं। उन्हें महिमामंडित नहीं किया जाना चाहिए। उनमें से कुछ राजनीतिक रूप से एक दूसरे से असहमत हो सकते हैं या उनके अपने रुझान, निजी पूर्वग्रह, वर्ग अथवा जाति आधारित वर्गीय सरोकार हो सकते हैं अथवा उनका राजनीतिक अहंकार भी इसमें आड़े आ सकता है लेकिन उनमें एक बड़ी संख्या में और व्यापक विविधता वाले अनेक ऐसे संगठन हैं जो संवाद की प्रक्रिया में उसी लाभकारी ढंग से शामिल किए जा सकते हैं जैसे वाम के अनेक बड़े और छोटे दल।

इनमें अधिकारों के लिए संघर्ष करने वाले अनेक आन्दोलन हैं जो सूचना के अधिकार (आरटीआई), शिक्षा के अधिकार (आरटीई), मनरेगा के माध्यम से रोजगार के अधिकार, खाद्य सुरक्षा के अधिकार, वन अधिकार अधिनियम और कुछ राज्यों में सार्वजनिक सेवाएँ प्राप्त करने के अधिकार के लिए आन्दोलन करने और इन अधिकारों को हासिल कर लेने से जुड़े हैं। इन आन्दोलनों की शुरुआत नव उदारवाद के युग में हुई थी और इन्होंने प्रतिकूल स्थितियों के बावजूद प्रभावशाली और कभी-कभी भव्य उपलब्धियाँ हासिल की हैं। निस्सन्देह ये उपलब्धियाँ वे इसलिए हासिल कर सके क्योंकि उन्होंने जिन अधिकारों पर ध्यान केन्द्रित किया उन्हें हासिल करने के लिए कठिन संघर्ष किया। ये अधिकार उन्हें खैरात या दान के रूप में नहीं दिए गए थे। अपने सबसे बुरे चरण में कांग्रेस के नेतृत्व वाला संयुक्त प्रगतिशील गठबन्धन अथवा नरेन्द्र मोदी के तहत भाजपा के नेतृत्व वाला राष्ट्रीय लोकतांत्रिक गठबन्धन कोशिशें करने के बावजूद उन्हें निष्प्रभावी करने, कमजोर करने अथवा रद कर

देने में समर्थ नहीं हुआ।[4] अधिकारों पर आधारित ऐसे दृष्टिकोणों को स्वास्थ्य, सुरक्षा, आय और सामाजिक सुरक्षा जैसे अन्य क्षेत्रों तक भी विस्तारित किया जाना चाहिए।

जनता के घोषणापत्र के पक्ष में

यह बहुत आश्चर्यजनक लग सकता है लेकिन अनुमान है कि प्रति वर्ष देश भर से अस्सी लाख से एक करोड़ के बीच सूचना के अधिकार के प्रार्थनापत्र भेजे जाते हैं। अधिकतर प्रार्थनापत्र निजी तौर पर व्यक्तियों द्वारा और कुछ आन्दोलनकारी समूहों द्वारा भेजे जाते हैं। कुछ प्रार्थनापत्रों के परिणामस्वरूप मनरेगा में भ्रष्टाचार का पर्दाफाश तथा दिल्ली में पानी की निजीकरण के योजनाओं की समाप्ति जैसी बड़ी सामाजिक उपलब्धियाँ हासिल हुई हैं। पानी के निजीकरण के विरोध का आन्दोलन उन अनेक सफल अभियानों में से एक था जिससे अरविन्द केजरीवाल अन्ना हजारे के आन्दोलन में शामिल होने और बाद में आम आदमी पार्टी बनाने से बहुत पहले से जुड़े थे।[5]

जिन धाराओं को पुराने वाम का दायित्व वहन करना है उनमें स्वयं वाम दलों के अतिरिक्त स्वतंत्र मार्क्सवादी और वाम-समाजवादी समूह, आमूल परिवर्तनवादी गैर दलीय राजनीतिक संगठन, ट्रेड यूनियनिस्ट, खेतिहर मजदूरों और सीमान्त किसानों को संगठित करने वाले लोग, दलित संजाल, नारीवादी समूह, साम्प्रदायिकता विरोधी अभियान चलाने वाले और पर्यावरणीय सक्रियतावादी शामिल हैं। उनमें स्वास्थ्य और शिक्षा के अधिकारों के लिए अभियान चलाने वाले, लोगों की आजीविका की रक्षा के लिए समर्पित नागरिक समाज समूह, लोकतंत्र को नीचे गहराई तक ले जाने और उसे समृद्ध बनाने का प्रयास करने वाले आन्दोलन, बुद्धिजीवी वर्ग और वे सब असम्बद्ध समूह और व्यक्ति शामिल होने चाहिए जो किसी संगठन से जुड़े नहीं हैं और जो एक ऐसे उत्तर पूँजीवादी भविष्य में विश्वास करते हैं जहाँ पूँजीवाद का खात्मा हो चुका होगा। इस अन्तिम श्रेणी (असम्बद्ध समूह) का एक घटक वह है जिसे 'सामाजिक' अथवा 'सांस्कृतिक' वाम कहा जा सकता है जिसमें लेखक, कलाकार और सांस्कृतिक सक्रियतावादी शामिल हैं।

ये सभी धाराएँ भले ही बहुत अलग अलग ढंग की हों-उनमें से कुछ पैनेपन के साथ किसी खास मुद्दे पर केन्द्रित और अनुभवी हो सकती हैं तथा कुछ अन्य अधिक व्यापक फलक और क्षितिज के साथ अनेक मुद्दों पर काम करने वाली हो सकती हैं। ऐसी सभी धाराओं को आलोचनात्मक आत्मावलोकन भी करना चाहिए। इसी में उनका हित निहित है। राजनीतिक-सामाजिक वाम के उद्देश्यों और कार्यक्षेत्रों को समाज और राजनीति में दक्षिणपन्थ के बढ़ते प्रभाव के तहत नुकसान पहुँचना निश्चित है अतः वाम के व्यापक आधार क्षेत्र का और अधिक मोहभंग न हो और उसका मनोबल न टूटे इसके लिए ऐसा आत्मावलोकन आवश्यक है। संगठित संसदीय वाम फिलहाल दक्षिणपन्थ के प्रभाव का समुचित मुकाबला करने की स्थिति में नहीं है।

इन धाराओं को, जो स्वयं तमाम विभिन्नताओं का एक सतरंगी इन्द्रधनुष हैं, समान सरोकारों और राजग की नीतियों के प्रतिरोध के मुद्दों पर प्रगतिशील दलों और संगठनों, जिनमें वाम मोर्चे की पार्टियाँ और उनसे सम्बद्ध श्रमिकसंघ, किसान सभाएँ और महिला संगठन शामिल हैं, के यथासम्भव व्यापक विस्तार के साथ काम करने की सम्भावनाएँ

तलाशनी चाहिएँ। उन्हें वामपन्थी रुझान वाले सभी संगठनों और समूहों के साथ बातचीत शुरू करनी चाहिए और इस बातचीत को जारी रखना चाहिए।

वस्तुतः ऐसी बातचीत पिछले कुछ वर्षों से प्रायः खामोशी के साथ चल रही है जिसने 2014 के मध्य से गति पकड़ी है। विभिन्न जमीनी स्तर के 'जनता के आन्दोलन' समूह और समान धाराओं ने एक आन्दोलन के रूप में वाम के पतन के कारणों को समझने और उसे नवजीवन प्रदान करने के तरीके ढूँढ़ने के केन्द्रीय अजेंडा पर विभिन्न शहरों और कस्बों में दर्जनों बैठकें, औपचारिक वार्तालाप और विचार गोष्ठियाँ की हैं। इन समूहों ने ये बैठकें बहुत अलग अलग जगहों पर की हैं जैसे धिनकिया (उड़ीसा), पनवेल (महाराष्ट्र), रीवा (मध्य प्रदेश) और सोनभद्र (उत्तर प्रदेश) के अतिरिक्त देहरादून, रांची, नागपुर, हैदराबाद, कोलकाता, तिरूवनंतपुरम, बेंगलूरु, मुम्बई, चेन्नई और दिल्ली।

कुछ ही समय पहले इन समूहों ने संयुक्त रूप से और बहुत जोरदार ढंग से राजग के भूमि अधिग्रहण विधेयक/अध्यादेश के विरुद्ध अभियान चलाया और भूमि के मुद्दे को भूमि पर जनता की सम्प्रभुता की धारणा से जोड़कर उसे विस्तार देने का प्रयास किया। राज्य द्वारा दिल्ली–मुम्बई औद्योगिक गलियारा जैसी परियोजनाओं को आगे बढ़ाये जाने के विरुद्ध यह मुद्दा और उद्योग, खनन तथा शहरी विकास के लिए भूमि अधिग्रहण करने की राज्य की शक्तियों को सीमित करने की माँग जन गोलबन्दियों की प्रमुख धुरी बनने का संकेत देते हैं।

इनमें से कुछ 'जनान्दोलन' समूह वाम के विविध संकटों और अपनी खुद की कठिन परिस्थितियों से सम्बन्धित मुद्दों और उनके समाधानों पर जल, जंगल, जमीन और पर्यावरण सम्बन्धी सवालों पर काम करने के अपने लम्बे अनुभव के आधार पर चर्चा करते रहे हैं। वे सामाजिक सुरक्षा के अधिकार तथा अन्य अनेक प्रगतिशील नीतियों के लिए चलाए जा रहे हाल के अभियानों में भी सक्रिय भागीदार रहे हैं। परिणामस्वरूप जो निष्कर्ष सामने आए हैं वे इस प्रक्रिया से जुड़े कुछ महत्त्वपूर्ण लोगों के बीच हुए पारस्परिक संवाद पर आधारित हैं।[6]

इनमें से कई धाराएँ मानती हैं कि सर्वोच्च प्राथमिकता एक गहन, सामूहिक चिन्तन और विश्लेषण की प्रक्रिया शुरू करने को दी जानी चाहिए क्योंकि केवल इस प्रक्रिया के जरिये ही वे मुद्दे मिल सकते हैं जिन्हें 'जनता का घोषणापत्र' कहा जा सकता है। सार रूप में यह मौजूदा सामाजिक और राजनीतिक व्यवस्था और उसके रोग के निदानों की एक सम्पूर्ण और विस्तृत प्रत्यालोचना होगी। यह प्रत्यालोचना मुक्ति प्रदान करने वाले और पूँजीवाद विरोधी बदलाव के लिए एक साझा परिप्रेक्ष्य के बुनियादी तथ्यों का आधार विकसित करेगी, इस मुख्य लक्ष्य की प्राप्ति के लिए जरूरी राजनीतिक और संघटनात्मक रणनीतियों की रूपरेखा तैयार करेगी और कुछ उन एजेंसियों और उपकरणों की पहचान करेगी जो ऐसी रणनीतियों को सर्वश्रेष्ठ ढंग से अभिव्यक्त कर सकें और आगे बढ़ा सकें।

ऐसा सामूहिक चिन्तन किस तरह और किस कार्यवाही के जरिये संयोजित किया जा सकता है यह तय कर पाना आसान नहीं है। लेकिन जमीनी स्तर के सक्रियतावादी समूहों, जिनमें वाम के कार्यकर्ता शामिल हैं, के बीच हाल में हुए संवादों से सामने आए कुछ सुझाव विचारणीय हो सकते हैं। ऐसा आत्मविश्लेषण कार्यकर्ताओं के बीच एक अर्ध अनौपचारिक

किन्तु व्यक्तिगत आमने-सामने के संवाद के माध्यम से, उनकी पिछली परम्परा और मौखिक संस्कृति के अनुरूप ही अर्थात राज्यों में और सक्रियतावाद के महत्त्वपूर्ण केन्द्रों में बैठकों की एक शृंखला के जरिए सर्वश्रेष्ठ ढंग से हो सकता है। लेकिन इसके साथ साथ लिखित हस्तक्षेप भी अवश्य होने चाहिए जिससे सटीक सूत्रीकरण होता है और अधिक स्पष्टता आती है। इस तरह के पारस्परिक संवादों की सर्वश्रेष्ठ शुरुआत नागरिक समाज समूहों और वाम दलों से जुड़े अथवा उनसे असम्बद्ध ऐसे नेताओं द्वारा की जा सकती है जिनकी व्यापक लोकप्रियता और स्वीकार्यता हो और ऐसे नेताओं की संख्या कम नहीं है।

निश्चय ही, ऐसे किसी प्रयास में शिरकत के लिए संसदीय वाम को आमंत्रित किया जाना आवश्यक होगा लेकिन इस प्रयास को वाम की भागीदारी अथवा एक केन्द्रीय भूमिका निभाने पर उसकी सहमति पर निर्भर बना दिया जाना अथवा इसको ऐसे प्रयास के लिए बाध्यकारी मान लिया जाना उचित नहीं होगा। पुराने अनुभव को देखें तो वाम गैरदलीय अथवा स्वतंत्र समूहों और व्यक्तियों के साथ ऐसे संवाद की पहल के अवसर का इस्तेमाल करना चाह सकता है और नहीं भी चाह सकता। लेकिन जन घोषणापत्र की प्रक्रिया और इस दस्तावेज के प्रस्तावों पर वाम की प्रतिक्रिया चाहे जैसी भी हो उसका स्वागत किया जाना चाहिए।

ऐसे सामूहिक आत्मविश्लेषण का केन्द्रीय कार्य होगा मौजूदा संक्रमण काल का एक व्यापक, सैद्धान्तिक और साझा विश्लेषण विकसित करना। लेकिन यह विश्लेषण किसी भी सूरत में अत्यधिक सामान्यीकृत, सतही या सन्दर्भविहीन नहीं होना चाहिए। यह विश्लेषण विभिन्न अलग अलग तरह के समूहों के अनुभवों और अन्तर्दृष्टियों के आदान-प्रदान और उन्हें एक जगह एकत्र करने पर आधारित होगा ताकि भारत के समाजवादी रूपान्तरण के उद्‌देश्य की ओर आगे कैसे बढ़ा जाए इस पर एक कार्यक्रमात्मक परिप्रेक्ष्य के तत्त्व सामने लाए जा सके। एक पूर्ण विकसित कार्यक्रम अथवा घोषणापत्र प्रस्तुत करने के एक बड़े पैमाने के प्रयास की तुलना में यह प्रयास अधिक सीमित होगा।

ऐसी पहल को एक साथ पाँच धुरियों पर चलाने की जरूरत होगी[7] : एक, परम्परागत वाम उपागमों की प्रत्यालोचना करते हुए भारत के विशिष्ट सन्दर्भ में एक समाजवादी अथवा सामाजिक मुक्ति के एजेंडा की व्यापक दृष्टि, लक्ष्यों और दीर्घकालिक कामों को परिभाषित करना; दो, जनता के संघर्षों के निर्माण और उन्हें आमूल सुधारवादी रूप देने तथा लोकतंत्र को गहराने की महत्त्वपूर्ण केन्द्रीय माँगों की पहचान करना; तीन, गरीबों और सुविधाहीनों के लिए जरूरी महत्त्वपूर्ण सरोकारों वाले रोजमर्रा के मुद्‌दों पर क्षेत्र आधारित अथवा सूक्ष्म स्तर के विकल्प विकसित करना; चार, जनता और राजनीतिक दलों के बीच, आपस में इन दलों के बीच तथा दलों के अन्दर लोकतांत्रिक सिद्धान्तों के आधार पर एक गैर हरावली (जिसमें किसी दल विशेष की नेतृत्वकारी भूमिका न हो) सम्बन्ध की अवधारणा बनाना; और पाँच, भारत में उग्र राष्ट्रवाद की एक प्रत्यालोचना विकसित करना तथा मेहनतकश लोगों के बीच अन्तरराष्ट्रीय एकजुटता के नए रूप विकसित करना।

यह काम इतना महत्त्वाकांक्षी प्रतीत हो सकता है कि उसे शुरू करने में डर लगे लेकिन डरने की जरूरत नहीं है। इसके बजाय इसे एक ऐसे 'शोध और सक्रियता' शैली वाले एजेंडा के लिए एक अपेक्षतया विनम्र प्रस्ताव के रूप में देखना उपयोगी होगा जो मुख्यधारा के वाम दलों के पुनर्जीवन के लिए कुछ सिद्धान्तों का पुनर्कथन करता हैं और अनेक ऐसे मुद्‌दों

पर जोर देता है जो वाम दलों के पुनर्जीवन के लिए प्रासंगिक है किन्तु जिन्हें उन्होंने पर्याप्त गम्भीरतापूर्वक नहीं लिया है।

उदाहरण के लिए, प्रस्तावित संवाद की पहल की पहली धुरी ऊपर रेखांकित किए गए बुनियादी मुद्दों पर ध्यान केन्द्रित करती है जैसेकि व्यवस्था के भीतर उपलब्ध सभी सम्भावनाओं का इस्तेमाल करते हुए बुर्जुआ लोकतांत्रिक व्यवस्था के एक प्रति प्रभुत्वशाली विकल्प का निर्माण करना। यह इन्हें दीर्घकालिक सामाजिक मुक्ति के एजेंडा की भारत सापेक्ष विशेषताओं से जोड़ता है। ऐसी विशेषताओं में कम-से-कम वर्ग (जो अपनी विशिष्ट भारतीय परिस्थितियों के सन्दर्भ में एक ऐसे पूँजीवाद से जुड़ा है जो निर्माण-उत्पादन केन्द्रित नहीं है और जिसमें असंगठित क्षेत्र की प्रधानता है), जाति (विशेषकर दलित उत्पीड़न), लिंग (पितृसत्ता की निराली भारतीय विशेषताओं के साथ), धर्मनिरपेक्षता और साम्प्रदायिकता (विशेषकर हिन्दुत्व) और नव उदारवाद के प्रचंड प्रहार से पर्यावरण की सुरक्षा को तो शामिल किया ही जाना चाहिए। पर्यावरण सुरक्षा में जलवायु परिवर्तन से लड़ने का एजेंडा भी शामिल होना चाहिए क्योंकि भारत इस खतरे की ओर से विशेष रूप से असुरक्षित है।

यह कोई मनमाने ढंग से बनाई गई इच्छा सूची नहीं है। ये सभी विशिष्ट मुद्दे अथवा कार्य योजनाएँ भारत की बुर्जुआ सत्ता व्यवस्था के केन्द्र में हैं। उस शक्ति संरचना के किसी भी आमूल परिवर्तनवादी रूपान्तरण को इनसे जूझना होगा। जैसीकि अध्याय 8 में चर्चा की गई है, भारत में वाम इन मुद्दों पर कम-से-कम आंशिक रूप से तो टालमटोल करता ही है क्योंकि वह इन्हें अपने कठोर, योजनाबद्ध और वर्ग के प्रति मोहग्रस्त विश्लेषणात्मक ढाँचे में समाहित नहीं कर सकता। इस कारण इन मुद्दों की केन्द्रीयता और उनके पारस्परिक सम्बन्ध दोनों पर जोर दिया जाना और भारतीय सन्दर्भ में समाजवाद के केन्द्रीय एजेंडा में उनका समेकित किया जाना और भी जरूरी हो जाता है।

दलित मुक्ति तथा अन्य मुद्दे

भारत में समाजवाद की न्यूनतम कसौटी नागरिकों की बुनियादी समानता के रूप में परिभाषित है। अत: दलितों की मुक्ति के बिना समाजवाद का कोई अर्थ नहीं होगा। दलित मुक्ति को एक खोखला नारा नहीं बने रहना होगा जैसा कि वह लम्बे समय से अब तक रहा है। सभी प्रगतिशील ताकतों को दलितों पर थोपे गए उस ऐतिहासिक अन्याय को स्वीकार करना होगा जिसमें वे जातिगत दमन के बुनियादी महत्त्व को देख पाने में अपनी खुद की असफलता के कारण, समानता के आधार पर दलितों के साथ संयुक्त अभियान संगठित न कर और अपने खुद के संगठनों में दलित नेतृत्व को सक्रिय रूप से आगे न बढ़ाकर सहभागी रहे हैं। चाहे शहरों में हो या गाँवों के छोटे पुरवों में, दलितों के प्रति भेदभाव का या उनके विरुद्ध हिंसा का कोई मामला होते ही वामपन्थी सक्रियतावादियों को घटनास्थल पर सबसे पहले पहुँचना चाहिए।

भारत में, पितृसत्तात्मक उत्पीड़न से महिलाओं की मुक्ति एक प्रारम्भिक किन्तु तत्काल महत्त्व का एजेंडा है। वाम को विधायिकाओं में महिलाओं के आरक्षणों की माँग करने वाली पहलकदमियों में ही आगे नहीं रहना है बल्कि उसे पितृसत्ता के प्रति जनता और खुद अपने

कार्यकर्ताओं को शिक्षित करने के व्यवस्थित प्रयासों का और लड़कियों के साथ बड़े पैमाने पर भेदभाव करने वाली पुरुष वर्चस्ववादी खाप पंचायतों, चयनात्मक गर्भपातों और 'तथाकथित प्रतिष्ठा के लिए की जाने वाली हत्याओं' ('ऑनर किलिंग') के विरुद्ध अभियानों का भी नेतृत्व करना होगा। उसे बिना किसी संकोच के खुद को एक नारीवादी, महिला समर्थक धारा के रूप में अपनी पहचान बनाने का लक्ष्य सामने रखना चाहिए।

साम्प्रदायिकता के प्रभाव के तहत लोकतंत्र को बहुसंख्यकवादी दुःस्वप्न में बदल दिया जाएगा। जैसा कि आठवें अध्याय में जोर देकर कहा गया है, प्रगतिशील ताकतों को साम्प्रदायिकता की हिंसक अभिव्यक्तियों के साथ साथ उसके प्रच्छन्न कपटपूर्ण रूपों, जैसे मुसलमानों के पृथक्करण, पाठ्यपुस्तकों में धर्मांध के रूप में उनके चित्रण और सार्वजनिक विमर्श में 'राष्ट्रद्रोही' के रूप में उनके दानवीकरण से लड़ना होगा। यह एजेंडा कष्टप्रद रूप से उपेक्षित है। एक बहुत जरूरी प्राथमिकता यह है कि 'सच्चर कमेटी की रिपोर्ट के आकलन के लिए गठित कुंडू कमेटी' की रिपोर्ट को सार्वजनिक करने और उसे पूरी तरह लागू किए जाने की माँग को लेकर एक आन्दोलन शुरू किया जाए।

प्राकृतिक संसाधनों, उत्पादन और उपभोग के बीच एक गुणात्मक रूप से भिन्न सम्बन्ध (पूँजीवादी व्यवस्था के तहत प्रचलित लूट पर आधारित सम्बन्धों से भिन्न) स्थापित किए बिना कोई समाजवाद सम्भव नहीं है। नव उदारवादी पूँजीवाद और बुरा है। यह विशेषकर प्रकृति के और उन सूक्ष्म सन्तुलनों के लिए विनाशकारी है जिन्होंने लम्बे समय से जलवायु व्यवस्था को कायम रखा है। यह पृथ्वी को गर्म करने वाली ग्रीन हाउस गैसों के उत्सर्जन में बेलगाम वृद्धि को बढ़ावा देता है और उन सन्तुलनों को इस तरह भंग करता है कि उन्हें फिर वापस नहीं पाया जा सकता।

इससे यह माँग अपरिहार्य हो जाती है कि भारत धीरे-धीरे जीवाश्म ईंधन का इस्तेमाल बन्द कर दे और पुनर्नवीकरण योग्य ऊर्जा का इस्तेमाल शुरू करे, खेती में कम ऊर्जा और कम पानी वाली गहन तकनीकों का इस्तेमाल करे, निजी परिवहन को हतोत्साहित और कठोर रूप से विनियमित करे, लुटेरे उद्योगों, खनन, बाँधों और विनिर्माण पर प्रतिबन्ध लगा कर कमजोर पर्यावरणीय व्यवस्थाओं जैसे पश्चिमी घाट, तटरेखा, मत्स्यपालन और जैविक विविधता के केन्द्रों की रक्षा करे, वन के विनाश और दुर्दशा को प्रभावशाली ढंग से रोके, पारिस्थितिकीय रूप से सुदृढ़ नियोजन द्वारा शहरी पर्यावरण को पुनर्गठित करे और ऐसी महत्त्वाकांक्षी योजनाएँ शुरू करे जो जलवायु परिवर्तन के अनुरूप हों और ग्रीन हाउस गैसों के उत्सर्जन में कमी लाए।

पहली धुरी पर किए जा रहे विश्लेषण में यह भी स्पष्ट किया जाना चाहिए कि समाजवाद का ऐसा कोई ऐतिहासिक अथवा मौजूदा माडल नहीं है जिसका भारत (या कोई भी देश) अनुकरण कर सके। नौकरशाही के वर्चस्व और लोकतंत्र विरोधी व्यवस्था वाला सोवियत संघ यदि पहले नहीं तो 1920 के दशक के अन्तिम वर्षों के बाद एक आपदा बन गया था यद्यपि कुछ अर्थों में वह अन्तरराष्ट्रीय स्तर पर एक प्रगतिशील भूमिका निभाता रहा था। 'एक देश में समाजवाद' एक पथभ्रष्ट सिद्धान्त था जो सोच विचार कर गढ़ा गया था जिसका उद्देश्य अन्तरराष्ट्रीय कम्युनिस्ट आन्दोलन को स्तालिन के रूस के अधीन रखना सुनिश्चित करने के साथ साथ 1920 के दशक की यूरोपीय क्रान्तियों की विफलता और उसके सभी

भयावह परिणामों के साथ सोवियत संघ के अलग थलग पड़ जाने को तर्कसंगत ठहराना था। गहन रूप से गैरलोकतांत्रिक और नव उदारवाद का, तथा जलवायु के लिए खतरा बने विकास का आदी बन चुका आज का चीन तो माडल बन सकने के लिए और भी कम उपयुक्त है।

भारत के लिए उपयुक्त समाजवादी परियोजना की कल्पना को उन कामगारों, किसानों और दस्तकारों, दलितों और आदिवासियों, पुरुषों और स्त्रियों के संघर्षों के वास्तविक अनुभव से जैविक रूप से जुड़ा होना चाहिए जो एक खुले, अग्रगामी सोच वाले, गैर पदसोपानात्मक, अज्ञान और अन्धविश्वास से मुक्त, प्राकृतिक संसाधनों से जुड़े विविध गैर उपभोक्तावादी तरीकों का और समुदायों और लोगों के बीच प्रतिस्पर्धात्मक नहीं बल्कि सहयोगपूर्ण सम्बन्धों का आदर करने वाला समाज बनाने के लिए प्रतिबद्ध हैं।

उसके घोषणापत्र को वर्ग और जाति के सम्बन्धों की राज्य और क्षेत्र सापेक्ष समझ विकसित करने की जरूरत पर बल देना चाहिए और इस पर दलितों, आदिवासियों और सम्भवत: सर्वाधिक पिछड़ी जातियों (एमबीसी) के कोटा और आरक्षण के बजाय सकारात्मक कार्रवाई के जरिये सशक्तीकरण के एक न्यूनतम कार्यक्रम के माध्यम से अमल करना होगा। घोषणापत्र पर हस्ताक्षर करने वालों को स्वयं को इस बात के लिए भी प्रतिबद्ध करना होगा कि वे अपने संगठनों के नेतृत्व में इन समूहों और महिलाओं का प्रतिनिधित्व उनकी सदस्यता के अनुपात में बढ़ाएँगे।[8] उन्हें सिर्फ शब्दों से नहीं बल्कि अपने कामों से उदाहरण प्रस्तुत कर नेतृत्व करना होगा।

इस नए वाम को नारीवादी और दलित आन्दोलनों की स्वायत्तता के सिद्धान्त का सम्मान करना होगा, यह नहीं कि उनके और उनके संगठनों के साथ राजनीतिक दलों के पिछलग्गुओं, शाखाओं अथवा आनुषंगिक संगठनों जैसा व्यवहार किया जाए।[9] इसे नारीवादी आन्दोलन के साथ काम करने के अधिक से अधिक अवसर तलाशने चाहिए। उदाहरण के लिए इसे एकजुटता अभियानों के और बलात्कार, यौन हिंसा और प्रताड़ना विरोधी प्रतिरोधात्मक कार्रवाइयों के साथ जुड़ना चाहिए और असंगठित क्षेत्र में महिला मजदूरों के मुद्दों आदि पर काम करना चाहिए। फुले और अम्बेडकर की विरासत को मान्यता देने वाले एक व्यापक ढाँचे के भीतर वर्ग और जाति सम्बन्धी सैद्धान्तिक और व्यावहारिक मुद्दों पर दलितों के साथ एक गम्भीर संवाद चलाने के साथ साथ इसे दलित मुक्ति आन्दोलन के साथ एकजुटता और आत्मीयतापूर्ण एक विशेष सम्बन्ध बनाना होगा।

दूसरी धुरी उन माँगों का पता लगायेगी जिन्हें एक आमूल परिवर्तनवादी आन्दोलन की मध्य अथवा दीर्घकालीन माँगों में शामिल किए जाने की जरूरत है। इनमें कृषि सुधार, काम करने के अधिकार, शिक्षा के अधिकार, वृद्धावस्था पेंशन, न्यूनतम खाद्य सुरक्षा, वन अधिकार जैसे मुद्दों को और नीचे तक ले जाना और उन्हें विस्तार देना शामिल है। इनमें से कुछ मुद्दों पर आन्दोलन चल रहे हैं, प्राय: उन्हें इनमें उल्लेखनीय सफलता भी मिली है लेकिन प्राय: इन्हें राज्य और अन्य निहित स्वार्थों वाले समूहों द्वारा कड़े प्रतिरोध का सामना करना पड़ता है। सुविचारित मुद्दों पर लम्बे चले आन्दोलनों सहित अनेक जनान्दोलन राज्य को इनमें से कुछ अधिकारों को मान्यता देने और उन्हें कानूनों में शामिल करने पर मजबूर करने में सफल रहे हैं, यह अपने आपमें एक महत्त्वपूर्ण उपलब्धि है। अधिकारों पर केन्द्रित इन

उपागमों को स्वास्थ्य सुरक्षा, वृद्धावस्था में देखभाल, पहुँच के भीतर आवास व्यवस्था और बेरोजगारी भत्तों और पेंशनों सहित सामाजिक सुरक्षा के विभिन्न रूपों तक विस्तारित किया जाना चाहिए।

कृषि में समष्टिवाद

राज्य द्वारा जनता से छीनी अथवा जब्त की गई जमीन वापस लेने के लिए चलाए गए जन आन्दोलनों ने केरल के चेंगरा से मध्यप्रदेश में रीवां और उत्तर प्रदेश में सोनभद्र तक प्रभावशाली सफलताएँ दर्ज की हैं। हजारों एकड़ जमीन वापस ले ली गई है। अब अनेक केन्द्रीय मुद्दों में से एक मुद्दा यह है कि इन कब्जों को खेती के नवीन और पारिस्थितिकीय दृष्टि से पुष्ट तरीकों का इस्तेमाल करते हुए एक सामूहिकता अथवा सहकारिता के आधार पर न्यायसंगत और दीर्घकालिक कैसे बनाया जाए। सिर्फ इतना ही काफी नहीं है कि व्यक्तियों को तदर्थ कृषि-अधिकार और कानूनी पट्टे मिल जाएँ। वापस ली गई इन जगहों को व्यवहार्य सामूहिक पहलकदमियों का ऐसा प्रतिमान बनाना होगा जो अनुकरणीय हो। एक दूसरा मुद्दा यह है कि कैसे अन्य बड़े आन्दोलन उन्हें समर्थन दे सकते हैं अथवा उन्हें अधिक व्यापकतर मान्यता और वैधता दिलाने के प्रयासों में हिस्सा ले सकते हैं।

वासभूमि के लिए कानूनी रूप से लागू किए जाने लायक अधिकार, सुरक्षित पेयजल, सर्वसुलभ स्वास्थ्य सुरक्षा (बीमा नहीं बल्कि कराधान द्वारा वित्तपोषित) और पहुँच के भीतर की सार्वजनिक आवास व्यवस्था—जो दशकों से भारतीय नीतिनिर्माताओं की नजर से बाहर है—जैसे अन्य मुद्दे भी शामिल किए जाने के लिए घोषणापत्र का विस्तार किया जाना होगा। धर्मनिरपेक्ष मानवतावादी पाठ्यक्रम वाली एक समान स्कूल व्यवस्था पर आधारित बढ़िया शिक्षा को बढ़ावा देने का एजेंडा भी समान रूप से महत्त्वपूर्ण है। उसे दलित संघर्ष की विरासत के साथ न्याय करना चाहिए, स्त्रियाँ दमन के जिन अनेक रूपों का हमेशा शिकार बनती रही हैं उसके बारे में साफ बात की जानी चाहिए। राष्ट्रीय श्रेष्ठता वाले नजरिये को संकल्पपूर्वक नकारना होगा और उसकी आलोचना करनी होगी और विविध संस्कृतियों और सभ्यताओं के प्रति सम्मान और सहिष्णुता को आगे बढ़ाना होगा। पाठ्यक्रम में क्षेत्रीय और राष्ट्रीयताओं के व भाषायी वैविध्य का सम्मान होना चाहिए और आदिवासियों तथा तथाकथित बोलियाँ बोलने वालों पर 'मानक' सरकारी भाषा थोपी नहीं जानी चाहिए।[10]

यह कहना गैरजरूरी है कि राज्य की संकल्पबद्ध लक्ष्यकेन्द्रित कार्रवाई के बिना ऐसा नहीं हो सकता और राज्य जनता के संघर्षों के परिणामस्वरूप ही कार्रवाई करेगा। आज जनता के ऐसे अनेक संघर्ष बहुत छोटे-छोटे रूपों में मौजूद हैं। उन्हें एक व्यापक राजनीतिक कार्ययोजना के हिस्से के रूप में एक संकेन्द्रित एकाग्रता के साथ एक साथ लाने की जरूरत है।

ऐसे जन घोषणापत्र में अधिक दीर्घकालिक परिप्रेक्ष्यों के तहत स्थायी आजीविका के सवालों का समाधान उस विशेष सन्दर्भ में ढूँढ़ा जाना चाहिए जहाँ भारत के अनेक हिस्सों में खेती अव्यावहारिक हो गई है और पिछले डेढ़ दशकों में सवा तीन लाख से अधिक किसानों ने आत्महत्या की है।[11] देश के अधिकतर हिस्सों में अब इतनी कृषियोग्य

जमीन बची ही नहीं है जो एक औसत ग्रामीण पारिवारिक इकाई को कुछ सम्मानपूर्ण जीवनस्तर प्रदान कर सके।

इसके लिए किसान सभाओं और अन्य जन संगठनों द्वारा कृषि उत्पाद और प्रसंस्करण, लदाई–भराई और परिवहन जैसे कामों के साथ साथ परम्परागत तरीके से उत्पाद के विपणन के संसाधनों, अन्य लागत खर्चों और श्रम साझेदारी पर आधारित सामूहिक कृषि के लिए व्यापक अभियान चलाए जाने की जरूरत है। छोटी जोतो के मालिकों को लक्षित कर 'जमीन उसकी जो उसे जोते' जैसे पुराने बुर्जुआ नारे अब काम नहीं आएँगे, अब उनकी जगह समष्टिवादी मूल 'समाजवादी' माँगों को देनी होगी।

ग्रामीण अर्थव्यवस्था अब केवल परम्परागत–अनाज और दालों पर आधारित–कृषि के ही बूते पर कायम नहीं रखी जा सकती। इसे बागबानी, वन विकास, चारागाह और पशुपालन में नई खोजों के जरिये और जड़ी–बूटियों की खेती द्वारा नया जीवन प्रदान करना होगा। इसके साथ पूरक के तौर पर हस्तशिल्प उत्पाद और स्थानीय संसाधनों पर आधारित छोटे उद्यमों पर भी जोर देना पड़ेगा जिनमें सूक्ष्म पनबिजली और सौर तथा पवन ऊर्जा उत्पादन शामिल हैं। ऐसे किसी प्रयास में सहकारी संस्थाएँ केन्द्रीय भूमिका निभा सकती हैं। यहाँ 'स्थानीय संसाधनों का मानचित्र बनाना'[12] बहुत महत्त्वपूर्ण हो सकता है। यह लोगों को प्राकृतिक संसाधन के अपने खजाने के प्रति जागरूक बनाता है और जिससे लोग अपनी बुनियादी सामुदायिक जरूरतों को न्यायसंगत, आर्थिक रूप से कुशल और पर्यावरण की दृष्टि से चलाए जा सकने वाले तरीकों से पूरा करने के लिए योजनाएँ बना सकते हैं।

ऐसी पहलों का बुनियादी लक्ष्य होगा अर्थव्यवस्था के ऐसे क्षेत्रों की स्थापना करना और उनका विस्तार करना जो किसी निजी अथवा राज्य के स्वामित्व वाले निगम द्वारा नहीं बल्कि ऐसे विविध सामूहिक और सहकारी उपक्रमों द्वारा संचालित हों जो स्थानीय इस्तेमाल का सामान बनाने के लिए संसाधन, कौशल और छोटी राशि वाली पूँजी को मिलजुल कर इकट्ठा करें।

सम्भवत: ऐसे क्षेत्र बड़ी संख्या में उन बेरोजगार, शिक्षित ग्रामीण युवाओं के लिए आय के एक गरिमापूर्ण स्तर पर स्थायी आजीविका के सर्वाधिक व्यावहारिक और सर्वाधिक न्यायसंगत मार्ग प्रशस्त करेंगे जिन्हें उत्पादक रोजगार मिलने की कोई आशा नहीं रह गई है और जिनमें से अनेक उस गुजरात माडल (जिसका नरेन्द्र मोदी ढोल पीटते रहते हैं) पर आधारित 'विकास' के भ्रामक वादे के प्रति आकृष्ट हो रहे हैं।

आय नीति

'दूसरी धुरी' के एजेंडा में ऐसे दूरगामी संरचनात्मक सुधारों की भी माँग अवश्य की जानी चाहिए जो इसकी जोरदार अनुगूंज पैदा कर सकें और जिनमें जनसंघर्षों को एक पूँजीवाद विरोधी दिशा में आमूल परिवर्तनवादी रूप देने की क्षमता हो। आय और सम्पत्ति की असमानताओं का मुद्दा लें। ये असमानताएँ भारत में बहुत विषम अनुपात में बढ़ी हैं लेकिन यह मुद्दा किसी राजनीतिक दल के एजेंडा में जगह नहीं पा सका है। समाजवादी और मजदूर आन्दोलन की एक पुरानी माँग की ओर लौटना अनिवार्य है यानी एक ऐसी आय नीति हो

जो न्यूनतम वेतन को इतना ऊँचा उठाये (और लागू करे) जिससे मानव गरिमा के अनुरूप जीवन स्तर सुनिश्चित किया जा सके और जो अति समृद्ध वर्गों के वेतनों और अतिरिक्त सुविधाओं की अधिकतम सीमा तय करने के साथ उन पर हदबन्दी लागू करे; उच्चतम वर्गों के लिए आयकर की दरों में काफी बढ़ोतरी की जाए क्योंकि ऊँची आमदनी वाले तबकों के लिए आयकर की दरें भारत में सबसे कम हैं।[13]

शर्म की बात है कि भारत ने 1985 में सम्पदा शुल्क (जिसे मृत्यु शुल्क अथवा उत्तराधिकार कर भी कहा जाता है) हटा दिया। यह नैतिकता के प्रारम्भिक विचारों के विरुद्ध जाता है और अन्यायपूर्वक उन लोगों के पक्ष में जाता है जिन्होंने अपनी सम्पत्ति अर्जित नहीं की बल्कि विरासत में प्राप्त की है। यह एक ऐसे समाज में दोगुना अश्लील है जहाँ सम्पत्ति की अत्यधिक विषमताएँ विद्यमान हैं। यहाँ तक कि पूँजीवादी देश भी ऐसे कर लगाते हैं और वह भी 40 प्रतिशत या उससे भी ऊँची दर पर। जो आन्दोलन पूँजीवाद से ऊपर उठने का उद्देश्य रखता हो उसे इससे अधिक और बेहतर करना होगा। वस्तुत: इसी तरह वह भविष्य का मार्ग दिखा सकता है। जन घोषणापत्र को ऐसे सार्वजनिक अभियान पर जोर देना चाहिए जो ऊँचे दर पर सम्पदा शुल्क लगाने के लिए भारत सरकार को मजबूर करे।

समष्टि अर्थशास्त्र और विकासपरक तथा प्राकृतिक वास नियोजन के क्षेत्र में निर्णय करने के सन्दर्भ में भारत के अतीत और वर्तमान के जनान्दोलनों के अनुभवों और अन्य देशों के अनुभवों से भी सीख लेना महत्त्वपूर्ण है। इन अनुभवों में ब्राजील तथा अन्य लातीनी-अमेरीकी देशों में सहभागी बजट निर्माण, तीस से अधिक देशों में (निजीकृत) पानी का पुन: नगरनिगमीकरण,[14] उरुग्वे और कुछ मध्य यूरोपीय देशों में सामूहिक आवास योजना, अफ्रीका के कुछ हिस्सों में वितरण और विपणन सहकारी समितियाँ, इंग्लैंड में पारगमन कस्बे ('ट्रांजिट टाउन') और स्पेन की मजदूर सहकारी समितियाँ तथा (केरल के कानन देवन के अतिरिक्त) पूर्व यूगोस्लाविया की स्वप्रबन्धन परिषदें शामिल हैं।

क्यूबा की शहरी कृषि, कोलंबिया के 'शान्ति समुदाय'[15], ग्रीस और स्पेन में हाल में दिखीं टाउन हाल बैठकों के माध्यम से सामूहिक निर्णय और दिल्ली में आम आदमी पार्टी द्वारा 2015 के चुनावों के दौरान और उससे पहले कुछ समय के लिए व्यवहृत 'मोहल्ला लोकतंत्र', दिल्ली के सत्तर चुनाव क्षेत्रों में से प्रत्येक के लिए अलग अलग उनकी विशिष्ट समस्याओं पर केन्द्रित लघु घोषणापत्रों के बहुत कल्पनापूर्ण विचार एक ऐसे क्षेत्र (आबादी-2 करोड़ 50 लाख) के लिए प्रासंगिक हैं जो आकार में एक देश के बराबर है। इस तरह के प्रयोगों पर आधारित अनुभवों का खजाना भी समान रूप से प्रासंगिक है।

इन अनुभवों में कारपोरेट बही-खातों में अधिक पारदर्शिता लाने से मिले लाभों को शामिल किया जाना भी महत्त्वपूर्ण है ताकि इन्हें श्रमिकों के वेतन के लिए सौदेबाजी करने में मजदूरों की जाँच के काम में एक प्रेरक जानकारी की तरह इस्तेमाल किया जा सके और कारखानों के भीतर श्रमिक लोकतंत्र लाने में मदद मिले। श्रमिक लोकतंत्र के तहत श्रम प्रक्रिया में श्रमिकों की बात सुनी जाती है। श्रमिक लोकतंत्र उद्योगों में मजदूरों के नियंत्रण के प्रयोग करता है। ऐसे अनुभवों का सावधानीपूर्वक दस्तावेजीकरण और विश्लेषण होना चाहिए ताकि एक अपेक्षतया बड़ी अर्थव्यवस्था में श्रमिक हितों की हिमायत की जा सके। भले ही यह अभी शुरुआती दौर में है लेकिन यह भविष्य का संकेत देता है। ये सभी उन

सुधारों को आगे बढ़ाने में योगदान कर सकते हैं जिन्हें 'पूँजीपति विरोधी संरचनागत सुधार' कहा गया है।

किसी नए समाजवादी घोषणापत्र को असंगठित क्षेत्र के श्रमिकों पर बहुत अधिक जोर देना होगा। असंगठित क्षेत्र में काम करने वाले लोग भारत के कार्यबल के 90 प्रतिशत से अधिक हैं और इनमें से अधिकतर लोग अकथनीय रूप से खूंखार शोषण के शिकार हैं। इन कामगारों को संगठित करना और उनके श्रमिक संगठन बनाना असम्भव तो नहीं लेकिन प्रत्यक्षतः कठिन है। लेकिन मार्क्स की कल्पना के बड़े बड़े महाकाय कारखानों के सामूहिक अथवा बड़े पैमाने वाले मजदूर नहीं बल्कि यही श्रमिक मौजूदा और भविष्य का मजदूर वर्ग अथवा उसका बहुत बड़ा हिस्सा है। इन्हें संगठित करने में ही नए वाम को अपनी सर्वश्रेष्ठ ऊर्जाओं और कल्पना का इस्तेमाल करना पड़ेगा।

असंगठित मजदूर : नया दृष्टिकोण

अब तक दो दृष्टिकोण आजमाये जा चुके हैं, दोनों का केन्द्र राज्य है। एक दृष्टिकोण यह है कि असंगठित मजदूरों की भिन्न भिन्न श्रेणियों के अर्थात निर्माण कार्य में, बीड़ी बनाने में, ईंट भट्ठों में, सिले-सिलाए कपड़ों के उत्पादन, आदि में लगे मजदूरों के लिए विशेष बोर्ड बनाये जाएँ और उनके सेवायोजकों के लिए बोर्ड में अपना पंजीकरण कराना अनिवार्य हो, उसके बिना वे किसी संविदा के लिए प्रार्थना पत्र न दे सकें-ताकि उनसे कुछ विशेष मानकों को स्वीकार करा लिया जाए। दूसरे और पहले से कमजोर नजरिये में असंगठित क्षेत्र के मजदूरों के लिए न्यूनतम वेतन, कार्यदशाओं, पेंशन और कल्याण कोष के लिए विधान बनाने की बात है।

इनमें से किसी दृष्टिकोण ने सन्तोषजनक ढंग से काम नहीं किया है। लेकिन अब तक उनके अवधारणात्मक और कार्यान्वयन सम्बन्धी दोषों का दस्तावेजीकरण हो चुका है और उनका विश्लेषण हो चुका है। ऐसे विश्लेषण से प्राप्त अन्तर्दृष्टियों का इस्तेमाल असंगठित क्षेत्र के मजदूरों के संघ अथवा सहकारी समितियाँ बनाने जैसी एक बेहतर रणनीति बनाने में किया जा सकता है। स्पष्ट सकारात्मक कार्रवाइयों के कार्यक्रम के माध्यम से सरकारी ठेकों और कर्ज के सन्दर्भ में इनसे अनुकूल व्यवहार किया जाता है। ऐसे व्यवहार का औचित्य निर्विवाद है : यदि दलित, अन्य पिछड़ी जातियाँ और नृजातीय अथवा धार्मिक अल्पसंख्यक बैंक व्यवस्था से रियायती दर पर ऋण पाने के अधिकारी हैं तो मजदूरों की सहकारी समितियों को भी यह सुविधा मिलनी चाहिए।

श्रम के लिए वैश्विक मानकों का विकास भी समान रूप से महत्त्वपूर्ण है। इन मानकों को सरकारी और अन्तरसरकारी संगठनों और बहुपक्षीय निकायों के माध्यम से लागू किया जाना चाहिए। मॉल के व्यापारियों और नियामक बोर्डों (उदाहरणार्थ पहली दुनिया के देशों में परिधान आयातकों के साथ लेन-देन करने वाले) के पक्ष में समर्थन जुटाने पर आधारित, नागरिक समाजों की पहलकदमियाँ तीसरी दुनिया के कुछ समाजों में असरदार सिद्ध हुई हैं।

कुछ नागरिक समाज समूहों ने श्रम सम्बन्धी ऐसे मानक विकसित किए हैं जो 'शालीन शिष्ट काम' की कसौटियों पर खरे उतरते हैं और उनमें इनकी देखरेख करने और इन्हें लागू

करने की क्षमता है। उन्हें भारत में श्रम की दशाओं को सुधारने के प्रयासों के साथ जोड़ना अन्तरराष्ट्रीय एकजुटता कार्यक्रम का हिस्सा है। इस प्रक्रिया को परिधानों से आगे विविध उत्पादों और क्षेत्रीय और अन्तरराष्ट्रीय संगठनों तक ले जाने की जरूरत है। पुराने वाम ने इन महत्त्वपूर्ण कार्ययोजनाओं की उपेक्षा की थी। उभरते हुए मजदूर वर्ग के लिए वाम के अप्रासंगिक हो जाने का यह भी एक कारण है। नया वाम इनकी उपेक्षा करने का खतरा नहीं उठा सकता।

इसी तरह, बूढ़े लोगों, बेरोजगार और विकलांगों तथा अन्य कमजोर समूहों, जैसे ऐसी पारिवारिक इकाइयाँ जिनकी मुखिया एकल महिला है, के लिए सन्तोषजनक सामाजिक सुरक्षा प्रावधानों की माँग करने के लिए भी एक अभियान होना चाहिए।[16] यदि केरल और तमिलनाडु जैसे राज्य ऐसे प्रावधान लागू कर सके हैं और कुछ वर्षों में ही मजदूरों के लाभ में वृद्धि करते हुए उन्हें एक सम्मानजनक मजदूरी देने की दिशा में आगे बढ़ सके हैं तो कोई कारण नहीं है कि अन्य राज्यों और केन्द्र को ऐसा करने पर मजबूर न किया जा सके। इस मुद्दे को राष्ट्रीय स्तर के आमूल परिवर्तनवादी सामाजिक सुधार के एजेंडा, जो दूसरी धुरी का केन्द्रीय एजेंडा है, के अंग के रूप में बने रहना चाहिए।

विश्वबैंक ने वायु, जल प्रदूषण और निर्वनीकरण के कारण भारत पर पड़ने वाले आर्थिक बोझ की लागतों का आकलन सकल घरेलू उत्पाद के 5.7 प्रतिशत पर किया है[17] जो हाल के वर्षों में राष्ट्रीय आय की कुल वार्षिक बढ़ोतरी के करीब है। इस आर्थिक बोझ में स्वास्थ्य की हानि, बीमारी के कारण गँवाए गए वर्ष और चिकित्सीय इलाज की लागतें शामिल हैं। यह आकलन पूरी तरह अस्वीकार्य है। पर्यावरण सम्बन्धी विनियमों और पर्यावरणीय प्रभाव के आकलन की प्रक्रिया को तबाह किया जा रहा है, उसे तत्काल मजबूत किया जाना जरूरी है।

पर्यावरण और आदिवासी मामलों के मंत्रालयों द्वारा गठित विभिन्न परामर्शदाता और विशेषज्ञ मूल्यांकन समितियों और नियंत्रणकारी मंत्रालयों द्वारा उद्योग, खनन और जल तथा बिजली परियोजनाओं को जिस तरह से मंजूरी दी जा रही है उसमें भी कानूनी बदलावों की माँग करना अत्यावश्यक है। इनमें से अनेक समितियों में कारपोरेट हितों के पक्षसमर्थक भर दिए गए हैं। इनमें विधिक वन सलाहकार समिति भी शामिल है जिसकी संरचना सार्वजनिक हित का उल्लंघन करते हुए हाल ही में बदल दी गई थी। 'जनान्दोलनों से अपेक्षा की जाती है कि वे किसी एक मुद्दे पर केन्द्रित अभियान चलाने के बजाय वर्चस्व तोड़ने के लिए दबाव बनाने का प्रयास करें। ऐसा हो इसके लिए परियोजना प्रभावित लोगों (पी.ए.पी.) और स्वतंत्र विशेषज्ञों के प्रतिनिधित्व तथा अधिक पारदर्शिता और जवाबदेही की माँग करने वाले हस्तक्षेप जरूरी हैं।

तीसरी धुरी को स्थानीय स्तर के, क्षेत्रीय अथवा 'सूक्ष्म' मुद्दों से मुठभेड़ करनी होगी। ये मुद्दे जनता विशेषकर वंचित तबकों के सीधे सरोकार के मुद्दे हैं। इन मुद्दों में नगरपालिका शासन से लेकर शहरी और ग्रामीण वायु और जल प्रदूषण और कूड़ा-कचरा निस्तारण तक, सुलभ, साफ और सुरक्षित सार्वजनिक परिवहन से स्वच्छ पेयजल के प्रावधान तक और स्थानीय स्तर पर सुलभ और खरीदी जा सकने लायक स्वास्थ्य सुरक्षा सुविधाओं से शालीन स्कूली शिक्षा तक शामिल है।

सूक्ष्म क्षेत्रीय नियोजन

इस तरह की क्षेत्रीय योजनाएँ प्रति वर्चस्व योजना (जिसका उद्देश्य जन गोलबन्दी करना है) का अभिन्न अंग हैं और वह एक व्यापक जन गठबन्धन की गोलबन्दी करने में सक्षम है। पुराना वाम ऐसी सुसंगत वैकल्पिक समझ को कभी परिभाषित अथवा मुखरित नहीं कर पाया। उदाहरण के लिए, उसके पास ऐसे शहरी स्थानों और शहरों की कोई कल्पना नहीं थी जिन्हें जनता को वहाँ से विस्थापित करने और बुनियादी नागरिक सुविधाओं से वंचित करने के लिए नहीं बल्कि जनता के लिए मैत्रीपूर्ण होने के उद्देश्य से बनाया गया हो। नए वाम को इसे अपने शहरी एजेंडा का एक महत्त्वपूर्ण हिस्सा बनाना होगा।[18]

यहाँ, लातीनी अमेरिका और दक्षिण अफ्रीका में सार्वजनिक पानी और बिजली को वापस हासिल करने के लिए चलाए गए सफल आन्दोलनों से बहुत कुछ सीखा जा सकता है। इसी तरह, सुविधाहीन बच्चों को पड़ोस में स्थित स्कूलों में प्रवेश की गारंटी देने वाले एक नए संवैधानिक संशोधन को लागू कराने का प्रयास कर रहे शिक्षा के अधिकार अभियान को समानता और सार्वभौमिक पहुँच के एजेंडा में समेकित किया जाना होगा और इसके साथ उनके माता–पिता और पड़ोसी परिषदों को भी इसके साथ जोड़ा जाना चाहिए। पड़ोस के सभी स्कूलों में पुस्तकालय अवश्य होने चाहिए और उन्हें बच्चों में और बड़ों में, भी पढ़ने की आदत डालने के लिए स्वयंसेवकों की भरती करनी चाहिए।

पैदल चलने वालों के लिए निजी कारों और दुपहियों से शहरी सड़कों की जगह वापस लेने के लिए एक आन्दोलन शुरू किया जाना और उसे जारी रखना भी समान रूप से महत्त्वपूर्ण है। आज इन वाहनों ने सड़क की आधी से ज्यादा जगह पर कब्जा कर रखा है जबकि सभी यात्रियों और सवारी यात्राओं में इनका प्रतिशत केवल 10 से 15 प्रतिशत ही है। शहरी प्रदूषण के बोझ में अनका योगदान दो तिहाई है। इन्हें अनुचित ढंग से ईंधन की बड़ी सब्सिडी दी जाती है। ये उस विशाल सार्वजनिक धनराशि का भी लाभ उठाते हैं जो सड़कों, पुलों और केवल निजी वाहनों के इस्तेमाल के लिए बनने वाले फ्लाइओवरों के निर्माण में लगती है। शहरी कचरा सहित प्रदूषण को रोकने और उसे कम करने के व्यवस्थित, कानूनी रूप से लागू करवाये जा सकने वाले कार्यक्रमों को शहरी नियोजन में समेकित किया जाना चाहिए और उसमें स्थानीय जनता का भी हस्तक्षेप अवश्य रहे।

शहरी जीवन की गुणवत्ता को बेहतर बनाने वाली किसी भी विवेकसंगत योजना का एक महत्त्वपूर्ण घटक है सुरक्षित, दक्ष और सर्वसुलभ सार्वजनिक परिवहन को आक्रामक ढंग से बढ़ावा दिया जाना। ऐसा नहीं कि केवल खर्चीली, पूँजी प्रधान मेट्रो (भूमिगत) जैसी व्यवस्थाओं से ही ऐसा किया जा सकता है। मेट्रो अपनी उच्च प्रौद्योगिकी वाली छवि और वातानुकूलित कोचों के कारण मध्यवर्ग को बहुत प्यारी लगने लगी है। लेकिन मेट्रो तभी व्यावहारिक होती है जब ट्रैफिक बहुत ज्यादा हो।[19] यह बात भारतीय शहरों के अनेक मार्गों पर लागू नहीं होती इसलिए मेट्रो को अपरिहार्य रूप से विशाल आर्थिक अनुदान की जरूरत पड़ती है। इसके बावजूद यह महज इसलिए असाधारण रूप से ऊँचा किराया लेने पर मजबूर है क्योंकि इसकी पूँजीगत लागत सड़क निर्माण पर आने वाली लागत की तुलना में दस से तीस गुना तक ज्यादा है।

इससे कहीं बढ़िया विकल्प है, बस रैपिड ट्रांजिट (बीआरटी) जो सड़कों के स्थान के न्यायपूर्ण इस्तेमाल को आगे बढ़ाता है। बी आर टी सभी छोटी दूरी की यात्राओं के 40 प्रतिशत या उससे भी ज्यादा सेवा देने वाली बसों के लिए फिलहाल मौजूदा सड़कों पर विशेष पथ आरक्षित करता है। मोटरगाड़ी उद्योग के पक्षसमर्थकों ने दिल्ली सहित अनेक भारतीय शहरों में बी आर टी को नुकसान पहुँचाने के लिए समृद्ध कार मालिकों और पुलिस से हाथ मिला लिया है। सड़कों पर उतर कर अभियान चलाकर इसका विरोध करना होगा। इस अभियान को सड़क की जगह में सुविधाहीन जनता के लिए सार्वजनिक परिवहन के उचित हिस्से की माँग करनी चाहिए।

पैदल चलने को बढ़ावा देने अथवा लोग मुक्त भाव से पैदल चल सके इसके लिए सड़क में उनकी अपनी जगह वापस लेना शहरी लोकतांत्रीकरण एजेंडा का महत्त्वपूर्ण अंग होना चाहिए। इस काम को गम्भीरतापूर्वक किया जाना चाहिए।

हर शहर में निजी अस्पताल कुकुरमुत्तों की तरह उग रहे हैं। ये अस्पताल जमीन और पानी की दरों में प्राप्त अनुदानों, क्षेत्रीकरण विनियमों से रियायतों और प्रत्यक्ष अनुदानों से मोटाये हैं। ये अस्पताल खास तौर पर अभिजन वर्ग की आवश्यकताएँ पूरी करते हैं। इनमें से अनेक को इस शर्त पर उदारतापूर्वक काफी जमीन अथवा कई मंजिलें बनाने की अनुमति दी जाती है कि वे एक विशेष अनुपात में (सामान्यतया हर पाँच पर एक) गरीब मरीज का मुफ्त इलाज करेंगे। कारपोरेट घरानों के अस्पताल ढिठाई के साथ इस शर्त का उल्लंघन करते हैं और दलील देते हैं कि गरीब जिस मुफ्त इलाज के हकदार हैं वह उपलब्ध कराना उन्हें बहुत महँगा पड़ता है और वे इसमें असमर्थ हैं। वे अपनी सीमा में रहें इसके लिए इन गलत व्यवहारों के विरुद्ध कानूनी और विधायी हस्तक्षेप के साथ साथ निरन्तर जन अभियान भी चलता रहना चाहिए।

इस तरह की छोटी सूक्ष्म स्तरीय योजनाएँ, जिनमें बेघर लोगों के लिए आश्रय, अच्छे निःशुल्क सार्वजनिक पुस्तकालय, सुरक्षित खेल के मैदान और मनोरंजन स्थल, कारों का अतिक्रमण रोक कर पैदलों के लिए पटरी आरक्षित करना, साइकिलों के लिए अलग से लेन बनाना, शहरों को ऐसा बनाना कि वहाँ के निवासियों को लगे उनका स्वागत है और उन्हें विशेषकर महिलाओं के लिए सुरक्षित बनाना शामिल हो, तैयार करके ही वाम नई वैकल्पिक जनाभिमुखी दृष्टि वालीपड़ोसी एकजुटताएँ और पहलकदमियाँ निर्मित कर सकेगा जो प्रति वर्चस्ववादी ताकत अथवा आन्दोलन में योगदान देंगी और जिनके पास एक।

निस्सन्देह बड़े, समष्टि स्तरीय राष्ट्रीय नजरिये और कार्यक्रम तथा नीतियाँ महत्त्वपूर्ण हैं। निश्चय ही उनका कोई विकल्प नहीं है। लेकिन शंकर गुहा नियोगी की तरह इन्हें जमीनी स्तर की ऐसी लोकप्रिय पहलों में रूपान्तरित करना होगा जो जमीनी स्तर के नियंत्रण और जवाबदेही के अधीन हों।[20] केवल नागरिक समाज के आन्दोलन ही पड़ोसी अथवा मोहल्ला समितियों के साथ और जनप्रतिनिधियों के साथ संयुक्त रूप से काम कर ऐसा कर सकते हैं।

हरावलवाद के विरुद्ध

चौथी धुरी को जनता और राजनीतिक दलों के बीच तथा दलों के भीतर और दलों के बीच

लोकतांत्रिक सिद्धान्तों के आधार पर एक गैर हरावलवादी सम्बन्ध की अवधारणा बनाने पर ध्यान केन्द्रित करना होगा। रूसी क्रान्ति के नौकरशाही अधोपतन, सोवियत पार्टी में स्तालिनवाद के प्रभुत्व के उदय और अन्ततः सोवियत संघ के विघटन से मिली महान सीखों में से एक यह है कि जो पार्टी मजदूर वर्ग और जनता का 'स्वाभाविक' हरावल अग्रिम दस्ता होने का दावा करेगी वह अन्ततः उनके द्वारा ही नकार दी जाएगी।[21] आंशिक ही सही लेकिन सार्वजनिक संस्कृति और राजनीति के लोकतांत्रीकरण और संचार क्रान्ति के लिए जाने वाले इस वर्तमान दौर पर भी यह बात पूरी तरह से लागू होती है।

हरावलवादी प्रमुखता के दावे पर आधारित कोई भी राजनीति निश्चय ही अव्यावहारिक हो जाती है यद्यपि वैधता और नैतिक सत्ता के बजाय संरक्षक–संरक्षित सम्बन्ध के आधार पर वह कुछ समय तक चलती रह सकती है। पश्चिम बंगाल में वाम मोर्चे विशेषकर माकपा के साथ ठीक यही हुआ। चुनावी पराजयों का सिलसिला शुरू होने के काफी पहले ही उसने अपना केन्द्रीय आधार खोना शुरू कर दिया था जिसके परिणामस्वरूप उसे सत्ता से बाहर होना पड़ा। एक प्रतिस्पर्धात्मक राजनीतिक माहौल के भीतर नेतृत्व का कोई भी दावा लगातार बना रहे, यह केवल किसी पार्टी के जनता के एक बड़े वर्ग के लिए प्रासंगिक कार्यक्रमों और नीतियों और अपने वादे पूरे करने की उसकी योग्यता पर निर्भर होता है। दमनात्मक तरीके जनता की नापसन्दगी की अभिव्यक्ति को केवल कुछ समय के लिए ही टाल सकते हैं, हमेशा के लिए नहीं।

जैसा कि पहले कहा जा चुका है, हाल के वर्षों में भारत आजीविका के मुद्दों, लोकतांत्रिक अधिकारों और सामाजिक न्याय के सवालों पर जनान्दोलनों के प्रस्फुटन का साक्षी रहा है। इन्होंने बड़ी संख्या में स्वतःस्फूर्त ढंग से अथवा नागरिक समाज की गोलबन्दियों और एन जी ओ से अलग 'जनता के आन्दोलनों' के माध्यम से लोगों को अपनी ओर खींचा है। पुराना वाम अधिकांशतया इन आन्दोलनों से अलग रहा है। प्रायः उसने उन्हें 'वास्तविक मुद्दों' से 'भटकाव' मानकर इनकी निन्दा की है, अथवा आधे अधूरे मन से उनमें तभी हिस्सा लिया है जब उसे इन आन्दोलनों पर नेतृत्व अथवा नियंत्रण के लिए आश्वस्त कर दिया गया।

यह वामपन्थ के लिए प्रतिकूल सिद्ध हुआ और इसने वाम को भारत की कुछ उन सर्वाधिक ऊर्जावान जन गोलबन्दियों से भी अलग–थलग कर दिया जिनके मुद्दे वाम के अपने उद्देश्य के लिए भी दीर्घकालिक प्रासंगिकता वाले मुद्दे थे।[22] नए सक्रियतावादियों और ताजा नए विचारों से वंचित वाम के नेताओं ने पश्चिम बंगाल में सिंगूर और नन्दीग्राम तथा केरल में मनोरंजन पार्कों जैसी नव उदारवादी कार्ययोजनाओं को जल्दी पूरा करने के लिए सीधे दमन का सहारा लिया।

जैसे जैसे जन असन्तोष बढ़ा, उसके वैसे वैसे पार्टी के भीतर असहमति बढ़ी। वाम नेतृत्व ने 'जनवादी केन्द्रवाद' के सांगठनिक 'सिद्धान्त' का सहारा लेकर आन्तरिक बहस को कुचल दिया। 'जनवादी केन्द्रवाद' इस बात को बाध्यकारी बनाता है कि हर तीन वर्ष अथवा लगभग तीन वर्ष पर होने वाले पार्टी अधिवेशनों अथवा सम्मेलनों में एक बार जो आधिकारिक लाइन तय हो जाए, सदस्यों को उसी लाइन का अनुसरण करना होगा। इन अधिवेशनों अथवा सम्मेलनों के दौरान वे नीतियों अथवा अन्य मामलों पर बहस करने के

लिए सिद्धान्तत: स्वतंत्र हैं लेकिन (दो सम्मेलनों के) बीच में असहमति के विचार व्यक्त करने की मनाही है।

लेकिन यूरोप और लातीनी अमेरिका के अनेक वाम अथवा मध्य-वाम दलों से भिन्न भारतीय वाम दल विभिन्न रणनीतिक अथवा कार्यनीतिक स्थितियों के आधार पर पार्टी के भीतर ऐसी प्रवृत्तियों अथवा गुटों के गठन की अनुमति नहीं देते जो अपने विचारों को अभिव्यक्त करने और अपने साहित्य का प्रचार-प्रसार करने के लिए और वस्तुत: ऐसा कर सकने की सामर्थ्य जुटाने के लिए वित्तीय सहायता भी ले सकने के लिए स्वतंत्र हों।

व्यवहार में, 'जनवादी केन्द्रवाद' ने बहस को सेंसर करने अथवा उसे कुचलने के एक भोथरे औजार के रूप में काम किया है। इसने उस समय भी ऐसा किया है जब असहमति को व्यक्त किया जाना तात्कालिक रूप से बहुत जरूरी हो। यह भी वाम के हरावलवाद से ही जुड़ा है। एक ऐसे समय में जब माकपा ध्वस्त अवस्था में है, उदाहरणार्थ विशेषकर पश्चिम बंगाल में, तब इससे अधिक आत्मविनाशकारी कुछ और नहीं हो सकता। तृणमूल कांग्रेस के गुंडों के हमलों के शिकार हुए इसके सैकड़ों सदस्य भाजपा में शामिल होने के लिए माकपा छोड़ रहे हैं। एक समय की शक्तिशाली पार्टी इन हमलों से अपने कार्यकर्ताओं को सुरक्षा नहीं दे पा रही है और तब भी पार्टी की 'लाइन' पर बहस करने पर प्रतिबन्ध है।

यदि वाम 'जनवादी केन्द्रवाद' से निर्णायक रूप से सम्बन्ध नहीं तोड़ता, असहमति तथा पार्टी में आन्तरिक बहस के प्रति एक सहिष्णु नजरिया नहीं अपनाता और अपने सदस्यों को फटकारे जाने अथवा निष्कासित किए जाने के डर के बिना अपने विचारों को सार्वजनिक रूप से अभिव्यक्त करने की अनुमति नहीं देता तो उसके सांगठनिक संकट की दशा और बदतर ही होगी।

एक नए वाम को जन्म देने के इच्छुक सभी लोगों के लिए इसमें एक व्यापकतर सबक है। उन्हें भी खुलेपन और मतभेद तथा असहमति के प्रति सहिष्णुता के साथ शुरुआत करनी होगी जिसमें सबको अपने विचार, विशेषकर नीतिगत मामलों पर, सार्वजनिक रूप से व्यक्त करने की पूरी आजादी हो।[23] यह न केवल पार्टी की आन्तरिक अथवा सांगठनिक नई संस्कृति को बल्कि स्वयं राजनीति की, सक्रिय नागरिकता पर आधारित नई संस्कृति को जन्म देने के लिए आवश्यक है।

यहाँ अधिकारों की माँगों पर केन्द्रित आन्दोलनों की उस भूमिका को समझना बहुत महत्त्वपूर्ण है जो वे शासन और मौजूदा सत्ता संरचना के केन्द्र तक पहुँचने वाले मुद्दों को उठाने में निभा सकते हैं। जब लोग अधिकारों पर आधारित कानूनों का इस्तेमाल, उदाहरणार्थ, जमीन पर दावा करने के लिए करते हैं तो वे सक्रिय कर्ता बन जाते हैं। वे उस भूमि के उपयोग को निश्चित करने की प्रक्रिया के हिस्से के रूप में अपने प्रतिनिधित्व और भूमिका पर जोर देते हैं। अब यह काम सरकारी अधिकारियों पर नहीं छोड़ा जा सकता। इस प्रकार, वे भविष्य में अन्य संसाधनों पर भी अधिकार के लिए संघर्षों के अवसर बनाते हैं।

जहाँ तक पाँचवीं और अन्तिम धुरी की बात है, आज अन्तरराष्ट्रीयतावाद की पुनर्पुष्टि इस शब्द के दो अभिप्रायों की दृष्टि से जरूरी है : एक संकीर्ण और प्रतिगामी एजेंडा के रूप में संकीर्ण राष्ट्रवाद का अस्वीकार; और अपने शोषकों और दमनकर्ताओं के विरुद्ध पूरी दुनिया की मेहनतकश जनता, जो वैश्विक पूँजीवादी अर्थव्यवस्था के विरुद्ध अपने संघर्ष

के माध्यम से एक दूसरे के साथ बँधी है, के बीच एकजुटता। भारत में नई ऊर्जा प्राप्त वामपन्थ को इस समय देश में उभर रहे आक्रामक, भयावह, ताकतवर राष्ट्रवाद के बारे में एक आलोचनात्मक रवैया अपनाना होगा। वस्तुत: इसे उससे साहसपूर्वक लड़ना होगा।

उग्र राष्ट्रवाद से संघर्ष

उग्र राष्ट्रवाद देश के भीतर देशभक्तिपूर्ण दर्प के संकीर्ण रूपों का पोषण करता है, भारतीय असाधारण विशिष्टतावाद की अतार्किक अवधारणाओं का संवर्धन करता है, भारत के अप्रतिम गौरवशाली अतीत की पुरातनपन्थी धारणाओं का गुणगान करता है और 'अन्य' संस्कृतियों, सभ्यताओं और मूल्यों को हीनतर मानकर उनके प्रति अवमानना पैदा करता है। वह आक्रामक हिन्दुत्व को भी मजबूत करता है। ऐसा राष्ट्रवाद एक ऐसी उपजाऊ जमीन तैयार करता है जिसमें 'आतंकवाद' के सन्दर्भ में इस्लाम का खौफ खड़ा करने वाले नजरिये फल-फूल सकते हैं और गहन पाशविकता और नागरिक, राजनीतिक स्वतंत्रताओं और मानवाधिकारों के खुले उल्लंघनों को विशेषकर धार्मिक अल्संख्यकों के विरुद्ध लक्षित मानवाधिकार उल्लंघनों को उचित ठहराया जा सकता है।

इसके साथ ही, उग्र भारतीय राष्ट्रवाद छोटे देशों के विरुद्ध आक्रामक मुद्रा को अपरिहार्य बना देता है और कभी-कभी वहाँ प्रत्यक्ष अथवा अप्रत्यक्ष हस्तक्षेप करता है जैसा कि बांग्लादेश, नेपाल, श्रीलंका और मालदीव के मामले में बार-बार हुआ है। यह भारत-पाकिस्तान के बीच की खतरनाक शत्रुता को भी बनाये रखता है। पुराने वाम से भिन्न जो प्राय: दक्षिण एशियायी नीति में भारतीय राज्य का अनुसरण करता रहा, नए वाम को पड़ोसियों के प्रति अहंकारपूर्ण और साम्राज्यवादी व्यवहार की भर्त्सना करनी होगी। इसी तरह उसे कश्मीर मुद्दे पर भारत सरकार की नीति और आचरण के प्रति और भारत सरकार द्वारा उत्तर-पूर्व में, जहाँ भारत के सैनिक और अर्धसैनिक बलों को प्राय: आक्रमणकारी बल के रूप में देखा जाता है, सशस्त्र बल विशेष शक्ति अधिनियम (ऐफ्स्पा) तथा अन्य साधनों के जरिये किए गए क्रूर दमन के प्रति भी समान रूप से निर्मम होना चाहिए।

इन क्षेत्रों में, साथ ही आदिवासी हृत्प्रदेश में जहाँ सरकार ने 'माओवाद' की शक्ल में 'आन्तरिक सुरक्षा के खतरे' से लड़ने के नाम पर अपने ही नागरिकों के विरुद्ध युद्ध छेड़ रखा है, सरकार के सभी अंगों का आचरण भारतीय राज्य के घटिया, बदशक्ल और अस्वीकार्य पक्ष को और कानून के शासन पर आधारित लोकतंत्र होने के इसके दावे को बेनकाब करता है।

एकजुटता पर आधारित अन्तरराष्ट्रीयतावाद आज जरूरी हो गया है। यह उस किस्म के 'अन्तरराष्ट्रीयतावाद' से भिन्न है जिस पर भारत के मुख्यधारा के वामदल अपने राष्ट्रीय रूप से सीमित 'समाजवाद एक देश में' वाले ढाँचे के भीतर दशकों तक अमल करते रहे हैं। वह अन्तरराष्ट्रीयतावाद कम्युनिस्ट हुकूमतों, जिनमें उत्तरी कोरिया, रोमानिया जैसी निरंकुश तानाशाहियाँ, सोवियत प्रभावक्षेत्र के भीतर के यूरोपीय राज्य (और निश्चय ही चीन भी) शामिल थे, की समान पार्टियों के साथ बिरादराना सम्बन्धों पर आधारित था। इसमें एक दूसरे की पार्टी कांग्रेसों में पर्यवेक्षक भेजना अथवा बधाई सन्देश भेजना, नियतकालिक दौरे और कभी-कभी विशेष बैठकें शामिल थीं लेकिन विचारधारात्मक स्तर पर और वास्तविक

राजनीतिक स्तर पर संयुक्त गतिविधियाँ यहाँ तक कि एकजुटता की व्यावहारिक कार्रवाइयाँ भी नहीं थीं।[24]

नए अन्तरराष्ट्रीयतावाद में उपयोगी ढंग से अनुभवों के आदान-प्रदान, सहयोगपूर्ण विश्लेषणात्मक कार्य, वैकल्पिक नीति से सम्बन्धित साझा शोधपत्र तैयार करने (कुछ ब्रिक्स देशों—ब्राजील, रूस, भारत, चीन और दक्षिण अफ्रीका के वाम दल ऐसा कर सकते हैं) और जलवायु परिवर्तन, श्रम मानकों, व्यापार और बौद्धिक सम्पदा के मुद्दों तथा मानवाधिकारों, जिन पर प्रगतिशील आन्दोलन के 'अपनी' राष्ट्रीय सरकारों से प्रबल मतभेद हैं, आदि पर संयुक्त अभियानों में सक्रिय भागीदारी जैसे विषय शामिल किए जा सकते हैं।

एक बार वाम के पुनराविष्कार पर संवाद गति पकड़ ले और उसके परिणामस्वरूप वैचारिक तथा कार्यक्रमगत पारस्परिक समझ की शक्ल में कई विचार मंच तैयार हो जाएँ जिन्हें प्रस्तावित जन घोषणापत्र में शामिल किया जा सके तो मुद्दों और विषयों की इस सूची को बहुत विस्तार दिया जा सकता है। पहले से ही परिणाम की प्रत्याशा करने की बजाय ऐसा होने का इंतजार करना अधिक व्यावहारिक होगा। हम यही आशा कर सकते हैं कि यह अध्याय उस बहुत जरूरी प्रक्रिया के प्रति कितना भी साधारण सही लेकिन कुछ योगदान तो करता ही है।

आम आदमी पार्टी से मिले सबक

एक अन्तिम प्रश्न, जो वाम के भीतर और भारत और विदेशों में उसके शुभेच्छुओं द्वारा अक्सर पूछा जाता है : आम आदमी पार्टी के बारे में आप क्या कहते हैं जिसने भारतीय राजनीति में इतने नाटकीय ढंग से प्रवेश किया है और मोदी के बुलडोजर को रोक दिया, जो अपने आपमें एक ऐतिहासिक उपलब्धि है। आम आदमी पार्टी का आकलन अधिक से अधिक किस सीमा तक एक नए आन्दोलन अथवा एक नई तरह की राजनीति के रूप में किया जा सकता है और इसका भविष्य क्या है? वाम इससे किस तरह जुड़े या इसे किस तरह समझे? नया वाम 'आम आदमी पार्टी' से क्या सबक सीख सकता है? क्या 'आम आदमी पार्टी' ऊपर वर्णित कार्ययोजनाओं में कोई सच्चा सार्थक योगदान दे सकती है और वाम को नई ऊर्जा देने में सहायक हो सकती है?

'आप' (आम आदमी पार्टी) वस्तुतः गुणात्मक रूप से एक नई परिघटना है जिसका जन्म आशा और परम्परागत राजनीति और अपना भला करने वाले ऐसे भ्रष्ट और स्वार्थी नेताओं से जनता के मोहभंग होने और थक जाने के संयोग से हुआ, जनकल्याण के एजेंडा से यथासम्भव दूर होने के कारण जिनकी कोई वैधता और साख नहीं रह गई है। आम आदमी पार्टी ने दिल्ली में शहरी गरीब को सफलतापूर्वक ऊर्जा प्रदान की, प्रेरित किया और गोलबन्द किया लेकिन यह कोई वामपन्थी दल नहीं है। इसका आधार दोहरा है : एक ओर, अनौपचारिक क्षेत्र के कर्मचारी और स्वरोजगार में लगे लोग जिनमें से अधिकतर गरीब हैं लेकिन उनमें एक बेहतर जीवन की प्रबल आकांक्षा है; दूसरी ओर, मध्यवर्गीय और उच्च मध्यवर्गीय स्तर हैं जिनमें अपेक्षतया समृद्ध पेशेवर लोग हैं।

'आम आदमी पार्टी' के लिए यह दावा करना लाभकारक है कि वह किसी विशेष

विचारधारा, दर्शन अथवा राजनीतिक सिद्धान्त का अनुसरण नहीं करती—अंशतः इसलिए कि वह इसके चुनाव क्षेत्र के दूसरे हिस्से को आकर्षित करता है, जिसका रुझान 'उत्तर विचारधारात्मक' की ओर है, वाम रुझान वाले विचारों अथवा समानतावाद की किसी धारणा के प्रति जिसे कोई सहानुभूति नहीं है और जो अपने सहज रूप में साम्प्रदायिकता विरोधी अथवा धर्मनिरपेक्ष नहीं है। यह परत सामाजिक समस्याओं के प्रति 'आप' के विशेषकर केजरीवाल के 'समाधानोन्मुख' टेक्नोक्रेटिक दृष्टिकोण से प्रभावित है। यह उन्हें पसन्द करती है क्योंकि वह 'साफ-सुथरे' हैं, वह 'काम करने वाले' हैं और बहुत कुछ उनके जैसे ही हैं : उच्च जाति के हैं, इंडियन इंस्टीट्यूट आफ टेक्नोलॉजी (आईआईटी) में शिक्षित (वह एम.बी.ए. अथवा एकाउंटेंट भी हो सकते थे) हैं और उदारवादी मूल्यों में डूबे नहीं हैं।

लेकिन, 'आम आदमी पार्टी' का प्रतिबद्ध समर्थन और उसके मतदाताओं[25] का सबसे बड़ा हिस्सा निर्धन और निम्न मध्यवर्ग से आता है जिसे इसने छोटे भ्रष्टाचार (उत्पीड़न का वह रूप जिससे उनका सामना रोज होता है) को खतम करने, उनकी कथित रूप से गैरकानूनी बस्तियों के 'विनियमितीकरण' और अधिक विश्वसनीय और सस्ती नगरपालिका सेवाएँ प्रदान करने के अपने वादे के माध्यम से गोलबन्द किया था। 'आप' के घर घर, द्वार द्वार जाकर चुनाव प्रचार करने पर आधारित चुनाव अभियान चलाने के अभिनव तरीकों, आटो रिक्शा और आकर्षक गीतों के उपयोग और बहुत कम धन शक्ति के इस्तेमाल ने भी गरीबों को आकृष्ट करने में प्रमुख भूमिका निभाई।

उनके लिए, केजरीवाल नायक हैं/थे क्योंकि वह गैर पारम्परिक, विद्रोही हैं और नरेन्द्र मोदी के शेखी भरे 'छप्पन इंची सीने' वाले तरीके से आक्रामक हुए बिना गरीबों की पात्रता और अधिकारों की भाषा बोलते हैं। प्रतीत होता है कि उन्होंने मोदी के साथ प्रारम्भ में ही हुए मोहभंग का भी कुछ सीमा तक इस्तेमाल किया है। जो भी कारण हो, मोदी के नेतृत्व में भाजपा की विजय यात्रा को बीच में रोक देना धर्मनिरपेक्ष राजनीति के प्रति एक ऐसा योगदान था जो 1990 में लालू प्रसाद द्वारा लालकृष्ण आडवाणी की रथयात्रा रोके जाने से कहीं बढ़ कर था।

वाम को आम आदमी पार्टी से काफी कुछ सीखना है विशेषकर जमीनी स्तर पर विचार विमर्श पर इसका जोर देना, नागरिक मामलों पर निर्णय करने में जनता की भागीदारी का इसका वादा (जो हमेशा पूरा नहीं किया गया) और जनमत संग्रह शैली के वोटों के लिए मोहल्ला कमेटियों के माध्यम से इसका स्थानीय जुड़ाव। आम आदमी पार्टी ने छोटे व्यक्तिगत चन्दों (यद्यपि कुछ बड़े गुमनाम चन्दों को लेकर सवाल उठाये गए हैं) के जरिये फंड इकट्ठा करने के तरीके ढूँढ़ लिये हैं और उनका संस्थानीकरण कर दिया है। इससे वाम सीख ले सकता है।

सबसे ऊपर, यह आम आदमी पार्टी द्वारा स्थानीय अधिकारियों को मलिन बस्तियों, झुग्गी-झोंपड़ियों में रहने वालों और मोहल्ला कमेटियों के प्रति जवाबदेह बनाकर नगरपालिका के मुद्दों से मुठभेड़ करने की प्राथमिकता है जो लोगों को प्रेरित करती है और उन्हें नागरिक के रूप में उनके अपने कर्त्तव्य, अधिकारों और शक्ति के बारे में विश्वास से भर देती है। यहाँ भी वामपन्थ कुछ सीख सकता है।

लेकिन 'आम आदमी पार्टी' स्वयं अपने संस्थानीकरण में और न्यायोचित प्रतिनिधित्व

और जवाबदेह कार्यवाहियों पर आधारित लोकतांत्रिक विचार-विमर्श और निर्णयकारी आन्तरिक संरचना तैयार करने में असफल रही है। वह ऐसे तरीकों से अत्यधिक व्यक्तिकेन्द्रित बनी हुई है जो वाम के लिए पूरी तरह नकारात्मक सन्देश ही देते हैं। योगेन्द्र यादव और प्रशान्त भूषण के साथ जिस घटिया ढंग से व्यवहार किया गया और उन्हें पार्टी से जिस तरह बाहर खदेड़ा गया! उसने केजरीवाल को कोई नेकनामी नहीं दी। हालाँकि यह सच है कि उन दोनों की अपनी महत्त्वाकांक्षाएँ थीं (जो किसी भी तरह अवैध नहीं हैं) और दिल्ली से बाहर चुनाव लड़ने में 'आप' की प्राथमिकताओं को लेकर केजरीवाल से उनके ईमानदारी भरे मतभेद थे। लेकिन केजरीवाल ने इन बातों को बेवफाई और विश्वासघात के प्रमाण के रूप में देखा। आम आदमी पार्टी विकास और विस्तार कर सकती थी और सम्भवत: करेगी भी लेकिन वह दिल्ली में अपनी शानदार जीत के पहले की तुलना में एक कम आमूल परिवर्तनवादी, कम खुली और कम लोकतांत्रिक पार्टी के रूप में ही ऐसा करेगी।

केजरीवाल के निरंकुश तरीके और सांगठनिक व्यवहार उस जबर्दस्त लोकतांत्रिक वाम को नवजीवन देने के उद्‌देश्य में सहायक नहीं हो सकते जिसके एजेंडा अपने क्षेत्रीय विस्तार में अथवा अपनी विचारधारात्मक पहुँच और सारवस्तु में संकीर्ण नहीं हैं। वाम को विचारधारा, रणनीति की स्पष्टता और लोकतंत्र को वह आक्सीजन देनी होगी जिसकी उसे आत्मावलोकन करने, सही रास्ता चुनने और फिर से संगठित होने के लिए जरूरत है। 'आप' किस्म के छोटे रास्ते इसका विकल्प नहीं हैं।

पाद टिप्पणियाँ

आमुख

भारत में माओवादी आन्दोलन पर पत्रकारों, विद्वानों और सक्रियतावादियों द्वारा लिखी अनेक पुस्तकें और लेख प्रकाशित हो चुके हैं। हाल में आई पुस्तकों में हैं : राहुल पंडित (2011) : हलो बस्तर : दि अनटोल्ड स्टोरी आफ इंडिया 'ज माओइस्ट मूवमेंट, नई दिल्ली, ट्रैंक्वेबर बुक्स; राबिन जेफ्री, रनोजोय सेन और प्रतिमा सेन (सं.) (2012) : मोर दैन माओइज़्म : पालिटिक्स ऐंड पालिसीज़ आफ इनसर्जेंसी इन साउथ एशिया, नई दिल्ली, मनोहर पब्लिशर्स; अनुराधा एम. चिनॉय और कमल ए. मित्र चिनॉय (2010) : माओइस्ट ऐंड अदर आर्म्ड कान्फ्लिक्ट्स, नई दिल्ली, पेंगुइन बुक्स; शुभ्रांशु चौधरी (2012) : लेट्'स कॉल हिम वसु : विद द माओइस्ट्स इन छत्तीसगढ़, नई दिल्ली, पेंगुइन बुक्स; दिलीप सिमिअन (2010) : रिवाल्यूशन हाइवे, नई दिल्ली, पेंगुइन बुक्स; सुदीप चक्रवर्ती (2008) : रेड सन : ट्रैवेल्स इन नक्सलाइट कंट्री, नई दिल्ली, पेंगुइन बुक्स; आनन्द स्वरूप वर्मा (2001) : माओइस्ट मूवमेंट इन नेपाल, नई दिल्ली, समकालीन तीसरी दुनिया; नीलेश मिश्र और राहुल पंडित (2010) : दि ऐबसेंट स्टेट : इनसर्जेंसी ऐज ऐन एक्सक्यूज फॉर मिसगवर्नेंस, नई दिल्ली, हैशेट इंडिया; अल्पा शाह और जूडिथ पेटिग्रयू (सं.) (2012) : विंडोज़ इनटु ए रिवाल्यूशन : एथनोग्राफीज आफ माओइज़्म इन इंडिया ऐंड नेपाल, नई दिल्ली, सोशल साइंस प्रेस और ओरियंट ब्लैकस्वान; प्रकाश लुइस (2002) : पीपुल पावर : द नक्सलाइट मूवमेंट इन सेंट्रल बिहार, दिल्ली, वर्ड्स्मिथ्स। जहाँ तक लेखों की बात है, जयरस बानाजी (2010) का लेख 'द आयरनीज आफ इंडियन माओइज़्म' (इंटरनेशनल सोशलिज्म, अंक 128, 15 अक्तूबर) इसके सर्वश्रेष्ठ विश्लेषणों में से है। इसके अतिरिक्त, अरुंधती रॉय (2010) : 'वर्किंग विद द कामरेड्स', आउटलुक, 29 मार्च और (2010) : द ट्रिकलडाउन रिवाल्यूशन', आउटलुक, 20 सितम्बर; गौतम नवलखा (2010) : 'डेज़ ऐंड नाइट्स इन द माओइस्ट्स हार्टलैंड' इकनामिक ऐंड पोलिटिकल वीकली, 17 अप्रैल; सन्तोष राना (2009) : 'ए पीपुल 'स अपराइजिंग डिस्ट्रायड बाइ द माओइस्ट', काफिला, 23 अगस्त, http://kafila.org/2009/08/23/ ए पीपुल 'स-अपराइजिंग-डिस्ट्रायड-बाई द-माओइस्ट-सन्तोष राना/; के. बालगोपाल (2006) : 'माओइस्ट्स मूवमेंट इन आंध्र प्रदेश; इकनामिक ऐंड पोलिटिकल वीक्ली, 22 जुलाई और 'छत्तीसगढ़ : फिजिऑग्नमी आफ वायलेंस', इकनामिक ऐंड पोलिटिकल वीक्ली, 3 जून; सुमन्त बनर्जी (2003) : 'नक्सलाइट्स : टाइम फॉर इंट्रॉस्पेक्शन', इकनामिक ऐंड पोलिटिकल वीक्ली, 1 नवम्बर; बेला भाटिया (2005) : 'द नक्सलाइट मूवमेंट इन सेंट्रल बिहार', इकनामिक ऐंड पोलिटिकल वीक्ली, 9 अप्रैल; दीपंकर भट्टाचार्य (2006) : 'ट्रेल ब्लेज़्ड बाइ नक्सलबाड़ी अपराइजिंग', इकनामिक ऐंड पोलिटिकल वीक्ली, 16 दिसम्बर; इंडिपेंडेंट सिटिजेंस इनीशियेटिव (2006) : 'ओपेन लेटर्स टु गवर्नमेंट ऐंड माओइस्ट', इकनामिक ऐंड पोलिटिकल वीक्ली, 8 जुलाई; गणपति (2007) : 'ओपेन रिप्लाई टु इंडिपेंडेंट सिटिजेंस इनीशिएटिव ऑन दंतेवाड़ा', इकनामिक ऐंड पोलिटिकल वीक्ली, 6 जनवरी; नन्दिनी सुन्दर (2006) : 'बस्तर, माओइज़्म ऐंड सल्वा जुडूम', इकनामिक ऐंड पोलिटिकल वीक्ली, 22 जुलाई; मनोरंजन मोहंती (2006) : 'चैलेंजेस ऑफ रिवाल्यूशनरी वायलेंस' : द

नक्सलाइट मूवमेंट इन पर्सपेक्टिव', इकनामिक ऐंड पोलिटिकल वीक्ली, 22 जुलाई। इस विषय पर पुरानी क्लासिक पुस्तकें तो हैं ही जैसे मोहन राम (1970) : इंडियन कम्युनिज़्म : स्प्लिट विदिन स्प्लिट, दिल्ली, विकास और (1971) : माओइज़्म इन इंडिया, दिल्ली, विकास; मनोरजन मोहंती (1977) : रिवाल्यूशनरी वायलेंस : ए स्टडी आफ द माओइस्ट मूवमेंट इन इंडिया, नई दिल्ली, स्टर्लिंग पब्लिशर्स; और सुमन्त बनर्जी (1980) : इन द वेक ऑफ नक्सलबाड़ी : ए हिस्टरी ऑफ द नक्सलाइट मूवमेंट इन इंडिया, कलकत्ता, सुबर्नरेखा।

2. इनमें से अधिकतर काम पश्चिम बंगाल पर और कुछ सीमित रूप से केरल, असम और महाराष्ट्र पर है। निश्चय ही वाम की नीतियों और प्रदर्शन से सम्बन्धित विशिष्ट मुद्दों पर, जिनमें नन्दीग्राम-सिंगूर संकट, वाम-दलित संवाद और वाम तथा साम्प्रदायिकता शामिल हैं, लेखों के अनेक संकलन तथा पुस्तिकाएँ उपलब्ध हैं लेकिन मुख्यधारा के राष्ट्रीय कम्युनिस्ट आन्दोलन पर 1950 और 1980 के दशक के बीच जो अध्ययन सामने आए उनकी तुलना में इनमें कुछ नहीं है। इनमें से अधिकतर शीत युद्ध के दौरान पश्चिम के विद्वानों के एक खास किस्म के साम्यवाद विरोधी दृष्टिकोण से प्रेरित थे लेकिन कुछ इसके विरोधी दृष्टिकोण से भी लिखे गए थे। हर हालत में वे बहुमूल्य सामग्री और समृद्ध अन्तदृष्टियों से सम्पन्न थे।

अध्याय 1 : वाम का उत्थान और पतन

1. माकपा की आधिकारिक वेबसाइट पर पार्टी की सदस्य संख्या 2013 में 1,065,406 बताई गई है (http://www.cpim.org/about - us जो 5 जनवरी, 2015 में अद्यतन की गई। 6 जनवरी को देखी गई)। माकपा की पटना में हुई इक्कीसवीं कांग्रेस (27-31 मार्च, 2012) में स्वीकार की गई सांगठनिक रिपोर्ट में इसके सदस्यों की संख्या 644,656 दी गई है। (http://xxicongress.communistparty.in// 6 जनवरी, 2015 को देखी गई)
2. दोनों पार्टियाँ दावा करती हैं कि उनसे जुड़े जन संगठनों की सदस्यता 5 करोड़ से अधिक है। इसमें छात्र और युवा संगठन शामिल नहीं हैं। अकेले माकपा का दावा है कि उससे सम्बद्ध ट्रेड यूनियनों में 51 लाख सदस्य, लगभग 2 करोड़ 25 लाख किसान सभा सदस्य और अखिल भारतीय जनवादी महिला समिति में एक करोड़ 70 लाख सदस्य हैं। (कोझीकोड़ में 4-9 अप्रैल 2012 को इुई माकपा की बीसवीं कांग्रेस में स्वीकृत राजनीतिक-सांगठनिक रिपोर्ट)
3. सीपीआई की स्थापना की विभिन्न तारीखें बताई जाती हैं जिनमें 1913-14 (जब राष्ट्रवादी कम्युनिस्ट 'ग़दर पार्टी' की स्थापना हुई थी), 1920 (जब ताशकंद में एक 'प्रवासी' सीपीआई की स्थापना की गई थी) और 1925 शामिल हैं। (देखें http://cpim.org/history/formation-communist - party - india - tashkent - 1920, 4 फरवरी, 2015 को देखा गया)। लेकिन साधारणतया सर्वाधिक स्वीकृत वर्ष 1925 है जिस पर भारत की कम्युनिस्ट पार्टियाँ सहमत हैं। इस वर्ष कानपुर में कम्युनिस्ट पार्टी आफ इंडिया का पहला सम्मेलन हुआ था।
4. इस तथ्यात्मक सूचना का अधिकांश जीन डी. ओवरस्ट्रीट और मार्शल विंडमिलर (1959) : कम्युनिज़्म इन इंडिया, बर्कले, यूनीवर्सिटी आफ कैलिफोर्निया प्रेस से लिया गया है।
5. इसने 'तीसरी अवधि' की नीति को अच्छी तरह समझाया है। कामिन्टर्न ने घोषणा की कि विश्व की पूँजीवादी व्यवस्था अन्तिम पराजय के दौर में प्रवेश कर रही है और इसलिए सभी कम्युनिस्ट पार्टियों को एक अत्यन्त आक्रामक, लड़ाका, अतिवाम रुख अपनाना चाहिए और सोशल डेमोक्रेटिक अथवा संयमित वामपन्थी दलों के साथ 'सामाजिक फासीवादियों' जैसा बर्ताव करना चाहिए। भारतीय कम्युनिस्टों से कहा गया कि वे कांग्रेस के भीतर के वाम पक्ष के प्रति कठोर रुख अपनाएँ। छठी कांग्रेस पर अधिक सामग्री के लिए देखें, डंकन हल्लास (1985) : दि कामिन्टर्न, लन्दन, बुकमार्क्स; और अधिक विस्तार के लिए देखें जेन डेग्रस की पुस्तक (1971) : कम्युनिस्ट इंटरनेशनल : डाक्यूमेंट्स 1919-1943 (तीन खंडों में), लन्दन, रूटलेज, अब www.marxists.org पर भी उपलब्ध।

6. प्रारम्भिक रूसी, सोवियत और पूर्वी यूरोपीय परम्पराओं से अलग। देखें पेरी ऐंडरसन (1976) : कंसीडरेशंस ऑन वेस्टर्न मार्क्सिज़्म, लन्दन, वेर्सो।
7. राष्ट्र सेवा दल पर कुछ मोटी संक्षिप्त जानकारी rashtra-seva-dal. blogspot.in/2009-08-01 archive.html; और lohiatoday.com/Socialist Movement/SOCIALIST Organisation.pdf (दोनों 2 अप्रैल 2014 को देखे गए), लेकिन दल की शाखाएँ महाराष्ट्र में अब भी सक्रिय हैं।
8. सोनल शाह (1994) : इंडियन सोशलिस्ट्स : सर्च फॉर आइडेंटिटी, बम्बई, पापुलर प्रकाशन, पृ. xiii.
9. विस्तृत चर्चा के लिए देखें, राय चौधुरी (2011)
10. आधे भारतीय और आधे स्वीडन के पाम दत्त (1896-1974) कम्युनिस्ट पार्टी ऑफ ग्रेट ब्रिटेन के संस्थापक सदस्य थे। वह केम्ब्रिज में काफी समय तक रहे। वह असाधारण रूप से मताग्रही स्तालिनवादी थे जिन्हें एरिक हॉब्सबाम ने 'स्वभाव से ही कट्टरपन्थी' कहा। वह रूसी सहित अनेक भाषाएँ धाराप्रवाह रूप से बोलते थे।
11. जॉन पैट्रिक हेथकॉक्स (1971) : कम्युनिज़्म ऐंड नेशनलिज़्म इन इंडिया, बम्बई, आक्सफोर्ड यूनिवर्सिटी प्रेस, पृ. 97-108।
12. लेकिन प्रान्तीय और स्थानीय स्तर पर बड़ी संख्या में कम्युनिस्ट कार्यकर्ताओं ने निजी तौर पर आन्दोलन में सक्रिय भागीदारी की और युद्धविरोधी संघर्ष संगठित करने में अपनी आजादी पर लगे प्रतिबन्धों की शिथिलता का इस्तेमाल किया। इसे विस्तार से दर्ज करने वाले स्रोतों में एम.एन.वी. नायर और प्रफुल बिदवई (सं.); (2005) : लेबर मूवमेंट इन इंडिया : डाक्यूमेंट्स 1941-1947, नई दिल्ली, प्रगति पब्लिकेशंस/इंडियन कौंसिल आफ हिस्टॉरिकल रिसर्च, भी शामिल हैं। ये ए.आर. देसाई के सम्पादन में तैयार एक शृंखला का 23वाँ और 24वाँ खंड है।
13. सीपीआई के संस्थापक सदस्य एस.एस. मिराजकर का साक्षात्कार, ए.जी. नूरानी (2012) : 'मेकिंग आफ ए थीसिस', फ्रंटलाइन (21 मई-4 अप्रैल) में उद्धृत। frontline.in/static/html/fl2908/stories/20120504290809900.htm, 15 मई 2014 को देखा गया।
15. इसमें स्तालिन द्वारा 1925 में दिए गए भाषण में व्यक्त दृष्टिकोण का पूरी तरह अनुसरण किया गया था और 'उसके बाद से भारतीय कम्युनिस्ट उसे अक्सर उद्धृत करते रहे' कि भारत अनेक राष्ट्रीयताओं वाला देश है जिसमें 'हर एक की अपनी अलग स्पष्ट संस्कृति है।' सेलिग एस. हैरीसन (1959) : 'कम्युनिज़्म इन इंडिया : द डायलेमा आफ द सीपीआई', प्राब्लम्स आफ कम्युनिज़्म, सं. 8 (मार्च-अप्रैल 1959) : पृ. 27-35।
16. वही।
17. www-sacw.net/IMG/pdf/CPI - Adhikari - Pakistan - 1942 - 53 pages, pdf, 15 मई, 2014 को देखा गया।
18. ज्ञापन में कहा गया था : 'अस्थायी सरकार को यह दायित्व सौंपा जाए कि वह हर जनसमूह के प्राकृतिक प्राचीन गृह प्रदेश के आधार पर फिर से नई सीमा रेखाएँ खींचने के काम के लिए एक सीमा आयोग की स्थापना करे। ऐसी प्रत्येक इकाई की जनता को आत्मनिर्णय का अबाध अधिकार होना चाहिए।...प्रत्येक राष्ट्रीय इकाई से निर्वाचित प्रतिनिधियों को बहुमत से यह तय करना चाहिए कि क्या वे एक भारतीय संघ के निर्माण के लिए अखिल भारतीय संविधान सभा में शामिल होंगे अथवा बाहर रहेंगे और स्वयं एक अलग सम्प्रभु राज्य का गठन करेंगे, अथवा एक दूसरे भारतीय संघ में शामिल होंगे।' हैरीसन (1959) में उद्धृत।
19. एम.बी. राव (सं.) (1976) : डाक्यूमेंट्स ऑफ द हिस्टरी ऑफ द कम्युनिस्ट पार्टी ऑफ इंडिया, खं-VII : 1948-1950, नई दिल्ली, पीपुल्स पब्लिशिंग हाउस, पृ. Viii।
20. रख्शन्दा जलील (2014) : पृ. 362
21. जलील (2014) : पृ. 372-73
22. अहमद (2009) : पृ. 152

23. www.sacw.net/IMG/pdf/CPP1948-0- 1 to 18. pdf/ 15 मई 2014 को देखा गया।
24. फरवरी-मार्च 1948 से जनवरी 1950 तक पार्टी के महासचिव रहे बी.टी. रणदिवे के नाम पर यह नाम पड़ा। इसने उस रास्ते की वकालत की जिसे बाद में 'वाम-दुस्साहसवादी नीति' के रूप में खारिज कर दिया गया था। इसके तहत भारत की आजादी को एक छलावा कहा गया था और यह माना गया था कि देश एक सशस्त्र क्रान्ति के लिए पूरी तरह तैयार है।
25. 'सीपीआई की दूसरी कांग्रेस की समीक्षा' (रिव्यू ऑफ द सेंकंड कांग्रेस आफ द सीपीआई, राव (1976) : पृ. 200-02 पर उद्धृत।
26. www.sacw.net/IMG/pdf/CPP 1948 -0-1to 18.pdf, 15 मई, 2014 को देखा गया।
27. सबसे पहले यह 6 जनवरी 1950 के 'क्रासरोड्स' जरनल में आया और फिर एक पुस्तिका के रूप में इसका पुनर्मुद्रण हुआ। www,sacw.net/article 5453.html, 6 जून 2014 को देखा गया।
28. वही।
29. यह बदलाव मदुराई में हुई सीपीआई की तीसरी कांग्रेस (दिसम्बर 1953) में आया जहाँ तत्कालीन महासचिव ने इस बात पर खेद प्रकट किया कि 'अतीत में कई बार हमने भारतीय एकता की अवधारणा की हंसी उड़ाई और अलगाववाद को गौरवान्वित किया।' उन्होंने इसे एक 'विचलन' बताया। यह बदलाव नेहरू के प्रति सोवियत रुख में एक प्रमुख बदलाव के साथ ही हुआ : 1955 तक आते आते प्रावदा भारत को 'अपनी राष्ट्रीय स्वाधीनता बरकरार रखते हुए एक शान्तिप्रिय देश' बताने लगा था और नेहरू के 'विलक्षण राजनीतिक कौशल' के लिए उनकी प्रशंसा कर रहा था। हैरिसन (1959) में उद्धृत।
30. '1942 में 5000 की तुलना में बढ़कर अब यह 15,000 से ऊपर पहुँच गई।' ओवरस्ट्रीट और विंडमिलर (1959) : पृ. 357
31. विस्तृत जानकारी के लिए देखें ओवरस्ट्रीट और विंडमिलर (1959); राम (1969) : इंडियन कम्युनिज़्म : स्प्लिट विदिन ए स्प्लिट, दिल्ली, विकास पब्लिकेशंस; भबानी सेन गुप्त (1973) : 'इंडिया'ज राइवल कम्युनिस्ट मॉडल्स', प्राब्लम्स ऑफ कम्युनिज़्म, जनवरी; जॉन एच-काट्स्की (1982) : मास्को ऐंड द कम्युनिस्ट पार्टी ऑफ इंडिया ए स्टडी इन द पोस्टवार इवाल्यूशन ऑफ इंटरनेशनल कम्युनिस्ट स्ट्रैटेजी, वेस्ट पोर्ट, सीटी, ग्रीनवुड प्रेस।
32. ईमानदारी से कहा जाए तो केरल् दूसरा उपराष्ट्रीय क्षेत्र/प्रान्त था जिसने कम्युनिस्ट पार्टी को चुना। पहला था सैन मारीनो नाम का इतालवी नन्हा राज्य अथवा इतालवी नगरपालिका परिषद (आबादी 31,000), देखें टी.जे. नोसिटर (1982) : कम्युनिज्म इन केरल : ए स्टडी इन पोलिटिकल एडैप्टेशन, बम्बई, आक्सफोर्ड यूनिवर्सिटी प्रेस, पृ. 1
33. इसके अध्यक्ष भाई वैद्य हैं। (www.spi.org.in) यह मुलायम सिंह यादव के नेतृत्व वाली समाजवादी पार्टी से अलग है।
34. ये परम्परागत किस्म के गैर सरकारी संगठन (एनजीओ) नहीं हैं। बल्कि मेधा पाटकर के नेतृत्व वाले जनान्दोलनों के राष्ट्रीय समन्वय, अथवा अखिल भारतीय वनजन श्रमजीवी संघ, अथवा नैशनल फिश वर्कर्स फोरम जैसे समूह जो खुद को जनता का आन्दोलन बताते हैं और उनकी गतिविधियाँ और संरचनाएँ उन्हें एन जी ओ से अलग करती हैं। यही बात मजदूर किसान शक्ति संगठन के बारे में भी सत्य है जो स्वयं को एक 'गैर दलीय जन संगठन' कहता है।
35. उदाहरण के लिए देखें संवैधानिक विशेषज्ञ एच.एम. सीरवइ का प्रारम्भिक कार्य और पेरी ऐंडरसन (2012) : दि इंडियन आइडियोलाजी, गुड़गाँव, थ्री एसेज क्लेक्टिव द्वारा प्रस्तुत तर्कों को लेकर हाल में हुई जोरदार बहस।
36. इनमें से कुछ पर फ्रांसिस फुकुयामा की पुस्तक दि एंड ऑफ हिस्टरी ऐंड द लास्ट मैन और ज्यूरगेन हैबरमास, जाक देरिदा और फ्रेडरिक जेमसन जैसे मार्क्सवादी विद्वानों के योगदानों पर हाल में हुई बहसों में रोशनी डाली गई है। फुकुयामा के विरुद्ध इनका तर्क है कि आजादी, लोकतंत्र और न्याय पर मार्क्स के क्लासिकी विश्व ऐतिहासिक दावे बीते जमाने के अथवा अप्रासंगिक नहीं हो गए हैं।

37. यह अंशत: उनके द्वारा 'द्विचरणी' क्रान्ति के रणनीतिक परिप्रेक्ष्य अपनाये जाने से सम्बन्धित हैं जिसके पहले 'लोकतांत्रिक' (अथवा बुर्जुआ) चरण के बाद दूसरे चरण में समाजवाद आता है। इस पर अध्याय 2 में चर्चा की गई है। इस प्रकार, उन्होंने मौजूदा दौर को रूपान्तरित करने अथवा उखाड़ फेंकने के बजाय मौजूदा अवधि के लिए पूँजीवाद के प्रबन्धन की अपरिहार्यता को प्रभावशाली ढंग से स्वीकार कर लिया।
38. इसके लिए मैं अचिन वनायक का आभारी हूँ।
39. टिप्पणी 3 वाला स्रोत।
40. कम्युनिस्ट पार्टियों का संगठन 'थर्ड इंटरनेशनल' 1919 में प्रथम विश्वयुद्ध को समर्थन देने के सवाल पर सोशलिस्ट अथवा सेकंड इंटरनेशनल में तिहरे विभाजन से जन्मा था। लेनिन ने देशभक्ति पर आधारित राष्ट्रीय सरकारों को समर्थन दिए जाने का विरोध किया और, अधिकतर समाजवादी दलों के विपरीत, सामाजिक क्रान्ति के माध्यम से उनकी पराजय का आह्वान किया (देखें http://www.britanica.comEB checked/topic/290606//Third-International, 12 दिसम्बर, 2014 को देखा गया)।
41. पश्चिमी यूरोप के विशालतम देश जर्मनी की आबादी आठ करोड़ तीस लाख से कम है।
42. यहाँ इस बात से इनकार नहीं हैं कि सोवियत संघ ने बड़े पैमाने पर और प्राय: अतुलनीय ढंग से वैश्विक मामलों में एक प्रगतिशील भूमिका अदा की। उसने समाजवाद के प्रकाशस्तंभ के रूप में काम किया और इसका अस्तित्व मात्र ही पूँजीवाद के विकल्प का स्वीकार था। नाजीवाद और फासीवाद की पराजय में उसकी निर्णायक भूमिका थी। सोवियत संघ ने पूँजीवाद का प्रतिसन्तुलन प्रदान किया और उसे इस तरह प्रभावित किया कि वह कुछ सभ्य बने। इसने कल्याणकारी राज्य बनाने और बुर्जुआ समाज में श्रमजीवी लोगों के लिए कुछ बड़े लाभ दिलाने में मदद की। उसने विउपनिवेशीकरण की प्रक्रिया तेज की और अपनी अवनति के चरण के दौरान भी उसने वियतनाम, क्यूबा और अफ्रीका के कई हिस्सों सहित दुनिया के विभिन्न हिस्सों में, अनेक क्रान्तिकारी और प्रगतिशील आन्दोलनों को राजनीतिक, भौतिक और सैनिक सहायता दी। फिर भी गोर्बाचेव के आगमन के काफी पहले से ही सोवियत संघ गम्भीर आन्तरिक संकट में था। सोवियत प्रणाली के दोषों और उसके अन्तिम संकट और उसके पतन के विश्लेषण के लिए देखें, एरिक हॉब्सबाम (1995) : एज ऑफ एक्स्ट्रीम्स : द शार्ट ट्वेंटिएथ सेंचुरी : 1914-1991, लन्दन, ऐबेकस; राबिन ब्लैकबर्न (सं.) (1991) : आफ्टर द फाल : द फेल्यर ऑफ कम्युनिज़्म ऐंड द फ्यूचर ऑफ सोशलिज़्म, लन्दन, वर्सो; अलेक नोवे (1993) : ऐन इकनॉमिक हिस्टरी ऑफ द यूएसएसआर : 1917-1991, हार्मंड्सवर्थ, पेंगुइन बुक्स; (1964) : वाज़ स्तालिन रियली नेसेसरी? : सम प्राब्लम्स ऑफ सोवियत इकनामिक पालिसी, लन्दन, रूटलेज़, (1988) : स्तालिनिज़्म ऐंड आफ्टर : द रोड टु गोर्बाचेव, लन्दन, टेलर ऐंड फ्रांसिस; (2003) : दि इकनामिक्स ऑफ फीजिबल सोशलिज़्म रिविजिटेड, लन्दन, रूटलेज; कैथरीन समरी (1992) : प्लान, मार्केट ऐंड डिमोक्रेसी : दि एक्सपीरियंस ऑफ द सो-काल्ड सोशलिस्ट कंट्रीज, अहमदाबाद, सी.जी. शाह ट्रस्ट; रैल्फ मिलीबैंड (1994) : सोशलिज़्म फार ए सकेप्टिकल एज, केम्ब्रिज, पालिटी प्रेस; अर्नेस्ट मेंडेल (1992) : पावर ऐंड मनी : ए मार्किसस्ट थियरी ऑफ ब्यूरोक्रेसी, लन्दन, वर्सो; मोशे लेविन (2005) : द सोवियत सेंचुरी, लन्दन, वर्सो; माइक हेन्स (2002) : रशिया : क्लास ऐंड पावर, 1917-2000, लन्दन, बुकमार्क्स; रिचर्ड डी. वोल्फ (2002) : क्लास थियरी ऐंड हिस्टरी : कैपीटलिज्म ऐंड कम्युनिज्म इन द यूएसएसआर, न्यूयार्क, रुटलेज, परवर्ती अनुच्छेद इन विवरणों और विश्लेषणों के बहुत ऋणी हैं।
43. उनकी आलोचना कुल मिलाकर सोवियत संघ और अन्य समाजवादी राज्यों विशेषकर चीन और कुछ हद तक यूगोस्लाविया और क्यूबा के बीच के विचाधारात्मक विवादों द्वारा परिभाषित क्षेत्र तक सीमित है।

44. इसका प्रबल आग्रह पुनर्वितरण पर था और यह जन गोलबन्दियों की स्वायत्तता का सम्मान करता था। उदाहरण के लिए देखें, जेम्स पेट्रस (1999) : द लेफ्ट स्ट्राइक्स बैक : क्लास इन लैटिन अमेरिका इन दि एज आफ निओलिबरलिज़्म, बोल्डर, वेस्ट न्यू प्रेस; पैट्रिक बैरेट, डेनियल शावेज़ और सीज़र रोड्रिगेज-गाराविटो (सं.) (2008) : द न्यू लैटिन अमेरिकन लेफ्ट : यूटोपिया रिबॉर्न, लन्दन/ऐम्स्टर्डम, प्लूटो प्रेस/ट्रांसनेशनल इंस्टीट्यूट; मार्ता हार्नेकर (2007) : रीबिल्डिंग द लेफ्ट, लन्दन, ज़ेड बुक्स; और ' दि सोशलिस्ट रजिस्टर, तथा ' मंथली रिव्यू' के ताजा अंकों में प्रकाशित अनेक लेख।
45. सीपीआई के संस्थापक सदस्य हसरत मोहानी (1875-1951), जिन्होंने 1925 में कानपुर में सीपीआई के पहले सम्मेलन को सम्बोधित किया था, 1921 में ही कांग्रेस पार्टी में स्वराज को विदेशी नियंत्रण से पूर्ण स्वतंत्रता के रूप में परिभाषित करते हुए एक प्रस्ताव लाना चाहते थे। कांग्रेस के अहमदाबाद अधिवेशन में इस प्रस्ताव को अस्वीकार कर दिया गया। यह कांग्रेस द्वारा लाहौर अधिवेशन में पूर्ण स्वराज की माँग को अंगीकार किए जाने से आठ वर्ष पहले की बात है। 'इंकलाब जिन्दाबाद' का नारा देने का श्रेय भी हसरत मोहानी को ही दिया जाता है। 1928 में कलकत्ता में मजदूरों की एक रैली में उन्होंने यह नारा दिया था। तबसे यह नारा भारत के सभी इलाकों में उत्पीड़ितों का नारा बन गया है, दमन-उत्पीड़न का कारण चाहे जो हो। रख्शन्दा जलील (2014) : लाइकिंग प्रोग्रेस, लविंग चेंज : ए लिटरेरी हिस्टरी ऑफ द प्रोग्रेसिव राइटर्स' मूवमेंट इन उर्दू, नई दिल्ली, आक्सफोर्ड यूनिवर्सिटी प्रेस 70-71।
46. एच.एल. मित्र (सं.) (1990) : दि इडियन ऐनुअल रजिस्टर 1928, नई दिल्ली, ज्ञान पब्लिशिंग हाउस, पृ. 354-56।
47. आजादी की लड़ाई में सीपीआई की भूमिका के विस्तृत विवरण के लिए देखें 'डाक्यूमेंट्स ऑफ द हिस्टरी ऑफ द कम्युनिस्ट पार्टी ऑफ इंडिया। 1917 से 1956 की अवधि को आठ खंडों में समेटने वाली इस योजना को गंगाधर अधिकारी के मुख्य सम्पादन में पार्टी की राष्ट्रीय परिषद ने शुरू किया था। इसे पीपुल्स पब्लिशिंग हाउस, नई दिल्ली ने 1971 और 1977 के बीच प्रकाशित किया। उपनिवेशवाद विरोधी संघर्ष को शक्ल देने में कम्युनिस्टों और कांग्रेस के भीतर के समाजवादियों के योगदान की चर्चा के लिए देखें, सरकार (1983) : माडर्न इंडिया, नई दिल्ली, मैकमिलन और सत्यब्रत राय चौधुरी (2011) : लेफ्टिज़्म इन इंडिया 1917-1947, नई दिल्ली, मैकमिलन।
48. ग्रेनविल आस्टिन (1966) : दि इंडियन कांस्टीट्यूशन : कार्नरस्टोन ऑफ ए नेशन, आक्सफोर्ड, क्लैरेंडन प्रेस, पृ. 76। संविधान पर समाजवाद के प्रभाव के लिए पृ. 41-43, 59-60 और 77-80 भी देखें। संविधान पर भारत के महान इतिहासकार आस्टिन 'सामाजिक क्रान्ति' के लक्ष्य की उच्चतम अभिव्यक्ति नीतिनिदेशक तत्त्वों को मानते हैं।
49. उदाहरण के लिए देखें, जलील (2014); सुधी प्रधान (सं.) (1979) : मार्क्सिस्ट कल्चरल मूवमेंट्स इन इंडिया : क्रानिकल्स (1936-47), दो खंडों में, कलकत्ता, नेशनल बुक एजेंसी; तलत अहमद (2009) : लिटरेचर ऐंड पालिटिक्स इन दि एज ऑफ नैशनलिज़्म, नई दिल्ली, रूटलेज; कल्पना साहनी और पी.सी. जोशी (2012) : बलराज ऐंड भीषम साहनी : ब्रदर्स इन पोलिटिकल थियेटर, नई दिल्ली, सहमत; प्रियंवदा गोपाल (2005) : लिटरेरी रैडिकलिज़्म इन इंडिया : जेंडर, नेशन ऐंड द ट्रांज़िशन टु इंडिपेंडेस, लन्दन, रूटलेज; और रैल्फ रसेल (1977) : 'लीडरशिप इन दि आल-इंडिया प्रोग्रेसिव राइटर्स' मूवमेंट, 1935-1947', बी.एन. पांडे (सं.) लीडरशिप इन साउथ एशिया, नई दिल्ली, विकास पब्लिशिंग हाउस में।
50. इस सन्दर्भ में उनके विचार कभी-कभी अलग अलग होते थे और वे अपने विचार पर हमेशा डटे भी नहीं रहते थे। उदाहरण के लिए 1940 और 1950 के दशक में अनेक कम्युनिस्ट निजी तौर पर समलैंगिकता का बचाव करते थे जबकि पार्टी के वरिष्ठ नेता इसे 'अस्वाभाविक, अप्राकृतिक' बताकर सार्वजनिक रूप से इसका विरोध करते थे।

51. ब्रिटेन के मार्क्सवादी इतिहासकार विक्टर कीर्नन ने भारत में अनेक वर्ष बिताये। वह एक कम्यून का वर्णन करते हैं जो पूरे भारत से आए पुरुषों की बढ़ती संख्या से भरा था। इनमें अनुभवी भी थे और नौसिखिए भी, साधारण भी और अभिजात्य भी, हिन्दू और मुसलमान...। साधारणतया व्यवहार सरल और अनौपचारिक था; लोग मजे में आते-जाते थे...। उनके बीच रहना और काम करना...मेरे जीवन का अनुभव था...।' (विक्टर जी. कीर्नन, 'सम रेमिनिसेंसेज़ ऑफ इंडिया ऐंड द सीपीआई', 15 मार्च, 2009, www.sacw.net पर, 14 मार्च, 2014 को देखा गया)।

52. मैं अनिया लूम्बा की निजी ई-मेल के लिए कृतज्ञतापूर्वक आभारी हूँ। यह ई-मेल 30 जनवरी, 2014 को 'भारतीय लड़कियाँ पार्टी की तलाश में अथवा भारतीय साम्यवाद की खोई दुनिया' विषय पर पी.सी. जोशी आर्काइव्स ऑन कंटेंपररी हिस्टरी, जवाहरलाल नेहरू विश्वविद्यालय' दिल्ली में प्रस्तुत वार्ता के लिए तैयार की गई उनकी टिप्पणियों पर आधारित थी।

53. वाम फलस्तीन पर इजरायल के कब्जे को और अनेक निरंकुश शासनों को समर्थन देने के लिए अमेरिका पर लगातार प्रहार करता रहा है। वाम नाटो (एनएटीओ) और सामरिक गठबन्धनों की अमेरिकी व्यवस्था और उसके 'आतंकवाद के विरुद्ध युद्ध' का प्रखर आलोचक है। यद्यपि हो सकता है कि वाम ने इन मुद्दों पर लोगों को बड़े पैमाने पर गोलबन्द किया हो अथवा भारत सरकार के अमेरिका समर्थक सामरिक झुकाव को रोक पाने में सफल न रहा हो लेकिन विचारों और राजनीतिक विमर्श के स्तर पर अपना विरोध उसने बरकरार रखा है।

54. लेकिन, जैसा कि डी.डी. कोसांबी जैसे स्वतंत्र मार्क्सवादी विद्वानों ने बहुत पहले ही संकेत किया था, कम्युनिस्ट पार्टियों से असम्बद्ध चिन्तकों और लेखकों के योगदान को पार्टी के बुद्धिजीवियों ने प्राय: मान्यता नहीं दी अथवा उसकी सराहना नहीं की। उन्होंने ऐसे लोगों को 'आधिकारिक मार्क्सवादी' कहा जो पार्टी की मौजूदा नीति की अलंघनीय पवित्रता पर धर्मशास्त्रीय ढंग से जोर देने के कारण अथवा गौरवग्रन्थों से अप्रासंगिक उद्धरणों को उद्धृत करने के कारण अलग पहचाने जाते हैं।

55. राष्ट्रीय स्तर पर केवल एक एक सीट जीतकर भाकपा और रिवाल्यूशनरी सोशलिस्ट पार्टी लगभग अप्रासंगिक हो गई। फारवर्ड ब्लाक का पूरी तरह सफाया हो गया था। इससे भी बदतर यह कि इन चारों पार्टियों ने सिर्फ वोट ही नहीं गँवाये बल्कि अपने सामाजिक आधार का बड़ा हिस्सा भी भाजपा के हाथों गँवा दिया।

56. केरल में वाम द्वारा समर्थित और चुनाव में विजयी रहे दो निर्दलीयों को भी गिन लेने पर यह संख्या बढ़कर बारह तक पहुँच जाती है।

57. जब 2014 के चुनाव परिणाम घोषित हुए थे उस समय वाम के नेताओं ने अपने सामने खड़े संकट की गुरुता, स्वरूप और कारणों की कोई समझ प्रदर्शित नहीं की। इस पराजय को अपने कार्यक्रमों और रणनीतियों के गहरे जमे दोषों, बड़े पैमाने पर नेतृत्व की असफलता और जनता से उसके अलगाव के परिणाम के रूप में स्वीकार करने के बजाय माकपा ने पहले तो चुनाव में बड़े पैमाने पर धांधली का आरोप लगाकर इसे नकारा फिर माना कि उसका प्रदर्शन 'खराब' था और अन्त में स्वीकार किया कि 'असफलता के लिए प्राथमिक जिम्मेदारी' उसके केन्द्रीय नेताओं की थी। लेकिन माकपा ने इस पराजय के लिए शक्तिशाली पदों पर बैठे खास व्यक्तियों की अभियोज्यता को स्वीकार करने से इनकार कर दिया और 'व्यक्तिगत जवाबदेही' की बुर्जुआ पार्टियों की धारणा के विपरीत 'सामूहिक जवाबदेही' के सिद्धान्त का हवाला दिया। इस तर्क से सम्पूर्ण शीर्ष नेतृत्व को इस्तीफा दे देना चाहिए था। लेकिन माकपा के जिन नेताओं ने चुनाव परिणामों के बाद अपने पदों से इस्तीफा देने की पेशकश की उनसे ऐसा न करने का कहा गया। इनमें पालिट ब्यूरो के भी दो सदस्य शामिल थे। चुनाव में सफाये के कारणों का विस्तृत विश्लेषण केन्द्रीय नेतृत्व की भविष्य में होने वाली बैठकों तक के लिए टाल दिया गया। कुल मिलाकर वाम ने 'सुधारात्मक' कदम उठाने के लिए...अपनी राजनीतिक नीति और संगठनात्मक काम करने के तरीकों की 'समीक्षा' और जनता की 'जीविका से जुड़े हितों'' की सुरक्षा के लिए 'संघर्ष चलाने' हेतु 'जनता के साथ घनिष्ठ सम्पर्क' बनाने आदि का वादा किया।

अध्याय 2 : रणनीतिक ढाँचे की तलाश

1. अचिन वनायक (1986) : 'दि इंडियन लेफ्ट', न्यू लेफ्ट रिव्यू, 1/159, सितम्बर-अक्तूबर।
2. वनायक (1986)। अगले खंड में दिए गए विश्लेषण में लेखक मोटे तौर पर वनायक के तर्क से सहमत है। सीपीआई की सदस्यता कुछ मन्द गति से 1934 तक 150 तक पहुँची और फिर कहीं अधिक तेजी से 1942 में 5,000 तक पहुँच गई। सीपीआई ने जब बम्बई में 1943 में अपनी पहली कांग्रेस आयोजित की, उस समय तक यह संख्या तेजी से बढ़कर 15,563 पर पहुँच गई थी। लेकिन इसकी सदस्यता 50,000 का अंक 1946 में ही पार कर पाई। आजादी के समय इसकी सदस्य संख्या 60,000 थी। जीन डी ओवरस्ट्रीट और मार्शल विंडमिलर (1959) : कम्युनिज़्म इन इंडिया, बर्कले, यूनीवर्सिटी आफ कैलिफोर्निया प्रेस, पृ. 357, इन संख्याओं को पार्टी की सक्रियता के स्तर अथवा राजनीतिक ताकत और प्रभाव का प्रतीक नहीं माना जाना चाहिए।
3. बैरिंगटन मूर जूनियर अपनी क्लासिक पुस्तक (1966) : सोशल ओरिजिन्स आफ डिमोक्रेसी ऐंड डिक्टेटरशिप (बोस्टन, बेकन प्रेस) में तर्क देते हैं कि भारत ने अधिनायकवादी अथवा सैनिक शासन का रूप न ग्रहण कर, (जैसा कि अनेक पूर्व उपनिवेशों के साथ हुआ) सफलतापूर्वक लोकतंत्र में संक्रमण किया, इसके पीछे यह एक बहुत महत्त्वपूर्ण तत्त्व है।
4. सुमित सरकार और सबआल्टर्न स्कूल के रनजीत गुहा, पार्थ चटर्जी, ज्ञानेन्द्र पांडे और शाहिद अमीन सहित अनेक इतिहासकारों ने इस पर ध्यान दिया है।
5. वनायक (1986)।
6. वही।
7. सुमित सरकार (1983) : मार्डर्न इंडिया, नई दिल्ली, मैकमिलन, पृ. 269-74.
8. देखें अध्याय 1 की टिप्पणी 17.
9. जैसा कि वनायक कहते हैं : 'गँवा दिया गया यह अवसर महत्त्वपूर्ण परिणाम दे सकता था क्योंकि अब गांधी को अंग्रेजों के साथ असहयोग के अभियान में कांग्रेस को शामिल करने और उस पर नियंत्रण बनाये रखने का निर्द्वन्द्व अधिकार प्राप्त था। 1932 में जाकर कामिन्टर्न के नेतृत्व ने अपनी नीति की समीक्षा करने और यह सुझाव देने के पहले कदम उठाये कि सीपीआई कांग्रेस जैसे व्यापक सुधारवादी संगठनों ''के साथ सहयोग'' कर सकती है अथवा उनमें ''घुसपैठ'' कर सकती है'। वनायक (1986)।
10. सरकार (1983) : पृ. 312-13।
11. वही, पृ. 381।
12. 'फ्रॉम द सुन्दरलाल रिपोर्ट', फ्रंटलाइन, 3 मार्च, 2001; इसी अंक में ए.जी. नूरानी, 'ऑफ ए मसाकर अनटोल्ड' भी देखें, लम्बे समय तक दबा कर रखी गई यह रिपोर्ट अब नेहरू मेमोरियल म्यूजियम ऐंड लाइब्रेरी में उपलब्ध है।
13. मोहित सेन (2003) : ए ट्रैवेलर ऐंड द रोड : द जर्नी ऑफ ऐन इंडियन कम्युनिस्ट, नई दिल्ली, रूपा ऐंड कम्पनी, पृ. 124-126 के अनुसार स्तालिन ने सीपीआई के नेताओं के साथ फरवरी 1951 में मास्को में हुई अपनी बैठक में उन्हें सलाह दी थी कि संघर्ष रोक दिया जाना चाहिए। नेहरू ने प्रारम्भ में सेना को नहीं रोका लेकिन एक बार जब उन्हें यह जानकारी हो गई कि सीपीआई ने विद्रोह वापस ले लिया है तब उन्होंने 'इस बात के यथासम्भव सभी प्रयास किए कि कम्युनिस्ट रिहा कर दिए जाएँ अथवा उन्हें हलकी सजाएँ ही दी जाएँ'। सेन कहते हैं कि सीपीआई के अनेक नेताओं ने इसे 'कम्युनिस्टों को शक्तिहीन करने' के लिए नेहरू की ओर से 'एक कपटपूर्ण चाल' के रूप में और कुछ अन्य ने इसे उन्हें राष्ट्रीय 'मुख्यधारा' में ले आने के उपाय के रूप में देखा। तेलंगाना संघर्ष के एक सहभागी द्वारा दिए गए विवरण के लिए देखें, रविनारायण रेड्डी (2011) : हीरोइक तेलंगाना : रेमिनिसेन्सेज़ ऐंड एक्सपीरिएंसेज (दूसरा संस्करण), नई दिल्ली, पीपुल्स पब्लिशिंग हाउस; पी. सुन्दरैया (1972) : तेलंगाना पीपुल्स स्ट्रगल ऐंड इट्स लेसन्स, दिल्ली, फाउंडेशन बुक्स; मोहित सेन (2003) : विशेष रूप से अध्याय 5 और 7; तथा राव (1976) भी देखें।

14. सरकार (1983), पृ. 381-82।
15. राव (1976), पृ. xi।
16. ओवरस्ट्रीट और विंडमिलर (1959), पृ. 537।
17. उदाहरण के लिए देखें, सेन (2003), पृ. 82।
18. सीपीआई के चुनाव घोषणापत्र की ही तरह उसके कृषि सुधार विधेयक के प्रारूप में भी कांग्रेस की 1949 की कृषि सुधार समिति द्वारा सुझाये गए ढाँचे का अनुसरण किया गया था। टी.जे. नोसिटर (1982) : कम्युनिज़्म इन केरल : ए स्टडी इन पोलिटिकल एडप्टेशन, दिल्ली, आक्सफोर्ड यूनिवर्सिटी प्रेस, पृ. 150।
19. पश्चिम बंगाल और त्रिपुरा में वाम मोर्चे की घटक रिवोल्यूशनरी सोशलिस्ट पार्टी ने 'अर्ध सामन्ती' अथवा 'द्विचरणी' क्रान्ति के सूत्र को कभी स्वीकार नहीं किया। इसका जन्म औपनिवेशिक बंगाल के तथाकथित क्रान्तिकारी आतंकवादी समूह 'अनुशीलन समिति' से हुआ था। बोल्शेविक-लेनिनिस्ट पार्टी आफ इंडिया जैसे छोटे ट्राट्स्कीवादी समूहों और बाद में फोर्थ इंटरनेशनल से सम्बद्ध रिवाल्यूशनरी सोशलिस्ट पार्टी ने स्तालिन की 'समाजवाद एक देश में' स्थापना को अस्वीकार किया। वह स्तालिनवाद की कटु आलोचक रही है लेकिन उसने ट्राट्स्कीवाद को कभी नहीं अपनाया है। आरएसपी भारत की विशेषता बताते हुए उसे एक ऐसा पूँजीवादी समाज बताती है जिसमें कुछ पूर्व पूँजीवादी अवशेष भी हैं। वह सामाजिक क्रान्ति की पक्षधर है। वह बुर्जुआ वर्ग के किसी भी तबके के साथ किसी भी तरह के गठबन्धन का विरोध करती है। देखें आरएसपी (2011) : ए पाज़िटिव प्रोग्राम फॉर दि इंडियन रिवाल्यूशन, दूसरा संस्करण, कोलकाता, लोकायत साहित्य चक्र। केरल में मार्च 2014 के लोकसभा चुनाव की पूर्वसन्ध्या पर आरएसपी वाम लोकतांत्रिक मोर्चे से अलग हो गई थी।
20. यहाँ कृषि में उत्पादन पद्धति, कृषि सुधार, जाति, संस्कृति, औद्योगीकरण और राज्य के चरित्र, जो भारत को 'अर्ध सामन्ती, अर्ध औपनिवेशिक' समाजों से एकदम अलग करता है, जैसे अनेक प्रासंगिक मुद्दों पर विभिन्न अध्यायों और खंडों में चर्चा की गई है।
21. 'राष्ट्रीय लोकतांत्रिक क्रान्ति और जनवादी लोकतांत्रिक क्रान्ति' दोनों के कार्यक्रम कम्युनिस्ट इंटरनेशनल 1919-1943 (कामिन्टर्न) की परम्परा और चीन की कम्युनिस्ट पार्टी के रणनीतिक परिप्रेक्ष्य से निकले हैं। चीन की कम्युनिस्ट पार्टी ने 1949 में चार वर्गों के गठबन्धन अथवा खेमे की वकालत की थी। ये चार वर्ग थे—मजदूर वर्ग, किसान, शहरी निम्न मध्यवर्ग और राष्ट्रीय मध्य वर्ग। इन वर्गों से मिलकर बना गठबन्धन 'भूस्वामी वर्ग' अथवा 'नौकरशाह-मध्य वर्ग' (कभी-कभी इसे कंप्राडोर कहा जाता है अर्थात विदेशी साम्राज्यवादी हितों का दलाल) के विरुद्ध 'जनता का लोकतांत्रिक अधिनायकवाद' स्थापित करेगा। www.marxists.org/glossary/terms/b/1-htm
22. सीपीआई का कार्यक्रम काफी हद तक '1960 में मास्को में 81 कम्युनिस्ट और मजदूर पार्टियों की बैठक के वक्तव्य' की स्थापनाओं का अनुसरण करता है जिसमें कहा गया है : 'जिन देशों ने औपनिवेशिक जुए को उतार फेंका है, राष्ट्रीय पुनर्निर्माण के तात्कालिक काम उनके सामने हैं। एक राष्ट्रीय-लोकतांत्रिक मोर्चे के तहत एकजुट होकर इन राष्ट्रों की सभी देशभक्त ताकतों द्वारा साम्राज्यवाद और सामन्तवाद के अवशेषों के विरुद्ध एक दृढ़संकल्पित संघर्ष किए बिना, इन कामों को प्रभावशाली ढंग से पूरा नहीं किया जा सकता। उन देशों में जिन्होंने अपनी आजादी हासिल कर ली है, राष्ट्र की प्रगतिशील ताकतें जिन राष्ट्रीय लोकतांत्रिक कार्यों के आधार पर एकताबद्ध हो सकती हैं और होती हैं वे हैं : राजनीतिक स्वतंत्रता को मजबूत बनाना, कृषक वर्ग के हित में कृषि सुधार करना, सामन्तवाद के अवशेषों का सफाया, साम्राज्यवादी आर्थिक प्रभुत्व को उखाड़ फेंकना, विदेशी इजारेदारियों पर बन्दिशें और राष्ट्रीय अर्थव्यवस्था से उनका निष्कासन, एक राष्ट्रीय उद्योग को जन्म देना और उसका विकास करना, जीवन स्तर का सुधार, सामाजिक जीवन का लोकतांत्रीकरण, एक स्वतंत्र और शान्तिपूर्ण विदेश नीति का अनुसरण और समाजवादी तथा अन्य मैत्रीपूर्ण देशों के साथ आर्थिक और सांस्कृतिक सहयोग विकसित करना।' इसमें आगे कहा गया,

'मौजूदा हालात में साम्राज्यवादी गुटों से असम्बद्ध औपनिवेशिक और निर्भर देशों के राष्ट्रीय बुर्जुआ वर्ग की रुचि वस्तुनिष्ठ रूप से साम्राज्यवाद विरोधी, सामन्ताद विरोधी क्रान्ति के प्रमुख कार्यों में है और इसलिए उसमें साम्राज्यवाद और सामन्तवाद के विरोध में क्रान्तिकारी संघर्ष में भाग लेने की क्षमता बनी हुई है। इस अर्थ में यह प्रगतिशील है। लेकिन, यह अस्थिर है; प्रगतिशील होने के बावजूद इसका रुझान साम्राज्यवाद और सामन्तवाद के साथ समझौता करने की ओर है। अपनी इस दोहरी प्रकृति के कारण क्रान्ति में बुर्जुआ वर्ग की भागीदारी अलग अलग देशों में अलग अलग सीमा तक है। यह ठोस दशाओं, वर्ग शक्तियों के सम्बन्धों में आए परिवर्तनों, साम्राज्यवाद, सामन्तवाद और जनता के बीच के अन्तर्विरोधों की तीक्ष्णता और साम्राज्यवाद, सामन्तवाद और राष्ट्रीय बुर्जुआ वर्ग के बीच केअन्तर्विरोधों की गहराई पर निर्भर है। www.marxists.org/history/international/comintern/sino-soviet-split/other/1960 statement, htm, 12 जून, 2014 को देखा गया।

23. 'ड्राफ्ट प्रोग्राम ऑफ द सीपीआई(एम)', 1964, पृ. 31-47। यह काफी हद तक उस परिप्रेक्ष्य का अनुसरण करता है जिसकी रूपरेखा पूर्वी यूरोप के श्रमिक दलों के कुछ दस्तावेजों में दी गई है, इसका संक्षिप्त रूप 'द ग्रेट सोवियत एनसाइक्लोपीडिया, (1978) में दिया गया है : 'जनवादी लोकतांत्रिक क्रान्ति की विशिष्ट पहचान उसकी प्रेरक शक्तियों का संयोजन है। पुराने किस्म की बुर्जुआ लोकतांत्रिक क्रान्ति की प्रेरक शक्तियाँ बुर्जुआ वर्ग के नेतृत्व वाले वर्ग थे और समाजवादी क्रान्ति की प्रेरक शक्ति सभी श्रमिक जनता और शोषितों के साथ सर्वहारा का गठबन्धन होता है। इस गठबन्धन का नेतृत्व सर्वहारा करता है। इस अर्थ में जनवादी लोकतांत्रिक क्रान्तियाँ भिन्न होती हैं। उनकी प्रेरक शक्ति सर्वहारा, किसान वर्ग, निम्न बुर्जुआ वर्ग और विभिन्न वर्गों के विभिन्न स्तरों (उदाहरण के लिए, मध्य तथा राष्ट्रीय बुर्जुआ वर्ग) का एक व्यापक जन मोर्चा होता है। यह व्यापक जन मोर्चा सर्वहारा और कृषक वर्ग के बीच एक गठबन्धन पर आधारित होता है और इसका नेतृत्व मार्क्सवादी-लेनिनवादी दल के नेतृत्व में सर्वहारा करता है...। जनवादी लोकतांत्रिक क्रान्ति का सबसे महत्त्वपूर्ण विशिष्ट लक्षण है इसके द्वारा स्थापित राज्य सत्ता का चरित्र : सर्वहारा के नेतृत्व वाले क्रान्तिकारी वर्गों की एक क्रान्तिकारी लोकतांत्रिक तानाशाही। इस सत्ता को सौंपी गई प्राथमिक जिम्मेदारी है उत्पादन पद्धतियों के निजी पूँजीवादी स्वामित्व को कुछ सीमा तक बनाये रखते हुए लोकतांत्रिक रूपान्तरणों को लागू करना। बुर्जुआ लोकंतत्र अल्पमत की सरकार होती है, इससे भिन्न, क्रान्तिकारी वर्गों की क्रान्तिकारी लोकतांत्रिक तानाशाही प्रचंड बहुमत की सरकार होती है जो इस बहुमत के हित में महत्त्वपूर्ण गहन सामाजिक-आर्थिक रूपान्तरण करती है।' (http://encyclopedia2.thefreedictionary.com/people%27s+Democratic + Revolution)
24. परवर्ती पैराग्राफ 'कम्युनिस्ट पार्टी आफ इंडिया की केन्द्रीय समिति के प्रतिनिधियों कामरेड राव, डांगे, घोष और पुन्नैया के साथ जे.वी. स्तालिन की चर्चाओं के रिकार्ड' से शब्दश : उद्धृत किए गए हैं, www.revolutionary democracy.org/rdv/12n2/cpi2, htm#2, 6 जून, 2014 को देखा गया।
25. उदाहरण के लिए, मोहित सेन (2003), पृ. 126।
26. www.revolutionarydemocracy.org/rdv12n2/cpi2.html/#2
27. मोहित सेन (1977) : डाक्यूमेंट्स आफ द हिस्टरी ऑफ द कम्युनिस्ट पार्टी ऑफ इंडिया, खंड VIII, 1951-1956, नई दिल्ली, पीपुल्स पब्लिशिंग हाउस में 'प्रोग्राम आफ द कम्युनिस्ट पार्टी आफ इंडिया' (कम्युनिस्ट पार्टी ऑफ इंडिया का कार्यक्रम), 'टैक्टिकल लाइन' (कार्यनीतिक लाइन) और 'स्टेटमेंट आफ पालिसी आफ द कम्युनिस्ट पार्टी आफ इंडिया' (कम्युनिस्ट पार्टी आफ इंडिया का नीति वक्तव्य) देखें। यह कार्यक्रम दिसम्बर 1953-जनवरी 1954 के दौरान सीपीआई की मदुराई में हुई तीसरी कांग्रेस में औपचारिक रूप से स्वीकार किया गया।
28. इस बहस को ऐलिस थोर्नर ने इकनामिक ऐंड पोलिटिकल वीक्ली (4,11 और 18 दिसम्बर, 1982) में और बाद में उत्सा पटनायक (सं.) (1990) ने एग्रेरियन रिलेशंस ऐंड एक्युमुलेशन : द 'मोड

आफ प्रोडक्शन' डिबेट इन इंडिया, दिल्ली, आक्सफोर्ड यूनीवर्सिटी प्रेस में संक्षिप्त रूप में प्रस्तुत किया है। 'जरनल आफ एग्रेरियन चेंज' के एक विशषांक में (खंड 13, सं. 3, जुलाई, 2013) में प्रकाशित कई लेखों में इस बहस पर प्रकाश डाला गया है।

29. ब्रेनेर ने दिखाया कि उत्तर मध्यकालीन इंग्लैंड में बाजार में बिक्री के उद्देश्य से उत्पादन करने के लिए बड़े भूस्वामियों से पट्टे पर जमीन लेने वाले काश्तकार किसान लगातार इस दबाव में रहते थे कि लागतें कैसे कम की जाएँ और मुनाफा कैसे बढ़ाया जाए। इससे और पट्टे की अवधि बढ़वाने के लिए असामियों के बीच प्रतिस्पर्धा से उत्पादकता बढ़ाने ओर पूँजी संग्रह की प्रक्रिया को प्रोत्साहन मिला। काश्तकार स्वयं पूँजीपति किसान बन गए। इस प्रकार, काश्तकारी और पूँजीवादी कृषि सम्बन्धों के विकास में कोई अन्तर्विरोध नहीं है। ब्रेनेर (1977) : 'दि ओरिजिन्स ऑफ कैपीटलिस्ट डेवलपमेंट : ए क्रिटीक ऑफ निओ-स्मिथियन मार्क्सिज्म', न्यू लेफ्ट रिव्यू, 104, जुलाई-अगस्त। ब्रेनेर की स्थापना अब भी समकालीन मार्क्सवादी बहस का केन्द्रीय बिन्दु बनी हुई है।

30. अध्याय 1 की टिप्पणी 25 देखें।

31. पाम दत्त 1946 में कैबिनेट मिशन के दौरे को ग्रेट ब्रिटेन की कम्युनिस्ट पार्टी (सीपीजीबी) के 'डेली वर्कर' के लिए कवर करने भारत आए थे। देखें मार्कस फ्रांडा (1971) : रैडिकल पालिटिक्स इन वेस्ट बेंगाल, केम्ब्रिज (मैस), द एमआईटी प्रेस, पृ. 30।

32. एक कुछ कठोर फैसले में, भारतीय साम्यवाद के एक सुप्रसिद्ध विश्लेषक का तर्क है कि 'आजादी से पहले के भारत का कम्युनिस्ट आन्दोलन सीपीजीबी (कम्युनिस्ट पार्टी आफ ग्रेट ब्रिटेन) का एक औपनिवेशिक सहायक था और स्वयं ग्रेट ब्रिटेन की कम्युनिस्ट पार्टी मास्को के अधीन थी। मोहन राम (1969), पृ. 1। कुछ विद्वानों ने बाहरी स्रोतों पर इतनी निर्भरता को भारतीय कम्युनिस्ट आन्दोलन की असफलताओं और दोषों का मुख्य कारण माना है। यह दृष्टिकोण एकपक्षीय है : भारतीय कम्युनिस्टों ने अक्सर विदेशियों का हस्तक्षेप पाना चाहा। भारत के लिए एक क्रान्तिकारी रणनीति बनाने में अपनी सैद्धान्तिक और व्यावहारिक कमियों के कारण उन्हें ऐसी मदद की जरूरत थी। यह निर्भरता उनकी कमजोरियों और असफलता का परिणाम और लक्षण थी न कि कारण।

33. यहाँ तक कि भारत के सबसे कद्दावर बुद्धिजीवियों में से एक ई.एम.एस. नम्बूदिरीपाद ने भी स्वीकार किया है कि शुरुआती दौर में वह मार्क्सवाद से परिचित नहीं थे। 1935 में उन्होंने मार्क्स का अध्ययन करना प्रारम्भ किया जिसकी शुरुआत 'घोषणापत्र' (मैनिफैस्टो) से हुई थी।

34. मार्कस फ्रांडा इस बात पर ध्यान देती हैं कि पश्चिम में शिक्षा प्राप्त पश्चिम बंगाल के 'भद्रलोक कम्युनिस्ट', (कलकत्ता के बौद्धिक समुदाय में मार्क्सवादियों का वर्णन इसी तरह किया जाता था) 'सुपठित लोग हैं; इनमें से अधिकतर लोगों की मित्रता ग्रेट ब्रिटेन के कम्युनिस्ट, सोशलिस्ट और लेबर आन्दोलनों के लोगों से है और इनमें से कई लोगों ने सोवियत संघ और पूर्वी यूरोप की यात्रा की है। बंगाल में मार्क्सवादी विद्वानों की पुरानी पीढ़ी के बहुत ही कम सदस्यों ने स्वयं मार्क्स को गम्भीर ढंग से पढ़ा होगा और उनमें से अधिकतर इस बात को स्वीकार करते हैं कि 'डस कैपिटल' (पूँजी) अथवा अन्य बहुत सैद्धान्तिक रचनाएँ पढ़ने में उन्हें कितनी अधिक कठिनाई हुई...सबसे पहले तो पार्टी के सदस्य ही इस बात को स्वीकार करते हैं कि पार्टी में अनेक प्रतिभाशाली प्रखर विद्वानों की मौजूदगी के बावजूद बंगाल के कम्युनिस्ट आन्दोलन में उनके बीच सच्चे अर्थों में कोई मौलिक मार्क्सवादी सिद्धान्तकार कभी नहीं था, मार्कस फ्रांडा (1971) : रैडिकल पालिटिक्स इन वेस्ट बेंगाल, केम्ब्रिज (मैसा.), द एमआईटी प्रेस, पृ. 30-31।

35. मोहित सेन और एम.बी. राव (सं.) (1968) : डस कैपिटल : सेंटिनरी वाल्यूम, दिल्ली, पीपुल्स पब्लिशिंग हाउस, पृ. 228-229।

36. इसका अनुवाद पीयूष दासगुप्त ने किया था और बानीप्रकाश, कलकत्ता ने इसे प्रकाशित किया। अनुवादक की पुत्रवधू नूपुर दासगुप्त से व्यक्तिगत ई-मेल संवाद, 13 फरवरी, 2015।

37. हाल के वर्षों में भाकपा और माकपा दोनों ने विशेषकर भाकपा ने कृषि में पूँजीवादी सम्बन्धों के विकास को स्वीकार किया है। यद्यपि वे इस बात पर जोर देती हैं कि भारत के विभिन्न क्षेत्रों में 'भूस्वामीवाद', बँधुआ मजदूरी के प्राचीन रूप और 'पुराने सामन्ती सम्बन्ध' अब भी बरकरार हैं। भाकपा (माओवादी) अर्ध सामन्ती स्थापनाओं पर ही चिपकी हुई है। लेकिन तीनों पार्टियाँ इस दृष्टिकोण को साझा करती हैं कि 'भूस्वामीवाद' का खात्मा क्रान्ति के मौजूदा चरण के लिए उनके कृषि सुधार एजेंडा का केन्द्र बिन्दु होगा।

38. 'सम्पन्न', 'मध्यवर्ती', 'गरीब' आदि आमदनी अथवा आकार पर आधारित श्रेणियाँ नहीं हैं बल्कि ये ग्रामीण अर्थव्यवस्था के एक खास सन्दर्भ में उत्पादन के सम्बन्धों और उनके अपने जोत क्षेत्र के अनुसार परिभाषित किए गए हैं जैसा कि ट्राट्स्की और लेनिन, तथा कृषि अर्थव्यवस्था के अन्य मार्क्सवादी सिद्धान्तकारों ने किया है।

39. ई.एम.एस. नम्बूदिरीपाद (1952) : आन द ऐग्रेरियन कवेश्चन इन इंडिया, बम्बई, पीपुल्स पब्लिशिंग हाउस, पृ. 27, 49, 61।

40. अखिल भारतीय किसान सभा के संस्थापक अध्यक्ष सहजानन्द सरस्वती 1930 और 1940 के दशकों में बिहार के सर्वश्रेष्ठ किसान नेता थे। उन पर अधिक जानकारी के लिए देखें वाल्टर हाउज़र (सं.) (2003) : रिलीजन, पालिटिक्स ऐंड द पेजेंट्स : ए मेमायर ऑफ इंडिया'ज फ्रीडम मूवमेंट, दिल्ली, मनोहर पब्लिशर्स और (सं.) (2005) : सहजानन्द ऑन ऐग्रीकल्चरल लेबर ऐंड द रूरल पुअर, दिल्ली, मनोहर पब्लिशर्स।

41. देखें, ए.आर. देसाई (सं.)(1986) : ऐग्रेरियन स्ट्रगल्स इन इंडिया, नई दिल्ली, आक्सफोर्ड युनीवर्सिटी प्रेस।

42. पश्चिम बंगाल के चावल मिलमालिक वाम मोर्चे के शासनकाल के दौरान भी जिस तरह अपने प्रभाव का इस्तेमाल करते थे उस पर बारबरा हैरिस-व्हाइट ने रोशनी डाली है। देखें, हैरिस-व्हाइट (2008) : रूरल कामर्शियल कैपिटल : ऐग्रीकल्चरल मार्केट्स इन वेस्ट बेंगाल, नई दिल्ली, आक्सफोर्ड युनीवर्सिटी प्रेस।

43. 1960 के दशक के अन्तिम वर्षों में यह रवैया महाराष्ट्र के एक जुझारू मार्क्सवादी संगठन लाल निशान पार्टी के भीतर के एक धड़े ने अपनाया था। लाल निशान पार्टी विशेष रूप से ट्रेड यूनियनों में सक्रिय थी जिनमें बम्बई के कपड़ा मिलों के मजदूर शामिल थे। सीपीआई के 'जन युद्ध' वाले रुख पर यह 1942 में सीपीआई से टूट कर अलग हो गई थी और फिर इसने मजदूर वर्ग में अपना खुद का आधार बना लिया।

44. http://peoplesdemocracy.in/2014/0810-pd/eighth-all-india-conference-all-india-agricultural-workers-union

45. इसे निम्नलिखित तरीके से न्यायोचित ठहराया गया : प्रश्न उठाये गए कि क्या ऐसा करना उचित था। दिसम्बर 1985 में पार्टी की बारहवीं कांग्रेस में इस मामले पर चर्चा हुई थी। बी.टी. रणदिवे ने चर्चाओं का सार रूप यह कहकर प्रस्तुत किया था कि वाम मोर्चे के शासन के तहत पश्चिम बंगाल केन्द्र की ओर से आर्थिक नाकेबन्दी का सामना करता रहा है। पश्चिम बंगाल के विरुद्ध वर्गीय आधार पर भेदभाव किया जा रहा है क्योंकि उसे वाम के नेतृत्व वाली सरकार चला रही है। इस नाकेबन्दी को तोड़ना मजदूर वर्ग के वर्ग हित में है। रोजगार पैदा करने के लिए पश्चिम बंगाल में औद्योगीकरण जरूरी है...। मौजूदा पूँजीवादी व्यवस्था और केन्द्र की बड़े बुर्जुआ वर्ग के नेतृत्व वाली सरकार द्वारा निर्धारित मानदंडों के भीतर राज्य सरकार के सीमित संसाधनों के साथ पश्चिम बंगाल में उद्योगों का विकास करना सभंव नहीं...। पश्चिम बंगाल सरकार अपने बलबूते इस...व्यवस्था से अलग नहीं हो सकती। इसलिए निजी क्षेत्र की भागीदारी के साथ पेट्रो-केमिकल परियोजना एक कार्यनीतिक जरूरत है...'। ष्माकपा की 19वीं कांग्रेस की राजनीतिक-सांगठनिक रिपोर्ट का खंड II' ('Part II of the political - organisation report of the 19th Congress of the CPI(M)', द मार्क्सिस्ट, खंड XXIV, संख्या-2, अप्रैल-जून 2008।

46. '14वीं पार्टी कांग्रेस में कुछ विशेष विचारधारात्मक मुद्दों पर स्वीकृत प्रस्ताव', www.cpim.org/documents/1992-14-Cong - ideological - issues. pdf, 22 जनवरी, 2015 को देखा गया।
47. मित्र (2007) : 'सैंटा क्लॉज विजिट्स द टाटाज : फ्रीबीज़ फ्राम ए डेट-रिडेन गवर्नमेंट', द टेलीग्राफ, 30 मार्च 2007; नैनो कार बनाने की लागत 'उसे बनाने वाले संयंत्र की लागत सहित' 1,700 करोड़ रु. बताई गई थी। www.business-standard.com/article/management/what-drives-tata-motors-108012201043-1.html, 22 दिसम्बर, 2014 को देखा गया।
48. वाम मोर्चा सरकार के पूर्व वाणिज्य और उद्योग मंत्री निरुपम सेन के साथ साक्षात्कार, कोलकाता, 25 फरवरी, 2013।
49. रत्ना सेन (1986) : 'एक्सपेरीमेंट इन वर्कर्स मैनेजमेंट : सोनाली टी गार्डन, 1973-1981', इकनामिक ऐंड पोलिटकल वीक्ली, 30 अगस्त, M-74 से M-80 तक। इसके अतिरिक्त शरित के. भौमिक (1995) : 'वर्कर कोआपरेटिव्स', सेमिनार, मई। सोनाली यूनियन सीपीआई के नेतृत्व वाली एआईटीयूसी (एटक) से सम्बद्ध थी। बताया जाता है कि एटक ने इससे सम्बन्ध तोड़ लिया।
50. 1993 में इस मिल में तालाबन्दी हो गई और इस पर मजदूरों ने जबर्दस्ती कब्जा कर लिया। उन्होंने मजदूरों की सहकारिता के जरिये पुन : उत्पादन शुरू करने का प्रयास किया। माकपा के नेतृत्व वाली सेंटर आफ इंडियन ट्रेड यूनियंस (सीटू) ने उन्हें समर्थन देने के लिए कुछ नहीं किया लेकिन संग्रामी श्रमिक यूनियन जैसे अन्य संगठन सामने आए। देखें, www.outlookindia.com/printarticle.aspx? 234197, www. revolutionarydemocracy.org/rdv9n1-/commentary_labour_ under_left-front-ii-kanoria-jute-workers-historic-struggle.pdf, ये सभी 2 जनवरी, 2015 को देखे गए। इसके अतिरिक्त ए.के. रॉय (1994) : 'कमानी टु कनोडिया : मार्क्सिस्ट्स ऐंड वर्कर्स कोआपरेटिव्स', इकनामिक ऐंड पोलिटिकल वीक्ली, 24 सितम्बर। एक अन्य मामले में, जिससे न्यू सेंट्रल जूट मिल्स जुड़ी थी, वाम यूनियनों ने 1989 में एक सहकारी समिति की स्थापना करने के लिए अन्य यूनियनों के साथ मिलकर एक संयुक्त मोर्चा बनाया था लेकिन उन्होंने इसका नेतृत्व नहीं किया।
51. कर्मचारियों के स्वामित्व वाली सफल सहकारी समिति के रूप में कानन देवन अब भी कार्यरत है और 'रिपल' नामक ब्रांड के तहत चाय की अनेक किस्में बेचती है। देखें, http://kdhptea.com।
52. शरित के. भौमिक (1989) : 'वर्कर्स टेक ओवर कमानी ट्यूब्स', इकनामिक ऐंड पोलिटिकल वीक्ली, 23 जनवरी, पृ. 124-27; बी. श्रीनिवास (1993) : वर्कर टेकओवर इन इंडस्ट्री : द कमानी ट्यूब्स एक्सपेरीमेंट, नई दिल्ली, सेज पब्लिकेशंस; इसके अतिरिक्त http://www.pria.org/docs/The-Takeover.pdf. कारखाना अन्ततः बन्द हो गया लेकिन वह इसलिए बन्द नहीं हुआ कि वह प्रौद्योगिकी और बाजार की दशाओं में होने वाले परिवर्तनों के साथ चल पाने में असफल था बल्कि वह इसलिए बन्द हुआ क्योंकि सार्वजनिक क्षेत्र के बैंकों और वित्तीय संस्थानों ने उसे कार्यशील पूँजी उधार देने से इनकार कर दिया (कमानी वर्कर्स 'यूनियन के पूर्व कार्यकारी अध्यक्ष डी. थंकप्पन के साथ साक्षात्कार, मुम्बई, 21 मार्च, 2013)। सम्भव है बल्कि शायद ऐसा ही हुआ होता—प्रबन्धकीय विशेषज्ञता को साथ लेते हुए वामपन्थी यूनियनों द्वारा किए गए संयुक्त प्रयास से कमानी ट्यूब्स बच सकती थी और पनप सकती।

    उस अवधि में बम्बई के वाम नेताओं के साथ हुई चर्चाओं से लगता है कि 'दो चरणों' वाले संकोच तो छोड़ें, उनकी राजनीतिक कल्पना में भी मजदूरों द्वारा स्वामित्व अपने हाथ में लिये जाने के विचार की कोई जगह नहीं थी। फिर थी, कमानी ट्यूब्स का उदाहरण प्रेरणादायक सिद्ध हुआ और उसके परिणामस्वरूप बम्बई में 'वर्कर्स सालिडैरिटी सेंटर अगेंस्ट जॉब लॉसेज़ ऐंड इंडस्ट्रियल क्लोजर्स,' तथा दिल्ली में 'सेंटर फार वर्कर्स मैनेजमेंट' की स्थापना हुई। इन पहलकदमियों ने कुछ उत्कृष्ट सामग्री प्रदान की थी लेकिन अफसोस है कि उसमें से अधिकांश आसानी से खोजी नहीं जा सकती।
53. डी. थंकप्पन से साक्षात्कार, मुम्बई, 21 मार्च, 2013।

54. सहकारिता/सामूहिकता के विकल्पों को सिर्फ आजमाने के भी प्रस्तावों को खारिज करने के लिए कम्युनिस्ट नेता (विशेषकर पश्चिम बंगाल और त्रिपुरा के) इस पहले से तैयार तर्क का जिस तरह बार-बार प्रयोग करते थे उससे मैं हैरान रह गया था।
55. देखें, www.mondragon-corporation.com/eng/, इसके अतिरिक्त www.bbc.co.uk/news/world/world-europe-19213425 और www. theguardian.com/world2013/mar/07/mondragon-spains-giant-cooperative, www.counterpunch.org/2014/04/30/the-case-of-mondragon/
56. यह संख्या व्यापक रूप से स्वीकृत है और अनेक सरकारी रिपोर्टों में उद्धृत है (उदाहरणार्थ www.moef.nic.in/downloads/public-information/FRA%20COMMITTEE%20REPORT_FINAL%20Dec%202010.pdf. I प्राथमिक रूप से इसका आधार है हरि मोहन माथुर (2008) : 'डेवलपमेंट ऐंड डिसप्लेसमेंट : इंट्रोडक्शन ऐंड ओवरव्यू', इंडिया सोशल डेवलपमेंट रिपोर्ट 2008, नई दिल्ली, कौंसिल फॉर सोशल डेवलमेंट/आक्सफोर्ड युनीवर्सिटी प्रेस। इसके अतिरिक्त दृष्टव्य : infochangeindia.org/Agenda/Migration-Displacement/Paying-the-price-for-someone-else%E2%80%99s-displacement.html, 1 मार्च, 2015 को देखा गया।
57. 14-15 अगस्त 1947 को दिए गए नेहरू के प्रसिद्ध भाषण का शीर्षक।
58. भारत के अपवादात्मक रवैये पर आलोचनात्मक चर्चा के लिए देखें, प्रफुल बिदवई और अचिन वनायक (2000) : साउथ एशिया ऑन ए शार्ट फ्यूज़ : न्यूक्लियर पालिटिक्स ऐंड द फ्यूचर ऑफ डिसआर्मामेंट, नई दिल्ली, आक्सफोर्ड यूनीवर्सिटी प्रेस, विशेष रूप से अध्याय 5, 6 और 9।
59. शुरू में ही रजनी कोठारी, फ्रैंसाइन फ्रैंकेल और टी.वी. सत्यमूर्ति जैसे विद्वानों ने इस संकट का कुशलतापूर्ण विश्लेषण किया था।
60. www.newageweekly.com/2012/03/eleventh party congress. html इसके अतिरिक्त http://www.net/article 7850.html भी देखें।
61. इस अवधि के दौरान इन्दिरा गांधी के प्रति माकपा का वैरभाव ऐसा था कि, कहा जाता है, इसके कुछ सदस्यों ने 1971 में, जब बांग्लादेश संकट अपने चरम पर था, पश्चिम बंगाल पर उनकी 'तानाशाही' को पाकिस्तानी सैनिक शासक याहिया खान द्वारा बांगला देश के पाशविक दमन के बराबर मानते हुए और स्वयं को उनसे मुक्त कराने के राज्य के अधिकार का दावा करते हुए 'इन्दिरा याहिया एक हैं' के नारे लगाये। प्रोफुल्ल रॉय चौधुरी (1985) : लेफ्ट एक्सपेरीमेंट इन वेस्ट बेंगाल, नई दिल्ली, पैट्रिअट पब्लिशर्स, पृ. 15 और 132।
62. अनुच्छेद 72, कम्युनिस्ट पार्टी आफ इंडिया की सातवीं कांग्रेस में स्वीकृत 'भाकपा(मा) का कार्यक्रम' ('प्रोग्राम आफ द सीपीआई(एम)') कलकत्ता, 31 अक्तूबर से 7 नवम्बर, 1964, नई दिल्ली, माकपा, 1967।
63. अनुच्छेद 113, 'भाकपा(मा) का कार्यक्रम'।
64. अनुच्छेद 112, 'भाकपा(मा) का कार्यक्रम'।
65. इस पर अधिक चर्चा अध्याय 3 में की गई है।
66. एम.जे. अकबर के साथ साक्षात्कार (1997) : दि एशियन एज, नई दिल्ली, 1 जनवरी, 1997।

अध्याय 3 : राष्ट्रीय राजनीति में आगे बढ़ते कदम

1. दोनों की तुलना में '...यद्यपि वह अब भी इन दोनों की तुलना में स्पष्ट रूप से बहुत कमजोर थी'। सुमित सरकार (1983) : माडर्न इंडिया, नई दिल्ली, मैकमिलन, पृ. 412-32।
2. सरकार कहते हैं, इसने कम्युनिस्टों को खतरनाक ढंग से 'पाकिस्तान की माँग स्वीकार करने' के करीब ला दिया था : सरकार (1983) : पृ. 412। इसके अतिरिक्त गंगाधर अधिकारी (सं.) (1942) : पाकिस्तान ऐंड नेशनल यूनिटी, बम्बई, पीपुल्स पब्लिशिंग हाउस भी देखें। पीडीएफ संस्करण के लिए देखें http://sacw.net.article5487.html; 4 मार्च, 2014 को देखा गया। पेरी

ऐंडरसन का दृष्टिकोण कुछ भिन्न है : अधिकारी की थीसिस के प्रकाशन के साथ 'सीपीआई पाकिस्तान की माँग की वैधता (जो वांछनीयता से फर्क है) के सवाल, पर और सामान्यतया, उपमहाद्वीप में आत्म निर्णय के अधिकार पर एक स्पष्ट नजरिये के साथ सामने आई। ऐंडरसन (2012) : दि इंडियन आइडियोलॉजी, गुड़गाँव, थ्री एसेज कलेक्टिव, पृ. 90।

3. यहाँ इन दो विभाजनों पर अत्यन्त संक्षेप में चर्चा की गई है खासतौर पर इसलिए कि पार्टी और अनेक स्वतंत्र स्रोतों में इन पर प्रचुर सामग्री उपलब्ध है।
4. सरकार (1983) : पृ. 412-32।
5. ये संख्याएँ जीन डी. ओवरस्ट्रीट और मार्शल विंडमिलर (1959) : कम्युनिज्म इन इंडिया, बर्कले, युनीवर्सिटी आफ कैलिफोर्निया प्रेस और सीपीआई के पार्टी कांग्रेस दस्तावेजों से ली गई है।
6. प्रसिद्ध नेता गोदावरी परुलेकर के नेतृत्व में, इसे उन्होंने अपनी अर्ध आत्मकथात्मक पुस्तक में दर्ज किया है—(1975) : आदिवासी'ज़ रिवोल्ट, कलकत्ता, नैशनल बुक एजेंसी।
7. अंग्रेज अथवा भारतीय नेताओं के फैसलों और कार्रवाइयों को आम जनता की ओर से आ रही विरोध की आवाज़ों के दबावों के बिना नहीं समझा जा सकता। सबसे ऊपर, जन आन्दोलन ने ब्रिटिश शासन का जारी रहना कठिन बना दिया। जनता की "अतियों" के डर के कारण कांग्रेस नेता बातचीत और समझौते के रास्ते पर डट गए और अन्ततः एक अनिवार्य कीमत के रूप में विभाजन को भी स्वीकार कर लिया; और साम्राज्यवाद विरोधी जन आन्दोलनों की सीमाओं ने अगस्त 1947 के विभाजन समझौते को सम्भव बनाया। सरकार (1983); पृ. 415, अमित कुमार गुप्त (1987) (सं.), मिथ ऐंड रियलिटी : द स्ट्रगल फॉर फ्रीडम इन इंडिया, 1945-47, नई दिल्ली, नेहरू स्मारक संग्रहालय और पुस्तकालय/मनोहर पब्लिशर्स।
8. जावीद आलम (1991) : 'स्टेट ऐंड द मेकिंग ऑफ कम्युनिस्ट पालिटिक्स इन इंडिया, 1947-57', इकनामिक ऐंड पोलिटिकल वीक्ली, 9 नवम्बर, पृ. 2573-83।
9. अध्याय 2 में 'कृषि क्रान्ति पर स्तालिन की सलाह' देखें।
10. जॉली मोहन कौल (2010) : इन सर्च ऑफ ए बेटर वर्ल्ड, कलकत्ता, साम्य; के. दामोदरन (1975) : मेमायर आफ ऐन इंडियन कम्युनिस्ट' न्यू लेफ्ट रिव्यू, सितम्बर-अक्तूबर; ई.एम.एस. नम्बूदिरीपाद (1987) : रेमिनिसेंसेज ऑफ ऐन इंडियन कम्युनिस्ट, नई दिल्ली, नैशनल बुक सेंटर; और मोहित सेन (2003) : ए ट्रैवेलर ऐंड द रोड : द जर्नी आफ ऐन इंडियन कम्युनिस्ट, नई दिल्ली, नैशनल बुक ट्रस्ट। अनेक दशकों के दौरान इस लेखक की बी.टी. रणदिवे और गंगाधर अधिकारी सहित अनेक कम्युनिस्ट नेताओं के साथ हुई चर्चाओं से भी इसकी पुष्टि होती है। यहाँ तक कि एस.ए. डांगे जैसे समादृत कम्युनिस्ट ने 'आदिम साम्यवाद से दासता तक' और उसके बाद के भारतीय इतिहास के दौर का वर्णन करते समय सीमित पाठगत सन्दर्भों से बाहर निकलना और भारत के अतीत की विशिष्ट विशेषताओं का अध्ययन करना जरूरी नहीं समझा। बिना समझे रट लेना उस समय के अधिकतर कम्युनिस्टों का आम तरीका था जैसेकि उत्पादन पद्धति और उत्पादक शक्तियों के विकास द्वारा परिभाषित विभिन्न चरणों के माध्यम से इतिहास का एक योजनाबद्ध एकरेखीय चित्रण।
11. यद्यपि सातवीं कांग्रेस (1935) ने इस नीति को पलट दिया और 'संयुक्त मोर्चे' की कार्यनीतियों की जरूरत पर जोर दिया, लेकिन मूल प्रभाव बहुत मजबूती के साथ जमा रहा और सीपीआई की सांगठनिक संस्कृति में प्रतिबिम्बित होता रहा था।
12. जैसा कि आलम (1991, पृ. 2574) कहते हैं : 'भारत के राष्ट्रीय आन्दोलन के भीतर एक महत्त्वपूर्ण लेकिन विचित्र विशेषता 1948-49 तक साफ दिखाई देती रही जिसे उस समय के कम्युनिस्ट दरअसल कभी समझ ही नहीं पाए। यह विशेषता थी जनता के विद्रोह और आन्दोलन जिनमें आम जन की जबर्दस्त भागीदारी रही और जिनमें वह बड़े पैमाने पर स्वयं गोलबन्द हुआ। ऐसे विद्रोह और आन्दोलन राष्ट्रवादी नेतृत्व द्वारा निर्धारित सीमाओं को पारकर आगे निकल गए लेकिन फिर भी जब कांग्रेस नेतृत्व उन्हें रोकने के लिए, सीमा के भीतर रखने के लिए आगे

आया तब जनता ने रोक लगाने के कारण कांग्रेस पार्टी से निराश होने के बावजूद राष्ट्रीय ओदोलन के नेता के रूप में कुल मिलाकर कांग्रेस में ही अपना विश्वास बनाए रखा। वस्तुत: इस मामले में पेचीदगी यह थी कि संघर्षों में कांग्रेस जितनी दूर तक जाना चाहती थी जनता उससे कहीं आगे तक जाने के लिए तैयार थी और उसकी यह स्थिति उसे आमूल परिवर्तनवादियों की स्थिति के अधिक निकट ले आई थी लेकिन वह राजनीतिक रूप से वाम राजनीतिक दलों में शामिल होने को तैयार नहीं थी। उस अवधि के दौरान जनता के संघर्षकारी रुझान और उनके स्थायी राजनीतिक जुड़ाव के बीच की यह विसंगति अथवा विरोधाभास एक बहुत गम्भीर, महत्त्वपूर्ण कारक था। इसको समझने में असफलता ने भाकपा की राजनीतिक समझ को अवास्तविक क्रान्तिकारी सपनों में भटका दिया और उन महान जनविद्रोहों का सबसे अधिक लाभ कांग्रेस को मिला।' पृ. 2574।

13. कम्युनिस्ट इनफार्मेशन ब्यूरो के मुखपत्र में उस नीति के अस्वीकार की वकालत करने वाले एक सम्पादकीय के प्रकाशन के बाद यह हुआ।
14. विस्तृत विवरण के लिए देखें, आलम (1991) और मोहन राम (1969) : इंडियन कम्युनिज़्म : स्प्लिट विदिन ए स्प्लिट, नई दिल्ली, विकास पब्लिकेशंस। 1951 के कार्यक्रम के सामने आने से पहले तीन 'प'ओं के दस्तावेज के माध्यम से एक हस्तक्षेप किया गया था। इस दस्तावेज को अजोय घोष (छद्म नाम प्रबोध चन्द्र), एस.ए. डांगे (प्रभाकर) और एस.वी. घाटे (पुरुषोत्तम) ने तैयार किया था। इसने चीनी और रूसी दोनों रास्तों का असली रूप दिखाते हुए नेहरू सरकार के बारे में जनता के मन में गहरे जमे मोहों का मुकाबला करने के लिए हर तरह के आंशिक संघर्षों की वकालत की और इस बात पर जोर दिया कि सीपीआई सांगठनिक दृष्टि से और अपने प्रभाव में दोनों तरह से कमजोर है। इस दस्तावेज ने एक गतिरोध पैदा कर दिया जिसके समाधान के लिए '''बिरादराना'' अन्तरराष्ट्रीय सलाह लेने का फैसला किया गया' था। चार लोगों का एक प्रतिनिधिमंडल मास्को भेजा गया था। इस प्रतिनिधिमंडल में दस्तावेज के दो लेखक घोष और डांगे तथा पालिट ब्यूरो के दो सदस्य सी. राजेश्वर राव और एम. बासवपुन्नैया शामिल थे। आलम (1991) : पृ. 2575-76। स्तालिन के साथ हुई उनकी चर्चा संक्षिप्त रूप में अध्याय 2 में है।
15. सरकार (1983) : पृ. 419।
16. सीपीआई के कुछ नेता इस बात को रेखांकित करते हैं कि संयुक्त महाराष्ट्र का लक्ष्य एक 'समाजवादी' महाराष्ट्र की माँग के साथ जोड़ दिया गया था जिससे इस प्रगतिशील उद्देश्य का काफी प्रचार हुआ और इसे जनता में व्यापक स्वीकृति मिली। वे 1956-60 की अवधि को महाराष्ट्र में विशेषकर बम्बई शहर में भाकपा का 'स्वर्णिम युग' मानते हैं। मुम्बई भाकपा के सचिव प्रकाश रेड्डी के साथ साक्षात्कार, 12 मई, 2013।
17. ज्ञान प्रकाश (2010) : मुम्बई फेबल्स, नई दिल्ली, हार्पर-कॉलिंस, पृ. 242 पर उद्धृत। प्रकाश इसमें आगे जोड़ते हैं : 'तीन महीने बाद, सेना के कार्यकर्ताओं ने परेल में भाकपा के दलवी बिल्डिंग कार्यालय पर हमला किया। उन्होंने फाइलें जला दीं और फर्नीचर बाहर फेंक दिया। यह दुस्साहसपूर्ण हमला बड़ी ढिठाई के साथ दुश्मन के मर्म पर चोट करने के लिए किया गया था। कम्युनिस्टों की प्रतिक्रिया क्या थी? कुछ नहीं'। शिव सेना पर अधिक जानकारी के लिए देखें, मेरी फेनसॉड काट्ज़ेन्स्टीन (1979) : एथनिसिटी ऐंड ईक्वलिटी : द शिव सेना पार्टी ऐंड प्रेफरेंशियल पालिसीज इन बाम्बे, इथका और लन्दन, कार्नेल युनीवर्सिटी प्रेस; जयन्त लेले (1995) : हिन्दुत्व : दि इमर्जेंस आफ द राइट, मद्रास, अर्थवर्म बुक्स; अशोक धावले (2000) : द शिव सेना : सेमी फासिज़्म इन ऐक्शन, नई दिल्ली, सीपीआई(एम) पब्लिकेशंस; शुद्धब्रत सेनगुप्त (2012) : 'एक था टाइगर : डेथ एंड्स बाल केशव ठाकरे', काफ़िला 20 नवम्बर।
18. लेखक स्वयं दादर में मौजूद था और उस दिन की घटनाओं का साक्षी था।
19. देखें, सरोज गिरि (2012) : 'बाल ठाकरे, ऑर, व्हाइ द कम्युनिस्ट्स डिड नथिंग', http://sanhati.com/excerpted/5823, 4 मई, 2014 को देखा गया।

20. अपनी 1992 की पार्टी कांग्रेस में माकपा ने 'न्यायपूर्ण केन्द्र-राज्य सम्बन्धों' और 'राज्य संघ के सिद्धातों' के प्रति अपना समर्थन दोहराया लेकिन यह परिभाषित नहीं किया कि संघवाद से उसका क्या आशय है।
21. सीपीआई(एम) (1972) : नैशनल क्वेश्चन इन इंडिया, कलकत्ता, नैशनल बुक एजेंसी। प्रकाश करात ने यह तर्क भी दिया कि जारशाही रूस राष्ट्रीयताओं का बन्दीगृह था और एक प्रभुत्वशाली राष्ट्रीयता द्वारा किए जाने वाले दमन का शिकार था, उससे भिन्न भारत 'बहुराष्ट्रीय देश है जहाँ किसी एक राष्ट्रीयता अथवा राष्ट्रीयताओं के समूह द्वारा किन्हीं अन्य राष्ट्रीयताओं का दमन नहीं होता। दूसरे, भारत का शासक वर्ग...विविध भाषायी राष्ट्रीयताओं से मिलकर बना संयोजन है'। देखें, http://peoplesdemocracy.in/content/mb-ideological-warrior-cpim; 14 जून, 2014 को देखा गया।
22. ऐसा प्रतीत होता है कि राज्यों के और अधिक विभाजन के प्रति माकपा की परेशानी के पीछे पश्चिम बंगाल के पर्वतीय क्षेत्रों को लेकर एक पृथक गोरखालैंड राज्य बनाये जाने के विचार के प्रति माकपा का प्रचंड विरोध रहा है—अपने ग्रीष्मकालीन ठिकाने के रूप में दार्जीलिंग से अपने लगाव के कारण यह विचार भद्रलोक को एकदम नापसन्द था।
23. माकपा ने एक अलग तेलंगाना का जोरदार विरोध किया लेकिन जब यह सिर पर आ ही गया तो इस पर सहमत हो गई।
24. अरविन्द एन. दास (1997) : 'स्वामी ऐंड फ्रेंड्स : सहजानन्द सरस्वती ऐंड दोज हू रिफ्यूज टु लेट द पास्ट ऑफ बिहार'स पेजेंट मूवमेंट्स बिकम हिस्टरी', युनीवर्सिटी ऑफ वर्जीनिया, शारलोट्सविले, वर्जीनिया, में हुए 'पेजेंट सिम्पोजियम' में प्रस्तुत परचा, मई। पाल एम. ब्रास और मार्कस फ्रांडा (1973) : रैडिकल पालिटिक्स इन साउथ एशिया, केम्ब्रिज (मस.), एमआईटी प्रेस में ब्रास का अध्याय 'रैडिकल पालिटिक्स ऑफ द लेफ्ट इन बिहार'; जगन्नाथ सरकार (2011) : 'दि डिक्लाइन आफ कम्युनिस्ट मास बेस इन बिहार'; http://kafila.org/2011/09/25/the-decline-of-communist mass-base in Bihar-Jagannath Sarkar/, भी देखें, 1 मार्च 2014 को देखा गया।
25. मधु लिमये (1990) : इंडियन पालिटी इन ट्रांजीशन, नई दिल्ली, रेडिएंट पब्लिशर्स, पृ. 130।
26. दासगुप्त एक गुप्त संगठन की पृष्ठभूमि से थे। वह सख्त अनुशासनप्रिय थे। वह उस मध्यमार्गी धारा, जिसके ज्योति बसु थे, के विपरीत उस धारा से जुड़े थे जिसे माकपा का वाम पक्ष कहा जाता था। दासगुप्त पर अधिक जानकारी के लिए पश्चिम बंगाल विषयक अध्याय देखें।
27. http://kisanmaharashtra.blogspot.in/, 1 मार्च, 2014 को देखा गया।
28. शाजी जोसेफ (2006) : 'पावर आफ द पीपुल : पोलिटिकल मोबिलाइजेशन ऐंड गारंटीड एम्प्लायमेंट', इकनामिक ऐंड पोलिटिकल वीक्ली, 16 दिसम्बर।
29. पुण्यब्रत गुन (2011) : 'लुकिंग बैक ऐट शहीद हास्पिटल', फ्रंटियर, 44, सं. 8, 4-10 सितम्बर। लेखक को भेजी गई ई-मेल भी, 24 अगस्त, 2014।
30. सेन छत्तीसगढ़ में अनेक मामलों में फँसाये गए थे, उन पर देशद्रोह और माओवादियों के साथ मिलकर षड्यंत्र करने के आरोप लगाये गए थे। उनके इस उत्पीड़न के कारण भारत के बीसियों नागरिक समाज संगठनों के अतिरिक्त नोबेल पुरस्कार से सम्मानित अड़तालीस लोगों के समर्थन से एक अन्तरराष्ट्रीय एकजुटता अभियान शुरू हुआ।
31. 'उनकी आवाज लोकसभा में सांसदों के वेतन और भत्ते बढ़ाने के राजीव गांधी के प्रस्ताव को रोकने वाली अकेली आवाज थी'। देखे http://www.thehindu.com/2004/04/17/stories/2004041702451200,htm, 1 मई, 2014 को देखा गया।
32. एक दिलचस्प खुलासा। 1971-72 में मैं संघटना के साथ जुड़ा था।
33. यूआरजी में मुख्य थे जयरस बानाजी तथा रोहिणी हेंसमैन लेकिन सुजाता गोथोस्कर, राम पुनियानी, राजू दामले, जगदीश पारीख और गिरीश वैद्य सहित अन्य अनेक लोगों ने भी इसके काम में

महत्त्वपूर्ण भूमिका निभाई थी। बम्बई से बाहर के, यूआरजी के एक पूर्व सहयोगी हर्ष कपूर ने यूआरजी के अनेक दस्तावेजों को, जिसमें इसकी बुलेटिनें शामिल हैं, डिजिटल रूप दिया है। इन्हें http://www.sacw.net/rubrique 35.html पर देखा जा सकता है।

34. अध्याय 2 में इस पर चर्चा की गई है।

35. जे.पी. आन्दोलन का विरोध करने में भाकपा एकजुट नहीं थी। एस.ए. डांगे के बाद सी अच्युत मेनन, एम.एन. गोविन्दन नायर, जी. अधिकारी और एन. राजशेखर रेड्डी ने 'प्रतिक्रान्तिकारी' के रूप में इसकी जोरदार निन्दा की और कांग्रेस का समर्थन किया लेकिन सी राजेश्वर राव, एन.के. कृष्णन, योगेन्द्र शर्मा, भूपेश गुप्त और इन्द्रजित गुप्त इस नजरिये के थे कि भाकपा और वाम को यह दिखाकर इस आन्दोलन का विरोध करना चाहिए कि वे ही 'इन्दिरा गांधी सरकार के और यह सरकार जिस व्यवस्था का बचाव कर रही है उस व्यवस्था के सच्चे विरोधी हैं'। मोहित सेन (2007) : ऐन आटोबायोग्राफी, नई दिल्ली, नेशनल बुक ट्रस्ट पृ. 277-79।

36. 'आवश्यकता पड़ने पर तोड़-फोड़ कर रेलवे की सम्पूर्ण व्यवस्था को भंग करने की, फर्नांडीज की योजना के बारे में उसके कुछ सन्देह थे, वही।

37. जे.पी. आन्दोलन की एक सशक्त प्रत्यालोचना के लिए देखें, घनश्याम शाह (1977) : 'रिवालयूशन, रिफार्म, ऑर प्रोटेस्ट? ए स्टडी आफ द बिहार मूवमेंट', इकनामिक ऐंड पोलिटिकल वीक्ली', 9,16 और 23 अप्रैल, बाद में उनकी (1977) : प्रोटेस्ट मूवमेंट्स इन टू इंडियन स्टेट्स, दिल्ली, अजन्ता बुक्स इंटरनैशनल में पुन : प्रस्तुत और उनकी 1979 में प्रकाशित समीक्षा, 'आइडियोलाजी ऑफ जयप्रकाश नारायण', इकनामिक ऐंड पोलिटिकल वीक्ली, 3 मार्च में।

38. रॉस मलिक (1994) : इंडियन कम्युनिज़्म : अपोजीशन, कोलैबोरेशन ऐंड इंस्टीट्यूशनलाइजेशन, दिल्ली, आक्सफोर्ड युनीवर्सिटी प्रेस, पृ. 159-62। इस बात का उल्लेख करते हुए कि उसमें 'अनेक बड़े आन्दोलन' थे, पश्चिम बंगाल के पूर्व सचिव और पालिट ब्यूरो के सदस्य अनिल बिस्वास ने कहा : 'पूरे देश में कांग्रेस विरोधी आन्दोलनों में हिस्सा लेने की अपनी असमर्थता के बारे में माकपा आत्मालोचना करती थी...। दिल्ली और कोलकाता में जयप्रकाश नारायण से मुलाकात के बाद माकपा ने...संयुक्त, समानांतर अथवा संयोजित आन्दोलनों का प्रस्ताव किया।' http://politicalaffairs.net/india-role of-the communists-in-the-restoration-of-democracy/, 14 मार्च, 2013 को देखा गया।

39. माकपा नेतृत्व ने सुन्दरैया की असहमतियों और पार्टी के भीतर चली बहसों को कभी सार्वजनिक नहीं किया है। पार्टी के महासचिव पद से उनके इस्तीफे के सही कारण अब भी रहस्य के धुंधलके में छिपे हैं। उनकी मृत्यु के छह वर्ष बाद 1991 में माओवादी समर्थक एक समूह ने एक पत्र प्रकाशित किया जिसके लिए उसने दावा किया कि यह सुन्दरैया के त्यागपत्र का मूलपाठ है। www.revolutionarydemocracy. org/archive/resig.htm; 22 अगस्त 2014 को देखा गया। लेकिन इसकी प्रामाणिकता स्थापित करना कठिन है।

40. मलिक (1994) यह भी कहते हैं : 'कुछ लोगों के लिए यह एक क्रान्तिकारी कम्युनिस्ट पार्टी के रूप में और उस संसदीय परम्परा से अलग हटकर काम करने में माकपा की असफलता का द्योतक था जो आपातकाल के समय...प्रभावहीन सिद्ध हुई थी'।

41. मलिक (1994), पृ. 159-62 बताते हैं : हजारों सदस्यों की मृत्यु होने अथवा मौत की धमकी देकर उन्हें उनके कार्यस्थल और आवासों से भगाये जाने के कारण पार्टी इस अवधि के अधिकांश में अपने पूर्णकालिक कार्यकर्ताओं और समर्थकों की आर्थिक रूप से मदद करने और उन्हें बंगाल तथा अन्यत्र सुरक्षित स्थानों पर फिर से बसाने में लगी रही'।

42. रे के पूर्वसचिव के अनुसार राज्य सरकार ने इस पार्टी (माकपा) की मिश्रित भावनाओं और आपातकाल के विरुद्ध उनकी ओर से कोई सक्रिय कदम उठाने की योजना के अभाव पर ध्यान दिया। इसलिए, पं. बंगाल सरकार ने राज्य में माकपा कार्यकर्ताओं की बढ़ती उम्र के नेतृत्व के

विरुद्ध कार्रवाई नहीं की लेकिन केवल निरोधात्मक उपाय और भविष्य के लिए सुरक्षा के रूप में जमीनी स्तर के कार्यकर्ताओं के विरुद्ध सीमित कार्रवाई की', एक खुफिया रिपोर्ट ने सूचित किया कि यदि 'यह पार्टी भूमिगत हो जाती है तो अतिवाद की ओर जाने की (इसकी) मजबूरियाँ बहुत प्रबल हो जाएँगी'। सरोज चक्रबर्ती, 'विद बेंगाल चीफ मिनिस्टर्स', मलिक (1994) में उद्धृत, पृ. 159-62।

43. वही।
44. दिसम्बर 1978 में माकपा के सल्किया अधिवेशन (प्लेनम) द्वारा उल्लिखित सीपीआई(एम) 1979 : 'रिपोर्ट ऐंड रिजाल्यूशन ऑन आर्गनाइजेशन' सल्किया प्लेनम में स्वीकृत। नई दिल्ली कम्युनिसट पार्टी ऑफ इंडिया (मार्क्सिस्ट), पृ. 12।
45. एक समाचारपत्र ने ज्योति बसु को यह कहते हुए उद्धृत किया, ''हमारे पास जनशक्ति नहीं है, न ही संगठन है। दस महीनों में पहली बार हमें सार्वजनिक सभाएँ करने की अनुमति मिली है। हम...(एक) भयावह ढंग से प्रतिकूल स्थिति (में) हैं, लेकिन हमें जीवन के सभी क्षेत्रों के लोगों से जबर्दस्त समर्थन मिला है, बिजनेस स्टैंडर्ड, 23 फरवरी, 1977, मलिक (1994) : पृ. 159-62 में उद्धृत।
46. नार्मन डी पामर (1977) : 'इंडिया इन 1976 : द पालिटिक्स ऑफ द डिपालिटिसाइजेशन' एशियन सर्वे, खंड 17, सं. 2, फरवरी में उद्धृत, पृ. 159-62।
47. इसके विपरीत 1977 में माकपा लोकसभा की 22 सीटों पर विजयी रही (1971 में 25 की तुलना में), लेकिन मतों में इसकी हिस्सेदारी 5.2 प्रतिशत से घटकर 4.29 प्रतिशत पर पहुँच गई। स्रोत : भारत का चुनाव आयोग।
48. 1978 : डाक्यूमेंट्स ऑफ दि इलेवेंथ कांग्रेस ऑफ द कम्युनिस्ट पार्टी आफ इंडिया, नई दिल्ली, कम्युनिस्ट पार्टी आफ इंडिया में पोलिटिकल रिव्यू रिपोर्ट, पृ. 66-68।
49. अध्याय 4 में इस पर विस्तार से चर्चा की गई है।
50. किए जा रहे दावों के विपरीत, माकपा ने सामान्यरूप से एक सावधानी भरी और सुरक्षात्मक नीति अपनाई और अपने अनेक नेताओं और कार्यकर्ताओं को भूमिगत कर दिया। इसके दावों की भाकपा ने कटु आलोचना की : 'कहाँ थे माकपा के आपातकाल विरोधी संघर्ष और आपातकाल हटाने की माँग करने वाली कार्रवाई? इसने नसबन्दी और निर्मम रूप से उजाड़ने की कार्रवाइयों के विरुद्ध क्या कुछ भी किया और किया तो कहाँ और क्या किया जबकि इस (उत्पीड़न) का निशाना शहरी गरीब बनाए गए थे? नसबन्दी और शहरी गरीबों को लक्षित बर्बर विध्वंस के विरोध में इसने कहाँ क्या किया? संजय और उसकी चौकड़ी की छवि चमकाने के लिए चलाए गए वितृष्णापूर्ण अभियान के विरुद्ध लड़ाई लड़ने के लिए इसने क्या किया? पी.सी. सेठी के इस सार्वजनिक वक्तव्य का इसके पास क्या जवाब है कि माकपा ने पश्चिम बंगाल में आपातकाल के विरुद्ध एक सत्याग्रह छेड़ने के उनके प्रस्ताव को ठुकरा दिया? बस केरल के 'सुरक्षित राज्य' में इसे एक छोटा सा रणक्षेत्र मिल गया जहाँ अच्युत मेनन के नेतृत्व वाली सरकार सत्ता में थी। आपातकाल की निरंकुशता के विरुद्ध संघर्ष का यह तो कोई चमकदार रिकार्ड नहीं है और इसके बावजूद यह इतनी ढीठ है कि भाकपा पर कायरता का आरोप लगा रही है...। मोहित सेन और भूपेश गुप्त (1978) : सीपीएम 'स पालिटिक्स एक्स रेड, नई दिल्ली, कम्युनिस्ट पार्टी आफ इंडिया, मार्च, पृ. 8। मधु लिमये (1991) : सोशलिस्ट कम्युनिस्ट इंटरऐक्शन इन इंडिया, दिल्ली, अजन्ता पब्लिकेशंस में विशेष रूप से अध्याय 19, 20, 22 और 26 से इसकी काफी हद तक पुष्टि होती है। विशेषकर देखें, पृ. 274-86।
51. माकपा की 1978 की जालंधर कांग्रेस लाइन के आलोचनात्मक विश्लेषण के लिए देखें, अजित रॉय (1978) : 'सीपीआई(एम) 'सड्राफ्ट पोलिटिकल रिजाल्यूशन', इकनामिक ऐंड पोलिटिकल वीक्ली, 25 फरवरी।
52. अचिन वनायक (2011) : 'सबकांटिनेंटल स्ट्रैटेज़ीज़, न्यू लेफ्ट रिव्यू 70, जुलाई-अगस्त 2011।

53. यह 'उपलब्धि' फर्जी थी क्योंकि एक बार रिएक्टर के खर्च हुए ईंधन पर पूरी और अबाधित पहुँच हो जाने के बाद उसे नाइट्रिक ऐसिड में डालकर और इस घोल से प्लुटोनियम को अलग कर उसे एक विस्फोटक असेंबली में बदल देने के लिए भारत को केवल प्रारम्भिक रसायन शास्त्र की दरकार थी।
54. भारत की परमाणु नीति के विकास, 1974 के परीक्षण, सीटीबीटी और परमाणु हथियारों पर वाम के रुख पर एक अधिक ठोस चर्चा के लिए देखें प्रफुल बिदवई और अचिन वनायक (2000) : साउथ एशिया ऑन ए शार्ट फ्यूज : न्यूक्लियर पालिटिक्स ऐंड द फ्यूचर आफ ग्लोबल डिसआर्मामेंट, नई दिल्ली, आक्सफोर्ड यूनिवर्सिटी प्रेस। बिदवई और वनायक (1997) : 'ऐन ओपेन लेटर टु द लेफ्ट' 'न्यूक्लियर नोटबुक', इकनामिक ऐंड पोलिटिकल वीक्ली में, 18 जनवरी; और बिदवई और वनायक (1998) : हाउ इंडिया शुड साइन द सीटीबीटी : रिटर्निंग टु अवर ओन एजेंडा', इकनामिक ऐंड पोलिटिकल वीक्ली, 19 सितम्बर भी देखें।
55. 9 जून, 1998 को परमाणु हथियारों के विरोध में एक सम्मेलन दिल्ली में आयोजित किया गया जिसमें शान्ति कार्यकर्ताओं, ट्रेड यूनियनों, जन विज्ञान आन्दोलन के कार्यकर्ताओं और जन बुद्धिजीवियों के साथ माकपा और भाकपा के महासचिव और अन्य वाम दलों के वरिष्ठ पदाधिकारियों ने भागीदारी की। इस सम्मेलन ने परीक्षण की भर्त्सना की और भारत तथा पाकिस्तान के परमाणु शस्त्रागारों को नष्ट करने की माँग की : सम्मेलन में संकल्प लिया गया : परमाणवीकरण ने 'देश के सामने खड़ी गम्भीर समस्याओं-भूख, गरीबी, खराब स्वास्थ्य, निरक्षरता और बुनियादी ढाँचे का अभाव-से ध्यान हटा दिया है। यह गहरी विडम्बना है कि मानव विकास में नीचे से 50 देशों से ऊपर उठने के गम्भीर प्रयास करने के बजाय भारत और पाकिस्तान परमाणु शक्ति सम्पन्न पाँच के क्लब में शामिल होना चाहें। देखें http://www.hrsolidarity.net/mainfile.php/1998 vol 108 no 09/1627/ 30 अगस्त, 2014 को देखा गया; और एन. राम (1999) : राइडिंग द न्यूक्लियर टाइगर, नई दिल्ली, लेफ्टवर्ड बुक्स, पृ. 13। यह वाम के लिए एक निर्णायक मोड़ था। बिदवई और वनायक (2000); एम.वी. रमना और सी-राममनोहर रेड्डी (सं.) (2003) : प्रिजनर्स ऑफ द न्यूक्लियर ड्रीम, नई दिल्ली, ओरिएंट लांगमैन; और स्मितु कोठारी एवं ज़िया मियाँ (सं.) (2001) : आउट आफ द न्यूक्लियर शैडो, नई दिल्ली, लोकायन और रेनबो पब्लिशर्स। सीएनडीपी पर अधिक जानकारी के लिए देखें www.cndpindia.org.
56. जावीद आलम तर्क देते हैं कि राजनीति की इस कुछ रूढ़िवादी अथवा गैर आमूल परिवर्तनवादी अवधारणा में दो मान्यताएँ निहित है : 'पहली, बुर्जुआ राज्य को निशाने पर लेने के लिए इतना पर्याप्त है कि राज्य को शोषित और सहयोगी वर्गों की घेरेबन्दी के भीतर ले आया जाए और दूसरे, मेहनतकश जनता के नजरिये को क्रान्तिकारी चेतना में रूपान्तरित करने के लिए राज्य के विरुद्ध लक्षित यह वर्ग आधारित गोलबन्दी काफी है।' आलम (1991) : पृ. 2573। आलम यह भी दावा करते हैं : 'क्रान्तिकारी राजनीति को इस तरह देखने में होने वाली गलती पूर्ण वर्चस्व विहीन विजय की स्थिति में ले जाती है अर्थात जो लोग लम्बी अवधि के दौरान कम्युनिस्ट शासन अथवा प्रभाव के तहत रहते हैं जरूरी नहीं कि वे समाजवादी चेतना से लैस हो ही जाएँ और सम्भव है कि इससे बाहर निकलते ही वे...अपने सोचने और राजनीतिक व्यवहारों के पुराने तरीकों में वापस लौट जाएँ'। वही।
57. जुरगेन डीगे पेडरसन (2001) : इंडिया'ज इंडस्ट्रियल डायलेमाज़ इन वेस्ट बेंगाल', एशियन सर्वे, जुलाई/अगस्त, पृ. 646-68 पर उद्धृत।
58. 2004 में वह लोकसभा अध्यक्ष बने।
59. पेडरसन (2001)।
60. रॉब जेन्किन्स (1919) : डेमोक्रेटिक पालिटिक्स ऐंड इकनामिक रिफार्म इन इंडिया, केम्ब्रिज, यू.के., केम्ब्रिज युनीवर्सिटी प्रेस, पृ. 144।
61. जेन्किन्स द्वारा हिन्दुस्तान टाइम्स, 27 अप्रैल, 1993 से उद्धृत। जेन्किन्स यह भी दावा करते हैं कि 1990 के दशक के मध्यवर्ती वर्षों में कुछ ऐसे आलोचकों की आवाज़ों, जो 'विचारधारात्मक रूप

से उदारवाद के विरोधी थे और 'नव-उदारवाद के उन हिमायतियों के विलाप' के बीच फर्क करना मुश्किल था जिन्हें यह शिकायत रहती थी कि हर नया सुधार बहुत छोटा है, पर्याप्त रैडिकल नहीं है और लगभग आधा अधूरा है; वह यह भी कहते हैं कि इस दृष्टिकोण को अकादमिक अर्थशास्त्री और माकपा सांसद बिप्लब दासगुप्त ने 1994 की शरद ऋतु में इंस्टिट्यूट आफ डेवलपमेंट स्टडीज़, युनिवर्सिटी ऑफ ससेक्स के सेमिनारों और अनौपचारिक बहसों में बहुत जोरदार ढंग से स्पष्ट किया था। लगभग तीन वर्ष बाद 10 अक्टूबर, 1997 में लंडन युनिवर्सिटी के बर्कबेक कालेज में उन्होंने भारत की विकास नीति पर हुए सेमिनार में भी यही विचार अभिव्यक्त किए'। जेन्किन्स (1999) : पृ. 12।

62. पेडरसन (2001)
63. वनायक (2011)
64. इस मुद्दे पर माकपा के अन्तर्विरोधपूर्ण रवैये के लिए अध्याय 8 देखें।
65. http://indiatoday.intoday.in/story/mandal-commission-political-parties-polarised-along-caste-lines-states-rocked-by-violence/1/315657.html, 4 जून, 2015 को देखा गया।
66. उदाहरण के लिए देखें, विनोद मिश्र (1991) : 'द फॉल ऑफ वी.पी. सिंह ऐंड आफ्टर', लिबरेशन, जनवरी, http://www://marxists-org-reference/archive/mishra/1991/01/xO1.htm, 1 मई, 2014 को देखा गया। इसके अतिरिक्त आदित्य निगम (1990) : 'मंडल कमीशन ऐंड द लेफ्ट', इकनामिक ऐंड पोलिटिकल वीक्ली, 1-8 दिसम्बर।
67. उदाहरण के लिए, माकपा के महासचिव हरकिशन सिंह सुरजीत (1995) ने कहा : '...लेकिन, कुछ राजनीतिक ताकतें अन्य पिछड़े वर्गों की माँगों पर विचार करते हुए मेहनतकश लोगों के बीच जाति विभाजनों को आगे बढ़ाने के लिए उन्हें तोड़ मरोड़ कर पेश कर रहे हैं। यह बहुत खतरनाक सिद्ध होगा क्योंकि यह मेहनतकश लोगों की एकता को भंग करेगा और बल्कि इसलिए भी कि उच्च जातियों के सभी लोग सम्पन्न नहीं हैं। उनमें गरीब लोग भी हैं...। पार्टी कांग्रेस ने जाति विभेदों को जारी रखे जाने के विरुद्ध चेतावनी दी'। 'सीपीआई(एम) 'स फिफ्टींथ कांग्रेस', द मार्क्सिस्ट, अप्रैल-जून।
68. उदाहरण के लिए देखें http://archive.indianexpress.com/news/cpm-govt-sleeps-on-obc-quota-centre-not-happy/434393/0, 26 मई, 2015 को देखा गया।
69. इस लेखक ने एकाधिकबार हवाई जहाज की उड़ान में पूरे बिजनेस क्लास को बसु की उपस्थिति के सम्मान में स्वत:स्फूर्त ढंग से खड़े होते देखा है। दो मौकों पर जब बसु ने उनके अभिवादन का जवाब दिया तो उन्होंने बसु का सम्मान खड़े होकर तालियाँ बजाकर किया। कुछ व्यवसायियों के लिए यह एक ऐसे व्यक्ति को दिया गया सम्मान था जिसने उदारीकरण के प्रति वाम के विरोध की उग्रता कम कर वाम को मुख्य धारा में लाने के लिए बहुत काम किया है।
70. केन्द्रीय जाँच ब्यूरो (सीबीआई) के पूर्व निदेशक और पश्चिम बंगाल पुलिस के महानिदेशक अरुण प्रसाद मुखर्जी, जो बाद में केन्द्रीय गृह मंत्रालय में विशेष सचिव और गृहमंत्री इन्द्रजित गुप्त के सलाहकार बने, ने अपनी पुस्तक 'अननोन फैसेट्स ऑफ राजीव गांधी, ज्योति बसु, इन्द्रजित गुप्त' में दावा किया है कि अक्तूबर 1990 में राजीव गांधी ने अनौपचारिक रूप से बसु के साथ एक बैठक की व्यवस्था करने को कहा था जिसमें बसु को प्रधानमंत्री बनने का प्रस्ताव दिया गया था। बसु ने कहा, 'यह मेरे अधिकार में नहीं है' और केवल माकपा की केन्द्रीय समिति और पालिटब्यूरो ही ऐसा फैसला कर सकते हैं।' पार्टी ने इस प्रस्ताव को वीटो कर दिया और कांग्रेस के समर्थन से चन्द्रशेखर प्रधानमंत्री बन गए। '1991 में जब चन्द्रशेखर असफल सिद्ध हुए' राजीव गांधी ने फिर बसु के पास यह प्रस्ताव भेजा किन्तु उन्होंने...यह मामला पार्टी के नेतृत्व के पास भेज दिया जिसने इसे ठुकरा दिया'। टाइम्स ऑफ इंडिया, 26 नवम्बर, 2013 में उद्धृत।
71. स्मिता गुप्ता (1996) : 'वी.पी. प्रपोज़ेज़ बसु ऐज एनएफएलएफ स्टेक्स इट्स क्लेम : सीपीएम टु कन्वीन इट्स मीटिंग टुडे', द टाइम्स आफ इंडिया, 14 मई।

72. मोनोबीना गुप्ता (2010) : लेफ्ट पालिटिक्स इन बेंगाल : टाइम ट्रेवेल्स एमंग भद्रलोक मार्क्सिस्ट्स, नई दिल्ली, ओरिएंट ब्लैक स्वान, पृ. 83। वह 13 मई के पहले मतदान का विवरण नहीं देतीं लेकिन ज्योति बसु ने बाद में एक साक्षात्कार में कहा : 'इसलिए हमने केन्द्रीय समिति की एक आपातकालीन बैठक बुलाई और वहाँ बहुमत से—मुझे नहीं मालूम कितने वोटों से 35-20 या ऐसा ही कुछ-यह फैसला किया गया था (बाहर रहने का)। मैं अल्पमत में था। सुरजीत (हरकिशन सिंह सुरजीत) भी अल्पमत में थे...। (लेकिन संयुक्त मोर्चे के नेता) इस पर राजी नहीं थे। उन्होंने कहा, 'मेहरबानी करके आप फिर चर्चा कर लें। मैंने कहा, केन्द्रीय समिति के आठ सदस्य शहर से बाहर जा चुके हैं...। मैं जानता हूँ किसने किसको वोट दिया क्योंकि मैं अध्यक्षता कर रहा था, इसलिए हमने फिर से बैठक बुलाई। मैंने समिति को बताया कि हम आपके पास वापस आए हैं। हमने गिनती की, कुछ लोगों ने अपना विचार बदला था लेकिन इसके बावजूद हम अल्पमत में थे।' एम.जे. अकबर के साथ साक्षात्कार (1997) : दि एशियन एज, 2 जनवरी। www.jyotibasu.net/?q=node/34, 25 अगस्त 2014 को देखा गया।
73. 'कन्फ्यूजन मैनिफेस्टो', इंडिया टुडे, 26 अक्तूबर 14, 1998।
74. गुप्ता (2010) : पृ. 83-84।
75. ऐजाज अहमद (1996) : 'इन दि आइ आफ द स्टार्म : द लेफ्ट चूज़ेज', इकनामिक ऐंड पोलिटिकल वीक्ली, 1 जून, पृ. 1340।
76. वक्तव्य के कुछ अंश अहमद (1996) : में उद्धृत, पृ. 1341।
77. एम.जे. अकबर को दिया गया साक्षात्कार (1997)।
78. ताकि सनद रहे, इस लेखक ने एक बिल्कुल फर्क तर्क दिया था। 13 मई, 1996 से पहले (सम्भवत : 11 मई को) लिखे लेकिन बाद में प्रकाशित एक लेख में लेखक ने राष्ट्रीय मोर्चे के बजाय 'कांग्रेस केन्द्रित गैर भाजपा सरकार' को बाहर से वाम के समर्थन का प्रस्ताव किया। उसका तर्क था कि मोर्चे में एक मजबूत कार्यक्रमात्मक आधार' का अभाव है और उसे 'उद्देश्यपरक गठबन्धन राजनीति' करना नहीं आता। वाम और उसके मोर्चे के प्रगतिशील सहयोगियों के लिए बेहतर यही होगा कि वे अपने आधार को मजबूत करें और उस (काम) की शुरुआत करें जो उनकी हाल की गतिविधियों में 'गायब' रहा है—'जनता के सरोकार वाले मुद्दों पर जनता को गोलबन्द करने का अभियान'। प्रफुल बिदवई (1996) : 'व्हाइ स्टेंइंग आउट मे बी बेटर फॉर एनएफएलएफ', द टाइम्स ऑफ इंडिया, 15 मई। घटनाओं का जो दौर चला उसके मद्देनजर मैंने 13 मई के बाद शायद अपना यह विचार बदल दिया होता। पलट कर देखने पर मेरा दृढ़ विश्वास है कि माकपा को बसु को संयुक्त मोर्चे का प्रस्ताव स्वीकार करने की अनुमति दे देनी चाहिए थीं।
79. 1994 में पश्चिम बंगाल में माकपा के सदस्यों में 80 प्रतिशत सदस्य 'नए' थे; इन्हें ऐसे सदस्यों के रूप में परिभाषित किया गया था जिन्हें 1977 में पार्टी के सत्ता में आने के बाद भर्ती किया गया था (अधिक सटीक ढंग से कहा जाय तो जिन्हें साल्किया अधिवेशन में गिनती में लिया गया था) माकपा की चौथी (मद्रास) और पन्द्रहवीं (चंडीगढ़) कांग्रेसों की राजनीतिक-सांगठनिक रिपोर्टों से प्राप्त संख्या।
80. 2000 के संशोधित पार्टी कार्यक्रम के नए अनुच्छेद (7-17) के प्रासंगिक खंड में कहा गया है : 'इसलिए, पार्टी राज्य अथवा केन्द्र में ऐसी सरकारों के गठन के अवसरों का ठोस स्थितियों के अनुरूप इस्तेमाल करना जारी रखते हुए...मौजूदा बुर्जुआ-भूस्वामी राज्य और बड़े बुजुआ वर्ग के नेतृत्व वाली सरकार को अपदस्थ करने की जरूरत पर जनता को शिक्षित करना जारी रखेगी।'

अध्याय 4 : लाल बंगाल में सत्तारूढ़ वाम

1. भारत का चुनाव आयोग, http//eci.nic.in/ (12 मार्च 2013 को देखा गया)
2. इसके विवरण के लिए देखें, www.cpimwb.org.in/If-govt/details.php?If-id=28 और बिमान बोस, 'हाउ द लेफ्ट फ्रंट ऐंड इट्स गवर्नमेंट इमर्ज्ड' www.cpimwb.org.in/history-details.php?history-id=7, 20 जनवरी 2014 को देखा गया।

3. इस अवधि के अनगिनत विवरण उपलब्ध हैं। इनमें सर्वश्रेष्ठ है सुमन्त बनर्जी (1980) : इन द वेक ऑफ नक्सलबाड़ी : ए हिस्टरी ऑफ द नक्सलाइट मूवमेंट इन इंडिया, कलकत्ता, सुबर्नरेखा।
4. 'जैसा कि सब जानते हैं और जैसेकि स्वयं इन (वाम) दलों ने अपने प्रतिरोध के तौर तरीकों से यह दोहराना बन्द नहीं किया है, ये दल पिछले पाँच वर्षों के दौरान पूरी तरह निष्क्रिय रहे हैं...', अशोक रुद्र (1977) : 'द लेफ्ट फ्रंट गवर्नमेंट' इकनामिक ऐंड पोलिटिकल वीक्ली, 3 सितम्बर, पृ. 1563।
5. भारतीय चुनाव आयोग परिणाम, विभिन्न वर्षों के, http://eci.nic.in/, 12 मार्च, 2013 को देखा गया।
6. 2008 में वाम मोर्चे ने इन पंचायत चुनावों के अन्तिम चुनाव में कुल मिलाकर विजय हासिल की लेकिन 2003 की तुलना में यह बहुत बदहाल किस्म की सफलता थी। शीर्ष स्तर की सत्रह जिला परिषदों में इसने तेरह सीटें जीत लीं। इसने 748 सीटों में से 519 सीटों पर अथवा 70 प्रतिशत पर जीत हासिल की। पंचायत समितियों में इसने 57 प्रतिशत से कुछ अधिक (2003 में 85 प्रतिशत) और ग्राम पंचायतों में 51 प्रतिशत जीत दर्ज की (2003 के 72 प्रतिशत से तुलनीय)। लेकिन इसके गढ़ माने जाने वाले तीन जिलों-पूर्वी मेदिनीपुर, दक्षिणी 24 परगना और उत्तरी दीनाजपुर की जिला परिषदों में इसे जबर्दस्त धक्का लगा। विपक्ष के लिए, तृणमूल कांग्रेस और कांग्रेस पार्टी के बीच मतों के बँटवारे के बावजूद इस बार के चुनाव परिणाम तीस सालों के सर्वश्रेष्ठ परिणाम थे। देखें www.frontline.in/static/html/fl2512/stories/20080620251203300.htm. 20 जनवरी, 2014 को देखा गया।
7. जॉन एच. ब्रूमफील्ड (1968) : इलीट कॉन्फ्लिक्ट इन ए प्लूरल सोसायटी : ट्वेंटिएथ सेंचुरी बेंगाल, बर्कले, युनीवर्सिटी आफ कैलीफोर्निया प्रेस, पृ. 5-6। ब्रूमफील्ड यह भी कहते हैं कि भद्रलोक 'अपने व्यवहार के अनेक पक्षों जैसे अपनी चाल ढाल, अपनी भाषा, अपनी वेशभूषा, अपने घरों की शैली, खान-पान की अपनी आदतों, अपने पेशे और अपनी सोहबत-और काफी बुनियादी ढंग से अपने सांस्कृतिक मूल्यों और सामाजिक शिष्टाचार की अपनी समझ की दृष्टि से विशिष्ट था। कृपया सबआल्टर्न स्कूल का काम भी देखें विशेषकर रनजीत गुहा (1999) : ए रूल ऑफ प्रापर्टी फार बेंगाल : ऐन एसे ऑन द आइडिया ऑफ पर्मानेंट सेटलमेंट, डरहम, ड्यूक युनीवर्सिटी प्रेस; और (1983) : एलीमेंटरी आस्पेक्ट्स ऑफ पेजेंट इनसर्जेंन्सी इन कोलोनियल इंडिया, दिल्ली, आक्सफोर्ड युनीवर्सिटी प्रेस; सुमित सरकार (1973) : द स्वदेशी मूवमेंट इन बेंगाल 1903-1908, नई दिल्ली, पीपुल्स पब्लिशिंग हाउस; और डेविड कोफ (1969) : ब्रिटिश ओरिएंटलिज्म ऐंड द बंगाल रिनेसां, बर्कले, युनीवर्सिटी ऑफ कैलीफोर्निया प्रेस।
8. मार्कस एफ. फ्रांडा (1971) : रैडिकल पालिटिक्स इन वेस्ट बेंगाल, केम्ब्रिज (मैस.,) द एमआईटी प्रेस, पृ. 10-12।
9. फ्रांडा (1971) : में उद्धृत, पृ. 13।
10. www.cpimwb.org.in/lf-govt-details.php?lf-id=20, 20 जनवरी 2014 को देखा गया।
11. वही।
12. अशोक मित्र (1978) : 'दिस अपार्च्युनिटी हैज़ टु बी कन्वर्टेड इनटु ए चैलेंज', सोशल साइंटिस्ट खंड 6, सं. 6/7, पश्चिम बंगाल पर विशेषांक (जनवरी-फरवरी) पृ. 3-8। परवर्ती सभी अंश इसी स्रोत से लिए गए हैं।
13. वही।
14. पश्चिम बंगाल भारत के उन पहले क्षेत्रों में से एक था जहाँ औद्योगिक विकास पहले हुआ, 1960-61 में राष्ट्रीय औद्योगिक उत्पाद का 23 प्रतिशत यहाँ से मिलता था। अनेक कारकों की मेहरबानी से यह अनुपात 1980-81 में गिरकर लगभग 10 प्रतिशत रह गया और 1980 के दशक में 7 प्रतिशत से भी कम हो गया। इन कारकों में औद्योगिक आधुनिकीकरण का अभाव, खत्म हो रहे उद्योगों

का खराब बुनियादी ढाँचा, नए निवेश अवसरों का अन्यत्र होना और 1960 के दशक के मध्य से बढ़ता सामाजिक और राजनीतिक संघर्ष और श्रमिक अशान्ति शामिल हैं।

15. उदाहरण के लिए देखें अतुल कोहली (1987) : द स्टेट ऐंड पावर्टी इन इंडिया : द पालिटिक्स ऑफ रिफार्म, केम्ब्रिज, यूके, केम्ब्रिज युनीवर्सिटी प्रेस।
16. सुनील सेनगुप्त और हैरिस गज़्दर, 'एग्रेरियन पालिटिक्स ऐंड रूरल डेवलपमेंट इन वेस्ट बेंगाल', ज्याँ द्रेज और अमर्त्य सेन (सं.) (1997) : इंडियन डेवलपमेंट : सेलेक्टेड रीजनल पर्सपेक्टिव्स, दिल्ली, आक्सफोर्ड युनीवर्सिटी प्रेस, पृ. 170।
17. रॉस मलिक (1993) : डेवलपमेंट पालिसी आफ दि कम्युनिस्ट गवर्नमेंट : वेस्ट बेंगाल सिंस 1977, केम्ब्रिज, यू के, केम्ब्रिज युनीवर्सिटी प्रेस, पृ. 30।
18. 1971-72 तक सभी ग्रामीण परिवारिक इकाइयों का 11 प्रतिशत पूरी तरह भूमिहीन था और 67 प्रतिशत के पास एक हेक्टेयर (2.5 एकड़) से कम जमीन थी। इन 78 प्रतिशत पारिवारिक इकाइयों के पास कुल जमीन के 28 प्रतिशत से कम जमीन थी। जमीन के और अधिक टुकड़ों में बँटने और बढ़ती भूमिहीनता के कारण...1970 के दशक के दौरान स्थिति और खराब हो गई। देखें कल्याण दत्त (1977) : 'चेंजेंज़ इन लैंड रिलेशंस इन वेस्ट बेंगाल', इकनामिक ऐंड पोलिटिकल वीक्ली, 31 दिसम्बर, रिव्यू आफ ऐग्रीकल्चर; उत्सा पटनायक (1976) : 'क्लास डिफरेंसिएशन विदिन द पेजेंट्री', इकनामिक ऐंड पोलिटिकल वीक्ली, 25 सितम्बर, पृ. A-82-A-101। 'फार्म मैनेजमेंट स्टडीज' सिरीज और डेनियल थोर्नर के काम में वर्ग और कृषि सम्बन्धों पर गम्भीर बहस है।
19. सुनील सेनगुप्त (1981) : 'वेस्ट बेंगाल लैंड रिफार्म्स ऐंड द ऐग्रेरियन सीन', इकनामिक ऐंड पोलिटिकल वीक्ली, 20 जून, पृ. ए-69-ए-70।
20. सेनगुप्त और गज़्दर (1997) : पृ. 139-41।
21. उच्चतर आकलन का श्रेय भूमि सुधार मंत्री बिनोय कृष्ण चौधुरी को दिया गया है। प्रोफुल्ल रॉय चौधुरी (1985) : लेफ्ट एक्सपेरिमेंट इन वेस्ट बेंगाल, नई दिल्ली, पेट्रियट पब्लिशर्स पृ. 159।
22. टी.वी. सत्यमूर्ति (सं.) (1996) : क्लास फार्मेशन ऐंड पोलिटिकल ट्रांसफॉर्मेशन इन पोस्ट-कोलोनियल इंडिया, दिल्ली, आक्सफोर्ड युनीवर्सिटी प्रेस, पृ. 438-41।
23. ए.ई. रूड (1994) : 'लैंड ऐंड पावर : द मार्क्सिस्ट कॉन्क्वेस्ट ऑफ वेस्ट बेंगाल', मार्डर्न एशियन स्टडीज, खं-28, सं. 2, पृ. 372-74।
24. इससे पहले की, 1955 से प्रभावी हदबन्दी के तहत प्रति व्यक्ति 10 हेक्टेयर (25 एकड़) तक जमीन का प्रावधान था। संयुक्त मोर्चा सरकार ने इसे कम कर पाँच सदस्यों की प्रति पारिवारिक इकाई के लिए सिंचित भूमि पर 5 'मानक' हेक्टेयर और असिंचित भूमि पर 7 हेक्टेयर का प्रावधान किया। परिवार में इससे अधिक सदस्य होने की स्थिति में प्रति अतिरिक्त सदस्य आधा एकड़ भूमि का प्रावधान था जो अधिकतम 7 हेक्टेयर तक हो सकती थी।
25. मलिक (1993) में उद्धृत, पृ. 39-40।
26. वही।
27. सेनगुप्त और गज़्दर (1997), पृ. 144।
28. अशोक रुद्र (1981) : 'वन स्टेप फॉरवर्ड, टू स्टेप्स बैकवर्ड', इकनामिक ऐंड पोलिटिकल वीक्ली, 20-27 जून, पृ. ए-61-ए-68।
29. रुद्र की अपनी प्रत्यालोचना में और वाम मोर्चे के बचाव में बुद्धदेव बोस ने भी सरकारी आँकड़े देते हुए इसे स्वीकार किया है। बोस (1981) : 'ऐग्रेरियन प्रोग्राम ऑफ लेफ्ट फ्रंट गवर्नमेंट इन वेस्ट बेंगाल', इकनामिक ऐंड पोलिटिकल वीक्ली, 12 दिसम्बर, पृ. 2057।
30. रुद्र (1981)
31. सरकार के 1979 के प्रकाशन, ऐन इवैलुएशन ऑफ ए प्लेज पर आधारित, पी. रॉय चौधुरी (1980) : 'लैंड रिफॉर्म्स : प्रॉमिस ऐंड फुलफिलमेंट', इकनामिक ऐंड पोलिटिकल वीक्ली, 27 दिसम्बर, पृ. 2173।

32. रुद्र (1981), पृ. ए-65-ए-67।
33. डी. बन्द्योपाध्याय (2000) : 'लैंड रिफार्म इन वेस्ट बेंगाल : रिमेंबरिंग हरे कृष्ण कोनार ऐंड बिनोय चौधुरी', इकनामिक ऐंड पोलिटिकल वीक्ली, 27 मई, पृ. 1795-97।
34. वही, पृ. 1796।
35. वही।
36. वही।
37. वही।
38. पी. रॉय चौधुरी (1980), पृ. 2171-73।
39. पी. रॉय चौधुरी, (1980) में उद्धृत।
40. वही।
41. वेस्ट बंगाल गवर्नमेंट, लैंड रिफॉर्म्स इन वेस्ट बेंगाल : स्टेटिस्टिकल रिपोर्ट-V, नृपेन बन्द्योपाध्याय, इकनामिक ऐंड पोलिटिकल वीक्ली, रिव्यू आफ ऐग्रीकल्चर, जून 1981 पृ. ए-39।
42. पी. रॉय चौधुरी (1980), पृ. 2172, यह संख्या कुछ अधिक -3.74 लाख एकड़-मानते हैं जो इसके गुप्त स्वामियों के लिए सालाना एक करोड़ की आय अर्जित करेगी। थर्ड वर्कशाप की रिपोर्ट में बताया गया है : 'यह पाया गया है कि लगभग सभी जिलों में जो प्रगति हुई है...(अधिकृत भूमि के वितरण में) वह काफी सुस्त और असन्तोषजनक है।' गवर्नमेंट आफ वेस्ट बेंगाल, लेंड रिफार्म्स इन वेस्ट बेंगाल : स्टेटिस्टिकल रिपोर्ट-VI, मलिक (1993) में उद्धृत, पृ. 48। वर्कशाप ने दर्ज किया कि गाँवों की निर्वाचित संस्थाओं ने इनमें से कुछ जमीनों को कृषि के लिए अनुपयुक्त' बताया। बाद में डी बन्द्योपाध्याय ने इस आकलन पर इस आधार पर सवाल उठाया कि आधुनिक प्रौद्योगिकी और विविध प्रकार की खेती के चलते अब शायद ही कोई जमीन खेती के लिए 'अनुपयुक्त' हो, इसमें सहवर्ती गतिविधियाँ शामिल हैं।' पूर्व कैबिनेट सेक्रेटरी निर्मल मुखर्जी के साथ एक संयुक्त रिपोर्ट को आधार बनाते हुए बन्द्योपाध्याय ने भूमि सम्बन्धी कानूनी निषेधाज्ञाओं को 'निहित स्वार्थों वाला एक ऐसा समूह कहा जिसे लम्बे समय से बहुत सावधानी के साथ संरक्षण दिया जा रहा है'। उन्होंने जमीन के वितरण की असफलता की जिम्मेदारी ग्रामीण क्षेत्रों में एक नए वर्ग' के उदय पर डाली जो वास्तव में भूमिहीन और भूमि निर्धन कृषक वर्ग को भूमि वितरण से बाहर रखे जाने से ही अपने विशेषाधिकार अर्जित करता है। निर्मल मुखर्जी और डी. बन्द्योपाध्याय (1993) : न्यू होराइज़न्स फॉर वेस्ट बेंगाल'स पंचायत्स : ए रिपोर्ट फार द गवर्नमेंट आफ वेस्ट बेंगाल, कलकत्ता, पश्चिम बंगाल सरकार।
43. गवर्नमेंट आफ वेस्ट बेंगाल, लैंड रिफॉर्म्स इन वेस्ट बेंगाल : स्टेटिस्टिकल रिपोर्ट-VI, मलिक, (1993) में उद्धृत, पृ. 48।
44. मुकर्जी और बन्द्योपाध्याय (1993)।
45. सेनगुप्त और गज़दर (1997), पृ. 144।
46. इन्हीं लेखकों ने 1981 की जनगणना को आधार बनाते हुए आकलन किया है कि अपने जीवनयापन के लिए मुख्यत: खेतिहर मजदूरी पर निर्भर पारिवारिक इकाइयों की संख्या लगभग चालीस लाख थी (पृ. 138)।
47. पी.एस. अप्पू (1996) : लैंड रिफॉर्म्स इन इंडिया, दिल्ली, विकास पब्लिशिंग हाउस, अपेंडिक्स IV-3।
48. पश्चिम बंगाल के पूर्व भूमि सुधार आयुक्त डी. बन्द्योपाध्याय का अनुमान है कि राज्य के कृषित क्षेत्र की 8 प्रतिशत भूमि पुनर्वितरित की गई थी। डी. बन्द्योपाध्याय (2000) : पृ. 1797।
49. भारत सरकार, ग्रामीण विकास मंत्रालय वार्षिक रिपोर्ट 1991-92, नई दिल्ली, 1992।
50. रॉस मलिक ने वाम मोर्चे के इस पूर्वानुमान अथवा दावे का कि 1982 तक दस लाख एकड़ से कुछ अधिक (अथवा 8.5 प्रतिशत) भूमि पुनर्वितरित कर दी गई थी, इस आधार पर प्रबल विरोध किया है कि यह भूमि भूसम्पत्ति अधिग्रहण अधिनियम के तहत आती थी जो स्वयं जमींदारी

उन्मूलन कार्यक्रमों का हिस्सा था। मलिक (1993) : पृ. 44-45। गम्भीर प्रयासों के बावजूद मैं इसकी तथ्यात्मक पुष्टि पाने में असमर्थ हूँ। ग्रामीण विकास मंत्रालय की रिपोर्टों के आधार पर मलिक यह भी तर्क देते हैं कि भूमि सुधार अधिनियम के तहत पुनर्वितरित क्षेत्र मात्र 80,639 एकड़ अथवा पश्चिम बंगाल के कुल कृषि योग्य क्षेत्र का 0.55 प्रतिशत था; अकेले यह आँकड़ा ही अन्य राज्यों में पुनर्वितरित भूमि के साथ तुलनीय है। यदि इस पैमाने का इस्तेमाल किया जाता है तो पश्चिम बंगाल अन्य अनेक राज्यों, जिनमें केरल, आंध्र प्रदेश यहाँ तक कि बिहार, मध्यप्रदेश और असम भी शामिल हैं, की तुलना में पीछे है। मलिक (1993); पृ. 46। यह स्वीकार्य है और सम्भवतः सही है लेकिन डी. बन्द्योपाध्याय की दलील है कि मलिक भूमि सुधार अधिनियम के बाद की संख्याओं को उस पुनर्वितरित भूमि के साथ गड्डमड्ड कर रहे हैं जो वस्तुतः वाम मोर्चे के सत्ता में आने से पहले ही पुनर्वितरित कर दी गई थी। (दूरभाष पर हुई वार्ता, 18 मार्च, 2015)

51. सुनील सेनगुप्त (1981), पृ. ए-72।
52. वही।
53. 'द लेफ्ट फ्रंट गवर्नमेंट इन वेस्ट बंगाल : इवैलुएशन आफ ऐन एक्सपीरिएंस', माकपा की पश्चिम बंगाल राज्य समिति के 29वें सत्र में स्वीकृत समीक्षा रिपोर्ट, 23-24 फरवरी, 2015।
54. सेनगुप्त और गज़दर (1997), पृ. 144।
55. गवर्नमेंट आफ वेस्ट बंगाल, इकनामिक रिव्यू 2003-04, कलकत्ता।
56. गवर्नमेंट आफ वेस्ट बंगाल, वेस्ट बंगाल ह्यूमन डेवलपमेंट रिपोर्ट 2004, पृ. 35-36।
57. वही, पृ. 35।
58. वही।
59. डी. बन्द्योपाध्याय का कहना है कि अनेक मामलों में पट्टा दिए जाने से पहले ही यह बात निर्विवादित तथ्य बन गई थी; वस्तुतः अनुसूचित जाति और जनजाति समूह हस्तान्तरण से पहले ही जमीन पर काबिज होते थे (टेलीफोन पर हुई बातचीत, 18 मार्च, 2015)।
60. 1973 के प्रस्ताव की अपनी व्याख्यात्मक टिप्पणी ('एक्सप्लेनरी नोट') में सुन्दरैया ने भूमि सुधार के मुद्दे पर पश्चिम बंगाल पार्टी की स्थिति की सशक्त प्रत्यालोचना प्रस्तुत की : 'पश्चिम बंगाल में कुछ कामरेड तर्क देते हैं कि काश्तकारों के लिए स्वामित्व के अधिकार का अभियान अब और नहीं चलाया जाना चाहिए...क्योंकि यह भूस्वामियों से दुश्मनी मोल लेगा और वे 'लोकतांत्रिक गठबन्धन से दूर हो जाएँगे'। उन्होंने कहा, ये आलोचक जनता की माँगे उठाने में आनाकानी करने की 'बेहूदी स्थिति' की पराकाष्ठा पर पहुँच गए हैं। इस रवैये को अगर तार्किक दृष्टि से आगे बढ़ाया जाए तो इसका अर्थ होगा कि हम काश्तकारों की माँगों को इस तरह गढ़ें और आगे बढ़ाएँ जो भूस्वामियों को स्वीकार्य हो।' सुन्दरैया ने पार्टी को याद दिलाया कि स्वयं इसकी केन्द्रीय समिति ने पहले ही यह स्वीकार किया था कि किसान एकता की उसकी धारणा भ्रमवश 'ग्रामीण मजदूरों और गरीबों के केन्द्र में रखकर बनाने के बजाय मँझोले और धनी किसानों पर आधारित थी...। और इन वर्गों तबकों को मुख्य आधार के रूप में संगठित करना आन्दोलन की प्रेरक शक्ति होगा'। यह काम आसान नहीं होगा क्योंकि धनी और मँझोले किसानों के प्रति पक्षपातपूर्ण रवैया 'गहरे जमा हुआ है और लम्बे समय से चला आ रहा है'। और 'हमारे प्रमुख किसान कार्यकर्ताओं का बड़ा हिस्सा' गरीब किसानों और खेतिहर मजदूरों के बजाय 'धनी और मँझोले किसान' वर्ग से है। मलिक (1993) : में उद्धृत, पृ. 40-41।
61. हरे कृष्ण कोनार (1977) : ऐग्रेरियन प्राब्लम्स ऑफ इंडिया, कलकत्ता, गौड़ सभा, पृ. 47।
62. मंजुला बोस (सं.) : लैंड रिफार्म्स इन ईस्टर्न इंडिया, कलकत्ता, प्लानिंग फोरम, जादवपुर युनीवर्सिटी, 1981 में रनजीत कुमार लाहिड़ी, 'लैंड रिफार्म्स इन वेस्ट बेंगाल-सम इंप्लीकेशंस', मलिक (1993) में उद्धृत, पृ. 42।

63. बी.के. सरकार और आर.के. प्रसन्नन, व्हाट हैपेंड टु द वेस्टेड लैंड ?, कलकत्ता, डायरेक्टरेट आफ लैंड रिकार्ड्स ऐंड सर्वेज, पश्चिम बंगाल, मार्च 1976, पृ. 6।
64. मलिक (1993) : में उद्धृत, पृ. 51–52। इसमें अन्य स्रोतों के साथ साथ अशोक रुद्र के एक अध्ययन और नेशनल सैंपल सर्वे के आँकड़ों को उद्धृत किया गया है।
65. पश्चिम बंगाल के 110 गाँवों के व्यापक सर्वेक्षण पर आधारित एक अध्ययन में बताया गया है कि अलग अलग अनुपातों में उत्पाद के ग्यारह हिस्से होते थे। प्रणब बर्धन और अशोक रुद्र (1980) : 'टर्म्स ऐंड कंडीशंस आफ शेयरक्रापिंग कांट्रैक्ट्स : ऐन एनालिसिस आफ विलेज सर्वे डाटा इन इंडिया', द जरनल आफ डेवलपमेंट स्टडीज, खंड 16, सं. 3, पृ. 287–302। प्रणब बर्धन (1976) : 'वैरिएशंस इन एक्स्टेंट ऐंड फॉर्म्स ऑफ ऐग्रीकल्चरल टेनैंसी', इकनामिक ऐंड पोलिटिकल वीक्ली, 11 और 18 सितम्बर भी देखें।
66. बर्धन और रुद्र (1980)
67. बन्द्योपाध्याय (2000), पृ. 1796।
68. 'विवेक जगाने' को इस तरह परिभाषित किया गया है : 'गहन चिन्तन और कर्म के जरिये अपने सामाजिक यथार्थ की एक आलोचनात्मक जागरूकता विकसित करने की प्रक्रिया । कर्म बुनियादी है क्योंकि यह यथार्थ को बदलने की प्रक्रिया है'। www.freire.org/component/easytagcloud/%20 conscientization, 12 जनवरी, 2015 को देखा गया।
69. बन्द्योपाध्याय (2000), पृ. 1797।
70. पी. रॉय चौधुरी (1980), पृ. 2172।
71. बन्द्योपाध्याय (2000), पृ. 1797।
72. उदाहरण के लिए, रतन खसनबीस (1981) : 'आपरेशन बर्गा : लिमिट्स टु सोशल डेमोक्रेटिक रिफार्मिज़्म', इकनामिक ऐंड पोलिटिकल वीक्ली, 20 जून, 'रिव्यू आफ ऐग्रीकल्चर', पृ. ए–43–ए–48।
73. बन्द्योपाध्याय (2000), पृ. 1797।
74. छह गाँवों के एक अधिक व्यापक सर्वेक्षण में पाया गया कि कुल काश्तकारों में से एक तिहाई का दस्तावेजों में कोई उल्लेख ही नहीं है—सेनगुप्त और गज़दर (1997) : में उद्धृत, पृ. 150। खसनबीस ने छियालीस गाँवों का सर्वेक्षण किया। इस सर्वेक्षण से पता चला कि 73 प्रतिशत काश्तकारों ने बर्गादारों के रूप में अपने अधिकारों का पंजीकरण ही नहीं कराया था। खसनबीस (1981); पृ. ए–45।
75. पश्चिम बंगाल मानव विकास रिपोर्ट (डब्ल्यूबीएचडीआर) 2004, पृ. 31।
76. वही पृ. 32।
77. वही पृ. 33।
78. सेनगुप्त और गज़दर, (1997) : पृ. 50–51। इसके अतिरिक्त, कर्स्टेन वेस्टरगार्ड (1986), पीपुल्स पार्टिसिपेशन, लोकल गवर्नमेंट ऐंड रूरल डेवलपमेंट : द केस आफ वेस्ट बेंगाल, इंडिया', सेंटर फार डेवलपमेंट रिसर्च, रिपोर्ट नं. 8, कोपेनहेगेन, मार्च 1986।
79. अनिल के. चक्रबोर्ती, आदि (2003) : बेनेफिशअरीज ऑफ लैंड रिफार्म्स : द वेस्ट बेंगाल सिनरियो, पश्चिम बंगाल सरकार, स्पन्दन, कोलकाता, 2003।
80. डी. बन्द्योपाध्याय (2003) : 'अनफिनिश्ड टास्क्स', इकनामिक ऐंड पोलिटिकल वीक्ली, 5 जुलाई, पृ. 2841–42।
81. वही।
82. https://editorialexpress.com/cgi-bin/conference/download.cgi?db-name=NEUDC2013 + paper-id=304, युनीवर्सिटी आफ एसेक्स के शोधकर्ताओं सोनिया भालोत्रा और अभिषेक चक्रवर्ती द्वारा संचालित।
83. मानव विकास रिपोर्ट 2004, पृ. 35, टिप्पणी 59 भी देखें।

84. वही, पृ. 40-41।
85. पी. रॉय चौधुरी (1980), पृ. 2173।
86. डब्ल्यूबीएचडीआर, पृ. 36-37।
87. भूमि सुधारों पर हुई तीसरी कार्यशाला, पी. रॉय चौधुरी (1980) : में उद्धृत, पृ. 2172।
88. वही।
89. डी. बन्द्योपाध्याय (2003) : अनफिनिश्ड टास्क्स' पृ. 2842।
90. डब्ल्यू वी एस डी आर 2004 : पृ. 39।
91. निखिलेश भट्टाचार्या, मानबेंदु मुखोपाध्याय और अशोक रुद्र (1987) : 'चेंजेस इन लेवेल ऑफ लिविंग इन रूरल वेस्ट बेंगाल', इकनामिक ऐंड पोलिटिकल वीक्ली, 11 जुलाई, 15 अगस्त, 5 सितम्बर, 31 अक्तूबर, 28 नवम्बर।
92. वही।
93. ए.वी. जोस (1988) : 'ऐग्रीकल्चरल वेजेज़ इन इंडिया', इकनामिक ऐंड पोलिटिकल वीक्ली, 25 जून, पृ. ए-46-ए-58 पर दी गई तालिकाएँ 10ए तथा 10बी। 1984-85 में पश्चिम बंगाल में वास्तविक वेतन 1956-57 में मिल रहे वास्तविक वेतन की तुलना में लगभग 8 प्रतिशत कम था जबकि इस अवधि में अन्य प्रमुख राज्यों में वेतन दरों में बढ़ोतरी हुई थी, जहाँ उत्तर प्रदेश और आंध्र प्रदेश में वेतन दरों में दोगुनी बढ़ोतरी हुई थी वहीं केरल और गुजरात में वेतन दरों में 80 प्रतिशत की वृद्धि हुई थी। इसके अतिरिक्त रोहिणी नय्यर (1991) : 'रूरल पावर्टी इन इंडिया', दिल्ली, आक्सफोर्ड युनीवर्सिटी प्रेस, भी देखें।
94. जी. पार्थसारथी, 'मिनिमम वेजेज़ इन ऐग्रीकल्चर : ए रिव्यू ऑफ इंडियन एक्सपीरिएंस', राधाकृष्ण और शर्मा (सं.) (1998) : एम्पावरिंग रूरल लेबर इन इंडिया, इंस्टीट्यूट फॉर ह्यूमन डेवलपमेंट, में, दीपंकर बसु (2001) : 'पोलिटिकल इकोनामी आफ ''मिडिलनेस'',' इकनामिक ऐंड पोलिटिकल वीक्ली, 21 अप्रैल में उद्धृत, पृ. 1337।
95. ग्राम पंचायत सबसे नीचे की निर्वाचन इकाई है जिसमें 1-12 गाँव होते हैं। ब्लाक स्तर की पंचायत समिति में लगभग 115 गाँव आते हैं। जिला स्तर पर इस व्यवस्था के शीर्ष पर जिला परिषद होती है जिसका अध्यक्ष एक निर्वाचित 'सभाधिपति' होता है जो सभी प्रशासनिक और विकास मामलों की अध्यक्षता करता है और जिला मजिस्ट्रेट की भूमिका उसके अधीनस्थ की होती है।
96. नील वेब्स्टर (1992) : पंचायती राज ऐंड द डिसेंट्रलाइजेशन ऑफ डेवलपमेंट प्लानिंग इन वेस्ट बेंगाल, कलकत्ता, के.पी. बागची, पृ. 22-24।
97. नई दिल्ली में 20 अक्तूबर, 2013 को इस लेखक के साथ साक्षात्कार में डी. बन्द्योपाध्याय ने यह बात दोहराई। वेब्स्टर भी ऐसी ही बात कहते हैं : 'पश्चिम बंगाल में पंचायती राज कार्यक्रम पश्चिम बंगाल राज्य के भीतर अपनी राजनीतिक स्थिति मजबूत करने की माकपा की रणनीति का एक केन्द्रीय तत्त्व है ताकि यदि राज्य में सत्ता उसके हाथ से निकल भी जाए तो उसका संगठन और इस कार्यक्रम से लाभान्वित हुई ग्रामीण आबादी के बड़े वर्गों का व्यापक समर्थन बना रहेगा'। वेब्स्टर (1992), पृ. 110।
98. जैसा कि वेब्स्टर ने ध्यान दिया है, इन दोनों को 'न्यस्त स्वार्थों के बावजूद सफलतापूर्वक लागू करने के लिए वाम मोर्चे की दृढ़ राजनीतिक इच्छा शक्ति की जरूरत थी और इन दोनों के कारण ही बंगाल के ग्रामीण क्षेत्र की राजनीति में परवर्ती परिवर्तन सम्भव हुए हैं। नई पंचायतों की चुनावी राजनीति को एक राजनीतिक आधार की दरकार थी और इसी कारण 1978 से पंचायत चुनावों में पार्टियों की भागीदारी इतनी महत्त्वपूर्ण हो गई। इसने पंचायत चुनाव प्रक्रिया में पार्टी की मशीनरी को शामिल कर दिया...कानून ने पंचायतों और उनकी समितियों के बीच एक सहकारितापूर्ण सम्बन्ध के लिए आधार प्रदान किए थे लेकिन दरअसल उनके बीच काफी तनाव और द्वेषभाव था। 1978 के बाद...शक्तिशाली प्रखंड विकास अधिकारी (बीडीओ) और जिला मजिस्ट्रेट (डीएम)...(अपनी बुनियादी सत्ता) पहले की तरह नहीं इस्तेमाल कर रहे थे। पार्टी के आनुषंगिक जन संगठनों द्वारा

इस्तेमाल किया जा रहा प्रभाव कभी-कभी पंचायत सदस्यों की निर्णयकारी प्रक्रियाओं पर भारी पड़ता था। वेब्स्टर (1992), पृ. 110।

99. डी. बन्द्योपाध्याय (2003 ए) : 'लैंड रिफार्म्स ऐंड ऐग्रीकल्चर : द वेस्ट बेंगाल एक्सपीरिएंस', इकनामिक ऐंड पोलिटिकल वीक्ली, 1 मार्च पृ. 882।

100. जैसा कि मुकर्जी-बन्द्योपाध्याय समिति ने लिखा है : 'पंचायतों ने समाज की मध्य श्रेणी को महत्त्वपूर्ण जगहों पर आसीन कर दिया। इनमें से अधिकतर स्कूल के अध्यापक थे...लेकिन सत्ता अभी निम्नतर स्तरों तक नहीं पहुँची थी। अजा और अजजा के लोग चुने गए हैं लेकिन उनके पास महत्त्वपूर्ण पद नहीं हैं। आम तौर पर निर्धन लोग नहीं चुने गए हैं। इस प्रकार, पंचायतों पर मध्य श्रेणी का दृढ़ नियंत्रण बना हुआ है...। नेक इरादों वाले 'मध्य' से भरी पंचायतें 'मध्य' और 'निम्न' दोनों में से किसी के उचित प्रतिनिधित्व का विकल्प नहीं हैं क्योंकि निश्चय ही 'निम्न' (स्तर के लोग) ही सबसे बेहतर जानते हैं कि उनके लिए अच्छा क्या है। एक कालेज के प्रवक्ता, जो पंचायत का वरिष्ठ पदाधिकारी था, ने समिति को बताया कि जाति और वर्ग संरचना इतनी प्रासंगिक नहीं है जितनी प्रासंगिक यह बात है कि महत्त्वपूर्ण पदों पर बैठे लोग जनता के लिए क्या करते हैं और इस कसौटी पर परखा जाए तो मौजूदा पदाधिकारियों ने बढ़िया काम किया है'। 'एक निर्वाचित पदाधिकारी से ''व्हाइटमैन्स बर्डेन'' की याद दिलाने वाला तर्क सुनकर' समिति हक्का-बक्का रह गई'।

101. मुकर्जी और बन्द्योपाध्याय (1993)। उन्होंने यह भी कहा : 'वैचारिक पक्ष से देखें तो पंचायतों के लक्ष्यों विशेषकर उनके स्वशासन के संस्थान बन जाने के निहितार्थों के बारे में स्पष्टता का अभाव है। कार्यक्रमों की बात की जाए तो उनके एजेंडा से भूमि सुधार के लगभग बाहर हो जाने से पंचायतों में यह भावना आ गई है कि अब उनके लिए करने को विशेष कुछ नहीं है...।

102. अमृता बसु (1992) : टू फेसेज़ आफ प्रोटेस्ट : कंट्रास्टिंग मोड्स ऑफ वीमेन्स ऐक्टिविज़्म इन इंडिया, बर्कले, युनिवर्सिटी ऑफ कैलीफोर्निया प्रेस, पृ. 37-41।

103. वही।

104. वही, बसु आगे कहती हैं : लगातार मँझोले और धनी किसानों को तुष्ट कर माकपा ने निर्धनतम ग्रामीण समूहों के हितों को संकट में डाल दिया है। उसने काश्तकारों को भूस्वामित्व का अधिकार देने में संकोच किया है...। वर्षों तक उसने खेतिहर मजदूरों को भूस्वामी किसानों से अलग संगठित करने का विरोध किया है। अभी हाल में उसने जो 'अखिल भारतीय खेतिहर मजदूर संघ बनाया है वह पश्चिम बंगाल में अभी तक सक्रिय नहीं हुआ है'।

105. वही।

106. एक अन्य विद्वान ने अनेक अखिल भारतीय किसान सभाओं और प्रदेश की कृषक सभा के दस्तावेजों के आधार पर तर्क दिया है : 'लेकिन पश्चिम बंगाल में माकपा ने खेतिहर मजदूरों के लिए कोई अलग संगठन नहीं बनाया। फिर भी ''खेतिहर मजदूरों के हितों की सुरक्षा और बचाव करने के लिए''...और उन्हें ''आन्दोलन में ले आने और बुर्जुआ-भूस्वामी दलों के प्रभाव से बाहर निकाल लाने के लिए''...ऐसे एक संगठन की जरूरत की बातें हवा में तैरती रहीं...। विरोधाभासी ढंग से और यह महत्त्वपूर्ण है कि असली (हालाँकि इसे कभी कहा नहीं गया) लक्ष्य खेतिहर मजदूरों के नहीं बल्कि ग्रामीण मध्य वर्गों के हितों की सुरक्षा करना था। 'प्रादेशिक कृषक सभा' के एक सम्मेलन में यह महसूस किया गया था कि खेतिहर मजदूरों के लिए कोई उपयुक्त संगठन न होने से मध्य वर्ग के लिए निस्संकोच अपने विचार प्रकट करना कठिन हो गया है...मध्य वर्ग के प्रभाव क्षेत्र को बनाये रखने की ऐसी ही चिन्ता अखिल भारतीय किसान सभा के सम्मेलन में अभिव्यक्त की गई थी जहाँ इस मुद्दे पर विस्तार से चर्चा की गई थी...इसलिए कृषक सभा में मध्य वर्ग के प्रभुत्व को हालाँकि कार्यक्रम के आधार पर औचित्यपूर्ण नहीं ठहराया जा सकता था लेकिन व्यावहारिकता की दृष्टि से उसे मजबूत किया गया था।' बेन रोगली, बारबरा हैरिस व्हाइट और सुगत बोस (सं.) (1999) : सोनार बांगला : ऐग्रीकल्चरल ग्रोथ ऐंड ऐग्रेरियन चेंज इन वेस्ट बेंगाल ऐंड बांगला

देश, नई दिल्ली, सेज पब्लिकेशंस में द्वैपायन भट्टाचार्य, 'पालिटिक्स ऑफ मिडिलनेस : द चेंजिंग कैरेक्टर ऑफ द सीपीआई(एम) इन रूरल वेस्ट बेंगाल, 1977-90', पृ. 289-90।

107. भट्टाचार्य (1999), पृ. 284-85।

108. अखिल भारतीय किसान सभा (एआईकेएस), प्रोसीडिंग्स ऐंड रिज़ाल्यूशंस, 24वीं कान्फ्रेंस, 8-11 नवम्बर, 1982, पृ. 28-29।

109. भट्टाचार्य (1999) में उद्धृत, पृ. 285, वह यह भी कहते हैं : 'नई अभिमुखता' को कम विभाजनकारी, अधिक समावेशी और, वस्तुतः चुनावी दृष्टि से अधिक भरोसेमन्द के रूप में देखा गया था...विविध कृषक वर्गों को एकताबद्ध करना चुनावी दृष्टि से बहुत जरूरी था और परिणामस्वरूप यह काम अन्य अधिकतर सरोकारों से ऊपर हो गया'।

110. भट्टाचार्य (1999), पृ. 289 और 297।

111. इनमें रतन घोष (1981) : 'ऐग्रेरियन प्रोग्राम ऑफ लेफ्ट फ्रंट गवर्नमेंट', इकनामिक ऐंड पोलिटिकल वीक्ली, 20 जून; जॉन हैरिस (1993) : 'व्हाट इज़ हैपेनिंग इन रूरल वेस्ट बेंगाल : ऐग्रेरियन रिफार्म, ग्रोथ ऐंड डिस्ट्रीब्यूशन', इकनामिक ऐंड पोलिटिकल वीक्ली, 12 जून; एरिल्ड एंजिलसेन रूड (1994) : 'लैंड ऐंड पावर : द मार्क्सिस्ट कांक्वेस्ट ऑफ रूरल बेंगाल', माडर्न एशियन स्टडीज, खंड 28, सं. 2, मई; रतन खसनबीस (1981) : 'आपरेशन बर्गा : लिमिट्स टु सोशल डेमोक्रेटिक रिफार्मिज़्म', इकनामिक ऐंड पोलिटिकल वीक्ली, 20 जून; डी. बन्द्योपाध्याय (1997) : 'नॉट ए ग्रामशियन पैंटमाइम', इकनामिक ऐंड पोलिटिकल वीक्ली, 22 मार्च; मैत्रीश घटक और मैत्रेय घटक (2002) : 'रीसेंट रिफार्म्स इन द पंचायत सिस्टम इन वेस्ट बेंगाल', इकनामिक ऐंड पोलिटिकल वीक्ली, 5 जनवरी।

112. दीपंकर बसु (2001), पृ. 1333-44।

113. बेन रोगली (1998) : 'कंटेनिंग कान्फ्लिक्ट ऐंड रीपिंग वोट्स', इकनामिक ऐंड पोलिटिकल वीक्ली, 17-24 अक्तूबर, पृ. 2729।

114. ज्योति प्रसाद चटर्जी और सुप्रियो बसु (2009) : वेस्ट बेंगाल : मैंडेट फार चेंज; इकनामिक ऐंड पोलिटिकल वीक्ली, 26 सितम्बर। सेंटर फार द स्टडी ऑफ डेवलपिंग सोसाइटीज़ (सीएसडीएस)-'लोक नीति' के एक अध्ययन के आधार पर लेखकों का आकलन है कि कांग्रेस और तृणमूल कांग्रेस सहित उसके सहयोगियों को मिले 41 प्रतिशत वोटों की तुलना में 46 प्रतिशत ग्रामीण खेतिहर कामगारों ने वाम को वोट दिया। वाम के विरुद्ध पड़े वोटों में खेतिहर मजदूरों के केवल 2 प्रतिशत वोट उससे अलग हुए थे जबकि किसानों में 26 प्रतिशत वोट स्थानांतरित हुए थे। आकलन के अनुसार सीमान्त किसानों और बर्गादारों में 53 प्रतिशत और अन्य किसानों के 65 प्रतिशत ने कांग्रेस-तृणमूल गठबन्धन के पक्ष में वोट दिया।

115. विशेषकर देखें, भट्टाचार्य (1999), रूड (1994) और रोगली (1998)।

116. पार्थ चटर्जी (1997) : द प्रेजेंट हिस्टरी ऑफ वेस्ट बेंगाल : एसेज इन पोलिटिकल क्रिटिसिज़्म, दिल्ली, आक्सफोर्ड यूनिवर्सिटी प्रेस। सेनगुप्त और गज़दर भी मुकर्जी और बन्द्योपाध्याय की 1993 में दी गई चेतावनी याद करते हैं कि 'कृषि सुधारों का क्रियान्वयन पूरा होने के साथ ही पंचायतों के अपने दिशा बोध खो देने का खतरा सामने आ जाएगा...'। सेनगुप्त और गज़दर (1997), पृ. 161-62।

अध्याय 5 : पश्चिम बंगाल में संकट और सत्ता से बहिर्गमन

1. पूर्व वित्त मंत्री अशोक मित्र की उक्ति, अतुल कोहली (1987) : द स्टेट ऐंड पावर्टी इन इंडिया : द पालिटिक्स आफ रिफार्म, केम्ब्रिज, यू.के. केम्ब्रिज युनिवर्सिटी प्रेस, पृ. 87, पादटिप्पणी में उद्धृत।
2. गरीबी रेखा से नीचे की जनसंख्या का अनुपात (एचसीआर) गरीबी रेखा से नीचे की आय (अथवा खर्च) वाले लोगों के कुल आबादी में अनुपात को नापता है। यहाँ और परवर्ती अनुच्छेदों में दी गई जानकारी सुनील सेनगुप्त और हैरिस गज़दर के लेख 'ऐग्रेरियन पालिटिक्स ऐंड रूरल डेवलपमेंट

इन वेस्ट बेंगाल' से ली गई है अथवा उसकी व्याख्या है। यह उत्कृष्ट अध्ययन ज्याँ द्रेज और अमर्त्य सेन (सं.) (1997) : इंडियन डेवलपमेंट : सेलेक्टेड रीजनल पर्सपेक्टिव्स, दिल्ली, आक्सफोर्ड युनिवर्सिटी प्रेस में उपलब्ध है।

3. 1983-84 और 1987-88 के बीच अन्य प्रमुख राज्यों की तुलना में पश्चिम बंगाल में निर्धनता अनुपातों में सबसे अधिक गिरावट दर्ज की गई। आय के वितरण में भी पश्चिम बंगाल एक महत्त्वपूर्ण सुधार का साक्षी रहा।
4. योजना आयोग (2010) : वेस्ट बेंगाल डेवलपमेंट रिपोर्ट 2010, नई दिल्ली, भारत सरकार, पृ. 95।
5. 2001 और 2011 के बीच जनसंख्या वृद्धि में और गिरावट आई और यह 13.8 प्रतिशत पर पहुँच गई (राष्ट्रीय औसत 17.7 प्रतिशत)। राज्य ने अपने समग्र लिंगानुपात में भी बढ़ोतरी की। यह 1991 के 917 (महिलाएँ प्रति 1,000 पुरुषों की तुलना में) से 2001 में 934 तक पहुँच गया। अधिक महत्त्वपूर्ण यह है कि इसने अपने यहाँ का बाल यौन अनुपात 2001 (967) और 2011 (956) के बीच बरकरार रखा जबकि यह अनुपात अखिल भारतीय स्तर पर इस अवधि में 927 से गिरकर 919 हो गया। देखें http://www.census2011.co.in/sexratio.php
6. योजना आयोग (2010), पृ. 95।
7. '1969-70 और 1970-80 के बीच पूरे भारत का कुल खाद्यान्न उत्पादन 2.5 प्रतिशत की औसत दर से और बंगाल में 1.7 प्रतिशत प्रतिवर्ष की दर से बढ़ा जो आबादी की वृद्धि दर से बहुत पीछे था। लेकिन 1979-80 और 1989-90 के बीच पश्चिम बंगाल के खाद्यान्न उत्पादन में भारत के 2.7 प्रतिशत की तुलना में प्रतिवर्ष 3.4 प्रतिशत की औसत दर से वृद्धि हुई।' सेनगुप्त और गज़दर (1997), पृ. 163-67।
8. वाम मोर्चे से जुड़े कुछ विद्वानों में सुधारों की भूमिका पर बल देने की प्रवृत्ति थी जबकि अधिकतर गैर पार्टी विद्वान सुधारों के समर्थक तो थे लेकिन उन्होंने अपना ध्यान गैर सरकारी पहलकदमियों पर केन्द्रित किया। ग्रामीण विद्युत आपूर्ति सुधरने के साथ भूजल सिंचाई की क्षमता बढ़ी जिससे किसान अपनी खुद की जमीन के लिए और अपने पड़ोसियों को पानी बेचने के लिए नलकूपों में निवेश करने लगे, जॉन हैरिस (1993) : व्हाट इज़ हैपेनिंग इन रूरल वेस्ट बेंगाल ? एग्रेरियन रिफार्म, ग्रोथ ऐंड डिस्ट्रिब्यूशन', इकनामिक ऐंड पोलिटिकल वीक्ली, 12 जून, पृ. 137-47।
9. 'संक्षेप में, पश्चिम बंगाल की कृषि प्रगति के पीछे के मुख्य कारक समान कृषि-अर्थव्यवस्थाओं वाले पूर्वी क्षेत्र के अन्य राज्यों के समान ही थे। अपने पड़ोसियों की तुलना में पश्चिम बंगाल का विशेष रूप से मजबूत रिकार्ड उसकी बेहतर कृषि अर्थव्यवस्था की क्षमता का प्रतिबिम्ब हो सकता है...। कार्यकुशलता के आधारों पर व्यापार में सुधारों के लिए पूर्वप्रभाव से वैधीकरण प्राप्त करने का प्रयास करने की प्रवृत्ति आश्चर्यजनक है क्योंकि व्यापक रूप से ये तर्क पश्चिम बंगाल में कृषि सम्बन्धी मुद्दों पर राजनीतिक गोलबन्दी से जुड़े है। और इस राजनीतिक गोलबन्दी का बहुत दृढ़ आधार भूमि के पुनर्वितरण में है...। अधिक दिलचस्प सवाल यह है...कि (कृषि में) जो उन्नति हुई है क्या उसमें गरीब भागीदारी कर सके हैं या गरीब किस हद तक भागीदारी कर सके हैं।' सेनगुप्त और गज़दर (1997), पृ. 169।
10. वही, पृ. 172-78।
11. 1980 के दशक के प्रारम्भिक वर्षों में पश्चिम बंगाल की तुलना में नीचे निर्धनता अनुपातों वाले तेरह प्रमुख राज्यों में सात राज्यों की शिशु मृत्यु दर पश्चिम बंगाल की तुलना में अधिक थी। 1981 में पन्द्रह प्रमुख राज्यों की शिशु मृत्यु दर क्रम सूची में पश्चिम बंगाल का स्थान का स्थान नीचे से छठा था जो भारतीय औसत से उन्नीस अंक कम था। वही।
12. 1980 के दशक के दौरान पश्चिम बंगाल की शिशु मृत्यु दर में कमी की दर अन्य राज्यों के सन्दर्भ में धीमी पड़ गई। उत्तर प्रदेश, बिहार, तमिलनाडु, गुजरात, पंजाब और केरल ने यह दर पार कर ली थी अथवा कम-से-कम इसके बराबर तो आ ही गए थे। 1983-84 और 1987-88 के बीच सात राज्य अपने यहाँ की शिशु मृत्यु दर में पश्चिम बंगाल की तुलना में अधिक तेजी से कमी

लाए, इनमें महाराष्ट्र, गुजरात, पंजाब, केरल, तमिलनाडु यहाँ तक कि बीमारू (हिन्दी हृत्प्रदेश के चार राज्यों-बिहार, मध्यप्रदेश, राजस्थान और उत्तर प्रदेश का समूह) राजस्थान और उत्तर प्रदेश शामिल थे यद्यपि इनमें से चार इस अवधि में अपने यहाँ की ग्रामीण निर्धनता के हेड काउंट रेशियो (गरीबी रेखा के नीचे के लोगों का अनुपात) में वृद्धि अथवा गत्यवरोध के साक्षी रहे। 1990 के दशक में और उसके बाद यह नमूना भी बदल गया क्योंकि अनेक राज्यों (उदाहरणार्थ, तमिलनाडु, कर्नाटक और गुजरात) ने अपने यहाँ की शिशु मृत्यु दर कम करने में पश्चिम बंगाल को पीछे छोड़ दिया। सेनगुप्त और गज़दर (1997), पृ. 186-88। नई सदी में भी पश्चिम बंगाल यह दावा नहीं कर सकता कि इस दिशा में अपना प्रदर्शन सुधारने के लिए उसने कोई सबक सीखा है। 1998-99 में पश्चिम बंगाल की कुल मिलाकर शिशु मृत्यु दर केरल की 16.3 की तुलना में 48.7 थी और सभी राज्यों के बीच वह ग्यारहवें स्थान पर था। 2005 तक इसकी स्थिति में और गिरावट आई और यह 38 पर पहुँच गई लेकिन ग्रामीण और शहरी क्षेत्रों के बीच और जिलों में शिशु मृत्यु दर में बहुत असमानता थी। यह असमानता स्थायी सिद्ध हुई है : योजना आयोग (2010)।

13. वेस्ट बेंगाल ह्यूमन डेवलपमेंट रिपोर्ट 2004 (डब्ल्यूबीएचडीआर), कलकत्ता, पश्चिम बंगाल सरकार।
14. वर्ल्ड इंस्टीट्यूट फार डेवलपमेंट इकनामिक्स रिसर्च (डब्ल्यूआईडीईआर) के जाँचकर्ताओं द्वारा पाँच गाँवों के नमूना सर्वेक्षणों में पाँच वर्ष से कम आयु के बच्चों की पोषण स्थिति में स्पष्ट सुधार देखा गया (उन दो गाँवों में जहाँ के पुराने आँकड़े उपलब्ध थे) फिर भी, उसका निष्कर्ष यह था : 'कुल मिलाकर अभाव का स्तर...अत्यधिक ऊँचा बना हुआ है। 1988-89 में किसी भी गाँव में अल्पपोषित बच्चों का आकलित अनुपात तीन चौथाई से कम नहीं था'; कई बच्चे 'दुर्भाग्यपूर्ण रूप से अल्पपोषित थे'।
15. डब्ल्यूबीएचडीआर, पृ. 128, यद्यपि 1990 के दशक के अन्तिम वर्षों तक पश्चिम बंगाल में दाल उत्पादन का अधिशेष था उसके बावजूद वहाँ पोषण का अभाव था विशेषकर तीन वर्ष से कम आयु के बच्चों में। भारत में प्रति व्यक्ति सब्जी उत्पादन में पश्चिम बंगाल सबसे आगे था (439 ग्राम) लेकिन इसका प्रति व्यक्ति उपभोग केवल 63 ग्राम प्रतिदिन था जिसके कारण राष्ट्रीय स्तर पर यह छठे स्थान पर था। विश्व स्वास्थ्य संगठन के एक सर्वेक्षण ने पाया कि '94.7 प्रतिशत लोग पर्याप्त सब्जी और फल नहीं खाते हैं'। योजना आयोग (2010) पृ. 123-24।
16. एक अध्ययन ने पाया कि 2002 में समेकित बाल विकास योजना के लिए बजट आवंटन खेदजनक ढंग से अपर्याप्त था—प्रति बच्चा प्रतिदिन केवल 80 पैसे। 2006 से इसे बढ़ाकर दो रुपया कर दिया गया जो राष्ट्रीय पोषण ब्यूरो द्वारा आकलित 500 कैलोरी की वास्तविक कमी को छोड़ दें तो भी एक दिन में 300 कैलोरी के लक्ष्य को पूरा करने के लिए भी अपर्याप्त था। दाल और चावल जैसी बुनियादी चीजों की आपूर्ति भी अनियमित और अपर्याप्त बनी रही। 2005-06 में जिन दस परियोजनाओं का अध्ययन किया गया उनमें चावल की कमी कभी-कभी 73 प्रतिशत तक और दालों की कमी 75 प्रतिशत तक पहुँच जाती थी। जिन केन्द्रों के तहत अध्ययन किया गया था उनमें से लगभग 35 प्रतिशत का अपना खुद का कोई बुनियादी ढाँचा नहीं था और वे क्लबों, मस्जिदों, मन्दिरों यहाँ तक कि स्कूलों के बरामदों में अपना काम करते थे। भोजन और कर्मचारियों का स्तर खराब था। कुमार राना और सन्तभानु सेन (2008) : 'द आईसीडीएस प्रोग्राम इन वेस्ट बेंगाल : स्कोप ऐंड चैलेंजेस', रांची (झारखंड) में फोर्सेस (फोरम फॉर क्रेश ऐंड चाइल्ड केयर सर्विसेज) द्वारा आयोजित 'रीजनल कंसल्टेशन ऑन द स्टेटस आफ द यंग चाइल्ड' में प्रस्तुत परचा।
17. कम वजन वाले वयस्कों के अनुपात का एक महत्त्वपूर्ण सूचक है कम शरीर द्रव्यमान सूचकांक (बीएमआई किलोग्राम में लिये गए वजन को कद की ऊँचाई के दोगुने से भाग देने पर प्राप्त अंक)। पश्चिम बंगाल में सामान्य बीएमआई (18.5) से कम बीएमआई वाली महिलाओं का अनुपात 2005-06 में 37.7 प्रतिशत थ। इस स्तर को खतरे की घंटी के निकट माना जाता है। विवाहिता महिलाओं में 63 प्रतिशत महिलाएँ लौह की कमी के कारण रक्ताल्पता की शिकार थीं

जबकि राष्ट्रीय स्तर पर 52 प्रतिशत विवाहिताएँ रक्ताल्पता की शिकार हैं। 1990 के दशक के अन्तिम वर्षों से इन सूचकांकों में से कुछ में अपेक्षतया साधारण सुधार ही हो पाया था; वास्तव में, इनमें से कुछ और अधिक बदतर स्थिति में पहुँच गए जैसा कि तीन वर्ष से कम उम्र के बच्चों के मामले में और 14–19 आयु समूह की विवाहिता/गर्भवती महिलाओं के मामले में हुआ। डब्ल्यूबीएचडीआर, पृ. 125–26।

18. योजना आयोग (प्लानिंग कमीशन) (2010) पृ. 123।
19. mdws.gov.in/hindi/sites/upload-files/ddwshindi/files/pdf/12-fyp-vol-2-MDWS.pdf, 9 मई, 2014 को देखा गया।
20. उत्तर प्रदेश के आँकड़ों (29–8) से यह थोड़ा ही कम है और 19–5 के अखिल भारतीय स्तर से उल्लेखनीय ढंग से अधिक है, जनगणना 2011 के आँकड़े। http://censusindia.gov.in/census-And-You/availability-of-eminities-and-assets.asp#; blds vfrfjDr www.downtoearth.org.in/content/no-latrines-and-drinking-water-half-india-finds-survey
21. वही।
22. यद्यपि पश्चिम बंगाल की 88.5 प्रतिशत आबादी को 2001 में ऐसा पानी मिलता था 'जिसे आम तौर पर पीने के लिए सुरक्षित माना जाता था', लेकिन 19 प्रतिशत शहरी आबादी को पीने के पहले पानी को उबाल कर कीटाणु रहित बनाना पड़ता था। प्लानिंग कमीशन (2010), पृ. 123–24। बताया गया था कि (राज्य के कुल 341 प्रखंडों में से) नौ जिलों में फैले 79 प्रखंड आर्सेनिक के अति प्रदूषण से प्रभावित थे। इनमें से आठ जिलों के 75 प्रखंडों में तो पानी में आर्सेनिक की मात्रा पहले से ही अधिक थी। इन प्रखंडों की आबादी एक करोड़ 67 लाख (2001 की जनगणना के अनुसार) थी। पश्चिम बंगाल की मानव विकास रिपोर्ट के अनुसार।
23. प्लानिंग कमीशन (2010) पृ. 124–25।
24. 1994–95 और 2006–07 के बीच की अवधि में इनकी संख्या 1,270 से कम रही। प्राथमिक स्वास्थ्य केन्द्रों में शय्या की संख्या में दयनीय ढंग से मात्र 11 प्रतिशत की बढ़ोतरी हुई, वही।
25. http://www.wbhealth.gov.in/health-Stat/2010-2011/6/VI.1.pdf, 1 मई, 2014 को देखा गया।
26. आशीष बोस और मिठू अधिकारी (2008) : 'द इंडिपेंडेंट कमीशन ऑन डेवलपमेंट ऐंड हेल्थ इन इंडिया', हेल्थ स्टेटस ऑफ द डिस्ट्रिक्ट्स ऑफ इंडिया, नई दिल्ली, बीएचएआई, http://www.vhai.org/ceo/icdhi-publications/Health%20Status%20of%20The%20Districts%20 of % 20 India.pdf, पृ. 21 और 34 पर दिए गए मानचित्र। कार्य निष्पादन सूचक में कार्य निष्पादन की दृष्टि से राज्य का स्थान कुछ बेहतर (पीली श्रेणी) हो गया, इसका अर्थ है 'अपनी कमियों को दूर करने में राज्य सरकार की ओर से कुछ प्रयास हुआ।'
27. www.mohfw.nic.in/writeReadData/1892s/492794502RHS% 202012,pdf. 14 मार्च, 2014 को देखा गया। प्राथमिक स्वास्थ्य सुरक्षा व्यवस्था में दोषों और कमियों को इस तरह कम करके दिखाने से वास्तविक समस्या पकड़ पाने में राज्य की असफलता और लापरवाही जाहिर होती है।
28. संख्याओं का यह कुल योग सम्भवतः जाति और लिंगगत प्रमुख भेदों को, जो लगातार बने हुए हैं, छिपा देता है। उदाहरण के लिए वाइडर (डब्ल्यूआईडीईआर) के शोधकर्ताओं द्वारा संचालित ग्राम आधारित एक नमूना सर्वेक्षण से पता चला कि सवर्ण हिन्दुओं, दलितों और आदिवासियों के बीच, इसके साथ ही विभिन्न समूहों के स्त्रियों और पुरुषों के बीच भी साक्षरता में भी बहुत अन्तर है। उदाहरणार्थ 1983–87 में उसके आकलन के अनुसार सवर्ण हिन्दू पुरुषों की साक्षरता दर 95 प्रतिशत है (महिलाओं की 88 प्रतिशत) लेकिन दलित पुरुषों में यह दर केवल 58 प्रतिशत (महिलाओं में 30 प्रतिशत) और आदिवासी पुरुषों में 41 प्रतिशत (महिलाओं में शून्य) ही है। आदिवासी एक सुविधाहीन समूह हैं, उनके बीच साक्षरता बढ़ाने में पश्चिम बंगाल का रिकार्ड 1961

और 1991 के बीच प्रभावहीन था। यद्यपि 1961 में पुरुष आदिवासी साक्षरता में पश्चिम बंगाल राष्ट्रीय औसत से थोड़ा आगे था लेकिन 1991 में यह राष्ट्रीय औसत से कुछ पीछे हो गया। राज्य में महिला आदिवासी साक्षरता 1961 की नगण्य 1.8 प्रतिशत (राष्ट्रीय औसत 3.2 प्रतिशत) से उल्लेखनीय ढंग से सुधर कर 1991 में 12 प्रतिशत हो गई लेकिन इस वर्ष के राष्ट्रीय औसत (14.5 प्रतिशत) तक नहीं पहुँच सकी। सेनगुप्त और गज़दर (1997), पृ. 187-88।

29. राष्ट्रीय साक्षरता मिशन की कार्यकारी परिषद के सदस्य और शिक्षाविद पोरोमेश आचार्य का निष्कर्ष है कि वाम मोर्चा ने वह 'सुनहरा अवसर' गँवा दिया जो उसे सम्पूर्ण साक्षरता अभियान से मिला था : 'सम्पूर्ण साक्षरता का दावा करने के अपने निष्फल उत्साह में जिला साक्षरता समितियों ने व्यावहारिक साक्षरता की भावना खो दी और इस अभियान को एक उदासीन कार्रवाई के स्तर पर ला दिया। कोई आश्चर्य नहीं कि पूर्ण साक्षरता के लक्ष्य को हासिल कर लेने का दावा करने वाले पश्चिम बंगाल के पहले जिले ने हाल ही में यह स्वीकार किया है कि नवसाक्षरों में 50 प्रतिशत फिर निरक्षरता में वापस पहुँच गए हैं'। देखें, आचार्य (1993) : 'पंचायत्स ऐंड लेफ्ट पालिटिक्स इन वेस्ट बेंगाल', इकनामिक ऐंड पोलिटिकल वीक्ली, 29 मई, पृ. 1080, तुषार मुखर्जी (1995) : टोटल लिटरेसी कैम्पेन इन वेस्ट बेंगाल : ऐन एप्रेजल', इकनामिक ऐंड पोलिटिकल वीक्ली, 28 अक्तूबर, पृ. 2721-24; नैशनल लिटरेसी मिशन (1994) : लिटरेसी कैम्पेन्स इन इंडिया, नई दिल्ली, एनएलएम; सुमन्त बनर्जी (1994) : 'फ्लावर्स फॉर द इल्लिटरेट्स', इकनामिक ऐंड पोलिटिकल वीक्ली, 26 नवम्बर, पृ. 3013-16; और नैशनल लिटरेसी मिशन (1994ए) : इवैलुएशन ऑफ लिटरेसी कैम्पेन इन इंडिया : रिपोर्ट ऑफ एक्सपर्ट ग्रुप, नई दिल्ली, एनएलएम (एक खुलासा दिलचस्प होगा, इस अवधि में कुछ समय तक मैं सम्पूर्ण साक्षरता अभियान की कार्यकारिणी परिषद का सदस्य था)।

30. 2001 में कर्नाटक, आंध्र प्रदेश और हरियाणा के अतिरिक्त केवल बीमारू राज्य ही पश्चिम बंगाल से निचले पायदान पर थे। सभी पैंतीस राज्यों और केन्द्रशासित प्रदेशों के बीच पश्चिम बंगाल के स्थान में 1991 और 2001 के बीच बस इतना ही सुधार हुआ कि वह 1991 के अपने उन्नीसवें स्थान से 2001 में अठारहवें स्थान पर पहुँच पाया। ऐतिहासिक दृष्टि से देखें, तो औपनिवेशक शासन के सम्पर्क में जल्दी ही आ जाने के कारण शिक्षा के क्षेत्र में पश्चिम बंगाल को शुरुआती बढ़त प्राप्त थी। लेकिन इस के बावजूद कि 1990-91 में उसने शिक्षा पर केरल सहित अन्य सभी राज्यों के मुकाबले सबसे अधिक धन (26 प्रतिशत) खर्च किया था, जो राष्ट्रीय औसत (20 प्रतिशत) से भी काफी अधिक था, शिक्षा में उसका 1977 के बाद का रिकार्ड बहुत अच्छा नहीं रहा। फिर भी शिक्षा पर राज्य का प्रति व्यक्ति खर्च गुजरात अथवा केरल की तुलना में कम था और स्कूल में नाम लिखे जाने के मामले में उसका अनुपात इन दोनों राज्यों के साथ साथ तमिलनाडु और महाराष्ट्र से भी कम था। अंशतः यह प्राथमिकताओं में असन्तुलन दर्शाता है : पश्चिम बंगाल के राजस्व बजट का एक बड़ा हिस्सा (18-4 प्रतिशत) उच्चतर शिक्षा पर खर्च किया गया था, यह राशि राष्ट्रीय औसत (16-6) से भी अधिक थी। वी.के. रामचन्द्रन, मधुरा स्वामीनाथन और विकास रावल (2003) : बैरियर्स टु एक्सपैंशन ऑफ मास लिटरेसी ऐंड प्राइमरी स्कूलिंग इन वेस्ट बेंगाल : ए स्टडी बेस्ड ऑन प्राइमरी डाटा फ्राम सेलेक्टेड विलेजेस', आधार पत्र 345, तिरूवनंतपुरम, सेंटर फॉर डेवलपमेंट स्टडीज, http://opendocs/bitstream/handle/123456789/3040/wp345.pdf?sequence=1, 12 फरवरी, 2014 को देखा गया।

31. 'नए स्कूल खोलने में पश्चिम बंगाल सरकार ने उन क्षेत्रों पर ध्यान केन्द्रित किया जहाँ दलितों और आदिवासियों की संख्या अधिक थी। दूसरे, सम्पूर्ण स्कूली शिक्षा को निःशुल्क कर दिया गया था। तीसरे, शिक्षकों की संख्या बढ़ी जिससे 1992 में प्रति प्राथमिक पाठशाला शिक्षकों की औसत संख्या तीन हो गई। चौथे, सरकार ने शिक्षकों के रोजगार की दशाओं में सुधार किया : वाम मोर्चे के सत्ता में आने के बाद से उनके वेतन, भत्तों और अवकाश प्राप्ति के लाभों में काफी वृद्धि हुई। पाँचवें, स्कूली डेक्स प्रदान करने की कुछ योजनाएँ भी शुरू की गईं थीं यद्यपि ये सब पर लागू

नहीं हुई थीं। छठे, प्राथमिक शिक्षा के प्रशासन में बदलाव किए गए थे। उदाहरण के लिए, पश्चिम बंगाल ने स्कूल के पहले पाँच वर्षों में किसी को न रोकने अथवा अगली कक्षा में स्वत: प्रोन्नति की व्यवस्था शुरू की थी'। वी.के. रामचन्द्रन, मधुरा स्वामीनाथन और विकास रावल (2003)।

32. उसने बताया कि यह व्यवस्था 'व्यवहार में निष्क्रिय हो गई है'। वही। एक अन्य विश्लेषक के अनुसार : पर्याप्त ऊँची कालेज फीस की माँग करने में, इस बात पर जोर देने में कि निरीक्षण अथवा अन्य तरीकों से समाज के प्रति शिक्षकों की जवाबदेही सुनिश्चित करते हुए उन्हें पढ़ाने के लिए मजबूर किया जाए और यह माँग कर कि स्कूली समय में स्कूली बच्चों से निजी ट्यूशन के रूप में पैसा उगाही के लिए व्यापक रूप से फैली कुप्रथा को बन्द किया जाए, आयोग ने वस्तुत: पश्चिम बंगाल में अकादमिक संस्थानों के कुरूप चेहरे को बेनकाब किया है। तापस मजूमदार (1993) : 'ऐन एजूकेशन कमीशन रिपोर्ट्स', इकनामिक ऐंड पोलिटिकल वीक्ली, 8 मई, पृ. 919–20।

33. कुमार राना (2010) : सोशल एक्सक्लूशन इन ऐंड थ्रू एलीमेंटरी एजूकेशन, कोलकाता, प्रतीची (भारत) ट्रस्ट, यूनीसेफ के सहयोग से।

34. कुमार राना, अब्दुर रफीक और अमृता सेनगुप्त (2002) : द प्रतीची एजूकेशन रिपोर्ट, सं.1, दिल्ली, टीएलएम बुक्स; और www.pratichi.org/sites/default/files/Pratichi-Education-Report-II.pdf, 12 फरवरी, 2014 को देखा गया। ये छह जिलों के अड़तीस गाँवों के अड़तीस स्कूलों और सैंतीस शिशु शिक्षा केन्द्रों के नमूना सर्वेक्षण पर आधारित थीं। पहली रिपोर्ट के निष्कर्षों को कुमार राना और समन्तक दास ने अमृता सेनगुप्त और अब्दुर रफीक के साथ सार रूप में प्रस्तुत किया था, अमृता सेनगुप्ता और अब्दुर रफीक (2003) : 'स्टेट ऑफ प्राइमरी एजेकेशन इन वेस्ट बेंगाल', इकनामिक ऐंड पोलिटिकल वीक्ली, 31 मई, पृ. 2159–64।

35. दूसरी रिपोर्ट ने 'अन्य स्कूलों की तुलना में (33 प्रतिशत) उन स्कूलों में अधिक अनुपस्थिति (75 प्रतिशत)' दर्ज की 'जिनमें आने वाले अधिकतर बच्चे अनुसूचित जाति और अनुसूचित जनजाति परिवारों से थे। 'नीचे' परिवारों के बच्चों वाले कुछ स्कूलों में पढ़ाने के घंटे मनमाने ढंग से कम कर दिए गए हैं...'। www.pratichi-org/sites/default/files/Pratichi-Education-Report-II,pdf, 12 फरवरी, 2014 को देखा गया।

36. कुमार राना आदि (2003), दरअसल प्रतीची की पहली रिपोर्ट छात्रों के नाम लिखाने में वृद्धि, नई प्राथमिक पाठशालाएँ खोलने, अध्यापकों की नियुक्ति करने और शिक्षा पर गैर योजना बजट खर्च 1976–77 के 12.9 प्रतिशत से बढ़ाकर 1992–93 में 21.1 प्रतिशत पर ले आने में वाम मोर्चा सरकार द्वारा की गई 'उल्लेखनीय महत्त्वपूर्ण प्रगति' को दर्ज करती है। सरकार ने 'सभी शैक्षिक संस्थाओं में अध्यापकों और कर्मचारियों को सेवा सुरक्षा देने में काफी हद तक सफलता पाई है'। इनमें अध्यापकों के वेतनों में पर्याप्त बढ़ोतरी, 'स्कूली शिक्षा को नि:शुल्क किया जाना, प्राथमिक स्तर पर सूखे भोजन की खूराक और मुफ्त पाठ्यपुस्तकें दिया जाना, बड़ी संख्या में स्कूली बालिकाओं को नि:शुल्क स्कूल डेॅस दिया जाना आदि शामिल हैं'। इन प्रयासों ने 'पश्चिम बंगाल में प्राथमिक शिक्षा के विस्तार में एक सकारात्मक भूमिका निभाई'।

37. शिशु शिक्षा केन्द्रों की दशा भी जाति और प्रजातिगत भेदभाव के साक्ष्य प्रदान करती है। चूँकि अधिकतर शिशिके ऐसे स्थानों में हैं जहाँ अनुसूचित जाति और अनुसूचित जनजाति समुदायों के लोग रहते हैं, जिनके बच्चों को प्राथमिक स्कूल व्यवस्था सुलभ नहीं है, वहाँ के शिशिकेन्द्रों की आवास व्यवस्था की स्थिति परेशान कर देने वाली थी। हम जिन स्कूलों में गए उनमें से अधिकतर में अनेक बच्चे बाहर खड़े होकर अपने पाठ याद करते हैं। ऐसी जगह पर शिशके स्थापित करना अपने आपमें एक सकारात्मक कदम है, सुविधाओं का विस्तार कर इस कदम को कहीं अधिक प्रभावी बनाया जा सकता है'। रिपोर्ट यह भी कहती है : 'प्राथमिक स्कूलों में (और कुछ कम सीमा तक शिशिके में भी) जाति और प्रजातिगत भेदभाव के और साक्ष्य भी हैं। इसमें नीची जाति की पृष्ठभूमि से आने वाले बच्चों की उपस्थिति को अनदेखा करना, उन्हें अलग बैठाना...अनुसूचित जाति और अनुसूचित जनजाति के परिवारों के बारे में अपमानजनक टिप्पणियाँ करना और यह

मान लेना शामिल है कि वे शिक्षा प्राप्त कर ही नहीं सकते। यह भेदभाव ऐसे बच्चों को प्राथमिक स्कूल व्यवस्था से विमुख करता है और उन्हें समाज का अशिक्षित, निम्नतम वर्ग बनने पर मजबूर करता है...'। www.pratichi.org/sites/default/files/Pratichi-Education-Report-II.pdf, 12 फरवरी, 2014 को देखा गया।

38. www.planningcommission.nic.in/reports/peoreport/peovalu/peo-cmdm.pdf, और www.righttofoodindia.org/data/mdms-KumarRana-WB.doc. 22 जनवरी, 2014 को देखा गया।

39. निजी ट्यूशनों पर निर्भरता के मामले में कोई प्रगति होने के बजाय वस्तुत: यह निर्भरता बढ़ी ही है। इस पर निर्भर बच्चों का अनुपात प्राथमिक पाठशालाओं के छात्रों में 57 प्रतिशत से बढ़कर 64 प्रतिशत और शिशिके के बच्चों में 24 प्रतिशत से बढ़कर 58 प्रतिशत हो गया है। इस बढ़ोतरी के पीछे आमदनियों में कुछ बढ़ोतरी अथवा प्राइवेट ट्यूशन दिलवाने की सामर्थ्य ही नहीं है बल्कि माता-पिता के बीच इस आम विश्वास का और गहरा जाना भी है कि अगर प्राइवेट ट्यूशन दिलाने में तनिक भी सक्षम हैं तो यह "अपरिहार्य" है। (62 प्रतिशत से बढ़कर अब 78 प्रतिशत माता-पिता मानते हैं कि यह वस्तुत: "अपरिहार्य" है'। www.pratichi.org/sites/default/files/Pratichi-Education-Report-II.pdf, 12 फरवरी, 2014 को देखा गया।

40. उदाहरण के लिए, 2002-07 की अवधि के दौरान सर्वशिक्षा अभियान कार्यक्रम पर इसका प्रतिव्यक्ति खर्च रु. 1,438 अथवा राष्ट्रीय औसत की तुलना में 27 प्रतिशत कम था। यह खर्च कम्युनिस्ट शासित त्रिपुरा (रु. 3,622) की तो बात छोड़ें, उत्तर प्रदेश (रु. 1,878) और राजस्थान (रु. 2,089) जैसे पिछड़े राज्यों द्वारा किए जाने वाले खर्च से भी बहुत कम था। भारत सरकार, बारहवीं पंचवर्षीय योजना, 2008, 'आरटीई (शिक्षा का अधिकार) वाच' की एक रिपोर्ट के अनुसार पश्चिम बंगाल में स्कूल बीच में छोड़ देने वाले छात्रों की (वार्षिक) दर बाद में बढ़कर 6.5 प्रतिशत हो गई जो राष्ट्रीय औसत 6.8 के बहुत करीब है। राज्य 'शिक्षा का अधिकार लागू किए जाने की अन्यथा बहुत निराशाजनक दरें प्रदर्शित करता है। पेशागत अर्हताविहीन शिक्षकों का प्रतिशत 2009-2010 के 34 प्रतिशत से बढ़कर 2010-2011 में 41 प्रतिशत हो गया : राज्य में शिक्षकों की कमी की दर इतनी ज्यादा है कि 45 प्रतिशत स्कूलों में छात्र-अध्यापक अनुपात 30 से ऊपर है। 50 प्रतिशत सरकारी स्कूलों में छात्र-कक्षा अनुपात '35 से अधिक' है। http://azimpremji university.ed.in/Igdi/rtewatch/west-bengal-shows-dismal-rates-of-rte-implementation/, 21 अगस्त, 2014 को देखा गया।

41. सरकारी प्राथमिक पाठशालाओं का तीस से ऊपर का छात्र : कक्षा अनुपात (एस सी आर) पश्चिम बंगाल में 46.6 है जबकि अन्य सभी राज्यों में यह 32.4 है। इससे भी अधिक अवांछनीय छात्र : कक्षा अनुपात (35 से ऊपर) बंगाल में 69.2 प्रतिशत है जबकि अखिल भारतीय स्तर पर यह 32.8 प्रतिशत है। जहाँ सरकारी प्राथमिक पाठशालाओं में तीस से ऊपर छात्र : शिक्षक अनुपात लगभग समान है वहीं पैंतीस छात्र : शिक्षक अनुपात के साथ उच्चतर प्राथमिक सरकारी स्कूलों का अनुपात पश्चिम बंगाल में 32.0 है और अन्य सभी राज्यों में 29.1 प्रतिशत। सभी तरह के प्राथमिक स्कूलों में नियमित रूप से नियुक्त अर्ह शिक्षकों का प्रतिशत पश्चिम बंगाल में 51.6 और पूरे भारत में 78.6 है। इन सभी आँकड़ों का स्रोत अरुण सी. मेहता, 'एलिमेंटरी एजूकेशन इन इंडिया : प्रोग्रेस टुवर्ड्स यूईई, एनेलिटिकल टेबल्स 2012-13', नई दिल्ली, नेशनल युनिवर्सिटी आफ एजूकेशनल प्लानिंग ऐंड ऐडमिनिस्ट्रेशन, डिस्ट्रिक्ट इनफार्मेशन सिस्टम फार एजूकेशन (डीआईएसई), www.dise.in/Downloads/Publcations/Documents/Analytical%20Table-12-13.pdf, 21 अगस्त, 2014 को देखा गया।

42. जहाँ रसोई व्यवस्था भी है ऐसे स्कूलों के सन्दर्भ में पश्चिम बंगाल के सरकारी और सहायता प्राप्त स्कूलों की स्थिति सभी राज्यों के 60.4 प्रतिशत की तुलना में बेहतर है (66.8 प्रतिशत)। लेकिन ऐसे स्कूल जहाँ बिजली की सुविधा हो, पश्चिम बंगाल में 39.9 प्रतिशत हैं जबकि सभी राज्यों

में यह 49.9 प्रतिशत है। ऐसे स्कूलों के सन्दर्भ में, जिनमें लड़कों के लिए शौचालय हैं, पश्चिम बंगाल का प्रदर्शन 39.9 प्रतिशत पर और भी नीचे है जबकि अखिल भारतीय स्तर पर यह आँकड़ा 67.1 प्रतिशत है। लड़कयों के लिए शौचालयों की व्यवस्था वाले स्कूल पश्चिम बंगाल में 74.9 प्रतिशत हैं जबकि अखिल भारतीय स्तर पर यह प्रतिशत 88.3 है (डीआईएसई)।

43. 2008–09 तक, पश्चिम बंगाल में पहली कक्षा से आठवीं कक्षा तक सभी समूहों के स्कूली बच्चों की समग्र भरती के अनुपात लड़कों और लड़कियों दोनों के सन्दर्भ में राष्ट्रीय औसत (कक्षा छह से आठ तक की लड़कियों को छोड़कर) की तुलना में कम थे। यहाँ तक कि उत्तर प्रदेश ने भी, कक्षा छह से आठ के अतिरिक्त, स्कूलों में भरती की इससे बेहतर दरें दर्ज कीं। कक्षा एक से छह तक के सन्दर्भ में राज्य का प्रदर्शन विशेष रूप से खराब था। इन कक्षाओं में भरती की दर लड़कों और लड़कियों दोनों के सन्दर्भ में अखिल भारतीय औसत से लगभग 5 से 10 प्रतिशत बिन्दु कम थी। राज्य के निवल भरती अनुपात में 2000–01 और 2008–09 के बीच सुधार हुआ : प्राथमिक पाठशालाओं में 50.1 प्रतिशत से 84.5 प्रतिशत और माध्यमिक स्कूलों में 31.0 से 54.6 प्रतिशत। लेकिन ये दरें 2008–09 के 98.6 प्रतिशत और 56.2 प्रतिशत के राष्ट्रीय औसत से पक्के तौर नीची बनी रहीं। भारत सरकार, आर्थिक सर्वेक्षण, 2008–09।

44. ये आँकड़े अर्थशास्त्री और भोजन के अधिकार की सक्रियतावादी रीतिका खेड़ा ने विविध स्रोतों विशेषकर www.nrega.nic.in से प्राप्त आधिकारिक आँकड़ों के एक विश्लेषण से संकलित किए हैं। यह मनरेगा पर चल रहे उनके काम का हिस्सा है। इनमें से कुछ आँकड़ों का इस्तेमाल खेड़ा और कुकरेजा द्वारा इंडियन सोसायटी आफ लेबर इकनामिक्स, दिल्ली के वार्षिक सम्मेलन, दिसम्बर 2013 में प्रस्तुत परचे में किया गया था। उन्होंने अपने काम के प्रकाशन से पूर्व मेरे साथ इन्हें 12 और 13 जून, 2014 को ई-मेल द्वारा साझा किया इसके लिए मैं उनका अत्यन्त आभारी हूँ।

45. पश्चिम बंगाल यह सुनिश्चित करने के लिए भी बहुत चिन्तामग्न रहा है कि जाब कार्ड के धारक बैंकों या डाकघरों में खाता खोल लें ताकि उनके वेतन का भुगतान किया जा सके। 2011–12 में राज्य में बैंक अथवा डाकघर में जिनका खाता है ऐसे लोगों का अनुपात कुल खाताधारकों का 79.4 प्रतिशत था जबकि देश में यह प्रतिशत 87.2 है (और बैंक में खाताधारियों का प्रतिशत तो और भी कम है : राष्ट्रीय 56.5 प्रतिशत की तुलना में 37 प्रतिशत)। कुछ राज्यों में (आंध्र प्रदेश, केरल, यहाँ तक कि छत्तीसगढ़ में भी) यह अनुपात लगभग शत प्रतिशत है, रीतिका खेड़ा, टि-43 में उद्धृत।

46. ये आँकड़े 2004–05 के हैं। 'रिपोर्ट ऑन कंडीशन ऑफ वर्क ऐंड प्रमोशन ऑफ लाइव्लीहुड्स इन द अनआर्गनाइज्ड सेक्टर', नई दिल्ली, नैशनल कमीशन फॉर एंटर्प्राइज़ेज़ इन द अनआर्गनाइज़्ड सेक्टर, 2007, पृ. 124।

47. रीतिका खेड़ा का विश्लेषण, http://www.cdedse.org/pdf/work198.pdf, 22 मई, 2014 को देखा गया।

48. द्वैपायन भट्टाचार्य और कुमार राना (2008) : 'पालिटिक्स ऑफ पीडीएस ऐंगर इन वेस्ट बेंगाल', इकनामिक ऐंड पोलिटिकल वीक्ली, 2 फरवरी, पृ. 66।

49. वही।

50. वही।

51. देखें, टिप्पणी 1, ऊपर।

52. बिहार जैसे राज्यों के अध्ययन में ज्याँ द्रेज और बीना अग्रवाल सहित अनेक विद्वानों ने इस सम्बन्ध की पुष्टि की है।

53. इससे परिवहन लागत बढ़ गई और खदानों, कच्चे माल के प्रसंस्करण उद्योगों और बन्दरगाहों से अपनी निकटता के कारण पश्चिम बंगाल और बिहार जैसे राज्यों को जो स्वाभाविक लाभ (परिवहन पर अपेक्षाकृत कम खर्च) की स्थिति प्राप्त थी, वह अब नहीं रह गई।

54. विशेष रूप से देखें दयाबती रॉय (2014) : रूरल पालिटिक्स इन इंडिया : पोलिटिकल स्ट्रैटिफिकेशन ऐंड गवर्नेंस इन वेस्ट बेंगाल, दिल्ली, केम्ब्रिज युनिवर्सिटी प्रेस, अध्याय 6 और 5।
55. जिनके पास जरा भी जमीन नहीं है अथवा 2.5 एकड़ से कम जमीन है ऐसे परिवारों का अनुपात 1980 के 28 प्रतिशत से बढ़कर 1995 में 43 प्रतिशत हो गया (वेस्ट बेंगाल ऐग्रीकल्चरल सेंसस, विभिन्न वर्ष), इससे भी अधिक गम्भीर बात यह है कि भूमिहीन ग्रामीण परिवारों का अनुपात 1987-88 के 39.6 प्रतिशत से बढ़कर 1999-2000 में 49.8 प्रतिशत तक पहुँच गया। डब्ल्यूबीएचडीआर, पृ. 39।
56. बारबरा हैरिस-व्हाइट (2008) : रूरल कामर्शियल कैपिटल : ऐग्रीकल्चरल मार्केट्स इन वेस्ट बेंगाल, नई दिल्ली, आक्सफोर्ड युनिवर्सिटी प्रेस; और (2013) : 'वेस्ट बेंगाल'स रूरल कामर्शियल कैपिटल', इंटरनैशनल क्रिटिकल थॉट, खंड 3 सं.1।
57. 15 से 21 प्रतिशत तक आकलित। डी. बन्द्योपाध्याय (2003) : 'अनफिनिश्ड टास्क्स', इकनामिक ऐंड पोलिटिकल वीक्ली, 5 जुलाई।
58. ग्लिन विलियम्स (2001) : 'अंडरस्टैंडिंग ''पोलिटिकल स्टेबिलिटी'' : पार्टी ऐक्शन ऐंड पोलिटिकल डिसकोर्स इन वेस्ट बेंगाल', थर्ड वर्ल्ड कवार्टर्ली, खंड 22, सं.44; और डी. बन्द्योपाध्याय (2003ए) : 'लैंड रिफॉर्म ऐंड ऐग्रीकल्चर', इकनामिक ऐंड पोलिटिकल वीक्ली, 1 मार्च।
59. दीपंकर बसु (2001) : पोलिटिकल इकनॉमी ऑफ ''मिडिलनेस'', इकनामिक ऐंड पोलिटिकल वीक्ली, 21 अप्रैल।
60. द्वैपायन भट्टाचार्य (2009) : 'ऑफ कंट्रोल ऐंड फ्रैक्शंस : द चेंजिंग ''पार्टी-सोसायटी'' इन रूरल पेस्ट बेंगाल', इकनामिक ऐंड पोलिटिकल वीक्ली, 28 फरवरी।
61. इस अन्तर्दृष्टि के लिए मैं कोलकाता निवासी वाम सक्रियतावादी और फिल्म निर्माता सुमित चौधुरी का आभारी हूँ।
62. इतिहासकार तनिका सरकार के साथ बातचीत (26 मार्च, 2015)। वह यह भी कहती हैं : 'दूसरे कार्यकाल से झुंड के झुंड लोग मोर्चे में शामिल होने लगे अथवा उसके समर्थक बन गए क्योंकि अनुचित कृपा पाने अथवा ऐसी सेवाएँ पाने के लिए भी, जो उनका न्यायसंगत अधिकार थीं, यह सबसे आसान रास्ता था।
63. वही।
64. देखें, दीपंकर बसु (2001); नील वेब्स्टर (1992) : पंचायती राज ऐंड द डिसेंट्रलाइजेशन आफ डेवलपमेंट प्लानिंग इन वेस्ट बेंगाल : ए केस स्टडी, कलकत्ता, के.पी. बागची पब्लिशर्स; एरिल्ड एंग्लेसेन रूड (1994) : लैंड ऐंड पावर : द मार्क्सिस्ट कांक्वेस्ट ऑफ 'रूरल बेंगाल', माडर्न एशियन स्टडीज़, खंड 28, सं.2, मई; द्वैपायन भट्टाचार्य (2004) : 'वेस्ट बेंगाल : पर्मानेंट इनकम्बेसी ऐंड पोलिटिकल स्टेबिलिटी', इकनामिक ऐंड पोलिटिकल वीक्ली, 18 दिसम्बर; द्वैपायन भट्टाचार्य (2009) भी।
65. वेब्सटर (1992) ने इसका विशेष रूप से उल्लेख किया है।
66. यह बर्धन-मुखर्जी सिद्धान्त है, देखें, प्रणब बर्धन और दिलीप मुखर्जी (2004) : 'पावर्टी अलीविएशन एफर्ट ऑफ वेस्ट बेंगाल पंचायत्स', इकनामिक ऐंड पोलिटिकल वीक्ली, 28 फरवरी; और प्रणब बर्धन, सन्दीप मित्र, दिलीप मुखर्जी और अभिरूप सरकार (2009) : 'लोकल डिमाक्रेसी ऐंड क्लायंटलिज़्म : इंप्लीकेशंस फॉर पोलिटिकल स्टेबिलिटी इन रूरल वेस्ट बेंगाल', इकनामिक ऐंड पोलिटिकल वीक्ली, 28 फरवरी।
67. चक्रबोर्ती पार्टी से निष्कासित कर दिए गए थे लेकिन बाद में उन्हें फिर ले लिया गया। देखें http://indiatoday.intoday.in/story/i-wont-argue-with.surjeet-he-a-pygmy-nripen-chakraborty/1/288778.html में देखें उनका साक्षात्कार, 21 जनवरी, 2015 को देखा गया।

68. अन्य लोगों के अतिरिक्त मोनोबीना गुप्ता ने भी इसका कुशलतापूर्वक दस्तावेजीकरण किया है, मोनोबीना गुप्ता (2010) : लेफ्ट पालिटिक्स इन बेंगाल : टाइम ट्रैवेल्स एमंग भद्रलोक मार्क्सिस्ट्स, नई दिल्ली, ओरियंट ब्लैकस्वान, विशेषकर अध्याय 2, 4 और 5; और रनबीर समद्दर (2013) : पैसिव रिवाल्यूशन इन वेस्ट बेंगाल, नई दिल्ली, सेज पब्लिकेशंस। प्रणब बर्धन ने स्थानीय जीवन के सभी पक्षों पर पार्टी के सर्वव्यापी और दमनात्मक नियंत्रण पर कटुतापूर्वक टिप्पणी की है। अगर आपको अपने परिवार के किसी गम्भीर रूप से बीमार सदस्य के लिए सरकारी अस्पताल में शय्या चाहिए तो आपको पार्टी के स्थानीय बॉस से चिरौरी करनी होगी : अगर आप कोई छोटा व्यवसाय शुरू करना चाहते हैं या सड़क की पटरी पर बैठ कर कुछ बेचना चाहते हैं तो आपका पार्टी दादा को सुरक्षा धन देना पड़ेगा; अगर आप टैक्सी या आटो रिक्श चलाना चाहते हैं तो आपको स्थानीय पार्टी यूनियन को चढ़ावा चढ़ाना पड़ेगा; अगर आपको स्कूल में अध्यापक की नौकरी चाहिए तो आपको 'स्थानीय समिति' द्वारा अनुमोदित होना पड़ेगा और उन्हें एक उपयुक्त धनराशि देनी होगी; आपके बच्चों को ऐसे स्कूलों में जाना है जहाँ का यूनियन ऐक्टिविस्ट शिक्षक प्राय: अनुपस्थित रहता है और इस तरह आपको विवश करता है कि आप अच्छा पैसा देकर बच्चों को उनकी निजी कोचिंग कक्षाओं में भेजिये; यदि आप घर बनवाना चाहते हैं तो आपको पार्टी से अनुमोदित मिस्त्री-मजदूर लगाने पड़ेंगे और पार्टी द्वारा अनुमोदित लोगों से ही निर्माण सामग्री खरीदनी पड़ेगी फिर चाहे वह बढ़िया हो या घटिया; अगर आप जमीन खरीदना चाहते हैं तो आपको पाटी से जुड़े "प्रमोटरों" के माध्यम से ही यह काम करना होगा, आदि'। बर्धन (2011) : 'एवायडेबल ट्रैजेडी ऑफ द लेफ्ट इन इंडिया-II' इकनामिक ऐंड पोलिटिकल वीक्ली, 11 जून।
69. प्रारम्भिक अवधि में दासगुप्त माकपा की नक्सलविरोधी रणनीति और हिंसक कार्रवाइयों के शिल्पी भी थे।
70 उनके ही तहत माकपा केरल में उनसठ सीटें लड़ने पर सहमत हो गई जबकि सिद्धान्तत: उसे पैंसठ सीटें मिली थीं। अगाम (1968) : 'ट्रैबेल्स ऑफ यूनाइटेड फ्रंट', इकनामिक ऐंड पोलिटिकल वीक्ली, 4 मई।
71. पार्टी ने अनुशसन, दंड और गुलामी जैसी नियंत्रण की प्रक्रियाओं को अपने सदस्यों को नियंत्रण में रखने की ललित कला में बदल दिया था...(इसके जन) संगठनों को सिर्फ चुनाव जीतने के लिए ही गोलबन्द नहीं किया जाता है बल्कि उन्हें किसी भी संगठन की औपचारिक सत्ता व्यवस्थाओं को नियंत्रित करने के लिए बराबर का जवाब देने वाली ताकतों के रूप में इस्तेमाल किया जाता है। उदाहरण के लिए, किसी विश्वविद्यालय के औपचारिक निकायों को ये जनसंगठन नष्ट कर देते हैं...वास्तव में, बंगाल में उपकुलपति (वी.सी.) तक का निर्वाचन किया जाता है, लेकिन और भी दिलचस्प बात यह है कि जिस निर्वाचक मंडल को उपकुलपति का चयन करने का काम सौंपा जाता है वह माकपा के शिक्षा प्रकोष्ठ द्वारा पहले से तय किए गए नाम की अभिपुष्टि करने के लिए महज एक रबर की मोहर में बदल दिया जाता है...पार्टी और उसके जनसंगठन इतने महत्त्वपूर्ण निर्णय की विचारात्मक विमर्शी प्रक्रिया को खत्म कर जो स्पष्टत: लोकतांत्रिक है उसे नष्ट कर देते हैं', संजीब मुखर्जी (2007) : 'द यूज ऐंड अब्यूज ऑफ डिमोक्रेसी इन वेस्ट बेंगाल', इकनामिक ऐंड पोलिटिकल वीक्ली, 3 नवम्बर।
72. इस मुद्दे पर देखें एक उत्कृष्ट अध्ययन, 'ईषिता डे, रनबीर समद्दर और सुहित के. सेन (2013) : बियांड कोलकाता : राजारहाट ऐंड द डिस्टोपिया आफ अर्बन इमैजिनेशन, नई दिल्ली, रटलेज।
73. 'कन्वेंशन आन वेटलैंड्स' पर 1971 में हस्ताक्षर हुए। यह एक अन्तरसरकारी सन्धि है जो आर्द्र भूमि के संरक्षण और उनके संसाधनों के बुद्धिमत्तापूर्ण उपयोग के लिए राष्ट्रीय कार्रवाई और अन्तरराष्ट्रीय सहयोग की रूपरेखा प्रदान करती है। देखें, www.ramsar.org.
74. द हिन्दू—सीएनएन—आईबीएन के लिए सेंटर फॉर द स्टडी ऑफ डेवलपिंग सोसायटीज (सीएसडीएस) द्वारा किया गया चुनाव पूर्व सर्वेक्षण, 'द हिन्दू' में प्रकाशित, 6 अप्रैल, 2006।

इसने दिखाया कि ग्रामीण निर्धनों के बीच वाम का समर्थन पाँच दशमलव घटा है जबकि धनी और मध्य स्तरों से प्राप्त समर्थन बारह से सत्रह दशमलव तक बढ़ा। शहरी धनी और मध्य स्तरों से प्राप्त समर्थन गरीबों से मिलने वाले समर्थन (नौ दशमलव) के मुकाबले कहीं अधिक तेजी बढ़ा (सोलह से अठारह दशमलव तक)।

75. सुमन्त बनर्जी (2008) : 'गुडबाय सोशलिज़्म', इकनामिक ऐंड पोलिटिकल वीक्ली, 26 जनवरी।
76. इसका आधार है 'यह तर्क कि उन्हें पूर्वी बंगाल से मुसलमानों ने भगाया था', सोमा मारिक और कुणाल चट्टोपाध्याय (2014) : द डिफीट ऑफ द लेफ्ट फ्रंट ऐंड द सर्च फॉर आल्टरनेटिव लेफ्टिज़्म', रैडिकल सोशलिस्ट, 15 अप्रैल।
77. इस पर विस्तृत टिप्पणी के लिए देखें, 'इंडिया : कैलकटा मर्डर फॉर इंटर-रिलीजस मैरिज : कमेंटरी इन द मीडिया', 18 अक्तूबर, 2007, http://www.sacw.net/article1040.html, 4 सितम्बर, 2014 को देखा गया।
78. एक चुनावोत्तर नमूना सर्वेक्षण पर आधारित। सीएसडीएस (2011) : फ़िफ्टींथ असेंबली इलेक्शंस इन वेस्ट बेंगाल', इकनामिक ऐंड पोलिटिकल वीक्ली, 18 जून, पृ. 142-45।
79. ज्योतिप्रसाद चटर्जी और सुप्रिओ बसु (2014) : बाइपोलैरिटी टु मल्टीपोलैरिटी : इमर्जिंग पोलिटिकल जियोमेट्री इन वेस्ट बेंगाल', रिसर्च जरनल सोशल साइंसेज़, खं-22 सं. 2। ये आँकड़े सीएसडीएस-लोकनीति द्वारा किए गए एक चुनावोत्तर नमूना सर्वेक्षण पर आधारित हैं।

अध्याय 6 : केरल में ऐतिहासिक विजय

1. उदाहरण के लिए, टी.एम. थामस आइजक और पी.के. माइकेल थराकन (1995) : 'केरल : टुवर्ड्स ए न्यू एजेंडा', इकनामिक ऐंड पोलिटिकल वीक्ली, 5-12 अगस्त, एकेजी सेंटर फॉर रिसर्च ऐंड स्टडीज, त्रिवेन्द्रम द्वारा अगस्त 1914 में आयोजित एक विशाल अन्तरराष्ट्रीय सम्मेलन के निष्कर्षों को सार रूप में प्रस्तुत किया है। इस सम्मेलन में 1,600 लोगों की मौजूदगी थी। वहाँ सत्रह अलग अलग आयोजन स्थलों पर 600 से अधिक परचे पढ़े गए थे और उन पर बहसें हुई थीं।
2. राबिन जेफ्री ने केरल के सामाजिक और राजनीतिक इतिहास पर महत्त्वपूर्ण काम किया है। उन्होंने पैनी दृष्टि से इस बात पर ध्यान दिया है : बीसवीं सदी में हुए केरल के रूपान्तरण की सचित्र व्याख्या उससे ज्यादा सजीव ढंग से नहीं की जा सकती जिस ढंग से लोग अपने हाथों का इस्तेमाल करते हैं। प्राचीन केरल में, जिसके 1920 के दशक में खत्म होने की शुरुआत तेजी से हो गई थी, नीची जाति का कोई आदमी 'यदि अपने से श्रेष्ठ जन से बात करने की हिम्मत करता था तो "कहीं मेरी सांस से हवा प्रदूषित न हो जाय इस डर से" वह अपना बायाँ हाथ अपने सीने पर और अपना दाहिना हाथ अपने मुँह के ऊपर रख लेता था। लेकिन 1960 के दशक तक यह अधिक सम्भव हो गया था कि पुरुष—और उत्तरोत्तर अधिकाधिक महिलाएँ भी—अपने हाथों का इस्तेमाल भिन्न ढंग से करने लगे : अपने सिरों के ऊपर बँधी हुई मुट्ठियाँ लहराते हुए। वे इंकलाब जिन्दाबाद के नारे लगाते हैं और प्रदर्शनों में मार्च करते हैं। यदि हाथों की मुद्राओं से कोई रूपक रचा जाए तो कहा जा सकता है कि पुराने केरल में हाथ रोके और नियंत्रित किए जाते थे, एक दायरे में और हदों के भीतर रखे जाते थे; नए केरल में उन्होंने दृढ़ निश्चय दिखाया, चुनौती दी और सामान्य जन की दुनिया और एक सार्वजनिक राजनीतिक प्रक्रिया तक अपनी पहुँच का विस्तार किया। सार्वजनिक दुनिया में स्त्रियों ने एक ऐसा मुकाम हासिल कर लिया है जो भारत में बहुत ही महत्त्वपूर्ण है, यह स्थिति उतनी ही महत्त्वपूर्ण है जैसी उन्होंने प्राचीन केरल की सीमित दुनिया में भिन्न किस्म की स्वायत्तता की शक्ल में हासिल की हुई थी, जेफ्री (1993) : पालिटिक्स, वीमेन ऐंड वेलबीइंग : हाउ केरल बिकेम 'ए माडल', दिल्ली, आक्सफोर्ड यूनिवर्सिटी प्रेस, पृ. 1।
3. नायरों ने अंशतः क्षत्रियों का स्थान ले लिया लेकिन नम्बूदिरीपाद ब्राह्मण उन्हें शूद्र मानते थे। व्यापारी और साहूकारी वाले वैश्यों के काम कुछ हद तक मुसलमान और सीरियायी ईसाई करते थे लेकिन 'इनमें से किसी ने उस भूमिका को पूरा नहीं किया' जो इस वर्ण को प्राप्त थी। टी.जे.

नोसिटर (1982) : कम्युनिज्म इन केरल : ए स्टडी इन पोलिटिकल एडैप्टेशन, दिल्ली, आक्सफोर्ड युनिवर्सिटी प्रेस, पृ. 26।

4. रिचर्ड डब्ल्यू फ्रैंक और बारबरा एच-चेसिन (1994) : केरल : रैडिकल रिफार्म ऐज़ डेवलपमेंट इन ऐन इंडियन स्टेट, सैन फ्रांसिस्को, इंस्टिट्यूट फॉर फूड ऐंड डेवलपमेंट पालिसी, files-eric-ed.gov/fulltext/ED400149.pdf
5. टी.जे. नोसिटर (1988) : मार्क्सिस्ट स्टेट गवर्नमेंट्स इन इंडिया : पालिटिक्स, इकनामिक्स ऐंड सोसायटी, लन्दन और न्यूयार्क, प्रिंटर पब्लिशर्स, पृ. 40। वह तर्क देते हैं कि इससे गाँव एक विशिष्ट पहचान वाली जगह की बजाय प्रशासनिक दृष्टि से सुविधाजनक इकाई बन गए थे।
6. ऐसा नम्बूदिरीपाद ब्राह्मण मानते थे।
7. इन आन्दोलनों के विवरण के लिए देखें, ई.एम.एस. नम्बूदिरीपाद (1984) : केरल : सोसायटी ऐंड पालिटिक्स; ए हिस्टारिक्ल सर्वे, नई दिल्ली, नैशनल बुक सेंटर और (1968) : केरल : यस्टर्डे, टुडे ऐंड टुमारो, कलकत्ता, नैशनल बुक एजेंसी; टी.एस. थामस आइजक (1985) : 'फ्रॉम कास्ट कांशसनेस टु क्लास कांशसनेस : अलेप्पी कॉयर वर्कर्स ड्यूरिंग द इंटर-वार पीरियड', इकनामिक ऐंड पोलिटिकल वीक्ली, 26 जनवरी; राबिन जेफ्री (1974) : द सोशल ओरिजन्स ऑफ ए कास्ट असोसिएशन 1875-1905 : द फाउंडिंग ऑफ द एस एन डी पी योगम', साउथ एशिया, सं. 4, अक्तूबर; और (1994) : द डिक्लाइन ऑफ नायर डामिनेंस : सोसायटी ऐंड पालिटिक्स इन ट्रावंकोर 1847-1908, नई दिल्ली, मनोहर पब्लिशर्स; और इस अध्याय के लिए ज्याँ द्रेज़ और अमर्त्य सेन : इंडियन डेवलपमेंट : सेलेक्टेड रीजनल पर्सपेक्टिव्स, दिल्ली, आक्सफोर्ड युनिवर्सिटी प्रेस, में वी.के. रामचन्द्रन (1977) : 'आन केरला'ज डेवलपमेंट अचीवमेंट्स' का आभार।
8. टी.जे. नोसिटर (1988), पृ. 49, रामचन्द्रन (1997) नीची जाति और ऊँची आर्थिक हैसियत के बीच के प्रचलित पृथक्करण को स्पष्ट करने के लिए अलामूट्टिल चन्नार का उदाहरण देते हैं। अलामूट्टिल चन्नार '1920 के दशक में त्रावणकोर में निजी कारों के दो मालिकों में से एक थे' : 'जब उनकी कार ऐसी सार्वजनिक सड़कों पर चली जाती थी जिन पर उनकी जाति के लोगों को इजाजत नहीं थी तो वह कार से उतर जाते थे और दौड़ कर उस जगह तक जाते थे जहाँ वह फिर से कार में सवार हो सकते थे। वहाँ तक उनका नायर कारचालक कार को ले जाता था। उन्होंने निजी भूसम्पत्ति पर सड़कें बनवाई थीं जिन पर उनकी कार चलाई जा सके, पृ. 307। हिन्दू सुधारक स्वामी विवेकानन्द 1892 में दक्षिण भारत गए थे, उन्होंने केरल को 'जाति का पागलखाना' कहा था। नोसिटर (1988), पृ. 49। केरल की विशेषाधिकार सम्पन्न ऊँची जातियाँ भी संचार के आधुनिक साधनों के विरुद्ध अति रूढ़िवादी पूर्वग्रह पाले थीं। बीसवीं सदी के पहले दशक में 'केरल में एक नम्बूदिरी ब्राह्मण को इसलिए जाति से बाहर कर दिया गया था क्योंकि उसने रेल से यात्रा करने की जुर्रत की थी और केरल के ब्राह्मण सोचते थे कि चाय पीने से उनका समुदाय भ्रष्ट हो जाएगा '। यह स्थिति उस समय थी जब बंगाल के ब्राह्मण और अन्य ऊँची जातियाँ पाश्चात्य शैली के होटलों में निवेश कर रहे थे और 'चमड़े के कारखानों, शराब की दुकानों और अन्य व्यवसायों में सक्रिय रूप से भाग ले रहे थे', नोसिटर (1988) पृ. 120।
9. उदाहरण के लिए, 'मालाबार के सर्वाधिक प्रसिद्ध गुरुवायूर मन्दिर, जिसका स्वामित्व जिले के सबसे बड़े भूस्वामी के पास है, ने सभी हिन्दुओं के चार बटा पाँच हिस्से को मन्दिर में प्रवेश देने से इन्कार किया। 1931 में पूरे समुदाय के लिए मन्दिर के दरवाजे खोलने के लिए एक अभियान छेड़ा गया। ' महज इतने से आश्वासन पर कि एक उपयुक्त अन्तराल के बाद मन्दिर के दरवाज़े नीची जातियों के लिए भी खोल दिए जाएँगे...' गांधी ने अभियान द्वारा चलाए जा रहे विरोध—उपवास को तुड़वाने के लिए हस्तक्षेप किया।
10. वी.के. रामचन्द्रन (1997), पृ. 305-313।
11. आइजक और थाकरन (1995), पृ. 1995।

12. राबिन जेफ्री (1994) : 'केरला'ज स्टोरी', इकनामिक ऐंड पोलिटिकल वीक्ली, 5 मार्च; जेफ्री (1993); उनकी (1991) : 'मैट्रिलिनी, वीमेन, डेवलपमेंट-ऐंड ए टाइपोग्राफिकल एरर', पैसिफिक अफेयर्स, ख-63, सं. 4 (फाल), पृ. 85-89 और उनकी (2004-05) : 'लीगेसीज़ ऑफ मैट्रीलिनी : द प्लेस आफ वीमेन ऐंड द "केरल माडल", पैसिफिक अफेयर्स, खं-78, सं. 1 (विंटर), पृ. 647-64। मातृवंशीय व्यवस्था की समाप्ति पर दिए गए इस बल पर टी.जे. नोसिटर ने (1982) सवाल खड़ा किया है, वह कम्युनिस्टों के समर्थन और केरल के विशिष्ट सामाजिक-आर्थिक अथवा पारिस्थितिकीय कारकों के बीच किसी 'सरल कारणात्मक सम्बन्ध' के विरुद्ध तर्क देते हैं। नोसिटर इस बात का खंडन नहीं करते कि '1930 के दशक में उभरते हुए कम्युनिस्ट आन्दोलन को नेतृत्व प्रदान करने वाले युवाओं की उस पीढ़ी के सामाजिक अनुभव में संयुक्त परिवार व्यवस्था का टूटना निश्चय ही एक कारक था' लेकिन सवर्ण हिन्दुओं को 'जड़ों से उखड़ा हुआ' बताना 'पारम्परिक परिवार व्यवस्था जिस हद तक बदली है...' उसके बारे में एक अतिशयोक्तिपूर्ण कथन हो सकता है। इससे भी अधिक महत्त्वपूर्ण यह है कि जेफ्री इस बात को स्पष्ट रूप से स्थापित नहीं करते हैं कि ये 'जड़ों से उखड़े' (युवा) गैर आनुपातिक रूप में साम्यवाद की ओर आकृष्ट हुए थे'। वही, पृ. 66-67। बहुकारणात्मक व्याख्याओं पर आधारित एक अधिक व्यापक अध्ययन की जरूरत है लेकिन इस लेखक के विचार में जेफ्री का तर्क ऐसे किसी प्रयास का एक महत्त्वपूर्ण घटक बना रहना चाहिए।
13. डेनियल लर्नर (1958) : द पासिंग आफ ट्रेडीशनल सोसायटी, न्यूयार्क, फ्री प्रेस, पृ. 64। इस सन्दर्भ के लिए मैं राबिन जेफ्री का आभारी हूँ, उन्होंने भी सहमति जताते हुए इसे उद्धृत किया है।
14. उदाहरण के लिए 1921 में त्रावणकोर में साक्षर महिलाओं का अनुपात पूरे भारत की तुलना में लगभग आठ गुना अधिक था : त्रावणकोर में सभी महिलाओं में 15 प्रतिशत महिलाएँ साक्षर थीं, भारत में 1.9 प्रतिशत। राबिन जेफ्री (1987) : 'कल्चर ऐंड गवर्नमेंट्स : हाउ वीमेन मेड केरल लिटरेट', पैसिफिक अफेयर्स, खं 60, सं. 4 (फाल) पृ. 463।
15. पी.के. माइकल थराकन (1984) : 'सोशियो-इकनामिक फैक्टर्स इन एजूकेशनल डेवलपमेंट : केस ऑफ 19थ सेंचुरी ट्रावंकोर', इकनामिक ऐंड पोलिटिकल वीक्ली, 10 ओर 17 नवम्बर।
16. वही।
17. जेफ्री (1993) में उद्धृत, पृ. 56। स्वयं इस घोषणा के लगभग सत्तर वर्ष पूर्व त्रावणकोर की रानी की ओर से एक शाही फरमान जारी हो चुका था जिसमें कहा गया था, 'राज्य अपनी जनता की शिक्षा का पूरा खर्च उठायेगा ताकि उनके बीच ज्ञान के प्रसार में कोई पिछड़ापन न रहे, ताकि शिक्षा के विस्तार द्वारा वे बेहतर प्रजा और जनसेवक बन सकें और जिससे राज्य की प्रतिष्ठा बढ़ाई जा सके', रामचन्द्रन (1997), में उद्धृत, पृ. 268।
18. रामचन्द्रन (1997), पृ. 270।
19. जेफ्री (1987), पृ. 462।
20. राबर्ट एल. हार्डग्रेव (1973), 'द केरल कम्युनिस्ट्स : कंट्राडिक्शंस आफ पावर', पॉल ब्रास और मार्कस एफ. फ्रांडा (सं.) : रैडिकल पालिटिक्स इन साउथ एशिया, केम्ब्रिज (मैस.), द एमआईटी प्रेस, पृ. 119-20। हार्डग्रेव के अनुसार कृष्ण पिल्लई ने 'अपना प्रारम्भिक राजनीतिक प्रशिक्षण' भारतीय राष्ट्रीय कांग्रेस में प्राप्त किया और कम्युनिस्ट आन्दोलन के विकास और विस्तार पर 'रचनात्मक प्रभाव' डाला।
21. पार्टी के विकास पर माकपा-केरल की ऐतिहासिक टिप्पणी (http://www.cpimkerala.org/eng/history-2.php?n=1) ऐसे अनेक बन्दियों के नामों को उल्लेख करती है जैसे 'जितेन्द्र दास के भाई किरनचन्द्र दास, कमलनाथ तिवारी, सेनगुप्त, टी.एन. चन्द्रावती और शरद चन्द्र आचार्य' और ई.एम.एस. नम्बूदिरीपाद को यह कहते हुए उद्धृत करती है कि : यह कहना कोई अतिशयोक्ति नहीं होगी कि वाम, कांग्रेस और कांग्रेस समाजवादी आन्दोलन के बीज कन्नूर जेल में बोये गए थे...'। इन कैदियों ने केरल के सक्रियतावादियों के लिए 'अनौपचारिक' राजनीतिक शिक्षण की कक्षाएँ

संचालित कीं। इनमें से कुछ सक्रियतावादी जिनमें कृष्ण पिल्लई और के.पी. गोपालन शामिल थे, उनसे इतने अधिक प्रेरित हुए कि उन्होंने बंगाल के आतंकवादी आन्दोलन ''अनुशीलन समिति'' की एक शाखा गठित कर ली'। टी.जे. नोसिटर (1982), पृ. 70।

22. गोविन्दन पारायिल (सं.) (2000), द केरल माडल आफ डेवलपमेंट : पर्सपेक्टिव्स ऑन डेवलपमेंट ऐंड सस्टेनेबिलिटी, लन्दन, ज़ेड बुक्स, पृ. 25 पर रिचर्ड डब्ल्यू, फ्रैंक और बारबरा एच. चेज़िन (2000) : इज द केरल माडल सस्टेनेबल ? : लेसंस फ्रॉम द पास्ट : प्रास्पेक्ट्स फॉर द फ्यूचर' में उद्धृत।
23. नोसिटर (1982), पृ. 71।
24. वही, पृ. 71–72।
25. वही।
26. केरल में कांग्रेस की सदस्यता 1934 में महज 3,000 थी, जो तेजी से बढ़कर 1938–39 में 60,000 तक पहुँच गई। http://www.cpimkerala.org/eng/history-2.php?n=1।
27. नोसिटर (1982), पृ. 72।
28. वही, पृ. 75–76 और 82–83।
29. वही, पृ. 84।
30. वही, पृ. 84–85।
31. के. दामोदरन (1975) : 'मेमायर्स आफ ऐन इंडियन कम्युनिस्ट', न्यू लेफ्ट रिव्यू 1/93, सितम्बर–अक्तूबर।
32. नोसिटर (1982), पृ. 85।
33. वही, पृ. 86 पर उद्धृत। ए शार्ट हिस्टरी ऑफ द पेजेंट मूवमेंट इन केरल (1943) में नम्बूदिरीपाद इस मूल्यांकन का समर्थन करते हैं। यह पुस्तक उनकी (1985), सेलेक्टेड राइटिंग्स खंड-2, कलकत्ता, नैशनल बुक एजेंसी में उपलब्ध है।
34. जैसाकि अध्याय 1 और 2 में चर्चा की गई है, बाद में माकपा की स्थिति में अनेक टेढ़े-मेढ़े मोड़ आए।
35. राबिन जेफ्री (1991) : 'जवाहरलाल नेहरू ऐंड द स्मोकिंग गन : हू पुल्ड द ट्रिगर आन केरला'ज कम्युनिस्ट गवर्नमेंट इन 1959 ? द जरनल ऑफ कामनवेल्थ ऐंड कंपरेटिव पालिटिक्स खं 29, सं. 1, पृ. 74।
36. भाषायी राज्यों के लिए सीपीआई की प्रतिबद्धता को लोकसभा में इसके नेता ए.के. गोपालन ने 1952 में रेखांकित किया जब उन्होंने यह दावा किया कि 'भारत की सबसे महत्त्वपूर्ण समस्या, कम्युनिस्टों का पहला लक्ष्य' भाषायी प्रान्तों का निर्माण है। पार्टी ने यद्यपि खुद को द्रविड़ पार्टियों के 'साम्प्रदायिक और उत्तर विरोधी' नारों से अलग कर लिया था लेकिन अपने मदुराई सम्मेलन (1953) में उसने 'अधिक व्यापक प्रान्तीय स्वायत्तता' और भाषायी राज्यों के निर्माण का प्रबल समर्थन किया। नोसिटर (1982) में उद्धृत: पृ. 119।
37. वहीं, पृ. 89।
38. वही, पृ. 38।
39. नोसिटर (1988), पृ. 42।
40. रामचन्द्रन (1977) में उद्धृत, पृ. 260–61।
41. नोसिटर (1982) : पृ. 95।
42. वही।
43. मार्क्सवादी विचा… …ों के प्रभाव में आने के पहले वह कांग्रेस वाम की ओर आकृष्ट हुए थे और 1928 में वह प्रान्तीय कांग्रेस क… पय्यानूर सम्मेलन में शामिल हुए थे। 'भारतीय राष्ट्रीय कांग्रेस के भीतर नेहरू के समाजवादी रुझानों ने इ.ए… …म.एस.की प्रशंसा पाई थी' http://www.frontline.in/static/html/fl1507/15070140.htm, 30 जुला… …ई 2014 को देखा गया।

44. हार्डग्रेव (1973), पृ. 122
45. http://www.cpimkerala.org/eng/history-2.php?n=1
46. ऐसा कहा गया है कि 'किसी भी भारतीय कम्युनिस्ट बुद्धिजीवी और नेता की 'जमीनी होने' की छवि इतनी बड़ी नहीं है जितनी ई.एम.एस. नम्बूदिरीपाद की... । (वह) उन बहुत थोड़े से भारतीय कम्युनिस्ट नेताओं में हैं जिन्होंने मार्क्सवाद को भारतीय सामाजिक यथार्थ की एक समझ के आधार पर रचनात्मक ढंग से लागू किया। एक मार्क्सवादी विश्लेषण उन्हें इस बात का विश्वास दिलाता है कि आमूल परिवर्तन के लिए भारत के अन्य अधिकतर हिस्सों की तुलना में केरल अधिक तैयार है। नम्बूदिरीपाद की दृष्टि में केरल की प्रमुख विशिष्ट विशेषता यह तथ्य है कि "एक सामान्य वर्ष में यहाँ की खेती को कृत्रिम सिंचाई नहरों की और अन्य सार्वजनिक निर्माणों की जरूरत नहीं पड़ती...केन्द्रीकृत सरकार (केरल में) विकसित नहीं हो सकी "क्योंकि उत्पादन में इसकी कोई भूमिका नहीं थी"।' भबानी सेनगुप्ता (1978) : कम्युनिज़्म इन इंडियन पालिटिक्स, नई दिल्ली, यंग एशियन पब्लिकेशंस, पृ. 173।
47. 21 मार्च 1957; सेनगुप्त (1978) : पृ. 178-79 पर उद्धृत।
48. नोसिटर (1982) : पृ. 94।
49. वही।
50. 'कहा जाता है कि' नम्बूदिरीपाद ने पालाघाट कांग्रेस के लिए सीपीआई केन्द्रीय समिति की रिपोर्ट का प्रारूप तैयार करने में 'महत्त्वपूर्ण भूमिका निभाई थी', यह रिपोर्ट जटिल और अस्पष्ट, 'अत्यावश्यक, लेकिन अन्ततोगत्वा व्यावहारिक' थी। नोसिटर (1982) : पृ. 120-21, रिपोर्ट में कहा गया : 'यद्यपि भारतीय राष्ट्रीय कांग्रेस बुर्जुआ वर्ग की राजनीतिक पार्टी है, उसमें अनेक भूस्वामी हैं लेकिन उसमें लोकतंत्रवादी भी बड़ी संख्या में हैं। उसकी एक लोकतांत्रिक, साम्राज्यवादविरोधी परम्परा है। कांग्रेस पार्टी के प्रति हमारा रवैया कांग्रेस के भीतर की उन ताकतों को मजबूत करने का होना चाहिए जो तुलनात्मक रूप से प्रगतिशील रवैया अपनाती हैं। हमें उन्हें ऐसे इजारेदार सामन्तवादी प्रतिक्रियावादियों के विरुद्ध लड़ने के लिए प्रोत्साहित करना चाहिए जो कांग्रेस पर अपनी पकड़ मजबूत करने का प्रयास करते हैं। कृषि सुधारों के क्रियान्वयन और लोगों की भलाई के उद्देश्य से बनाये गए कानूनों को लागू करवाने जैसे मामलों में हमें कांग्रेस के सदस्यों से यह अनुरोध अवश्य करना चाहिए कि इस मामले को तेजी से आगे बढ़ाने की माँग करने में वे हमारे साथ आएँ। हमें ऐसे मुद्दों पर कांग्रेस समितियों के साथ मिलकर काम करने का भी प्रयास करना चाहिए।' www.firstministry.kerala.govt.in/background.htm, 30 जुलाई, 2014 को देखा गया।
51. 1953 में हुई सीपीआई की तीसरी (मदुराई) कांग्रेस में ये तीनों प्रवृत्तियाँ पहली बार साफ तौर पर दिखाई दीं। इन तीनों की परस्परक्रिया का पार्टी की कार्यनीतिक लाइन और उसकी राजनीतिक तथा सांगठनिक एकजुटता पर बहुत प्रभाव पड़ा और अन्ततः इसके परिणामस्वरूप 1964 में भाकपा-माकपा विभाजन हो गया।
52. नोसिटर (1982) : पृ. 121।
53. विक्टर एम-फिक (1970) : केरल : येनान आफ इंडिया, बम्बई, नचिकेता पब्लिकेशंस, पृ. 67-70। नोसिटर (1982) : पृ. 121-22 भी।
54. उदाहरण के लिए, आर. रामकृष्णन नायर (1965) : हाउ कम्युनिस्ट्स केम टु पावर इन केरल, त्रिवेन्द्रम, केरल अकेडमी ऑफ पोलिटिकल साइंस।
55. सी.पी. भांभरी (2010) : कोलिशन पालिटिक्स इन इंडिया, दिल्ली, शिप्रा पब्लिकेशंस, पृ. 49।
56. वही।
57. जेफ्री (1991), पृ. 75-76।
58. रोनाल्ड जे. हेरिंग (1993) : लैंड टु द टिलर : पोलिटिकल इकानमी आफ अग्रेरियन रिफार्म इन साउथ एशिया, दिल्ली, आक्सफोर्ड युनिवर्सिटी प्रेस, पृ. 157।

59. ई.एम.एस. नम्बूदिरीपाद (1974) : कान्फ्लिक्ट्स ऐंड क्राइसिस : पोलिटिकल इंडिया, बम्बई, ओरियंट लांगमैन, पृ. 54।
60. वी.के. रामचन्द्रन (1997), पृ. 295।
61. वही।
62. हेरिंग (1983), पृ. 170।
63. रामचन्द्रन (1997), पृ. 295।
64. हेरिंग (1983), पृ. 167।
65. रामचन्द्रन (1997), पृ. 295।
66. एक सरकारी सर्वेक्षण (1966-67) में बताया गया : इसमें यह भी बताया गया कि 25 एकड़ अथवा उससे अधिक जमीन वाले परिवारों के 84 प्रतिशत परिवारों ने अपनी जमीन पट्टे पर दे रखी थी, यह जमीन उनके स्वामित्व वाले क्षेत्र का लगभग 64 प्रतिशत थी। 'इस प्रकार, केरल में भूमि का पुनर्वितरण हदबन्दी सुधार के जरिये होने के बजाय प्राथमिक रूप से काश्तकारी उन्मूलन के जरिये हुआ और परिणामस्वरूप यह खेतिहर मजदूरों के मुकाबले उन लोगों के पक्ष में था जिनका जमीन पर अधिक मजबूत परम्परागत दावा था यानी काश्तकार। हेरिंग (1980) : 'एबॉलिशन ऑफ लैंडलार्डिज़्म इन केरल : ए रिडिस्ट्रिब्यूशन ऑफ प्रिवेलेज', इकनामिक ऐंड पोलिटिकल वीक्ली, रिव्यू ऑफ ऐग्रीकल्चर, 28 जून, पृ. ए-56।
67. ऐसा प्रतीत होता है कि सीपीआई के भीतर अधिक आमूल परिवर्तनवादी सुधार किए जाने की सम्भावना पर चर्चा ही नहीं हुई। इन सुधारों में भूस्वामी को कोई मुआवजा दिए बिना (अथवा केवल प्रतीकात्मक मुआवजा देकर) काश्तकारों को जमीन हस्तान्तरण, छोटे काश्तकारों के साथ विशेष व्यवहार, नीची भूमि हदबन्दी और अधिक महत्त्वाकांक्षी पुनर्वितरण शामिल है। यह सवाल भी नहीं पूछा गया कि क्या एक अधिक आमूल परिवर्तनवादी कार्यप्रणाली ने अधिक सशक्त जनसमर्थन (साथ ही भूस्वामी हितों की ओर से विरोध भी) न अर्जित किया होता और सभी पहलुओं पर विचार करने पर यह कहा जा सकता है कि ऐसी कार्यप्रणाली अपनाना बेहतर होता। आखिरकार वैसे भी सीपीआई सरकार जल्दी ही बर्खास्त कर दी गई थी। तब ये कोई अकादमिक मुद्दा नहीं था जैसा कि अब पीछे मुड़ कर देखने से लगता है।
68. जेफ्री (1991) 1959 की घटनाओं की विस्तार से समीक्षा करने के बाद तर्क देते हैं (पृ. 83) कि : 'कम्युनिस्ट सरकार की बर्खास्तगी में नेहरू अपने असली रूप में दिखाई देते हैं : सिद्धान्तों के बारे में जोरदार ढंग से बोलना लेकिन घटनाओं को अपनी तरह से घटित होने देना। इसके अतिरिक्त यह प्रक्रिया अधिकाधिक उन घनिष्ठ सहयोगियों द्वारा तय की जा रही थी जो अपनी जिरह से थका देने वाले व्यक्ति को अपनी बात समझाने के बजाय उससे चालाकी से काम निकालने का प्रयास कर रहे थे...। केरल में कम्युनिस्ट सरकार पर बन्दूक का घोड़ा किसने दबाया? केरल के कांग्रेसियों ने बन्दूक भरी और निशाना साधा; नई दिल्ली में श्रीमती गांधी, कम्युनिस्ट-विरोधियों और इंटेलिजेंस ब्यूरो ने बन्दूक का घोड़ा दबा दिया; जब बन्दूक चली तो नेहरू उसे बस थामे हुए थे'। इस बर्खास्तगी से साम्यवाद के बजाय कांग्रेस की व्यवस्था के बारे में काफी कुछ सामने आ गया : यह कांग्रेस के चरित्र और उसकी आन्तरिक गतिकी में आए एक बड़े बदलाव का परिचायक था। जेफ्री निष्कर्ष निकालते हैं : 'नेहरू के स्पष्ट रूप से हतप्रभ रह जाने से ऐसा लगता था कि वह जिस राजनीतिक व्यवस्था के मुख्य अभिनेता थे वह व्यवस्था अब जिन तरीकों से बदल रही थी उन्हें उनके मुकाबले उनकी बेटी बेहतर समझती थी'।
69. सितम्बर 1955 में उन्होंने केरल का गहन दौरा किया जहाँ उन्होंने ''भारत छोड़ो'' आन्दोलन के दौरान राष्ट्रीय हित के साथ धोखा करने के लिए कम्युनिस्टों पर कटुतापूर्वक प्रहार किया'। फरवरी 1959 में कांग्रेस अध्यक्ष पद ग्रहण करने के मुश्किल से तीन महीने बाद ही इन्दिरा गांधी केरल गईं और उन्होंने 'कम्युनिस्ट प्रशासन के विरुद्ध जनता में पनपते असन्तोष' पर अपनी व्याकुलता घोषित की'। ये दोनों उद्धरण जेफ्री (1991) से।

70. मलिक (1972) : माइ इयर्स विद नेहरू, 1948-64, नई दिल्ली, एलाइड पब्लिशर्स, पृ. 339-40.
71. देखें, पाल एम मैककार (2013) : द कोल्ड वार इन साउथ एशिया : ब्रिटेन, द यूनाइटेड स्टेट्स ऐंड द इंडियन सबकांटिनेंट, 1945-1965, केम्ब्रिज, यूके, केम्ब्रिज युनिवर्सिटी प्रेस, विशेषकर अध्याय-2।
72. मोयनिहन ने 1979 में यह खुलासा किया कि कम्युनिस्ट पार्टी की सम्भावित चुनावी विजय को रोकने का प्रयास करने के लिए अमेरिका ने सीआईए के जरिये धन भेजा था। उन्होंने लिखा : मैंने राजदूतावास पर दबाव डाला था कि भारत में अपनी पूरी एक चौथाई सदी के दौरान हम जो कुछ करने का प्रयास करते रहे थे अब हम वह न करें। हमने दो बार, लेकिन केवल दो बार ही, भारतीय राजनीति में, एक राजनीतिक दल को धन देने की हद तक, हस्तक्षेप किया है। दोनों बार यह राज्य चुनाव में, एक बार केरल और एक बार पश्चिम बंगाल में कम्युनिस्टों की जीत की सम्भावना के कारण किया गया...। दोनों बार यह धनराशि कांग्रेस पार्टी को दी गई थी जिसने इसकी माँग की थी। एक बार यह स्वयं श्रीमती गांधी को दी गई थी जो उस समय पार्टी की पदाधिकारी थीं'। मोयनिहन, सूज़ेन वीवर के साथ (1979) : ए डेंजरस प्लेस, बम्बई, एलाइड पब्लिशर्स, पृ. 41।
73. अनुभवी अमेरिकी राजनयिक और 1950 के दशक के अन्तिम वर्षों में भारत में राजदूत रहे एल्सवर्थ बंकर की हाल में आई एक जीवनी यह बताती है कि नई दिल्ली में अमेरिकी राजदूतावास ने नम्बूदिरीपाद सरकार को गिराने की सीआईए की एक गुप्त कार्रवाई में मदद की थी। उसने कथित रूप से 'कांग्रेस पार्टी और अन्य विरोधी समूहों द्वारा (केरल में) कानून और व्यवस्था की समस्या खड़ी करने के उद्‌देश्य से आयोजित राजनीतिक प्रदर्शनों को पैसा दिया था'। हावर्ड बी. शैफर (2003) : एल्सवर्थ बंकर : ग्लोबल ट्रबलशूटर, वियतनाम हॉक, चैपेल हिल और लन्दन, युनिवर्सिटी आफ नॉर्थ कैरोलिना प्रेस, पृ. 67-68। बताया जाता है कि बम्बई के एक महत्त्वपूर्ण कांग्रेसी मंत्री और दक्षिणपन्थी रुझान वाले राजनीतिक जुगाडू एस.के. पाटील ने इस धन के लेन-देन का काम किया था।
74. मैकगार (2013) : पृ. 68।
75. के. रवि रमन (2010) : ग्लोबल कैपिटल ऐंड पेरिफेरल लेबर : द हिस्टरी ऐंड पोलिटिकल इकनामी आफ प्लांटेशन वर्कर्स इन इंडिया, लन्दन, रटलेज के आधार पर।
76. वही, पृ. 147-48।
77. रवि रमन (2010) : पृ. 148 पर उद्धृत।
78. 25 जून को नेहरू ने पत्रकारों को बताया कि केन्द्र सरकार हस्तक्षेप नहीं करेगी लेकिन वह कांग्रेस को सविनय अवज्ञा में भाग लेने से नहीं रोकेंगे। संवाददाता सम्मेलन में मौजूद पत्रकार ताया ज़िनकिन ने निष्कर्ष निकाला कि 'चोर से कहो चोरी करो और मोहल्लेवालों से कहो जागते रहें', यदि यही राजनीतिज्ञता है तो नेहरू जबर्दस्त प्रतिभाशाली राजनेता हैं'। जेफ्री (1991) में उद्धृत: पृ. 79।
79. वही।
80. वही।
81. इस विवरण की पुष्टि इंटेलिजेंस ब्यूरो के पूर्व प्रमुख बी.एन. मलिक (1972) ने की है।
82. 1964 में सीपीआई राष्ट्रीय स्तर पर विभाजित हो गई जिसके परिणामस्वरूप माकपा का गठन हुआ। केरल में, अविभाजित पार्टी को प्राप्त ट्रेड यूनियन समर्थन का बड़ा हिस्सा, विशेषकर अलेप्पी, क्विलोन और एर्नाकुलम जिलों से, उसके मध्यवर्गीय और मँझोले किसान आधार के साथ साथ 'पार्टी के मध्यवर्ती, मध्यवर्गीय नेता और कुछ ऊपरी स्तर के नेता (एम.एन. गोविन्दन नायर, सी. अच्युत मेनन, टी.वी. थामस और के. दामोदरन)' सीपीआई के साथ ही बने रहे। लेकिन अविभाजित पार्टी के जनाधार का अधिकांश माकपा के साथ ही रहा। इसमें छोटे किसानों और भूमिहीन मजदूरों का समर्थन, मालाबार में उसकी ट्रेड यूनियनों और ई.एम.एस. नम्बूदिरीपाद, ए.के. गोपालन और उसके अनेक 'प्रारम्भिक संस्थापक सदस्यों सहित इसके सर्वाधिक प्रसिद्ध लोकप्रिय नेता शामिल थे। हार्डग्रेव (1973) : पृ. 128-30। भाकपा ने पहले 11,500 सदस्यों के समर्थन

का दावा किया और आकलन किया कि 9,000 सदस्य माकपा में शामिल हुए, जबकि माकपा के आँकड़े अपने सदस्यों की संख्या 19,000 और भाकपा के सदस्यों की संख्या 3,000 बताते थे। हार्डग्रेव कहते हैं कि यह 'यथार्थ के अधिक करीब था'। विभाजन के बाद भाकपा के प्रभाव में काफी कमी आई। 1965 के विधानसभा चुनावों में उसके अठहत्तर उम्मीदवारों में कुल मतों के 8.2 प्रतिशत मतों के साथ केवल तीन उम्मीदवार विजयी हुए, जबकि माकपा द्वारा चुनाव मैदान में उतारे गए तिहत्तर उम्मीदवारों में से चालीस उम्मीदवार विजयी हुए, उन्हें 20 प्रतिशत वोट मिले थे। (वही)। लेकिन, एक दूसरे का मुकाबला करने और एक दूसरे पर अवसरवादी गठबन्धन करने के आरोप लगाने के बाद 1967 में दोनों पार्टियों ने पाँच अन्य पार्टियों के साथ एक संयुक्त मोर्चा बनाया। इसमें इंडियन यूनियन मुस्लिम लीग शामिल थी। यह एक ऐसा फैसला था जिस पर नम्बूदिरीपाद को बाद में पछतावा हुआ।

83. एक बढ़िया ऐतिहासिक विश्लेषण में पी. राधाकृष्णन ने तर्क दिया है कि 'अब तक छोटे-मोटे साधारण सुधारों के लिए जो कानून बनाये गए हैं (उन पर अगर अमल हुआ भी है तो बहुत खराब ढंग से) वे एक प्रबुद्ध सरकार द्वारा दिए गए तोहफे नहीं हैं बल्कि वे किसानों के लम्बे चले आन्दोलनों का परिणाम रहे हैं...। यद्यपि भूमि सुधार उपायों के कानूनों और उनके क्रियान्वयन दोनों में अन्य अनेक राज्यों की तुलना में केरल का रिकार्ड अपेक्षतया बेहतर है फिर भी यह प्रक्रिया पूरी होने से अभी बहुत दूर है'। पी. राधाकृष्णन (1980) : 'पेजेंट स्ट्रगल्स ऐंड लैंड रिफार्म्स इन मालाबार', इकनामिक ऐंड पोलिटिकल वीक्ली, 13 दिसम्बर।
84. हेरिंग (1983) : पृ. 211।
85. यह क्षेत्र यद्यपि छोटा था लेकिन नारियल, सुपारी और गृह उद्यान वाले अन्य पेड़-पौधे लगवा दिए जाने पर भुखमरी का निवारण करने के लिए सम्भवत: पर्याप्त था।
86. पी. राधाकृष्णन (1981) : 'लैंड रिफार्म इन थियरी ऐंड प्रैक्टिस : द केरल एक्सपीरियंस ?, इकनामिक ऐंड पोलिटिकल वीक्ली, रिव्यू आफ ऐग्रीकल्चर, 26 दिसम्बर, पृ. ए-129-ए-137।
87. इस प्रकार राधाकृष्णन (1981) उपलब्ध अधिशेष भूमि में 1957 में 1 करोड़ 75 लाख एकड़ से 1964 में 1 लाख 15 हजार एकड़ से 1970 में 80,000 तक की कमी देखते हैं।
88. http://www.firstministry.kerala.govt.in/ptnaik-art.htm, 30 जुलाई, 2014 को देखा गया। पटनायक आगे कहते हैं : 'निश्चय ही, गरीबों के ऐसे महत्त्वपूर्ण हिस्से भी थे जो भूमि सुधार उपायों से अधिक लाभान्वित नहीं हो पाए जैसे आदिवासी आबादी, मछुआरे और खेतिहर मजदूर (जिनका लाभ आवासभूमि तक सीमित था)। यद्यपि इस क्षेत्र में काम अभी पूरा नहीं हुआ है...लेकिन जो कुछ हासिल कर लिया गया है वह भी काफी महत्त्वपूर्ण है।
89. मोहम्मद असलम (1977) : 'लैंड रिफार्म्स इन जम्मू ऐंड कश्मीर', सोशल साइंटिस्ट, खं-6, सं.4, पृ. 59-64।
90. राधाकृष्णन (1981), पृ. ए-129-ए-137।
91. वही।
92. हेरिंग (1983) : पृ. 21-12।
93. देखें, हेरिंग (1980) : पृ. ए-59, विशेषकर भूमिका।
94. हेरिंग (1980) इसे 'केरल की कृषि संरचना' से जोड़ते हैं जिसमें पट्टे पर दी गई जमीन का बड़ा प्रतिशत बड़ी जोतों में था जबकि निर्धनतम, भूमिहीन काश्तकारों के पास बहुत छोटी जोतें थी', इसलिए पट्टे पर दी गई जमीनों पर अधिकार प्रदान किए जाने से निश्चित तौर पर अपेक्षतया गरीब किसानों से ज्यादा अपेक्षतया धनी किसानों को लाभ मिलना था...। जिन वर्गों को इन लाभों की सबसे ज्यादा जरूरत थी-यानी गरीब किसान और खेतिहर मजदूर-उन्हें ही इनका सबसे कम लाभ मिला। इसके कारण...प्राथमिक रूप से सुधारों के क्रियान्वयन में नहीं बल्कि उनकी रणनीति और अवधारणा तैयार करने में दिखाई पड़ते हैं'। इस कानून के साथ एक बुनियादी अवधारणात्मक समस्या यह थी कि इसने काश्तकारी पट्टेदारी को सम्पत्ति के एक रूप की तरह

नहीं बल्कि उसे श्रम प्रक्रिया और भूमि पर नियंत्रण से अलग कर 'एक ही तरह के उत्पादन सम्बन्धों के रूप में लिया'। 'लेकिन, लेनिन की मानें तो काश्तकार तो बस काश्तकार ही होते हैं। ऐतिहासिक कारणों से, केरल के कुछ काश्तकारों की सामाजिक हैसियत और आर्थिक शक्ति अपेक्षतया ऊँची थी...जो अपनी जोतों पर खेती करने के लिए अपने से छोटे काश्तकारों अथवा वेतन पर काम करने वाले मजदूरों को काम पर रखते थे...। (इसके अतिरिक्त) 'खेती' में मजदूरी पर रखे गए मजदूरों अथवा अन्य उत्पादन प्रबन्धों की निगरानी, या ''खेती के जोखिम उठाना'' शामिल था...। काश्तकारी को व्यावहारिक दृष्टि से देखा जाय तो वह भूमि नियंत्रण का और इस प्रकार श्रम नियंत्रण का-श्रम प्रक्रिया और उसके अधिशेष के नियंत्रण का ही एक भिन्न रूप थी...यह तर्क बड़े आकर्षक ढंग से उत्पादन पद्धति विषयक बहस से जुड़ता है। खेद है कि यहाँ इस विषय पर और अधिक चर्चा के लिए स्थान नहीं है।

95. हेरिंग (1980) इस बात पर भी टिप्पणी करते हैं कि कैसे भूमि सुधार अधिनियम की धारा 72 के काश्तकारी प्रावधान बड़ी जोत वालों को लाभ पहुँचा सकते हैं; सुधार का परिणाम था 'उस वास्तविक भूमिहीन का इससे लगभग निष्कासन (क्योंकि) भूमि पर उनका दावा काश्तकारों की तुलना में कमजोर था'। वह आगे कहते हैं : 'सुधार के केरल माडल के राजनीतिक परिणाम महत्त्वपूर्ण, पहेलीनुमा और अज्ञात हैं। यह एक विडम्बना होगी यदि भूमि सुधार के बारे में लेनिन की आशंकाएँ सही सिद्ध हो जाएँ, यदि बुर्जुआकरण की प्रक्रिया के माध्यम से भूमि का पुनर्वितरण किसान आन्दोलन के केन्द्र में रहे पुराने आमूल परिवर्तनवादियों को (जो केरल में वाम राजनीति का केन्द्र रहे हैं) ऐसे सम्पत्तिशालियों के अपेक्षतया विशेषाधिकार सम्पन्न वर्ग में बदल दे जो कम सुविधा प्राप्त लोगों से अपनी सुविधाओं और अधिकारों की रक्षा करने की यथास्थितिवादी राजनीति के प्रति वफादार होंगे। इस प्रश्न पर अभी कोई साक्ष्य उपलब्ध नहीं हैं।

96. रामचन्द्रन (1997) : पृ. 299, उन्होंने अप्रैल 1992 में दिए गए एक साक्षात्कार से नम्बूदिरीपाद को यह कहते हुए उद्धृत किया है कि 'पुराने किस्म का' भूस्वामित्व अब नहीं रह गया है लेकिन 'एक दूसरे किस्म का भूस्वामित्व' अब भी मौजूद है जो उजरती मजदूर, सूदखोरी और ग्रामीण व्यापार में प्रभुत्व के जरिये की जाने वाली खेती पर आधारित है।

97. हेरिंग (1980) अदालतों और केन्द्र द्वारा लगाई गई महत्त्वपूर्ण सीमाओं को रेखांकित करते हैं और कहते हैं : 'सुधारों की रूपरेखा बनाने वाले लोग अपनी सीमाओं के प्रति सचेत थे और उन्होंने खुलकर दलील दी कि इन सुधारों का चरित्र अनिवार्यतः पूँजीपति समर्थक और सामन्तवाद विरोधी है जो इस अवधि के प्राथमिक अन्तर्विरोध को प्रतिबिम्बित करता है'।

98. ए.वी. जोस (1994) ने 1970 के दशक के प्रारम्भिक वर्षों और 1980 के दशक के अन्तिम वर्षों के बीच केरल में खेतिहर मजदूरी के वास्तविक वेतन में 63 प्रतिशत की वृद्धि दर्ज की है जो किसी भी भारतीय राज्य के लिए उच्चतम वृद्धि है, वह इसका श्रेय सामाजिक नीति...(और) पुनर्वितरणात्मक हस्तान्तरणों (को देते हैं जो) श्रम बाजार के हस्तक्षेपों के प्रभावी पूरक बने'। जोस (1994) : 'सोशल पालिसी टुवर्ड्स वेज डिटर्मिनेशन : सम लेसंस फ्राम द इंडियन स्टेट्स', रामचन्द्रन (1997), पृ. 298 पर उद्धृत। निस्सन्देह, एक अतिरिक्त कारक था खाड़ी देशों में हुआ उत्प्रवास जिसके कारण केरल में मजदूरों की कमी हो जाने से वेतन की दरें और बढ़ीं। यह विश्लेषण जोस द्वारा कई दशकों तक भारत में खेतिहर मजदूरों के वेतनों पर ठोस आधार पर किए गए अनुभवजन्य काम का पूरक है। 1990 के दशक के अन्तिम वर्षों से ग्रामीण वेतन के क्षेत्र में केरल लगातार पहले पायदान पर बना हुआ है। केरल में खेतिहर मजदूरों की मजदूरी में और अधिक-350 रु., यहाँ तक कि 400-450 रु. प्रतिदिन तक बढ़ोतरी हुई है जो भारत में उच्चतम दर है।

99. जान कुरियन इसका श्रेय '(आजाद भारत की) संसदीय लोकतांत्रिक व्यवस्था के दबावों' को देते हैं जिन्होंने 'राजनीतिक दलों को इस बात के प्रति चिन्ताकुल किया कि सामाजिक हितों के राजनीतिकरण के उनके प्रयास वोटों के रूप में प्रतिफलित हों। परिणामस्वरूप, राजनीतिक परिदृश्य में अपनी स्थिति से निरपेक्ष सभी राजनीतिक दल ऐसे विविध मुद्दे उठाने में जुट गए जो कृषि

अथवा उससे सम्बन्धित प्राकृतिक संसाधन क्षेत्रों के मुद्दों पर केन्द्रित थे और जिनसे जनता का जुड़ाव था'। कुरियन (1995) : 'द केरल माडल : इट्स सेंट्रल टेंडेंसी ऐंड द आउट लियर, सोशल साइंटिस्ट, खं-23, सं. 1/3, जनवरी-मार्च, पृ. 97।

100. इस शब्द का इस्तेमाल निश्चय ही विवादित है। अन्य लोगों के साथ ही अमर्त्य सेन भी इससे असहमत हैं, वह 'प्रबुद्ध सार्वजनिक नीति' के महत्त्व पर बल देते हैं जो स्वास्थ्य सुरक्षा और अन्य सामाजिक सेवाएँ प्रदान करती हैं लेकिन सामाजिक संस्थाओं और व्यवहारों के साथ मिलकर...'वाइल्ड वेस्ट'* का सफाया करते एक अकेले योद्धा के रूप में राज्य को एक नायक बना देने का नजरिया उतना ही अवास्तविक, काल्पनिक है जितना कि यह अन्य सामाजिक और आर्थिक संस्थाओं के सकारात्मक कार्यों को कमतर आँकने और उनकी अनदेखी करने में फुर्तीला है', अमर्त्य सेन (1990) : 'पब्लिक ऐक्शन टु रेमेडी हंगर; हंगर प्रोजेक्ट, न्यूयार्क द्वारा 2 अगस्त को आयोजित आर्टूरो टांको मेमोरियल लेक्चर। इस बारे में इसके अतिरिक्त न्यूयार्क रिव्यू आफ बुक्स के 20 दिसम्बर, 1990 और 24 अक्तूबर, 1990 के अंक भी देखें।

101. इस माडल, विशेषकर इसके सम्पोषणीय रूप के उत्साही समर्थक फ्रैंक और चेसिन इसे इस तरह परिभाषित करते हैं : प्रति व्यक्ति निम्न आय के साथ जीवन सूचकांकों की उच्च भौतिक गुणवत्ता का एक समुच्चय जो केरल की लगभग पूरी आबादी में वितरित है; सम्पत्ति और संसाधनों के पुनर्वितरण के ऐसे कार्यक्रमों का समुच्चय जिनके कारण जीवन सूचकांकों की भौतिक गुणवत्ता का स्तर ऊँचा उठा है; और सभी स्तरों पर पर्याप्त संख्या में समर्पित नेताओं के साथ साधारण जनता के बीच राजनीतिक सहभागिता और सक्रियतावाद के उच्च स्तर। केरल में जन सक्रियतावाद और प्रतिबद्ध कार्यकर्ता उस व्यापक रूप से लोकतांत्रिक संरचना के भीतर काम कर पाए थे जिसे जन सक्रियतावाद ने सुदृढ़ किया था। फ्रैंक और चेसिन (2000) : पृ. 17।

102 मोनी नाग (1989) : 'पोलिटिकल अवेयरनेस ऐज ए फैक्टर इन एक्सेसिबिलिटी ऑफ हेल्थ सर्विसेज : ए केस स्टडी आफ रूरल केरल ऐंड वेस्ट बेंगाल', इकनामिक ऐंड पोलिटिकल वीक्ली, 25 फरवरी।

103. फ्रैंक और चेज़िन (2000) : पृ. 24-25।

104. पैट्रिक हेल (1996) : 'सोशल कैपिटल ऐज ए प्रोडक्ट ऑफ क्लास मोबिलाइज़ेशन ऐंड स्टेट इंटरवेंशन : इंडस्ट्रियल वर्कर्स इन केरल, इंडिया', वर्ल्ड डेवलपमेंट, खं-24, सं. 6, पृ. 1055-71। जैसा कि वह कहते हैं : 'ऐसा प्रतीत होता है कि जीवन के हर क्षेत्र के केरलवासियों में जोड़ने, जुड़ने और संगठित करने के प्रति एक अदम्य झुकाव है और हंटिंगटनवादियों की अपेक्षा के विपरीत ऐसा वे उग्र अव्यवस्था के किन्हीं विस्फोटों के बिना करते हैं। इस प्रकार सामाजिक गोलबन्दी के अत्यधिक ऊँचे स्तरों के बावजूद केरल व्यापक रूप से उस संकीर्ण और जातिवादी हिंसा से बचा रहा है जो अभी हाल में पूरे भारत के अधिकतर हिस्सों में उभार पर रही है'।

105. प्रेरणा सिंह (2000) : 'वी नेस ऐंड वेलफेयर : ए लांगिट्यूडनल अनालिसिस ऑफ सोशल डेवलपमेंट इन केरल, इंडिया', वर्ल्ड डेवलपमेंट, खंड 39, सं. 2। प्रेरणा जोन मेनशेर और कैथलीन गफ जैसे प्रतिष्ठित मानवशास्त्रियों की रिपोर्टें उद्धृत करती हैं। जनता द्वारा की जाने वाली चौकसी के कुछ उदाहरण इस प्रकार थे, जैसे एक स्वास्थ्य केन्द्र पर चिकित्सक की अनुपस्थिति के प्रतिरोध में 'जबर्दस्त प्रदर्शन', तथा एक यह उदाहरण कि जब 'क्रुद्ध पड़ोसियों ने एक डाक्टर को सिनेमा हाल से बाहर खींच कर एक स्त्री का प्रसव कराने के लिए उसे अस्पताल जाने पर मजबूर कर दिया। स्त्री बहुत तकलीफ में थी'।

106. कुरियन (1995)।

107. वही।

108. रामचन्द्रन (1997) : पृ. 256।

---

* उन्नीसवीं सदी के उत्तरार्ध का प. अमेरिका जब वहाँ कोई नियम-कानून नहीं रह गया था। **—अनु.**

109. रामचन्द्रन के अनुसार यह घोषणा यूनेस्को द्वारा निर्धारित मानदंडों का अनुसरण करते हुए की गई। यूनेस्को इसे एक ऐसे समाज के रूप में परिभाषित करता है जहाँ वयस्क आबादी में 85 प्रतिशत से अधिक साक्षरता है, पृ. 256। यद्यपि तबसे इसमें गिरावट आई है।

110. सीडीएस यूएन (1975) : पावर्टी, अनइंप्लायमेंट ऐंड डेवलपमेंट पालिसी : ए केस स्टडी ऑफ सेलेक्टेड इशूज विद रिफरेंस टु केरल, न्यूयार्क, यूनाइटेड नेशंस, बाद में पुन : जारी।

111. एन. कृष्णजी (2007) : 'केरल माइलस्टोन्स : ऑन द पार्लियामेंटरी रोड टु सोशलिज़्म', इकनामिक ऐंड पोलिटिकल वीक्ली, 9 जून, पृ. 2169-76।

112. वही।

113. बिल मैककिबेन (1998) : 'व्हाट इज़ ट्रू डेवलपमेंट ? द केरल माडल', http://www.ashanet.org/library/articles/kerala,199803.html, 29 जुलाई, 2014 को देखा गया।

114. वही।

115. विलियम एम-एलेक्जेंडर (1994) : 'एक्सेप्शनल केरल : एफिशिएंट यूज़ ऑफ रिसोर्सेज़ ऐंड लाइफ क्वालिटी इन नॉन—एफलुएंट सोसायटी', इकोलाजिकल पर्सपेक्टिव्स इन साइंस, ह्युमेनिटीज़ ऐंड इकनामिक्स, खं-3, सं. 4, हीडेलबर्ग, स्पेक्ट्रम, अकेडेमीशेर वेर्लाग GmbH; जोसेफ थरमंगलम (1998) : 'द पेरिल्स ऑफ सोशल डेवलपमेंट विदाउट इकनामिक ग्रोथ : द डेवलपमेंट डिबेकल ऑफ केरल, इंडिया', बुलेटिन आफ कंसर्न्ड एशियन स्कालर्स, खं-30, सं. 1, पृ. 23-24।

116. जातिगत भेदभाव से लड़ने के लिए केरल ने अक्सर नए नए तरीकों का इस्तेमाल किया है। उदाहरण के लिए 1950 और 1960 के दशक में नम्बूदिरी बच्चों को स्कूल जाने और वहाँ अन्य बच्चों के साथ बैठने के लिए प्रोत्साहित करने के उद्देश्य से छात्रवृत्तियाँ दी गई थीं।

अध्याय 7 : केरल के किले में दरारें

1. इनमें से कुछ मुद्दों और प्रवृत्तियों का विश्लेषण के.पी. कन्नन और अन्य ने इकनामिक ऐंड पोलिटिकल वीक्ली के दो विशेष अंकों (1 और 15 सितम्बर, 1990) में प्रकाशित कुल चौदह लेखों में किया था। विशेषरूप से देखें, इनमें से पहले में कन्नन का विहंगावलोकन, 'केरल इकनॉमी ऐट द क्रॉसरोड्स' और दूसरे अंक में के.के. जार्ज का लेख 'केरला'ज फिस्कल क्राइसिस : ए डाइग्नोसिस'। परवर्ती लेख जार्ज के प्रभावशाली मोनोग्राफ (1993) : लिमिट्स टु केरल माडल ऑफ डेवलपमेंट : ऐन अनालिसिस आफ फिस्कल क्राइसिस ऐंड इट्स इंप्लीकेशंस, त्रिवेन्द्रम, सेंटर फॉर डेवलपमेंट स्टडीज का आधार बना। कृषि सुधार से खाद्य उत्पादन नहीं बढ़ा। इसका एक कारण यह हो सकता है कि सुधार से लाभान्वित हुआ काश्तकार जमीन को एक ऐसी परिसम्पत्ति के रूप में देखने लगा जिसका इस्तेमाल परिवार की मध्यवर्गीय आकांक्षाओं को प्रोत्साहन देने में किया जाना था, उसने आगे बढ़ते मध्यवर्ग में अपने बच्चों का स्थान सुनिश्चित करने के लिए उनकी शिक्षा के वित्त प्रबन्धन के लिए जमीन बेच दी अथवा वह खाद्य फसलों की जगह मुनाफा देने वाली नकदी फसलें उगाने लगा। खेतों में मजदूरों की कमी होने लगी क्योंकि परम्परागत रूप से खेतों में काम करने वाले परिवारों के बच्चे शिक्षित हो गए और उन्होंने कृषि क्षेत्र छोड़ दिया। ऊँची पगारों ने धान की खेती को उत्तरोत्तर अलाभकर बना दिया।
2. टी.एम. थामस आइजक और पी. के. माइकेल थरकन (1995) : 'केरल : टुवर्ड्स ए न्यू एजेंडा', इकनामिक ऐंड पोलिटिकल वीक्ली, 5-12 अगस्त, पृ. 1993-2004, यह अगस्त 1994 में हुई इंटरनेशनल कांग्रेस ऑन केरल स्टडीज़ की महत्त्वपूर्ण कार्यवाहियों को संक्षिप्त रूप में प्रस्तुत करता है और प्रस्तुत खंड इसका बहुत आभारी है। कांग्रेस से सम्बन्धित अधिक जानकारी के लिए देखें अध्याय 6 की टिप्पणी-1।
3. 1984-85 में 'कुल शिक्षण संस्थाओं के 69.3 प्रतिशत का स्वामित्व निजी एजेंसियों के हाथ में था। (कुल) नाम लिखाई का 38 प्रतिशत इन संस्थाओं में होता था'। के.के. जार्ज और एन. अजीत कुमार (1999) : वर्किंग पेपर 3, कोच्चि, सेंटर फॉर सोशियो-इकनामिक ऐंड एन्वायरमेंटल

स्टडीज (आगे से इसे सीएसईएस लिखा जाएगा)। तबसे यह अनुपात बहुत बढ़ गया है। निजी क्षेत्र की भूमिका तीसरी श्रेणी की स्वास्थ्य सुरक्षा के क्षेत्र में भी बहुत बढ़ गई है। 1995-96 तक राष्ट्रीय नमूना सर्वेक्षण के बावनवें चक्र ने दिखाया कि ग्रामीण क्षेत्रों में अस्पताल में चिकित्सा कराने वालों में 59.9 प्रतिशत ने और शहरी क्षेत्रों के 61.4 प्रतिशत ने निजी अस्पतालों में इलाज करवाया था।

4. के.के. जार्ज (2011) : 'केरल इकनामी : ग्रोथ, स्ट्रक्चर, स्ट्रेन्थ ऐंड वीकनेस', आधार पत्र 25, कोच्चि, सी एस ई एस; और अचिन चक्रबोर्ती (2005) : केरला 'ज चेंजिंग डेवलपमेंट नरेटिव्स', इकनामिक ऐंड पोलिटिकल वीक्ली, 5 फरवरी। जार्ज के अनुसार, '1971-72 और 1986-87 के बीच राज्य की आमदनी की...'वार्षिक वृद्धि दर'...महज 1.88 प्रतिशत थी'। चक्रबोर्ती कहते हैं : 'केरल का एनएसडीपी (1970-71 के दामों पर) जहाँ 1971-72 और 1980-81 के बीच 2.27 प्रतिशत प्रतिवर्ष की दर से बढ़ा वहीं 1980-81 और 1987-88 के बीच वृद्धि दर और नीचे गिरकर मात्र 1-16 प्रतिशत पर आ गई, यद्यपि इसी अवधि में भारत का सकल घरेलू उत्पाद बढ़ कर 4.71 प्रतिशत हो गया था।
5. आइजक और थरकन (1995)।
6. जार्ज (1993) : पृ. 133। जार्ज ने लिखा : 'विकास का केरल माडल लगभग अपनी सीमा के अन्त तक पहुँच गया है। द्रुतगति से हुए इस सामाजिक विकास के साथ तदनुरूप आर्थिक संवृद्धि के लाभ प्राप्त नहीं हुए। यह विरोधाभासपूर्ण परिघटना खुद अपने लिए निराशाजनक रही है'। उन्होंने निष्कर्ष निकाला : 'राज्य का वित्तीय संकट और आर्थिक संकट एक दूसरे को बढ़ा रहे हैं। कोषों की कमी के कारण हाल के वर्षों में राज्य के योजना व्यय में कमी आई है। अन्य बहिर्जात कारकों के साथ इसने राज्य के संसाधन आधार के धीमे विस्तार में योगदान दिया है। परिणामस्वरूप, संसाधनों के संघटन के व्यापकतर प्रयासों के बावजूद राज्य के अपने संसाधन उसकी मौजूदा गैरयोजना जिम्मेदारियों को भी पूरा कर पाने के लिए काफी नहीं हैं'।
7. आइजक और थरकन (1995) में उद्धृत, पृ. 1994।
8. आइजक और थरकन (1995) : पृ. 1996।
9. 1970 के दशक में श्रमिक संख्या के अनुपात में बेरोजगारी बढ़कर तिगुनी से ज्यादा—4 से 13 प्रतिशत—हो गई थी। के.पी. कन्नन (1998) : 'पोलिटिकल इकनामी आफ लेबर ऐंड डेवलपमेंट इन केरल : सम रिफ्लेक्शंस ऑन द डायलेमा आफ ए सोशली ट्रांसफार्मिंग लेबर फोर्स इन ए स्लो—ग्रोइंग इकनामी', आधार पत्र 284, त्रिवेन्द्रम, सेंटर फार डेवलपमेंट स्टडीज।
10. आइजक और थरकन (1995) : पृ. 1996। 1980 के दशक के बाद स्थिति और खराब हो गई। जार्ज आगे कहते हैं; 'बेरोजगारी की पुरानी समस्या राज्य की परेशानी का कारण रही है, इसने उसकी अन्य सभी उपलब्धियों पर ग्रहण लगा दिया है। यद्यपि 1980 के दशक के अन्तिम वर्षों से राज्य की आय में वृद्धि हुई है लेकिन यह व्यापक रूप से नौकरीविहीन वृद्धि थी...। केरल में 2004-05 में ग्रामीण क्षेत्रों में बेरोजगारी की दर 2.5 प्रतिशत के राष्ट्रीय औसत के मुकाबले 15.8 प्रतिशत है...। शहरी क्षेत्रों के लिए यह दर 5.3 प्रतिशत के राष्ट्रीय औसत के मुकाबले 19.9 प्रतिशत थी...। केरल में शिक्षितों की बेरोजगारी की दर ग्रामीण और शहरी दोनो क्षेत्रों में सभी प्रमुख राज्यों की तुलना में सबसे अधिक है। केरल के ग्रामीण क्षेत्रों में शिक्षित व्यक्तियों की बेरोजगारी दर 8.5 प्रतिशत के अखिल भारतीय आँकड़े के मुकाबले 29-6 प्रतिशत है। केरल के शहरी क्षेत्र में यह दर 29.6 प्रतिशत और भारत में 8.2 प्रतिशत है'। जार्ज (2011)
11. कन्नन (1998)।
12. 1990 के दशक के अन्त तक महिलाओं की कार्य सहभागिता की दर थी '22.9 प्रतिशत...जो भारत की निम्नतम दरों में से है। श्रम शक्ति में इस कम भागीदारी के साथ बेरोजगारी की ऊँची दरें शामिल हैं। राज्य में विकास की सबसे दुखद असफलता है पुरुषों और स्त्रियों दोनों की गम्भीर बेरोजगारी...जो (भारत में) सबसे अधिक है...ग्रामीण और शहरी दोनों क्षेत्रों में, केरल में सामान्यतया

बेरोजगारी दर 11.4 (प्रतिशत) है जिसमें लिंगगत चौड़ी खाई है—स्त्रियों के लिए 21.5 प्रतिशत और पुरुषों के लिए 7.4 प्रतिशत (बेरोजगारी)। एलिस सेबेस्टियन और के. नवनीतम (तिथि रहित) : 'जेंडर, एजूकेशन ऐंड वर्क : डिटर्मिनैंट्स आफ वीमेन'स एंप्लायमेंट इन केरल', http://www.isical.ac.in/-wemp/papers/Paper Alice Sebstian/and KNavnitham.doc, 30 जुलाई, 2014 को देखा गया।

13. सेबेस्टियन और नवनीतम यह भी बताते हैं : 'राज्य में वैतनिक/सवेतन नौकरियों में स्त्रियों का प्रतिशत 23 प्रतिशत से तनिक कम है। यह भारत के अन्य अनेक राज्यों (जहाँ साक्षरता के स्तर केरल की तुलना में कहीं नीचे हैं) में काम में स्त्रियों की सहभागिता से बहुत कम है...केरल में बेरोजगार स्त्रियों का अनुपात राष्ट्रीय औसत का दस गुना है...। अखिल भारतीय नमूने से तुलना करने पर जहाँ केरल में पुरुषों की कार्य सहभागिता दरें शेष भारत की तुलना में ऊँची हैं (1999-2000) : वहीं महिलाओं के मामले में यह प्रवृत्ति उलट गई है। इस तथ्य को देखते हुए कि केरल की स्त्रियाँ देश की अन्य जगहों की स्त्रियों की तुलना में शैक्षिक और स्वास्थ्य सम्बन्धी उपलब्धियों की दृष्टि से एक बेहतर स्थिति में मानी जाती हैं, यह बात विडम्बनापूर्ण है'। वही।
14. आइजक और थरकन (1995) : पृ. 2001।
15. देखें टिप्पणी 2।
16. वही।
17. आइजक और थरकन (1995) : पृ. 1993।
18. रिचर्ड डब्ल्यू. फ्रैंक और बारबरा एच. चेसिन (2000) : 'इज द केरल माडल सस्टेनेबल? : लेसंस फ्राम द पास्ट : प्रास्पेक्ट्स फॉर द फ्यूचर', गोविन्दन पारायिल (सं.) (2000) : द केरल माडल ऑफ डेवलपमेंट : पर्सपेक्टिव्स ऑन डेवलपमेंट ऐंड सस्टेनेबिलिटी, लन्दन, ज़ेड बुक्स में।
19. आइजक और थरकन (1995) : पृ. 1993।
20. जॉन कुरियन (1995) : 'द केरल माडल : इट्स सेंट्रल टेंडेंसी ऐंड द आउटलियर', सोशल साइंटिस्ट, खं-23, सं. 1-3, जनवरी-मार्च, पृ. 87।
21. वही।
22. वही। इससे भी बदतर यह है कि जहाँ केरल में स्त्री-पुरुष अनुपात 1032 : 1000 है, उसकी तुलना में 'यहाँ लड़कों के पक्ष में प्रबल लिंगगत भेदभाव था जो 1000 पुरुषों के मुकाबले 972 स्त्रियों के अनुपात से प्रमाणित होता है'।
23. फ्रैंक और चेसिन (2000) : पृ. 28। ऐसे विनाश का सर्वाधिक स्पष्ट घटक एक अच्छे वनाच्छादन का खत्म होना है। इसकी सघन छतरी (70 प्रतिशत से अधिक) 1965 के 27 प्रतिशत से घटकर 1973 में 17 प्रतिशत और 1983 में 10 प्रतिशत रह गई। के.पी. कन्नन और एन. पुष्पांगदन (1988) : 'ऐग्रीकल्चरल स्टैगनेशन इन केरल : ऐन एक्सप्लोरेटरी अनालिसिस', इकनामिक ऐंड पोलिटिकल वीक्ली, 24 सितम्बर, पृ. ए-125 ए-126 पर उद्धृत। परवर्ती वर्षों में 'सघन' अथवा 'बहुत सघन' वनों के बारे में भारत के वन सर्वेक्षण से प्राप्त सर्वश्रेष्ठ आँकड़े किसी महत्त्वपूर्ण सुधार का संकेत नहीं देते विशेषकर 1995 और 2013 जिनके तुलनात्मक आँकड़े मौजूद हैं। अगस्त 2011 'रिपोर्ट ऑफ द वेस्टर्न घाट्स इकोलॉजी एक्सपर्ट पैनेल' (माधव गाडगिल कमेटी), http://www.moef.nic.in/downloads/public-information/wg-23052012.pdf, 2 सितम्बर, 2014 को देखा गया।
24. फ्रैंक और चेसिन (2000) : पृ. 28। लेखक आगे कहते हैं : पर्यावरणीय नुकसान को सुधारना सबसे महँगे मानव उद्यमों में से एक है और यह काम एक ऐसी ठहरी हुई अर्थव्यवस्था के लिए और कठिन होता है जिसमें पर्यावरण के नवीकरण में निवेश के लिए अतिरिक्त धनराशि नगण्य है। केरल की पारिस्थितिकीय समस्याएँ राज्य की आबादी के ऊँचे घनत्व और उसके द्वारा भूमि के गहन उपयोग—जो सुरक्षित क्षेत्रों को बचा कर रखने के काम को कठिन बना देता है—के कारण

और विकराल हो गई है। गरीबी इन क्षेत्रों के लोगों को पहाड़ों की ढलानों की ओर धकेलती है लेकिन ये ढलानें ऐसी खड़ी ढलानें हैं कि इन पर स्थायी रूप से खेती नहीं हो सकती और यह लोगों को इस बात पर मजबूर करती है कि वे खतरनाक रूप से विरल हो चुके जंगलों को काटें ताकि जलावन लकड़ी बेचकर वे अपना गुजारा कर सकें।

25. यह भारत के सबसे आरम्भिक महान पर्यावरणीय संघर्षों में से एक था और 1970 के दशक में यह जनता के बीच चर्चा का विषय बन गया था।
26. इस मुद्दे पर आगे और अध्याय 8 में अधिक चर्चा की गई है।
27. वी. रमन कुट्टी (2012) : 'रिथिंकिंग द केरल ''माडल'' इन हेल्थ', सेमिनार, सितम्बर, पृ. 45-46। इसके अतिरिक्त रमन कुट्टी (1999) : डेवलपमेंट आफ केरला'ज हेल्थ सर्विसेज', एम.ए. ऊमन (सं.), रिथिंकिंग डेवलपमेंट : केरला'ज डेवलपमेंट एक्सपीरियंस, खंड 2, नई दिल्ली, इंस्टीट्यूट ऑफ सोशल साइंसेज़ में। रमन कुट्टी त्रिवेन्द्रम के अच्युत मेनन सेंटर फार हेल्थ साइंस स्टडीज़ में थे।
28. पी.जी.के. पनिक्कर और सी.आर. सोमन (1985) : हेल्थ स्टेटस आफ केरल : द पैराडॉक्स आफ इकनामिक बैकवर्डनेस ऐंड हेल्थ डेवलपमेंट, त्रिवेन्द्रम, सेंटर फॉर डेवलपमेंट स्टडीज़।
29. (जिसने) 'बताया कि वहाँ कोरोनरी हृदय रोग और मधुमेह जैसे स्थायी, असंक्रमणीय रोगों के रोगी बहुत अधिक संख्या में हैं...लगभग एक तिहाई मौतें हृदय रोग के कारण हुई थीं और संक्रमण छूत के कारण हुई मौतें अनुपात में बहुत कम थीं...।'जीवन शैली' के कारण होने वाले इन रोगों की जिम्मेदारी बड़े पैमाने पर समाज में हो रहे रूपान्तरणों पर डाली जा सकती है, इनके अतिरिक्त केरल में संक्रामक रोग भी फिर सामने आए हैं। राज्य हर साल डेंगू, चिकनगुनिया, चूहा बुखार और हेपेटाइटिस जैसी महामारियों की चपेट में आता है। इससे व्यापक पैमाने पर पर्यावरण की स्थिति खराब होने का संकेत मिलता है...।' रमन कुट्टी (2012), पृ-46।
30. वही, पृ. 47।
31. के.के. जार्ज और एन. अजीत कुमार (1999) : 'व्हाट इज़ रांग विद केरला'ज एजूकेशन सिस्टम ?' सी एस ई एस आधार पत्र सं. 3, कोच्चि, सी एस ई एस। लेखक कहते हैं : 'स्कूलों की स्थिति जानने के लिए गए एक दल के दौरे से पता चलता है कि पहले दर्जे में स्कूल आना शुरू करने वाले छात्रों में केवल 73 प्रतिशत दसवें दर्जे तक पहुँच पाते हैं। अनुसूचित जातियों के विद्यार्थियों में केवल 59 प्रतिशत ही दसवीं कक्षा तक पहुँचते हैं। अनुसूचित जातियों के साठ प्रतिशत विद्यार्थी दसवीं कक्षा तक पहुँचते पहुँचते स्कूल छोड़ देते हैं। केरल की स्कूल शिक्षा प्रणाली की अक्षमता का एक अन्य प्रमुख संकेतक है दसवीं की परीक्षा में बड़ी संख्या में छात्रों की असफलता। उदारतापूर्वक मूल्यांकन किए जाने और रियायती अंकों के प्रावधान के बावजूद परीक्षा में बैठने वाले छात्रों में केवल 50 प्रतिशत ही उत्तीर्ण होते हैं'।
32. जनध्याला बी.जी. तिलक (2001) : 'हायर एजूकेशन ऐंड डेवलपमेंट इन केरल', आधार पत्र सं. 5, कोच्चि, सीएसईएस।
33. इस सम्मेलन में प्रस्तुत किए गए 150 परचों में से लगभग 30 परचे 'रिथिंकिंग डेवलपमेंट : केरला'ज डेवलपमेंट एक्सीपीरियंस', शीर्षक पुस्तक में 1999 में नई दिल्ली, इंस्टीट्यूट आफ सोशल साइंसेज़/ कंसेप्ट पब्लिशिंग कम्पनी से प्रकाशित हुए थ। दो खंडों के इस प्रकाशन के सम्पादक एम.ए. ऊमन थे। 1994 के सम्मेलन द्वारा प्रस्तुत अनेक खंडों के विस्तृत विवरण के साथ मिलाकर देखें तो इनमें केरल माडल के विकास, उसकी अनेक समस्याओं और भविष्य में इसके कारगर बने रहने की क्षमता के बारे में पर्याप्त विचार विमर्श उपलब्ध है।
34. आइजक और थरकन (1995) : पृ. 1996। इस सम्बन्ध में जोसेफ थरमंगलम ने एक अतिवादी रुख अपनाया था। जोसेफ थरमंगलम (1998) : 'द पेरिल्स आफ सोशल डेवलपमेंट विदाउट इकनामिक ग्रोथ : द डेवलपमेंट डिबेकल ऑफ केरल, इंडिया', बुलेटिन ऑफ कंसर्न्ड एशियन स्कालर्स, खं-30, सं. 1, जनवरी-मार्च, पृ. 23-24।

35. जैसा कि **अचिन चक्रबोर्ती** (2005), पृ. 252 तर्क देते हैं कि थरमंगलम का दृष्टिकोण वृद्धि के अभाव को 'विकास के उस नमूने में ही अन्तर्निहित देखता है जिसका झुकाव लोक कल्याण की ओर बहुत अधिक था। यद्यपि तर्क की यह शैली (के.के. जार्ज की) शैली के काफी करीब लगती है लेकिन इन दोनों में बुनियादी अन्तर है। जो लोग लोक कल्याण की मद में ऊँचे व्यय को बनाये रखने में वित्तीय सीमाओं पर जोर देते हैं वे इस मान्यता को स्वीकार करते हैं कि मानव विकास और आर्थिक संवृद्धि के बीच का सम्बन्ध सम्पूरकता का सम्बन्ध है; वास्तव में सामाजिक विकास के लिए संसाधन जुटाने हेतु आर्थिक संवृद्धि की जरूरत है, लेकिन थरमंगलम का रुख अपने आपमें सम्पूरकता के विचार को ही अस्वीकार करता प्रतीत होता है'।
36. आइजक और थरकन (1995) : पृ. 1996। वे कहते हैं, 'वाम के अनेक लोगों ने 1970 के दशक के अन्तिम वर्षों में विशेषकर उसके पालक्कड़ और अलप्पुझा जैसे पारम्परिक गढ़ों में वाम लोकतांत्रिक मोर्चे के खराब चुनावी प्रदर्शन के लिए ऐसे झगड़ों और विभाजनों' और 'छोटे स्वामियों के विशाल समुदाय' से मोर्चे के अलगाव को 'जिम्मेदार ठहराया है'। वही।
37. इनके बारे में मुझे सबसे पहले एम.एन.वी. नायर ने बताया था। वह समाजशास्त्री हैं और मेरे पुराने मित्र हैं। वह इंडियन इंस्टिट्यूट आफ मैनेजमेंट बंगलोर से अवकाश प्राप्त करने के बाद केरल वापस चले गए और वहाँ त्रिवेन्द्रम में वह एक चर्चा समूह में शामिल हो गए। हाल में समाजशास्त्री निनान कोशी, के.पी. कन्नन, के. रवि रमन और राजनीतिक विश्लेषक बी.आर.पी. भास्कर ने इसकी पुष्टि की। लेकिन, इन सभी ने कहा कि इन वैकल्पिक विचारों को ठोस क्रियान्वयन के प्रस्तावों में बदलने का कोई संयुक्त प्रयास नहीं किया गया था। वालोमो के नीति निर्माताओं के समक्ष प्रस्तुत किए जाने पर इन प्रस्तावों ने उन्हें 'कोई विशेष प्रभावित नहीं किया'।
38. बी.आर.पी. भास्कर के साथ टेलीफोन वार्ता, 30 मार्च, 2015।
39. ऐसा प्रतीत होता है कि 1980 के दशक के नीति विमर्श में संवृद्धि पर तीक्ष्ण ढंग से ध्यान केन्द्रित करने के कारण गरीबों के पक्ष में न्यायपूर्ण वितरण के सरोकार और राज्य हस्तक्षेप के अन्य सक्रिय रूप दरकिनार कर दिए गए हैं।
40. के.पी. कन्नन ने इसे प्रारम्भ में मानव विकास पर ध्यान केन्द्रित किए जाने से उत्पन्न 'संवृद्धि के नैतिक चक्र के मामले के रूप में चित्रित किया है। के.पी. कन्नन (2007) : 'फ्रॉम ह्यूमन डेवलपमेंट टु इकनामिक ग्रोथ : केरला'ज टर्न अराउंड इन ग्रोथ पावर्ड बाइ ह्यूमन डेवलपमेंट, रेमिटैंसेज़ ऐंड रिफॉर्म', ए. वैद्यनाथन और के.एल. कृष्णा (सं.) (2007) : इंस्टिट्यूशंस ऐंड मार्केट्स इन इंडिया'ज डेवलपमेंट : एसेज़ फॉर के.एन. राज, नई दिल्ली, आक्सफोर्ड युनिवर्सिटी प्रेस में।
41. अगले कुछ पैराग्राफ चक्रबोर्ती (2005) और सेंटर फार डेवलपमेंट स्टडीज, तिरुवनंतपुरम द्वारा केरल सरकार के लिए तैयार की गई ह्यूमन डेवलपमेंट रिपोर्ट 2005 से रूपान्तरित किए गए हैं। तबसे केरल के सूचकांकों में और सुधार आया है।
42. के.पी. कन्नन (2012) : ' ट्रांसफार्मेशंस ऐंड ट्रिब्यूलेशंस', सेमिनार, सितम्बर, पृ. 14-19। कन्नन कहते हैं कि इन रूपान्तरणों को जन आंकिकी, स्वास्थ्य, शिक्षा और अथव्यवस्था में हुए चार संक्रमणों को मिलाकर अच्छी तरह समझा जा सकता है।
43. वी. रमन कुट्टी (1999), पृ. 433-34।
44. स्वास्थ्य (क्षेत्र) में बढ़ते अन्तरराष्ट्रीय पर्यटन और 'आयुर्वेदिक' तथा 'स्वास्थ्यवर्धक' उत्पादों के विपणन के बढ़ते प्रभाव को भी इसमें जोड़ा जाना चाहिए। 'अनेक जानकार लोग आरोप लगाते हैं कि निदान के लिए शरीर के भीतर के अंगों की तस्वीर लेने और नैदानिक जाँच की प्रयोगशालाओं का उद्योग खास डाक्टरों के पास भेज देने के लिए कमीशन जैसे अनैतिक व्यवहारों पर पनपा'। रमन कुट्टी (2012)।
45. जोसेफ थरमंगलम (2012) : 'द केरल माडल ऑफ डेवलपमेंट इन द इरा ऑफ नियोलिबरल रिफॉर्म्स : न्यू कंट्राडिक्शंस, ओल्ड ऐंड न्यू क्वेश्चंस', आईडीएस आधार पत्र 11/1, 16 सितम्बर, पृ. 17।

46. थरमंगलम (2012) के अनुसार : केरल के 14 प्रतिशत ग्रामीण और 11 प्रतिशत शहरी लोगों ने स्वास्थ्यगत खर्चों में अनर्थकारी ढंग से खर्च किया है (अपनी आमदनी के 15 प्रतिशत से भी अधिक)...(जिसने) केरल के ग्रामीण क्षेत्रों की 3.5 प्रतिशत पारिवारिक इकाइयों और शहरी क्षेत्र की 4.5 प्रतिशत पारिवारिक इकाइयों को गरीबी रेखा के नीचे धकेल दिया है'।
47. वही।
48. ह्यूमन डेवलपमेंट रिपोर्ट, 2005, पृ. 433।
49. कन्नऩ (2012)।
50. वही। कन्नन आगे कहते हैं : '2007 में 15-19 आयु समूह के एक तिहाई लड़के श्रमिक थे, (लेकिन लड़कियों का दो प्रतिशत); 20-24 आयु समूह (में यह अनुपात) युवकों के लिए 85 प्रतिशत और युवतियों के लिए केवल पाँच प्रतिशत था।
51. वही।
52. वही।
53. तिरुवनंतपुरम में पर्यावरण कार्यकर्ता अनिता शर्मा का साक्षात्कार, 30 दिसम्बर 2013।
54. के.टी. राममोहन (2012) : 'कंटेंपररी पालिटिक्स : हॉरर्स ऐंड होप्स', सेमिनार, सितम्बर, पृ. 26-32।
55. वही।
56. एम.पी. बशीर (2002) : 'ब्रोकेन लेटर्स : केरला'ज़ निओ-लिटरेट्स लैप्स इनटु इल्लिटरेसी', इंडिया टुगेदर, सितम्बर, http://indiatogether.org/education/articles/brokenletters.htm
57. रिपोर्ट में माइकेल थरकन को यह कहते हुए उद्धृत किया गया है : 'लाखों नवसाक्षर अपनी विद्या गँवा कर फिर से निरक्षरों की कतार में शामिल हो गए हैं। पहले और दूसरे चरण के बीच का छह माह का अन्तराल, जून 1991 में सरकार के बदलाव का भी यही समय था, घातक सिद्ध हुआ। राजनीतिक इच्छा का अभाव और सतत शिक्षा कार्यक्रम (सीईपी) की अनुपलब्धता इसके अन्य कारण हैं'।
58. सोमा वाधवा (2004) : '...ऐंड ही कैन कीप इट' आउटलुक, 12 जुलाई।
59. वाधवा (2004)।
60. वही। जे. देविका ने इसका दस्तावेजीकरण और विश्लेषण किया है, जे. देविका (2007) : 'फियर्स आफ कंटेजन : डिपालिटिसाइज़ेशन ऐंड रीसेंट कांफ्लिक्ट्स ओवर पालिटिक्स इन केरल', इकनामिक ऐंड पोलिटिकल वीक्ली, 23 जून और एम-सरिता वर्मा (2012) : 'मेन, वीमेन ऐंड द फिजेटी कैट इन द केरल कबर्ड' सेमिनार 637 (सितम्बर) पृ. 61-64। इसके अतिरिक्त देखें, जे. देविका और प्रवीण कोडोथ (2001) : 'सेक्सुअल वायलेंस ऐंड प्रिडिकामेंट आफ फेमिनिस्ट पालिटिक्स इन केरल', इकनामिक ऐंड पोलिटिकल वीक्ली, 18 अगस्त।
61. इस पर एक ज्ञानवर्धक चर्चा के लिए देखें, कार्मल क्रिस्टी के. जे. (2015) : 'द पालिटिक्स ऑफ सेक्सुअलिटी ऐंड कास्ट : लुकिंग थ्रू केरला'ज पब्लिक स्पेस', सथीस चन्द्र बोस और शीजू सैम वरुगीज़ (सं.) (2015) : केरल माडर्निटी : आइडियाज, स्पेसेज ऐंड प्रैक्टिसेज इन ट्रांजिशन, नई दिल्ली, ओरियंट ब्लैकस्वान।
62. समाजशास्त्री के. सरदमोनी ने बुद्धिमत्तापूर्वक इसे इस तरह कहा है : 'आजकल शरीर के हर अंग पर सोने से लदी वधुएँ, चाहे वे हिन्दू हों, मुसलमान हों या ईसाई, मुश्किल से सीधे चल पाती हैं। हमारे यहाँ दहेज की कोई परम्परा नहीं थी, आज यह आम है'। वाधवा (2004) में उद्धृत।
63. राममोहन (2012) केरल की सार्वजनिक संस्कृति और उसके प्रभुत्वपूर्ण राजनीतिक व्यवहारों की एक भावपूर्ण तथापि विचारशील प्रत्यालोचना प्रदान करते हैं।
64. http://www.thehindu.com/news/national/kerala/12-held-guilty-of.tp-chandra-sekharan-murder/article5605223,ece? ref=related News, 21 दिसम्बर 2014 को देखा गया।

65. **टी.एम. थामस** आइजक और रिचर्ड डब्ल्यू. फ्रैंक (2000) : लोकल डिमाक्रेसी ऐंड डेवलपमेंट : पीपुल्स कैम्पेन फार डिसेंट्रलाइज्ड प्लानिंग इन केरल, नई दिल्ली, लेफ्ट वर्ड बुक्स, पृ. 6।
66. पैट्रिक हेलर (2001) : 'मूविंग द स्टेट : द पालिटिक्स आफ डेमाक्रेटिक डिसेंट्रलाइज़ेशन इन केरल, साउथ अफ्रीका, ऐंड पोर्टो अलेग्रे', पालिटिक्स ऐंड सोसायटी, खं-29, सं. 1, मार्च।
67. इंटरनेशनल कांग्रेस ऑन केरल स्टडीज़, त्रिवेन्द्रम में दिया गया अध्यक्षीय भाषण, एकेजी सेंटर फॉर रिसर्च ऐंड स्टडीज़।
68. जान हैरिस (2000) : 'रिन्यूइंग डेवलपमेंट ऐंड डीपेनिंग डिमाक्रेसी', फ्रंटलाइन, 19 अगस्त-1 सितम्बर।
69. इस उल्लेखनीय पहल में युवाओं और छात्रों को एक व्यवस्थित सर्वेक्षण के माध्यम से गाँव/जिले में और उसके आस पास उपलब्ध प्राकृतिक संसाधनों की एक विस्तृत सूची तैयार करने के लिए समूहों में संगठित किया जाता था। यह उस बृहत्तर काम का हिस्सा था जिसके तहत उन्हें स्थानीय जनता की भोजन, पानी, ऊर्जा आदि की जरूरतों के साथ किफायती, उचित और पर्यावरण की दृष्टि से सही तरीकों से जोड़ा जाता था। नियोजन में जन भागीदारी को बढ़ाने के अतिरिक्त इसका असाधारण रूप से ऊँचा शैक्षिक महत्त्व भी है।
70. मिशेल विलियम्स (2008) : द रूट्स ऑफ पार्टिसिपेटरी डिमाक्रेसी : डिमाक्रेटिक कम्युनिस्ट्स इन साउथ अफ्रीका ऐंड केरल, इंडिया, सैडटन (दक्षिण अफ्रीका), एस.जी. डिस्ट्रीब्यूटर्स।
71. जन योजना अभियान (पीपीसी) के विस्तृत विवरण के लिए देखें आइजक और फ्रैंक (2000) : और विलियम्स (2008)।
72. आइजक और फ्रैंक (2000) : पृ. 256।
73. आइजक और फ्रैंक, हैरिस (2000) : में उद्धृत।
74. आइजक और फ्रैंक (2000) : पृ. 136-47।
75. अनेक लेखकों ने जन योजना अभियान की सीमाओं पर विस्तार से चर्चा की है : एम.के. दास (2000) : 'केरला'ज डिसेंट्रलाइज़्ड प्लानिंग : फाउंडरिंग एक्सपेरिमेंट', इकनामिक ऐंड पोलिटिकल वीक्ली, 2 दिसम्बर; के.पी. कन्नन (2000) : 'पीपुल्ल'स प्लानिंग, केरला'ज डाइलेमा', सेमिनार, जनवरी; राबिन जेफ्री (2000) : 'क्रिएटिंग न्यू सिविक कल्चर, इकनामिक ऐंड पोलिटिकल वीक्ली, 2 दिसम्बर; राजन गुरुक्कल (2001) : 'हेव्न ए कोलिशन ऑफ कंफ्लिक्टिंग इंटरेस्ट्स डिसेंट्रलाइज़ेज़ : ए थियरेटिकल क्रिटीक आफ डिसेंट्रलाइज़ेशन पालिटिक्स इन केरल', सोशल साइंटिस्ट, खं-29, सं. 9/10, सितम्बर-अक्तूबर; पैट्रिक हेलर, के.एन. हरिलाल और शुभम चौधुरी (2007) : 'बिल्डिंग लोकल डिमाक्रेसी : इवैलुएटिंग द इंपैक्ट आफ डिसेंट्रलाइज़ेशन इन केरल, इंडिया', वर्ल्ड डेलपवमेंट, खं-35, सं. 4; और के.एन. हरिलाल (2013) : कन्फ्रंटिंग ब्यूरोक्रेटिक कैप्चर', इकनामिक ऐंड पोलिटिकल वीक्ली, 7 सितम्बर।
76. दास (2000)।
77. वही।
78. वही।
79. जेफ्री (2000)। वह लिखते हैं : 'हमें यह जानने की जरूरत है कि इन छोटी छोटी योजनाओं को कैसे व्यवहार में लाया जाना है कि वे राज्य स्तर पर एक साथ जुड़ जाएँ। यह सराहनीय है कि स्थानीय योजनाओं उपलब्ध कोष से अधिक खर्च की माँग की और इसीलिए अन्य संसाधन जुटाने के प्रयास किए गए...। जिस आर्थिक रूपान्तरण की जरूरत है, वह इन राजनीतिक सुधारों से हो पाएगा, यह कठिन प्रतीत होता है...। अब तक का साक्ष्य इस बड़े प्रश्न को अनुत्तरित छोड़ देता है कि क्या जमीनी स्तर की राजनीतिक भागीदारी चाहे वह कितनी ही सशक्त और ईमानदार क्यों न हो केरल की जनता के लिए आर्थिक बदलाव ला सकती है और उनके लिए सार्थक काम कर सकती है?'
80. http://planningcommission.nic.in/reports/peoreport/peoevalue/peo-kerala.pdf, 31 जुलाई 2014 को देखा गया।

81. गुरुक्कल (2001) : पृ. 60।
82. वही, पृ. 70। वह तर्क देते हैं (पृ. 72–73) : 'राज्य में कहीं भी ऐसे वैकल्पिक राजनीतिक विकास का कोई संकेत नहीं है जो ''प्रतिनिधित्व'' से ''सहभागिता'' में रूपान्तरण का मार्ग प्रशस्त करता हो...। स्थानीय स्तर के प्रशासन को सत्ता सौंपे जाने से...गरीबों का राजनीतिक सशक्तीकरण होगा और सांस्थानिक विकास में मदद मिलेगी जिससे स्थानीय समाज में संरचनात्मक बदलाव आएँगे लेकिन, केरल में यह सब अभी तक अपेक्षित सीमा तक नहीं हुआ है'। वह निष्कर्ष निकालते हैं : 'यह एक विरोधाभास है लेकिन केवल ऊपरी तौर पर क्योंकि सिद्धान्ततः यह भी सत्य है कि पूँजीवादी लोकतंत्र वाली सरकार यदि विकेन्द्रीकृत नियोजन करे तो भी वह संरचनात्मक बदलाव नहीं ला सकती क्योंकि सरकार परस्पर विरोधी हितों का गठजोड़ है जो लगातार वाम और दक्षिण की रस्साकशी में कभी वाम कभी दक्षिण की ओर खींची जाती रहती है। सिद्धान्ततः कमजोर के सशक्तीकरण में सरकार एक हद से आगे सफल नहीं हो सकती क्योंकि इसका अर्थ है कि सरकार कमजोर के पक्ष में वर्गयुद्ध में शामिल हो रही है जिसकी सम्भावना नहीं है क्योंकि सरकार अन्ततः उच्च वर्ग का औजार है'।
83. दास (2000)।
84. वही।
85. सामाजिक कार्यकर्ता आई.वी. बाबू कहते हैं : 'यदि जन योजना अभियान का प्रचार किया गया होता और उसे उस तरह चलाया गया होता जैसेकि ई.एम.एस. ने सोचा था तो इससे मेहनतकश जनता को कुछ राहत मिली होती और एक जनवादी लोकतांत्रिक मोर्चा बनाने के वृहत्तर लक्ष्य में योगदान देने में मदद मिली होती। इसके बजाय इसे क्रान्ति के ऐसे वैकल्पिक कार्यक्रम की तरह चित्रित किया गया जो एक चौथी दुनिया का निर्माण करेगा। इससे पार्टी के कार्यकर्ताओं के बीच बहुत विभ्रम उत्पन्न हुए...। इसके क्रियान्वयन से जमीनी स्तर पर भ्रष्टाचार भी हुआ...।' (लेखक को ई-मेल द्वारा भेजा गया संवाद, 30 जुलाई, 2014)।
86. लेखक के साथ टेलीफोन और ई-मेल पर हुआ संवाद, 15 जुलाई, 2014।
87. के. रवि रमन (2009) : 'एशियन डेवलपमेंट बैंक, कंडीशनलिटीज़ ऐंड द सोशल डिमाक्रेटिक गवर्नेंस : केरल माडल अंडर प्रेशर'; रिव्यू आफ इंटरनेशनल पोलिटिकल इकनामी, ख-16, सं. 2, मई, पृ. 284–308।
88. वही।
89. http://archive.indianexpress.com/news/cpi-sees-red-over-kerala-adb-loan/18919/;(http://www.downtoearth.org.in/node/5536;(http://cadtm.org/IMG/pdf/protestagainstADB-in-kerala.pdf, 2 मार्च, 2015 को देखा गया।
90. आइजक के साथ मेरी टेलीफोन वार्ता, 3 अप्रैल, 2015। आइजक ने कहा, ऋण समझौते का शहरी विकास और स्वच्छता से सम्बन्धित तीसरा भाग अभी चल रहा था।
91. देखें, एस. मोहम्मद इरशाद (2015) : 'द पाइप ड्रीम्स आफ डेवलपमेंट : इंस्टिट्यूशनलाइजिंग ड्रिंकिंग वाटर सप्लाई इन केरल', बोस और वरुगीज़ (सं.) (2015) में, पृ. 162–78।
92. जे. देविका और बिनीता वी. थांपी (2012) : न्यू लैंप्स फॉर ओल्ड : जेंडर पैराडाक्सेज़ ऑफ पोलिटिकल डिसेंट्रलाइजेशन इन केरल, नई दिल्ली; जुबान; (2007) : 'बिटवीन ''एम्पावरमेंट'' ऐंड ''लिबरेशन'' : द कुडुंबश्री इनीशिएटिव इन केरल', इंडियन जरनल ऑफ जेंडर स्टडीज़, खं-14, सं. 1, पृ. 33–60; जे. देविका, बिनीता वी. थांपी और एस. अनीता (2008) : 'फाइनल रिपोर्ट जेंडरिंग गवर्नेंस ऑर गवर्निंग वीमेन?' पालिटिक्स, पैट्रिआर्की, ऐंड डिमाक्रेटिक डिसेंट्रलाइज़ेशन इन केरल स्टेट, इंडिया', तिरुवनंतपुरम, सेंटर फॉर डेवलपमेंट स्टडीज़, सितम्बर। जी. विलियम्स, आदि (2011) : पर्फार्मिंग पार्टिसिपेटरी सिटिज़नशिप : पालिटिक्स ऐंड पावर इन केरला'ज कुडुंबश्री प्रोग्राम', जरनल ऑफ डेवलपमेंट स्टडीज़, खं-47, सं. 8 भी देखें।

93. के.पी. कन्नन (2014) : द न्यू पंचायत राज ऐंड इट्स डेवलपमेंट इनीशिएटिव्स : रिफ्लेक्शंस ऑन केरला 'ज रिकार्ड ऐंड इट्स सक्सेसफुल केसेज', सेंटर फॉर डेवलपमेंट स्टडीज, तिरुवनंतपुरम में लोकल लेवल डेवलपमेंट की शोध इकाई के लिए तैयार किया गया अध्ययन। इस अध्ययन के अनंतिम प्रारूप को साझा करने के लिए मैं कन्नन का आभारी हूँ।

94. अनेक राजनीतिक प्रेक्षक मानते हैं कि वाम लोकतांत्रिक मोर्चे से आरएसपी के बहिर्गमन को रोका जा सकता था। बताया जाता है कि वह कोल्लम के बजाय पतनमथित्ता सीट स्वीकार करने के लिए तैयार थी लेकिन माकपा ने पतनमथित्ता सीट पर कांग्रेस के एक दलबदलू को वालोमो समर्थित निर्दलीय के रूप में चुनाव मैदान में उतार दिया। माकपा के राज्य सचिव पी. विजयन ने भी एक सम्मानित नेता प्रेमचन्द्रन पर घटिया व्यक्तिगत हमले शुरू कर दिए जिसका उलटा असर हुआ।

95. लोकनीति-सीएसडीएस.के. राष्ट्रीय चुनाव अध्ययन के अनुसार 2014 के चुनावों में जहाँ भाजपा के पक्ष में मतदान करने वाले एझवा लोगों का प्रतिशत 23 था वहीं 47 प्रतिशत एझवा लोगों ने वालोमो का समर्थन किया था। 2009 में 57 प्रतिशत ने वालोमो को वोट दिया था। के.एम. सज्जाद इब्राहीम (2014) : '2014 लोकसभा इलेक्शंस इन केरल' पंजाब युनिवर्सिटी रिसर्च जरनल सोशल साइंसेज़ खं-22, सं. 2, 2014, पृ. 261-70।

96. ई.एम.एस. ने दोनों दलों को अपने मंत्रिमंडल में जगह दी। बाद में उन्हें इस गठबन्धन पर पछतावा हुआ लेकिन 1987 के बाद माकपा साम्प्रदायिक दलों के अलग हुए समूहों को फिर से गठबन्धन में शामिल करने की नीति पर वापस लौट आई। इससे सैद्धान्तिक सेकुलरिज़्म का इसका दावा कमजोर हुआ। निश्चय ही कांग्रेस को खुले तौर पर हर तरह के साम्प्रदायिक दलों के साथ हाथ मिलाने का कोई पछतावा न था।

97. इस मुद्दे पर विस्तार से चर्चा करने का यहाँ स्थान नहीं है किन्तु केरल की राजनीति और समाज के अनेक अनुभवी प्रेक्षकों ने इस दृष्टिकोण की पुष्टि की है। इनमें स्वर्गीय निनान कोशी, भास्कर, बाबू और कन्नन शामिल हैं जिन्होंने जुलाई 2014 में इस लेखक के साथ ई-मेल के माध्यम से बातचीत की थी। लोकनीति-सीएसडीएस के सर्वेक्षणों ने इस दृष्टिकोण की पुष्टि की है। इब्राहीम (2014) : पृ. 266-67।

98. ये 2001 की जनगणना के पुष्ट आँकड़े हैं : http://censusindia.gov.in/Census-And-You/religion.aspx# 11 मार्च 2015 को देखा गया। जनवरी 2015 में मोदी सरकार ने 2011 की जनगणना के आंशिक आँकड़े जारी किए जिनके अनुसार केरल की मुस्लिम आबादी कुल आबादी का 26.6 प्रतिशत है। http://timesofindia.com/india/muslim-population-grows-24-slower-than-previous-decade/articleshow/45972687.cms, 11 मार्च 2015 को देखा गया।

99. माकपा (2012) : 'पोलिटिकल-आर्गनाइज़ेशनल रिपोर्ट'। यह रिपोर्ट कोझीकोड में हुई बीसवीं कांग्रेस में स्वीकार की गई थी। इसमें ईसाइयों का कोई राज्यवार विवरण नहीं दिया गया है लेकिन पार्टी की कुल राष्ट्रीय सदस्यता में उनकी हिस्सेदारी 4.8 प्रतिशत है।

100. 12 जुलाई, 2014 का ई-मेल संवाद। कोशी, जिनका निधन मार्च 2015 में हुआ, एक बहुत सम्मानित राजनीतिक चिन्तक, विदेशी मामलों के विशेषज्ञ, धर्मशास्त्री और सामाजिक विश्लेषक थे। वह वालोमो द्वारा समर्थित निर्दलीय उम्मीदवार के रूप में दो बार लोकसभा चुनाव लड़े। कोशी तर्क देते हैं कि धार्मिक आस्थावान लोगों के प्रति माकपा की नीति 'दुविधापूर्ण है और उसमें स्पष्टता का अभाव है यहाँ तक कि भिन्न भिन्न स्तरों पर पार्टी के सदस्यों के धार्मिक आचरणों की स्वीकृति में भिन्नता है।'

101. अविभाजित सीपीआई में अनेक प्रमुख ईसाई थे जैसे बड़े वकील के.सी. जार्ज, ई.एम.एस. के पहले मंत्रिमंडल में उद्योग मंत्री रहे टी.वी. थामस, एक प्रमुख साहित्यिक हस्ती जोसेफ मुंडासेरी जो ई.एम.एस. के मंत्रिमंडल में शिक्षामंत्री बने और अर्थशास्त्री मैथ्यू कुरियन। उसमें पहले ई.एम.एस. मंत्रिमंडल में परिवहन मंत्री रहे ई.के. इंबिची बावा जैसे प्रमुख मुसलमान भी थे। कोशी कहते हैं कि जब पार्टी टूटी तो बहुत कम ईसाई माकपा में गए।

102. भास्कर कहते हैं कि माकपा 'एक समय धर्मगुरुओं के विरोध पर काबू पाते हुए ईसाई और मुस्लिम समुदायों में पैठ बना रही थी। एक बार जहाँ उसने अल्पकालिक लाभों के लिए जाति/धार्मिक संगठनों के साथ समझौता-सौदा करना शुरू किया, इन समुदायों के युवाओं को आकृष्ट करने की इसकी क्षमता पर इसका खराब असर हुआ'। भास्कर, ई-मेल संवाद, 15 जुलाई, 2014।

103. 'वाम की ओर आने वाले ईसाई नहीं चाहते थे कि उन पर अल्पसंख्यक समुदायों से आने का ठप्पा लगे। वे देश के धर्मनिरपेक्ष सेकुलर नागरिक हैं और ईसाई धर्म को मानते हैं। राजनीति में वे अल्पसंख्यकों के रूप में कोई विशेष व्यवहार नहीं चाहते। माकपा इस प्रश्न पर अब भी भ्रमित है'। कोशी : लेखक के साथ जुलाई 2014 में हुआ ई-मेल संवाद।

104. खाड़ी (देशों) में बसे 94 प्रतिशत उत्प्रवासियों के मुकाबले अमेरिका और यूरोप गए उत्प्रवासी 1998 में कुल उत्प्रवासियों का महज 2.2 प्रतिशत थे। तबसे उनका अनुपात अब तीन गुना बढ़ गया है। www.cds.edu/up-content/uploads/2012/11/WP450.pdf, 3 फरवरी, 2015 को देखा गया (देखें पृष्ठ 28-30)

105. केरल शास्त्र साहित्य परिषद के एम.पी. परमेश्वरन (2014) द्वारा किया गया आकलन। 12 अगस्त, 2014 की ई-मेल।

106. गाडगिल सिफारिशों (अगस्त 2011 'रिपोर्ट ऑफ द वेस्टर्न घाट्स इकोलाजी एक्सपर्ट पैनेल', http://www.moef.nic.in/downloads/public-information/wg-23052012.pdf, 2 सितम्बर, 2014 को देखा गया) के अनुसार 'पारिस्थितिकीय दृष्टि से संवेदनशील क्षेत्र बनाये जाएँगे जहाँ किन्हीं प्रदूषणकारी उद्योगों, खनन अथवा बागान सम्बन्धी गतिविधियों की अनुमति नहीं होगी। घाटों के कुल क्षेत्र का 64 प्रतिशत हिस्सा इस क्षेत्र के अन्तर्गत होगा जो गुजरात, महाराष्ट्र, गोआ, कर्नाटक, केरल और तमिलनाडु में फैला होगा। तथाकथित उच्चस्तरीय वर्किंग ग्रुप, जिसके अध्यक्ष के. कस्तूरीरंगन थे, ने इस रिपोर्ट को बुरी तरह कमजोर कर दिया। उसने 'पारिस्थितिकीय दृष्टि से संवेदनशील क्षेत्रों' में जबर्दस्त कटौती कर उसे 37 प्रतिशत कर दिया, उसने स्थानीय समितियों के साथ परामर्श की प्रक्रिया को भी खारिज कर दिया। इस मुद्दे पर अध्याय 8 में अधिक विस्तार से चर्चा की गई है।

107. देखें, जे. देविका (2014) : 'मार्च टु इंप्लीमेंट द गाडगिल कमेटी रिपोर्ट इन केरल : ऐन अपील ऐंड सम डायलेमाज़', kafila.org, 8 जनवरी, मई 2014 को देखा गया।

108. परमेश्वरन (2014)।

109. ऐसा नहीं कि 1990 के दशक से मालों के विकास में केरल शेष भारत से पिछड़ गया है। कोच्चि अपने यहाँ भारत में दुबई के मालों जैसे सबसे बड़े माल होने का दम भरता है जहाँ सिर्फ सोना-चान्दी बेचा-खरीदा जाता है।

110. राममोहन (2012)।

111. इसे इस आधार पर उचित ठहराया जाता है कि ऐसे लोगों के रोजगार से यूनियन के सदस्यों के काम और आमदनी का नुकसान होता है। इस प्रकार यदि कोई व्यक्ति अपना घर बदलने में अपना फर्नीचर खुद ही बाँधता और ढोता-उतारता है तब भी उसे 'नोक्कुकूली' का भुगतान करना ही पड़ेगा। जून-जुलाई 2014 में एक युवा महिला आईएएस अधिकारी के साथ यही हुआ। उसकी शिकायत पर सीटू के एक स्थानीय नेता को गिरफ्तार किया गया। http://indianexpress.com/article/india/india-others/citu-leader-arrested-for-threatening-kerala-ias-officer/, 5 अप्रैल 2015 को देखा गया। अप्रैल 2015 में अमेरिकी कलाकार वासवो एक्स-वासवो ने कोच्चि-मुज़िरिस द्विवार्षिकी में भाग लिया था, उनको भी ऐसी ही माँग का सामना करना पड़ा। माँग के साथ ही उन्हें डराया-धमकाया भी गया और हिंसा की धमकियाँ भी दी गईं। उन्होंने अपनी कृति को सार्वजनिक रूप से नष्ट कर इसका प्रतिरोध किया। http://www.huffingtonpost.in/2015/04/03/kochi-biennale-protest-n-6998376.html, 5 अप्रैल 2015 को देखा गया।

112. यह राममोहन की ही बात है, राममोहन (2012):, अगले कुछ अनुच्छेदों में भी उनकी ही बात कही गई है।

113. वही।

114. राममोहन (2012), वह आगे कहते हैं : 'अनेक कार्यकर्ता छोटे ठेकेदार, भूसम्पत्ति के दलाल, साहूकार और बालू खननकर्ता बन गए और उन्होंने लंपट तरीके से धन इकट्ठा करने के विभिन्न रास्तों का अनुसरण करना शुरू कर दिया। इससे भी आगे, चूँकि ऐसी गतिविधियाँ चलाने के लिए सत्ता के साथ सम्पर्क महत्त्वपूर्ण था, नए लंपट वर्गों के अनेक लोगों ने पार्टी की सदस्यता पाने का प्रयास किया जिनमें से कुछ तो बहुत जल्दी ही तेजी के साथ पार्टी के स्थानीय पदाधिकारी बन गए। सामान्य पार्टी कार्यकर्ता के स्वरूप में बदलाव को राज्य के नेतृत्व की विचारधारात्मक स्वीकृति प्राप्त थी...। राज्य नेतृत्व ने स्वयं धनसंग्रह के ऐसे ही अवैध तरीकों का आश्रय लिया था, अन्तर केवल पैमाने का था...। प्रायः पुराने कार्यकर्ताओं की दूसरी पीढ़ी पार्टी में शामिल तो होती है लेकिन उनका स्तर वह नहीं है जो उनके माता-पिता का था...(इनमें से) अनेक पार्टी के नए कारपोरेट उद्यमों में नौकरी करते हैं, भले ही नीचे स्तरों पर। उनके लिए...पार्टी के प्रति निष्ठा उनके आर्थिक अस्तित्व की पूर्वशर्त है। असहमति में रोजगार और पार्टी दोनों से बाहर किए जाने का खतरा जुड़ा है'।

115. यह और भी महत्त्वपूर्ण था क्योंकि इसका नेतृत्व स्थानीय पंचायत ने किया था। गाडगिल रिपोर्ट (देखें सं. 106) ने एक पूरा खंड इसको दिया है (पृ. 107-08)।

116. ऊपर, कन्नन द्वारा उल्लिखित (देखें टि. 42)।

117. फरवरी 2015 में, माकपा पालिट ब्यूरो के सदस्य एम.ए. बेबी ने एसएफआई की केन्द्रीय समिति के सदस्य चिन्ता जेरोम लिखित एक पुस्तक का विमोचन किया जिसमें 'प्रेम चुम्बन' (किस ऑफ लव) की भर्त्सना की गई थी। अभियान के समर्थकों की ओर से इसका विरोध हुआ, उनमें से एक ने कहा : 'प्रेम चुम्बन वाम विचारधारा है, यदि यह वाम नहीं है तो क्या है? प्रिय कामरेड, कृपया यह न सोचो कि वाम केवल माकपा है...।' http://www.thenewsminute.com/keralas/722, 30 मार्च, 2015 को देखा गया।

118. इसे एक ऐसे माडल के रूप में पेश किया गया जिसका केन्द्रीय स्वास्थ्य मंत्रालय को अनुकरण करना चाहिए क्योंकि इसमें समुदाय के स्वयंसेवियों की सक्रिय भागीदारी शामिल है; यह शेष देश के लिए बहुत प्रासंगिक हो सकता है। www.thehindu.com/news/cities/Thiruvananthapuram/kerala-a-role-model-in-palliative-care-desiraju/article4914575.ece, 11 अक्तूबर 2014 को देखा गया।

119. लोकनीति-सीएसडीएस के शोधकर्ताओं द्वारा अपने चुनावोत्तर सर्वेक्षण में प्रयुक्त अभिव्यक्ति। इसमें पाँच घोटालों की सूची है जिसमें हाल का कुख्यात लाटरी घोटाला, 'आइसक्रीम पार्लर' मामला, एसएनसी—लवलीन मुद्दा और एक बाँध से जुड़े भ्रष्टाचार का मामला शामिल है। इब्राहीम (2014)।

120. लेखक के साथ ई-मेल संवाद, 15 जुलाई, 2014।

121. यहाँ चेंगारा और अरिप्पा में बागान की जमीन पर कब्जा कर खेती करने के लिए हो रहे आदिवासी संघर्षों का विशेषरूप से उल्लेख किया जाना जरूरी है। इस पर आगे अध्याय 8 में चर्चा की गई है।

अध्याय 8 : सामाजिक नीति से जुड़ी चुनौतियाँ

1. मार्क्सवादी साहित्य में यह एक ही समाज के भीतर के पिछड़े या पुराने युगों के और अधिक आधुनिक अथवा उन्नत समयों के भिन्न भिन्न आर्थिक, सांस्कृतिक अथवा सामाजिक रूपों विशेषताओं अथवा व्यवहारों की खिचड़ी के सन्दर्भ में है। एक ही समय में उनका साथ साथ सहअस्तित्व समाजों को इस बात की अनुमति दे सकता है कि वे एक दीर्घकालीन अविधि के दौरान के विकासात्मक चरणों की एकरेखीय शृंखलाओं से बच निकलें और एक अपेक्षतया काफी छोटी समयावधि में विकास प्रक्रियाओं को छोटा या संक्षिप्त कर लें।

2. इस प्रकार, माकपा के मूल (1967) कार्यक्रम ने जाति को 'अन्य सामाजिक व्यवस्थाओं' की श्रेणी में रखा था और उनका वर्णन 'पूँजीवादपूर्व समाज के अवशेषों' के रूप में किया था जो 'गाँवों को युगों पुराने पिछड़ेपन के साथ बाँधे रखते हैं'। उसने सामाजिक व्यवस्था को सुधारने के लिए 'व्यापक उपाय' करने का संकल्प किया जो उत्पादक शक्तियों की 'सामन्ती और अर्धसामन्ती बेड़ियों' को तोड़ने के लक्ष्य वाले 'आमूल परिवर्तनवादी 'कृषि सुधारों' के पूरक बनेंगे (अनुच्छेद 97)। सन 2000 में स्वीकृत संशोधित, अद्यतन बनाया गया कार्यक्रम 'जातीय दमन और भेदभाव' को एक ऐसी समस्या के रूप में चित्रित करता है जिसका 'एक लम्बा इतिहास है और पूर्व पूँजीवादी सामाजिक व्यवस्था में (जिसकी) जड़ें गहरी जमी हैं', : सीपीआई(एम) (2000) : प्रोग्राम, नई दिल्ली, अनुच्छेद 5-10 और 5-12।
3. सीपीआई(एम) (2000), अनुच्छेद 5-10 और 5-12।
4. वही।
5. अपने 2012 के ड्राफ्ट प्रोग्राम में भाकपा जाति का चरित्र चित्रण अथवा विश्लेषण नहीं करती, लेकिन मुख्यत: उसके प्रभावों पर बात करती है। वह कहती है : वर्गों और जातियों दोनों का अस्तित्व भारत का सामाजिक यथार्थ है। मजदूर वर्ग और मेहनतकश किसान वर्गों के जातिगत भेदों को अनदेखा कर उनकी एकता भी बनाये रखना कठिन है। किसी भी चुनौती के मुकाबले लोगों को कमजोर बनाए रखने और बाँटे रखने में जाति हमेशा से एक शक्तिशाली सम्भाव्य और वास्तविक हथियार रही है'। सीपीआई (2012) : ड्राफ्ट आफ द पार्टी प्रोग्राम, नई दिल्ली, सीपीआई, अनुच्छेद 7-12, पृ. 41-42।
6. रजनी कोठारी, डी.एल. शेठ, गेल आम्वेट, जेम्स मेनोर, जान ब्रेमन, गोपाल गुरु, वैलेरियन रोड्रिगेज़, आनन्द तेलतुंबड़े, शर्मिला रेगे, सतीश देशपांडे और एस.एस. जोधके और अन्य लोगों के काम में इस पर विद्वत्तापूर्ण सामग्री का प्रचुर खजाना उपलब्ध है।
7. उदाहरण के लिए देखें, सीपीआई(एम) (2012) : इन द कॉज आफ दलित्स : स्ट्रगल फॉर सोशल जस्टिस, नई दिल्ली, सीपीआई(एम)।
8. उदाहरण के लिए देखें, आनन्द तेलतुंबड़े (2012ए) : 'इट्ज नॉट रेड वर्सेस ब्लू', आउटलुक, 20 अगस्त और (2012बी) : अम्बेडकर ऐंड कम्युनिस्ट्स', http://www.countercurrents.org/teltumbde 160812.htm 30 अगस्त, 2014 को देखा गया।
9. इलियानोर जिलियट (2013) : अम्बेडकर्स वर्ल्ड : द मेकिंग आफ बाबा साहब ऐंड द दलित मूवमेंट, नई दिल्ली, नवयान, पृ. 178।
10. सीपीआई ने 'अवसरवादी' और 'साम्राज्यवादी पिट्ठू' कहकर उनकी निन्दा की। ई.एम.एस. नम्बूदिरीपाद ने दलित गोलबन्दी को 'आज़ादी के आन्दोलन पर एक बड़ा प्रहार' माना जिसके कारण 'लोगों का ध्यान सम्पूर्ण आजादी के लक्ष्य से हट कर हरिजनों के उत्थान के साधारण लक्ष्य की ओर मुड़ गया'। नम्बूदिरीपाद (1986) : हिस्टरी आफ द इंडियन फ्रीडम स्ट्रगल, त्रिवेन्द्रम, सोशल साइंटिस्ट प्रेस, 2014 में नई दिल्ली, नवयान से प्रकाशित, अम्बेडकर की ऐनिहिलेशन ऑफ कास्ट की अरूंधती राय द्वारा लिखित भूमिका में उद्धृत।
11. देखें, द्वैपायन सेन (2013) : रिप्रजेंटेशन, एजूकेशन ऐंड ऐग्रेरियन रिफार्म : जोगेन्द्रनाथ मंडल ऐंड द नेचर आफ शिड्यूल्ड कास्ट पालिटिक्स, 1937-1943', माडर्न एशियन स्टडीज़, फरवरी, पृ. 1-43।
12. उदाहरण के लिए देखें मधु लिमये (1991) : सोशलिस्ट-कम्युनिस्ट इंटर ऐक्शन इन इंडिया, दिल्ली, अजन्ता पब्लिकेशंस।
13. जगन्नाथ सरकार (2010) : मेनी स्ट्रीम्स : सेलेक्टेड एसेज बाई जगन्नाथ सरकार, पटना, जगन्नाथ सरकार फेलिसिटेशन कमेटी, पृ. 324-25। इस संकलन के अन्य अनेक लेख भी कम्युनिस्टों और समाजवादियों के. उनके मतभेदों के बावजूद इनके बीच-बेहतर सम्बन्धों और दृष्टिकोणों के समन्वय की बात करते हैं। लिमये (1991) भी देखें।

14. स्टिफेनी टवा लामा—ग्रेवाल (2009) : 'द रिजिलिएंट भद्रलोक : ए प्रोफाइल ऑफ द वेस्ट बेंगाल एमएलए 'ज', क्रिस्टोफी जेफरलोट और संजय कुमार (सं.), राइज आफ द प्लेबियंस ? : द चेंजिंग फेस आफ इंडियन लेजिस्लेटिव असेंबलीज़, नई दिल्ली, रुटलेज में, पृ. 362।
15. अंजन घोष (2001) : 'कास्ट आउट इन वेस्ट बंगाल', सेमिनार 508 (दिसम्बर)। जातिवाद की हकीकत से इन्कार करना लम्बे समय से बंगाल की, विशेषकर वाम की, विशेषता रहा है। लेकिन जैसा कि अनेक विद्वानों ने बताया है, 'बंगाली हिन्दू आबादी...अपने धर्म को, जिसमें जाति शामिल है (विशेषकर विवाह के मामलों में) उतनी ही गम्भीरता से लेती है जितनी शेष भारत की जनता।'। उदाहरण के लिए देखें रबीन्द्र रे (1988) : द नक्सलाइट्स ऐंड देयर आइडियोलॉजी, दिल्ली, आक्सफोर्ड युनिवर्सिटी प्रेस, पृ. 58।
16. इस प्रकार, माकपा पालित ब्यूरो के 2012 की कांग्रेस में चुने गए पन्द्रह सदस्यों में से कम-से-कम एक तिहाई सदस्य ऊँची जातियों से थे। एक ईसाई है और दो मध्यवर्ती जातियों से। हाल के वर्षों में पालित ब्यूरो में शामिल किए गए सदस्यों की बहुत बड़ी संख्या उच्च जातियों से है, इनमें बृंदा करात, मानिक सरकार, निरुपम सेन और सूर्ज्यकान्त मिश्रा शामिल हैं। 2015 में हुई कांग्रेस में इस नमूने में थोड़ा बहुत बदलाव आया जब पालित ब्यूरो में दो मुसलमानों और दूसरी महिला सदस्य को शामिल किया गया।
17. यह प्रवृत्ति राज्य स्तर पर और भी प्रबल थी। 'उत्तर प्रदेश, मध्य प्रदेश और बिहार की विधानसभाओं में उच्च जातियों के विधायकों का अनुपात 1950 के दशक के लगभग 40.55 प्रतिशत से गिरकर 2000 के दशक में लगभग 25.35 प्रतिशत रह गया है जबकि अन्य पिछड़ी जातियों (ओबीसी) का हिस्सा 10.20 प्रतिशत से बढ़कर लगभग 20.40 प्रतिशत हो गया है'। वंदिता मिश्रा (2010) : 'इंपार्टेंस ऑफ बीइंग ऐन अपर कास्ट इन बेंगाल हाउस' इंडियन एक्सप्रेस, 2 मार्च, 2010।
18. लामा-ग्रेवाल (2009), तालिका 12-2।
19. वही। तालिका 12-4 और 12-5 बी।
20. मिश्रा (2010)
21. लामा-ग्रेवाल (2009), पृ. 369।
22. वही, पृ. 363।
23. इस मुद्दे पर इकोनामिक ऐंड पोलिटिकल वीक्ली के पृष्ठों पर अगस्त 2012 से चल रही बहस के साथ साथ अन्य लोगों के अतिरिक्त पार्थ चटर्जी, सुमित सरकार, शेखर बन्द्योपाध्याय, दयाबती रॉय, रनबीर समद्दर, सुदीप्त कविराज, अंजन घोष, द्वैपायन सेन और श्राबनी बन्द्योपाध्याय का काम भी देखें।
24. उन्होंने एक किस्सा उद्धृत किया : कांशीराम ने एक बार उनसे पूछा कि 'पश्चिम बंगाल सरकार में एक भी दलित मंत्री क्यों नहीं है। मुझे धक्का लगा इसलिए मैंने कहा मैं पता लगाता हूँ। मुझे पता चला कि सरकार में अनेक दलित और आदिवासी थे। कांति बिस्वास अनेक वर्षों तक पश्चिम बंगाल के शिक्षा मंत्री रहे थे। वह दलित थे, इस बात का मुझे कोई अन्दाजा न था। हम एक ही कूपे में देश भर में यात्रा किया करते थे। (लेकिन) कांशीराम द्वारा इस सम्बन्ध में पूछे जाने तक मैं नहीं जानता था कि वह दलित हैं। असली बात यह है कि ये बातें कभी हमारी चेतना का अंग नहीं रही थीं। दुर्भाग्यवश, देश का स्तर उठाकर अपने स्तर तक लाने के बजाय जहाँ मैं, ब्राह्मण होते हुए यह जानता भी नहीं था कि मैं उसी डिब्बे में हूँ जिसमें एक दलित है, हमको कांशीराम के स्तर पर उतरना पड़ा था। अब हम यह कर रहे हैं', सबा नकवी और पाणिनि आनन्द को दिए गए एक साक्षात्कार में, आउटलुक, 22 अप्रैल, 2013।
25. भबानी सेन गुप्ता दावा करते हैं कि 1930 और 1940 के दशकों में जो मध्यवर्गीय बुद्धिजीवी सीपीआई में शामिल हुए वे अन्य दलों के मध्यवर्गीय बुद्धिजीवयों से 'बहुत भिन्न' नहीं थे; उन्होंने खुद को केवल 'बौद्धिक रूप से वर्गच्युत किया था (अगर किया था)'। '1960 में मैंने बंगाल, केरल और उत्तर प्रदेश के तीस प्रमुख कम्युनिस्टों की जीवन-शैली की पड़ताल की थी जिससे

पता चला कि उनमें से पच्चीस परम्परागत हिन्दू त्यौहारों में हिस्सा लेते थे, इक्कीस ने अपने बेटे-बेटियों की शादी पारम्परिक धार्मिक रीति से की थी, बाईस ने एक से अधिक मौकों पर ज्योतिषियों की सलाह ली थी और उनमें से किसी ने भी यह नहीं सोचा था कि अपने माता-पिता की मृत्यु पर निर्धारित धार्मिक कर्मकांड करना ''गलत'' होगा'। सेन गुप्ता (1978) : कम्युनिज़्म इन इंडियन पालिटिक्स, नई दिल्ली, यंग एशिया पब्लिकेशंस, पृ. 13।

26. इंडियन एक्सप्रेस, 23 सितम्बर, 2006 में उद्धृत। द टेलीग्राफ, 24 सितम्बर, 2006; आउटलुक, 23 अक्तूबर, 2006। आउटलुक के लेख में यह भी था : 'यद्यपि कलकत्ता के अथवा राज्य स्तर के वरिष्ठ नेताओं में अधिकतर अपने धर्म को प्रकटत: नहीं मानते हैं लेकिन जिलों के नेता, जिनका पार्टी में बहुमत है, ऐसा करते हैं और वह भी बहुत खुलकर। वास्तव में, माकपा के नेता धार्मिक जुलूसों का नेतृत्व करते हैं, सीटू विश्वकर्मा पूजा करती है, माकपा से सम्बद्ध शिक्षक संगठन सरस्वती पूजा करवाते हैं और पार्टी की स्थानीय इकाइयाँ पूरे राज्य में दुर्गा पूजाओं को सहयोग देती हैं। यह वास्तव में अजीब है कि एक ऐसी पार्टी में जो अनुशासन को बहुत महत्त्व देती है, ऐसी 'विवेकहीनता' और 'अनुशासनहीनता' के कामों पर कोई सज़ा नहीं दी गई है। लेकिन, राज्य सचिव बिमान बोस ने अब माकपा की राज्य समितियों के सदस्यों को चेतावनी दी है जिसमें उन्हें सामुदायिक दुर्गा पूजाओं से स्वयं को सम्बद्ध न करने को कहा गया है'। यह चेतावनी बेअसर ही रही।

27. देबाशीष भट्टाचार्या (2006) : 'इन गॉड वी ट्रस्ट' द टेलीग्राफ, 24 सितम्बर।

28. वही। केरल में पार्टी ने लम्बा सफर तय किया है। 1980 के दशक में ई.एम.एस. नम्बूदिरीपाद ने केरल कांग्रेस (जोसेफ) के प्रमुख पी.जे. जोसेफ को वाम लोकतांत्रिक मोर्चे में तब तक शामिल नहीं होने दिया जब तक कि 'उन्होंने बिशपों का सार्वजनिक रूप से परित्याग नहीं कर दिया'।

29. यह बात सच्चर कमेटी और उस पर आगे की कार्यवाही के लिए गठित अभिताभ कुंडू कमेटी की रिपोर्टों, समाचार पत्रों के लेखों और क्रिस्टोफर जैफ्रेलोट और लारेंट गेयर (सं.) (2012) : मुस्लिम्स इन इंडियन सिटीज : ट्रेजेक्टरीज़ आफ मार्जिनलाइज़ेशन, नोयडा, उ.प्र., हार्पर कालिंस जैसी पुस्तकों सहित अनेक सरकारी रिपोर्टों में दर्ज है।

30. 'पोस्ट सच्चर इवैलुएशन कमेटी रिपोर्ट' नई दिल्ली, सितम्बर, 2014, पृ. 166। यह लिखे जाने तक सरकार ने इस रिपोर्ट को सार्वजनिक नहीं किया है।

31. कई अन्य लोगों के साथ साथ तनिका सरकार, अमृता बसु, जयरस बानाजी, अच्युत याज्ञिक, ओर्नित शानी और निकिता सूद जैसे विद्वानों ने ऐसा करने का प्रयास किया है (आगे टिप्पणी 34 देखें)।

32. गवर्नमेंट आफ इंडिया (2006) : 'हाइ-लेवल कमेटी आन द सोशल, इकनामिक ऐंड एजूकेशनल स्टेटस आफ द मुस्लिम कम्युनिटी ऑफ इंडिया : ए रिपोर्ट', नई दिल्ली, कैबिनेट सेक्रेटेरियट। इस समिति के अध्यक्ष न्यायमूर्ति राजिन्दर सच्चर थे, समिति ने अपनी रिपोर्ट नवम्बर 2006 में दे दी थी। इस पर विस्तृत चर्चा के लिए देखें, इकनामिक ऐंड पोलिटिकल वीक्ली में 'सिम्पोजियम', 10 मार्च, 2007। सच्चर कमेटी के बाद, धार्मिक और भाषायी अल्पसंख्यकों के बीच सामाजिक और आर्थिक रूप से पिछड़े वर्गों के लिए मानदंडों की पहचान करने के लिए न्यायमूर्ति रंगनाथ मिश्र की अध्यक्षता में धार्मिक और भाषायी अल्पसंख्यकों के लिए राष्ट्रीय आयोग बनाया गया। इसकी रिपोर्ट दिसम्बर 2009 में संसद में पेश की गई। इन दोनों रिपोर्टों की सिफारिशों पर केवल आंशिक रूप से ही अमल हुआ है।

33. उदाहरण के लिए देखें, हरीश दामोदरन (2008) : इंडिया'ज न्यू कैपीटलिस्ट्स : कास्ट, बिजनेस, ऐंड इंडस्ट्री इन ए माडर्न नेशन, रानीखेत, पर्मानेंट ब्लैक। यह पुस्तक राष्ट्रीय और क्षेत्रीय बुर्जुआ वर्ग के बीच के भेद के एक खास तरह से धुंधले होने को दर्ज करती है।

34. अतुल सूद (सं.) (2012) : पावर्टी एमिड्स्ट प्रास्पेरिटी : एसेज ऑन द ट्रेजेक्टरी आफ डेवलपमेंट इन गुजरात, दिल्ली, आकार बुक्स; रोहिणी हेंसमैन (2014) : 'द गुजरात माडल आफ डेवलमेंट', इकनामिक ऐंड पोलिटिकल वीक्ली, 15 मार्च; इन्दिरा हिरवे, अमृता शाह और घनश्याम शाह (सं.) (2014) : ग्रोथ ऑर डेवलपमेंट : **व्हिच वे इज़ गुजरात** गोइंग ? नई दिल्ली, आक्सफोर्ड **यूनिवर्सिटी**

प्रेस; ओर्नित शानी (2007) : कम्युनलिज्म, कास्ट ऐंड हिन्दू नेशनलिज्म : द वायलेंस इन गुजरात, केम्ब्रिज, यू के, केम्ब्रिज युनिवर्सिटी प्रेस; अच्युत याज्ञिक और सुचित्रा सेठ (2005) : द शेपिंग ऑफ माडर्न गुजरात : प्लूरैलिटी, हिन्दुत्व ऐंड बियांड, नई दिल्ली, पेंगुइन बुक्स; और निकिता सूद (2012) : लिबरलाइज़ेशन, हिन्दू नैशनलिज्म, ऐंड द स्टेट : ए बायोग्राफी आफ गुजरात, नई दिल्ली, आक्सफोर्ड युनिवर्सिटी प्रेस, में इस अत्यन्त तिर्यक और असमानता बढ़ाने वाले संवृद्धि माडल को जबर्दस्त सशक्त प्रत्यालोचना का विषय बनाया गया है। भारत में फासीवाद पर चर्चा के लिए देखें, जयरस बानाजी (सं.) (2013) : फासीज़्म : एसेज़ ऑन यूरोप ऐंड इंडिया, गुड़गाँव, थ्री एसेज़ कलेक्टिव। वैश्वीकरण और हिन्दू दक्षिणपन्थ के बीच सम्बन्धों के विश्लेषण के लिए देखें, मीरा नन्दा (2011) : द गॉड मार्केट : हाउ ग्लोबलाइज़ेशन इज मेकिंग इंडिया मोर हिन्दू, नई दिल्ली, रैंडम हाउस; www.truthofgujrat.com पर स्व-मुकुल सिन्हा का लेखन भी देखें। सकल घरेलू उत्पाद की वृद्धि और औद्योगीकरण पर भी गुजरात के रिकार्ड को अन्य राज्यों ने तोड़ दिया है। लेकिन भाजपा और उसका समर्थन करने वाले कारपोरेट घरानों द्वारा छेड़े गए अत्यन्त उत्तेजनापूर्ण प्रचार की ताकत ऐसी है कि 2014 के चुनावों के बाद सीएसडीएस द्वारा कराये गए एक सर्वेक्षण में मतदान करने वालों की एक आश्चर्यजनक ढंग से बड़ी संख्या (64 प्रतिशत) ने महाराष्ट्र (महज 4 प्रतिशत) के मुकाबले गुजरात को भारत का सर्वाधिक विकसित राज्य बताया।

35. उदाहरण के लिए देखें, जे. प्रभाष (2000) : 'सीपीआई(एम)'स मुस्लिम लीग डायलेमा', इकनामिक ऐंड पोलिटिकल वीक्ली, 19 अगस्त।
36. सेंटर फार ईक्विटी स्टडीज़ (2012) : प्रॉमिसेज़ टु कीप : इन्वेस्टिगेटिंग गवर्नमेंट्स रिस्पांस टु सच्चर कमेटी रिकमंडेशंस', नई दिल्ली, http://centreforequitystudies.org/wp-content/uploads/2012/08/sachar/study.pdf
37. सच्चर कमेटी रिपोर्ट (2006) : पृ. 270। http://www.minorityaffairs.gov.in/sites/upload-files/moma/files/pdfs/sachar-comm.pdf, 2 सितम्बर 2014 को देखा गया।
38. देखें सीपीआई(एम) (2011) : एलएफ गवर्नमेंट ऐंड डेवलपमेंट आफ मुस्लिम माइनारिटीज़ इन वेस्ट बेंगाल', सीपीआई(एम) कैम्पेन मैटीरियल, वेस्ट बेंगाल एसेंबली इलेक्शन, अप्रैल-मई 2011। http://www.cpim.org/documents/2011-minority-development.wb.pdf, 2 सितम्बर, 2014 को देखा गया।
39. आंध्र प्रदेश उच्च न्यायालय के एक हाल के फैसले ने मुसलमानों के सामाजिक और शैक्षिक रूप से पिछड़े वर्गों के पक्ष में आंध्र प्रदेश के आरक्षण कानून 2007 को असंवैधानिक बताते हुए रद कर दिया। इस कानून के तहत पिछड़े मुसलमानों के लिए 4 प्रतिशत नौकरियों के आरक्षण का प्रावधान था।
40. सीपीआई(एम) (2011)।
41. इकनामिक ऐंड पोलिटिकल वीक्ली, 20 फरवरी, (2006) का सम्पादकीय 'रिजर्वेशन फार मुस्लिम्स', इसमें चेतावनी दी गई कि : 'यदि वाम मोर्चा सरकार अपने नए आरक्षणों को अदालतों द्वारा खारिज किया जाना नहीं चाहती तो उसके लिए जरूरी है कि वह राज्य की अन्य पिछड़ी जातियों की सूची में पहले से मौजूद मुसलमानों के बारह उपसमूहों से बाहर के मुसलमानों के बीच के पिछड़े वर्गों की ही पहचान करने की दिशा में काम करे; इसकी रूपरेखा सच्चर कमेटी द्वारा प्रदान कर दी गई है'।
42. सीपीआई(एम) (2012) : पोलिटिकल-आर्गनाइज़ेशनल रिपोर्ट', बीसवीं कांग्रेस, कोझीकोड, अप्रैल।
43. सीपीआई(एम) (2002) : डाक्यूमेंट्स आफ द हैदराबाद पार्टी कांग्रेस' पृ. 101। सदस्यता विश्लेषण के अधिक ताजा आँकड़े उपलब्ध नहीं हैं।
44. इसके विस्तृत विवरण के लिए देखें, नन्दिता गांधी (1996) : व्हेन द रोलिंग पिन्स हिट द स्ट्रीट्स : वीमेन इन द ऐंटी प्राइस राइज मूवमेंट इन महाराष्ट्र, नई दिल्ली, काली फार वीमेन।

45. विभूति पटेल (1985) : 'वीमेन्'स लिबरेशन इन इंडिया', न्यू लेफ्ट रिव्यू, सितम्बर-अक्तूबर। इसमें 1980 के दशक के मध्य तक के एक स्वायत्त महिला आन्दोलन के विकास का विस्तृत विवरण दिया गया है।
46. विकृत मानसिकता वाला क्योंकि इसने पीड़िता के 'चरित्र' पर सन्देह किया, उसकी यौन गतिविधि के इतिहास का उल्लेख किया और सुझाव दिया कि सम्भव है कि पीड़िता ने बलात्कारियों को उकसाया हो।
47. पटेल (1985) : प्रारम्भिक अवधि में नारीवादी आन्दोलन के विकास पर बहुमूल्य सामग्री राधा कुमार (1993) : द हिस्टरी आफ डुइंग : ऐन इलस्ट्रेटेड एकाउंट आफ मूवमेंट्स फार वीमेन'स राइट्स ऐंड फेमिनिज्म इन इंडिया 1800-1990, नई दिल्ली, काली फार वीमेन; रितु मेनन (सं.) (2011) : मेकिंग ए डिफरेंस : मेमायर्स ऑफ द वीमेन'स मूवमेंट इन इंडिया, नई दिल्ली, वीमेन अनलिमिटेड। विशेषकर गैब्रियल डाइट्रिख, नलिनी नायक, विभूति पटेल, वसन्त कन्नाबीरन और इलिना सेन के विवरण देखें।
48. ई.एम.एस. नम्बूदिरीपाद (1975) : 'पर्सपेक्टिव आफ द वीमेन'स मूवमेंट', सोशल साइंटिस्ट, नवम्बर-दिसम्बर, पृ. 1-8।
49. वही।
50. यह विवरण माकपा की हाल में हुई सभी कांग्रेसों, (2012 में कोझीकोड कांग्रेस सहित) के दस्तावेजों में मिलता है।
51. कुमारी जयवर्देना और गोविन्द केलकर (1989) : 'द लेफ्ट ऐंड फेमिनिज़्म', इकनामिक ऐंड पोलिटिकल वीक्ली, 23 सितम्बर, पृ. 2123। दोनों लेखक माकपा-एडवा के एक दस्तावेज 'फेमिनिस्ट्स ऐंड वीमेन'स मूवमेंट (तिथि रहित, सम्भवतः 1987) से भी उद्धरण देते हैं जो यह कहता है कि नारीवादी 'वे शहरी मध्यवर्गीय स्त्रियाँ हैं' जो जनता को, विशेषकर मजदूर वर्ग को बाँटना चाहती हैं; वे चाहेंगी कि 'सभी वर्गों की महिलाएँ पुरुषों से मुकाबला करने के लिए एकजुट हो जाएँ' (पृ. 3); 'महिलाओं के संगठन विशेषकर स्वायत्त समूह स्त्रियों को राजनीति से बाहर रखने के लिए जिम्मेदार हैं और वे नहीं चाहेंगे कि स्त्रियाँ राज्य के विरुद्ध संघर्ष में शामिल हों' (पृ. 16-17)। एक अन्य वाम सिद्धान्तकार विमल रणदिवे को यह कहते हुए उद्धृत किया गया है : 'नारीवादियों के अनुसार स्त्रियों के शोषण का मूल उत्स समाज की पितृसत्तात्मक व्यवस्था में' निहित है, वे '...भारत में राजनीतिक और वाम दल और श्रमिक संघ भी ''पितृसत्तात्मक'' हैं, महिलाओं के सवाल को अन्य सवालों में शामिल कर देते हैं। यहाँ यह बात ध्यान देने की है (कि) ये समूह अपने नेतृत्व में केवल दहेज जैसे सामाजिक मुद्दे उठाकर स्त्रियों को साझा आन्दोलन से दूर रखना चाहेंगे। वे नहीं चाहेंगे कि स्त्रियों का राजनीतिकरण हो और वे क्रान्तिकारियों के संघर्ष की मुख्य धारा में आगे रह सकें'। इलिना सेन (सं.) (1990) : ए स्पेस विदिन द स्ट्रगल, नई दिल्ली काली फॉर वीमेन में पृ. 2 पर उद्धृत।
52. 'लेफ्ट गव्ट्स-शैकल वीमेन'स मूवमेंट', द टाइम्स आफ इंडिया, 6 जनवरी, 1991।
53. जे. देविका और बिनीता वी. थांपी (2012) : न्यू लैंप्स फॉर ओल्ड, नई दिल्ली, जुबान, में उद्धृत, पृ. 30।
54. उदाहरण के लिए नीरा देसाई (1998) : ए डिकेड आफ वीमेन'स मूवमेंट इन इंडिया, बम्बई, हिमालय; इलिना सेन (सं.) (1990); नन्दिता गांधी और नन्दिता शाह (1991) : द इशूज ऐट स्टेक : थियरी ऐंड प्रैक्टिस इन द कंटेंपरेरी वीमेन'स मूवमेंट इन इंडिया, नई दिल्ली, काली फॉर वीमेन; अमृता बसु (1992) : टू फेसेज़ आफ प्रोटेस्ट : कंट्रास्टिंग मोड्स ऑफ वीमेन'स ऐक्टिविज़्म इन इंडिया, बर्कले, युनिवर्सिटी ऑफ कैलिफोर्निया प्रेस; राका रे (2000) : फील्ड्स आफ प्रोटेस्ट : वीमेन'स मूवमेंट्स इन इंडिया, नई दिल्ली, काली फॉर वीमेन; इसके साथ ही रितु मेनन (सं.) (2011) : और देविका तथा थांपी (2012)।
55. गांधी और शाह (1991) : पृ. 89।

56. दूसरा समूह समरस नहीं बल्कि समाजवादी नारीवादियों (जो स्थानीय पराधीनता और व्यक्तिगत अनुभवों को मौजूदा सामाजिक सम्बन्धों के भीतर ही तलाश करती हैं) और अन्य, जिनमें वामपन्थी राजनीति को अस्वीकार करने वाली आमूल परिवर्तनवादी नारीवादी शामिल हैं, के बीच विभाजित हैं। हाल के वर्षों में भारतीय महिला आन्दोलन में समाजवादी नारीवादियों का प्रभाव कम हुआ है। आन्दोलन अधिक विखंडित और विचारधारात्मक रूप से विभाजित हो गया है।

57. सूजेन क्रांज़ (2008) : फेमिनिज़्म ऐंड मार्क्सिज्म इन द आल इंडिया डिमाक्रेटिक वीमेन'स क्वेश्चन इन कन्टेंपररी इंडिया', इकनामिक हिस्टरी सोसायटी, युनिवर्सिटी ऑफ नाटिंघम के वार्षिक सम्मेलन में प्रस्तुत परचा। वह निष्कर्ष निकालती हैं : 'एडवा की सदस्याएँ नारीवाद के सन्दर्भ में स्वयं को परिभाषित करने में असमर्थ प्रतीत होती हैं; लेकिन नारीवाद और पश्चिमी आन्दोलनों के सन्दर्भ में स्वयं को परिभाषित करने की कोई जरूरत भी नहीं है...वाम रुझान वाले महिला आन्दोलन के भीतर नारीवाद अथवा मार्क्सवाद के बारे में कोई स्पष्ट विचार नहीं हैं। एडवा समकालीन भारतीय महिला आन्दोलन के भीतर एक अनूठा आन्दोलन बनने के लिए प्रयासरत है, लेकिन ऐसा लगता है कि मार्क्सवाद के विचार को नारीवाद की अवधारणा के साथ जोड़ने में उसे मुश्किल हो रही है' (पृ. 5)।

58. अनेक मार्क्सवादी अपने विशिष्ट अन्दाज में दलील देते हैं कि नारीवाद हद से हद वर्ग संघर्ष से कम महत्त्वपूर्ण है तथा अगर निकृष्टतम रूप में देखा जाए तो मेहनतकश वर्ग को बाँटने वाला है...यद्यपि मार्क्सवादी विश्लेषण ऐतिहासिक विकास के और विशेषकर पूँजी के कानूनों में एक मूलभूत अन्तदृष्टि प्रदान करता है (तथापि) मार्क्सवाद की श्रेणियाँ लैंगिक भेदभाव को अनदेखा करती हैं (...) विशेष रूप से नारीवादी विश्लेषण ही पुरुषों और स्त्रियों के बीच के सम्बन्धों के व्यवस्थित चरित्र को उद्घाटित करता है'। हीडी हर्टमान (1979) : 'द अनहैप्पी मैरिज ऑफ मार्क्सिज़्म ऐंड फेमिनिज़्म : टुवड्र्स ए मोर प्रोग्रेसिव यूनियन', कैपिटल ऐंड क्लास, सं. 8, पृ. 1।

59. एडवा से सम्बद्ध लोग कभी-कभी अपनी पार्टी या उससे जुड़ी संस्थाओं के कथित बलात्कारियों के विरुद्ध कार्रवाई करने या उनकी आलोचना करने से इनकार कर देते हैं। महाराष्ट्र में दहनू (1989); और बिराटी (1990); और पश्चिम बंगाल में सिंगूर और नन्दीग्राम (2007) इसके उदाहरण हैं।

60. इसे मोनिका इरवर ने केरल में महिलाओं की राजनीति के अपने 2003 के अध्ययन में दर्ज किया है जो देविका और थांपी (2012) : पृ. 7 और 30-31 पर उद्धृत है। लेखिकाद्वय एक पूर्णकालिक महिला कार्यकर्ता के मामले के बारे में बताती हैं जो माकपा से सम्बद्ध ट्रेड यूनियन के 'ऊपरी स्तरों' में 'प्रवेश पाने में कामयाब हो गई थी' लेकिन विधानसभा चुनाव लड़ते समय उसे अपने ही सहयोगियों की ओर से गम्भीर भेदभाव का सामना करना पड़ा क्योंकि वह स्नातक नहीं थी—यानी पर्याप्त 'सम्माननीय' नहीं थी। वे टिप्पणी करती हैं : 'सम्मान की यह धारणा पितृसत्तात्मक परिवार की पवित्रता को स्पष्टत: अनछुआ छोड़ देती है। वास्तव में, एडवा की जिन महिलाओं का हमने साक्षात्कार लिया उनमें से अधिकतर परिवार की धारणा की उतनी प्रत्यालोचना नहीं करती थीं जितना कि उसे विस्तार देती थीं। इसके तहत पार्टी को सबसे वरिष्ठ और सबसे ज्यादा सम्मानित अभिभावक के रूप में देखा जाता है' (पृ. 7)। वे एडवा द्वारा उच्च जातियों के कर्म-कांडों का सहारा लिये जाने का मामला भी उद्धृत करती हैं जैसेकि चेंगारा में दलितों के भूमि संघर्ष के साथ एकजुटता प्रदर्शन में रात भर निगरानी के लिए जिस स्थान पर सब ठहरे थे वहाँ पानी को गोबर से 'शुद्ध किया जाना', इसे 'यौनिक अराजकता' का एक उदाहरण बताया गया। तनिका सरकार एक अन्य धारणा, स्त्री के माता रूप की धारणा की ठोस ढंग से पड़ताल करती हैं। तनिका सरकार (1991) : 'रिफ्लेक्शंस ऑन बिराटी रेप केस : जेंडर आइडियोलाजी इन बेंगाल', इकोनामिक ऐंड पोलिटकल वीक्ली, 2 फरवरी।

61. बसु (1992), पृ. 54; अनिशा दत्ता (2009), 'सिंक्रेटिक सोशलिज्म इन पोस्ट-कालोनियल वेस्ट

बेंगाल : मोबिलाइजिंग ऐंड डिसिप्लिनिंग वीमेन फॉर ए ''सुस्थ'' नेशन-स्टेट' में दत्ता तर्क देती हैं कि एडवा की सबसे बड़ी राज्य इकाई पश्चिम बंग गणतांत्रिक महिला समिति 'सार्वजनिक जीवन में महिलाओं के अधिकारों के लिए लगातार लड़ती है', लेकिन इसकी प्रकाशित सामग्री के परीक्षण से पता चलता है कि एक 'सुस्थ' (सामान्य) राष्ट्र-राज्य, एक मेलजोल वाला समाज और एक सुखी खुशहाल परिवार बनाना उसका अन्तिम लक्ष्य है लेकिन ये सब इन अधिकारों को स्त्रियों के लिए नई बेड़ियों में बदल देंगे। विशेषकर इसके प्रकाशनों, जिनमें शैक्षणिक पुस्तिकाएँ, सावधिक पत्र 'एकसाथे' से लिए गए सम्पादकीय निबन्ध, कविताएँ, यात्रा संस्मरण और कथा साहित्य शामिल हैं, को ध्यानपूर्वक पढ़कर इस थीसिस में पता लगाया गया है कि पश्चिम बंग गणतांत्रिक महिला समिति किस तरह महिलाओं को उत्पादक श्रम के भावी स्रोतों की आपूर्ति की प्रजननात्मक और समाजीकरण करने वाली एजेंटों के रूप में और एक आरक्षित श्रमिक समूह का उत्पादन करने वाली उत्पादक प्राणी के रूप में देखती है'। पी-एच.डी. थीसिस, वैंकूवर, यूनिवर्सिटी आफ ब्रिटिश कोलंबिया, पृ. ii, https://circle.ubc.ca/bitstream/handle/.../ube-2009-fall-datta-anisha.pdf?, 20 जून 2013 को देखा गया।

62. इनमें से कुछ परिवर्तन समाचारपत्रों में प्रकाशित बृंदा करात के लेखों और अन्य लेखन में प्रतिबिम्बित हैं जो उनकी एक अत्यन्त पठनीय पुस्तक करात (2005) : सर्वाइवल ऐंड इमैंसिपेशन : नोट्स फ्राम इंडियन वीमेन'स स्ट्रगल्स, गुड़गाँव : थ्री एसेज़ कलेक्टिव में संग्रहीत हैं।
63. सीपीआई(एम) (2005) : 'पार्टी'ज पर्सपेक्टिव ऑन वीमेन'स इशूज ऐंड टास्क्स', नई दिल्ली, सीपीआई(एम)।
64. अनेक भारतीय नारीवादी, विशेषकर समाजवादी नारीवादी भी ऐसा नहीं मानते।
65. यह (दावा) निरपवाद प्रतीत हो सकता है किन्तु यह दस्तावेज लगातार सोवियत खेमे के देशों में और चीन में महिलाओं के आगे बढ़ने और उनकी मुक्ति के ऐसे साक्ष्य उद्धृत करता है, जो संदिग्ध हैं।
66. जनता दल(यूनाइटेड) और समाजवादी पार्टी ने बार-बार महिला आरक्षण विधेयक का विरोध किया है। जद(यू) अध्यक्ष शरद यादव ने महिलाओं के विरुद्ध घोर लैंगिकवादी टिप्पणियाँ की हैं जिससे उनके अपने अनुयायी भी शर्मिंदा हुए हैं।
67. पश्चिम बंगाल, केरल और त्रिपुरा तीनों जगह यह अनुपात 1994 और 2011 (2012 की कोझीकोड़ कांग्रेस की राजनीतिक-सांगठनिक रिपोर्ट में 2011 तक के आँकड़े ही उपलब्ध हैं) के बीच 80 प्रतिशत से अधिक बढ़ा लेकिन पहले दोनों राज्यों में यह अब भी कम हैं—क्रमश : 11 प्रतिशत और 14 प्रतिशत; केवल त्रिपुरा में यह 20 प्रतिशत से आगे बढ़ा है। 2015 की कांग्रेस की राजनीतिक-सांगठनिक रिपोर्ट अभी तक सार्वजनिक नहीं की गई है।
68. यह बृंदा करात हैं जिन्होंने 1998 की कलकत्ता कांग्रेस में केन्द्रीय समिति में दूसरा कार्यकाल ठुकरा दिया और 'पार्टी के नेतृत्व पर स्त्री-विरोधी होने का आरोप लगाया', इंडिया टुडे, 26 अक्टूबर, 1998।
69. पूर्व सांसद सुभाषिनी अली।
70. 1992, 1995, 1998, 2005 और 2008 की कांग्रेसों में इनके औसत आँकड़े इन वर्षों की राजनीतिक-सांगठनिक रिपोर्टों में उपलब्ध हैं।
71. माकपा की पार्टी कांग्रेसों की विविध राजनीतिक-सांगठनिक रिपोर्टें।
72. जिनमें हर एक में कम-से-कम एक महिला अवश्य थी।
73. लामा-ग्रेवाल (2009) : पृ. 385।
74. अध्याय 7 में इस पर अधिक विस्तार से चर्चा की गई है।
75. जैसा कि अध्याय 2 में उल्लेख किया गया है, आजादी के बाद से लगभग छह करोड़ लोग विस्थापित किए जा चुके हैं, यह संख्या फ्रांस अथवा ब्रिटेन की आबादी के बराबर है।
76. द मार्क्सिसस्ट्स, अप्रैल-जून 1984 और कुछ अन्य विवरणों में प्रकाशित, जिनमें प्रकाश करात

(1988) : फारेन फंडिंग ऐंड द फिलासफी आफ वालंटरी आर्गनाइज़ेशंस : ए फैक्टर इन इंपीरियलिस्ट स्ट्रैटेजी, नई दिल्ली, नैशनल बुक सेंटर शामिल हैं।

77. पश्चिमी घाट मानसून व्यवस्था के लिए बहुत महत्त्वपूर्ण है और फूलों के पौधों, मछलियों, मेढ़कों, पक्षियों और स्तनधारियों की एक हजार से ज्यादा किस्मों, जातियों की शरणस्थली है।

78. www.moef.nic.in/downloads/public-information/wg-23052012.pdf, 4 मई, 2014 को देखा गया।

79. गुजरात, महाराष्ट्र, गोआ, कर्नाटक, केरल और तमिलनाडु तक फैले घाट के सम्पूर्ण क्षेत्र का 64 प्रतिशत इसके अन्तर्गत आ जाएगा। पार्टी ने इस मुद्दे पर के. कस्तूरीरंगन की अध्यक्षता वाले तथाकथित उच्चस्तरीय वर्किंग ग्रुप द्वारा प्रस्तुत हलके प्रस्तावों को भी अस्वीकार कर दिया। इसने पारिस्थितिकीय दृष्टि से संवेदनशील क्षेत्र को गम्भीर रूप से घटाकर 37 प्रतिशत कर दिया और स्थानीय समुदायों के साथ विचार विमर्श की प्रक्रिया को भी समाप्त कर दिया। केएसएसपी 'गाडगिल रिपोर्ट' के केन्द्रीय विचार का बचाव करती है यद्यपि इसके कुछ आकलनों में इसे तकनीकी असंगतियाँ जान पड़ती हैं। जून 2014 में इसने इस मुद्दे पर व्यापक पैमाने पर एक शिक्षा अभियान शुरू किया। http://www.thehindu.com/todays-paper/tp-national/tp-kerala/retain-core-of-gadgil-report-kssp/article4622254.ece. और http://timesofindia. indiatimes.com/city/kozihikode/Kerala-Sasthra-Sahitya-Parishad-to-revive-campaign-on-gadgil-report/articleshow/35859029.cms. दोनों 14 जून 2014 को देखे गए।

80. उदाहरण के लिए, अमेरिका ने उस तारापुर परमाणु संयंत्र के लिए समृद्ध यूरेनियम की आपूर्ति ठप कर देने का कोई अभियान नहीं चलाया जिसे उसने भारत के लिए खुद ही स्थापित किया था जबकि 1974 के बाद वह ऐसा कर सकता था। इसके बजाय उसने पहले फ्रांस और बाद में चीन से उर्स इंधन की आपूर्ति करवाई जिसे उस समय भारत नहीं बना सकता था।

81. अध्याय 3 में इस पर चर्चा की गई है।

82. उदाहरण के लिए 1984 में परमाणु ऊर्जा विभाग के प्रमुख ने 'टाइम्स आफ इंडिया' में परमाणु ऊर्जा विभाग के भारी जल कार्यक्रम की कुल असफलताओं और जरूरत से कम किए गए काम का पर्दाफाश करने के कारण इस लेखक को 'देशद्रोही' करार दिया। मुख्यधारा के मीडिया ने भी लेखक की टिप्पणियों की निन्दा की लेकिन वाम इस मुद्दे पर कोई खास मुखर नहीं था। कूडनकुलम में इसी तौर-तरीके की पुनरावृत्ति हुई जहाँ परमाणु संयंत्र विरोधी जनान्दोलन को 'राष्ट्रविरोधी' कहकर बदनाम किया गया और इसके अनेक नेताओं पर देशद्रोह और 'भारतीय राज्य के विरुद्ध युद्ध छेड़ने' के आरोप लगाये गए। वाम को जिस जोरदार ढंग से उनका बचाव करना चाहिए था वैसा उसने नहीं किया।

83. फुकुशिमा के तुरन्त बाद भाकपा ने परमाणु ऊर्जा पर अपनी नीति की समीक्षा के लिए संजय बिस्वास की अध्यक्षता में एक समिति गठित की। संजय बिस्वास भारतीय विज्ञान संस्थान, बंगलौर के एक प्रतिष्ठित इंजीनियर और अखिल भारतीय प्रगतिशील मोर्चे के संस्थापक अध्यक्ष थे। दुर्भाग्यवश, अप्रैल 2013 में बिस्वास का निधन हो गया। समिति की रिपोर्ट अब तक प्रकाशित नहीं की गई है।

84. मौजूदा सदी के पहले दशक के मध्य के आसपास यह परियोजना त्याग दी गई लेकिन बताया जाता है कि अब उसे पुनजीर्वित किया जा रहा है।

85. सीपीआई (2012) : 'पोलिटिकल रिज़ाल्यूशन' पटना में आयोजित इक्कीसवीं ,कांग्रेस, मार्च।

86. माकपा की अठारहवीं कांग्रेस का राजनीतिक प्रस्ताव, अनुच्छेद 2-48।

87. माकपा की 2008 की कांग्रेस के राजनीतिक प्रस्ताव में इस बात का भी उल्लेख किया गया : 'पर्यावरण और आदिवासियों तथा अन्य परम्परागत वनवासियों की आजीविका दोनों की कीमत पर वनभूमि के विशाल क्षेत्र खनन, उद्योगों अथवा वाणिज्यिक वृक्षारोपण की ओर मोड़े जा रहे हैं। अत्यधिक दोहन, गंदगी और असंशोधित औद्योगिक कचरे और शहरी सीवेज के कारण जल

संसाधन गम्भीर रूप से जर्जर हो रहे हैं। भूजल भंडार पर विशेष रूप से खतरा है...निजी परिवहन को निर्मम प्रोत्साहन दिए जाने और सार्वजनिक परिवहन की उपेक्षा के कारण वायु प्रदूषण की स्थिति बदतर हो रही है। प्रदूषणकारी उद्योगों का अविनियमित विस्तार और पुन:इस्तेमाल के लिए खतरनाक और विषैले कचरे का आयात भारत को विकसित देशों के कूड़ाघर में बदल रहा है...पर्यावरण सम्बन्धी विनियम और नियंत्रणों को मजबूत करने के बजाय राज्य सकल घरेलू उत्पाद में वृद्धि के संवर्धन के लिए और बाजार की शक्तियों के नाम पर उन्हें जानबूझकर शिथिल कर रहा है...' सीपीआई(एम) (2008) : 'डाक्यूमेंट्स ऑफ द नाइनटींथ कांग्रेस', नई दिल्ली, सीपीआई(एम), पृ. 49-51।

88. वही। अनुच्छेद 1-22-1-24।

89. हालाँकि जलवायु परिवर्तन और ग्रीन हाउस गैसों के विषय में यह सच है कि भारत में अमेरिका की तुलना में प्रति व्यक्ति उत्सर्जन 1/20 है (तथापि) यह ध्यातव्य है कि भारत के भीतर भी यह असमानता इस बात से स्पष्ट है कि ग्रामीण और शहरी निर्धनों को औसत भारतीय ऊर्जा उपयोग का एक बहुत छोटा अंश ही मिलता है। प्रतिव्यक्ति निम्न उत्सर्जन की आड़ लेकर भारत के कारपोरेट, औद्योगिक घरानों और अभिजन वर्गों को गरीबों की कीमत पर और जनहित की कीमत पर ऊर्जा उपभोग की अय्याशी और परिणामत: उत्सर्जन की इजाजत नहीं दी जा सकती...।' वही, अनुच्छेद 2-74।

90. भारत में भी वायु और सौर फोटोवोल्टिक पावर दोनों तेजी से बढ़ रहे हैं। अप्रैल 2015 में भारत की पवन उत्पादन क्षमता 23,000 मेगावाट से अधिक थी जो भारत की कुल संस्थापित विद्युत क्षमता का लगभग दसवां हिस्सा है और परमाणु ऊर्जा क्षमता की तुलना में पाँच गुना ज्यादा है। सौर शक्ति का भी प्रभावशाली ढंग से विस्तार हो रहा है। ग्रिड से जुड़ी सौर शक्ति अब 4,000 मेगावाट के करीब है; 2022 के लिए 100,000 का लक्ष्य है।

91. इसे मार्क्स कभी-कभी 'जीवन के स्वाभाविक कानूनों द्वारा निर्धारित सामाजिक अन्तरपरिवर्तन की सुसंगति में आई एक ऐसी 'टूटन' बताते हैं, 'जिसकी मरम्मत नहीं की जा सकती'। मार्क्स की दृष्टि में 'बड़े बड़े केन्द्रों में आबादी को इकट्ठा कर और शहरी आबादी का लगातार सदैव बढ़ता आधिक्य पैदा करते हुए पूँजीवादी उत्पादन एक ओर समाज की ऐतिहासिक प्रेरक शक्ति को संकेन्द्रित कर देता है और दूसरी ओर मानव और धरती के बीच पदार्थ के संचार में बाधा डालता है, अर्थात मनुष्य द्वारा भोजन और वस्त्र के रूप में उपभोग किए गए जमीनी तत्त्वों को जमीन में वापस जाने से रोकता है; इसलिए यह भूमि की स्थायी उर्वरता के लिए आवश्यक दशाओं को नुकसान पहुँचाता है...'। इस पर और अधिक चर्चा के लिए देखें, जान बेल्लमी फोस्टर (2000) : मार्क्स'स इकोलाजी : मैटीरियलिज्म ऐंड नेचर, न्यूयार्क, मंथली रिव्यू प्रेस; और पॉल बर्केट (1999) : मार्क्स ऐंड नेचर : ए रेड ऐंड ग्रीन पर्सपेक्टिव, लन्दन, पालग्रेव मैकमिलन। कार्ल पोल्यानी, निकोलस जार्जस्कू-रीगन, केनेथे बोल्डिंग, एलमार आल्टेवेटर, जेम्स ओ'कोनोर, जोन मार्टिनेज-अलिएर और इकोलाजिकल इकनामिक्स स्कूल का काम भी देखें।

92. देखें टिप्पणी 107।

93. अनाम (1971) : 'द कोसीपुर-बड़ानगर मर्डर्स', इकनामिक ऐंड पोलिटिकल वीक्ली, 28 अगस्त; कल्याण चौधुरी (1977) : 'लॉ ऐंड आर्डर किलिंग्स', इकनामिक ऐंड पोलिटिकल वीक्ली, 16 जुलाई।

94. भबानी सेन गुप्ता (1979) : सीपीआई(एम) : प्रामिसेज़, प्रास्पेक्ट्स, प्राब्लम्स, नई दिल्ली, यंग एशिया पब्लिकेशंस, पृ. 45।

95. स्पेशल करेसपांडेंट (1982) : 'पोलिस अंडर लेफ्ट फ्रंट गवर्नमेंट', इकनामिक ऐंड पोलिटिकल वीक्ली, 11 दिसम्बर।

96. अनेक लेखों और रिपोर्टों में इसका विश्लेषण किया गया है और इस पर टिप्पणियाँ की गई हैं, इनमें बीरेन रॉय (1994) : 'वेस्ट बेंगाल : ह्यूमन राइट्स अब्यूज कन्टिन्यूज़ अनचेक्ड', इकनामिक ऐंड पोलिटिकल वीक्ली, 1 अक्टूबर; पीपुल्स यूनियन आफ सिविल लिबर्टीज़ (2006) : 'रिपोर्ट

ऑन स्टेट रिप्रेशन ऑन पोलिटिकल अपोजीशन इन वेस्ट बंगाल', जनवरी, http://www.pucl.org/topics/Human-rigts/2006-wb/hr-report.html; अरूप कुमार सेन (2011) : 'रिटेलिंग द राजारहाट स्टोरी', मेनस्ट्रीम, 2 अप्रैल शामिल हैं।

97. एशियन सेंटर फॉर ह्यूमन राइट्स (2011) : '14,231 कस्टोडियल डेथ्स फ्राम 2001 टु 2010', http://www.achrweb.org/press/2011/IND07-2011.html

98. उनमें से अधिकतर नामशूद्र जाति के थे।

99. अन्नू जलाइस (2005) : 'ड्वेलिंग ऑन मोरिचझांपी', इकनामिक ऐंड पोलिटिकल वीक्ली, 23 अप्रैल। लेखक के अनुसार यह लेख सुन्दरवन में 'लगभग दो वर्ष तक किए गए' क्षेत्रकार्य पर आधारित है।

100. वही।

101. रॉस मलिक (1999) : 'रिफ्यूजी रिसेटलमेंट इन फारेस्ट रिजर्व्स : वेस्ट बेंगाल पालिसी रिवर्सल ऐंड द मोरिचझांपी मसाकर', द जरनल आफ एशियन स्टडीज़, खं-58, सं. 1, फरवरी, पृ. 104-26।

102. जलाइस (2005)।

103. एक अन्य सन्दर्भ में, सुन्दरबन में प्रस्तावित पर्यटन स्थल के सन्दर्भ में वह इस विषय पर वापस लौटे, अमिताव घोष (2004) : 'ए क्रोकोडायल इन द स्वांपलैंड्स', आउटलुक, 18 अक्तूबर।

104. मलिक (1999)।

105. वही। मलिक के अनुसार, 'उनके उत्तराधिकारी, माकपा मंत्रियों में दूसरे नम्बर पर रहे बिनोय चौधुरी को, उनके इस बात की शिकायत करने के बाद कि उनकी पार्टी कितनी भ्रष्ट हो गई है, पार्टी की सीट के लिए दुबारा नामांकित नहीं किया गया था।'

106. अधिक विस्तृत विवरण के लिए देखें देबब्रत बन्द्योपाध्याय (2011) : 'वेस्ट बेंगाल : अर्जेंट टास्क्स बिफोर द न्यू गवर्नमेंट', मेनस्ट्रीम, 9 जून।

107. 1997 में विधानसभा में पूछे गए प्रश्न के जवाब में। वह उस समय गृहमंत्री थे। देबब्रत बन्द्योपाध्याय (2010) : 'सेंसस ऑफ पोलिटिकल मर्डर्स इन वेस्ट बेंगाल ड्यूरिंग सीपीआई(एम) रूल-1977-2009', मेनस्ट्रीम, 4 अगस्त में उद्धृत।

108. बन्द्योपाध्याय (2010) ने 1977 से 2009 तक की अवधि के दौरान एक महीने में 149 हत्याओं का आकलन किया है, लेकिन यह संख्या अधिक प्रतीत होती है क्योंकि इसमें 1997-2009 के आँकड़ों में 'हत्या' को राजनीतिक हत्या के साथ गड्डमड्ड कर दिया गया है।

109. प्रकाश लुइस और आर वाशुम (2002) : एक्स्ट्रा-आर्डिनरी लॉज़ इन इंडिया, नई दिल्ली, इंडियन सोशल इंस्टीट्यूट में इनमें से कुछ को सूचीबद्ध किया गया है।

110. जम्मू-कश्मीर में और उत्तर-पूर्वी भारत के कुछ हिस्सों में लागू यह कानून अपनी तरह का सम्भवत: सबसे खराब कानून है। यह हत्या करने वाले अधिकारी को ऐसी सुरक्षा प्रदान करता है कि प्रतिरक्षा बलों की सहमति के बिना उस पर कोई मुकदमा नहीं चलाया जा सकता और यह सहमति बिरले ही मिलती है।

111. 'कॉप्स गेट सीएम'स लाइसेंस टु किल', द स्टेट्समैन, कलकत्ता, 26 दिसम्बर, 2000; डी. बन्द्योपाध्याय (2001) : 'लाइसेंस टु किल ?', इकनामिक ऐंड पोलिटिकल वीक्ली, 6 जनवरी, पृ. 12 पर उद्धृत।

112. मोहम्मद नज़ीर (2014) : 'ट्रैप्ड इन साइक्लिकल वायलेंस', द हिन्दू, 23 सितम्बर।

113. राजनीतिक टकरावों की घटनाओं के पीछे बदले की मंशा उस लड़ाकू राजनीतिक माहौल का एक उत्पाद है जो आपातकाल के बाद जिले के राजनीतिक रूप से विस्फोटक अस्थिर हिस्से में सामने आई। संघ परिवार ने उन निकटवर्ती इलाकों में अपनी शाखाएँ आयोजित करनी शुरू कीं जो माकपा के गढ़ माने जाते रहे हैं। इनमें से कुछ क्षेत्रों में कम्युनिस्टों और सोशलिस्टों के बीच पहले से ही चली आ रही राजनीतिक लड़ाइयों की विरासत ने तब एक नया हिंसक रूप ग्रहण कर लिया जब

माकपा और भाजपा-राष्ट्रीय स्वयंसेवक संघ के कार्यकर्ताओं ने अपने अपने प्रभाव क्षेत्रों को अपनी ''पार्टी के गाँवों'' के रूप में देखना शुरू कर दिया'। वही।

114. वही। एक प्रमुख समाजशास्त्री के.टी. राममोहन ने हस हत्या पर टिप्पणी की : ' इससे भी अधिक तकलीफदेह यह है कि पन्ने के कटोरे (केरल की हरी भरी धरती) में खून है। यह रक्तपात केवल अतिदक्षिणपन्थी साम्प्रदायिक ताकतों की ही नहीं बल्कि राज्य के सबसे बड़े राजनीतिक संगठन माकपा की भी देन है। असहमति के प्रति इसका रवैया ऐसा है कि हाल ही में एक पुराने कार्यकर्ता, जिसने एक नया संसदीय कम्युनिस्ट संगठन बनाना चाहा था, की बड़े भयावह और वीभत्स ढंग से हत्या कर दी गई। उसके शरीर पर कम-से-कम इक्यावन घाव किए गए। इस जघन्य कार्रवाई के अन्य भयावह आयाम भी थे। प्रकटतः पुलिस की तफतीश को गलत दिशा में मोड़ने और जनता को धोखा देने के लिए हत्यारे कामरेड उस टैक्सी में गए थे जिस पर अरबी शब्द 'माशा अल्लाह' का स्टिकर लगा था। अगर यह कुटिल चाल कामयाब हो जाती तो अनेक निर्दोष मुसलमान पुलिस हिरासत में ले लिये गए होते अथवा दक्षिणपन्थी हिन्दू शक्तियों द्वारा भड़काई गई सम्भावित हिंसा में मारे जाते... । हाल की हत्या के सम्बन्ध में, जिससे पार्टी के कुछ महत्त्वपूर्ण पदाधिकारी कथित रूप से जुड़े थे और उनसे पूछताछ की गई थी, पार्टी सचिव ने धमकी दी कि अगर और गिरफ्तारियाँ हुईं तो पार्टी एक दहकती मशाल में बदल जाएगी। इसके बाद ही एक अन्य नेता का दुख-सुख मिश्रित हस्तक्षेप हुआ जिसने पुलिस जाँच-पड़ताल के प्रति वर्तमान असहिष्णुता को न्यायोचित ठहराने के लिए ऐतिहासिक किसान प्रतिरोध की छवियों को उपयोग करने का प्रयास किया। एक जिला सचिव ने...1980 के दशक के बारे में डींग मारी : ''हमने तेरह लोगों की एक सूची बनाई। (फिर उसने ये अंक अंग्रेजी में गिनाये) वन, टू, थ्री, फोर...पहले तीन को सबसे पहले मारा जाना था। एक को गोली से उड़ा दिया गया था, दूसरे को पीट पीट कर मार डाला गया था और तीसरे को चाकू भोंक कर मारा गया था''।' राममोहन इसके आगे कहते हैं : 'केरल के अधिकतर बुद्धिजीवियों ने, जो अन्यथा वाक्पटु हैं, हाल की हत्याओं पर खामोश रहना पसन्द किया अथवा प्रतिक्रिया व्यक्ति करने में कच्छप गति का अनुसरण किया। यह आश्चर्यजनक नहीं था, यदि इस बात को ध्यान में रखा जाए कि इस वर्ग की विशाल बहुसंख्या पार्टी की 'वेतनभोगी बुद्धिजीवी' हैं। खामोशी का कारण पार्टी में आन्तरिक लोकतंत्र की परम्परा का अभाव और पार्टी मुख्यालय के प्रति उनकी दासता भी है। कुछ वर्ष पूर्व जब एक प्राथमिक पाठशाला के अध्यापक को जो राष्ट्रीय स्वयंसेवक संघ का प्रमुख संगठनकर्ता था, कक्षा के भीतर छोटे छोटे बच्चों के सामने ही मार डाला गया था तब पार्टी के एक प्रमुख बुद्धिजीवी ने, जो मार्क्सवाद और मनोविश्लेषण दोनों पर खूब जम कर लिखते और बोलते थे, इस हत्या को यह उल्लेख करते हुए उचित ठहराया था कि इससे पहले आर-एस.एस. ने एक कामरेड को उसके माता-पिता के सामने ही खत्म कर दिया था...'। राममोहन (2012) : 'कंटेंपररी पालिटिक्स : हारर्स ऐंड होप', सेमिनार 637, सितम्बर, पृ. 26-27।

115. मार्च 2014 में अच्युतानन्दन से माकपा के चुनाव अभियान का नेतृत्व करने को कहा गया था, तब वह चन्द्रशेखर की हत्या पर पार्टी के रुख का औपचारिक रूप से लेकिन केवल कुछ समय के लिए ही समर्थन करने पर सहमत हो गए थे । के.पी.एम. बशीर (2014) : 'इट्स नो मोर वी एस वर्सेस सीपीआई(एम) इन केरल', हिन्दू बिजनेस लाइन, 29 मार्च। लेकिन इस मुद्दे का समाधान अभी तक नहीं किया गया है। फरवरी 2015 में अलप्पुझा में हुए केरल के राज्य पार्टी सम्मेलन में अच्युतानन्दन पर फिर प्रहार हुए। उन्होंने जवाबी हमला करते हुए माँग की कि टी.पी. चन्द्रशेखरन की हत्या से जुड़े पार्टी सदस्यों को पार्टी से निष्कासित कर दिया जाना चाहिए'। http://articles.economictimes.indiatimes.com/2015-02-24/news/59460691/-1-vs-achuthanandan-opposition-leader-party-members, 21 मार्च, 2015 को देखा गया।

116. चुनाव परिणामों के लिए देखें अध्याय 7।

अध्याय 9 : गँवा दिए गए अवसर

1. ये शब्द एक वरिष्ठ वाम नेता के हैं। मैं उनकी पहचान उद्घाटित करने में असमर्थ हूँ।
2. इस पर हस्ताक्षर करने वालों में थे समाजविज्ञानी बिपन चन्द्र, इरफ़ान हबीब, के.एन. पनिक्कर, सुमित सरकार, तनिका सरकार, ज़ोया हसन, नीरजा गोपाल जयाल और सुखदेव थोरट, थियेटर की शख्सियतें, हबीब तनवीर और कीर्ति जैन, फिल्म निर्माता सईद मिर्ज़ा, श्याम बेनेगल और आनन्द पटवर्धन, अभिनेता ए.के. हंगल, शबाना आज़मी और नन्दिता दास, समाजकर्मी निर्मला देशपांडे, के.जी. कन्नाबीरन, हर्ष मन्दर, शबनम हाशमी, कविता श्रीवास्तव और जावेद आनन्द। यह वक्तव्य http://sacw.net/article9524.html, 31 अगस्त, 2014 को देखा गया।
3. लेखक को इसकी जानकारी थी, यह जानकारी उसे दो वरिष्ठ वाम नेताओं से मिली थी जिन्होंने इस बात पर जोर दिया कि उनकी पहचान जाहिर न की जाए।
4. नव रत्न, सर्वश्रेष्ठ कार्यनिष्पादन वाली नौ सार्वजनिक कम्पनियाँ।
5. न्यूनतम साझा कार्यक्रम के पूरे पाठ के लिए देखें http://nceuis.nic.in/NCMP.htmvFkokwww.thehindu.com/2004/05/28/stories/2004052807371200.htm, 30 अगस्त, 2014 को देखा गया।
6. इनमें से कुछ मुद्दे वाम दल के नेताओं के विभिन्न वक्तव्यों में और माकपा की 2008 में हुई कोयंबटूर कांग्रेस के दस्तावेजों में सूचीबद्ध हैं : पीडीएफ फाइल के रूप में http://www.cpim.org/content/19th-congress-political-resolution पर उपलब्ध।
7. पेटेंट लॉ सम्बन्धी यह जानकारी 'पीपुल्स कमीशन ऑन पेंटेंट लॉज़ इन इंडिया' की जनवरी 2003 की एक रिपोर्ट पर आधारित है। इस कमीशन के अध्यक्ष पूर्व प्रधानमंत्री इंदर कुमार गुजराल थे और इस विषय के अनेक विशेषज्ञ इसके सदस्य थे।
8. लेकिन स्वयं वाम ने विशेष आर्थिक क्षेत्रों (एसईज़ेड) को आगे बढ़ाया, विशेषकर बंगाल में और इस प्रकार एस ई जेड के प्रति अपने विरोध की साख को खुद ही नुकसान पहुँचाया।
9. अन्तरराष्ट्रीय सुरक्षा और अप्रसार के अमेरिका के एक पूर्व सहायक सचिव स्टीफन रेडमेकर ने सुरक्षा अध्ययन और विश्लेषण संस्थान (आईडीएसए) नई दिल्ली से एक वार्ता के दौरान यह बात कही। http://www.thehindu.com/todays-paper/tp-national/indias-antiiran-votes-were-coerced-says-former-us-official/article 1797853.ece, 2 सितम्बर, 2014 को देखा गया।
10. भारत ने इसे पूरे विश्व को नियंत्रित करने वाला गुप्त राजनीतिक षड्यंत्र और बन्द समूह बताते हुए इसका विरोध किया। भारत अब एन एसजी में शामिल होने का इच्छुक है।
11. देखें सीपीआई(एम), सीपीआई, आरएसपी और आल इंडिया फारवर्ड ब्लाक (2008) : लेफ्ट स्टैंड आन द न्यूक्लियर डील, नई दिल्ली, वाम दलों की ओर से माकपा द्वारा प्रकाशित।
12. चेर्नोबिल या फुकुशिमा जैसी महाविनाशकारी दुर्घटनाओं के कारण परमाणु ऊर्जा उत्पादन की प्रक्रिया में निहित है। वाम ने परमाणु ऊर्जा निर्माण प्रक्रिया में निहित इस सम्भावना को और रेडियो ऐक्टिव कचरे को सदियों तक जमा रखने से जुड़ी गम्भीर कठिनाइयों की बात नहीं स्वीकारी। वाम ने कार्बन उत्सर्जन को कम करने और इस प्रकार जलवायु परिवर्तन को घटाने में परमाणु ऊर्जा की अत्यन्त सीमित योगदान कर सकने की क्षमता की ओर ध्यानाकर्षण कर 'विकार्बनीकरण' के दावे का खंडन भी नहीं किया। देखें, प्रफुल बिदवई (2012) : द पालिटिक्स आफ क्लाइमेट चेंज ऐंड द ग्लोबल क्राइसिस : मार्टगेजिंग अवर फ्यूचर, नई दिल्ली, ओरिएंट ब्लैकस्वान, अध्याय 9 और 10।
13. होमी भाभा द्वारा तैयार की गई इस कल्पना की उड़ान वाली और अव्यावहारिक योजना की सशक्त प्रत्यालोचना के लिए देखें, एम.वी. रमना (2012) : द पावर आफ प्रामिस : एक्जामिनिंग न्यूक्लियर एनर्जी इन इंडिया, नई दिल्ली पेंगुइन बुक्स/वाइकिंग। फास्ट ब्रीडर कहीं भी व्यवहार्य अथवा सुरक्षित

सिद्ध नहीं हुए हैं और थोरियम के ईंधन के इस्तेमाल वाले रिऐक्टर पूरी दुनिया में कहीं भी, औद्योगिक पैमाने की तो बात छोड़ें, प्रायोगिक स्तर पर भी सफल सिद्ध नहीं हुए हैं। यह योजना ख्याली पुलाव पकाने पर आधारित है—प्राथमिक रूप से इसलिए क्योंकि भारत के पास थोरियम ओर के प्रचुर भंडार हैं लेकिन यूरेनियम के भंडार बहुत सीमित हैं।

14. राष्ट्रवादी रवैये की प्रत्यालोचना के लिए देखें, अनिकेत आलम (2008) : ' ''नैशनल इंटरेस्ट'' नॉट द इशू इन न्यूक्लियर डील', इकनामिक ऐंड पोलिटिकल वीक्ली, 27 सितम्बर। इसके अतिरिक्त फ्रंटलाइन, द टाइम्स आफ इंडिया, इंटर प्रेस सर्विस में प्रकाशित इस लेखक के अनेक लेख भी हैं जिनमें से कुछ www.prafulbidwai.org और www.tni.org पर उपलब्ध हैं।
15. उनमें से कुछ, जैसे परमाणु ऊर्जा आयोग के पूर्व अध्यक्ष पी.के. आयंगर, ने सार्वजनिक रूप से यह माँग की कि हाइड्रोजन बम बनाने की अपनी योग्यता सिद्ध करने के लिए भारत को एक और परमाणु परीक्षण विस्फोट करना चाहिए क्योंकि 1998 में जिन पाँच बमों का परीक्षण हुआ था उनमें से एक—थर्मोन्यूक्लियर बम-अपेक्षित विस्फोटक परिमाण दे पाने में असफल रहा था।
16. वाम जिन्हें अपना सहयोगी या सलाहकार मानता था ऐसे महत्त्वपूर्ण व्यक्तियों में से कुछ लोग परमाणुबाज थे जिन्हें वामपन्थ अथवा प्रगतिशील लक्ष्यों के साथ कोई सहानुभूति नहीं थी। वे न तो अपने आपमें परमाणु शक्ति के विरुद्ध थे, न ही परमाणु हथियारों विरुद्ध थे। उन्होंने मुख्यत: सौदे पर कुछ और बातचीत करने की माँग के लिए और अमेरिका से कुछ बेहतर शर्तें हासिल करने के लिए वाम का इस्तेमाल किया। जैसे ही उन्हें यह सब हासिल हो गया वे वाम के विरुद्ध हो गए।
17. इस पर और चर्चा के लिए देखें प्रफुल बिदवई और अचिन वनायक (2000) : साउथ एशिया ऑन ए शार्ट फ्यूज : न्यूक्लियर पालिटिक्स ऐंड फ्यूचर आफ ग्लोबल डिसआर्मामेंट, नई दिल्ली, आक्सफोर्ड युनिवर्सिटी प्रेस।
18. सीपीआई(एम), सीपीआई आदि (2008) : लेफ्ट स्टैंड ऑन द न्यूक्लियर डील, पृ. 8।
19. नन्दीग्राम पर नागरिक समाज द्वारा किया गया प्रतिरोध पश्चिम बंगाल के इतिहास में सबसे व्यापक प्रतिरोधों में से था।
20. http://articles.economictimes.indiatimes.com/2007-11-15/news/27687226-1-cpm-leader-relief-fund-nandigram, 30 अगस्त 2014 को देखा गया।
21. वाम के प्रति जनता की नकारात्मक भावनाएँ जल्दी ही, मई 2008 के पंचायत चुनावों में हुई इसकी पराजय में प्रतिबिम्बित हुईं जहाँ दशकों से वाम का मजबूत गढ़ रही पूर्व मेदिनीपुर जिला परिषद की तिरपन सीटों में तृणमूल कांग्रेस ने पैंतीस सीटें जीत लीं और वह दक्षिण 24 परगना जिला परिषद में भी विजयी रही। एक महीने बाद तृणमूल कांग्रेस ने माकपा से वे तीन नगरपालिकाएँ भी छीन लीं जहाँ मुस्लिम आबादी बड़ी संख्या में थी।
22. इस आशय की अपुष्ट खबरें थी कि बैठक से पहले कांग्रेस अध्यक्ष सोनिया गांधी ने शीर्षस्थ वाम नेताओं को इस बात का पक्का आश्वासन दिया था कि संप्रग अगला कदम उठाने से पहले वाम दलों से सलाह-मशविरा करने की अपनी प्रतिबद्धता पर कायम रहेगा। यह स्पष्ट नहीं है कि क्या सोनिया गांधी अपने आश्वासन से मुकर गईं, या वाम ने अपना रुख बदल लिया, या किन्हीं अन्य घटनाओं के दबाव से स्थिति में बदलाव हुआ। लेकिन फारवर्ड ब्लाक के महासचिव देबब्रत बिस्वास ने 16 नवम्बर की बैठक के तुरन्त बाद ही संवाददाताओं को बताया कि 'समझौता तो अब हो ही जाना है'। प्रकाश करात का मत इसके विपरीत था। दीप्तेन्द्र रायचौधुरी (2010) : अंडरस्टैंडिंग सीपीआई(एम) : विल द इंडियन लेफ्ट सर्वाइव ? नई दिल्ली, वितस्ता, पृ. 80।
23. द टेलीग्राफ, 15 जुलाई, 2008, http://www.telegraphindia.com/1080715/jsp/nation/story-9550826.jsp, 30 अगस्त 2014 को देखा गया।
24. बाद में विकीपीडिया ने इनकी पुष्टि की। देखें http://www.ndtv.com/article/india/full-text-of-wikileaks-cable-on-trust-vote-controversy-92301 और http://indiatoday. intoday.in/story/upa-govt-bribed-mps-to-win-trust-vote-in-2008-says-wikileaks/1/132636.html,

अन्य अनेक रिपोर्टों के साथ इसे भी 30 अगस्त 2014 को देखा गया।

25. चक्रबोर्ती ने कहा 'मुझे धक्का लगा है और मैं दुखी हूँ। निष्कासन से पार्टी को नुकसान होगा'। देखें 'करात'स कंगारू कोर्ट : सोमनाथ एक्सपेल्ड इन ए हरी'। द टेलीग्राफ, 24 जुलाई, 2008।

26. 'सी.एम. सिप्स गवर्नेंस ब्रू : प्रकाश ऐट पार्टी आफिस, बुद्धा गोज़ टु मीट प्रनब' द टेलीग्राफ, 28 जुलाई, 2008।

27. मैं व्यक्तिगत रूप से देश में क्या वस्तुत: दुनिया भर में कहीं और कम्युनिस्टों के इससे ज्यादा संकुचित मानसिकता वाले समूह से कभी नहीं मिला हूँ। अनेक वर्षों के दौरान मैंने पश्चिम बंगाल के कम-से-कम तीस नेताओं का तो साक्षात्कार लिया ही होगा अथवा उनसे बातचीत की होगी, इनमें से कई यह जानते थे कि मैं भारतीय वाम पर एक पुस्तक लिख रहा हूँ। इनमें दो (अशोक मित्र और इससे पहले ज्योति बसु) के अतिरिक्त अन्य किसी ने भी राष्ट्रीय मामलों में अथवा भारत में वाम की स्थिति पर (केवल बंगाल के लिए उसके निहितार्थों को छोड़कर) रंचमात्र दिलचस्पी नहीं दिखाई।

28. ऐसे मोर्चे पर आधारित राजनीतिक-कार्यनीतिक लाइन मूलत: 1978 में जालंधर में हुई माकपा की दसवीं कांग्रेस में सूत्रबद्ध की गई थी। 'वाम और लोकतांत्रिक मोर्चा' प्रगतिशील सामाजिक शक्तियों को मजबूत करेगा और उन्हें 'मजदूर वर्ग के नेतृत्व के तहत जनवादी लोकतंत्र के लिए एक गठबन्धन' में लाएगा।

29. हरकिशन सिंह सुरजीत (2002) : 'सिग्निफिकेंस आफ द सेवेंटींथ पार्टी कांग्रेस आफ द सीपीआई(एम)', द मार्क्सिस्ट, जनवरी-मार्च।

30. पार्टी ने मुखर्जी को समर्थन देने के अपने फैसले का विरोध करने के कारण सर्वाधिक सुस्पष्ट ढंग से अपनी बात कहने वाले अपने प्रवक्ताओं में से एक प्रसेनजित बोस को निष्कासित कर दिया। बोस उन गिनती के बुद्धिजीवियों में थे जो हाल के वर्षों में पूर्णकालिक कार्यकर्ता के रूप में पार्टी में शामिल हुए थे और पार्टी के साथ बने रहे थे। उनके निष्कासन ने जवाहरलाल नेहरू विश्वविद्यालय की एसएफआई इकाई में एक बड़ा संकट उत्पन्न कर दिया।

31. http://www.hardnewsmedia.com/2014/03/6226

32. 16 मई को माकपा महासचिव प्रकाश करात ने पश्चिम बंगाल से मिले परिणामों को 'तोड़ा-मरोड़ा गया' बताया। प्रेस को सम्बोधित करते हुए उन्होंने कहा कि चुनावों के अन्तिम तीन चरणों के दौरान व्यापक रूप से धांधली और हिंसा हुई थी और सम्पूर्ण लोकतांत्रिक प्रक्रिया विकृत कर दी गई थी। ' ये परिणाम पश्चिम बंगाल में वाम मोर्चे को प्राप्त जनता की ताकत और समर्थन को प्रतिबिम्बित नहीं करते'। पिछले विधानसभा चुनावों के बाद से मतों में 11 प्रतिशत की गिरावट को उन्होंने 'अस्वीकार्य' कहा। उन्होंने कहा, 'यह असली स्थिति को प्रतिबिम्बित नहीं करता'। 'हमारा तात्कालिक सरोकार होगा चुनाव परिणामों से निरपेक्ष रहकर पश्चिम बंगाल में अपनी पार्टी और आन्दोलन को आगे ले जाना'। राष्ट्रीय स्तर के परिणाम के बारे में करात ने कहा कि यद्यपि पार्टी ने कांग्रेस को अस्वीकार करने के लिए काम किया था लेकिन वह खुश नहीं है क्योंकि 'कांग्रेस विरोधी भावना का मुख्य लाभ भाजपा को मिल गया है। http://www.cpim.org/content/west-bengal-verdict-distorted, 25 मई 2014 को देखा गया।

33. **प्रकाश करात,** http://www.cpim.org/content/lok-sabha-verdict में उद्धृत, 25 मई, 2014 को देखा गया। उन्होंने आगे कहा : 'जनता ने कांग्रेस नीत संप्रग सरकार की उन नीतियों के विरुद्ध मतदान किया जिनका परिणाम था मंहगाई, कृषि क्षेत्र की दुर्गति और भ्रष्टाचार। उन्होंने एक बदलाव के लिए और जिन समस्याओं से वे पीड़ित थे उनसे राहत पाने के लिए मतदान किया। माकपा मेहनतकश जनता के हितों की रक्षा करने और देश के धर्मनिरपेक्ष लोकतांत्रिक ढाँचे की सुरक्षा करने के लिए काम करती रहेगी।'।

34. 18 मई को हुई माकपा पालिटब्यूरो की बैठक ने निम्नलिखित वक्तव्य जारी किया : 'पालित ब्यूरो ने लोकसभा चुनावों के परिणामों और चुनावोत्तर स्थिति पर चर्चा की। उसने चुनावों और पार्टी

के प्रदर्शन की प्रारम्भिक समीक्षा की। उसने उन विभिन्न कारकों की पड़ताल की जिनके कारण पार्टी और वाम के लिए खराब नतीजे आए। पालिट ब्यूरो चुनाव समीक्षा को और मौजूदा राजनीतिक स्थिति में उठाये जाने वाले राजनीतिक-सांगठनिक कदमों को अन्तिम रूप देने के लिए 6 जून को फिर मिलेगा। चर्चा और स्वीकृति के लिए इसे 7 और 8 जून को केन्द्रीय समिति की बैठक के समक्ष प्रस्तुत किया जाएगा। पालिट ब्यूरो ने पश्चिम बंगाल में माकपा और वाम मोर्चे के कार्यकर्ताओं और समर्थकों पर लगातार जारी हमलों की भर्त्सना की'। http://www.cpim.org/content/pb-communique-22. चुनाव परिणामों द्वारा दिए गए सन्देश की गम्भीरता को इससे ज्यादा हलके ढंग से नहीं लिया जा सकता था।

35. http://www.communistparty.in/2015/04/consolidate-through-mass-struggles-cpi.html, 17 अप्रैल, 2015 को देखा गया।
36. रूही तिवारी (2015) : 'सीपीएम लुक्स विदिन : ''एजिंग नाट ग्रोइंग''', द इंडियन एक्सप्रेस, 15 अप्रैल।
37. वही।
38. 'द लेफ्ट फ्रंट गवर्नमेंट इन वेस्ट बेंगाल : इवैलुएशन ऑफ ऐन एक्सीपीरिएंस (ड्राफ्ट)', 23-24 फरवरी, 2015 के दौरान राज्य समिति के उन्तीसवें सत्र में स्वीकृत।
39. नगरपालिका चुनावों में मतों में वाम दलों की हिस्सेदारी राज्य स्तर पर 41 प्रतिशत (2011 के विधानसभा चुनावों में) से घटकर 30 प्रतिशत (2014 के लोकसभा चुनावों में) और उसके बाद उससे भी घटकर लगभग 27 प्रतिशत रह गई जो तृणमूल कांग्रेस के 42 प्रतिशत से बहुत पीछे है। कोलकाता के वार्डों में उनकी जीत के आँकड़े बत्तीस (2010) से गिरकर पन्द्रह पर अथवा वार्डों की कुल संख्या के महज दसवें हिस्से पर पहुँच गए। पश्चिम बंगाल में अंन्यत्र इक्यान्नबे नागरिक निकायों में उनका आँकड़ा पन्द्रह से गिरकर पाँच पर पहुँच गया। इसके विपरीत, तृणमूल कांग्रेस ने बान्नबे नागरिक निकायों में से इकहत्तर पर जीत हासिल की (2010 में इसने जितनी सीटें जीतीं थी उनसे 38 अधिक)। कोलकाता में उसने 144 वार्डों में से 114 पर जबर्दस्त जीत दर्ज की। वाम के लिए मुख्य सांत्वना यह है कि उसने कोलकाता में अपनी नम्बर दो की हैसियत भाजपा से वापस पा ली। 2014 में भाजपा ने छब्बीस वार्डों में बढ़त ली थी। उसकी तुलना में वाम महज ग्यारह वार्डों में आगे था। भाजपा का कोलकाता का आँकड़ा गिरकर अब सात वार्डों तक रह गया जबकि वाम के पास पन्द्रह वार्ड हैं। वाम ने कोलकाता में भाजपा के 15 प्रतिशत की तुलना में लगभग 25 प्रतिशत मत हासिल किए हैं (द टेलीग्राफ, 29 अप्रैल, 2015)। दूसरे, वाम ने सिलीगुड़ी नगर निगम में भी जीत हासिल की जो कोलकाता के बाद राज्य की दूसरी सबसे बड़ी नगरपालिका है, लेकिन वहाँ एक पूर्वमंत्री और बुद्धदेब भट्टाचार्जी की तरह के 'विकास दोस्त' नव उदारवादी अशोक भट्टाचार्या की जीत एक विचारधारात्मक-राजनीतिक ताकत के रूप में वाम की जीत शायद ही है। देखें प्रफुल बिदवई (2015) : 'बेंगाल लोकल पोल रिज़लट्स डोंट बोड वेल फॉर द बीजेपी, लेफ्ट', डीएनए, 30 अप्रैल।
40. तृणमूल के छात्र संघ द्वारा की गई प्रताड़ना से इसका कोई खास लेना-देना नहीं था और पार्टी के वरिष्ठ नेता गौतम देब ने इसे 'अस्वीकार्य' बताया था। सब्यसाची बन्द्योपाध्याय (2015) : 'बेंगाल'स पोलिटिकल ड्रामा, नाउ प्लेइंग इन कैलकटा युनिवर्सिटी', द इंडियन एक्सप्रेस, 12 जनवरी।
41. अक्षय मुकुल (2015) : 'आफ्टर नाइट आफ लांग नाइव्स, येचुरी इलेक्टेड सीपीएम बॉस', द टाइम्स आफ इंडिया, 20 अप्रैल और जे.पी. यादव (2015) : 'सीता निप्स नाइट ऑफ लांग सिकिल्स', द टेलीग्राफ, 20 अप्रैल सहित अनेक मीडिया विवरणों में इसकी खबर दी गई है। प्रकटतः पार्टी के नेताओं द्वारा दी गई जानकारियों के आधार पर ये दोनों कहते हैं कि येचुरी के समर्थक गुप्त मतदान चाहते थे अथवा उसकी धमकी दे रहे थे। लेकिन प्रकाश करात ने मेनस्ट्रीम में पुन : प्रकाशित मेरे एक लेख ('रिइमेजिनिंग स्ट्रैटेजी, रिटर्निंग टु ग्रासरूट्स : चैलेंजेस बिफोर येचुरी',

2 मई, 2015) के जवाब में मुझे भेजी गई एक ई-मेल में कहा है कि 'समितियों में चुनावों के लिए गुप्त मतदान जैसी कोई चीज नहीं है'। गुप्त मतदान का प्रावधान सम्मेलनों में प्रतिनिधियों द्वारा समितियों के चुनाव के लिए है। निर्वाचित समितियों में हमारे यहाँ गुप्त मतदान का प्रावधान नहीं है। वस्तुत: हम इसकी अनुमति नहीं देते। हम हाथ उठवाकर चुनाव करवाते हैं, क्योंकि सिद्धान्त यह है कि सदस्यों को एक दूसरे में विश्वास होना चाहिए कि वे अपने विचार और वोट का खुलकर प्रदर्शन कर सकें'। करात ने यह भी कहा कि 'यह कहना सही नहीं है कि केरल, बंगाल और त्रिपुरा जैसे कुछ राज्यों में उस तरह का खास रवैया अपनाया गया जैसा कि आप आरोप लगा रहे हैं, न ही यह सच है कि मैंने किसी अन्य का समर्थन किया था...'। गुप्त मतदान पर करात के वक्तव्य का मैं प्रतिवाद नहीं करता लेकिन पालिट ब्यूरो में मतभेदों के बारे में मैं अपनी बात पर कायम हूँ।

42. बाद में बोस को यह कहते हुए उद्धृत किया गया था : 'उन्हें (येचुरी को) निर्वाचित कराने के लिए मुझे लड़ना पड़ा था'। यादव (2015)। पार्टी के नेताओं द्वारा पृष्ठभूमि से दी गई जानकारियों के आधार पर मीडिया का अनुमान था कि येचुरी के समर्थक इस मुद्दे पर नई केन्द्रीय समिति में मतदान कराना चाहते थे; पिल्लई के समर्थक हाथों का प्रदर्शन (खुला मतदान) नहीं चाहते थे क्योंकि इससे केरल माकपा के भीतर के विभाजनों के साथ साथ इसके और पश्चिम बंगाल इकाई के बीच का विभाजन भी सामने आ जाता। इससे विजयन को परेशानी होती क्योंकि उनके द्वारा चुने गए कुछ प्रतिनिधि कथित रूप से पिल्लई को महासचिव बनाये जाने के विरोधी थे और प्रकटत: वह अपने विरोध की जानकारी नई केन्द्रीय समिति के कुछ सदस्यों को दे भी चुके थे।
43. अप्पुकुट्टन वल्लिकुन्नु (2015) : येचुरी ऐंड द केरल सेल्फी' मेनस्ट्रीम, 2 मई।
44. दोनों www.cpim.org पर उपलबध हैं, 4 मई, 2015 को देखा गया।
45. यह सार्वजनिक दस्तावेज नहीं है लेकिन पत्रकारिता स्रोतों के माध्यम से लेखक इस तक पहुँच सका।
46. बृंदा करात (2015) : 'द विज़ाग लाइन', द इंडियन एक्सप्रेस, 23 अप्रैल।
47. सौभद्र चटर्जी (2015) : 'वी वांट कांग्रेस सपोर्ट फॉर इंडिया'ज फ्यूचर' हिन्दुस्तान टाइम्स, 21 अप्रैल।
48. एच.टी. करेस्पांडेंट (2015) : 'पार्टीज़ ग्रीट येचुरी ऑन न्यू रोल', हिन्दुस्तान टाइम्स, 21 अप्रैल।
49. उन्होंने इनकी पहचान इस प्रकार की : 'एक, मोदी सरकार की किसान विरोधी और गरीब विरोधी तथा कारपोरेट पक्षधर नीतियों के विरोध में एकजुट होकर लड़ने में। दो, मोदी सरकार के सत्ता में आने के बाद से संघ परिवार की बढ़ती साम्प्रदायिक गतिविधियाँ। तीन, संसद के नियमों और कार्यवाहियों को इस आशय से तोड़ने-मरोड़ने की रालोग शासन की प्रवृत्ति का प्रतिरोध करना ताकि जिसे मैंने लोकसभा में बहुमत की निरंकुशता कहा है उसके माध्यम से कानूनों को पारित करा लिया जाए। इसके साथ ही, हम कांग्रेस के साथ कोई गठबन्धन अथवा मोर्चा बनाने की बात नहीं सोच रहे हैं'। यह पूछे जाने पर कि क्या वह 'अगले वर्ष पश्चिम बंगाल में होने वाले चुनावों में कांग्रेस के साथ 'किसी कार्यनीतिक गठबन्धन या समझदारी के प्रति उदार' रवैया अपनाएँगे, येचुरी ने उत्तर दिया : ' पश्चिम बंगाल में हमारी प्राथमिकता है अपने क्षरण को रोकना और अपने कार्यकर्ताओं और समर्थकों पर होने वाले हत्यारे हमलों का प्रतिरोध करना। बाकी बातें हम चुनावों के समय देखेंगे'। उन्होंने यह भी उद्घाटित किया कि पश्चिम बंगाल माकपा के अनेक नेता सोमनाथ चटर्जी को पार्टी में वापस लाने के पक्ष में हैं। सी.एल. मनोज और टी.के. अरुण (2015) : 'नो अलायंस, बट विल वर्क विद कांग्रेस, सेज़ सीताराम येचुरी', दि इकनामिक टाइम्स, 28 अप्रैल।
50. अनिता जोशुआ (2015) : 'सीपीआई(एम), सीपीआई डिसकस यूनाइटेड ऐक्शन', द हिन्दू 22 अप्रैल; जे.पी. यादव (2015) : 'येचुरी ब्रिंग्स पार्टी टु आफिस', द टेलीग्राफ, 22 अप्रैल।
51. इससे पहले, केरल माकपा के राज्य सम्मेलन से बहिर्गमन कर पार्टी अनुशासन की अवज्ञा करने

के कारण फरवरी 2015 में वह पालिट ब्यूरो से निलंबित किए गए थे और प्रताड़ित किए गए थे।

52. वेंकिटेश रामकृष्णन (2015) : 'गार्डेड होप', फ्रंटलाइन, 29 अप्रैल।

53. देखें, www.labourbureau.gov.in पर यूनियन की कुल सदस्यता के सम्बन्ध में उपलब्ध रिपोर्ट 'ट्रेड यूनियंस इन इंडिया 2010'। 4 मई, 2015 को अधिकतर यूनियनों ने सदस्यता के जिन आँकड़ों का दावा किया है। वे बहुत अतिशयोक्तिपूर्ण हैं और लेबर ब्यूरो की सत्यापन व्यवस्था ध्वस्त हो चुकी है। फिर भी, जैसा कि प्रत्यक्षतः दिखाई पड़ रहा है और व्यवसाय आकलनों की मानें तो भाकपा से सम्बद्ध एआईटीयूसी अब भी माकपा से सम्बद्ध सीटू और एचएमएस (हिन्द मजदूर सभा) से बड़ी है और कांग्रेस से सम्बद्ध इंटक और भाजपा के संरक्षण वाले भारतीय मजदूर संघ से आकार में सम्भवतः थोड़ी छोटी है। उदाहरण के लिए देखें, इंडिया बिजनेस इयरबुक 2009, नई दिल्ली, विकास पब्लिशिंग हाउस।

54. http://www.business-standard.com/article/economy-policy/indian-trade-unions-are-getting-bigger-coinciding-with-slowdown-113040600392-1.html, 4 मई, 2015 को देखा गया।

55. दिल्ली के निकट गुड़गाँव-मानेसर इलाके में मारुती सुजुकी और होंडा इकाइयों में तथा पुणे में बजाज आटो में उग्र संघर्ष हुए हैं। उदाहरण के लिए देखें, www.mazdoorbigul.net, vkSj http:/ /column.global-labour-university.org/2014/04/workers-unrest-in-automobile-plants-in.html, 18 मई, 2015 को देखा गया।

अध्याय 10 : एक नए वाम की ओर

1. अगस्त 2014 से राष्ट्रीय स्तर पर एक ऐसा मंच बनाने के प्रयास जारी हैं जो जमीनी स्तर पर 'साझा कार्रवाइयों' पर जोर दे। लेकिन यह स्पष्ट नहीं है कि 'वाम एकता' से ठीक-ठीक इसका क्या तात्पर्य है और यह विमर्श संयुक्त कार्रवाइयों से पहले एक साझा समझ विकसित करने से क्या हासिल करना चाहता है।

2. 2006-07 में माकपा नेतृत्व ने अनगिनत अनुरोधों के बावजूद अपने वाम मोर्चे के सहभागियों को ही सिंगूर में नैनो कार परियोजना के लिए टाटा समूह के साथ हस्ताक्षरित समझौता पत्र (एमओयू) के विवरण बताने से साफ इनकार कर दिया था। मुख्यमंत्री बुद्धदेब भट्टाचार्जी ने मंत्रिमंडल को बताया कि यह राज्य की 'गोपनीय जानकारी' है जिसे अपने मंत्रियों से भी साझा नहीं किया जा सकता।

3. क्षेत्रीय और विशेष मुद्दों पर तथा राष्ट्रीय स्तर पर सैकड़ों नहीं तो ऐसे बीसियों आन्दोलन और संरचनाएँ मौजूद हैं। इनमें जनान्दोलनों का राष्ट्रीय समन्वय (एनएपीएम), नैशनल फिशवर्कर्स फोरम, आल इंडिया यूनियन आफ फारेस्ट वर्किंग पीपुल, मजदूर किसान शक्ति संगठन, इंडियन सोशल ऐक्शन फोरम, न्यू ट्रेड यूनियन इनीशिएटिव, किसान संघर्ष समिति, समाजवादी समागम, न्यू पाथ, आल इंडिया ऐग्रीकल्चरल वर्कर्स यूनियन, न्यू सोशलिस्ट इनीशिएटिव, रैडिकल सोशलिस्ट, भारतीय खेत मजदूर यूनियन, आल इंडिया कृषक खेत मजदूर संगठन, सोशलिस्ट सेंटर, महान संघर्ष समिति, छत्तीसगढ़ मुक्ति मोर्चा, लोक संघर्ष मोर्चा, लोकाधिकार, आधारशिला लर्निंग सेंटर (मध्य प्रदेश), डेल्ही सालिडैरिटी ग्रुप, उत्तराखंड महिला मंच, द लेफ्ट कलेक्टिव, युवा क्रान्ति, सर्वहारा जन आन्दोलन, जनसंघर्ष समन्वय समिति, आदिवासी गोथरा महासभा (केरल), छत्तीसगढ़ बचाओ आन्दोलन, लोकायत (पुणे), मेडिको फ्रेंड्स' सर्किल, जन स्वास्थ्य अभियान, फरीदाबाद मजदूर समाचार और घर बनाओ, घर बचाओ आन्दोलन शामिल हैं। यहाँ केवल कुछ ही समूहों का उल्लेख किया गया है।

4. राज्य के विरोध के साथ ही सूचना के अधिकार कार्यकर्ताओं को उन लोगों द्वारा पीटे जाने और जान से मार दिए जाने की धमकियाँ मिलती रही हैं जिनके विरुद्ध ये कार्यकर्ता असुविधाजनक या उन्हें फँसाने वाली जानकारी खोज निकालते हैं। नैशनल कैम्पेन फॉर पीपुल 'स राइट टु इन्फार्मेशन

के निखिल डे के अनुसार चालीस से अधिक कार्यकर्ताओं की हत्या की जा चुकी है।

5. यह अनेक रिपोर्टों में अभिलिखित है जिनमें परिवर्तन और राइट टु वाटर कैम्पेन (2005) : द 24×7 मिथ : ऐन अनालिसिस आफ द प्रपोजल टु रिस्ट्रक्चर द डेल्ही जल बोर्ड ऐंड इंटरवेंशन फ्राम द वर्ल्ड बैंक, नई दिल्ली, परिवर्तन; अमित भादुड़ी और अरविन्द केजरीवाल (2005) : अर्बन वाटर सप्लाई : रिफार्मिंग द रिफार्मर्स', इकनामिक ऐंड पोलिटिकल वीक्ली, 31 दिसम्बर; शुचि पांडे (2007) : 'वर्ल्ड बैंक आर्म-ट्विस्टेड डी जे बी', कांबैट लॉ, मार्च-अप्रैल शामिल हैं।
6. इसमें से कुछ ख्वाहिशों की फेहरिस्त जैसे लग सकते हैं। जब सामाजिक आन्दोलन और राजनीतिक कार्यकर्ता भविष्य की ओर देखते हैं और सम्भावनाओं के क्षितिज की तलाश करते हैं तब ऐसा होना अपरिहार्य है। जो हो, ख्वाहिशों की यह फेहरिस्त मेरी व्यक्तिगत इच्छा सूची नहीं है बल्कि यह अनेक कार्यकर्ताओं के साथ लगातार सम्पर्क और संवाद का परिणाम है।
7. पाँच की संख्या के पीछे कोई पवित्रता वाली बात नहीं है। कुछ कार्यकर्ताओं ने आठ का सुझाव दिया है। कुछ मानते हैं कि जनता कि अधिकारपत्र पर चर्चा के साथ और विचार तथा एजेंडा सामने आएँगे और उसके साथ ही सहयोगियों की संख्या बढ़ेगी।
8. इस पर अचिन वनायक ने (2011) : सबकांटिनेंटल स्ट्रैटेजीज़', न्यू लेफ्ट रिव्यू, 70, जुलाई-अगस्त में चर्चा की है।
9. अध्याय 8 में आगे बढ़ाये गए कुछ तर्कों से स्वायत्तता का पक्ष मजबूत होता है।
10. प्राय: ये सब बोलियाँ नहीं बल्कि पूर्ण भाषाएँ हैं जिनकी साहित्यिक परम्परा अतीत में उत्तर मध्य काल तक जाती है।
11. ये आकलन विभिन्न अध्ययनों और रिपोर्टों में पर्याप्त रूप से दर्ज हैं—उदाहरणार्थ http://www.rediff.com/news/column/p-sainath-how-states-fudge-the-data-on-farmer-suicides/20140801.htm, 20 मई 2015 को देखा गया।
12. इस पर अध्याय 7 में और अधिक चर्चा है।
13. थामस पिकेटी कोई आग उगलने वाले, प्रचंड रैडिकल नहीं हैं, उन्होंने भी अपनी पुस्तक (2014) : 'कैपिटल इन द ट्वेंटी फर्स्ट सेंचुरी, केम्ब्रिज (मैस.) हावर्ड यूनिवर्सिटी प्रेस, में दंडात्मक कराधान की माँग की है।
14. एम्सटर्डम के ट्रांसनैशनल इंस्टिट्यूट से हाल में आई एक बढ़िया रिपोर्ट में यह दर्ज है, http://www.tni.org/briefing/our-public-water-future, 7 अप्रैल, 2015 को देखा गया।
15. वनायक (2011), पृ. 112 भी देखें।
16. ये अरुणा राय और बाबा आधव के नेतृत्व में पेंशन परिषद द्वारा उठाई गई माँगों में से हैं। अरुणा राय और बाबा आधव ने एक महत्त्वपूर्ण अभियान चलाया है। देखें, http://pensionparishad.org.
17. देखें http://www.worldbank.org/en/news/press-release/2013/07/17/india-green-growth-necessary-and-affordable-for-india-says-new-world-bank-report, 2 मई, 2015 को देखी गई।
18. यहाँ लैटिन अमेरिका का अनुभव बहुत प्रासंगिक है जिसे डेनियल शावेज़ और बेंजामिन गोल्डफ्रैंक (सं.) ने (2004) : द लेफ्ट इन द सिटी : पार्टिसिपेटरी लोकल गवर्नमेंट इन लैटिन अमेरिका, लन्दन, लैटिन अमेरिका ब्यूरो में वर्णित किया है।
19. इनका आकलन 20,000-40,000 यात्री प्रति घंटा प्रति दिशा किया गया है। इसके विश्लेषण के लिए देखें http://tripp.iitd.ernet.in/.
20. छत्तीसगढ़ में उनकी ट्रेड यूनियन द्वारा निर्मित और संचालित शहीद अस्पताल और अन्य सार्वजनिक संस्थाओं, जिन्होंने बिनायक सेन जैसे सार्वजनिक स्वास्थ्य कार्यकर्ताओं को आकृष्ट किया, के कामों के लिए अध्याय 3 देखें।
21. सोवियत कम्युनिस्ट पार्टी ने यह दावा कपटपूर्वक और **गैरलोकतांत्रिक** ढंग से किया और फिर

गैरलोकतांत्रिक और दमनात्मक साधनों से अपने हरावलवाद को नागरिक वर्ग पर थोप दिया।

22. इसके साथ ही, सीमित आर्थिक अथवा राजनीतिक माँगों पर बन्द अथवा प्रतीकात्मक प्रदर्शन आयोजित करने के अतिरिक्त वाम ने अपनी ओर से जनता को स्थायी रूप से गोलबन्द करने के लिए कुछ नहीं किया, बन्द और प्रतीकात्मक प्रदर्शन भी जोश, अथवा दाँव पर लगे मुद्दों की वास्तविक समझ से अधिक अपने कार्यकर्ताओं की पार्टी के प्रति निष्ठा की अभिव्यक्ति थे। वाम संसदीय राजनीति में और तीसरा मोर्चा गठबन्धन बनाने में ही उलझा रहा और 2001-02 में भारत अल्यूमिनियम कम्पनी लिमिटेड (बाल्को) जैसी सार्वजनिक क्षेत्र की कम्पनियों के निजीकरण का अथवा कई अन्य सार्वजनिक निगमों की इक्विटी को अविचारित ढंग से बेचे जाने का प्रभावशाली ढंग से प्रतिरोध नहीं कर पाया। बाल्को को (वेदान्त ग्रुप के अनिल अग्रवाल की) स्टर्लाइट इंडस्ट्रीज़ के हाथ बेचे जाने के प्रति वाम की निष्क्रिय प्रतिक्रिया उसका लिटमस टेस्ट बन गई और इसने सरकार को और अधिक उत्साह के साथ सार्वजनिक क्षेत्र की अन्य कम्पनियों के निजीकरण का काम आगे बढ़ाने के लिए प्रोत्साहित किया।
23. सार्वजनिक शालीनता के प्रारम्भिक मानकों का उल्लंघन किए जाने अथवा किसी अत्यधिक महत्त्वपूर्ण—'जोड़ो या तोड़ो' जैसे मुद्दे पर पार्टी के अनुशासन (व्हिप) की अवज्ञा करने जैसे कृत्य के अतिरिक्त किसी अन्य दशा में निष्कासन नहीं किया जाना चाहिए।
24. 1992 एक अपवाद था जब क्यूबा सोवियत संघ के विघटन के कारण उत्पन्न खाद्य और पेट्रोलियम की कमी से लड़खड़ा रहा था। भारतीय पार्टियों ने, जिनमें माकपा, भाकपा और कांग्रेस शामिल थीं, एक राजनीतिक पहल की और क्यूबाई जनता के लिए बीस हजार टन चावल और गेहूँ भेजा। देखें http://www.telegraphindia.com/1130903/jsp/frontpage/story_17305364.jsp, 6 मार्च 2014 को देखा गया।
25. आम आदमी पार्टी ने प्रभावशाली ढंग से दिल्ली में कुल वोटों का 53 प्रतिशत हासिल किया। लोकनीति-सीएसडीएस के एक सर्वेक्षण का आकलन है कि उसे गरीबों के शानदार 66 प्रतिशत वोट और 'निम्न मध्यवर्ग' के लोगों के 57 प्रतिशत वोट मिले (भाजपा को मिले क्रमशः : 22 और 29 प्रतिशत की तुलना में)। http://indianexpress.com/article/india/india-others/poor-already-behind-it-aap-tapped-rich-too/, 3 मार्च 2015 को देखा गया।

आभार

मैं उन अनेक लोगों का आभारी हूँ, जिन्होंने मुझे यह पुस्तक लिखने के लिए प्रेरित किया और विश्लेषणात्मक अन्तर्दृष्टियाँ, नए विचार, सन्दर्भ सामग्री और सम्पर्क देकर तथा और अनेक अनगिनत तरीकों से मुझे मदद दी। इनमें स्वतंत्र मार्क्सवादी और समाजवादी विश्लेषक, वाम दलों के नेता और कार्यकर्ता, श्रमिक संघों से जुड़े लोग, किसान सभा कर्मी, गैर दलीय राजनीतिक संगठनों के सक्रियतावादी तथा शोधकर्ता शामिल हैं। मैं विभिन्न अनुशासनों के समाजविज्ञानियों, सांस्कृतिक, साहित्यिक और कला क्षेत्रों से जुड़े लोगों, स्वास्थ्य, शिक्षा, ऊर्जा, शहरी पर्यावरण आवास और जन विज्ञान आन्दोलनों पर स्वतंत्र रूप से काम कर रहे विद्वानों और आदिवासी व नृवंशीय सवालों के विशेषज्ञों से मिली सहायता के प्रति भी कृतज्ञता ज्ञापित करता हूँ।

पिछले चालीस वर्षों से अधिक समय से अनेक महत्त्वपूर्ण व्यक्तियों और स्वतंत्र मार्क्सवादी संगठनों के साथ अपनी कामरेडशिप और परस्पर संवाद से मैं बहुत लाभान्वित हुआ हूँ। इन संगठनों में मैं एक सक्रिय भागीदार था। इन्होंने मेरी राजनीति और जीवन के प्रति मेरे नजरिये को गढ़ा। इनमें कुमार शीरालकर, सुधीर बेडेकर, विनोद मुवयी, अनंत फड़के, सुहास परांजपे, अशोक मनोहर, वहीद मुकद्दम, अच्युत गोडबेले और छाया दातार जैसे सदस्यों के साथ मगोवा ग्रुप शामिल हैं। बाद में मैं प्लेटफार्म टेंडेंसी से जुड़ा जिसमें जयरस बानाजी, राना सेन, रोहिणी हेंसमैन, नीलाद्री भट्टाचार्य, दिलीप साइमन और अन्य अनेक प्रखर विद्वान-समाजकर्मी शामिल थे। डी. थंकप्पन, सदानन्द मेनन, लारेंस सुरेन्द्र और अचिन वनायक के साथ अपने जुड़ाव-संवाद का मुझ पर बहुत गहरा प्रभाव रहा है।

यह पुस्तक रोमिला थापर, तनिका सरकार, रितु मेनन, अचिन वनायक, कमल मित्र चिनॉय, अनुराधा चिनॉय, अशोक मित्र, देबबृत बन्द्योपाध्याय, अमृता छाछी, पामेला फिलीपोज, राजीव भार्गव और हर्ष कपूर के साथ हुए मेरे अनेक वार्तालापों, साक्षात्कारों और औपचारिक-अनौपचारिक संवादों-मुलाकातों की ऋणी है। यहाँ मैं हर्ष के प्रति भी अपना आभार अवश्य दर्ज करूंगा जो विलक्षण पुरालेखपाल और अथक समाजकर्मी हैं। उन्होंने असाधारण किस्म के शोध और अभिलेखीकरण के माध्यम से मेरी मदद की। उनकी इस मदद के बिना यह काम सम्भव न होता।

इस पुस्तक के सन्दर्भ में मैं जिन राजनीतिक नेताओं से मिला उनमें मैं विशेष रूप से भाकपा के पूर्व महासचिव ए.बी. वर्धन और माकपा के महासचिव प्रकाश करात, माकपा (लिबरेशन) के दीपंकर भट्टाचार्य, माकपा नेताओं वी.एस. अच्युतानन्दन, टी.एम. थामस आइजक और एम.ए. बेबी, रिवाल्यूशनरी सोशलिस्ट पार्टी के नेता टी.जे. चन्द्रचूड़न, मनोज

भट्टाचार्या और भाकपा नेताओं एस. सुधाकर रेड्डी, डी. राजा और बिनोय बिस्वोम के प्रति विशेष रूप से धन्यवाद ज्ञापित करता हूँ। श्रमिक संघों के जिन लोगों से मुझे बहुत मदद मिली वे हैं डी. थंकप्पन, एन. वासुदेवन, मुक्ता मनोहर, दत्ता इसवालकर और विवेक मोंटीरो। यहाँ मैं भाकपा नेता गोविन्द परसरे के प्रति अपनी कृतज्ञता का उल्लेख विशेष रूप से करना चाहता हूँ, फरवरी 2015 में कट्टरपन्थियों ने जिनकी गोली मारकर हत्या कर दी थी।

सुमन्त बनर्जी, कुमार राना, बी.आर.पी. भास्कर, अरुणा रॉय, निखिल डे, अनिल चौधरी, कुमार केटकर, ज़ोया हसन, सुमित चौधुरी, आनन्द तेलतुंबडे, के.पी. कन्नन, चन्द्र दत्त, एम.पी. परमेश्वरन, आर.वी.जी. मेनन, बी. एकबाल, के.एन. पनिक्कर, अनिता शर्मा, जे. देविका, शोभनलाल दत्तागुप्ता, रतन खसनबीस, ज्याँ द्रेज, रीतिका खेड़ा, कालिन गॉनसालवेज, दूनू रॉय, रख्शन्दा जलील, प्रभात पटनायक, माइकेल थराकन, बारबरा हैरिस-व्हाइट, मनोरंजन मोहंती, अमित भादुड़ी, दीपक नय्यर, हरीश दामोदरन, रणबीर समद्दर, रोमी खोसला, कल्पना साहनी, रोहन डिसूजा, प्रसेनजित बोस, गौतम सेन, शुभनील चौधुरी, अशीम चटर्जी, वासन्ती रमन, सोनल शाह, सुजाता गोथोस्कर, पार्थ चटर्जी, कुनाल चट्टोपाध्याय, सुशील खन्ना, प्रकाश रेड्डी, के.टी. रवीन्द्रन, विभूति पटेल, के. रवि रमन, सुजाता पटेल, रजत रॉय, अक्षय मुकुल, वेंकिटेश रामकृष्णन, विद्युत भागवत, मोहन देशपांडे, बोधिसत्व रे, सुशोवन धर, शरद दुधाट और सुनील कुमार कुरूप के साथ अपनी मुलाकातों और वार्तालापों से मैं बहुत लाभान्वित हुआ हूँ।

मैं लोकनीति के श्रेयस सरदेसाई और हिमांशु भट्टाचार्या के प्रति अपना आभार व्यक्त करना चाहता हूँ जिन्होंने लोकसभा और पश्चिम बंगाल तथा केरल विधानसभा चुनावों में वामपन्थी दलों के प्रदर्शन का सांख्यिकीय विश्लेषण कर मुझे मदद दी।

नई दिल्ली स्थत जवाहरलाल नेहरू विश्वविद्यालय में समकालीन इतिहास पर पी.सी. जोशी अभिलेखागार की जानकी नायर और नेहरू स्मृति संग्रहालय तथा पुस्तकालय के महेश रंगराजन को विशेष रूप से धन्यवाद जिन्होंने इन संस्थानों में पुस्तकें और अन्य सामग्री मेरे लिए सुलभ कराई।

जिनकी कमी मुझे बहुत अधिक खलेगी उनमें मेरे वे मित्र हैं जिन्हें मैंने हाल ही में खोया है विशेषकर माइक मार्कूसी, शर्मिला रेगे, निनान कोशी और बिपन चन्द्रा।

मैं अचिन वनायक, तनिका सरकार, मुचकुन्द दुबे, अमृता बसु और मार्क केसलमैन का खास तौर पर शुक्रिया अदा करना चाहता हूँ। उन्होंने अलग-अलग चरणों में पांडुलिपि पढ़ी और उसकी विषयवस्तु, संगठनात्मक संरचना और शैली पर अन्तदृष्टिपूर्ण और तीखी टिप्पणियाँ कीं। कोलंबिया यूनिवर्सिटी में प्रोफेसर एमेरिटस मार्क ने पूरी पांडुलिपि बहुत ध्यानपूर्वक और उस बौद्धिक पैनेपन प्रखरता, निष्ठुरता और सख़्त पकड़ के साथ पढ़ी जो इंटरनेशनल पोलिटिकल साइंस रिव्यू के सम्पादक के उपयुक्त ही है। फिल्म निर्माता और डिजाइनर रफीक इलियास लगातार प्रेरणा और प्रोत्साहन का स्रोत बने रहे।

विगत वर्षों में ट्रांसनेशनल इंस्टीट्यूट एम्सटर्डम में अपने विद्वान-सक्रियतावादी सहकर्मियों के साथ हुए परस्पर संवाद का मुझे बहुत लाभ मिला है। मैं बीस वर्ष से अधिक समय से इस इंस्टीट्यूट का फेलो रहा हूँ। पर्यावरण, मानवाधिकारों और शान्ति के मुद्दों

पर सक्रियतावाद में मेरी संलिप्तता, विशेषकर कोलिशन फार न्यूक्लियर डिसआर्मामेंट ऐंड पीस के माध्यम से, मेरे लिए कम महत्त्वपूर्ण नहीं रही है।

इस पुस्तक के लिए मैं नई दिल्ली की सामाजिक विकास परिषद (सी.एस.डी.) का बहुत ऋणी हूँ। यहाँ मैं तीन वर्ष के लिए, सितम्बर 2014 तक सामाजिक विकास, न्याय और सामाजिक सुरक्षा विषय पर दुर्गाबाई देशमुख पीठ पर रहा। इससे मैं शोधकर्ताओं, वाम नेताओं, नागरिक समाज के सक्रियतावादियों और स्वतंत्र रूप से काम कर रहे विद्वानों के साथ बातचीत करने, उनके साक्षात्कार लेने और अगस्त 1912 में 'भारतीय वाम : सामाजिक विकास सम्बन्धी दृष्टियाँ और राजनीतिक चुनौतियाँ' विषय पर एक सेमिनार के आयोजन के लिए समय दे सका। इस सेमिनार में वाम दलों के शीर्षस्थ नेता और गैर दलीय सक्रियतावादी उपस्थित रहे थे। पीठ से प्राप्त यात्रा अनुदान की बदौलत मैं अनेक शहरों की यात्रा कर सका, लोगों से मिल सका और, उनके इंटरव्यूह ले सका।

मैं सी.एस.डी. के अध्यक्ष मुचकुन्द दुबे और निदेशक टी. हक़ तथा परिषद के कर्मचारियों विशेषकर पुस्तकालय अध्यक्ष गुरमीत कौर और तकनीकी सहायक देवदत्ता का उनके द्वारा दी गई सहायता के लिए विशेष रूप से आभारी हूँ।

हारपर कालिंस के वी.के. कार्तिक और एंटनी थामस को मेरा विशेष धन्यवाद।

किताब में जो ग़लतियाँ रह गई हैं या जो ग़लत निष्कर्ष हैं उनके लिए मैं स्वयं जिम्मेदार हूँ।

ooo